# 福州年鉴

# FUZHOU YEARBOOK

（总第34卷）

# 2021

中共福州市委　福州市人民政府　主办

《福州年鉴》编纂委员会　编

海峡出版发行集团｜海峡文艺出版社

**图书在版编目(CIP)数据**

福州年鉴. 2021/《福州年鉴》编纂委员会编. —福州:海峡文艺出版社,2021.12
ISBN 978-7-5550-2825-3

Ⅰ.①福… Ⅱ.①福… Ⅲ.①福州—2021—年鉴 Ⅳ.①Z525.71

中国版本图书馆 CIP 数据核字(2021)第 278586 号

**福州年鉴(2021)**

《福州年鉴》编纂委员会 编

| | |
|---|---|
| **出 版 人** | 林 滨 |
| **责任编辑** | 蓝铃松 |
| **出版发行** | 海峡文艺出版社 |
| **经　　销** | 福建新华发行(集团)有限责任公司 |
| **社　　址** | 福州市东水路 76 号 14 层 |
| **发 行 部** | 0591—87536797 |
| **印　　刷** | 福州报业鸿升印刷有限责任公司 |
| **厂　　址** | 福州市仓山区建新北路 151 号 |
| **开　　本** | 889 毫米×1194 毫米 1/16 |
| **字　　数** | 1270 千字 |
| **印　　张** | 31.25　　**插页** 24 |
| **印　　数** | 0001—2000 |
| **版　　次** | 2021 年 12 月第 1 版 |
| **印　　次** | 2021 年 12 月第 1 次印刷 |
| **书　　号** | ISBN 978-7-5550-2825-3 |
| **审 图 号** | 榕图审〔2021〕43 号 |
| **定　　价** | 280.00 元 |

如发现印装质量问题,请寄承印厂调换

# 《福州年鉴（2021）》编纂委员会



# 《福州年鉴》编纂委员会办公室



# 《福州年鉴》编辑部

# 《福州年鉴（2021）》撰稿人名单

（按姓氏笔画顺序）

丁　琼　于小湉　于永钦　于佳宁　万　粒　王　均　王　勉　王　海　王　翀　王　翼
王山林　王风栋　王庆金　王宇海　王玲玲　王晓佳　王晓莉　王海权　王培欣　王颖玲
左榕燕　卢王伟　卢书铭　卢余清　叶宁玉　叶艳玲　叶晨昱　叶敏英　丛　森　冯　桦
兰克辉　兰静晖　邢　坤　朱凌姗　任　平　庄　凯　庄丽婷　刘　力　刘　葳　刘双艺
刘用福　刘宇亮　刘君琳　刘陈馨　刘美剑　刘莉鑫　江　帆　江　莉　江允英　江海航
许　菁　许戈武　许昌民　严慜倞　苏　敏　苏明辉　苏燕铃　李　敏　李　然　李中平
李心怡　李国琛　李倩倩　李海峰　李梅婷　杨妙萍　杨贤奔　杨泽航　杨晓梅　杨智文
杨鋆丰　连琳琳　连蔡煜　吴　欣　吴　晞　吴　霞　吴卫航　吴全福　吴金捷　吴晓曦
吴萍萍　吴梦倩　吴鼎义　吴增辉　邱　贤　何　倩　何文花　余　芳　余珊珊　余荣发
邹惠珍　辛少彬　汪海涌　沈　凡　宋彩惠　张　杰　张　磊　张先玲　张海彬　张敏慧
陈　今　陈　贞　陈　孜　陈　玢　陈　乘　陈　铮　陈　锋　陈　暖　陈　锦　陈　颖
陈　嘉　陈　榕　陈　瑾　陈　璐　陈　霞　陈　曦　陈小刚　陈云娟　陈少华　陈丹彤
陈巧芳　陈如昭　陈尾虹　陈武进　陈佳霖　陈俊媛　陈艳梅　陈能旭　陈晨晖　陈婉平
陈维桦　陈斐瑜　林　艺　林　文　林　平　林　东　林　旭　林　宇　林　亮　林　莹
林　捷　林　萍　林　硕　林　琛　林　楠　林　锦　林　攀　林艺红　林仁平　林玉和
林仕锋　林圣杰　林伟民　林妙花　林松福　林金庭　林诚锦　林珍彦　林城冰　林敏捷
林榕捷　林璐静　欧阳龙　卓　鹏　畅　乐　罗　谦　征　鹏　念　忠　周金媛　郑　桓
郑　娴　郑　辉　郑龙腾　郑秀丽　郑荣火　郑思吟　郑晓昆　郑凌峰　郑海云　赵　龙
胡中明　胡方磊　柯文全　侯世欢　俞耀华　饶　潇　施缙衡　姜小凯　姜含林　姜博文
姜聪颖　洪东旭　姚　颖　徐　彬　徐立剑　殷桂贤　翁夏菁　郭文涛　唐思晟　唐夏芸
唐福来　黄　羽　黄　敏　黄　媛　黄　璟　黄兰英　黄志强　黄金寿　黄姗姗　黄剑锋
黄晓元　黄惠玲　黄雅婷　黄聚昌　黄燕娥　梁鑫智　蒋芳菲　程小丹　程道华　曾　进
曾长旺　曾林辉　游　强　游小倩　游兴华　游兴华　谢　弢　谢　辉　谢敏锋　赖佑榕
赖晓琴　雷良桃　雷振宇　詹璐瑶　蔡　燊　蔡思雨　蔡煜炜　廖　璐　廖世清　缪丹琳
潘竞波　薛宇成　魏冉娟　魏慧玲

# 编辑说明

一、《福州年鉴》是中共福州市委、福州市人民政府主办，《福州年鉴》编辑部承编的地方综合年鉴。1988年创刊，每年出版一卷。《福州年鉴》以马克思列宁主义、毛泽东思想、邓小平理论、“三个代表”重要思想、科学发展观、习近平新时代中国特色社会主义思想为指导，旨在全面、系统、准确地反映福州市自然、政治、经济、文化、社会、生态等方面的基本情况，为读者了解和研究福州市提供资料查询。

二、《福州年鉴》主体内容由类目、分目、条目组成，以条目为表现内容的基本形式。全书条目标题统一用黑体加【 】表示，下一层次标题用楷体区别。

三、《福州年鉴（2021）》为总第34卷，主要记载2020年度福州市的基本情况、发展变化及年度大事要闻。记述时限为2020年1月1日至12月31日，部分内容、数据涉及时限外。

四、《福州年鉴（2021）》设有48个类目、252个分目、1429个条目，共124.3万字。在保持基本框架相对稳定的前提下，结合时政要闻、经济社会发展情况对部分内容进行更新、调整、充实，增设“福州市‘十三五’经济社会发展成就”“决胜脱贫攻坚”“抗击新冠肺炎疫情专辑”类目，其中，“抗击新冠肺炎疫情专辑”类目辑录相关单位稿件中涉及的抗击新冠肺炎疫情与复工复产复学等相关内容。

五、《福州年鉴（2021）》稿件主要由市直部门、各县（市）区、园区、驻榕部队等相关单位撰写并审核。书中涉及的主要数据由于各供稿单位资料来源、统计口径及统计时点不尽相同，可能略有差异，读者在引用相关数据时应以福州市统计局正式公布的统计数据为准。数字如果是约数，客观上会造成各分项相加不等于总项的情况。如无特殊说明，数据均不含平潭。增长速度、指数均采用“水平法”。

六、《福州年鉴（2021）》配备双重检索系统，书前刊有总目和中、英文目录，书后备有主题分析索引，范围详及条目和表格。

七、《福州年鉴（2021）》内容在福州史志网（http://fz.fjdsfzw.org.cn）发布。

编制单位：福建省地图出版社　审图号：榕图审〔2021〕43号　资料截至：2020年12月

# 福州市地图

比例尺 1 : 580 000

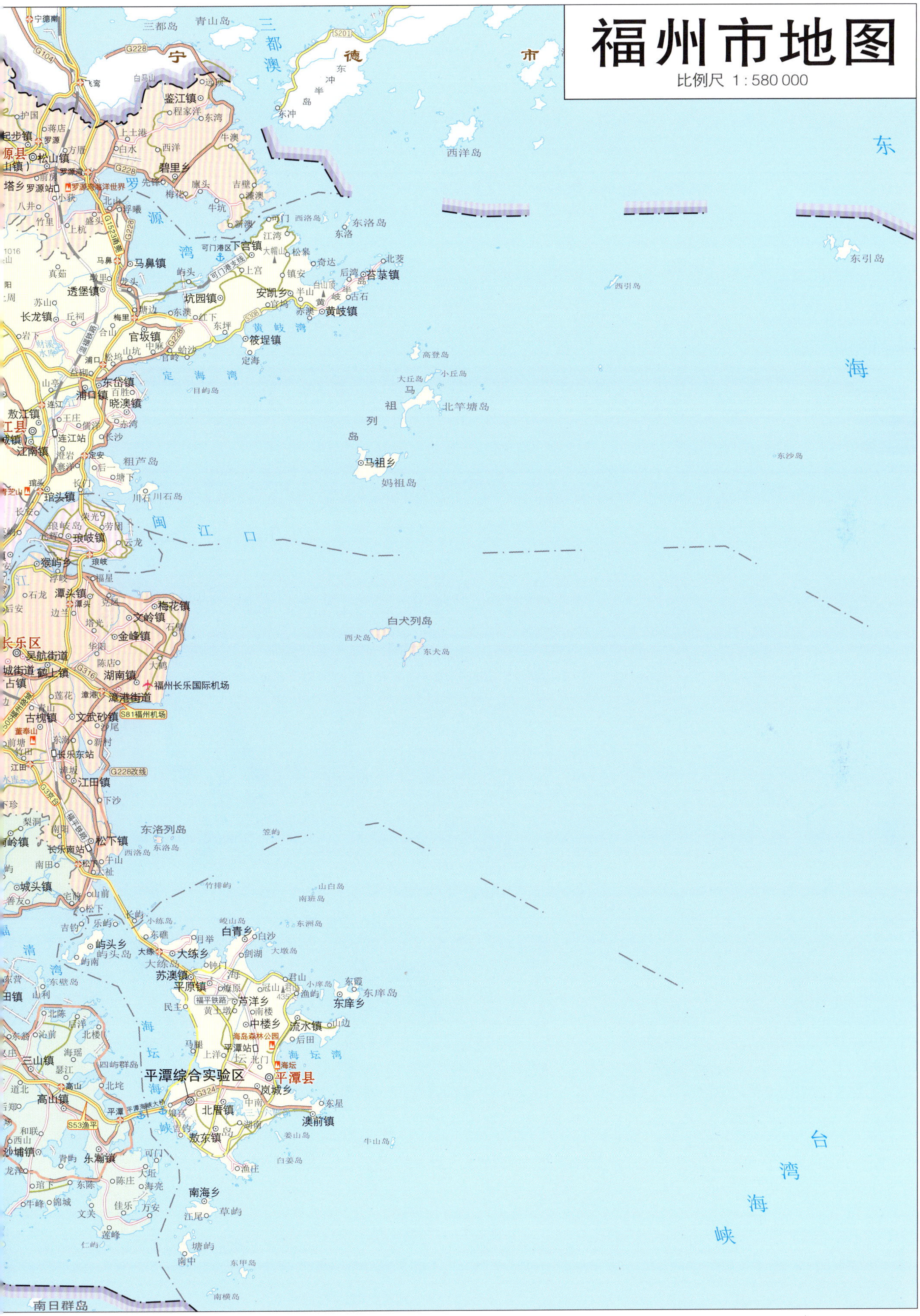

福州西湖（陈捷阳 摄）

全国宜居城市

滨江滨海生态园林城市

福布斯中国大陆最佳商业城市百强城市

全国服务外包示范城市

全国『十三五』服务业综合改革试点区域

全国『十三五』海洋经济创新发展示范城市

中国领军智慧城市

中国软件特色名城

全国黑臭水体治理示范城市

全国森林旅游示范市

『健康中国』年度标志城市

# 城市荣誉

国家森林城市

国家园林城市

全国文明城市

国家卫生城市

中国优秀旅游城市

全国绿化模范城市

国家环保模范城市

全国首批创建生态文明典范城市

全国双拥模范城市

国家历史文化名城

# 党政要闻

2020年，福州全市上下凝心聚力、攻坚克难、锐意进取，坚持以改革开放为动力，全方位推动高质量发展超越，统筹推进疫情防控和经济社会发展，各项事业发展取得新进展新成效。

12月26日，中共福州市委十一届十二次全会召开，作出坚持“3820”战略工程思想精髓、全方位推动高质量发展超越、加快建设社会主义现代化国际城市的决策部署，并号召全市为完成“十四五”规划各项目标任务、加快建设社会主义现代化国际城市而努力奋斗。

2020年12月23-24日，省委书记尹力（右二）在福州调研 （张永定 摄）

2020 年 10 月 15 日，省委副书记、省长王宁出席全国双创活动周福建分会场暨创响中国·福州站活动 （张人峰 摄）

2020 年 12 月 25 日，中共福州市委十一届十二次全会举行。省委常委、市委书记林宝金作工作报告　（叶义斌 摄）

2020 年 1 月 5 日，福州市第十五届人民代表大会第四次会议在福州海峡国际会展中心开幕，市委副书记、市长尤猛军作政府工作报告　（叶义斌 摄）

2020 年 7 月 28 日，福州市学习贯彻《习近平在福州》系列采访实录主题宣讲展示活动在东部办公区举行

（市委宣传部 供）

2020 年 1 月 14 日，福州 · 宁德山海协作工作座谈会在福州召开 （张人峰 摄）

2020 年 1 月 15 日，福州召开全市“不忘初心、牢记使命”主题教育总结会（叶义斌 摄）

2020 年 6 月 25 日，福建省政府办公厅首次委托第三方机构开展全省政务公开评估工作。福州市被评为政务公开优秀单位，获省政府办公厅通报表扬。图为市行政（市民）服务中心设置“全城通办”窗口（林晗 摄）

2020 年 10 月 9 日，2020 年数字党建高峰论坛在福州长乐数字教育小镇举行　（叶义斌　摄）

2020 年 12 月 27 日，福州市鼓楼区“红色对话——红色小广播　对话新思想”互动式党员理论学习活动启动，首期对话在南街街道党员政治生活馆举行　（池远　摄）

# 勠力战“疫”

2020 年，面对突如其来的新冠肺炎疫情，福州广大医疗卫生工作者舍生忘死、挽救生命；广大党员干部勇挑重担、冲在一线；广大企业家、海内外乡亲捐款捐物、倾情奉献；全市人民风雨同舟、众志成城，构筑起疫情防控的坚固防线。

全市累计下达疫情防控资金 15.75 亿元。围绕复工复产，减免企业社保费 60 亿元，发放企业稳岗补贴 22 亿元，对防疫企业及受疫情影响企业新增贷款 3457.3 亿元。

2020 年 1 月 27 日，福建省首批医疗队援助湖北，福州 12 名护理人员随队驰援武汉。图为出征仪式现场，医护人员庄严宣誓 （叶义斌 摄）

2020 年，福州市行政服务中心道运中心窗口开展“网上办、自助办、预约办、延期办”等便民服务，保障新冠疫情防控期间行政审批运行。图为市民预约后到行政服务中心错峰办理营运车辆道路运输证 （市道运中心 供图）

2020 年 1 月 30 日，鼓楼区闽都社区工作人员通过喇叭提醒居民注意防范新冠肺炎 （张人峰 摄）

抗击新冠肺炎疫情期间，福州市全部新冠肺炎疑似病例的咽拭子、血清标本接收、流转及检测工作，均由福州市疾控中心完成。图为工作人员在负压实验室里检测病原 （刘红 摄）



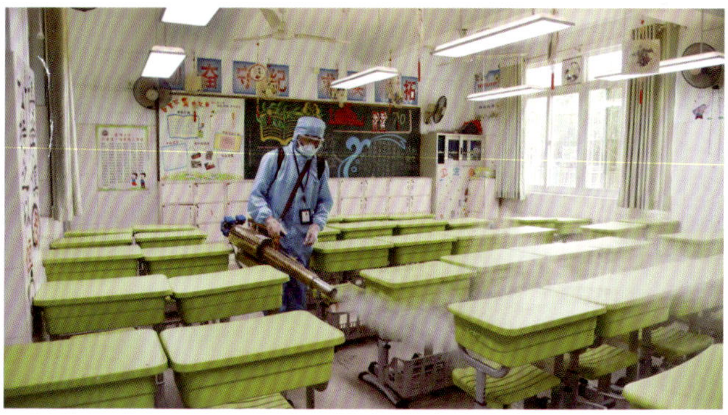

2020 年 4 月 28 日，仓山区组织专业消杀服务队在麦顶小学开展消杀志愿服务 （林志源 摄）

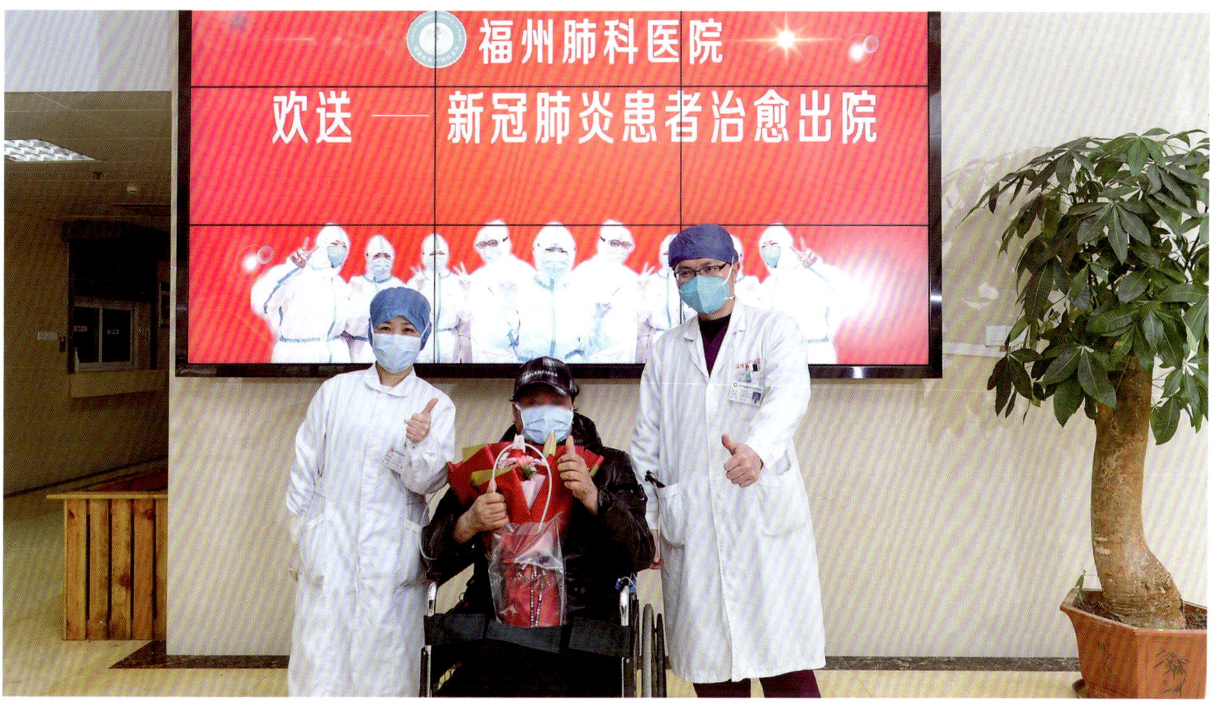


2020 年 2 月 19 日，福建首例新冠肺炎确诊病例出院 （邹家骅 摄）

1 2020年2月21日，福州市总工会机关党员志愿者搬运“暖心菜”，为抗疫一线医务人员家庭“点对点”配送 （李白蕾 摄）

2 2020年，福州市教育系统在延迟开学期间，全面开通“网上教室”，构建“空中课堂”，统一规划展开全市中小学线上教育教学教研工作。图为屏东中学教师在直播教学 （市教育局 供图）

3 2020年，海外华侨、港澳台胞和各地商会的企业家举侨界商界之力与家乡人民共克时艰，共抗疫情。图为美国长乐公会准备将募捐的防疫物资寄往家乡 （陈荣华 供图）

4 2020年，福州市分区分级精准防控，统筹疫情防控与经济社会发展，推进企业复工复产。图为返榕务工人员进行健康情况登记 （池远 摄）

5 2020年3月5日，福州市再添1例新冠肺炎确诊患者治愈出院，实现在院治疗确诊患者数“清零”、医务人员“零感染”，成为继龙岩、厦门之后，全省第3个在院治疗确诊病例“清零”的设区市 （池远 摄）

6 2020年，福州市完善企业防疫规范、创新配送方式，在保障民生商品供应的同时，避免大型商超人员聚集购物，进一步阻断疫情接触传播途径。图为2月13日，永辉超市黎明店内顾客排队等候结算 （叶义斌 摄）

7 2020年10月8日，“健康使命—2020”福建省福州市秋冬季新冠肺炎本土聚集性疫情联防联控应急演练举行（张人峰 摄）

8 2020年3月31日，福建支援湖北抗击新冠肺炎疫情医疗队凯旋 （叶义斌 摄）

3M

为了您的健康
请保持1米以上排队距离
HAPPY SWEET

福建省福州市秋冬季新冠肺炎
本土聚集性疫情防联控应急演练

英雄
天使

# 稳中向好

2020年，福州市全力落实“六稳”“六保”任务，经济运行企稳回升。全市地区生产总值达10020.02亿元，比上年增长5.1%，首次突破万亿元大关。

开展“抓项目促跨越”专项行动，落实重点项目2960个，“五个一批”综合考评位居全省第1位；开展“双百双千”增产增效专项行动，全方位精准帮扶重点企业2660家，其中2625家实现正增长；开展“百项千亿”技改专项行动，从基金、融资、要素等方面予以支持，实施技改项目313项；开展“惠聚榕城消费季”专项行动，通过发放消费券、直播带货等措施，直接拉动消费40.1亿元，15个夜色经济体验示范街区建成开街；开展“网络招商、视频招商”专项行动，通过线上洽谈、线上推介等方式，签约华电福瑞能源、恒拓原油集散平台等产业项目6479个。

2020年，“福州十大魅力乡村”评选结果公布。图为入选的晋安区九峰村　　（林双伟 摄）

2020年7月12日，国内首台10兆瓦海上风电机组在三峡集团福建福清兴化湾二期海上风电场并网发电，为国内自主研发的单机容量亚太第一、全球第二的海上风电机组　　（林善传 摄）

2020年6月25日，在位于福州连江粗芦岛的马尾造船股份有限公司2号舾装码头，全国首艘装载国产化科考装备的载人潜水器支持保障母船——“探索二号”科考船完成所有增改建项目并起航　　（欧阳进权 摄）

2020 年 8 月 1 日，福州港“丝路海运”快捷航线首航。“丝路海运”快捷航线的推出，是福建省落实中央“六稳”“六保”工作部署的一项重要举措　（朱榕 摄）

2020 年 9 月 27 日，福建省“中国农民丰收节”福州专场、福州市“中国农民丰收节”主场暨福建省 2020 年少数民族“中国农民丰收节”主会场活动在罗源县松山镇八井村开幕（郑帅 摄）

2020 年 10 月 27 日，福州马尾—台湾跨境电商货物海运直航专线首航仪式在马尾区海盈码头举行（欧阳进权 摄）

2020 年 10 月，连江县本土企业研发的深远海海鱼机械化养殖平台——“定海湾 1 号”动工建设　（林双伟 摄）

2020 年 11 月 27 日，“华龙一号”全球首堆——中核集团福清核电 5 号机组首次并网成功　（福清核电 供图）

2020 年 9 月 18 日，2020 年中国航天大会主论坛在福州举办，会上首发 2020 年宇航领域科学问题与技术难题，颁发2019年度中国航天基金奖 （叶义斌 摄）

2020 年 9 月 25 日，以“弘扬企业家精神发挥生力军作用”为主题的第三届全国青年企业家峰会在福州举行。图为知名企业家曹德旺发表演讲 （池远 摄）

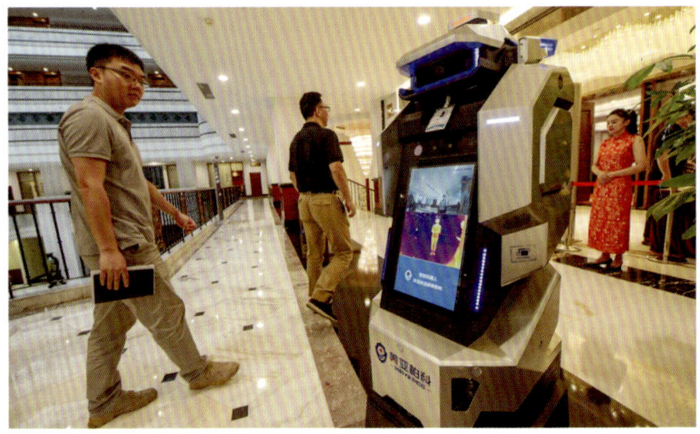

2020 年 9 月 25 日，2020 年中国福建互联网大会在福州举行。图为现场展示的多功能防疫版智能机器人 （林双伟 摄）

2020 年 10 月 12 日，第三届数字中国建设峰会在榕开幕，图为钟南山院士在开幕仪式上视频致辞 （叶诚 摄）

2020 年 11 月 11 日，第四届“榕博汇”暨高校毕业生对接会在海峡国际会展中心举行，邀请 1338 家单位提供 2 万多个岗位，首次实现“千企万岗、同台对接”（陈暖 摄）

2020 年 12 月 8 日，首届海峡两岸（福州）职工创新创业创造大赛主题日活动在福州工人文化宫广场举行（邹家骅 摄）

2020 年 10 月 19 日—21 日，第三届中国粮食交易大会在福州海峡国际会展中心召开。图为展会上展示的用面食制成的工艺品（张人峰 摄）

2020 年 12 月 18 日，福州企业家大会召开，会上发布培育农业龙头企业、工业龙头企业、软件业龙头企业、建筑业龙头企业、服务业龙头企业等 5 项工作方案及政策措施（张人峰 摄）

第六届"海上丝绸之路"（福州）国际旅游节

1 2020 年 8 月 28 日，“全闽乐购 惠聚榕城”购物嘉年华活动在福州市晋安区东二环泰禾广场启动 （张人峰 摄）

2 2020 年 11 月 27 日，第六届“海上丝绸之路”（福州）国际旅游节暨“全福游”嘉年华在福州启动 （陈暖 摄）

3 2020 年 11 月 15 日，“全闽乐购 · 游商圈”首发团启动仪式在福州东街口举行 （福州市商务局 供图）

4 2020 年 12 月 25 日，“全闽乐购 · 跨年购”暨第二届商博会在福州海峡国际会展中心开幕 （石美祥 摄）

5 2020 年 12 月 30 日，福州市 15 个夜色经济体验示范街区同步开街。图为“上下杭 · 金银里”商业步行街开街 （郑帅 摄）

# 全面脱贫

2020 年是全面建成小康社会目标实现之年，也是脱贫攻坚收官之年。福州市推进全面脱贫与乡村振兴有效衔接，打造乡村振兴中高级版试点村 69 个，新建美丽乡村 174 个、提升美丽乡村 200 个，新建农村幸福院 153 个。农村居民人均可支配收入 22600 元，比上年增长 6%。截至 2020 年，继 2017 年底贫困户、贫困村全部实现脱贫摘帽退出后，全市无返贫和新增贫困人口。福州市连续 5 年（2016— 2020 年）在省委、省政府对设区市党委、政府扶贫开发工作成效考核中位居全省第一，连续 4 年（2017—2020 年）在全国东西部扶贫协作考核中获得“好”的等次，获全国首批精准脱贫示范城市称号，并助力甘肃定西如期脱贫。

2020 年 4 月 20 日，福州市全市决战决胜脱贫攻坚工作推进会召开　（张人峰 摄）

2020 年，罗源县构建“多个渠道引水、一个龙头放水”的扶贫投入新格局。图为罗源县巾帼食用菌专业合作社利用农村劳动力发展菌菇产业　（郑帅 摄）

2020 年 4 月 16 日，福州连江县乡村振兴休闲农业企业党建联盟助力脱贫攻坚暨茶产业党建联盟授牌仪式在贵安开心农场举行。图为脱贫户免费领到鸡苗、鸭苗　（郑瑞洋 摄）

2020年，永泰县在全市率先成立县级扶贫开发协会。图为入选福建省第一批“金牌旅游村”的永泰县月洲村（张培奋 摄）

2020年，闽清县总结推广“家”字工作法助力精准扶贫。图为闽清县梅雄村 （李乾浩 摄）

福州市与甘肃省定西市东西部生态扶贫协作的标杆项目——福州·定西东西部扶贫协作水土流失综合治理（生态林）项目，植树造林709.4公顷，栽植各类苗木160.56万株。被当地人称为“福州林”
（张人峰 摄）

2020年5月15日，福州·定西东西部扶贫协作视频对接会召开
（叶义斌 摄）

2020年9月11日，由福州市政府和定西市政府共同主办的
州·定西经贸文化旅游活动周在甘肃定西开幕。图为该周系
活动之一——福州—兰州航线直航启动仪式 （郑帅

至2020年9月，福州市累计援建甘肃省定西市扶贫车间140个，纳贫困人口就业超2000人。图为福州连江县援建的定西菜子的食用菌大棚（张人峰 摄）

2020年，福州市持续援建甘肃省定西市。图为援建的定西市陇西县首阳镇扶贫车间（连江县扶贫办 供图）

# 城市建设

2020年，福州市持续开展城市品质提升“十位一体”专项行动。实施新店外环路、下洋路延伸段、首山路北段等城区缓堵项目136个，建成投用福马路、站东互通、西岭互通铜盘路连接线等项目67个。改造旧屋区16个、面积115万平方米。整治老旧小区126个。提升立面景观110处。整治传统老街巷54条、小街巷59条。提升改造垃圾分类屋（亭）911座，厨余垃圾处理厂和生活垃圾焚烧协同处置厂建成投用。加快滨海新城建设，建成海峡青少年活动中心、安置房三期等项目58个。三江口片区开发稳步推进，建成樟岚北片区道路、马航洲湿地修复保护等项目5个。

2020年，福州完成拆墙透绿点位450个，将城区的封闭式围墙改造成通透式或开放式围墙，为城市增加绿色景观，打通视线通廊。图为改造后的南禅山公园（池远 摄）

2020年“五一”期间，福州城区陆续有葛屿新苑配套道路、上渡新苑三期配套道路、太平里路及太平二路等4条新路建成并开放。图为太平里路
（叶义斌 摄）

2020 年 10 月 31 日，世界城市日中国主场（福州）活动开幕，现场发布《福州倡议》 （叶诚 摄）

2020 年，福州市围绕居住密集、文化底蕴丰富的老街巷，进行系统综合整治提升。图为提升改造后的秘书巷 （叶义斌 摄）

2020 年上半年，福州市垃圾分类工作进入全国排名第一档，成为全国 9 个免检城市之一。图为苍霞街道美伦浩洋丽都 A 区智慧垃圾分类屋 （池远 摄）

2020 年 1 月 1 日，新洪塘大桥三分之一幅桥面通车，服役近 30 年的老洪塘大桥同步封闭并启动拆除（叶义斌 摄）

2020 年 1 月 15 日，闽侯乌龙江大道（上街段）项目一期重要节点工程——橘园洲大桥西桥头互通立交道路建成通车（叶义斌 摄）

2020 年 6 月 30 日，莆炎高速福州段通车，市民驱车从福州（南）收费站前往永泰嵩口古镇最快仅需 45 分钟，比原来缩短约 30 分钟（叶义斌 摄）

2020 年 1 月 22 日，104 国道连江至晋安段改线工程通车，成为串联福州主城区和连江、马尾琅岐的最快通道
（叶义斌 摄）

2020 年 6 月 15 日，国内跨径最大的变高度连续钢桁结合梁结构桥道庆洲大桥取得关键性进展——跨江主桥合龙
（叶义斌 摄）

城市建设

1 2020 年 12 月 17 日，福建省首个宜家商场在晋安区开业（林星星 摄）

2 2020 年 12 月 26 日，福州至平潭铁路开通运营（王福斌 摄）

3 2020 年 12 月 27 日，福州地铁 1 号线二期通车。图为市民体验地铁 1 号线二期（叶义斌 摄）

4 2020 年，滨海新城综合性公共文化活动中心——海峡青少年活动中心竣工投用（陈铭清 摄）

城市建设

# 民生福祉

2020 年，福州市蝉联全国文明城市和全国双拥模范城。民生保障日益增强，城镇居民人均可支配收入 49358 元，比上年增长 3%。新改扩建公办幼儿园 27 所，规范治理小区配套幼儿园 237 所，新改扩建中小学 24 所。2.9 万个公办、普惠幼儿园学位实行公开派位，民办义务教育学校全部实行摇号招生。新成立福州三中等教育集团 3 个。市精神病院门诊楼、市皮肤病院医技楼、市二医院改扩建等 20 个重点医疗项目进展顺利，市妇幼保健院新院建成投用，滨海新城医院（一期）、市一医院外科病房大楼等项目基本建成。组建紧密型县域医共体 9 个。启动建设安置型商品房 1.8 万套，新增政策性租赁住房 2.05 万套。全面放开落户限制，实现户籍迁入“零门槛”。

2020 年，滨海新城租赁住房（一期）项目竣工，为全省第一个租赁房试点项目 （黄升 摄）

2020 年，“e 福州”便民服务平台延伸到家门口。图为市民在办理政务事项 （李锦清 摄）

2020 年，福州市民办义务教育学校全部实行摇号招生。图为福州五城区民办初中摇号现场 （市教育局 供图）

2020 年，福州市全面放开户口落户限制，不受年龄、学历、就业创业的限制，均可落户福州人才集体户。图为高校毕业生在招聘会

（池远 摄）

2020 年 10 月 20 日，全国双拥模范城（县）命名暨双拥模范单位和个人表彰大会在北京举行，福州市获全国双拥模范城“九连冠”。图为驻榕部队官兵参加义务植树活动

（叶义斌 摄）

2020 年 11 月 10 日，中央文明办公布第六届全国文明城市入选城市名单和复查确认保留荣誉称号的前五届全国文明城市名单，福州市连续四次获评全国文明城市。图为志愿者在安泰河旁清理垃圾　（叶义斌 摄）

2020 年 10 月 20 日，福建省养老领域首个 PPP 项目——晋安区社会福利中心（华煦 · 桂湖颐养中心）开业。该中心被国家发展改革委、民政部确定为国家城企联动普惠养老项目　（林双伟　摄）

2020 年 12 月 25 日，位于晋安区的福建省儿童医院开业投用，结束全省没有省级儿童医院的历史（省儿童医院　供图）

2020 年，福州市妇幼保健院新院建成并投入使用，并入选“十三五”规划妇幼保健机构优秀建设项目成果展（叶义斌 摄）

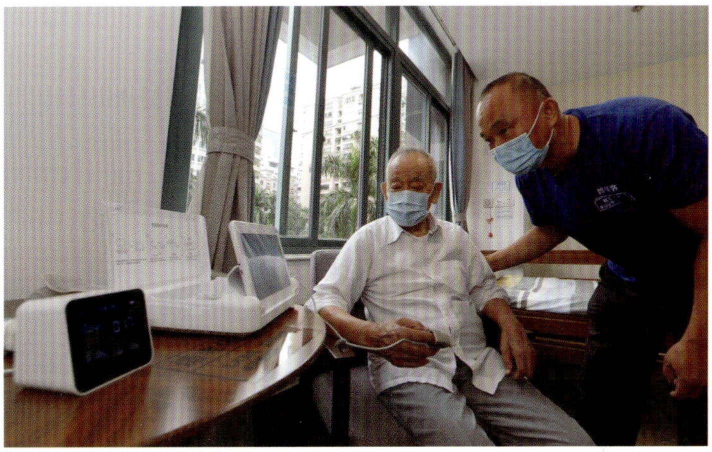

2020 年，福州市政府印发《福州市加快推进养老服务发展（2020—2022 年）实施方案》，通过 5 个方面 21 条具体措施破解养老服务发展障碍。图为老人在使用数字康养平台 （池远 摄）

2020 年 8 月 19 日中国医师节，福清城头镇吉钓村卫生所的村医王锦萍获颁 2020 年“最美医生”荣誉证书 （福清市委宣传部 供图）

# 闽都文化

2020年，福州市举办第25届市运会、福州马拉松、世界女子围棋赛等大型体育赛事。实施新一轮古厝保护提升项目335个，开放冶山遗址公园，继续拓展完善梁厝、登高山、温麻等17个特色历史文化街区。“福建船政”入选第四批国家工业遗产名单。举办海丝国际旅游节、丝路国际电影节。提升基层文化站488个。市非遗展示馆、台湾会馆建成开放。

2020年1月21日，福州市15个特色历史文化街区集中开街，图为主会场闽侯县昙石山特色历史文化街区（叶义斌 摄）

2020年5月，位于仓山区阳岐村的严复故居完成修缮 （陈暖 摄）

2020 年 7 月 11 日，“同心力 云逐梦”2020 闽台棒球交流线上活动在福州海峡奥体中心和台湾地区嘉义市稻江科技暨管理学院棒球场同时举行 （陈坚 摄）

2020 年 8 月 15 日，在新冠肺炎疫情发生后，全国首场且规模最大的两岸青年交流活动——第八届海青节集中活动在福州举办 （叶义斌 摄）

1 2020 年 10 月 17 日 ，全国唯一漆艺博物馆——福建省沈绍安漆艺博物馆在朱紫坊芙蓉园开馆 （吴晖 摄）

2 2020 年 10 月 18 日，位于闽清县云龙乡后垅村的吴孟超院士馆揭牌开馆 （池远 摄）

3 2020 年 11 月 1 日，福州台湾会馆在三坊七巷黄巷复建揭牌 （林双伟 摄）

闽都文化

4 2020 年 12 月 18 日，冰心诞辰 120 周年相关纪念系列活动在榕举行。图为冰心幼女吴青在会上发言　（郑帅 摄）

5 2020 年 12 月 8 日，国际灌溉排水委员会第 71 届执行理事会宣布本届世界灌溉工程遗产评选结果，福清市天宝陂入选世界灌溉工程遗产名录。图为天宝陂　（倪政榕 摄）

# 生态榕城

2020 年，福州市持续推进“绿进万家、绿满榕城”行动，造林绿化 4866.67 公顷，建成区新种乔木 16 万株。新增林荫大道 51 条，提升绿道 143.3 千米，新建街头、路边、山边、水边串珠式小公园 432 个。基本建成城区内河信息化平台，内河水系治理全面转入长效运营管理阶段。

1 2020 年 6 月，福州市首座水系二级调度中心试运营，实现对片区 19 条主干河道的全天候 24 小时智能化管护（叶义斌 摄）

2 2020 年，福州城区水系治理进入尾声，构建以“行政 + 企业”双河长制为特色的运营管护新机制。图为台江区政府河长和企业河长在三捷河沿线巡查（叶义斌 摄）

3 2020 年 7 月 13 日，福州市首座音乐喷泉钢坝闸亮相琼东河（叶义斌 摄）

4 晋安河（周英琦 摄）

5 白马河夜色（詹瑞琴 摄）

6 流花溪（李琴 摄）

7 新西河（李琴 摄）

1 2020 年 4 月，滨江市民广场上盖公园完工 （叶义斌 摄）

2 2020 年，福州市一批街头公园对外开放。图为东二环街头公园 （邹家骅 摄）

3 2020 年 12 月，福州左海公园历时两年多改造，二期工程园建部分基本完成 （林双伟 摄）

4 2020 年 11 月，福山郊野公园二期步道全线贯通 （林双伟 摄）

5
6
7

5 2020 年，晋安区北峰环线全景公路鼓宦线获评全国“十大最美农村路” （省交通厅 供图）

6 2020 年，福州市人工更新造林总面积 3382.87 公顷，新增 96.87 公顷。全市森林覆盖率 58.36%。图为新冠肺炎疫情期间，造林人员在山上分散作业 （市林业局供图）

7 2020 年 4 月 1 日，闽江河口国家湿地公园开园 （陈暖 摄）

# 数字福州
# 2020

年末常住总人口

**832 万人**

城镇化率

**72.49%**

森林覆盖率

**58.36%**

地区生产总值

**10020.02 亿元**

一般公共预算总收入

**1108.36 亿元**

社会消费品零售总额

**4225.61 亿元**

进出口总额

**2504.8 亿元**

城镇居民人均可支配收入

**49300 元**

农村居民人均可支配（纯）收入

**22669 元**

第一产业增加值：560.7 亿元
第二产业增加值：3840.77 亿元
第三产业增加值：5618.55 亿元
工业增加值：2532.16 亿元
三次产业比例：5.6 ：38.3 ：56.1

一般公共预算收入：675.61 亿元
一般公共预算支出：950.2 亿元
在岗职工平均工资：96478 元
城镇居民人均消费支出：32019 元
农村居民人均消费支出：17713 元

出口总额：1786.5 亿元
进口总额：718.4 亿元
实际利用外资：10.1 亿美元
金融机构年末存款余额（本外币）：17738.03 亿元
金融机构年末贷款余额（本外币）：19651.44 亿元

高等院校数：34 所
高等院校在校学生数：363738 人
卫生机构数：4662 个
卫生技术人员数：65608 人
卫生机构床位数：41102 张

• 数据来自《福州统计年鉴—2021》

# 总　目

# 目　录

## 特　　载



## 福州市“十三五”经济社会发展成就



## 决胜脱贫攻坚



## 抗击新冠肺炎疫情专辑

## 大 事 记



## 市情概貌



## 中国共产党福州市委员会

## 福州市人民代表大会

## 福州市人民政府

## 中国人民政治协商会议福州市委员会



## 纪检　监察



## 民主党派与工商联

## 群众团体

## 法　治

## 军　事



## 应急管理

## 外事　侨务　港澳台事务



## 自然资源管理



## 生态环境保护



## 经济管理

## 市场监督管理

## 财政　税务



## 农业　农村

## 工 业



## 建筑业 房地产业

## 商贸流通与服务业



## 金 融 业

## 信 息 业



## 旅 游 业



## 对外及对港澳台经济贸易

## 经济协作 扶贫开发



## 新区 自贸区



## 园区建设

## 城乡建设与管理

## 交通 邮政



## 口 岸

# 科学技术



# 社会科学

## 教　育



## 文　化

## 历史文化名城

## 体　　育



## 卫生健康



## 社会生活

## 县(市)区

## 人物名录



## 附　录



## 统计资料



## 索　引

# Contents

## Special Issue



## Fuzhou City "the 13th Five-Year Plan" Achievements in Economic and Social Development



## Complete Victory in the Fight Against Poverty



## Prevention and Control of COVID-19



## Memorabilia



## City Profile



## Fuzhou Municipal Committee of the Communist Party of China



## Fuzhou Municipal People's Congress

## Fuzhou Municipal People's Government



## Fuzhou Municipal Committee of the Chinese People's Political Consultative Conference



## Discipline Inspection and Supervision



## The Democratic Parties and The Association of Industry and Commerce



## Social Organizations



## Rule of Law



## Military

## Emergency Management



## Foreign Affairs, Hong Kong, Macao and Taiwan Affairs



## Natural Resources Management



## Ecology and Environment



## Economic Management



## Market Regulation



## Finance and Tax



## Agriculture and Rural Affairs



## Industry

## Construction and Real Estate



## Commodity Circulation and Services Industry



## Financial Industry



## Information Industry



## Tourism



## Foreign, Hong Kong, Macao and Taiwan Economic Trade



## Economic Cooperation and Poverty Alleviation



## New District and Pilot Free Trade Zone



## Park Construction



## City Construction and Management



## Transportation and Postal Services

## Port



## Science and Technology



## Social Science



## Education



## Culture



## Historical and Cultural Blocks



## Sport



## Health



## Social Life

## County(City) and District



## Person



## Appendix



## Statistical Data



## Index

## 坚持“3820”战略工程思想精髓 开启建设现代化国际城市新征程

——2020 年 12 月 25 日在市委十一届十二次全会第二次全体会议上

福建省委常委、福州市委书记 林宝金

同志们：

市委十一届十二次全会的主要任务是，深入学习贯彻习近平总书记重要讲话和党的十九届五中全会精神，全面贯彻落实省委十届十一次全会部署要求，动员全市上下坚持“3820”战略工程思想精髓，抢抓机遇，乘势而上，加压奋进，全方位推动高质量发展超越，加快建设现代化国际城市。

根据市委常委会研究，我讲四点意见。

**一、深入学习领会习近平总书记重要讲话和党的十九届五中全会精神，切实增强贯彻落实的政治自觉、思想自觉、行动自觉**

党的十九届五中全会是在实现“两个一百年”奋斗目标的历史交汇点上召开的一次重要会议。习近平总书记所作的《说明》和重要讲话，科学回答了关系党和国家事业发展的一系列重大理论和实践问题，为做好“十四五”乃至更长时期工作指明了方向、提供了遵循。全会通过的《中共中央关于制定国民经济和社会发展第十四个五年规划和二〇三五年远景目标的建议》，指导思想、遵循原则、主要目标和重大任务举措清晰明确，是开启全面建设社会主义现代化国家新征程的纲领性文件和行动指南。

12 月 21 日，省委召开十届十一次全会，对学习贯彻落实五中全会精神作出全面部署。我们要深入学习领会，把思想行动统一到中央和省委全会精神上来。

一要深刻理解把握“十三五”时期决胜全面建成小康社会取得的决定性成就，这些成就的取得，最根本是在于有习近平总书记的举旗定向、掌舵领航，有以习近平同志为核心的党中央的坚强领导，有习近平新时代中国特色社会主义思想的科学指引。

二要深刻理解把握党中央关于我国发展环境面临深刻复杂变化的科学判断，始终胸怀“两个大局”，增强机遇意识、风险意识，在国家大格局、大目标、大战略中找准定位、谋划发展，努力在危机中育新机、于变局中开新局。

三要深刻理解把握党中央关于新发展阶段、新发展理念、新发展格局的重大战略部署，坚持系统观念，加强对各领域发展的前瞻性思考、全局性谋划、战略性布局、整体性推进，牢牢掌握全方位推动高质量发展超越的战略主动权。

四要深刻理解把握二〇三五年远景目标和“十四五”经济社会发展的指导思想、主要目标、重点任务，认真对标对表，逐项深化研究，抓好福州“十四五”和未来更长时间发展的谋篇布局，把中央和省委部署要求不折不扣贯彻落实到位。

五要深刻理解把握关于坚持党的全面领导的重要要求，提高党领导贯彻新发展理念、构建新发展格局的能力和水平，为全方位推动高质量发展超越、加快建设现代化国际城市提供根本保证。

**二、坚持“3820”战略工程思想精髓，乘势而上加快建设现代化国际城市**

福州是习近平新时代中国特色社会主义思想的重要孕育地、先行实践地。上世纪 90 年代初，习总书记在福州工作期间，以马克思主义战略家的远见卓识，科学谋划实施“3820”战略工程，确立了福州发展的总纲领、总方略，引领福州实现超常规、跨越式发展。这些年来，特别是“十三五”以来，全市上下坚持“3820”战略工程思想精髓，积极抢抓战略机遇，马上就办、真抓实干，推动经济社会发展取得全面进步。福州经济实力大幅提升，全市经济总量连跨 4 个千亿元台阶，今年可望突破万亿元大关；产业体系更加完备，电子信息、装备制造、纺织化纤等主导产业集群不断壮大；城市更新有序推进，新区新城蓄势崛起，乡村振兴战略深入实施；全面深化改革纵深推进，营商环境不断优化，发展活力持续增强；对外开放不断扩大，主动融入“一带一路”，自贸区建设取得积极成效，榕台融合持续深化；民生保障水平不断提升，生态优势更加凸显，平安福州、法治福州建设持续深化，共建共治共享模式探索推进，福州的发展局面、发展势头持续向好，为“十四五”时期全方位推动高质量发展超越奠定了坚实基础。这些成绩的取得，得益于习近平新时代中国特色社会主义思想的科学指导，得益于“3820”战略工程思想精髓这一制胜法宝的有力指引。

站在新的历史起点上，福州谋划“十四五”发展和2035年远景目标，要坚持“3820”战略工程思想精髓，立足新发展阶段，融入新发展格局，找准发展定位，坚定发展信心，加快建设现代化国际城市。

第一，建设现代化国际城市，是“3820”战略工程的延续升华。习总书记指出，现代化国际城市以“3820工程”为基础，是比“3820工程”更为长远和更高层次的目标。所谓“现代化”，包括城市经济的现代化，社会的现代化，文化、教育和科学技术的现代化，居住方式、环境、基础设施的现代化，以及人的现代化等；所谓“国际化”，是指城市经济、社会、文化的发展，与国际经济、社会、文化发展的联系与融合，要求在现代化的基础上高度的国际开放性。我们要认真研究、准确把握现代化国际城市的丰富内涵，搞清楚“要建一个什么样的城市”。

第二，建设现代化国际城市，是全方位推动高质量发展超越的宏伟愿景。习总书记当年谋划“3820”战略工程时，提出要赶超亚洲“四小龙”，尽快改变“后排就座”的状况。在完成赶超的历史时刻，赋予福建全方位推动高质量发展超越的重大使命。这些都是建设现代化国际城市的内涵要求。我们要把全方位超越作为贯穿现代化国际城市建设的主线，把建设现代化国际城市作为推动全方位超越的愿景，抢抓机遇，补齐短板，加快发展，用全方位超越的实际成效，提升城市的现代化、国际化水平。

第三，建设现代化国际城市，是全面建设社会主义现代化国家的福州实践。站位全国来看，建设现代化国际城市，是福州在国家大格局、大战略中找位次、定坐标的现实要求；立足福州来看，全面建设社会主义现代化国家，是城市建设发展的根本方向和重要指针。我们既要主动融入大局，准确把握战略目标、战略方向、战略重点，更要立足实际、久久为功，努力把习总书记当年擘画的蓝图变为现实，把福州打造成为展示社会主义现代化国家建设成效的重要窗口。

**三、谱写福州“十四五”新篇章，在全方位推动高质量发展超越中走在前列、作出示范**

“十四五”时期是我国实现新的更大发展的关键时期，也是福州全方位推动高质量发展超越的重要发力期。我们要因势而谋，应势而动，顺势而为，全力实施强省会战略，增创发展和竞争新优势，为建设现代化国际城市开好局、起好步。

按照中央和省委精神，结合福州实际，市委确定“十四五”时期经济社会发展总体要求是：高举习近平新时代中国特色社会主义思想伟大旗帜，深入贯彻党的十九大和十九届二中、三中、四中、五中全会精神，全面贯彻党的基本理论、基本路线、基本方略，紧紧围绕统筹推进“五位一体”总体布局和协调推进“四个全面”战略布局，增强“四个意识”、坚定“四个自信”、做到“两个维护”，坚持党的全面领导，坚持以人民为中心，坚持新发展理念，坚持深化改革开放，坚持系统观念，坚持稳中求进工作总基调，以全方位推动高质量发展超越为主题，以深化供给侧结构性改革为主线，以改革创新为根本动力，以满足人民日益增长的美好生活需要为根本目的，统筹发展和安全，坚定不移贯彻落实“3820”战略工程思想精髓，建设现代化经济体系，服务构建新发展格局，积极探索榕台融合发展新路，推进市域治理体系和治理能力现代化，实现经济行稳致远、社会安定和谐，全力打造新时代有福之州、幸福之城，加快建设社会主义现代化国际城市。

加快建设现代化国际城市，必须提高政治站位，大力弘扬习近平总书记在福州工作期间倡导的思路理念和实践探索，坚持一张蓝图绘到底，当好践行习近平新时代中国特色社会主义思想的示范城市；必须坚持系统思维，加快构建现代化经济体系、现代化区域发展体系、现代化治理体系，推动发展质量效益双提升，不断提升福州现代化建设水平；必须发挥特色优势，着力打造海洋产业、新型材料、数字经济、海港空港、闽都文化等五大国际品牌，增强福州的国际知名度和影响力。

根据上述总体要求，《建议》明确提出“十四五”时期我市经济社会发展7个方面主要目标和12项重点任务，这些都是事关福州发展的全局性、战略性、关键性问题，我们要统筹协调推进，重点攻坚突破，持续实施9大专项行动。

第一，要围绕加强党的全面领导，实施党建引领专项行动。实现“十四五”规划目标，必须坚持党的全面领导，把党的领导制度优势转化为治理效能。一要加强党的政治建设。深入学习贯彻习近平新时代中国特色社会主义思想，增强“四个意识”、坚定“四个自信”、做到“两个维护”，推动习近平总书记重要讲话重要指示批示精神和党中央决策部署在福州落地见效。二要夯实党的基层基础。牢固树立大抓基层的鲜明导向，深化“红色领航工程”，推动党支部整体质量提升，把各领域基层党组织都建设成为坚强战斗堡垒。要弘扬党的优良传统，巩固拓展“不忘初心、牢记使命”主题教育成果。要选好配强各级党组织领导班子，不断增强整体功能，提高抓改革、促发展、保稳定的工作水平和专业化能力。三要发挥党统揽全局、协调各方作用。推动新时代人大工作与时俱进，加强人民政协专门协商机构建设，加强和改进新时代党的统战工作，提高建言资政和凝聚共识水平，巩固和发展大团结大联合局面。要发挥群团组织作用，把人民群众紧紧凝聚在党的周围。四要营造良好政治生态。始终坚持“严”的主基调，加强对公权力运行的制约和监督，一体推进不敢腐、不能腐、不想腐，高质量推进巡察全覆盖，着力整治形式主义、官僚主义，不断增强党自我净化、自我完善、自我革新、自我提高能力。

第二，要围绕强化科技创新，实施科教兴城专项行动。科技创新始终是第一动力，必须依托国家自主创新示范区，加快建设创新型省会城市。一要打造创新平台。瞄准新技术、新领域前瞻布局重大科技基础设施集群，高标准建设中科院海西研究院、省光电信息创新实验室，筹建柔性电子创新实验室，争取更多重大科技项目落地福州。要注重发挥高校、科研院所、企业创新源头作用，支持共建高水平研究型大学、特色学院和新型研发机构，加快打造全国一流大学城。要依托大学城以及高新区，规划建设福建科学城，建强软件园等“一区二十四”园，扎实推进“三创园”建设，促进产学研用深度融合，全面激发创新活力。二要培育创新主体。实施高新技术企业倍增计划，鼓励企业加大研发投入、加强科技自主创新，促进创新要素向企业集聚，加快培育一批创新型领军企业和“专精特新”隐形冠军。要支持企业组建创新联合体、建设共性技术平台，推动产业链上下游、大中小企业融通创新。三要做优创新生态。深入推进科技创新体制改革，健全科技重大专项“揭榜挂帅”攻关等制度，完善从研发到落地的全链条转化机制，加强金融支持科技创新，加快构建创新创业创造生态圈。四要集聚创新人才。用好“榕博汇”“闽都英才”等平台，加大人才引进力度，推动产业链、创新链与人才链精准对接融合，培育打造更多一流科技领军人才和创新团队。

第三，要围绕构建现代产业体系，实施龙头扶引专项行动。坚持把经济发展着力点放在实体经济上，着力扶引大龙头、培育大集群、发展大产业，提升产业链供应链现代化水平。一要推进工业（产业）园区标准化建设。坚持以新型工业化推动现代化，扎实推进工业（产业）园区标准化建设，支持企业技改、扩大投资，培育一批五百亿、千亿级龙头企业。实施产业延链补链强链，支持龙头企业垂直整合、跨区拓展，布局建设上下游企业联盟，推动产业集群做大做强。二要深入实施数字经济领跑行动。融入国家数字经济创新发展试验区建设，加快数字产业化、产业数字化，用好数字中国建设峰会成果，培育壮大大数据、物联网、区块链等数字产业集群。要深入实施智能制造工程和“上云用数赋智”行动，推动工业互联网创新发展。要加快建设城市大脑，创新数字应用场景，打造数字应用第一城。三要大力培育战略性新兴产业。聚焦新一代信息技术、智能装备、新材料、新能源等领域，超前布局人工智能、生物工程、量子信息、氢能等未来产业，率先推出一批新技术、新产品、新模式，培育一批具有较强竞争力的战略性新兴产业集群。要以国家海洋经济发展示范区建设为抓手，挖掘海洋资源潜力，大力发展海洋工程装备、海洋生物医药等海洋先进制造业和新兴产业，扎实推进“百台万吨”深远海养殖平台建设，持续壮大临港产业，加快建设海上福州。四要做大做强现代服务业。深化国家服务业综合改革试点，大力培育总部经济、楼宇经济、会展经济，提升现代物流、金融业、全域旅游、康养、育幼等发展水平，推动生产性服务业向专业化和价值链高端延伸，生活性服务业向高品质和多元化升级。加快服务业数字化、标准化、品牌化建设，打造现代服务业集聚示范区。

第四，要围绕融入新发展格局，实施扩大内需专项行动。坚持扩大内需这个战略基点，深入实施内循环培育、双循环示范工程，更好服务构建新发展格局。一要构建综合交通体系。统筹布局大港口、大枢纽、大通道建设，围绕打造海丝门户枢纽机场，加快机场二期扩建，推动城际铁路F2、F3线进机场，实现高铁、航空优势互补，提升空港交通效益。要围绕打造国际深水大港，加快建设一批园区型、疏港型铁路专用线，完善集疏运体系，提升福州港竞争力。要全力提速沿海大通道建设，谋划推动温福、昌福高铁等，打造连接长三角、珠三角和长江经济带城市群的区域交通枢纽中心。二要建设物流枢纽城市。整合马尾水产品、福清元洪等资源，扎实推进国家冷链物流基地建设，提升罗源湾、江阴港城、空港三大物流集聚区，优化产供销全链条服务，加快打造面向海丝、辐射全国的区域性物流集散中心。三要持续扩大有效投资。要深化“五个一批”项目推进机制，扩大新型基础设施、新型城镇化和重大工程投资，推进一批强基础、增功能、利长远的重大项目建设，加快补齐市政工程、农业农村、公共安全、生态环保、民生保障等领域短板。要实施榕商回归工程，鼓励民间资本投资医疗、康养、教育等，激发民间投资潜力。四要促进消费提质扩容。顺应市场消费升级需求，增强优质商品和服务供给，提升传统消费，培育新型消费，适当增加公共消费。要培育发展网红经济、直播经济、夜色经济等新业态新模式，推动传统商圈“智慧化”建设，促进线上线下消费融合。要发展服务消费，提振住房消费，支持新能源汽车消费，开拓乡村、社区消费市场，打造一流消费中心城市。

第五，要围绕激发发展活力动力，实施改革攻坚专项行动。发挥改革开放的突破和先导作用，用好“多区叠加”战略机遇，以更深层次改革、更高水平开放激发发展新活力。一要加快完善市场经济体制。坚持市场化改革方向，着力破除深层次体制机制障碍和隐性壁垒，推动有效市场和有为政府更好结合，充分激发民营经济活力。要更加注重改革系统集成，扎实推进重点领域和关键环节改革，全面开展市属国企战略性重组和专业化整合，持续深化要素市场化配置改革，完善金融有效支持实体经济体制机制，不断拓展改革的广度和深度。二要以“海丝”引领全面开放。积极融入海丝核心区建设，深入实施丝路海运、数字海丝等八大重点工程，持续办好海丝博览会、丝路国际电影节、海丝国际旅游节等重大活动，全面深化与“海丝”沿线国家和地区交流合作。要深化拓展与长崎等17个国际友好城市的交流、互动与合作，积极申办高水平、高规格的国际会议活动，打造一批对外交流、经贸合作平台，积极展示开放包容的城市形象，加快福州国际化步伐。要积极推动自贸试验区福州片区扩区，探索建设自由贸易港，统筹推进“两国双园”建设，打造一批高层次开放平台，用好RCEP自贸协定政策，进一步提高开放型经济发展质量。三要持续优化营商环境。坚持“市场主体满意”和“营商评价提升”双导向，深入推进“放管服”改革，深化“证照分离”“多证合一”改革，健全“一企一议”机制，加快打造市场化、法治化、国际化营商环境。要全面建设数字政府，加强跨部门协作、线上线下协同，拓展提升“互联网+政务服务”，促进更多事项集成办理、全城通办、跨市通办。四要推动榕台深度融合发展。深化经济领域融合，实施新一轮对台产业合作计划，加强智能制造、芯片软件、金融、文化旅游、现代农业等优势产业对接合作，引导和支持台资企业参与强链补链和科技创新。要深化基础设施领域融合，稳步推进与马祖地区通水通气通电通桥，拓展榕台海上货运航线，推动信息通信、电子商务等新领域合作。要深化社会领域融合，坚持"非禁即享"，完善保障台湾同胞福祉和享受同等待遇的政策和制度，吸引更多台湾人才来榕就业，推动更多台胞参与社区治理、乡村振兴，打造台胞台企登陆第一家园。要深化文化领域融合，持续办好海峡青年节、海峡两岸民俗节等活动，用好海峡青年交流营地、台湾会馆、两岸社区交流中心等平台，不断深化民间交流，共同传承闽都文化，促进情感交融、心灵契合。

第六，要围绕打造福州都市圈，实施区域协同专项行动。坚持城乡融合、山海联动，健全区域协调发展体制机制，提升省会发展能级，争创国家中心城市。一要优化市域空间布局。围绕提升都市圈综合承载力，科学统筹生态、农业、城镇等功能空间布局，构建"一主一副、两轴两翼一区"国土空间总体结构。要加快国家城乡融合发展试验区建设，有序稳妥推进行政区划调整，实施县（市）差异化发展战略，推动中心城市与县城一体发展、共同繁荣。二要实施城市更新提升。深化老城区"十位一体"综合提升，加大老旧小区改造力度，持续推进交通治堵，大力发展地铁等公共交通，加快建设智慧城市、海绵城市。要实施"两江四岸"治理，提升沿岸景观风貌，加快打造美丽闽江。要加大历史文化名城保护力度，持续提升三坊七巷、上下杭、烟台山，高标准办好第44届世遗大会，扎实推进海丝、船政等申遗工作，推动文化旅游深度融合发展。三要高标准建设新区新城。对标雄安新区，坚持产、城、人深度融合，扎实推进临空经济示范区建设，发展数字经济、临空经济、枢纽经济、旅游经济，加快长乐区行政中心搬迁，提升基础设施和公共服务配套，加强湿地生态保护，不断聚产业、聚人气、聚活力。要统筹推进三江口、闽江口等组团建设，进一步拉开城市框架、拓展发展空间。四要全面推进乡村振兴。坚持以城带乡，接续推进全面脱贫与乡村振兴有效衔接，做优现代农业七大特色产业，培育茉莉花、福橘、橄榄特色品牌，促进农村一二三产融合发展。深入实施"一革命五行动"，加快补齐农村基础设施和公共服务短板，努力培育更多美丽乡村、特色小镇。五要引领闽东北区域协同发展。深化13个协作平台建设，统筹推进一批重大基础设施、重大民生项目，促进就业、教育、医疗卫生等资源共享，加强产业发展、政务服务、区域应急、环保治污、对外开放等方面协同。要加快一体化建设，构建福州都市圈1小时通勤圈，提升省会辐射带动力。

第七，要围绕生态文明建设，实施绿色发展专项行动。坚持绿水青山就是金山银山，处理好经济发展与生态保护的关系，加快建设美丽福州。一要打造国家生态文明建设示范城市。深化自然资源资产产权制度改革，完善资源环境产权交易制度，深化连江生态产品市场化改革试点，健全生态保护补偿、生态司法保护等机制，不断提升生态文明制度治理效能。二要坚决打好污染防治攻坚战。坚持系统治理、源头治理、精准治理，深入开展长空亮剑、碧水攻坚、守护净土、碧海银滩四大行动，全面提升生态环境质量，力争各项指标保持全国省会城市前列。要全面落实河湖长制，抓好闽江、敖江、龙江等重点流域及小流域综合治理，全面消除V类水质，力争稳定在Ⅲ类以上。三要加强生态环境保护修复。坚持山水林田湖草系统治理，强化重点生态功能区、生态环境敏感区、脆弱区等区域保护，深入实施"三沿一环"等重大生态修复工程，提升福州都市圈生态系统整体质量。要深入开展村植千树、绿满榕城等行动，提高国家森林城市建设水平。四要促进绿色低碳发展。坚持经济生态化、生态经济化，大力发展绿色低碳循环经济，加快推动产业结构、空间结构、能源结构和消费结构转型。要倡导绿色生活方式和消费模式，调动群众积极性、主动性，全面推行垃圾分类和减量化、资源化，让城乡环境更加绿色宜居。

第八，要围绕增进民生福祉，实施温暖榕城专项行动。坚持人民至上、以人为本，解决好群众"急难愁盼"的问题，不断增强人民群众获得感、幸福感。一要着力保基本、兜底线。坚持就业优先，落实减负援企稳岗政策，扩大公益性岗位安置，统筹抓好高校毕业生、农民工、退役军人等重点群体就业。要完善养老保险、失业保险、工伤保险、医疗保险基本制度和社会救助制度，健全覆盖城乡、公平统一、可持续的多层次社会保障体系，兜牢基本生活保障底线。要实施居民增收行动，健全工资合理增长机制，突出扩中、调高、提低，多渠道促进城镇职工、农民、重点群体、困难群体持续增收，扎实推进共同富裕。二要着力补短板、惠民生。实施"优质学校、优秀校长、优秀教师"带动工程，鼓励集团化办学，支持和规范民办教育发展，促进各阶段教育优质、均衡、特色发展，加快建设教育强市。要深化医药卫生体制改革，加快国家区域医疗中心建设，高水平建设现代医院，加快优质医疗资源扩容和下沉共享，建设更高水平的健康福州。要建立完善平战结合、医防一体的公共卫生服务体系，提高突发公共卫生事件应对能力。要积极应对人口老龄化，坚持居家社区机构相协调、医养康养相结合，大力发展智慧养老、健康养老等新业态新模式，健全长期照护体系，打造"3443"福州特色养老服务模式。同时要高水平用好土地和空间资源，高品质打造篮球、足球、网球、游泳馆、羽毛球馆、文化艺术中心等公共文体场馆，提升城市国际化水平。

三要着力优治理、促和谐。深入学习贯彻"三个如何"重要指示，践行"四下基层"，推广军门社区"13335"工作法，完善"四门四访"等信访制度，及时有效化解社会矛盾。要推进市域社会治理现代化试点建设，构建网格化管理、精细化服务、信息化支撑的基层管理服务平台，提升社区治理水平。

第九，要围绕统筹发展和安全，实施平安福州专项行动。深入贯彻总体国家安全观，妥善防范化解各类风险挑战，建设更高水平的平安福州。一要巩固国家安全防线。严密防范打击各种渗透、破坏、颠覆、分裂活动，坚决维护国家政权安全、制度安全、意识形态安全。要开展国家安全宣传教育，增强全民国家安全意识。要完善国防动员体系，持续深化双拥共建，推动军民融合深度发展。二要保障人民生命安全。严格落实安全生产责任制，加强安全隐患排查整治，加强房屋结构安全、道路交通、食品药品等重点行业领域治理，坚决遏制重特大安全事故发生。要健全完善应急管理和保障体系，提高防灾、减灾、抗灾、救灾水平。三要维护社会安定稳定。深化法治福州建设，坚持依法行政，促进司法公正，维护社会公平正义。要加强社会治安防控体系建设，严厉打击各类违法犯罪，推动扫黑除恶长效常治，保障人民安居乐业、社会安定有序。

**四、马上就办、真抓实干，推动“十四五”发展各项目标任务落到实处**

目标已经明确，关键要只争朝夕、狠抓落实。全市上下要坚持“3820”战略工程思想精髓，大力弘扬“马上就办、真抓实干”的优良传统，提振精气神，奋进“十四五”，凝聚起推进现代化建设的强大力量。

一要强化实干担当。有多大担当才能干多大事业。各级领导干部要主动扛起责任，对照“十四五”发展路线图、施工表、责任书，实打实地抓，硬碰硬地干，确保一抓到底、抓出成效。“一把手”要发挥“头雁效应”，带头崇尚实干、干在实处。要发扬“钉钉子”精神，撸起袖子加油干，以锲而不舍的韧劲，一项一项抓落实，确保干一件成一件、积小胜为大胜。

二要发扬斗争精神。前进道路上，困难问题一定存在，风险挑战一定存在，任何时候都要保持战略定力，增强斗争意识。要勇于直面困难，主动迎难而上，在涉险滩、挑重担、打头阵中，着力突破“难、硬、重、新”问题，推动发展取得更大实效。要始终保持一股闯劲、冲劲和韧劲，抢抓机遇，求新求变，努力在危机中育新机、于变局中开新局。

三要锤炼过硬本领。绳短不能汲深井，浅水难以负大舟。各级各部门要全力抓好班子队伍建设，提高贯彻新发展理念、构建新发展格局、领导现代化建设的能力。要围绕增强“八种本领”、提高“七种能力”，加强思想淬炼、政治历练、实践锻炼、专业训练，练就应对重大挑战、抵御重大风险、克服重大阻力、解决重大矛盾的硬脊梁、铁肩膀、真本事。

四要鼓浓干事氛围。加快“十四五”发展，必须充分调动一切积极因素，激发干部群众干事创业的强大动力。要坚持严管厚爱，深化一线考核，树立正确用人导向，给干事者鼓劲，为担当者撑腰，让想干事、真干事、能干事、干成事在福州蔚然成风。要加强宣传引导，激励各级干部新时代新担当新作为，团结带领全市人民奋斗“十四五”、创造新业绩。

蓝图已经绘就，奋进正当其时！让我们更加紧密地团结在以习近平同志为核心的党中央周围，高举习近平新时代中国特色社会主义思想伟大旗帜，不忘初心、牢记使命，抢抓机遇、开拓进取，在全方位推动高质量发展超越中走在前列、作出示范，全力打造新时代有福之州、幸福之城，为把福州建设成为现代化国际城市不懈奋斗！

## 政府工作报告

——2021年1月6日在福州市第十五届人民代表大会第五次会议上

福州市人民政府市长　尤猛军

各位代表：

现在，我代表福州市人民政府，向大会报告政府工作，请予审议，并请市政协各位委员提出意见。

**一、“十三五”发展回顾**

五年来，在党中央国务院、省委省政府和市委的坚强领导下，市政府以习近平新时代中国特色社会主义思想为指导，全面贯彻党的十九大和十九届二中、三中、四中、五中全会精神，认真落实习近平总书记重要讲话重要指示批示精神，马上就办、真抓实干，迎难而上、拼搏奋进，全市综合实力跃上新台阶，城乡面貌焕然一新，人民群众幸福感明显增强。

（一）经济发展提质增效

——地区生产总值从5777亿元提高到预计突破1万亿元，五年跨越五个千亿台阶，在全国省会城市中排名从第13位提高到第十位。

——人均地区生产总值从7.74万元提高到预计12.5万元，在全国省会城市中排名从第11位提高到第六位。

——农林牧渔业总产值稳居全省首位。水产品产量和产值跃居全国地级市第一位。粮食安全省长责任制考核连续三年全省第一，“菜篮子”市长负责制考核连续四次全省第一。

——工业总产值从8195亿元提高到预计突破1.1万亿元。产值超百亿工业企业数量占全省三分之一。

——上市企业数量从69家增加到91家，总市值超万亿元。

——国家级高新技术企业从444家增加到2052家，数量翻了两番多。

——战略性新兴产业增加值占规上工业增加值比重从21.8%提高到预计29.3%。

——全社会研究与试验发展经费投入强度从1.76%提高到预计2.2%，投入总量从98.8亿元提高到预计232亿元、连续四年全省第一。

——三产增加值从2839亿元提高到预计突破5500亿元，占地区生产总值比重从49.1%提高到55%以上。

——社会消费品零售总额从2925.5亿元提高到预计突破4200亿元。

——金融业增加值从576亿元提高到预计突破1200亿元，占地区生产总值比重从10%提高到12%以上。

——旅游总人数从4669万人次提高到9654万人次。旅游总收入从537亿元增加到1450亿元。

——数字经济规模预计突破4500亿元，占地区生产总值比重达45%。

——海洋生产总值从1532亿元提高到预计2850亿元。

——建筑业增加值从689.4亿元提高到预计1380亿元，位居全省第1位。

——国企总资产（不含金融企业）从2261亿元增加到5084亿元。

——引进并投产产业项目10625个，落地京东方、万华化学、申远聚酰胺一体化等一批投资超百亿项目。

——引进高层次人才超1万人、高技能人才超5万人。

（二）改革开放蹄疾步稳

——福州新区地区生产总值预计年

均增长9%，占全市比重从22.1%提高到24%左右。

——自贸区福州片区推出创新举措230项，其中全国首创79项、全国复制推广25项。

——国家自主创新示范区福州片区推出创新举措29项，其中全省推广13项。获评国家创新型城市。

——国家海洋经济发展示范区开工建设全国第3个国家级远洋渔业基地。

——生态文明试验区24项重点改革任务全面完成，其中4项改革举措在全国推广。

——发起成立“21世纪海上合作委员会”，27个国家的62个城市和组织成为会员单位。获国际友好城市特别贡献奖。

——进出口总额从2065亿元提高到2526亿元。累计新设台资企业897家，合同利用台资20.3亿美元。

——行政审批服务事项承诺时限压缩比例全国第一。营商环境便利度排名从全球第73位提高到第28位。城市信用排名从全国第25位提高到第三位。

——数字政府发展排名位居全国省会城市第三位，政府数据开放指数位居全国第六位。

（三）基础设施日臻完善

——福州港集装箱吞吐量从全球第73位跃升到第49位，货物吞吐量从1.4亿吨增加到2.48亿吨、跃居全省第一位。

——长乐国际机场航线从106条增加到119条，航点从73个增加到94个。旅客吞吐量从1088万人次增加到1476万人次，新开通纽约、巴黎、莫斯科等重要国际航班。机场第二跑道开工建设。

——铁路运营里程从474.6公里增加到542.3公里。福州到平潭铁路建成通车。

——高速公路通车里程从588公里增加到754公里，“三纵三横”高速公路网基本形成。

——新建、改造农村公路800公里。国省道从803公里增加到1291公里。

——市政道路从1256公里增加到2461公里。市政路网密度从每平方公里4.8公里提高到8.3公里，跃居全省第一位。

——地铁1号线、2号线60公里开通运营。地铁4号线、5号线、6号线、滨海快线170.4公里同步开建。

——城镇供水管网从3369公里增加到5288.6公里，供水能力从每日232.3万吨提高到330万吨，污水处理能力从每日133.5万吨提高到151.5万吨。

——城镇燃气管网长度从2588公里增加到3840公里，居民管道燃气用户数从60.5万户增加到104.2万户。

——红庙岭垃圾处理场22个垃圾后端处理项目全部建成投用，垃圾分类处理能力实现全覆盖。城区生活垃圾实现“零填埋”。

（四）城乡面貌明显进步

——建成区面积从375.9平方公里扩大到416平方公里，常住人口城镇化率从67.7%提高到71%。长乐顺利撤市设区。

——城区156条内河治理基本完成，拆除沿河房屋近400万平方米，埋设截污管道260公里，清除淤泥295万立方米，修复改造雨污管网2522公里，治理污染源3507个，建成城区水系联排联调中心，黑臭水体全面消除。获评全国黑臭水体治理示范城市。

——造林绿化48.9万亩。森林覆盖率58.36%，位居全国省会城市第二位。人均公园绿地面积提高到15.3平方米。建成区新种乔木85万株，新增园林绿地面积5.8万亩，绿地率提高到42.2%。荣获国家森林城市、全国森林旅游示范市称号。

——建设环山休闲步道131.3公里、滨水休闲步道680.3公里、大型生态公园15个、串珠式小公园1202个，开挖旗山湖、晋安湖等调蓄、景观湖7个。整合拓展西湖、左海景区水系。打造闽江两岸休闲景观带56公里。

——实施连片旧屋区改造186个，拆除旧房2354万平方米，惠及群众10万户35万人。

——实施老旧小区整治608个，惠及群众14.1万户50万人。

——拆墙透绿1072处，拆除围墙92.7公里。城区修补人行道750条、60万平方米。完成缆化下地1071段、439公里。新建、改建城乡公厕1826座。“两违”处置量连续三年全省第一。

——实施城区缓堵项目840个，高峰延时指数下降10.16%，交通拥堵排名从全国第19位下降到第27位。

——城区垃圾分类覆盖率达100%，居民分类准确率达80%，垃圾分类考评排名进入全国前十。

——实施美丽乡村建设1792个，农村无害化厕所普及率从92.5%提高到99.3%，农村污水治理管控率从54.7%提高到91.4%。

——空气质量连续五年位居全国省会城市前三位。闽江、敖江等重点流域水质位居全国前列，小流域优良水质从66.1%提高到91.7%。

——建设冶山、新店遗址公园。整修“三山两塔”。修复上下杭、朱紫坊、烟台山。打造鳌峰坊、南公园等特色历史文化街区17个。整治中山路、学生街、桂香街等传统老街巷261条。保护修缮重点文物和古建筑1200多处。建设马尾船政文化城。福清天宝陂入选世界灌溉工程遗产名录。永泰爱荆庄荣获联合国文化遗产保护奖。

——滨海新城实施建设类项目277个、总投资超2700亿元，落地招商项目625个、总投资1952亿元。福州城市正从滨江城市向滨江滨海城市跨越。

（五）社会事业全面发展

——城镇居民人均可支配收入从34982元提高到预计49358元，农村居民人均可支配收入从15203元提高到预计22600元。

——最低工资标准从每月1350元提高到1720元。城乡居民基础养老金从每月100元提高到190元。实现城乡低保标准一体化。

——新增就业67万人。

——全国首创安置型商品房建设模式，建设安置型商品房7.95万套，公租房实物配租2.37万套。

——解决历史遗留的6.65万户逾期回迁安置问题，共9.9万套、838万平方米。

——新建公办幼儿园66所、小学36所、中学19所，新增幼儿园学位2.6万个、义务教育学位14.55万个，学前普惠学额覆盖率从42.5%提高到90.5%。引进清华附中、天津大学、新加坡国立大学等名校合作办学。

——人均期望寿命从78.4岁提高到79.5岁。每千人医疗机构床位数从4.68张提高到6.2张。新建孟超肝胆医院、省妇产医院、省儿童医院等高等级医院，引进复旦大学附属华山医院合作共建国家区域医疗中心。

——养老床位总数从2.8万张增加到5.35万张。每千名老年人拥有养老床位从24张提高到41.2张。

——建成全民健身点2.5万个。人均体育场地面积从1.84平方米增加到2.49平方米。

——新建市图书馆新馆、海峡文化艺术中心等一批标志性公共文化场馆。

——扫黑除恶好评率连续四年全省第一，执法工作满意率连续三年全省第一，群众安全感率从全省第七位攀升到第二位。

——现行标准下4425户14042名农村建档立卡贫困人口全部脱贫。助力甘肃定西如期脱贫。

## 二、2020年工作总结

2020年，第三届数字中国建设峰会在福州成功举办，习近平总书记发来贺信，给全市人民以巨大鼓舞。一年来，全市上下凝心聚力、攻坚克难、锐意进取，全力打好新冠疫情防控阻击战，全力落实“六稳”“六保”任务，各项工作都取得了新的进展。预计全市地区生产总值突破1万亿元；一般公共预算总收入1108.4亿元，增长1.2%；地方一般公共预算收入675.6亿元，增长1.1%；进出口总额2526亿元，与上年持平；实际利用外资70亿元，增长7.2%；社会消费品零售总额突破4200亿元，增长0.8%；城镇居民人均可支配收入49358元，增长3%；农村居民人均可支配收入22600元，增长6%；固定资产投资增长10.5%；居民消费价格总水平上涨2.8%；城镇登记失业率2.9%。完成省下达的节能减排降碳任务。蝉联全国文明城市和全国双拥模范城。重点采取了以下措施：

（一）*疫情防控有力有效*。围绕“内防反弹”，严守入榕、村居、单位、家庭“四道关口”，做到国内中高风险地区人员进入福州第一时间发现、第一时间掌控、第一时间处置。围绕“外防输入”，坚持人物同防，对境外入榕人员，严格落实统一检测、统一转运、统一隔离；对进口冷链食品，严格落实全面检测、全面消毒、全面追溯。围绕防控能力建设，紧急配备检测设施、救治物品和防护装备，立即动建滨海新城医院（二期）感染楼、新疾控中心，累计下达疫情防控资金15.75亿元。围绕复工复产，减免企业社保费60亿元，发放企业稳岗补贴22亿元，对防疫企业及受疫情影响企业新增贷款3457.3亿元。在疫情防控过程中，广大医疗卫生工作者舍生忘死、挽救生命；广大党员干部勇挑重担、冲在一线；广大企业家、海内外乡亲捐款捐物、倾情奉献；全市人民风雨同舟、众志成城，构筑起疫情防控的坚固防线。从公布首例确诊病例到住院患者清零只用了43天，至今无本土新增确诊病例。

（二）*经济运行企稳回升*。出台促进粮食生产八条措施等支农惠农政策，完成粮食种植面积123.86万亩，七大农业特色产业全产业链总产值预计达2024亿元，一产增加值预计突破540亿元、增长4%。开展“抓项目促跨越”专项行动，构建“晾、晒、奖、惩”项目推进机制，落实重点项目2960个，“五个一批”综合考评位居全省第一位。开展“双百双千”增产增效专项行动，全方位精准帮扶重点企业2660家，其中2625家实现正增长。开展“百项千亿”技改专项行动，从基金、融资、要素等方面予以支持，实施技改项目313个，预计完成技改投资940亿元。二产增加值预计突破4000亿元、比上年增长4.8%。开展“新基建”专项行动，实施人工智能、工业互联网等新基建项目175个，建成5G基站5723个、电动汽车充电桩2000个。开展“惠聚榕城消费季”专项行动，通过发放消费券、直播带货等措施，直接拉动消费40.1亿元，15个夜色经济示范街区建成开街。三产增加值预计突破5500亿元、增长6%。开展“网络招商、视频招商”专项行动，通过线上洽谈、线上推介等方式，签约华电福瑞能源、恒拓原油集散平台等产业项目6479个。实施“引金入榕”工程，引进浙商银行、光大永明保险等一批金融机构。打造晋安湖、东湖、旗山湖等“三创园”，集聚国家级高新技术企业140家。实施工业（产业）园区标准化建设，新建“升级版”标准厂房121万平方米。新增限上规上商贸服务业企业600家、企业总部84家。宜家家居、“上下杭·金银里”商业步行街建成开业。鼓岭旅游度假区完成第三轮整体提升。福州综合保税区、江阴港综合保税区获国家批准。入选国家骨干冷链物流基地。开通福州—台北海运货物直航专线。闽东北、榕港澳、闽浙赣皖、泛珠三角区域协作不断深入推进。山海协作、对口支援以及外事、侨务、异地商会等工作富有成效。

（三）*人居环境持续改善*。开展城市品质提升“十位一体”专项行动。地铁1号线二期开通运营，2号线东延线和6号线东调段获国家发改委批复。“绿进万家、绿满榕城”行动常态化推进，造林绿化7.3万亩，建成区新种乔木16万株。新增林荫大道51条，提升绿道143.3公里，新建街头、路边、山边、水边串珠式小公园432个。实施新店外环路、下洋路延伸段、首山路北段等城区缓堵项目136个，建成投用福马路、站东互通、西岭互通铜盘路连接线等项目67个。改造旧屋区16个115万平方米。整治老旧小区126个。提升立面景观110处。整治传统老街巷54条、小街巷59条。基本建成城区内河信息化平台，内河水系治理全面转入长效运营管理阶段。提升改造垃圾分类屋（亭）911座，厨余垃圾处理厂和生活垃圾焚烧协同处置厂建成投用。新增更新公交车302辆，优化公交线路118条，改建公交站台133个。开展城市精细化管理“十位一体”专项行动。整治提升华林路、湖东路等重要街区11条。铺设超薄沥青防尘路面63条、200万平方米。修补人行道365条、38万平方米。新建公厕202座。完成零星地块精准改造131处。完成拆墙透绿426处。减少围挡23万平方米。清理广告牌匾1927面。拆除废弃杆件931根。整治沿街箱柜1058个。新增缆化下地425段、178公里。优化47条道路车行标识，新设75条道路人行标识730面。清理批而未供土地2.33万亩。处置“两违”942.7万平方米。电动自行车管理更加严格规范。闽江沿线规划管控和大学城、高新区环境整治得到有效提升。

加快滨海新城建设，启动建设输配环、互联网科技产业园、智慧运营中心等项目69个，建成海峡青少年活动中心、安置房三期等项目58个。三江口片区开发稳步推进，建成樟岚北片区道路、马航洲湿地修复保护等项目5个。打造乡村振兴中高级版试点村69个，新建美丽乡村174个、提升美丽乡村200个，建成县域垃圾焚烧处理设施4座、农村生活污水配套管网61公里，拆除旱厕3188个，整治裸房2万栋。建成安全生态水系39公里，综合治理水土流失14.1万亩，新开工洪洋溪安全生态水系、新洋溪防洪治理等重大水利项目27个。第二轮中央生态环保督察交办的1042件群众信访件整改任务全部完成。鼓宦线获评全国“十大最美农村路”。

（四）民生保障日益增强。新改扩建公办幼儿园27所，规范治理小区配套幼儿园237所，新改扩建中小学24所。2.9万个公办、普惠幼儿园学位实行公开派位，民办义务教育学校全部实行摇号招生。中职学校新开设产业发展急需专业27个。新成立福州三中等教育集团3个。市精神病院门诊楼、市皮肤病院医技楼、市二医院改扩建等20个重点医疗项目进展顺利，市妇幼保健院新院建成投用，滨海新城医院（一期）、市一医院外科病房大楼等项目基本建成。组建紧密型县域医共体9个。成功举办第25届市运会、福州马拉松、世界女子围棋赛等大型体育赛事。实施新一轮古厝保护提升项目335个，开放冶山遗址公园，梁厝、登高山、温麻等17个特色历史文化街区继续拓展完善。“福建船政”入选第四批国家工业遗产名单。成功举办海丝国际旅游节、丝路国际电影节。提升基层文化站488个。市非遗展示馆、台湾会馆建成开放。新建农村幸福院153个。启动建设安置型商品房1.8万套，新增政策性租赁住房2.05万套。开展房屋结构安全大排查174万栋，整改隐患问题2.3万处、群租房8684套。整改安全生产重大隐患点308个。全面放开落户限制，实现户籍迁入“零门槛”。编制、信访、仲裁、司法行政、民族宗教、军民融合、国防动员、退役军人服务保障、民兵预备役、双拥、海防、人防、反走私等工作继续加强。广播影视、新闻出版、哲学社会科学、文学艺术、统计、科普、气象、防震、地方志、档案、老龄、青少年、妇女儿童、残疾人、慈善、红十字等各项事业健康发展。

（五）政府建设不断加强。认真学习《习近平谈治国理政》第一、二、三卷以及《习近平在福州》《习近平在福建》等系列采访实录，“四个意识”更加牢固，“四个自信”更加坚定，“两个维护”更加坚决。深入贯彻中央八项规定及实施细则精神，力戒形式主义、官僚主义，严守廉洁制度。弘扬“马上就办、真抓实干”优良作风，坚持一线考核、正向激励，持续开展“服务基层年”等活动，政府系统干部队伍精气神持续提振。政务公开考核位居全省第一。“一企一议”解决企业困难问题7472个，落实减税降费131亿元。行政执法三项制度全面推行。鼓楼区获评全国首批法治政府建设示范区。审计监督力度不断加大。全年实施效能问责145人次。自觉执行市人大及其常委会决定决议，主动接受人大法律监督、工作监督和市政协民主监督，支持市政协开展协商民主实践。提请市人大常委会审议地方性法规草案2件，办复省、市人大代表建议469件和省、市政协提案483件，满意率分别达99.15%、100%。

各位代表，成绩来之不易，这是省委、省政府和市委正确领导的结果，是全市人民团结奋斗、社会各界大力支持的结果。在此，我代表市人民政府，向全市人民，向人大代表、政协委员、各民主党派、工商联、无党派人士、各人民团体、离退休老同志和社会各界人士，向中直、省直机关企事业单位和驻榕部队指战员、武警官兵、公安干警、消防救援队伍指战员，向关心支持福州发展的港澳台同胞、海外侨胞和国际友人，向奋战在抗疫一线的医务工作者，表示衷心的感谢和崇高的敬意！

在总结成绩的同时，我们也清醒地看到当前发展中还存在不少困难和问题，主要是：经济总量不够大，省会城市首位度和竞争力有待提升；产业结构不够优化，科技创新和人才支撑能力相对薄弱；城市品质提升和乡村振兴工作依然任重道远；群众对教育、医疗、养老、托幼等还有不满意的地方；政府治理能力和治理体系现代化水平还需进一步提高，等等。对此，我们将采取有效措施，认真加以解决。

**三、“十四五”发展规划**

根据《中共福州市委关于制定福州市国民经济和社会发展第十四个五年规划和二〇三五年远景目标的建议》，市政府编制了《福州市国民经济和社会发展第十四个五年规划和二〇三五年远景目标纲要（草案）》。

“十四五”发展的指导思想是：高举习近平新时代中国特色社会主义思想伟大旗帜，深入贯彻党的十九大和十九届二中、三中、四中、五中全会精神，紧紧围绕统筹推进“五位一体”总体布局和协调推进“四个全面”战略布局，增强“四个意识”、坚定“四个自信”、做到“两个维护”，坚持稳中求进工作总基调，坚持系统观念，以全方位推动高质量发展超越为主题，以深化供给侧结构性改革为主线，以改革创新为根本动力，以满足人民日益增长的美好生活需要为根本目的，坚持“3820”战略工程思想精髓，加快“三个福州”建设，重点建设六个现代城，打响五大国际品牌，实施九大专项行动，构筑海丝引领、“多区叠加”创新开放新高地，不断增强省会城市辐射力和带动力，全力打造新时代有福之州、幸福之城，加快建设社会主义现代化国际城市。

主要目标是：到2025年，地区生产总值年均增长7%，三产增加值占地区生产总值比重达60%，全社会研究与试验发展经费投入强度接近3%，省会城市首位度达25%以上；到2035年，率先实现全方位高质量发展超越，基本建成社会主义现代化国际城市。

今后五年的主要任务是：

一是实施“海丝”引领。以“海丝”战略为牵引，放大“多区叠加”整体效应，主动融入“一带一路”建设，打造21世纪海上丝绸之路战略支点城市。

二是坚持创新驱动。推进“三创园”、生态型环城科创走廊、全国一流大学城、中国东南（福建）科学城建设，力争全社会研究与试验发展经费投入总量年均增长20%以上，高新技术企业增加到4000家以上。

三是完善产业体系。全力提高产业基础高级化、产业链现代化水平，力争战略性新兴产业增加值占规上工业增加值比重达35%，数字经济规模占地区生产总值比重突破50%，海洋生产总值达4250亿元。

四是构建福州都市圈。打造世界一流港口和国内一流枢纽机场，持续提升城市品质，高质量建设新区新城，推动新时代“山海协作”，提升城市国际化水平。力争福州港集装箱吞吐量突破800万标箱，长乐机场旅客吞吐量超2200万人次，建成区面积达到500平方公里，城区常住人口达到500万人。

五是拓展国内外市场。建设消费中心城市，打造服务国内大循环的重要节点。建设区域性物流集散中心，构建国内国际双循环的重要通道。

六是深化改革开放。构建高标准市场体系，激发微观主体活力，建设营商环境一流城市。推动榕台在经贸、社会、文化等领域的深度融合，打造台胞台企登陆的第一家园先行城市。

七是推进乡村振兴。深化农村改革，构建新型工农城乡关系，开创城乡融合发展新局面。发展现代特色农业，力争七大特色产业全产业链产值达2400亿元。

八是促进文化繁荣。完善公共文化服务体系，深化精神文明建设。繁荣发展闽都文化，加强文化遗产保护传承，推动文化旅游融合发展，打造国际知名旅游目的地。

九是建设生态文明。倡导绿色生产生活方式，维护绿水青山格局，打造生态文明示范城市。力争森林覆盖率达58.5%，城市空气质量优良天数比例保持97%以上。

十是增进民生福祉。稳定和扩大就业，稳步增加居民收入。加快建设教育强市，推进健康福州建设，完善养老托幼服务体系，提高社会保障质量，维护社会安定稳定，持续增强人民群众的获得感、幸福感、安全感。

**四、2021年工作安排**

2021年是奋进“十四五”、逐梦新征程的开局之年。我们要立足新发展阶段，贯彻新发展理念，融入新发展格局，解放思想、坚定信心、埋头苦干，全方位推动高质量发展超越。今年经济社会发展的主要预期目标是：地区生产总值增长8.5%，地方一般公共预算收入增长5%，固定资产投资增长10%，社会消费品零售总额增长9%，出口总额增长8%，实际利用外资增长6%，城镇居民人均可支配收入增长8%，农村居民人均可支配收入增长8.5%，城镇登记失业率控制在3.5%以内，完成节能减排降碳任务。

为实现上述预期目标，在坚持预防为主、聚焦防控重点、强化防控措施、做好常态化疫情防控的同时，重点抓好以下六个方面工作：

*（一）坚持改革开放，主动融入“双循环”新发展格局*

把科技创新作为第一动力源。加快“一区二十四园”建设，发挥国家自主创新示范区福州片区改革“试验田”作用。依托高新区、软件园、大学城，建设生态型环城科创走廊。支持光电信息创新实验室、海西创新研究院、柔性电子创新实验室等平台建设，力争实施技术创新专项40项以上。新培育国家级高新技术企业300家、省级以上制造业单项冠军8家、省级以上“专精特新”企业25家、市级以上众创空间10家。持续开展人才提质聚榕专项行动，办好“榕博汇”，引进培养高层次人才3000人、高技能人才1.5万人以上。

深化重点领域改革。推动自贸区扩区，推出“首创性”举措30项以上，争取本外币合一账户试点、原油非国营进口配额等重大政策落地。优化国有资本布局，做优做大国有企业。加大国企债券发行力度。探索乡村治理“积分制”。加强农村宅基地管理，严格落实“一户一宅”制度。深化公立医院改革，探索组建市属医疗集团。深化居家社区养老服务集成改革试点。推动“邮林贷”“惠林贷”等普惠林业金融增量拓面。

构建东南沿海开放新高地。积极申报空港综合保税区，打造福州（长乐）国际航空城。探索实施自由港部分政策，打造丝路海港城。办好海丝博览会暨海交会、海丝国际旅游节、丝路国际电影节等活动。推进中日（福州）地方发展合作示范区、中国—印度尼西亚“两国双园”建设。鼓励企业开通全货机航线，开展常态化全货运包机。加强对RCEP成员国政策、规则、标准的研究运用，支持企业开拓海丝市场，发挥侨的优势，吸引更多的“一带一路”沿线国家和地区的资金、人才、技术、资源在福州集聚。稳步推进榕马通水、通电、通气、通桥，加快培育省市台湾青年创业就业基地和实习基地，继续办好海峡青年节等对台特色交流活动。开展“福州日”活动和“最美榕城”系列公共外交活动。

构筑服务国内大循环的重要节点。加快中通、韵达、丰大冷链基地等一批项目建设，打造现代物流城。继续构建闽东北综合交通枢纽等13个平台，全面推进沿海大通道、深海养殖合作等重大区域协作项目，加快闽东北一体化进程。深化泛珠三角、闽浙赣皖区域协作，积极承接长三角、粤港澳大湾区等先进地区相关产业转移。加快推进福莆宁城际铁路、温福高铁等重大互联互通项目，打造福莆宁岚1小时经济圈。继续抓好与渭南对口合作，做好与西藏八宿、新疆奇台对口支援工作。

创建一流营商环境。实施优化营商环境4.0版改革，完善“园区办”“打包办”“一网通办”“全城通办”服务，推行不动产登记业务“秒批”制，全面实施工程建设项目竣工联合验收，实现即办件比例50%以上、开办企业办理时限压缩到0.5个工作日以内、全年办税时间压减到90个小时以内，力争营商环境便利度排名进入全球前20位。出台市级社会信用条例，全面推行信用分级分类监管，保持城市信用综合排名位居全国前列。

*（二）坚持融合发展，着力构建现代化产业体系*

推进“三个福州”建设。办好第四届数字中国建设峰会。打造全国数字应用第一城。建设清华—福州数据研究院、鲲鹏生态创新中心等产业创新服务平台10个以上，培育东湖数字小镇、金牛山互联网产业园等数字经济特色集聚区5个以上，推出数字驾驶舱、智慧停车等数字应用示范场景100个以上，建成菜鸟网络、中电数据产业园等数字福州项目30个以上。推动城市大脑建设。力争数字经济规模突破5000亿元。培育宏东、宏龙等海洋经济骨干企业50家以上。实施正太新材、现代水产品交易中心等重点海洋产业项目100个以上。建设福州（连江）国家远洋渔业基地。力争海洋生产总值突破3000亿元。加快纺织化纤、冶金钢铁等行业购销供应链平台建设，做大做强晋安数字产业园、仓山互联网小镇等一批平台企业集聚区，推动朴朴电商等一批平台企业向百亿级企业迈进，扶持永辉供应链、榕滴能源等一批龙头平台企业打造行业标杆。力争平台经济交易额突破2000亿元。

建设先进制造业强市。围绕打造大龙头、大集群、大产业，继续实施“双百双千”增产增效专项行动，精准帮扶重点企业2700家。继续实施“百项千亿”技改专项行动，落实重点技改项目230个，完成投资1000亿元以上，新增“上云上平台”工业企业450家以上。继续实施龙头扶引专项行动，支持恒申控股、大东海集团、永荣控股、中景石化等优质企业发展壮大。继续实施战略性新兴产业领跑专项行动，聚焦新型材料、新能源汽车等领域，支持阿石创新材料、天马科技、礼恩科技等一批企业快速做大，力争战略性新兴产业产值突破3200亿元。盯紧16条产业链，动建祥鑫特种合金铝、科麟环保等强链补链项目。深入开展工业（产业）园区标准化建设，实施补短板项目183个以上，建成“升级版”标准厂房300万平方米以上。加快晋安湖、东湖、旗山湖等“三创园”建设，推进滨海信息产业园一期、高新区创新园三期等78个项目建设。

推动服务业跨越发展。加快商业步行街提档升级，引进国内外品牌首店、旗舰店和体验店，发展“网上餐厅”“网上超市”，打造直播带货、短视频制作、新媒体运营等一批直播平台，大力培育消费新业态。持续开展“惠聚榕城”“美食嘉年华”等特色促销活动，挖掘内需潜力。建设闽都文化城、船政文化城等一批重点旅游景区，促进旅游业加快恢复。办好中国跨境电商交易会，打造1~2个产业链完整、专业性强的跨境电商产业园。发展普惠金融、绿色金融、供应链金融，推动兴业银行金融科技产业园建设。办好第56届全国工艺品交易会、世界华人保险大会等大型展会。新引进企业总部50家。

发展现代特色农业。落实粮食安全省长责任制，确保粮食种植面积稳定在122万亩以上，新增高标准农田11万亩，生猪存栏108万头，农作物良种覆盖率达98.5%以上。新建果蔬菌等设施农业2000亩以上、林下经济示范基地10个，新增“三品一标”农产品22个，新培育市级以上休闲农业示范点5个、休闲渔业示范基地5个。新建一批省级现代农业智慧园、农业物联网应用基地。办好中国（福州）国际渔业博览会、中国食用菌产业博览会。

（三）坚持城乡统筹，加快建设高颜值宜居城市

完善新区新城功能配套。加快长乐区行政中心搬迁。推进福米智能智造园、数字教育小镇、中电福富5G产业园等产城融合示范区建设，壮大临空经济示范区。推进沿海防护林带、下沙度假村、东湖湿地等项目建设，改善新城生态环境。推进第二工人文化宫、安置房七至九期和新城老城半小时交通体系等项目建设，完善新城基础配套。推进嘉里樟岚、亚升总部、福泉高速连接线拓宽改造等44个项目建设，加速三江口片区建设进程。推进闽江口、福清湾、江阴湾等区域开发建设。

提升老城环境品质。实施新一轮市区、县城、镇区品质提升“十位一体”工作方案。开展城区水系治理“回头看”，完成马杭洲河、梁厝河整治，启动大学城水系水质提升和水系连通工程。新启动旧屋区改造项目60个、老旧小区整治项目82个。完成大学城、北江滨中央商务区等10个片区提升改造。清理违章建筑。实施新一轮灯光夜景提升。完善城区垃圾分类收运体系。建成城市管理综合体13座和义序建筑垃圾资源化项目。提升主题公园17个、打造城市花廊19条、完善林荫网络14个、新建街头小公园110个。强化共享单车和电动自行车规范管理。

增强城市承载能力。新改扩建市政道路100公里。续建国省道120公里。动建滨海新城高速、机场第二高速等一批项目。提速316国道长乐漳港至营前段、城区北向第二通道等一批项目。建成道庆洲大桥、洪塘大桥、洪山桥等一批项目。加快福厦客专建设进度。推动高铁进机场、永泰旅游空铁示范线前期工作。开通地铁6号线长乐段，动建2号线东延线和6号线东调段。推进工业北路延伸线、二环东南段闭合等56个缓堵项目建设。新增更新公交车200辆，优化公交线路20条，新建改造公交站台100座、公共停车泊位4000个。完成霍口水库大坝浇筑。实现“一闸三线”长乐段通水、“高水高排”北线贯通。启动全市城乡供水一体化建设，在台江鳌峰片区、海峡会展中心片区、滨海新城启动区等区域开展直饮水建设试点。

提高城市文化品位。打响闽都文化品牌。高水平高标准办好第44届世界遗产大会。落实古厝普查登记和保护利用工作方案，对全市不可移动文物、历史建筑、传统风貌建筑进行核查、认定、修缮和保护。继续推动协和大学历史建筑群、鼓岭历史建筑群等古建筑保护利用工程。围绕建党100周年，打造一批文艺精品。加快建设群众艺术馆新馆、少儿图书馆新馆、科技馆新馆，启动建设美术馆新馆、博物馆新馆。加强非遗保护传承，评选第五批市级非遗传承人。继续办好新春文化旅游月、海峡两岸民俗文化节等活动。提高志愿服务水平。启动第七届全国文明城市创建工作。

加快乡村振兴步伐。持续开展农村垃圾处理、污水治理、旱厕改造、危旧房清理、庭院绿化，推动600个村植树60万株以上，力争70%以上行政村建成“绿盈乡村”。新建农村生活污水配套管网105公里。推进农村垃圾干湿分类。完成裸房整治1万栋。打造乡村振兴精品线路10条以上，新增乡村振兴中高级版试点村60个以上。选任省市级科技特派员600人。严格落实“四个不摘”要求，建立农村低收入人口和欠发达地区帮扶机制。坚持和完善东西部协作和山海协作机制。

（四）坚持绿色发展，努力打造升级版生态家园

健全生态保护机制。实行排污许可制，构建建设项目全链条环境监管机制。推行“林长制”，严厉打击破坏林业生态资源违法行为。落实生态环境损害赔偿制度，强化自然保护地监督管理。整治农村乱占耕地违法建房。严格取水许可审批。深化自然资源资产审计。

增强资源利用效率。出台传统村落

规划编制指南。编制自然资源资产负债表。综合治理水土流失8万亩。清理批而未供土地、闲置土地15万亩。开展耕作层土壤剥离再利用。严厉打击非法采砂行为。

严守生态环保红线。推进二氧化碳排放达峰行动，力争空气质量在省会城市排名保持前3。推行“河长日”“河长制”，力争主要流域水质优良比例达90%以上。开展闽江乌龙江“两江四岸”环境提升工作，提升市民亲水空间品质。强化入海排污口整治和海漂垃圾常态化管控，确保近岸海域水质优良比例达到考核要求。启动海上传统养殖设施环保升级改造。推动罗源湾、福清湾、兴化湾、闽江河口红树林带建设，植树造林6万亩、森林抚育20万亩，实施马尾松改造提升6.84万亩。

（五）坚持人民至上，不断提高市民生活品质

加快教育强市建设。落实学校布局优化、基础教育提质等十大工程。打造全国一流大学城，支持在榕高校做大做强。实施基础教育集团化办学工作方案，培育格致中学、屏东中学等8个教育集团。建设福建职教城，优化职业教育总体布局。天津大学福州国际校区完成一期主体结构建设，清华附中福州学校全面招生。新改扩建公办幼儿园28所、中小学20所，新增公办幼儿园学位8000个、义务教育学位1.8万个、省级示范性幼儿园2所、一级达标高中1所。持续抓好特殊教育、老年教育、继续教育、社区教育。

推动健康福州建设。完成市一医院、市二医院、肺科医院、精神病院等4家重点医院改造提升任务。滨海新城医院投用床位1000张以上，二期感染楼、新疾控中心实现主体封顶。村卫生所标准化建设覆盖率达75%以上。建设全民健康信息化平台。建成核酸检测基地。新建全民健身设施项目340个、足球场地20片。继续办好自行车、马拉松、羽毛球、足球、龙舟、围棋等大型体育赛事。

促进就业和社会保障。落实“十个一批”扩岗行动，力争城镇新增就业12.5万人。开展“和谐同行”三年行动，健全劳动关系协调机制。实施“慈善手拉手”计划，扩大社会救助覆盖面。推动社区养老工作，改造提升晋安、马尾等一批社区养老照料中心，建成台江、仓山等一批社会福利中心。启动住房租赁市场试点，新增租赁住房1.5万套，动建安置型商品房5000套。提高城乡居民医保政府补助标准，提升企事业单位退休人员养老金待遇水平。

完善社会治理体系。推广军门社区工作法，创新社区治理。健全应急管理体系，提高防灾、减灾、抗灾、救灾能力。强化房屋结构安全、危险化学品和道路交通等重点行业领域安全专项治理，坚决防范和遏制重特大事故发生。落实“四个最严”要求，守住食品药品安全底线。完善立体化信息化社会治安防控体系，巩固扫黑除恶专项斗争长效成果，建设更高水平的“平安福州”。健全退役军人服务保障，加强军民融合、国防教育、国防动员和海防、人防、反走私等工作。依法加强民族宗教事务管理。完成村（居）委会换届选举。支持工会、共青团、妇联、残联、红十字会等群团组织更好发挥作用。做好统计、防震、科普、气象、保密等工作。

（六）坚持不忘初心，全面加强服务型政府建设

坚持正确政治方向。深入学习贯彻习近平新时代中国特色社会主义思想，认真落实习近平总书记对福建、福州工作的重要讲话重要指示批示精神，进一步树牢“四个意识”、坚定“四个自信”、做到“两个维护”。把党的全面领导落实到政府工作各领域各方面各环节，确保党中央国务院、省委省政府和市委各项决策部署落到实处。

深化法治政府建设。坚持依宪施政、依法行政，确保各项工作在法治轨道上规范运行。转变政府职能，推动有效市场和有为政府有机融合。认真执行市人大及其常委会决定决议，自觉接受人大法律监督、工作监督和政协民主监督，积极办理人大代表建议、政协提案和协商意见。广泛听取各民主党派、工商联、无党派人士和各人民团体、社会各界人士的意见建议，主动接受舆论监督和群众监督。

强化政府执行能力。弘扬“马上就办、真抓实干”优良作风，整治形式主义、官僚主义，巩固和拓展机关效能建设成果。强化一线考核、一线督查，完善权责清单，深化简政放权，提高政务服务质量。开展“抓项目促提升”专项行动，激发干部队伍进一步焕发比学赶超、竞相发展的激情和斗志。

加强反腐倡廉建设。履行全面从严治党主体责任，落实中央八项规定及实施细则精神，加强土地利用、项目招投标、工程建设等重点领域廉政风险管控，惩治腐败和侵害群众利益等问题，推进政府系统党风廉政建设。强化财政资金使用监管。落实审计整改责任，推进审计全覆盖。

各位代表，今年是中国共产党百年华诞。前景鼓舞人心，蓝图催人奋进。让我们更加紧密地团结在以习近平同志为核心的党中央周围，在省委、省政府和市委的坚强领导下，不忘初心、牢记使命，继续奋斗、勇往直前，为全方位推动高质量发展超越，为把福州建设成为繁荣兴旺、宜居宜业、和谐幸福的现代化国际城市而努力奋斗！

# 福州市“十三五”经济社会发展成就

“十三五”（2016—2020年）以来，福州市坚持以习近平新时代中国特色社会主义思想为指导，全方位推动高质量发展超越，全市经济实力进一步提升，产业结构持续优化，经济发展提质增效，人民生活质量不断提升，社会事业全面进步，经济社会发展领域亮点纷呈。

## 一、经济水平跃上新台阶，综合实力持续提升

经济总量迈上新台阶。2020年全市地区生产总值突破万亿大关，2015年以来，全市经济总量实现一年一千亿的跨越式突破，2020年地区生产总值是2015年的1.5倍；从发展速度来看，“十三五”期间，全市地区生产总值按可比价格计算，年均增长7.7%，均高于全国、全省同期水平，全市经济保持在中高速发展区间。

财政实力持续提升。全市一般公共预算总收入2017年突破1000亿元，2020年达1108.36亿元，较2015年增加260亿元，“十三五”期间年均增长5.0%，占GDP比重为11.1%；2020年地方一般公共预算收入675.61亿元，较2015年增加115亿元，“十三五”期间年均增长5.6%。“十三五”期间，一般公共预算总收入累计5261.62亿元，地方一般公共预算收入累计3257.14亿元，一般公共预算支出累计4593.51亿元，分别是“十二五”时期的1.54倍、1.46倍和1.76倍。

科技实力不断增强。科技创新驱动全市经济提质增效。高技术企业明显增多，国家级高新技术企业从2015年的444家增加至2020年的2052家。“十三五”期间，全市培育国家级制造业单项冠军10家、省级62家，数量居全省第一位；建成全国首个物联网开放实验室、全球最大规模NB-IoT商用项目。科技投入不断增强。全社会研究与试验发展经费投入强度从2015年的1.76%提高至2019年的2.15%，投入总量从2015年的98.8亿元提高至2019年的201.70亿元，连续4年居全省第一位。

文化综合实力不断提升。实施新一轮古厝保护提升项目，开放冶山遗址公园，梁厝、登高山、温麻等特色历史文化街区，打造鳌峰坊、南公园等特色历史文化街区17个。建设马尾船政文化城，“福建船政”入选第四批国家工业遗产名单。举办海丝国际旅游节、丝路国际电影节。市非遗展示馆、台湾会馆建成开放。建设新店遗址公园，整修“三山两塔”，修复上下杭、朱紫坊、烟台山。整治中山路、学生街、桂香街等传统老街巷261条。保护修缮重点文物和古建筑1200多处。福清天宝陂入选世界灌溉工程遗产名录。永泰爱荆庄荣获联合国文化遗产保护奖。

## 二、产业结构优化提升，新动能加速聚集

2020年，全市三次产业结构由2015年的6.6∶44.3∶49.1演变为2020年5.6∶38.3∶56.1，三次产业结构稳定在“三二一”状态，呈现出第一产业和第二产业比重下降，第三产业比重上升的发展趋势。2020年，第一产业比重较“十二五”末下降1个百分点，第二产业比重下降6个百分点，第三产业比重则从“十二五”末的49.1%跃升至56.1%。

农业生产稳中有进。农林牧渔业总产值稳居全省首位。农林牧渔业总产值突破千亿元，水产品产量和产值跃居全国地级市第一位。粮食安全省长责任制考核连续三年居全省第一位，“菜篮子”市长负责制考核连续4次居全省第一位。农业产业化持续推进，2020年，324家农业产业化龙头企业销售收入918亿元，比上年增长2.8%，其中，挂牌院士（专家）工作站企业92家，“国家农产品加工技术研发中心”认定企业7家。全年新增获证无公害农产品15个，绿色食品44个，农产品地理标志登记保护产品2个。

工业经济提质扩量。“十三五”期间，全市工业总产值突破万亿，培育形成纺织化纤、轻工食品、机械制造、电子信息、冶金建材等5个产值超千亿产业，产业集群化发展初具规模，为全方位推进高质量发展超越提供保障。新项目投资力度持续加大，引进落地总投资550亿元的万华化学福建产业园项目、总投资250亿元的大东海高端精品钢铁、总投资220亿元的缘泰石油化工新材料、总投资150亿元的宝钢德盛不锈钢绿色产业基地、总投资106亿元的申远新材料二期等一批投资超百亿元的大项目，

工业固定资产投资总量位居全省第一位。龙头企业不断发展壮大。全市年产值超百亿工业企业（集团）有长乐恒申控股集团、永荣控股集团、大东海集团等15家，百亿企业数量居全省第一位，占全省近三分之一。园区建设卓有成效，全市发展形成工业园区22个，其中国家级7家、省级9家、其他6家。融侨开发区、软件园、长乐功能区、临空经济区4家园区产值（营收）超千亿元。

服务业高质量发展稳中有进。“十三五”期间，全市服务业占国民经济的比重不断上升。2020年，实现服务业增加值5618.55亿元，占GDP比重为56.1%，较2015年提高7个百分点。服务业增加值年均增速8.9%，显著高于第一产业（3.7%）、第二产业（7.0%）增加值增速，并分别高于全市、全省、全国GDP增速平均水平1.2、1.8和3.2个百分点。2016年，第三产业占比首次突破50%，成为推动经济增长的主要拉动力。2016—2019年，第三产业的比重、对经济增长的贡献和拉动在三次产业中均居首位，起到主要支撑作用。“十三五”期间，服务业引领作用不断增强，新产业新业态层出不穷，成为经济增长新动能的“摇篮”。生产性服务业、互联网经济等发展迅速，现代服务业特征明显。互联网加速向各行业渗透，众创平台、跨境电商、互联网金融、新零售、夜间经济、直播经济等新型服务模式、商业模式不断涌现，释放经济活力，服务业新业态新模式成为经济发展的热点和重点，新旧动能转换初见成效。

新动能加速呈现。一是数字服务势头迅猛。“数字福建”是“数字中国”的重要思想源头和实践起点。多年来，市委、市政府坚持深耕“数字福建”发展战略，推进“数字福州”建设，大数据、云计算、物联网服务应用和创新日益活跃，信息服务业呈现出快速增长态势，对经济增长推动作用不断加强，成为经济发展的新动力。2020年，数字经济规模达4600亿元，占GDP比重超45%。“十三五”期间，福州市获批国家首批“综合型信息消费示范城市”和“中国软件特色名城”，福大自动化、星网锐捷、新大陆等一批行业龙头企业连续多年跻身全国软件业务收入百强。二是平台经济成效显现。2019年6月，市委、市政府提出建设“平台福州”的战略部署，聚焦发展行业供应链体系，打造出大型供应链服务平台、无车承运龙头企业。平台经济项目（企业）从少到多，涌现出多个供应链等平台型企业。一批平台经济集聚区在榕城形成规模，跨境电商生态圈初见雏形。三是海洋经济不断壮大。二十世纪九十年代初，时任福州市委书记习近平提出建设“海上福州”的战略构想。20多年来，历届市委、市政府坚持一张蓝图绘到底，对接国家“建设海洋强国”“拓展蓝色经济空间”的海洋战略，持续深化“海上福州”建设，2019年全市海洋生产总值突破2680亿元，提前实现“十三五”海洋经济发展目标。

“十三五”规划期间（2016—2020年），福州市建设环山休闲步道131.3千米。图为“福道”金牛山段（蒋文洁　摄）

## 三、三大需求拉动有力，内生动力持续加强

投资实现较快增长，发展基础积聚新能量。“十三五”期间，全市固定资产投资年均增速9.9%。投资主体结构多元发展，逐步发展成为民间投资为主力，国有投资、民间投资、外商和港澳台投资等多元化主体共同发展的局面。2020年全市民间投资占固定资产投资总量的63.1%，拉动全市投资增长11.4个百分点。投资产业结构优化升级，三次产业投资的比重呈现第一产业稳中有升、第二产业缩减、第三产业不断扩张的特点。第三产业投资的比重由2016年的71.1%提升至2019年的72.9%，第二产业投资比重由27.8%回落至26.0%。基础设施投资建设持续回暖，2020年末公路里程（不含平潭）11617公里，其中高速公路总里程756公里，增长12.3%；年末铁路总里程542.33公里（干线476.24公里、支线66.09公里），其中高速铁路总里程409.64公里，增长19.8%。

消费品市场平稳增长。2020年，全市实现社会消费品零售总额4225.61亿元，是2015年的1.44倍，占全省社会消费品零售总额22.7%，比上年增长0.6%，“十三五”期间年均增长7.6%。“十三五”期间，全市零售业创新发展取得新突破。自2018年福州在全国率先提出打造“知名零售创新之都”以来，零售新业态新模式不断涌现，拉动消费增长。便利店转型升级步伐加快，2020年，福州市城市便利店发展指数位居全国第六位，24小时便利店比例“夜指数”位居第二位。夜间经济提质增量，跻身“2019年中国夜间经济十佳城市”“2020夜间经济二十强城市”名单，达明美食街、三坊七巷街区等20个夜色经济街（区）多点开花、业态多元，2019年全市夜间商品销售额增长65%，居全省首位。全市发挥首批“国家电子商务示范城市”等政策环境优势，推进电子商务在各行业的深度融合应用，平台经济进一步助推线上线下融合，涌现出超级物种、盒马鲜生、朴朴超市、健康之路等新业态，改变居民生产生活方式。2020年，全市限额以上批发和零售业企业通过公共网络实现零售额264.62亿元，比上年增长8.1%，占全市社会消费品零售总额比重6.3%。

外贸出口有所增长。2020年，全市进出口总额2504.8亿元，较2015年增加439.3亿元，“十三五”期间年均增长4.1%。其中，出口1786.5亿元，较2015年增加474.2亿元；进口718.4亿元。全市新批境外投资项目24个，新签合同外资26.9亿美元，实际利用外资突破10亿美元。

## 四、社会保障不断完善，人民收入水平持续提升

社会保障不断完善。2020年末社会基本养老保险参保人数443.43万人，比2015年末增加19.42万人。2020年末基本医疗保险参保人数682.83万人，其中职工基本医疗保险参保人数209.34万人，城乡居民基本医疗保险参保人数473.49万人。2020年末生育保险参保人数152.21万人，较2015年末增加49.68万人。2020年末失业保险参保人数141万人，较2015年末增加25.73万人。2020年末工伤保险参保人数181.4万人，较2015年末增加36.41万人。2020年末全市领取失业保险金人数35853人；全市纳入城市最低生活保障的居民7621人；纳入农村最低生活保障的居民49472人；全年保障特困人员供养对象6767人。

民生保障日益增强。“十三五”期间，全市新建公办幼儿园66所、小学36所、中学19所，新增幼儿园学位2.6万个、义务教育学位14.55万个，学前普惠学额覆盖率从42.5%提高至90.5%。引进清华附中、天津大学、新加坡国立大学等名校合作办学。人均期望寿命从78.4岁提高到79.5岁。每千人医疗机构床位数从4.68张提高至6.2张。新建孟超肝胆医院、省妇产医院、省儿童医院等高等级医院，引进复旦大学附属华山医院合作共建国家区域医疗中心。养老床位总数从2.8万张增加至5.55万张。每千名老年人拥有养老床位从24张提高至41.57张。建成全民健身点2.5万个。人均体育场地面积从1.84平方米增加至2.49平方米。“扫黑除恶”好评率连续4年全省第一位，执法工作满意率连续3年全省第一位，群众安全感率从全省第七位攀升至第二位。

城乡居民收入稳步增长。2015—2020年，全市居民人均可支配收入从27782元增加到40477元，年均增长7.8%；城镇居民人均可支配收入从34982元增加至49300元，年均增长7.1%；农村居民人均可支配收入从15203元增加至22669元，年均增长8.3%。城乡居民收入差距进一步缩小，2020年全市城乡居民人均可支配收入比为2.17，比2015年缩小0.13。扶贫攻坚取得决定性胜利，现行标准下4425户14042名农村建档立卡贫困人口全部脱贫；助力甘肃定西如期脱贫。新型城镇化不断推进，2019年人口城镇化率70.5%，比2015年提高2.8个百分点。居民消费结构不断改善，消费升级态势明显。2020年，私人汽车拥有量125.76万辆，约每2户拥有一辆汽车；4G电话用户从2015年末的286.2万户增加至2020年末的809.2万户。

## 五、生态环境质量再上新台阶，城乡面貌明显进步

生态环境持续改善。全市造林绿化3.26万公顷。森林覆盖率58.36%，位居全国省会城市第二位。人均公园绿地面积提高至15.3平方米。建成区新种乔木85万株，新增园林绿地面积3866.67公顷，绿地率提高至42.2%。获国家森林城市、全国森林旅游示范市称号。空气质量连续5年位居全国省会城市前三位。闽江、敖江等重点流域水质位居全国前列，小流域优良水质从66.1%提高至91.7%。城区垃圾分类覆盖率100%，居民分类准确率80%，垃圾分类考评排名进入全国前10位。

城乡面貌明显进步。城区156条内河治理基本完成，拆除沿河房屋近400万平方米，埋设截污管道260千米，清除淤泥295万立方米，修复改造雨污管网2522千米，治理污染源3507个，建成城区水系联排联调中心，黑臭水体全面消除。获评全国黑臭水体治理示范城市。建设环山休闲步道131.3千米、滨水休闲步道680.3千米、大型生态公园15个、串珠式小公园1202个，开挖旗山湖、晋安湖等调蓄、景观湖7个。整合拓展西湖、左海景区水系。打造闽江两岸休闲景观带56千米。实施城区缓堵项目840个，高峰延时指数下降10.16%，交通拥堵排名从全国第19位下降至第27位。

（市统计局）

（编辑　黄铭）

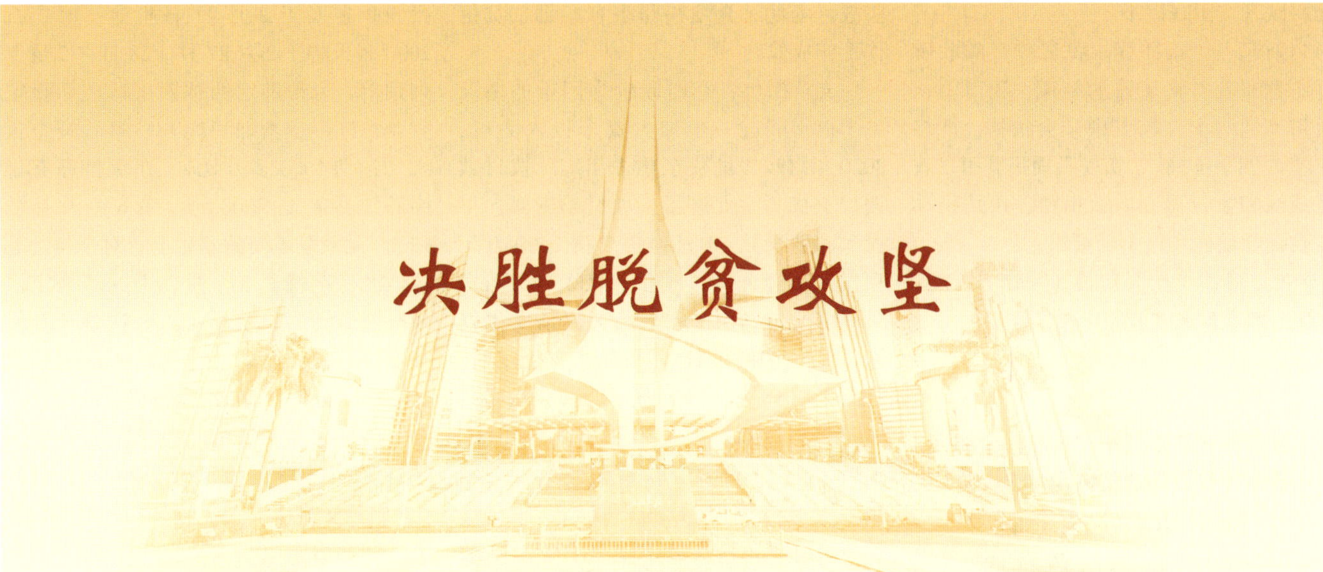


## 打好“四场硬仗” 创新“四项机制” 福州交出脱贫攻坚精彩答卷

一张张幸福洋溢的笑脸，一声声言说不尽的感谢，一串串饱含温度的数据……站在新征程起点回首过往，一幅幅生动的扶贫画卷依旧历历在目。

数据显示，2017年底，全市实现现行标准下农村建档立卡贫困人口4425户14042人全部脱贫（目前动态调整后为3899户12206人），200个建档立卡贫困村全部退出。2020年脱贫户人均纯收入达到20648元（含转移性收入），200个脱贫村平均村级收入达到35.95万元。

福州连续四年（2016年—2019年）在省委、省政府对设区市党委和政府扶贫开发工作成效考核中位居全省第一，并荣获全国首批精准脱贫示范城市称号。

### 打好“四场硬战”确保脱贫攻坚好成色

把产业扶贫作为贫困群众脱贫增收的治本之策。近年来，我市突出抓好产业扶贫，不断完善产业扶贫带贫减贫机制。围绕“两不愁三保障”和饮水安全，全力打好“四场硬仗”，确保高质量完成脱贫任务。

——坚持产业扶贫与就业扶贫“双轮驱动”，脱贫群众收入水平显著提高。以产业带就业，以就业促脱贫，累计下达各类产业补助资金1.06亿元，带动19434户次脱贫户发展食用菌、茶叶、柑橘、海产养殖等扶贫项目1101个。实现了让每个有产业意愿的脱贫户都有一项扶贫产业的目标。

——全力提升“三保障”和饮水安全水平，脱贫群众脱贫质量有保障。市、县24家定点医疗机构实现贫困患者“先诊疗，后付费”“一站式”即时结算，脱贫户大病保险起付线降低50%，报销比例再提高5%，并取消大病封顶线。对脱贫户危房应改尽改，累计改造327户，实现住房安全基本有保障的目标。实施农村饮水安全巩固提升工程，解决了262户900名脱贫户饮水安全问题。

——坚持基本保障与特困兜底“两手发力”，脱贫群众获得感显著提升。脱贫户全部纳入城乡居民养老保险。为全市所有脱贫户购买“扶贫保”“脱贫保”两款保险，实现脱贫户风险防范全覆盖。

——坚持发展村级集体经济和改善村级基础设施“双管齐下”，脱贫村综合实力显著增强。全面扶持脱贫村集体经济发展，推广福清市“同置业、壮村财”模式，全面消除年经营性收入10万元以下的薄弱村。

### 创新“四项机制”靶向施策释放机制新红利

高质量推进脱贫攻坚，如何挖掘潜力？我市以创新机制为突破口，围绕产业帮扶、资金监管、社会帮扶、防止返贫等方面，精准聚焦，靶向施策，不断啃下“硬骨头”，释放机制创新红利。

——创新“产业联盟+贫困户”帮扶机制，链接对点增收。在全省首创“产业联盟+贫困户”帮扶模式，让脱贫户零散的小农生产得到发展，实现收入的稳定性与持续性，为稳定脱贫不返贫创造了优越的市场环境和发展空间。全市207家企业组建休闲农业、传统工艺等9个产业联盟，带动665户脱贫户稳定增收。

——创新“互联网+监管”的扶贫监督新机制，打通监管“最后一公里”。2017年建设福州惠民资金网，利用大数据实行全程跟进监督，已将76类116亿元扶贫惠民资金“晒”在网上，为福建省升级打造扶贫（惠民）资金在线监管平台提供了“福州经验”。2018年，福州市惠民资金网荣获首届“中国廉洁创新奖”。

——创新“321”社会帮扶新机制，构建大扶贫格局。广泛发动社会各界力量帮扶脱贫群众和脱贫村，开展“321”社会帮扶新模式。目前，全市“321”社会帮扶工程共筹集帮扶资金3923.45万元，开展各类活动1000多场，市直机关7303名党员参与到帮扶脱贫户的活动中。

——创新防止返贫监测和帮扶机制，实现稳定脱贫不返贫。2018年在全省率先建立农村困难边缘群众动态管理机制，对因病、因灾等出现的临时性、突发性支出较大，导致生活困难的群众建立台账。以乡镇为单位，建立资产收益扶贫机制，收益重点向没有劳动能力的边缘群众倾斜，共发放各类补助45.3万元，各县（市）区认定的农村困难边缘群众无一跌入贫困线以下。

新起点，新征程。脱贫攻坚的收官并不意味着扶贫工作的结束，我市将认真贯彻党的十九届五中全会精神，严格落实“四个不摘”，实现巩固拓展脱贫攻坚成果和乡村振兴有效衔接，接续推动脱贫摘帽地区乡村全面振兴。

（节选自《福州日报》2021 年 1 月 21 日 2 版，记者张笑雪）

国务院扶贫办《扶贫信息》介绍
福州市东西部扶贫协作工作成效

## 福州助力定西全面如期打赢脱贫攻坚战

昨日，由国务院扶贫办主办的《扶贫信息——东西部扶贫协作与定点扶贫专刊》第 12 期，以《福州市切实履行帮扶责任　助力定西全面如期打赢脱贫攻坚战》为题，介绍福州市东西部扶贫协作工作成效。

文章指出，在财政较为困难的情况下，福州市进一步加大资金投入力度，2020 年财政援助资金比去年实际拨付数增加 16%。为促进帮扶项目早安排、早投入、早开工，1 月份提前将 1500 万元项目启动资金拨付到位，其余计划在 2 月底前拨付到位。新冠肺炎疫情发生以来，福州市第一时间争取物资支援定西。截至 2 月 18 日，向定西捐助防疫款物共计 683.3 万元，其中捐款 624.6 万元，捐赠医用口罩、防护服、护目镜、医用手套等物资价值约 58.7 万元。面对疫情，福州市在自身医护人员十分紧缺的情况下，坚持向定西增派医护人员，由去年的 52 人增加到 178 人，选派专技人才总人数由去年的 136 人增加到 266 人。

针对新冠肺炎疫情对外出务工的影响，福州市人社部门向铁路部门申请高铁专列接送定西籍员工赴榕就业，第一批 500 多人于 2 月 21 日抵达，第二批 2000 多人将于 2 月 27 日、28 日乘 2 趟专列到榕。为帮助定西贫困人口在榕稳定就业，进一步增加稳岗补贴财政资金投入（达到 4000 多万元），在保持原有稳岗满 3 月补贴 3000 元、满 6 个月补贴 12000 元政策不变的基础上，对今年赴其他地区稳定就业 3 个月以上的新增定西籍贫困劳动力，给予每人一次性 400 元补贴，对就近就地就业的给予每人一次性 300 元补贴。此外，福州市还积极配合定西市在抓好疫情防控基础上有序组织企业复工复产。截至 2 月 16 日，已有 8 家引进企业、31 家扶贫车间复工，复工率分别达到 20%、22%，另有 15 家企业、30 家扶贫车间正积极做好复工准备，有望近日复工。

（摘自《福州日报》2021 年 2 月 26 日 5 版，记者张铁国）

（编辑　黄铭）

# 抗击新冠肺炎疫情专辑

## 综　述

【概况】　2020年，福州市围绕“内防反弹”，严守入榕、村居、单位、家庭“四道关口”，做到国内中高风险地区人员进入福州第一时间发现、第一时间掌控、第一时间处置。围绕“外防输入”，坚持人物同防，对境外入榕人员，落实统一检测、统一转运、统一隔离；对进口冷链食品，落实全面检测、全面消毒、全面追溯。围绕防控能力建设，紧急配备检测设施、救治物品和防护装备，动建滨海新城医院（二期）感染楼、新疾控中心，累计下达疫情防控资金15.75亿元。围绕复工复产，减免企业社保费60亿元，发放企业稳岗补贴22亿元，对防疫企业及受疫情影响企业新增贷款3457.3亿元。从1月22日公布首例确诊病例到实现本土患者清零用时43天，2月27日后未发生本土新增确诊病例。全年累计报告新冠肺炎病毒感染者232例，其中确诊病例130例（境内72例，境外输入48例），无症状感染者112例（境内2例，境外输入110例）。

【新型冠状病毒感染肺炎疫情防控工作电视电话会议】　2020年1月21日，福州市召开新型冠状病毒感染肺炎疫情防控工作电视电话会议，传达学习贯彻习近平总书记对新型冠状病毒感染的肺炎疫情作出的重要指示精神，贯彻落实国务院常务会议、联防联控机制电视电话会议和省委专题会议精神，研究部署福州市疫情防控工作。省委副书记、市委书记王宁，市长尤猛军出席会议并讲话。

【新型冠状病毒感染肺炎一级响应工作启动】　2020年1月25日，福州市召开新型冠状病毒感染肺炎疫情防控工作视频会议，贯彻落实省重大突发公共卫生事件一级响应通知要求，部署福州市启动一级响应工作。省委副书记、市委书记、市新型冠状病毒感染肺炎防控工作领导小组组长王宁，市长、市新型冠状病毒感染肺炎防控工作领导小组常务副组长尤猛军出席并讲话。

（吴晓萍）

【福州市人民代表大会常务委员会关于依法全力做好新型冠状病毒肺炎疫情防控工作的决定】　2020年2月11日，福州市第十五届人民代表大会常务委员会第二十五次会议通过。《决定》就福州市设立疫情防控应急指挥机构各有关部门（单位）履行疫情防控职责、个人依法履行疫情防控义务等内容提出要求。

（连蔡煜）

【疫情防控监督与考核】　2020年，福州市纪委监委在疫情防控期间成立381个监督组，开展专项监督4批次，推动解决问题896个。针对疫情防控工作中群众举报问题特事特办、即收即办，及时回应、快速处置群众诉求。对“填表抗疫”、督导检查过多过频等问题，在14个乡镇设置监测点，梳理摸排出7种突出问题，向市疫情防控指挥部发出工作建议函，推动纠治、优化流程。查处疫情防控工作中不敢担当、作风飘浮、落实不力等违纪违法问题52个，对2个党组织、75名责任人予以问责，通报典型问题18批21起。

疫情防控期间，市委组织部启动一线考核响应机制。制定考核方案，紧急抽调20名返乡过年机关干部，就近到疫情防控第一线考察识别干部。市县两级组织部门派出335名干部组成110个考核组，深入乡镇（街道）、村居（社区）了解疫情联防联控机制“最后一公里”落实情况，明察暗访各道关口人员值守情况。抽调140名干部组成14个服务小组分赴企业（重点项目）一线帮助协调解决复工复产困难问题。有58人因疫情防控表现突出提任职务或晋升职级，6人调任公务员，107人职称优聘，77个先进集体（个人）在全市通报表扬。

（丛森　组织部）

【疫情防控和复工复产用编保障】　2020年，福州市创新开展全流程网上用编审批。从2月4日起，市直各单位办理用编申请、人员入编、人员核减、机构编制使用情况确认等事项，均可登录机构编制管理信息系统在网上提交。对承担抗击疫情任务的部门单位统一社会信用代码和事业单位法人证书办理进行重点保障，采取特事特办的方式保证其业务工作的开展及财务正常开支。加速开辟防疫人才引进绿色通道。对市疾病预防控制中心、市结核病防治院等主要承担疫情防控工作的医疗机构放宽编制控制数。对符合入编条件的援鄂专业医护人员编制申请事项特事特办，市一、市六医院等医疗机构援鄂医务人员入编工作均快速办结。会同市委组织部开展“六个一批”关爱行动，对疫情防控和复工复产一线考核中发现的勇于担当、做出重要贡献的干部，在拟提拔科级领导职数申请审批时马上就办，现场办结。优化疫情防控机构职能体系。深入全市医疗卫生系统机构调研，了解机构和编制需求，全面评估防控机构运行情况，研究补齐短板、下沉力量的意见措施。结合乡镇（街道）机构改革，研究为基层、社区赋能的新举措，优化疫情防控机构职能体系。

（李中平）

【抗击疫情援助与合作】 2020年新冠肺炎疫情期间，福州市组织选派医务人员支援湖北、意大利、香港抗疫，先后组建6批495名抗疫力量。福州市向19个国家20个城市捐赠医用外科口罩13万只、医用一次性口罩59万只、医用防护服700件、医用护目镜2000副、医用橡胶手套8万副，总价值约200万元。河仁慈善基金会以基金会及福州市人民对外友好协会名义向美国塔科马市和火奴鲁鲁市各捐助2万个医用一次性口罩。协助派遣市肺科医院2名医务人员随国家卫健委组团赴意大利开展医疗援助。为菲律宾空军专机到榕运载抗疫物资提供2次协助。成立机场专班，安排6名翻译驻守机场，为入境外籍人员提供24小时翻译保障。安置因疫情滞榕的外籍人员312人。协助引导52个国家1726名抵榕外籍人员接受集中医学观察和治疗并提供翻译服务。协调保障10批次1383名临时航班旅客入境回国。为566名外籍人员发放外国人来华邀请函，推动涉外企业高管循“快捷通道”到榕，推动企业复工复产。5月28日，福州军门社区参加福建省和印度尼西亚政党抗疫与复工复产交流会等“云交流”活动，分享福州抗疫和经济恢复经验；6月9日，副市长李春参加中国—巴西市长新冠肺炎疫情防控视频会，分享福州防疫做法和经验。

（施缙衡　张先玲）

【卫生系统关爱】 2020年，福州市开展疫情防控期间事业单位人事管理工作，吸纳疫情防控一线工作表现突出的编制外人员3人。与市卫健委联合印发《关于做好疫情防控期间一线卫生专业技术人员职称评聘工作的通知》，就做好福州市疫情防控一线卫生专业技术人员职称优先评聘作出明确规定。聘任因抗击疫情优先聘任人员107人，按地域情况：市属18人、县区89人，按岗位情况：占岗100人，不占岗7人。出台关心关爱疫情防控一线工作人员措施，对福州市26名援鄂援意医务人员予以事业单位工作人员记功奖励。

建立一线医务人员及其家属基本情况等3份台账，动态更新调整。设立福州市关心关爱医务人员24条电话热线和微信群平台，协调帮助解决新冠肺炎疫情防控一线医务人员免费办理保险、免费配送食品、免费接送上夜班人员，子女入重点公立幼儿园、入住人才公寓等困难和问题。为24名援鄂医护人员办理晋升、聘用手续。

表1　2020年福州市抗击新冠肺炎疫情获表彰情况表

| 表彰项目 | 表彰对象 |
|---|---|
| 全国抗击新冠肺炎疫情先进集体 | 福建省福州结核病防治院党委 |
| 全国抗击新冠肺炎疫情先进个人 | 胡　颖（福建省福州市第一医院副主任医师） |
| | 黄见新（福建省福州市马尾区公安局副局长） |
| 先进个人 | 陈　颖（福建永辉超市有限公司总经理） |
| 福建省抗击新冠肺炎疫情先进集体 | 福州市卫生健康委员会机关党委 |
| | 福州市疾病预防控制中心 |
| | 福州市财政局 |
| | 中国共产党福州市委员会党校 |
| | 福州市交通运输局 |
| | 福州市商务局 |
| | 福州市工业和信息化局 |

续表

| 表彰项目 | 表彰对象 |
| --- | --- |
| 福建省抗击新冠肺炎疫情先进集体 | 福州市城市管理委员会 |
| | 福州市公安局治安支队六大队 |
| | 福州广播电视台新闻中心 |
| | 中华人民共和国福州长乐机场海关 |
| | 元翔（福州）国际航空港有限公司 |
| | 福州海峡青年文化交流有限公司 |
| | 福州民天实业有限公司党委 |
| | 福州海峡出租车有限责任公司 |
| | 福建网龙计算机网络信息技术有限公司党委 |
| | 盛辉物流集团有限公司党委 |
| | 蓝佳堂生物医药（福建）有限公司 |
| | 福州春晖制衣有限公司党支部 |
| | 福建启初软件有限公司党支部 |
| | 福建省星光救援队党支部 |
| | 福州市台江区苍霞街道社区卫生服务中心 |
| | 福州市晋安区卫生健康局 |
| | 福州市马尾区卫生健康局 |
| | 长乐区入境人员海瀛湾医学观察点 |
| | 中共福清市委统战部 |
| | 福清市人力资源和社会保障局 |
| | 福清市疾病预防控制中心 |
| | 闽侯县甘蔗街道滨江社区党支部 |
| | 连江县卫生健康局 |
| | 闽清县总医院 |
| | 罗源县教育局 |
| | 永泰县葛岭镇溪西村党支部 |
| | 福建省永泰县医院 |
| | 闽侯县南屿镇中心卫生院 |
| 福建省抗击新冠肺炎疫情先进个人 | 林　伟（福州市第一医院主管技师） |
| | 林　舟（福州市第一医院医务部主任，主任医师） |
| | 沈层层（福州市第二医院护师） |
| | 黄艺虹（福州市第二医院主管检验技师） |

续表

| 表彰项目 | 表彰对象 |
| --- | --- |
| 福建省抗击新冠肺炎疫情先进个人 | 林剑东（福建省福州肺科医院科主任，副主任医师） |
| | 谢　强（福建省福州肺科医院科主任，主任医师） |
| | 石　琴（福建省福州肺科医院科主任，副主任医师） |
| | 李秀兰（福建省福州肺科医院护士长，主管护师） |
| | 王佳魁（福建省福州神经精神病防治院心理治疗师） |
| | 郑燕云（福州市中医院肾病科护士长，护师） |
| | 王洪燕（福建医科大学孟超肝胆医院主治医师） |
| | 陈荣华（福建医科大学孟超肝胆医院主管检验师） |
| | 庄燕娟（福建省福州儿童医院肾脏、心血管内科护士长，主管护师） |
| | 方　哲（福州市第六医院主治医师） |
| | 苏秀云（福州市第七医院主管护师） |
| | 陈颖媛（福州市第八医院团支部副书记，主管护师） |
| | 蔡丽娜（福州市卫生计生监督所一级科员） |
| | 罗柏友（福州市卫生计生监督所综合科科长） |
| | 姚　栩（福州市疾病预防控制中心检验科副科长，主任技师） |
| | 张彩云（福州市疾病预防控制中心主管技师） |
| | 郑霄雁（福州市疾病预防控制中心副主任医师） |
| | 陈　飚（福州市鼓楼区卫生健康局党组成员、福州市鼓楼区疾病预防控制中心主任） |
| | 周晓峰（福州市台江区妇幼保健院院长，主治医师） |
| | 魏春南（福州市仓山区疾病预防控制中心防疫科副科长，医师） |
| | 赵　贵（福州市晋安区鼓山镇卫生院党支部书记、院长，医师） |
| | 王　震（福州市晋安区日溪乡卫生院党支部书记，主治医师） |
| | 崔彦君（福州经济技术开发区医院感染性疾病科主任，主治医师） |
| | 付　毅（福州市长乐区医院副院长，主任医师） |
| | 张春生（福州市长乐区漳港街道社区卫生服务中心主任，副主任医师） |
| | 许志达（福清市疾病预防控制中心主任，主任医师） |
| | 陈绍雄（福建省福清市医院重病医学科负责人，副主任医师） |
| | 陈晓燕（闽侯县疾病预防控制中心副主任，副主任医师） |
| | 杨玉琴（连江县医院主治医师） |
| | 黄勤贵（闽清县总医院院长，副主任医师） |
| | 游益银（罗源县疾病预防控制中心副主任、疾病控制科科长，副主任医师） |
| | 余能飞（福建省永泰县医院检验科主任，副主任技师） |

续表

| 表彰项目 | 表彰对象 |
| --- | --- |
| 福建省抗击新冠肺炎疫情先进个人 | 吴黎芳（中共福州市委办公厅政文一处副处长） |
| | 魏善庆（福州市人民政府副秘书长） |
| | 陈　晟（福州市人民政府办公厅工交科技处处长、一级主任科员） |
| | 黄寿香（福州市发展和改革委员会党组成员、四级调研员） |
| | 朱佑辉（福州市财政局国库支付中心四级主任科员） |
| | 郑　军（福州市城乡建设局党组成员、副局长） |
| | 周韶辉（福州市市场监督管理局药品安全总监） |
| | 王晓敏（福州市道路运输综合服务中心长乐机场所职工） |
| | 高远忠（福州市人力资源和社会保障局党组成员、副局长） |
| | 王　颖（福州市公安局情报信息中心副主任、三级高级警长） |
| | 朱仁来（中国铁路南昌局集团有限公司福州车站副站长，高级工程师） |
| | 周　甬［福州日报社福州新闻网（新媒体中心）副总编辑，主任记者］ |
| | 陈　丽（福州市鼓楼区南街街道杨桥河南社区党委书记、居委会主任） |
| | 柯婷婷（福州市鼓楼区水部街道党群服务中心主任） |
| | 谢剑锋（福州市台江区鳌峰街道曙光社区党委书记、居委会主任） |
| | 谢能丰（福州市仓山区卫生健康局局长、一级主任科员） |
| | 廖　青（福州市仓山区城门镇党委副书记、镇长） |
| | 李朝波（福州市晋安区委常委、区政府副区长） |
| | 黄　伟（喜相逢集团有限公司董事长、总经理） |
| | 杨　武（福州经济技术开发区长安片区党委书记、自贸区福州片区管委会出口加工区办事处投资服务中心主任，工程师） |
| | 林祥平（福州市长乐区人民政府办公室党组成员、副主任） |
| | 陈天荣（福州市长乐区卫生健康局局长、福州市长乐区医院院长） |
| | 于晓光（福建贝瑞和康基因技术有限公司总经理） |
| | 陈乃辉（福清市卫生健康局局长、卫健工委书记） |
| | 薛建波（福清市薛建波学雷锋志愿者服务中心主任） |
| | 翁钦梅［闽侯县红十字（方舟）志愿服务队队长］ |
| | 金超群（闽侯县上街镇人民政府卫生计生办公室主任） |
| | 陈峰斯（连江县透堡镇党委书记） |
| | 赵华源（连江县潘渡镇贵安新天地社区党支部书记） |
| | 许书桂（闽清县下祝乡前洋村党支部书记） |
| | 张燕玲（罗源县松山镇岐屿社区党支部书记，助理社会工作师） |

续表

| 表彰项目 | 表彰对象 |
| --- | --- |
| 福建省抗击新冠肺炎疫情先进个人 | 陈忠俤（罗源县鉴江镇鉴江村党总支部书记） |
| | 谢雅玲（永泰县卫生健康局一级科员） |
| | 李灵华（福州高新区村镇管理办公室党建工作者、闽侯县上街镇博海湾社区主任） |
| 福州市援鄂援意抗疫专项奖励 | 胡　颖（福州市第一医院） |
| | 罗建雄（福州市第一医院） |
| | 林　峰（福州市第一医院） |
| | 郭　锦（福州市第一医院） |
| | 朱　瑞（福州市第一医院） |
| | 沈层层（福州市第二医院） |
| | 林　淦（福州市第二医院） |
| | 林　杰（福州市第二医院） |
| | 郑燕云（福州市中医院） |
| | 陈　玮（福建医科大学孟超肝胆医院） |
| | 林航瑾（福州市第七医院） |
| | 郑增华（福州市第七医院） |
| | 林　榕（福建省福州神经精神病防治院） |
| | 黄小梅（福建省福州神经精神病防治院） |
| | 林　珊（福州市第六医院） |
| | 何香云（福州市第六医院） |
| | 孔令楣（福州市第七医院） |
| | 苏秀云（福州市第七医院） |
| | 郑　敏（福州市第八医院） |
| | 李　铮（福州市第八医院） |
| | 陈颖媛（福州市第八医院） |
| | 庄燕娟（福建省福州儿童医院） |
| | 王佳魁（福建省福州神经精神病防治院） |
| | 邹晔峰（福建省福州神经精神病防治院） |
| | 王新航（福建省福州肺科医院） |
| | 李秀兰（福建省福州肺科医院） |

（魏冉娟　张先玲）

## 医疗救治与防疫工作

【医疗救治】 2020年，福州市统筹全市医疗救治资源，确定10家定点救治医院，设置后备定点医院，扩充准备床位5548张。建立健全核酸实验室检测网络，全市有51家医疗机构可开展核酸检测，其中30家医院、14家疾控中心、7家第三方医学检验所。市一医院、福清市医院城市核酸检测基地建设建成并试运营。划分一级网格196个，设置340个采样点，组建259支应急采样队，包括4510名采样人员，建立核酸检测人员数据库，全市经过培训取得核酸检测资格证的人员550人，组建1支26人的市级核酸检测应急队。全市各类医疗卫生机构每日满负荷核酸检测能力18.3万份，具备5天内实现全市常住人口全员核酸检测能力。成立并及时调整市级医疗救治专家组，按照“集中患者、集中专家、集中资源、集中救治”的工作要求，分批次将全市确诊72名本地病例、49名境外输入病例全部送至肺科医院进行救治。加强院感防控，未发生院内感染事件。制定《福州市应对秋冬季新冠肺炎疫情医疗救治工作实施细则》《福州市应对秋冬季新冠肺炎疫情核酸检测应急预案》，在已有3梯队471人救治力量的基础上，组建10支应急医疗梯队200名医护人员。医疗机构按照30天满负荷运转需求对物资及药品进行储备，酌情进行全市区域内统筹。

【医学防控】 2020年，福州市发挥43家发热门诊、47家发热诊室的“哨点”作用，发挥社区（村）和基层医疗卫生机构的阻击作用，强化重点人群管理，构筑起群防群治严密防线，做到“早发现、早报告、早隔离、早治疗”。设置2家新冠肺炎监测哨点医院和监测网络实验室，开展哨点监测。依托市疾控中心成立疫情防控专家队3支，每支15人，仓山区、晋安区、福清市分别组建2支专家队，其余县区分别组建1支专家队，每队10人，专业涵盖流行病学、实验室检测、疫情监测和心理卫生健康等；县级成立流行病学调查队12支610人，成立消杀队伍12支149人，镇街村居按照3~5人的规模储备流调协查员，建立人员名册，配备消杀人员。对报告的每例病例及无症状感染者，疾控机构及时组织开展流行病学调查，划定防控区域范围，协同指导城乡社区组织强化人员管理，切断传播途径，最大可能降低疫情扩散风险。加强食品和外环境等常态化监测，全年累计采集检测相关样本9.6万份，重点人群“应检尽检”，累计检测144万余人次。多轮次对医疗卫生机构、疾控机构、医学留观点、公共场所、学校和复工复产企业进行现场督导，全年市级卫健部门下达卫生监督意见书581份、整改通知书291份。

【定点救治机构建设】 2020年，福州市设立11家定点医院作为定点救治医院，组建异常反应医疗救治专家组开展异常监测。建立完善“平战结合”分级收治、隔离体系，预留市体育馆等17处公共场所、4处战略用地，作为方舱医院或者“火、雷神山医院”临时储备，编制《福州市方舱医院改造应急方案》。启动滨海新城医院二期感染楼、市疾控中心新址等重大项目建设。

【医疗保障】 2020年，福州市动态调整防控措施，根据现场疾病防控监测要求，及时处置疑似病例。保障推进第44届世界遗产大会各项筹备工作，完成省市“两会”、春运、中高考、第八届海峡青年节、第三届全国青年企业家峰会、2020年中国航天大会、第三届数字峰会、第三届中国粮食交易大会、城市运动会、渔业博会、2020年世界城市日中国主场活动、第六届海丝国际旅游节等59场重大会议活动医疗卫生保障和疫情防控工作，累计派出疾控专家及医护人员2051人次，车辆203辆次。

【疫苗接种】 2020年，福州市推进实施感染高风险人员和维持城市运转的关键岗位人员等的新冠疫苗接种工作，发动各县（市）区、各有关单位加强组织动员，推动重点人群调查摸底工作，推进重点人群接种。12月17日，全市开始对重点人群实施接种，年内基本完成涉进口冷链物品的口岸一线海关检验检疫人员，口岸装卸、搬运、运输等相关人员，定点医院和隔离医学观察场所工作人员等“小三类”人群的首剂疫苗接种工作，合计接种1.4万人。

（张先玲）

【防控消杀工作】 2020年，福州市下发《福州市爱卫办关于开展冬春季爱国卫生运动的通知》，组织开展公共场所预防性消毒工作。制定《推进公共环境更大力度消毒工作实施方案的通知》《近期公共环境消毒工作重点的通知》，印发《福州市防控新型冠状病毒预防性消毒工作手册》，联合11个市直相关部门，开展对各行业疫情防控的监督检查，指导市属医院疫情防控期间的消毒工作。组织全市75支专业队伍，开展对机关企事业单位办公场所、农贸市场、暂时封闭场所、城区主次干道、住宅小区、在建工地、复工企业生产厂房（车间）、各类车站和公共交通工具等公共场所进行预防性消毒，消毒面积9510.17万平方米。

市城管委组织对五城区环卫设施场所进行每日4次消杀，包括2938个生活垃圾清运点、近5000座分类屋（亭）、9万多个垃圾桶、5000多个道路果皮箱、567辆垃圾运输车辆、46座转运站、555座环卫公厕、222个环卫驿站。对人流量大的路段区域进行每日2次消杀。实行废弃口罩专车专桶收集，改装道路清洗车辆200辆，设置废弃口罩专用垃圾桶（袋）5000多个。协助开展公共环境每日消杀工作，包括300多个小区、农贸市场、商超、酒店等重点场所及周边区域。对市区地下通道、桥下空间进行“每日一消杀”，累计消杀8450座（次）。

市园林中心开展闭园消杀防控，关闭全市153个公园景区，闭园期间加强消杀防控、安保巡查。截至2月20日，累计劝退游客85179人次。2月21日起，根据复工复产安排陆续开放城市公园，按照“测体温、戴口罩、一米线、控人流、禁聚集”等规定引导游客入园。出动19178台次设施设备，安排27786人次作业，喷洒20793.58升消毒液，消杀面积4723.82万平方米；开展物资调配，保障一线人员物资供应，配发口罩423146枚、手套73427副、碱性皂10978

块、杀菌洗手液 12352 瓶等防护用品；通过各公园景区的 LED 电子屏滚动播放防疫提示，滚动播放时长 75415 小时，播出宣传标语 278944 条次，发放疫情防控知识宣传单 24446 份，报送信息 2804 条。

（张先玲　连琳琳　谢敏锋）

## 防范疫情输入

【入境人员和重点人群监测】　2020 年，福州市落实入境人员“14+7”（14 天集中隔离期满后，继续实行 7 天的居家健康管理）全程闭环管理措施，全年境外入榕人员隔离医学观察 4.7 万人，发现确诊病例 49 例，无症状感染者 110 例。强化集中医学观察场所、医疗机构、口岸等重点涉疫场所防控措施，未发生境外输入疫情引发的本地关联疫情。坚持人物同防，加强进口货物疫情输入风险防控，强化重点人群常态化核酸检测和冷链相关环境和食品标本监测。处置 20 起核酸检测阳性食品事件，未发生新冠病毒由物及人传播。

（张先玲）

【滞留游客安置】　2020 年，福州市文旅局在省市新冠肺炎疫情应急响应发布后，第一时间督导关停文化场馆、娱乐场所、A 级景区等 979 家，重点排查星级酒店入住旅客 4200 多人次，指导经营单位将留榕武汉旅客转移到指定观察点；抽调 20 名工作人员成立 10 个投诉处理专班，编印《旅游投诉处理工作指南》，完成因疫情产生的旅游消费纠纷调解 453 件，涉及总金额 737 万多元。

（梁鑫智）

【集中监管仓和进口冷链食品追溯管理】　2020 年，福州市加强冷链食品流通全链条疫情防控，由市场监督管理部门牵头、14 个部门参与，成立冷链食品防控组和工作专班，对所有从福州口岸进入并在福州辖区内存储、销售、流通、加工的进口冷链食品实施集中监管，开展“批批检测、件件消杀”。建成年检测、消杀能力 30 万吨的集中监管仓，并于 12 月 3 日开仓运营。集中监管仓下设综合协调、运营监管、系统建设、检测消杀、交通运输、后勤 6 个工作组，并划分作业、办公、生活、停车场 4 个区域，要求人、物进出分流。年内完成 298 个货柜（约 7218 吨、684328 件）、外环境 12.55 万平方米的消杀工作，采集完成食品样本 7897 份（585 批次），作业人员、办公人员样本 1296 份，外环境预防性样本 2349 份，出柜 267 个，申请预约成功 310 条。

加强进口冷链食品追溯管理，应用食品“一品一码”追溯管理体系，对于接转的问题冷链食品线索，组织核查货物及货主基本信息、流向信息，实行全链条闭环管理，并报告进展情况。督促食品生产经营单位落实食品安全和疫情防控双重主体责任，加强进货查验、索证索票追溯管理，采购进口冷链食品查验相对应批次“海关报关单”“入境货物检验检疫证明”和核酸检测证明、外包装消毒证明、进货单据，单证齐全、证物一致方可入库，严禁采购、使用来历不明的进口冷链食品。加强冷链食品、农贸市场外环境核酸检测工作。

（邹惠珍）

【口岸入境监管】　2020 年，榕城海关、福州长乐机场海关、马尾海关联合出台帮扶企业“战疫情、稳外贸”11 条措施。榕城海关设立防疫物资通关受理专窗和绿色通道，保障进口防疫物资 8621 万元，快速验放进口捐赠防疫物资 2379 万件；承担驻榕海关牵头职责，统一对接福州市新型冠状病毒感染肺炎疫情防控工作应急指挥部，建立疫情防控联系配合和联动工作机制，畅通病例转运及处置工作渠道。落实“三查、三排、一转运”措施，监管进出境船舶 2401 艘次、检疫进出境人员 4.2 万人，紧急处置入境发热人员 38 例，在入境船员中检出核酸阳性 1 例。针对冷链物流领域和高风险集装箱货物，协助制定《福州市进口冻品类食品疫情防控工作方案》，在进口冻品中检出核酸阳性 2 批，处置违规厄瓜多尔冻虾 12 批、238 吨，一次性退运冻虾 198 吨。

福州长乐机场海关在全国海关中第三个确诊阳性病例，全年采样检测阳性或移交地方确诊病例 152 例。落实“三查三排一转运”措施，对入境人员实施健康申明卡核验、体温监测、医学巡查、采样检测、病毒测序等措施，对所有健康申报事项进行核验，对所有疑似人员实施排查，对所有进境旅客采样检测，对所有检出阳性快速上报。加入福州市疫情外防输入工作组，建立情报互通机制，先后 40 多次参加地方协调会，确定“一口对接、快速处置”转运方式，重点航班地方医院救护车现场待命，等待时长由最初的 6 小时缩短为 0.5 小时，转运地方隔离留观 4.53 万人。在 MF866、JT2703 次航班分别检出阳性 5 例、6 例，触发国内与新加坡、印尼航线熔断条件。利用入境通道空余空间，增设 6 个健康申报审核台、18 个流调台等，拉长旅客检疫距离。加快电子化流调系统应用，减少旅客滞留时间。针对归国华侨增设福州话等“方言健康申报通道”措施。

福州边检站制订《疫情期间入境船舶及人员检查指引》《疫情期间执勤防护工作指引》，出台预检筛查、入境检查、在港管理、联防联控等 4 个方面 12 条具体措施。边检纳入福州市疫情防控体系，成为福州市新冠肺炎疫情防控应急指挥部外防输入组成员单位，推动台轮停泊点纳入福州市防疫体系，驻地县区政府落实 41 个台轮停泊点防疫主体责任。围绕防范非法出入境、锚地监管、查获在逃人员寄押等管理薄弱环节，与海关、海警、海事及公安出入境、监管等部门建立“点对点”联络机制，深化联勤协作，先后共享涉疫船舶排查信息 929 艘次，通报违法违规情报线索 7 次。制订《关于严格疫情期间出入境边防检查管理工作通告（中英双语版）》等两份通告，督促辖区群众和企业落实国家、属地政府防疫要求。

（陈能旭　江帆　张磊）

## 复工复产复学工作

【援企稳岗】　2020 年，福州市在全省率先行动，按照人均 7740 元标准，为爹地宝贝、春晖制衣、朴朴公司、永辉超市等 211 家防疫紧缺急需物资生产企业和保障民生商贸配送企业，发放一次性稳定就业奖补 3.2 亿元、受惠职工 4.1 万人。在全省率先印发《关于进一步加大失业保险稳岗返还力度促进稳企保就业的通知》。通过大数据精准落实援企稳岗政策，大型企业按照该企业 2019 年度企业及其职工实际缴纳失业保险费的 50%返还，中小微企业按照该企业 2019 年度企业及其职工实际缴纳失业保险费的 100%返还。全年发放普惠性稳岗返还 2.51 亿元、受惠企业 43888 家、受惠人数 75.96 万人，发放困难中小微企业稳岗返还 10.51 亿元、受惠企业 15658 家、受惠人数 13.58 万人。

市总工会筹集新冠肺炎疫情防控专项资金慰问疫情防控一线职工及家属 1.7 万人次，对援鄂医疗队员、定点医疗机构医务人员进行全覆盖慰问，为 6000 多名职工发放返岗交通补助金，发布 5000 余条线上就业援助岗位信息，返还第一批小微企业工会经费 2200 多万元。联合市人社局、市中院出台《关于常态化疫情防控下推动劳动争议诉调工作联动机制的意见》等 6 份实施意见，设立 50 个劳动关系监测点。开展 50 场“点单+精准送课”心理健康服务，集体协商“要约行动”惠及职工 53.6 万人。福州工会“战疫情、促发展”行动获《工人日报》头版头条点赞。

（魏冉娟　郑辉）

**【疫情期间扶贫劳务协作】** 2020 年受新冠肺炎疫情影响，全国交通大范围停摆，福州市第一时间开通全国首趟扶贫定制返岗复工免费高铁专列，“点对点、一站式”帮助定西贫困劳动力有序返岗。2 月 21 日至 4 月 24 日，先后通过 2 次包车、8 次包列（包车厢）接定西员工到福州就业。京东方、捷星显示、兆元光电、东龙纺织等 88 家企业吸纳 4563 名定西籍员工，其中建档立卡劳动力 3801 人（新增 2993 人）。3 月，国务院扶贫办《扶贫信息》以《福州　定西劳务协作克服疫情影响按下“快进键”》为题，刊发福州市采取“点对点”方式帮助定西贫困劳动力有序返岗的做法及成效。在定西贫困劳动力集中、受疫情冲击较严重的福州洪良染织、捷星显示、百洋海味食品等 30 多家企业开发临时公益性岗位 1000 多个，专门安置收入减少的定西建档立卡贫困劳动力。12 月，国务院扶贫办《扶贫信息》以《福州开发临时公益性岗位托稳定西贫困户就业》为题进行宣传推广。

（魏冉娟）

**【民营企业疫情防控与复工复产】** 2020 年，福州市 52 家企业和市民营企业家协会及全体会员企业在《福州日报》等主要新闻媒体上共同发出《担当防控主责，助力打赢疫情防控阻击战》的倡议书，号召全市广大企业承担起疫情防控主体责任。盛辉物流集团腾出 1600 多平方米仓库存放防疫医疗物资，安排人员车辆全天候待命，做到防疫重点物资一到即刻配送。爹地宝贝公司用时 11 天将 30 万级无尘车间改造成更高等级的 10 万级洁净车间。思嘉集团日夜不间断生产武汉等地医废应急处置中心搭建用的篷房材料 5000 平方米。凯景集团捐赠 200 万元，用于福清市医院新感染病区一期项目医疗设备。市工商联动员商会党员企业家捐款 60.85 万元；收集整理 124 家工商联执委以上企业的融资需求信息，协调福州市金融办对接金融机构为相关企业提供融资服务；通过“福州人社求职招聘平台”帮助会员企业以“云”招聘的形式招才引才。全市民营企业、民营企业家和工商联所属商会，向福州、湖北等地捐款 3.19 亿元，捐赠物资 5127.72 万元。曹德旺、林斌被评为全国抗击新冠肺炎疫情民营经济先进个人，福州市民营企业家协会、福州市服装同业公会、福州市泉州商会、宜昌市福州商会等 4 家商（协）会被评为“全国抗击新冠肺炎疫情先进商会组织”，福州市阳光城集团、正荣集团、福建大东海实业集团、名城集团、祥兴集团股份有限公司、国航远洋、盛辉物流集团有限公司、春晖科技集团有限公司等 8 家企业被评为“全国抗击新冠肺炎疫情先进民营企业”，7 名会员、会员企业分获“福建省抗击新冠肺炎疫情先进个人”“福建省抗击新冠肺炎疫情先进集体”“全省先进基层党组织”称号，39 家会员企业受到市政府褒奖。

年内，市工商联编印《应对新冠肺炎疫情惠企政策汇编》，把从中央到地方出台的 51 项政策措施及时汇集成册，通过县市区工商联、在榕行业商协会、基层商会赠送发放给民营企业。通过微信向企业推送《企事业单位复工复产疫情防控措施指南》，引导企业规范实施疫情防控措施，推动企业安全复工。

（余　芳）

**【疫情期间市场监管】** 2020 年，福州市市场监督管理局针对疫情期医药供给、物流、人工等成本大幅提升的情况，走访医药企业了解情况、开展指导和发放资料，联合市商务局就民生物资稳供控价问题召开全市民生物资市场经营秩序稳控会。通过《致在榕企业家的一封信》开展企业防疫指导，提取全市 69.54 万个市场主体，由三大移动运营商就《一封信》对上述主体进行全覆盖推送，累计发送短信 817981 条。

加强督促指导，第一时间通过微信将《疫情防控知识（企业版）》传给食品生产企业，制定《食品生产企业在疫情防控期间特别注意事项》，要求一线执法人员检查复工复业的食品生产企业时，提醒企业落实人员健康管理制度、人员集聚区域定期消毒制度、洗手更衣消毒制度、进货查验制度、仓储管理制度、生产过程管控制度等 6 项防控措施，防止因人员管控、生产过程管控等措施不到位导致疫情防控出现漏洞。

强化线下餐饮监管，加强对线下各类餐饮场所的排查，督促开展环境卫生消毒，发放聚餐退订建议书，劝导餐饮单位不接待群体性聚餐，发放监督建议书 69 份，取消群体性聚餐活动 280 场次，累计退订群体性聚餐 2397 桌次。针对复工返岗潮，市市场监督管理局于 2 月 1 日启动针对 2964 间机关、企事业单位食堂的紧急检查工作，要求从业人员晨检，合理安排就餐时段及就餐人数，倡议用餐前配合体温监测、错峰就餐、打包用餐。全市发放倡议书 2300 余份，覆盖 2255 间供餐食堂。加大餐厅及厨房等场所及用品的消杀力度、落实食材的索证索票和进货查验制度及食品从业人员的晨检制度。开展集中医学观察点食安监督检查，在全市各县（市）区 72 个集中医学观察点轮番开展食品安全监督检查。

推广无接触配送，在线上对美团外卖、饿了么、永辉生活等生活服务类电商平台开展多次远程责任约谈，推广使用无接触配送模式，探索食安封签、外卖安心卡、取餐货柜等方式，全市投放外卖安心卡400余万张，食安封签80余万个；监测电商平台1728个次，发现并督促下架（删除、屏蔽）野生动物交易信息379条，下线涉“野”餐品298个。

强化疫情期间市场秩序维护，组织开展防护消杀用品、民生商品、药品价格专项整治行动。加强专利、商标侵权假冒在线识别和实时监测，打击商标侵权、假冒专利等知识产权违法行为。全市市场监管系统办理涉疫案件161件，其中立案调查95件，当场处罚66件；4件典型案件得到全国通报，8件典型案件得到全省通报。长乐区市场监管局移送公安机关1件涉嫌销售伪劣口罩案；台江区市场监管局查处2件销售商标侵权的口罩案，各罚款16万元。

加强舆情数据的监测和应对，依托自建大数据平台，调高疫情期舆情监测的敏感级别，开展舆情的收集和研判。对涉及市场监管报道的媒体（含网络新媒体）开展全范围舆情监测，全年处置相关舆情信息800多条。

加强消费纠纷调处，梳理、分析消费者投诉举报热线获取信息，并结合举报投诉、网络监测等发现的共性、典型消费维权问题，约谈、指导有关商家。推进涉疫投诉办理，全年接到涉及因疫情引起的投诉举报2897件，其中，涉及卫生防疫用品价格上涨问题2362件，涉及民生物资价格上涨问题181件，涉及因疫情取消订单问题354件。

**【市场领域复工复产】** 2020年，福州市市场监督管理局出台帮扶企业措施，制定推动企业知识产权质押融资，食品生产经营、特种设备、计量、检验检测等有关许可证等到期可延期3个月申请换证，允许暂未获批“网络经营”的餐饮服务经营者在疫情防控期间通过第三方平台或自建网站提供餐饮服务，延长专利奖励申报有效期等28条疫情防控措施。

加强广告行业管理，将广告产业园区3个分园作为广告企业复工复产管理的重点对象，制定应急预案，完善服务场所卫生健康。2月10日，市广告协会通过微信等多种渠道，组织300余家会员广告企业学习《从业人员健康防护手册》，并确保人手一册。

推广“不见面”审批，市市场监督管理局窗口推行“网上办、掌上办、邮寄办、就近办”审批服务模式，引导办事群众通过网上申报、在线预审、材料邮递等方式办理业务，实现“全程不见面，一趟不用跑”。通过官网发布企业申请移出经营异常名录办事指南，施行“网络提交”和“邮寄复审”，实现远程受理审核。与全市239个银行网点合作，为办事群众和企业就近提供企业登记无偿代办服务。

开通绿色通道服务，对涉及疫情防控物资等企业，开辟业务办理绿色通道或提供上门服务。开通防护相关专利商标申请绿色通道，对申请人提交的与疫情防控相关的产品、治疗方法及相关的消毒设备、防护器材等专利申请开通绿色通道，推荐国家知识产权局优先审查。

网上兑现奖励政策，2019年度中国专利奖奖励经费、2019年度国家和省知识产权示范（优势）企业奖励经费、2020年上半年福州市企业知识产权贯标资助经费、2020年度福州市企业专利权质押贷款贴息、2020年度福州市专利保险保费补贴等资金发放，企业通过QQ或电子邮件提供单位账号即可，无需纸质申请材料。通过贴息、保费补贴、购买中介服务等形式，对疫情防控企业知识产权质押贷款提供重点支持。

服务防疫设备校准，市市场监督管理局对接交通、医疗、教育、商贸等部门，宣传对体温监测设备免费检测的政策和途径，协调福建省计量院开辟24小时绿色通道，对全市机场、车站、医院、学校、商超等企事业单位用于测量人体温度的红外测温仪器、温度计给予免费检定。全年检定（校准）全市各类体温监测设备23212台/件。

督促落实企业防控主体责任，市市场监督管理局将常态化新冠病毒核酸检测落实情况纳入监管工作范畴，重点督促冷链食品生产经营企业落实疫情防控主体责任。配合行业主管部门督促商场、超市、农贸市场、集市、外卖平台、餐饮企业、非星级酒店等重点单位落实各项防控措施，落实重点人群“应检尽检”，加强对从业人员的健康管理。将健康宣传教育纳入日常监管执法内容，引导食品生产经营企业按照《防控技术指南》进行全流程管控，加强从业人员健康管理；引导相关进口冷链食品从业人员掌握防疫知识和技能；配合有关部门引导用餐场所合理设置就餐设施和餐桌距离，避免聚集排队。

加强零售药店监测，开展“四类”（退烧、止咳、抗病毒、抗菌类）药品购买人员信息实名登记和销售监测工作，落实购药人员信息核实、登记、上报等规定。每日安排专职人员对购买“四类”药品人员信息及购药信息进行归集并导入“福建省食品安全监管与社会共治系统”。

（邹惠珍）

**【“全闽乐购·惠聚榕城”通用乐购券发放】** 2020年，福建省开展“全闽乐购”促消费行动三部曲活动，活动期间福州市发放千万元“全闽乐购·惠聚榕城”文旅乐购券。其中，8月22日，“全闽乐购·惠聚榕城”专项活动启动，首批1000万元普惠乐购券通过云闪付APP发放，28日，“全闽乐购·汇聚榕城”购物嘉年华活动在晋安区东二环泰禾广场启动；11月15日，“全闽乐购·游商圈”首发团启动仪式在福州东街口举行，活动持续至2021年3月，14日起，福州市通过银联云闪付平台投放100万份、总额5000万元“全闽乐购·惠聚榕城”通用乐购券；12月25—27日，“全闽乐购·跨年购”暨第二届商博会在福州海峡国际会展中心举行，25日，福州市通过银联云闪付平台投放50万份“全闽乐购·惠聚榕城”通用乐购券。

（梁鑫智）

**【复学工作】** 2020年，福州市健全网格化校地联防联控机制，各级各类学校分批次全面开学。摸排市属小学疫情防控工作情况，掌握师生健康状况，按要求报送疫情防控工作相关表格。落实常态化疫情防控措施，实施教职员工“应检尽检”“适时抽核”。推进学校教职工和在校大学生新冠肺炎疫苗接种工作。引导各县（市）区教育局和学校对于四类弱势群体对象、一线抗疫医护人员子女、重点疫区户籍学生等给予关心，加强人文关怀、精神激励、学业和心理辅导。通过在线教育实现疫情期间停课不停学，开设福州教育云课堂，全市351名中学骨干教师录制540节优秀课程。对4607名中小学特殊群体学生提供赠送手机流量、宽带流量提速的优惠活动。为减轻疫情对普惠幼儿园的影响，提前拨付303个普惠幼儿园2019—2020学年春季学期市级补助金。加强校外培训机构管理，新冠疫情期间按规定开展校外培训机构停课的监督检查，并督促做好复课审批工作。

（刘美剑）

## 物资与服务保障

【财政资金保障】 2020年，福州市启动突发事件应急处置财政保障机制，出台疫情防控便利化采购政策，围绕减免患者救治费用、提高疫情防治人员待遇、保障疫情防控物资供应、补助定点救治医院、开展病毒核酸检测、采购接种新冠疫苗等方面筹措各类资金，拨付疫情防控专项资金15.75亿元。

加强政银企对接，综合运用贷款贴息、纾困贷款、政府性融资担保等财政金融工具，解决企业融资难融资贵问题，全年兑现贷款贴息8109万元，惠及全市67家疫情防控重点保障企业；发放纾困贷款970笔、金额43.65亿元；完成融资担保金额13.49亿元，惠及企业443家。

（郑思吟）

【防疫物资供应保障】 2020年，福州市市场监督管理局指导相关企业转型生产防疫物资，从产地选址、车间设计改造、原料选择购进、生产工艺等方面全程指导春晖服装科技、爹地宝贝、顺邦防护科技等企业转型生产医用防护服、隔离衣和口罩等防护用品，2月6日完成爹地宝贝的经营范围变更登记，2月13日完成春晖服装科技的经营范围变更登记，2月17日向顺邦防护科技发出全市首张医用隔离衣产品及生产备案凭证，2月18日协调省药监局向春晖服装科技发出全市首张医用一次性防护服注册证及生产许可证。年内全市25家企业取得相关医疗器械生产许可。

制定《防疫应急物资入库质量把控操作规范》，通过严格验收流程、明确入库标准、委派专人入驻、留存溯源票据等做法，开展福州市获赠和调配到榕物资的入库验收工作，全年验收入库物资431批次25193箱，其中，口罩1478.38万个，防护服20.826万件，体温计20764支，护目镜3.042万副，手套175.109万双，隔离衣12.981万件，鞋套18万双，防护面具24998个，工作帽5860个，医用隔离眼罩9049个，防护头盔90个，一次性口腔器械100件，测温门15扇，齿科防护面罩框架100个，齿科防护面罩防护膜3000个，医用呼吸机5台。

推进采购投放，与主要药品、医疗器械批零企业开展约谈协商，推动药企多渠道采购货源投入市场，并为相关采购企业协调出具采购委托函件及海关通关证明，为其在海外及全国各地组织货源提供便利，协调出具采购委托函22份、海关通关证明33份。对全市2172家药店进行情况摸排，对供应市场的防护用品开展全数备案、定点投放。1—3月疫情攻坚期间，全市投放口罩372.5万枚，酒精和消毒液52.2万瓶。

（邹惠珍）

【药品与医疗服务保障】 2020年，福州市在全省率先实施急需药品统一调配，确保药品供应。市医疗保障局在全省率先对供应紧张的药品采取统一调配的方式供应，锁定配送企业库存中干扰素、奥司他韦胶囊、奥司他韦颗粒、连花清瘟颗粒、连花清瘟胶囊和阿比多尔等药品。在全省率先实施预拨医保资金给救治医疗机构，减轻医院压力。预拨8441万元给福州市肺科医院、晋安区医院、福清市医院等全市10家定点救治医疗机构作为医保预付金，确保患者不因费用问题影响就医、确保收治医院不因支付政策影响救治。发挥全市2000多家定点零售药店网络覆盖优势和早期监测作用，市医疗保障局在全省率先建立定点零售药店购买退热、止咳药品人员信息登记报告制度，将在定点零售药店购买退热、止咳药品的人员信息反馈给疫情防控有关部门。在全省率先实现慢病患者药店购药报销，防止交叉感染。根据《关于推进新冠肺炎疫情防控期间开展“互联网+”医保服务的指导意见》，在部分实体药店启动慢病患者购药统筹基金直付试点，在试点药店直接购买所需药品并按规定使用医保统筹基金进行现场结算，并享有与社区卫生服务中心取药同等的医保报销待遇，“云药房”将依托线下实体药店，为慢病患者续方配药提供“网订店取”“网订店送”的“双通道”服务。在全省率先实施“线上办”“马上办”“不见面办”，参保登记、异地就医和门诊特殊病种备案等22项业务全部实行网上办理，城乡居民医保和灵活就业人员医保参保登记等7项业务实行“秒办”。在全国率先启动医保电子凭证应用试点，推进参保人员在定点医药机构就医购药扫码结算。

（苏明辉）

【防疫服务保障】 2020年，福州市1.8万个基层党组织和20多万名党员参与疫情防控、复工复产、脱贫攻坚等工作，32万多名党员自愿捐款3190多万元，各级党组织划拨1969.18万元党费支持疫情防控工作和慰问一线医务工作者、党员干部。市直机关工委组织发动75个市直单位3300多人次党员志愿者下沉141个社区参与联防联控志愿服务活动，751个机关党组织9109名党员干部投入新冠肺炎疫情防控一线，组建各类“党员突击队”“党员志愿者服务队”443支、5761名党员参加。向38个基层党组织划拨近300万元专项资金，用于支持疫情防控和企业复工复产。慰问援鄂医务人员家属、一线重点医务工作者和防疫一线工作人员等617人，发放慰问金61.7万元。组织市直机关3.2万名党员自愿捐款335多万元用于支援疫情防控。全市广大统战领域成员募集防疫款物约4.7亿元，近500名民主党派医卫界成员投身一线抗击疫情，开展约6000名海内外榕籍乡亲医学观察期间人文关怀。

共青团福州市委动员组建疫情防控青年突击队276支4279人，组织招募青年志愿者69523人次参与联防联控和民生物资保障等工作，募集物资940多万元，捐赠口罩10万多只。建立援鄂医务人员及家属“1+3”暖心联系帮扶机制，组建24支帮扶队伍定期入户走访。年内“e防控”志愿服务队伍被团中央、中国青年志愿者协会授予“抗击新冠肺炎疫情青年志愿服务先进集体”。招募3080名志愿者为“第三届数字中国建设峰会”“福州国际马拉松赛”“世界城市日中国主场（福州）活动”等大型社会活动提供志愿服务6万多小时。全市有注册青年志愿者69.64万人，志愿服务时长961万余小时，志愿者活跃率43%。

全市广大志愿者、志愿服务组织围绕防疫知识宣传、物资保障、环境卫生维护等，开展疫情防控志愿服务工作。参与疫情防控志愿者逾76万人次。推选宣传福州市“抗疫”最美志愿者282人，陈媚获选全国新冠肺炎疫情防控最美志愿者，鼓楼区南街街道三坊七巷社区获选全国最美志愿服务社区。

（组织部　林　萍　杨泽航　潘竞波　林艺红）

【公路运输保障】　2020年新冠肺炎疫情防控期间，福州市累计组织1978辆大型客车发往云南、重庆、四川、贵州等地接回52871名复工企业人员，组织1751辆大型客车发往省内其他地市接回31724名复工企业人员，助力全市重点企业复工复产；开通119条定制公交，为70多家公司提供点对点运输保障；运送11097名重点疫区隔离人员，保障1094名医务人员出行；开展入榕人员“点对点”集中精准运输保障工作，接驳入榕人员40510人次；开展境外到榕人员“14+7”点对点转运工作，运输23909人次。

（宋彩惠）

【航空运输保障】　2020年，福州长乐国际机场构建机场疫情联防联控网，优化完善疫情防控流程96次，保障国内进港航班35947架次，旅客388.15万人次；国际/地区进港航班1270架次（其中货运及客改货航班769架次），旅客6.36万人次；经福州机场入榕人员累计36人为确诊病例，116人核酸检测阳性和5人血清抗体阳性，实现员工零感染、零扩散。

2月20日，福州航空派包机运送福建省第11批援鄂医疗队；3月29日，福州航空FU6779航班从宜昌飞往福州，该航班是湖北复航后的首架民航客机，也是湖北辖区机场复航后首个商业客运航班。推进福州复工复产包机包座工作，执飞福州市首个复工复产包机航班——2月20日FU6510及FU6502航班，分别承载181名和160名复工旅客从昆明飞抵福州；保障贵阳、昆明、重庆、郑州等地务工人员返榕复工；响应市场开发包机需求，多次完成松原至多地航班包机任务。

（刘双艺　王海权）

【防疫信息化建设】　2020年，福州市在全国率先开展疫情防控软件产品参考目录公开征集，4批433项抗“疫”软件产品助力疫情数字化管控。市政府门户网站开设《统筹疫情防控和经济社会发展》专栏，通过疫情动态、疫情公告、防控科普、查询工具等模块发布疫情信息。自1月22日起，通过网站和微信公众号等平台，每天发布疫情信息，让公众了解疫情防护知识和政策措施。年内中央、省、市属主流媒体累计刊发、播报福州市卫健系统相关报道600余篇（条），报道一线医务人员集体或个人典型150多组（个）。“福州卫生健康”门户网站推送信息2000余条，微信公众号推送信息1100余条，处理舆情信息100多条，无重大舆情事件发生。通过市卫健委子网站和“福州疾控”微信公众号等，不定期更新发布健康科普信息，开展预防传染病健康教育，倡导文明健康的生活方式。加强个人信息保护，对因新冠肺炎疫情防控需要收集到的个人信息，落实个人信息保护有关规定，按照规定进行保管、处理。

福州市“12345”平台和“e福州”平台开通抗疫服务专栏，提供第一手疫情资讯服务。采用“e福州APP预约+朴朴免费配送”模式，发放26批次超过933万个口罩。结合疫情防控重要时间节点，开通清明祭扫预约、公园入口预约和核酸检测预约、第三届数字中国建设峰会参观预约等服务。结合“12345”平台诉求件数据分析，加强预警预判，向市领导和市疫情防控指挥部报送疫情防控日报200多期，配合市委政研室编制《疫情防控专报》。依托“e福州”综合指挥平台，每天将重点疫区到榕人员信息实时发送至所在区县、乡镇（街道）和社区（村），助力疫情防控期间人员精准摸排和动态管控。

（市政府办政务公开处　叶宁玉）

【疫情咨询服务】　2020年，福州市率先在省内开通3条新型冠状病毒肺炎咨询服务热线，全年接听、处理约6万通电话。2月8日设立福州市应对疫情心理援助专线，开通2个座席，为全市公众提供24小时免费心理健康服务，接听来电1万余通。派驻心理专家入驻援鄂返榕医护人员、加纳临时航班入境人员集中隔离点等，加强相关人员心理疏导。开展榕医通“在线义诊”活动，为市民提供新冠肺炎和常见病、慢性病免费线上咨询服务，累计组织在线义诊志愿医生1200人次，完成义诊服务5.2万次。

（张先玲）

【防疫宣传】　2020年，福州市成立宣传工作专班，组织市属媒体快速反应、跟进策划、更新选题，报道全市组织疫情联防联控、推动复工复产的举措和进展情况，市属媒体刊播相关报道6万多篇（条），中央、省属媒体刊发相关报道5800多篇（条），其中《新闻联播》16条，联播头条1个，《焦点访谈》播出2期专题，中宣部《思想政治工作研究》刊登相关经验做法。组织市属媒体及时发布权威信息宣传防疫知识。报道医务人员和基层一线工作者感人事迹，宣传全市关心关爱一线工作者的相关政策和落实情况，与央视合作策划“共同战‘疫’我的同乡英雄”融媒体行动，得到中央广播电视总台肯定。

开展新冠肺炎疫情防控宣传，组织创作伬艺《侬家宅家不出门》、评话《野生动物食不得》、舞蹈《白衣天使》、歌曲《风雨同舟》及书画等文艺作品，纪录片《逆行者日记》等3部作品被省广电局评为防抗疫情优秀作品。借助全市广播电视“村村响”8816个广播小喇叭，制作播放音频500多条，将中央和省市疫情防控精神传达到135个乡镇、2084个行政村，覆盖受众210.6万人。

（杨智文　梁鑫智）

（编辑　黄铭　苏颖　周弼姣　姚国榕）

# 大 事 记

## 1月

1日　2020福州海岛生活节暨福州首届海岛风筝节在连江粗芦岛启幕。

1日　新建洪塘大桥下游1/3桥幅通车，老洪塘大桥同步封闭等待拆除。新桥设双向2车道，采取机非混行，通行能力维持不变。

3日　2019海峡两岸新媒体创业大赛总决赛暨颁奖仪式在福州马尾（阳光学院）举行。

4—7日　福州市政协十三届四次会议在福州海峡国际会展中心举行。大会听取关于市政协十三届四次会议提案审查情况的报告，审议通过《中国人民政治协商会议第十三届福州市委员会第四次会议决议》。

5—8日　福州市十五届人大四次会议第四次全体会议在海峡国际会展中心举行。会议表决通过《关于福州市人民政府工作报告的决议》《关于福州市2019年国民经济和社会发展计划执行情况及2020年国民经济和社会发展计划的决议》《关于福州市2019年预算执行情况及2020年预算的决议》《关于福州市人民代表大会常务委员会工作报告的决议》《关于福州市中级人民法院工作报告的决议》《关于福州市人民检察院工作报告的决议》《福州市人民代表大会关于进一步推进福州古厝保护的决定》等。会议还进行宪法宣誓仪式。

10日　2020年福州市文化科技卫生“三下乡”集中服务活动在晋安区寿山乡前洋村启动。全市10个县（市）区分会场同步开展“三下乡”集中服务活动。

10日　由华夏产业经济研究院主办的2020数字经济创新发展论坛在福州举行。华夏产业经济研究院数字经济研究所挂牌成立。

11日　2020年全国徒步大会开幕式暨福建·福州“红红火火过大年”第十六届万人健步行活动在花海公园举行。

19日　工信部发布《2019年中国软件业务收入前百家企业发展报告》，福州市3家企业上榜，分别为福建星网锐捷通讯股份有限公司、福州福大自动化科技有限公司、新大陆科技集团有限公司。

21日　福州市15个特色历史文化街区集中开街，主会场位于闽侯县石山特色历史文化街区。

27日　福州市12名医护人员参与省首批医疗队赴武汉参与抗击新冠疫情支援任务。

## 2月

2日　福州市推行政务服务、民生服务“掌上办、网上办、就近办”，配合全市疫情防控工作，为市民和企业提供各类办事服务。通过“e福州”APP和福建省网上办事大厅福州分厅，市民和企业可网上办理相关业务。

6日　市长尤猛军带队深入全市重点企业，检查新型冠状病毒肺炎疫情防控工作。

8日　福州市“应对疫情、共渡难关”政府银行企业对接会举行。会上解读市政府与4家金融机构合作推出的扶持政策及《关于帮助中小微企业应对疫情共渡难关若干措施》等，进出口银行、国开行、农发行、兴业银行相关负责人分别介绍金融支持全市企业的主要措施和落实情况。

17日　福州市召开市直机关指导服务企业复工复产工作动员部署暨培训会议。福州市组成14个工作组，赴各县（市）区、高新区的各类企业、重点工程项目，就疫情防控和复工复产开展指导督促。

26日　农业农村部等8部门联合印发《关于认定中国特色农产品优势区（第三批）的通知》，福州连江县连江鲍鱼中国特色农产品优势区入选第三批中国特色农产品优势区。

## 3月

2日　福州市185项对固定资产投资支撑较大的在建重点项目全部复工。

3日　榕定共青团东西部扶贫协作医疗扶贫捐赠仪式在定西举行。福州市向定西捐赠10套远程自动腹膜透析仪，总价值150万元。

4日　晋安区举办第一季度线上网络签约活动，智慧云科技产业园、宏捷集团总部、量子中金国产电脑生产基地、盖亚环保再生资源等17个项目签约，签约金额194.78亿元，是福州市招商项目的第一场“网签”。

11日　福州市消委会授予福建东百集团股份有限公司等74家单位为首批“福州市线下无理由退货承诺示范单位”。

18日　福州市80个重大项目集中开工，总投资413亿元，年计划投资107.8亿元。集中开工的项目中，省级集中开工项目51个，总投资298亿元，年计划投资64.7亿元。其中，产业项目39个，总投资216亿元，年计划投资51.2亿元；基础设施项目7个，总投资72亿元，年计划投资9.1亿元；社会民生项目5个，总投资10亿元，年计划投资4.4亿元。总投资10亿元以上、支撑带动作用较强的重大项目有6个。

24日　福州市集中开工第二批100个重大基础设施、产业发展、社会民生项目，总投资1100亿元。其中，基础设施项目21个，总投资61亿元；产业发展项目55个，总投资798亿元；社会民生项目24个，总投资241亿元。

## 4月

1日　福州首例境外输入新冠肺炎确诊患者治愈出院。

5日　中国政府赴菲律宾抗疫医疗专家组出征仪式在福州举行，专家组5日抵达菲律宾首都马尼拉。中方捐赠的一批防护用品、医疗设备和中成药等抗疫物资也随机抵达。

23日　由福建省新闻出版局、海峡出版发行集团主办，福建省新华发行集团承办的第六届海峡读者节在福州鳌峰坊书城开幕。

29日　“2020十大福州工匠”推选结果揭晓，分别是：福建上润精密仪器有限公司工模中心主任黄朝峰，国网福州供电公司配电运检室班长黄颂，东南（福建）汽车工业有限公司副技术长孙梓清，福建朝日环保科技开发有限公司党委书记、董事长、技术总监翁希明，福建春伦集团有限公司董事长、技术创新主任傅天龙，福建福清核电有限公司维修三处副处长尤兵，福州高意通讯有限公司研发技术经理赵武丽，中建海峡建设发展有限公司总承包公司技术质量部经理官灿，福建网龙计算机网络信息技术有限公司美术总监葛岩，长乐恒申合纤科技有限公司氨纶厂长蒋同德。

## 5月

1日　葛屿新苑配套道路、上渡新苑三期配套道路、太平里路及太平二路等4条新路建成并对外开放。

1日　福州市敬老卡的领取年龄从70周岁及以上放宽至65周岁及以上。老人持有敬老卡，可全时段免费乘坐公交车，在法定工作日高峰期（7：00—9：00、17：00—19：00）乘坐地铁按成人标准购票，其余时间免费。

3日　位于仓山区盖山阳岐风貌区的严复故居修缮基本完工，内设严复生平事迹展。

11日　福州市政府2020年为民办实事项目之一——“e福州”便民服务平台上线，形成15分钟便民服务圈。230台自助服务终端覆盖城区，近100个便民事项自助可办。

12日　全省脱贫攻坚工作推进会在福州召开，重点部署决战决胜脱贫攻坚冲刺阶段工作主体责任。

15日　福州·定西东西部扶贫协作视频对接会召开，并举行福州市对口帮扶定西产业合作项目云签约仪式，签订7项合作协议；福州市8家企业与定西市8个脱贫攻坚挂牌督战村签订结对帮扶协议；福州市7家企业和单位向定西市捐资捐物1919.6万元。

16日　4名台湾同胞在福州市取得职业技能等级证书，为大陆首批向台胞颁发的职业技能等级证书。

30日　2019年福建省乡村振兴重点特色乡（镇）名单和2019年福建省乡村振兴实绩突出村名单公布，福州市1个镇和15个村庄分别入选，其中，永泰县嵩口镇入选2019年福建省乡村振兴重点特色乡（镇）；福清市上迳镇梧岗村、镜洋镇镜洋村、高山镇玉楼村，长乐区营前街道黄石村，闽侯县荆溪镇仁洲村，连江县江南乡儒洋村、晓澳镇百胜村，罗源县松山镇八井村、西兰乡坛石村，闽清县雄江镇梅雄村、金沙镇上演村，永泰县富泉乡力星村，晋安区日溪乡日溪村，马尾区亭江镇英屿村，高新区南屿镇五都村入选2019年福建省乡村振兴实绩突出村。

## 6月

12日　由全国人大常委会副委员长沈跃跃带领全国人大常委会执法检查组到福州，开展《全国人大常委会关于全面禁止非法野生动物交易、革除滥食野生动物陋习、切实保障人民群众生命健康安全的决定》和野生动物保护法执法检查。

13日　2020年福州市“文化和自然遗产日”主会场活动在福州文庙开展，主会场采取“线上直播+线下展演”相结合形式，并采用“中心场+县（市）区分会场+延伸活动点”模式。

13日　福州市1个区、10个乡镇和139个村入选省级乡村治理试点示范单位，其中，长乐区入选省级乡村治理体系建设试点县（区）；福清市一都镇、上迳镇，闽侯县白沙镇，连江县黄岐镇，罗源县起步镇、凤山镇，闽清县塔庄镇，永泰县梧桐镇，长乐区梅花镇，晋安区寿山乡入选省级乡村治理示范乡镇。

15日　国内跨径最大的变高度连续钢桁结合梁桥、全市首座公轨两用大桥——道庆洲大桥跨江主桥合龙。

18日　福州市市长尤猛军参加“全闽乐购·惠聚榕城”直播，推荐福州特产和“福州制造”产品。

19日　福州市公共数据创新基地暨高校毕业生数据就业创业中心在福州东南大数据产业园揭牌，基地分为平台建设区、数据治理区、数据共享应用区、数据开放应用区、数据就业孵化区5个功能分区。

21—23日　市委副书记、市长尤猛军带领福州市政府代表团赴甘肃省定西市开展东西部扶贫协作活动。22日，福州·定西东西部扶贫协作工作联席会召开，福州市12家企业与定西市相关部门和企业签订合作协议，福建大东海集团、福州市扶贫发展基金会等在榕企业、单位现场捐赠总价4900多万元的资金和物资。

22日　长乐区政府与福建中医药大学附属康复医院举行合作协议签约仪式。根据协议，福建中医药大学附属康复医院将对位于长乐漳港的长乐区空港医院门诊住院楼、附属楼及周边地块等场所资源进行整合，建设福建中医药大学附属康复医院长乐院区项目。

25日　福建省政府办公厅首次委托第三方机构开展全省政务公开评估工作。福州市被评为政务公开优秀单位，获省政府办公厅通报表扬。

25日　国内首艘装载国产化科考装备的载人潜水器支持保障母船——“探索二号”科考船在福建马尾造船厂完成改造项目并起航，前往三亚南山港码头。

## 7月

1日　福州市巾帼党性教育基地揭牌启用。

5日　鼓楼区鳌峰坊特色历史文化街区状元道开街。

5日　“2019年中国非物质文化遗产传承人群研培计划之福建古琴制作技艺培训班和福州脱胎漆艺髹饰技艺研修班培训成果展”在三坊七巷宗陶斋开展。

8日　网龙网络公司与福建省广播影视集团签署战略合作框架协议，“海丝数字教育内容研发中心”和“福建省少儿科创活动基地”揭牌。

9—10日　第三届数字中国建设峰会核心赛事——数字中国创新大赛数字政府赛道决赛线上开赛。

11日　“同心力　云逐梦”2020闽台棒球交流线上活动在福州市海峡奥林匹克体育中心和台湾省嘉义市稻江科技暨管理学院棒球场同时举行。

12日　国内首台10兆瓦海上风电机组在三峡集团福清兴化湾二期海上风电场并网发电，为国内自主研发的单机容量亚太地区最大、全球第二大的海上风电机组。

13日　福州首座音乐喷泉钢坝闸在琼东河投用。

14日　福州高新区与乐敦投资（中国）有限公司签订中日未来医学医疗联盟战略合作备忘录。

15日　福州市政府与华为技术有限公司签订共建全国数字应用第一城合作备忘录。

15日　福州市垃圾分类“百个小区百场宣传志愿服务行动”主题活动启动。

16日　福州市女性社会组织孵化培育基地启用。

16—18日　陕西省渭南市党政代表团在福州考察交流。16日　福州·渭南友好城市交流座谈会在福州举行；陕西渭南特色农产品福州推介会同日在福州举行，达成产业合作协议意向金额3亿元。

17日　中国建设银行与福州等9个城市签署支持市场力量参与城镇老旧小区改造战略合作协议。

20日　中宣部、中央文明办等部门联合评选的2019年度宣传推选学雷锋志愿服务“四个100”先进典型暨百名疫情防控最美志愿者名单公示，台江区鲲鹏青少年事务服务中心督导助理陈媚、鼓楼区南街街道三坊七巷社区分别入选“疫情防控最美志愿者”和“最美志愿服务社区”公示名单。

20日　罗源秀珍菇作为地理标志农产品入选第一批中欧“100+100”地理标志互认名单。

23日　在2020年（第二届）全国政务热线发展高峰论坛暨政务热线服务质量评估报告发布会上，福州市“12345”便民（惠企）服务平台在全国338个城市政务服务热线服务质量评估中，获“总体评估优秀单位等级A+”“服务创新优秀单位”“价值创造优秀单位”3项荣誉。

24—31日　首届“天津大学—新加坡国立大学福州联合学院科技成果转化网上推介会”在福州市技术交易服务平台举行。

28日　在第四届全国“12345”政府服务热线年会上，福州市“12345”便民（惠企）服务平台在全国政务热线运行质量总体情况评比中获全国副省级城市和省会城市排名第一，并获“全国十佳热线奖”“智慧抗‘疫’引领奖”2项荣誉。

28日　福州市美丽乡村建设暨裸房整治专题现场会在闽清县举行。

29日　第三届“创想福建”中小企业创新创业大赛暨2020年“创客中国”中小企业创新创业大赛福州赛区决赛在闽侯落幕。

31日　福州市召开疫情防控视频会议。

31日　鼓楼区入选首批全国法治政府建设示范市（县、区），为福建省唯一获得示范命名的县级先进地区。

## 8月

1日　福州港“丝路海运”快捷航线在江阴港区举行首航仪式。

1日至10月31日　福州开展法定节假日（共31天）免费乘坐地铁和公交车活动。

6日　福州市农业农村局与中国农业发展银行福建省分行营业部签署全面支持福州市实施乡村振兴战略合作框架协议。

11日　福州国企专场招聘会在定西市人力资源市场举行。

11日　鼓楼区鼓西街道社区卫生服务中心智慧化预防接种门诊启用，实现儿童预防接种一站式全流程智慧化管理，为全省首家实现疫苗接种全流程智慧化管理的单位。

14日　“山海福厝——2020福建文创（上下杭）市集”在上下杭历史文化街区启动。

15日　福州驾培监管服务平台“福州智慧驾培”试运行，在全省率先采取驾培监管与运营分离模式。

15日　第八届海峡青年节集中活动启动，以“幸福·家园·梦想”为主题的2020海峡青年（福州）云上峰会在福州主会场举行。

15日　“漆彩·茗品——福州市首届大漆茶器展”在福建省工艺美术大楼举行。

16日　首届闽台人才协作论坛在福州举行。

17日　永泰县入列“2020年全国县域旅游发展潜力百家县”榜单。

19日　中宣部、国家卫生健康委联合发布2020年“最美医生”先进事迹，福清市城头镇吉钓村卫生所医生王锦萍获颁2020年“最美医生”证书。

19日　华为2020创新数据基础设施峰会在福州数字中国会展中心举行。

19日　福州·定西东西部扶贫协作联席会在福州召开。

19日　福州市参加第三季度全省重大项目视频连线集中开工活动，各县（市）区、高新区、相关市直单位集中开工重大项目100个，总投资679亿元，年计划投资144亿元。

22日　“全闽乐购·惠聚榕城”专项活动启动，首批1000万元普惠乐购券通过云闪付APP发放。

24日　福州市东西部扶贫协作工作推进会召开。

25日　福州市农村生活垃圾治理专题现场会在长乐区召开。

25日　福州市海峡两岸婚姻家庭服务中心在市民服务中心五楼婚姻登记处揭牌。

25日　福州市被国家体育总局列入国家体育消费试点城市。

26日　闽东北协同发展区人力资源社会保障工作研讨会在福州召开。会上组建企业招聘服务联盟，参会方签署《闽东北协同发展区企业招聘服务联盟协议》，成立联盟秘书处（挂靠福州市人社局）。同日，2020年闽东北协同发展区高校毕业生专场供需见面会在福州市人才储备中心举行。

28日　“全闽乐购·汇聚榕城”购物嘉年华活动在晋安区东二环泰禾广场启动。

28日　永泰县春光村入围农业农村部“2020年中国美丽休闲乡村名单”。

## 9月

1日　福州新区成立五周年新闻发布会在福州数字中国会展中心举行。

1日　2020年福州茉莉花茶丰收节活动在永泰县梧桐镇春光村生态茉莉花园举行。作为首届福州茉莉花茶丰收节，活动引入阿里巴巴春雷计划，“福州茉莉花茶”被授予“茶天猫原产地”称号。

2日　罗源县霍口畲族乡福湖村、永泰县嵩口镇月洲村、永泰县梧桐镇春光村入选文化和旅游部、国家发改委第二批全国乡村旅游重点村名单。

4—6日　2020海峡（福州）渔业周·中国（福州）国际渔业博览会在福州海峡国际会展中心举行。

8日　2020厦门国际投资贸易洽谈会暨丝路投资大会开幕，福州市外资项目招商对接会在福州代表团驻地举行，现场签约重点外资项目16个。

10日　福州市被住建部认定为全国第二批装配式建筑范例城市。

11日　由福州市政府和定西市政府共同主办的福州·定西经贸文化旅游活动周在甘肃定西开幕。活动周安排专场招商视频会、福州—兰州航线直航启动仪式、消费扶贫产销对接暨招商项目签约、“福州万人游定西”等活动，并组织福州企业家考察定西相关县（区）。

15—16日，全国农业农村法治工作会议在福州市召开，农业农村部向获评为第一批全国农业综合行政执法示范窗口的福州市农业综合执法支队和获评为全国农业综合行政执法示范单位的连江县农业农村局授牌。

16日　福州市党外知识分子联谊会第一次会员代表大会暨成立大会召开。

18日　2020年福州市榕创嘉年华暨福州市创业创新大赛在福州广播电视台演播厅举行。

18—21日　2020年全国航天大会在福州举行。

20日　宁夏回族自治区党委常委、固原市委书记张柱率领固原市党政代表团到福州考察。

20—30日　首届海峡两岸非物质文化遗产——古琴传承和发展论坛在福州举行。

22日　福州市举行9月重大项目集中开工视频连线活动，集中开工71个重大项目，总投资547亿元。

23日　全国首家金鱼博物馆——国潮金鱼博物馆在三坊七巷塔巷79号开馆。该馆同时入选福州市第六批非物质文化遗产代表性项目——福州观赏金鱼培育技艺展示基地。

25日　第三届全国青年企业家峰会在福州举行。

25日　2020中国福建互联网大会在福州举行。

26日　第十二届海峡论坛·第十一届海峡两岸船政文化研讨会在福州举行。

27日　2020年海峡两岸古建筑交流研讨会在福州举行，活动主会场设于福州大学，并在台北设立分会场。

28日　鼓楼区获评为“国家级信息化教学实验区”。

30日　仓山区学生街特色街区开街仪式举行。

## 10月

1日　闽江妇幼专科联盟成立暨福州市妇幼保健院新院区运营大会在位于仓山区的福州市妇幼保健院新院举行，新院同日投入使用。联盟由市妇幼保健院牵头，市第二医院、市中医院、福清市医院及市辖六区六县（市）妇幼保健院（所）共同组建而成。

8日　“健康使命—2020”福建省福州市秋冬季新冠肺炎本土聚集性疫情联防联控应急演练举行。市新冠肺炎疫情防控工作应急指挥部15个工作组所属单位，晋安、福清、永泰3个县（市）区和市属相关医疗单位参与演练。

9日　2020年“数字党建”高峰论坛在数字中国教育小镇·数字党建（网龙）学院举行。论坛为福州市“党建云盟”、“数字党建小镇”、中共福州市互联网组织委员会授牌，宣布“党建云仓”开仓运行，发布数字党建发展研究报告。

11—15日　第三届数字中国建设成果展览会在福州海峡国际会展中心举行。

11日　福州滨海新城举行集中签约和重大项目集中开工，现场签约11个项目，6个数字经济及民生重大项目集中开工。

11日　“有福之州·对话未来”之“院士峰会行”活动在三坊七巷林聪彝故居举行。

11日　“有福之州·对话未来”分院落主题活动在三坊七巷举行。

12—14日　第三届数字中国建设峰会在福州市举行。中共中央总书记、国家主席、中央军委主席习近平向峰会致贺信。12日举行数字福建分论坛、大数据分论坛、数字政府分论坛、智能制造分论坛、数字生态分论坛，13日举行数字城市分论坛、区块链与金融科技分论坛、工业互联网分论坛、数字经济分论坛、数字健康分论坛、数字丝路分论坛、物联网分论坛。

12日　“摆脱贫困与政党的责任”国际理论研讨会在福州市开幕。中共中央总书记、国家主席习近平致贺信。来自100多个国家的约400名政党代表和驻华使节、国际机构驻华代表、发展中国家媒体驻华代表、智库学者等通过线上或线下方式参会。

12日　福州市15个数字经济重大项目集中签约，同步举行与天津大学集中签约活动。

12日　第三届中国智慧社会发展与展望论坛在福州举行。

12—13日　2020年数字中国创新大赛各赛道总决赛在福州举行。

13日　第三届数字中国建设峰会福建省数字经济重大项目集中签约仪式在福州海峡国际会展中心举行。

15日　以“创新引领创业，创业带动就业”为主题的2020年全国双创活动周福建分会场暨创响中国·福州站启动仪式在福州新区双创示范基地内的数字中国会展中心举行。

15—17日　福州市代表团赴甘肃省定西市开展东西部扶贫协作活动。16日，召开福州·定西东西部扶贫协作工作联席会议，会上举行集体项目签约和捐赠活动。

16日　福州市政府与广发银行签署战略合作框架协议。

17日　全国唯一漆艺博物馆——福建省沈绍安漆艺博物馆在朱紫坊历史文化街区的芙蓉园开馆。

18—25日　福州市第二十五届运动会举行。

18日　位于闽清县云龙乡后垅村的吴孟超院士馆揭牌开馆。

19—21日　第三届中国粮食交易大会在福州海峡国际会展中心举行。其间，召开第十六届粮食产销协作福建洽谈会。

20日　福建省养老领域首个PPP项目——晋安区社会福利中心对外运营。

24日　中国旅游研究院在2020中国夜间经济论坛上发布“2020夜间经济二十强城市”名单，福州市入选。

28日　福州马尾—台湾跨境电商货物海运直航专线首航仪式在马尾区海盈码头举行。

30日至11月1日　世界城市日中国主场（福州）活动在福州举行。30日举行福州及中国城市建设案例展，31日举行开幕式、主论坛、专题论坛。

30日　福州市乡村振兴专题现场会在连江县召开。

## 11月

1日　福州台湾会馆在三坊七巷揭牌。

4日　福州海上丝绸之路史迹保护研究中心在闽江学院揭牌。

11日　福州市举办第四届“榕博汇”暨高校毕业生对接会。会上启动2020年“闽都英才”遴选工作，发布“榕智汇”——福州人才智慧服务平台。

11—15日　第22届中国国际高新技术成果交易会在深圳举行，在2020年度亚太智慧城市评选中，福州连续第5年获“中国领军智慧城市”奖。

13日　全市工业（产业）园区标准化建设现场会在福州高新区召开，会上发布《福州市工业（产业）园区标准化建设推进制造业高质量发展实施方案》。

14日　第二届生漆科学与漆艺传承国际研讨会在福州开幕。

15日　“全闽乐购·游商圈”首发团启动仪式在福州东街口举行，活动持续至2021年3月。该活动为福建省“全闽乐购”促消费行动三部曲活动之一。14日起，福州市通过银联云闪付平台投放100万份、总额5000万元“全闽乐购·惠聚榕城”通用乐购券。

15日　福建省闽剧艺术发展联盟在闽江师范专科学校成立。

18日　“全闽乐购·逛夜市”启动仪式暨夜间经济体验示范街区观摩活动在福州上下杭历史文化街区启动，发布福州市中心城区“东西南北中”五大夜间经济主题片区等。该活动为福建省“全闽乐购”促消费行动三部曲活动之一。

19日　省政府公布第十批省级文物保护单位名单，福州市新增5处，分别为闽侯十四门桥、永泰香远堂、永泰麟瑞阁、长乐南雁山闽江口南岸炮台、马尾马限山近代建筑群。

19日　中国福建光电信息科学与技术创新实验室（闽都创新实验室）第一届理事会成立大会暨第一次理事会在福州召开。

20—23日　福州市第二季闽匠杯（根雕）职业技能竞赛在福州高新区举行。

25日　福建省抗击新冠肺炎疫情表彰大会在福州举行，表彰全省为抗击新冠肺炎疫情作出重大贡献的先进个人和先进集体。

26日　第三届21世纪海上丝绸之路博览会暨第二十二届海峡两岸经贸交易会线下展销会在仓山万达广场启动。展会首次以“线上展会+线下展销”形式举行，首次将举办地搬至户外。线下展销会持续至29日。

26日　福平铁路平潭站揭牌。

27日　第六届海上丝绸之路（福州）国际旅游节暨“全福游”嘉年华启动仪式在福州海峡国际会展中心举行，是海丝国际旅游节首次以“线上+线下”双线办节的形式呈现。启动仪式上，中国旅游研究院发布《“海上丝绸之路”旅游大数据报告》。28日举行文旅经济高峰论坛。

27日，“华龙一号”全球首堆——中核集团福清核电5号机组首次并网成功。

27日，交通运输部“十大最美农村路”暨“十大交通微博”发布活动在晋安区举行，发布2019年度“十大最美农村路”名单，晋安北峰环线全景公路鼓宦线入选，并在鼓岭万国公益社举行揭牌仪式。

28日　第三届21世纪海上丝绸之路博览会暨第二十二届海峡两岸经贸交易会线上展会启动仪式在仓山万达广场举行。线上展会持续至12月10日，线上VR展会平台持续运营一年。

30日　陈岱孙诞辰120周年系列纪念活动暨陈岱孙纪念馆揭牌仪式在仓山区举行，纪念馆坐落于仓山区螺洲镇陈氏五楼，总面积约800平方米，展陈面积约500平方米。陈岱孙，1900年出生于仓山区螺洲镇，著名经济学家、教育家。

## 12月

2日　第三届“吴清源杯”世界女子围棋赛总决赛在福州吴清源围棋会馆举行。

7日　福建省重大（Ⅱ级）暨福州市较大（Ⅲ级）食品安全突发事件应急演练在福州举行。

7—8日　2020年首届海峡两岸（福州）职工创新创业创造大赛主题日在福州工人文化宫举行。大赛自8月10日启动，分创新组和创业组，400余支团队参赛。

8日　国际灌排委员会第71届执行理事会公布2020年世界灌溉工程遗产名录（第七批），福清天宝陂入选。天宝陂位于福清市龙江中段，始建于唐天宝年间，坝体长216米，高约3.5米，其中150米为唐至明代所修的旧坝。

8—9日，省委常委、市委书记林宝金带领福州市代表团赴合肥市学习考察。

10—12日　第十八届中国·海峡创新项目成果交易会在福州海峡国际会展中心举行，首次启用云展会模式，线上和线下同步进行。10日，云上展会启动仪式举行，线上展会常年开放展示，首届茶产业协同创新论坛暨第二届“一带一路”茶产业科技创新联盟大会、福建工程学院京东产业学院成立仪式暨现代产业学院建设高峰论坛等活动同日举行。

11日　海峡青年创新创业高峰论坛在福州举行。

14日　中共福州市委、福州市政府在晋安河举行福州市“河长日”启动仪式，各县（市）区设分会场，与主会场视频连线，同步启动“河长日”活动。经市委、市政府研究决定，将每年的3月14日定为福州市“河长日”。

17日　位于晋安区的福州宜家家居开业，为全省首家宜家商场。

18日　福州企业家大会在海峡国际会展中心召开，以移动云视讯连接形式，在各县（市）区、高新区同步设立分会场。会上发布福州市培育农业龙头企业、工业龙头企业、软件业龙头企业、建筑业龙头企业、服务业龙头企业等工作方案及政策措施，印发福州市系列惠企政策，以及《关于进一步完善“一企一议”服务工作机制的意见》《关于做好重要项目用地服务保障工作的意见》等。

18日　纪念冰心诞辰120周年座谈会、冰心文学第六届国际学术研讨会分别在福建会堂和福建省海峡民间艺术馆举行。

20日　2020福建农信福州马拉松赛举行，为“2020年‘奔跑中国’马拉松系列活动”收官战。

21日　西岭互通铜盘路接线工程建成通车，为福州市区二环、三环“接二连三联络性通道”。

23日　2020中国物联网产业发展峰会在福州举行。

23日　第二届船政文化节在马尾船政特色历史文化街区开幕。

23日　第三届福州市社科界学术年会主论坛——福州经济高质量发展论坛在福州高新区举行。

23—24日　中共福建省委书记尹力在福州调研，省长王宁出席调研座谈会。

25日　中共福州市委十一届十二次全会举行，审议通过《中共福州市委关于制定福州市国民经济和社会发展第十四个五年规划和二〇三五年远景目标的建议》。

25日，福州市出台《开展新一轮古厝普查登记和保护利用专项行动实施方案》。

25—27日　“全闽乐购·跨年购”暨第二届商博会在福州海峡国际会展中心举行。该活动为福建省“全闽乐购”促消费行动三部曲活动之一。25日，福州市通过银联云闪付平台投放50万份“全闽乐购·惠聚榕城”通用乐购券。

25日　福建省儿童医院在福州市开诊。

26日　福平铁路开通，设福州、福州南、长乐、长乐东、长乐南、平潭6座客运车站。国内首座公铁两用跨海大桥——平潭海峡公铁大桥同步投用。

26日　福清市高质量发展暨撤县建市30周年座谈会召开。福清撤县建市30周年主题展同日举行。

27日　福州地铁1号线二期开通，工程长约5千米，北起福州火车南站（不含），南至三江口站，设安平站、梁厝站、下洋站、三江口站4座车站，全部为地下线。

27日　福建省精准医学产业创新中心在福州滨海新城开园。第三届福州精准医学高峰论坛与第四届华福医药管理论坛同日举行。

28日　位于晋安区的福州科技馆新馆项目开工。

29日　福州滨海新城2020年第四季度重大项目集中开工活动举行，9个项目集中开工，总投资近100亿元。

30日　福州市15个市级夜色经济体验示范街区同步开街。15个体验示范街区主要依托历史文化街区、城市综合体和多元业态商业街开展建设提升。

30日　福州市人大常委会会议表决通过福州市2021年为民办实事项目，共20大项55件，基本涵盖民生主要领域。福州市首次以人大常委会会议表决形式确定下一年度为民办实事项目，在全省各设区市人大中属首创。

31日　福州红庙岭循环经济生态产业园红庙岭垃圾焚烧协同处置项目开始接收城市生活垃圾，标志福州在全国46个垃圾分类重点城市中率先实现生活垃圾“零填埋”。

31日　21世纪海上合作委员会官网上线启动仪式在福州举行，是福州市首个由政府牵头搭建的中英文国际网站。21世纪海上合作委员会于2017年由福州市政府与全国对外友协在世界城地组织亚太区框架内共同发起成立。

31日　2020年福建省县域经济高质量发展报告会举行，公布2020年度福建省县域经济发展“十强”“十佳”县（市）评价结果，福清市、闽侯县分列“十强”县（市）第三、四位，永泰县、闽清县分列“十佳”县（市）第一、五位。

（编辑　黄铭　苏颖　周弭姣　姚国榕）

## 自然资源

【地理】 福州市是福建省省会，位于福建省中部东端，介于北纬25°15′~26°39′、东经118°08′~120°31′之间。东临台湾海峡，西靠三明市、南平市，南邻莆田市，北接宁德市。地貌属典型的河口盆地，东有鼓山，南有五虎山，北有莲花峰，其海拔多在600~1000米之间。南部为盆地的大部分；北部为山地，从西南向东倾斜；西部为中低山地；东部丘陵平原相间。山地、丘陵占全区土地总面积的72.68%，其中山地占32.41%，丘陵占40.27%。鹫峰、戴云两山脉斜切南北，闽江横贯市区东流入海。

【土地资源】 福州市土地总面积118.61万公顷，其中，耕地面积14.79万公顷、园地面积5.33万公顷、林地面积68.64万公顷、草地面积1.15万公顷、城镇村及工矿用地面积10.30万公顷、交通运输用地面积2.79万公顷、水域及水利设施用地面积11.53万公顷、其他土地面积4.08万公顷。

【矿产资源】 福州市境内发现各类矿产56种（包括亚矿种）。优势矿产以砂、石、土、地热为主，金属矿产矿种少、储量小，高品位矿少。已探明列入福建省矿产资源储量表的固体矿产14种，开发利用的矿产有11个矿种，主要矿种为建筑用花岗岩和建筑用凝灰岩、叶蜡石、地热、矿泉水、陶瓷土。建筑用花岗岩、凝灰岩主要产于福清、连江、闽侯、永泰等县（市）；叶蜡石主要产于晋安、闽清、罗源、福清等县（市）区。全市地热资源丰富且有特色，地热田（点）主要分布于福州市城区和永泰、闽侯、闽清、连江、福清等县（市）。境内地热资源埋藏浅、水温高、水质好，自古有“闽中温泉甲天下”之美誉，2010年12月福州市获“中国温泉之都”称号，永泰县、连江县及闽清县先后获“中国温泉之乡”称号。陶瓷土矿主要产于闽清县，为建筑陶瓷、电陶瓷的主要原料。

【海洋资源】 2020年，福州市管辖海域总面积8200平方千米，占全省海域面积37640平方千米的21.8%；全市岛礁485个（含台湾省管辖的79个），占全省海岛2214个的21.9%；全市大陆海岸线长920千米，占全省大陆海岸线长3752千米的24.5%。

（林诚锦）

【水资源】 2019年，福州市平均降水量1403.5毫米，折合水量165.49亿立方米，比上年偏少9.3%，比多年平均偏少8.5%，属偏枯水年。最大点降水量为闽侯县陶洋1961.5毫米，最小点降水量为长乐区梅花992.5毫米。地表水资源量93.42亿立方米，地下水资源量29.42亿立方米，地下水与地表水不重复计算量0.32亿立方米，水资源总量93.74亿立方米，人均水资源拥有量1277立方米，外市入境水量为632.56亿立方米，福州市入海水量为91.81亿立方米（不含过境水量）。福州市年供水总量20.69亿立方米；年用水总量20.69亿立方米。其中，农业用水量9.74亿立方米，占总用水量47.1%；工业用水量3.36亿立方米，占16.2%；城镇公共用水量2.80亿立方米，占13.5%；居民生活用水量3.95亿立方米，占19.1%；河道外生态环境用水量0.84亿立方米，占4.1%。

（陈嘉）

【林业资源】 2020年，福州市林业用地面积75.05万公顷，其中生态公益林面积31.35万公顷，商品林面积43.70万公顷；有林地面积65.75万公顷。全市森林覆盖率58.36%，林木总蓄积量5134万立方米，森林蓄积量4924万立方米。有国家级森林公园5个、省级10个。

（张敏慧）

## 气　候

【概况】 2020年，福州市气候属较好年景。全市年平均气温21.1℃，比常年平均高1.2℃，属异常偏高；平均年雨量

1224.2毫米，比常年平均少18.5%，属偏少；平均年日照时数1886.7小时，比常年平均多15.7%，属异常偏多。影响台风个数少，台风造成的灾害轻。影响较重的灾害性天气有5月31日至6月8日的持续暴雨、下半年的干旱和12月底的寒潮。

**【气温】** 2020年，福州市年平均气温21.1℃，比常年平均高1.2℃，属异常偏高。从各月平均气温来看，1月和5—6月异常偏高，3月、7—8月和11月显著偏高，2月偏高，其余月份正常。各县（市）区年平均气温20.3℃～21.5℃，距平0.6℃～1.9℃，其中闽清和福清偏高，罗源显著偏高，其余县（市）区属异常偏高。各县（市）区年最低气温-0.4℃～3.7℃，福州市区出现在2月19日，永泰出现在1月31日，其余县（市）区出现在12月31日。各县（市）区年最高气温36.3℃～41.1℃，永泰和闽清分别出现在7月13日和14日，罗源和连江出现在8月25日和26日，其余县（市）区出现在7月24日前后。1月6日闽侯最高气温27.5℃，突破当月历史极值（2005年1月25日27.3℃）；7月24日长乐高温破当月历史极值，连江平历史纪录。1月闽侯、连江、长乐、永泰、罗源平均气温分别为13.9℃、13.7℃、13.9℃、14.0℃、12.9℃，均破历史同期纪录；6月闽侯、连江、长乐、永泰、罗源、闽清平均气温分别为28.8℃、29.0℃、28.9℃、29.0℃、28.1℃、28.4℃，均破历史同期纪录；8月连江平均气温30.0℃，破历史同期纪录；11月福州市区、闽侯、连江、永泰平均气温分别为20.5℃、20.0℃、19.8℃、19.8℃，均破历史同期纪录。

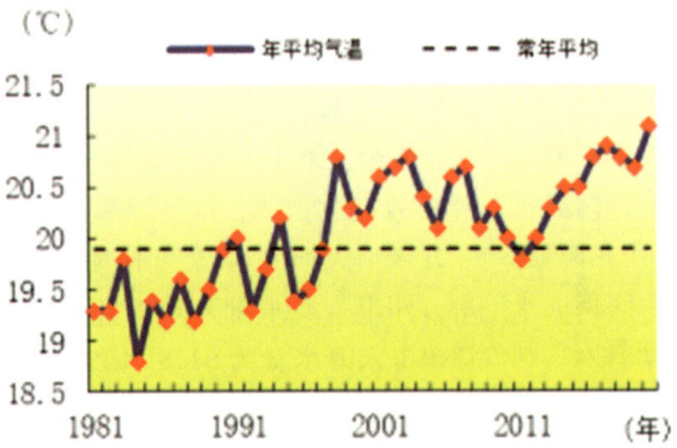


1981—2020年福州市逐年平均气温

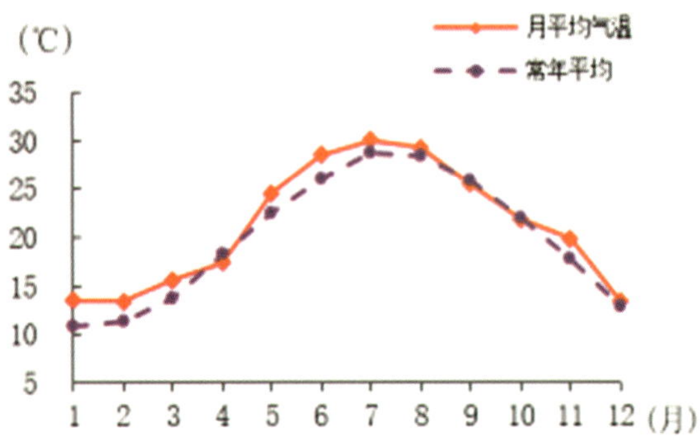


2020年福州市逐月平均气温

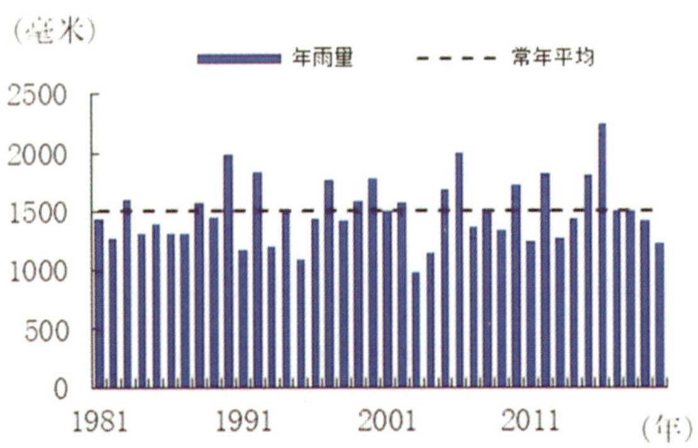


1981—2020年福州市逐年雨量

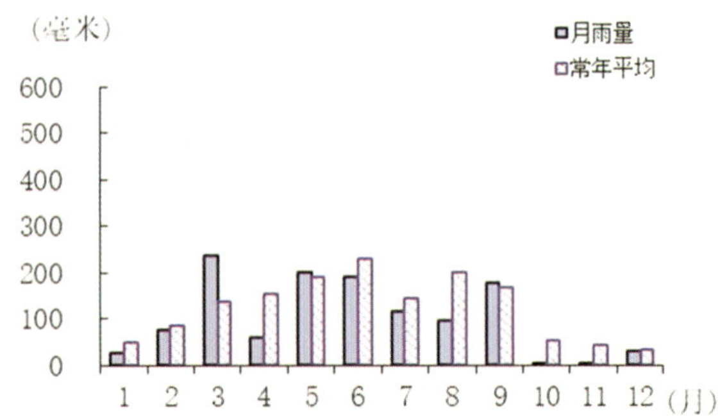


2020年福州市逐月雨量

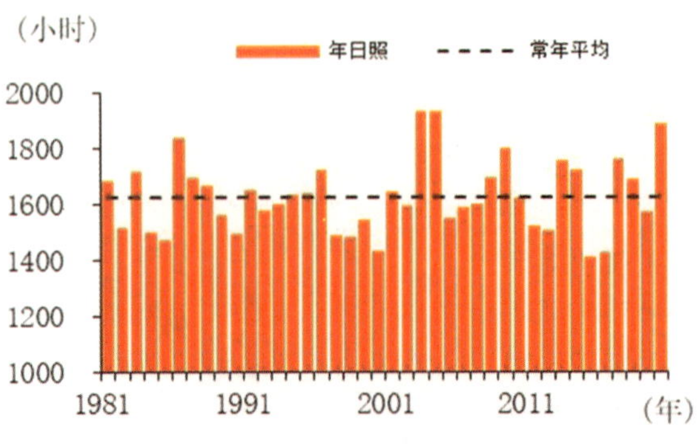


1981—2020年福州市逐年日照时数

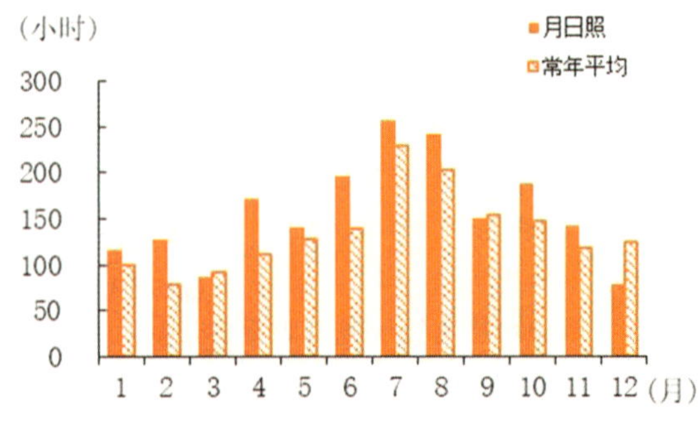


2020年福州市逐月日照时数

表 2　　2020 年福州市各县（市）区主要气象要素及其评价

| | 市区 | 闽清 | 闽侯 | 永泰 | 罗源 | 连江 | 长乐 | 福清 | 全市 |
|---|---|---|---|---|---|---|---|---|---|
| 平均气温（℃） | 21.5 | 20.9 | 21.4 | 21.3 | 20.3 | 21.3 | 21.5 | 20.7 | 21.1 |
| 距平（℃） | 1.2 | 0.7 | 1.4 | 1.4 | 0.8 | 1.9 | 1.5 | 0.6 | 1.2 |
| 评价 | 异常偏高 | 偏高 | 异常偏高 | 异常偏高 | 显著偏高 | 异常偏高 | 异常偏高 | 偏高 | 异常偏高 |
| 雨量（毫米） | 1209.1 | 1453.7 | 1313.7 | 1277.4 | 1304.4 | 1210.5 | 1095.8 | 928.8 | 1224.2 |
| 距平百分率（%） | -13.2 | 0.3 | -8.1 | -16 | -22 | -22.5 | -24.4 | -39.5 | -18.5 |
| 评价 | 偏少 | 正常 | 正常 | 偏少 | 显著偏少 | 显著偏少 | 显著偏少 | 异常偏少 | 偏少 |
| 日照时数（小时） | 1661.9 | 2357.8 | 2100.2 | 1509.8 | 1527.2 | 2122.1 | 1713.1 | 2101.1 | 1886.7 |
| 距平百分率（%） | 6.3 | 44.1 | 30.3 | -9.6 | -4.5 | 35.4 | 2.9 | 21.7 | 15.7 |
| 评价 | 正常 | 异常偏多 | 异常偏多 | 偏少 | 正常 | 异常偏多 | 正常 | 异常偏多 | 异常偏多 |
| 最大日雨量（毫米）（20 时—20 时） | 94.3 | 209.6 | 83.5 | 96 | 62.6 | 72.2 | 67.3 | 87.5 | |
| 最大日雨量（毫米）（08 时—08 时） | 95.6 | 199.2 | 70.6 | 96.2 | 88.7 | 105.7 | 97.8 | 83 | |
| 年最低气温（℃） | 2.7 | 1 | 1.8 | 1.2 | -0.4 | 2.1 | 3.6 | 3.7 | — |
| 年最高气温（℃） | 40.4 | 40.8 | 41.1 | 40.7 | 38.5 | 39.5 | 39.3 | 36.3 | — |

**【雨量】**　2020 年，福州市平均年雨量 1224.2 毫米，比常年平均少 18.5%，属偏少。各月雨量分布不均，其中 10—11 月异常偏少，4 月和 8 月显著偏少，1 月偏少，3 月显著偏多，其余月份正常。各县（市）区年雨量 928.8～1453.7 毫米；其中福清年雨量 928.8 毫米，属异常偏少，是 1971 年以来的最少年份；连江、罗源和长乐显著偏少，福州市区和永泰偏少，其余县正常。各县（市）区最大日雨量（20 时—20 时）62.6～209.6 毫米，最大日雨量（08 时—08 时）70.6～199.2 毫米。

**【日照时数】**　2020 年，福州市平均年日照时数 1886.7 小时，比常年平均多 15.7%，属异常偏多，是 1971 年以来第 5 多年份。从各月日照时数看，4 月和 6 月异常偏多，2 月显著偏多，8 月和 10 月偏多，12 月偏少，其余月份正常。各县（市）区年日照时数 1509.8～2357.8 小时，其中闽清、闽侯、连江和福清异常偏多，闽清、闽侯是 1971 年以来的最多年份，福清仅次于 1971 年（2357.8 小时），永泰偏少，其余县（市）区均属正常。

**【重要气象事件】**　2020 年，影响福州市的灾害性天气主要有寒潮、强冷空气、强对流天气、暴雨、台风、高温、干旱等。影响较重的有 5 月 31 日至 6 月 8 日的持续暴雨、7 月初至 9 月初的夏旱、10 月初至 12 月中旬前期的秋冬旱和 12 月底的寒潮，气象灾害总体较轻。

寒潮和强冷空气过程　全市经历 4 次强冷空气过程，分别为 1 月 25—31 日、2 月 15—19 日、4 月 11—13 日、12 月 29 日至 2021 年 1 月 1 日，其中 1 月 25—31 日和 2 月 15—19 日两次过程部分县（市）区达寒潮标准，12 月 29 日至 2021 年 1 月 1 日全市均达寒潮标准。1 月 25—31 日，各县（市）区城区最低气温过程降幅 7.9℃（福清）～14.3℃（永泰），各县（市）区城区过程最低气温均低于 6℃，均出现在 31 日，以永泰和闽清 1.2℃为最低；其中永泰达寒潮标准，闽清、罗源达强冷空气标准。全市有 10 个乡镇过程最低气温低于 0℃，以闽清大湖乡-3℃为最低。2 月 14—19 日，各县（市）区城区最低气温过程降幅达 10.8（福清）～15.1℃（永泰）；各县（市）区城区过程最低气温为 1.4℃（罗源、永泰）～4.5℃（长乐），其中福州市区、永泰、闽清、闽侯和罗源达寒潮标准，长乐、福清和连江达强冷空气标准。全市有 7 个乡镇过程最低气温低于 0℃，以闽清大湖乡-3.8℃（18 日）为最低。12 月 29 日至 2021 年 1 月 1 日，各县（市）区城区最低气温降幅达 12.8℃（福清）～15.0℃（永泰）；各县（市）区城区过程最低气温为-1.6℃（罗源）～3.0℃（福清），均出现在 1 月 1 日，全市均达到寒潮标准。全市有 79 个乡镇过程最低气温低于 0℃，以罗源西兰乡-7.6℃为最低。受寒潮影响，福清市农作物受灾面积 1975.8 公顷，减产 17427.775 吨，经济损失 16338 万元。

强对流天气　全市出现 7 次强对流天气过程，分别出现在 3 月 9 日、3 月

22日、3月27日、5月2日、5月6日、5月16日和5月17日，影响较大的过程有5次。（1）受高空槽和低层切变影响，3月27日午后起，全市出现中到大雨，中北部部分县（市）区出现暴雨，局部大暴雨，多个乡镇伴有8~9级短时大风和冰雹等强对流天气。统计27日12时至28日6时累积降雨量，全市10个县（市）区95个乡镇降雨量超50毫米，其中7个乡镇降雨量超100毫米，以永泰洑口乡122.3毫米为最大；小时雨强最大为59.4毫米，出现在永泰盖洋乡（21时30分至22时30分）。市区（乌山）日降水量80.5毫米，打破1961年以来3月历史同期日降水量（08—08时）纪录（74.7毫米，1986年3月15日）。同日9个县（市）区26个乡镇出现8级以上大风，最大出现在福清上坤村20.8米/秒（9级）。15—19时市区、永泰、闽侯、闽清、连江等多地出现冰雹。（2）受高空槽影响，5月2日午后起，部分县（市）区出现小雨，部分乡镇中雨，局部大雨，傍晚闽清梅城镇（17时06分）、闽侯白沙镇（17时20分）和晋安鹤林新城（18时）先后出现小冰雹，伴有9~11级雷雨大风，最大为闽清梅溪镇11级（30.9米/秒，17时10分）。统计2日8时至3日8时累积雨量，5个县（市）区11个乡镇超25毫米，以闽侯白沙镇47.6毫米为最大；最大小时雨强为29毫米，出现在闽侯白沙镇（17—18时）。（3）受西南气流和冷空气的共同影响，5月6日午后起，部分乡镇出现中到大雨，局部暴雨，伴有冰雹等强对流天气。统计6日8时到7日8时累积雨量，6个县（市）区31个乡镇累积降雨量超50毫米，最大为永泰同安镇为96.6毫米。当天下午至傍晚，部分县（市）区出现1~2厘米的冰雹：14时45分至18时40分，永泰城关、长庆镇、盖洋乡、嵩口镇、大洋镇、清凉镇、丹云乡、洑口乡和富泉乡出现1~2厘米冰雹；17时45分至18时6分，福清宏路街道、石竹街道和海口镇云光村出现约1厘米冰雹；18时，闽侯上街镇中美村出现约1厘米冰雹；18时10分，市区出现1~2厘米冰雹；19时6分，闽清白中镇1~2厘米冰雹。当天3个县（市）区4个乡镇出现8级以上大风，最大出现在长乐松下镇为22.3米/秒（9级）。（4）受西南气流和冷空气的共同影响，5月16日午后至上半夜出现小到中雨，局部大雨到暴雨，伴有8~10级短时大风和冰雹等强对流天气。当天中午至傍晚，6个县（市）区出现冰雹：11时55—58分，永泰梧桐镇坵演村出现13毫米冰雹；16时25—40分，长乐区航城街道琴江村出现10毫米冰雹；17时0—35分，福州市区鼓楼区安泰街道、洪山镇、南街街道，台江区宁化街道、上海街道、茶亭街道、苍霞街道，晋安区新店镇、茶园街道、岳峰镇出现冰雹，最大直径15毫米；17时17分，闽侯竹岐乡出现5毫米冰雹。统计16日12—23时累积雨量，8个县（市）区27个乡镇超50毫米，以马尾区罗星街道98.6毫米为最大；最大小时雨强为78.6毫米，出现在高新区（18—19时）。当天7个县（市）区18个乡镇出现8级以上大风，最大出现在长乐潭头镇为28.3米/秒（10级）。（5）受西南气流和冷空气的共同影响，5月17日午后到上半夜福州市大部分乡镇出现小到中雨，小部分乡镇大雨，局部乡镇暴雨，伴有冰雹、短时大风等强对流天气。统计17日8时到18日8时累积雨量，永泰嵩口镇、塘前乡和高新区上街镇3个乡镇超过50毫米，以永泰嵩口镇56毫米为最大；最大小时雨强为38毫米，出现在永泰白云乡（17—18时）。当天共有4个县（市）区5个乡镇出现8~10级雷雨大风，最大为罗源起步镇26.3米/秒（10级）；当天16—17时，闽侯上街镇和永泰白云乡出现小冰雹。

暴雨　全市经历7次连续性暴雨、6次大范围暴雨、11次局地暴雨过程（包含台风暴雨），主要的非台风暴雨有6次。（1）受高空槽、低层切变和西南急流的影响，5月21日全市出现大到暴雨，长乐局部乡镇大暴雨。统计5月21日8时至22日8时累积雨量，12个县（市）区100个乡镇超50毫米，以长乐江田镇109.3毫米为最大；最大小时雨强为22.1毫米，出现在长乐江田镇（21日12—13时）。（2）受高空槽和低层切变影响，5月31日至6月8日，全市出现持续性强降雨，其中6月1日全市大部分乡镇大到暴雨，7个县（市）区部分乡镇大暴雨，日雨量（1日8时至2日8时）最大为永泰塘前乡149.7毫米。统计5月31日8时至6月9日8时过程雨量，12个县（市）区145个乡镇超过100毫米，其中6个县（市）区21个乡镇超250毫米，以永泰塘前乡401.4毫米为最大。最大小时雨强为92.1毫米，出现在永泰塘前乡（6月1日15—16时）。永泰县10个乡镇受灾，受灾人口76人，农作物受灾面积4.67公顷，转移人口73人，直接经济损失151.15万元。（3）受高空槽和低层切变的影响，7月1日中午至夜里，中北部（市、区）出现中到大雨，部分县市有暴雨，罗源和连江的部分乡镇出现大暴雨。降水主要在1日12时至2日0时。统计7月1日12时至2日8时累积雨量，5个县（市）区22个乡镇超50毫米，其中2个县（市）区6个乡镇超100毫米，以罗源松山镇132.8毫米为最大。最大小时雨强为77.5毫米，出现在罗源松山镇（1日13—14时）。（4）受高空槽和低层切变的影响，7月25—26日，全市出现强降雨。其中7月25日凌晨起，全市出现中到大雨，中西部大部分乡镇出现暴雨，闽清和闽侯部分乡镇出现大暴雨，降水集中在25日4—13时。统计7月25日0—20时累积雨量，8个县（市）区39个乡镇超50毫米，其中3个县（市）区10个乡镇雨量超过100毫米，以闽清梅城镇209.6毫米为最大。最大小时雨强为102.2毫米，出现在闽清雄江镇（25日7—8时）。闽清城关6小时雨量（25日4—10时）209.5毫米，超过历史6小时降雨极值（191.3毫米，2016年7月9日）。（5）受高空槽和低层切变的影响，8月26—28日，全市出现强降水天气过程，其中8月27日全市大雨，部分县（市）区出现暴雨，永泰和罗源局部乡镇出现大暴雨。统计8月26日8时到29日8时累积雨量，12个县（市）区87个乡镇超过50毫米，其中8个县（市）区14个乡镇超100毫米，以罗源西兰乡168.9毫米为最大。最大小时雨强为62.9毫米，出现在罗源西兰乡（26日16时30分至17时30分）。（6）受高空槽和低层切变的影响，9月8—11日，全市出现持续性暴雨，其中8日南部县（市）区小到中雨，中北部县（市）区大到暴雨，市区、连江和罗源部分乡镇出现大暴雨，

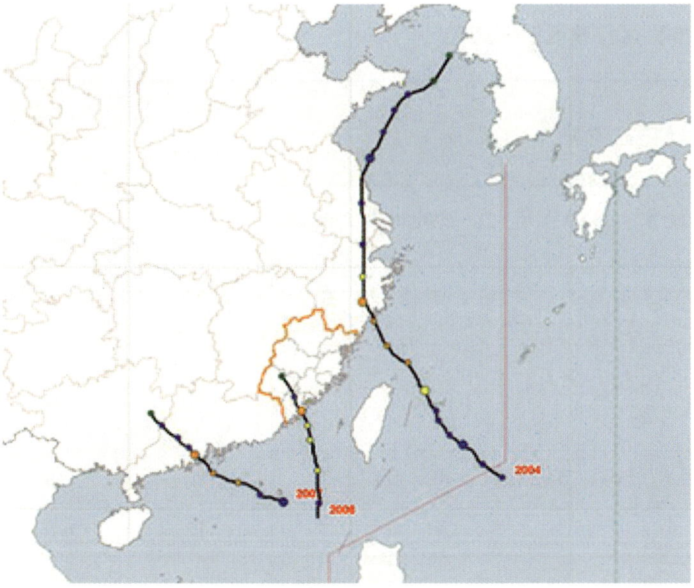

2020 年影响福州市的台风路径图

长乐局部乡镇出现特大暴雨；日雨量（8日8时至9日8时），4个县（市）区23个乡镇雨量超100毫米，2个乡镇超250毫米，以长乐梅花镇317.6毫米为最大。统计9月8日8时至12日8时过程累积雨量，10个县（市）区49个乡镇雨量超100毫米，其中长乐区2个乡镇超250毫米，以长乐梅花镇335.4毫米为最大。最大小时雨强为95.6毫米，出现在罗源碧里乡（8日15—16时）。

热带气旋　影响福州市的热带气旋有3个，分别为第4号台风“黑格比”（影响时间8月3—4日）、第6号台风“米克拉”（影响时间8月11—12日）、第7号台风“海高斯”（影响时间8月18—19日）。其中第6号台风“米克拉”给全市带来较大风雨影响，其余2个台风主要影响是沿海出现8级阵风；全年台风未造成福州市明显灾害。第6号台风“米克拉”于8月11日7时30分许在漳州漳浦沿海登陆，登陆时中心附近最大风力12级（33米/秒）。受第6号台风“米克拉”影响，8月11—12日沿海出现8~11级阵风，统计10日20时至12日20时极大风速，8个县（市）区21个乡镇出现8级以上阵风，以连江晓澳镇28.5米/秒（11级）为最大。11—12日部分县（市）区出现中到大雨，局部乡镇出现暴雨，统计10日20时至12日20时累积降水，3个县（市）区3个乡镇雨量超50毫米，以长乐江田镇53.3毫米为最大。

高温　全市各县（市）区均出现日最高气温≥35℃的高温天气，其中市区、闽清、闽侯、永泰≥35℃的高温日数61~76天；除福清外，各县（市）区均出现日最高气温≥37℃的高温天气，其中市区、闽清、闽侯、永泰≥37℃的高温日数26~35天，其余县（市）区出现8~16天≥37℃的高温天气。高温天气主要出现在6月16—18日、7月11—24日、8月6—8日、8月22—26日。其中连江38.3℃（6月16日）和闽侯39.8℃（6月18日），突破该站历史同期最高气温纪录；7月12日长乐最高气温38.7℃，突破建站以来7月历史最高纪录（2017年7月24日，38.2℃）。7月23日市区乌山站气温达40.3℃，市区晋安站40.2℃，24日闽侯41.1℃、市区晋安站40.8℃、市区乌山站40.4℃。24日长乐高温39.3℃再次刷新7月历史纪录，同日连江（38.7℃）平历史同期最高纪录（1998年和2007年）。

气象干旱　2019年12月7日至2020年1月25日，全市降水偏少，统计期间各县（市）区累积雨量8.9毫米（闽清）~38.1毫米（连江），比常年同期平均少53.9%~86.7%。至1月25日，闽清达到气象重旱等级，罗源、闽侯、永泰、福清中旱，其余县（市）区轻旱。1月26日全市出现中到大雨，旱情解除。7月初开始，全市降水偏少，统计7月1—24日各县（市）区的累积雨量3.1毫米（福清）~127.8毫米（永泰），除永泰外，其余县（市）区比常年同期平均少14.3%~96.8%。至7月24日，永泰、连江、长乐、福清达到气象重旱等级，罗源、闽清、闽侯中旱，市区轻旱。7月25日大部分县（市）区出现大到暴雨，闽清出现大暴雨；闽清旱情解除，其余县（市）区旱情有所缓解。8月1—25日降雨稀少，旱情再度发展，统计各县（市）区的累积雨量23.0毫米（闽侯）~70.7毫米（罗源），比常年平均少61.3%~83.4%。至8月25日，连江、福清达到气象特旱等级，市区、罗源、闽侯、长乐重旱，永泰中旱，闽清轻旱。8月26—28日，全市出现大到暴雨，局部大暴雨，旱情有所缓解。8月29日至9月7日降水稀少，旱情再度发展，统计各县（市）区的累积雨量0.1毫米（长乐）~24.9毫米（罗源），比常年平均少71.1%~99.9%。至9月7日，连江、长乐达到气象重旱等级，市区、闽侯、永泰、福清中旱，罗源、闽清轻旱。9月8—11日和18—20日的两次连续性暴雨使得旱情解除。10月以来全市降水持续偏少，统计10月1日—12月13日各县（市）区的累积雨量6.3毫米（市区）~14.8毫米（长乐），比常年平均少86.8%~93.8%。至12月13日，市区、罗源、连江和永泰达到气象重旱等级，闽清、闽侯、长乐中旱，福清轻旱。受降雨偏少的影响，全市有71608人出现明显人饮困难，全市农作物受旱面积711.33公顷。12月14—18日，全市出现中到大雨，干旱明显缓解。

秋寒　9月20日，罗源出现“23型”秋寒，比常年平均早3天；其余县（市）区于9月26日出现“23型”秋寒，均属偏迟。全市于10月22日出现“20型”秋寒，其中市区、罗源、闽清、永泰、闽侯、长乐、连江比常年平均偏迟8天，福清偏早4天。

（郑秀丽）

## 行政区划　人口

【行政区划】　福州市简称榕，辖鼓楼、台江、仓山、晋安、马尾、长乐6个区，闽侯、连江、罗源、闽清、永泰、平潭6个县及福清市。总面积11968平方千米。市人民政府驻鼓楼区乌山路96号。2020年，全市辖43个街道、102个镇、44个乡（含连江县马祖乡、2个民族乡）；544个社区居委会、2388个村民委员会。

表3　　2020年福州市县（市）区行政区划一览表

| 县（市）区名称 | 面积（平方千米） | 街道、乡（镇）名称 | 社区居委会（个） | 村委会（个） |
|---|---|---|---|---|
| 鼓楼区 | 35.7 | 东街、南街、安泰、水部、温泉、鼓东、鼓西、华大、五凤街道，洪山镇 | 69 | — |
| 台江区 | 18 | 茶亭、洋中、后洲、新港、瀛洲、苍霞、义洲、上海、宁化、鳌峰街道 | 52 | — |
| 仓山区 | 142 | 仓前、下渡、临江、三叉街、对湖、上渡、金山、东升街道，建新、盖山、仓山、城门、螺洲镇 | 92 | 102 |
| 晋安区 | 567 | 茶园、王庄、象园街道，新店、岳峰、鼓山、宦溪镇，寿山、日溪乡 | 80 | 114 |
| 马尾区 | 281 | 罗星街道，马尾、亭江、琅岐镇 | 17 | 62 |
| 长乐区 | 717.5 | 吴航、航城、营前、漳港街道，梅花、金峰、潭头、玉田、江田、古槐、鹤上、首占、文武砂、湖南、文岭、松下镇，罗联、猴屿乡 | 32 | 225 |
| 福清市 | 1518.24 | 玉屏、龙山、龙江、音西、宏路、石竹、阳下街道，东张、海口、龙田、高山、渔溪、城头、江镜、三山、江阴、港头、沙埔、东瀚、上迳、新厝、镜洋、一都、南岭镇 | 59 | 438 |
| 闽侯县 | 2136.33 | 甘蔗街道，白沙、尚干、祥谦、青口、南通、南屿、上街、荆溪镇，竹岐、洋里、鸿尾、大湖、小箬、廷坪乡 | 32 | 297 |
| 连江县 | 1228 | 凤城、晓澳、浦口、琯头、敖江、东岱、东湖、丹阳、马鼻、透堡、官坂、黄岐、筱埕、苔菉、长龙、潘渡、下宫、江南、坑园镇，蓼沿、安凯、马祖乡，小沧畲族乡 | 37 | 243 |
| 罗源县 | 1187 | 凤山、鉴江、松山、起步、中房、飞竹镇，白塔、西兰、洪洋、碧里乡，霍口畲族乡 | 13 | 189 |
| 闽清县 | 1503.83 | 梅城、坂东、池园、梅溪、白樟、白中、塔庄、东桥、雄江、金沙、省璜镇，云龙、上莲、三溪、下祝、桔林乡 | 21 | 271 |
| 永泰县 | 2241 | 樟城、嵩口、梧桐、葛岭、城峰、清凉、长庆、同安、大洋镇，塘前、富泉、岭路、赤锡、洑口、盖洋、东洋、霞拔、盘谷、红星、白云、丹云乡 | 17 | 255 |
| 平潭县 | 392.93 | 潭城、苏澳、澳前、北厝、流水、平原、敖东镇，岚城、中楼、白青、南海、屿头、大练、东庠、芦洋乡 | 23 | 192 |

（黄剑锋）

【人口】　2020年，福州市总户数223.85万户，总人口数715.41万人，比上年增加50.45万人，平均每户3.2人。其中，市区（鼓楼、台江、仓山、晋安、马尾、长乐六区，下同）总户数95.81万户，总人口数293.56万人，比上年增加3.9万人；六县（市）（福清市，闽侯、连江、闽清、罗源、永泰县，下同）总户数128.04万户，总人口数421.85万人，比上年增加46.54万人。60周岁以上老年人口136.82万人，占总人口19.12%，比上年多10.38万人。男女比例：男性364.04万人，占51%，女性351.37万人，占49%，男比女多12.67万人。市区男性146.3万人，女性

147.27万人，女比男多0.97万人；六县（市）男性217.74万人，女性204.1万人，男比女多13.64万人。

人口自然变动　福州市出生人口7.73万人，比上年少0.76万人，人口出生率10.81‰，比上年少2.03‰。死亡人数4.33万人，比上年多0.57万人，人口死亡率6.05‰，比上年多0.36‰，人口自然增长4.74万人，人口自然增长率4.76‰。市区出生人口3.16万人，人口出生率10.75‰，死亡人数1.79万人，死亡率6.09‰，人口自然增长1.37万人，人口自然增长率4.66‰。六县（市）出生人口4.58万人，人口出生率10.85‰，死亡人数2.53万人，死亡率6.02‰，人口自然增长2.05万人，人口自然增长4.83‰。市区人口自然增长率比六县（市）低0.1‰。

人口机械变动　福州市迁入人口15.21万人，迁出人口13.21万人，人口机械增长率2.8‰，比上年低1.12‰。市区迁入人口9.96万人，迁出人口7.4万人，人口机械增长率8.72‰，比上年低1.65‰。六县（市）迁入人口5.25万人，迁出5.81万人，人口机械增长率1.33‰，比上年高2.36‰。

（林　攀）

## 民族　宗教

【民族】　2020年，福州市有54个民族成分，全市少数民族人口161287人，占全市总人口的1.95%。其中，畲族人口51570人，约占全市少数民族总人口的31.97%。万人以上少数民族有畲族、回族、苗族、土家、彝族等。

福州市有连江县小沧畲族乡和罗源县霍口畲族2个少数民族乡，有82个少数民族行政村，其中畲族村80个、回族村1个、满族村1个，主要分布在罗源、连江、永泰、晋安、福清、长乐等6个县（市）区。少数民族属散杂居型，呈大分散、小聚居状态，85%以上人口居住在偏远山区。

【宗教】　2020年，福州市依法登记的市级宗教团体5个（福州市佛教协会、福州市道教协会、福州市基督教三自爱国会、福州市基督教协会、福州市天主教爱国会），依法登记的宗教活动场所1285处。福州市是全国、全省宗教工作的重点地区，有佛教、道教、伊斯兰教、天主教、基督教五大宗教，民间信仰活动场所遍布城镇乡村，10平方米以上民间信仰场所4228个，其中列入省级民间信仰活动场所联系点36个，市级民间信仰活动场所联系点33个。

（黄惠玲）

## 国民经济和社会发展情况

【概况】　2020年，福州市实现地区生产总值10020.02亿元，比上年增长5.1%。其中，第一产业增加值560.70亿元，比上年增长4.0%；第二产业增加值3840.77亿元，增长6.2%；第三产业增加值5618.55亿元，增长4.4%。第一产业增加值占地区生产总值的比重为5.6%，第二产业增加值比重为38.3%，第三产业增加值比重为56.1%。

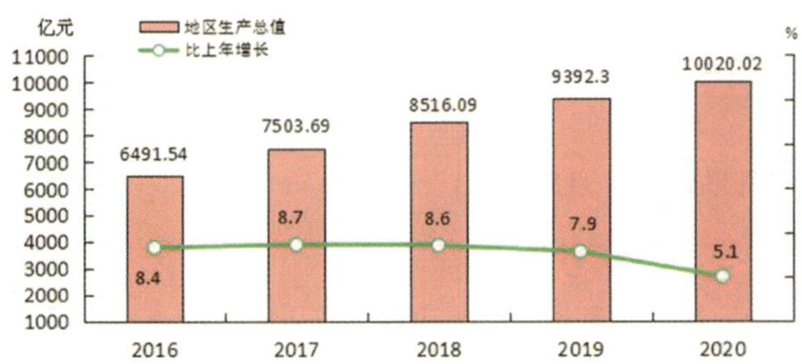


2016—2020年福州市地区生产总值（GDP）及其增长速度

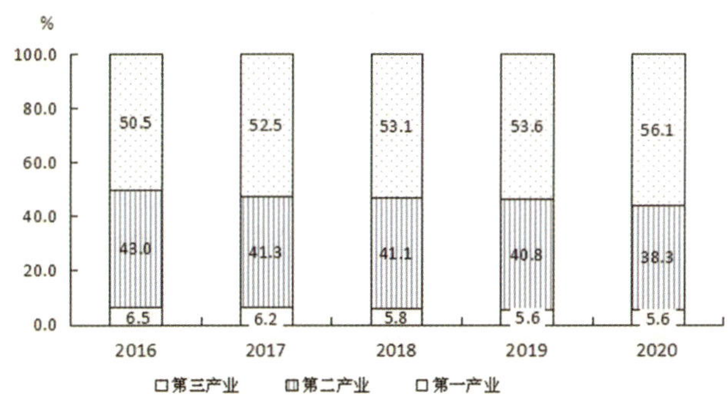


2016—2020年福州市三次产业增加值占地区生产总值比重

全年限额以上批发和零售企业实现网上商品零售额264.62亿元，比上年增长8.1%。

年末户籍人口数为715.41万人，比上年末增加5.32万人。

全年城镇新增就业14万人，就业困难人员实现再就业6275人，失业人员再就业31051人，农业富余劳动力转移就业33499人。年末城镇登记失业率3%，比上年末上升0.84个百分点。

全年市区居民消费价格总水平比上年上涨2.4%，其中食品烟酒类价格上涨6.8%，衣着类下降0.4%，教育文化和娱乐类上涨4.0%，居住类上涨0.6%，医疗保健类同比持平，其他用品和服务类上涨4.4%，生活用品及服务类上涨0.3%，交通和通信类下降3.3%。

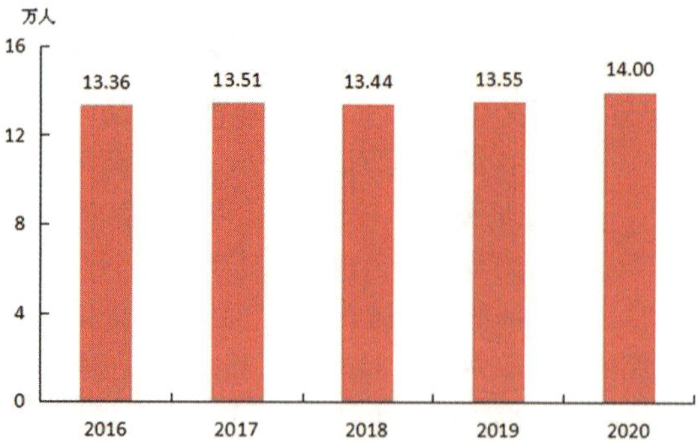


2016—2020 年福州市城镇新增就业人数

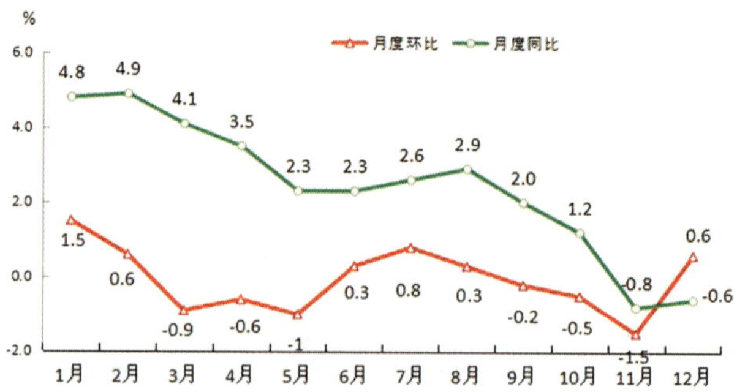


2020 年福州市区居民消费价格月度涨跌幅度

表 4　　2020 年福州市区居民消费价格涨跌幅度

| 指标 | 比上年涨跌幅度（%） |
|---|---|
| 市区居民消费价格总水平 | 2.4 |
| 食品烟酒 | 6.8 |
| 衣着 | -0.4 |
| 居住 | 0.6 |
| 生活用品及服务 | 0.3 |
| 交通和通信 | -3.3 |
| 教育文化和娱乐 | 4.0 |
| 医疗保健 | 0.0 |
| 其他用品和服务 | 4.4 |

表 5　　2020 年福州市新建商品住宅销售价格涨跌幅度（月度同比）

| 月份 | 1 月 | 2 月 | 3 月 | 4 月 | 5 月 | 6 月 | 7 月 | 8 月 | 9 月 | 10 月 | 11 月 | 12 月 |
|---|---|---|---|---|---|---|---|---|---|---|---|---|
| 涨跌幅度（%） | 3.5 | 4.0 | 4.0 | 3.8 | 3.4 | 3.7 | 3.6 | 3.3 | 3.2 | 3.1 | 3.5 | 4.4 |

全年全市一般公共预算总收入 1108.36 亿元，比上年增长 1.2%。其中，地方一般公共预算收入 675.61 亿元，比上年增长 1.1%；一般公共预算支出 950.20 亿元，增长 0.05%。全市税收收入 485.56 亿元，比上年下降 1.3%。

“十三五”期间，全市经济总量实现一年 1000 亿元的跨越式突破，2020 年地区生产总值实现突破万亿元，年均增长 7.7%，全市经济保持在中高速发展区间。一般公共预算总收入累计达 5261.62 亿元，地方一般公共预算收入累计达 3257.14 亿元，一般公共预算支出累计达 4593.51 亿元，分别是“十二五”时期的 1.54 倍、1.46 倍和 1.76 倍。

【农业】　2020 年，福州农林牧渔业完成总产值 1000.8 亿元，比上年增长 4.1%。粮食种植面积 8.63 万公顷，比上年增加 1953.33 公顷，其中稻谷面积 3.92 万公顷，比上年增加 220 公顷；油料种植面积 2.17 万公顷，增加 593.33 公顷；蔬菜种植面积 14.43 万公顷，比上年增加 4480 公顷。

全年粮食产量 48.54 万吨，比上年增加 1.66 万吨，增长 3.5%，其中稻谷产量 23.82 万吨，增加 0.33 万吨，增长 1.4%。

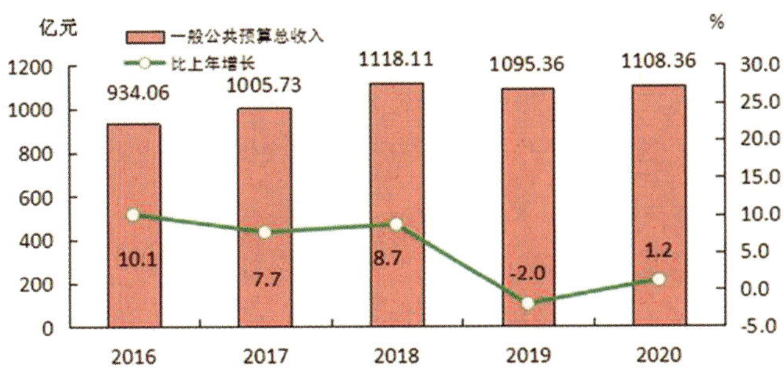


2016—2020 年福州市一般公共预算总收入及其增长速度

2016—2020 年福州市粮食产量及其增长速度

表 6

**2020 年福州市主要农产品产量**

| 产品名称 | 产量（万吨） | 比上年增长（%） |
|---|---|---|
| 粮食 | 48.54 | 3.5 |
| 春收 | 5.68 | 9.7 |
| 夏收 | 6 | 2.2 |
| 秋收 | 36.86 | 2.9 |
| 油料 | 5.39 | 3.4 |
| 其中：花生 | 5.14 | 4.1 |
| 油菜籽 | 0.25 | -8.9 |
| 甘蔗 | 3.74 | 4.7 |
| 茶叶 | 4.47 | 5.4 |
| 园林水果 | 89.92 | 7.4 |
| 蔬菜 | 428.97 | 4.5 |
| 食用菌 | 25.73 | 7.5 |

肉蛋奶总产量 29.16 万吨，比上年同期增长 3.6%。肉类总产量 16.98 万吨，比上年增长 1.6%，其中，猪肉产量 12.27 万吨，增长 2.0%；禽肉产量 3.44 万吨，下降 0.02%；牛肉产量 0.34 万吨，增长 2.0%；羊肉产量 0.64 万吨，增长 4.7%。年末生猪存栏 107.72 万头，比上年增长 51.3%；生猪出栏 153.64 万头，增长 0.4%。牛奶产量 0.61 万吨，比上年增长 0.5%。

水产品产量 283.75 万吨，比上年增长 4.5%，其中，淡水产品产量 26.30 万吨，增长 1.6%；海水产品产量 257.45 万吨，增长 4.8%。

农业产业化持续推进，324 家农业产业化龙头企业销售收入 918 亿元，比上年增长 2.8%，其中，挂牌院士（专家）工作站企业 92 家，“国家农产品加工技术研发中心”认定企业 7 家。全年新增获证无公害农产品 15 个，绿色食品 44 个，农产品地理标志登记保护产品 2 个。

**【工业】** 2020 年，福州市实现工业增加值 2532.16 亿元，比上年增长 5.1%。规模以上工业增加值比上年增长 5.3%。在规模以上工业中，分经济类型看，国有控股企业比上年增长 3.2%，大中型企业增长 9.5%；国有企业下降 13.0%，集体企业增长 13.9%，股份制企业增长 10.4%，外商及港澳台商投资企业下降 6.3%；私营企业增长 11.1%；分轻重工业看，轻工业增长 3.1%，重工业增长 7.8%；分门类看，采矿业增长 15.2%，制造业增长 5.5%，电力、热力、燃气及水生产和供应业增长 3.4%。工业产品销售率 96.5%，较上年回落 0.2 个百分点。

全市规模以上工业的 35 个行业大类中，有 9 个行业增加值增速在两位数。其中，燃气生产和供应业比上年增长 44.5%，有色金属冶炼和压延加工业增长 36.1%，废弃资源综合利用业增长 33.1%，化学纤维制造业增长 26.1%，化学原料和化学制品制造业增长 18.5%，非金属矿采选业增长 15.2%。

规模以上工业中，十大主导行业增加值比上年增长 6.2%。其中，化学纤维制造业比上年增长 26.1%，化学原料和化学制品制造业增长 18.5%，黑色金属冶炼和压延加工业增长 14.1%。

六大高耗能行业增加值比上年增长 10.6%，占规模以上工业增加值的比重为 27.9%；工业战略性新兴产业增长 10.2%，占规模以上工业增加值的比重为 29.6%；高技术产业增加值增长 5.2%，占规模以上工业增加值的比重为 11.5%；装备制造业增长 2.9%，占规模以上工业增加值的比重为 21.9%。

表 7　2020 年福州市规模以上工业企业主要工业产品产量

| 产品名称 | 单位 | 产量 | 比上年增长（%） |
|---|---|---|---|
| 纱 | 万吨 | 391.24 | 12.1 |
| 布 | 亿米 | 4.16 | -4.4 |
| 化学纤维 | 万吨 | 580.38 | 6 |
| 彩色电视机 | 万台 | 2.37 | -51.9 |
| 发电量 | 亿千瓦时 | 806.93 | 7.4 |
| 其中：火电 | 亿千瓦时 | 393 | 15.2 |
| 水电 | 亿千瓦时 | 57 | -28.2 |
| 粗钢 | 万吨 | 1142.05 | 16.8 |
| 钢材 | 万吨 | 1432 | 19.7 |
| 水泥 | 万吨 | 624 | 2.6 |
| 纯碱（碳酸钠） | 万吨 | 25.49 | -12.3 |
| 烧碱 | 万吨 | 10.09 | -25.9 |
| 农用氮、磷、钾化学肥料（折纯） | 万吨 | 54.47 | 3.0 |
| 发电设备 | 万千瓦 | 26.95 | 74.3 |
| 汽车 | 万辆 | 4.66 | -30.6 |
| 其中：轿车 | 万辆 | 0.14 | -81.7 |
| 集成电路 | 亿块 | 0.69 | 25.4 |

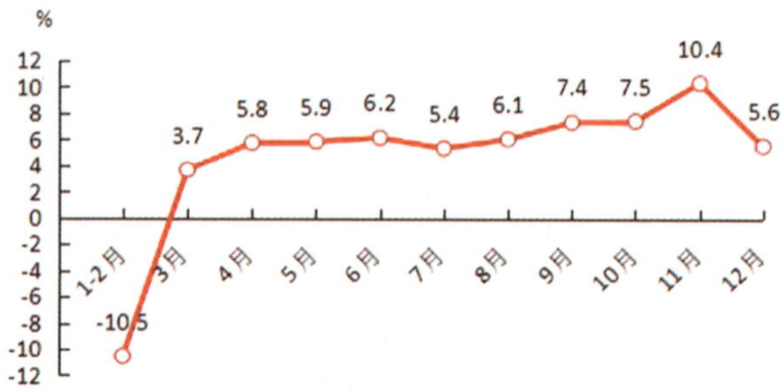


2020 年福州市规模以上工业增加值增长速度（月度同比）

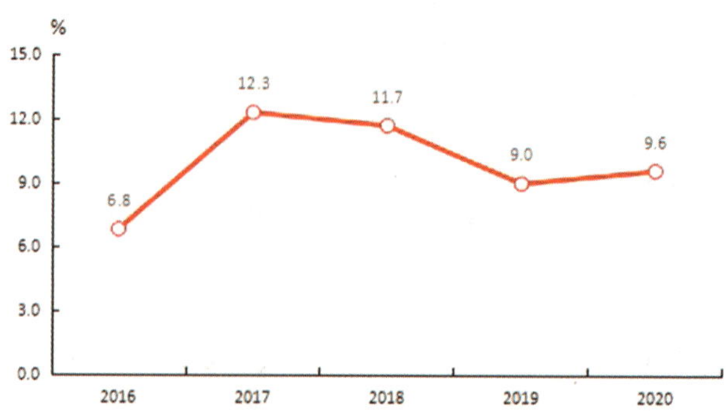


2016—2020 年福州市固定资产投资增长速度

全年规模以上工业企业实现利润总额480.97亿元，比上年下降6.3%。其中，集体企业1.69亿元，比上年下降2.3%；股份制企业343.46亿元，增长6.2%；外商及港澳台商投资企业135.20亿元，下降26.6%；非公有企业418.14亿元，下降5.6%；国有控股企业亏损34.04亿元。规模以上工业企业资产负债率53.4%，每百元营业收入中的成本为88.27元，提高0.37元，营业收入利润率4.83%。

【建筑业】 2020年，福州市实现建筑业增加值1328.23亿元，比上年增长8.8%。全市具有资质等级的总承包和专业承包建筑业企业完成建筑业总产值5214.71亿元，比上年增长10.8%。

【固定资产投资】 2020年，福州市固定资产投资比上年增长9.6%，其中第一产业投资增长13.3%，；第二产业投资增长10.0%（其中工业投资增长9.9%），第三产业投资增长10.3%。基础设施投资比上年增长4.3%，占固定资产投资的比重为25.8%；民间投资增长18.9%，占固定资产投资的比重为62.3%。高技术产业投资增长8.8%，占固定资产投资的比重为4.9%。从到位资金情况看，全年到位资金比上年增长11.0%，其中国家预算资金增长36.6%，国内贷款下降20.2%，自筹资金增长20.2%，其他资金增长6.4%。

表8　2020年福州市分行业固定资产投资情况

| 行业 | 投资额比上年增长（%） |
|---|---|
| 农林牧渔业 | 13.8 |
| 采矿业 | 65.8 |
| 制造业 | 7.2 |
| 电力、热力、燃气及水生产和供应业 | 20.4 |
| 建筑业 | 143.7 |
| 批发和零售业 | 62.6 |
| 交通运输、仓储和邮政业 | -17.9 |
| 住宿和餐饮业 | 131.2 |
| 信息传输、软件和信息技术服务业 | 8.6 |
| 金融业 | 162.4 |
| 房地产业 | 12.3 |
| 租赁和商务服务业 | -53.3 |
| 科学研究和技术服务业 | -41.3 |
| 水利、环境和公共设施管理业 | 13.3 |
| 居民服务、修理和其他服务业 | 254.6 |
| 教育 | 29.5 |
| 卫生和社会工作 | 12.3 |
| 文化、体育和娱乐业 | 31.1 |
| 公共管理和社会组织 | 33.1 |

全年房地产开发投资2070.23亿元，比上年增长14.2%。其中，住宅投资1493.95亿元，比上年增长15.9%；办公楼投资87.65亿元，下降18.0%；商业营业用房投资176.30亿元，增长43.4%。年末商品房待售面积353.25万平方米，比上年末减少21.79万平方米。年末商品住宅待售面积70.96万平方米，比上年末减少23.43万平方米。

全年新开工建设城镇保障性安居工程住房5405套（户），基本建成保障性安居工程住房1771套。

表 9　　2020 年福州市房地产开发和销售主要指标完成情况

| 指标 | 单位 | 绝对数 | 比上年增长（%） |
|---|---|---|---|
| 投资完成额 | 亿元 | 2070.23 | 14.2 |
| 商品房屋施工面积 | 万平方米 | 8662.6 | 2.1 |
| 其中：住宅 | 万平方米 | 5445.4 | -0.2 |
| 本年新开工面积 | 万平方米 | 1941.02 | 11.4 |
| 商品房屋竣工面积 | 万平方米 | 1092.27 | 180.2 |
| 其中：住宅 | 万平方米 | 658.31 | 166.9 |
| 商品房屋销售面积 | 万平方米 | 1888.1 | 10.5 |
| 其中：住宅 | 万平方米 | 1519.17 | 14.2 |

【国内贸易】　2020 年，福州市社会消费品零售总额 4225.61 亿元，比上年增长 0.6%。在限额以上零售额中，按销售单位所在地统计，城镇消费品零售额 2921.87 亿元，比上年增长 2.2%；乡村消费品零售额 221.36 亿元，下降 4.0%；按消费形态统计，商品零售额 2947.03 亿元，增长 2.3%；餐饮收入 196.20 亿元，下降 5.4%。“十三五”期间，社会消费品零售总额年均增长 7.6%。

在限额以上企业商品零售额中，通讯器材类零售额比上年增长 5.3%，化妆品类下降 10.5%，粮油食品类增长 8.1%，石油及制品类下降 4.1%，金银珠宝类增长 6.4%，体育、娱乐用品类下降 2.7%，日用品类增长 9.6%，家具类增长 2.9%，汽车类下降 1.8%，服装鞋帽针纺织品类增长 7.8%，家用电器和音响器材类下降 10.8%。

【对外经济】　2020 年，福州市进出口总额 2504.8 亿元，比上年下降 1.0%。其中，出口额 1786.5 亿元，比上年下降 1.1%；进口额 718.4 亿元，下降 0.8%。进出口额顺差 1068.1 亿元。

实际利用外商直接投资 10.1 亿美元，新批合同外资金额 26.9 亿美元。新批合同外资项目 297 个，比上年减少 13 个。

2016—2020 年福州市社会消费品零售总额及其增长速度

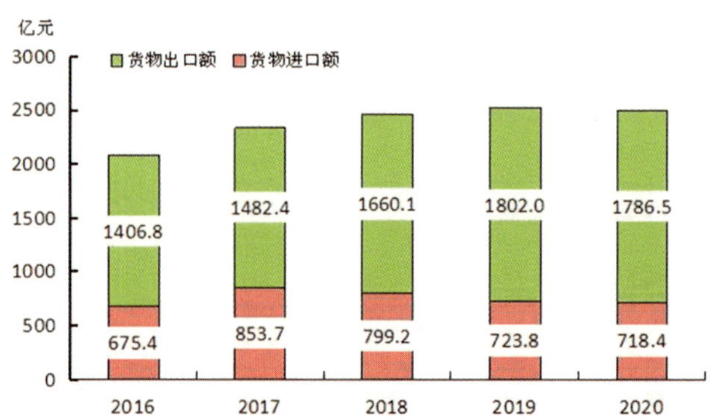


2016—2020 年福州市货物进出口总额

表 10　　2020 年福州市分行业外商直接投资情况

| 行业 | 实际利用外资（万美元） |
|---|---|
| 总计 | 101007 |
| 农、林、牧、渔业 | 811 |
| 制造业 | 10053 |
| 电力、热力、燃气及水生产和供应业 | 215 |

续表

| 行业 | 实际利用外资（万美元） |
| --- | --- |
| 建筑业 | 2837 |
| 批发和零售业 | 8965 |
| 交通运输、仓储和邮政业 | 5008 |
| 住宿和餐饮业 | 831 |
| 信息传输、软件和信息技术服务业 | 17072 |
| 金融业 | 5727 |
| 房地产业 | 14117 |
| 租赁和商务服务业 | 30263 |
| 科学研究和技术服务业 | 5096 |
| 水利、环境和公共设施管理业 | 0 |
| 居民服务、修理和其他服务业 | 12 |
| 教育 | 0 |
| 卫生和社会工作 | 0 |
| 文化、体育和娱乐业 | 0 |

新批境外投资项目24个，新批境外协议投资总额15.2亿美元，其中，福州方协议投资额4.1亿美元。全年新批台资项目133个，比上年增长7.3%。

全年对外承包工程完成营业额11.7亿美元，比上年增长36.4%。对外承包工程期末在外人员1444人，比上年下降15.4%。对外劳务合作完成营业额3.95亿美元，比上年下降3.1%；对外劳务合作期末在外人员28065人，下降20.6%。

【交通】 2020年，福州市交通运输、仓储和邮政业实现增加值331.26亿元，比上年增长5.7%。年末公路里程（不含平潭）11617千米，比上年下降0.36%，其中高速公路总里程756千米，增长12.3%。年末铁路总里程542.33千米（干线476.24千米、支线66.09千米），其中高速铁路总里程409.64千米，增长19.8%。

表11　2020年福州市各种运输方式完成运输量情况

| 指标 | 单位 | 绝对数 | 比上年增长（%） |
| --- | --- | --- | --- |
| 公路 | | | |
| 货物发送量 | 万吨 | 16442.95 | 5.4 |
| 旅客发送量 | 万人次 | 5155.61 | -38.4 |
| 水路 | | | |
| 货物发送量 | 万吨 | 10648.4 | 0.9 |
| 旅客发送量 | 万人次 | 61.4 | -58.7 |
| 铁路 | | | |
| 货物发送量 | 万吨 | 674.01 | -2.2 |
| 旅客发送量 | 万人次 | 2017.55 | -41.1 |

续表

| 指标 | 单位 | 绝对数 | 比上年增长（%） |
|---|---|---|---|
| 民航 | | | |
| 货邮吞吐量 | 万吨 | 12 | -8.5 |
| 旅客吞吐量 | 万人次 | 886.18 | -40.0 |

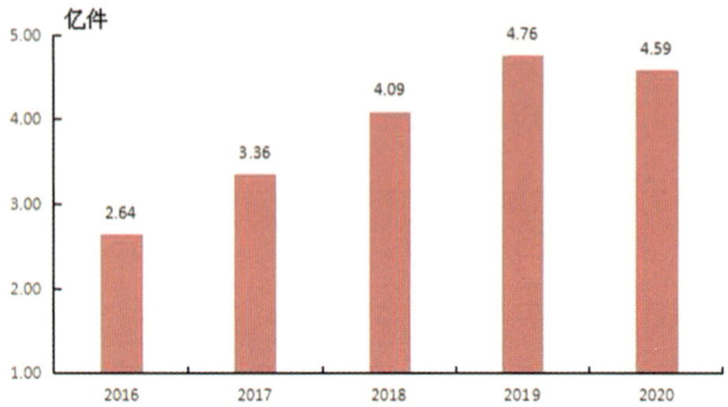


2016—2020年福州市快递业务量

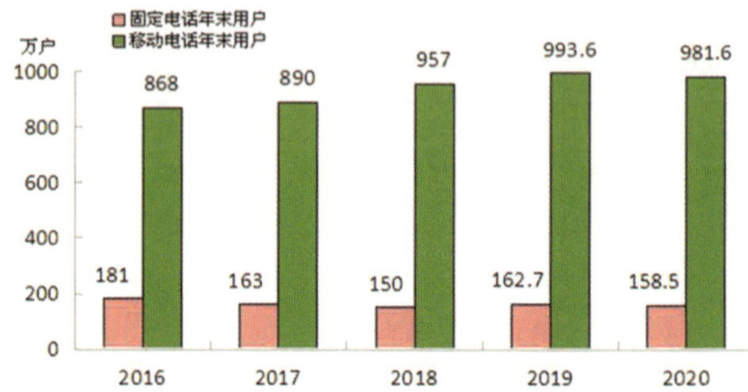


2016—2020年末福州市电放用户数

全年沿海港口完成货物吞吐量19943.63万吨，比上年增长17.05%，其中外贸货物吞吐量5476.61万吨，下降0.17%。集装箱吞吐量337.96万标箱，比上年下降0.84%，其中对台直航集装箱吞吐量29.35万标箱，下降2.69%。

年末全市汽车拥有量149.87万辆（含三轮汽车和低速货车），比上年末增长6.3%，其中私人汽车拥有量125.76万辆、增长5.7%。全市轿车拥有量87.58万辆，比上年增长3.6%，其中私人轿车拥有量79.47万辆、增长4.2%。

**【邮电】** 2020年，福州市完成邮政业务总量134.42亿元，比上年增长12.83%；电信业务总量861亿元，增长13.84%。邮政业务收入67.67亿元，比上年增长11.14%；电信业务收入110.7亿元，增长3.17%。邮政业全年完成邮政函件业务1170.18万件，快递业务量4.59亿件。年末全市电话用户总数1140.1万户，其中固定电话用户158.5万户，移动电话用户981.6万户（其中4G电话用户809.2万户）。全市年末互联网宽带接入用户（不含手机上网用户）371.49万户，比上年增加1.71万户。

**【旅游】** 2020年，福州市接待境内外游客（含一日游）6736.81万人次，比上年下降30.2%。其中，接待境外游客55.63万人次，比上年下降67.9%；国内游客6681.18万人次，下降29.5%。旅游总收入921.89亿元，比上年下降36.4%；旅游外汇收入5.78亿美元，下降73.8%。年末星级酒店39家，星级酒店客房8269间，A级景区57个。全年经福州口岸赴台旅游482人次，比上年下降98.6%。

**【金融】** 2020年末，福州市金融机构本外币各项存款余额17738.03亿元，比上年末增长12.6%。其中，非金融企业存款5651.98亿元，比上年末增长14.7%；住户存款7074.78亿元，增长15.0%。金融机构本外币各项贷款余额19651.44亿元，比上年末增长12.7%。其中，短期贷款4472.07亿元，比上年末增长17.7%；中长期贷款14500.86亿元，增长12.6%。金融机构人民币存款余额17382.98亿元，比上年末增长13.1%；金融机构人民币贷款余额19308.02亿元，增长12.7%。

年末境内上市公司47家，比上年增加2家，市价总值9676.69亿元、增长14.9%；全市股票、基金交易额110345.76亿元，全年期货交易额48989.21亿元。年末股民资金开户数461.1万户，新增42.62万户；年末期货公司3家，期货营业部35个；证券公司2家，营业部138个；外资金融机构（不包含保险和证券机构）在福州设立的分行10个。

全年内外资保险公司保费收入369.23亿元，比上年增长7.6%，其中财产险保费收入101.34亿元、人身险保费收入267.89亿元。支付各类赔款及给付113.47亿元，比上年增长12.2%，其中财产险赔款59.41亿元，人身险赔款54.06亿元。年末各类保险营业网点597个，外资保险机构在福州设立分公司15个，代表处1个。

**【人民生活】** 2020年，福州市居民人均可支配收入40477元，比上年增长4.5%。按常住地分，农村居民人均可支配收入22669元，比上年增长6.3%；城镇居民人均可支配收入49300元，增长2.9%。全市居民人均生活消费支出27280元，比上年下降0.8%。按常住地分，农村居民人均生活消费支出17713元，与上年持平；城镇居民人均生活消费支出32019元，下降2.0%。

**【社会保障】** 2020年末，福州市社会基本养老保险参保443.43万人，比上年增加6.19万人，其中参保城镇企业职工193.23万人，城乡居民养老保险229.65万人，被征地农民养老保障53.52万人，机关事业单位养老保险20.55万人。基本医疗保险参保682.83万人，其中职工基本医疗保险参保209.34万人，城乡居民基本医疗保险参保473.49万人。生育保险参保152.21万人，比上年增加10.83万人。失业保险参保141万人，比上年增加10.24万人。工伤保险参保181.4万人，比上年增加3.79万人。

年末全市领取失业保险金35853人，比上年增加7480人；全市纳入城市最低生活保障的居民7621人，增加920人；纳入农村最低生活保障的居民49472人，增加5503人；全年保障特困人员供养对象6767人。

年末全市建立社区卫生服务中心（站）192个。各类养老床位数53955张，每千名老人拥有养老床位41.57张。

**【教育】** 2020年，福州市研究生教育招生13711人，在校研究生35522人。普通高等教育招生111566人，在校生363738人。中等职业教育招生33918人，在校生96992人。普通高中招生39417人，在校生110894人。初中招生91588人，在校生256732人。普通小学招生103436人，在校生597211人。特殊教育在校生1873人。学前教育在园幼儿287075人。市级示范园88所，省级达标中学90所。初中毕业升学率98.5%。

**【科学技术】** 2020年，福州市有高新技术企业2052家。新认定省级企业技术中心13家，新认定市级企业技术中心28家。全市专利申请受理36083件，专利授权25535件，分别比上年增长24.27%和34.53%。全年登记技术合同4449项，成交额59.36亿元。

**【文化】** 2020年末，福州市文化系统有艺术表演团体9个，公共图书馆14个，文化馆12个，群艺馆1个，剧场、剧院1个，博物馆、纪念馆40个。各类艺术表演团体演出794场，公共图书馆藏书量1219.39万册，博物馆、纪念馆收藏文物2.6万件，图书流动点968个，乡镇综合文化站130个，农家书屋2702个。

年末全市有影院64个，比上年增加2个。广播电台8座，广播节目11套，电视节目13套。年末有线电视用户144.68万户，入户率62.3%。年末行政村有线电视联网率90.98%，广播综合人口覆盖率、电视综合人口覆盖率均为100%。

**【卫生】** 2020年末，福州市有各级各类医疗卫生机构4662个，其中医院139个，乡镇卫生院124个，村卫生所2123个，其他2276个。年末卫生机构床位41102张。年末卫生技术人员65608人，其中执业医生、执业（助理）医师25459人，注册护士28735人，乡镇卫生院卫技人员5626人，村卫生所卫技人员868人，其他4920人。每千人拥有卫生机构床位5.55张，每千人拥有医院床位4.66张，每千人拥有卫生技术人员8.87人，每千人拥有医生3.44人。

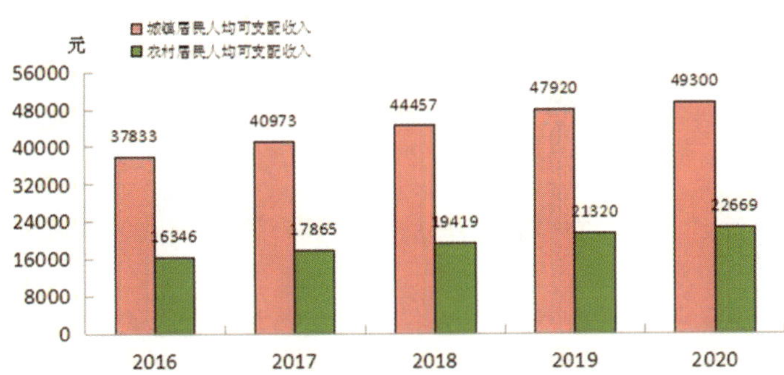


2016—2020年福州市城镇及农村居民可支配收入

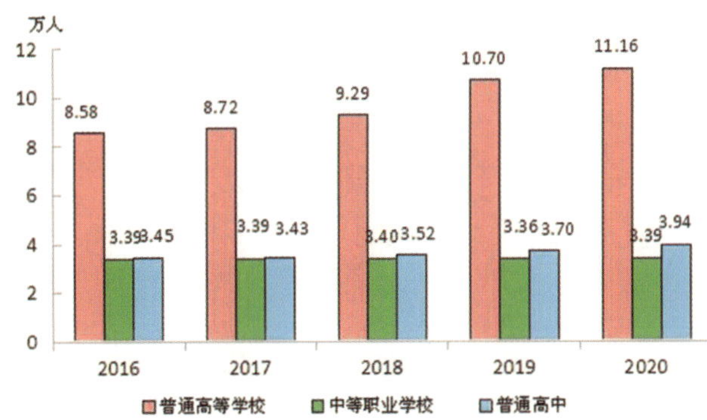


2016—2020年福州市各类学校招生人数

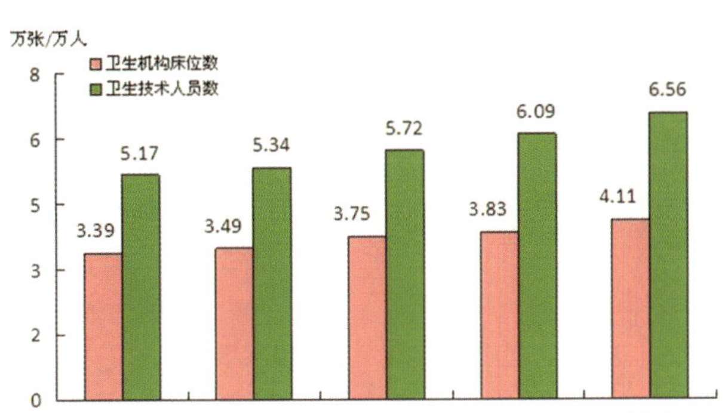


2016—2020年福州市卫生机构床位数和卫生技术人员数

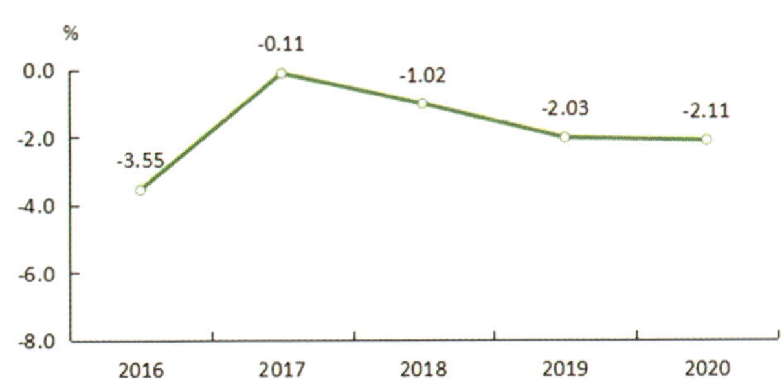


2016—2020年福州市单位GDP能源消耗增长率

【体育】 2020年，福州市运动员在全国比赛中获得金牌11枚、银牌5枚、铜牌8枚。有体育场馆24418个，总面积1838.27万平方米。全年开展新年登高、万人健步行、福州马拉松比赛等大型活动，全市举办龙舟、定向越野、羽毛球、气排球、笼式足球等30多项300多场全民健身活动。

【能源消耗】 2020年，福州市规模以上工业能耗1790.02万吨标准煤。全社会用电量比上年增长2.22%。万元地区生产总值能耗比上年下降2.11%。

【环境】 2020年，福州市人工更新造林总面积3382.87公顷，比上年增加96.87公顷。全市森林覆盖率58.36%。商品材产量29.38万立方米，比上年下降2.29%。年末公园数160座，公园绿地面积5259.22公顷。年末建成区新增绿地面积175.44公顷，建成区绿地率42.24%。全市新增公园绿地面积455.02公顷，人均公园绿地面积15.35平方米。

全市主要河流整体水质为优。闽江（福州段）干流水质功能区达标率、敖江（福州段）干流水质功能区达标率、龙江流域水质功能区达标率、5个市级饮用水水源地水质达标率、县（市）级以上饮用水水源地水质达标率均为100%。

区域环境噪声57分贝，区域交通噪声66.8分贝，城区环境空气达标天数364天，城区环境空气达标率99.5%，空气质量综合指数2.76。年末全市有省级以上自然保护区4个，其中国家级自然保护区2个。

全市污水处理率96.6%，城镇、农村生活垃圾无害化处理率均为100%。

【安全生产】 2020年，福州市发生各类生产安全事故137起，死亡81人，按可比口径，分别比上年下降33.17%、13.83%。

（陈孜）

（编辑　黄铭）

# 中国共产党福州市委员会

## 重要会议及活动

【概况】　2020年，中共福州市委召开十一届十一次、十二次全会，学习贯彻习近平新时代中国特色社会主义思想和党的十九大、十九届二中、三中、四中、五中全会精神，审议《中共福州市委关于深入学习贯彻习近平总书记重要讲话重要指示批示精神，争当全方位推动高质量发展超越排头兵的决定》《中共福州市委关于制定福州市国民经济和社会发展第十四个五年规划和二〇三五年远景目标的建议》等文件。年内召开常委会会议34次，召开市委学习新思想工作小组会议22次，召开应对新型冠状病毒感染肺炎疫情工作领导小组会议25次。

【福州·宁德山海协作工作座谈会】2020年1月14日召开。省委副书记、市委书记王宁强调，要把福宁山海协作，打造成闽东北协同发展区协作典范；要把重大项目作为主攻方向，努力在重点领域实现新的突破；要完善协作机制，确保取得实效。市委副书记、市长尤猛军主持会议。

【全市“不忘初心、牢记使命”主题教育总结会】　2020年1月15日召开。省委副书记、市委书记王宁主持会议并讲话，强调要持续深化学习贯彻习近平新时代中国特色社会主义思想，筑牢“守初心、担使命”的思想根基；要持续加强政治建设，切实把“两个维护”落实到实际行动中；要持续抓好问题整改，确保专项整治取得成效；要持续发扬斗争精神，激励干部勇于担当作为；要持续完善制度机制，扎实抓好制度执行。

【市纪委十一届五次全会】　2020年1月21日召开。省委副书记、市委书记王宁强调，要深入学习领会习近平总书记的重要讲话精神，切实把思想和行动统一到中央、省委的决策部署上来；要充分肯定成绩，清醒认识形势，进一步增强全面从严治党、完善监督体系的责任感、紧迫感；要以自我革命精神，深入推进全面从严治党。会议审议通过市纪委常委会工作报告、市纪委十一届五次全会决议。

【全市房屋结构安全隐患大排查大整治百日攻坚专项行动动员部署视频会议】2020年3月10日召开。省委副书记、市委书记王宁强调，要汲取血的教训、血的代价，清醒认识福州市安全生产形势；百日攻坚行动一定要真干，实实在在地排查与整治，决不能作秀、走过场，通过实际行动真正保护人民的安全；对于排查发现的问题，认真全部整改，对典型的违法违规案例要通报曝光、形成威慑。市委副书记、市长尤猛军主持会议。

【全市决战决胜脱贫攻坚工作推进会】2020年4月20日召开。省委副书记、市委书记王宁强调，要深入学习领会习近平总书记的重要讲话精神，进一步坚定决战决胜的信心决心；要充分肯定成绩，全面摸清脱贫攻坚工作中的短板问题；要把工作抓得再实一点、再细一点，确保高质量打赢脱贫攻坚战；全面脱贫不是终点，要继续推进与乡村振兴的有效衔接；要加强党对脱贫攻坚的领导。市委副书记、市长尤猛军作具体工作部署。

【市委一季度经济形势分析会暨“双百双千”增产增效、“抓项目促跨越”推进视频会】　2020年4月21日召开。省委副书记、市委书记王宁主持会议并讲话，强调要正确研判形势，坚定发展信心，善于危中寻机；要拿出超常规举措，聚焦重点发力，把疫情造成的经济损失补回来；要拿出舍我其谁、敢于担当的胆识魄力，全面夺取疫情防控和经济社会发展“双胜利”。市委副书记、市长尤猛军主持会议并作具体工作部署。

【福州·定西东西部扶贫协作视频对接会】　2020年5月15日召开。省委副书记、市委书记王宁主持会议并讲话，强调要更加突出精准要求；要更加高效推进项目建设；要更加大胆地探索创新；要更加广泛地动员社会力量。市委副书记、市长尤猛军就开展帮扶事宜进行对接交流。

【市委十一届十一次全会】　2020年8月24日召开。全会审议通过《中共福州市委关于深入学习贯彻习近平总书记重要讲话重要指示批示精神，争当全方位推动高质量发展超越排头兵的决定》和《中国共产党福州市第十一届委员会第十一次全体会议决议》。市委副书记、市长尤猛军代表市委常委会向全会作报告，强调要深入学习贯彻习近平总书记重要讲话重要指示批示精神，增强全方位推动高质量发展超越的政治责任感和历史使命感；要科学谋划新的目标和举措，全力实施十一大工程，争当福建全方位推动高质量发展超越的排头兵；要着力深化榕台融合发展，争当打造台胞台企登陆第一家园的排头兵；要全面加强党的领导，为争当全方位推动高质量发展超越排头兵提供坚强政治保证。

【全市领导干部大会】 2020年9月14日召开。省委常委、组织部部长杨贤金宣读中央和省委关于福州市委主要负责人职务调整的决定。经中央批准，林宝金任中共福建省委常委。省委研究决定，林宝金任中共福州市委委员、常委、书记，兼任福州新区党工委委员、书记。省委书记于伟国对福州市工作提出要求，一要旗帜鲜明讲政治，不断增强四个意识、坚定四个自信，做到两个维护；二要稳稳地做，实实地干，争当全方位推动高质量发展超越的排头兵；三要大力践行以人民为中心的发展思想，不断满足人民群众对美好生活的新期待；四要坚定不移全面从严治党，为福州全方位推动高质量发展超越提供坚强保障。林宝金表示，将在中央坚强领导和省委、省政府领导下，带领全市上下凝心聚力，真抓实干，锐意进取，把有福之州、幸福之城建设得更加美好。

【全市深入推进扫黑除恶专项斗争工作视频会议】 2020年10月22日召开。省委常委、市委书记林宝金主持会议并讲话，强调要深入学习贯彻习近平总书记关于扫黑除恶专项斗争的重要指示精神，增强打赢专项斗争收官战、决胜战的政治责任感、使命感；要聚焦工作重点，深化“六清”行动，推动扫黑除恶专项斗争取得全面胜利；要加强组织领导，为夺取扫黑除恶专项斗争全面胜利提供坚强保障。副市长、市公安局局长潘东升作具体工作部署。

【全市信访工作视频会议】 2020年10月22日召开。省委常委、市委书记林宝金主持会议并讲话，强调要增强宗旨意识，始终站稳群众立场；要突出标本兼治，着力解决历史遗留问题；要加强源头治理，把风险矛盾化解在萌芽状态；要领导带头下访，把信访工作做到群众家门口；要坚持依法信访，提高信访工作法治化水平；要压紧压实责任，形成齐抓共管的良好格局。副市长、市公安局局长潘东升作具体工作部署。

【福州市第四届“榕博汇”暨高校毕业生对接会】 2020年11月11日召开。省委常委、市委书记林宝金出席对接会并强调，成才需要好的环境，福州是滋养造就人才的福地；青春是用来奋斗的，福州将成为大家施展才华、成就事业的一方沃土；毕业是一次再出发，热忱欢迎各位前来成就梦想，福州将竭诚提供优质服务。市委副书记、市长尤猛军参加活动。

【全市工业（产业）园区标准化建设现场会】 2020年11月13日召开。省委常委、市委书记林宝金主持会议并讲话，强调要坚持分类施策；要注重试点示范；要强化龙头带动；要促进集约发展；要提升创新能力；要优化体制机制；要用好金融支持；要加强组织领导。市委副书记、市长尤猛军作工作部署。

【福州企业家大会】 2020年12月18日召开。省委常委、市委书记林宝金主持会议并讲话，强调企业家精神是福州的宝贵财富，要全力营造创新创业创造良好环境，为广大在榕企业厚植发展沃土；希望企业家永葆激情、鼓足干劲，再创企业发展新辉煌。市委副书记、市长尤猛军作工作部署。

【市委十一届十二次全会】 2020年12月25日召开。全会审议通过《中共福州市委关于制定福州市国民经济和社会发展第十四个五年规划和二〇三五年远景目标的建议》《中国共产党福州市第十一届委员会第十二次全体会议决议）》。省委常委、市委书记林宝金代表市委常委会向全会作报告，强调要深入学习领会习近平总书记重要讲话和党的十九届五中全会精神，切实增强贯彻落实的政治自觉、思想自觉、行动自觉；要坚持“3820”战略工程思想精髓，乘势而上加快建设具有福州特色的现代化国际城市；要谱写福州“十四五”新篇章，争当全方位推动高质量发展超越排头兵；要马上就办、真抓实干，推动“十四五”发展各项目标任务落到实处。

【市委经济工作会议】 2020年12月25日召开。省委常委、市委书记林宝金出席会议并讲话，强调要深入学习领会，切实把思想和行动统一到中央、省委的决策部署上来；要清醒认识形势，科学确定明年经济工作的目标要求；要突出重点任务，以扎实有力的举措抓好明年经济工作；要加强党对经济工作的全面领导，确保完成目标任务。市委副书记、市长尤猛军对明年经济工作作具体部署。

（唐思晟）

## 组织工作

【概况】 2020年，福州市打造四个专项行动“升级版”，建设高素质干部队伍，推动市委学习贯彻七项长效机制落实。实施“红色领航工程”，推进近邻党建，持续打造“党建超市”“党建联盟”，村级集体经济经营性收入均达10万元以上，推进各领域基层党建工作。在新冠肺炎疫情期间，动员全市1.8万个基层党组织和20多万名党员投入疫情防控和复工复产。在全省首推领导干部政治理论水平测试，实施“省会排头兵”创先争优专项行动、营造干事创业良好氛围专项行动，开展优秀年轻干部专题调研，开展“十个一批”激励关爱行动。实施人才强市战略，举办第四届“榕博汇”“闽都人才论谈”，搭建“榕智汇”平台，国家级重大人才计划、省特级ABC人才入选数量居全省第一，“人才发展指数”连续4年居全省首位。

【“不忘初心、牢记使命”主题教育】

2020年，福州市出台《福州市学习贯彻习近平新时代中国特色社会主义思想工作小组2020年工作要点》《关于巩固深化“不忘初心、牢记使命”主题教育成果的实施方案》，总结提炼“领导领学+个人自学+专家辅导+专题研讨”学习模式、“四不四直”“走街串巷”调研方法等一批经验做法。开展市管干部学习贯彻党的十九届四中全会精神轮训工作，累计培训1747人。将《习近平谈治国理政（第三卷）》《习近平在福州》等系列采访实录作为常态教育的教材，征订数量居全省首位。依托“红色小广播”“党课云平台”等载体及30个特色党性教育现场教学点开展学习培训。引导民生部门参与“党风政风热线”全媒体栏目等，全市1.8万个基层党组织和20多万名党员参与疫情防控、复工复产、脱贫攻坚等工作，32万多名党员自愿捐款3190多万元，各级党组织划拨1969.18万元党费支持疫情防控工作和慰问一线医务工作者、党员干部。

【一线考核干部】 2020年，福州市制订年度一线考核方案，构建考核常态长效机制，组建4个考核组，以统筹疫情防控和经济社会发展为重点，对“抓项目促跨越”专项行动、房屋结构安全整治、第三届数字峰会、信访积案化解、园区标准化建设等专项中心任务实施专班跟进式考核，对年度考核、巡察督查发现的“两头”单位实施蹲点调研式考核，对滨海新城、三江口开发建设指挥部实施嵌入督查式考核。印发《关于坚决扛起疫情防控政治责任持续深化一线考核强化结果运用的通知》，出台《关于在疫情防控一线考察识别评价使用干部实施细则》，对考核优秀的干部落实五个优先（优先宣传褒奖、优先评先评优、优先晋职晋级、优先选送培训、优先解决合理诉求）。全年提拔重用市管干部252名。新冠肺炎疫情防控期间，市委组织部启动一线考核响应机制。紧急抽调20名返乡过年机关干部，就近到疫情防控第一线考察识别干部。市县两级组织部门派出335名干部组成110个考核组，对全市12个县（市）区及高新区173个乡镇（街道）进行拉网考核，深入村居、社区了解疫情联防联控机制“最后一公里”落实情况，明察暗访各道关口人员值守情况。抽调140名干部组成14个服务小组分赴企业（重点项目）一线帮助协调解决复工复产困难问题。率先推出关心关爱疫情防控一线工作人员7条措施，开展职务提任、职级晋升、事业调任、职称优聘、党员发展、通报表扬等“十个一批”激励关爱行动，有58人因疫情防控表现突出提任职务或晋升职级，6人调任公务员，107人职称优聘，评选福州市援湖北医疗队、护理队等17个先进集体和60名先进个人。考核期间每日一报，累计编发54期《一线考核快讯》。

【干部教育培训】 2020年，福州市落实《干部教育培训工作条例》和中央、省、市干部教育培训规划要求，根据《2019—2022年福州市干部教育培训规划》，实施“习近平新时代中国特色社会主义思想教育培训工程”，开展全市市管领导干部学习贯彻党的十九届四中全会精神轮训，举办第二十期“左海大讲堂”等教学活动，全年举办各类脱产培训51期，培训6161人次。首次利用福州党建超市云直播平台线上开办6期“市直机关干部夜校”，全年开办网络专题37期，线上培训20.13万人次；选送领导干部参加中央部委和省直机关举办的培训班25期1151人次；指导推动市直单位组织举办各类培训406场次，培训12.67万人次。

【干部监督管理】 2020年，福州市根据《党政领导干部选拔任用工作条例》和“凡提四必”，对拟提任或进一步使用人选的档案必审；个人有关事项报告必核，凡漏报瞒报有“硬伤”的一律从严处理，先后重点查核324人，有2人因瞒报诫勉处理；对纪检监察机关意见必听，对廉洁自律方面存在问题的干部人选实行“一票否决”，有4人因市纪委函复暂缓使用不予提名；对线索具体的信访举报必查，凡未查清的一律不上会研究。开展《领导干部报告个人有关事项规定》和《领导干部个人有关事项报告查核结果处理办法》两项法规的学习贯彻工作，结合干部提任、年轻干部调研等进行重点核查和随机抽查。

【党的建设制度改革】 2020年，福州市成立习近平新时代中国特色社会主义思想研究小组，在市属媒体开设《深入学习习近平新时代中国特色社会主义思想》专栏。在全省首推领导干部政治理论水平测试，参考人员2.2万人。深化干部人事制度改革，开展“十个一批”激励关爱行动，制定出台《进一步强化领导干部政治素质考察的若干措施》《关于进一步营造干事创业良好氛围的若干措施》等文件，建立市管干部退休“七个一”制度，加强干部培育、选拔、管理、使用工作。研究制定《关于开展抓党建促基层治理专项行动的通知》《关于进一步扶持村级集体经济发展的若干措施》《关于开展园区、楼宇党建工作规范化建设的通知》等工作机制。探索近邻党建工作，推动街道体制改革。制定出台《人才提质聚榕升级版专项行动》《“向幸福之城出发”行动计划》，推动“揭榜挂帅”“创意擂台”引才新模式，创新本土人才培育模式，首创“五举一推”方式遴选300名人才，举办福州市“福榕500”优秀青年人才交流营活动。

【公务员管理】 考录遴选　2020年，福州市公务员（含参公人员）招录计划岗位数375个，报名人数31139人。福州考区参考人数43066人，1430余名考生参加面试，全市考录公务员617人。年内全市市直机关公开遴选招录计划岗位数17个，报名人数610人，386人参加考试，52名考生参加面试。

职位管理　深化公务员分类改革，推进公务员职务与职级并行制度实施工作。完成全市综合管理类公务员、两院司法人员职位分类设置，指导公安机关完成111名森林公安人员整建制划转，推进公安机关执法勤务、警务技术职级调整。开展职级晋升工作，全市89个市直单位、12个县（市）区开展非市管干部职级晋升，其中晋升三级调研员11人次，四级调研员97人次，一级主任科员383人次，二级主任科员124人次，三级主任科员339人次，四级主任科员347人次。开展公务员登记审批工作，办理公务员、参公人员的登记审批手续1355名（公务员1186名、参公人员169名），其中新考录公务员864名、新考录参公人员119名、军转安置人员148名、交流调配224名。开展全市“全国公务员管理信息系统”维护管理工作，更新采集全市公务员（含参公人员）信息31804人，其中行政26568人，参公群团788人，参公事业4448人。

考核培训　按照2019年度绩效管理考评、“2020年抓项目促跨越”行动、“2020年招商工作”以及在承担重大任务中做出突出贡献的单位或项目集体的业绩或排名和在抗击新冠肺炎疫情中表现突出的单位，调整年度考核优秀等次比例。2020年度市直机关非市管干部有11933人参加考核，其中优秀等次2323人，称职9519人，基本称职3人，不称职11人，不定等次77人（其中试用期12人，受处分影响20人，立案审查期间31人，其他14人），不进行考核22人。组织三期451人参加新录用公务员初任培训班。举办4期副科级干部进修班，约200名副科级干部参训。开展2期线上干部夜校，调训2000多人次。配合省委组织部开展10期调训42人的省级公务员安全生产监督管理、财税体制改革、退役军人事务等方面的专题培训班。

奖励监督　给予在急难险重、日常一线工作中表现突出的人员奖励，其中“2019招商年”行动中给予3人记二等功，26人记三等功，50人嘉奖；2019年“抓项目促发展”项目年行动中给予4人记二等功，22人记三等功，61人嘉奖；第三届数字中国建设峰会中给予14人记三等功，10人嘉奖；给予参与“3·7”泉州欣佳酒店坍塌事故救援的福州市消防救援支队记集体三等功，3人记三等功；给予344名2017—2019年连续3年年度考核优秀的市直机关公务员（含参公人员）记三等功。

【人才队伍建设】　2020年，福州市培育引进一批急需紧缺人才，省对市“人才发展指数”绩效考核中连续五年全省第一，国家级重大人才计划、省产业领军团队、省高层次ABC类人才等项目入选人数全省第一。围绕深化人才体制机制改革路径，推进“五个一千”人才行动计划，制订《人才提质聚榕升级版专项行动方案》。升级福州特色人才工作品牌，举办第四届“榕博汇”，举办“‘2021向幸福之城出发’引才校园行”，设立闽东北招聘专区推动闽东北人才协同发展。开展“福州人才月”，举办109场人才主题活动；举办闽都人才论谈系列活动之“左海论谈”，打造“线上直播+线下论谈+云招聘”模式，举办首届闽台人才协作论坛、闽台人才春节联谊会等活动。建设人才工作地标，投用“榕博汇”人才驿站，启动福州人才公园规划建设。打造榕博小学、幼儿园及人才“杏福苑”医疗服务。开展“福榕500”工程跟踪培育榕籍优秀高中毕业生。组织人才工作“一县一品”绩效创新项目评审工作。建设“榕智汇”福州人才智慧服务平台。提供人才抗疫防护包，举办2期“抗疫一线医护人员休假考察研修班”。

【基层党组织建设】　2020年，福州市发动16万名党员在基层一线集结，确保疫情防控与经济社会发展两手抓、两不误。聚焦“六稳”“六保”，组建527个防控网格党支部、861支党员服务队，协调解决企业复工复产的难点问题564个，推动一批超百亿的重点项目落地。开展“红色领航工程”“达标创星”活动，打造4条市级党建示范带，福清市《开展支部星级创建　激发基层党组织活力》入选第五届全国基层党建创新最佳案例。开展近邻党建工作，推动154名市、县常委班子成员挂钩联系小区党支部，总结推广“家园事务服务中心”“长者食堂”等做法，完善小区共建共治治理机制，评选“邻里一家亲”示范小区40个，新建小区党组织1852个，覆盖率94.4%。推进“整乡推进、整县提升”示范县乡创建行动，安排446名县乡领导干部挂点帮扶重难点村，整顿转化软弱涣散党组织。出台扶持村级集体经济发展十条措施，推动村级集体经济经营性收入全部在10万元以上。

【党员队伍建设】　2020年，福州市根据《中国共产党党员教育管理工作条例》，落实“三会一课”、谈心谈话、党员活动日、党性定期分析、组织生活会等党内制度。组织“党课开讲啦”活动，相关经验做法在“共产党员网”“学习强国”获肯定和推广。出台《福州市贯彻落实〈2019—2023年全国党员教育培训工作规划〉的具体要求》，从市管党费中划拨资金1700多万元用于补助基层党组织开展党员教育培训。开展党员组织关系管理，指导开展国有企业退休人员社会化管理中党员组织关系接转工作。从市管党费中安排资金550多万元用于走访慰问生活困难党员、老党员等。申报发放省级关心关爱专项资金51.28万元、市级关心关爱专项资金21.4万元。

（市委组织部）

## 宣传工作

【概况】　2020年，福州市把习近平总书记重要讲话、重要指示批示精神及《习近平在福建》《习近平在福州》系列采访实录作为全市各级理论学习中心组学习重点。学习宣传贯彻党的十九届五中全会精神，组织各层级中心组专题研讨和集中学习，组织全市各级各类媒体在重要版面、重点时段开设专题专栏。加强新闻宣传策划，围绕决战决胜全面小康，组织市属媒体开设《走向我们的小康生活》《福州定西心手相连　决战决胜脱贫攻坚》等专栏专题，推出系列报道6500余篇（条）。组织中央、省属及海外媒体宣传全市工作成效。

【理论工作】　2020年，福州市由市委主要领导主持召开学习《习近平在福州》采访实录座谈会，举办主题宣讲展示、宣讲比赛、知识竞赛、现场研学、社科专题报告会、重点读物“七进”等系列活动。《学习时报》推出两个整版综述报道，介绍全市学习贯彻新思想情况，《人民日报》、新华社、《光明日报》等中央主流媒体刊发相关报道30余篇，全网阅读量突破1.6亿人次。策划拍摄《书记县长说“十四五”》系列访谈节目，组织全市重点经济、民生部门召开5场联合新闻发布会。开展五中全会宣讲2117场。落实省委“三四八”工作机制和市委贯彻落实新思想长效机制，各层级理论学习中心组执行学习计划报备、学习情况通报等制度，建立理论学习中心组巡听旁听制度，市委理论学习中心组全年集中学习28场，各县（市）区及市直单位举办中心组学习1693场次。推广运用“学习强国”平台，党员覆盖率87.4%；3498篇（条）稿件被福建分平台采纳，投稿量和采用量均居全省第一，其中《三分钟带大家了解〈习近平谈治国理政〉第三卷》宣讲微视频被“学习强国”总台首页推送，点击率逾192万人次。围绕新思想、党的十九届四中和五中全会精神、疫情防控和复工复产、交通治理、文化遗产保护等内容，开展分众化互动式宣讲约3.5万场，受众逾1000万人次（含线上）。开展基层理论宣讲报告、微视频、示范课征集评选，拍摄《学习故事》《学实录 担使命》系列宣讲微视频，制作推出《有理姚说》系列网络理论宣传节目18期。第四季《福州，听我说》电视宣讲大赛紧扣中心工作策划主题，借鉴脱口秀节目表现形式。常态化疫情防控发挥“红色小广播”“云宣讲”“云课堂”等线上平台作用，运用抖音、H5、动视频等新媒体，阐释党的创新理论。依托市社科规划办、市中国特色社会主义理论体系研究中心，挖掘习近平总书记在福州工作期间的创新理念和探索实践，加强数字福州、海上福州、新区新城建设等经济社会发展重大理论和现实问题研究，形成《数字经济引领福州经济高质量发展研究》等研究成果90项。完善社科项目管理机制，推动《传承弘扬习近平总书记在福建工作期间关于作风建设的创新理念和重大实践研究》等69个项目立项。举办第三届福州市社科界学术年会主论坛“福州经济高质量发展论坛”和5个分论坛。开展福州市第十届社科优秀成果奖评审。

【新闻宣传】 2020年，福州市组织市属媒体开设《走向我们的小康生活》《福州定西 心手相连 决战决胜脱贫攻坚》等专栏专题，推出系列报道6500余篇（条）。组织中央、省属及海外媒体宣传全市工作成效。年内，中央、省属新闻媒体对福州市各类正面报道（含网络、新媒体）10000多篇（条），其中《人民日报》99篇（头版12篇）、新华社500多篇（条）、中央广播电视总台各频道586条（其中新闻联播24条）。《人民日报》头版刊登《又见碧水润榕城》，《光明日报》头版刊发《福州：绿色治理创造生态之美》、“红船初心”特刊整版报道数字福州建设情况。全年召开市级新闻发布会51场。成立宣传工作专班，组织市属媒体快速反应、跟进策划、更新选题，报道全市组织疫情联防联控、推动复工复产的举措和进展情况，市属媒体刊播相关报道6万多篇（条），中央、省属媒体刊发相关报道5800多篇（条），其中《新闻联播》16条，联播头条1个，《焦点访谈》播出2期专题，中宣部《思想政治工作研究》刊登相关经验做法。组织市属媒体及时发布权威信息宣传防疫知识。报道医务人员和基层一线工作者感人事迹，宣传全市关心关爱一线工作者的相关政策和落实情况，与央视合作策划“共同战‘疫’我的同乡英雄”融媒体行动，获中央广播电视总台肯定。推进“四全媒体”建设，福州日报社发挥融媒体指挥中心各项功能，新媒体总用户数突破1742万人，“掌上福州”APP下载量100万人次。市广播电视台成立时政融媒体中心和资讯融媒体中心，新媒体用户数突破350万人次。市属媒体新媒体全年点击量、阅读量“十万+”作品超1300件，“百万+”作品355件，“千万+”作品67件。全市12个县（市）区融媒体中心确定“三定”方案，按照统一技术标准完成软件平台部署并接入市级、省级平台，建立市县媒体常态化联动机制。

（杨智文）

## 统战工作

【概况】 2020年新冠肺炎疫情期间，福州市近500名民主党派医卫界成员投身一线抗击疫情，开展约6000名海内外榕籍乡亲医学观察期间人文关怀，引进招商项目19个、总投资41.9亿元。围绕疫情防控、复工复产方面开展调查研究、建言资政，向中央、省、市报送建言献策、社情民意类信息2700余条，向省委统战部报送理论研究成果25篇，统战信息工作在全省统战系统各地市考评中位列第一，统战政策理论研究课题成果获一等奖。牵头开展榕台交流与对外开放体制改革任务19项。

【多党合作和政治协商】 2020年，福州市各民主党派开展各类学习教育活动315场次，参与5399人次。印发《2020年政党协商（会议协商）计划》，出台《各民主党派福州市委会领导工作规章制度》《福州市市级民主党派活动经费使用管理办法（暂行）》。打造“季谈会”“每月直报”两大政党协商品牌，召开座谈会4场，形成建议30份，3件“每月直报”得到市委主要领导批示。全年开展课题调研136项、列入市委重点课题16项，在市两会上提出议案、提案206件，被列为重点11件；建立37个各具特色的“党（盟、会、社）员之家”，全市8个民主党派全部成立基层组织示范点。

【民族宗教事务】 2020年，福州市印发《关于全面深入持久开展民族团结进步创建工作 铸牢中华民族共同体意识的实施方案》，开展“中国农民丰收节”相关活动。建立市委统一战线工作领导小组民族联席会议机制和市委统一战线工作领导小组宗教工作专题会议工作机制，健全宗教议事机制，形成党委领导、政府负责、有关部门协同配合的民族宗教工作格局。

【新的社会阶层人士和党外知识分子统战工作】 2020年，福州市制定《同心驿站工作职责》《同心驿站建设标准》，印发《关于加快推进同心驿站建设工作的通知》，全市有12个县（市）区18个同心驿站建成投用。成立福州市党外知识分子联谊会；成立榕城海归精英驿站，并获评福建省首批省级人才驿站示范站。搭建“智慧群团”工作平台，打造线上生活家园。初步建立网络代表人士数据库。开展网络人士县区行活动，举办“新思汇”沙龙。打造“榕媒体”网络统战工作品牌，组织开展“益企抗疫”“助农增收”等各类公益直播活动。

【非公有制经济工作】 2020年，福州市制定出台《关于加强新时代民营经济统战工作的意见》。针对新冠肺炎疫情形势，收集整理国家、省、市惠企政策措施，编印《应对新冠肺炎疫情惠企政策汇编》。开展非公经济人士理想信念教育实践活动和全市民营经济代表人士谈心活动；组织民营经济人士集中学习习近平总书记在企业家座谈会上的重要讲话精神；开展民营企业复工复产调研，走访民营企业、商会组织76家，现场推动企业复工复产过程中遇到的困难诉求34个，为46家企业协调35万多个口罩等防疫物资，解决121家企业“融资难”问题。

【“春风·春雨·光彩”行动】 2020年，福州市光彩事业促进会参与乡村振兴战略、扶贫帮困助学、“榕商助推乡村振兴战略行动”“榕商联村”“千企帮千村”“百侨帮百村”活动等社会公益事业，捐赠公益资金2081.42万元，其中1324.72万元捐赠武汉市、福州市抗疫防控一线和乡镇村基层抗击疫情；326万元帮扶福州市10个“榕商助推乡村振兴战略行动”示范村和罗源县松山镇八井畲族村的农业基础设施、教育卫生文化、产业扶贫等6个公益事业项目；230.7万元用于甘肃定西市“光彩帮困助学助能5个100帮扶行动”和福州市“光彩助学行动”等扶贫助困助学活动，受众1122人；200万元修缮省级文物保护单位福州市工商联旧址。年内福州市光彩事业促进会被确认为4A级社会组织。

【港澳台统战工作】 2020年，福州市加强港澳社团自身建设，完善从物色到培养、从推荐到使用、从联系到服务的港澳代表人士培养建设机制。首次通过“线上+线下”方式召开2020年市政协港澳委员和海联会常务理事座谈会。制订《福州市台湾同胞联谊会改革方案》《福州市金门同胞联谊会改革方案》，完成市台联、金门联机构改革工作。成立马祖联络小组，拓展对台联谊工作渠道，完成福州台湾会馆复建并揭牌开馆，组织台胞参与“同心向党·忠诚担当”“中秋国庆在榕台胞联谊”等活动。引导香港榕籍社团和内地港人在《大公报》《文汇报》等媒体发声，组织5场4000余名在榕香港乡亲支持《香港国安法》活动。年内成立香港闽侯同乡联谊会。

【党外代表人士队伍建设】 2020年，福州市制定社会主义学院党外代表人士年度培训计划。完成市政协十三届五次会议委员、常委届中调整，调整市政协常委3名、委员5名。选调48名党外干部参与福州市第13期党外干部培训班、2名党外干部参加省社会主义学院培训班，推荐3名优秀党外干部参加省委统战部第六批党外干部挂职。建立市级层面代表人士队伍，形成民主党派市级层面代表人士建议人选近100人。制订联系党外干部分工安排方案，完善全市科级以上党外干部信息数据库。

（杨泽航）

## 精神文明建设

【概况】 2020年，福州获评新一届全国文明村镇8个、全国文明单位12个、全国文明校园4个，全国文明家庭3户。年内通过第六届全国文明城市总评，连续四届蝉联全国文明城市称号，福清市获评第六届全国文明城市（县级）。

【文明城市建设】 2020年，福州市召开全市创建全国文明城市动员部署会，推进内河水系治理、旧屋区改造、老旧小区整治，开展城市品质提升“十位一体”专项行动、“绿进万家、绿满榕城”行动。对照《全国文明城市测评体系》，开展交通秩序、农贸市场、背街小巷、商场超市、建筑工地围挡等整治提升，刊播“讲文明 树新风”公益广告。健全暗访督查机制，组织开展暗访督查5次，对37个创建不力的单位限期整改到位。将爱国卫生运动和疫情防控工作融入文明城市创建。

【公民道德教育】 2020年，福州市颁布实施《福州市文明行为促进条例》，将17项不文明行为列为治理内容，推动精神文明建设纳入法治化轨道。推动诚信福州建设，整治电信网络诈骗、互联网虚假信息、涉金融领域失信问题等群众关注的19项诚信缺失突出问题。开展诚信经营示范街区创建宣传活动，鼓楼区南后街等3个街区获评第二批“福建省诚信经营示范街区”。开展道德典型选树活动，入选“中国好人榜”4人、“福建好人榜”16人、“福州好人榜”85人。加强家庭文明建设，宣传展示文明家庭事迹包括在疫情防控、爱国卫生运动中做示范勇担当的典型事迹。市委文明办会同市妇联常态化开展最美家庭和五好家庭创建活动，2户家庭获评全国抗疫最美家庭，获评第十二届全国五好家庭3户、2020年全国最美家庭3户。以25个省级、市级家风家训乡贤文化馆示范点建设为重点，打造家风家训宣传教育阵地，开展以“古厝传家训 家和万事兴”为主题的“家风讲堂”活动。开展文明交通、文明旅游、文明餐桌宣传活动，举办全国首个“全民光盘节暨文明餐桌践行周”宣传活动。开展“我们的节日”主题系列活动，福州拗九节习俗入选福州市第六批市级非物质文化遗产代表性项目。举办第十五届“福州读书月”，打造“爱心茶摊”“高考直通车”等特色品牌活动。依托“福州微文明”微信公众号、福州文明网、“倩眼看福州”抖音等平台开展网上祭英烈、“致敬高温下的你”等活动。“福州微文明”微信公众号粉丝突破百万人次。印发《福州市在精神文明创建活动中深入开展爱国卫生运动的实施方案》，召开全市部署会。组织“文明健康 有你有我”公益广告专题宣传，开展“众志成城抗疫情”主题文艺作品征集、“宅家抗疫短视频”征集、“战疫不孤读”网络公益读书会等活动。

【农村精神文明建设】 2020年，福州市培育美丽乡村文明建设示范村11个，举办“美丽乡村文明建设示范村”网络视频分享会。开展移风易俗进机关、进校园、进企业、进村居、进家庭等“五进”宣传活动36项。开展“众志成城战疫情，绿色文明祭先人”移风易俗暨殡葬改革宣传月活动。开展福州市文化科技卫生“三下乡”、“我们的节日”、志愿服务等活动。年内全市获评新一届全国文明镇1个，获评全国文明村7个。

2020 年，福州市“12·5”国际志愿者日主题活动在晋安区举办　　（市委文明办　供）

【志愿服务】　2020 年，福州市推进福清市、闽侯县、晋安区等 3 个全国新时代文明实践中心试点建设，拓展覆盖其余各县（市）区，推动市级新时代文明实践中心试点建设，建成新时代文明实践中心 4 个、实践所 83 个、实践站 1296 个。培育“新思想学习驿站平台”“助农惠农超市”等一批服务基层特色典型，发动文艺轻骑兵、各行业协会志愿服务团体、公益组织等开展实践活动。健全志愿服务激励保障机制，制定《福州市志愿者信用积分管理办法（试行）》。开展垃圾分类志愿服务，组织文明单位与城区 273 个社区开展“一对一”结对共建活动，推动垃圾分类进机关、进社区。常态化开展学雷锋志愿服务活动，组织文明单位志愿者在 20 个地铁站点开展乘车秩序维护、文明乘坐地铁劝导等服务。组织全市广大志愿者、志愿服务组织围绕防疫知识宣传、物资保障、环境卫生维护等，开展疫情防控志愿服务工作。参与疫情防控志愿者逾 76 万人次。推选宣传福州市“抗疫”最美志愿者 282 人，陈媚获选全国新冠肺炎疫情防控最美志愿者，鼓楼区南街街道三坊七巷社区获选全国最美志愿服务社区。

【未成年人思想道德教育】　2020 年，福州市开展各级文明校园与乡村学校少年宫结对共建活动，建立健全常态合作机制，提升全市 149 个乡村学校少年宫建设水平。加强 13 个市、县（市）区校外未成年人心理健康辅导站点建设，开展防疫抗疫心理教育与疏导。开展“携手战疫情　别样少年心”未成年人防疫抗疫作品征集活动，评出获奖作品 120 件。推进“扣好人生第一粒扣子”主题教育实践活动。开展“美育云端课堂”专题活动，全市参与学生 160 万人次。组织 2020 年“新时代好少年”推选和学习宣传活动，入选 2020 年“福建省新时代好少年”3 人，推选 2020 年“福州市新时代好少年”10 人，“福州市新时代好少年”提名奖 5 人。市委文明办获新一届全国未成年人思想道德建设工作先进单位称号，福清三中校长施黔群获新一届全国未成年人思想道德建设先进个人称号。

（林艺红）

## 机关党建工作

【概况】　2020 年，福州市制定出台《关于在市直机关深入开展创建“让党中央放心、让人民群众满意”的模范机关的意见》。开展基层理论宣传“千军万马”工程。依托“党建超市平台”，发动市直机关党组织与结对社区开展共建活动。开展市直机关第十届（2018—2020 年度）文明单位考评工作。年内，中共福州市委市直机关工委蝉联三届“全国文明单位”、两届“全省机关工委系统先进集体”，被市委、市政协评为“福州市政协工作先进集体”。福州市直机关干部夜校被省委省直机关工委、省发改委、省效能办评为第三届“推进机制活　建设新福建”全省机关体制机制创新优秀案例二等奖，市委市直机关工委获评优秀组织奖。

【政治建设】　2020 年，福州市召开市直机关党建重点工作推进会暨创建模范机关动员大会，制定下发《关于在市直机关深入开展创建“让党中央放心、让人民群众满意”的模范机关的意见》，提出实施政治引领筑牢思想、基层组织功能提升、服务中心岗位建功、正风肃纪反腐倡廉和党员干部素质提升等“五大行动”，推动市直机关开展创建活动。组织开展市直单位党组（党委）书记抓基层党建书面述职评议工作，逐一反馈评议结果，对评议结果靠后的 10 家单位进行集体约谈。针对 2019 年度机关党建绩效考评情况，对 106 家单位下发 611 条党建问题清单。发挥市直机关党员政治生活馆及 15 个分馆的示范作用，推动党员干部开展重温入党誓词、入党志愿书以及过“政治生日”等政治仪式，全年有 1257 批次 31681 人次参观学习；培树第三批市直机关党员干部教育基地13个，开展理想信念、党性修养和革命传统等教育。开展市直机关党员干部思想状况调查，对党员干部理想信念、新福州建设、个人工作和生活状态等7大类39个问题进行调查分析，针对调研中发现的急需关注的4个方面的思想动向，提出5个方面16项的具体措施，形成《福州市直机关党员干部思想状况调查报告》呈报市委领导。举办“凝聚攻坚合力 构建社会扶贫大格局”新闻发布会，举办市直机关宣传骨干、统战成员培训班，开展革命传统教育和“意识形态工作”专题培训。

【思想建设】 2020年，福州市各市直单位组织中心组学习906场次。开展基层理论宣传“千军万马”工程，开展经常性理论宣讲2308场，受众1938.8万人次。召开市直机关学习《习近平在福州》采访实录交流会、编印福州机关党员《学习文选》和举办“学而时习之”图书专题展等。市直机关干部夜校举办线下主题讲座3期、线上云课堂6期，培训机关干部2.24万人次。开展“学用新思想 奋进新时代”知识竞赛，市县两级机关有37支队伍参加比赛。开展市直机关赴基层“送读物+送宣讲”七进系列活动，推动党的创新理论进农村、进社区、进家庭、进学校、进机关、进企业、进军营。举办“我学习 我快乐”——学习贯彻习近平新时代中国特色社会主义思想演讲比赛，评选福州市“十佳”新思想宣讲员。

【机关作风建设】 2020年，中共福州市委市直机关工委组织发动75个市直单位3300多人次党员志愿者下沉141个社区参与联防联控志愿服务活动，751个机关党组织9109名党员干部投入新冠肺炎疫情防控一线，组建各类“党员突击队”“党员志愿者服务队”443支、5761名党员参加。向38个基层党组织划拨近300万元专项资金，用于支持疫情防控和企业复工复产。慰问援鄂医务人员家属、一线重点医务工作者和防疫一线工作人员等617人，发放慰问金61.7万元。组织市直机关3.2万名党员自愿捐款335万多元用于支援疫情防控。参与电动车换牌工作，向机关干部发放《安全骑行“十不准”》宣传单2万份、《加强电动自行车规范管理问卷调查》3542张，形成《关于市直机关干部电动自行车换牌情况的调研报告》呈报市委。组织695批次市直机关党组织3976人次党员志愿者参与电动自行车补偿回收和免费换牌专项志愿服务，协助市交警支队推动13103名机关干部职工完成换牌15845辆。服务推动闽东北协同发展区建设，牵头与莆田、南平、宁德、平潭等设区市签订机关党建共建协议，召开闽东北机关党建工作座谈会，建立闽东北协同发展区建设“五个共同”机制。举办市直机关“强化省会排头兵意识”先进事迹报告会、“弘扬抗疫精神、激励使命担当”宣讲活动、市直机关疫情防控先进事迹云宣讲活动以及“白衣连长城、热血铸党魂”抗疫主题书画作品展等8场次活动，受众2.5万人次。举办“走进新城·认识新区·建设新福州”主题党日活动，组织省、市、县三级机关干部300多人参加活动，开展“我为滨海新城建设建言献策”征文活动，征集建言献策文章284篇。

【基层组织建设】 2020年，福州市开展异常党组织排查，指导督促84个党员人数超规模的党组织完成升格工作。建立健全市直单位党组（党委）班子成员联系指导党支部工作制度，建立领导班子成员联系点818个，深入联系点调研指导2190次。执行年度发展党员预警调控机制，全年新发展党员430名。对市直机关117家单位党费收缴管理工作开展全面专项检查，对116家单位下达问题清单，规范党费收缴管理工作。编印《基层党组织规范化建设工作实用手册》，明确机关党委、机关党支部、国有企业党支部、非公有制经济组织和社会组织党支部工作标准。编印《红色集群 领航矩阵——福州市直机关“双百”创建成果》，全面展示77个优秀党建品牌经验做法。加快“互联网+党建”项目建设，建设集日常管理、监督、服务和考核于一体的智慧党建管理服务平台，搭建“三会一课”、组织生活会、主题党日、谈心谈话、党性分析和民主评议等规范化标准化模块，实现对基层党组织日常重点工作的全过程记录。依托“党建超市平台”，发动市直机关党组织与结对社区开展共建活动，推进机关和党员进社区“双报到”工作，全年开展共建活动1468次，参与活动9139人次，帮助解决问题496个，提供各类资金支持21万多元。加强党务干部队伍建设，推进“蓝青工程”，推动新任专副与优秀党务干部结对子，结合机关党建“遍访问计”活动对87名机关党组织专职副书记履职情况进行考核测评。

【党风廉政建设】 2020年，中共福州市委市直机关工委协助市委主责办对4家单位党组（党委）落实全面从严治党主体责任情况开展检查，提出问题清单38条。全年受理报批案件19件19人，配合市纪委对14家单位开展处分决定执行情况和案件质量情况回访检查。印发《关于进一步加强市直机关党的纪律检查委员会建设的意见（试行）》《福州市直机关纪委工作制度》等指导性文件，举办市直机关纪检业务培训班，加强对机关纪检工作的指导。配齐配强机关纪检干部，督促12家单位机关纪委按时换届。走访40多家单位开展机关纪检组织履职能力调研，收集征求意见105条。

【机关精神文明工作】 2020年，福州市开展市直机关第十届（2018—2020年度）文明单位考评工作，组织8个考评组对67家进行实地检查考评。推荐全省学雷锋志愿服务“四个最美”先进典型暨疫情防控最美志愿者，省、市级“文明家庭”和福州市“最美家庭”“五好家庭”以及“书香人家”“读书明星”等各类先进典型26个。开展“助力新福州、建功新时代”系列党员志愿服务行动，全年组织动员市直、区直机关党员志愿者2.62万人次到18个重点路口常态化开展文明交通劝导志愿服务活动。组织开展“我为党旗添光彩”无偿献血活动，有1610人次参加，累计献血52万多毫升，组织市直机关开展三星级志愿者推荐评定工作。慰问困难党员、困难职工、因公牺牲干部职工家属、困难劳模等354人，发放慰问金38万元。推进平安机关建设，开展“七五”普法和法制宣传教育，开展“综治平安进机关”

2020 年 7 月 1 日，福州市举办“弘扬抗疫精神、激励使命担当”宣讲活动

（市委市直机关工委 供）

“法治进机关”“保密进机关”等活动。开展市直机关在职干部职工温暖工程活动，全年发放医疗补助金 317.3 万元、帮扶救助 680 人（次）。开展机关干部职工心理健康志愿服务，全年承接个案 18 件，开展心理讲座及团体训练 4 场次 416 人次，云课堂心理健康讲座 3 场次 5500 多人次，线上心理课 15 场次 1310 人次，心理辅导公益直播节目 1 期、观众点击量 17 万多人次。开展市直机关民主党派干部摸底，建立市直机关民主党派干部库，组织市直机关统一战线成员开展“画好同心圆 共建新福州”主题活动。

【群团工作】 2020 年，中共福州市委市直机关工委推进市直机关工青妇组织换届工作，更新完善团建、劳模和困难职工数据库。开展“五一先锋岗”“巾帼文明岗”“青年文明号”“模范职工之家”“最美家庭”等创建活动，培植群团先进典型 75 个。组织开展“战疫情·促发展·当好主力军”职工示范性劳动竞赛、“号声嘹亮·青年文明号向祖国报告”青年文明号开放周、“我爱阅读·我爱我家”线上亲子阅读、“巾帼奋斗新时代 岗位建功展风采”巾帼文明岗先进事迹宣传展示等活动。开展市直机关“母亲健康 1+1”公益募捐活动，39 个单位捐款近 13.2 万元。举办市直机关“爱在机关·福满榕城”迎春送福主题党日、福建·福州“红红火火过大年”暨第十六届万人健步行、第 13 届市直机关未婚青年交友、第十一届省市机关篮球邀请赛、“决胜小康 读书追梦正当时”读书沙龙等活动，有 8600 多人次参加。

（林萍）

## 机构编制

【概况】 2020 年，福州市重点保障民生领域和“教育强市”工作用编需求，完成乡镇（街道）机构、重点领域和事业单位改革，开展控编减编工作专项检查，全年收回市属经营类事业单位编制 1050 名。年内，城市水系综合治理机制创新做法由国家发改委发文在全国推广。创新推进城市管理体制机制改革经验做法在全国重点刊物《中国机构改革与管理》刊登推广。机构编制信息化应用和域名管理工作获中央编办的表彰。乡镇（街道）机构改革全面完成，工作进度、成效位居全省前列并获省委编办肯定。连续 7 届获评为“福建省文明单位”，连年被市委、市政府授予绩效管理、综治考评“优胜单位”，获评“福州市政协工作先进集体”称号。

【疫情防控和复工复产用编保障】 2020 年，福州市创新开展全流程网上用编审批。从 2 月 4 日起，市直各单位办理用编申请、人员入编、人员核减、机构编制使用情况确认等事项，均可登录机构编制管理信息系统在网上提交。对承担抗击疫情任务的部门单位统一社会信用代码和事业单位法人证书办理进行重点保障，采取特事特办的方式保证其业务工作的开展及财务正常开支。加速开辟防疫人才引进绿色通道。对市疾病预防控制中心、市结核病防治院等主要承担疫情防控工作的医疗机构放宽编制控制数。对符合入编条件的援鄂专业医护人员编制申请事项特事特办，市一、市六医院等医疗机构援鄂医务人员入编工作均快速办结。会同市委组织部开展“六个一批”关爱行动，对疫情防控和复工复产一线考核中发现的勇于担当、做出重要贡献的干部，在拟提拔科级领导职数申请审批时马上就办，现场办结。优化疫情防控机构职能体系。深入全市医疗卫生系统机构调研，了解机构和编制需求，全面评估防控机构运行情况，研究补齐短板、下沉力量的意见措施。结合乡镇（街道）机构改革，研究为基层、社区赋能的新举措，优化疫情防控机构职能体系。

【乡镇（街道）机构改革】 2020 年，福州市赋予镇（街道）党（工）委对区域内重大决策和重点项目建议权、街道规划参与权、对派驻机构干部管理考核权和负责人任免征得同意权。各乡镇（街道）采取不同形式均设置基层党建办公室，其中鼓楼、台江、连江、罗源等单独设置，其他县（市）区在党政办公室采取挂牌方式设置。在事业单位设置上，各乡镇（街道）均整合设置综合便民服务中心（党群服务中心）。机构职能从“向上对口”转为“向下对应”。在党政内设机构设置上，乡镇主要采取“4 必设+2 选设”、街道采取“4 必设+1 选设”的模式，由各县（市）区因地制宜设置，在同一县域内做到相对统一。7 月底全面完成 130 个乡镇和 43 个街道“三定”规定制定和印发工作，工作进度、成效位居全省前列。精简乡镇（街道）事业单位 348 个，精简率 41.4%。推动编制资源下沉，根据各镇（街）功能定位、区域面积、人口规模、管理任务等实际，在总量内重新核定镇（街）行政编制和事业编制，对上级机构做好“减法”，对基层急需岗位做好“加法”，鼓励从上往下跨层级调剂行政编制和事业编制。

【重点领域改革】　2020年，福州市创新完成新区管理运营融合改革，形成《福州新区管理运营机制改革方案》，福州新区管委会、滨海新城开发建设指挥部、新区长乐功能区融合运作，划分35个部办工作职责任务分工。全面梳理完成市县两级特殊区域及其管理机构底数，理顺管理机构与属地政府关系，明晰管理机构职能定位。调整台商投资区管委会内设机构职责，理顺金山投资区与金山工业园区管理体制，健全江阴港城经济区安全生产、生态环保综合协调管理体制机制，推进出口加工区、福兴经济技术开发区管理机构更名，推进琅岐经济区管委会与琅岐镇党政机构“区镇分设”。推进乡镇（街道）综合行政执法改革，全市130个乡镇和12个承担管理农村事务的街道依托基层力量，将部分具备执法职能的站所与相关执法机构进行整合，先行设置综合执法队，并规范名称，集中行使乡镇（街道）现有的行政处罚权以及与之相适应的行政监督和行政强制权。其他31个城镇化程度高的城市内部街道建立综合执法协调机制，承担“街道吹哨、部门报到”的执法协调任务。新组建福州市文物局作为市政府的工作部门，机构规格为正处级，推动文物保护利用和历史文化名城建设，为联合国第44届世界遗产大会举办提供体制机制保障。优化完善科技管理工作机制，各县（市）区均落实县（市）区发改局局长兼任科技局局长，实现兼职全覆盖；12个县（市）区均按要求调整核定一名副科级领导职数专职负责科技工作。各县（市）区在保持科技内设机构的基础上，确保科技工作专人专职专责。各县（市）区均采取措施或提出要求不得随意抽调工作人员，落实不得混岗混编的机构编制管理要求。总结全市牵头管理、特色保护、智慧支撑、应急保障、综合执法“五位一体”城市管理体制机制，并形成经验启示调研文章《福州市创新推进城市管理体制机制改革》，在《中国机构改革与管理》杂志刊登推广。

【事业单位改革】　2020年，福州市全面完成经营类事业单位改革。按时完成市属24家及县（市）区属70家生产经营类事业单位改革任务，完成全市转企改制事业单位撤销机构、核销编制等批复工作及撤销（并）的经营类事业单位法人注销登记工作，全年市属经营类事业单位收回编制1050名。配合推进乡镇（街道）机构改革，从综合服务、综合技术、综合执法“三个维度”综合设置乡镇（街道）综合便民服务中心（党群服务中心）、综合技术保障中心、综合行政执法队，分别承担审批服务、技术保障、执法监督3个方面职能。配合相关行业主管部门，完成机关后勤服务管理体制、培训疗养机构整合、“县管校聘”管理体制改革、检验检测认定机构整合、高校纪检监察体制改革等专项改革工作，完成市城建干部学校、市职业培训指导中心、粮食干部职工学校等3家市属干训机构整合撤并，指导长乐、闽侯完成中小学教师“县管校聘”改革试点工作。

【机构编制监督管理】　2020年，福州市开展控编减编工作专项检查，巩固控编减编成果。实行实名制管理。按照省、市实名制管理办法的规定，执行核编制度。依托实名制管理系统，开展对各县（市）区、各部门的机构编制工作开展情况的动态监测。运用大数据的理念和方法，优化实名制管理，加强机构编制统计分析，精准实施机构编制监督检查。开展机构编制问题台账整改工作。10月，全市有关违规台账中“违规超编”“行政机关混用事业编制”“其他”等问题已全部整改到位。全市政策问题整改台账销号414条，市直单位均整改到位。对市直处级以上、各县（市）区科级以上各类机关事业单位领导职务名称进行梳理，检查是否有自行设置领导职务名称、职务名称与机构名称、规格不对应的问题。定期与组织部门进行核对，及时发现职数使用过程中存在的问题。开展超审批权限设置机构等问题自查自纠。按照中央、省文件要求，重点查找超审批权限设置机构、超规格超职数配备领导干部的问题。通过条块结合、统一部署，结合机构编制问题台账、领导职数管理台账和机构编制实名制管理系统等手段，横向覆盖市直500多家机关事业单位，纵向指导各县（市）区委编办。

【事业单位登记管理】　2020年，福州市根据中央编办和福建省经营类事业单位改革工作的统一部署，经营类事业单位撤销完成的标志为注销其法人资格，加强有关县（市）区编办沟通协调，争取县（市）区委领导支持，在规定时限内完成16家已撤销经营类事业单位法人注销工作。按照《福州公共信用信息目录》要求，累计报送双公示行政许可信息815条，事业单位主体签订信用承诺书458份。推动事业单位“双随机、一公开”监管全覆盖，提高随机抽取比例至7%，11月分两批次对参加2019年度报告公示的事业单位法人抽取32家事业单位进行集中核查。配合市卫健、财政、科技、人社等部门对在医疗、会计、科研、社会保险等领域失信被执行人实行联合惩戒，明确限制其登记为事业单位法定代表人，并出台相应的工作方案，推动联合惩戒机制建设。

【机构编制资源调配】　2020年，福州市重点保障民生领域等用编需求。加强机构编制统筹调剂力度，对市人社、教育、建设、卫健等系统内事业单位进行优化调整，加大对“小散弱”和职责相近事业单位的整合撤并力度，统筹调剂编制117名，用于保障教育研究、卫生保健、消防安全、台胞服务、污染监测等工作。推动鼓岭旅游度假区管委会、软件园管委会及船政文化管委会机构升格工作，提升市属特殊区域管理服务水平。重点保障“教育强市”工作用编需求，优化教职工编制资源配置，核增福州学校、滨海实验学校等市属新办校教职工编制153名，指导各县（市）区通过重新核定公办中小学教职工编制、设立事业编制周转池等形式。按照中央编办和省委编委有关部署，推进职业技术学院、闽江师范高等专科学校等市属公办高校机构编制事项调整工作。统筹推进“数字福州”建设，推动大数据产业发展，优化市“智慧福州”管理服务中心等相关机构职能，推动各相关部门结合e福州APP、自助终端机等，推出“网上办、掌上办、就近办”特色服务，提供便民服务280项。在2020年（第二届）全国政务热线发展高峰论坛暨政务热线服务质量评估报告发布会上，福州市“12345”便民（惠企）服务平台在全国338个城市政务服务热线服务质量评估中，获评“总体评估优秀单位等级A+”“服务创新优秀单位”“价值创造优秀单位”。连续第5年在2020年度亚太智慧城市评选中获“中国领军智慧城市”奖。

（李中平）

## 信访工作

**【概况】** 2020年，福州市通过来访来信来邮反映群众各类诉求64689件，比上年上升81%，信访机构及时受理率100%，按期答复率99.8%，群众对信访机构评价满意率98.4%。

**【领导接访】** 2020年，福州市每月15日市领导大接访受新冠肺炎疫情影响调整为领导约访，通过预选协调和现场随机接访相结合方式，开展市领导接待来访群众活动。落实市党政领导干部每周一接访活动，坚持重大敏感时期，市、县、乡三级每天安排一名领导接待来访群众。年内，市领导接待群众来访21批36人，各县（市）区、乡镇领导接待群众来访2466批次4488人次。

**【信访工作制度改革】** *阳光信访机制* 2020年，福州市信访局全面推广“最多投一次”阳光信访机制建设。定期召开专题会议，听取工作进展情况汇报，协调解决网信占比、重复信治理等“瓶颈”问题，加强对各县（市）区、市直各单位的业务指导和帮带，通过视频调度、结合下乡督导等方式开展业务培训。对初信初访事项实行“当日受理、5日转交、15日办结”简易办理程序。年内，全市重复信访率比上年下降14.5%；纳入“最多投一次”办理20328件，一次性办结率93.8%，初信初访平均办理时间8.6天。

*基层化解机制* 建立乡镇（街道）信访工作联席会议、联席办，推动信访工作职能下沉，并引入多元评理化解，探索推广信访评理工作，动员社会力量参与信访调处化解，从源头预防和化解纠纷。年内全市建成1个市级、13个县级、173个乡级、2680个村（居）级信访评理室，聘任调解员30648名，化解信访矛盾5147件，并出现福清“乡贤评理”、连江“夕阳红”信访评理等创新品牌。

**【信访法制教育】** 2020年，福州市信访局结合《信访条例》颁发十五周年契机，开展《信访条例》、依法分类处理信访诉求等信访法规政策宣传，利用一楼接访大厅LED显示屏、制作悬挂依法分类处理信访诉求办理流程图、编写信访案例、发放宣传资料进行信访政策宣传。每周一、三聘请律师参与接访，为群众答疑解难。开展“七五”普法考核验收。结合信访工作实际，持续开展形式多样的法治宣传教育，提高上访群众的法律意识，引导群众通过正确的渠道反映诉求。加强信访基础业务规范化建设。定期检查通报信访基础业务规范化工作，开展基础业务规范化三年轮训，组织全市信访干部集中培训、以会代训，学习有关政策规定、讲解信访信息系统操作知识，局领导带处室骨干到各县（市、区）授课辅导。

**【矛盾纠纷化解】** 2020年，福州市信访局结合突破“难、硬、重、新”工作行动，推进治理重复信访、化解信访积案3年专项行动。通过落实领导包案，建立工作专班，按照“三到位一处理”原则，综合运用法律指引、经济调节、协商调解、信访评理、教育疏导等手段方法，开展攻坚化解。全市重复信访占比从上年的73.3%下降至58.8%；第一批交办的2738件重复信访件，化解办结854件，全市化解办结率31.4%。

**【信访复查复核】** 2020年，福州市信访局收到群众信访复查复核申请60件，受理1件，作出信访复查意见1件，不予受理59件，纠错交办34件。

**【疫情防控期间信访工作】** 2020年，福州市信访局根据新冠肺炎疫情防控要求，自2月3日起暂时关闭全市各级群众来访接待场所，倡议群众通过网上信访、来信等方式反映诉求。快速完成涉疫信访事项办理。按照“四个第一时间”的要求，及时办理涉疫情信访事项。年内全市各级信访部门受理群众涉疫情信访事项232件，均按要求落实办理。自3月24日恢复接待来访群众后，采取严密防控措施，加强全市各级信访场所安全防护。设置来访人员体温测量、信息登记两道防线，严格控制来访人数量和流动，减少集体性聚集进入接待场所，接访窗口增加防范距离。

（徐立剑）

## 老干部工作

**【概况】** 2020年，福州市县（区）两级老干部局服务管理老干部1324人，其中离休干部769人（抗日战争时期参加革命工作的108人，解放战争时期参加革命工作的661人），厅级退休干部103人，“5·12”退休干部（1949年10月1日至1950年5月12日之间参加工作，享受供给制待遇的退休干部）452人。

**【待遇保障】** *政治待遇* 2020年新冠肺炎疫情期间，福州市委老干部局、离退休干部工委等采取“云模式”，利用微信公众号、微信群等平台，组织老干部学习。在“福州市老干部之家”微信公众号宣传党中央和省委、市委关于疫情防控的部署要求，宣传疫情防控科学知识和在疫情防控中涌现出的老干部先进典型。开设红色大讲坛“云端”宣讲新课堂，组织离退休干部学习《习近平在福州》采访实录、全国“两会”精神解读，学习党的十九届四中全会精神、从福州城市发展看中国特色社会主义优越性以及中华文化与修身之道等，点阅总量6500人次。市老年大学推出“空中课堂”，开设100多门课程，全市5600多名离退休干部注册成为“网络学员”，学习次数8.47万人次。市老干部活动中心组织开展线上读书，录制阅读音频13期，收到读书心得、留言近千条，参与阅读的离退休干部近千人次。

生活待遇　发放特困离休干部和离休干部无工作遗偶补助金11万元，离休干部无工作遗偶医疗补助23万元。走访慰问易地安置离休干部25人，发放慰问金7.5万元。

政府购买服务工作　对538位解放战争时期参加革命工作的离休干部实施政府购买服务工作，采取易地服务、本地报销等措施，将易地居住、服务机构网点无法覆盖区域的离休干部全部纳入服务范围，实现政府购买服务离休干部工作全覆盖。制定落实“定期检查、定期走访、定期评估”机制。

离退休干部党建　全市48个离退休干部党支部被命名为首批省级离退休干部“示范党支部”，占全省比例达20%，为全省最多。各县（市）区“老党员之家”按照“六个有”标准和“六个一”服务模式，逐项完善设施设备，落实各项制度，达到“规范建家”要求。年内，全市新增社区离退休干部党员党建工作室37个。全市市区、街道、社区四级离退休干部党员党建工作室总数85个，其中福州市离退休女干部党建工作室以“党建+女性精英文化”为品牌，晋安区孔海钦党建工作室以传承弘扬中华文化为品牌，鼓楼区西湖社区国山党建工作室以“党建+西湖文化”为品牌，仓山区对湖街道黄以孟党建工作室以板报宣传为品牌，马尾区新港社区进兴党建工作室以青少年教育为品牌，罗源县岐屿社区志杰党建工作室打造邻里“有事好商量”品牌，连江县建立“红橙金绿青蓝紫”系列党建工作室品牌。

**【老干部志愿服务】**　助力疫情防控　2020年在新冠肺炎疫情期间，福州市近4800名离退休干部党员在疫情防控一线开展宣传发动、排查摸底、值班值守、测量体温等工作。市老干部摄影协会、市老干部活动中心霞光画院、老年大学的临时党组织创作诗词、书画、剪纸、摄影作品、微视频等各类抗“疫”作品600余件。市关工委组织退休心理辅导员通过网络家长学校开展疫情防控心理干预讲座，上线听课家长70万人次。全市2万多名离退休干部捐赠防疫专款近300万元。

助力脱贫攻坚　社区离退休干部党建工作室和福州市“夕阳红”老干部宣讲团分别开展“我看脱贫攻坚新成就”主题宣讲活动，开展60余场，受众近3000人。以鼓楼区东街街道军门社区林丹党建工作室为题材创作的曲艺说唱剧《一枝花》在“我看脱贫攻坚新成就”——八闽离退休干部舞台剧展演中获金奖。

助力世遗大会　全市组建15支离退休干部文化志愿者服务队，开展文化经典志愿讲解宣传活动，讲好福州古厝故事、弘扬福州精神、传播福州好声音，助力在福州举办的第44届世界遗产大会。

**【老年大学建设】**　2020年，福州市老年大学新教学楼建成并投入使用。全市各老年大学分校、12所县（市）区老年大学全面开通网上老年大学。闽侯县老年大学被评为福建省高水平示范性老年大学，台江、仓山、马尾、罗源、永泰等5所老年大学被评为福建省达标老年大学。

（李敏）

## 党校工作

**【概况】**　2020年，中共福州市委党校举办计划内班次42期，培训学员4652人次，举办对外合作培训班次15期，培训学员1058人次，开发新课33门。与市委组织部、市委政法委等部门联合开设线上培训班24期，培训学员60755人次，全市干部在线学习完成率99.89%，全省年度排名第一。牵头建立福州市习近平新时代中国特色社会主义思想学习研究小组，编印《福州市学习研究习近平新时代中国特色社会主义思想成果汇编》。完成各级各类课题结项46项，新立项35项。编印《决策咨询参考》16期，2篇咨政报告获得3位市领导的肯定性批示。举办全市党校系统师资培训班、市情论坛、福建省党校教育研究会福州分会年会。指导基层党校开展省校质量评估自评相关工作。罗源县委党校被评为全省校院系统先进集体，3名县级党校教职工被评为全省校院系统先进工作者。

**【党校教学工作】**　2020年，中共福州市委党校举办计划内班次42期，培训学员4652人次。其中，主体班21期、培训学员987人次，专题班7期、培训学员2402人次，其他班次14期、培训学员1263人次。建立对外培训工作新机制，举办对外合作培训班次15期，培训学员1058人次。

打造精品课程，超量完成“五个二”教学课程（《习近平在福州工作期间的理论创新和实践探索》讲授式专题课2个、“习近平在福州”现场教学课3个、经典导读课3个、案例教学课3个、访谈式教学2次），年内开发新课33门，创历年新高。推出湿地公园、潮江楼王荷波纪念馆等现场教学点5个。制定《精品课培养和奖励实施办法》。举办全市党校（行政学院）系统精品课评比。选送林善炜副教授参加全省校院系统精品课评比，以第一名的成绩获一等奖；教师李娣、李方菁获得案例组三等奖。

推进教学改革，创新教学方式。修订《校领导联系主体班工作办法》《教师教学工作量计算办法》《关于教师授课讲坛纪律监督检查的办法》等制度。在讲授式教学基础上，运用案例式、研讨式、情景模拟式等教学方式，首次推出以“情怀、责任、担当——《习近平在福州》采访实录情景访谈”为主题的访谈式教学，被“学习强国”福建学习平台报道。录制5个现场教学视频报送省委党校。首次在教学大纲中编印4个版块的晨读材料。组织学员观看电影和警示教育片。

线上线下结合，加强学员管理。根据新冠肺炎疫情防控需要，制订详细的开学准备工作方案和应急处置预案。修订《关于贯彻落实中组部〈干部教育培训学员管理规定〉的实施办法》《学员“双百分”考核制度》。加强与市委组织部、学员派出单位的协调配合，形成调训、管理、监督机制。在主体班设立临时党支部，校领导分别参加所联系班级的组织生活会。定期召开征求学员意见座谈会。在主体班推行线上线下相结合的混合教学模式，省校院《工作通讯》2020年第1期以“坚持‘五高’站位，推动‘云’培训落地”为题专期刊登学校开展线上办学经验。依托福建干部网络学院，与市委组织部、市委政法委等部门联合开设线上培训班24期，培训学员60755人次。全市干部在线学习完成率99.89%，全省年度排名第一。

【党校科研资政工作】 2020年，中共福州市委党校牵头建立福州市新思想学习研究小组。聘请首批研究员28名，举办两次学习研讨会，得到省市主流媒体宣传报道。编印《福州市学习研究习近平新时代中国特色社会主义思想成果汇编（上册）》，汇编理论成果64篇；《福州市学习研究习近平新时代中国特色社会主义思想成果汇编（下册）》，收集论文100多篇，送专家评审。组织教研人员撰写新思想理论文章6篇，专版刊登在《福州日报》理论版。完成各级各类课题结项46项，新立项35项。3项成果在2019年度全省党校、行政学院系统课题优秀成果评选中获奖。设立区域发展研究中心和市域社会治理教学研究中心。出台《科研与决策咨询项目管理办法》《科研与决策咨询项目资金管理办法（试行）》《科研与决策咨询工作量计算办法》等制度。《福州党校学报》编辑出版6期，用稿突出党建特色和福州特色。修订学报管理办法和“三审三校”制度。围绕“科学防疫、有序复工”开展调研，形成咨政报告8篇，其中1篇获福州市政协主席何静彦和副主席林治良的肯定性批示，被省政协专报给省政府领导。编印《决策咨询参考》16期，2篇咨政报告获得3位市领导的肯定性批示。

【党校队伍建设】 2020年，中共福州市委党校引进博士1名、招聘事业编制人员8名。选拔任用5名科级干部充实到中层领导队伍，晋升6名参公人员职级。2名干部获评全省党校（行政学院）系统先进工作者，1名援藏干部获评脱贫攻坚专项奖励嘉奖。组织教职工参加各级各类培训111人次，选送3名教职工分别到省委组织部、市委政法委和市发改委等单位跟班学习。修订《行政教辅人员考核实施办法》《专兼职教师考核实施办法》。修订《新招聘教师培养管理办法》《教师下基层（挂职）锻炼管理办法》等制度。

（黄璟）

## 政策研究

【概况】 2020年，中共福州市委政策研究室撰写各类专报90多篇，起草各类文稿120多篇，获得省、市领导批示110件（次），10篇（次）课题成果在中央、省属刊物（媒体）刊载；编发《福州调研》《决策信息参考》等100期，编印《闽都通讯》《福州城市科学》等16期，蝉联全省重点课题优秀调研成果组织奖。

【课题调研】 2020年，中共福州市委政策研究室围绕国企改革展开系统调研，研究提出推动国企改革的初步思路建议，为市委提供决策参考。围绕加强中学校长队伍建设、全面放开落户限制等工作开展专题调研，提出的建议举措均被采纳，推动相关政策出台。针对工业互联网发展、工业（产业）园区标准化建设、筹办第44届世界遗产大会等工作开展短平快调研，相关研究成果获省、市主要领导批示肯定，相关工作经验在全省、全市推广。针对电动自行车后续管理问题，开展电动自行车换牌督查调研，形成加强电动自行车规范化管理的《建议》。参与房屋结构安全隐患排查整治督查工作，形成相关工作经验并在全市推广。

【调研成果转化】 2020年，中共福州市委政策研究室围绕市委十一届十一次全会主题，组织起草《深入学习贯彻习近平总书记重要讲话重要指示批示精神，争当全方位推动高质量发展超越排头兵的决定》及配套措施，提出实施十一大工程。谋划市委“十四五”发展工作思路体系，提出建设六个城［福州滨海新城、福州大学城、东南汽车城、丝路海港城（江阴港城、罗源湾新城）、福州（长乐）国际航空城、现代物流城］、打响五大国际品牌（海上福州、数字福州、新型材料、海港空港、闽都文化）、实施九大专项行动（党建引领、科教兴城、龙头扶引、扩大内需、改革攻坚、区域协同、绿色发展、温暖榕城、平安福州）的工作思路，牵头制定《福州市国民经济和社会发展第十四个五年规划和二〇三五年远景目标的建议》。参与水系治理访谈提纲、专题党课、滨海新城布展文案等相关工作，提出工作建议。

【信息服务】 2020年新冠肺炎疫情暴发，中共福州市委政策研究室收集整理各类疫情防控信息，报送《疫情防控信息专报》92期，获市委主要领导批示45件次，湖北到榕人员精准管控、酒店业复工复产等分析建议被市委市政府采纳。聚焦中央和国家部委最新政策及外地先进经验等，报送《决策信息参考》53期，获市领导批示45件次，相关建议转市政府研究落实。推动《闽都通讯》、《福州城市科学》、“有福之州”公众号等创新改版和内容提升，宣传福州贯彻落实的经验做法和社会各界的建言献策。

（黄敏）

## 保密工作

【概况】 2020年，福州市完成“十三五”时期保密事业发展规划。保密工作开展情况纳入中共福州市委员会（以下简称福州市委）巡察和平安建设（综治工作）考评内容。创新开展“保密工作规范管理年”建设，明确4大规范管理要求、梳理17项制度纲要、细化24项工作任务。深入16家县（市）区直单位开展专题保密调研，开展各类现场保密检查1111家次。

【保密管理】 2020年，福州市委召开常委会会议，将保密工作开展情况纳入领导班子和领导干部年度考核、绩效考评、市委巡察和平安建设（综治工作）考评内容。召开市委保密委员会全体成员（扩大）会议，研究部署各项保密工作。12个县（市）区和高新区全部将保密工作开展情况纳入领导班子和领导干部年度考核、绩效考评内容；10 个县（市）区和高新区将保密工作纳入平安建设（综治工作）考评内容；10 个县（市）区将保密工作开展情况纳入巡察内容。市国家保密局牵头组织 18 家单位成立网络保密组，统筹开展保密宣传培训、保密巡查检查、保密技术管理和网络安全防护，服务保障第三届数字中国建设峰会、"5·18"海交会、"6·18"交易会、海丝国际电影节、海青节等 17 场重大会议及活动。加强新冠肺炎疫情防控个人隐私保密管理，向疫情防控重点部门、重要工作领域点对点发放保密提醒函 2784 份。

创新开展"保密工作规范管理年"建设。通过明确 4 大规范管理要求、梳理 17 项制度纲要、细化 24 项工作任务等，指导全市机关、单位完善保密制度机制，夯实保密管理基础。加强涉密信息系统的保密管理，指导涉密网络分级保护工作，开展测评审查，定期进行风险评估。开展全市国家秘密载体印制资质初审以及换证辅导工作，年内完成 11 家印制资质单位的书面初步审查，开展资质辅导 60 多次。落实涉密载体保密管理规定，组织销毁纸质涉密载体 2700 余袋，共计 31.76 吨。

【保密宣传教育】 2020 年，福州市国家保密局首次联合"福建干部网络学院"，组织全市 4 万多名党政干部参加网络保密培训，参训人数创历史之最。首次协调中国移动、联通、电信三大通信运营商向全市发送 853.7 万条保密公益宣传短信。首次联合福州广播电视台、福州市公共交通集团有限责任公司、福州地铁集团有限公司在福州 1 套黄金时段、全市 2545 辆公交车、地铁移动频道早午晚高峰连续 1 个月播放保密宣传公益广告片。结合《保密法》宣传月活动，组织开展专题保密宣传教育活动，全市开办培训班 356 场，参训人数 1.57 万人。放映教育片 2015 场，累计观看人数 3.5 万人。结合"4·15"国家安全日宣传活动和保密"法律六进"宣传活动等，推动保密宣传工作进机关、进单位、进学校、进社区。加强保密信息通联工作，年内征订《保密工作》杂志 2014 份，比上年增加 126 份，12 个县（市）区全部达标。向福建省国家保密局报送保密工作信息 620 多篇，刊登 580 篇，刊登率 93.5%。在福州市国家保密局门户网站动态更新保密工作信息 235 篇，比上年增加 55 篇，在《保密工作》杂志刊登保密工作信息 4 篇。

2020 年 11 月 19 日，福州市档案局、档案馆联合福建省、仓山区档案部门到金山街道金环社区开展 2020 年福建档案科普宣传暨档案普法"进社区"活动

（市档案局　供）

【保密监督检查】 2020 年，福州市组织全市各级各单位开展保密自查自评，年内全市累计开展保密自查自评等保密检查 619 次。组织开展保密专项检查，对 74 家市直单位的互联网计算机配备保密技术防控软件情况开展专项检查，督促各部门抓紧配齐软件，提升保密技术防控能力。会同市教育局开展中考、高考、研究生考试等国家统一考试的保密安全检查。

【保密技术防护】 2020 年，福州市国家保密局实施保密技术监管一体化平台、互联网检查监控系统等项目建设，实现对市直机关、单位 6300 多台互联网计算机处理涉密文件、资料等违法违规行为的监管。年内发出"检查通知书""整改通知书""风险提醒函"等 385 份。

（陈云娟）

## 档案工作

【概况】 2020 年，福州市各级各类档案馆馆藏纸质档案总量 8194478 卷、8258711 件，底图 88638 张；电子档案 12849.63GB，实物档案 3224 件。全年接待 223015 人次，提供利用档案 106560 卷（件）次。市档案馆选送案例《"异地查档、跨馆服务"让查档群众"最多跑一趟"》在第三届"推进机制活、建设新福建"全省机关体制机制创新优秀案例征集评选活动中获三等奖。闽侯县档案馆获评全省档案系统先进集体，2 人获评全省档案系统先进工作者。

【档案监督管理】 依法行政 2020 年，福州市档案局根据职能要求梳理完成权责事项清单，依法公布权责事项 26 项。按照"最优颗粒化"要求，对行政审批服务事项进行梳理细化，形成 7 个主项、9 个子项、3 个孙项和 8 个办理项。在全省率先推出"公民、法人或者其他组织设立档案服务机构备案、变更名称、法定代表人"事项"秒批"服务，实行"受理零窗口、审查零人工、领证零上门"。全市各级档案部门开展新修订档案法的宣传工作，制定"谁执法谁普法"

责任清单。

业务督导　对全市12家县级综合档案馆开展全覆盖式调研指导。指导市退役军人事务局、医疗保障局等20余家新组建单位及市属涉改企业建立档案工作机制。印发《关于做好〈文件材料归档范围和文书档案保管期限表的〉编制或修订的函》，督促市直涉改单位完成编制或修订工作。市、县（区）档案局部署开展新冠肺炎疫情防控相关文件材料收集归档工作。深入当地新冠肺炎防控工作应急指挥部、组织部、宣传部等单位，指导开展疫情防控工作文件材料的收集、整理、归档和数字化加工等工作，推动疫情防控档案应收尽收、应归尽归。

档案安全管理　档案安全工作纳入市平安建设（综治工作）考核评价。市档案局印发《关于进一步加强档案安全工作的通知》，要求各级档案部门开展安全风险排查整治工作。印发《关于加强汛期档案安全保管工作的通知》，督促各级档案部门落实防汛安全责任措施。推行全市档案数据异地集中备份工作，市档案馆将档案数据备份至省档案馆，与合肥、廊坊市档案馆开展档案数据异地备份。加强对档案服务机构的备案管理，强化档案服务外包全过程的安全管控。举办全市档案数据管理工作会议，对档案数据管理、数据安全、数据质量检测进行现场培训，对机房服务器、安全设备配置等提出具体要求。

**【档案资源建设】**　2020年，福州市各级各类档案馆接收纸质档案315112卷、273738件；接收电子档案1919.53GB，其中，数码照片83.83GB，数字录音、数字录像1835.70GB；接收录音磁带、录像磁带、影片档案等737盘，实物档案46件。全年抢救档案3493卷、300件。

全市各级综合档案馆开展新冠肺炎疫情防控工作档案资料征集活动，征集到一批反映海外侨胞捐款捐物助力疫情防控的档案资料、抗疫书画档案31件、抗疫原创歌曲4首、疫情防控图片553张、视频10个、新闻报道和信息1405篇及反映抗疫诗词219篇。鼓楼区档案馆征集到反映鼓楼不同时期、各个领域发展变化的视频档案资料约60G，征集到反映鼓楼风景名胜、大型标志性建筑等内容的摄影作品100多幅；晋安区档案馆征集到一批晋安（郊区）历史口述档案；福清市档案馆征集到族谱及资料8册。

推进“存量数字化、增量电子化”工作，全市各级综合档案馆新增馆藏纸质档案数字化484.22万页，著录目录180.89万条。市档案馆完成馆藏纸质档案数字化2385.54万页，数字化率97.75%；鼓楼、仓山等地档案馆馆藏档案数字化率100%，台江、马尾、长乐、闽侯、连江、闽清、罗源、永泰等地档案馆馆藏档案数字化率逾80%。市档案馆在全省率先启动建设市、县（区）一体化的福州市电子档案管理中心项目，推进电子文件在线归档和电子档案在线接收，实现档案数据跨部门、跨层级的共享使用，该项目可研方案通过“数字福州”建设项目线上初审环节，并完成首次专家现场评审。

**【档案服务工作】**　服务经济社会发展　2020年，福州市档案局、档案馆开展重要档案资料的收集、整理工作，为《习近平在福州》一书提供相关档案资料。指导验收福州市污染源普查档案工作，福州市污普档案工作以全省第一的成绩通过验收。参与市轨道交通2号线项目档案专项验收工作。对福州对台客运码头1~3号泊位工程、闽清县葫芦门水库移民安置项目档案工作进行现场指导。连江县档案局参与可门工业园区兴港路道路工程、可门经济开发区下官片区上园溪防洪排涝工程项目验收，为24个重点工程建设项目出具档案移交凭证。

服务重大活动　全程参与第四十四届世界遗产大会、第三届数字中国建设峰会筹备工作，研究制定《第四十四届世界遗产大会档案管理规定》《第三届数字中国建设峰会福州市筹备工作领导小组档案管理规定》等，建立档案工作联络和保障机制，督促文件材料归档工作。

服务社会民生　全市各级各类档案馆接待223015人次，提供利用档案106560卷（件）次、政府公开信息82件次、资料476册次。印发《福州市档案馆关于做好2020年度“同城跨馆”档案数据更新整合工作的通知》，督促各县（市）区档案馆开展“同城跨馆”档案数据更新整合工作。新冠肺炎疫情防控期间查档服务不掉线，采用电话、微信视频认证、网络、传真等“非接触”受理方式，为市民群众提供线上查档服务。

**【档案宣传工作】**　2020年，福州市档案馆以线上线下相结合组织开展系列宣传活动。“6·9”国际档案日期间，联合省档案馆、省广播影视集团合作开展以“档案里的小康路”为主题的直播宣传活动，直播全网观看量246万人次，点赞、评论互动数5.3万人次。联合新华网福建频道推出“老物件老档案里的乡愁记忆”视频新闻报道、走进福州永泰月洲村的“乡村记忆档案”示范项目，浏览量72.6万人次。参加福州新闻广播“党风政风热线”直播，介绍和宣传档案工作开展情况。策划制作宣传片《创新驱动　建设高效智能的档案服务体系——“福州市电子档案管理中心”介绍》在第三届数字中国建设峰会上对外展示。联合市档案学会参加由中共福州市委宣传部、市社会科学界联合会在马尾举办的“决胜全面小康　决战脱贫攻坚”2020年福州市社会科学普及宣传周主会场活动。联合福建省、仓山区档案部门到金山街道金环社区开展2020年福建档案科普宣传暨档案普法“进社区”活动。完成《福州市档案馆内部业务建设迎评工作纪实》编辑整理工作。鼓楼区档案馆联合区纪委监委举办“警钟长鸣——鼓楼区社区干部违纪典型案例警示教育展”，仓山区线上线下展出《档案见证“脱贫”“战疫”》照片展，马尾区档案馆推出《档案见证“战疫”书画展》，整理编印《见证中国船政——马尾造船厂凝固的记忆》等档案资料汇编。永泰县举行“档案见证小康路、聚焦扶贫决胜期”主题展览；《永泰档案》微信公众号编辑推广文章81篇，浏览量34197人次。长乐区档案馆在长乐区洞江小学举办“档案进校园”宣传活动。

**【档案馆库建设】**　2020年，晋安区档案馆新馆选址于鹤林新区九期旧改地块。长乐区“三馆三中心”的档案馆建筑设计经福建省档案局组织综合档案馆建筑功能设计评审专家委员会委员以函审的方式通过评审。台江区档案馆对库房进行防水防盗的维修改造工作。

（吴欣）

## 党史和地方志研究

【概况】 2020年，中共福州市委党史和地方志研究室完成全市第二轮志书编纂出版工作，公开出版《福州历史文化村落》《福州年鉴（2019）》，发表《打造红色文化品牌 助推福州高质量发展》等14篇论文，内部印发《福州史志》季刊。开展口述历史采编工作，加强革命遗址保护利用，提升改造市委旧址和文献资料馆。

【党史征集研究】 2020年，中共福州市委党史和地方志研究室开展口述历史采编工作，专题为“口述——福州改革开放”“口述——亲历抗美援朝”“口述——解放战争时期福州地下革命斗争史”等。其中“口述——福州改革开放”专题被列入2020年度中央党史和文献研究宣传专项引导资金项目。完成《打造红色文化品牌 助推福州高质量发展》《乌龙江阻击战》《福州建市史话》《闽都历史文化在福州老地名中的反映》等论文。12月，《中国共产党福建省福州市历史》（第二卷）获2020年福州市第10届社会科学优秀成果一等奖。

【方志编纂研究】 2020年10月，中共福州市委党史和地方志研究室出版《福州历史文化村落》，该书涵盖124个历史文化名村、传统村落，总计52万字。指导部门志书编纂工作，9月指导市人社局出版《福州市人力资源和社会保障志》。指导县级志书编纂工作，督促推进《马尾区志》《连江县志》《罗源县志》加快编修进度，年内完成出版工作，全面完成福州市第二轮志书编纂“两全目标”。11月，出版福州社科普及读本《千年侯官村》。完成《新方志科教文卫类编纂的经验和反思——以〈福州市志（1995—2005）〉为例》《海峡两岸共享史料共编志书的实践与探讨》《侯官村的历史文化传承与变迁》《村志编纂的几点思考》等论文。12月，《福州市志（1995-2005）》《船政志》分别获2020年福州市第10届社会科学优秀成果二、三等奖。

【文献管理】 2020年，中共福州市委党史和地方志研究室提升改造文献资料馆，将其面积扩大至75平方米，藏书近2万册。采用图书标准化管理软件，按照《中国图书馆图书分类法》对库藏书进行分类、编目，建立电子目录，免费为公众提供地方党史及地情资料。

【革命遗址保护利用】 2020年，中共福州市委党史和地方志研究室开展革命遗址保护利用工作。5月，陶铸旧居保护修缮项目竣工。7月，在市委旧址纪念馆加挂福州铁路公安处乘警支队红色基地牌匾。11月，开展“福州市委旧址”展陈提升工作，重新改版设计“序厅”“播火记”“红旗谱”“英雄赞”四大板块。12月完成布展重新对外开放。年内完成全市2010年全国普查后新增革命遗址遗迹的登记汇总，以及红色景点、革命教育考察点、红军标语征集的调研、筛选等。

【年鉴编纂】 2020年7月，《福州年鉴》编辑部完成《福州年鉴（2019）》编辑出版。在保持基本框架相对稳定的前提下，结合产业结构优化升级、机构改革情况，对部分内容进行调整，增设“退役军人事务”“库区移民”等分目。年内启动《福州年鉴（2020）》组稿工作。完成《县区级综合年鉴的差异化发展路径——基于县区级综合年鉴的困境与机遇分析》《试论构建年鉴术语体系》等论文。12月，《福州年鉴（2018）》被省委党史研究和地方志编纂办公室评为特等年鉴。

【《福州史志》】 2020年，中共福州市委党史和地方志研究室编发内部季刊《福州史志》，设“工作动态”“理论园地”“文化讲坛”“怀仁之什”“缅怀先驱”“史实回忆”“东冶工匠”“榕城随笔”等栏目，并在重要节点特设部分栏目“庆祝抗日战争胜利75周年”等，每期刊登党史、方志、地情等各类文章约20篇、7万字。

【红色宣传平台】 2020年，“福州史志”网站更新时政要闻与党史、方志、地情等各类信息7014篇，网站史志电子数据库总字数1.6亿字。年内“福州史志”微信公众号推送256篇文章，“福州史志”新浪微博推送970篇文章。

（陈曦）

（编辑 姚国榕）

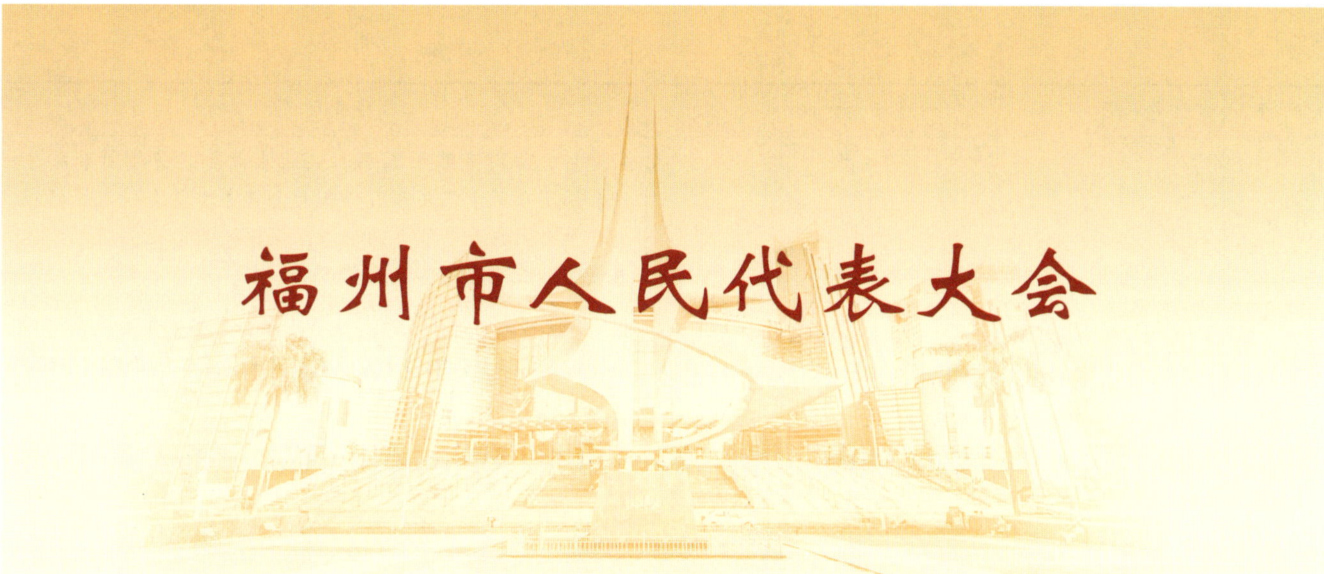

# 福州市人民代表大会

## 综　述

【概况】　2020年，福州市人大及其常委会召开代表大会1次，常委会会议8次，审议法规草案6项，通过3项；备案审查规章和规范性文件68件；开展执法检查5项、专题询问2项、满意度测评2项，听取审议“一府两院”专项工作报告22项；作出决定决议21项；任免国家机关工作人员123人次，组织办理代表议案14件、建议493件（含闭会期间）。

【立法工作】　2020年，福州市人大常委会颁布《福州市文明行为促进条例》于2020年10月1日起施行；颁布《福州市非物质文化遗产保护规定》于2021年1月1日起施行；审议《福州市社会信用条例》《福州市户外广告设置管理办法》《福州市居家养老服务条例》；2020年9月29日，省十三届人大常委会第二十三次会议批准《福州市人民代表大会常务委员会任免国家机关工作人员条例》。

【人事任免】　2020年，福州市人大及其常委会共依法选举任免国家工作人员123人次，其中选举国家工作人员9人次，办理市人大常委会组成人员和市人大常委会办事机构、工作机构负责人任职、辞职17人次，任免政府组成人员14人次、审判人员46人次、检察人员23人次。

表12　2020年福州市人大常委会、政府、监委副职以上和“两院”正职领导选举任免情况

| 时间 | 被任免人员 | 通过任免会议 | 任免职务 |
|---|---|---|---|
| 1月8日 | 李　凡 | 市第十五届人民代表大会第四次会议 | 选举为福州市第十五届人民代表大会常务委员会副主任 |
| 1月8日 | 李永祥 | 市第十五届人民代表大会第四次会议 | 选举为福州市第十五届人民代表大会常务委员会副主任 |
| 1月8日 | 林中麟 | 市第十五届人民代表大会第四次会议 | 选举为福州市人民政府副市长 |
| 1月8日 | 林　颖 | 市第十五届人民代表大会第四次会议 | 选举为福州市第十五届人民代表大会常务委员会秘书长 |
| 4月29日 | 修兴高 | 市第十五届人大常委会第二十七次会议 | 接受辞去福州市监察委员会主任职务的请求，报福州市第十五届人民代表大会第五次会议备案 |
| 4月29日 | 陈云水 | 市第十五届人大常委会第二十七次会议 | 任命为福州市监察委员会副主任，决定代理福州市监察委员会主任职务 |
| 4月29日 | 张永森 | 市第十五届人大常委会第二十七次会议 | 任命为福州市监察委员会副主任 |
| 4月29日 | 张娇兴 | 市第十五届人大常委会第二十七次会议 | 免去福州市监察委员会副主任职务 |

续表

| 时间 | 被任免人员 | 通过任免会议 | 任免职务 |
|---|---|---|---|
| 6月30日 | 陈建平 | 市第十五届人大常委会第二十八次会议 | 接受辞去福州市第十五届人民代表大会常务委员会副主任、福州市第十五届人民代表大会常务委员会代表资格审查委员会主任委员职务的请求，报福州市第十五届人民代表大会第五次会议备案 |
| 8月27日 | 林　峰 | 市第十五届人大常委会第二十九次会议 | 接受辞去福州市第十五届人民代表大会常务委员会副主任职务的请求，报福州市第十五届人民代表大会第五次会议备案 |
| 8月27日 | 蔡战胜 | 市第十五届人大常委会第二十九次会议 | 任命为福州市人民政府副市长 |
| 8月27日 | 林　飞 | 市第十五届人大常委会第二十九次会议 | 免去福州市人民政府副市长职务 |
| 8月27日 | 胡志伟 | 市第十五届人大常委会第二十九次会议 | 接受辞去福州市中级人民法院院长职务的请求，报福州市第十五届人民代表大会第五次会议备案；免去福州市中级人民法院审判委员会委员、审判员职务 |
| 8月27日 | 丁仰豪 | 市第十五届人大常委会第二十九次会议 | 任命为福州市中级人民法院审判员、审判委员会委员、副院长；决定代理福州市中级人民法院院长职务 |

表13　2020年福州市人大常委会组成人员和办事机构、工作机构负责人选举任免情况

| 时间 | 被任免人员 | 通过任免会议 | 任免职务 |
|---|---|---|---|
| 4月29日 | 陈向红 | 市第十五届人大常委会第二十七次会议 | 接受辞去福州市第十五届人民代表大会常务委员会委员和福州市第十五届人民代表大会常务委员会代表资格审查委员会委员职务的请求，报福州市第十五届人民代表大会第五次会议备案 |
| 8月27日 | 孙国操 | 市第十五届人大常委会第二十九次会议 | 接受辞去福州市第十五届人民代表大会常务委员会委员职务的请求，报福州市第十五届人民代表大会第五次会议备案 |
| 8月27日 | 欧　建 | 市第十五届人大常委会第二十九次会议 | 接受辞去福州市第十五届人民代表大会常务委员会委员职务的请求，报福州市第十五届人民代表大会第五次会议备案 |
| 8月27日 | 郑湘国 | 市第十五届人大常委会第二十九次会议 | 接受辞去福州市第十五届人民代表大会常务委员会委员、福州市第十五届人民代表大会法制委员会委员和福州市第十五届人民代表大会常务委员会代表资格审查委员会委员职务的请求，报福州市第十五届人民代表大会第五次会议备案 |
| 10月29日 | 张性魁 | 市第十五届人大常委会第三十次会议 | 接受辞去福州市第十五届人民代表大会常务委员会委员职务的请求，报福州市第十五届人民代表大会第五次会议备案 |
| 12月30日 | 王　聪 | 市第十五届人大常委会第三十二次会议 | 接受辞去福州市第十五届人民代表大会常务委员会委员、福州市第十五届人民代表大会常务委员会代表资格审查委员会副主任委员职务的请求，报福州市第十五届人民代表大会第五次会议备案 |
| 12月30日 | 陈　燕 | 市第十五届人大常委会第三十二次会议 | 接受辞去福州市第十五届人民代表大会常务委员会委员、福州市第十五届人民代表大会财政经济委员会委员职务的请求，报福州市第十五届人民代表大会第五次会议备案；免去福州市人大常委会教科文卫工作委员会主任职务 |

表 14　2020 年福州市人民政府工作部门主要负责人决定任免情况

| 时间 | 被任免人员 | 通过任免会议 | 决定任免职务 |
|---|---|---|---|
| 4 月 29 日 | 郭建国 | 市第十五届人大常委会第二十七次会议 | 任命为福州市发展和改革委员会主任，免去其福州市民政局局长职务 |
| 4 月 29 日 | 王振松 | 市第十五届人大常委会第二十七次会议 | 任命为福州市民政局局长 |
| 4 月 29 日 | 郑道新 | 市第十五届人大常委会第二十七次会议 | 任命为福州市医疗保障局局长 |
| 4 月 29 日 | 游通铃 | 市第十五届人大常委会第二十七次会议 | 免去福州市发展和改革委员会主任职务 |
| 4 月 29 日 | 林　澄 | 市第十五届人大常委会第二十七次会议 | 免去福州市医疗保障局局长职务 |
| 6 月 30 日 | 吴建青 | 市第十五届人大常委会第二十八次会议 | 任命为福州市自然资源和规划局局长 |
| 6 月 30 日 | 郑章干 | 市第十五届人大常委会第二十八次会议 | 免去福州市自然资源和规划局局长职务 |
| 6 月 30 日 | 李小荣 | 市第十五届人大常委会第二十八次会议 | 任命为福州市审计局局长 |
| 6 月 30 日 | 林良云 | 市第十五届人大常委会第二十八次会议 | 免去福州市审计局局长职务 |
| 6 月 30 日 | 王　刚 | 市第十五届人大常委会第二十八次会议 | 任命为福州市人民政府国有资产监督管理委员会主任 |
| 6 月 30 日 | 曾国俊 | 市第十五届人大常委会第二十八次会议 | 免去福州市人民政府国有资产监督管理委员会主任职务 |
| 12 月 30 日 | 杨立宏 | 市第十五届人大常委会第三十二次会议 | 任命为福州市人民防空办公室主任 |
| 12 月 30 日 | 陈燕敦 | 市第十五届人大常委会第三十二次会议 | 免去福州市人民防空办公室主任职务 |
| 12 月 30 日 | 黄济霖 | 市第十五届人大常委会第三十二次会议 | 免去福州市投资促进局局长职务 |

（连蔡煜）

## 重要会议及决议决定

**【福州市十五届人民代表大会第四次会议】**　2020 年 1 月 5—8 日在海峡国际会展中心举行，出席会议的有市第十五届人民代表大会代表，部分省人大代表，市级老领导，市政协委员，部分中央、省属驻榕单位、驻榕部队负责人，市政府工作部门和市直机关、企事业单位、群团组织负责人列席会议。会议邀请 20 名公民、4 名荣誉市民和华侨代表到会旁听。

会议听取市人民政府市长尤猛军作《福州市人民政府工作报告》，市发展和改革委员会代表市人民政府作《福州市 2019 年国民经济和社会发展计划执行情况及 2020 年国民经济和社会发展计划草案的报告》（书面）、市财政局代表市人民政府作《福州市 2019 年预算执行情况及 2020 年预算草案的报告》（书面）、市人大常委会主任陈为民作《福州市人大常委会工作报告》、市人大常委会副主任鄢萍作的关于进一步推进福州古厝保护的决定草案的说明、市中级人民法院院长胡志伟作的《福州市中级人民法院工作报告》、市人民检察院检察长张时贵作《福州市人民检察院工作报告》。经过审议，会议决定批准上述 6 项工作报告，表决通过《福州市人民代表大会关于进一步推进福州古厝保护的决定》。

会议选举李凡、李永祥为福州市第十五届人民代表大会常务委员会副主任，林中麟为福州市人民政府副市长，林颖为福州市第十五届人民代表大会常务委员会秘书长。新当选的福州市第十五届人民代表大会常务委员会副主任、福州市人民政府副市长、福州市第十五届人民代表大会常务委员会秘书长参加宪法宣誓。

**【福州市十五届人大常委会会议】**　2020 年，福州市十五届人大常委会召开常委会会议 8 次。分别是：

第二十五次会议　2 月 11 日召开。会议经审议表决通过《福州市人民代表大会常务委员会关于依法全力做好新型冠状病毒肺炎疫情防控工作的决定》。

第二十六次会议　3 月 6 日召开。会议经审议表决通过《关于办理市十五届人大四次会议主席团交付审议的代表议案的决定》。会议还进行人事任免。

第二十七次会议　4 月 28—29 日召开。会议听取市人民政府关于新区新城建设情况的报告。听取和审议市人民政府关于未成年人保护和预防未成年人犯罪工作情况的报告、关于 2019 年环境状况和环境保护目标完成情况的报告、关于加快全域旅游发展工作情况的报告、关于农村饮水安全工作情况的报告以及市中级人民法院关于推动公益诉讼工作情况的报告、市人民检察院关于开展公益诉讼工作情况的报告。审议市人民政府关于提请审查批准 2020 年省提前下达市本级新增地方政府债券分配方案（草案）的议案，表决通过《福州市人大常委会关于批准2020年省提前下达市本级新增地方政府债券分配方案的决议》。审议市人民政府关于提请审议《福州市非物质文化遗产保护若干规定（草案）》的议案。审议、表决通过《福州市文明行为促进条例》《福州市第十五届人民代表大会常务委员会代表资格审查委员会关于个别代表的代表资格的报告》。书面听取市人民政府关于《福州市除四害条例》《福州市园林绿化管理条例》实施情况的报告、市人大常委会办公厅关于市人大常委会会议审议意见研究处理情况报告的审核意见的综合报告、市人大常委会法工委关于2019年规章和规范性文件备案审查工作情况的报告。会议进行人事任免。

第二十八次会议　6月28—30日召开。会议传达贯彻十三届全国人大三次会议和省委、市委相关会议精神，开展新区新城建设情况专题询问。听取和审议市人大常委会执法检查组关于检查《福州市城市内河管理办法》实施情况的报告，并开展专题询问。听取和审议市人民政府关于促进民营经济发展工作专题询问审议意见落实情况的报告，并开展满意度测评。听取和审议市人民政府关于群租房排查整治百日攻坚专项行动情况的报告、关于建立健全稳定脱贫长效机制工作情况的报告。听取和审议市人大常委会执法检查组关于检查《中华人民共和国野生动物保护法》及省实施办法实施情况的报告。审议市人大常委会主任会议关于提请审议《福州市人民代表大会常务委员会任免国家机关工作人员条例修正案（草案）》的议案，表决通过相关修改决定。审议、表决通过《福州市人民代表大会常务委员会关于加强检察公益诉讼工作的决定》。审议《福州市非物质文化遗产保护规定（草案修改稿）》。会议进行人事任免。

第二十九次会议　8月26—27日召开。会议传达贯彻省委十届十次全会、市委十一届十一次全会精神。听取和审议市人民政府关于突发事件应对工作情况的报告、关于2019年市本级决算（草案）的报告、关于2020年1—7月市本级预算执行情况的报告、关于2019年度市本级预算执行和其他财政收支的审计工作报告、关于2020年1—7月国民经济和社会发展计划执行及产业发展情况的报告，审查和批准2019年市本级决算。听取和审议市人大常委会执法检查组关于检查《中华人民共和国传染病防治法》实施情况的报告，审议《福州市历史文化名城保护条例（草案）》，审议并表决通过《福州市非物质文化遗产保护规定》，会议进行人事任免。

第三十次会议　10月27—29日召开。会议传达贯彻市委人大工作会议精神，开展新区新城建设情况专题询问。听取和审议市人民政府关于养老事业发展工作专题询问审议意见研究处理情况的报告，并开展满意度测评。听取和审议市人民政府关于义务教育发展情况的报告、市人大常委会执法检查组关于检查《福建省促进闽台职业教育合作条例》实施情况的报告、市人大常委会评议公安派出所工作领导小组关于评议福州市公安派出所工作情况的报告。听取和审议市人民政府、市中级人民法院、市人民检察院、市人大常委会关于市十五届人大四次会议代表建议、批评和意见办理情况的报告。审议《福州市社会信用条例（草案修改稿）》《福州市户外广告设置管理办法（草案修改二稿）》《福州市居家养老服务条例（草案）》。审议市人民政府关于提请审查批准2020年市本级预算调整方案（草案）的议案、表决通过《福州市人大常委会关于批准2020年市本级预算调整方案的决议》。书面听取关于福州市居家社区养老情况的调研报告、市人大常委会办公厅关于市人大常委会会议审议意见研究处理情况报告的审核意见的综合报告。会议进行人事任免。

第三十一次会议　12月2日召开。会议传达贯彻党的十九届五中全会精神和省委、市委常委（扩大）会议精神。听取和审议市人民政府关于2019年度市本级预算执行和其他财政收支审计查出问题整改情况的报告、关于“十四五”规划编制情况的报告以及市人大常委会执法检查组关于检查《福州市闽菜技艺文化保护规定》实施情况的报告。审议、表决通过《福州市人民代表大会常务委员会关于召开福州市第十五届人民代表大会第五次会议的决定》和福州市第十五届人民代表大会常务委员会代表资格审查委员会关于个别代表的代表资格的报告。

第三十二次会议　12月30日召开。会议传达贯彻习近平法治思想和中央全面依法治国工作会议精神以及省委常委会、市委常委会会议精神。听取和审议市人民政府关于2020年为民办实事工作情况和2021年为民办实事候选项目形成情况的报告，表决通过福州市2021年为民办实事项目。听取和审议市人民政府关于2019年度行政事业性国有资产管理情况的报告。听取福州市第十五届人民代表大会第五次会议筹备工作情况和会议安排意见的报告。审议福州市第十五届人民代表大会第五次会议日程（草案）、《福州市人民代表大会常务委员会工作报告（稿）》、福州市第十五届人民代表大会第五次会议主席团及有关人员名单（草案）、《福州市第十五届人民代表大会第五次会议选举办法（草案）》、《福州市第十五届人民代表大会第五次会议表决议案办法（草案）》、福州市第十五届人大第四次会议主席团交付市人大常委会审议的代表提出的14件议案办理情况的综合报告（草案）、福州市第十五届人大第四次会议代表建议、批评和意见办理情况的综合报告（草案）。书面听取市人民政府关于2019年度国有资产管理情况的综合报告、市人民政府关于《福州市公共场所控制吸烟条例》实施情况的报告、市人大常委会办公厅关于市人大常委会会议审议意见研究处理情况报告的审核意见的综合报告。

**【福州市人民代表大会关于进一步推进福州古厝保护的决定】**　2020年1月8日，福州市第十五届人民代表大会第四次全体会议通过。《决定》从凝聚思想共识，增强推进福州古厝保护的历史自觉，敬惜文化遗产，落实推进福州古厝保护的责任担当，集结各方智慧，汇聚推进福州古厝保护的强大合力3个方面，就推进福州古厝保护新实践提出要求。

**【福州市人民代表大会常务委员会关于加强检察公益诉讼工作的决定】**　2020年6月30日，福州市第十五届人大常委会第二十八次会议审议并表决通过，《决

2020 年 11 月 19 日，福州市人大常委会开展《福州市闽菜技艺文化保护规定》执法检查　　（市人大常委会　供）

定》分为 6 块内容，涉及 18 个小项，分别从检察公益诉讼工作重要意义、检察机关工作职责、行政机关支持公益诉讼工作的具体要求、相关部门协作配合、人大常委会、监察机关、社会各界的监督支持以及宣传引导等六个方面对加强检察公益诉讼工作作出决定。

（连蔡煜）

## 监督工作

【概况】　2019 年，福州市人大常委会开展执法检查 5 次、专题询问 2 次、满意度测评 2 次、听取审议“一府两院”政府专项工作报告 22 项。

【专题询问及满意度测评】　新区新城建设情况专题询问　2020 年 4 月 28 日，福州市第十五届人大常委会第二十七次会议听取市人民政府关于新区新城建设情况的报告；6 月 29 日，市第十五届人大常委会第二十八次会议围绕新区新城建设中产业发展、产城融合、政策优势落地等工作进行专题询问。10 月 28 日，市第十五届人大常委会第三十次会议再次就该项工作情况开展专题询问，了解上半年专题询问相关事项落实及完成情况，并就落实完善政策措施、培育壮大现代产业体系、破解要素制约难题、推动教育医疗养老等优质公共服务资源向新区新城布局等提出意见、建议。

《福州市城市内河管理办法》实施情况专题询问　2020 年 6 月 29 日，福州市第十五届人大常委会第二十八次会议听取市人大常委会执法检查组关于检查《福州市城市内河管理办法》实施情况的报告，并围绕城市内河专项规划制定、内河水质日常管理、河长制落实情况、管网系统建设等进行专题询问，并提出相关意见建议。

开展促进民营经济发展专题询问落实情况满意度测评　2020 年 6 月 28 日，福州市第十五届人大常委会第二十八次会议听取和审议市人民政府关于促进民营经济发展工作专题询问落实情况的报告。6 月 30 日，市人大常委会会议对市人民政府关于促进民营经济发展工作专题询问审议意见研究处理情况开展满意度测评。经表决，“一企一议”机制落实情况、惠企服务平台运行情况、政务服务效率提升情况 3 项测评结果为“满意”，惠企助企政策落实情况、完善工程结算制度和提升评审质效情况 2 项测评结果为“基本满意”。

开展养老事业发展工作专题询问审议意见研究处理情况满意度测评　2020 年 10 月 27 日，福州市第十五届人大常委会第三十次会议听取和审议市人民政府关于养老事业发展工作专题询问审议意见研究处理情况的报告。10 月 29 日，市人大常委会会议对市人民政府关于养老事业发展工作专题询问审议意见研究处理情况进行满意度测评。经表决，养老政策落实情况测评结果为“满意”，养老用地及设施保障落实情况、医养结合落实情况、养老服务质量提升落实情况测评结果为“基本满意”

【法律法规实施情况检查】　《福州市除四害条例》《福州市园林绿化管理条例》法规实施情况检查　2020 年 4 月 28 日，福州市第十五届人大常委会第二十七次会议书面听取市人民政府关于《福州市除四害条例》《福州市园林绿化管理条例》实施情况的报告。

《中华人民共和国野生动物保护法》《福建省实施〈中华人民共和国野生动物保护法〉办法》实施情况检查　2020 年 5 月 21—28 日，市人大常委会对《中华人民共和国野生动物保护法》《福建省实施〈中华人民共和国野生动物保护法〉办法》实施情况进行检查。要求市人民政府和有关部门要加强野生动物栖息地保护和生态修复，建立健全自然保护地体系，推动将野生动物致害补偿纳入农业综合保险。完善部门联席会议工作机制，加快野生动物保护信息化建设，依法打击野生动物保护领域的违法行为。统筹推进相关养殖产业调整转型，对符合政策允许养殖的动物，加强后续产业监督和指导，对不符合政策的，完善收容处置、补偿配套措施，实现稳定有序退出。拓展“一法一办法”“两个决定”的宣传范围，完善社会监督举报奖励和举报快速查处机制，引导全社会形成敬畏自然、尊重生命的观念。

《福州市城市内河管理办法》实施情况检查　2020 年 6 月 3 日，市人大常委会对《福州市城市内河管理办法》实施情况进行检查。要求全市各级人民政府及有关部门要学习贯彻习近平生态文明思想，坚持问题导向，精准施策，标本兼治，综合治理，切实推动《办法》得到全面有效落实，巩固提升福州市生态环境优势。完善管网建设维护，推进多水合一与“厂网河”一体化管理，确保污水处理提质增效。坚持规划引领，尽快编制完成内河专项规划和其他配套规划。落实双河长制，确保河长制工作常态化、规范化。加强源头管控，加大污染源排查和治理力度。推进中心城区内河全部纳入城市内河名录，并实行名录制度管理。加大法规宣传力度，充分发挥新闻舆论的导向和监督作用，引导市民积极支持和参与内河管理工作，形成政府企业公众共治合力。

《中华人民共和国传染病防治法》实施情况检查　2020年8月上旬，市人大常委会对《中华人民共和国传染病防治法》实施情况进行检查。要求市人民政府及有关部门要创新医防协同机制。建立人员通、信息通、资源通的机制，加强部门协作，加大疫情监测和人畜共患传染病防控力度，建立公共卫生应急场所、医疗应急物资储备制度及药械储备调用制度。强化要素保障，建立稳定的公共卫生事业投入机制，加强疾控机构基础设施建设及对公立医院的投入。优化疾控机构职能设置，有效解决人才引不进、留不住的问题。丰富爱国卫生内涵，总结新冠肺炎疫情防控斗争经验，推动从环境卫生治理向全社会健康管理转变。将重大传染病纳入医保重特大疾病报销目录，同时列入精准扶贫医疗叠加保险报销的重特大疾病范畴。

《福建省促进闽台职业教育合作条例》实施情况检查　2020年9月下旬至10月上旬，市人大常委会对《福建省促进闽台职业教育合作条例》实施情况进行检查。要求市人民政府和有关部门要进一步加强《条例》和惠台政策措施的学习宣传，落实落细规划、财政等相关政策和各项服务保障措施，增强台胞台企在榕发展的信心和归属感。研究解决合作办学中存在的问题，深化榕台职业教育交流合作运行机制的创新，构建更加有效的合作交流平台、两岸人才互动运行机制，推动榕台职业教育交流合作提质增效。注重交流合作成果的实际运用，及时梳理促进榕台职业教育合作各项政策措施，加快合作项目、专业课程、教研科研等先行先试步伐，更好适应和服务福州市经济发展和产业转型的需要，凸显交流合作特色品牌效应。

《福州市闽菜技艺文化保护规定》实施情况检查　2020年11月17—19日，市人大常委会对《福州市闽菜技艺文化保护规定》实施情况进行检查。要求市人民政府及有关部门要强化顶层设计，在品牌建设、人才培育、招投标等方面出台扶持政策，为闽菜传承发展提供制度保障。加强宣传推广工作，建造闽菜博物馆，开展全国性线上线下推介活动，提升闽菜知名度。落实保护制度，建立闽菜数据库，尽快出台保护名录，打造传承示范基地。构建政府扶持、行业促进、社会参与的发展格局，带动社会资本关注闽菜、参与闽菜，汇聚传承发展合力。加大对传承人传帮带和学徒学习的奖补力度，组建由闽菜大师、传承人等专家组成的名师队伍。推动建立闽菜烹制、卫生、质量等标准化体系，提升闽菜品质。引导和支持闽菜餐饮企业做优做强，培育一批龙头企业、连锁企业，促进闽菜产业提档升级。

《福州市公共场所控制吸烟条例》法规实施情况检查　2020年12月30日，市第十五届人大常委会第三十二次会议书面听取市人民政府关于《福州市公共场所控制吸烟条例》实施情况的报告。

**【“一府两院”专项工作报告的听取审议】**　市中级人民法院关于推动公益诉讼工作情况报告的听取和审议　2020年，福州市人大常委会要求全市法院要依法公正审理检察机关提起的公益诉讼案件，完善公益诉讼工作机制，提高司法效率，切实维护司法公正和权威。优化审判模式，强化线索移送、调查取证、修复执行等工作机制建设，构筑公益保护司法屏障。融入闽东北协同发展，探索建立跨流域公益司法保护模式。优化法院公益诉讼审判组织，配齐配强审判队伍，加强专业人民陪审员甄选，推进公益诉讼专家库建设，健全完善专家参与机制，为公益诉讼提供专业指导。通过巡回审判、庭审直播、以案说法、召开新闻发布会和发布典型案例等方式，扩大公益诉讼的知晓度、参与度，凝聚公益保护共识，提升全市公共利益的司法保护工作水平。

市人民检察院关于开展公益诉讼工作情况报告的听取和审议　要求全市检察机关要运用诉前检察建议、提起诉讼、支持诉讼、督促起诉等方式，依法全面开展公益诉讼工作。发挥检察建议作用，推动行政机关主动履职纠错，形成严格执法与公正司法良性互动。延伸公益诉讼检察履职触角，依法推进疫情防控、安全生产、文化遗产、涉众型侵害公民隐私等“等”外领域公益诉讼工作。探索运用“公益诉讼和生态环境大数据平台”等技术手段，强化线索挖掘、挂牌督办、内部协作。推动建立全市公益诉讼人才库，为工作发展提供人才和组织保障。通过发布典型案例、以案释法，让社会和公民了解检察机关公益诉讼职责范围和工作内容，积极回应群众对美好生态环境、维护公共利益的新需求新期待。

市人民政府关于未成年人保护和预防未成年人犯罪工作情况报告的听取和审议　要求市人民政府及有关部门要采取传统媒体和新媒体相融合的方式，重点加强对家庭和社会宣传教育工作。整合优化未成年人保护委员会、妇女儿童工作委员会和预防青少年犯罪领导小组等机构职能，建立成员单位工作绩效考评制度，形成齐抓共管的工作局面。推进家长学校建设，做好定期家访工作，加强对家庭教育服务指导机构的监督管理，构建家庭教育和学校教育良性互补关系。加大对未成年人保护社工机构在政策、资金方面的扶持力度，制定长效可持续的扶持政策。加强对农村、城乡接合部等区域未成年人以及困境、特殊未成年人等的保护力度，逐步将未成年人保护机构建立到村居（社区）等基层一线并给予相应支持。

市人民政府关于2019年环境状况和生态环境保护目标完成情况报告的听取和审议　要求市人民政府及相关部门要全面落实大气、水、土壤污染防治行动计划，推进重点区域、重点行业、重点项目污染整治和联防联控，促进福州市大气、水、土壤、海洋环境的持续改善。抓好中央环保督察问题整改，集中力量解决群众反映强烈的生态环境突出问题。推进国家生态文明试验区建设和生态文明建设示范创建工作，推动福州市产业结构、能源结构转型升级，创新环境管理机制与长效考核机制，补齐生态环境保护短板。加大生态环境监管执法力度，健全生态环境保护行政执法和刑事司法衔接机制，坚决制止和严厉惩处破坏生态环境行为。落实生态环境保护“党政同责”“一岗双责”，形成分工协作、合力共为的工作格局，发挥新闻媒体的舆论监督作用，鼓励群众用法律武器参与和监督生态环境保护。

市人民政府关于加快全域旅游发展情况报告的听取和审议　要求市人民政府及相关部门要坚持规划引领，编制并实施《福州市全域旅游发展规划》，推动旅游与文化、体育、康养、商贸、农业等多样化元素在资源、产业、市场、公共服务、对外开放等领域的深度融合和有效对接，释放发展全域旅游的综合效益。加快补齐全域旅游发展短板，推进旅游基础设施建设，强化以“闽都文化、温泉养生、清新生态、滨海度假”为主的全域旅游宣传推介和全方位营销，提升有福之州的旅游吸引力。加强非遗保护、古厝保护、文物古迹和生态环境保护，推动条件成熟的市（县）区争创省级全域旅游示范区，打造一批有福州特色和魅力的文旅品牌和乡村游、深度游、夜福州等示范项目，提升新时代有福之州的旅游影响力，把福州打造成为国际国内知名的旅游、休闲、度假地。

市人民政府关于农村饮水安全工作情况报告的听取和审议　要求市人民政府及相关部门开展农村饮水安全情况调查，制定全市农村饮水安全“十四五”专项规划和年度巩固提升实施方案，分阶段、分步骤解决农村饮水安全问题。多渠道、多方式推进农村供水“标准化建设、企业化运营、专业化管理、规模化发展”，推动有条件的城市或乡镇供水管网向周边农村延伸，实现城乡供水同质同服务，推进“一闸三线”等重点工程建设，解决沿海县（市）区季节性缺水问题。建立健全水质检测制度，健全“从水源到水龙头”的全程监管体系，加强水源地生态环境保护，开展生态环境综合整治，确保水源地水质安全。落实地方政府主体责任、水行政主管等部门的行业监管责任、供水单位运行管理责任“三个责任”，农村饮水工程运行管理机构、运行管理办法、运行管理经费“三项制度”，确保农村饮水安全工程建得好、管得好、长受益。

市人民政府关于建立健全稳定脱贫长效机制工作情况报告的听取和审议　要求市人民政府及相关部门要健全扶贫政策延续机制。设立扶贫政策过渡期，保持各项扶贫政策的稳定性和连续性，重点对存在返贫风险的人群，实施有针对性的预防措施，避免因政策调整导致返贫。利用“一键报贫”系统，对可能返贫的对象实行动态监测、单列管理，精准识别各类返贫风险，加大在临时救助、医疗报销、低保兜底等方面的帮扶力度，实现早预警、早介入、早处置，不漏一人。坚持扶贫与扶志、扶智相结合，依托扶贫培训基地和职业技术院校健全各层次农民培训体系，提升脱贫户自福州发展能力。强化新型农业经营主体与脱贫户的利益联结机制，激发自身“造血能力”，增加致富渠道，更多分享农村改革发展红利。实施科技特派员制度，用科技助力扶贫工作，加快培育农村创新创业带头人，带动农村经济发展和脱贫户就业增收。

市人民政府关于突发事件应对工作情况报告的听取和审议　要求市人民政府及相关部门要按照“全灾种、大应急”工作要求，总结新冠肺炎疫情防控经验做法，理顺管理体制，加强部门协调配合，充分发挥应急管理部门统筹协调的综合优势和行业主管部门的专业优势，分工负责、密切配合，切实提高突发事件应对能力。加快建设全市应急综合管理平台，运用“互联网+”、大数据等信息化技术，将综合管理平台建设成为信息汇总、风险研判、综合协调、指挥调动等职能于一体的应急指挥“神经中枢”。完善应急预案体系建设，定期组织开展突发事件应急演练，重点开展跨部门、跨行业、跨区域的综合性演练。提升江阴港城经济区突发事件应对能力，建立危化品全链条全过程综合管理体系，形成多部门齐抓共管联防联控工作机制，实现危化品从生产、运输到处置等各个环节，全主体、全品种、全链条管控；加大对社会应急救援队伍的扶持力度，规范社会应急救援力量有序参与救援行动，推动社会应急救援力量发挥更大作用。

市人民政府关于2020年1—7月国民经济和社会发展计划执行及产业发展情况报告的听取和审议　要求市人民政府及相关部门要培育壮大战略性新兴产业和高新技术产业，推进“三创园”建设，打造经济新增长极。深化“百项千亿”技改专项行动，强化数字赋能，推动传统产业转型升级。分类指导推动工业（产业）园区标准化建设，打造创新驱动和培育新动能的重要载体。强化投资拉动，围绕“两新一重”重点投向，谋划一批大项目好项目，实施16个重中之重项目，激发产业发展潜能，夯实产业发展后劲。落实外资增资和出口促增扶持政策，推动企业增资扩产，挖掘进出口增量，帮助企业开拓多元市场，做大做强跨境电商。推进营商环境3.5版改革，深化信用体系建设，完善“一企一议”机制，提高政府服务企业的质量。落实各项惠企政策措施，加快政策兑现，切实帮助企业纾困减负。全面实施城乡居民增收行动，促进群众可支配收入持续增长。持续稳定就业、鼓励创业，重点抓好高校毕业生、就业困难人员和建档立卡户就业帮扶。实施乡村振兴战略，健全脱贫常态化、长效化管理机制。统筹兼顾疫情常态化防控和经济发展，提高社会治理水平，提升人民群众的获得感、幸福感。

市人民政府关于2019年度市本级预算执行和其他财政收支审计查出问题整改情况报告的听取和审议　要求市人民政府及审计等相关部门要完善政府主导、被审计单位落实、审计部门监督的整改机制，紧盯尚未整改到位的问题，确保整改到位。要压实被审计单位的主体责任，严格把关整改质量，对整改不力的，要严肃追责问责，维护审计的权威性和严肃性。聚焦市委、市政府重大决策部署，开展工业（产业）园区标准化建设等相关政策落实情况审计，助推政策有效落实。加大对审计查出突出问题的揭示力度，及时反映经济社会运行中各类风险隐患，发挥好审计在防范化解重大风险和服务宏观决策中的作用；积极推动财审联动，将审计结果、审计整改情况作为预算安排的重要依据，把绩效评价、财政管理中发现的问题线索列入重点审计内容，建立共性问题清单，督促各预算单位对照排查管理中的薄弱环节，完善内部控制和内部审计制度，提高预算管理水平和财政资金使用绩效，做到“审计一点、规范一片”。

市人民政府关于2020年1—7月预算执行情况报告的听取和审议　要求市人民政府及相关部门要充分发挥财政资金的保障和引导作用，聚焦“三个福州”、16个重中之重项目、民生保障等重点领域精准发力，助力补短板、惠民生、促消费、扩内需。强化财政政策与产业、金融、就业等政策的协同配合，集中财力加大对产业转型升级和科技创新的支持力度，夯实经济发展和财政增长的产业基础。落实财政监管责任和预算单位主体责任，动态跟踪监控资金分配、拨付、使用情况，杜绝资金一拨了之，持续规范政府工程建设和结算管理，加快账款清算。严格国有资本经营预算编制和管理，加强行政事业单位经营性国有资产监管，确保收益应缴尽缴。推进财政精细化管理，科学安排预算，优化支出结构，压减一般性支出和非刚性支出，统筹更多资金保障民生等重点支出，提高财政资金使用效益。

市人民政府关于福州市“十四五”规划编制情况报告的听取和审议　要求市人民政府及相关部门要坚持顶层设计和问计于民相统一，听取群众、企业的呼声，了解群众期盼和市场主体诉求、了解基层发展中的困难和需求，谋划破解困扰发展的思路办法。聚焦“十三五”规划实施中的突出问题和短板，综合考虑经济社会发展的存量和增量基础条件，在“十四五”规划中统筹谋划，提高规划的针对性和延续性。按照“多规合一”的要求，加强规划纲要与上下级规划、各专项规划、国土空间规划等的衔接，形成定位准确、功能互补、统一衔接的规划体系。准确把握“十四五”面临的机遇和挑战，找准福州市在区域发展中的战略定位和发展目标，突出福州特色。围绕固根基、扬优势、补短板、强弱项，兼顾定性与定量，注重指标之间的匹配协调，制定科学合理的指标体系和目标任务。

市人民政府关于义务教育发展情况报告的听取和审议　要求市人民政府及相关部门要加大市级统筹力度，压实县级主管职责，健全市县两级联席会商制度，研究完善全面提高福州市义务教育质量的政策措施，探索市域义务教育均衡发展分步推进的规划与路径。科学谋划“十四五”教育发展规划，完善并落实中心城区、福州新区特别是大学城片区中小学校布局规划，严格落实配套建设中小学与建设项目“三同时”规定，多渠道加大义务教育学位供给，逐步解决部分中小学大班额问题。深化城区义务教育“小片区”管理模式，推动学校联盟、集团化办学和优质普高复办、联办初中，不断缩小城乡、区域、学校之间的义务教育资源差距。全面推广教师“县管校聘”管理体制改革，建立义务教育“总量控制、动态管理”编制核定机制，统筹编内编外，盘活事业编制存量，建立区域内教师编制动态调配机制。

2019年度行政事业性国有资产管理情况报告的听取和审议　要求市人民政府及财政等相关部门要梳理排查行政事业性国有资产管理薄弱环节，修订完善相关配套规定，逐步健全涵盖资产配置、使用、处置等各环节的管理制度体系。开展清产核资工作，全面摸清家底，确保账实相符，规范公共基础设施、储备土地、文物等资产的入账核算标准和方法，完善报表体系，多维度反映资产全貌。厘清各类资产产权关系，稳妥解决权属不清、权证不全等历史遗留问题。强化资产统筹管理，建立跨部门资产共享共用机制，避免重复配置和闲置浪费。对长期低效运转的非经营性资产，探索引入市场化手段促进高效利用。加大行政事业单位下属企业改革力度，推进资产整合重组，激发企业创新和经营活力，着力提高国有资产保值、增值能力。

（连蔡煜）

## 代表工作

【议案办理】　关于制定《福州市非物质文化遗产保护条例》的议案办理　2020年，福州市人大常委会教科文卫工委通过召开座谈会、实地视察非物质文化遗产保护单位等方式开展调研，形成《福州市非物质文化遗产保护若干规定（草案）》，于4月28日提请市十五届人大常委会第二十七次会议审议。会后，组织召开立法论证会，书面征求意见并实地调研，先后征求各方面意见，在此基础上，形成《福州市非物质文化遗产保护规定（草案修改稿）》，于6月28日提请市十五届人大常委会第二十八次会议二审。会后，法工委根据审议意见，对草案修改稿进行进一步研究修改论证，形成《福州市非物质文化遗产保护规定（草案修改二稿）》。法规于8月27日经市十五届人大常委会第二十九次会议通过，于12月3日经福建省第十三届人民代表大会常务委员会第二十四次会议批准实施。

关于制定《福州市居家养老服务条例》的议案办理　福州市人大常委会社会委多次组织相关人员深入鼓楼、台江、晋安、马尾、长乐等地的部分乡镇（街道）、村（居）实地调研养老服务照料中心、养老服务站及养老服务机构20余处，并会同法工委召开立法工作推进会，就立法工作安排、法规草案框架、立法有关要求等，与相关部门进行研讨，推动法规制定工作。10月28日，市十五届人大常委会第三十次会议对《福州市居家养老服务条例（草案）》进行一审。市人大社会委按照立法精准化、精细化、精品化的要求，开展法规草案二审的准备工作，计划提交2021年市人大常委会会议审议。

关于制定《福州市古厝保护管理条例》的议案办理　福州市人大常委会教科文卫工委先后组织赴各县（市）区实地调研，并多次召开座谈会，了解历史文化街区、永泰庄寨保护、古厝长制等开展情况，持续开展有关立法调研论证工作。调研认为，福州古厝承载着闽都文化的根和魂，其涉及的文物、历史建筑已由《中华人民共和国文物保护法》《历史文化名城名镇名村保护条例》《福建省文物保护管理条例》《福建省历史文化名城名镇名村和传统村落保护条例》《福州市历史文化名城保护条例》等作出相应的规定，但在古厝定义、保护范围、保护措施等方面仍待进一步细化，有必要通过地方立法促进福州古厝保护法治化规范化。因此，建议将该项目列入市人大常委会2021年立法计划，适时提请常委会审议。

关于制定《福州市传统软木画保护条例》的议案办理　福州市人大常委会财经委会同相关部门通过走访西园软木

画协会和部分企业、召开专题座谈会等方式，听取专家学者、工艺美术大师、老艺人等对法规制定的意见建议。调研认为，福州软木画作为中国著名的民间传统手工艺品种，虽已被列入国家非物质文化遗产名录，但存在技艺传承难、市场拓展难、知名度低、竞争力不足、人才队伍后继乏力、待遇薪资低等困难，亟需通过地方立法促进行业发展繁荣。要以世遗大会召开为契机，加快推进软木画技艺保护立法工作，规范引导行业发展，解决行业发展中存在的困难和问题，推动福州市非物质文化遗产保护与传承。因此，建议将该立法项目列入市人大常委会2021年立法计划。

关于制定《福州市海洋生态环境保护管理办法》的议案办理　福州市人大常委会城环工委组织部分市人大常委会委员、市人大代表和市直有关部门开展专题调研，实地察看闽江入海口闽安水质自动监测站、连江县安凯乡奇达海域等，了解闽江入海水质状况、入海排污口整治情况和海漂垃圾治理情况等，并召开座谈会，听取市政府关于海洋生态环境保护工作情况汇报，就福州市海洋生态环境保护管理立法工作与相关部门和代表沟通。调研认为，鉴于2018年机构改革，现行的《中华人民共和国海洋环境保护法》中职能部门职责发生较大变化。2020年，国家已启动海洋环境保护法修订工作和海洋环境保护“十四五”规划制定工作，保护措施与以往相比有所不同，保护力度持续加大。建议将该立法项目列入市人大常委会2021年立法计划调研项目，继续开展立法调研，待有关海洋环境保护工作机制体制进一步理顺后，结合实际情况，研究制定相关地方性法规。

关于制定《福州市房屋使用安全管理条例》的议案办理　福州市人大常委会城环工委组织赴五城区及高新区开展调研，了解福州市房屋使用安全情况。市人大常委会召开联组会议，听取市人民政府关于群租房整治阶段性工作情况汇报和公检法部门典型案例汇报；6月，听取审议市人民政府关于《群租房排查整治百日攻坚专项行动情况的报告》，并形成审议意见，将“制定出台福州市房屋使用安全管理政府规章”作为交办事项交市政府办理。8月，市政府出台《福州市房屋结构安全管理办法》，对国有土地上房屋结构安全管理及其监督活动进行规范。因此，建议先实施现行的规范性文件，总结政府规章实施过程中好的经验做法、存在的问题以及需要在地方立法中予以规范的内容，适时研究制定相关地方性法规。

关于制定《福州市涉台文物古迹保护条例》的议案办理　福州市人大常委会教科文卫工委会同相关工作机构及政府部门赴基层实地调研，多次召开座谈会，详细了解涉台文物的保存现状、管理情况、涉台渊源、保护利用等。鉴于《福建省文物保护管理条例》已就涉台文物的保护进行专章规定，市政府正着手制定《福州市涉台文物保护管理办法》《福州市文物建筑活化利用专项管理办法》等规范性文件，建议继续跟踪政府规范性文件制定情况，待其施行后，适时推进相关地方性法规立法工作。

关于制定《福州市城市桥梁隧道安全管理条例》的议案办理　福州市人大常委会城环工委根据代表议案内容，组织部分市人大常委会委员、市人大代表和相关部门开展专题研究，实地察看鼓山大桥、橘园洲特大桥、螺洲大桥使用情况，召开座谈会听取相关部门有关桥梁隧道管理工作情况汇报。调研认为，截至2020年涉及桥梁隧道安全管理的法律法规主要有《中华人民共和国安全生产法》《城市道路管理条例》《城市桥梁检测和养护维修管理办法》《福州市城市道路建设与管理办法》等，已能够满足福州市桥梁隧道管理工作需求，福州市桥梁隧道管养已进入常态化阶段，暂时不需要另外制定地方性法规。因此，建议先以现行法律法规予以规范，待条件成熟再进行地方立法。市人大常委会城环工委将继续开展城市桥梁隧道安全管理工作调研。

关于制定《福州市旅游业促进条例》的议案办理　福州市人大常委会侨台工委组织部分市人大常委会委员、人大代表、相关工委及部门先后赴基层调研旅游业发展情况。调研认为，2009年2月国务院颁布实施《旅行社条例》，2013年4月全国人大常委会出台《中华人民共和国旅游法》，2016年7月福建省人大常委会新修订《福建省旅游条例》，上述法律法规已有专门的章节条款对旅游促进工作作出具体规定，能够指导、规范福州市旅游业的发展。因此，建议由市政府先行制定促进旅游业发展的规范性文件，再根据福州市实施情况和《中华人民共和国立法法》相关规定，适时制定相关地方性法规。

关于制定《福州市多元化解纠纷促进条例》的议案办理　福州市人大常委会监察司法委组织代表深入晋安区金花调解工作室、福州火车站杨仁德警务室、福清市音西街道福佰社区“劝和小组”和部分民营企业开展实地调研，了解基层组织和企业开展多元化解纠纷工作情况；多次召集相关部门，就2018年颁布施行的《福建省多元化解纠纷条例》执行情况进行座谈，了解掌握《福建省多元化解纠纷条例》在福州市的贯彻实施情况和存在问题，对是否制定福州市多元化解纠纷促进条例广泛征求意见建议。调研认为，自《福建省多元化解纠纷条例》实施以来，福州市初步形成以镇（街）调委会为主导，村（社区）调委会为基础，专业性、行业性调委会为补充的多层次、宽领域、全覆盖的调解组织网络。《福建省多元化解纠纷条例》在福州市贯彻施行情况比较到位，能够促进多种纠纷化解途径的有机衔接，切实提高化解纠纷的实际效果。鉴于《福建省多元化解纠纷条例》已经明确由社会治安综合治理部门负责多元化解纠纷工作的具体组织协调、督导检查和考核评估，并从职责分工、化解途径、效力确认、组织保障、管理监督等方面，对司法行政、审判、检察、公安等部门职能进行比较详细的规定，建议发挥人大监督作用，推动《福建省多元化解纠纷条例》在福州市执行到位。针对实施过程中发现的问题，适时制定福州市加强多元化解纠纷工作的具体实施意见。

关于修订《福州市城市古树名木保护管理办法》的议案办理　福州市人大常委会城环工委会同市园林中心开展调研，认为在实际工作中，2008年修订的《福州市城市公园管理办法》和2018年修订的《福州市园林绿化管理条例》已对福州市古树名木管理工作作出规定。2020年，省林业厅正对全省古树名木保护工作进行调整规范，省政府也在修订《福建省古树名木保护管理办法》，计划于2021年颁布实施。据了解，该办法对全省古树名木的保护体制机制规定与福州市现行古树名木的保护体制机制有所不同，因此，建议待《福建省古树名木保护管理办法》出台后，结合福州市实际情况开展立法调研，适时研究制定相关地方性法规。

关于制定《福州市路标地名管理条例》的议案办理　福州市人大常委会社会委听取有关部门情况汇报并赴实地视察，了解到福州市分别于2017年和2019年开展二维码门牌管理和新路标推广工作，在管理体制机制、地名公共服务、地名文化保护等方面积累一定经验，并出台相关政府规章进行规范。同时，2019年民政部将《地名管理条例》修订工作列入民政部立法计划，并于2019年10月开展修订草案意见征求。考虑到《地名管理条例》正在修订，建议跟踪《地名管理条例》的立法工作，待《地名管理条例》颁布实施后，根据福州实际开展立法调研，适时启动《福州市路标地名管理条例》立法工作。

关于制定《福州市机动车维修业管理条例》的议案办理　福州市人大常委会财经委经调研了解，2019年交通运输部修订发布《机动车维修管理规定》后，福州市随即配套出台《关于贯彻机动车维修新规进一步规范备案管理的通知》，启动机动车维修业备案制改革工作。2020年，福州市机动车维修行业协会加强自律管理，规范机动车维修合同、行业凭证等的使用及签发。市交通局开展机动车维修市场联合专项整治行动，取得一定成效。调研认为，2020年福州市汽车维修行业仍然存在部分企业经营条件不达标，维修服务不规范、质量差，行业纠纷调处机制未健全，行业监管力度有待加强，部门间信息共享不够顺畅等问题，但鉴于福州市机动车维修经营备案制改革实施尚未满一年，各项工作仍处于初期探索阶段，管理经验尚且不足，且交通运输部于2020年7月启动《中华人民共和国道路交通条例》修订工作，建议待上位法修订完善，现有政策继续实施且累积必要的实践经验之后，结合实际开展立法调研，适时启动相关地方性法规立法工作。

关于对《福州市公共场所控制吸烟条例》实施情况开展执法检查的议案办理　福州市人大常委会教科文卫工委成立执法调研组，组织市人大常委会委员、市人大代表、教科文卫工委委员，召开《福州市公共场所控制吸烟条例》贯彻实施情况专题汇报会，详细了解市政府及卫健、教育、市场监管、公安等部门对法规的贯彻实施情况；深入福州儿童医院、市一医院、晋安区医院、部分基层医疗服务机构以及市青少年活动中心、永辉超市等公共场所和部分社区进行明察暗访。经查，法规中禁烟和控烟规定在大部分公共场所基本得到落实，落实较差的，主要集中在部分餐饮、KTV等控烟场所。

**【代表建议办理】**　2020年，福州市十五届人大四次会议期间及闭会以来，市人大代表围绕福州市改革发展稳定大局，针对群众普遍关心的疫情防控、脱贫攻坚、生态环境保护、城乡交通、乡村振兴、营商环境建设、垃圾治理、古厝文化保护利用等方面问题，提出建议、批评和意见493件（含闭会建议24件）。根据代表建议内容和各承办单位职能，相关建议分别交由市人大常委会有关机构、政府系统、市法院、市检察院和有关党群组织等87个单位研究办理。10月27日，市第十五届人大常委会第三十次会议听取市人民政府、市中级人民法院、市人民检察院关于市十五届人大四次会议代表建议、批评和意见办理情况的报告。市人大代表在市十五届人大四次会议期间及闭会期间提出的建议全部办复，其中代表对建议办理情况表示满意或基本满意的490件，占总件数的99.39%。

（连蔡煜）

（编辑　苏颖）

# 福州市人民政府

## 重要会议及活动

【市政府常务会议】 2020年，福州市人民政府召开38次常务会议，均由市长尤猛军主持。

第一次常务会议 1月2日召开。会议研究福州市数字经济企业发展评价、福州市与越南下龙市缔结友好城市关系、福州东南眼科医院（金山新院）增容地价款缴交等有关问题，审议《福建省工商业联合会 福州市人民政府 全联并购公会（中国并购公会） 中国区块链应用研究中心合作共建区块链应用集聚区框架协议》（送审稿）、《福州市五城区65~69周岁居民乘坐公交、地铁实行优惠方案》（送审稿）、《福州市人民政府 中国建设银行股份有限公司福建省分行深化“数字福州”建设合作框架协议》（送审稿）、《福州市花木公司转企改制方案》（送审稿）和《福州市规划设计研究院转企改制方案》（送审稿）、《鹤林高架桥改造实施方案》（送审稿）、《中央商务区北侧C、D地块出让方案》（送审稿）、《福州市关于加强耕地保护落实耕地占补平衡实施意见》（送审稿）。

第三次常务会议 月14日召开。会议宣布市政府领导分工调整事宜，研究福州机场二期土地价格和联检单位办公用房出资有关问题，审议《关于进一步抓好“三农”领域重点工作确保如期实现全面小康的实施意见》（送审稿）、《福州市人民政府 万华化学集团福建产业园项目投资框架协议》（送审稿）。

第四次常务会议 1月17日召开。会议研究康桥中心项目建筑面积减少退还土地价款有关问题，审议《福州市房地产直属管理所撤并工作方案》（送审稿）、《福州市住房保障和房产管理局下属基层生产经营类事业单位改制转企工作方案》（送审稿）。

第五次常务会议 1月19日召开。会议传达学习国家发改委“菜篮子”商品保供稳价工作座谈会议精神暨部署福州市生猪及“菜篮子”商品保供稳价工作，研究第四届福州青年科技奖获奖人员名单、清理现行排除限制竞争政策措施、地铁4号线洪塘停车场一期工程和二期土建主体同步建设、省委老干局28号住宅楼补缴土地出让金、横屿组团L06地块遗留问题、东升地铁上盖拟出让地块规划优化方案等有关问题，审议《2020年优化营商环境工作要点》（送审稿）、《福州市坟墓整治及殡葬设施建设奖补方案》（送审稿）、《关于推进工业互联网创新应用三条措施》（送审稿）。

第六次常务会议 2月4日召开。会议研究福州梅峰宾馆经济适用住房补缴差价款、严复翰墨馆历史遗留等有关问题，审议《关于帮助中小微企业应对疫情共渡难关的若干措施》（送审稿）、《关于给予春节期间为防控疫情提供紧缺急需物资保障和民生保障企业稳就业奖补的通知》（送审稿）、《福州市人民政府 广发银行股份有限公司战略合作框架协议》（送审稿）、《福州市三坊七巷保护开发有限公司机构改革方案》（送审稿）。

第八次常务会议 2月14日召开。会议研究推荐评选全国科普工作先进集体和先进工作者、推荐评选全省广播电视系统先进集体和先进工作者等有关问题，审议《关于支持化工产业发展措施》（送审稿）、《关于推进钢铁产业转型升级措施》（送审稿）、《关于支持光电产业发展措施》（送审稿）、《关于降低工业企业用电用气成本措施》（送审稿）、《关于应对疫情促进商业消费增长的措施》（送审稿）、《关于促进跨境电子商务发展若干措施》（送审稿）、《2020年福州市进一步推动外贸稳中提质若干措施》（送审稿）、《关于有效应对疫情促进城市开发建设平稳发展的措施》（送审稿）、《关于应对新冠肺炎疫情支持“菜篮子”产品稳产保供措施》（送审稿）、《关于防范化解政府隐性债务风险的实施意见》（送审稿）、《关于防范化解政府隐性债务风险实施意见的落实方案》（送审稿）、《2020年东西部扶贫协作协议》（送审稿）、《2020年福州·定西东西部扶贫协作工作要点》（送审稿）。

第九次常务会议 2月25日召开。会议研究开展“两违”综合治理“2020年春季攻坚战”部署情况、原福州汇侨实业有限公司地块征收、市规划院原湖东路办公楼产权办理、建设城乡融合发展试验区进展及下阶段工作建议等有关问题。审议《关于开展五城区群租房专项整治工作方案》（送审稿）、《关于规范福州城区景观照明建设管理工作的意见》（送审稿）、《福州城区景观照明专项规划》（送审稿）、《福州城区景观照明设置导则》（送审稿）、《福州城区景观照明精细化管理细则》（送审稿）、《福州市国家生态文明建设示范市规划（2018—2025）》（送审稿）、《福州市软件产业“一园多区”发展规划》（送审稿）、《关于建立企业破产处置工作市级府院联动机制的实施意见》（送审稿）、《福州漆艺保护基地国有房产租赁管理方案》（送审稿）。

第十次常务会议　3月12日召开。会议研究近期经营性用地出让及控规调整方案、福州市住宅建筑设计研究院改制转企方案和福州市统建办建材处改制转企方案、福州滨海新城2019年第2号地块拟拍卖出让方案、发放2020年春节期间为防控疫情提供紧缺急需物资保障和民生保障企业稳就业奖补、福厦客专福州南站路改桥相关工程、追加市军粮综合应急保障服务中心项目概算资金等有关问题。审议《环罗源湾地区工业产业布局规划（2020—2025）》（送审稿）、《福州市仓山义序片区短期工业用地管理办法（试行）》（送审稿）、《福州市人民政府2020年度规章制定工作计划》（送审稿）、《福州市关于进一步坚持和深化科技特派员制度的实施意见》（送审稿）、《福莆宁城际铁路福州段建设规划（2021—2025年）》（送审稿）。

第十一次常务会议　4月2日召开。会议研究解除历史文化街区地块土地出让合同有关问题。审议《关于五城区群租房整治行动承租户疏解帮扶工作方案》（送审稿）、《关于促进粮食生产五条措施》（送审稿）、《福州市非物质文化遗产保护若干规定》（送审稿）。

第十二次常务会议　4月8日召开。会议宣布市政府领导分工调整事宜。研究进一步推进批而未供土地处置工作、滨江市民广场项目开发建设、祥浦苑项目开竣工时间认定、中石化森美西门加油站迁建、2019年度安全生产和消防目标责任落实情况调研评定工作等有关问题。审议《2020年福州市颗粒物污染防治行动计划》（送审稿）、《福州市创建国家节水型城市工作实施方案》（送审稿）、《关于进一步推动福州市夜色经济发展的指导意见》（送审稿）、《2020年省提前下达市本级新增地方政府债券分配方案》（送审稿）、《关于坚决制止耕地抛荒撂荒的措施》（送审稿）和《关于调动农民种粮积极性促进粮食生产的三条措施》（送审稿）、《关于进一步做大做强福州茉莉花茶产业的七条措施》（送审稿）、《福州市人民政府　新大陆科技集团战略合作协议》（送审稿）、《福州市鼓岭历史建筑群保护规划》（送审稿）。

第十三次常务会议　4月15日召开。会议研究福州市2020年享受国务院政府特殊津贴人选、福州滨海新城近期两宗经营性地块拟拍卖出让方案等有关问题。审议《关于进一步促进服务业复工复效的通知》（送审稿）和《“惠聚榕城消费季”活动总体方案》（送审稿）、《福州市国有企业退休人员社会化管理工作实施办法》（送审稿）。

第十四次常务会议　4月20日召开。会议研究福州市“双百双千”增产增效行动、福州台商投资区松山A片区基础设施项目PPP退库整改、八一水库应急清淤工程、建立内河运营管护等工作机制、进一步加强耕作层土壤剥离再利用工作、102、103电台新旧台产权置换费用等有关问题。审议《福州市防控新冠肺炎疫情捐赠情况表彰工作方案》（送审稿）、《福州市政府质量奖管理办法》（修订送审稿）、《关于进一步做好既有住宅增设电梯工作的若干意见》（送审稿）和《福州市既有住宅增设电梯工作的实施细则》（送审稿）、《福州市开展工程建设项目“清单制+告知承诺制”审批改革试点工作实施方案》（送审稿）。

第十五次常务会议　4月26日召开。会议研究福州市水务投资发展有限公司改革发展方案、工业厂房和商业办公用房改建租赁住房、福州市2019年绩效考评结果及绩效奖励、福州临空经济示范区总体方案、2020年户外商业广告位有偿出让方案、桂湖片区项目安置房用地性质调整补缴地价款、福铁大厦项目增容补缴地价款等有关问题。审议《福州四城区电力设施建设补偿指导标准（试行）》（送审稿）。

第十六次常务会议　5月8日召开。会议研究成立福州智慧公安联合创新中心和鲲鹏生态公安创新实验室、福州市“四好农村路”建设（第二批）市级示范乡和优秀乡路长、滨海新城综合医院（二期）和福州市疾控中心（新址）项目建设方案、福州市工业（产业）园区标准化建设“十位一体”工作实施方案、实施“百项千亿”工程推动企业技术改造行动方案、增补发放2020年春节期间为防控疫情提供紧缺急需物资保障和民生保障企业稳就业奖补、进一步加大失业保险稳岗返还力度促进稳企保就业等有关问题，审议《福州都市圈发展规划》（送审稿）、《福建省妇女联合会　福州市人民政府学前教育领域合作共建框架协议》（送审稿）、《福州市钢铁产业转型升级布局规划（2020—2025年）》（送审稿）、《福州市推进新型基础设施建设行动方案（2020—2022年）》（送审稿）、《福州市促进新型基础设施建设和整合应用的若干措施》（送审稿）、《关于调动农民种粮积极性　促进粮食生产的八条措施》（送审稿）、《鼓励促进高校毕业生来榕就业创业的若干措施》（送审稿）。

第十七次常务会议　5月14日召开。会议传达学习习近平总书记对体育工作重要论述精神，研究福州市夜色经济体验示范街区建设提升专项行动方案、第二轮中央生态环境保护督察反馈意见和整改方案编制情况、建设创新创业创造高新技术产业园区工作方案、近期拟出让12幅经营性用地出让方案、桂湖温泉城土地一级开发历史遗留问题、滨海新城CBD输配环地下空间项目招标、长乐区奥林匹克城地块收储方案、长乐区奥林匹克城项目收储后土地出让、2019年全市食品安全工作暨食安示范城市创建工作及2020年工作安排、福州市城市社区足球场地设施建设试点工作实施方案、推荐评选福建省生态环境系统先进集体和先进工作者等有关问题，审议《关于工业用地增容标准认定审批机制的补充意见》（送审稿）。

第十九次常务会议　6月2日召开。会议研究滨海新城CBD输配环地下空间项目招标、调整松下镇2019年第1号地块出让起始价、增补福建捷联电子有限公司等企业纳入2019年度困难企业失业保险稳岗返还、给在增援泉州“3·7”坍塌事故救援中表现突出单位和个人奖励等有关问题，审议《福州市城镇污水处理提质增效三年（2019—2021年）行动实施方案》（送审稿）、《关于全面落实稳外贸稳外资有力推进高质量发展的若干措施》（送审稿）、《福州市加强公共数据开发利用推进数据就业工作实施方案》（送审稿）、《进一步支持养老服务发展十五条扶持措施》（送审稿）。

第二十次常务会议　6月11日召开。会议研究省级干部保障房项目规划、东百集团东街口大楼项目改扩建补缴地价款、开展不符合《优化营商环境条例》的规章文件清理工作、“2019招商年”行动奖励工作等有关问题，审议《关于加快推进中央财政支持住房租赁市场发展试点工作的实施方案》（送审稿）、《关于进一步加强数字经济、平台经济示范企业人才保障工作的若干措施》（送审稿）、《福州市关于疫情期间支持举办会展活动的若干措施》（送审稿）、《全市安全生产专项整治三年行动实施方案》（送审稿）、《福州市西湖历史文化风貌区保护规划》（送审稿）、《关于调整完善工业企业征收政策的意见》（送审稿）、《城市综合管理服务平台建设和联网工作实施方案》（送审稿）。

第二十一次常务会议　7月2日召开。会议研究2019年“抓项目促发展”项目年行动奖励工作、福州市2014年第一批、2016年第二批人才公寓、2020年度首批困难企业失业保险稳岗返还、鹤林M-04地块回购商业用房补偿款等有关问题，审议《进一步优化提升福州营商环境工作的若干措施》（送审稿）、《关于支持货运航空加快发展的补充意见》（送审稿）、《福州市人民政府中国建设银行股份有限公司战略合作协议》（送审稿）、《关于进一步优化社会投资简易低风险工程建设项目审批服务和质量安全监管模式的实施意见》（送审稿）、《福州高新技术产业园区（福州软件园）控制性详细规划》（送审稿）、《福州市自然保护地整合优化预案》（送审稿）、《福州市鼓励大学毕业生参军入伍优惠政策》。

第二十二次常务会议　7月14日召开。会议通报全国农村乱占耕地建房问题整治工作电视电话会议精神，研究2019年耕地保护督察问题整改情况、近期经营性用地出让方案、福州六区应急物资储备库建设及运营、推荐评选2020年福建省优秀教育工作者和优秀教师、解除2019-15号宗地出让合同、华威公交场站项目用地协议出让价格、上下杭商业步行街区运营模式和规划建设资金等有关问题，审议《福州市商品房预售资金监管办法（试行）》（送审稿）、《关于进一步加强有保留价值老建筑保护工作的若干意见》（送审稿）。

第二十三次常务会议　7月27日召开。会议传达学习国家文物局刘玉珠局长一行来榕调研精神，研究福州市国土空间总体规划工作、建立内河运营管护工作机制、福州市围填海历史遗留问题处置、福州海峡国际会展中心扩建项目规划条件核实和土地核验、市土地发展中心增加编外人员支出预算、莫斯科航线补贴、晋安区鹤林片区H06地块出让方案等有关问题，审议《福州市2020年度绩效管理工作实施方案》（送审稿）、《内河运营管护工作机制》（送审稿）、《关于促进商业品牌首店进驻示范步行街区的若干措施》（送审稿）、《关于进一步做好稳就业保就业工作实施方案》（送审稿）、《福州市公共体育设施专项规划（2018—2035）》（送审稿）、《2020年福州港口生产发展扶持政策》（送审稿）、《福州市促进航运业发展奖励办法》（修订稿）。

第二十四次常务会议　8月5日召开。会议宣布市政府领导成员变动和分工调整事宜，研究崇福寺新增用地供地价格、下洋一二三收储地块征收货币补偿、古乐路地块六项目规划指标调整补缴地价款等有关问题，审议《福州口岸营商环境评价体系（海关）工作方案》（送审稿）、《福州市物流用地专项规划》（送审稿）、《福州市规范和扶持家政服务业发展的若干措施》（送审稿）、《福州市计划生育协会改革方案》（送审稿）、《福州市房屋结构安全管理办法》（送审稿）。

第二十五次常务会议　8月21日召开。会议研究福州市违建别墅专项整治扫尾工作、滨海快线涉及滨海新城范围市政项目实施、2019年福州市四城区基准地价更新成果、福州市消费促进工作和第第三届21世纪海上丝绸之路博览会暨第二十二届海峡两岸经贸交易会筹备工作、福州市“三线一单”编制工作、推荐评选全省人防系统先进集体和先进工作者、福州市以工代训政策支持企业稳岗扩岗、登云养老地块出让方案、金山桔园洲工业区鼓楼园台江园生活配套用房补缴地价款、滨海快线工程保险等项目招标方案调整、樟岚地铁上盖及落地开发地块交地及缴款、提高福州市城乡低保、特困人员救助供养标准等有关问题。审议《2020海峡（福州）渔业周总体方案》（送审稿）和《中国（福建）食用菌产业博览会总体方案》（送审稿）、《福州市人民政府　上海依图网络科技有限公司战略合作框架协议》（送审稿）。

第二十六次常务会议　9月2日召开。会议对第三届数字中国建设峰会筹备工作进行再动员再部署，研究福建省老年大学扩建项目划拨用地有关费用、汇侨公司五里亭地块征收补偿、市不动产登记和交易中心下属市房地产市场服务公司等三家公司清产核资和划拨、筹建“福”美术馆和多元化文化艺术馆、向省检察院部分干警提供限价商品房、2020年市级重点项目前期工作经费安排等有关问题，审议《福州市中心城区医疗卫生设施布局规划（2020—2035）》（送审稿）、《福州市五城区推行商品房开发项目“交房（地）即发证”工作实施方案（试行）》（送审稿）、《福州市人民政府　福建省电子信息（集团）有限责任公司　深圳算能科技有限公司战略合作框架协议》（送审稿）、《关于促进福州港江阴港区汽车整车进口口岸新一轮发展的若干措施》（送审稿）。

第二十七次常务会议　9月22日召开。会议部署房屋结构安全隐患大排查大整治百日攻坚专项行动工作，研究“e福州”平台开展市场化运营、晋安区鼓山镇园中村小庵里地块历史遗留问题、2020年世界城市日中国主场（福州）活动筹备工作情况、九月份拟出让26幅经营性用地出让方案、福州滨海新城2020年第3号地块拟拍卖出让方案、滨海新城CBD输配环地下空间项目、福州市农村乱占耕地建房专项整治工作开展情况、福州市打击非法盗采海砂专项行动实施方案、福建省文化和自然遗产保护“一城七线”福州片区考察路线工作任务分工方案等有关问题，审议《福州市人民政府　中国农业发展银行福建省分行战略合作协议》（送审稿）、《福州市人民政府　交通银行股份有限公司战略合作框架协议》（送审稿）、《福州市人民政府　中信证券股份有限公司战略合作协议》（送审稿）。

第二十八次常务会议　9月29日召开。会议研究第六届“海上丝绸之路”（福州）国际旅游节方案、加快推进福州市安置房项目办理不动产登记工作、福建省美术馆用地收储成本、福州市红庙岭循环经济生态产业园专项规划修编、福州市红庙岭生活垃圾焚烧协同处置项目110KV送出线路工程占用山体资源、登云路拓宽改造工程追加投资、北江滨中央商务区B1、B2、B3地块、市政设施管养分离和市场化改革试点工作方案、中凯汽车销售公司出让地项目规划指标调整及补缴土地差价、滨江市民广场项目规划指标调整补缴地价款、福州市巨灾指数保险及应急管理综合平台建设、保利通信·福州科技产业园建设、推荐评选全国民委系统先进集体先进工作者和劳动模范、推荐评选全省交通运输系统先进集体和先进工作者等问题。审议《促进福建海西国家广告产业园区（福州园）发展若干意见（修订）》（送审稿）、《福州市人民政府　深圳市腾讯计算机系统有限公司深化战略合作协议》（送审稿）、《福州市人民政府　华为技术有限公司共建“全国数字应用第一城”战略合作协议》（送审稿）、《福州市人民政府　亚太卫星宽带通信（深圳）有限公司战略合作协议书》（送审稿）、《福州市人民政府　奇安信科技集团股份有限公司战略合作协议》（送审稿）、《福州市人民政府　国家邮政局邮政业务安全中心战略合作协议》（送审稿）、《福州市人民政府　平安资产管理有限责任公司　平安银行股份有限公司战略合作框架协议》（送审稿）、《福州滨海新城人才住房实施细则（试行）》（送审稿）、《福州（连江）国家远洋渔业基地建设规划》（送审稿）。

第二十九次常务会议　10月11日召开。会议宣布蔡战胜同志学习期间分管工作暂由相关副市长代管事宜；部署国务院第七次大督查迎检工作；研究成立福州市数字经济院士专家委员会、第三届数字中国建设峰会期间工作日调整等问题；审议《福州市人民政府　中国电子信息产业集团有限公司共建中电数字健康东南区域总部框架协议》（送审稿）、《福州市人民政府　福建省电子信息（集团）有限责任公司　北京万通新发展集团股份有限公司　国网综合能源服务集团有限公司　太极计算机股份有限公司　普洛斯投资（上海）有限公司　上海商汤智能科技有限公司　中国瑞达投资发展集团有限公司　深圳算能科技有限公司战略合作框架协议》（送审稿）、《福州市人民政府　福建省电子信息（集团）有限责任公司　阿里云计算有限公司战略合作框架协议》（送审稿）、《福州市人民政府　福建省电子信息（集团）有限责任公司　曙光信息产业股份有限公司战略合作框架协议》（送审稿）、《福州市人民政府　中国工业互联网研究院共同推动中国工业互联网研究院福建分院国家工业互联网大数据中心福建分中心筹建框架协议》（送审稿）、《福州市人民政府　福建省广播影视集团　福建新东湖投资有限公司战略合作框架协议》（送审稿）。

第三十次常务会议　10月22日召开。会议研究推荐评选全省农业农村系统先进集体和先进工作者、政府独立实施5条河道运营管养公开招标、东区水厂至马尾区供水管道魁岐段增压泵站建设等问题，审议《福州市居家养老服务条例》（送审稿）、《2020年市本级预算调整方案》（送审稿）、《关于提高教师待遇的若干措施》（送审稿）。

第三十一次常务会议　10月30日召开。会议研究五城区新购小型区间垃圾运输车经费补助方案，通联大厦二期项目超出计容面积部分补缴地价款，仓山区首山村、晋安区秀山村两宗集体租赁住房用地出让方案，市区部分道路名称命（更）名方案，申报燃料电池汽车应用城市群，福州市机关社保中心执行企业职工基本养老保险制度人员移交，福州市第六批市级非物质文化遗产代表性项目等问题。审议《关于进一步完善福州市城市与建筑景观风貌管控工作的实施意见》（送审稿）、《福州市人民政府　中国建设银行股份有限公司支持城镇老旧小区改造战略合作协议》（送审稿）、《关于进一步降低落户条件壮大人口规模的若干措施》（送审稿）、《福州市医药储备管理（暂行）办法》（送审稿）和《福州市医药储备应急预案》（送审稿）、《福州市关于支持电影产业发展的若干措施（试行）》（送审稿）和《福州市关于支持电影产业发展的若干措施（试行）实施细则》（送审稿）、《关于全面提升村卫生所基本医疗和公共卫生服务能力的实施意见》（送审稿）、《关于促进福州机场旅客吞吐量快速增长的意见》（送审稿）。

第三十二次常务会议　11月10日召开。会议研究国有资产管理情况专项审计问题整改工作、开展闽江口入海排污口分类整治工作、三坊七巷·文华酒店项目建设保证金缴交方式调整、第六届福州市公益美术名艺人评选、推荐评选全国民政系统抗击新冠疫情先进集体、推荐省级表彰见义勇为人员等有关问题，审议《关于建立重要项目用地服务保障工作意见》（送审稿）、《福州市四城区留用地及村财对接购买商贸综合用房实施意见》（送审稿）、《福州市实施工业（产业）园区标准化推进制造业高质量发展实施方案》（送审稿）、《福州市加氢站建设及经营管理暂行办法》（送审稿）、《关于开展长期护理保险制度试点的实施方案》（送审稿）。

第三十三次常务会议　11月18日召开。会议研究加快构建城市大脑建设数字应用第一城、推荐评选全国优秀农民工和农民工工作先进集体、11月拟出让22幅经营性用地出让方案等有关问题，审议《关于建设教育强市的实施意见》（送审稿）、《福州市人民政府福德环球教育科技有限公司合作框架协议》（送审稿）、《福州市人民政府　清华大学附属中学合作办学协议》（送审稿）、《福州市教育局　清华大学附属中学合作办学备忘录》（送审稿）、《红色文化生态保护开发规划》（送审稿）、《关于调整福州市公务员医疗补助待遇的实施方案》（送审稿）、《关于进一步盘活使用统建和配建安置房源的实施意见》（送审稿）。

第三十四次常务会议　11月30日召开。会议部署市政府近期重要工作，研究市进口冷链食品集中监管仓、福州市中央生态环境保护督查反馈问题整改、进一步加强散乱污企业（场所）综合整治促进企业健康发展工作方案、福州市开展新一轮古厝普查登记和保护专项行动实施方案、金山投资区金山、浦上、福湾片区、福州新区仓山功能区高盛高仕片区控制性详细规划成果、2020年度福州市营职及以下（含技术职称）军转干部安置计划、"骏耀商业广场"A地块利用地下空间、变更福州市五城区市政等公共服务用户污水处理收费类别、福州滨海新城2020年第6号地块拟拍卖出让方案、评选奖励第三届数字中国建设峰会表现突出个人、推荐评选全省供销合作社系统先进集体和先进工作者等有关问题，审议《福州市政府储备用地成本测算导则》（送审稿）、《福州大沧训练场用地置换整合项目补充协议》（送审稿）。

第三十五次常务会议　12月9日召开。会议研究2021年市委市政府为民办实事项目、高A级旅游景区升级工作、长乐区文武砂镇撤镇设街道行政区划调整、福建新福达汽车工业有限公司改造建设缴交地价款、桂湖温泉土地一级开发历史遗留问题、晋安区红光村旧改地块一出让方案、"四好农村路"建设（第三批）市级示范乡和优秀乡路长、福州市第十届社会科学优秀成果奖、促进第四季度批发业稳定增长等问题，审议《关于进一步完善住房保障政策措施的意见》（送审稿）、《关于进一步完善商品房价格备案工作机制的意见》（送审稿）、《福建省人民政府国有资产监督管理委员会　福州市人民政府战略合作框架协议书》（送审稿）和《福州市人民政府　福建省冶金（控股）有限责任公司战略合作框架协议》（送审稿）。

第三十六次常务会议　12月17日召开。会议研究福州市龙头企业扶持政策、进一步完善"一企一议"服务工作机制、福州市现有惠企政策修订问题、第四届数字中国建设峰会总体方案及2021数字中国创新大赛总体方案等有关问题。

第三十七次常务会议　12月23日召开。会议听取市发改委郭建国同志作的关于2021年福州市主要经济指标初步安排方案、"抓项目促提升"专项行动方案、《海丝引领　多区叠加　构建创新开放新高地行动计划》（送审稿）、市自然资源和规划局吴建青同志作的关于"两江四岸"环境提升工作方案、福州地区大学新校区管委会陈志毅同志作的关于福州地区一流大学城建设实施方案、市建设局陈漠诚同志作的关于福州市市区县城镇区品质提升"十位一体"工作实施方案、市名城委杨勇同志作的关于福州市开展新一轮古厝普查登记和保护利用专项行动实施方案以及增强古厝保护工作力量意见、市台港澳办邓达木同志作的关于进一步支持台资企业发展和推进台湾青年就业创业措施等市委经济工作会议相关配套文件的情况汇报。

第三十八次常务会议　12月28日召开。会议研究申报2021年省重点项目备选名单，提高五城区被征地农民老年养老保障金和老年养老补助金，发放2020年第二批中小微困难企业失业保险稳岗返还，软件园E25地块发展创新型产业补缴地价款，滨海新城道路命名方案，2020年市直及部分中央、省直驻榕单位综治责任目标完成情况考评结果和奖励意见，推荐评选全国脱贫攻坚工作先进集体和先进个人，福州大学城文化艺术中心项目运营招标方案等问题。审议《福州市国民经济和社会发展第十四个五年规划和二〇三五年远景目标纲要》（讨论稿）、《福州市2020年国民经济和社会发展计划执行情况及2021年国民经济和社会发展计划草案的报告》（讨论稿）、《福州市2020年预算执行情况及2021年预算草案的报告》（讨论稿）、《福州市十五届人大五次会议政府工作报告》（讨论稿）、《福州市创建"国家食品安全示范城市"迎检工作方案》（送审稿）、《关于推动基础教育学校集团化办学实施方案》（送审稿）、《福州市同一法人教育集团办学管理办法（试行）》（送审稿）、《关于2020年提高城乡居民基本养老保险基础养老金最低标准的通知》（送审稿）、《福州市港口和船舶污染物接收、转运及处置设施建设方案（修订）》（送审稿）、《福州市房产与规划建筑面积测算细则（暂行）》（送审稿）、《福州市全域旅游发展规划（2021—2025年）》（送审稿）。

**【特色历史文化街区集中开街活动】** 2020年，春节前夕，福州市15个特色历史文化街区和51条传统老街巷集中亮相。1月21日上午，福州市举办特色历史文化街区集中开街活动，主会场位于闽侯县昙石山特色历史文化街区，其他县（市）区及高新区同步设立分会场，鼓楼区的秘书巷也于同日开放。市委副书记、市长尤猛军为昙石山特色历史文化街区开街，并为秘书巷揭幕。

**【福州市老城区综合提升"十位一体"工作】**　2020年3月3日，福州市市长尤猛军带领各县（市）区、市直有关部门负责人，实地观摩去年福州市新实施的紫新路、秘书巷、浦尾巷老街巷整治，白马路、东二环和源居段、双湖互通街头公园，南二环沿线景观带项目征迁现场，以及北江滨中央商务区城市阳台，并主持召开福州市老城区综合提升"十位一体"工作现场会，部署相关工作。

**【全市房屋结构安全隐患大排查大整治百日攻坚专项行动】**　2020年3月10日，省委副书记、福州市委书记王宁主持召开市委、市政府视频会议，贯彻落实省委省政府视频会议精神，部署开展全市房屋结构安全隐患大排查大整治百日攻坚专项行动。市长尤猛军作具体部署。

**【重大项目集中开工】**　2020年3月18日，福建省集中开工265个重大基础设施、产业发展、社会事业项目，总投资1950亿元。省委书记于伟国通过视频连线作开工动员，省长唐登杰主持。市长尤猛军参加福州分会场开工仪式。

**【全市房屋结构安全隐患大排查大整治百日攻坚专项行动】**　2020年3月20日，省委副书记、福州市委书记王宁主持召开专题推进会，推进全市房屋结构安全隐患大排查大整治百日攻坚行动，研究建设全市房屋结构安全信息化管理平台相关事宜，协调解决具体问题。市长尤猛军出席会议。

**【全民义务植树活动】**　2020年3月25

日，省委书记于伟国，省长唐登杰，省政协主席崔玉英，省委副书记、福州市委书记王宁，福州市市长尤猛军与省委、省人大常委会、省政府、省政协领导，省法院、检察院和驻闽部队领导，以及省、市机关干部、驻闽部队官兵到福州闽侯县上街旗山湖工程项目绿化地块，参加主题为“共建绿色家园，共享绿色生活”的全民义务植树活动。

**【全市决战决胜脱贫攻坚工作推进会召开】** 2020年4月20日，省委副书记、福州市委书记王宁主持召开全市决战决胜脱贫攻坚工作推进会，学习贯彻习近平总书记在决战决胜脱贫攻坚座谈会上的重要讲话精神，对克服新冠肺炎疫情影响，决战决胜脱贫攻坚开展再动员再部署。市长尤猛军对福州市出台的决战决胜脱贫攻坚10条措施作解读说明。

**【市长走进“乐购全闽 惠聚榕城”直播间】** 2020年6月18日，福州市市长尤猛军走进三坊七巷的“乐购全闽 惠聚榕城”直播间，与主持人、知名淘主播一起为福州带货，推介有福之州的特色文化和优质产品。

**【赴甘肃省定西市开展东西部扶贫协作活动】** 2020年6月21—23日，福州市委副书记、市长尤猛军带领福州市政府代表团赴甘肃省定西市开展东西部扶贫协作活动。22日，福州·定西东西部扶贫协作工作联席会召开，福州市市长尤猛军出席会议并讲话，定西市委副书记、市长戴超主持会议并讲话。

**【支持市场力量参与城镇老旧小区改造战略合作协议签署】** 2020年7月17日，国家开发银行与吉林、浙江、山东、湖北、陕西5省，中国建设银行与福州等9个城市，采取远程视频方式，分别签署支持市场力量参与城镇老旧小区改造战略合作协议。住建部党组书记、部长王蒙徽出席签约仪式并讲话，住建部副部长倪虹主持签约仪式。尤猛军市长代表福州市与中国建设银行行长刘桂平签订战略合作协议。

**【2020海峡青年（福州）云上峰会】** 2020年8月15日，作为由国台办、全国青联、省政府共同主办的第八届海峡青年节的“重磅活动”，以“幸福·家园·梦想”为主题的2020海峡青年（福州）云上峰会在主会场福州召开。代省长王宁出席并宣布海峡青年节集中活动开幕，中共中央台办、国务院台办主任刘结一和全国青联主席汪鸿雁通过视频连线致辞，省领导周联清、郭宁宁出席，福州市委副书记、市长尤猛军致辞。

**【“全闽乐购 惠聚榕城”购物嘉年华】** 2020年8月28日，“全闽乐购 惠聚榕城”购物嘉年华活动在晋安区东二环泰禾广场启动。副省长郭宁宁，市长尤猛军，省商务厅厅长吴南翔等省直有关部门领导，副市长杭东出席活动。

**【第三届数字中国建设峰会新闻发布会】** 2020年9月17日，第三届数字中国建设峰会新闻发布会在国务院新闻办新闻发布厅举行，国家互联网信息办公室副主任杨小伟，国家发展改革委、工业和信息化部有关负责人，省委常委、副省长赵龙，市委副书记、市长尤猛军，介绍数字中国建设峰会有关情况并回答记者提问。

**【《叙事——福州闽剧评话伬艺保护传承的集体记忆》首发】** 2020年9月24日，《叙事——福州闽剧评话伬艺保护传承的集体记忆》新书首发式暨学习座谈会召开。省委常委、副省长、市委书记林宝金，市长尤猛军出席，市政协主席何静彦主持。

**【福州市与美国塔科马市合作发展混合委员会第一次会议】** 2020年9月25日，福州市与美国塔科马市合作发展混合委员会第一次会议以线上会议形式召开。福州市市长尤猛军及塔科马市市长吴德芝出席会议并致词。两市外事、商务、教育、自贸区、港口、文化旅游、体育等多个部门或机构负责人参会。

**【第三届全国青年企业家峰会】** 2020年9月25日，以“弘扬企业家精神发挥生力军作用”为主题的第三届全国青年企业家峰会在福州举行。全国政协副主席、全国工商联主席高云龙，省长王宁出席开幕式并致辞。市长尤猛军出席开幕式。

**【福州滨海新城集中签约和数字经济及民生重大项目集中开工】** 2020年10月11日，福州滨海新城集中签约和数字经济及民生重大项目集中开工活动举行。省委常委、市委书记林宝金出席活动并见证签约、中国电子信息产业集团有限公司董事长芮晓武出席，市长尤猛军出席并主持集中开工活动。

**【第三届数字中国建设峰会活动】** 2020年10月11日，作为数字中国建设峰会“有福之州·对话未来”重要活动之一，由市政府主办，市大数据委及清华——福州数据技术研究院承办的“院士峰会行”活动在三坊七巷林聪彝故居启幕。第十二届全国政协副主席、国家电子政务专家委员会主任王钦敏，省委常委、市委书记林宝金，市长尤猛军等出席活动。

10月11日，“有福之州·对话未来”分院落主题活动在三坊七巷举行。围绕“新基建浪潮下的政府治理能力提升”“数字时代的城市治理现代化”“共筑城市智能体，提升综合竞争力”“打造AI新型基础设施，助推高质量发展”等主题，与会嘉宾在百年古厝中对话未来，为数字中国建设建言献策，为数字新时代的光明未来畅所欲言、描绘蓝图。省领导周联清、梁建勇、李德金、郑建闽、郭宁宁、刘献祥、许维泽，市领导尤猛军等出席。

**【第三届数字中国建设峰会在福州召开】** 2020年10月12—14日，第三届数字中国建设峰会在福建福州召开。峰会包括以“创新驱动数字化转型、智能引领高质量发展”为主题的主论坛和数字政府、数字经济、区块链与金融科技、数字生态等12个分论坛，开幕式、主论坛、分论坛、成果展览会、创新大赛、应用场景发布和闭幕式等7个主环节，采取线上线下相结合方式举行。同期举办数字福建建设20周年相关活动，回顾数字福建历程，展望数字中国未来。

**【福州市与日本长崎市缔结友好城市关系40周年】** 2020年10月20日，为纪念福州市与日本长崎市缔结友好城市关系40周年，福州市与长崎市举行视频交流活动。福州市市长尤猛军，日本长崎市市长田上富久出席活动并互致贺词，副市长杭东主持交流会。

【2020年世界城市日中国主场活动】 2020年10月31日，以“提升社区和城市品质”为主题的2020年世界城市日中国主场活动在福州举行。省长王宁出席并宣布活动开幕，住房和城乡建设部副部长姜万荣，省委常委、福州市委书记林宝金，副省长李德金出席并致辞，联合国秘书长古特雷斯、联合国人居署执行主任谢里夫与俄罗斯建设、住房和公用设施部副部长斯塔希斯恩通过视频发表致辞。开幕式上，市长尤猛军宣读《福州倡议》，举行《上海手册——21世纪城市可持续发展指南·2020年度报告》中文版首发仪式。

【第四届“榕博汇”暨高校毕业生对接会】 2020年11月11日，福州市举办第四届“榕博汇”暨高校毕业生对接会，动员1338家单位提供2万多个岗位，邀请557名来自北大、清华、人大、同济等57所著名院校的优秀人才，组织在榕高校毕业生8000多人，开展“千企万岗、同台对接”。省委常委、市委书记林宝金出席对接会并讲话，市长尤猛军介绍福州市基本情况。

【中国福建光电信息科学与技术创新实验室（闽都创新实验室）第一届理事会】 2020年11月19日，中国福建光电信息科学与技术创新实验室（闽都创新实验室）第一届理事会成立大会暨第一次理事会在福州召开。市长尤猛军、福州大学校长付贤智等出席会议。

【福州市第二十七次见义勇为表彰大会】 2020年11月23日，福州市第二十七次见义勇为表彰大会召开，对全市18名见义勇为先进分子（群体）进行表彰奖励。省委常委、市委书记林宝金，市长尤猛军会前接见见义勇为先进分子，并合影留念。

【第六届“海上丝绸之路”（福州）国际旅游节暨“全福游”嘉年华启动】 2020年11月27日，第六届“海上丝绸之路”（福州）国际旅游节暨“全福游”嘉年华启动。文化和旅游部副部长张旭，省委常委、市委书记林宝金，副省长郑建闽、市长尤猛军等省、市领导出席启动仪式。

【第三届21世纪海上丝绸之路博览会暨第二十二届海峡两岸经贸交易会线上展会】 2020年11月28日，第三届21世纪海上丝绸之路博览会暨第二十二届海峡两岸经贸交易会线上展会在仓山万达广场启动。省委常委、市委书记林宝金，副省长郭宁宁，福州市市长尤猛军出席活动。

【纪念陈岱孙诞辰120周年暨陈岱孙纪念馆揭牌仪式】 2020年11月30日，陈岱孙诞辰120周年系列纪念活动暨陈岱孙纪念馆揭牌仪式在仓山区举行。副省长郭宁宁，省十二届人大常委会原副主任、省诚信促进会会长陈伦，市领导尤猛军出席活动并为陈岱孙纪念馆揭牌。

【2020年海峡两岸（福州）职工创新创业创造大赛主题日活动】 2020年12月7日，省委常委、福州市委书记林宝金，福州市市长尤猛军与出席2020年海峡两岸（福州）职工创新创业创造大赛主题日活动的嘉宾代表座谈，听取他们对福州“三创”发展、营商环境建设的意见建议，探讨交流合作渠道。

【福州企业家大会】 2020年12月18日，福州企业家大会召开。学习党的十九届五中全会和习近平总书记在企业家座谈会上的重要讲话精神，共商福州“十四五”和企业发展大计。省委常委、福州市委书记林宝金，福州市市长尤猛军出席活动并讲话。

（吴晓萍）

## 政务督查

【概况】 2020年，福州市政府督查室编发各类督查通报69期；完成《市政府工作报告》及省、市为民办实事项目、市政府常务会议和市长办公会议议定事项等市政府重点工作的督办落实；重点开展或参与新冠肺炎疫情防控、房屋结构安全隐患排查整治、农贸市场“农+超”改造项目整改验收、土地出让征迁扫尾、城区电动自行车规范管理、“十门户、十线路、十片区”整治提升、国有房产管理审计问题整改等近100多项任务的督查督办。

【领导批办件督查】 2020年，福州市政府督查室根据《市委市政府主要领导签批交办事项督办反馈工作制度》，共办理市政府主要领导批示件5708件，其中报市委主要领导件894件，直转件4101件，批办件713件。

【人大代表建议督查】 2020年，福州市政府督查室承办市十五届人大四次会议期间代表建议420件，均已办复。所提问题已解决或基本解决的有222件（A类），占总件数50%；所提问题正在解决或列入计划逐步解决的有165件（B类），占总件数37.2%；所提问题因政策、财力或客观条件限制暂时无法解决的有25件（C类），占总件数5.6%；所提建议有关部门留作参考的有8件（D类），占总件数1.8%。

【政协委员提案督查】 2020年，福州市政府督查室承办市政协委员提案453件，均已办复。其中提案所提建议已采纳、问题已解决或基本解决的（A类）296件，占总件的65.3%；所提建议拟采纳、问题正在解决或列入规划逐步解决的（B类）149件，占总件的32.9%；所提建议因条件限制或其他原因暂时无法解决的（C类）8件，占总件的1.8%。政协委员对提案办理结果的满意率100%。

（市政府督查室）

## 机关效能建设

【概况】 2020年，福州市效能办开展“抓效能、转作风、促跨越”专项行动，按照“督查全方位、效能全覆盖”的要求，开展实地监督检查，并将其纳入年度绩效考核范围。全市机关单位工作人员被效能问责152人次（含处级干部5人，科级干部55人，科级以下干部92人），其中被效能告诫11人、被效能通报批评处理45人、被诫勉教育处理96人；被效能通报批评7家单位。获市委、市政府主要领导肯定性批示23次。年内获评为2019年度福州市城区生活垃圾分类先进单位、第三届“推进机制活、建设新福建”全省机关体制机制创新优秀案例征集评选活动优秀组织奖。

【效能综合】 2020年，福州市效能办以福建省开展机关效能建设20周年为契机，在“学习强国”平台、《福州日报》等主流媒体上刊发系列报道21篇，全面宣传福州市践行“马上就办、真抓实干”、优化营商环境、提升“12345”便民服务等方面的经验做法和机关效能建设成果，并将宣传报道汇编成册。汇总习近平总书记关于机关效能建设工作的重要论述以及省、市机关效能工作规章制度、知识要点、工作流程等材料，并编制效能工作手册。按照一月一分析、一月一排位、一月一通报的原则，将福州市2020年“抓项目促跨越”专项行动、“双百双千”增产增效行动、“百项千亿”工程推动企业技术改造、新型基础设施建设等4项涉及经济产业发展的重点工作在《福州日报》、福州新闻网等刊发。

【效能督查】 2020年，福州市效能办对福州市委、市政府重大决策部署的推动执行、落地见效情况进行效能督查。重点对城区水系综合治理、生活垃圾分类、老城区综合提升“十位一体”、44届世界遗产大会筹备、优化营商环境、建设创新创业创造高新技术产业园工作、打造国内一流机场枢纽等16个重大项目开展专项督查，建立每周督查、每月报告制度。在新冠肺炎疫情防控期间，采取每天分组督查、一天一专报、三天一通报的做法，对街（镇）、村（居）、农贸市场、超市、景区、工厂企业、酒店、隔离点等2106家单位及人员密集场所进行现场督查，发现问题1361个；形成专报76期，印发通报22期，总结工作经验195条，提出意见建议268条，并对不作为、慢作为、乱作为、假作为等28名责任人进行效能问责。围绕全市经济发展、城市建设、民生改善等66大类1800多项重点工作，采取“五不两直”（不专门布置、不发通知、不打招呼、不听汇报、不搞陪同，直奔基层、直奔现场）的方法开展督办。根据“有批必办、有办必果、有果必用”的原则，对省、市领导尤其是市委、市政府主要领导的批示件和交办任务进行重点跟踪督查，建立督查台账，指定专人负责，持续跟踪督查，每月反馈进展。全年完成福州市委、市政府主要领导交办的督查工作73项。采取实地督查、电子监察、远程监控等方式，对县（市）区、乡镇（街道）、县（市）区属单位和基层所站、社区（村居），以及市直党群、政府部门、公检法系统和市属企事业单位开展常态化明察暗访200次，督查单位1196家（次），发现问题525个，下发督查通报8期。加强群众来信和“12345”平台投诉件查办力度。全年累计受理各类群众和企业诉求186件，诉求件回复率100%，办结率100%。福州效能监督员参与各类督查活动180余人次。

【绩效考核】 2020年，在省对市绩效考评中，福州市总评成绩位列全省第二名，连续第6年被评为“优秀”等次。福州市将“抓项目促跨越”专项行动、“百项千亿”技改工程行动、福州新区高质量发展、优化营商环境、社会信用体系建设等多项全市重要工作纳入指标体系，并督促市直各绩效指标责任单位，建立健全绩效指标责任推进落实、运行跟踪监控、分析总结通报、整改落实提升等工作机制。落实“一月一分析、一季一通报”制度，调整优化指标运行方案，制订适合本市实际的政策措施，结合2019年省对福州市绩效考评情况，对指标排名后三位、公众评议落后、察访核验发现问题涉及的市直牵头单位进行约谈。

（林榕捷）

## 政务公开

【概况】 2020年，福州市各级政府及其工作部门主动公开政府信息13985条，依申请公开1749条，市政府门户网站访问量5320.41万人次。浙江大学公布的《2020年中国政府网络透明度指数评估报告》，福州市政府透明度位居省会（含副省）城市和计划单列市第七位。通过“福州发布”发布政务微博，微博信息5383条，粉丝数近90.4万人，总阅读数7263.85万人次。年末福州市各级档案局（馆）政府信息公共查阅场所累计接收、保存政府信息公开单位报送的政府公开信息15449条（份）。年内福州市政府办公厅获评为全省政务公开优秀单位。

【用权公开】 权力配置信息公开 2020年，福州市结合市级机构改革后各部门职责调整变化情况，实行市、县两级同步开展行政审批服务事项标准化，推动市直和各县（市）区直部门结合“权责清单”梳理工作，依据省级行政审批和服务事项参考目录，编制全市通用的行政审批和公共服务事项目录，统一规范标准化办事指南，实现市、县、乡三级政务服务事项基本目录标准化。通过对接省网上办事大厅，统一提供权责清单查询，企业、群众可在福州市及所属县（市）区的各个分厅查询、办理有关事项。

基层政务公开标准化规范化 印发《关于全面推进基层政务公开标准化规范化工作的通知》，推进本级政府政务公开事项标准目录编制。26个试点领域涉及到19家市直部门，按照时间节点出台标准目录落实意见。各县（市）区对照上级部门制定的政务公开标准，编制公开事项目录、公开标准和公开流程，逐一核对“公开事项”“事项内容”，并在县（市）区政府网站公开。年内省政府办公厅对全省基层政务公开“两化”工作开展第三方评估，福清市、鼓楼区、台江区、马尾区、晋安区、仓山区进入全省前十。

政务信息管理 2020年，福州市开展4次专项清理不符合、不适应推动福州发展的规范性文件。开展食品药品安全领域规章、规范性文件清理，梳理相关规范性文件10件，其中拟废止2件，拟修改5件。开展不符合《优化营商环境条例》规章、规范性文件清理，梳理出规章、规范性文件及其他政策文件612件，其中拟继续有效文件418件、已废止文件150件、已修改文件1件、拟废止文件28件、拟修改文件15件。开展野生动物保护规章、规范性文件专项清理，审核汇总县（市）区政府和市直相关部门报送的清理意见37条。梳理10部行政法规、52件国务院规范性文件，未发现存在与党中央、国务院关于野生动物保护的有关精神以及相关法律要求不衔接的规定。开展民法典涉及地方性法规、规章和规范性文件清理，梳理出文件1839件，涉及民法典需清理的规范性文件23件，其中拟废止文件9件、拟修改文件14件。

【政策解读】 “六稳”“六保”政策解读 2020年，福州市政府门户网站发布政策解读资料324篇，其中文字解读307篇、图片解读14篇、视频解读3篇。设立“六稳”“六保”专栏，发布相关信息、政策151条。

回应社会关切 拓宽舆情发现渠道，开展涉榕网络舆情的收集、研判、报送和处置工作，对重大突发敏感事件、关系群众切身利益问题和社会舆论热点等舆情信息的收集、上报和态势研判。制定网络舆情突发应急处置预案，健全和完善网络舆情收集报送和反馈工作机制。在市政府门户网站《提案办理》专栏发布人大代表建议办理139件，政协委员提案办理91件。

政策解读效果 通过市政府网站视频直播方式，邀请市直单位领导对公众普遍关心和涉及公众切身利益的经济建设、社会事业、百姓生活等方面热点问题及相关政策进行宣传解读。年内发布在线访谈100期，新闻发布会24场。

【营商环境信息公开】 2020年，福州市按照《福州市市场监督管理局行政执法公示规定》，对违反法律法规的行政处罚案件，确保行政处罚信息的公示率、及时率和准确率100%，全年向社会公示行政处罚案件2450件。定期梳理审批事项办事指南，将后置许可相关信息抄告后置许可部门，并落实告知承诺制，告知承诺信息及时公示至福州信用中心。行政审批许可信息及时在国家企业信用信息公示系统、福州信用中心、各级市场监管局官网公示。实施企业标准自我声明公开和监督制度。全市有1490家企业公开10032项标准，涵盖18998种产品。提高办事指南准确度，实现指南公开零错误，97.47%的事项达到省网上办事大厅三星级以上（含三星级）标准，实现在线预审、在线办理。年内福州市本级累计受理业务1105.6万件，其中通过线上渠道申报662万件，网上申报率59.9%，比上年提高37%。推出企业、个人全生命周期“打包办”主题政务服务，推出103组事项，其中企业全生命周期事项89组，个人全生命周期事项14组，精简材料1527份，压缩审批时限2077天，减少办理环节1231个。

【公共卫生信息公开】 2020年，福州市在市政府门户网站开设《统筹疫情防控和经济社会发展》专栏，发布疫情信息。及时办理收到的政府信息公开申请，在规定时限向申请人作出反馈，除公开后将损害公共利益、侵犯他人合法权益等法定禁止公开情形外，最大限度向申请人提供相关信息。防疫信息发布等内容参见抗击新冠肺炎疫情专辑。

【政务公开制度建设】 2020年，福州市有政府信息公开单位535家，专职工作人员40人，兼职工作人员571人。细化政府信息公开申请登记、审核、办理、答复、归档流程，及时对政府信息公开成员单位开展业务培训和重点解读，提升政府信息公开申请办理工作质量。建成覆盖福州市55家市直单位网站和12个县（市）区政府网站的高聚合度政府网站群，完成福州市人民政府网站IPv6升级改造。印发《关于加强全市政务新媒体建设管理工作的通知》，督促全市开展2次政务新媒体自查整改，规范政务新媒体的开设、注销、备案工作。全年“@福州发布”政务微博发布微博信息5383条，获网友转发、评论、点赞7.08万次，粉丝数90.4万人，总阅读数7263.85万人次。在《人民日报》和新浪微博联合发布《人民日报·政务指数微博影响力报告》中，“@福州发布”连续10个季度位居福建十大党政新闻发布微博第一位。在市政府门户网站公开供电、公交、自来水、燃气等领域的公告公示、便民信息等。全年各级各部门组织开展17场政府信息公开工作业务培训，参训人员700人次。

表15　　2020年福州市主动公开政府信息情况

单位：件

| 第二十条第（一）项 | | | |
|---|---|---|---|
| 信息内容 | 新制作数量 | 新公开数量 | 对外公开总数量（2019年起） |
| 规章 | 15 | 15 | 28 |
| 规范性文件 | 484 | 484 | 827 |

续表

| 第二十条第（五）项 | | | |
|---|---|---|---|
| 信息内容 | 上一年项目数量 | 本年增/减 | 处理决定数量 |
| 行政许可 | 1288 | +1902 | 968257 |
| 其他对外管理服务事项 | 1083 | -227 | 568994 |
| 第二十条第（六）项 | | | |
| 信息内容 | 上一年项目数量 | 本年增/减 | 处理决定数量 |
| 行政处罚 | 7954 | +2033 | 48802 |
| 行政强制 | 140 | +44 | 14867 |
| 第二十条第（八）项 | | | |
| 信息内容 | 上一年项目数量 | 本年增/减 | |
| 行政事业性收费 | 238 | +173 | |
| 第二十条第（九）项 | | | |
| 信息内容 | 采购项目数量 | 采购总金额 | |
| 政府集中采购 | 7196 | 2590716940.31 元 | |

表 16　2020 年福州市收到和处理政府信息公开申请情况

单位：条

<table>
<tr><td colspan="3" rowspan="3">（本列数据的勾稽关系为：第一项加第二项之和，等于第三项加第四项之和）</td><td colspan="7">申请人情况</td></tr>
<tr><td rowspan="2">自然人</td><td colspan="5">法人或其他组织</td><td rowspan="2">总计</td></tr>
<tr><td>商业企业</td><td>科研机构</td><td>社会公益组织</td><td>法律服务机构</td><td>其他</td></tr>
<tr><td colspan="3">一、本年新收政府信息公开申请数量</td><td>2025</td><td>33</td><td>1</td><td>8</td><td>7</td><td>15</td><td>2089</td></tr>
<tr><td colspan="3">二、上年结转政府信息公开申请数量</td><td>57</td><td>0</td><td>0</td><td>0</td><td>0</td><td>1</td><td>58</td></tr>
<tr><td rowspan="10">三、本年度办理结果</td><td colspan="2">（一）予以公开</td><td>626</td><td>15</td><td>0</td><td>5</td><td>4</td><td>11</td><td>661</td></tr>
<tr><td colspan="2">（二）部分公开（区分处理的，只计这一情形，不计其他情形）</td><td>209</td><td>0</td><td>0</td><td>0</td><td>1</td><td>1</td><td>211</td></tr>
<tr><td rowspan="8">（三）不予公开</td><td>1. 属于国家秘密</td><td>7</td><td>0</td><td>0</td><td>0</td><td>0</td><td>0</td><td>7</td></tr>
<tr><td>2. 其他法律行政法规禁止公开</td><td>13</td><td>0</td><td>0</td><td>0</td><td>0</td><td>0</td><td>13</td></tr>
<tr><td>3. 危及“三安全一稳定”</td><td>0</td><td>0</td><td>0</td><td>0</td><td>0</td><td>0</td><td>0</td></tr>
<tr><td>4. 保护第三方合法权益</td><td>22</td><td>1</td><td>0</td><td>0</td><td>0</td><td>0</td><td>23</td></tr>
<tr><td>5. 属于三类内部事务信息</td><td>42</td><td>0</td><td>0</td><td>0</td><td>0</td><td>0</td><td>42</td></tr>
<tr><td>6. 属于四类过程性信息</td><td>44</td><td>2</td><td>0</td><td>0</td><td>0</td><td>0</td><td>46</td></tr>
<tr><td>7. 属于行政执法案卷</td><td>8</td><td>0</td><td>0</td><td>0</td><td>0</td><td>0</td><td>8</td></tr>
<tr><td>8. 属于行政查询事项</td><td>4</td><td>3</td><td>0</td><td>0</td><td>0</td><td>0</td><td>7</td></tr>
</table>

续表

| （本列数据的勾稽关系为：第一项加第二项之和，等于第三项加第四项之和） | | | 申请人情况 | | | | | | |
|---|---|---|---|---|---|---|---|---|---|
| | | | 自然人 | 法人或其他组织 | | | | | 总计 |
| | | | | 商业企业 | 科研机构 | 社会公益组织 | 法律服务机构 | 其他 | |
| 三、本年度办理结果 | （四）无法提供 | 1. 本机关不掌握相关政府信息 | 797 | 8 | 1 | 2 | 2 | 2 | 812 |
| | | 2. 没有现成信息需要另行制作 | 63 | 1 | 0 | 1 | 0 | 0 | 65 |
| | | 3. 补正后申请内容仍不明确 | 17 | 2 | 0 | 0 | 0 | 0 | 19 |
| | （五）不予处理 | 1. 信访举报投诉类申请 | 15 | 0 | 0 | 0 | 0 | 0 | 15 |
| | | 2. 重复申请 | 38 | 0 | 0 | 0 | 0 | 0 | 38 |
| | | 3. 要求提供公开出版物 | 0 | 0 | 0 | 0 | 0 | 0 | 0 |
| | | 4. 无正当理由大量反复申请 | 46 | 0 | 0 | 0 | 0 | 0 | 46 |
| | | 5. 要求行政机关确认或重新出具已获取信息 | 6 | 0 | 0 | 0 | 0 | 0 | 6 |
| | （六）其他处理 | | 71 | 1 | 0 | 0 | 0 | 2 | 74 |
| | （七）总计 | | 2028 | 33 | 1 | 8 | 7 | 16 | 2093 |
| 四、结转下年度继续办理 | | | 54 | 0 | 0 | 0 | 0 | 0 | 54 |

表 17　　2020 年福州市政府信息公开行政复议、行政诉讼情况

单位：件

| 行政复议 | | | | | 行政诉讼 | | | | | | | | | |
|---|---|---|---|---|---|---|---|---|---|---|---|---|---|---|
| | | | | | 未经复议直接起诉 | | | | | 复议后起诉 | | | | |
| 结果维持 | 结果纠正 | 其他结果 | 尚未审结 | 总计 | 结果维持 | 结果纠正 | 其他结果 | 尚未审结 | 总计 | 结果维持 | 结果纠正 | 其他结果 | 尚未审结 | 总计 |
| 23 | 13 | 2 | 7 | 45 | 12 | 6 | 1 | 10 | 29 | 13 | 0 | 2 | 5 | 20 |

（林金庭　林旭）

## 行政（市民）服务中心

【概况】　2020 年，福州市行政服务中心入驻 44 个单位，受理 1908 项行政审批服务事项，受理各类申请 33.68 万件，当场办结 20.21 万件，当场办结率 61%。福州市市民服务中心入驻 39 个单位，提供 415 项行政审批和公共服务事项，其中 255 个事项可实现当场办结，全年受理各类申请 117.41 万件，日均受理 3208 件。福州市公共资源交易服务中心全年累计交易项目 18816 个，交易总额 1135.16 亿元，其中政府采购交易项目 1188 个，交易额 21.57 亿元；网上超市交易项目 16952 个，交易额 3.62 亿元；工程建设项目招标投标交易项目 563 个，交易额 335.22 亿元；土地使用权出让交易数 78 个，交易额 772.80 亿元；探矿权出让交易项目 1 个，交易额 0.012 亿元；国有产权交易项目 34 个，交易额 1.94 亿元。

【互联网+政务服务】　“最多跑一趟”改革　2020 年，福州市市级“最多跑一趟”事项占比 97.86%，其中“一趟不用跑”事项由 57.23% 提高到 71.69%。所有入驻市行政（市民）服务中心事项平均办理承诺时限压缩至法定时限的 20% 以内，“即办件”事项比例提高到近 40%。推出“榕证通”免费双向快递服务，所有申请人通过网上办事均可享受全国双向快递免费服务。

网上办理服务　97.47%事项达到省网上办事大厅三星级以上（含三星级）标准，实现在线预审、在线办理。全年市级累计受理业务674.9万件，其中通过线上渠道申报393.3万件，网上申报率58.27%。

智能“秒批”服务　在全省率先推出26项行政审批事项智能“秒批”服务，申请人在网上提交材料，后台由机器自动审批，全程“受理零窗口、审查零人工、领证零上门”。通过改革，这些“秒批”事项申请材料由原来81份减至14份，下降82.7%。事项平均实际办理时长由原来5个小时缩短至3秒，实现办事“一趟不用跑”。

【审批服务便民化】　“打包办”主题政务服务　2020年，福州市在全省率先推出企业、个人全生命周期“打包办”主题政务服务，围绕法人和个人全生命周期每阶段的“一件事”，推行跨部门事项打包联办。推出103组“打包办”事项，其中新设企业、投资置业、经营变更、市场退出等企业全生命周期事项89组；新生儿出生、就业、结婚、置业、就医、退休等个人全生命周期事项14组。通过“打包办”服务改革，累计精简材料1527份，压缩审批时限2077天，减少办理环节1231个。

“e福州”便民服务　在全市各大商超、社区、车站、便利店、药店等人流密集场所部署“e福州”自助服务终端230台，实现交通罚没、公积金提取、不动产登记等107个便民事项自助办理。户政、医保、社保、市民卡、公积金等97个便民事项可同步在“e福州”APP上办理。

“全城通办”服务　将过去需要按照属地原则、在指定行政服务中心办理的事项，变为市民和企业按照就近原则、自主选择最方便的行政服务中心办理。全年推出17个“全城通办”事项，涉及卫生健康、人社等部门，涵盖护士执业注册、医师多机构执业备案、母婴保健人员许可等范围。

【公共资源交易】　年度保证金信用贷款服务　2020年，福州市参与工程建设招投标企业可以采用以信用作为抵押的方式，从银行获得贷款用于缴存年度投标保证金，全年为96家投标企业提供4800万元贷款。

电子保函　在各县（市）区分中心统一部署上线建设工程电子保函服务平台，与兴业银行、上海浦东发展银行、汇友财产相互保险社、浙江稠州商业银行、福建省建设银行、厦门国际银行等合作提供电子保函服务。全年应用电子保函的投标企业1.45万家/次，释放保证金45.19亿元。

远程异地评标　出台《福州市工程建设招投标远程异地评标暂行办法》，开展市（县）两级远程异地评标，完成全省首例跨省远程异地评标及通过省公共资源交易远程异地评标调度系统开展的工程总承包项目评标工作，年内完成97个远程异地评标项目。

（吴梦倩）

## 机关事务管理

【概况】　2020年，福州市机关事务管理局（简称福州市机关局）完成330余场次市级会议服务保障。对全市市直单位和各县（市）区办公用房房屋结构安全隐患排查整治落实情况进行督导检查。完成市领导及机关干部调研、督查、扶贫、走访慰问、应急救灾等集中公务出行保障1131辆/次，为108家市直单位集中派出车辆12843辆/次，安全行驶137.41万千米。

【财务管理】　2020年，福州市机关局主动公开2019年度财政决算，加强公务用车配置、会议差旅、公务接待及一般性支出等各项行政经费审核监管，压缩一般性和“三公”经费支出，完成市委办公厅、市政府办公厅等21家财务代管单位的工资、公积金、医保支出和项目经费保障。

【公共机构节能】　2020年，福州市机关局对全市99家公共机构开展垃圾分类检查，检查结果纳入市直单位绩效考核。到各县（市）区调研机关单位合同能源管理、餐厨垃圾处理设备等。指导各县（市）区、市直各单位开展节能宣传周相关活动，组织9家单位申报国家级节约型公共机构示范单位并成功获评。配合市政府办公厅对“十三五”各县（市）区目标完成情况和措施落实情况进行评估，完成2019年度公共机构节约能源资源消费总量和强度“双控”目标考核工作以及市属2446家公共机构能耗数据统计。10月，福州市机关局通过全国公共机构能效领跑者国家级评价验收组实地验收。

【办公用房管理】　2020年，福州市机关局成立4个督导组，对全市市直单位和各县（市）区办公用房房屋结构安全隐患排查整治落实情况进行督导。将鉴定为D级危房的西洋路14号房屋清人封房，移交市土发中心收储。全面摸底市直办公用房情况，核实完善市直办公用房数据。结合市纪委“1+X+Y”工作，对2个市直单位、2个县（市）区直单位、34个乡（镇、街）的191间领导干部办公用房进行专项督查，实现市直各主管单位及各乡（镇、街）首轮办公用房督查全覆盖。

【公务接待】　2020年，福州市机关局公务接待任务589批次7601人，其中党和国家领导人接待任务4批次、107人，国家部委接待任务115批次、1398人，外省及兄弟城市考察团125批次、2050人，港、澳、台及华人华侨接待任务2批次、245人，外国政党及友好团体接待任务4批次、46人，企业考察团接待任务61批次、724人，大型活动接待任务31批次、1172人，部队考察团接待、协助省重要接待、来宾接送、市委市政府邀请的专家学者接待等其他公务接待任务247批次、1859人。

【会议会务管理】　2020年，福州市机关局完成第三届数字中国建设峰会、第八届海峡青年节、2020中国（福州）国际渔业博览会、中国航天大会、全国青年企业家峰会、“9·8”贸洽会、“吴清源杯”围棋赛等多场高规格、高频次大型

2020年2月21日，福州开通全国首趟扶贫定制免费返岗复工专列，接回519名定西籍务工人员　（市人社局　供）

会议会务保障。在第三届数字中国建设峰会保障工作中，承担86位峰会重要嘉宾“一对一”接待任务分工、“一对一”接待手册编制、重要嘉宾信息收集跟踪、“一对一”接待动员部署暨培训大会以及25场次省、市领导与重要嘉宾的签约、会见、会谈、餐叙活动。

【乌山机关大院和东部办公区管理】 2020年，福州市机关局以乌山机关大院和东部办公区安全管理作为重点，与市委政法委、市信访局、属地公安机关等单位联动，妥善处置群体性上访。东部办公区打造以人脸识别门禁为核心的信息化防控系统，实现入口门禁、视频监控抓拍、可信数字身份识别等系统联动。乌山机关大院实施机关第一食堂改造、1号楼电房高压供电改造、党群楼电梯维修改造、停车场加盖钢结构顶棚及环形车道等项目。

【“数字乌山”系统建设】 2020年，福州市机关局启动“数字乌山”二期项目建设，搭建以办公用房管理平台为重点的框架设计，初步实现以东部办公区2号楼为原型的系统建设，10月27日通过可研评审。乌山机关大院利用“数字乌山”一期建设成果，用数字化、信息化手段开展园区智能化管理，构建园区数字安全防线，实现周界安全事件报警、人脸门禁控制、物业线上维修申请等功能，年内“数字乌山”小程序轻松实现访客邀请、刷脸支付、在线充值、一键挪车等便捷服务。

【疫情防控】 2020年新冠肺炎疫情期间，福州市机关局每日近500名一线后勤服务保障人员在岗保障。一级响应期间，每日对乌山机关大院、东部办公区等开展防疫消杀2~3次。严禁非公务车辆和人员进入办公区，办公区入口处设置体温监测点。实行分散用餐、就近用餐。2—3月市直公车平台采取轮班备勤保证每天30名驾驶员在岗，保证疫情防控公务出行需求。配合医疗机构开展救护车辆捐赠接收和更新工作，完善抗“疫”医疗硬件设施。成立专项督查领导小组，深入各机关事业单位监督指导防疫消杀工作。对全市74家公共机构组织开展制止餐饮浪费专项督查，并将其纳入节约型机关创建内容。

（翁夏菁）

## 人事人才工作

【概况】 2020年，福州市新增享受国务院政府特殊津贴6人、国家级博士后科研工作站5家、省“雏鹰计划”青年拔尖人才2人、省引进高层次ABC类人才213人、省工科类专业人才1015人、市“双一流”高校毕业生1702人。入选市级及以上人才项目约1.2万人。

【人才工作】 2020年，福州市采取措施，推进闽都人才高地建设。

引才政策　出台《福州市高层次人才七条支持措施》，延续原有的“引才八条措施”，向引进到福州市工作的高层次人才提供180万元、130万元、100万元人才共有产权住房，5万元引荐奖励及个税奖励等3个方面配套政策。出台《福州市实施乡村战略乡村人才振兴专项小组工作方案》，分解细化乡村人才振兴各项重点工作任务。配合出台《进一步降低落户条件壮大人口规模若干措施》，全面放开落户限制，实现落户、投靠“零门槛”，提供落户地址多样化选择，增加人口总量。推动福州留学人员创业园招才引智工作。5 月，滨海新城分园引进市人才集团服务团队，为入驻企业提供一站式服务平台。留创园（含滨海新城分园）新引进企业 10 家，全市在孵企业 52 家（累计入驻企业 109 家），服务留学回榕创业人员 300 余人，聚集国家级和省级人才 32 人。

高层次人才服务　人才申报首次实现全程网办“零见面”。建设人才公租房网上申报平台，通过共享人社、公安、卫健、民政等部门数据，实现“办事零材料、一趟不用跑”。审核人才公共租赁住房保障家庭 C、D 型资格、安居型商品住房保障家庭购房资格 1.3 万户，市级酒店式人才公寓入住资格 104 名。人才公租房网上申报平台被市大数据委列入福州市 2020 年度政务数据资源共享开放亮点应用场景之一。开展市、县两级人才驿站建设，为首批 12 家市级人才驿站授牌，发布微信小程序“榕 e 人才驿站”。开展人才政策宣讲 18 场、服务各类人才近 5000 人、企业 300 余家。

**【事业单位人事管理】**　事业单位招聘　2020 年，福州市共批复中小学教师专项招聘计划 708 人（其中：市属 318 人、县区 390 人）、卫健系统招聘计划 1465 人（其中：市属 771 人、县区 694 人）、高校自主招聘计划 209 人、其他市属单位自主招聘 30 人以及县区自主招聘计划 318 人。开展 2020 年福州市事业单位统一招聘工作，征集全市事业单位统一招聘考试岗位 764 个（其中：市属事业单位岗位 226 个、县区岗位 538 个）。开展 2020 年度福州市事业单位面向定西招聘工作人员，征集 40 家事业单位面向定西招聘 44 名建档立卡贫困户未就业高校毕业生。征集事业单位援藏岗位 11 个。全年事业单位公开招聘计划共计 3549 人。

职称制度改革　向福建省推荐高级职称评委 211 人。开展职称评审工作，委托职称评审 514 人，其中正高 125 人、副高 368 人、中级 18 人、初级 3 人。举办中高级评审会 26 场，参评 4734 人，其中副高 1789 人、中级 2607 人、初级 338 人。评审通过 4005 人，其中副高 1522 人、中级 2183 人、初级 300 人。开展二级建造师考后审核工作 4853 人，复核中发现虚假学历 5 人、外省中专学历无法提供认证的 22 人。勘察设计注册工程师考后审核 19 人、一级造价工程师考后审核 20 人、房地产估价师执业资格报名审核 51 人、药学（非临床）专业初中级技术任职资格考试报名审核 262 人。

岗位设置管理　使用“福建省机关事业单位人事管理平台”审核岗位账号权限变更 234 人次、核准岗位设置情况 231 家，人员认定 181 家，使用平台办理人员聘任备案 266 批次。线下批复 383 家县（市）区属事业单位，58 家市属事业单位调整、变更岗位。完成市属事业单位聘任备案 591 批次、调动核岗 99 批次、人员转岗核准 15 人、审核干部保健待遇 42 人。

卫技人才激励机制　开展疫情防控期间事业单位人事管理工作，相关内容参见抗击新冠肺炎疫情专辑。与市卫健委联合出台《关于改革完善全科医生培养与使用激励机制的实施意见》，对福州市重点发展的全科医生，采取优先晋职晋级、优先聘任等措施并在职称评聘上予以倾斜。推荐市一医院胡颖、市肺科医院卢筠免除卫生系列高级专业技术实践技能考试，参加 2020 年卫生系列正高级专业技术资格评审。

人事考试和职业（执业）资格考试　完成 8 场笔试和 3 场面试的考务组织工作，审核 16 项职业（执业）资格考试，发放各类资格考试合格证书 9951 本。

表彰奖惩　全市有 1 家先进集体和 13 名先进个人获国家级表彰，3 家先进集体和 14 名先进个人获国家部委表彰，35 家先进集体和 70 名先进个人获省级党委政府表彰，33 家先进集体和 201 名先进个人获省级工作部门表彰，80 家先进集体和 100 名先进个人获市级党委政府表彰，150 家先进集体和 360 名先进个人获县（市）区级党委政府表彰。开展“中国人民志愿军抗美援朝出国作战 70 周年”纪念章颁发对象信息统计工作，并颁发纪念章 499 枚。会同市委组织部、市卫健委等部门出台关心关爱疫情防控一线工作人员措施，对福州市 26 名援鄂援意医务人员予以记功奖励。对在 2019 年“抓项目促发展”项目年行动、第三届数字峰会、脱贫攻坚等重大专项工作方面作出显著成绩和贡献的事业单位工作人员和集体予以及时奖励，记大功 2 人；记功 25 人，集体 3 个；嘉奖 183 人，集体 9 个。受政纪处分 62 人次、受党纪处分 127 人次。

表 18　**2020 年福州市获省级工作部门及以上先进集体表彰情况**

| 序号 | 表彰项目 | 表彰对象 |
| --- | --- | --- |
| 1 | 全国税务系统先进集体 | 国家税务总局福州市台江区税务局第一税务分局（办税服务厅） |
| 2 | 全国邮政行业先进集体 | 福州顺丰速运有限公司鼓楼区琴亭路分公司 |
| 3 | 全国农民工工作先进集体 | 福建省福州市人力资源和社会保障局 |
| 4 | 全省林业系统先进集体 | 永泰县盖洋林业工作站 |
| 5 | | 连江县林业局 |
| 6 | | 福州市长乐区林业局 |
| 7 | | 福州市森林资源管理中心站 |
| 8 | 全省广播电视系统先进集体 | 福州市广播电视局 |

续表

| 序号 | 表彰项目 | 表彰对象 |
|---|---|---|
| 9 | 全省党校（行政学院）系统先进集体 | 中共罗源县委党校（行政学校） |
| 10 | 全省红十字会系统先进集体 | 永泰县红十字会 |
| 11 | | 罗源县红十字会 |
| 12 | 全省人防系统先进集体 | 福州市长乐区人民防空办公室 |
| 13 | 全省档案系统先进集体 | 闽侯县档案馆 |
| 14 | 全省交通运输系统先进集体 | 福州市公路事业发展中心 |
| 15 | | 福清市交通运输局 |
| 16 | | 闽清县交通运输局 |
| 17 | | 福州市交通建设集团有限公司 |
| 18 | 全省供销合作社系统先进集体 | 福州市供销合作社联合社 |
| 19 | | 福清市供销合作社联合社 |
| 20 | | 闽清县海西汇农果蔬专业合作社 |
| 21 | 全省统战系统先进集体 | 中共福州市委统战部 |
| 22 | | 中共福清市委统战部 |
| 23 | | 中共福州市鼓楼区委统战部 |
| 24 | | 中共福州市晋安区委统战部 |
| 25 | 全省机关工委系统先进集体 | 中共福州市委市直机关工委 |
| 26 | | 中共福州市鼓楼区委区直机关工委 |
| 27 | 全省宣传系统先进集体 | 中共福州市委宣传部办公室 |
| 28 | | 中共福州市晋安区委宣传部 |
| 29 | | 中共福州市长乐区委宣传部 |
| 30 | | 中共福清市委宣传部 |
| 31 | 全省农业农村系统先进集体 | 福州市农业综合执法支队 |
| 32 | | 福州市畜牧站 |
| 33 | | 福清市农业综合执法大队 |
| 34 | | 仓山区农村合作经济经营站 |
| 35 | | 闽清县农业综合执法大队 |
| 36 | | 永泰县农业农村局 |

说明：全国、福建省抗击新冠肺炎疫情先进集体名单见抗击新冠肺炎疫情专辑

表 19　　2020 年福州市获省级工作部门及以上先进个人表彰情况

| 序号 | 表彰项目 | 表彰对象 |
|---|---|---|
| 1 | 全国劳动模范 | 林玉登（福建上润精密仪器有限公司工模中心副主任，高级技师） |
| 2 | | 罗祥英（福建东飞环境集团有限公司河道保洁管理员） |
| 3 | | 赖友华（中建海峡建设发展有限公司副总经理，高级工程师） |
| 4 | | 赵武丽（福州高意通讯有限公司研发技术经理） |
| 5 | | 黄水儿（福建奔驰汽车有限公司生产管理部总监，高级工程师） |
| 6 | | 卓明华（福州大饭店有限公司餐饮技术总监，高级技师） |

续表

| 序号 | 表彰项目 | 表彰对象 |
|---|---|---|
| 7 | 全国劳动模范 | 刘用辉（盛辉物流集团有限公司董事局主席兼总裁，高级经济师） |
| 8 | 全国先进工作者 | 陈晓红（福建省福州肺科医院结核科主任，主任医师） |
| 9 | | 王豪杰（福清市委教育工委书记，福清市教育局党组书记、局长） |
| 10 | | 陈明月（福州市公安局鼓楼分局刑事侦查大队副大队长、二级警长） |
| 11 | 全国交通运输系统先进工作者 | 林晓威（福州市福清公路事业发展中心主任） |
| 12 | 全国建材行业劳动模范 | 董伟东（福建省大地管桩有限公司品管部经理） |
| 13 | 全国物流行业劳动模范 | 陈于凡（盛丰物流集团有限公司副总裁） |
| 14 | | 赖兆华（盛辉物流集团有限公司运营部经理） |
| 15 | 全国物流行业先进工作者 | 程圣焜（福州市商务局物流工作处副处长） |
| 16 | 全国邮政行业劳动模范 | 池菊香（中国邮政集团有限公司福建省闽清县分公司上莲支局投递员） |
| 17 | 全国优秀农民工 | 禄　刚（福建盛辉物流集团有限公司仓储部装车组搬运工） |
| 18 | | 罗秋平（福建省福州市鼓楼区五凤街道龙泉社区垃圾分类卫生工） |
| 19 | | 汪小毛（福建经纬集团有限公司一纺车间细纱教练） |
| 20 | | 陈满库（飞毛腿<福建>电子有限公司第五事业部 NB 管理中心 NB 制造部 240 车间组长） |
| 21 | | 班华彬［捷星显示科技（福建）有限公司仓储部基座组叉车教练］ |
| 22 | | 谢用福（福建省永泰县石竹兔业农民专业合作社负责人） |
| 23 | | 陈友辉（福建永荣锦江股份有限公司锦纺丝二部组件班长） |
| 24 | | 陈　瑞（福建飞毛腿动力科技有限公司制造中心制造部车间管理课管理组培训专员） |
| 25 | 全省林业系统先进工作者 | 廖尧全（福州市晋安区自然资源和规划局党组成员、副局长） |
| 26 | | 赖智如（永泰藤山省级自然保护区管理处主任、工程师） |
| 27 | | 刘志明（闽清县林业局金沙林业工作站副站长） |
| 28 | | 许希健（闽侯县林业局办公室主任） |
| 29 | | 刘信朝（福州市长乐区林权登记管理中心主任、工程师） |
| 30 | | 叶毅赟（罗源县林业局办公室负责人、工程师） |
| 31 | | 李云峰（福清市自然资源和规划局营林站负责人、工程师） |
| 32 | | 郑起连（连江县森林病虫害防治检疫站副站长、高级工程师） |
| 33 | | 吴禹杰（福州市森林病虫害防治检疫站工程师） |
| 34 | | 梁诗强（福建省罗源国有林场营造林科技股股长、工程师） |
| 35 | 全省广播电视系统先进工作者 | 林　忠（闽侯县广播电视事业发展中心事业科科长、技师） |
| 36 | | 徐祚斌（连江县广播电视事业发展中心副主任） |
| 37 | | 许小龙（闽清县广播电视事业发展中心<广播电视台>台长、工程师） |
| 38 | | 朱德灿（永泰县广播电视发展中心主任） |
| 39 | 福建省优秀教师 | 林　萍（闽江学院） |
| 40 | | 李　为（福州外语外贸学院） |
| 41 | | 杜　云（阳光学院） |
| 42 | | 陈栋桦（福州职业技术学院） |

续表

| 序号 | 表彰项目 | 表彰对象 |
| --- | --- | --- |
| 43 | 福建省优秀教师 | 李瑞兴（闽江师范高等专科学校） |
| 44 | | 许秀亮（福州第二中学） |
| 45 | | 黄炳锋（福州第三中学） |
| 46 | | 高春丽（福州第四中学桔园洲中学） |
| 47 | | 黄鹭芳（福州格致中学） |
| 48 | | 李碧珍（福州江南水都中学） |
| 49 | | 张　婧（福州第十六中学） |
| 50 | | 杨秀珍（福州第十九中学） |
| 51 | | 郑振宁（福州高级中学） |
| 52 | | 艾振斌（福州文博中学） |
| 53 | | 蔡宗胜（福州教育学院附属第一小学） |
| 54 | | 李　旭（福州教育学院附属第二小学） |
| 55 | | 杨　杰（福州市聋哑学校） |
| 56 | | 林伟锋（福州市儿童学园） |
| 57 | | 郑　华（福州机电工程职业技术学校） |
| 58 | | 蔡洪亮（福州商贸职业中专学校） |
| 59 | | 蔡　琤（福州延安中学） |
| 60 | | 王国韬（福州市鼓楼第一中心小学） |
| 61 | | 金　亮（福州市鼓楼第二中心小学） |
| 62 | | 欧林铃（福州市旗汛口幼儿园） |
| 63 | | 阮文宇（福州市台江实验小学） |
| 64 | | 陈　怡（福州市台江区滨江幼儿园） |
| 65 | | 林雪珊（福州市台江区教师进修学校） |
| 66 | | 朱　娟（福州第十二中学） |
| 67 | | 林　挺（福州第三十中学） |
| 68 | | 林　群（福州市麦顶小学） |
| 69 | | 陈晓芹（福州市义序中心小学） |
| 70 | | 任将英（福州市仓山区第一中心幼儿园） |
| 71 | | 李新华（福州市仓山区教师进修学校） |
| 72 | | 黄　勇（福州第七中学） |
| 73 | | 陈赞招（福州第十中学） |
| 74 | | 陈雪玲（福州市宦溪初级中学） |
| 75 | | 林　媚（福州市晋安区第三中心小学） |
| 76 | | 刘伟群（福州市晋安区教师进修学校附属幼儿园） |
| 77 | | 李健生（福州市亭江中学） |
| 78 | | 陈秀锦（福州市魁岐小学） |
| 79 | | 任翠琳（福州经济技术开发区幼儿园） |
| 80 | | 蔡　奋（长乐第一中学） |

续表

| 序号 | 表彰项目 | 表彰对象 |
|---|---|---|
| 81 | 福建省优秀教师 | 郑　宇（长乐第四中学） |
| 82 | | 邵辉琴（长乐第七中学） |
| 83 | | 石锦惠（长乐华侨中学） |
| 84 | | 林钟钦（福州市长乐区实验小学） |
| 85 | | 陈雅琴（福州市长乐区金峰中心小学） |
| 86 | | 王鸿佛（福州市长乐区漳港中心小学） |
| 87 | | 林　峰（福州市长乐区古槐中心幼儿园） |
| 88 | | 严　丽（长乐职业中专学校） |
| 89 | | 郭纪萌（福州市长乐区教师进修学校） |
| 90 | | 倪彬彬（福清第一中学） |
| 91 | | 林心松（福清华侨中学） |
| 92 | | 董光辉（福清第二中学） |
| 93 | | 何宇坚（福清第三中学） |
| 94 | | 陈金松（福清市滨江初级中学） |
| 95 | | 何万基（福清市芦华初级中学） |
| 96 | | 周秋强（福清市华南初级中学） |
| 97 | | 肖宇鹏（福建师范大学附属福清德旺中学） |
| 98 | | 陈　敏（福清市瑞亭小学） |
| 99 | | 刘筱婷（福清市崇文小学） |
| 100 | | 李　斌（福清市滨江小学） |
| 101 | | 方贤彬（福清市宏路中心小学） |
| 102 | | 陈茂银（福清市占泽中心小学） |
| 103 | | 施海英（福清市前林中心小学） |
| 104 | | 何文云（福清市临江中心小学） |
| 105 | | 王远游（福清市虎邱中心小学） |
| 106 | | 陈爱琴（福清市龙山中心小学） |
| 107 | | 陈巧琴（福清市龙田中心幼儿园） |
| 108 | | 许林民（闽侯县第一中学） |
| 109 | | 余　杰（闽侯县第二中学） |
| 110 | | 叶贵旺（闽侯县第四中学） |
| 111 | | 林晨华（闽侯县大义中学） |
| 112 | | 汪家震（闽侯南通初级中学） |
| 113 | | 潘　琼（闽侯县实验小学） |
| 114 | | 张　琦（闽侯县祥谦小学学区闽江小学） |
| 115 | | 陈美玲（闽侯县上街小学学区联心幼儿园） |
| 116 | | 林碧清（闽侯县职业中专学校） |
| 117 | | 卓江蛟（连江第一中学） |
| 118 | | 邱圣丹（福州一中贵安学校） |

续表

| 序号 | 表彰项目 | 表彰对象 |
| --- | --- | --- |
| 119 | 福建省优秀教师 | 林　琦（连江第三中学） |
| 120 | | 翁　光（连江县道沃中学） |
| 121 | | 王晓芳（连江县实验小学） |
| 122 | | 林　枫（连江县教师进修学校第二附属小学） |
| 123 | | 叶　奋（连江县东湖中心小学） |
| 124 | | 黄春云（连江县教师进修学校） |
| 125 | | 詹善敬（闽清县第一中学） |
| 126 | | 黄声颖（闽清县省璜初级中学） |
| 127 | | 李晓铭（闽清县下祝初级中学） |
| 128 | | 张宏梅（闽清县城关小学） |
| 129 | | 钱　玲（闽清县白中镇中心小学） |
| 130 | | 陈国杨（罗源第二中学） |
| 131 | | 郑　星（罗源县白塔中学） |
| 132 | | 尤凌俊（罗源县松山中学） |
| 133 | | 李　霞（罗源县教师进修学校附属小学） |
| 134 | | 兰海华（罗源县霍口中心小学） |
| 135 | | 杨仁城（永泰县第二中学） |
| 136 | | 林彩平（永泰县霞拔中学） |
| 137 | | 柯攸英（永泰县城南小学） |
| 138 | | 方齐珍（永泰县盘谷中心小学） |
| 139 | | 黄　珊（永泰县岭路中心小学） |
| 140 | | 吴心敏（福州高新区南屿江口小学） |
| 141 | 福建省优秀教育工作者 | 廖素娟（福州外国语学校） |
| 142 | | 林进东（福州第十八中学） |
| 143 | | 郑广成（福州教育学院附属第三小学） |
| 144 | | 林　红（福州文教职业中专学校） |
| 145 | | 黄村玲（福州杨桥中学） |
| 146 | | 郑东秀（福州市台江第三中心小学） |
| 147 | | 林　萍（福州城门中学） |
| 148 | | 连圣宝（福州市鼓山中学） |
| 149 | | 胡克晶（福州第二十四中学） |
| 150 | | 郑其强（长乐第一中学） |
| 151 | | 陈忠长（福州市长乐区湖南中学） |
| 152 | | 余文斌（福清市岑兜中心小学） |
| 153 | | 黄榕炜（闽侯县上街实验学校） |
| 154 | | 林　兴（连江县第三实验小学） |
| 155 | | 王小清（闽清县实验幼儿园） |
| 156 | | 陈世春（罗源第三中学） |

续表

| 序号 | 表彰项目 | 表彰对象 |
|---|---|---|
| 157 | 福建省优秀教育工作者 | 郑亚男（永泰县实验幼儿园） |
| 158 | | 吴景萍（福州高新区第一中心小学） |
| 159 | 全省党校（行政学院）系统先进工作者 | 季仲明［中共福州市委党校（行政学院）在线教育处主任、讲师］ |
| 160 | | 林善炜［中共福州市委党校（行政学院）副教授］ |
| 161 | | 潘长春［中共福州市晋安区委党校（行政学校）副校长、高级讲师］ |
| 162 | | 林继壮［中共福清市委党校（行政学校）副校长、讲师］ |
| 163 | | 陈志刚［中共永泰县委党校（行政学校）副校长、高级讲师］ |
| 164 | 全省红十字会系统先进工作者 | 郑艳芳（永泰县红十字会常务副会长） |
| 165 | | 姚丽云（罗源县红十字会副会长） |
| 166 | 全省人防系统先进工作者 | 林茂乐（福州市人防办指挥通信处处长） |
| 167 | | 姚文修（福州市闽清县人民防空办公室主任） |
| 168 | 全省档案系统先进工作者 | 林香平（福州市委办公厅厅务会议成员、市档案局局长、市档案馆馆长） |
| 169 | | 温昭增（永泰县档案馆馆长） |
| 170 | 全省交通运输系统先进工作者 | 刘　涛（福州市道路运输综合服务中心出租车服务科副科长） |
| 171 | | 任恢国（福州市公路事业发展中心计划养护科科长、高级工程师） |
| 172 | | 叶新福（永泰县农村公路养护所专技人员、助理工程师） |
| 173 | | 陈　铖（福州市长乐区交通运输综合执法大队督查科科长、助理工程师） |
| 174 | | 魏小兵（福清市交通运输局办公室负责人） |
| 175 | | 罗胜林（福州市交通运输综合执法支队六大队副大队长） |
| 176 | | 李金天（福州市水路运输综合服务中心直属分中心高级工） |
| 177 | | 郑海英（福州市道路运输综合服务中心晋安分中心四级主任科员） |
| 178 | | 陈宗燕（福州新区交通建设有限责任公司董事长、总经理、高级工程师） |
| 179 | | 李德清（福州市公共交通集团有限责任公司 81 路公交车驾驶员） |
| 180 | 全省供销合作社系统先进工作者 | 董宗明（永泰县供销合作社联合社副主任） |
| 181 | | 郑伟泽（福州市长乐区供销合作社联合社合作指导科副科长） |
| 182 | | 郑伟强（福清市一都供销合作社主任） |
| 183 | | 方　荣（闽侯县白沙供销合作社主任） |
| 184 | | 徐敏武（闽清县白中供销合作社主任） |
| 185 | | 林发冰（闽清县塔庄供销合作社主任） |
| 186 | | 郭传昭（福建省福州干鲜果有限公司、福州日用杂品有限公司、福州市农业生产资料有限公司支部书记、总经理） |
| 187 | | 陈淑华（福州物资回收利用有限公司、福州土产棉麻有限公司、福州市供销社资产经营管理有限公司支部书记、总经理） |
| 188 | 全省统战系统先进工作者 | 黄炳新（中共福州市仓山区委常委、统战部部长） |
| 189 | | 郑晓春（中共闽清县委常委、统战部部长） |
| 190 | | 林　洪（中共福州市委统战部民族宗教处处长） |
| 191 | | 叶燕青（福州市工商业联合会办公室主任） |
| 192 | | 胡羽中（中共福州市台江区委统战部副部长、区政府侨办主任） |

续表

| 序号 | 表彰项目 | 表彰对象 |
|---|---|---|
| 193 | 全省统战系统先进工作者 | 董行议（中共福州市马尾区委统战部办公室主任、区工商业联合会党组成员、三级主任科员） |
| 194 | | 邱志雄（中共福州市长乐区委统战部部务会议成员、二级主任科员） |
| 195 | | 易　午（连江县海外联谊会专职副秘书长、一级科员） |
| 196 | | 余　勇（中共罗源县委统战部常务副部长） |
| 197 | | 岳守钱（中共永泰县委统战部常务副部长） |
| 198 | 全省机关工委系统先进工作者 | 刘蓉晖（中共福州市委市直机关工委副书记） |
| 199 | | 陈　洁（中共福州市晋安区委区直机关工委常务副书记） |
| 200 | | 林锦惠（中共福州市长乐区委区直机关工委四级主任科员） |
| 201 | | 杨　勋（中共连江县委县直机关工委委员） |
| 202 | | 余养叶（中共罗源县委县直机关工委常务副书记） |
| 203 | 全省宣传系统先进工作者 | 张学勇（中共福州市委宣传部副部长、市委文明办主任） |
| 204 | | 李穆基（中共福州市委宣传部干部处处长、一级主任科员） |
| 205 | | 彭　辉（中共福州市鼓楼区委宣传部副部长） |
| 206 | | 杨　凡（福州市台江区新闻中心一级科员） |
| 207 | | 项序文（中共福州市仓山区委宣传部办公室主任、区融媒体中心副主任） |
| 208 | | 蔡　勇（福州市马尾区融媒体中心副主任） |
| 209 | | 翁　波（中共福清市委宣传部副部长、市委网信办主任、市新闻出版局局长） |
| 210 | | 曾　玉（中共闽侯县委常委、宣传部部长） |
| 211 | | 姚扬杰（连江县融媒体中心副主任） |
| 212 | | 刘春芳（中共闽清县委宣传部常务副部长、一级主任科员） |
| 213 | | 陈　芳（中共罗源县委宣传部宣传科科长） |
| 214 | | 郑林军（中共永泰县委宣传部办公室主任） |
| 215 | 全省农业农村系统先进工作者 | 朱祖强（福州市农业农村局办公室主任、四级调研员） |
| 216 | | 聂建农（福州市农业行政执法支队支队长） |
| 217 | | 吴敏文（福州市绿色食品发展中心主任） |
| 218 | | 陈　辉（福清市经济作物技术推广站助理农艺师） |
| 219 | | 陈学銮（长乐区农业农村局综合科负责人） |
| 220 | | 刘秋祝（连江县农村合作经济经营站副站长） |
| 221 | | 余光健（罗源县农业农村局副局长、三级主任科员） |
| 222 | | 黄秀萍（闽清县云龙乡农业服务中心副主任） |
| 223 | | 黄秀丽（永泰县农业农村局乡村产业发展科科长） |
| 224 | | 姚文东（马尾区农业农村局农业科科长） |
| 225 | | 刘彧燊（高新区南屿镇农业服务中心主任） |

说明：全国、福建省抗击新冠肺炎疫情先进个人名单见抗击新冠肺炎疫情专辑

表 20　2020 年福州市事业单位及时奖励记功集体名单

| 序号 | 奖励项目 | 奖励对象 |
|---|---|---|
| 1 | 事业单位脱贫攻坚专项奖励 | 永泰县扶贫开发中心 |
| 2 | | 闽清县乡村振兴服务中心（原闽清县扶贫开发领导小组办公室） |
| 3 | | 连江县农业经济技术中心 |

表 21　2020 年福州市事业单位及时奖励记大功个人名单

| 序号 | 奖励项目 | 奖励对象 |
|---|---|---|
| 1 | 事业单位脱贫攻坚专项奖励 | 叶丽萍（福州市经济作物技术站） |
| 2 | | 洪瑾芳（永泰县畜牧水产服务中心） |

表 22　2020 年福州市事业单位及时奖励记功个人名单

| 序号 | 奖励项目 | 奖励对象 |
|---|---|---|
| 1 | 事业单位脱贫攻坚专项奖励 | 许小云（闽清县农业综合执法大队） |
| 2 | | 池良杰（连江县可门经济开发区管理委员会） |
| 3 | | 杨　洁（闽侯县农业综合开发中心） |
| 4 | | 陈　辉（福清市经济作物技术推广站） |
| 5 | | 沈　元（福州市晋安区寿山石开发保护管理中心、中国寿山石馆） |
| 6 | | 林斯华（福州市仓山区动物疫病预防控制中心） |
| 7 | | 姜　川（福州市人大常委会法律服务中心） |
| 8 | | 黄见云（福州市鼓楼区城市基层党建服务中心） |
| 9 | | 龚　琪（罗源县水电站库区移民中心） |
| 10 | 2019 年“抓项目促发展”项目年专项奖励 | 郑涵彧（福州市鼓楼区重点项目建设管理中心，福州市鼓楼区发展和改革局） |
| 11 | | 邱晓暖（福州市鼓楼区洪山镇党建服务中心） |
| 12 | | 洪　雯（福州市台江区重点建设项目服务中心） |
| 13 | | 陈　燕（福州市晋安区国有资产中心） |
| 14 | | 郑忠榕［福州市晋安区机关事务中心，福州市晋安区发展和改革局（挂职）］ |
| 15 | | 王　菲（福州经济技术开发区园林中心） |
| 16 | | 杨　宇（福清市融侨经济技术开发区企业投资服务中心） |
| 17 | | 江崇焱（闽侯县祥谦镇农业服务中心） |
| 18 | | 黄善斌（连江县敖江镇综合便民服务中心 ） |
| 19 | “2019 招商年”行动专项奖励 | 李奇建（福州金山工业园区管理委员会） |
| 20 | | 梁长槿（福州福兴经济开发区管理委员会） |
| 21 | | 林　润（福州市鼓楼区温泉街道办事处） |
| 22 | 第三届数字中国建设峰会专项奖励 | 石　瑛（福州市直机关后勤服务处） |
| 23 | 2019 年鼓楼区“抓项目促发展”项目年行动专项奖励 | 赵朗旭（福州市鼓楼区温泉街道综合技术保障中心） |
| 24 | | 郭　磊（福州市鼓楼区鼓东街道综合技术保障中心） |
| 25 | | 罗自谦（福州市鼓楼区五凤街道综合便民服务中心） |

说明：福州市援鄂援意抗疫专项奖励名单见抗击新冠肺炎疫情专辑

【工资收入分配制度改革】 企业工资收入分配调整 从2020年1月1日起福州市月最低工资标准调整为1720元/月，非全日制用工小时最低工资标准调整为18元/小时。发布2020年福州市国有企业工资指导线为4%，发布2020年劳动力市场工资指导价（涉及17个行业、624个职位、14个经济类型、267个职业、129个技能等级、14个岗位等级、6个学历、5个企业规模、12个养老机构职位）和2019年度企业人工成本信息。推进国有企业负责人薪酬制度改革，审核市管国有企业负责人2018年度薪酬水平方案和2016—2018任期激励收入方案，完成全部22家市管企业薪酬水平方案审核工作。推进国有企业工资机制改革工作，审核市直部门所属国有企业工资决定机制实施办法。开展2019年度福州市国有企业工资内外收入调研，规范国有企业工资分配秩序。

事业单位工资管理 为事业单位年度考核合格以上的工作人员晋升1级薪级工资，调整1.9万人。核定300家市属事业单位年度绩效工资总量，市属事业单位奖励性绩效工资托底水平参考线从人均1.6万元提升至2万元；市属事业单位年终追加奖励性绩效总量从年人均1.27万元提高至1.8万元。根据《福州市企业化管理事业单位工资总额暂行办法》，核定福州市6家企业化事业单位工资总额。根据《福州市属公立医院工资总额管理暂行办法》，联合市卫健委、财政局共同核定12家市属公立医院工资总额。

【退休干部管理】 2020年，福州市先后在春节、端午节、重阳节等传统节日，开展写春联、包粽子、重阳文艺演出等传统活动。组织10名退休医疗专家赴永泰县同安镇开展卫生下乡义诊咨询和疫情防控知识宣传活动。征集选送4幅抗疫书画作品在中国老年大学协会“网上老年大学”展示，征集选送20余幅摄影作品参加庆祝福建老年教育35周年摄影艺术大赛暨优秀摄影作品展，征集50余幅廉政书画作品开展廉政文化长廊活动。6月，福州市退休干部管理服务中心直属单位福州市老年大学五一中路分校获评为2020年福建省达标老年大学。

（魏冉娟）

## 发展研究

【概况】 2020年，福州市政府发展研究中心完成各类调研成果200多项，编发《研究报告》172期，编辑出版《福州经济》6期，编印《2020年福州发展研究报告》文集。

【重点课题调研】 2020年，福州市政府发展研究中心完成市委、市政府交办的福州市旅行社机票价格问题、海丝引领构建创新开放新高地行动计划、建设区域物流中心实施方案等研究任务。参加国务院发展研究中心、省政府发展研究中心组织的经济运行情况、后疫情经济社会发展等专题调研。

【政策咨询服务】 2020年，福州市政府发展研究中心建立市域社会治理专家库。组织全市政府系统开展课题调研工作，指导、协调各县（市）区，市直部门完成调研任务129项。组织小微企业代表召开座谈会、市域社会治理研讨会并征求专家代表意见。与闽江师范高等专科学校联合设立“区域经济与教育研究中心”。

（游兴华）

## 福州市人民政府驻北京联络处

【概况】 2020年，福州市人民政府驻北京联络处（简称福州市政府驻京联络处）完成招商项目15个，投资总额212.6亿元，其中万华化工新材料产业园项目，投资额189.67亿元；福州“滨海氢谷”一期项目，投资额8.5亿元；福州经济技术开发区晟乾创盈股权投资合伙企业项目，投资额4亿元；福建海峡军民融合产业发展有限公司项目，投资额2亿元；智慧城科技项目，投资额1.71亿元；维阿科技-VR人才培养项目，投资额0.52亿元；云网智联公共数据云计算系统项目，投资额0.75亿元；福建合泰菁店酒店管理项目，投资额1.08亿元；海飞能运维服务中心项目，投资额0.95亿元。完成公务接待133批657人次。

2020年新冠肺炎疫情暴发后，福州市政府驻京联络处按照国管局和省驻京办有关部署要求，成立工作专班，接转入境转闽人员36批次363人。制定返京人员隔离管理方案及防护手册。组织党员干部参与半壁街社区的防控志愿服务。

【信访维稳】 2020年，福州市政府驻京联络处处置被送久敬庄上访人员100人次，其中有训诫书29人次。化解5起群体性上访事件，处置预警信息29起。

（李国琛）

## 福州市人民政府驻上海办事处

【概况】 2020年，福州市人民政府驻上海办事处（简称福州市政府驻沪办）接待30多批次福州市赴沪考察团，为福州市交易分团参加第三届中国国际进口进博会提供保障。全年完成项目落地17个，其中鼓楼区5个、晋安区3个、福清市3个、长乐区2个、闽侯县1个、高新区1个、仓山区1个、连江县1个，投资总额46.95亿元。

2020年新冠肺炎疫情发生后，福州市政府驻沪办通过多渠道联络上海市边检、海关、机场、航空公司等相关部门，将世界各地华侨、客商捐赠给福州市政府的防疫物资快速转运回福州。开展福州籍入境人员在沪隔离及转送的相关配合工作。

【招商引资】 2020年，福州市政府驻沪办按照《福州市“抓项目促跨越”专项行动招商工作方案》，为内外资企业到福州投资牵线搭桥。促成世界第二大连锁企业罗森集团项目落户福州。5月27日，以万嘉公司为主体在福州市仓山区注册成立福建好胜客企业管理有限公司，注册资金2亿元，罗森集团作为合作方，负责供应链管理服务。配合福州市各（县）区开展长三角地区企业的招商引资，开展市（县）区两级联动招商，福州熹福燕生物科技有限公司、福州领晟信息技术有限公司、福建华创未来科技有限公司、福建天凌通信设备有限公司、上海中通集团福建物流总部项目、福建东昇茉莉花文化创意有限公司、官元（福建）电子商务有限公司、长恒电气智能配电网动模研发中心、福建金御贸易有限公司、福州叁丰贸易有限公司、福建筑梦生物科技有限公司、福州炎溪谷贸易有限公司、福州朝远晟贸易有限公司、福建世纪宏鑫物流有限公司、福建省鸿昇特科技有限公司、福州市旺族宏贸易有限公司等相继注册或落户福州市相关县、区。

【企业服务】 2020 年，福州市政府驻沪办通过上海市福州商会平台，走访了解企业现状、发展需求，主动与企业进行互动沟通，帮助榕籍企业解决疫情期间复工、复产过程中遇到的实际困难。

【接待工作】 2020 年，福州市政府驻沪办接待 20 多批次福州市赴沪考察团，为到沪出差或中转团组做好服务保障工作。第三届上海国际进博会期间，市政府主要领导参加福建省政府组织的企业家座谈会和福州项目签约仪式、福建新一轮开放政策解读和项目对接会、与商务部台港澳司有关领导会谈、赴兴业银行上海数据中心和上海喆航航空科技有限公司洽谈项目的后勤保障工作。

【《上海信息》编辑】 2020 年，福州市政府驻沪办围绕长三角地区的自贸区改革、供给侧改革、创新驱动战略、新兴产业发展、智能制造等热点领域，搜集、整理江、浙、沪改革开放和经济建设方面的重大政策举措和先进经验，为福州市领导决策提供参考资料。

（吴金捷）

## 福州市人民政府驻深圳（广州）办事处

【概况】 2020 年，福州市人民政府驻深圳（广州）办事处（简称福州市政府驻广深办）保障福州市领导和县（市）区在粤公务活动考察团 22 批 163 人次。全年招商落地项目 18 个，投资总额 65.08 亿。

2020 年新冠肺炎疫情暴发后，福州市政府驻广深办配合福建省派驻深圳防疫防控工作组和省政府驻深办完成入境赴榕人员的接转运工作，联系商会为福建联系防疫物资。7 月，赴深圳龙岗区和深圳市盐田区定点隔离酒店，慰问香港返回内地的榕籍乡亲，并捐赠慰问金 6000 元。

【招商引资】 2020 年，福州市政府驻广深办联合福州市直部门及各（县）区走访在粤企业 60 余家，组织客商回榕考察 10 余批次。完成福州升洋电子科技有限公司项目、教学用标本制作项目、鼎善智能媒体联播软件及应用项目、鸿猷（福建）科技发展有限公司镁合金新材料智能化生产项目、福建心里程科技发展有限公司项目等 18 个招商项目落地，投资总额 65.08 亿元。

【接待工作】 2020 年，福州市政府驻广深办保障市委统战部赴深圳参加中央统战部会议、市级进口冷链食品集中监管仓工作专班一行赴深圳考察等重点接待工作 2 批次 163 人次。

【商会工作】 2020 年，福州市政府驻广深办先后走访广州福州商会、广东省福清商会、深圳福州商会、深圳市金玉福珠宝、深圳市瑞吉联通信科技有限公司和深圳国天电子等在粤榕籍商会、企业，了解企业复工复产情况，针对会员企业在经济下行压力中遇到的困难，帮助企业协调生产经营遇到的实际困难和问题，引导会员企业转型升级。

【联络工作】 2020 年，福州市政府驻广深办及时搜集广东地区在政策创新方面的做法、经验，牵头榕深两地党支部开展共建，向闽清县金沙镇墘面村捐赠戴尔电脑 2 台。

（朱凌姗）

2020 年 11 月 13 日，市委副书记林飞考察位于深圳光明区的中建科技长圳项目 （福州市政府驻深办 供）

（编辑 苏颖）

# 中国人民政治协商会议福州市委员会

## 综　述

【概况】　2020 年，中国人民政治协商会议福州市委员会（简称福州市政协）召开全体委员会议 1 次，常务委员会议 7 次。组织开展专题议政性常委会议 2 场、专题协商会 6 场、对口（界别）协商会 7 场、重点提案及其他立案提案办理协商 11 个。全年开展界别活动 190 场次，审查立案提案 453 件，均办复。完成《光辉的历程——庆祝福州市政协成立 65 周年〈福州文史〉特刊》《叙事——福州城区内河水系综合治理的集体记忆》《叙事——福州闽剧评话伬艺传承保护的集体记忆》《福建协和大学〈福建文化〉史料专辑》等征编出版。推进《福州市政协志》（1995—2021 年）征编工作。协助市委制定《中共福州市委关于新时代加强和改进人民政协工作的若干意见》，制定《中共福州市政协党组关于加强改进福州市政协专门委员会工作和制度建设的实施意见》《政协福州市委员会关于加强和促进人民政协凝聚共识工作的实施意见》《福州市政协应用型智库课题研究管理办法》等。

【政协委员服务管理】　2020 年，福州市政协通过网络平台组织学习培训、提供履职服务、开展履职考核，采用“现场+网络直播”的方式举办 20 多场委员学习、培训活动。首次公开年度履职考核排名前 80 名委员名单。制定《福州市政协委员退出和暂停履职工作指南》，对 1 名违纪违法政协委员按照程序予以撤销资格。以市委、市政协名义对政协工作突出的 40 个先进集体和 100 名先进个人予以表彰。

【提案工作】　2020 年，福州市政协接收提案 623 件，经审查，立案 453 件，立案率 72.7%。其中委员提案 338 件，集体提案 115 件；政协第十三届福州市委员会第四次会议期间提案 385 件，平时提案 68 件。不予立案的 170 件，其中 76 件作为委员来信转送有关部门研究参考。

（庄丽婷　陈小刚）

## 重要会议

【政协第十三届福州市委员会第四次会议】　2020 年 1 月 4—7 日在福州举行。福建省委副书记、福州市委书记王宁等市领导出席会议，听取并协商讨论市长尤猛军所作的福州市人民政府工作报告，听取并协商讨论市中级人民法院工作报告、市人民检察院工作报告及其他报告，对上述报告表示赞同。会议审议并同意市政协主席何静彦代表政协第十三届福州市委员会常务委员会所作的工作报告，审议并同意市政协副主席雷成财代表政协第十三届福州市委员会常务委员会所作的提案工作情况的报告，补选郑章干、林澄 2 人为十三届市政协副主席，补选兰鸣伟等 8 人为市政协常委。

【市政协十三届常委会】　第 18 次会议　1 月 5 日召开。会议协商讨论《中国人民政治协商会议第十三届福州市委员会第四次会议选举办法（草案）》《中国人民政治协商会议第十三届福州市委员会第四次会议大会选举总监票人、监票人名单（草案）》。会议听取市委常委、组织部部长吴深生关于《中国人民政治协商会议第十三届福州市委员会副主席候选人建议人选名单（草案）》的说明。会议听取市委统战部常务副部长阮文光关于《中国人民政治协商会议第十三届福州市委员会常务委员候选人建议人选名单（草案）》的说明。

第 19 次会议　1 月 6 日召开，会议听取市政协秘书长张大斌关于各组讨论政府工作报告和市政协常委会工作报告、提案工作情况的报告，协商选举办法，总监票人、监票人名单，相关候选人建议人选名单等文件草案和开展界别（界别联组）活动等情况汇报。会议审议通过《中国人民政治协商会议第十三届福州市委员会第四次会议选举办法（草案）》《中国人民政治协商会议第十三届福州市委员会第四次会议大会选举总监票人、监票人名单（草案）》《中国人民政治协商会议第十三届福州市委员会副主席候选人名单（草案）》《中国人民政治协商会议第十三届福州市委员会常务委员候选人名单（草案）》。

第 20 次会议　1 月 7 日召开。会议听取市政协秘书长张大斌关于各组审议市政协十三届四次会议决议（草案）的情况汇报。会议审议通过《中国人民政治协商会议第十三届福州市委员会第四次会议决议（草案）》。

第 21 次会议　3 月 27 日召开。会议审议并通过《政协福州市委员会常务委员会 2020 年工作要点》《中国人民政治协商会议第十三届福州市委员会不再担任常务委员名单》。

第 22 次会议　7 月 24 日下午、8 月 4 日下午分两次召开。7 月 24 日下午，会议传达学习十三届全国人大三次会议、全国政协十三届三次会议的主要精神，以及省委常委会（扩大）会议和十二届省政协常委会第十六次会议的主要精神。会议组织与会人员参观福州市政协成立 65 周年光辉历程展暨书画作品展。会议审议并通过《关于同意林绍彬辞去中国人民政治协商会议第十三届福州市委员会副主席职务的决定》，报福州市政协十三届五次会议备案。会议审议并通过《中国人民政治协商会议第十三届福州市委员会部分专门委员会主任、副主任任免名单》《中国人民政治协商会议第十三届福州市委员会不再担任常务委员名单》《政协第十三届福州市委员会常务委员会关于加强公共卫生服务体系建设的建议案》。8 月 4 日下午，会议审议并通过《关于撤销陈燕敦中国人民政治协商会议第十三届福州市委员会委员资格的决定》。会议围绕“加强公共卫生服务体系建设”议题开展专题协商，并就《关于提升建设福州“健康城市”的建议》开展重点提案办理协商，市委副书记、市长尤猛军应邀出席会议并讲话。市政协副主席林治良代表市政协常委会提出《政协第十三届福州市委员会常务委员会关于加强公共卫生服务体系建设的建议案》。林雯、丁毅黎、董芳 3 位政协委员和应用型智库专家李跃平，从不同角度围绕“加强公共卫生服务体系建设”建言献策。市卫健委、市委编办、市人社局、市大数据委、市自然资源和规划局作回应发言。

第 23 次会议　11 月 10 日上午、12 月 7 日上午分两次召开。11 月 10 日上午，会议组织市政协常委实地视察鼓楼区锦江社区、鼓楼区城市运行指挥中心、鼓楼区水部街道建华社区、台江区茶亭街道洋头口社区、晋安区两岸社区交流中心。传达学习中共十九届五中全会的主要精神，以及省委、市委常委会（扩大）会议的主要精神。会议审议并通过《政协第十三届福州市委员会常务委员会关于创新社区治理机制的建议案》。12 月 7 日上午，会议围绕“创新社区治理机制”议题开展专题协商。省委常委、市委书记林宝金，市长尤猛军应邀出席并讲话。市委政法委、市民政局书面通报福州市社区治理有关情况。市政协副主席王绍知代表市政协常委会提出《政协第十三届福州市委员会常务委员会关于创新社区治理机制的建议案》。市政协委员陈艳、黄锟明和应用型智库专家陈盛兰，从不同角度围绕“创新社区治理机制”建言献策；市政协常委陈立新和应用型智库专家林常青作书面发言。市委政法委、市民政局、市大数据委作口头回应发言，市房管局、市“智慧福州”管理服务中心作书面回应。

第 24 次会议　12 月 27 日召开。会议书面传达中央经济工作会议，省委十届十一次全会、省委经济工作会议精神，并听取市政协党组副书记、副主席林恒增传达学习市委十一届十二次全会、市委经济工作会议精神。会议听取市政府副市长杭东作关于《政府工作报告（征求意见稿）》起草情况的说明。会议听取《福州市中级人民法院工作报告（征求意见稿）》《福州市人民检察院工作报告（征求意见稿）》起草情况的说明，以及 2020 年办理委员提案、建议等工作情况的通报。会议听取市政府督查室通报市政府办公厅关于市政协常委会议建议案、专题协商成果和委员提案的办理落实情况。会议审议并通过《中国人民政治协商会议第十三届福州市委员会委员变更名单》《福州市政协主席会议关于 2020 年工作情况的报告》《中国人民政治协商会议第十三届福州市委员会常务委员会工作报告（草案）》《中国人民政治协商会议第十三届福州市委员会常务委员会关于十三届四次会议以来提案工作情况的报告（草案）》《关于召开中国人民政治协商会议第十三届福州市委员会第五次会议的决定》《中国人民政治协商会议第十三届福州市委员会第五次会议日程》《中国人民政治协商会议第十三届福州市委员会第五次会议政协委员分组原则》《中国人民政治协商会议第十三届福州市委员会第五次会议各组召集人名单》《中国人民政治协商会议第十三届福州市委员会第五次会议议程（草案）》《中国人民政治协商会议第十三届福州市委员会第五次会议秘书长、副秘书长名单》《市政协专门委员会 2020 年工作总结和 2021 年工作思路》《关于授权主席会议审议福州市政协十三届二十四次常委会议未尽事宜的决定》。

（庄丽婷　陈小刚）

## 政治协商

**【全体会议协商】**　2020 年，在福州市政协十三届四次会议期间，聚焦福州经济高质量发展、“三个福州”建设、城市品质提升、乡村振兴、生态文明建设、宣传和文化旅游、福州古厝保护、民生社会事业、人才队伍建设、民族宗教、港澳台侨交流合作、政府自身建设和营商环境等 12 个方面工作提出 256 条意见建议。

**【常委会议协商】**　2020 年，福州市政协开展 2 场常委会议协商。一是由市政协主席何静彦和副主席林治良、林澄牵头，市政协调研室、教科卫体委具体负责，与市政府及市委编办、市卫健委、市发改委、市工信局、市民政局、市财政局、市人社局、市应急管理局以及各县（市）区政府，围绕“加强公共卫生服务体系建设”议题开展常委会议协商。二是由市政协主席何静彦和副主席王绍知、林锋牵头，市政协调研室、社法委具体负责，与市政府及市委政法委、市民政局、市公安局、市应急管理局及各县（市）区政府，围绕“创新社区治理机制”议题开展常委会议协商。

【专题协商】 2020年，福州市政协开展6场专题协商：一是由市政协副主席林绍彬、林恒增、林澄牵头，市政协经建委具体负责，与市政府及市发改委、市文旅局、市市场监管局、市商务局、市城管委、市生态环境局、市自然资源和规划局、市教育局、市城乡建设局、市名城委、市文旅投资集团等，开展“福州古厝活化利用”专题协商。二是由市政协副主席林治良、郑章干牵头，市政协农业和农村委具体负责，与市政府及市海洋渔业局、市财政局、市商务局、市工信局、市科技局、市市场监督管理局，开展“促进福州鲍鱼产业可持续发展”专题协商。三是由市政协副主席郑云春、罗蜀榕牵头，市政协港澳台侨和外事委具体负责，与市政府及市台港澳办、团市委、市人社局，开展“促进台湾青年来榕创业就业优惠政策措施落实”专题协商。四是由市政协副主席郑云春牵头，市政协民宗委具体负责，与市政府及市教育局、市财政局、市民宗局，开展“推动农村少数民族小学生上学补助全覆盖”专题协商。五是由市政协副主席王绍知、林锋牵头，市政协人资环委具体负责，与市政府及市生态环境局、市农业局、市水利局，开展“我市重点流域生态补偿机制建设”专题协商。六是由市政协副主席林绍彬、林恒增、林澄牵头，市政协文化文史和学习委具体负责，与市政府及市文旅局、市名城委、仓山区政府，开展“螺洲古厝人文内涵挖掘与保护”专题协商。

【对口（界别）协商】 2020年，福州市政协各专门委员会开展7场对口（界别）协商。分别是市政协副主席林绍彬、林恒增、林澄牵头，市政协经建委具体负责，与市工信局、市发改委、市财政局、市商务局、市地方金融监管局、市自然资源和规划局、市城乡建设局等，开展“《进一步支持中小企业发展的若干措施》实施情况”对口协商。

市政协副主席林治良、郑章干牵头，市政协教科卫体委具体负责，与市财政局、市人社局、市科技局、市文投集团、市人才集团，福州高新区等，开展“完善福州市技术转移服务体系建设”对口协商。

市政协副主席王绍知、林锋牵头，市政协社法委具体负责，与市民政局、市人社局、市教育局、团市委，开展“加大对社会工作服务机构培育力度”对口协商。

市政协副主席罗蜀榕牵头，市政协民宗委具体负责，与市文旅局、市文物局、市民宗局、市城乡建设局等，开展“进一步加强我市宗教古建筑保护”对口协商。

市政协副主席王绍知、林锋牵头，市政协人资环委具体负责，与市城乡建设局、市城管委、市水利局、市园林中心等，开展“完善提升城区部分内河水系综合治理成效”对口协商。

市政协副主席王绍知、林锋牵头，工会界别、市政协社法委具体负责，与市人社局、市工信局、市财政局、市人才集团、福州职业技术学院等，开展“构建产业工人技能形成体系助力实体经济高质量发展”界别协商。

市政协副主席郑云春、罗蜀榕牵头，市致公党界别、市政协民宗委具体负责，与市委人才办、市外办、市侨办、市市场监督局、市人社局、市投促局、市地方金融管理局等，开展“健全海外留学归国人员创新创业创造机制”界别协商。

【政协协商与基层协商相衔接】 2020年，福州市政协安排7个议题分别与鼓楼、台江、晋安、长乐区、闽侯县政协开展市（县）政协协同调研、联动协商。围绕群众普遍关注的提升内河水系综合治理成效、中小企业政策措施落实等议题开展网络议政远程协商，走网络群众路线。将全部市政协委员安排到各县（市）区委员小组，到乡镇（街道）政协联络组或社区委员联系点参与基层协商活动，同时邀请榕籍全国政协委员和福州市省政协委员小组成员参加。支持各县（市）区政协规范设立乡镇（街道）联络组，省市区政协联合在晋安区象园街道成立首个“政协委员联系点”并召开首场协商活动。

【协商议政平台建设】 2020年，福州市政协召开福州市第十五次政协理论研讨会暨市县政协工作经验交流会，何静彦主席出席并讲话。启动《福州市政协理论研究优秀文稿（2017—2021年）》选编，“中共福州教学实践基地”在市政协挂牌。首次作为全国政协课题研究协同单位，开展“加强和改进市县政协工作”研究。围绕重点关切问题召开4场政情通报会。完成市政协8个应用型智库小组组建，“榕博汇智库”文化旅游专委会在市政协挂牌。

（庄丽婷　陈小刚）

## 民主监督

【建立监督工作机制】 2020年，福州市政协制定《福州市政协2020年民主监督工作方案》，报经市委常委会议审议，以市委办公厅名义印发实施，统筹安排会议、视察、提案、专项民主监督、反映社情民意信息等协商式民主监督工作。其中专项民主监督议题“加快补齐民生社会事业短板”“推进美丽乡村和特色小镇建设助力实施乡村振兴”按期完成，“推进福州市汽车先进制造业与现代服务业深度融合”“加快自然资源资产负债表编制及运用”“福建协和大学历史建筑群保护和利用”等取得阶段性成果。与市直部门和县（市）区政协联动、发挥政协应用型智库成员作用、对项目完成情况进行评议、监督结果向党委政府反馈。制定《福州市政协应邀委派民主监督员管理办法》。

【社情民意信息监督】 2020年，福州市政协首次召开市领导批示的社情民意信息办理协商监督座谈会，对市领导批示的社情民意信息，召集相关承办部门和反映单位或个人进行“面对面”协商式监督。全年召开社情民意信息办理协商监督座谈会2次。

（庄丽婷　陈小刚）

## 文史资料和宣传信息

【文史资料征编】 2020年，福州市政协完成《光辉的历程——庆祝福州市政协成立65周年〈福州文史〉特刊》《叙事——福州城区内河水系综合治理的集体记忆》《福建协和大学〈福建文化〉史料专辑》《叙事——福州闽剧评话伬艺传承保护的集体记忆》等征编、出版。推进《福州市政协志（1995—2021年）》征编工作。年内启动文史馆数字化建设。

**【宣传和信息编报】** 2020年，福州市政协通过《人民政协报》《福州日报》等媒体刊发各类稿件338篇，利用市政协门户网站、微信公众号等开展宣传工作。全年收集政协委员报送的各类专报信息2000余条，被全国政协办公厅采用21条，被省政协办公厅采用171条，得到省领导批示9人次；向市委、市政府报送《政协简报》（社情民意专报）110期，报送协商成果专报24期，获得市领导批示40余人次。

（庄丽婷　陈小刚）

2020年9月27日，第七届榕台中小学生书画交流展现场，小朋友们共绘书画长卷（邱陵　摄）

## 交流联谊

**【党派团体委员调研协商】** 2020年，福州市政协通过协商计划、民主监督工作方案、视察计划和各界别工作计划等，支持市各民主党派和无党派人士参与重大方针政策和全市重点工作的讨论协商。全年有12个协商议题安排市各民主党派、工商联与市政协专委会联合承办，占议题总数的66%。45%的重点提案、60%以上的社情民意信息为市各民主党派所反映。市政协十三届四次会议期间的29件大会发言得到8位省、市领导38人次批示，市民革、民盟、民建、民进的大会发言获4位副市长专题研究落实。

**【“走进福州政协”数字展厅建成】** 2020年，福州市政协建成“走进福州政协”数字展厅，举办庆祝福州市政协成立65周年光辉历程展暨书画作品展等系列活动。组织政协委员和在榕台青、劳模代表、热心市民、大中小学生等社会各界人士走进福州政协。与市台盟联合举办“走进福州政协·榕台青年说”活动，联合市台协会人才委员会开展“走进福州政协·美丽乡村建设”主题分享座谈会。组织开展以自我教育、自我提高为主旨的“委员讲堂”活动10期。

**【港澳台委员活动】** 海峡论坛·第十一届海峡两岸船政文化研讨会　2020年9月26日在福州开幕，主题为“船政与两岸共同抗敌御侮”的第十一届海峡两岸船政文化研讨会，来自海峡两岸17所高校的学者及在榕多所高校的台籍教师参与学术主旨发言、圆桌论坛等系列活动。研讨会回顾10年来海峡两岸船政文化研讨会的历程，汇编《两岸船政文化论文集》。

第七届榕台中小学生书画交流展　9月27日，第八届海峡青年节系列活动之第七届榕台中小学生书画交流展在福州市政协开幕。活动征集到书画作品1万多件，获奖作品354幅，印制画册600册。一等奖作品在市政协、三坊七巷普霖书院展出。因疫情特殊时期，书画交流展还特设线上专题，在福州新闻网等开设专题展示两岸学生获奖作品、开展最佳人气作品投票。

福州市政协港澳委员和市海联会常务理事座谈会　10月24日在福州召开，座谈会采取“线上+线下”相结合方式召开，与会人员就福州经济社会建设发展发表意见建议，形成建言献策情况报告报市委、市政府领导，省委常委、市委书记林宝金作批示。会上商定设立市政协港澳委员小组。

**【民族宗教委员活动】** 2020年，福州市政协组织政协委员赴罗源县霍口畲族乡、连江县小沧畲族乡等民族乡村捐赠防疫物资，助力少数民族乡村开展疫情防控工作。实行平时经常走访和春节期间集中走访慰问相结合，密切与委员和各宗教团体、宗教界人士的联系，推进民族团结促进宗教和谐。围绕“进一步加强我市宗教古建筑保护”对口协商议题，调研福州市宗教古建筑保护情况。民宗界委员组织其所在单位、宗教活动场所、宗教团体及信教群众进行捐款并捐赠医用防护物资。联合市基督教两会，组织医务人员赴永泰县部分乡村开展义诊、免费配送药品活动。

（庄丽婷　陈小刚）

（编辑　苏颖）

# 纪检　监察

## 综　述

【概况】　2020年，福州市纪委监委制定纪检监察机关提请党委（党组）谈话工作机制，年内提请党委（党组）主要负责人谈话1115人次。全市对落实“两个责任”不力的257名党员领导干部和4个党组织实施问责。全市立案查处违反政治纪律案件24件26人。建立特约监察员制度，首届聘请15名特约监察员，积极推动监察机关依法接受民主监督、社会监督、舆论监督。召开全市国有企业警示教育大会，开展市管国有企业“对照整改、全面提升”专项行动，完成整改问题2215个。

【巡察工作】　2020年，福州市纪委监委深化政治巡察，开展碧水保卫战专项巡察，运用“专项+联动”巡察方式，推进水系治理提升。市、县两级巡察覆盖率分别为96.6%、97.4%。推进巡察向村级党组织延伸，村级巡察覆盖率98.1%。针对巡察发现的共性问题，督促各级党组织开展未巡先改、立行立改。根据巡察移交问题线索立案审查调查1042人，党纪政务处分996人，移送司法机关处理94人。

【纪检监察体制改革】　2020年，福州市纪委监委推进公、检、法派驻机构干部统一管理，落实编制划转、工资福利保障。开展市管国有企业、市管金融企业、市属公办高职高专院校纪检监察体制改革。创新滨海新城指挥部监督机构改革，设立滨海新城纪工委作为市纪委派出机构。建设电子数据技术服务中心，完善监督检查、审查调查工作制度。

（丛森）

## 党风廉政建设

【概况】　2020年，福州市纪委监委加强对落实“六稳”“六保”、打好“三大攻坚战”等重大部署落实情况的监督检查。建立水系提升专项巡察、日常监督、联席会议机制，定期开展一线巡河、现场监督，督促相关部门落实水质提升工作清单，推动全市河湖水质提升。开展突破“难、硬、重、新”工作行动、“重中之重”项目等专项督查。开展文化遗产保护工作专项监督，对相关责任人员予以问责。针对“一把手”监督和同级监督难题，建立纪检监察机关分级负责监督机制。开展疫情防控监督工作，相关内容参见抗击新冠肺炎疫情专辑。

【工作作风突出问题专项整治】　2020年，福州市纪委监委协助市委开展工作作风突出问题专项整治，倡导树立“实干有为、创新勇为、担当敢为、落实善为、廉洁作为”的“五为”新风正气。把纠治违规公款吃喝、餐饮浪费行为作为落实中央八项规定精神的重要内容，运用“1+X+Y”监督机制，查处享乐奢靡等问题109起、处理167人。整治形式主义、官僚主义，防止和纠正可能产生的“低级红”“高级黑”问题，年内查处形式主义、官僚主义问题96个，处理183人，通报曝光3批5起典型问题。

【民生领域突出问题专项治理】　2020年，福州市纪委监委开展民生领域损害群众利益问题集中整治，聚焦教育、医疗、环保等15项突出问题，督促职能部门细化整治方案，推动解决群众“急难愁盼”问题。全市查处群众身边腐败和作风问题457个654人，其中给予党纪政务处分460人。深化“四访”活动，全市纪检监察机关接受信访举报总量逐年下降，群众依纪依法逐级举报形成常态。开展“十百千”解难题化积案专项行动，完成400件信访积案带信下访工作，推动疑难信访件化解。

（丛森）

## 腐败预防与惩治

【概况】　2020年，福州市纪委监委运用“四种形态”批评教育帮助和处理7911人次，其中一、二种形态占93.7%。精准惩治腐败，全市立案1635件，其中县处级及以上案件18件、乡科

2020 年 5 月 19 日，福州市纪委监委驻福州保税港区纪检监察组到福清江阴港调研疫情防控和复工复产等工作，督促相关部门积极为港区企业、进出口公司创造便利通关环境。图中左二为福州市纪委监委驻福州保税港区纪检监察组组长刘琼

（市纪委监委　供）

级案件 142 件，给予党纪政务处分 1538 人，移送司法机关 53 人。加强政策感召和思想动员，全市有 80 人主动投案。开展“天网 2020”行动，追回外逃党员和国家工作人员 1 人。针对监督检查、审查调查中发现的突出问题，制发纪检监察建议书 310 份。深化“一镇一孝廉”创建活动，马尾潮江楼等 4 个廉政教育基地成为首批“省直机关廉政教育点”。

【扶贫领域腐败和作风问题专项治理】 2020 年，福州市纪委监委开展决战决胜脱贫攻坚专项监督行动，对已脱贫但不稳定和存在因疫返贫风险的群众开展走访，入户走访 2186 户，查处扶贫领域违规违纪问题 27 个、处理 48 人。推进村务公开试点工作，依托福州市惠民资金网，全面公示 77 类 116 亿元扶贫惠民资金发放情况及 2707 个村居 187 亿余元村级财政性资金收支、建设项目情况。通过数据比对和公开监督，发现问题线索并查实 29 人，立案审查 8 人，其他处理 21 人。

【扫黑除恶专项治理】 2020 年，福州市纪委监委开展“惩腐打伞”专项攻势行动，制定纪检监察机关与检察机关在扫黑除恶中查处司法工作人员职务犯罪案件协作配合机制，严格督促“三长签字背书”制度执行，全年新立涉黑涉恶腐败和“保护伞”案件 139 件 139 人。发挥查办案件治本作用，督促重点行业主管部门制定制度 389 项，推动行业清源和扫黑除恶长效常治。年内，市纪委监委获全国扫黑除恶专项斗争先进集体称号。

（丛森）

（编辑　苏颖）

# 民主党派与工商联

## 中国国民党革命委员会福州市委员会

【概况】 2020年，中国国民党革命委员会福州市委员会（简称民革福州市委会）下辖5个工委，4个总支，50个支部。党员1045人，其中本科以上555人，占53%；中级职称以上667人，占64%。担任市级以上人大代表、政协委员18人次。全年提交提案、建议51件。获评为市委、市政协“福州市政协工作先进集体”。1个支部获评为民革中央“抗击新冠肺炎疫情先进集体”称号，2名福州民革党员获评为民革中央“抗击新冠肺炎疫情先进个人”，1名获评为“福建省抗击新冠肺炎疫情先进个人”。1名获福建省五一劳动奖章。

【参政议政】 2020年，民革福州市委会在省级“两会”期间，提交《进一步加大扶持力度培育软件和信息服务业龙头的建议》等集体提案2件，省人大代表建议6件，政协委员个人提案1件。在市级“两会”期间，提交市人大建议5件，市政协集体提案14件，个人提案23件，大会发言2篇，其中《关于我市创新社区治理的几点建议》作为大会口头发言并获市委、市政府主要领导批示。《关于如何进一步激活历史街区彰显城市文化魅力的建议》作为大会书面发言获市政府领导批示，集体提案《关于进一步推动我市建筑固体废弃物综合利用的建议》得到市委主要领导批示。开展课题调研6项，其中中共福州市委各民主党派重点调研课题3项，省委会课题1项。《借助新技术进一步推动我市非物质文化遗产的传承和利用》被选为市政协大会发言，被市委、市政府主要领导批示。与市政协专委会联合开展协商调研的《福州市重点流域生态补偿机制建设》《加大对服务社区的社会工作机构培育力度》在《福州调研》上刊载。调研报告《关于推动机制砂产业高质量发展的建议》《关于如何进一步激活历史街区彰显城市文化魅力的建议》分别被评为2019年度市优秀调研成果三等奖和特别奖。《进一步推动我市地理信息产业高质量发展的建议》《关于进一步精准施策助力企业复工复产的几点建议》得到市委、市政府主要领导批示。成立10个参政议政工作小组，整理、报送社情民意信息240条，其中被各级部门采用63条，批示4条。《关于在公众场所强化配备自动体外心脏除颤仪（AED）的建议》被省政协采用、获省领导批示；《抓住数字中国建设峰会机遇 全面加快福州数字经济发展》等21篇被省委办采用、获省领导批示；《关于恢复生产后吸引人才和稳定人

2020年4月16日，福州市政协副主席、民革福建省委副主委、民革福州市委主委林锋赴福州市第七医院慰问参加福建省第一批支援湖北抗击新冠肺炎疫情医疗队凯旋的民革党员林航瑾　　（民革福州市委会　供）

才的相关举措》《面对疫情全球化下的返乡祭祖潮组建代祭扫志愿者团队势在必行》获市领导批示。

**【思想理论建设】** 2020年，民革福州市委会以开办骨干和新党员培训班等形式，开展各项教育活动。承担中共福州市委重点调研课题《建立健全民主党派学习贯彻新思想长效机制》的调研，并在《福州调研》刊登。筹备“重温光辉历史，铭记合作初心——福州民革多党合作主题展览”，结合《习近平在福州》《习近平在福建》系列采访实录，引导基层组织开展学习活动。“民革优秀党员之家”陈绍宽故居被授予第二批“福州市直党员干部教育基地”称号。民革福州市委会微信公众号全年推送文章110余篇，抗击新冠肺炎疫情报道40余篇，其中《民革党员林航瑾——我的战“疫”前线日记》等3篇报道获《团结报》、团结网登载。

**【组织建设】** 2020年，民革福州市委会全年发展新党员14人，下发《民革福州市委关于争创民革示范支部（第二批）的通知》。做好开展基层组织换届工作，完善鼓楼、台江、福清等县区部分支部组织结构，解决部分支部老龄化、部分行业支部发展受限等问题。修订并下发《各民主党派福州市委会领导工作规章制度》。

**【榕台交流服务】** 2020年，民革福州市委会到永泰县同安镇、福州台湾会馆等地调研，《开展“云”交流做好“小三通”复航准备》等10多篇信息被省政协、省委统战部等部门采用。与永泰县人民政府联合承办2020年“同心杯”两岸青年乡村振兴研修营，与宁德屏南县、台湾台北市等地嘉宾开展线上线下研讨交流，推动两岸青年共同探索具有福建特色的乡村振兴和两岸融合发展新路。协助台胞黄女士寻找到失散多年的亲人。以网络直播的方式开展“两岸青年共同体验端午节习俗”“禅和共临水　文传会两岸”闽台两地非遗连线活动。

**【社会服务】** 2020年，民革福州市委会在新冠肺炎疫情期间累计捐款捐物70.50万元。137名福州民革党员放弃休假，投入抗击疫情一线，89名民革医务党员战斗在疫情防控一线，1名福州民革党员第一时间奔赴疫情最严重的武汉抗疫58天。赴结对挂钩的福州市第六批扶贫开发重点村——闽清县桔林乡尚德村开展“三下乡”活动，赴湖前社区开展“博爱·阳光综治文明共建暨民革界别活动”、“12　4”宪法日普法暨扫黑除恶宣传活动，赴石竹山道院进行普法宣传活动，与苍霞街道新城社区签订共建协议。举办“消费扶贫、帮扶定西、寒冬送暖”活动，组织民革党员、机关干部选购来自定西贫困地区的农特产品累计5万元。号召民革党员参与扶贫助困、兴学支教、爱心助老等公益活动，累计捐资90余万元。以中山法律援助工作站为平台，义务向民革党员提供法律援助。及时帮助企业反映在疫情防控、复工复产、运营运作方面的难题。

（王晓莉）

## 中国民主同盟福州市委员会

**【概况】** 2020年，中国民主同盟福州市委员会（简称民盟福州市委会）下辖福清、长乐2个县区级委员会，5个区工委，2个总支，76个基层支部。有盟员2033人，中高级职称占70.57%，教育、文化界占63.28%。年内，民盟福州市委会被评为盟中央思想政治建设和宣传工作先进集体，民盟福清市委员会被评为盟为中央社会服务工作先进集体，民盟闽江学院总支、民盟鼓楼区直支部、民盟福清市东张片区支部被评为民盟中央先进基层组织，1名盟员享受2020年国务院政府特殊津贴，1名盟员被评为盟中央思想政治建设和宣传工作先进个人，1名盟员被评为盟中央社会服务工作先进个人。

**【参政议政】** 2020年，民盟福州市委会在市“两会”期间，提交《关于整合农业科研力量组建福州市农业科学研究院的建议》《关于推进我市美丽乡村建设的建议》等13件集体提案。民盟界别人大代表、政协委员提出提案、议案、建议18件，其中大会发言《关于加大R&D经费投入　提升我市科技创新能力的建议》获省、市领导批示；集体提案《关于发展我市海洋休闲渔业助推“海上福州”建设的建议》作为年度市政协十件“市委主要领导阅批提案”之一，获省、市领导批示。完成调研课题27篇，其中盟省委调研课题5篇，中共福州市委重点调研课题2篇，市委每月直报件2篇，民盟福州市委会课题7篇。每月直报件《疫后加快福州文旅产业复苏　推动全域文旅产业融合发展的建议》获时任中共福建省委副书记、中共福州市委书记王宁批示。全年向民盟福建省委会、福州市政协、中共福州市委统战部报送信息357条，被各渠道采用和批示57条，其中，全国政协采用2条，中央统战部综合采用8条，省政协采用8条，市政协采用17条，市委统战部采用20条。在抗击新冠肺炎疫情期间，民盟福州市委会报送相关信息136条，被各渠道采用37条，其中《关于完善福州野生动物保护管理机制的建议》《引导学校科学做好新冠疫情防控工作的建议》获市政府主要领导批示。

**【思想理论建设】** 2020年，民盟福州市委会开展新盟员和骨干盟员培训班4场次，培训人员136人次。组织盟员学习《习近平谈治国理政》《习近平在福州》《习近平在福建》等系列采访实录、习近平总书记在党外人士座谈会上的讲话、中共十九届五中全会精神。推荐优秀盟员和盟务专职干部参加盟中央、盟省委和中共市委统战部举办的各类培训班14人次。

**【组织建设】** 2020年，民盟福州市委会新发展盟员45人。召开民盟福清市委会第七次盟员代表大会，并完成换届工作。落实《民盟中央关于进一步加强基层组织建设的意见》，结合“不忘合作初心，继续携手前进”主题教育活动，探索新时代开展基层工作的新思路新方法。民盟长乐区委员会获评为盟中央思想政治建设和宣传工作先进集体；民盟闽江学院总支、民盟鼓楼区直支部、民盟福清市东张片区支部被评为民盟中央先进基层组织；民盟福州第二医院支部、民

2020 年 9 月 27 日，民盟中央秘书长王荣彬（前排左一）走访晋安区盟员之家，市政协副主席、民盟市委主委林治良（前排右一）陪同　（民盟福州市委会　供）

盟福州十四中支部、民盟晋安区医院支部和民盟马尾社会支部等 4 个支部被评为民盟省委“创特色增活力 2019 年度先进基层组织”。

【社会服务】　2020 年，民盟福州市委会号召广大盟员捐款捐物，为抗击新冠肺炎疫情累计捐款捐物价值 60 余万元。1 名盟员医卫工作者获盟中央抗击新冠肺炎疫情先进个人称号。在民盟福州市委会微信公众号上特别策划《抗击疫情，福州民盟在行动》栏目，刊登基层组织和广大盟员抗击疫情先进事迹 18 篇。在《福州民盟》刊登盟员美术家抗击疫情相关书画作品。组织优质教师赴定西市渭源一中、固原市八中召开 5 场教育座谈会，就未来东西部教育协作重点工作等问题进行交流，形成专题调研《榕定教育协作的跟踪思考——东西部合作下的定西教育发展探索》。携同福建省农科院专家走访考察固原市隆德县闽宁现代食用菌产业园、定西市农科院、定西市田家河乡元古堆村食用菌种植基地及莲峰镇食用菌基地，对当地种植户进行现场技术指导，并开设 2 场食用菌种植培训讲座。联合仓山区教育局在帮扶社区——潘厝社区开展迎新春慰问助贫活动，向 10 名社区困难群众发放米、油等节日慰问品，并签署“同心·共建和谐社区”合作协议。联合仓山区司法局、仓山区法律援助中心，成立民盟福州市委会首家法律援助站，开展法律援助、纠纷调解、普法宣传等 2 场活动。

（王翀）

## 中国民主建国会福州市委员会

【概况】　2020 年，中国民主建国会福州市委员会（简称民建福州市委会）下辖 1 个县级市委会，5 个区工委，1 个企业家委员会，30 个支部，1 个研究院，1 个调研室，10 个专门委员会，会员 1237 人，平均年龄 52.1 岁，经济界人士占比 83.7%。年内，民建福州市委获 2019—2020 年度全省民建社情民意信息工作先进单位一等奖，福州市政协工作先进集体，民建全省社会服务工作先进单位一等奖，5 名会员被评为民建全省社会服务工作先进个人，4 名会员被评为民建中央脱贫攻坚奖先进个人，14 名会员被评为全省民建反映社情民意信息先进工作者，4 名会员被评为市政协工作先进个人，企业家委员会被评为民建中央脱贫攻坚奖先进集体，民建福州市委被评为福州市 2018-2020 年度文明单位，民建仓山工委被授予 2018-2020 年度省级文明单位，在全国层面开创民主党派基层组织被评为省级文明单位先例。

【参政议政】　2020 年，民建福州市委会在市“两会”期间围绕滨海新城建设、平台经济发展等工作提交集体提案 12 篇、代表委员个人议案和提案 100 余篇，其中大会发言《关于以创新为抓手　积极推动我市平台经济发展的建议》被列为重点提案，获市委市政府主要领导批示，并在市政府出台的《福州市促进新型基础设施建设和融合应用的若干措施》《福州市推进新型基础设施建设行动方案（2020—2022）》获转化应用，助力“三个福州”建设。全年报送各类社情民意 381 条，其中全国政协采用 6 条（其中 1 条信息由马尾工委报送并被中国侨联采用），省政协采用 31 条，市政协采用 18 条，省委办采用 18 条，市委办采用 20 条，民建中央采用 8 条，民建省委采用 120 条。围绕新冠肺炎疫情和恢复社会生产生活建言，累计报送信息 79 条，其中被省、市有关部门采用 30 条。

【思想理论建设】　2020 年，民建福州市委会通过专题集中研讨会、读书班、骨干会员培训班等各类形式，组织会员学习以纪念中国民主建国会成立 75 周年为契机，开展座谈会、书画摄影展、主题征文、观看爱国影片等活动。全年出版《福州民建》4 期 15 万字。“福州民建”微信公众号全年编辑推送文章 200 多篇，其中防控疫情期间编发关于疫情的稿件近 50 篇，浏览量超 1.5 万人次，4 篇被民建中央网站采用，6 篇被主流媒体采用。2020 年，民建福州市委会被评为全省民建新闻宣传工作先进单位，4 名会员被评为民建全省新闻宣传优秀通讯员，1 篇新闻稿获全省新闻宣传优秀作品三等奖。

【组织建设】　2020 年，民建福州市委会发展会员 51 人，发展率 4.3%，其中具有中高级技术职称 14 人，经济界人士 50 人，硕士研究生以上学历 7 人。举办 2 期新会员培训班，开展会章、会史、参政议政和知识产权政策解读等专题讲座。民建鼓楼工委举办 2 期骨干会员培训班，工委主委为近百名会员做民建会章会史专题讲座。推进民建福清市委会

6月24日，阳光学院民建经济研究院成立揭牌仪式在阳光学院音乐厅隆重举行。市政协副主席、民建福州市委主委罗蜀榕，阳光学院党委书记陈少平，市委统战部副部长、市中华职教社党组书记程辉，马尾区委常委、统战部部长伍南腾，民建福州市委专职副主委倪真，市政协民宗委主任、民建福州市委副主委兰鸣伟，民建马尾工委主委于祯等出席成立大会 （民建福州市委会 供）

和民建马尾区工委换届、调整工作，分别召开民建福清市委会第四次代表大会和民建马尾工委会员大会，完成民建福清市委换届和民建马尾工委主委调整工作。按照民建省委会《全省民建基层组织“五个优化”》要求，完成民建福清市委会经济法律支部等4个支部换届工作。推进阳光学院“会员之家”筹建工作。召开基层组织建设座谈会，落实省委会“4211111”基层组织量化考评制度，在民建全省的支部考核排名中有10个支部被评为2019年度全省优秀支部。3名会员被评为全国优秀会员，16名会员被评为全省优秀会员，民建仓山区工委被评为全国先进集体并通过省级文明单位总评，5个支部被评为全省先进集体。

【社会服务】 2020年，民建福州市委会购置防护口罩捐赠给共建单位，并向共建街道社区居民发放疫情防控知识宣传材料，捐款14128.97万元，捐赠医用口罩、防护服等抗疫物资折合3220.60万元。民建福州市委会被民建中央和民建省委评为抗击新冠肺炎疫情先进集体，4名会员被评为民建福建省委抗击新冠肺炎疫情先进个人。前往政和县洋屯村开展“三下乡”扶贫帮扶活动，为村里20名困难户发放慰问金和慰问品近2万元；多次前往新港街道、湖前社区、开元社区、茶园社区，开展慰问困难群众、捐赠抗疫物资等活动；前往甘肃定西市开展扶贫帮扶活动，向渭源县端树小学开展捐资助学活动，捐款捐物5.5万余元，资助贫困学生100人。响应民建中央消费扶贫和助力湖北省解决农产品滞销问题的号召，发动会员购买当地农副产品；响应民建中央在河北省丰宁县开展“聚光福 稳脱贫”行动号召，众力帮建光伏电站，筹款93328元。

（林宇）

## 中国民主促进会福州市委员会

【概况】 2020年，中国民主促进会福州市委员会（简称民进福州市委会）下辖5个工委（鼓楼、台江、仓山、晋安、马尾），4个总支（闽江学院、长乐、连江、福清），42个支部。会员903人，平均年龄55岁，其中教育、文化、传媒界别659人，占73%；经济、科技、医卫、法律、行政界别244人，占27%。具有大学学历及以上578人，其中研究生学历54人，占64%。科级及以上干部45人，中高级职称745人，占82.5%。年内，民进福州市委会获评为民进全国履职能力建设先进集体，民进全国会史工作先进集体，民进全省参政议政、新闻宣传、社会服务工作先进单位，6个基层组织被评为民进全省组织建设先进基层组织，40名会员获民进中央等各级各类表彰。

【参政议政】 2020年，民进福州市委会在市“两会”期间，提出议案、提案30件，大会发言《加速“多区”联动，打造市域治理典范》得到中共福州市委主要领导批示，并被确立为市政协2020年度重点督办提案，相关部门采纳该提案建议，形成4条落实意见。民进福州市各工委、总支向各县（市）区“两会”提交提案和建议75件，鼓楼工委、马尾工委的政协大会发言获区领导批示。向中共福州市委提交调研报告《福州国际化人才引育现状及政策建议》《当前我市乡村社会治理的难点及其对策研究》，其中《福州国际化人才引育现状及政策建议》刊登于《福州调研》，调研成果《关于推动闽东北海洋产业协同发展的建议》被评为年度福州市优秀调研课题成果三等奖。民进福州市各专委会前往东南大数据产业园、连江、福清、罗源等地开展调研活动，完成民进福建省委会立项课题11个。全年报送社情民意信息196条，其中得到省市领导批示8条，全国政协、中央统战部、民进中央采用56条，省政协、中共省委办公厅采用42条，市政协、中共市委办公厅采用58条。社情民意信息《巩固脱贫攻坚成效，推动农村电商物流融合发展》被转化为2020年全国政协提案，信息直报件《关于持续“县长直播”效应，建立农村直播电商培训体系的建议》获福州市领导批示。为疫情防控和复工复产复学提出意见建议，其中16条获民进中央采用，11条获省政协采用，3条获省领导批示。全年8篇调研报告和18条社情民意信息分别被评为民进全省年度优秀调研报告和优秀社情民意信息。

【思想理论建设】 2020年，民进福州

2020年9月3日下午，民进福州市委会在知望律师事务所成立“会员之家”暨“民进法律援助服务中心”（民进福州市委会 供）

市委会开展“不忘合作初心，继续携手前进”主题教育活动，班子成员13次赴联系点开展宣讲辅导、调研指导。制定《民进福州市委会2020年履职能力建设主题年工作方案》，结合履职能力建设主题年开展学习研讨、调查研究等活动。改版《福州民进》，编发4期，推送公众号信息89条。全年向民进中央等单位报送新闻稿件75篇，55篇次获各级各类媒体刊发。其中向民进中央、福建省委会等推送抗疫综合报道7篇，人物通讯11篇，民进中央、团结报（网）采用14篇（次），省委统战部公众号采用3篇（次），市政协公众号采用2篇。选送3名会员参加民进全省“我身边的先进”网上宣讲活动。3篇理论文稿入选市政协理论成果汇编。

【组织建设】　2020年，民进福州市委会新发展会员25人，平均年龄35.5岁。其中教育文化界12人，经济、法律、环保、政府机关等人士13人。完成福州二十中支部、鼓楼综合支部等10个基层组织的换届和个别支部调整工作，新成立福州四中支部。先后举办2020年骨干会员培训班、新会员培训班，召开参政议政培训会和基层组织工作会议，推荐骨干会员参加各类学习班、进修班，全年参训会员120多人次。

【社会服务】　2020年，民进福州市委会在医卫、街道、社区、乡镇、海洋渔业等疫情防控一线参与抗疫工作，并通过各种渠道捐款捐物162.8万元。设立“福州民进公益讲堂”，与易加满教育培训中心合作举办“赢中考”系列讲座，免费提供升学指导。依托“榕定民进同心教育扶贫基地”，联合仓山工委，向渭源县秦祁中学捐赠3万元用于资助品学兼优的贫困生和校园绿化建设。向宦溪中学捐资5000元。在福建知望律师事务所挂牌成立“会员之家”“民进法律援助服务中心”。与民进重庆大渡口区委会缔结友好委员会，签订共建协议。以春节、端午节、重阳节等传统节日为契机，在民进公益服务站光明社区、湖前社区、茶会社区等开展节日慰问、图书捐赠等公益活动。

（刘君琳）

## 中国农工民主党福州市委员会

【概况】　2020年，中国农工民主党福州市委员会（简称农工党福州市委会）下辖1个地方组织（福清市委会）、5个区工委会、71个基层组织，其中总支7个，市直属支部或支部委员会18个。党员1804人，本科以上学历1153人，占63.9%；中高级职称1418人，占78.6%。担任各级人大代表、政协委员109人，在各级政府部门担任实职15人，担任特约监督员14人。获2019年度全市政协系统信息工作先进集体、2020年度农工党福建省信息工作先进集体、2020年综治工作一等奖。获农工党中央、福建省委、市政协社情民意信息先进个人称号21人，获市级以上荣誉称号51人，获市政协2019年度履职优秀委员称号5人，获十三届市政协工作先进个人称号4人，获区（县）政协提案和信息工作先进个人称号7人。

【参政议政】　2020年，农工党福州市委会向市政协四次全会报送2篇大会发言和10条集体提案。大会发言《推进我市乡村卫生服务能力建设，促进健康农村发展》获市委、市政府主要领导批示。每月直报《关于我市开展群租房整治行动的建议》获市委主要领导批示。

完成中共福州市委重点课题2项，农工党福建省委会重点课题2项。向农工党中央人口战略研讨会报送2篇论文并入选大会优秀论文汇编。获农工党福建省2020年度优秀调研论文二等奖1篇，三等奖3篇。与市政协调研室、人口资源环境委员会联合撰写的《打造生态产品价值实现先行区，深化国家生态文明试验区建设》获福州市优秀调研课题一等奖，获福州市优秀调研课题三等奖1篇。全年编报《福州农工信息》197期，其中6篇获中共中央办公厅采用，3篇获中共中央和国家领导人的批示，2篇被中央统战部《零讯》采用，84篇被省委办公厅、省政协采用，60篇被市委办、市政协采用，6篇获省、市主要领导批示，5篇信息被评为2019年度全市政协系统优秀社情民意信息。

【思想理论建设】　2020年，农工党福州市委会开展“不忘合作初心、继续携手前进”主题教育活动，组织骨干党员参观福州市政协成立65周年光辉历程展，表彰主题教育活动中先进个人93人，慰问90周岁以上老党员代表，编辑庆祝特刊，录制祝福视频，500多名党员参与农工党中央线上党史知识竞赛及农工党全省纪念大会等系列活动。以农工党成立90周年为主题，上报10幅画作，1幅被农工党中央开办的画展采用，3幅被农工党中央公众号刊登。围绕抗击疫情、参政议政、脱贫攻坚等重点工作开展宣传报道，农工党中央采用11篇，农工党福建省委会采用225篇，中央、省、市各级社会媒体采用37篇。获2020年度农工党全国党刊发行工作先进单位、2020年度农工党全省社会宣传工作标兵单位称号，6人获先进个人称号。通过中心组学习、常委会议、全委会议、骨干和新党员培训，学习贯彻习近平新时代中国特色社会主义思想。2篇获农工党2019—2020全国优秀论文二等奖，1篇获三等奖；2篇获农工党2019—2020全省优秀论文一等奖，1篇获二等奖，1篇获三等奖。

【组织建设】 2020年，农工党福州市委会发展新党员48人，其中研究生学历以上8人。提任副厅级领导1人，提任副处级领导干部1人，提任正科级领导2人，当选市女企业家商会会长1人，担任市青年理事会理事2人，担任市欧美同学会副会长、理事3人，参加农工中央、省社院、市统战系统培训8人。评选出五星级支部7个，四星级支部13个，三星级支部10个。开展“党员之家”调研，有基层组织“建家”7个，居农工党全省设区市委会之首，东南眼科医院支部作为党派“党员之家”样板，受到市委常委、统战部长陈晔的充分肯定。完成福清市委会以及16个基层组织换届工作，开展市委会换届前期摸底、信息库更新、人才推荐工作。仓山区工委被评为农工党全国优秀基层组织，东南眼科医院支部被评为农工党全国社会服务先进集体，市直机关总支被评为农工党全国参政议政先进集体，获农工党全国先进党员称号5人、农工党全国优秀党员称号1人、农工党全国优秀党务工作者称号1人。获农工党全省优秀基层组织称号8个，获农工党全省优秀党务工作者称号10人。

【社会服务】 2020年，农工党福州市委会应农工党中央定点扶贫贵州大方县的要求，开展漆器产业调研组到榕调研工作，获农工党中央2020年度定点扶贫先进个人2人。开展健康扶贫“三下乡”活动，连续3年帮扶连江东岱医院。与湖岭社区互助共建，慰问困难群众25人，发放慰问金7500元。发动党员企业家资助2名江西吉安县贫困学生。帮助1名党员申报农工党中央“佐农”公益项目扶助金。参与农工党福建省委会“同心助学”活动，捐赠2414册图书支持农村小学图书室建设。组织鼓楼区第二中心小学对罗源霍口乡中心小学开展教育帮扶，并捐赠7000多元文体和学习用品。东南眼科医院支部再次走进定西岷县开展健康扶贫光明行动，捐赠110例复明白内障手术。各基层组织进校园、社区、养老院开展8场环境与健康宣传、义诊活动，发放材料1000多份，为1500多名居民开展咨询。

（侯世欢）

## 中国致公党福州市委员会

【概况】 2020年，中国致公党福州市委员会（简称致公党福州市委会）有县（市）委会1个、工委会5个、总支部2个，支部36个。有党员927人，其中女党员413人；党员平均年龄57.1岁，中上层人士占74.8%；中高级以上职称占65.9%。在政府机关和司法部门担任副科级以上职务42人。各级人大代表19人次、各级政协委员81人次。年内，被评为致公党福建省委会“调研和提案工作先进集体”“反映社情民意信息工作先进集体”“福州市政协工作先进集体”。全市致公党员获市级以上单位表彰23人次。

【参政议政】 2020年，致公党福州市委会在省市“两会”期间提交大会发言、提案、议案、建议50件次。其中在市政协十三届四次大会上提交大会发言（含书面）2件，集体提案10件，大会发言《福州古厝特色元素的创新性保护和利用》获中共市领导批示4件次，并被市名城委、市文旅局采纳落实相关建议。着力建设“图谱研究”“数字应用”“文创大赛”“宣传推广”4个项目，促进福州古厝创新性保护与利用。市委会推荐的参政议政成果转化成效良好，4件被采纳为省人大个人议案和建议，3件被省委会采纳为省政协大会发言和团体提案。报送各类调研报告和理论文章30多篇次。其中2篇重点调研报告被《福州调研》《闽都通讯》刊载，1篇理论文章被评为省委会“十佳理论研究论文”，2篇调研文章和理论文章被市政协汇编，2篇重点调研获2019年度市优秀调研成果二、三等奖。调研报告《创新海外乡亲联络服务机制》被市政协采纳为界别（联组）协商课题，相关调研成果作为协商专报上报中共市委、市政府。编辑上报社情民意信息170件次，其中被全国政协、中央统战部采用4件（其中《零讯》采用1件），致公党中央采用6件，中共省委办、省政协专报件采用20件，中共市委办、市政协专报采用44件。获国家领导人批示1件，获中共省、市领导批示5件，被评为致公党中央“2019年参政议政优秀成果”3件，分获省委会“2019年度好信息一、二、三等奖”5件，被评为省委会“十佳参政议政优秀成果”1件。

【思想理论建设】 2020年，致公党福州市委会围绕纪念中国致公党成立95周年、致公党福建省委会成立40周年，组织全市党员参与主题征文、诗歌朗诵会、宣讲会、书画精品展等活动，提交主题征文25篇、书画作品15幅。与致公党福建省委会“一周课堂”培训班联合举办骨干党员、新党员培训，参训党员50多人次。编辑《福州致公》杂志4期，推送微信公众号文章60多篇，其中抗击疫情相关文章21篇，被《中国致公》采用2篇次，省、市委统战部采用6篇次，省委会采用3篇次，市政协采用5篇次。选派骨干党员和机关干部参加市委党校，省、市社会主义学院，以及致公党中央、省委会、市委统战部培训23人次。

【组织建设】 2020年，致公党福州市委会发展新党员20人，其中博士1人，硕士3人，中、高级职称5人，侨眷属20人。走访各县（市、区）委统战部，为后备干部的培养和使用搭建平台。推荐1名党员参加省委统战部第六批党外干部挂职锻炼，选派3名党员到县（市、区）政府部门挂职。推荐市级层面代表人士、福州海内外青年联合会理事、市监委特约监察员、市欧美同学会以及福州海峡两岸交流协会会员等。完成致公党晋安区工委、致公党马尾区工委、对外联络及留学归国人员工作委员会成员的调整。成立福州致公书画院、闽江学院支部“党员之家”，并依托7家“党员之家”平台，引导党员立岗建功。

【对外交流】 2020年，致公党福州市委会与市政协港澳台侨和外事委员会、市侨联联合开展“创新海外乡亲服务联络机制”界别调研，与来自15个国家的20多名榕籍侨领座谈交流。

2020年3月，致公党福州市委会主委鄢萍先后赴北京盈科（福州）律师事务所、福州景弘专利代理事务所、福建中渼集团有限责任公司、福州新北生化工业有限公司等致公党员企业，就贯彻落实习近平总书记关于疫情防控工作的重要讲话和重要指示批示精神、进一步统筹做好疫情防控和复工复产工作进行调研

（致公党福州市委会 供）

【社会服务】 2020年，致公党福州市委会参与致公党中央“关爱海外侨胞抗击新冠疫情专项行动”，发动广大党员捐赠爱心小包裹。在微信公众号转发致公党中央抗疫科普专题，制作抗疫科普漫画和短视频，联合推出抗疫心理疏导公益在线讲座等。联合省海外归国人员互助发展协会赴闽清茶口致公小学助力复学复课，捐赠消毒液18桶、口罩1250个。联合致公党福建省委会、省“耕福济困”助学服务中心开展爱心助侨“一对一”帮扶，捐赠2万元，向14名受助学生、17名品学兼优学生赠送文具用品和课外书。动员全市党员参与致公党中央“致公爱心小包裹”网络捐赠活动，成功认领130个爱心小包裹，有321名党员参与捐赠，累计捐款6.49万元。

（陈锋）

## 九三学社福州市委员会

【概况】 2020年，九三学社福州市委员会（简称九三学社福州市委会）下辖1个县级市委会，1个区委会，5个工委，1个基层委员会，43个支社。社员794人，其中高级职称370人，占46.6%；中级职称300人，占37.7%。年内被评为九三学社中央委员会（简称社中央）2016—2020年度社会服务先进集体、中共福州市委、福州市政协“政协工作先进集体”，获九三学社福建省委（简称社省委）“参政议政工作先进集体一等奖”“信息工作先进集体三等奖”“全省宣传思想工作先进单位”“社会服务工作优秀组织奖”。

【参政议政】 2020年，九三学社福州市委会在“两会”期间，提交大会发言、提案、建议187件，其中全国政协委员提案11件。省政协大会发言3篇，党派提案3件；市政协大会发言2篇，党派提案12件，委员提案25件，市人大议案3件，人大代表建议32件。《关于促进我省海洋经济高质量发展的建议》等3项调研成果被社省委采纳并提交省政协十二届三次会议并作为大会书面发言，《关于加快我省5G产业发展的建议》被社省委采纳并提交省政协作为党派提案，同时被省政协列为重点提案、重要提案摘报，获6位省领导批示。《关于加强我省城区内河整治与管理的建议》被列为省政协重要提案摘报并获2名省领导批示。《关于加快我省5G产业发展的建议》《关于加强我省城区内河整治和管理的建议》被省政协评为2020年度好提案。《关于改进我市公共停车场建设管理工作的若干建议》等2件提案被市政协列为重点提案，《关于加大整合资源力度，发挥“海丝”核心区港口优势作用的建议》被列为市政协重要提案摘报，入选市政协年度十件“市委主要领导阅批提案”。《关于加强我市产学研深度融合，促进高质量发展的建议》等5件条建议被列为市人大重点督办件。全年报送社情民意信息110件，28件被采用，其中全国政协、中共中央办公厅、中共中央统战部或社中央采用6件，省委办、省政协采用6件，市委办、市政协采用16件；获国家领导批示1件，市领导批示2件。开展调研活动20多场，完成12项重要调研课题。其中“加快5G产业发展”“加快特色海洋牧场建设”2项被列为中共福州市委重点调研课题，并在《福州调研》上刊登。“加快5G产业布局，推进我省数字经济高质量发展”“发展卫星数据产业，推动我省社会进步与经济发展”被选为福建省政协专题协商课题。调研报告《关于完善福建省专利保险体系的建议》选送福建省第十六届建言献策论坛，获二等奖。《关于培育跨境电商新增量，稳住外贸基本盘的建议》的“每月直报”得到市领导批示。与市政协人资环委联合完成《关于加强海岸带生态保护与修复的建议》入选福州市2019年度优秀调研课题并获三等奖。围绕第44届世界遗产大会，开展历史文化街区（古厝）保护系列调研。8月20日，九三学社中央委员会常务副主席邵鸿到福建督导社务工作期间，与省、市有关领导参加九三学社福州市委会历史文化街区保护主题研讨。

2020年10月23日，九三学社福州市委员会围绕优化营商环境积极建言献策，组织开展"助力政企对接服务"活动。福州市政协原副主席、九三学社福州市委主委林绍彬，九三学社福州市委专职副主委罗枫参加调研（九三学社福州市委会　供）

【思想理论建设】　2020年，九三学社福州市委会开展九三学社创建75周年系列庆祝活动、纪念福州市政协成立65周年征文、传承优良传统主题书画摄影展、"岁月·乡愁"专题书画展。开展"新型政党制度的独特优势""爱国民主思想启蒙与九三学社创建""发挥人民政协平台凝聚共识履职作用"理论研究，以及学习宣讲、文艺汇演、线上读书分享、征集口述史、收看社中央专题政治辅导"网络课堂"等活动，拓展"不忘合作初心，继续携手前进"主题教育活动成果。在"福州九三"网站、微信公众号推送报道127篇，出版《福州九三》4期，有关报道被《团结网》采用1篇，九三学社中央网站采用32篇，中共福建省委统战部公众号采用1篇。《致力农业科技帮扶的农民主心骨》等2篇新闻作品分获社省委优秀新闻作品二、三等奖。

【组织建设】　2020年，九三学社福州市委会发展新社员26名。举办骨干社员读书班、新社员和青年骨干社员培训班，选派11名社员参加省社会主义学院各民主党派、无党派人士进修班，福州市民主党派骨干培训班，社省委骨干社员培训班。在马尾区和鼓楼区分别挂牌成立"社员之家"，承办社省委青工委"科学茶会"等活动。完善领导班子民主生活会制度，推进廉洁从政从业教育和谈心谈话工作常态化。在七届十二次全体（扩大）会议上增补2名社市委委员。1名班子成员被中共省委统战部、省人社厅评为2016—2019年度"全省统战系统先进工作者"。新成立仓山第五支社、福清第五支社、福清第六支社3个支社，完成九三学社福清市委会所属各支社换届工作，启动部分基层组织换届人选推荐协商工作。

【社会服务】　2020年，九三学社福州市委会组织社员为抗疫防控一线捐款和捐赠防疫物资价值21.18万元，帮助湖南省九三学社郴州市委转运日籍华侨定向捐赠抗疫医用物质，并组织开展线上义诊。走访、帮助和鼓励社员企业在做好疫情防控前提下推进复工复产。召开企业对接服务解读、助力落实惠企政策座谈会，帮助科技企业解决实际困难。2名社员被九三学社中央评为"九三学社抗击新冠肺炎疫情先进个人"，1名社员被中共福州市委组织部评为"首批新冠肺炎疫情防控一线先进个人"。结合"全国爱眼日"在闽侯县民俗园、甘蔗小学开展爱眼护眼科普宣传活动，开通医疗专家线上健康咨询平台，组织青年社员开设"九三青年书画斋"，举办"亲子科普讲坛"。开展"九三同心帮扶"政和县东平中学捐建"九三爱心图书阅览室"。响应"全民动员、绿化福州"的号召，签订捐赠树苗共建协议书，开展"认捐一棵爱心苗，共建九三同心林"活动。向福州市第二福利院捐赠夏季服装价值1万元。依托台江区滨江社区、鼓楼区湖前社区、晋安区降虎村、福清一中等结对子单位，开展敬老、助学、助残、帮困等志愿服务。继2018年助力引进上海振华重工"深远海智能养殖平台"落地福州以来，对海洋装备、养殖产业发展建言献策。引荐社员企业发挥职业办学的优势与定西市渭源县开展项目对接，助力贫困地区产业发展。组织农业、园林、规划等专家社员赴永泰县落实"九永合作"项目，开展助力乡村振兴活动。

（王翼）

## 台湾民主自治同盟福州市委员会

【概况】　2020年，台湾民主自治同盟福州市委员会（简称台盟福州市委会）下辖鼓楼、台江、仓山、晋安4个基层组织，下设参政议政、青年工作、妇女工作、老年工作4个专委会。有盟员135人，盟员平均年龄48.3岁，其中具有中高级职称50人。担任各级人大代表2人，政协委员30人。全年提交议案建议30件，接待台湾客人5批96人次，捐助公益事业6万余元。年内，获台盟中央参政议政先进集体、福州市政协工作先进集体称号，1名盟员获台盟中央第九次议政协商论坛二等奖，1名盟员获福

2020年5月，台盟福州市委会联合福州市政协港澳台侨和外事委开展“榕台青年说·走进福州政协”主题分享座谈会（台盟福州市委会 供）

州市政协工作先进个人称号。4名盟员获台盟中央“抗击新冠肺炎疫情先进个人”称号。

【参政议政】 2020年，台盟福州市委会在全国以及省、市“两会”期间上提交提案、建议30件，其中《关于加大老年教育供给的建议》被列为2020年省政协重点提案，作为省政协十件“省委主要领导阅批提案”之一；《关于急救技能的普及应用和公共场所配备AED同步的建议》《关于运用大数据提升市区道路管养水平的建议》入选市政协年度十件“市委主要领导阅批提案”，并获得市领导批示。在福州市政协十三届四次会议提交大会发言《优化台企营商环境 推进榕台深度融合》及书面发言《发挥福州多区叠加优势 探索榕台融合发展新路》，其中《优化台企营商环境 推进榕台深度融合》获3名市主要领导批示。完成《加快涉台园区升级促进第一家园建设》《借鉴台湾经验，促进福州市康养产业发展》等7篇调研报告。上报的63条社情民意信息中，被省、市各级部门采用9条次。在中共市委与各民主党派、工商联第2~4季度座谈会上，台盟福州市委会就推进乡村振兴、打造闽台农业融合产业园、转变传统工作方式、促进榕台深度融合创新及人才工作、“十四五”规划等方面提出意见建议。邀请、组织在榕高校台籍团队成员、台盟中央大调研课题组成员、乡贤助力服务团成员、参政议政顾问、专家学者赴福清、永泰等地考察调研。

【思想理论建设】 2020年，台盟福州市委会以主委会、全委会、机关例会、中心组学习、培训交流座谈会等形式组织学习，邀请福州市《中华人民共和国民法典》普法宣讲团成员、福州市中级人民法院民事庭副庭长林智远作“民法典的时代精神与新规亮点”专题讲座。组织机关干部利用福州干部在线平台、法宣云APP进行线上理论学习，完成2020年度国家工作人员学法考试任务。发展2名积极分子加入台盟。8月，组织盟员、机关干部赴厦门参加台盟厦门市委会2020年台情研讨会，并赴启达海峡双创基地走访调研。中秋、国庆期间，开展在榕台商、台胞联谊活动，邀请部分在榕台商、台师、台青赴祖国大陆首家两岸社区交流中心开展座谈交流。重阳节期间结合疫情防控热点，开展老盟员中医保健公益讲座，并参观福建省工艺美术馆。11月，台盟福建省委会、福州市委会共同举办以“中国梦 中华情”“两岸一家亲”为主题的读书分享交流活动。12月，组织盟员、机关干部赴京参观“金瓯无缺——纪念台湾光复75周年主题展”“纪念中国人民志愿军抗美援朝出国作战70周年主题展”。

【榕台交流服务】 2020年，台盟福州市委会联合九三学社福州市委、福州中华职教社，向闽侯朝阳台资休闲农场购买600株樱花树苗，助力台企复工复产。5月，开展“榕台青年说”活动，邀请市政协青年委员和20余名在榕台胞、在榕青年台盟盟员参观、座谈、分享交流，向在榕台胞介绍中国共产党领导的多党合作和政治协商制度，引导两岸青年深入探讨，促进两岸深度融合。该次活动得到《人民政协报》《福州日报》《福州晚报》、福州电视台、福州新闻网、市政协微信公众号等媒体平台的宣传报道，并登上“学习强国”福建学习平台。9月，因疫情防控需要，协助由市政协主办的第七届“亲情海峡，彩虹书画”榕台中小学生书画交流展，采取线上线下相结合的方式开展活动。书画展征集到书画作品1万多件，经专家评选出获奖作品354件，印制画册600册。

【社会服务】 2020年，台盟福州市委会开展在榕台企复工复产走访和在榕台商慰问工作，响应关于岛内台胞返闽返榕入境政策和居家隔离事宜的求助，开展新冠肺炎疫情防控答疑解惑和情绪安抚工作。及时成立应对新型冠状病毒感染肺炎疫情工作领导小组，制定执行盟员健康状况每日汇总上报制度，了解并汇总上报盟员健康状况3198人次，上报机关工作人员健康状况286人次，分别向全市70岁以上老龄盟员了解健康状况和疫情防控期间的生活情况21人次，帮助协调解决老龄盟员实际需要1人次。报送疫情相关社情民意信息15条，其中2条次被省、市有关部门采用。台盟福州市委会机关干部下沉到社区防控一线，分别在3个卡点开展身份查验、体温检测、信息登记、宣传引导等志愿服务。发动盟员、所联系台胞为抗击疫情捐款捐物近2万元。在春节、拗九节、端午节、重阳节等传统节日赴共建社区、村镇和台资企业开展“我们的节日”主题活动。参与共建社区开展“志愿者服务一条街”、文明交通劝导以及“反对邪教”“禁毒宣传”、服务地铁、无偿献血、“移风易俗”、垃圾分类、“平安三率”“普法六进”等各类宣传及服务活动。联合九三学社福州市委会、民进福州市委会、中华福州职教社开展“线上庆三八·暖心送健康”云讲座活动。在全国助残日期间，联合九三学社福州市委会赴福州市第二社会福利院捐赠价值1万元的慰问物资。台盟仓山区工委连续14年参与“闽台同心 关爱女童”捐资助学活动，“六一”期间向仓山区贫困女童捐助助学金，书包、文具等助学用品。动员在榕盟员、机关干部、所联系台胞为赫章县金银山街道儿童活动中心开展捐款，收到142人捐款26450元。仓山区工委获台盟中央捐赠赫章县金银山少儿活动中心先进基层组织奖。

（周金媛）

## 福州市工商业联合会

【概况】　2020年，福州市工商业联合会（简称福州市工商联）有会员48485个，比上年增长20.16%。所属商会481家，比上年增长6.4%，其中行业商会96家，异地商会215家，综合类商会11家，镇街商会158家，园区商会1家。全市有私营企业295194家，比上年增长9.82%；个体工商户498776户，比上年增长18.88%。新增私营企业48160家、个体工商户112010户，日均新增私营企业和个体工商户638户。民营经济实现增加值6477.65亿元，比上年增长8.1%，占全市经济总量的64.6%。民间投资比上年增长19.4%，高于全省平均水平的18.4个百分点，较固定资产投资增幅高8.9个百分点，占固定资产投资的63.7%，拉动增长11.6个百分点。13家民企入选“2020中国民营企业500强”，35家民企入选“2020年福建省民营企业100强”，入选“两强”的企业数量居全省首位。年内，市工商联被评为全国工商联、省工商联“民营企业调查点先进单位”“全国工商联抗击新冠肺炎疫情以来调查点工作先进基层工商联”。

【参政议政】　2020年，福州市工商联组织开展民营企业复工复产稳产情况和民营企业运行状况调研，并将调研成果转化为《疫情期间外贸企业出口产品积压转内销难问题应得到重视》等社情民意信息，被全国工商联及市政协采纳。2020年前三季度累计向全国工商联报送14篇社情民意信息，6篇被采纳，在《全国工商联2020年前三季度反映社情民意信息工作的通报》及“各省会城市和计划单列市工商联反映社情民意信息工作”排行榜中位列第三名。将调研成果转化为3篇季谈会发言，13件工商联集体提案和38件委员提案均获立案。编印《福州民营经济发展报告（2019）》《参政议政文集》。针对福州市防疫物资生产企业疫情后普遍存在的困难问题，走访调研37家企业、8家市直单位，发放各类问卷50余份，开展为期6个月的调研，形成“建立‘平战互转机制’——增强防疫物资平时蓄能战时扩产保供能力”的调研报告，并将其转化为市政协十三届五次大会发言，获市领导批示。开展民营企业调查点建设调查，指导企业相关人员填报相关调查问卷，近3年调查点工作完成率均位列全省第一。

【会员服务】　2020年，福州市工商联开展“联百会助千企”活动，走访民营企业、商会161家，对收集到的50多个困难问题及发展诉求，及时转送相关职能部门予以协调解决。配合市金融局协调有关银行，帮助70多家企业获得3.5亿元信贷资金支持。帮助130多家会员企业协调解决30万只口罩，助力会员企业有序复工复产。开展民营企业专业技术人员职称评审服务，有168人通过工程师、助理工程师职称评审，123人通过高工职称评审。组织1500多家企业通过“福州人社求职招聘平台”以“云”招聘的形式，实现招工引才9000人。引导所属商协会参加调解能力建设活动，指导2家商会成立人民调解委员会。组织逾千名企业家参与线上线下经贸交流活动10多场次，搭建科技对接平台，4家民营企业设立的专家工作站通过评审认定。民营企业协会组织50多名会员企业家到华为、腾讯、大疆等国内先进企业考察学习。

【回归工程】　2020年，福州市工商联全面落实“抓招商 促跨越”专项行动，拓宽回归项目征集渠道。借助异地商会工作交流会以及商会换届、年会等榕商集会平台，收集招商引资和回归工程项目信息，引导榕商通过“回归工程”渠道回归项目、回流投资。全年市、县两级工商联、回归办征集回归意向项目106个，总投资853.26亿元，其中市本级9个、县（区）97个；完成引资项目7个，总投资27.40亿元。

【商会建设】　2020年，福州市工商联新增5家市级在榕异地商会、1家异地福州商会、3家市级行业商协会。指导县级工商联组建4家县级异地商会、7家市级在榕异地商会、3家异地福州商会，3家行业商会完成换届。全年有17家商会获省级“四好商会”称号、18家商会获全国工商联授予的“四好商会”称号，3家商会被社会组织登记主管机关确认为5A级社会组织。至年底，全市有镇街商会158家，覆盖率91.86%，台江、鼓楼、晋安、马尾、长乐、闽侯、闽清、罗源、永泰等9个县市区实现全覆盖，覆盖面居全省第二位。组织50家商会党支部书记参加基层商会党支部书记学习新思想培训班，指导9家在榕异地商会和1家市级行业商会成立党支部，1家基层商会党组织及其下辖的6个党支部完成换届。至年底，市工商联社会组织行业党委下辖61家基层商会党组织，拥有党员341人，党组织覆盖率96.6%，党的工作覆盖率100%。

【社会服务】　2020年，福州市工商联成立疫情防控工作领导小组，组织各县（市）区工商联和武汉市福州商会，对从武汉返回福州的榕商及其亲属进行摸排，汇总上报市防疫应急指挥部并交由所在村（社区）管控，并向武汉市福州商会及在汉榕商发出公开信；编印《应对新冠肺炎疫情惠企政策汇编》，通过微信向企业推送《企事业单位复工复产疫情防控措施指南》，疫情防控及复工复产相关内容见抗击新冠肺炎疫情专辑。根据脱贫帮扶向助力乡村振兴的有效衔接，巩固“千企帮千村”的帮扶成果。组织市、县两级工商联对标查找漏洞缺项，规范台账管理。全年引导116家民营企业、商（协）会结对帮扶118个村，捐助帮扶519.93万元，用于助学帮困、村容整治、兴修基础设施等。组织引导64家民营企业、商（协）会助力帮扶定西108个村，捐助帮扶3250.27万元。年内，福州市工商联被全国工商联授予“‘万企帮万村’行动组织工作先进集体”称号。大东海集团被评为“全国‘万企帮万村’精准扶贫行动先进民营企业”，思嘉集团被评为全省“千企帮千村”助村富民明星企业。新中冠、喜相逢集团、鸿生建材、金源纺织、弘博工艺等5家企业被评为“2018—2019年福建省劳动关系和谐企业”，爹地宝贝、智恒科技、永安物业等17家企业被评为“2020年度福州市劳动关系和谐企业”。邀请经济学家何帆教授、市税务局、市劳动就业中心等专家解读疫情防控和复工复产相关政策。实施“百会千企培训工程”，指导基层工商联、商协会开办惠企政策进企业进商会培训，民营企业协会、电子商务商会开展“助力福州市民营企业复工复产政策解读公益讲座”。

**【思想理论建设】** 2020年，福州市工商联联合市委统战部在市委党校举办民营经济代表人士理想信念教育研修班，邀请省工商联党组书记李家荣解读《关于加强新时代民营经济统战工作的意见》、邀请洪波律师讲授《中华人民共和国民法典》等。女企业家商会开展民法典解读。福清市工商联、连江县工商联组织会员企业开展理想信念教育活动。举办2期“榕商大讲坛”，邀请傅光明、陈国鹰、林斌等知名企业家讲授创业创新经验。组织民营企业家参与线上线下授课教学30多场次。

（余芳）

（编辑　苏颖）

# 群众团体

## 福州市总工会

**【概况】** 2020年，福州市总工会有基层工会14616个，涵盖单位51162家，有工会会员41.07万人（不含工会组织关系隶属省直机关工会及省总直属会员数）。在县级以上工会开展“工会大学习”活动超百场，向142个市级以上职工书屋赠阅《习近平在福州》等书籍1.2万本。“福州工人E家亲”微信公众号阅读量突破400万人次。开展“战疫情、促发展”行动，内容见抗击新冠肺炎疫情专辑。评选出全国劳模和先进工作者11人、福州工匠20人、省五一劳动奖章（状）70个、命名市级工人先锋号793个、市级劳模工作室20个。年内，福州市总工会获评为全省“十佳”最有影响力工会新媒体，《工人日报》、《福州日报》、中工网、新华网、光明网等媒体宣传报道福州市工会工作近400篇，累计阅读量逾750万。蝉联“全国文明单位”“全国工会财务先进单位”等称号。

**【职工劳动竞赛】** 2020年，福州市总工会开展“战疫情．促发展．当好主力军”2020年福州市职工劳动竞赛。全年组织开展职工劳动技能竞赛203场，其中市级示范性竞赛23场，县级示范性竞赛80场，重点企业劳动技能竞赛100场。市总工会职工劳动竞赛活动2次在工人日报头版头条予以宣传。F1地铁快线专场竞赛促进沿线征地拆迁工作提前完成，工程施工建设顺利进展，竞赛活动得到市领导的多次表扬。

2020年6月29日，福建省内首个工匠学院——“福州工匠学院”在福州职业技术学院揭牌 （市总工会 供）

**【职工创新创业创造】** 2020年，福州市总工会建成全省最大的职工“三创”孵化中心，总面积1.85万㎡。出台《激励职工创新创业创造若干扶持措施》，举办首届海峡两岸职工创新创业创造大赛，职工“五小”创新大赛获奖数位列全省第一。

**【职工教育培训】** 2020年，福州市总工会成立全省首个“工匠学院”，“求学圆梦”行动帮助1889名职工提升学历。县级以上工会开展“工会大学习”活动超百场，百人以上企业普遍开展主题班会，向142个市级以上职工书屋赠阅《习近平在福州》等书籍1.2万本。“福州工人E家亲”微信公众号阅读量突破400万。

**【职工帮扶服务】** 2020年，福州市总工会推动职工温暖工程，在档城镇困难职工全面实现解困，帮扶工作满意率、帮扶政策知晓率90%以上，124万名职工受益。为1662名农民工追回拖欠工资1597万元，动员62.8万名职工参与“安全生产月”活动。举办第11届新福州人集体婚礼，“关爱环卫工人十年行动计划”惠及10371名一线环卫工人，2600

名一线职工参加疗、休养。春节期间，向一线职工送出4万份新春礼包、1724桌年夜饭物资、5000张免费观影券等，榕城职工就地过年“五个一”活动登上中央电视台新闻直播间。

【基层工会建设】 2020年，福州市总工会新增建会单位7994家，新发展会员4.24万人。结合“市直机关服务基层年”活动，组织100名机关干部到基层工会开展服务，500名工会志愿者参加“走进基层、走近职工”活动，服务时长逾2000小时。实施“1+X”督查机制，22个县（市）区、市级产业工会均获得省级工会经审工作规范化建设A级单位，“八大群体”企业建会率85.4%，全市镇街（园区）工会工作达标率100%。

（郑辉）

## 中国共产主义青年团福州市委员会

【概况】 2020年，福州市有青年191.5万人（14~28周岁青年109.5万），其中在册团员18.96万人，团青比例17.32%；全市有各级团组织10083个，团干部9749人，其中专职团干部232人，乡镇街道团委书记172人、村（社区）团支书2646人。全市有16个团属青少年事务社工机构，有130名专职和420名兼职青少年事务社工。全年中国共产主义青年团福州市委员会（简称共青团福州市委）开展党的十九届五中全会精神宣讲293场，参加活动26955人次。参与“青年大学习”网上主题团课203.4万人次。邀请人民英雄荣誉称号获得者张伯礼等18名知名专家学者开展青e学线上直播活动，吸引观看逾2525.3万人次。制作推送网络文化作品2876篇，阅读量14638.5万人次。动员组建疫情防控青年突击队，组织招募青年志愿者，内容见抗击新冠肺炎疫情专辑。招募3080名志愿者为“第三届数字中国建设峰会”“福州国际马拉松赛”“世界城市日中国主场（福州）活动”等大型社会活动提供志愿服务6万多小时。全市有注册青年志愿者69.64万人，志愿服务时长961万余小时，志愿者活跃率43%。

【青年助力扶贫协作帮扶】 2020年，共青团福州市委募集社会资金400万元，用于教育扶贫、生态扶贫、公益扶贫等12个项目。建设榕定青年生态林16.67公顷，资助贫困大学生300余人。举办消费扶贫直播带货活动“青e购”4场，销售定西9款特色农产品7.1万余单，销售额312万余元。推动聚春园等多家企事业单位与定西建立长期稳定供销关系，累计销售定西百合等农特产品1000余万元。《青春扶贫 消费助农》案例入选2020年国务院扶贫办“社会组织扶贫50佳案例”。开展希望工程圆梦行动、青春同行助孤行动、悦读暖童心“希望工程快乐阅读包”“希望工程一堂课”等公益项目。

【两岸青年交流活动】 2020年，共青团福州市委牵头负责“2020海峡青年峰会”，吸引两岸青年代表近500人参加主会场活动，并在武汉、昆山、厦门等地设立分会场，是新冠肺炎疫情后全国首场两岸青年交流活动，国台办主任刘结一和全国青联主席汪鸿雁通过视频线上致辞，活动在《人民日报》、新华社等34家媒体报道53篇，全网传播量超9200万。

【青年创业就业】 2020年，共青团福州市委组织推动福清、闽侯、闽清、永泰等4个县市成立青年创业促进会。开展“青翼创”筑梦返乡计划，通过导师帮扶、项目巡诊等服务方式，为返乡创业青年提供农业安全、销路拓展等帮扶，累计覆盖2000名创业青年。依托“榕e人才”就业服务平台，服务注册企业543家，提供就业岗位2221个，招聘求职者4391人次。开展数字经济、国有企业专场“云面试”等工作。承办第七届“创青春”福建省青年创新创业大赛暨福建省第二届返乡大学生创新创业大赛，参赛项目1134个，参与青年3400多人。

【青少年权益维护】 2020年，共青团福州市委开展青少年自护教育活动，发放《青春自护手册》《致家长一封信》等3000余份，开展各类活动100余场，服务青少年及家长3万多人次。开展毒品预防宣传教育讲座、知识竞赛等活动62场。开展“青春相伴 未来可期”青少年成长发展项目，为重点青少年群体提供超前预防、临界预防和矫正预防等社会服务，全年开展活动8场，服务3041人次。打造“青春有约”公益交友品牌，开发“闽都青友荟”线上交友平台。

【青少年参与社会治理】 2020年，共青团福州市委在全市集中推广“青春家园”青少年参与社会治理项目，在基层社区（村）创建一批由共青团主导、各方力量参与，面向青少年提供服务的

2020年12月11日，由福州市团市委承办的海峡青年创新创业高峰论坛暨第七届“创青春”福建省青年创新创业大赛颁奖仪式在长乐福州数字中国会展中心举行

（团市委 供）

“实体门店”。推动购买社工服务600多万元。建立“青春家园”试点社区20个，组建40名青少年社会工作专家人才库，开展培训4场次，服务280人次；开展活动120余场，服务3500余人次。推出“社会主义核心价值观趣学活动”“四点半学校”等8大品牌载体，开展各类活动320余场，服务青少年1.35万人次。开展迎新春环境卫生整治、“垃圾分类知识问答”“河小禹”主题队日活动等，服务青少年2万余人。

【团组织建设】 2020年，共青团福州市委依托“智慧团建”系统，开展基层团（总）支部规范化建设“对标定级”工作，全市创建达标团以上支部6451个，三星级以上团支部5627个，星级团员数14.15万人。开展非公经济组织和社会组织团建攻坚工作，全市社会领域团组织数新增1060个，增长率23.34%，排名全省前列。实施“先锋团队领航”工程，全市有13所中小学参与，通过项目认领、积分认定、荣誉激励等方式，激发学校少先队工作活力，帮助8所小学引进博士校外辅导员。开展“少先队活动月”系列活动，通过“线上+线下”形式，吸引20多万人次在线观看。推进团中央健全地方青联组织社团基础试点工作，新增联系服务新兴青年社会组织15家、新兴青年群体骨干50人。成立团属福州市青年艺术家协会，引领新兴青年群体在疫情防控、复工复产、乡村振兴、夜色经济等方面开展活动近100场。实施高校学生会和学生社团改革。建立各级团代表、团的委员会成员线上线下联系青年的工作机制，年内完成鼓楼、晋安、福清、闽侯等4个县域团代表联络站建设。

（潘竞波）

## 福州市妇女联合会

【概况】 2020年，福州市妇女联合会（简称福州市妇联）有基层妇联组织2958个。创建达标乡镇（妇联）、村（社区）妇联130个，推荐优秀妇联主席41人，创建“妇女微家”150个。实施“基层优秀女性领头雁支持计划”，建立由300余名基层妇联主席、执委、女致富带头人等组成的女性人才库。年内获评为全国家庭工作先进单位。

【创业创新巾帼行动】 2020年，福州市妇联开展女性就业线上专场招聘11场次，为4.53万名妇女提供就业指导服务，其中1.2万人达成就业意向。动员582个大学生巾帼创业团队参加全省女大学生创新大赛，获奖项目10个。为4388名（个）妇女（巾帼企业）发放“巧妇贷”“巾帼战役贷”5.3亿元。

【巾帼脱贫攻坚行动】 2020年，福州市妇联疫情期间捐赠资金、物资合计215.3万元。开展为医务人员及其家属提供心理咨询服务、“早期教育暖心服务包”等活动。为10852名贫困妇女和生活困难妇女赠送“女性安康险”。募集“母亲健康1+1”公益募捐善款280万元，发放108.9万元救助“两癌”贫困妇女330人，安排220万元资金开展东西部扶贫协作，帮助定西妇联建设巾帼家美积分超市、巾帼扶贫车间。举办陇原巧手培训并慰问贫困妇女儿童。

【乡村振兴巾帼行动】 2020年，福州市妇联在晋安、福清等8个县（市）区建设“姐妹乡伴”各类乡村振兴服务站，为巾帼示范基地、贫困妇女搭建产品展销平台。实施“女性素质提升计划”，线上线下举办专家快车农村行、茉莉花开女性学堂等实用技术、就业技能培训31场，参加9468人次。

【妇女儿童合法权益维护】 2020年，福州市、县两级妇联处理妇女群众诉求件688件。排查隐患家庭976户，指导各县（市）区评选“平安家庭”5547户。联合有关部门建立家事审判方式和工作机制改革联席会议制度、未成年人综合保护体系建设机制、预防就业性别歧视及保障女职工合法权益制度、强化矛盾纠纷排查化解机制等。建立福州市女性社会组织孵化培育基地，组建一支由20名高校专家、社会专家、法律专家组成的专家队伍，孵化女性社会组织24家。投入203万元，实施妇女儿童法律服务、家事调解、法治社区服务、家庭环保服务实践等项目17个。开展“建设法治福州、巾帼在行动”普法宣传活动，开展《中华人民共和国民法典》、反性侵、反家暴、禁毒等相关普法宣传活动846场次。在市妇联微信官网推送“幸福家庭小课堂”“福妞普法小课堂”100期。

2020年8月19日上午，福州市妇联、福州外语外贸学院联合在福清市江阴镇占泽中心小学举行“星星点灯·与爱同行”关爱儿童夏令营活动 （市妇联 供）

【家庭文明建设】 2020年，福州市妇联开展寻找“最美家庭”、创建“五好家庭”活动，产生全国、省、市最美家庭（抗疫最美家庭）、五好家庭461户。打造“听妈妈讲家风故事”“茉莉姐姐”家风学堂、家风动车校园行等家风宣传品牌。在鼓楼区、晋安区等5个社区打造家庭教育示范基地，举办家庭教育公益大讲堂126场次，参加9666人次。创办福州市早期教育指导服务中心，探索0~3岁婴幼儿家庭早期教育指导服务新模式。依托市早教指导服务中心、“福宝贝·亲子驿站”开展公益早教活动124场次，参与家庭876个，服务2020人次。在全国首创入户早教指导师职业技能培训，开展入户早教指导师培训13期667人。

【新“两纲”编制】 2020年，福州市妇联启动新“两纲”编制工作，开展妇女儿童发展纲要重点难点领域工作情况专项督查。联合市司法局、民政局开展《福州市居家养老服务条例（征求意见稿）》性别平等评估工作座谈会。

（江莉）

## 福州市科学技术协会

【概况】 2020年，福州市科学技术协会（简称福州市科协）所属市级学会68个，企业科协378个（其中新成立30个），高校科协6个。市本级预算内科普经费25061万元（含福州科技馆新馆征地费用20000万元，建设启动经费1000万元），县（市）区科普经费1673.3万元。

【校地合作】 2020年，福州市科协根据市政府与福州大学新一轮战略合作协议，推动福州大学与福州市开展科技合作与服务。孟超医学与交叉科学中心项目启动建设，共建校企联合研发平台8个；分别与企业联合承担省、市产学研合作重大科技项目17项、15项；引进具有博士学位以上的高层次人才87人，新增国家级人才5人次、省级高层次人才20人次；与福州市合作举办30多期高级培训班，培训3000多人；推进与闽江学院合作共建，牵头推进市县政府与有关高校合作，其中福州市与福建师大续签教育领域合作协议；闽清县与清华大学共建乡村振兴工作站，创新实施“清华学子+闽籍学子+闽清学子”等支教模式；中国人民大学与恒瑞通（福建）信息技术公司，开展国家重点研发计划项目申报工作，促成高校院所项目对接252个。开展“科技人员服务企业行动”，组织147名专家服务全市155家企业。

【院士（专家）工作站建设】 2020年，福州市政府认定8个院士工作站、17个专家工作站。引进8名院士、20名领衔专家带领的157个研发团队与设站企业开展38个项目的研发攻关，项目总投资4.7亿元。7个院士工作站向省科协申报福建省院士专家工作站。组织7名院士走访45家企业，推进15个院士项目的合作签约。促成中海峡（福建）细胞生物技术有限公司与刘新垣院士新建院士工作站。年末，福州市有通过市政府认定的院士（专家）工作站271个，其中院士工作站58个，专家工作站210个，海外专家工作站3个。

【科技创新】 2020年，福州市科协促成罗源县食用菌研发中心与中国菌物学会在北京中国科学院微生物所签订协议，成立中国菌物学会罗源县食用菌研发中心，打造国家、省、市、县四级联动的学会共同体。年内，有8家国家级、17家省级学会服务站通过省科协认定，建站总数连续4年位列全省第一。引进的专家学者在福州农产品种植、水产养殖、纺织产业、汽车制造、数字产业等领域给予技术支持和指导。完成3项招商引资工作，项目总投资4.8亿元。

【全民科学素质普及】 2020年，福州市科协召开全民科学素质县（市）区部署迎评推进工作会。发动县（市）区参与省科协“全科网络竞赛”“福州科普”公众号答题，参与近420万人次。被评为2020年福建省全民科学素质网络竞赛优秀组织单位。在《福州日报》开设《普及科学技术知识 提升全民科学素质》专栏刊发6期报道普及全民科学素质工作，印发全科图文折页20万份，在3500部住宅小区、商务区等电梯智能屏播放全民科学素质工作宣传视频。年末，福州市公民具备科学素质比例达到13.8%。

【科普基地建设】 2020年，福州市科协命名15个社区为科普标准化社区科普标准化社区80个。新认定福州科技馆血液知识分馆等3家科技馆分馆，组织17个科技馆分馆联合开展大型科普主题活动，开展科技馆分馆“科普一日游”活动。开展科普中国（社区、校园、乡村）“e”站转型升级工作。加强县级科技馆、青少年科学工作室等基层科普平台、设施建设。争取省级项目资金180万元，为基层建设科普设施提供经费保障。开展省级科普教育基地调查摸底及市级科普教育基地培育认定工作。指导鼓楼区开展2021-2025年度全国、省科普示范县（市、区）创建。在福州市科协网站、“福州科普”微信公众号及市、县各种新闻媒体开展科普宣传。

【福州科技馆新馆建设】 2020年，福州市科协推进福州科技馆新馆建设。6月，新馆规划设计方案取得市自然资源和规划局批复，取得国有建设用地划拨决定书，并完成相关手续办理；8月，初步设计及预算获得市发改委批复；11月，福州科技馆新馆项目开标，中建海峡建设发展有限公司中标；12月28日成功举行项目开工仪式。

【疫情防控科普宣传】 2020年，福州市科协通过“福州科普”微信公众号、福州市科协网站、福州电视台、福州新闻网、《福州日报》、福州晚报微博、今日头条APP、掌上福州APP、户外科普宣传廊、电子显示屏等，推送疫情防控科普知识、科普视频。组织科普信息员400余人，调动科普“e”站近400个，动员全市科技工作者、科普专家，参与疫情防控科普工作。开展线下疫情防控科普宣传，下发科普挂图到乡镇、社区、复工企业等普及疫情相关知识。组织县（市）区科协开展应急科普宣传工作，建设应急科普工作机制和联动机制。组织有关学会科技工作者投身战役一线，医学类学会抗疫在第一线。农业类科技工作者派出专家团，帮助农业企业和农民最大限度减少损失。工业类学会、科技型企业组织企业捐款捐物，帮助企业复工复产。在“福州科普”微信公众号推出“战疫之声——福州市科协科技社团行业党委党员在行动”系列报道。

【科普活动】 2020年，福州市科协举办2020年福州市暨福清市全国科普日主场活动。以线上线下形式，开展系列科普活动160余场。福州市科协被评为中国科协“2020年全国科普日活动优秀组织单位”；“2020年福州市全国科普日活动”被评为“2020年全国科普日优秀活动”。开展“全国科技周”、防震减灾日、食品安全周等主题科普活动，参与总人数近百万人。开展反邪教宣传教育活动。开展全市“文化科技卫生三下乡”活动及中学生线上高校科学营活动。组织福州市第36届青少年科技创新大赛暨“两马”青少年科技教育交流活动，并组织福州市代表队参赛。开展2020年中国航天大会——福建省全国航天特色学校建设工程系列科普活动，福州三中获福建省第一个“全国航天特色学校”称号。与市教育局联合开展首届福州市青少年创意编程与智能设计比赛活动。推荐“普惠同享·你我同行——中国特色现代科技馆体系‘科普之星’”“典赞·2020科普中国”“典赞·2020福建科普”、第三批闽江科学传播学者项目。举办第十届在榕高校大学生科艺展演。开展科普车进校园、进乡村、进社区等科普活动31场次，受众群体逾5.4万人次。

【科普助力乡村振兴】 2020年，福州市科协命名35个科普助力乡村振兴试点村，科普助力乡村振兴试点村65个。邀请省乡村休闲发展协会等近10家省、市级学会组成省、市学会乡村振兴科技帮扶团。扶持罗源县中房镇产业发展，该项目入选省科协首批深化改革试点项目。在闽清、闽侯、永泰等乡村实施20项学会联村送科技活动。向福州市连江、长乐、福清、马尾派遣6名省级科技特派员。设立“中国农村专业技术协会福建闽清橄榄科技小院”。组织发动涉农县（市）区开展农村实用技术培训项目需求调研活动，筛选68个项目，8个培训基地给予资金补助。各涉农县（市）区累计培训农村实用技术171期1万余人。

【科普学术交流活动】 2020年，福州市科协举办第十八届福州市科协年会，以“改革开放 创新引领——数领医健 智创未来”为主题，设1个主会场和23个分会场，近4000人通过线上方式参加活动。各学会开展各类学术交流活动200多场次，参会科技工作者1万多人；开展各类科普活动近100场，参与科技工作者近1000人；突出“一家学会、高校科协一项重点品牌”，打造科技类社团的品牌项目，市保护大熊猫协会建设世界级熊猫盼盼文化品牌；市老年科协定期为社区老年人传播最新科技知识；福州外语外贸学院打造校地联合科普大讲坛。开展23项重点课题调研，编印20期《专家建言》，其中1篇得到省委常委、市委书记林宝金批示肯定，7篇被《福州调研》《政研专报》转载。开展第十二届福州市自然科学优秀学术论文评选活动，收到论文1000余篇，评选优秀论文127篇，推荐11篇参加省级评选，6篇获奖。

【科技人才工作】 2020年，福州市科协牵头开展第四届福州青年科技奖评选工作，市政府授予20名优秀科技工作者第四届“福州青年科技奖”称号。推荐福建瑞达精工股份有限公司蒋维入选第十六届福建青年科技奖。推荐3名科技专家作为福建省首届特级后备人才福州市推荐人选，2人进入答辩名单。推荐福州市18名科技人才申报第二十六届运盛青年科技奖。开展“最美科技工作者”推荐工作，评选出10名2020年福州市“最美科技工作者”，推荐5名参评福建省“最美科技工作者”，闽江学院林实、帝视信息童同入选。推荐3名科技工作者入选第十四届福州读书月“书香人家”“读书明星”名单，推荐2名科技工作者入选“福州好人榜”。闽清县总医院院长黄勤贵入选全国优秀基层科协“三长”名单。开展非公企业职称评定，为53名非公企业工程技术人员评定初、中级专业技术职务。开展“5·30”全国科技工作者日慰问活动，慰问50名在疫情防控、复工复产中表现突出的优秀科技工作者。

（陈贞）

## 福州市文学艺术界联合会

【概况】 2020年，福州市文学艺术界联合会（简称福州市文联）市属文艺家协会有市级会员5558名，省级会员数1948人，国家级会员数489人。组建涵盖市作家、音乐家、戏剧家、美术家、民间文艺家、曲艺家、书法家、舞蹈家、摄影家、漆艺、电影电视家等11家协会。年内组织43名文艺家，赴福清市、晋安区、罗源县、闽清县、永泰县、长乐区、鼓楼区、仓山区等8个县（市）

2020年5月15日，“抗疫同声　你我同行”福州市抗疫歌曲音乐会现场

（市文联　供）

区开展精品课程下基层活动。

【文艺活动】 2020年，福州市文联指导创作战“疫”歌曲《有你身影》，与市委网信办联合举办“抗疫同声 你我同行”福州市抗疫歌曲云音乐会。开展“勇于担当 迎难而上”福州市音乐家抗疫歌曲创作征集活动、“福州市书画名家抗击疫情网上邀请展”“众志成城 执笔抗疫”福州市美术家在行动主题美术作品微展、文学作品征集等活动20余场。

【文艺惠民】 2020年，福州市文联组织开展文艺志愿者服务团下基层服务活动，更新优化44名讲师组成的文艺志愿者服务团精品课程库，为基层提供“菜单式”选课服务。

（郑龙腾）

## 福州市归国华侨联合会

【概况】 2020年，福州市有归侨侨眷约200万人，海外乡亲约430万人，主要华侨华人社团260多个，分布在世界170个国家和地区。福州市归国华侨联合会（简称福州市侨联）第十二届委员会有委员176人，主席1人，副主席（含兼职）16人，常委60人。聘任海外60多个国家和中国港澳台地区有影响的侨团领袖193人担任荣誉职务，其中名誉主席2人，荣誉主席10人，国内顾问6人，港澳顾问28人，海外顾问40人，海外委员101人，台湾侨界特邀委员6人。有基层侨联组织945个。市侨联有侨商会、华侨历史学会、归侨之家、法律顾问委员会、青年委员会等团体会员。在新冠肺炎疫情期间，发动海外侨胞为国内疫情防控捐资捐物，第一时间发出《福州侨界防范疫情倡议书》，发动海内外侨胞捐资捐物、帮助采购医用防疫物资。组织榕籍海内外侨界人士和社团捐款、捐赠防护服、口罩、防护镜、测温枪等物资价值3亿多元。开展“外防输入”工作，推进“零报告”“分片挂钩”“专员联络”3项制度。班子领导分工对接12个县（市）区，掌握回国人员情况，指导开展海外返乡侨胞健康管理服务。市、县两级侨联开设24小时热线电话，提供政策咨询，建立“榕籍侨胞服务微信群”。与市智慧中心对接，为榕籍海外侨胞推送“12345”、“e福州”APP等线上服务平台。派出5名机关干部入驻市集中医学观察点检查工作小组，赴全市集中医学观察点进行集中检查。深入侨企助力复工复产，详细了解企业实际困难及发展需求，帮助协调解决。与市海联会、市侨办联合筹集口罩，驰援意大利、日本等榕籍海外侨胞相对集中且疫情严峻的国家。

2020年2月4日，美国福建猴屿联谊会为祖国疫情防控捐资50万元人民币

（市侨联 供）

【招商引资引智】 2020年，福州市侨联牵线完成8个项目，注册备案资金22.38亿元。组织海内外侨商侨领参与“9·8”“榕博汇”“一带一路”线上合作推介会暨“惠企政策进百园入万企”、福建省工业品网上博览会等经贸活动。发动侨界参与脱贫攻坚，助推乡村振兴，开展“百侨帮百村—联村助户”品牌活动。开展敬老、爱幼、助学、慰问、就业引导等形式帮扶贫困侨125户，资助优秀贫困侨学生82人。引导市侨商会筹集资金12万元，资助定西贫困学生40人。2020年是机构改革后侨联首次承接中央华侨事务专项经费的运作，在对接原帮扶补助对象的基础上，进行全市摸底，掌握最新的困难归侨侨眷情况数据。开展中国侨联“侨爱心·光明行”公益项目福州站工作，联合福州爱尔眼科到乡镇开展爱心普查28场，眼科检查1400多人次，为全市280余名困难归侨侨眷及低收入白内障患者实施免费复明手术。

【侨胞权益维护】 2020年，福州市侨联继续与法院、司法局、公安边防、仲裁委、公证处、律师事务所等开展合作。18名法顾委成员受聘为市中院涉侨纠纷特邀调解员，市侨联成为市中院特邀调解组织。开展每周二的法顾委接待工作日，全年接受法律咨询189人次，解决涉侨法律问题57件次，成功调解案件1件。与市中级法院合作，为身在海外的同胞推出“云诉讼”服务，提供全诉讼流程的在线指南，确保海外侨胞顺畅参与诉讼。开展纪念《归侨侨眷权益保护法》颁布30周年系列活动，邀请省高院、市中院专家作《中华人民共和国民法典》及相关主题讲座2场，开展送法进侨场、侨企6次。

【海外社团联谊】 2020年，福州市侨联承办“亲情中华 为你讲故事”网上夏令营活动3期6个营177名华裔青少年参与。组织3484名海内外学生参加第二十一届世界华人学生作文大赛征稿活动。组织长乐区侨联、闽清县侨联分别开展1期网上夏令营活动。推动侨界参与文化建设，引进欧洲华侨华人社团联合会在福州烟台山设立多元文化艺术馆。举办福州侨联海外联谊研修班，开展“创新海外乡亲服务机制”座谈会，20个国家和地区的50余名侨领参与。协助拍摄福建首部华侨文化主题电影《诗巫风云》，协助开展“海丝国际杯”2020年首届茶王赛，帮助省新闻出版社在海外设立“闽侨书屋”。举行“祖国情·赤子心”纪念印尼归侨回国60周年座谈会。

【参政议政】 2020年，福州市侨联在省侨联指导下合作建立“闽侨智库福州大学研究中心”“闽侨智库闽江学院研究中心”。全年收集侨界专家学者、海外侨领对国内外疫情防控、产业发展、民生保障等的意见建议160余篇次，被省委办《福建信息》采用8篇、省政府《八闽快讯》采用8篇、省委办《每日汇报》采用20篇、省侨联《侨情专报》采用87篇。编发信息280余篇，被中央统战部官网、《福建日报》、中国侨联公众号、中新社、中国侨网、福建统战公众号、今日头条等采用。《中国侨联工作》2020年第5期推广福州市侨联开展“云关爱”行动经验成果，《福建日报》2020年4月27日第5版采用市侨联采写的《当闽江“遇”上莱茵河——旅德闽籍侨胞的战“疫”故事》。年内，福州市侨联获评为2020度全省侨联系统信息传播工作先进集体特等奖，闽侨智库福州委员会成员18人获先进个人称号。

【组织建设】 2020年，福州市侨联成立市侨联侨情信息中心，开通“闽都侨声”公众号，改版“闽都侨声”网站并整体搬迁至省侨联“福侨世界总网”作为子网站。全年新成立基层侨联组织7个，其中永泰县樟城镇南门社区侨联的成立，实现永泰县基层侨联组织零的突破。指导基层侨联组织创建“侨胞之家”及示范点，全市有省级“侨胞之家”77个，“侨胞之家”示范点18个。在全省率先开展基层侨联组织统一社会信用代码赋码工作，指导帮助48家基层侨联领取“身份证”。组织编印《福州市基层侨联建设文件汇编》《福州市基层侨联建设经验交流材料》《基层侨联工作学习参考材料》，下发全市945个基层侨联组织。

（黄姗姗）

## 福州市台湾同胞联谊会

【概况】 2020年，福州市登记定居台胞2031人。全市台胞有市人大代表1人，县（市）区人大代表1人，市政协委员9人，县（区）政协委员21人。福州市台湾同胞联谊会（简称福州市台联）全年组织台胞联谊活动9场次，参加活动550余人次。慰问困难台胞、80岁及以上老龄台胞、台籍老领导、常住台商台籍教师、两岸交流有贡献代表87人。发放“两补”专项资金98.46万元，助学金7000元。接待和处理台胞的来信来访7件，招商引资项目2个，总投资3.81亿元。年内福州台湾会馆复建落成揭牌。通过微信公众号等平台发出倡议，呼吁在榕台胞开展疫情防控，鼓励与防疫工作有关的台胞为抗击疫情作出贡献。组织机关党员干部志愿者献血，与社区并肩战“疫”，为居民们送上口罩、消毒液等防疫物资。协助开展无物业小区社区居民进出管理工作，走访慰问、实地调研台胞台企，推动企业复工复产。

【榕台联谊交流】 2020年，福州市台联组织台胞参与“美丽福州健康走起来”“植树节”“同心向党·忠诚担当”“七夕交友”“乡亲相爱一家人 共建幸福城”中秋国庆及重阳节在榕台胞联谊等活动。由市台联主办的“榕台缘 一家亲”2020年两岸青年迎“七夕”交友（与台中联线）联谊活动，有50对榕台未婚青年男女参加，60万人观看线上直播，两岸60余家媒体进行宣传报道。

【参政议政】 2020年，福州市台联围绕“促进台湾青年来榕创业就业优惠政策措施落实”“加强台湾来闽高校高层次人才统战工作”等方面开展调研，走访台商、台籍教师，听取意见建议，撰写“在榕台资服务企业面临的难题及建议”“在闽台企、台青挖掘‘线上’新机遇”等调研文章。

【台湾会馆复建落成揭牌】 2020年11月1日，全国台联党组书记、会长黄志贤，福建省委常委、福州市委书记林宝金为福州台湾会馆复建落成揭牌。中央电视总台、中新网、你好台湾、民生新闻网、《台湾导报》、《台湾人民报》等两岸近150家新闻媒体对揭牌活动进行报道。全年接待到馆参观的单位、团体56批次935人次，游客1万多人次。

（陈乘）

## 福州市残疾人联合会

【概况】 2020年，福州市持中华人民共和国残疾人证的残疾人有9.44万人。其中视力残疾1.02万人，听力残疾1.04万人，言语残疾0.12万人，肢体残疾4.04万人，智力残疾1.51万人，精神残疾1.17万人，多重残疾0.47万人。福州市残疾人联合会（简称福州市残联）下设福州市肢体残疾人协会、福州市盲人协会、福州市聋人协会、福州市精神残疾人及亲友协会、福州市智力残疾人及亲友协会5个残疾人专门协会。下属福州市残疾人就业服务指导中心（市就业中心）、福州市残疾人辅助器具服务中心（市辅具中心）2个事业单位。全市175个乡镇（街道）均成立残联，并配备专职残疾人联络员，2719个村（社区）均成立残协并选聘残疾人联络员。全市建有残疾人综合服务设施11家，残疾儿童康复机构52家（其中民办42家），残疾人就业服务机构13家，残疾人日间照料托养服务机构13家，残疾人辅助性就业机构11家，残疾人社区康复站44家，建立市级残疾人辅具展示厅和县（市）区辅具适配站11家，残疾人法律援助站14个，残疾人体育健身示范点24个，盲人按摩机构109家。福州市“福州残联”微信公众号关注数位列全省第一。换发三代残疾人证7.7万张，核查处理残疾人目测证7515张。市残联联合市财政局出台《关于新冠疫情防控期间福州市盲人按摩场所等残疾人就业创业单位经营租金补助实施方案》，全市补助261家单位305万元。年内市残联被评为市级文明单位，获福建省辅具技能竞赛脱贫案例金奖。

【残疾人社会保障】 2020年，福州市残联实施困难残疾人生活补贴和重度残疾人护理补贴，协同市民政局发放困难残疾人生活补贴3万多人、重度残疾人护理补贴4万多人。残疾人参加城乡居民基本养老保险7.12万人，参保率93.18%；参加城乡居民基本医疗保险8.37万人，参保率98.39%。落实重度残疾人全部纳入医疗救助对象、29项残疾人医疗康复项目纳入基本医保支付范围。落实贫困残疾人享受最低生活保障，实现重度及三级精神、智力成年无业残疾人单独施保，纳入最低生活保障1.59万人，占低保总人数27.9%。纳入特困供养残疾人2050人，占特困供养人数30.3%。办理意外伤害保险7.5万人，参保率77.17%。发放“一户多残”特殊困难残疾人补贴4737人，每户每月补助300元。提供居家托养服务补助1315人，年人均2000元，合计263万元。走访慰困难残疾人5500人（每户不低于500元）。“E福州”APP开通“残疾人虚拟卡”方便残疾人免费乘坐公交和地铁。与市卫健委联合下发年度评定医院及评定医师名单，开展残疾评定上门服务。协调市大数据委、市民服务中心探索实行“互联网+残疾人证申请便捷受理”模式，残疾人持证可免费乘坐市内地铁公交。培训乡镇（街道）村（社区）残疾人联络员2824人，实现残疾人基本服务状况和需求信息数据动态更新常态化，调查10.02万名残疾人，入户率94.05%，APP采集率99.62%。

【残疾人扶贫】 2020年，福州市残联加大对全市25户重点帮扶对象及16户脱贫但不稳定、且家庭刚性支出较大的重点残疾人困难户的跟踪帮扶。加强与扶贫、民政、教育、住建、人社、医保等部门的信息共享，建立市残联机关党总支党员志愿结对帮扶贫困残疾人制度。落实专项帮扶资金928.07万元，闽宁协作落实马尾区对口帮扶隆德县残联扶贫资金100万元，闽侯县对口帮扶资金55万元。在全市核实16793名农村困难残疾人，其中纳入精准扶贫建档立卡范围残疾人1186人。开展志愿助残、精准康复、兜底保障、扶残助学、就业创业、居家托养、家庭无障碍改造等扶贫行动，农村建档立卡残疾人脱贫率100%，农村贫困残疾人家庭存量危房改造率100%。实施残疾人家庭无障碍改造114户，市级每户补贴1500元，县级每户补贴1000元。截至2020年，福州市残联系统累计投入定西市残疾人专项扶贫协作帮扶资金3117万元，其中市、县财政帮扶资金1005.63万元，在教育扶贫、健康扶贫、住房扶贫、产业扶贫、技能培训等方面开展帮扶，帮扶贫困残疾人9391人。

【残疾人康复、辅具服务】 2020年，福州市残联为残疾人提供康复服务3.27万人，残疾人精准康复服务录入率99.98%。提供辅具适配7799人，适配率99.99%。实现残疾儿童康复训练救助、贫困精神病患者服药救助和住院救助、听力障碍儿童装配电子耳蜗及康复训练救助制度化、全覆盖。全市有残疾儿童康复机构52家（新增18家），实施0~14岁残疾儿童康复救助2278人1868.2万元。筛查上报听障儿童装配电子耳蜗15人。开展严重精神障碍患者救助和督导检查工作，实施贫困精神病患者服药救助（每人每年500元）501人、住院救助（每人每年4000元）276人，精神病患者康复在院训练补助265人（每人每月1200元）135.45万元。开展老年残疾人康复服务工作，为全市年满60周岁，持证残疾人开展康复需求筛查和评估，评估费用每人不超过40元，居家康复服务每人每个月费用不超过300元，每人每年康复服务不超过3个月，合计筛查评估1000人、居家康复服务141人，投入资金14.52万元。推进残疾人辅具补贴制度改革，在全省首创《福州市残疾人基本型辅助器具评估量表》等新政策并优化程序。创立市级“志愿助残”辅具评估团队，开展辅具流动服务车“百乡行”活动。推广辅具下乡服务和辅具补贴制项目回访，下乡26次服务778人次。发放残疾人机动轮椅车燃油补贴1477人38.7万元。为五城区349名残疾人代步车车主投保并为147名低保代步车主发放交通补贴15.97万元。完成五城区残疾人机动轮椅车的更新换证。

【残疾人就业】 2020年，福州市残联推行用人单位按比例安排残疾人就业，扶持残疾人集中就业、自主就业创业及灵活就业。接纳高校残疾人毕业生就业，发放扶持残疾人就业创业“1+7”政策扶持资金663.39万元，比上年增长32%。年内，高校残疾人毕业生38人，就业率100%。扶助441名农村困难残疾人就业创业每人5000元。补助残疾人考取驾驶证一次性补助1500元。举办常态化残疾人就业招聘会26场，推荐就业183人。开展以“就业帮扶、真情相助”为主题的残疾人就业援助月专项活动，举办大型专场招聘会6场，走访慰问登记失业残疾人家庭252户。开展第二批就业培训基地授牌工作。扶持盲人按摩行业，符合条件的机构可享受一次性创业补助、盲人就业安置奖励等。全市就业年龄段残疾人4.94万人，有就业能力就业意愿3.83万人，已就业2.76万人。城镇残疾人新增就业855人，农村残疾人新增就业1465人。城乡残疾人新增培训1456人次。

【扶残助学】 2020年，福州市残联对残疾人及残疾人子女考入高中和中专、大专、本科、硕士、博士的，每年分别给予不低于2000元、3000元、3500元、4000元、4500元的补助。为2000多名残疾学生及残疾人子女发放扶残助学金600多万元。完成中央彩票公益金助学项目（学前教育）11名，每人补助3000元。推广国家通用手语，培训骨干40人，并在福州广播新闻周末频道《正点播报》栏目开播手语新闻。配合教育部门开展适龄残疾儿童少年入学工作和失学残疾儿童少年的劝返复学工作，核查反馈1252名残疾儿童信息，残疾儿童少年接受义务教育比例100%。为17名参加中考、高考的残疾学生核准提供合理便利。

【残疾人权益保障】 2020年，福州市残联建成残疾人法律救助工作站14个，实现县级全覆盖。市本级“12345”便民（惠企）服务平台处理各类诉求83件，处理残疾人来信19件，接待来访、来电（包括“12385”残疾人热线）500多人次，信访事项办理及时率100%。承办市级人大代表建议和市政协委员提案 11 件，满意率 100%。

【残疾人文体活动】 2020 年，福州市残联确定残疾人体育健身示范点 24 个，携手市体育局、福建师范大学体育教育学院线上培训残疾人社会体育指导员 245 人，提供残疾人康复体育关爱家庭 908 户，培养特奥运动员及融合伙伴 450 人。开展全国特奥日、推进残疾人文化进家庭“五个一”等活动，组织参加各级各类残疾人运动会、文创作品联展等。

（郑海云）

12 月 29 日上午，福州市关工委联合市委老干局、市委文明办、市司法局、共青团福州市委、市妇联等单位在闽清县党办助学金发放仪式，为闽清城关小学 60 个贫困生发放助学金

（市关工委　供）

## 福州市关心下一代工作委员会

【概况】 2020 年，福州市关心下一代工作委员会（简称福州市关工委）有关工委组织 3823 个，成员 2.66 万人，其中“五老”（老干部、老教师、老专家、老劳模、老战士）人员 2.12 万人。全市有 191 个乡镇（街道）、2342 个行政村（社区）、550 所学校、120 个机关事业单位以及 126 家企业组建关工委组织。全市各级关工委有报告团 257 个，“五老”报告员 1396 人，涵盖各县（市）区、乡镇（街道）以及部分村（社区）和学校。年内，福州市网络家长学校总开课数 64 场，239 万多人次参加听课。出台《加强以党的建设带动教育系统关工委建设的工作意见》。编印《五老好家教、好家风名言故事集》。

【青少年思想道德教育】 2020 年，福州市关工委联合市委宣传部、文明办、老干部局、教育局，以“福州故事百讲”为抓手，开展“读红色书籍、讲红色故事、唱红色歌曲、写红色征文、体验红色活动”“五红”等系列活动。开展红色文化进校园、进社区、进农村、进企业，组织广大“五老”讲好中国故事、中国共产党故事、新时期中国特色社会主义故事和改革开放故事。组织中小学生与老师、父母共读红书经典，交流读书体会。开展“中华魂”“读红书”主题教育实践活动，参与“新时代好少年”评选及学习宣传活动。西湖社区关工委国山“五老”工作室依托“爱心时间汇”小程序平台，成立线上直播间，为青少年开展红色专题宣讲。晋安区关工委开展“讲述革命故事，传承红色基因”系列宣讲活动，其中 6 期“晋安红色故事”被福建党建新闻、“八闽党旗扬”微信公众号和“学习强国”APP 等媒体转载。福清市关工委在市、镇两级组建 28 个报告团，有报告员 218 人，福清市“故事爷爷”已经成为福清市关工委的工作品牌。年内，全市各级关工委开展“福州故事百讲”“中华魂”“传承红色基因，争做时代新人”等主题教育活动 1616 场，参与人数 136 万人次。在第 23 届新时代好少年“美好生活 劳动创造”主题教育读书活动中，10 人获演讲一等奖，11 人获朗诵一等奖。市教育系统关工委连续参加三届教育部关工委“心中的感动——记教育系统关心下一代优秀人物”征文活动，全市选送的 13 篇老教师事迹全部获奖。

【网络家长学校建设】 2020 年，福州市关工委面向学校、社会等招募讲师，由原来 25 名增加到 47 名，覆盖“五老”、心理（或精神）科医师、福建省心理名师工作室领衔名师和一线心理工作人员。线上聘请疫情防控和心理健康专家举办专题讲座 11 场，线上听课 70 多万人次。开展团体辅导和讲座 69 场 71871 人次。仓山网络家长学校咨询中心面询 418 人次，电话咨询 1960 人次，网络咨询（QQ 与微信）98 人。高考前夕，在福州四十中、闽清高级中学等为高三学生举办心理减压讲座。

【青少年普法教育】 2020 年，福州市关工委开展《中华人民共和国未成年人保护法》《中华人民共和国预防未成年人犯罪法》等法律法规的宣传教育活动。市关工委、检察院、纪委监委、政法委、公安局等 18 家单位联动，构建政府、社会、学校、家庭四位一体未成年人综合保护体系。协助检察机关实行“督促监护令”的工作机制。联合团市委开展创建“青少年零犯罪零受害社区（村）”活动。鼓楼区河东、杨桥河南、屏山等 3 个社区被确定为全国创建“青少年零犯罪零受害社区（村）”第二期试点单位。配合省关工委在鼓楼区鼓西、鼓东、华大，仓山区临江，台江区洋中等街道开展关爱工作试点。年内，全市举办普法教育活动 1132 场次，受教育 33 万人次，“五老”受聘担任法制副校长 211 人。

【“五失”青少年关爱行动】 2020 年，福州市关工委联合市委文明办、老干部局、司法局、团市委、妇联 6 个单位，在全市开展为期3年的“五失”青少年及农村留守儿童、城市农民工子女关爱行动。从省农业发展银行募集6万元，用于资助闽清县60名贫困学生，每人1000元。配合省关工委、省高院、市中院和仓山区关工委，在朝阳小学联合举办“金秋助学”活动，为13名大中小学生发放助学金3.3万元。筹集助学金340万元，资助大、中、小学生2393人。到长乐区梅花镇开展综治平安宣传和关爱帮扶等活动，与6名困难青少年进行结对帮扶。

【青少年科技教育服务】 2020年，福州市关工委联合市科协开展青少年科技创新大赛，在全省139个队机器人参赛队伍中，福州89个。选拔30个队参加全国竞赛，其中福州22个队56人。全市有青少年科技服务团144个，“五老”科教员762人，举办科技培训103期，有4331名城乡青少年参加。

（陈今）

## 福州市红十字会

【概况】 2020年，福州市红十字系统接受来自海内外同胞捐赠用于疫情防控的款物1.57亿元，救助弱势群体1.2万人次。中央、省、市媒体刊出或转载报道《为爱摆渡践初心 履职尽责担使命——市红十字会大力弘扬“人道、博爱、奉献”精神》《福州市红会注重诚信建设获殊荣》《左手抓防疫 右手抓业务——福建省福州市红十字会系统助力复工复产的几点举措》《市红十字会机关党支部：用坚守和奉献擦亮“红起来”党建品牌》《市红十字会党员积极参与“读书月”活动 推进学习型党组织学习型机关建设》《生命回响 云上缅怀——市红十字会追思悼念遗体和器官捐献者》《我市成立红十字志愿服务组织联合会》《“想念爸爸时，感觉他还在”——51岁搬运工病逝，女儿提出捐献器官，5人获救》《大爱 老父含泪捐儿器官救了8人——创福建单人捐献器官数量纪录；儿子捐完后，女儿也成为器官捐献志愿者》《50岁依姐捐献造血干细胞——目前福州年龄最大的捐献者》《张伟：教书育人献血救人两不误——持续20年参与无偿献血，献血量达30.8万毫升》等专题报道。连续4届被评为省级“文明单位”，获“中国红十字会抗击新冠肺炎疫情先进集体”称号，被市诚信促进会授予“诚信示范标兵单位”，获福建省第五届红十字应急救护大赛优秀组织奖，选送的福建榕能电业集团有限公司红十字救护队获企业团体第一名，红十字曙光应急救援总队被评为2020年全省学雷锋志愿服务“最佳志愿服务组织”，红十字志愿者翁钦梅被评为“福建省抗击新冠肺炎疫情先进个人”，红十字应急救护培训讲师许艳云被评为2020年福建省“最美红十字救护员”。

【应急救援】 2020年，福州市红十字会常备救灾金300万元，备灾救灾仓库储备救灾物资价值超过100万元。5月14日，在福州红十字备灾救灾仓库，与市应急管理局、省血液中心联合开展以“助力疫情防控 红十字救在身边”为主题的应急救援演练；5月18—20日，红十字蓝豹救援总队参加“闽动——2020”地震跨区域应急救援实战演练；6月22日，红十字曙光应急救援总队赴长乐区文武镇连夜搜寻捕鱼溺水男子；7月4日，红十字曙光应急救援总队赴永泰县嵩口古镇连夜搜寻游泳溺水男子；8月20日，红十字曙光应急救援总队参加“2020年福州市地震引发房屋坍塌等灾难应急救援综合演练”；中秋、国庆双节期间，红十字曙光应急救援总队在上下杭三通桥段组织开展内河水域联合巡航，保障上下杭景区水域安全；11月12日，红十字曙光应急救援总队赴长乐区谭头村后山搜救七旬老人；12月20日，红十字曙光应急救援总队参与2020年福州国际马拉松比赛应急救护保障任务。

【人道救助】 2020年，福州市红十字会开展“博爱送万家 温暖你我他——元旦、春节关怀活动”，筹募善款善物价值近150万元，慰问2700余户8900多名困难群众；开展“救治一个患者 解放一个家庭——重特大疾病医疗救助行动”，全年救助30人次，90多万元；开展“救助人体器官捐献困难家庭——永生天使行动”，全年救助36人次，258万多元；开展“弘扬正能量——关怀见义勇为、道德模范人道行动”，为福州市见义勇为基金会捐款2万元；开展“精准扶贫——对口帮扶甘肃省定西市”，疫情期间拨付口罩3万个、防护服2000件及

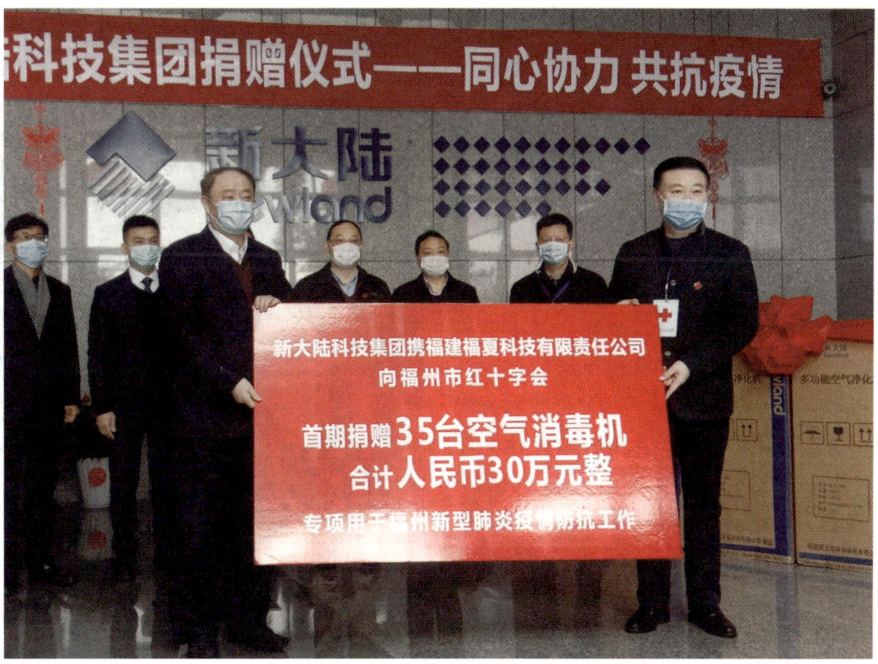


2020年1月29日，新大陆科技集团携福建福厦科技有限责任公司向福州市红十字会捐赠现金价值500万元款物，专项用于福州新冠疫情防控工作

（市红十字会 供）

500万元捐赠款支援定西市，并向定西市岷县单独援助2万元。与市委宣传部联合开展2020年福州市文化科技卫生“三下乡”集中服务活动；发动全市红十字会、学校及各机关事业单位1.98万多人次，筹款18.09万元等。

【生命救援工程】 2020年，福州市遗体器官捐献报名登记5199人，实现遗体捐献22人、器官（含组织）捐献43人。4月3日，在三山陵园人生广场举行主题为“生命回响·云上缅怀”福州市遗体与器官捐献者追思悼念活动。开展“热血一夏·爱满十城”无偿献血公益行活动，联合市委文明办、市卫健委、省献血办、省血液中心在各区级机关及直属单位开展无偿献血活动，举办活动20多场次，1000多人次献血超过27万毫升。全年动员造血干细胞捐献236人次，采集28人份高分辨血样，体检19人，成功捐献5人。建成连江、长乐和仓山3个“红十字博爱驿站”。

【救护培训】 2020年，福州市红十字会主动为外（台）资企业、电力、学校、机关事业单位、社区（街道）等人员开展自救互救知识和技能培训。举办应急救护培训班112期，颁发急救员证书3248人，举办应急救护知识讲座384期，受众11万多人。5月10—13日，在福州红十字备灾救灾中心举办1期面向全省的高强度应急救援知识普及与技能强化培训班，为54名来自全省各大红十字救援服务队队员开展培训。

【调研交流】 2020年1月9日，青岛市红十字会党组成员、副会长刘子升一行9人来榕调研，与福州市红十字会交流“三救三献”、人道传播、对台对外交流、应急救护培训以及备灾救灾仓库建设等有关内容。10月29日，珠海市政协委员、市红十字会二级调研员肖世明一行9人来榕调研，与福州市红十字会交流红十字会改革、基层组织建设、核心业务开展以及信息化建设等有关内容。12月3日，中国红十字会总会备灾救灾中心副主任肖强一行3人来榕调研，考察福州市红十字会应急救援能力建设情况。

（林楠）

## 福州市慈善总会

【概况】 2020年，福州市慈善总会接受社会捐赠款物3905.94万元，救助支出款物3555.22万元，受益贫困群众7887人次。与市双拥办、市民政局、市退役军人事务局联合开展“关爱军人困难家庭救助活动”，救助困难军人家庭186个，发放救助金101.14万元。发出捐赠倡议书和接受社会各界爱心单位（企业）、爱心人士的捐款591.88万元，全部用于支援新型冠状病毒肺炎疫情防控工作。年内，市慈善总会被评为“AAAAA”社会组织。9月，“关爱军人困难家庭救助项目”获福建省第三届《善行八闽——海峡公益慈善项目大赛》二等奖。

【慈善情暖万家慰问活动】 2020年，福州市慈善总会在元旦、春节期间开展两节“慈善情暖万家”慰问活动，到鼓楼、晋安、长乐、罗源、永泰等地慰问困难户3277户，慰问金236.29万元。

【慈善医疗救助】 2020年，福州市慈善总会与中华慈善总会合作开展免费赠药活动，发放“特罗凯”“安维汀”药品1031人次，价值2025.35万元。与福州东南眼科合作开展慈善复明工程项目410例，价值113.81万元。与福清亮睛医院、台江医院、中德骨科医院、长乐康民眼科医院、福州仓山国德老年医院合作发放医疗救助金177.87万元。

【扶贫工作】 2020年，福州市慈善总会对口扶贫甘肃省定西市资金、物资134.87万元，其中福州东南眼科医院为岷县79名贫困老年白内障和31名翼状胬肉患者免费实施复明手术，价值58.79万元；福州为民再生资源利用有限公司捐赠衣物1500件，价值10万元；福州市民政系统社会组织捐助用于定西市岷县慰问贫困老人及支持养老院建设配套物资66.08万元。年内，参与“百会联百村”扶贫攻坚行动，到罗源县中房镇叠石村、下湖村开展对口帮扶，支出善款12万元；对接永泰县红星乡雁门老区村开展帮扶工作，支出善款8.8万元；通过设立“扶贫开发基金”形式，在永泰县丹云乡帮扶贫困户支出善款7.5万元。

2020年9月16日上午，福州·定西东西部扶贫协作“2020走进定西·光明行动”医疗扶贫活动捐赠仪式在岷县中医院举行 （市慈善总会 供）

（林松福）

（编辑 苏颖）

## 人大立法

【概况】　2020年，福州市人大常委会审议地方性法规6件，通过3件。年内开展古厝保护、突发事件应对、停车场管理、城市桥梁隧道安全管理、古树名木保护管理、社会工作服务、食用农产品质量安全管理等立法项目调研，组织议案的领衔代表会同市直有关部门，对立法的必要性、可行性进行研究论证。

【福州市文明行为促进条例】　2020年4月29日，福州市十五届人大常委会第二十七次会议表决通过。2020年7月24日，福建省十三届人大常委会第二十一次会议批准，于2020年10月1日起施行。条例共7章47条，主要围绕总则、文明行为规范、鼓励与促进、保障措施、重点治理、法律责任等方面进行规范，对文明行为基本规范、公共环境卫生文明行为规范、公共秩序文明行为规范、交通文明行为规范、社区公共文明行为规范、国家机关工作人员在执行公务活动中应当自觉遵守的文明行为规范等用列举的方式进行明确。

【福州市人民代表大会常务委员会任免国家机关工作人员条例】　2020年6月30日，福州市十五届人大常委会第二十八次会议表决通过。2020年9月29日，福建省十三届人大常委会第二十三次会议批准。原条例于2013年8月30日福州市第十四届人民代表大会常务委员会第十二次会议通过，2013年9月27日福建省第十二届人民代表大会常务委员会第五次会议批准。修改后的条例共5章29条。

【福州市非物质文化遗产保护规定】　2020年8月27日，福州市十五届人大常委会第二十九次会议表决通过。2020年12月3日，福建省十三届人大常委会第二十四次会议批准，于2021年1月1日起施行。规定共27条，是全省首部由设区市颁布施行的非物质文化遗产保护地方性法规，主要围绕非物质文化遗产的保护管理体制和保护规划、名录保护制度、保护措施、传播利用、法律责任等方面进行规范。

【福州市社会信用条例】　2020年10月27日，福州市十五届人大常委会第三十次会议审议《福州市社会信用条例（草案修改稿）》。

【福州市户外广告设置管理办法】　2020年10月27日，福州市十五届人大常委会第三十次会议审议《福州市户外广告设置管理办法（草案修改二稿）》。

【福州市居家养老服务条例】　2020年10月27日，福州市十五届人大常委会第三十次会议审议市人民政府提请的《福州市居家养老服务条例（草案）》。

（连蔡煜）

## 政法与综治

【概况】　2020年，福州市政法系统推进维护国家安全、扫黑除恶、市域社会治理现代化试点、政法领域改革、新冠疫情防控等重点工作，完成中共十九届五中全会、第三届数字中国建设峰会和省、市“两会”等重大活动和节点安保维稳任务，扫黑除恶成果、平安建设综合考评成绩位居全省前列。全市政法系统有90个集体、157名个人获省部级以上表彰。

年内，福州市创新“网格化+疫情防控”模式，法院系统网络诉讼实现涉疫案件快速流转，其中1件跨国、跨省、五地“云庭审”案例被评为全省法院服务保障疫情防控十大典型案例；检察院系统制定18条意见措施，惩治诈骗、抗拒疫情防控等涉疫犯罪，办理全国首例涉口罩刑事附带民事公益诉讼案件；公安机关强化重点部位安全防范，侦办涉疫案件393件，破获全国首例非法生产销售新冠病毒抗体检测产品案；司法行政部门提供全天候公共法律服务平台热线服务，开辟公证绿色通道，免费为群众邮寄公证书1242件；民政部门对受疫情影响的困难群众兜底保障，引导社会组织提供疫情防控咨询、困难群众慰问和心理辅导21万余次。全年未发生涉疫重大案事件，实现境外疫情海上“零输人”、监所“零感染”。

【经济社会发展服务保障】 2020年，福州市政法系统开展民营企业“法治体检”专项行动，加强对涉企业财产保全申请的审查力度，减少对生产经营活动的影响。围绕全市房屋结构安全隐患排查整治专项行动，出台服务保障实施方案。围绕法治化营商环境建设，市检察院设立全省首家知识产权检察办公室，强化全方位综合性司法保护；市中院在全省首创知识产权纠纷“特邀调解+司法确认”多元化解新模式，出台《关于审理民商事纠纷管辖权异议案件的工作意见（试行）》，解决管辖权异议案件审理周期过长的问题。围绕服务脱贫攻坚，市民政局发放特困供养金1.3亿元，特困人员平均供养标准位居全省首位。年内，市法院受理各类案件17.68万件，审执结16.37万件，结案率92.59%；检察院批捕各类刑事犯罪嫌疑人4827人，起诉9820人，办理公益诉讼案件659件；人民调解组织实现乡镇（街道）、村（社区）全覆盖，调解案件1.95万件，成功率99.9%。

【国家安全和社会稳定维护】 2020年，福州市政法系统将矛盾纠纷排查化解纳入重点攻坚项目，在全省率先建立公安“110”热线与司法“12348”热线联动机制。公安机关破获各类刑事案件2.13万件，命案、“两抢”案件破案率100%，八类暴力犯罪案件破案率98.9%；全市刑事案件总量连续6年下降，电信网络诈骗案件实现“两降两升”。年内，建成全省首个海上毒品检查站，移送起诉毒品犯罪嫌疑人数、查处吸毒人员数均居全省第一。

【平安福州建设】 2020年，福州市成立平安福州建设领导小组，创新建立重点项目攻坚机制，出台行业系统平安建设意见，拓宽平安建设广度。成立市域社会治理现代化试点工作领导小组，建立“七个一”工作体系，构架市级统筹协调、县级组织实施、乡镇（街道）强基固本的治理链条。推进综治中心、网格化平台、“雪亮工程”一体化建设，整合社会视频监控资源12万余路，收集综治基础数据2万余条。长乐区在全省首创“乐和解”在线基层社会治理平台，晋安区建成全国首家两岸社区交流中心。

【扫黑除恶专项斗争】 2020年，福州市政法系统聚焦线索清仓，中央督导组转办线索和全市涉黑涉恶线索核查率均达100%；聚焦案件清结，加强案件打击和逃犯追捕，抓获逃犯48人，抓获数居全省第一；聚焦行业整治，开展十大行业领域专项整治，加强“三霸六黑”“套路贷”等乱象整治，打掉团伙127个；聚焦长效常治，推动建立线索“闭环”管理、“三长”签字背书等58项制度。2018—2020年，全市累计打掉涉黑组织35个、恶势力犯罪集团（团伙）169个，立案审查调查涉黑涉恶腐败和“保护伞”问题线索393条；涉黑组织、涉恶集团打击数在全国各省会城市、自治区首府和计划单列市中，分列第二和第四名。

【政法领域改革】 2020年，福州市推进政法领域全面深化改革，其中，法院系统出台《民事诉讼程序繁简分流改革试点实施方案》，实行民诉案件繁简分流、轻重分离、快慢分道；首创“云认证”“云授权”等举措，破解台胞身份认证、委托代理等难题，实现在线当庭宣判、在线调解即时签；马尾区法院在全省率先成立自贸区执行事务中心，建立“立审执联破”一体化工作机制。检察院系统深化司法责任制综合配套改革，制定实施检察官业绩考评标准，探索建立轻刑案件诉前考察和公益服务机制，全国首创“督促监护令”工作机制，获最高检肯定推广；探索开展行政处罚不当监督试点，台江区检察院办理的1件案件入选全省行政检察监督精品案例。公安机关全面深化“放管服”改革，实行落户“零门槛”政策；完成交通领域188个缓堵软硬件项目，城区路网高峰平均通行效率比上年提升5.6%；深化智慧公安建设，打造联合创新中心和鲲鹏生态公安实验室，警用AR智能眼镜研究应用成为全省唯一入选公安部技术研究计划竞争性遴选项目。司法行政部门推进法治政府建设示范创建活动，鼓楼区获评第一批全国法治政府建设示范区；创新“智慧公证”项目，在全省率先实现国内公证书签章电子化，推动公证信息互信互证。

（陈璐）

## 法治政府建设

【概况】 2020年，福州市出台《依法防控新型冠状病毒肺炎疫情、切实保障人民群众生命健康安全工作方案》《福州市推进法治化营商环境建设实施方案》《福州市加强法治乡村建设工作方案》，市司法局完成市政府重点调研课题《乡村振兴视域下我市法治乡村建设工作的实践与思考》。年内，市委全面依法治市委员会第三、第四、第五及第六次会议和市委全面依法治市委员会办公室主任办公会议召开。鼓楼区获评全国首批“法治政府建设示范区”。

【法规规章立法审查】 2020年，福州市聚焦历史文化名城保护、市域社会治理等重点领域，完成《福州市非物质文化遗产保护规定》《福州市停车场建设和管理办法（修改）》等5项地方性法规、规章的立法审查工作，会同有关部门制定政府规章《福州市房屋结构安全管理办法》，梳理与疫情防控和复工复产相关的法规规章。办理法律、法规、规章征求意见反馈56件。开展优化营商环境领域等多次法规规章的清理工作，对100多部法规规章进行全面梳理。

【行政复议】 2020年，福州市各级行政复议机关收到行政复议案件882件，一审行政诉讼案件1875件，其中市政府本级收到行政复议案件134件，一审行政诉讼案件51件，承办省政府受理的以市政府为被申请人的被复议案件33件。推动落实行政机关负责人出庭应诉机制化、常态化，建立行政审判和行政应诉联络工作机制，7月新机制实施后，全市行政机关负责人出庭688件，出庭率49.5%，比上年的19.3%提升显著。

【行政执法监督】 2020年，福州市开

展行政执法主体资格清理确认工作，市本级115家单位、县（市）区655家单位具有行政执法资格，相关信息向社会公布。审核市直部门行政处罚自由裁量标准、执法文书等800多项。以“福州市行政执法平台”项目建设为载体，推进全市行政执法信息化建设。年内开展证明事项告知承诺制试点工作。

【规范性文件备案审查】 2020年，福州市报备市政府及市政府办公厅发布的规范性文件73件，审查县（市）区政府和市直部门报备的规范性文件245件，提出纠错意见9件。成立疫情防控法律咨询服务专家组，为疫情防控提供法律意见39条。年内，为县（市）区政府和市直部门起草制定规范性文件提供修改意见建议146条。

（陈玢）

## 公 安

【概况】 2020年，福州市刑事案件发案数实现“六连降”，命案连续4年保持全破，“两抢”案件首次实现全市全破，八类暴力犯罪案件破案率98.9%，电信网络诈骗案件实现“两降两升”，跨境赌博治理、命案积案攻坚、地下钱庄打击等多个专项行动成果全省第一，获评全国扫黑除恶先进集体，全市执法工作满意率、扫黑除恶好评率、群众安全感率保持高位。推进治安清查整治攻坚、公共安全隐患大排查大整治、交通缓堵、电动自行车规范管理等工作，收缴枪支330支、子弹2.09万发，督促整改各类安全隐患3.6万处，电动自行车存量比上年下降55%、交通健康指数增长5.6%，交通事故预防“减量控大”考评全省第一，禁毒工作在全国禁毒重点整治示范创建会议上作典型经验介绍。

开展社会治安防控体系示范城市创建工作，推进21项重点建设任务，建成智能安防小区211个、街面巡防警务站27个，升级改造环榕公安检查站13座，排查改造全市重要道路车辆卡口75条，整合社会治安五级巡防力量近3万人，“公安立体化智慧指挥系统建设”项目获全市改革创新成果第二名。组建福州智慧公安联合创新中心和鲲鹏生态公安实验室，福州市高清视频监控系统一期（2.5万路）全面竣工，福州市公共安全云平台（公安部分）落地生效，新建高清视频监控系统1.03万路、人像卡口1616路，应用大数据破案3133件、抓获违法犯罪嫌疑人2845人，“110”巡逻车一体化实战平台（三期）、危险物品“一体化”监管平台等多个项目投入警务实战应用，警用AR智能眼镜研究应用作为全省唯一入选公安部技术研究遴选项目。组织开展户政窗口、监所执法等专项整治考评，考评案件1.47万件，发现并纠正执法问题3.12万个，建成9个执法办案管理中心，推动6家派驻检察室落地各区县执法办案管理中心，验收批准6个派出所“四区八室”投入使用，罗源县公安局、福清市公安局执法办案管理二中心获评“全国公安机关执法示范单位”。

全市公安系统推进面上整体防控、严打涉疫违法犯罪、严防疫情海上输入、保障复工复产复学等重点工作，投入13万人次，协助检查人员600万人次，处置涉疫警情1万余件，侦办涉疫案件393件，核查重点地区和境外入榕人员19.6万人次，实现海上“零输入”、内部“零感染”。

开展“坚持政治建警全面从严治警”教育整顿，创新建立向派出所派驻纪检专干机制，出台关心关爱民警10项举措，制定维护民警执法权威工作办法，推进两个职级序列改革。年内全市公安系统有1个全国、9个全省首批枫桥式公安派出所和全国先进工作者、全国法治人物先进典型，市公安局首次获“全国文明单位”称号。

【刑事犯罪侦查】 2020年，福州市破获各类刑事案件21326件，现行破案率48.6%、比上年增加8.1个百分点，其中命案连续4年保持全破，“两抢”案件在上年实现城区全破的基础上，2020年首次实现全市案件全破，八类案件破案率98.9%。刑事案件总量比上年下降15.6%，实现“六连降”，其中盗窃、抢劫、抢夺案件发案数分别下降43.1%、19.7%、21.4%；电信网络诈骗立案数下降9.9%、破案数增长149.5%、群众损失金额下降15.4%、抓获犯罪嫌疑人数增长332.6%，全面实现“两降两升”工作目标，命案积案攻坚行动成效全省第一。全年破获涉黑组织3个、涉恶集团18个、涉恶团伙12个、套路贷团伙24个，破获九类涉恶案件1835件、刑拘1307人，查封、扣押、冻结涉案资产估值20.4亿元，向142家单位发出公安提示函206份。

严打各类突出违法犯罪　涉疫情诈骗案件立案215件，破案148件，抓获各类涉疫诈骗犯罪嫌疑人167人。严打严重暴力犯罪，全市新发37件命案均在短时间内快速侦破，八类暴力犯罪案件破案率98.9%，杀人、放火、绑架、抢劫、强奸案件实现全破，涉枪线索核查、反馈双100%。严打各类侵财犯罪，破获各类侵财案件11969件，其中2020年案件11053件；破获盗抢骗案件10739件，其中盗窃7287件、抢夺22件、普通诈骗1316件。开展网上逃犯清剿战，抓获各类网上在逃人员5823人，其中抓获年前逃犯93人、公安部B级逃犯1人，抓获涉黑恶部目标逃犯6人。落实侦办涉拐案件“一长三包”责任制、非亲生子女落户DNA检验制度、失踪儿童快速查找等机制，破获涉拐案件16件，解救被拐妇女儿童16人，公诉涉拐犯罪嫌疑人38人，通过DNA比中被拐儿童12人。

智慧侦查建设应用　全市“两抢”案件73件，实现全破；“两抢”案件立案数在2005年顶峰时9000多件下降至2019年两位数（94件）的基础上再下降17.1%。推动视频图侦软硬件建设和专业队伍管理，调阅视频研判案件18776件，发现涉案嫌疑人车图像线索18453条，追踪作案轨迹线路9291条，依托视频线索直接或并串破案3133件，抓获犯罪嫌疑人2845人。推进刑事技术规范化建设，13类刑事案件立案5169件，勘查5153件，勘查率99.7%，出具鉴定文书1424份；通过指纹比中线索抓获盗抢嫌疑人783人、DNA比中线索抓获盗抢嫌疑人669人、人像比中线索抓获盗抢嫌疑人871人，其中利用DNA、指纹、人像技术协助破获命案积案26件。

“云剑-2020”专项行动　全市电信网络诈骗案件立案6786件，比上年下降

9.9%；破案2061件，增长149.5%；群众损失金额5328.3万元，下降15.4%；抓获犯罪嫌疑人3924人，增长332.6%；实现“两降两升”工作目标。市反诈骗中心预警拦截2.3万件，封堵涉案电话2136个，冻结账户483个，止付涉案金额5747万元，挽回经济损失438.9万元。破获命案积案50件，其中20年以上命案25件（占50%），破获省公安厅挂牌督办“2000.9.2”福清三山镇村书记被杀、“2003.8.19”闽侯廷坪乡持枪杀人等重大疑难案件，破积案战果全省第一；抓获命案逃犯59人，其中20年以上逃犯27人（内含2名公安部督捕逃犯），从多米尼加遣返押回潜逃15年的国际刑警组织红色通缉人员、涉黑、“2005.7.27”鼓楼国色天香小区持枪杀人案主犯郑某强，抓命案逃犯战果全省第二。整治民族资产解冻类诈骗，破获案件16件，抓获嫌疑人139人，刑拘4人、取保51人、批捕24人、移送起诉60人。

**【刑事要案】** *“RJDB2002”省督毒品目标案* 2020年3月24日至4月9日，福州市公安局禁毒支队与连江县公安局、福清市公安局联合，分别在福清、闽侯及福州市区抓获蒋某飞等7名犯罪嫌疑人；于4月28日，先后在福州、连江抓获刘某朝等6名犯罪嫌疑人，并根据嫌疑人供认在连江琯头缴获冰毒700余克、麻果150粒；于5月21日凌晨在龙岩新罗、长汀等地抓获赖某奇等7名犯罪嫌疑人，缴获冰毒800克；于6月2日在安徽芜湖抓获犯罪嫌疑人陈某贺，破获“RJDB2002”省公安厅督办目标案件。

*长乐“6·20”重大抢劫案* 6月20日，由市公安局指挥中心、刑侦支队、合成侦查中心和长乐区公安局组成的长乐“6·20”重大抢劫案联合专案组，在省公安厅“110”大数据情报指挥中心、南平警方和高速交警配合下，用时4小时破获长乐漳港维也纳酒店现金抢劫案，抓获5名嫌疑人，缴获被抢现金600万元。

*盗砂团伙案* 9月15日凌晨，闽侯县公安局组织120余名警力分成12个行动组，在市公安局技侦支队支持下，同步在福州市区、长乐、闽清、闽侯等地展开收网行动，抓获张某旺、林某基在内的犯罪嫌疑人10人，摧毁一盗砂犯罪团伙。初步查明自2019年9月以来，犯罪嫌疑人张某旺、林某基以改装加高船栏板多运砂的方式，组织2艘运砂船到闽江鸿尾、竹岐段盗运河砂3.2万立方米，累计涉案金额290万元。

*涉网络赌博非法第四方支付平台案* 9月16日，长乐区公安局组织80余名警力，分别在湖北武汉、江西吉安、浙江宁波、福建福州等地抓获陈某韬、肖某雯、曹某等犯罪嫌疑人19人，捣毁“信生支付”“信腾支付”两个非法第四方支付平台，涉案赌资流水10亿元，查扣电脑32台、手机70部、银行卡343张、冻结银行卡670张、现金263万元。初步查明犯罪嫌疑人通过招揽码商开设“信生支付”“信腾支付”两个非法第四方支付平台，为不法人员提供网络赌博犯罪资金转移渠道服务收取渠道佣金方式获利的犯罪事实。

*香烟走私案* 10月4日、28日，连江县公安局连续查获两起香烟走私案，抓获犯罪嫌疑人11人，查扣涉案船舶1艘、车辆4辆，缴获走私香烟1235箱，案值1100万元。

*公安部涉黑恶目标案* 11月17日，在省公安厅、福州市公安局指挥协调下，福清市公安局追逃专班在印度尼西亚雅加达抓获福建省最后一名公安部涉黑恶目标逃犯林某英，并将嫌疑人移送专设的境外人员防疫隔离点羁押，完成“逃犯清零”任务。

**【经济犯罪侦查】** 2020年，福州市各类经济犯罪立案1768件，比上年下降6%，破案1430件，增长5.5%，抓获犯罪嫌疑人900人，下降5%。全市云端基础工作在全省名列前茅，线索上报和情报信息工作成效全省第一。“猎狐2020”专项行动中抓获在逃人员16人，其中在册境外逃犯11人，新增逃犯5人。

*非法集资犯罪专项行动* 涉众型非法集资案件立案145件，破案129件（其中破获3年积案12件，5年积案2件，10年积案1件），抓获153人，移送起诉188人，涉案金额6.7亿元，涉及受害群众7000余人，挽回经济损失1.28亿元。接外省非法集资案件协查件85件，涉及福州投资人12800人，损失金额8.2亿元。组织领导传销犯罪案件立案24件，破案12件，捣毁窝点数11个，抓获犯罪嫌疑人14人，移送起诉犯罪嫌疑人16人，涉案金额1143万元，依托“云端行动”，完成外地发来打击任务53件，完成外省协查案件8件。

*地下钱庄“歼击20”专项行动* 地下钱庄案件立案46件，破案24件，抓获犯罪嫌疑人165人，发起反洗钱领域云端线索12条，破获部省督地下钱庄案件4件。主办的央批“7·9”系列专案，抓获犯罪嫌疑人60余人，捣毁非法经营支付结算业务窝点3个，查控冻结涉案账户1000余个，涉案金额300多亿元。

*涉税“百城会战”专项行动* 各类涉税案件立案82件，破案35件；9条线索被列入涉税犯罪百城会战号，并通过云端线索下发部署打击，专项行动全省年度考评第一。其中，福州维斯特智能科技有限公司骗取出口退税案涉及走私黄金金额8亿多元，骗税金额1.2亿元，系近年福州市破获的金额最大的骗税案件。

*“昆仑2020”打击侵权假冒犯罪* 侵权假冒犯罪案件立案656件，破案646件，发起全国集群战役2次。依托“云端行动”发起涉烟类案件全国性战役9次，完成外地发来打击任务23件。

**【禁毒工作】** 2020年，福州市开展“两打两控”“飓风肃毒2020”系列会战行动，全年破获毒品刑事案件276件（其中公安部目标毒品案件2件、省公安厅目标毒品案件16件），抓获毒品犯罪嫌疑人528人，移送起诉毒品犯罪嫌疑人585人，打击涉毒团伙数67个，查获吸毒人员1412人次，缴获各类毒品665.9千克，全市移送起诉毒品犯罪嫌疑人数、查处吸毒人员数全省第一。其中，破获公安部目标“2019-449”特大涉台走私毒品案，在南海永暑岛西北海域查获一艘走私毒品船舶，当场抓获台湾籍犯罪嫌疑人6人，缴获冰毒300千克、氯胺酮（K粉）355千克，总计655千克，为近7年来全市单宗毒品案件缴毒量之最，是2020年全国现场缴获毒品最多的案件。福州市作为全省唯一地级市被列入全国首批50个创建成效突出城市之一，并通过实地检查验收。

禁毒重点整治工作　推进连江县突出毒品问题专项治理，连江县全年查处吸毒人员任务完成率95.7%，社区戒毒（康复）执行率100%。将易制毒化学品管制工作目标任务纳入禁毒工作整体规划，年内对全市易制毒化学品企业排查两次，核查率100%，办理审核各类许可9150余件。全市912家涉易制毒化学品企业全部纳入网络管理平台。

戒治帮教服务工作　全市有网格5331个，从事禁毒工作网格员5608人，建成社区戒毒社区康复工作站125个，配备专职社工343人，执行社区戒毒社区康复2899人，社戒社康报到率100%，执行率91.1%，专职社工与社戒社康人数比率1∶8.9，全市戒断3年未复吸人数连续3年上升，2020年比上年增长21.3%。推进第二轮社戒社康人员暨其他社会面吸毒人员毛发毒品抽查检测工作，全市社戒社康人员采集3062人次，采集率100%；社会面吸毒人员采集3587人次，采集率81.04%。推进青少年毒品预防教育工作，全市18岁以下新发现吸毒人员数比上年下降60.3%。发挥林则徐禁毒品牌效应，依托全市15个禁毒教育基地、19个禁毒品牌社区、197处林则徐禁毒宣教室、22所市级毒品预防教育示范学校等禁毒宣传阵地，面向社会公众常态化开展禁毒宣传教育，全市新增吸毒人员数连续3年下降，2020年比上年下降65%。

全民禁毒工程　在全市组织实施为期3年的全民禁毒工程。推进海上毒品查缉站探索工作新模式，在位于台湾海峡西岸的连江县黄岐镇中心渔港附近建成全国首个海上毒品检查站，在福州左海公园旁打造一处由省市共建的一级类型林则徐禁毒教育基地。禁毒经费全部纳入财政预算并予以足额保障，年内全市各级财政划拨禁毒专项经费3233.54万元（不含中央、省级补助专款），比上年增加47.16万元，增长1.5%。

【巡特警工作】　2020年，福州市按照反恐处突“1、3、5分钟”快速反应机制，部署12个执勤岗点，出动警力17080人次。启动公安与武警加密武装联勤，全年出动警力3231人次，完成省市“两会”、中国航天大会、第三届数字中国建设峰会、福州市运动会开闭幕式等大型活动安保及武装押解、等级警卫等任务57场次。第三届“数字中国”建设峰会期间，出动安保警力867人次，车辆130辆次，完成搜排爆任务50场次，收缴管制刀具16把，打火机等易燃易爆物品2300余件，出动无人机反制排查疑似频率200余次，处置“黑飞”事件3件，抓获“黑飞”人员1人。

【出入境与往来港澳台管理】　2020年，福州市出入境管理部门深入出入境办证窗口和隔离点、医学观察点、涉外企业等重点区域部门，做好全市涉外国人疫情防控工作，将到榕外国人信息逐一录入外国人管理住宿登记系统，明确在榕宾旅馆及散居社会面外国人底数情况，外国人住宿登记工作全省第一。

加强“三非”外国人查处、看管和遣返等各环节工作，配合省公安厅和广西、云南边检总站，完成加纳包机遣返工作。协调拘留所设置“三非”外国人羁押专区，疫情防控期间将在押及疫情期间查获的172名“三非”人员遣送出境，监护出境12人，6名刑满释放人员驱逐出境。

上半年，福州市出入境管理部门落实国家移民管理局关于疫情防控期间对内地居民往来港澳台地区旅游、外国人入境及境内外籍人员管理服务的系列政策调整通知精神，劝导内地居民减少非必要出国出境活动。下半年，恢复赴澳门旅游申请及部分持特定签注类型外国人入境政策。

强化侦办妨害国（边）境管理刑事案件工作，办理妨害国（边）境管理刑事案件4件及出入境行政案件309件，甄别审查全国各边检口岸及驻外使领馆通报的非法移民人员162人次；对152名福州籍的被遣返、非法出入境人员分别作出6个月至3年不予签发出入境证件，并将其现持出入境证件予以宣布作废的决定。启动“回乡证”换补发业务，自2020年10月10日起，港澳居民可在内地申请换发补发港澳居民来往内地通行证，受理“回乡证”681件。

针对福州外籍高层次人才，实施“全程指导、精准服务、远程服务、容缺受理、上门服务、跟踪回访”10项特色便利措施，实现“一站式”服务外籍人才签证办理及永居申请。挂牌成立“台湾居民出入境服务站”与“榕台交流人才驿站”，采用“服务专员跑、人才一趟不用跑”工作模式，实现台胞办理暂住登记、居住证、台胞证、定居证、出入境记录查询等业务的政策咨询和延伸服务。

【公安法制】　2020年，福州市修改《乡镇（街道）政务服务事项目录》涉及公安事项53项，市公安局修订权责清单1442项、行政审批中介服务改革事项清单22项，编制《福州市公安局涉企收费清单公示范本》，涉及涉企收费事项15项。全市13个执法办案管理中心纳入提档升级建设，罗源县公安局、福清市公安局执法办案管理二中心被命名为“全国公安机关执法示范单位”。

全年开展执法考评215次，考评案件14703件，发现并纠正执法问题31160个。办理行政复议案件73件，诉讼案件一审25件，刑事不予立案复议复核案件37件。举办全市公安机关2020年第一期执法办案培训暨民法典专题培训；组织192名和367名民警参加高级和基本级执法资格考试；组织3185名民警和文职参加2020年度市直机关国家工作人员统一学法考试。开展信访积案攻坚化解，公安部交办的2件、省公安厅交办的62件重点涉警信访积案全部办结化解，市公安局588件重点涉警信访积案办结化解553件，办结化解率94%，完成省公安厅90%目标要求。福清市公安局作为全国县级公安机关唯一代表在全国信访工作电视电话会议上作经验发言。

【社会治安管理】　2020年，福州市公安局统筹疫情防控和服务经济社会发展，组建新冠肺炎疫情防控专班，制定完善疫情突发事件处置预案，组建治安防控、出入境管理、交通管控、新闻宣传等“一办十三组”。强化与卫健等部门信息共享、措施联动，强化检查卡点、车站、市场、医院等人群输入聚集重点部位的防范。设立情报及数据核查专班，滚动排查窗口期离鄂入榕、重点疫区到榕人员10.8万人次、车辆7.8万辆。投入13

万人次参与疫情期间社会面整体防控，强化人员信息登记管理，从中发现发烧、咳嗽等人员71人。对全市1465家歌舞娱乐、洗浴、网吧等一律落实关停措施，取消9场大型群众性活动。加强10家定点医院、190家发热门诊、92家集中隔离观察点的治安管控，协助核查、转运确诊和隔离密切接触人员604人。在全省首批实现现有病例和疑似病例“双清零”，治安支队六大队被评为全省抗击新冠肺炎疫情先进集体。

整合五级巡防队伍2.94万人，最高峰时设置220个检查卡点，配合街道社区检查人员600万人次。组织侦办盗窃口罩、诈骗、生产、销售不符合标准医用器材、妨害传染病防治等涉疫情案件393件。针对疫情后工商业及中小学全面复工复学实际，结合“百万警进千万家”活动，组织深入水电油气、娱乐场所、旅馆业、中小学幼儿园等场所，指导治安管控和内部安全防范。针对疫情后市民旅游出行的反弹趋势，强化旅游景点安全管控，重点加强三坊七巷、鼓山风景区等12家AAAA级以上景区治安管控，确保端午、中秋、国庆等节假日期间景区安全有序。针对疫情后爆破工程工期紧张等问题，压缩民爆物品供应周期，确保福泉高速、福厦铁路、轨道交通、水资源配置等重点工程的52项复杂环境爆破作业万无一失。

建设社会治安防控实战应用平台及公安检查站治安管控、智慧街面巡防、智慧安防小区、智慧内保、地铁智慧防控、智慧安保等防控实战应用系统，加强数据融合共享，实现重点领域、重点区域信息化管理、智能化应用。升级13座环榕公安检查站，布建前端卡口抓拍机、车辆识别摄像机、车底扫描镜、声光报警等设施设备，排查改造全市75条市际道路、高速出入口道路车辆卡口，打造211个“智慧安防小区”，布建27个街面巡防警务站。

打击治理跨境赌博，建立案件线索督办制度，交办重点线索7条。建立重点案件会商研判制度，破获各类跨境赌博案件111件，抓获嫌疑人997人，捣毁非法支付平台及地下钱庄32个，打击网络技术服务商36个，打掉网络赌博平台24个，查明涉赌资金50亿元，查扣冻涉案资金2800万元。与第三方科技服务公司建立合作关系，将科技力量引入跨境赌博打击工作链条；与福州长乐机场边检站达成出入境航班涉赌人员治理试行工作机制；在全省率先制定涉赌银行账户移送标准，建立涉赌重点账户倒查追责、依法注销机制。

探索完善疫情防控背景下大型活动安保模式，完成第八届海峡青年节、2020年中国航天大会等149场大型活动及中考、高考、公务员考试等20余场考试安保任务。围绕第三届“数字中国”建设峰会安保，部署“三横四纵五维”智慧安保系统，完成重要嘉宾在榕期间安保任务，完成开（闭）幕式、主论坛、对话未来等30余个专场活动安保任务。

打击“黄赌”违法犯罪，查处涉黄案件1495件（其中刑事案件355件），基本实现全市黄丑问题“面上干净”目标。组织开展为期3个月的夏季治安整治“净土”行动，破获省公安厅挂牌督办案件5件，行动期间，全市涉黄警情呈逐月下降趋势，公开有组织、显见性涉黄行为得到压制。针对聚众赌博、山头野外赌博、六合彩赌博等问题，开展面上整治、点上打击，查处涉赌案件3718件（其中刑事案件1198件）。打击“食药环权森”犯罪，开展“昆仑2020”行动，破获“食药环权森”各类案件796件，抓获犯罪嫌疑人812人，涉案金额2.5亿元。其中，发起全国集群战役2次，公安部督办案件2件，省公安厅挂牌督办案件29件，破获的非法经营医疗美容产品案、海上运输假烟系列案件及“9·26”侵犯商业秘密案受到公安部通报表扬；破获的非法制售新冠病毒检测产品案，涉及全国31个省份，系全国首例生产销售新冠病毒抗体检测产品案。打击“枪爆刀”违法犯罪，开展清查整治攻坚2020、打击整治枪爆违法犯罪等专项行动，查处涉枪涉爆案件422件（其中刑事案件50件），抓获涉枪涉爆嫌疑人373人（其中刑事措施45人）。收缴各类枪支226支，子弹16364发，烟花爆竹18785件，仿真枪235支，管制刀具6194把。

深化安全隐患大排查大整治，摸排检查娱乐场所362家、洗浴按摩场所556家，发现整改各类隐患454处。对26家爆破作业单位强化购买、运输、贮存等环节管理，建立健全民爆破物品出入库检查、登记制度，督促企业完善内部爆破作业审批制度，强化150个涉爆作业项目环节监管，发现整改安全隐患148处，查处违规爆破作业单位5家，罚款110万元，确保全年28603吨炸药、477万发雷管的安全使用。

加强简政放权便民服务，取消典当业特种行业许可。将规模在一万人以下体育比赛、演唱会、音乐会等现场设有固定座位的大型群众性活动许可等7个项目委托下放至县级公安机关实施。在新设立企业刻章“一趟不用跑”基础上，简化印章刻制备案材料，缩减刻制时间。组织开展涉企收费专项整治，落实“告知承诺制”“不再重复提交证照”等要求，优化审批服务。在治安管理14个项目内应用“双随机一公开”监管工作，随机抽查市场主体274个，检查结果主动向社会公布，并同步推送市场监管部门信息系统。公布“保安类审批服务事项”等办事流程和便民利企举措，将保安类审批服务无缝对接行政服务窗口。年内，组织保安员考试74场次，核发保安员证4125本，通过率96%。开展保安服务市场清理整顿，查处违法违规提供保安服务案件100件，警告保安服务企业115家次，发出整改通知书146份，整合保安巡防力量1.5万人。

**【社区警务】** 2020年，福州市推行临时居民身份证“全省通办”服务，落实全国和全省居民身份证异地受理、挂失申报、丢失招领3项制度。全年受理制发居民身份证368225张，其中他省（市）异地身份证27568张，省内异地证85547张，临时居民身份证23215张，自助受理机受理身份证79021人，审核通过微信受理1312条。为特殊人群办证181张，高考考生办证2860张，查处冒名顶替骗领身份证28人，行政处罚冒名顶替骗领身份证9人。第三届数字中国建设峰会期间，制发证件19877张。

开展流动人口、出租屋攻坚专项行动，全市新登记流动人口175.4万人，新注销流动人口170.9万人，核查流动人口信息394.2万人，查处违反出租屋、流动人口管理案件10523件。配合市房管局开展群租房整治，排查核实群租房5828次、9931户，开展限期整改2892次，对拒不整改开展整治209次，提供群租房线索1285条，查处违法出租屋、流动人口管理案件334件，清退群租房流动人口4135人。加强居住证服务管理，全年受理居住证255510人，制证252629张，办理港澳台居住证3789张。全面放宽落户限制，不设学历、年龄、就业创业限制，全面放开近亲属投靠条件，实现落户零门槛。

完成第七次全国人口普查户口整顿工作，核对2058780户6695325人，办理新生婴儿落户4959人，解决其他各类无户口人落户问题717个；注销死亡人员7847人，注销重复户口22人，注销其他应销未销人员284人。登记在册暂住人口1847429人、境外人员49380人；提供破案线索57条，破获刑事案件124件，查处治安案件324件，抓获逃犯49人；纠正居民身份证号码重错号8个，装钉门（楼）牌1014个，清理废弃地址699个。

构建由社区民警、村（社区）干部、乡贤名人、驻所调解员、驻所律师等多元参与的“警调衔接”矛盾化解体系，全年调解矛盾纠纷14256件，其中涉疫情纠纷28件。173个派出所实现人民调解员驻派出所调解室，配专职调解员170人、兼职调解员1111人，调处化解矛盾纠纷1680件。开展“百万警进千万家”活动，全年组织民警、辅警3588人次走访家庭、企业26880个次，其中生活困难群体家庭19685个次、重点退役人员家庭4650个次、特殊人群家庭2545个次，治安防范重点部位2548个次，经营困难企业95家次。

新冠肺炎疫情防控期间，派出所窗口采取线上预约和线下民警轮值等措施，为急办户籍等业务的群众排忧解难。在常态化疫情防控中，启动高峰期窗口应对机制，确保疫期群众积压办理的户籍等业务办结，全年办理各类户籍业务470045笔。依托市公安局公众服务平台建设的“无犯罪记录证明”系统上线“e福州”，实现群众办理无犯罪记录证明“一趟不用跑”，全年受理申请58433件，办结58054件。

聚焦防疫场所、复工复产企业、人员密集场所、老旧小区、群租房、“三合一”场所等防火薄弱部位及小单位、小场所，开展消防监督检查，发现并督促整改消防违法行为35769处，开展消防宣传教育14748次，组织逃生、灭火等消防演练1909次。

部署开展全市历史户籍档案数字化，其中1623.55万页完成数字化，约占合同总量18.3%。启用市级历史户籍档案信息查询系统，查询历史户籍信息110069次，打印证明615笔，初步实现“最多跑一趟”服务目标。推进“智能安防小区”建设，初步建设完成19个重点智能安防小区，212个小区数据对接管控平台。推行“一村一警务助理”工作机制，全市2207个行政村配备辅警397人，警务助理1851人。鼓楼南街派出所等9个派出所被命名为省级“枫桥式公安派出所”。

**【网络安全监察】** 2020年，福州市公安局侦办涉网刑事案件2014件，抓获犯罪嫌疑人3454人（含自侦案件472件，抓获犯罪嫌疑人929人），办理案件协查203件，完成涉网案件电子勘查取证任务1077宗，涉及检材1481个。发现黑恶线索14条，协同有关警种查获涉恶集团团伙8个，侦破9类案件223件，采取刑事强制措施568人。开展“净网2020”专项行动，破案657件，抓获犯罪嫌疑人1390人，其中，公安部督案件5件，发起集群战役4次，黑客攻击破坏、侵犯公民个人信息、非法利用信息网络犯罪等类案件数排名全省第一。连续破获造谣炒作新冠肺炎等“网络水军”案件7件，抓获犯罪嫌疑人26人，采取强制措施18人。整治网上违规乱象，督促网站清理违法有害信息6.6万条；关闭违法网站146个、违法账号群组155个，下架违规APP应用2个，封停违规直播账号265个、直播间74个，清理违法违规短视频357个；对涉嫌违法违规企业、个人罚款18次、行政警告339次，限期整改410家，跨境第三方互联网VPN专项整治行政处罚数全省第一。实地检查网吧7688家次，处罚违规网吧40家次（含未实名网吧15家）。

报送网上各类有害信息9.2万条，网警公开巡查执法清理违法信息1.4万条，转递涉黑等突出情况线索33条，辟谣51件，警示网络“大V”69人、网民2650人次，回应网民咨询求助1541人次，发布宣传文章5326篇。发现并清除网络安全隐患303处、在线教育类系统（含APP）网络安全风险8961个，督促互联网企业整改网络安全隐患410处。第三届“数字中国”建设峰会前夕，对31家单位开展“护网2020”网络安全攻防演练，发现、处置网络安全漏洞191个。

**【警卫工作】** 2020年，福州市公安局完成党和国家领导人，外国驻华使节团等重要外宾，省市“两会”、第三届“数字中国”建设峰会、第三届中国粮食大会、2020年“中国航天日”等重要会议、重大活动等警卫保卫勤务218批次，其中等级警卫勤务18批次（一级警卫任务2批次，二级警卫任务1批次，三级警卫任务15批次），重要会议、重大活动安保勤务78批次，其他勤务122批次。

**【道路交通管理】** 2020年，福州市发生道路交通事故59053件，道路交通事故四项指数分别比上年下降2.56%、0.44%、8.65%和15.79%，在全省减量控大考评中连续6个月综合排名第一。

落实重点车辆和驾驶人隐患清零，大型旅游客运、大型公路客运、营转非大客车检验率、注销率均为100%；重型货车和重型挂车检验率、注销率均在95%以上，农村面包车检验率、注销率均在99%以上；重点驾驶人审验率、换证率、满分学习率均在99%以上。年内福州市重点车辆管理平台启用。加强对桥梁隧道、临水临崖、急弯陡坡、长下坡等高风险路段及农村池塘周边路段的隐患排查，推动国省道穿乡过镇路段增设机非隔离设施，清理集镇村庄违规开口及农村“马路市场”，省、市为民办实事项目44处隐患路段全部整治完成。完成全市118个标准警保合作劝导站建设工作、37处国（省）道沿线平交路口“五有工程”防护设施的建设（增设）、24处长下坡隐患路段、26处农村地区临近池塘水渠隐患整治工作。依托大队道路交通事故损害赔偿多元化调处中心开

2020年，福州市公安局在四城区组织开展电动自行车上门换牌服务

（市公安局　供）

展多元调解，调解事故纠纷2976件，垫付社会救助基金30件，涉及金额143.33万元。

推进电动自行车规范化管理，累计为市民换牌94.4万辆（其中黄牌89万辆，蓝牌5.4万辆），电动车总体保有量比上年下降55%；严查路面电动自行车交通违法行为，现场查处30万件，监控抓拍7.2万件。在台江先行打造闽江北岸商务区和金融街商务区规范停车示范区，并逐步向全市推广。全年查处各类机动车交通违法行为632.9万件，其中查处乱停车违法行为48.2万件，查处量居全省首位。加强违法车辆缉查，全年应用缉查布控系统成功拦截15.7万辆次，现场查处交通违法2.8万件，查获重点嫌疑车辆51辆。

应用智控系统和大数据平台实现可视化、扁平化指挥调度机制，应用信号灯控制系统进行远程排堵，全年下达排堵保畅指令6918个，平均排堵时间8分钟；远程调控信号灯排堵5277次，优化重点区域路口信号灯配时782次。完成第三届“数字中国”建设峰会、第三届21世纪海上丝绸之路博览会暨第二十二届海峡两岸经贸交易会、2020福建农信福州国际马拉松赛等724场重大活动交通安保任务。推进城区缓堵工作，连续开展三批次840个缓堵软硬件建设项目，其中477个硬件项目完成437个（完成投资885亿元）、363个软件项目全部完成（237个项目建立长效管理机制）。2020年前三季度，福州市路网平均高峰延时指数1.58，比上年同期下降5.6%。

全年办理机动车驾驶证吊销案件2775件。办理“12345”政府公共服务系统诉求件6.18万件，月均5155.4件。接待信访群众246人次，受理群众来信来访683件。办理行政复议案件483件，违法复核案件5228件。

新冠肺炎疫情期间，市公安局加强复产复工交通保障和重要物资通行保障，分析筛查入榕机动车行驶轨迹2.6万条；保障应急物资运输车辆1964辆次，援助湖北医疗人员保障68辆次；保障专列运送返岗复工人员7批次；保障物流、固体废弃物运输车辆1439辆次。对于施工交通影响较小的项目，实行全流程网上办，全年网上报备施工项目346个；研究制定重点项目施工期间交通组织方案102个，实地指导交通导改260余次。月均办理“交管12123”APP申请办理补换牌、申领合格标志等25项车驾管业务2.2万笔。推行机动车检验合格标准电子化和小客车、摩托车转籍信息网上转递业务，新增20条自助语音服务线路，推进落实“12123”语音服务中心专项，新增15个机动车登记服务站。年内，为8所监狱服刑人员提供驾驶证服务，办理换证312人。

**【海防管理】** 2020年，福州市公安局对接边检、机场边检、海警等部门建立联建联席工作机制，整合公安海防、辖区乡镇、群防群治、视频监控等力量，强化沿海港岙口、码头、岸线巡查防控。组织对15艘境内外可疑船舶进行核查布控，梳理核查偷私渡前科人员407人，走访核查船舶2.3万艘次、渔船民4.5万人次、海上鱼排近1000个次、船务公司467家次，推动沿海渔船民全部签订治安责任状，401个码头及港岙口巡逻防控全覆盖，确保境外疫情海上“零输入”。

**【森林公安】** 2020年，福州市公安局开展“春季行动”“打击非法交易和滥食野生动物”“昆仑2020”“森林火灾案件查处”“深化打击整治枪爆违法犯罪”“打击整治野生植物资源”等专项行动，全年受理各类涉林案件118件，其中刑事案件89件（重特大案件7件）、林业行政案件24件、治安案件5件；查处各类涉林案件92件，其中刑事案件74件，林政案件13件、治安案件5件；查理各类违法犯罪人员120人次，其中追究刑事责任102人，行政处罚16人，行政拘留2人；破获公安部督办案件1件、省公安厅督办案件4件。

组织开展非法食用野生动物整治活动，出动警力8981人次、车辆3882辆次，巡查农贸市场、花鸟市场、酒楼会所、农家乐、野生动物饲养繁育场所、古玩市场、个体作坊等重点场所9791批次，查处非法猎捕、非法经营加工、无证驯养繁殖野生动物等行政案件14件，行政处罚14人次；破获破坏野生动物资源刑事案件14件，抓获涉案犯罪嫌疑人18人，移送起诉9件13人。

**【“110”指挥中心】** 2020年，福州市“110”报警服务平台接报警电话252.2万个，比上年下降1.7%，其中有效警情119.5万件，下降4.2%。倒查核实警情36.8万件，警情倒查核实率99.98%，核实有效警情97.7万件，发现通知整改不合格警情2.8万件，警情质量合格率98.4%。全市接警员标注规范率99.5%，接处警满意率96.81%，比上年上升1.81个百分点。

健全完善“4+N”合成作战机制，高效指挥处置重大紧急警情7466件。建立可视化指挥调度机制，在处置重大紧急警情时，通过IP电话实现可视化实时对话，召开多方小型电视电话调度会议。巩固完善公安“110”与“12345”“12348”等便民服务平台系统对接联动机制，“110”流转“12345”便民服务平台处置非警务报警求助10932件，流转“12348”法律服务平台处置纠纷求助3212件，开展社会化移车1003673件（其中“114”移车937201件，“e福州”移车3801件、微信小程序移车62671件），开展社会化开锁3732件。

《面向疫情防控的可穿戴智能执法系统关键技术研究与应用示范》课题通过公安部评审，获得公安部立项及经费资助65万元，成为福建省唯一入选课题（全国仅7个课题入选）。《福州公安立体化智慧指挥体系建设》项目在2020年度福州市绩效管理改革创新成果（监管类）评审中获第二名。

**【监所管理】** 2020年，福州市公安监所20个，其中看守所9个，拘留所8个，强制戒毒所2个，强制医疗所1个。新冠肺炎疫情发生后，闽清、罗源、永泰3个看守所作为全市集中收押监所，福清看守所设立收押过渡隔离专区，新收在押人员6157人，集中羁押期满解回在押人员130批次5045人。闽清、罗源、永泰3个拘留所暂停收拘，由其他监所代为收拘，全年监所新收押18432人，处理出所18726人。

全市在用监所172间律师会见室、讯问室中间金属栅栏处全部加装硬质透明材料，实现物理全隔离，满足疫情防控期间讯问和会见需求。投入68万元建设全市监所会议调度系统，保障疫情防控实时调度。监所封闭管理实现“一所一策”，加强外国人、国（境）外返回人员收押审批。全年配合法院开展远程庭审2495次，审理案件2303件，其中团伙案件367件，审理被告人4557人次。

新冠肺炎疫情期间，协调2339名罪犯投送监狱执行剩余刑罚，141名戒毒人员转送司法戒毒所。收集提供各类犯罪线索45条，破获各类刑事案件4件，抓获犯罪嫌疑人11人，缴获毒品125.7克。

**【公安科技信息通信建设】** 2020年，福州市落实《福州智慧公安三年建设规划（2019—2021）》和《福州公安大数据智能化建设规划方案》，“110”巡逻车一体化实战平台（三期）、第三届数字中国建设峰会科技通信保障、福州市互联网管理系统、闽侯县“雪亮工程”二期建设、同步录音录像系统存储设备采购等项目落地投入警务实战应用。组建福州智慧公安联合创新中心和鲲鹏生态公安实验室，通过整合华为技术资源和公安业务需求，全链条推进新一代信息技术在公安场景的实战应用。举办第三届数字中国建设峰会智慧福州公安成果展，展示近年来福州公安信息化建设与科技创新应用亮点成果，累计接待参观者超2.5万人次，便民自助照相亭免费为参观群众拍摄证件照654张、自助体检机免费为换领驾驶证的观众体检59次、车驾管自助终端为驾驶证到期的观众换领驾驶证61本、二代身份证自助终端进行身份证核验业务5笔。

推动福州公共安全云平台（公安部分）项目落地生效，硬件设施全数部署调试到位，底层系统、平台、网络等支撑架构完成搭建投入运行，实战应用开发上线测试，各组成部分陆续完成到货验收、初步验收等工作。规范提供公安数据服务，全年向政府机构提供数据服务167万条次，保障全市就学、征兵、拆迁、人口普查、疫情防控、电动车管理等工作开展。交通领域智能化管理完成188个缓堵软硬件项目，启用福州市重点车辆管理平台，升级100套行人和非机动车闯红灯监控系统，实现基础数据互联互通、自动评估生成预警、精准源头管控治理，城区路网高峰平均通行效率比上年提升5.6个百分点。深化危爆物品智能化监管，推广运用危险物品“一体化”监管平台和爆破作业现场可视化管理，采集全市758家涉危企业信息，在26家爆破作业单位实现作业现场可视化管理。深化社区警务智能化管理，建成211个智能安防小区，历史户籍档案数字化在全市范围内铺开。

推进“雪亮工程”与视频人工智能建设应用，全市新建高清视频监控10318路、人像卡口1616路、WIFI探针3246个、公益WIFI2361路，配发4G人脸执法记录仪120套，协调社会视频资源接入管理2000余次，完成“平安福州”视频监控系统续建工程（一期）运维服务政府采购和福州市滨海新城平安监控项目建设，福州市高清视频监控系统完成全部批次验收，全市1400路人像卡口补点建设项目通过竣工验收。视频信息应用平台接入公安与行业视频监控资源13万路，公安人像大数据人工智能平台接入人像卡口5075路，公安涉车大数据平台接入车辆卡口5222路，全市公安机关利用视频图像信息研判案件数、发现线索和轨迹数、破案数、抓获嫌疑人数逐年增长。全年利用视频图像信息研判案件18776件，发现线索18453条，拓展轨迹9291条，破获案件3133件，抓获犯罪嫌疑人2845人。利用混合显示算法成像、5G边缘计算等新技术，邀请移动共同研发“鹰眼查”AR人脸识别眼镜，可广泛应用于巡逻排查、移动布控、现场抓捕等实战场景。健全完善人像预警追逃机制，累计发出预警33568次，首位比中24419次，抓获全国在逃犯227人，抓获各类犯罪嫌疑人827人，破获刑事犯罪案件732件。

（林攀）

## 检 察

**【概况】** 2020年，福州市检察机关受理提请审查逮捕各类犯罪嫌疑人5889人、受理移送审查起诉11311人，经审查决定批准逮捕4872人、提起公诉9820人；办理刑事检察监督2369件、民事检察监督610件、行政检察监督381件、公益诉讼659件。

全市“四大检察”“十大业务”34项业务指标排名全省首位，在全国首创“督促监护令”、轻刑案件诉前考察等机

2020年6月1日，福州市检察院发布未成年人保护工作“榕树伞”未成年人检查工作品牌 （市检察院 供）

制，获最高检和省委领导批示肯定；19件案件入选省级以上精品案例，其中全国精品案例7件。全市58个集体和99名个人受到省级以上表彰，鼓楼区检察院获“全国文明单位”称号、长乐区检察院获“全国先进基层检察院”称号。

**【刑事检察】** 2020年，福州市检察机关推进“六清”行动，全年起诉涉黑犯罪79人、涉恶犯罪99人，检察环节案件清结率100%。3年中，共起诉涉黑涉恶犯罪1319人，办理福清林某发、林某父子，闽侯黄某銮、黄某父子，“2·8”套路贷等黑恶势力犯罪案件，追加认定黑恶犯罪8件，对不构成黑恶犯罪的7件案件依法不予认定。加强与纪委监委协作配合，立案查办司法工作人员涉黑涉恶腐败及充当“保护伞”案件11人。加大对涉案财物追缴处置监督力度，组织黑恶案件财产刑执行专项监督，督促执行到位4537万元。针对黑恶犯罪背后行业乱象及社会治理难题发出检察建议111份。

围绕服务统筹推进疫情防控和经济社会发展，制定实施18条意见，惩治诈骗、妨害抗击疫情防控等涉疫犯罪48人，办理销售假劣口罩等涉疫公益诉讼案件41件。起诉破坏市场经济秩序犯罪996人。助力企业复工复产，深化“三项机制”，出台“五定办法”，起诉影响非公经济发展刑事犯罪159人。部署开展涉民营企业刑事诉讼“挂案”专项清理工作，监督公安机关撤案22件。对涉罪企业管理人员依法不批捕88人、不起诉182人，提出或督促变更强制措施22人。鼓楼区检察院推动司法行政部门出台涉企社区矫正对象经营外出审批指引，解决涉企社区矫正对象无法外出经商问题。起诉假冒注册商标等侵犯知识产权犯罪44人。探索知识产权权利人告知制度，加强知识产权全方位综合性司法保护，鼓楼区检察院设立全省首家知识产权检察办公室和法律服务中心。

打击侵占扶贫资金等涉农犯罪，推动涉案财物快速返还。办理司法救助案件82件，向89名因案致贫返贫困难户发放司法救助金250万元，办案数量和救助金额全省最多。起诉金融诈骗、破坏金融管理秩序犯罪313人。部署开展洗钱犯罪专项监督，督促立案或移送线索38人次。起诉违法排污、滥伐林木等破坏生态环境资源犯罪202人。深化“福山福水检察蓝”品牌创建，落实生态修复机制，督促补植林木面积55.27公顷、缴纳生态修复金1253万元。配合城市内河管理办法执法检查，开展内河沿岸违规直排污水专项公益诉讼活动。起诉盗采砂石、非法捕捞、走私柴油等犯罪192人。牵头市海渔局、海警局等8家单位制定加强海洋生态环境保护协作意见，推动开展盗采海砂专项治理。

参与危房群租房整治、公共消防通道排查、窨井盖治理等专项活动，办理公益诉讼案件76件。仓山区检察院办理“金辉十六山房”别墅私挖地下室案，以危害公共安全罪对犯罪嫌疑人提起公诉。针对餐饮业违规排放油烟、大排档燃气罐安全隐患等问题，开展公益诉讼专项活动，督促相关部门履行监管职责。针对洗车污水直排内河造成污染问题开展监督，向监管部门发出督促履职检察建议33件。针对办案中发现旅店客房被违法安装摄像头问题发出检察建议，推动公安机关开展专项整治。

针对涉案未成年人监护人履行监护职责不力问题，在全国率先探索“督促监护令”机制，对65件案件发出“督促监护令”124份，跟踪帮扶102人回归校园或就业，获最高检、省检察院和市委主要领导批示肯定。最高检邀请专家学者在福州开展“督促监护令”理论研讨和实务交流。开展法治进校园活动，依托“12309”检察服务平台，在全国率先开通法治副校长热线电话。牵头推进未成年人综合保护体系建设，建立性侵违法犯罪人员从业限制、侵害未成年人权益案件强制报告、教职员工入职查询制度，推进未成年被害人“一站式”办案中心建设。

全年受理来信来访4980件，实现在7日内程序性回复、3个月内办理或结果答复100%；举办公开听证129场。晋安区检察院建成面向全市的“12309”检察服务中心，满足群众就近能访、跨区速访需求。闽侯县检察院研发智能接访系统，应用大数据、人工智能等技术推动破解信访治理难题。

年内建成检察融媒体中心，发布新闻报道6392篇、新媒体作品1.4万个，实现普法宣传“报、网、微、端、抖”全面覆盖。加强以案释法，拍摄《套路深深》《非常“蟹蟹”》《复苏》等真实案例题材微电影。与市电视台联合打造全省首档检察类法治电视栏目《检察时间》，开展“两会看检察”“检察官说法”“检察职能说”等系列宣传。承办第二届新时代检察工作论坛，市检察院等8个单位被评为全国检察宣传先进单位。

【司法活动监督】　2020年，福州市检察机关对证据确实充分构成犯罪的追加起诉150人，对不构成犯罪或证据不足的不起诉119人。加强立案侦查活动监督，向公安机关执法办案管理中心、法制部门等派驻检察室（官）19人，办理立案监督案件379件，侦查活动监督案件186件，分别比上年增长54%和24%。对认为确有错误的刑事裁判提出提请抗诉或发出再审检察建议38件，法院改判、发回重审12件。受理监察机关移送审查起诉职务犯罪46人，起诉40人。加强刑事执行监督，纠正刑罚执行和监管活动不当1244件次。市检察院加强暂予监外执行监督把关，审查筛除不符合保外就医条件37人。鼓山地区检察院创新“派驻+巡回”　“交叉巡回”监督模式。

对认为确有错误的民事生效裁判、调解书提出提请抗诉或发出再审检察建议55件，对审判程序违法问题发出检察建议38件。对264件依法不支持监督申请的案件，加强释法讲说理和服判息诉。组织开展执行案件专项评查，提出规范执行检察建议139件，起诉拒不执行判决、裁定犯罪69人。摸排虚构债务打“假官司”、虚假仲裁等监督线索51条，发出再审检察建议30件，移送涉嫌犯罪17人。

办理各类行政检察案件381件。开展促进行政争议实质化解专项活动，推动化解矛盾纠纷96件。探索开展诉讼活动中涉及行政处罚专项法律监督试点，逐项跟踪刑事撤案、不起诉等案件行政处罚情况，发出促进依法行政检察建议131件，督促有关部门对98名个人、3家单位追究行政责任。

市人大常委会出台加强检察公益诉讼工作专项决定，部署开展为期3年的“公益诉讼守护美好生活”专项监督，成立公益诉讼线索受理中心，组建快速检测实验室，办理公益诉讼659件，比上年增长215%，办案数量位居全省首位。召开检察公益诉讼技术专家和监督员聘任大会，聘任15名生态环境、古建筑保护、食品药品安全领域专家为福州市首批检察公益诉讼技术专家库专家，聘任15名各行业热心公益事业人员为福州市首批检察公益诉讼监督员。首创诉前圆桌会议机制写入最高检工作报告。起诉危害食品药品安全犯罪70人，发出整改治理检察建议31件。开展“福州古厝”暨不可移动文物保护和英烈保护公益诉讼专项活动，办理晋安区“福建协和大学”、闽侯县“李纲墓”和“湖山革命烈士纪念碑”等文化遗产领域公益保护案件。年内最高人民检察院检察长张军视察长乐公益诉讼法治教育基地，肯定福州市公益诉讼工作成效。

【监督渠道】　2020年，福州市检察机关办结人大代表书面建议件11件，逐项梳理并落实代表意见146条，向市人大常委会专项报告公益诉讼检察工作和代表建议办理工作。加强和改进代表委员联络工作，在全国地市级检察院率先开通代表委员“直通车”，通报工作情况，常态化征求意见建议。落实省市县三级人大代表联动视察机制，邀请参加座谈交流、公开听证、异地视察活动681人次。向市政协常委会通报工作，邀请政协委员参与重要会议、专题调研、理论研讨等16场次。与市工商联、市企联建立常态化联络机制，为民营企业提供法律帮助。

通过举办检察开放日和新闻通报会等活动，加大检务公开，定期发布办案业务数据，依托“12309”中国检察网，公开案件程序性信息、重要案件信息及终结性法律文书22661件（份）。接待律师阅卷申请等6708人次，组织人民监督员参加个案办理监督、案件质量评查等159人次。

【改革创新与队伍建设】　2020年，福州市检察机关制定实施检察官业绩考评标准。实行入额院领导带头办案，全市两级检察院检察长、副检察长直接办案2122件。完善检察官办案权力清单，在放权的同时把流程监控、质量评查与执法督察统一起来，加强制约监督。鼓楼区检察院办案廉政风险防控经验做法被最高检推广。

增强教育培训针对性和实效性，组织公诉、案件管理、民法典学习等业务竞赛8场次，评选优秀公诉意见书等法律文书60份。加强检察实务研讨，发表调研文章169篇，有8个重点课题41篇论文获省级以上奖项。会同市法院建立互派干部学习锻炼机制，13名检察人员到法院进行为期半年交流学习。

细化会商通报等7项机制，查处违纪违法检察人员4人。落实防止过问干预司法办案“三个规定”，记录报告有关事项409件。部署开展执法督察、信息化项目内部审计、检察人员“一家两制”、违规经商办企业、失信人员等专项检务督察。

（黄兰英）

## 法　院

【概况】　2020年，福州市两级法院受理各类案件176840件，审执结163728件；结案率92.59%，比上年增长2.60个百分点；法官人均办案数250.3件。其中市中院受理各类案件24522件，审执结23136件；结案率94.35%，比上年增加0.01个百分点；法官人均办案数155.3件，居全省中院第一。年内，市中院先后获评“全国法院审判监督工作先进集体”“全国法院宣传舆论工作先进集体”“最高法院首届‘数助决策’试点工作二等奖”。

年内，全市两级法院干警参加民法典专题辅导等在线培训69期41247人次，111篇调研文章在省级以上刊物发表，5篇论文获得全国学术讨论会奖项，16篇论文获得全省学术讨论会奖项，13篇案例入选中国法院2020年度案例。开展市委和县区交叉巡察反馈问题整改工作，建立健全制度机制169项。整治形式主义、官僚主义问题74个。问责处置3人，立案审查调查2人，“第一种形态”处置153人次。

【刑事审判】　2020年，福州市两级法院审结各类刑事案件11808件，审结一审涉黑恶案件68件。审结全省规模最大的“套路贷”涉黑案件，涉及被告人62人，犯罪事实300余件，涉案金额7000万元。查封涉黑恶案件房产196套，扣押车辆72辆，涉黑恶案件财产执行到位金额2.41亿元，财产到位率91.73%。福州法院经验做法在全省法院深入推进扫黑除恶专项斗争会议上获得肯定。审结危害国家安全、危害公共安全犯罪案件1758件，审结故意杀人、故意伤害、绑架、强奸等严重刑事犯罪案件758件。审结毒品犯罪案件478件，组织公开宣判、案例发布。参与食药品长效联动监管，审结制售假药、劣药、有毒有害食品等犯罪案件15件。审结贪污、贿赂、渎职等职务犯罪案件72件。实质化运作减刑假释信息化平台，办结减刑假释案件3758件。构建“司法+社工+社会”救助体系，审结未成年人犯罪案件138件，对192名未成年犯实行犯罪记录封存。

【民商事审判】 2020年，福州市两级法院审结各类商事纠纷56217件。市中院出台《关于审理民商事纠纷管辖权异议案件的工作意见（试行）》，管辖权异议案件全流程平均用时从114天缩短至22天。成立全省首个专业化清算与破产审判庭，审结破产清算案件98件。审结物权纠纷、侵权责任纠纷等涉民生案件16240件，标的额64.20亿元。全市法院审结婚姻家庭纠纷7360件。市中院与市人社局、市总工会共同制定《进一步推动劳动争议诉调工作联动机制的若干意见》，快处各类劳动争议纠纷2546件。化解交通事故纠纷，审结道路交通案件2728件。闽侯法院创新道交一体化工作模式，在全省率先制定道交赔偿标准。全市法院诉前委派调解各类纠纷20145件，调解成功8953件。全市法院新收案件总数比上年下降7.43%，其中市中院新收案件总数下降24.63%，诉源治理减量工程取得实效。处置因疫情引发的各类案件148件，线上办理各类案件14548件。市中院审理的一件跨国、跨省、五地“云庭审”案例被评为全省法院服务保障疫情防控十大典型案例。

【行政审判】 2020年，福州市两级法院审结行政案件3233件。推进行政首长出庭应诉，与市司法局探索建立行政审判和行政应诉联络工作机制，7月该项机制实行以来，全市行政机关负责人出庭688件，出庭率49.5%，比上年19.3%的出庭率有大幅提升，其中县（市）区政府本级行政机关负责人出庭率90%。全市法院先后召开府院联席会议45场次，为行政机关开展法律培训61次，培训人员3600人次。

【涉外涉港澳台审判】 2020年，福州市两级法院审结各类涉外、涉港澳台案件1542件。设立涉台司法交流研究福州分中心，与福州大学等高校合作，推进涉侨涉台审判各项机制完善。建立“法院—侨联”诉调衔接机制，在6个重点侨乡设立涉侨诉调工作室，构建涉侨权益保护“网格化”体系。市中院依托该项机制化解一件标的额10亿元的涉侨涉自贸区建设工程施工合同纠纷。长乐法院在全国首创涉侨纠纷海外联调机制。

【知识产权审判】 2020年，福州市两级法院审结各类知识产权纠纷2900件。市中院在福州新区设立“福州知识产权司法保护工作站”，与国家知识产权局北京审协福建分中心签订合作协议，聘请技术咨询专家10人。市中院全省首创知识产权纠纷“特邀调解+司法确认”多元化解新模式；牵头闽东北六地法院签署知识产权司法保护协作框架协议，设立“福州知识产权法庭宁德巡回审判点”。

【执行工作】 2020年，福州市两级法院执结各类案件65704件，结案率93.54%，执行到位金额196.50亿元，其中市中院执结3579件，结案率86.10%，执行到位金额100.63亿元，结案数、执行到位金额持续位居全省中院第一。全市法院执行四项核心指标全部达标。推动市委全面依法治市委员会出台《关于加强综合治理从源头切实解决执行难问题的实施意见》。搭建不动产登记信息平台与法院专线直连系统，实现不动产线上查控“零延迟”。建立税务定向询价机制，利用税务部门大数据，获取计税基准价作为司法网拍参考价。全年公布失信被执行人名单4825人次，对30260名被执行人限制消费。开展打击拒执专项行动，全市法院移送涉嫌拒执犯罪79件88人，判处52件55人。马尾法院在全省率先成立自贸区执行事务中心，建立“立审执联破”一体化工作机制。福清法院建设多功能执行指挥中心，推行“一栋楼便民执行”机制。市中院成立“根治欠薪联动执行工作室”，创新“五联动”“三优先”工作模式，发放相关执行款项5700.37万元，相关经验做法被国务院根治拖欠农民工工资工作领导小组以简报形式推广。

（林敏捷）

## 司法行政

【概况】 2020年，福州市有司法所173个，司法助理员390人；公证处16家，执业公证员115人（实习公证员23人）；律师事务所305家，执业律师5041人；法律援助中心13家，法律援助工作人员60人；司法鉴定机构43家，司法鉴定人424人；基层法律服务所17家，基层法律服务工作者98人。年内，全市司法行政系统10个集体、12名个人获得省部级表彰，1个集体、1名个人获得厅局级表彰。市司法局连续7年获评“全国人民调解宣传工作先进集体”称号，获评“2018—2019年度全国平安医院工作表现突出集体”称号；市法律援助中心连续5届20年蝉联“全国法律援助先进集体”称号。

【公共法律服务】 2020年，福州市“12348”热线平台接听群众来电咨询31928人次，录入工单26799条，日均接线179人次，群众满意率99.1%；“12348”福州法网发布资讯278篇，包含经典案例20篇、社会热点68篇、新闻资讯36篇及其他疫情、民法典相关文章109篇；网络平台解答实时在线咨询54714条，处理留言2525条。办理“12345”平台诉求件712件。全市公共法律服务中心接待群众7671人次，解答法律咨询14944件，公共法律服务工作站接待群众10803人次，解答法律咨询5605件。新冠肺炎疫情期间，公共法律服务平台提供全天候热线服务，进驻福州市“12345”便民（惠企）服务平台、“e福州”和“支付宝”APP，联动公安“110”报警热线、福州“12345”热线。

【人民调解】 2020年，福州市推进线上线下一体化调解，开展防范“民转刑”

专项活动，推动矛盾纠纷源头化解。全市有各类人民调解组织 2963 个，实现 173 个乡镇（街道）、2604 个村（居）全覆盖，调解员总数 8298 人。全市各级调解组织排查矛盾纠纷 15543 次，预防纠纷 12603 件，调解案件 21620 件（涉疫情纠纷 1867 件），调解成功 21617 件（涉疫情纠纷 1861 件），调解成功率 99.99%。全市建立“两代表一委员”调解工作室 93 个、个人调解室 108 个、省级金牌调解工作室 2 个、市级金牌调解工作室 12 个和县级金牌调解工作室 29 个，其中省级金牌调解工作室数量居全省首位。全市进驻派出所（边防所）调解室 163 个，设立在法院调解室 48 个、检察院调解室 9 个、信访局调解室 17 个。

**【社区矫正】** 2020 年，福州市接收社区服刑人员 3008 人，解矫 3090 人，在矫 3873 人。探索“智慧矫正”建设，在仓山区试点开展社区矫正移动执法应用建设。编写社区矫正执行工作规范化指引，推进县级矫正中心规范化和刑罚执行一体化建设，市县两级社区矫正机构全部按要求完成机构设置并加挂“社区矫正管理局”牌子。推进社会力量参与社区矫正工作，创新探索“教育帮扶+”社会力量社区矫正工作模式。

**【安置帮教】** 2020 年，福州市落实刑满释放人员无缝衔接机制，全市新增刑满释放人员 4850 人，在册刑满释放人员 22855 人，其中监所释放 2429 人，开展无缝衔接 2393 人，衔接率 98.52%。开展生活困难刑释人员救助帮扶，安置三无人员 3 人、三假人员 4 人，促进就业 98 人，发放救济金 75130 元。

**【医患纠纷调解处置】** 2020 年，福州市司法局接访医患纠纷投诉 176 件（涉及死亡的重大医患纠纷 70 件），立案 166 件，结案 133 件，结案率 81%，赴现场应急处置重大医患纠纷 31 起（57 场次）。

**【普法和法治示范创建】** 2020 年，福州市完成“七五”普法总结验收及省级迎检工作，开展民法典专项宣传活动，建立媒体公益普法制度，在全省率先制定《福州市国家机关行政执法过程中精准普法的工作指引》。市司法局制作播出广播直播互动栏目《我执法我普法》58 期，单期最高观看人数突破 36 万人次。深化“一县（市）区一特色品牌”法治创建示范点建设，马尾区船政法治文化园获评省级法治文化建设示范基地。开展法治县（市、区）示范创建活动，全市有国家级民主法治示范村（社区）9 个、省级民主法治示范村（社区）103 个、市级民主法治示范村（社区）472 个。

**【律师工作】** 2020 年，福州市有律师事务所 305 家，执业律师 5041 人，为 943 家党政机关、5200 余家企事业单位提供法律顾问服务，代理案件 10.4 万件，收费 18.5 亿元。市司法局与市公安局联合出台《贯彻落实〈进一步保障和规范看守所律师会见工作通知〉实施意见》，率先在全省通过联合发文形式对看守所提供非工作日会见、延时会见等服务举措予以制度固化。“一村（社区）一法律顾问”工作实现常态化，驻村（居）律师在基层村（居）举办法治宣传讲座 400 余场，帮助群众解答法律咨询 1.5 万件，调处纠纷 1300 余件。在福建新大陆数字技术股份有限公司设立全市首家民营企业律师事务部。开展律师助力脱贫攻坚专项行动，组建律师公益法律服务团、建言献策工作组、党员律师法律志愿服务团和房屋结构安全隐患排查整治法律服务团等团队，开展企业复工复产“法治体检”专项公益法律服务行动，对接参与全市房屋结构安全隐患大排查大整治百日攻坚行动等重点项目。市律师行业党委、市律师协会组织全市律师事务所和党员律师向疫情防控一线捐款捐物总额 200 余万元。

**【公证工作】** 2020 年，福州市有公证机构 16 家，办理各类公证事项 104614 件，提供“最多跑一次”“一次不用跑”公证服务超过 5.7 万件。全部公证机构均开展“互联网+公证”工作，实现全部公证事项 100% 可“掌上”预约，除法定的须面对面办理事项外，全部实现全流程线上办证。市公证处在全省首创多部门数据共享机制，在全省率先上线公证电子证照接口，引进全市第一台公证自助服务终端机，打造包含线上申办、远程视频、电子签名等在内的综合性“智慧公证”服务平台。

**【法律援助】** 2020 年，福州市有法律援助中心 13 家，办理各类法律援助案件 14538 件（群体性案件 37 件、587 人次），为受援人挽回损失或取得利益 8000 万元。出台法律援助助力企业复工

2020 年 12 月 1 日，福建省“12·4”宪法宣传周启动仪式在福州市举行
（市司法局　供）

复产7项惠民举措，组建4支由65名具备5年以上执业经历的律师组成的“专项律师法律服务团”，为疫情防控和企业复工复产过程中的多发、热点问题提供法律服务。在全市组织开展“法援惠民生 扶贫奔小康”“法援惠民生 助力农民工”“送法进军营”等品牌活动，完成全省唯一入选司法部的法律援助专项课题研究《重大疫情防控期间公共法律服务的创新模式——福建福州“智慧法援”的研究与实践》。全市办理刑事法律援助案件10473件，其中刑事案件律师辩护全覆盖试点案件2776件，认罪认罚法律帮助7341件，刑事案件律师辩护实现全覆盖。

【行政审批】 2020年，福州市受理各类行政许可及公共服务事项2573件。推进“放管服”改革，推行当事人承诺制和“最多跑一趟、一趟不用跑”改革，除法律职业资格认定和法律援助审批为“最多跑一趟”事项，其他78个事项全部列入“一趟不用跑”事项清单。开展减证便民专项行动，79个（不含法律援助审批）行政审批事项平均3.5个材料。压缩办理时限，将40个事项列为“即办件”。承接省司法厅委托的首次申领专兼职律师执业证许可等19项行政许可事项，46项委托事项直接由市司法局办结。将基层法律服务相关的10项市级行政审批事项委托县级司法局实施，减少审批环节。

【司法鉴定】 2020年，福州市有司法鉴定机构43家，办理鉴定业务27761件。开展为期3个月的司法鉴定机构、鉴定人清理整顿活动和“亲子鉴定”专项整治。组织开展2020年度司法鉴定能力验证活动，全市32家鉴定机构参加179项能力验证，通过162项，通过项目数量居全省首位。全市15家机构通过国家级认证认可，21家机构通过省级认证认可。推进生态环境损害赔偿制度建设，实行“先鉴定后收费”，为生态环境损害赔偿具体案件提供司法鉴定服务保障。

【法律职业资格考试】 2020年，福州市司法局完成国家统一法律职业资格考试福州考区考务工作。福州考区8511人次参加考试，成绩合格1646人。

【福州市第七次律师代表大会】 2020年12月5日，福州市第七次律师代表大会召开。大会选举产生由57名律师组成的第七届理事会、19名律师组成的第七届常务理事会、9名律师组成的第四届监事会，福建闽众律师事务所主任许明当选市律师协会会长。

（陈玢）

## 仲裁

【概况】 2020年，福州仲裁委员会受理案件1099件，受案总标的额61.37亿元，标的额比上年增长3.1%；全年审结案件1180件，增加24件，增长2%。全年增聘仲裁员63人，解聘仲裁员18人。创新仲裁员培训模式，借助互联网技术平台，开展疫情防控期间新聘仲裁员线上培训。邀请全国法学专家李建伟教授以“民法典第三编合同编第一分编通则的重点规范解读”为题，举办2020年度“线上+线下”仲裁员培训。新聘5名仲裁秘书充实莆田仲裁中心、宁德仲裁中心，实现两个中心可独立受理和办理仲裁案件。两个中心全年受理案件21件，标的额6.05亿元。

【仲裁平台建设】 2020年，福州仲裁委员会开通仲裁服务专线，接受群众通过“12348”热线来电咨询580余次。全年调解、和解、撤案的案件571件，占结案总数的48.8%。推进诉非联动机制建设，7月，与鼓楼区法院签订“诉非联动机制合作框架协议”，8月，受聘为台江区法院特邀调解组织。全年接收法院委托调解的案件1511件，成功调解203件，扣除未能与当事人取得联系的571件，总调解率21.6%，标的额1.02亿元。

表23 2020年福州仲裁委员会受理数量居前十位的案件类型（表）

| 序号 | 案件类型 | 数量（件） | 占案件总量比例（%） |
|---|---|---|---|
| 1 | 借款合同纠纷 | 160 | 18.85 |
| 2 | 买卖合同纠纷 | 131 | 15.43 |
| 3 | 服务合同纠纷 | 116 | 13.66 |
| 4 | 房屋买卖合同纠纷 | 101 | 11.9 |
| 5 | 建设工程合同纠纷 | 89 | 10.48 |
| 6 | 租赁合同纠纷 | 77 | 9.07 |
| 7 | 财产保险合同纠纷 | 22 | 2.59 |
| 8 | 委托合同纠纷 | 17 | 2 |
| 9 | 追偿权纠纷 | 16 | 1.89 |
| 10 | 股权转让纠纷 | 15 | 1.77 |

表 24　**2020 年福州仲裁委员会涉案标的排名前十位的案件类型（表）**

| 序号 | 案件类型 | 标的额（万元） | 占案件总量比例（%） |
|---|---|---|---|
| 1 | 借款合同纠纷 | 251793.66 | 48.31 |
| 2 | 建设用地使用权出让合同 | 77313.56 | 14.83 |
| 3 | 建设工程合同纠纷 | 68596.85 | 13.16 |
| 4 | 买卖合同纠纷 | 36265.21 | 6.96 |
| 5 | 房屋买卖合同纠纷 | 30459.21 | 5.84 |
| 6 | 租赁合同纠纷 | 20206.98 | 3.88 |
| 7 | 债务转移合同纠纷 | 8386.88 | 1.61 |
| 8 | 股权转让纠纷 | 3719.79 | 0.71 |
| 9 | 典当纠纷 | 3612.71 | 0.69 |
| 10 | 委托合同纠纷 | 3207.74 | 0.62 |

**【仲裁制度建设】**　2020 年，福州仲裁委委员会针对仲裁法修改草案征求意见稿，提出 14 条意见建议并报送省司法厅。研究制定《关于做好新型冠状病毒感染肺炎疫情防控期间案件审理工作的通知》，对疫情防控期间的文书送达、开庭、合议、选定鉴定机构等工作作出明确指引。建立案件核阅清单制度。依托“智慧仲裁”办案系统，加强对案件受理后送达、组庭、审限延长、二次开庭等节点的预警提示。全年办结积案 480 件，占总办结数 40.6%。全年召开仲裁案件研究会议 17 次，专项研究案件 38 件。

**【仲裁服务】**　2020 年，福州仲裁委员会在福建省民营企业商会、福建医用设备商会、福建青年闽商联合会、福建省土木工程建筑行业协会等商会、协会设立仲裁法律服务联络站点。全年设立 7 个仲裁法律服务联络站和 7 个仲裁法律服务联络点，并举办首期仲裁法律服务联络员培训。

实地走访典当、市混凝土、省建筑业、省证券期货等行业协会，对接省机电控股集团、市交投集团、市城投集团、市农商行、中国银行福州市分行等在榕重点国有企业，为福州新区开发投资集团、交投集团等市属企业开展仲裁法律制度宣讲。走访盛辉物流、瑞达精工、游龙网络、融旗集团、爹地宝贝等民营企业，提出预防和化解相应法律风险的对策建议。

联合福建省工商联开展“仲裁线上微课”活动，举办 7 期线上授课，重点针对中小企业在疫情防控期间的经营难点和关注焦点，邀请专家从商事仲裁的优势、企业的合同管理、风险与防范等专题展开培训。

**【知识产权仲裁】**　2020 年，福州仲裁委员会与福州市市场监督管理局（市知识产权局）共同签署仲裁合作协议，并于 4 月成立福州知识产权仲裁中心，搭建知识产权仲裁、调解、咨询等一站式综合服务平台。全年受理知识产权纠纷案件 15 件，标的额 224 万元。

（王宇海）

（编辑　黄铭）

# 军事

## 征兵工作

【概况】 2020年，福州市征兵工作继续实行“五个公开”（政策规定、数量指标、条件标准、程序步骤和征接兵纪律）、“五公布”（上站体检人员、“双合格”人员、预定新兵、定兵人员名单，举报电话和举报信箱）的公示制度，完善“三个参与”（纪检监察部门全程参与、新闻媒体广泛参与、应征青年积极参与）的监督体系，将廉洁征接兵纳入政绩考核体系，年度征兵“五率”考评成绩位居全省第一。

【征兵宣传】 2020年，福州市结合新冠肺炎疫情防控组织各县（市）区人武部采取电话联系与网上宣传、张贴标语与发放传单及《致大学毕业生的一封信》等形式进行征兵宣传发动。5月21日，在福建广播电视台开展“2020年福建省暨福州市征兵宣传教育进高校和大学生征兵工作网络启动仪式”，在海博TV和直播福建等平台同步直播，400余万师生在线参与活动。6月，拟制下发福州市征兵优惠政策简报2期。7—8月，组织赴高校、村（居）进行征兵宣传。

（苏敏）

2020年4月4日，福州市防空警报鸣响，五一广场下半旗，向抗击新冠肺炎疫情斗争牺牲烈士和逝世同胞致以哀悼　（林双伟　摄）

## 民兵工作

【概况】 2020年，福州警备区围绕国防和军队改革主线，突出海上民兵队伍建设，科学编组民兵队伍，实现海上民兵实时指挥，加强骨干队伍训练。年内，完成所属县（市）区民兵应急分队的集中轮训备勤和考核，

【政治教育】 2020年，福州警备区统筹两个主题教育和“破除和平积弊、强化职能意识”“严是爱、松是害”等专题教育，各级领导带头备课辅导、调研交流，结合专项任务和疫情防控开展民兵思想政治教育，集中编录精品课12堂。开展庆祝中国共产党成立99周年活动，紧跟改革进程开展经常性教育。

【民兵组织整顿】 2020年，福州警备区着眼实战需求完善基干民兵队伍，充实直升机侦察、综合救援、网络攻防等力量。组织参加各项支前演练，年内在福建省军区检查和国动部“回头看”验收中，民兵整组静态检查和现场检查均位全省第一。

【民兵训练】 2020年，福州警备区组织专武干部和民兵干部骨干集训，参加省军区两期专武干部集训均获评“优胜单位”。健全海上联合搜救机制，开展重要目标协防演练，组织民兵分队参加实兵演练，并通过战区检验评估。年内，出动民兵参加新冠肺炎疫情防控，民兵情报信息报知跃升全省前列。

（苏敏）

## 国防动员

【概况】 2020年，福州警备区梳理“十一五”以来规划落实情况，围绕“十三五”规划建设任务，组织国动委各办逐项推进落实和总结自评，上报福州市“十三五”规范任务落实自评报告；拟制上报建立军地联动机制、福州地区动员支前问题研究等重大课题研究，出台《福州市国防动员专业保障力量等级应急响应暂行规定（试行）》，完成基础潜力、重点潜力和专项领域潜力的调查任务。依托市委党校，组织党管武装培训班1期。会同市委组织部开展专武干部和民兵营（连）长的选配与使用。年内，完成党管武装绩效考评，表彰先进专武干部；完成市国动委领导和成员单位调整。

【国防教育宣传】 2020年，福州市举办各类国防教育学习讲座71场次，乡镇以上领导1万人次参加学习教育。各县（市）区和各双拥工作领导小组成员单位通过双拥简报、各种报刊、有线电视、广播、网络、宣传栏（橱窗）公共交通LED屏、横幅等开展国防宣传活动。开展庆祝建党99周年宣传活动，作为市级重大教育活动进行立项和部署。市党管武装工作展览馆教育平台全年接待地方各级领导参观见学60多批次。年内，福州警备区获全省“爱我国防”演讲比赛第二名。

【后勤保障建设】 2020年，福州警备区加强防疫保障、被装发放、人员体检、装备上报销毁等工作，年度经费预算执行率98%。全市征兵被装保障适体率97%。落实文职人员待遇政策，完成2019、2020年现役转改文职养老保险和职业年金的补缴工作。完成退役报废武器调动销毁任务。开展军用土地调查、公务卡清查、经济适用房住房清理、干休所财经审计等后勤重点领域清理整顿，完成机关管网改造、第六干休所护坡修复等建设。开展干休所医护人员“岗位大练兵”，指导第九干休所开展老干部日间照料中心建设，推进第四、第七、第八干休所综合配套整治建设。

（苏敏）

## 双拥共建

【概况】 2020年，福州市召开各级各类协调会36场，帮助驻榕部队解决随军家属就业、子女入学、部队建设征地等方面问题，为军人子女申办择校入学事宜，为驻榕官兵家庭提供困难救助。驻榕部队参与精准扶贫和双拥共建等工作，挂钩帮扶闽清县汶洋村。10月20日，全国双拥模范城（县）命名暨双拥模范单位和个人表彰大会在北京召开，福州市被命名表彰为“全国双拥模范城”，实现“九连冠”；福清市、连江县被命名表彰为“全国双拥模范城（县）”。

【文明共建】 2020年，驻榕部队与驻地乡镇（街道）、村（社区）、企业、学校等开展共创双拥模范城（县）、共建精神文明、共筑平安福州等活动，全年派出官兵800多人次、出动车辆（机械）60辆次，助力地方建设；出资200多万元用于改善学校教学环境、资助贫困学生就学、开展便民义诊等活动；便民义诊3500多人次，派出校外辅导员400多名帮助各类学校学生军训。

（苏敏）

## 人民防空

【概况】 2020年，福州市人防系统强化人防组织指挥体系建设、人防信息化、人防训练演练，市人防办联合市审改办、市法制办和市行政服务中心共同修订印发新的《福州市人民防空办公室市县两级行政审批和公共服务事项通用目录》，结合市人防办“三定”方案并对照新修订的通用目录，重新修订人防系统权责清单。

【人防宣传教育】 2020年，福州市人防办开展人防宣传“五进”活动，全年在省人防工作发布动态12则，市人防工作发布动态85则。结合“4·21”防空警报试鸣活动，在全市4500辆出租车顶和部分公交车后LED显示屏滚动播放宣传字幕，在3000辆公交车上的移动视频播放试鸣通告；利用公交移动频道播放《防空与防灾》公益动画片5集；在东方百货大屏LED免费投放人防公益海报，实现持续一星期、每天240次的高频次滚动播出。按期完成新一轮《防空与防灾—中小学读本》招投标工作，编印1.5万本免费赠阅。

【人防工程建设】 2020年，福州市人防工程审批窗口推出“多图一审、并联审批、联合验收”举措，所有审批事项列为“一趟不用跑”事项，50%审批事项为即办件。市人防办在地铁建设全线进度和地铁兼顾人防工程中提前介入，工程前期备案、图纸审查、设备进场、过程质量把控及分项分部验收，以确保地铁多站点施工齐头并进。对所有人防工程开发利用租赁单位，进行现场核查停、复工情况，督促落实疫情防控措施。

【指挥通信建设】 2020年，福州市组织和参加人防指挥部、人防机关、信息保障中心和人防专业队伍等训练和各类演练演习活动。开展防空警报设施补盲工作，提高警报覆盖率。4月4日，市人防办组织全市防空警报鸣响，表达对抗击新冠肺炎疫情斗争牺牲烈士和逝世同胞的哀悼。4月21日，完成全市试鸣防空警报工作，并结合警报试鸣活动开展指挥演练和防空防灾应急疏散演练。

（何倩）

（编辑　黄铭）

# 应急管理

## 综　述

【概况】　2020年，福州市推进救灾物资保障模式创新，建成自然灾害避灾安置点3045个。投入1000多万元完成市应急指挥中心场地装修及硬件集成建设，并于5月试运行。依托“e福州”综合指挥平台，接入公安、气象、水利、交通、建设、海渔等部门的系统数据和视频资源，实现省、市、县、乡各级政府及有关部门的互联互通与信息共享，以及对自然灾害、安全生产及突发事件的监控监测、网格化日常防控、视频连线会商、统一指挥调度等功能。充实应急管理专家智库，全市有8个专业组117名专家。市应急管理局与福州大学合作，分别建立市应急管理局人才培训基地、福州大学应急管理教学科研实践基地。成立“榕博汇智库”应急管理专委会，利用福州市引进的28名高层次人才，开展课题研究。向涉及防汛、地震、山地、空域救援等领域13支社会应急救援机动队伍授牌。与社会应急救援队伍党组织联盟共建，打造“1+N”应急救援党建联盟。推动江阴化工救援基地建设，建立应急资源共享机制，建立6支企业专职消防队，有102名队员，19辆消防车，实行统一专业培训、统一指挥调度。

【重大事件应急处置】　2020年2月10日，利比里亚籍“天才”号货船在江阴港中江码头靠泊并准备卸货时发生泄露，泄露货品为装载的2252吨抗疫原材料易燃易爆气体丙烯，存在重大安全风险。接报后，福州市启动应急响应，清空3000米半径范围内的锚泊船舶，历时19天，在国内首次采取船船带压过驳方案，经过38小时连续应急排险处置，于3月1日20时排除丙烯泄露爆炸的重大风险。

【自然灾害避灾点建设】　2020年，福建省、福州市两级财政投入290万元，规范化建设全市3045个自然灾害避灾安置点，重点建设6个全国综合减灾示范社区、26个省级提升建设避灾点和8个县级配套提升建设避灾点。编制《福州市应急避灾点疫情防控工作导则》，开展避灾安置点疫情和安全检查，充实安置点救灾物资储备。

2020年8月24日，福州市第三批社会应急救援机动队伍授牌仪式举行　（市应急管理局　供）

【救灾物资保障模式创新】 2020年，福州市应急管理局与福州永辉超市、彩食鲜公司、盛辉物流集团签订救灾物资供应及运输合同，形成以实物储备、协议储备和市场运营有机结合的救灾物资保障新模式，推动市级综合型物资储备仓库和救灾、医疗、低温成品粮、应急冷链等4类物资储备仓库建设。新冠肺炎疫情期间，启动应急物资调拨联动机制，向交通场站、镇村疫情防控卡口发放棉大衣4250件、折叠桌椅1650套、折叠床2800张、羽绒服10355件、棉被2550床、帐篷1106顶等应急物资。寒潮天气期间，调拨棉被、羽绒服、取暖器等9类应急防寒物资44585件套。

（左榕燕）

## 安全生产监督管理

【概况】 2020年，福州市开展安全生产专项整治三年行动、安全隐患大排查大整治攻坚行动、道路交通等重点行业领域专项整治、保护生命重点工程建设、安全宣传教育等工作。编印2020年度领导干部安全生产工作手册，实行日常照册履职、年度照册述职、失职照册追责。继续推动鼓楼、晋安、福清、闽侯、连江等县（市）区开展县级城市安全风险评估。组织开展“散乱污”企业（场所）综合整治、房屋结构安全隐患排查整治等专项行动。全年发生生产安全事故132起，比上年减少34起，下降20.5%；死亡77人，减少1人，下降1.3%，安全生产形势保持总体平稳。

【道路交通安全综合整治】 2020年，福州市完成44处隐患路段整治、305.59千米国省道、农村公路安保工程及城市道路新改扩建设、4座公路危桥和城市病害桥梁改造整治。

【重点行业领域专项整治】 2020年，福州市开展非煤矿山、危险化学品、道路交通、消防安全、学校安全、建筑施工、自建民房、城镇燃气、渔业船舶、交通运输、民爆物品、特种设备等12个重点行业领域安全专项整治，防范化解重大安全风险，遏制重特大事故发生。

危险化学品　突出硝酸铵等爆炸性危险化学品、危险化学品重大危险源企业、乙炔生产企业等安全专项治理，加强安全风险管控和全链条安全管理。推进城市人口密集区高风险危化品生产企业搬迁工作，推动县（市）4家危化品生产储存企业关闭、转型或迁入工业集中区。组织对江阴港城经济区、连江可门经济区两个工业集中区开展风险评估，完成27家危化品重大危险源联网监测预警。

交通运输　加强危化品运输企业安全监管，督促企业落实安全生产主体责任，强化危险货物运输全链条管理，全覆盖核查全市74家有车企业的经营许可证、从业人员的从业资格证和车辆营运证，运营车辆100%安装运行动态监控终端设备。立案查处危险货物道路运输各类违法违章行为101起，处罚243.86万元。

工业企业　强化纺织、钢铁、铝加工（深井铸造）、粉尘涉爆、涉氨制冷等重点工业企业安全监管，落实25项执法内容，依托专业技术服务力量开展安全隐患大排查大整治，排查整治2685处安全隐患。委托专业机构开展粉尘涉爆、涉氨制冷企业安全管理人员、作业现场安全员、除尘管理员、制冷工等重点岗位人员安全技能再培训再考核。

消防安全　突出高层建筑、大型商业综合体、多合一场所和学校医院、养老院、餐饮娱乐等，开展消防安全专项整治“三年行动”，推进化工企业重大危险源、打通“生命通道”等专项整治，部署开展群租房消防隐患整治行动。

建筑施工及房屋安全　开展危险性较大分部分项工程专项治理，加强起重机械、深基坑、高大模板、脚手架等危大工程安全管理。开展房屋结构安全隐患排查整治，排查房屋1741178栋，整治隐患23207处。

城镇燃气　强化“气瓶安全追溯管理系统”监管平台运用，打击瓶装液化气充装、储存、经营、运输等环节的违法违规行为，查处违法违规行为107起，暂扣钢瓶3852只，治安拘留51人，责令2家企业停产整顿。

【安全生产检查】 2020年，福州市开展安全生产专项整治三年行动。执行会商联络、排查整治、信息报告、督查督办“四大机制”，分门别类建立问题隐患、监督整改、验收销号、执法、问责、制度措施等“六个清单”，实现“一县一册、一企一档”。全市排查隐患67290处，整改64528处，整改率95%，行政处罚4649次，责令停产整顿238家，暂扣吊销证照15家，关闭取缔927家，罚款3298万元，移送司法机关83人，约谈警示1200人，联合惩戒4家。

【安全宣传教育】 2020年，福州市应急管理局开展“安全生产七进”活动，组织网上安全生产月咨询活动、“防灾减灾知识线上挑战赛”、安全专家下基层讲座、安全生产主题宣讲等活动。拍摄《森林防火系列动漫》《划重点！〈安全生产法〉告诉你如何落实企业主体责任》宣传片，分别获得全国应急管理普法作品三等奖。依托全市建筑、工业、消防、地铁等体验区（馆），实施体验式安全教育培训。完成全市安全生产教育培训考核基地主体工程建设。

【重大安全隐患点整治】 2020年，福州市印发重大安全隐患点监管责任清单，由属地政府或行业主管部门负责人为隐患点整治第一责任人，实行“一患一组一案”，逐一制定整治方案，逐一建立现场安全管控小组，集中挂牌整治。年内完成第五批321个重大安全隐患点整治，其中市级30个，县级291个。

（左榕燕）

## 防汛抗旱

【概况】 2020年，福州市（不含平潭，下同）降雨量总体与历史同期相比偏少，平均累计雨量1224.2毫米，秋季异常偏少，其余季节正常。主要江河来水量较常年同期偏少28%，水情总体较平稳，据水文观测，主要江河未出现超保证水位的洪水。闽清县境内梅溪发生超警洪水6站次，敖江支流牛溪发生超警洪水7站次。全年经历暴雨天气过程24次（其中1次为台风暴雨过程），影响福州市的台风有3个。年初至1月下旬，全市大部分地区出现不同程度的气象干旱，1月26日全市出现中到大雨，气象干旱得以解除；7月初至8月下旬，全市大部分地区出现不同程度的气象干旱，9月8—11日和18—20日两次连续性暴雨使得旱情解除；10月至12月上旬，全市大部分地区出现不同程度的气象干旱，12月14—18日，全市出现中到大雨，干旱明显缓解。

2020年，全市暴雨和台风造成直接经济总损失151.15万元，其中农林牧渔业损失11.15万元，基础设施损失140万元。无人员伤亡和失踪，受灾人口5076人，紧急转移安置人口204人。电力中断27条次，严重损害房屋2户，一般损坏房屋5户。农作物受灾面积4.66公顷，其中农作物成灾面积2.66公顷，农作物绝收面积2公顷；全市作物受旱面积1534.07公顷，影响人口数量14.5万人，4万人出现饮水困难。

**【雨季强降雨灾害】** 2020年，福州市经历暴雨天气过程24次（其中1次为台风暴雨过程），其中5月31日至6月8日暴雨过程、7月25日暴雨造成永泰县、闽清县受灾。

5月31日至6月8日，全市出现持续性强降雨，过程雨量（5月31日8时至6月9日8时）有66个乡镇超过200毫米，其中5个乡镇超过300毫米，最大为永泰塘前乡401.4毫米。日雨量最大为6月1日（1日8时至2日8时）永泰塘前乡149.7毫米，最大小时雨强为6月1日15—16时永泰塘前乡92.1毫米。暴雨造成永泰县受灾，受灾人口3076人，紧急转移安置人口73人。严重损坏房屋2户，一般损坏房屋5户。农作物受灾面积4.66公顷，其中农作物成灾面积2.66公顷，农作物绝收面积2公顷。直接经济总损失151.15万元，其中农林牧渔业损失11.15万元，基础设施损失140万元。

7月25日3—9时，闽清、闽侯和晋安区等地的部分乡镇出现暴雨或大暴雨。据市气象局统计，全市有7个县（市）区37个乡镇累积雨量超过50毫米，其中3个县10个乡镇雨量超过100毫米，以闽清梅城镇209.5毫米为最大。最大小时雨量为102.2毫米，出现在闽清雄江镇（25日7—8时）。据水文监测数据，梅溪流域闽清水文站最高水位超警戒0.29米。受强降雨的影响，全市转移人员131人，无人员伤亡。闽清县出现溜方37处，约2000立方米；县电力主干线停电13条，支线停电14条；闽清县梅城镇、梅溪镇等地多处积水，积涝点14处，其中梅溪镇凤凰湾积水较为严重，最深处约1米。

**【抗旱】** 2020年10月后，福州市各县（市）区降水偏少约九成，均出现不同程度的气象干旱（轻旱到中旱）。12月中旬，全市作物受旱面积1534.07公顷，影响人口数量14.5万人，4万人饮水困难。福州市防汛抗旱指挥部启动全市旱情旬报制度，加强旱情监测，强化会商研判，采取针对性铺设管网、人工增雨、拉车送水、推进抗旱引水工程等措施，组织市水利局、工信局、水务公司等部门和单位，赴长乐、马尾、福清、罗源、连江等重点县（市）区开展抗旱工作专项督导检查。

**【抗台风】** 2020年，福州市防御台风8次，其中影响全市的台风3个（第4号台风“黑格比”、第6号台风“米克拉”和第7号台风“海高斯”）。启动防台风、防暴雨应急响应7次，召开防抗台风暴雨会商会16场，指导各县（市）区开展防御台风暴雨工作，落实渔船回港避风、渔排人员撤离上岸，适时关闭沿海景区景点、施工工地、施工船和客渡船等。安全撤离海上作业渔船1426艘，船上人员2245人，渔排主要劳动力11484人，老弱妇幼195人，港内渔船数4057艘，港内渔船船员14684人，未造成重大伤亡事故、未造成明显的经济损失。

**【防汛预警与安全检查】** 2020年，福州市完成《福州市防汛防台风应急预案》和《福州市抗旱工作预案（试行）》修编完善并印发。完成全市14座中型水库、106座小（一）型水库和316座小（二）型水库汛期防洪调度运用计划审查审批工作。更新乡村危险区域转移人口建档立卡数据和组织修编县乡两级防汛指挥图，完善2800多个村级预案。编制《福州市应急避灾点疫情防控工作导则》，规范应急避灾点疫情防控工作。开展自然灾害风险隐患大排查大整治，组织检查5361次，参加人员35120人次，排查整改一般隐患760处，重大隐患1处。

**【防汛抢险队伍建设】** 2020年，福州市成立水上救护、事故抢险、排除内涝、医疗卫生、物资供应、安全保卫、后勤保障、供水供电8支市级专业抢险队，县（市）区和高新区成立群专结合抢险队伍1843支，依托社会力量，成立市、县两级灾后恢复重建技术队伍、施工队伍。开展防汛抢险物资检查，补充配齐备足防汛物资，储备救生衣15763件、麻袋12.26万个、编织袋170.21万个、防汛堵漏袋2.29万个、防汛抢险舟97艘、机动救生船4艘、橡皮舟73只、手摇警报器622台，以及砂石料2.01万立方米等防汛物资。全年开展防汛培训76场次，参与人数6690人；演练140场次，参与人数7854人。

（左榕燕）

## 消防救援

**【概况】** 2020年，福州市消防救援队伍接处救援任务7223起，出动车辆11033辆、指战员62877人，抢救疏散被困人员1163人，挽回经济损失6542万元，完成增援泉州“3 7”建筑坍塌事故救援任务、赴赣增援抗洪抢险行动，处置“4 21”长乐松下管道救援、“5 11”马尾琅岐油船火灾、“6 28”闽侯物流仓储仓库火灾、“11 7”长乐厂房火灾、等各类灾害事故，完成第三届“数字中国”建设峰会等40场大型活动和警卫任务消防安保工作。年内，福州市在全国率先出台《全市消防救援队伍职业保障机制》，成立全省首支慈善救助基金，首批筹集善款260万元。三坊七巷消防救援站成功入选应急管理部先进典型库，获评“全国119消防先进集体”，1人获评“全国先进工作者”，为全省消防救援队伍唯一人选，1人获评

"全国最美退役军人"和"福建青年五四奖章"称号。

【消防检查】 2020年，福州市召开14次专题会议，研究部署消防工作，省市领导带队开展消防安全检查。市人大出台《福州市文明行为促进条例》，为打通"生命通道"提供执法依据；市政府将"十四五"消防专项规划纳入17个重点专项规划清单。市消防救援支队以消防安全专项整治"三年行动"为主线，推进化工企业重大危险源、打通"生命通道"、大型综合体等专项整治行动，火灾四项指数同比均有所下降，全年未发生有影响的火灾事故。在73个乡镇（街道）开展消防委托执法工作，经验做法获应急管理部消防救援局推广。

【消防宣传】 2020年，福州市消防救援支队选送作品参加福建省第五届"小小消防员"儿童绘画作文大赛，成绩位居全省第一，绘画类和作文类共获3个一等奖。"福州消防"官方快手号开通一周年，粉丝破百万，并获"年度消防优秀影响力奖"。全年在央视、《人民日报》、新华社、《应急管理报》等中央媒体播发新闻70条（次），在《福建日报》、福建电视台、《海峡都市报》等省级媒体刊播新闻180次。

【消防设施建设】 2020年，福州市投入消防经费4.33亿元，针对高层建筑灭火救援难题，配备101米登高平台消防车等48辆灭火救援车辆。推进全市24个老旧消防队站营房修缮。

【新冠肺炎疫情防控】 2020年，福州市消防救援支队成立20个消防安全技术服务小组，开展涉疫企业、医院等重点单位消防安全指导349家次，远程监控及视频系统检查908家次，督促整改火灾隐患913处，出动车辆109次、指战员545人次，帮助社会单位、学校等洗消面积超100万平方米。

【火灾和救援案例】 2020年3月7日19时5分，泉州市鲤城区欣佳酒店坍塌，福州市消防救援支队根据总队增援命令，调集地震救援重型队、搜救犬分队、通信指挥分队、政工宣传分队、战勤保障分队等力量驰援泉州，历经112小时，救出12名被困人员，其中5人生还。

3月25日23时41分，福州市晋安区晋安北路79号金帝酒店五楼发生火灾。市消防救援支队调派特勤大队一站、鼓楼大队水部站、晋安大队鼓山站、新店站及战勤保障处16辆消防车70余名指战员，经过近3个小时扑救，现场火势于26日2时30分被扑灭，火灾过火面积约500平方米，未造成人员伤亡。

4月10日10时1分，福州市长乐区金峰镇首峰村357号棉絮仓库发生火灾。市消防救援支队调派长乐大队航城站、滨海站、吴航站、马尾大队琅岐站、特勤大队四站及战勤保障处20辆消防车90余名指战员，经过13个多小时扑救，大火于23时16分被扑灭，火灾过火面积约760平方米，未造成人员伤亡。

4月21日10时44分，福州市长乐区松下镇G228国道福建雪人股份有限公司发生人员被困管道事故，两名作业人员被困。市消防救援支队先后调派长乐大队滨海站、航城站、特勤大队一站、三站、四站及战勤保障处8辆消防车70余名指战员，经过7个多小时救援，两名被困工人被救出。

5月11日9时47分，福州市马尾区琅岐镇金牌门岸边船只发生火灾。市消防救援支队调派马尾大队琅岐站、连江大队凤城站、特勤大队三站及战勤保障处8辆消防车60余名指战员，经过7个小时扑救，现场火势于16时50分被扑灭，未造成人员伤亡。

6月28日21时23分，福州市闽侯县荆溪镇福建省嘉成生物科技有限公司厂房发生火灾。市消防救援支队调派闽侯大队甘蔗站、上街站、仓山大队金祥站、晋安大队新店站、特勤大队二站、三站、鼓楼大队三坊七巷站、马尾大队罗星站、快安站、福清大队江阴站及战勤保障处25辆消防车114名指战员，并调动联动单位3辆水泥浇筑车、13辆水泥搅拌车参与处置，经过7个多小时扑救，大火于29日4时30分被扑灭，火灾过火面积约750平方米，未造成人员伤亡，未影响周边毗邻的中央粮食战略储备库和向莆铁路5号线。

7月2日20时许，按照应急管理部消防救援局、福建省消防救援总队命令，福州市消防救援支队调派水域救援集训队及指挥通信、政工宣传、战勤保障等模块功能组，共计12辆车、78名指战员、8艘橡皮艇驰援江西。历经25天，在南平武夷山市、江西余干县、鄱阳县三地，完成疏散营救被困群众、固堤堵渗、巡堤排险、物资疏散、道路清淤、防疫洗消、中考安保、上门巡诊等各项任务。期间，营救出被困群众43人、疏散492人，累计搬运土方石80立方米、填装沙袋1800余袋、巡堤40余千米、清理淤泥10余吨、发放各类物资60余箱，排除洪涝2万余立方米，开展心理疏导20余次，为当地群众开展义诊85人次，转运各类生活物资约35吨，开展防疫洗消5800平方米，发放呼吸、消化系统以及皮肤病等药物118余盒。

8月10日14时1分，福州市福清市城头镇胜田食品有限公司在建冷库发生火灾。市消防救援支队先后调派福清大队音西站、宏路站、江阴站、特勤大队三站、四站、晋安大队鼓山站、闽侯大队上街站、长乐大队航城站、滨海站及战勤保障处25辆消防车110余名指战员，经过11个多小时扑救，现场火势于11日1时15分被扑灭，火灾过火面积约200平方米，造成2名工人死亡。

8月24日6时8分，福州市闽侯县南屿镇高岐村安厦233号万祥工艺品厂房发生火灾。市消防救援支队调派闽侯大队上街站、南通站、特勤大队四站及战勤保障处11辆消防车60余名指战员，经过8个多小时扑救，现场火势于14时20分被扑灭，火灾过火面积约560平方米，营救两名被困人员，未造成人员伤亡。

8月27日14时36分，福州市马尾区青洲大桥附近渔业码头一艘渔船发生火灾。市消防救援支队调集马尾大队罗星站、快安站、特勤大队一站、三站及战勤保障处12辆消防车60余名指战员，经过8个多小时扑救，现场火势于23时20分被扑灭，过火面积约50平方米，未造成人员伤亡。

11月2日7时20分，福州市晋安区新店镇秀山村山前93号路友机动车检验站发生火灾。市消防救援支队先后调集晋安大队新店站、鼓山站、鼓楼大队鼓东站、特勤大队一站及战勤保障处12辆消防车65名指战员，经过4个小时扑救，现场火势于11时20分被扑灭，火灾过火面积约700平方米，未造成人员伤亡。

11月5日11时15分，福州市仓山区百花洲路8号环顺装饰材料有限公司发生火灾。市消防救援支队先后调集特勤大队三站、四站、仓山大队金祥站、台江大队上浦站、广达站、鼓楼大队水部站、闽侯大队上街站及战勤保障处20辆消防车110余名指战员，经过12个小时扑救，现场火势于23时20分被扑灭，火灾过火面积约400平方米，未造成人员伤亡。

11月7日16时56分，福州市长乐区漳港街道漳湖路26号华圣织造有限公司仓库发生火灾，有人员被困。市消防救援支队调派长乐大队滨海站、航城站、吴航站、马尾大队快安站、亭江站、罗星站、特勤大队三站、晋安大队鼓山站、仓山大队金祥站、台江大队上浦站、闽侯大队上街站、福清大队音西站、战勤保障处后援站及长乐机场专职队30辆消防车180余名指战员前往现场处置，消防总队增派宁德、莆田2套远程供水系统及泉州1辆18吨水罐消防车前往增援。经过6个多小时扑救，现场火势于23时被扑灭，火灾过火面积约1000平方米，未造成人员伤亡。

（薛宇成）

## 防震减灾

【概况】 2020年，福州市超额完成“十三五”期间地震预警信息接收终端建设和地震应急避难场所建设任务，推进防震减灾纳入全市社会综治网格化管理，6项防震减灾网格化事项纳入市数字化城市管理事项。年内，市防震减灾中心获福建省防震减灾综合考核优秀单位、防震减灾公共服务工作先进单位，在全国、全省地震监测预报质量评比中获得2项全国第三、2项全省第二、4项全省第三的成绩。

【地震监测预报】 2020年，福州市防震减灾中心向福建省地震局报送周会商52期、月会商12期，向市委、市政府和相关人员发送震情速报短信、传真48份，报送震情简报24期。完成防震减灾“三网一员”名单更新，全市有防震减灾助理员176人。落实宏观异常2次，1月7日对福州市古田路第五中心小学附近管道井冒蒸汽、4月13日对福州长乐东关村民用井水位异常两处现场及周边开展异常核实工作，排除地震前兆异常。开展监测台站维护管理工作53次，将观测环境检查结果反馈至各台站业主单位。

【地震灾害防御】 2020年，福州市防震减灾中心在中国福州网站专栏公示行政执法事项清单和执法流程图。开展建设工程地震安全监管检查工作，全市自查重大建设工程17项、高层建筑45项、学校建设工程1640项、医院建设工程77项、重要大中型水库堤防8项、一般建设工程134项。推进区域性地震安全性评价工作，协调指导福州软件园、长乐滨海新城等6个园区开展该项工作。推进防震减灾纳入社会综治网格化管理工作，6项防震减灾网格化事项于6月纳入福州市数字化城市管理事项，形成“6+1”的管理模式。

【综合减灾示范社区】 2020年，福州市应急管理局、市气象局、市防震减灾中心联合开展全国综合减灾示范社区创建工作，全市6个社区被评为全国综合减灾示范社区，分别为仓山区仓前街道公园社区、晋安区新店镇象峰社区、长乐区吴航街道十洋社区、福清市沙浦镇江南村、罗源县起步镇洋北村、永泰县大洋镇尤垅村。

【防震减灾宣传】 2020年，福州市防震减灾中心推进防震减灾科普示范工程建设，与《福州晚报》和晋安消防大队合作，组织开展晋安消防与地震安全体验中心参观体验活动。开展防灾减灾科普宣教，举办主题为“提升基层应急能力，筑牢防灾减灾救灾人民防线”的首届福州市“防震减灾”公益广告大赛，赛事在全国防震减灾行业里属于首创。利用“5·12”防灾减灾日和“7·28”唐山地震纪念日防震减灾重要宣教时段，结合平安福州建设和防震减灾宣教工作，加强与应急、消防等部门的横向联系，利用广播、电视、报纸、网络等媒体，以抖音挑战赛、知识竞赛、防震减灾公益广告大赛、互动体验直播等形式开展线上和线下科普宣传活动，联合福建麒麟减防灾救援服务中心开展17场“平安福州·防震减灾”进社区、进学校、进机关、进企业活动。

【地震应急救援】 截至2020年底，福州市累计安装2999套地震预警信息专用接收终端，完成“十三五”期间福州市地震预警信息专用接收终端建设任务（2760套）的108.7%。制订《2020年春节、全国“两会”及国庆等重要时段福州市震情保障工作方案》。联合开展地震应急演练，2020年5月18—20日，福州市地震现场工作队与福州市消防救援支队暨福州市地震灾害紧急救援队，参加福建省消防救援总队在漳州市龙文区开展代号为“闽动-2020”的72小时全流程全要素全力量的地震应急救援实战演练。8月20日，福州市应急管理局、福州市防震减灾中心、福建省森林消防总队、闽侯县政府共同举办福州市2020年地震综合应急救援实兵演练。完成市委、市政府交办的福州市应急物资储备库专项规划咨询工作，协助完成选址和开工建设工作。年内，市地震灾害紧急救援队增配地震救援装备器材4大类59项3646件（套）。

【地震应急避难场所】 2020年，福州市建成地震应急避难场所103处，超额完成“十三五”期间建设任务。市防震减灾中心联合12个县（市）区应急管理部门、防震减灾部门对地震应急避难场所进行巡检。8月底至9月初结合全国文明城市总评，对建成区47处地震应急避难场所进行拉网式检查和抽查，以确保标识牌齐全、功能完备、设施维护及时、场所未被占用、相关制度完善。

表 25　福州市地震应急避难场所基本情况表

| 县（市）区 | 场所名称 | 类别 | 场地地址 |
|---|---|---|---|
| 鼓楼区（3 处） | 福州大学至诚学院 | Ⅲ类 | 工业路 523 |
| | 福州大学（铜盘校区） | Ⅲ类 | 鼓楼区软件大道 89 号 |
| | 福建省体育职业技术学院 | Ⅲ类 | 五四路 310 号 |
| 台江区（4 处） | 福州市第十四中 | Ⅲ类 | 后洲街道福州市台江区开智路 4 号 |
| | 福州市第十五中 | Ⅲ类 | 洋中街道福州市台江区五一南路 44 号 |
| | 福州市第三十八中 | Ⅲ类 | 福州市台江区曙光路 9 号 |
| | 福州市八中鳌峰分校 | Ⅲ类 | 福光大道南段鳌兴路 281 号 |
| 仓山区（7 处） | 对湖街道福建师范大学 | Ⅲ类 | 仓山区上三路 32 号 |
| | 下渡街道仓山区实验小学 | Ⅲ类 | 仓山区先锋路 10 号 |
| | 临江街道泛船浦教堂 | Ⅲ类 | 仓山区新民街 54 号 |
| 仓山区（7 处） | 红星农场盘屿中学 | Ⅲ类 | 齐安路 763 |
| | 城门镇海峡国际会展中心 | Ⅲ类 | 南江滨西大道 198 号 |
| | 螺洲镇螺洲中学 | Ⅲ类 | 螺洲镇店前村螺洲街 66 号 |
| | 建新镇飞凤山公园 | Ⅲ类 | 横龙一路 |
| 晋安区（4 处） | 牛岗山公园 | Ⅱ类 | 福州市晋安区鹤林路牛岗山公园 |
| | 福州市鼓山苑小学 | Ⅲ类 | 晋安区连洋路 297 号 |
| | 福州则徐中学 | Ⅲ类 | 福州市晋安区王庄街道俊伟路 10 号 |
| | 福州市晋安区第三中心小学 | Ⅲ类 | 晋安区山洞口沁园支路 31 号 |
| 高新区（1 处） | 福州高新区实验小学 | Ⅱ类 | 福州高新区实验小学 |
| 长乐区（12 处） | 金峰中心小学 | Ⅲ类 | 长乐区金峰镇星光路 |
| | 首占上洋村富阳公园 | Ⅲ类 | 长乐区首占镇富民路 |
| | 文岭中心小学 | Ⅲ类 | 长乐区文岭镇新园里 |
| | 古槐中街村新宁广场 | Ⅲ类 | 长乐区古槐镇直街 |
| | 航城附小分校 | Ⅲ类 | 航城街道广场路 668 号 |
| | 江田广场 | Ⅲ类 | 长乐区江田镇友爱新街 |
| | 鹤上中学 | Ⅲ类 | 长乐区东鹤路 |
| | 长乐第四中学 | Ⅲ类 | 长乐区玉田镇玉田村文昌路 |
| | 松下首祉中心小学 | Ⅲ类 | 长乐区松下镇首祉村 |
| | 湖南中学 | Ⅲ类 | 长乐区湖南镇兴达路 25 号 |
| | 梅花中心小学 | Ⅲ类 | 长乐区梅花镇育才路 |
| | 罗联中心小学 | Ⅲ类 | 长乐区罗联乡政府路 |
| 福清市（7 处） | 融城中学 | Ⅲ类 | 福清市融北小区 88 号 |
| | “福建师范大学福清分校” | Ⅲ类 | 福清市龙江街道校园新村 1 号 |
| | 华侨中学 | Ⅲ类 | 福清市高巷 24 号 |
| | 滨江中学 | Ⅲ类 | 福清市清盛大道 |
| | 石门小学 | Ⅲ类 | 福清市宏路街道石门村 |
| | 城头中学 | Ⅲ类 | 福清市城头镇峰前村 38 号 |
| | 江兜华侨中学 | Ⅲ类 | 福清市福清江兜村 324 国道南 |

续表

| 县（市）区 | 场所名称 | 类别 | 场地地址 |
|---|---|---|---|
| 闽侯县（10处） | 甘蔗街道闽都民俗园 | Ⅲ类 | 闽侯县甘蔗学院路8号 |
| | 青口镇中央公园 | Ⅲ类 | 闽侯县青口镇新城西路 |
| | 尚干镇洋中村公园 | Ⅲ类 | 闽侯县尚干镇洋中村 |
| | 上街大学生体育场 | Ⅲ类 | 闽侯县上街镇学府南路 |
| | 荆溪镇启福城市公园 | Ⅲ类 | 闽侯县荆溪镇徐家村 |
| | 白沙中心小学 | Ⅲ类 | 闽侯县白沙镇安平路135号 |
| | 鸿尾乡超墘中心小学 | Ⅲ类 | 闽侯县鸿尾乡石佛头街西北方向160米 |
| | 南通镇政府广场 | Ⅲ类 | 闽侯县南通镇南通街108号 |
| | 祥谦镇五虎山小学 | Ⅲ类 | 闽侯县祥谦镇辅翼洋山路盛天体艺馆 |
| | 竹岐中学 | Ⅲ类 | 闽侯县竹岐街1号 |
| 连江县（18处） | 连江三中 | Ⅲ类 | 丹阳镇丹阳村 |
| | 连江五中 | Ⅲ类 | 浦口镇临水路117号 |
| | 连江尚德中学 | Ⅲ类 | 马鼻镇墙兜村林厝前88号 |
| | 透堡中心小学 | Ⅲ类 | 透堡镇北街村北街2号 |
| | 晓澳中学 | Ⅲ类 | 晓澳镇晓兴街育才路100号 |
| | 小沧乡移民休闲公园 | Ⅲ类 | 小沧乡小沧村 |
| | 坑园水产职业中学 | Ⅲ类 | 坑园镇坑园村宏达路145号 |
| | 连江华侨中学 | Ⅲ类 | 江南乡朝晖路42号 |
| | 东岱镇东水学校 | Ⅲ类 | 东岱镇外浦路295号 |
| | 蓼沿中学 | Ⅲ类 | 蓼沿乡蓼沿村 |
| | 官坂中学 | Ⅲ类 | 官坂镇官坂村上店嘴21号 |
| | 文笔中学 | Ⅲ类 | 凤城镇丹凤东路 |
| | 黄如论中学 | Ⅲ类 | 凤城镇文山北路3号 |
| | 连江县体育公园 | Ⅲ类 | 连江县江南乡健兴路1号 |
| | 琯头镇侨乡公园 | Ⅲ类 | 琯头镇政府东南面 |
| | 东湖镇政府 | Ⅲ类 | 东湖镇政府院内 |
| | 安凯学校 | Ⅲ类 | 安凯乡安海村安民路66号 |
| | 连江一中 | Ⅲ类 | 凤城镇816东路223号 |
| 闽清县（15处） | 梅溪镇新城体育场 | Ⅲ类 | 闽清县梅溪新城里寨村 |
| | 云龙乡昙溪中学 | Ⅲ类 | 闽清县云龙乡台鼎村115号 |
| | 白樟镇白樟中学 | Ⅲ类 | 闽清县白樟镇白南村新街108号 |
| | 金沙镇金沙中学 | Ⅲ类 | 闽清县金沙镇三太村 |
| | 白中镇白中初级中学 | Ⅲ类 | 闽清县白中镇白中街 |
| | 池园镇井后村中心小学 | Ⅲ类 | 闽清县池园镇井后村 |
| | 上莲乡新村小学 | Ⅲ类 | 闽清县上莲乡新村村 |
| | 坂东镇闽清二中 | Ⅲ类 | 闽清县坂东镇新壶村138号 |
| | 三溪乡前光村26号三溪中学 | Ⅲ类 | 闽清县三溪乡前光村26号 |
| | 塔庄镇塔庄中心小学 | Ⅲ类 | 闽清县塔庄镇塔下10号 |
| | 省璜镇文化服务中心 | Ⅲ类 | 闽清县省璜镇璜兰村88号 |
| | 雄江中学 | Ⅲ类 | 闽清县雄江镇梅雄村 |
| | 桔林乡桔林学校 | Ⅲ类 | 闽清县桔林乡四宝村82号 |
| | 下祝乡下祝中学 | Ⅲ类 | 闽清县下祝乡学府路8号 |
| | 东桥镇过洋中心小学 | Ⅲ类 | 闽清县东桥镇过洋村 |

续表

| 县（市）区 | 场所名称 | 类别 | 场地地址 |
|---|---|---|---|
| 罗源县（11处） | 起步中心小学 | Ⅲ类 | 罗源县起步镇政府东北 |
| | 霍口畲族乡中心小学 | Ⅲ类 | 霍口畲族乡霍口街60号 |
| | 白塔乡中心小学 | Ⅲ类 | 白塔乡九溪村水古8号 |
| | 松山镇外洋中学 | Ⅲ类 | 松山镇外洋中学 |
| | 中房镇中房公园 | Ⅲ类 | “中房镇中心公园” |
| 罗源县（11处） | 飞竹镇中学 | Ⅲ类 | 飞竹中学 |
| | 碧里中心小学 | Ⅲ类 | 碧里中心小学 |
| | 鉴江镇中学 | Ⅲ类 | “鉴江中学” |
| | 洪洋乡中心小学 | Ⅲ类 | 罗源县洪洋桥（洪洋客运站东南侧约100米） |
| | 凤山镇盛世名城 | Ⅲ类 | 罗源县凤山镇凤南东路166号 |
| | 西兰乡中学 | Ⅲ类 | 罗源县西兰街道岭尾店13号乡政府旁边 |
| 永泰县（11处） | 清凉中学 | Ⅲ类 | 永泰县清凉镇清凉村洪濑1号 |
| | 永泰二中 | Ⅲ类 | 永泰县嵩口镇道南村239号 |
| | 葛岭中学 | Ⅲ类 | 永泰县葛岭镇葛岭村酒店5号 |
| | 永泰三中 | Ⅲ类 | 永泰县大洋镇大展村大洋192号 |
| | 长庆中心小学 | Ⅲ类 | 永泰县长庆镇长庆村83号 |
| | 同安镇政府公园 | Ⅲ类 | 永泰县同安镇 |
| | 梧桐中学 | Ⅲ类 | 永泰县梧桐镇梧桐街337 |
| | 白云中学 | Ⅲ类 | 永泰县白云乡白云村白云9号 |
| | 霞拔中学 | Ⅲ类 | 永泰县霞拔乡霞拔村下洋12号 |
| | 洑口中学 | Ⅲ类 | 永泰县洑口乡洑口村洑口193号 |
| | 赤锡乡政府 | Ⅲ类 | 永泰县赤锡乡 |

说明：2018—2020年全市新建103处

（左榕燕）

（编辑　黄铭）

# 外事　侨务　港澳台事务

## 外　事

【概况】　2020年，福州市人民政府外事办公室接待外宾团组18批189人，其中副部级及以上团组2批48人，友城团组2批4人，外国驻华使领馆团组14批137人。审核和审批因公出国（境）170批313人次，其中国家工作人员因公出国（境）14批60人次（出国37人次、赴港澳23人次），非公企业循因公渠道出国（境）156批253人次（赴港澳95人次、办理APEC商务旅行卡158人次）。全年压缩制止无实质性出访7批8人次，收集整理2020年度出访项目153个。颁发新版因公电子护照21本、新版通行证33本。办理香港签注198人次、澳门签注196人次，销毁证件1803本（护照626本、通行证1177本），护照收缴率100%。送办外国签证33批499人次，签证成功率100%。发放领事保护宣传手册1000余份，代办领事认证1300份，办理外国人来华邀请函164份566人（次），处置涉外和领事保护事件35起，涉及死亡人数18人。疫情期间，积极践行人类命运共同体理念，协助安置因疫情滞榕的外籍人员312人。协助引导52个国家1726名抵榕外籍人员接受集中医学观察和治疗并提供翻译服务。协调保障10批次1383名临时航班旅客入境回国。为566名外籍人员发放外国人来华邀请函。参加世界大都市协会董事会成员竞选，福州首次当选世界大都市协会董事会成员。开展抗击新冠肺炎疫情国际合作，相关内容参见抗击新冠肺炎疫情专辑。

【外国使领馆团组访问福州】　2020年6月18—20日，印度尼西亚驻广州总领事馆领事玛雅一行5人访问福州，反映滞留福州海域的印度尼西亚籍船员诉求，前往福清确认印度尼西亚籍公民Suparini遗体。

8月21日，新加坡离任总领事池兆森及新任总领事吴俊明一行3人访问福州，池兆森离任前引介新任总领事吴俊明，探讨继续加强双方交流交往事宜。

8月27—28日，泰国驻厦门新任总领事马家汉一行4人访问福州，参观福州高新区迈新生物和星网锐捷公司、三坊七巷。

9月16—17日，新加坡新任总领事吴俊明一行5人访问福州，拜会副市长杭东、市商务局负责人等。

10月12日，外国驻华使节代表团“摆脱贫困与政党的责任”国际理论研讨会在福州召开，会议期间参观三坊七巷和市民服务中心。

10月13日，代表团成员，埃及驻华大使穆罕默德·巴德里再次参观考察福州市民服务中心。

10月18—20日，新西兰驻华大使傅恩莱、驻广州总领事沈力一行7人访问福州，礼节性拜会市长尤猛军。

11月4日，巴西驻广州总领事杜飞访问福州，礼节性拜会市外办主任吴晓杰，密切巴西与福州友好交流关系，参观市规划馆、三坊七巷。

11月9日，周边国家驻华使节和记者团一行15人访问福州，参观数字福建商务云计算中心、市民服务中心、三坊七巷。

11月27日，黎巴嫩、安哥拉、克罗地亚等国驻华大使米莉亚·贾布尔、若昂内图、达里欧·米海林等一行27人访问福州，参加“海丝”国际旅游节开幕式、论坛及配套活动。

12月2日，新加坡驻厦门总领事吴俊明一行4人访问福州，参观福州台湾会馆。

12月14—16日，新加坡驻厦门总领事吴俊明一行5人访问福州，参观马尾物联网产业基地，市外办主任吴晓杰会见并宴请。

12月15—16日，美国驻华使馆临时代办傅德恩一行11人访问福州，参观美领旧址。

12月16—17日，瑞典驻华使馆参赞倪睿星一行2人访问福州，出席宜家开业仪式。

12月21日，英国驻华大使吴若兰一行8人访问福州，参观福州文庙。

【国际友城交流】　2020年7月22日，中国福州——美国檀香山视频交流会召开，两市围绕疫情防控、复工复产、经贸交流、文旅合作、便民服务等主题展开交流，就茉莉花茶文化交流、在榕设立夏威夷商品展示馆、开展自贸区交流等达成初步意向。

8 月 5 日，中国福州——韩国光阳新冠肺炎疫情防控视频交流会召开，两市围绕疫情期间防疫抗疫举措和社区抗疫情况、帮助企业复工复产的举措及两市产业恢复情况等问题进行交流。

9 月 25 日，福州市与美国塔科马市合作发展混合委员会第一次（视频）会议召开，福州市市长尤猛军和塔科马市市长吴德芝出席会议并致辞，两市商务、教育、自贸区、港口、文化旅游、体育等多部门或机构负责人参会，并就下一阶段拓展投资贸易渠道、深化青少年教育交流、加强跨境电商项目合作、开展港口人员交流培训、体育交流项目等达成广泛共识。混委会会议成果得到中央外办肯定和省委、市委领导批示。

10 月 14 日，日本那霸市上山中学与福州外国语学校第一次线上青少年视频交流会召开，两校学生亲密互动。同时，两市外事部门商讨 2021 年福州市与那霸市结好 40 周年交流计划等事宜。

10 月 20 日，福州市与日本长崎市纪念结好 40 周年视频交流会召开，福州市市长尤猛军和长崎市市长田上富久出席。福州外国语学校与长崎市立商业高等学校、福州第十九中学与长崎三重中学就缔结友好学校关系进行“云签约”，福州市海洋与渔业局与长崎市水产农林部续签水产交流协议。

11 月 18 日，美国塔科马福州友城委员会成员陈杰伸访问福州，推动春伦茉莉花茶在塔科马友城/世贸中心阿里巴巴 B2B 平台上展销。

11 月 24 日，福州市与俄罗斯鄂木斯克市缔结友好城市关系 5 周年纪念活动举行。福州市副市长杭东和鄂木斯克市副市长埃琳娜·鲁西诺娃出席活动并互致贺词。两市园林、教育、外事等部门深入交流，对下一步合作达成共识。

12 月 8 日，美国夏威夷中华总商会秘书长张云霄一行 3 人访问福州，协助夏威夷方寻找商品展销馆项目福州合作伙伴。

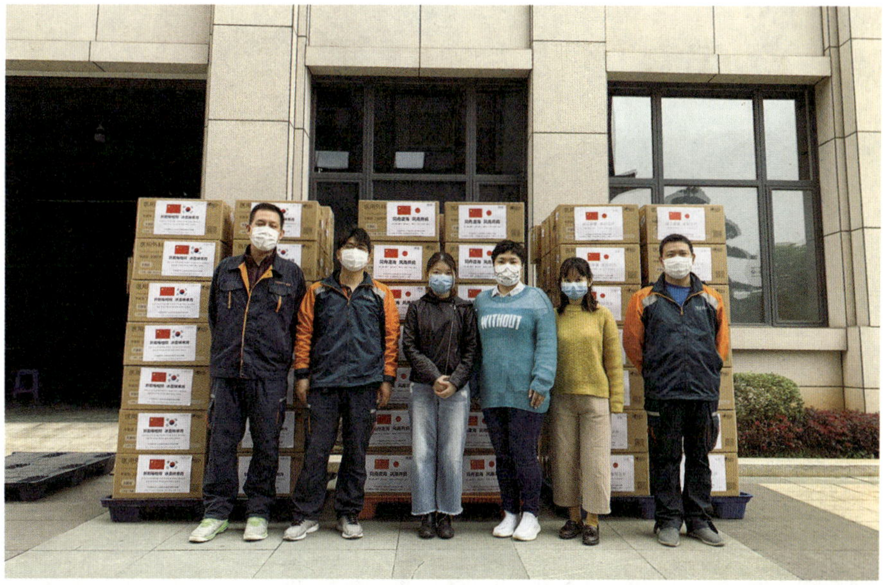

2020 年 2 月 19 日，福州市外事办在盛辉物流公司封装抗疫物资，准备运往日本那霸和韩国光阳　　（市外事办　供）

**【经贸文化交流】**　2020 年 1 月 16 日，日本茨城县政策企画部交通局长森住直树一行 6 人访问福州，与市发改委相关人员座谈。

5 月 13 日，日本乐敦制药公司经贸考察团一行 4 人访问福州，探讨在福州投资建设干细胞制造工厂项目事宜。

9 月 2 日，巴西马托格罗索州政府国际事务（亚洲区）顾问阿莉安娜·奥利维拉女士访问福州，考察福清台湾农民创业园，就推动两地农业经验分享及互补合作开展座谈。

9 月 4 日，副市长杭东考察西门子福州信号创新研发中心，与西门子大中华区总裁于尔根·莫德座谈并共同见证研发中心首单国际研发订单签约仪式。

10 月 12 日，市委副书记林飞会见德国西门子交通大中华区总裁于尔根·莫德、德国克诺尔、福伊特集团以及中国中车唐山公司代表等 10 人，洽谈福州地铁运用西门子轨道交通信号系统、列车控制等合作事宜。

11 月 23 日，市委书记林宝金、市长尤猛军会见恒申集团董事长陈建龙及其合作伙伴台湾兆捷科技主要股东代表高启全、安科罗工程塑料（常州）有限公司总经理姚伟峰等 25 人，签订 160 亿元组团投资协议。

11 月 23—28 日，美国知名友好人士、《纽约时报》上海分社社长柏凯斯一行 3 人到榕探访其曾外祖母家族在福州生活故地，寻访闽清六都医院、福州十六中、福建协和大学旧址等。

12 月 16—17 日，宜家（中国）零售副总裁饶思文一行 8 人访问福州，杭东副市长与代表团一行会面。

**【城市多边外交】**　2020 年，21 世纪海上合作委员会代表福州参加世界城市和地方政府联合组织（简称城地组织）亚太区及世界区执行局会议、中国大陆会员工作视频会议、中国城市抗疫经验分享视频会议、世界区理事会会议等 12 场活动，履行会员责任和义务，展示福州形象。

7 月 30 日，21 世纪海上合作委员会代表福州加入城地组织亚太区“2020—2025 年宣言制定委员会”；10 月 28 日，参加委员会第二次会议，提出加入开展海洋传统和新兴产业合作、共建智慧海洋、探索可持续的沿海城市化和海洋生态环保等海上合作相关内容，宣言获完全采纳。

8 月 20 日，21 世纪海上合作委员会代表福州通过 Zoom 平台主办委员会第 6 次专业会议，主题为“后疫情时代地方政府的作用”，印度尼西亚、柬埔寨、韩国、新西兰等 31 国 60 余人参会。会上，委员会汇报工作进展情况及下一步计划，分享福州社区防疫经验和疫后促消费举措。

8 月 31 日至 9 月 2 日，21 世纪海上合作委员会代表福州以远程视频形式与世界大都市协会共同主办“海洋生态保护与防灾减灾”专题研讨活动，西班牙、澳大利亚、印度尼西亚、缅甸等国会员，

2020年11月1日，全国台联会长黄志贤（左）与福建省委常委、福州市委书记林宝金（右）为福州台湾会馆揭牌（市台办 供）

世界大都市协会，城地组织亚太区，友好城市代表及相关领域专家学者共50余人参加。其间还开展“海洋防灾减灾”“海洋产业发展”“海洋生物多样性养护和永续利用”等5场主题讲座，受到学员欢迎并引发热烈讨论。

11月海丝博览会期间，巴西坎皮纳斯市推送美容产品和机场项目参加线上展会。

11月20日，中国友好和平发展基金会与联合国儿童基金会驻华办事处于“世界儿童日”联合举办“重绘明日梦想·点亮儿童未来”世界儿童日纪念活动，福州市代表福建与全国其他9城参加。福州市海峡金融商务区亮灯展示福州城市风貌，传递关爱儿童理念。

11月30日，21世纪海上合作委员会代表福州市参加世界大都市协会董会成员竞选，促成福州市首次当选世界大都市协会董事会成员。

12月31日，21世纪海上合作委员会官网上线启动仪式在福州市举行，这是福州市首个由政府牵头搭建的中英文国际官方网站。网站设9大板块20余个栏目，实现与会员的“数字化”互动，全方位展示委员会工作成果及福州市现代化国际城市形象。

（施缙衡）

## 侨　务

【概况】　2020年，福州市发挥侨力优势，克服疫情影响，助推招商引资，举办“云端聚侨智　共话新机遇”华商和专业人士海丝同行“云直播”活动。开通为期一年的“华商和专业人士海丝同行”线上专题展馆，为全球华商和专业人士打造云端交流互动平台。围绕复工复产等主题，举办华商侨领创业分享会，服务企业复工复产。开展侨资企业情况调研摸底工作，收集到1462家侨资企业数据，推动7个项目落地福州，拟投资总额11.49亿元。新冠肺炎疫情期间，榕籍乡亲为国内抗击疫情捐款总额逾4亿元。后疫情时期，做好外防输入和驰援海外侨胞工作，加大境外回榕人员人文关怀。通过50多个榕籍侨团向海外福州乡亲赠发口罩102.5万只，捐赠连花清瘟胶囊8700盒。

【侨务联谊】　2020年，福州市接待和联谊来自33个国家和中国港澳台地区的团组30批次208人次。通过线上、线下开展侨务联谊工作。举办2020国庆中秋座谈会、党的十九届五中全会精神宣介座谈会。

【海外侨务】　2020年，福州市利用华人头条分布在60多个国家100多个站点的平台优势，加强对外宣传。组织60多个海外社团通过各种渠道发声支持《反分裂国家法》实施15周年。打造“留根工程”，涵养侨力资源。第三届海外华裔中小学生“印象　福州”书画、征文、摄影、华语演讲大赛收到五大洲37个国家和中国港澳台地区青少年作品2108件。12月底，启动第四届海外华裔中小学生“印象　福州”书画、征文、摄影、华语演讲大赛。完成福州市侨情和港澳乡情调查工作，初步建立全市侨情数据库，从调查数据看，海外乡亲达430多万人，分布于世界五大洲174个国家；港澳同胞30多万人。以榕籍乡亲为主的境外主要社团近300个。

【归侨侨眷权益维护】　2020年，福州市接待侨胞来信来访百余件次、接听解答来电2800多个，办理回复“12345”诉求24件。新冠肺炎疫情期间，全市出具2020年高考“三侨生”升学照顾身份证明书415份，创历史新高；出具中考“三侨生”身份证明书343份。开展涉侨文化遗产、捐赠财产现状调研，调研报告在《福建统一战线》刊载。指导闽清县坂东镇获评为第三批“福建省侨乡文化名镇名村”。向各县（市）区散居的社会贫困归难侨发放生活补助11.188万元，下达归难侨生活补助资金14.05万元，向市财政申请下达困难企业归侨离退休职工生活补贴10.62万元。

【华侨捐赠管理】　2020年，福州市华侨捐赠金额3.58亿元，主要捐赠领域按照捐赠占比高低依次为卫生事业、救灾款项、教育事业、文体事业、生产生活设施建设和社会事业等，其中捐赠卫生事业及救灾款项2.3亿元，占比64.53%。

（邱贤　杨泽航）

## 港澳事务

【概况】　2020年，福州市审批因公赴港澳155人次，其中审核审批国家工作人员因公赴港澳60人次，审批本市非公企业因公渠道赴港澳95人次，办理港澳通行证72本。引进港资企业120家，合同港资120.2亿美元，实际使用港资59.3亿美元；引进澳资企业4家，合同澳资8948万美元，实际使用澳资2788万美元。

【榕港澳交流】　2020年4月，福州市征集36家福州企业参与环球资源外贸网站复工战“疫”中国加油福建板块线上展示，促进疫情期间榕港经贸交流。

5月，福州格致中学鼓山校区与澳门东南学校在线上探讨新冠肺炎疫情期间两校如何更有效在线上开展活动。

5—6月，福州二中在线上与香港福建中学教师分享首届微课教学比赛中获奖教师的微课作品，实现相互观课等教学研讨交流活动。

6月，福州华侨中学与香港天水围香岛中学在线上交流疫情线上授课情况、学校管理、办学特色、德育管理和创客机器人活动等。

7月，市商务局与香港贸发局合作，在“贸发网采购”电子商务平台开设福州·香港线上展览专区，精选100家优质外贸企业上线展销。

8月27日至9月5日，响应国家卫健委号召，市卫健委组建核酸检测支援队驰援香港。

10月22—24日，为落实闽澳高层会晤共识，推动新一轮交流合作，市台港澳办随省台港澳办团组赴澳门进行工作访问。

11月27日，第六届海上丝绸之路国际旅游节以“线上+线下”双线办节的形式向海内外嘉宾通过“云连线”共同见证盛会开幕。澳门旅游局、香港驻内地旅游机构代表应邀参与该届“海丝国际旅游节”启动仪式。

（黄媛）

## 台湾事务

【概况】　2020年，福州市出台《福州市关于进一步支持台资企业发展和推进台湾青年就业创业的措施》（简称21条措施）。举办55项榕台特色文化交流活动，其中海峡青年节升格为国台办、全国青联、省政府联合主办。完成福州台湾会馆复建并对外开放。两岸媒体聚焦采访福州涉台活动125场次。组织策划“台商二代在福州”等联合采访34场次。据不完全统计，中央电视台、新华社、《福建日报》、《福州日报》、《中国时报》等两岸及香港媒体累计原创报道福州涉台活动2000多篇，转发转载数万条，其中第八届海峡青年节被评为闽台交流十大新闻之一。春伦茉莉花茶文化创意园等3家单位获批为省级台湾青年体验式交流中心，永泰县盘古乡水尾村等2家单位获批为省级基层交流示范点。

【榕台经贸合作】　2020年，福州市新批台资项目134个（含第三地转投资），合同台资4.92亿美元，分别比上年增长6.35%、2.5%。举办福州台资项目“云洽谈”签约会，4个台资项目签约总额22.3亿元。推动福顺半导体列入科创版上市后备企业。厦门“9·8”投洽会福州市签约优你康光学二期增资扩股项目15亿元。马尾对台跨境电商货物海运直航专线首航成功。

【榕台文化交流】　2020年，福州市探索榕台线上线下交流新模式，举办第八届海峡青年节、海峡论坛福州市活动等55项榕台特色交流活动，涵盖青年、民俗、文化、体育、农业、基层等各领域，线下参与台胞逾千人次，线上覆盖台胞超50万人。“福州海峡青年交流营地”在国台办组织的首次海峡两岸交流基地评比中名列第一。第八届海峡青年节升格为国台办、全国青联、省政府联合主办。该届海青节以“幸福·家园·梦想”为主题，通过“线上+线下”形式举办“云上峰会”“云加油”“云直播”“云游海峡”等13项活动，累计有800多名台湾青年线下参与活动。“云上峰会”设立北京、台北、武汉等6个分会场，是新冠肺炎疫情发生以来大陆首场规模最大、层级最高、领域最广、影响最深的两岸青年交流活动。国台办主任刘结一、全国青联主席汪鸿雁以视频方式参会并致辞，福建省省长王宁、省委常委周联清、福州市委书记林宝金等领导对海峡青年节的成功举办作出专门批示。

【台湾青年就业创业】　2020年，永泰县台湾青年创业基地等2家单位获批为市级台湾青年就业创业基地。成立闽东北协同发展区——台湾青年就业创业基地联盟。在第八届海峡青年节首届闽台人才协作论坛上向台湾青年发布2349个高薪质优岗位。搭建“台青第一云家园”平台，通过提供“交流云”“知识云”“直播云”“电商云”等线上服务，推动更多台湾青年来大陆创业发展。

【台胞权益维护】　2020年，福州市开展“服务台胞台企大走访”活动，推动在榕台资企业做好常态化疫情防控和复工复产，台商台胞累计捐款捐物超过500万元。依托市“12345”便民（惠企）服务平台，设立“一号受理、一码通办、一站服务”涉台服务热线，省委台港澳办组织各设（区）市台港澳办来福州市现场观摩学习。健全完善投诉协调长效机制，全年受理台胞投诉件51件并全部办结。推动台胞可使用台湾居民居住证登记购房等更多便利措施。推荐台胞参评各级各类荣誉，其中70多名获得省引进高层次ABC类人才、“福建青年五四奖章”等省级以上荣誉称号。开通“医保台胞绿色通道”，在市民服务中心设立海峡两岸婚姻家庭服务中心，晋安区成立大陆首家两岸社区交流中心。举办“直接采认台湾地区职业资格证书授证仪式暨合作交流在线签约会”，29名台湾人才获得大陆核发的职业资格证书。

（林锦）

（编辑　苏颖）

# 自然资源管理

## 综　述

**【生态保护修复】**　2020年，福州市自然资源和规划局牵头制定实施《闽江流域（福州段）山水林田湖草生态修复保护项目2020年行动计划工作方案》，开展试点项目89个，投资17亿元。滨海新城海岸带保护修复项目纳入2020年度中央海洋生态保护修复项目，获得中央资金补助1.519亿元。全市投入资金1194万元用于围填海历史遗留问题区域生态修复。

**【地质灾害防治】**　2020年，福州市发放防灾明白卡5046张，避险明白卡14230张，补充更新警示标识牌34个。全市举办各类地质灾害培训17场次，参加培训人数2447人，举办宣传培训10场1007人，地灾应急技术处置演练3场247人，应急避险演练5场667人。全年各级财政累计投入资金3075万元，用于地质灾害搬迁、排危除险和工程治理等工作，完成地质灾害搬迁162户563人；工程治理10处，惠及100户1839人，排危除险10处，惠及15户65人。

**【自然资源资产负债表编制】**　2020年，福州市自然资源和规划局与市统计局、市农业农村局等五部门联合印发《福州市自然资源资产负债表编制指南（试行）》，包括存量表、质量表、流向表、价值量表和负债表；各县（市）区开展自然资源资产负债表编制工作。全市形成《福州市2020年自然资源资产评估报告》《福州市2020年自然资源资产质量价格体系研究报告》《福州市2020年自然资源资产负债表编制技术服务报告》。

**【自然资源确权登记】**　2020年，福州市开展4个自然保护区、4个风景名胜区和闽江干流、敖江、龙江3条水流的确权登记。其中，永泰县率先完成2020年度自然资源统一确权登记项目，为全省第一个通过市级验收的项目。

（林诚锦）

## 土地管理与利用

**【耕地保护】**　*永久基本农田划定*　2020年，福州市划定永久基本农田13.255万公顷，永久基本农田储备区2025.87公顷。福州市永久基本农田保护工作获自然资源部、省自然资源厅肯定，相关经验做法、案例于“6·25”全国土地日在央视《焦点访谈》栏目进行宣传报道。

*耕地补充*　省政府下达福州市年度补充耕地任务306.67公顷（其中自然资源部门牵头206.67公顷），福州市完成660公顷，完成率215%。

*耕作层土壤剥离再利用*　福州市印发《关于进一步加强耕作层土壤剥离再利用工作的通知》，制定《福州市耕地耕作层土壤剥离再利用工作方案》，建立耕作层土壤剥离再利用信息平台，在全市全面推广耕作层土壤剥离再利用工作。全市完成耕作层土壤剥离面积266.67公顷。

**【土地利用】**　2020年，福州市出台《关于进一步规范规划用地管理的实施意见》，加强城市规划精细化管控。出台《关于进一步规范工业用地项目增容标准认定审批机制的实施意见》，提高工业园区土地利用效率，完善园区功能配套。出台《关于企业利用自有零星用地建设办公用房的实施意见（试行）》，扶持重点企业发展壮大，鼓励企业利用自有零星用地改造升级，提高土地节约集约利用水平。

年内，福州市经国务院和省政府批准的农用地转用和土地征收项目93个批次，批准用地面积1665.66公顷，其中新增建设用地1583.27公顷，省市重点项目福建省罗源霍口水库工程、新建福州至厦门铁路客运专线（福州段）、福建省平潭及闽江口水资源配置工程（福州境内）、福清核电厂5号和6号机组工程等用地获批。全市审查并批准农村村民住宅农用地转用19个批次，批准用地面积10.18公顷。全市公开出让国有建设用地295宗，面积1226.67公顷，成交价款1261亿元，其中市本级出让经营性用地67宗，出让面积287.73公顷，成交价款729亿元，土地市场总体保持平稳；市本级划拨国有建设用地使用权90

宗，面积 351.7552 公顷；协议出让 6 宗，面积 22.6436 公顷。全市清理批而未供土地 1593.33 公顷，处置 62 宗 191.13 公顷闲置土地。

**【集体租赁住房试点】** 2020 年，福州市集体建设用地建设租赁住房试点工作分别在仓山区联建村（面积 1.58 公顷）、晋安区战峰村（面积 0.84 公顷）采取分割产权公开出让和作价入股模式，其中战峰村项目开工建设。针对前期试点中存在的地价偏高等问题，调整完善试点方案，晋安区秀山村（面积 1.1 公顷）地块采取“限地价、公开招标”方式公开出让。

**【基准地价】** 2020 年 9 月，福州市政府批准印发实施四城区新一轮基准地价更新成果，首次确定租赁住房用地基准地价，推进租赁住房市场发展；单列民生社会事业项目基准地价，按公共管理与公共服务用地（Ⅰ类）基准地价的 70% 确定，与上一轮相比价格降幅为 20%。

**【不动产登记】** 2020 年，福州市不动产登记办理时限进一步压缩，一般不动产登记 3 个工作日内办结，其中一手房、二手房办证压缩至 24 小时；企业不动产登记压缩为 60 分钟办结。与 55 家银行和 2 家非银行金融机构实现直连，抵押申请量 20.8 万件，该项成果被毕马威（中国）咨询公司评估为全国首创，并被福建省政府列为福建自贸试验区第七批可复制创新成果。与税务部门实现信息共享，不动产系统和“金税三期”系统互联互通。实现法院对不动产登记信息专线查控和查控一体化，运行后办理近 100 宗查封业务，涉及 949 个标的。“登记财产”经验做法列入《中国营商环境报告 2020》典型范例，福州市被列为全国 3 个标杆城市之一。

年内，福州市五城区推行商品房开发项目“交房（地）即发证”工作，通过提前介入、“串联”改“并联”、容缺办理等举措，为申请的开发企业和购房人，在交地、交房的同时颁发不动产权证。全年实现交地即发证项目 33 个，涉及用地 67 宗地，办结 44 宗。

年内，市自然资源和规划局推进“房地一体”农村不动产登记发证工作，完成全市 2103 个行政村的农村地籍房屋调查和验收任务。通过调查，摸清全市 110.76 万宗宅基地和集体建设用地底数，100% 完成数据汇交，全市应登记农房 63.7 万宗，登记并汇交自然资源部和省自然资源厅 51.6 万宗。

**【调查监测】** 2020 年，福州市在完善第三次全国国土调查（简称“三调”）初始调查成果基础上，完成“三调”统一时点更新调查，将“三调”成果更新至标准时点（2019 年 12 月 31 日）。完成全市域 95 万个图斑成果，调查成果以 0.11% 总体差错率一次性通过国家核查，低于国家 1% 限差要求。

2020 年度国土变更调查是第三次全国国土调查基础上开展的首次年度国土变更调查，全市国土变更调查落实工作经费 1005.14 万元，投入 160 余名作业人员和 30 名工作人员，完成图斑更新 4.5 万个。变更调查成果上报国家核查。

（林诚锦）

## 矿产资源管理

**【机制砂矿山采矿权出让】** 2020 年，福州市完成 7 宗机制砂矿山采矿权出让，合计出让总额 14.99 亿元，新增机制砂产能 521.6 万方/年。

**【矿山治理】** 2020 年，福州市治理废弃矿山面积 56.52 公顷、投资 2396.94 万元。超额完成省自然资源厅下达福州市 2020 年 33.33 公顷废弃矿山治理任务。全面完成敖江流域饰面石材矿山生态环境恢复治理。年内，全市有持证露天开采矿山 22 家，开采矿山相继落实“边开采，边治理”。

（林诚锦）

## 海洋管理

**【海域规划】** 2020 年，福州市组织开展《福州市海洋、海岛与岸线资源保护利用专题研究》，分析福州市海洋生态环境状况、自然资源保护发展形势问题及资源开发利用现状等，对海洋、海岸线、海岛资源提出保护和利用对策。

**【用海项目审批】** 2020 年，连江安凯安海陆岛交通码头、罗源牛澳陆岛交通码头 2 个项目 1.4 公顷用海获得省级批复；完成罗源县圣塘二级渔港升级改造项目、连江县下宫上澳二级渔港、福清海亮沃口一级渔港、江阴港区进港航道三期、长乐潭头二级渔港 5 个项目共 441.6 公顷用海预审。

**【海域动态监测】** 2020 年，福州市依托福建省自然资源执法监察综合管理系统实时监测数据，组织沿海各县（市）区完成 2020 年度省自然资源厅下发的 184 个图斑核查工作；委托市海洋与渔业执法支队开展海域岸线和无居民海岛巡查检查 373 次，检查各类用海项目 195 个，立案查处违法案件 35 件，罚没款 341.926 万元。年内，开展无居民海岛开发利用现状调查补充填报。

（林诚锦）

## 测绘管理

**【数字县域地理空间框架建设】** 2020 年，福州市 7 个县（市）区的数字县域框架建设任务全部完成，其中“数字罗源”于 9 月通过终验，“数字连江”于 12 月通过终验，在“十三五”期间率先在全省全面完成自然资源部和省自然资源厅下达的数字县域地理空间框架建设任务。

**【全市域数码航测工作】** 2020 年 10 月，福州市全市域航空摄影及 1∶2000 基础空间数据生产建库项目获得中国地理信息产业优秀工程金奖（测绘领域最高奖项）。

**【测算技术规程】** 2020 年，福州市制定《福州市房产与规划建筑面积测算技术规程（暂行）》，梳理阳台、廊、墙体及特殊设计等近百个各种情形的面积计算差异，编制完成技术规程，统一房屋规划计容面积和产权面积的测算口径。

**【“多测合一”管理】** 2020年，福州市出台《福州市建设项目“多测合一”成果手册》《福州市房产项目测绘成果质量检查和质量评定细则》《关于福州市不动产测绘一体化相关事项的通知》和《福州市测绘资质单位信用分级监管制度》等制度，实现全流程闭环管理；每月依申请对测绘机构名单进行动态更新，供建设项目业主查询选择，至年底，福州市有“多测合一”测绘机构124家，提交成果572件。

（林诚锦）

## 行政执法审批

**【行政管理】** 2020年，福州市自然资源和规划局审理行政复议35件，答复行政复议案件23件，参加行政诉讼应诉105件。受理来信来邮来访案件1047件；接待群众来访412批次1789人次；群访73批次（5人以上）；接受群众复查申请5件，受理福州市“12345”便民呼叫中心诉求件4666件，诉求件均在时限内答复完毕，回复率100%。领导接待群众10人以上群体性来访13批362人次，局主要领导接访8次共166人次。办理市人大代表建议46件，市政协委员提案51件（重点提案2件），代表建议和委员提案全部答复，按时办结率100%。

年内，移送涉黑涉恶线索2条，核实反馈公安政法机关线索14条，提供地类性质、规划用地性质、违法违规行为认定等43件次。会同市环境局联合制定并印发《福州市自然环保领域专项整治工作方案》，全面查处矿产资源开发利用保护、集体土地使用、执法查处等方面存在的突出问题，建立健全防范和打击黑恶势力向自然环保领域渗透的长效常治机制。5月，市自然资源和规划局被省扫黑除恶专项斗争领导小组授予2019年全省扫黑除恶专项斗争先进单位。

**【卫片执法】** 2020年，通过自然资源部季度卫片执法发现福州市涉及违法用地727宗，查处到位617宗，面积390.7公顷（占用耕地133.2公顷）；消除违法状态405宗，其中拆除复耕248宗，完善用地手续157宗。

**【农村乱占耕地建房问题专项整治】** 2020年，福州市开发建设专项整治信息管理平台和信息采集手机APP，完成自然资源部、福建省162939宗图斑的摸排任务，《中国自然资源报》《海峡资源报》报道福州市全链条推进农村乱占耕地建房问题摸排工作情况，向全国、全省自然资源系统推介福州经验。全市整治新增乱占耕地建房20宗，占地面积1.71公顷，其中耕地面积1.6公顷，基本农田面积0.025公顷。

**【审批改革】** 2020年，福州市自然资源和规划局出具选址工作红线图325件、核发建设项目用地预审和选址意见书220件；核发建设用地规划许可证215件；核发建设工程规划许可证176件，办理建设项目规划条件核实与土地核验220件。接待群众、建设单位咨询13000余人次，现场办公、专题协调及企业座谈会94场。

开展审批事项整合，合并办理用地规划许可证与用地批准书，办理时限6个工作日；将建设项目总平面规划方案审批、建筑设计方案审查、管线综合图审核并入建设工程规划许可证办理事项中，并将建设工程规划许可证承诺办理时限由13个工作日压缩至8个工作日。优化用地规划审批流程，前置供地公示环节，供地件可平均提速10日；前置地价评估环节，涉及评估的供地、改变土地用途等受理件可平均提速约60个工作日；后置地价缴费环节，须缴费的供地件可平均提速7个工作日。

实行专业单位的技术审查和行政部门的符合性审查审批“双轨制”模式，购买技术服务人员入驻市行政服务中心开展“多规合一”协同靠前工作及建设项目技术审查辅助性工作，专业单位负责技术审查，行政部门负责符合性审查，双方分工协作，提高效率和审批质量。

推进电子化报建和智慧审图，加强数字化、信息化平台建设，5月起，资源规划行政审批窗口全面实行电子化报建，逐步向无纸化审批过渡。运用电子软件审查在建设工程规划许可阶段进行“智慧审图”，将技术审查要素通过软件分析生成结论，减少自由裁量权，建设单位可自行下载审图软件对设计方案进行自查自检。

年内，制定《建设工程规划条件核实及土地核验操作手册》，在核实规定的基础上，整理建设项目竣工验收要素，形成可执行的规划条件核实及土地核验业务操作指引流程，实现建设单位提前自检，提升项目验收一次通过率。

**【信息化建设】** 2020年，福州市自然资源和规划局推进三维规划辅助决策系统在土地出让、城市设计及建筑方案审查方面的应用，辅助完成141宗土地出让地块城市设计方案、52个建设项目建筑方案审查及三江口、江南CBD、帝封江、福兴投资区、金山橘园洲等片区城市设计三维模型。制定《规划三维模型数据标准》，规范建设项目和地块城市设计方案三维模型数据制作和入库技术要求。

“多规合一”信息联动平台优化批量检测、坐标定位、综合查询功能，提升检测智能程度，更新历史建筑和古树名木数据，保持平台数据的实时动态更新。至年底，平台累计汇集空间规划数据图层309个，涉及15个市直部门。全年利用平台策划生成项目346个，总用地面积1131公顷，通过平台收件项目615个，其中通过会商的项目464个。

（林诚锦）

（编辑　黄铭）

# 生态环境保护

## 综　述

【概况】　2020 年，福州市环境空气质量综合指数 2.76，在 168 个重点城市空气质量排名第八位，6 项主要污染物指标优于国家二级标准，PM2.5、PM10 年均浓度分别为 21 微克/立方米、38 微克/立方米，臭氧浓度升高趋势得到有效控制；主要流域省考断面Ⅰ～Ⅲ类水质比例 92.9%，小流域Ⅰ～Ⅲ类水质比例 91.7%，基本消除城区内河黑臭水体、劣Ⅴ类水质和“牛奶溪”，县级以上水源地水质达标率 100%，近岸海域水质优良比例 87.5%；受污染耕地、污染地块安全利用率分别为 93%、90%，危废处置利用率 99.3%。全年未出现重特大环境安全风险问题。年内，全市完成污染防治攻坚战阶段性目标任务，2020 年度党政领导生态环境保护目标责任书考核为优秀，排名全省第二位。

【大气环境】　2020 年，福州市空气质量优良率 99.5%，比上年提高 0.9 个百分点，其中一级（优）205 天，二级（良）159 天，三级（轻度污染）2 天，超标污染物均为臭氧。环境空气质量综合指数 2.76，比上年的 3.00 下降 8.0%，在全国省会城市中名列第三位，在全国 168 个重点城市中排名第八位。

城区空气中二氧化硫（$SO_2$）、二氧化氮（$NO_2$）、可吸入颗粒物（PM10）和细颗粒物（PM2.5）的年均值分别为 5 微克/立方米、21 微克/立方米、38 微克/立方米和 21 微克/立方米，一氧化碳（CO）和臭氧（$O_3$）的百分位数浓度分别为 0.9 毫克/立方米和 128 微克/立方米。与上年相比，二氧化硫、一氧化碳特定百分位数持平，二氧化氮、可吸入颗粒物、细颗粒物、臭氧特定百分位数浓度分别下降 4.6%、9.5%、12.5%、7.2%。城区环境空气质量达到二级标准。

城区降水 pH 均值为 6.28，酸雨率 4.0%。

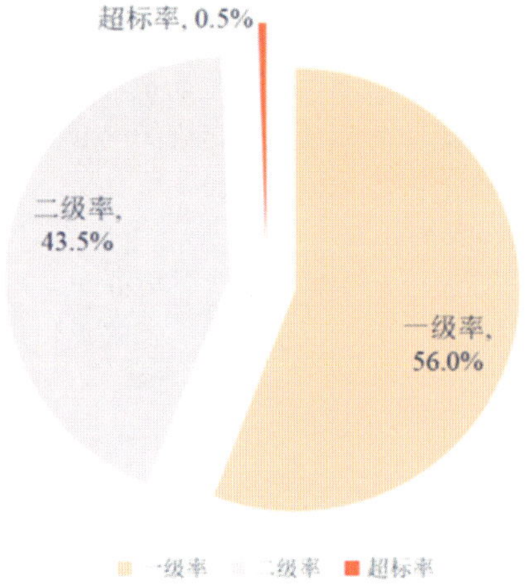


2020 年福州市空气质量天数比例图

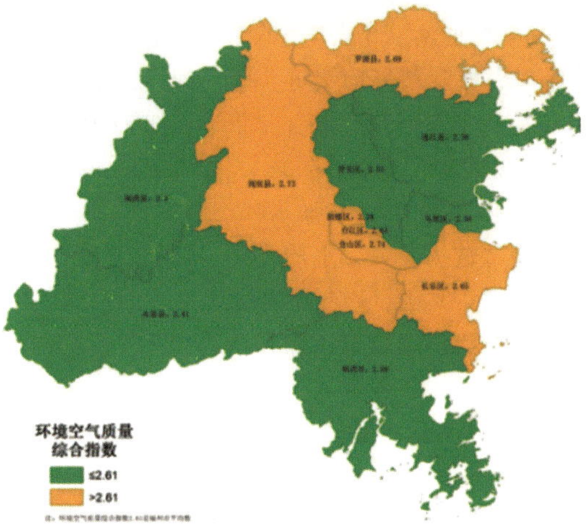


2020 年福州市各县（市）区环境空气质量综合指数示意图

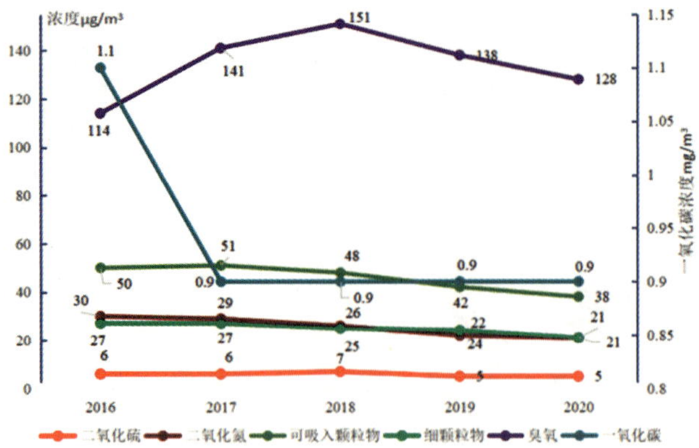


2016—2020 年福州市主要环境空气指标变化趋势图

2016—2020 年福州市降水 pH 年均值及酸雨率变化趋势图

表 26　　2020 年福州市各县（市）区环境空气指标

| 项目 | 鼓楼区 | 台江区 | 晋安区 | 仓山区 | 马尾区 | 高新区 | 长乐区 | 福清市 | 闽侯县 | 连江县 | 罗源县 | 闽清县 | 永泰县 |
|---|---|---|---|---|---|---|---|---|---|---|---|---|---|
| 综合指数 | 2.78 | 2.64 | 2.53 | 2.74 | 2.58 | 2.85 | 2.65 | 2.59 | 2.73 | 2.38 | 2.69 | 2.4 | 2.41 |
| 达标天数比例（%） | 99.7 | 99.7 | 100 | 99.7 | 100 | 97.5 | 98.1 | 98.9 | 99.7 | 100 | 99.5 | 100 | 99.7 |

**【水环境】**　2020 年，福州市 3 条主要河流总体水质优良；Ⅰ～Ⅲ类水质比例 90%；Ⅰ～Ⅱ类水质比例 50%；无劣Ⅴ类水质断面。

闽江水质　闽江流域福州段总体水质保持优的水平，Ⅰ～Ⅲ类水质比例为 100%，Ⅰ～Ⅱ类水质比例为 54.5%，闽江干流国考断面持续保持Ⅱ类水质。

敖江水质　敖江流域福州段总体水质保持优的水平，Ⅰ～Ⅲ类水质比例为 100%，Ⅰ～Ⅱ类水质比例为 60%。5 个评价断面水质均达到水质考核目标。

龙江水质　龙江流域水质稳中有升，Ⅰ～Ⅲ类水质比例为 50%，Ⅰ～Ⅱ类水质比例为 25%。大斜龙江桥断面为Ⅱ类水质；前洋桥断面为Ⅲ类水质；倪浦桥、海口桥分别达到Ⅴ类和Ⅳ类水质标准。

湖库水质　山仔水库、东张水库、西湖水质总体保持较为良好，水质类别分别为Ⅲ类、Ⅲ类、Ⅴ类，均与上年相同。按照综合营养状态指数计，山仔水库、东张水库水质处于中营养水平，西湖水质处于轻度富营养化水平。

饮用水水源地水质　全市 5 个市级集中式饮用水水源地水质达标率为 100%。各县（市）县级饮用水水源地水质达标率均为 100%。

**【声学环境】**　区域环境噪声　2020 年，福州市建成区昼间区域声环境质量平均值 57.0 分贝，处于三级水平（55.1～60.0 分贝）。

道路交通噪声　建成区昼间道路交通噪声平均值 66.8 分贝，处于一级水平（≤68.1 分贝）。在开展监测的市区 101 条交通干道中，道路交通噪声声级大于 70 分贝的道路累计长度 112.74 千米，占总长的比例为 33.6%，低于 2019 年的 40.5%。

**【生态保护】**　2020 年，福州市有县级以上自然保护区 13 个，森林覆盖率 58.36%，陆域生态红线占全市陆域总面积的 21.06%，海洋生态红线面积占全市海域总面积的 34.61%，自然岸线保有率 43.83%，完成矿山治理修复面积 48.6 公顷，“绿盈乡村”累计占比 70%以上。

（张海彬）

## 环境监察整治

**【大气污染整治】**　2020 年，福州市实施颗粒物污染防治行动计划，落实督查、通报、约谈、挂牌督办制度，强化监督问责，开展攻坚行动，促进扬尘等污染源管控。围绕 $NO_x$ 与挥发性有机物协同减排，开展重点区域、重点行业大气污染精准治理，推进钢铁行业超低排放改造，完成 40 个工业炉窑治理、29 台燃煤燃生物质锅炉淘汰改燃、5 台 65 蒸吨以上燃煤锅炉超低排放改造和 75 个挥发性有机物治理项目。每周开展机动车尾气路检与停放地检测，加强非道路移动机械监管，严查超标排放车辆。创新“大气专班”工作制度，分析全市空气质量形势，定期会商研判精准施策。开展碳排放达峰研究，实施第三届数字中国建设峰会碳中和项目，控制全市单位 GDP 二氧化碳排放强度。强化区域联防联控，提高污染天气防范与应急处置能力，年内启动轻度污染天气和臭氧污染天气应急响应 12 次。

**【污染减排】**　2020 年，福州市减排目标为二氧化硫、氮氧化物排放总量均不得高于 2015 年水平，化学需氧量、氨氮分别比 2015 年消减 4.3%、3.7%。经核定，四项指标均完成年度目标任务。在重点工程减排方面，开展城镇污水处理厂提质增效工作，强化城区污水管网改造及新建管网，提高城镇生活污水收集率，减少错排、漏排现象。优化能源结构，提高核电、风电等清洁能源发电占比，降低全市火电占比。印发《福州市钢铁行业超低排放改造实施方案》和《关于钢铁企业限期安装高清视频监控设施的通知》。巩固平板玻璃行业达标排放改造成果，推进全市唯一焦化企业（福建德胜能源有限公司）超低排放改造工程。推进锅炉整治工程，金强（福建）建材科技股份有限公司等9家企业完成天然气改燃工作。实施关停淘汰工程，全年关停淘汰3家企业。在其他工程减排方面，新建1座农村分散式污水处理设施——永泰县国祯水处理有限公司（东部新城污水处理厂），设计处理规模1万吨/日。开展柴油车污染防治攻坚战，加强非道路移动机械监管，在市区三环路以内禁止使用高排放非道路移动机械。开展“散乱污”企业生态环境问题专项整治工作，全年排查发现104家“散乱污”企业，按分类整治，列入关停取缔90家，升级改造11家，规范治理3家。

**【水环境综合整治】** 2020年，福州市印发《福州市打好碧水保卫战2020年工作计划》，开展闽江、龙江、敖江流域治理，实施福清市迳江、关溪、太城溪、北溪、闽侯县井下溪、罗源县花园溪、高新区梧溪—锦溪等7条小流域综合整治为民办实事项目，流域水质总体稳中有升。巩固造纸、焦化、氮肥、印染、原料药、制革、有色金属、农副食品加工、农药、电镀等十大重点行业清洁化改造；在总结市、县两级入河排放口排查整治试点工作经验的基础上，在全市开展入河排放口全面系统排查。建立畜禽养殖污染监管长效机制，完成规模化生猪养殖场污水在线监控设施安装，促进种养结合、农牧循环发展，全面推进畜禽粪污资源化利用，全市163家拟保留生猪养殖场全部完成标准化改造；落实《福建省2020年农村生活污水治理实施方案》，全面完成农村黑臭水体情况摸排公示和26个村生活污水处理设施建设；巩固近岸海域城镇污水处理厂提标改造成效，全市17座城镇污水处理厂全部达到一级A排放标准。

完成2020年县级以上集中式饮用水水源地评估和乡镇级及以下饮用水水源地基础信息调查。组织实施县级以上饮用水水源地整治成效“回头看”，完成县级水源地水质自动监测站的建设联网工作。落实山仔、东张水库藻类防控工作方案。推进水源地规范化建设，完善饮用水水源地管理与保护体系。完成全市17个县级以上水源地、97个乡镇级水源地勘界立标工作，明确水源保护区边界。加强水源地的水质监测并按规范要求公开水质达标情况。

**【固体废弃物处置】** 2020年，福州市工业固体废物产生总量828.29万吨，综合利用量722.13万吨（其中综合利用往年贮存量0.69万吨），处置量104.10万吨（其中处置往年贮存量0.65万吨），贮存量3.40万吨，工业固体废物处置利用率99.91%；工业危险废物产生总量20.82万吨，上年度末贮存量0.19万吨，利用处置量20.88万吨（其中利用处置往年贮存量0.09万吨），年末贮存量0.13万吨，工业危险废物全部依法安全处置；医疗废物产生量8758.3吨，医疗废物全部集中收集后焚烧处置，无害化处理率100%；生活垃圾产生总量280.82万吨，全部采用焚烧或卫生填埋处置，生活垃圾无害化处理率100%。

**【土壤污染防治】** 2020年，福州市开展重点行业企业用地调查，摸清建设用地污染状况底数。落实建设用地调查评估制度，探索利用“多规合一”平台会商，实现用途变更地块信息共享，完成60个用途变更地块土壤污染状况调查。加强疑似污染地块排查，落实污染地块“三防三控”措施，开展受污染耕地安全利用核算，全市受污染地块安全利用率100%。加强重点污染源监管，筛选公布市级土壤污染重点监管单位名录，开展“守护净土”重点监管企业排查整治，深化土壤污染源头管控。落实农用地分类管控措施，推进受污染耕地安全利用试点工作，完成2566.67公顷受污染耕地安全利用和76.67公顷严格管控任务，受污染耕地安全利用率91%以上。加强农业面源污染治理，促进化肥、农药减量增效，2020年全市化肥使用量比上年减少2%，农药使用量减少2%。推进秸秆、农膜废弃物资源化利用，综合利用率92.88%，农膜回收利用率85.27%。加强畜禽养殖污染防治工作，规范畜禽养殖禁养区管理，完成畜禽禁养区划定情况排查和重新划定工作，调整后禁养区面积缩减13.11%。落实生猪规模养殖项目环评管理要求，加强生猪养殖项目环评服务和指导、强化事中事后监管。开展规模养猪场的监督检查，督促养猪场落实出水水质在线监测监控，加强养殖场周边水质监控。落实畜禽粪污资源化利用措施要求，促进畜禽粪污还田利用，全市实现规模化养殖场畜禽粪污综

2020年，由福州市生态环境局与中国联通共建的全国首套海漂垃圾视频监控网络上线 （张人峰 摄）

合利用率94.73%，粪污处理设施装备配套率100%。

【海洋环境和渔业水域生态保护】 2020年，福州市对入海排污口进行监测和溯源分析，摸排1115个入海排口，并制定整治方案，按“一口一策”原则，分类推进入海排污口整治。完成闽江口污染详查项目、罗源湾海洋环境污染物总量控制研究项目，为重点海域整治提供数据支撑和技术指导。加强海漂垃圾治理，利用无人机航拍开展抽查考评工作，选取10处沙滩、养殖区、入海口等重点岸段建设视频监控系统，纳入省市生态云平台对海漂垃圾实行智能监管，市级财政下达沿海县（市）区海漂垃圾治理奖补资金500万元，县级财政安排专项资金2000多万元。制定印发《福州市近岸海域污染防治专项整改工作方案》，推进中央生态环境保护督察反馈近岸海域污染防治不到位问题整改。

【环保专项整治】 2020年，福州市推动环境监管执法全覆盖，对环境违法行为持续保持高压态势，对突出环境问题实施挂牌督办。开展环境执法大练兵、“清水蓝天”、百姓身边突出生态环境问题集中排查、“散乱污”企业专项排查整治专项执法行动，采取日查与夜查相结合、突击检查与联合执法相配合、日常检查与周末检查相交叉，通过“双随机”、测管联动、交叉执法等方式查处违法排污，打击环境违法行为。全市立案处罚环境违法行为为301件，处罚金额2155.51万元。“四个配套”措施总案件数232件，其中查封扣押55件，限产停产42件，行政拘留9件，司法移送4件。

【环境安全】 2020年，福州市推进环境风险评估和分级管理，全市较大环境风险等级企业60家、重大环境风险等级企业15家均完成风险源信息申报；完成对4个市级水源地保护区开展预案修编和风险评估。推进福清市江阴石化园区有毒有害气体环境风险预警体系建设。开展环境安全大检查，检查企业及各类场所250家，排查发现隐患问题15个，全部完成整改。组织开展环境应急演练及培训，举办2020年市级水源地突发环境事件桌面推演。全市未发生较大以上突发环境事件。

年内，市生态环境局发放84本辐射安全许可证（其中新发23本）。全市有市级放射源及射线装置使用单位260家，放射源378枚，射线装置数量1772台。结合危险物品一体化专项行动，对全市38家使用放射源单位378枚Ⅳ、Ⅴ类放射源开展监督检查，并对全市63家放射源单位778枚放射源（含省部级管理单位）进行抽查。开展核与辐射宣传教育，开展核与辐射安全知识科普宣传活动；组织开展“平安福建2020”福建省辐射事故应急演习福州示范性预演；落实核与辐射应急值班，确保台风等恶劣天气条件下及大型活动等重要时间节点期间的核与辐射安全。

【生态环保督察】 2020年，福州市推动两轮中央生态环境保护督察反馈问题整改，印发《福州市贯彻落实第二轮中央生态环境保护督察反馈意见整改方案》，建立党政领导挂钩督办机制、群众和社会监督机制保障整改实效机制、整改领导小组及联系会议机制、整改考核识别干部机制、整改监督执纪跟进机制、生态云平台调度会商机制、清单式整改交账销号机制、建立健全环境保护长效管理机制等推动督察整改“八项机制”。聘请32名人大代表、政协委员、专家学者和群众代表组成市级督察整改群众和社会监督评估组，全过程参与整改、指导整改和监督整改。年内，第一轮中央生态环境保护例行督察27项整改任务完成26项，其中销号备案19项；第二轮中央生态环境保护督察17项整改任务完成3项，其余14项按序时进度推进。两轮中央生态环境保护督察分别交办的1502、1042件信访件均办结。

（张海彬）

2020年10月12日，第三届数字中国建设峰会数字生态分论坛在福州举行

（林双伟 摄）

## 环境监测与科研

【环境监测】 2020年，福州市印发《福州市2020年生态环境监测方案》，涉及水、气、土、内河、海洋、自动监测、执法监测等近40个方面，明确责任单位和详细操作规范，完成全市监测工作。完善全市生态环境监测体系，全市建成各级空气自动监测站69座、各级水质自动监测水站33座、噪声自动监测站22座。在总结城区特色站建设经验的基础上开展县级特色环境监测站建设工作，弥补驻市站上收后市级监测能力空缺。建立福州市季度环境质量会商工作机制，通过加强监测数据共享和业务会商协同，解决环境质量管理中长期存在的技术与管理、上级与下级之间沟通低效和联动

不足的问题，提高全市环境质量综合分析研判和环境管理的及时性、针对性、预见性和有效性。

【环保信息化建设】 2020年，福州市生态环境局完成第三届“数字中国”建设峰会“数字生态”分论坛及两个子论坛的保障工作，并组织“网格监管，联防联控”“陆海统筹治污，云端助力监管”两个案例参展。以龙江整治专题和散乱污企业（场所）整治专题为切入点，探索省市融合共建生态云的新思路，通过生态环境大数据的底层支撑，构建环境管理服务新模式。完成“中国福州”门户网站环保专栏和“福州环境保护”微信公众号的管理维护工作，更新各类环保信息。

【环保科研】 2020年，福州市围绕提升环境质量，开展重点环境科研。加强闽江下游生态环境变化观测基地、敖江塘坂水源地富营养化研究工作站等平台建设及应用，开展闽江下游溶解氧和藻类变化研究、闽江口无机氮污染溯源与对策研究、敖江塘坂水源地藻类防控研究。加强臭氧研究观测站、大气光化学观测方舱、福州市区域光化学污染溯源模拟分析能力等平台建设及应用，开展重点区域臭氧污染成因、臭氧及颗粒物协同减排研究。开展重点行业企业土壤详查工作，实施土壤污染风险防控试点，完善土壤污染防治实验室建设。推进福州市“十四五”生态环境保护规划、福州市环境总体规划（2018—2035）编制工作。长期与复旦大学、河海大学、生态环境部环境规划院、生态环境部南京环境科学研究所等国内知名高校和科研院所建立合作关系，开展区域性环境热点、焦点和难点问题研究。

【环境保护改革创新】 2020年，福州市深化环保机构监测监察执法垂直管理制度改革，整合部分环保事业单位，将仓山区核与辐射安全监督站、福清市核与辐射安全监督管理站、连江县环境应急与事故调查中心3家事业单位所承担的核与辐射安全监督及环境应急与事故调查等职责划入所在辖区生态环境保护综合执法大队，在编人员连人带编分别并入所在辖区环境监测站；将福清市环境宣传教育与信息中心、福清市核电厂核事故应急委员会办公室整合为福州市福清核电厂核事故应急中心；将闽侯县危险废物管理站、闽侯县排污收费监理所整合为福州市闽侯固体废物污染防治技术中心。

年内，全市177家企业投保环境污染责任保险，保费255.26万元，责任限额30539万元。全年完成排污权交易359笔，交易金额5841.10万元。

（张海彬）

## 环保宣教与环境信访

【环保宣传教育】 2020年，福州市生态环境局围绕持续打好污染防治攻坚战、新冠肺炎疫情防控工作、第二次全国污染源普查、排污许可等重点工作，策划组织“局长快线”“中央生态环保督察整改第三方评估”主题深度采访活动，组织开展新闻宣传报道，全年在各级媒体推出宣传专版5个，刊发（刊播）相关新闻报道146篇（条）。围绕福州市环境质量状况、打好污染防治攻坚战等主题召开例行新闻发布会。加强新媒体平台运营管理，发挥“福州生态环境”新媒体平台宣传作用，实现环境宣传教育全方位覆盖。年内，“福州生态环境”微信公众号推送信息1342条，“福州生态环境”官方微博推送信息4546条。以“6·5”环境日、“全国节能周”等各类环保纪念日及各类创建活动为契机，突出“美丽中国、我是行动者”主题开展生态环保公益宣传活动。发挥民间生态环保组织的桥梁纽带作用，邀请环保志愿者共同开展生态环保社会宣传活动。

【环保信访办理】 2020年，福州市生态环境局受理各级环境来信来访268件，其中生态环境部、省生态环境厅转办件192件，省、市有关部门转办件14件，群众来信45件，群众来访7批次14人次。受理“12369”投诉件2954件，其中微信渠道1213件、网络渠道480件、电话渠道1254件（省转855件，市级248件，县区147件），来信6件，来访1件；收到“12345”投诉件市本级553件，县区23089件。所有信访件均按信访程序要求及时办理。

（张海彬）

（编辑 黄铭）

# 经济管理

## 宏观经济管理

**【概况】** 2020年，福州市组织开展“双百双千”“抓项目促跨越”“百项千亿”等专项行动，统筹推进疫情防控和经济社会发展。全年地区生产总值完成10020.02亿元，首次迈入万亿元城市行列，比上年增长5.1%，增速居全省第四位。推进产业结构升级，三次产业结构比5.6∶38.3∶56.1，与上年相比，第二产业比重降低2.5个百分点，第三产业比重提高2.5个百分点。

**【政策规划制定】** 2020年，福州市制定出台《福州市“双百双千”增产增效行动扶持措施》《关于进一步推进电动汽车充电基础设施建设方案》《福州市人民政府关于进一步支持货运航空加快发展的意见》《福州市人民政府关于促进福州长乐国际机场旅客吞吐量快速增长的意见》《福州市支持普惠托育服务政府支持政策清单》，编制国民经济和社会发展第十四个五年规划和2035年远景目标纲要。

**【产业发展】** 农业生产 2020年，福州市第一产业增加值560.7亿元，比上年增长4%。主要农产品生产形势稳定，完成粮食种植面积8.26万公顷。粮食储备稳固，地方储备粮总规模58.8万吨。生猪产能逐步恢复，牧业产值6年来首次实现正增长。特色农业持续向好，水果、蔬菜、茶叶、食用菌全面增长。年内，举办中国（福州）国际渔业博览会、首届“中国（福建）食用菌产业博览会”等特色活动，新增76家市级农业产业化龙头企业、1个全国农业产业强镇、1个省级现代农业智慧园及31个省级“一村一品”示范村。

工业经济 规模以上工业增加值增长5.3%。出台龙头企业扶持政策，全市有省级工业和信息化龙头企业136家，数量居全省第一位。推动化工新材料、高端化纤面料和高端钢铁产品等产业基地集聚发展。开展“百项千亿”技改行动，技改投资增长27%。工业（产业）园区标准化建设提速，分类提升17个园区，组织实施169个标准化建设补短板项目。开展“升级版”标准厂房建设。“海上福州”项目累计入库280个，完成投资844亿元，年内，长恒水产品精深加工等项目新开工建设，海兰寰宇近海雷达综合监控系统等项目竣工投产。

新兴服务业 第三产业增加值5618.55亿元，比上年增长4.4%。推进“平台福州”建设，申报平台经济项目285个。推动朴朴电商、1233全球消费品供应链等企业加快形成行业标杆型平台，培育好运联联、慧连、物泊等网络

2020年12月30日，福州市15个市级夜色经济体验示范街区同步开街。图为闽侯县上街大学城永嘉天地市级夜色经济体验示范街区 （林双伟 摄）

货运平台龙头企业。以马尾片区和元洪国际食品产业园片区为载体，开展国家骨干冷链物流基地建设。培育总部经济，新增企业总部84家。跨境电商业务全面覆盖，首创福州市跨境电商公共服务平台B2B2C业务系统。“夜色经济”提档升级，提升15个市级夜色经济体验示范街区，年内，福州市入选“2020夜间经济二十强城市”。

【重点领域改革】 经济社会事业体制改革 2020年，福州市重点推进完善“三个福州”建设、优化营商环境、激发市场主体活力等8个领域58项改革任务。打造数字福州国际品牌，率先发布新基建行动方案及配套政策，入选中国区块链城市30强。深化“放管服”改革，落实营商环境3.5版，率先推出公司设立登记“即办制”，登记财产、获得信贷等指标居全省首位。加快推进就业保障机制改革，劳动保障工作平台覆盖全市所有街道（乡镇）、社区。深化医药卫生体制改革，实现县域医共体建设全覆盖，医改“强基层”经验获评全国基层卫生综合改革典型案例。

生态文明建设 完成生态系统价值核算试点、完善闽江流域山水林田湖草生态保护修复机制等23项年度改革任务。建立一套涵盖六大生态系统、三大功能类别、12项生态功能、19个核算指标的福州市生态系统价值核算指标体系，突出山海特色，基本形成福州市生态系统价值核算可复制、可推广的业务化核算能力。垃圾分类工作以“示范引领”为目标，落实全国首创的“三端四定”工作模式，成为全国9个免检城市之一。健全污染防治攻坚战推进机制，建成全国首套海漂垃圾视频监控网络体系。第三次全国国土调查工作成效显著，调查进度、质量居全省前列。城市水系治理创新机制、永泰农村人居环境物业化管理模式、闽江河口湿地综合保护修复机制、连江深远海区生态养殖模式等4项改革经验被国家发改委入选国家改革举措及经验做法推广清单。

信用体系建设 《福州市社会信用条例（草案修改稿）》通过福州市人大常委会会议二审。推进公共信用信息平台共建共享，梳理信用目录9.4万项，归集信用信息数据16.6亿条。建立健全以信用为基础的新型监管机制，提升信用建设服务实体经济的能力。12月，福州市在全国36个省会及副省级以上城市综合信用指数排名中位列第五位。

【区域经济】 2020年，福州市推动闽东北区域协作包含基础设施、产业协作、公共服务共享、生态环境共保等领域的68个协同项目，总投资4410.83亿元，年度计划投资522.83亿元，完成投资632.84亿元，占年度计划121%。

【价格管理】 2020年，福州市居民消费价格指数比上年上涨2.4%，发放价格临时补贴和节日价格临时补贴1.71亿元，惠及103.85万人次。落实收费事中事后监管，继续开展减轻企业负担工作，降低企业用水、用电、用气成本，减轻企业负担11.05亿元。全年清理市本级涉企收费项目清单18项。落实节假日免征高速公路通行费，免征通行费12.96亿元。市本级完成成本监审任务12件，核减企事业单位上报不合理成本费用5000万元。

（于永钦）

## 固定资产投资

【概况】 2020年，福州市固定资产投资克服新冠肺炎疫情影响，增速继续保持全省第一位。全市投资增速10.9%，超预期目标0.9个百分点，分别较全国、东部地区、全省平均水平高8.0个、7.1个、11.3个百分点。其中，第一产业投资比上年增长7.3%，第二产业投资增长9.1%，第三产业（含房地产开发）投资增长12.5%。投资呈现良好发展态势，工业投资保持平稳，比上年增长9.0%，拉动全市投资增长2.4个百分点。民间投资高速增长，比上年增长19.4%，排名从2019年的第8升至首位。

【新型城镇化建设】 2020年，福清市推进国家新型城镇化综合试点工作，在2019年度全国综合实力百强县市榜单中排名第18位，较2018年前进1位，在全国新型城镇化质量百强县市中排名第28位。福州市推进5个省级特色小镇创建，完成年度创建投资19.47亿元，占年度计划的101.68%。

【项目投资】 2020年，福州市项目投资比上年增长5.9%，其中234个市管省重点项目、1294个市重点项目分别完成投资992.7亿元、4569.1亿元，分别占年计划的120.8%、111.2%。

【“抓项目促跨越”专项行动】 2020年，福州市2195个总投资3000万元以上的项目开工建设，其中产业项目1589个，占开工项目数的72.4%，建成或部分建成项目1050个。

【重大项目】 2020年，福州市新增入库亿元以上“五个一批”（谋划一批、签约一批、开工一批、投产一批、增资一批）项目1907个，总投资约8648亿元，连续4个季度在全省“五个一批”正向激励综合考评中位列各设区市第一位，有10个县（市）区14次进入全省各县（市）区前10位。

（于永钦）

## 国有资产管理

【概况】 2020年，福州市国资委履行出资人职责企业（简称“所出资企业”）资产总额3877.57亿元，比上年增长16.97%；实现营业收入389.83亿元，增长16.76%；实现利税44.02亿元，增长4.06%。所出资企业的资产总额、营业收入和利税总额均位居省内各设区市前三名。国资系统国有资本经营预算收入安排55939万元，实际收入61479.15万元，比预算增收5540.15万元，增收比率9.90%。

年内，开展新冠肺炎疫情防控和复工复产工作，海峡农副产品物流中心参与联保联供，两次受到国家商务部和市政府通报表扬，福州民天实业有限公司党委和福州海峡青年文化交流有限公司被省委、省政府授予“福建省抗击新冠肺炎疫情先进集体”称号。相关内容参

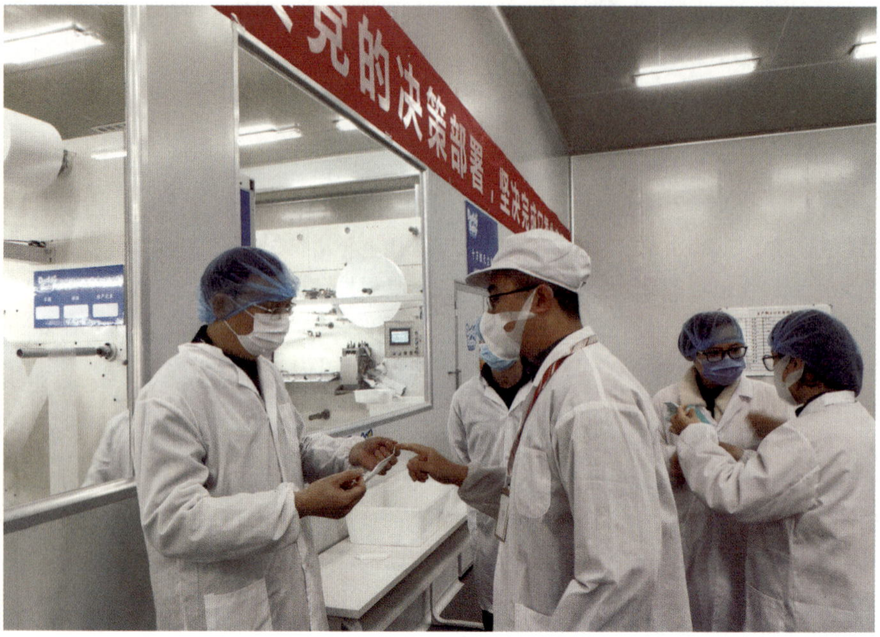

2020年2月17日，在一季度重大政策落实情况跟踪审计中，福州市审计局赴口罩生产厂家查看生产设备运转状况和产品管理情况　（市审计局　供）

见抗击新冠肺炎疫情专辑。

【国资履职监管】　2020年，福州市国资委引领所出资企业参与“三个福州”、新区新城、水系治理、旧城改造、高速公路、地铁及市政基础设施等重点项目建设。至年底，所出资企业完成固定资产投资总额589.86亿元，完成全年计划任务的138.86%。组织电子信息集团、文投集团和城投集团等企业保障数字中国建设峰会、世界城市日中国主场（福州）活动等重大活动。

加强企业廉政风险信息化防控，对资产管理、大宗采购、物业租赁等重要环节加大信息化监管力度。通过海峡纵横电子竞价平台，全年成交9.14亿元，溢价金额1亿元，总溢价率12.3%；电子信息集团建成海峡纵横供应链采购服务平台；城投集团开发集中采购电子交易平台；物资公司开发集“多元采购交易+供应链管理+大数据+金融服务”于一体的业务服务生态链平台。

深化“放管服”改革，精简优化权责清单，权责事项从21项精简至15项，精简率28.6%；下放一级企业财务等关键岗位人事权。建立完善国有企业法律顾问智库，入库律师和法学专家179人，一级企业总法律顾问配备率居全省设区市国资系统首位。至年底，全系统信用数据归集累计7.05亿条，占全市信用数据总量约50%。

【国企改革】　2020年，福州市国资委推动国企整合，关停注销15家停止经营、同质化的企业；完成建筑设计院、市场服务中心、花木公司转企改制及房地产市场服务公司划入。发展混合所有制经济，通过投资新设、股权收购等方式投资12家混合所有制企业，注册资本9.24亿元。年内，市国资委基本完成企业职工家属区“三供一业”分离移交改造主体工作，牵头推进完成在榕184家各级国企9.39万名退休人员的社会化管理工作。

【国有资本运营】　2020年，福州市国资委所出资企业实现融资678.52亿元。海峡环保通过资本市场实现股债融资双管齐下，加速布局环保产业。全市国资系统完成招商任务172项，总投资722.53亿元；举行福州市与省国资委及省属企业座谈会，对接项目84个，总投资748亿元。8月21日，福州市国有企业产业发展基金有限公司成立，注册资本10亿元。

【脱贫攻坚】　2020年，福州市国资系统参与扶贫工作企业128家，实施扶贫项目60个，投入资金14674.64万元；累计消费扶贫总采购金额4811.17万元，消费扶贫总销售金额28448.25万元；招聘定西籍高校毕业生130人；牵头组建的甘肃聚春园福定产业发展有限公司首条土豆粉条生产线投产；设立福州市东西部扶贫协作产品交易中心；投放消费扶贫专柜1500台，居全省首位。

【乡村振兴】　2020年，福州市国资系统企业对接实施17个助推乡村振兴项目，涵盖农村生态环境治理、道路交通、村镇综合开发、村镇建设规划、资产招租、农业信息化、乡村招商、乡村历史文化街区保护开发、现代农业和民宿开发、高产良种蛋鸡繁育与产业化、结对共建等方面。

【国企党建】　2020年，福州市国资系统围绕“红色领航”工程，打造“支部建在项目上”等党建品牌，推进党支部达标创星，推动国企融入城市党建；开展“大学习”活动，覆盖全系统406个党组织、6384名党员；组织全系统56支“党员突击队”参与新冠肺炎疫情防控和复工复产；推进15家市属国企设立党委宣传部，配备199个基层党组织宣传员；年内，组织企业参加“榕博汇”等大型招聘活动，博士、硕士达成就业意向467人；新引进研究生67人、本科生507人。

（王培欣）

## 审　计

【概况】　2020年，福州市审计机关完成审计和审计调查项目306个，超年初计划16.79%。审计查出应上缴财政、归还原渠道资金、调账处理等审计处理处罚金额17.13亿元，移送纪检监察机关等部门查处事项18件，涉及金额4289.03万元，促进增收节支和挽回经济损失24.91亿元，推动建立健全规章制度和整改措施169项。市审计局蝉联四届“全国文明单位”，全市审计质量、审计统计、信息宣传和审计信息化工作持续在全省审计系统名列前茅。1个审计项目获全国审计机关优秀审计项目三等奖（全省金融审计唯一），2个审计项目被评为全省优秀审计项目。

【国家重大政策措施落实情况跟踪审计】 2020年，福州市审计机关对稳就业保民生、创新驱动发展、新增财政资金直达县区惠企利民、“双百双千”等政策资金及“抓项目促跨越”等省市重点建设项目开展跟踪审计，涉及388家单位360个项目、资金额939.25亿元，推动整改落实金额2.2亿元。福州市两级审计机关开展疫情防控相关政策资金跟踪审计，涉及财政及捐赠资金6.87亿元，促进下拨资金6391.47万元，规范发放使用资金1025.30万元，督促捐赠物资754.11万件等信息公示。

【财政收支审计】 2020年，福州市审计机关实行大数据一体化审计全覆盖方式，对171个部门（单位）进行预算执行与决算审计，其中市级部门预算执行审计20个，县级部门124个，地方政府财政决算审计29个，查出主要问题金额91.19亿元，审计处理金额13.38亿元，促进增收节支4.88亿元。开展国有资产和资本运营管理、土地收储和存量等挖掘财力财源情况专项审计调查，审计收回沉淀部门资金1.93亿元。

【公用经费审计】 2020年，福州市结合各类审计项目和重要时间节点开展“1+X+Y”四风问题专项检查，对市直31个部门及其所属55个单位和县（市）区112个单位2019年度公用经费管理使用情况进行专项审计检查，198个部门（单位）公务接待费、公车运行维护费、会议培训费分别比上年下降14.48%、2.5%、2.94%，公务出国（境）费比上年上升84.64%。对审计发现的接待费超预算、车辆未实行定点维修、违规报销车辆费用、重复多申报领取财政工作经费、长期不在岗人员“吃空饷”等问题进行处理和纠正，移送各级纪委监委问题线索4件，清退各类违规发放的补贴及报销的费用96.79万元。提出贯彻落实中央八项规定精神、控制公务用车购置和运行费、控制一般性支出规模等3条审计建议。

【固定资产投资审计】 2020年，福州市对第44届世界遗产大会、城市品质提升“7+3”工程等143个建设项目开展审计专项跟踪检查，审计项目投资额890.51亿元。完成15个公共投资项目审计，审计项目投资额1021.40亿元。审计查出部分项目未按进度支付工程款、逾期未建成项目、未完成季度目标任务、项目征迁进度滞后等问题金额2.62亿元。连江、闽侯等2个县政府投资审计中心，对1281个工程项目进行造价审计，送审资金101.91亿元，核减7.69亿元。

【民生资金和资源环境审计】 2020年，福州市对连江县、永泰县等7个县（市）区乡村振兴、“两不愁三保障”相关政策和资金、农村饮水安全及扶贫民生领域重点政策资金情况进行审计，延伸审计单位45家178个项目，调查64个乡镇151个村383户，查出资金滞留闲置、违规改变项目资金和用途、工程管理不规范、项目进展缓慢等问题金额2.06亿元。

【经济责任和自然资源资产审计】 2020年，福州市印发《关于2020年加强党政领导干部自然资源资产离任（任中）审计，推进国家生态文明建设示范市创建的实施意见》，建立完善自然资源资产离任（任中）审计评价基本指标。中共福州市委审计委员会办公室、福州市经济责任审计工作联席会议办公室印发《福州市经济责任审计工作联席会议议事规则》《福州市经济责任审计工作联席会议办公室工作规则》。年内，对80个单位的104名党政及国有企业领导干部进行任期经济责任审计，其中25名领导干部自然资源资产离任（任中）审计；任期经济责任审计中，离任审计56人，占53.85%；任中审计48人，占46.15%；查出主要问题金额75.67亿元，其中应负直接责任0.01亿元、领导责任75.66亿元。

【审计信息采编】 2020年，福州市审计局采集、编报《福州审计信息》《审计要情专报》共45期207篇，被市级以上党政部门和新闻媒体采用116篇；提出审计建议813条，被采纳758条，其中《战“疫”中的审计力量——市审计局坚持“两手抓两不误”扛起审计担当》《我市“1+N”统筹实施财政审计保障疫情防控资金用在刀刃上》等被人民网“审计说”、审计署官网、今日头条、《福州日报》等媒体刊登报道。推送“福州审计”微信公众号59期265篇，门户网站发布信息763条。

【审计信息化建设】 2020年，福州市印发《福州市审计局关于推进大数据审计分析工作的实施方案》，构建大数据审计体系，推进大数据审计工作；完成全市925家一级预算单位的财务数据采集工作；完成全市财政部门、医保部门和工商管理等重点行业业务数据采集工作。完善大数据联网审计平台模型，建成财政、部门和社保等数据分析模型415个。完成审计数据智能百度、大数据智能转换和分析等3个智能应用系统等为主要内容的“金审工程福州三期”项目可行性研究。对149个单位的网络安全和信息化建设等情况进行审计，查出个别单位网络安全责任制和信息系统安全等级保护制度落实不力、网络日志留存不规范等问题。

【审计整改】 2020年，中共福州市委审计委员会将推进审计查出问题整改落实列入年度工作重点，构建审计整改闭环工作机制，建立“审计查出问题”和“整改落实结果”两个台账，定期开展审计查出问题整改“回头看”。组织开展审计查出问题整改“回头看”，整改率90%。审计后促进建章立制和完善措施159项，审计建议被采纳754条。国务院对涉及福州市的10个中央预算执行和其他财政收支审计查出问题进行督查，整改成效得到省政府和国务院督查组肯定。

【内部审计】 2020年，福州市内部审计机构107个，其中专职机构52个。内审人员425人，其中专职人员146人。完成审计项目（单位）451个，其中财务收支审计101个，效益审计4个，经济责任审计66个，内部控制评审30个，信息系统审计8个，基本建设审计10

个，其他审计232个。审计总金额580.41亿元，提出建议意见被采纳787条。

年内，中共福州市委审计委员会出台《福州市内部审计工作推进实施方案》，3年内重点推进63家部门和企事业单位提升内部审计工作质量。福州市印发《关于报送2020年度内审工作有关情况的通知》，建立内部审计资料报送备案机制，加强对内部审计工作指导和监督。市内审协会组织开展2017—2019年度全国内部审计"双先"评选推荐工作，1个单位获评全国先进集体，5个单位和6名内审人员分别获评全省内审先进集体和个人。

【审计学会工作】 2020年，福州市审计学会编纂出版的全市第一部审计专业志书《福州市审计志》被国家和省市图书馆馆藏，并获得第十届福州市社会科学优秀成果一等奖。《政策跟踪审计视角下我市营商环境改革创新》《基于审计视角的自然资源资产负债表编制研究》《挖掘财力财源审计思考》被市发展研究中心列入2020年度全市政府系统重点调研课题，并入选《研究报告》参阅件；《挖掘财力财源审计思考》被市委政研室列入市委市直部门重点调研课题；《深化审计"两统筹"服务保障疫情防控和经济社会发展研究》被省审计厅列为2020年度全省重点审计调研课题并入选中国审计学会"优化审计项目审计组织方式管理"专题研讨会论文集。市审计学会与市委审计委员会办公室、市审计局共同组织开展"依法审计促发展 精准监督助脱贫"主题审计系列宣传活动，参加在福州市马尾区中环广场举办的全省社科普及宣传周活动。

（林城冰）

## 统计与调查

【概况】 2020年，福州市统计局围绕"六保""六稳""三个福州""抓项目促跨越""双百双千"专项行动等中心工作，强化统计数据质量，完成统计分析146篇，被省统计局、市委办、市政府办采用信息214条，5篇文章获市委、市政府领导批示，3篇文章分获全省统计分析一、二、三等奖；组织编印《福州统计月报》《福州市统计公报》《2019年福州统计年鉴》等统计资料，在门户网站实时更新统计数据、统计分析、统计工作动态1000余条；开展2019年度县（市）区政府绩效管理有关指标数据的科学采集和考核评分工作，参与改进2020年度县（市）区绩效评估指标体系、评估方法、计算方案。国家统计局福州调查队开展住户样本、工价和房价基期、居民消费价格调查基期轮换工作。

【普查工作】 第七次全国人口普查 2020年10月11日，全国第七次人口普查入户登记，福州市摸底405.2万户，普查登记采取自主填报率2.36%。全市12个县（市）区、179个乡镇（街道、农场）、2730个村、社区居委会相继成立人口普查工作机构，市本级落实"七人普"专项预算经费300万元，市、县两级落实普查经费1.15亿元，人均普查经费15.7元。开展普查小区建筑物标绘工作，全市划分普查区2730个，普查小区3.65万个；标绘建筑物83.84万栋；核查有人居住的住房单元305.15万个。选聘4.5万名普查指导员和普查员，建立县区培训讲师队伍，组织培训500多场次，完成"两员"培训全覆盖。强化宣传引导，制作的"七人普"动漫短视频被人民号（人民日报新媒体平台）、学习强国APP等转发，举办第十一届中国统计开放日暨人口普查宣传启动仪式，开展人口普查宣传进校园、进机关等活动。

第四次全国经济普查 福州市统计局完善"四经普"公报收集、整理、发布工作机制，组织撰写和发布《福州市第四次全国经济普查主要数据公报》，开展数据解读工作，撰写6篇第四次全国经济普查公报；针对重点领域和热点问题形成要情专报、专题分析和课题研究报告，完成《培育壮大福州市战略性新兴产业研究》的课题研究报告；利用"四经普"数据，衔接经普数据与常规年度GDP数据，修订全市及各县（市）区历史年份数据。

【常规调查】 2020年，国家统计局福州调查队推进住户样本轮换工作，启动第2轮转组样本摸底工作，掌握样本存续情况。制定"样本轮换工作进度安排表"，细化各阶段工作任务和目标要求。开展工价和房价基期轮换工作，对全市规模以上工业企业进行归类，突出重点县域、行业、企业，分门别类抽选企业，开展权数调查，编制测算新一轮基期各分类权数。分类施策开展居民消费价格调查基期轮换工作，制定居民消费价格基期轮换权数专项调查方案，根据不同调查单位实际经营情况，规划调整各单位调查品类范围、数量和典型调查方案。

【专项调查】 2020年，福州市统计局组织实施农业、工业、建筑业、批发零售住宿餐饮业、房地产开发经营业、服务业等行业，能源、投资、居民收支、价格、人口、劳动、社会、科技、环境等领域各项常规统计调查和城市年报。开展小微企业固定资产投资调查、部分行业事业单位统计调查、交通运输能源消费调查、研发年报工作、企业信息化年报工作、固定资产投资项目新增生产能力调查、规模以下工业调查、劳动工资统计年报工作、创新年报工作、规模以下服务业统计调查等。

【统计工作机制创新】 2020年，福州市统计局对接各县（市）区，局领导每月带队深入基层、服务基层不少于两次，评估疫情防控各阶段经济运行情况。组织统计服务小分队指导基层、企业（项目）主开展统计工作。落实业务骨干"一对一"帮带机制，针对业务薄弱县（市）区，指导完善统计机构队伍建设、企业统计规范化建设。建立强化排忧解难制度，每年为不少于一个县（市）区就经济运行情况进行深度分析，帮助县区查找经济运行存在的亮点、问题，并提出建议。不定期到基层服务企业（项目），针对企业（项目）生产经营情况，帮助落实相关政策措施、提高技术创新能力、解决困难和问题。全年走访指导企业（项目）500余家，培训基层统计人员300余人次。

人口普查工作实行分组包片指导，市人口普查办公室成立12个分组，分县

（市）区包片负责实时监控数据上报进度，检查是否做好实际入户登记，杜绝普查登记过程中不入户照抄人口行政资料等违法行为。建立日报制度，及时发现和解决各县（市）区登记阶段出现的情况和问题。在连江县开展市级试点，检验人口普查具体实施举措，完善相关实施细则。

国家统计局福州调查队制作农民工市民化进程动态监测调查视频教程，获国家统计局、国家统计局福建调查总队局肯定并在全国推广。加强新型无人机在粮食面积调查方面的应用，完成队内和3个县级国家队专业干部的新型无人机实飞操作培训。针对房价调查，与住建部门建立部门间日常联络和应急处置机制，由住建部门提供调查企业经理名录库，以解决新项目调查对象配合度等突发情况。

**【统计改革】** *“三新”经济增加值核算创新* 2020年，福州市统计局制定出台《福州市“三新”经济增加值核算方法（试行）》，在鼓楼区、台江区先行先试，并在全市推广应用。联动多部门探索“三新”经济（数字经济、海洋经济、平台经济）统计监测办法，总结“三新”经济增加值核算方法经验，加强“三新”专项调查及相关数据资料收集和监测。

*国民经济核算改革* 根据《地区生产总值统一核算实施方案》，规范季度地区生产总值统一核算方法，对地区生产总值进行统一核算，实现县（市）区汇总数与全市数基本衔接。编制自然资源资产负债表实物量表，探索研究自然资源价值量化评估方法。

*知识产权投资试点统计* 探索解决报表设置、指标取数、填报等方面存在的困难和问题，开展知识产权产品投资统计试点培训班。联合发改委、工信局等多部门，到闽侯星网锐捷、马尾星云电子等重点企业进行调研，以解决试点制度方案及报表指标体系、源头数据采集等问题。

*数字经济发展统计指标体系探索* 承办“推进数字经济统计 服务高质量发展”主题研讨班，邀请国内数字经济统计领域专家实地考察福州滨海新城数字建设项目成果，就数字经济统计分类、数字经济规模测算、数字经济成果运用等方面进行专题研讨，探索建立数字经济统计监测的地方样板，为全国开展数字经济统计提供观察样本和实践平台。

**【统计法治建设】** 2020年，福州市统计局根据防范和惩治统计造假弄虚作假主要负责人第一责任、领导班子成员主体责任，以及统计机构、统计人员分地区、分专业、分岗位数据质量管理责任，在全省率先制定《统计机构负责人和统计人员防范和惩治统计造假弄虚作假责任制实施办法（试行）》，制定《福州市统计局2020年普法依法治统工作要点》《“谁执法谁普法”工作计划》，印发《福州市统计局主动公开行政执法决定文书工作细则》《福州市统计局行政执法投诉举报制度》。建立完善数据生产流程质量控制办法12项，健全数据质量审核评估机制，落实数据生产的“事前、事中、事后”审核责任。推行“双随机”抽查工作机制，抽取连江县开展统计监督检查，抽查企业98家，对差错率较大的2家企业立案查处，责令改正。对各县（市）区2019年案卷开展统计执法案卷评查。在《福州日报》《福州晚报》的《谁执法谁普法》栏目对失信企业违法行为进行通报和公开曝光。开展“全面弘扬宪法精神，奋力推进依法治统”主题宣传活动，推进民法典普法宣传，通过《我执法我普法》栏目，以及《福州日报》《福州晚报》的《法制你我他》专栏宣讲《中华人民共和国统计法》。

年内，国家统计局福州调查队制订2020年统计执法检查工作计划，开展统计执法“双随机”抽查2次，对60家样本企业开展执法检查，对8家企业发出责令改正通知书。实施《统计执法人员成长成才培训管理办法（试行）》，利用线上平台重点培训《统计执法监督检查办法》和调查队统计执法检查实务。

（陈孜　詹璐瑶）

（编辑　黄铭）

# 市场监督管理

## 综　述

【概况】　2020年，福州市新增内资（非私营）企业887家，注册资本617.92亿元；新增私营企业48160家，注册资本6734.82亿元；新增外资企业394家，注册资本（金）13.32亿美元；新增个体工商户112010户，资金总额109.57亿元；新增农民专业合作社248户，出资总额22.9亿元。至年底，全市实有各类市场主体总数突破81万户（家），其中实有内资（非私营）企业11187家，注册资本3964.21亿元；实有私营企业295194家，注册资本36500.44亿元；实有外资企业5672家，注册资本470.15亿美元；实有个体工商户498776户，资金总额408.72亿元；实有农民专业合作社2987户，出资总额165.49亿元。全市市场监督管理领域立案3874件，结案3927件，罚没款4514.46万元。

【应急管理与宣传】　2020年，福州市市场监督管理局在全省九地市中率先出台《福州市市场监督管理局突发事件应急管理办法》，规范市场监管领域突发事件处置流程。运用全媒体宣传思维，注重主流媒体与新媒体相结合，自制的“拒绝野味”H5宣传微片5日内累计点击量近2万次；“福州市场微信矩阵”发布推文200余篇，粉丝突破27万人次；新浪微博发布信息230条，粉丝突破20万人；“福州市场监管”官方抖音号发布短视频67条，抖音点击率超过2100万次；启动“光影行动市场印记”主题短视频征集活动，“质量月”启动仪式在“直播福建”平台开展互动式直播，全网点击量超过100万次；联合福建电视台融媒体中心开展食品安全“你点我抽”活动，全网点击量超200万次。年内，各级主流媒体刊发相关报道114篇，市市场监督管理局官网发布信息等398篇、官微推送推文175篇，制作抖音短视频30条，官方抖音号点击量280.5万次。

2020年，福州市市场监督管理局启用监管仓管理系统和实时视频汇聚监控系统　（吴承璐　摄）

【市场领域新冠肺炎疫情防控】　2020年疫情期间，福州市市场监管局加强防疫物资保障供应和市场监管，针对综合协调、药械及相关防护用品质量监督、价格监管、食品流通监管和野生动物违法交易整治等关键环节进行联防联控；推动建成集中监管仓，实行冷链食品流通全链条防控。推进常态化疫情防控，服务复工复产。相关内容参见抗击新冠肺炎疫情专辑。

（邹惠珍）

## 商事制度改革

【概况】　2020年，福州市市场监督管理局在全省率先推行企业开办“零延时”“零费用”刻章服务，实现企业设立、印章刻制、发票申领、“五险一金”、无偿代办、开办咨询“六合一”和“一站式”服务。市本级及鼓楼区、自贸区企业开办时间压缩至5个工作小时，其他县（市）区压缩至1个工作日，达到全省领先水平。具体做法成效在《八闽快讯》《今日要讯》刊登。

【企业注册登记改革】 2020年，福州市市场监督管理局推行“网上办、掌上办、邮寄办、预约办”的审批服务模式，简化审批流程、细化办事指南，通过网上申报、在线预审、材料邮寄等方式办理业务。市场监督管理局行政审批和公共服务事项共有47个主项、99个子项、337个办理项，“一趟不用跑”事项比例达99.70%。年内，与市行政服务中心对接，推出公司联络员备案等10个高频事项在“e福州”便民自助服务终端上线；推动政务“零人工”智能化办理，梳理确定“食品经营许可证名称、法定代表人或负责人变更”“食品生产许可证生产者名称、法定代表人或负责人变更”“公司联络员备案”等“秒批”事项，并于7月上线运行，推动实现智慧审批、落实“一趟不用跑”。

【自贸区新区改革】 2020年，福州市市场监督管理局报送综合监管组关于2019年支持自贸区相关工作成效及2020年工作思路、全面深化自贸试验区福州片区改革开放试验任务、自贸区拟推广“最佳实践案例”4件、福建自贸试验区第16批创新举措13条、自贸试验区系统集成创新成果5项、福建自贸试验区第17批创新举措2条，其中1项创新举措被认定为全国首创。推进自贸区福州片区“证照分离”改革全覆盖试点工作，5月7日，市政府印发《福州市人民政府关于印发自贸区福州片区开展“证照分离”改革全覆盖试点工作实施方案的通知》，年末自贸区福州片区涉及“证照分离”改革全覆盖市场主体3168户，涉及办理行政审批事项5016件；7月30日，自贸区福州片区与市市场监督管理局窗口同步推行企业开办“零费用”“零延时”刻章服务的“福州模式”。

【简政放权】 2020年，福州市结合福清市县域集成改革试点总体方案，率先在全国将“免予办理强制性产品认证证明”权限下放至区县，建成全国首个能够直接办理“3C免办证明”的区（县），福清市获评全省同类城市改革发展示范区。推动省市县三级审批事权划分调整平稳过渡，调整后全市1300余家药品零售连锁门店、医疗器械批发等企业相关审批业务均归由市市场监督管理局窗口负责审批，至年底，办理业务总量6543件（其中药品、器械4030件，国产非特化妆品2513件），日均办理业务量约20件，办件量比上年同期增长约3倍，并在全省率先推出医疗器械网络销售信息备案全流程网上办。

2020年，福州市市场监督管理局建成集中监管仓实现冷链食品流通全链条防控 （吴承璐 摄）

【个体经济】 2020年，福州市实有个体工商户49.88万户，比上年增长18.88%；资金数额408.72亿元，增长24.75%。新开业个体工商户11.2万户，比上年增长12%；资金总额109.57亿元，增长12.9%。注销、吊销个体工商户3.27万户。在个体工商户总户数中排名前五位的是批发和零售业，住宿和餐饮业，居民服务、修理和其他服务业，制造业，租赁和商务服务业，分别有327607户、78725户、55204户、10771户和7483户，各占总户数的65.69%、15.79%、11.07%、2.16%和1.5%。从事第一、二、三产业的个体户分别为5081户、11060户和482635户，分别占个体工商户总数的1.02%、2.22%和96.77%。

【私营经济】 2020年，福州市实有私营企业29.52万家，比上年增长9.82%；注册资金36500.44亿元，增长13.75%。从事第一、二、三产业的户数分别为6667家、44292家和244235家，分别占私营企业总数的2.26%、15%和82.74%。

【内资（非私营）企业】 2020年，福州市新增内资（非私营）企业887家；实有内资企业11187家，其中国有企业916家，集体企业2493家，公司制企业7505家，其他企业273家。在总家数中排列前五位的是批发和零售业、金融业、租赁和商务服务业、制造业、建筑业，分别有2659家、1788家、1382家、1048家和751家，各占总家数的23.77%、15.99%、12.36%、9.37%和6.72%。全市内资（非私营）企业注册资本3964.27亿元，比上年增长25.72%。

【外资企业】 2020年，福州市有外商投资企业5672家，比上年下降3.41%；注册资本470.15亿美元，增长33.71%。其中，中外合资的外资企业1040家，中外合作的企业18家，外资企业2612家，外商投资股份有限公司10家，其他外商投资企业12家，外商投资企业分支机构1712个。外资企业期末户数中，第一产业 102 家，第二产业 1457 家，第三产业 4113 家，分别占外资企业总户数的 1.8%、25.7%和 72.5%。外商投资企业（按国别、地区分组）中，港资企业居多，共有 1588 户。

【农民合作社】 2020 年，福州市实有农民专业合作社 2987 户，比上年下降 2.1%；出资总额 165.49 亿元，增长 11.06%。成员总数 31782 个，比上年下降 2.14%，其中农民成员 29678 人，下降 7.27%。出资总额 1 亿元以上的农民合作社 9 户；1000 万～1 亿元的农民合作社 378 户，比上年增长 5.89%；500 万～1000 万元的农民合作社 499 户，增长 6.4%；100 万～500 万元的农民合作社 1306 户，增长 3.25%。

【企业年报】 2020 年新冠肺炎疫情防控期间，福州市市场监督管理局统计 2019 年度全市须年报的内外资企业 271983 家，年报率 90.30%，特种设备生产等重点行业年报率 100%。结合福州市复工复产《致在榕企业家一封信》推送工作，市市场监督管理局于 2 月向全市 69.45 万户各类市场主体法定代表人或负责人发送 89.9 万条复工复产短信，并推送 2019 年度年报工作提醒提示，实现提醒提示全覆盖。4 月底，梳理未年报的分支机构 4890 户，并向涉及登记在全国各地的 897 家企业总部寄递催报信函，提醒提示各总部企业在规定时间内督促分支机构申报年报，同期相比其他类型年报率提高 8 个百分点。市市场监督管理局与移动、联通、电信三大运营商合作，以全市 27.67 万家应年报企业法人身份证为索引，匹配校验筛选法人正确的联系电话，精准推送年报提醒信息，并与市大数据委合作，依托“e 福州”用户注册登记信息，开发系统用户个人名下“我的企业”功能模块，实现依托“e 福州”平台及短信，通知提醒用户名下企业的未年报信息、列严列异信息、经营期限到期等内容。加强企业未年报情况分类，有针对性分阶段通过信函唤醒，4 月，筛选针对不符合“清吊”条件且两年以上未年报企业 3841 家，委托邮政企业寄出专用信函，告知其补报年报后再向登记机关申请移出经营异常名录，长期未开展经营活动应及时办理注销登记；5 月下旬至 6 月，针对 2019 年度未年报且未列入异常名录企业，利用连续两次信函寄递进行催报，对 6889 家连续两次邮寄信函退回的企业因通过登记住所或者经营场所无法联系原因列入经营异常名录。全年完成 3906 家内外资企业的“清吊”结案工作，引导 19807 家企业办理注销登记。

（邹惠珍）

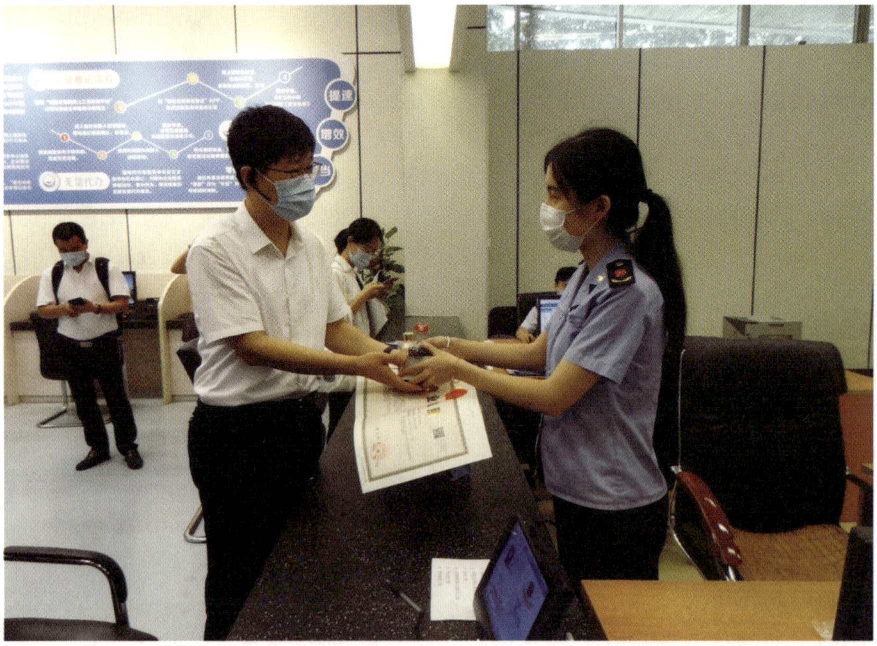

2020 年 7 月 30 日，福州市市场监督管理局推行企业开办“零费用”“零延时”刻章服务 （李颖 摄）

## 市场监管执法

【概况】 2020 年是扫黑除恶三年专项斗争的收官之年，福州市市场监管系统重点开展“六清”行动中的“线索清仓”“行业清源”和“三霸六黑”中的“黑停车场”专项整治。3 月 24 日，市市场监督管理局“停车场违法经营举报”平台上线并受理举报，平台依托“福州市场监管”微信公众号运行，是全国首个专门接受停车场违法经营举报的公众平台。平台全年收到实名举报 174 件，匿名举报 89 件；32 个停车场完成未明码标价、明码标价不规范、收费不规范等问题整改，对 9 个违法停车场予以查处。开展商贸流通行业扫黑除恶治乱；举办扫黑除恶治乱培训班；组织各（县）市开展全市首届打击侵权假冒知识竞赛（预赛和决赛）；在市市场监督管理局门户网站开设“扫黑除恶治乱”专栏，每周更新信息；编印《打击市场销售长江流域非法捕捞渔获物专项行动》《打击治理电信网络新型违法犯罪》宣传彩页。4 月，福州市市场监督管理局被评为 2019 年度全省扫黑除恶专项斗争先进单位。

【工业品质量监督抽查】 2020 年，福州市市场监督管理局开展生产、流通及网络交易全领域线上、线下一体化监管，突出对重点领域商品开展抽检，扩大抽检覆盖范围。依托“12315”投诉举报平台，对各类市场主体投诉、举报情况进行分析，制定全年流通领域商品质量抽查检验工作方案及计划。市本级投入抽检经费 200 万元，组织对生产、流通领域的学生用文具、儿童玩具、消防产品、服装、卫生洁具、电器产品、生活用纸、眼镜产品、小家电、陶瓷砖、水龙头、家用燃气设备、食品接触用品、成品油等 1868 批次商品进行抽检。加强对后处理情况督导工作，要求县（市）区市场监督管理局将后处理情况汇总上报市局，约谈相关企业负责人，确保监督抽查不合格企业的问题整改落实到位，并将抽检发现的不合格消防产品通报消防部门处置。

【广告监管】 2020年，福州市立案查处违法广告案件220件，罚没款305.7万元，其中8件被列入全省虚假违法广告典型案例。市市场监督管理局运用媒体广告监测平台、网络商品交易监管平台等对互联网、电视、报纸等媒介广告进行监测；围绕医疗、保健食品、药品、金融等重点商品或服务，部署农资产品、非法集资、软色情、住宅小区等重点领域专项治理。推动福建海西国家广告产业园区（福州园）建设与发展，市政府出台《福州市人民政府办公厅关于促进福建海西国家广告产业园区（福州园）发展的若干意见》，进一步加大招商奖励、发展奖励、广告新业态等扶持力度。组织2019年度扶持资金申报工作，核拨扶持资金359.23万元。

年内，全市发布公益广告总数为报纸期刊423.3版次，广播电视30.57万次，网站2755条次，“两微一端”19.54万次，其他媒介（包括户外广告、液晶显示屏等）94万条。

【企业信用监管】 2020年，福州市市场监督管理局制定《福州市市场主体信用信息征集及公示办法》《市市场监管局市场监督管理系统行政处罚信息公示暂行办法》《市市场监管局市场监督管理系统行政许可信息公示暂行办法》，以加快推进“一张网”与全市信用平台有机统一、数据归集及信用信息应用提供制度保障。至年底，全市参与归集全省“一张网”信息数量累计159.9万条，其中行政许可信息53.89万条，行政许可变更信息92.75万条，行政处罚信息4.87万条，抽查检查信息4.71万条，联合惩戒信息1710条，小微企业扶持信息3.49万条。完善企业申请移出经营异常名录办事指南，健全经营异常名录申请移出约谈制度。至年底，全市累计列入企业经营异常名录企业61249家，移出企业经营异常名录21571家，其中2020年移出5666家；约谈企业4916家。

【“双随机、一公开”监管】 2020年，福州市发挥市场监管领域跨部门双随机联席会议牵头单位作用，推动“双随机、一公开”监管纳入市政府绩效考评体系。市市场监督管理局联合市税务局、教育局、邮管局、烟草局5个部门制定《2020年上半年福州市企业“双随机、一公开”跨部门联合抽查实施方案》，完成抽查企业2583家；联合市公安局、人社局、统计局、应急局、卫健委、消防支队等7个部门制定《2020年下半年福州市企业“双随机、一公开”跨部门联合抽查实施方案》，完成抽查企业7715家。引入第三方机构辅助检查，通过政府采购公开招标3家会计师事务所辅助年报事项抽查，出具审计报告443份。市市场监督管理局机关各业务处室年初制定的13项抽查任务全部落实。

【电动自行车市场监管】 2020年，福州市市场监督管理局印发《福州市市场监督管理局进一步强化电动自行车源头监管工作方案》，以全市范围内电动自行车生产企业、电动自行车销售店、配件店、维修店等为重点检查对象，以生产经营无3C认证、超标、目录外电动自行车，未建立进销货台账，经营性改装电动自行车等行为为检查重点，开展专项整治工作。全年立案查处违法违规经营电动自行车案件30件。

2019年11月10日至2020年12月31日，市市场监督管理局牵头开展电动自行车回收补偿工作，印发《福州市市场监督管理局关于印发电动自行车回收补偿工作方案的函》。其间，全市回收电动自行车3642辆，其中一卡通补偿1835辆，现金补偿1807辆。

【网络交易监管】 2020年，福州市市场监督管理局部署开展全市网络市场监管专项行动（网剑行动），牵头开展网络化妆品、网络医疗器械、生活垃圾分类、殡仪服务公司监管、二手车市场等专项监管工作，开展网络市场定向监测，发现涉嫌违规问题50个次，列入经营异常名录7个，责令整改27个次，行政指导16个次。查办合同类案件52起，罚没款9.31万元。召开福州市企业复工复产合同风险防控研讨会暨2018—2019年度福州市“守合同重信用”企业公示活动启动会，公示2018—2019年度福州市“守合同重信用”企业658家。

运用“网络餐饮e治理”平台，对网络餐饮市场主体进行“线上线下一体化”的巡查、反馈、处置和跟踪。全年通报并制止网络餐饮违法违规行为1800余个次，锁定违规“黑名单”网店1100余家，收到行业内部举报奖励线索约300条，核实发放奖励70余件，兑现发放举报奖励金近3万元。推进“e治理”平台对接“e福州”市民综合服务平台，开放社会共治有奖举报入口。

【消费投诉举报受理】 2020年，福州市市场监督管理局消费者投诉举报指挥中心依托“12315”市场监管热线及全国“12315”互联网平台共接到消费者诉求258344件，其中咨询172846件，投诉55163件，举报30335件，为消费者挽回经济损失2052.92万元；承接受理、分办福州市“12345”便民服务平台诉求件4094件。

【反不正当竞争】 2020年，福州市立案查处混淆、虚假宣传、商业贿赂、不正当有奖销售等不正当竞争案件17件，均结案，罚没款93.76万元。市市场监督管理局开展的商业秘密保护工作，在全国人大反不正当竞争法专项执法检查中，获得省人大专项执法检查组的肯定。

年内，开展清理存量政策措施，全市梳理出涉及市场经济主体的政策措施472件，其中继续有效436件、拟修改9件、拟废止23件、已废止4件。全市统计出涉及市场经济主体的政策措施204件，进行公平竞争审查204件。开展交叉抽查，抽查政策措施类文件200余件，其中涉嫌违反《制止滥用行政权力排除、限制竞争行为暂行规定》的4件，拟修改2件，因文件时间到期自行作废2件。年内，市市场监督管理局排查上级交办的涉传销线索9条；举办《光影行动·市场印迹》抖音大赛，选送的《幻劫》短视频取得反传销专题一等奖，并参加由中国市场监管报社主办的“第二届禁止传销公益短视频征集活动”，在入围的18件优秀作品中位列第一。

（邹惠珍）

## 食品药品监督管理

【概况】 2020年，福州市以创建“国家食品安全示范城市”为载体，完善食安监管机制，强化从农田到餐桌全过程监管。食品（含食用农产品）抽检量5份/千人，主要农产品质量安全监测总体合格率98%以上，食品质量安全管理岗位人员抽考合格率100%，食品生产取证企业自查报告率100%，县级以上集中式饮用水水源地水质达标率100%。推进治理“餐桌污染”、建设“食品放心工程”，连续20年列入市政府为民办实事项目，主要治理项目持续高于治理指标要求。全市查处食品类行政案件1381件，罚没款1518万元，移送涉嫌犯罪案件13件。市市场监督管理局通过互联网会议APP、微信公众号等互联网手段，采取网络视频远程会议方式，进行医疗器械政策法规宣传、专项检查工作部署、在线网络业务交流解答，组织医疗器械业务工作网络培训会5场，全市800余家三类医疗器械经营企业、医疗机构负责人及质量管理人员1500余人次参加。

年内，在2018年各县（市）区食品药品网格化监管均进入福州市级网格化服务平台运行的基础上，推进食品药品网格化监管工作，全年网格员采集上报数13323件，立案数12885件，核查结案数12331件。其中，食品事件采集上报数12513件，立案数12142件，核查结案数11608件；药品（含医疗器械）事件采集上报数810件，立案数743件，核查结案数723件。

【食品安全生产监管】 2020年，福州市市场监督管理局在全市组织开展食品生产安全风险排查，排查原料把关、非法添加、掺杂掺假、假冒伪劣、管理弱化、虚假标识声称、“塑化剂”污染、疫情期间可能存在的食品生产安全风险等问题；在民生领域损害群众利益突出问题集中整治中，开展食品生产环节“两超一非”（超范围、超限量使用食品添加剂和非法添加）问题专项整治；开展肉制品、包装饮用水、固体饮料、压片糖果、代用茶等产品专项整治。

加强食品加工小作坊规范整治，全市小作坊新发证140本，有取证小作坊597家。年内，福州市打造“星点状集中区域式”的粉干集中加工区的做法在《八闽快讯》第133期和省政府《今日要讯》第103期刊登。

【食品安全流通监管】 2020年，福州市开展“放心食品超市自我承诺活动”，全市25家超市参与承诺活动，签署“放心食品超市自我承诺书”，并在经营场所张贴承诺内容。继续开展食品安全“一品一码”全过程追溯体系建设，全市1247家食品批发、批零经营者在省级追溯平台上注册，上传加工食品追溯信息5448万余条；3200余家重点食用农产品经营主体在市级追溯平台注册，采集农产品进货、配送记录及检验记录3385万余条；鼓楼区、连江县在食品生产经营环节开展“一证通”试点工作，并通过省市场监督管理局现场检查考评。全年市县两级出动执法人员52727人次，检查食用农产品批发市场、农贸市场、商超等经营主体29222个次。年内，完成全市食品销售主体风险风级评定49600家。

【餐饮业食品安全监管】 2020年，福州市餐饮服务单位完成餐饮环节风险等级评定51020家，其中A级50357家，B级621家。全年完成重大活动餐饮服务食品安全保障41场。年内，市市场监督管理局部署餐饮环节食品安全监督抽检2486批次（涵盖学校食堂、幼儿园食堂、集体用餐配送单位和中央厨房等），不合格27批次，均进行核查处置。

全市有25320家餐饮服务单位建成“明厨亮灶”，占餐饮服务单位总数的53.47%，全市学校食堂实现“明厨亮灶”全覆盖。年内，福州市新申报省级“明厨亮灶”餐饮服务示范单位15家，全市建成放心食堂、放心餐厅60家。

【校园团餐监管】 2020年，福州市开展学校团餐情况摸底工作，市市场监督管理局对全市集体用餐配送单位开展地毯式检查，对有开展学校团餐业务的集体供餐配送单位进行登记造册。全市有44家集体用餐配送单位，其中29家向校园供餐。开展学校团餐抽查工作，5月中旬，市市场监督管理局开展校园及供校餐饮服务单位食品安全抽查工作，并将检查情况通报各县（市）区市场监管局。召开全市学校团餐监管工作会议，全市集体用餐配送企业及教育部门、市场监管部门相关工作人员参会。年内，首次将校园团餐纳入智慧监管范畴，探索运用智能平台，通过食品安全全程溯源、明厨亮灶、测温报告、配送时长监控、留样监控等一体化智能手段提升食品安全监督检查效能，强化校园食品安全风险防控，督促落实学校、供餐企业食品安全自查整改。

【食品安全检测】 2020年，福州市市场监督管理局下达市本级食品安全监督抽检任务6560批次（含食用农产品2886批次），完成食品监督抽检6672批次，不合格56批次，不合格率0.84%；其中食用农产品2983批次，不合格30批次，不合格率1.01%。在市市场监管局网站上公开市本级监督抽检信息44期，公开监督抽检数据9765批次，其中不合格食品85批次，不合格率0.87%，并对不合格项目相关知识进行解读。通过组织承检机构抽样人员业务考试、召开承检机构监督抽检质量分析会、承检机构抽检质量飞行检查等举措，提升食品监督抽检质量。

推进食品安全风险隐患排查，针对食用农产品、散装食品、餐饮食品、现场制售食品、预包装食品等覆盖重点单位、重点品种、重点项目开展食品安全快速检测18087批次，检验出阳性样品（涉及茄果类蔬菜、食用菌类蔬菜、浆果类水果、贝类水产品、甲壳类水产品、淡水鱼类水产品、豆制品、淀粉制品、畜禽肉及其制品）68批次，样品合格率99.62%。

【食品安全突发事件应急演练】 2020年12月7日，福州市市场监督管理局承办福建省重大（Ⅱ级）暨福州市较大（Ⅲ级）食品安全突发事件应急演练，是市场监管体制改革后，福建省、福州市举行的首次大型食品安全突发事件应急演练，实现省、市、县三级联动，各级食安委成员单位100余人参加。演练首次

2020年12月7日，福建省重大（Ⅱ级）暨福州市较大（Ⅲ级）食品安全突发事件应急演练在福州举行 （王洁 摄）

运用网络直播技术将主会场和闽侯县、仓山区（2个）、长乐区（4个）异地分会场实况直播相结合，通过《直播福建》、新浪福建、福州市场监管、福建市场监管官方抖音号面向全网同步直播，全网150余万人次观看演练实况。

【药品流通监管】 2020年，福州市市场监督管理局出动日常监管检查人数9256人次，检查连锁门店102家次，单体药店2071家次，医疗机构1885家次，疾控中心14家次，预防接种单位226家次，警告27家次，责令限期整改87家次，对12家涉嫌违规的药店移送稽查部门处理，责令停业1家。年内，市市场监督管理局与市医保局联合出台《关于支持和鼓励药品零售连锁企业创新发展的意见》，涉及企业兼并重组、信息化技术应用和管理、优化监管促发展等11项措施，针对滋补中药材经营、电子处方应用、换证材料提供等问题制订监管标准。

含可待因复方口服液体制剂专项整治 市市场监督管理局与市卫健委联合下发《开展含可待因复方口服液体制剂等特殊药品专项检查的工作方案》，向药品经营使用单位发放《含可待因复方口服液体制剂等特殊药品管理告知书》，并指导企业在店堂张贴，要求企业做好自查承诺；突出重点环节和关键管理规范要求，对零售药店和医疗机构分别制定检查要求。专项检查期间，全市系统检查药品经营企业853家、药品使用单位1032家，未发现有超范围经营含可待因复方口服液体制剂等特殊药品的行为。

中药饮片专项整治 市市场监督管理局印发《福州市中药饮片专项整治工作方案》，在全市开展为期一年半的中药饮片专项整治工作。年内检查药品零售企业884家次，使用单位649家次，采取告诫、约谈、限期整改等措施75家次；移送生产领域违规加贴饮片标签线索1件；抽样中药饮片138批次，均合格；立案查处32件，罚没款86.9万元。

药品追溯体系建设 市市场监督管理局成立药品信息化追溯体系建设专项工作组，负责分类分步推进实施药品零售环节血液制品、国家集中采购和使用试点中标品种等重点品种药品信息化追溯各项具体工作。在前期调查摸底的基础上，开展药品信息化追溯体系建设工作宣传，强化零售企业药品追溯工作责任意识和主体意识，推动经营血液制品、国家集中采购和使用试点中标品种的零售药店实现扫码追溯管理。

药品网络销售违法违规行为专项整治 市市场监督管理局组织监督企业围绕专项整治8个方面15项检查重点开展自查自检与整改，1761家药品零售企业完成自查自纠，734家药品网络销售企业报备网络销售情况。专项整治期间，市县两级市场监督管理局在对药品流通企业进行日常监督检查时，对其线上销售情况进行同步检查。自3月国家药监局药品网络交易监测信息系统启用运行后，未收到省市场监督管理局转交办的网络交易违法违规线索。

【医疗器械监管】 2020年，福州市市场监督管理系统出动检查人员7464人次，检查企业3541家次（其中经营企业2007家次，使用单位1534家次），责令整改460家（其中经营企业377家次，使用单位83家次），注销《医疗器械经营许可证》116家，标注“二类经营备案凭证”54家，处理投诉举报件298件，立案查处各类医疗器械案件60件，罚没款590余万元。全年医疗器械经营使用环节质量安全总体平稳，未发生医疗器械质量安全事故。

年内，市市场监督局制订医疗器械国家级监督抽验和省级监督抽验计划，加强重点品种靶向抽检，按流程完成5批次国抽和46批次省抽产品的抽样、寄样和信息录入等各项工作。

【一类医疗器械备案清理规范】 2020年，福州市市场监督管理局根据一类医疗器械产品备案清理规范工作要求，重新调阅辖区内医用冷敷类、创面敷料类、核酸提取试剂类等92份产品备案卷宗，审核一类医疗器械生产企业在产品备案时提供的技术要求、产品说明书、标签等方面的备案材料，并结合现场核查情况，注销4本产品成分有异议、13本无生产场所或生产条件不符合要求的产品备案凭证，变更60本备案不规范的产品备案凭证。

【医疗器械唯一标识系统试点】 2020年，福州市开展医疗器械唯一标识系统试点工作，市市场监督管理局联合市卫健委、市医保局下发《关于进一步做好全市医疗器械唯一标识系统试点工作的通知》，明确三部门职责分工和试点品种，遴选出代表性的4家批发企业、3家医疗机构列入市级试点单位。通过现场和网络视频相结合方式开展推进全市医疗器械唯一标识系统（简称“UDI”）实施培训，受训人员300余人。结合骨科植入性医疗器械标准化管理调研，推进UDI试点工作。年内，福州市第二医院在首届中国医疗器械智慧创新发展大会上获“UDI创新之星”称号。

【医疗器械代贮代送经营监管】 2020年，福州市市场监督管理局完成对全市8家代贮代送经营企业覆盖检查，统一全市代贮代送和委托配送企业随货同行单格式，杜绝产品“体外循环”问题发生。

【医疗器械专项检查】 2020年，福州市市场监督管理局发放无菌植入经营企业自查表2206份，收回自查表2206份，自查率100%；发放使用单位自查表3945份，收回自查表3945份，自查率100%。开展无菌和植入性医疗器械检查专项整治，出动检查人员3574人次，现场检查无菌植入经营企业808家，抽查率36.6%，现场检查使用单位875家，抽查率22.1%，二级以上医疗机构现场检查覆盖率100%，查处无菌植入类医疗器械经营使用违法案件20件。

开展体外诊断试剂专项检查，出动检查人员1198人次，检查体外诊断试剂生产企业4家次、经营企业397家次、使用单位198家次，立案9件。

开展避孕套经营环节专项整治，出动执法人员1505人次，检查企业733家次，责令整改39家，整改复查4家，标注二类经营备案凭证10家，查处未经备案从事经营（含网络销售）医疗器械案件10件，警告2家，罚款0.6万元。

开展装饰性彩色平光隐形眼镜专项检查，出动检查人员260人次，检查经营企业136家，责令整改6家，注销10家经营许可证，查处游商小贩数13个，立案查处1家；警告1家。

（邹惠珍）

## 质量监督管理

【概况】 2020年，福州市市场监督管理局开展卓越绩效管理公益巡诊活动，选择13家培育企业，委托第三方机构开展质量专家进企业公益诊断服务，引导企业导入实施卓越绩效管理模式，争创各级政府质量奖。举办小微企业公益培训班，邀请省内质量管理专家讲授质量管理基础知识，近百人参加培训。推进养老服务领域质量提升，配合民政等相关部门，贯彻落实《福州市加快推进养老服务发展（2020—2022年）实施方案》《福州市居家社区养老服务集成改革试点总体方案》等要求。5月，福州市因推进质量工作成效突出，获国务院办公厅发文通报激励（全国仅10个地方）。

【质量品牌发展战略】 2020年，福州市市场监督管理局动员组织丹诺西诚、福建奔驰、永荣锦江、坤彩科技、天马科技、盛辉物流、省建筑设计院、工业设备安装公司8家企业申报2020年度（第七届）福建省政府质量奖，涵盖制造业、服务业、建筑业等领域。年内，市政府修订出台《福州市政府质量奖管理办法》，提高奖励额度，调整充实福州市政府质量奖评审委员会；启动第五届市政府质量奖评审工作，全市20家企业申报参评，5家企业（盛辉物流、省建筑设计院、东龙针纺、新福兴玻璃、祥龙塑胶）列入获奖建议名单。开展省政府质量奖市级奖励工作，安排发放第六届省政府质量奖获奖企业（新大陆、恒杰、坤彩）市级奖励金250万元。组织新大陆数字技术股份有限公司、福建恒杰塑业新材料有限公司、福建坤彩材料科技股份有限公司等第六届福建省政府质量奖（含提名奖）获奖企业，开展“云上经验分享”活动，由企业负责人介绍质量管理方法，并通过新浪微博及抖音平台进行播放。

【质量强市创建】 2020年，福州市调整充实市质量强市工作联席会议制度，由市政府主要领导担任召集人，部署开展9月“质量月”系列活动。在疫情防控常态化的条件下，采用线上线下相结合的方式，借助福建电视台、抖音、新浪等媒体平台，开展“质量月”启动仪式、质量主题宣传、省政府质量奖获奖企业云上经验分享等活动。活动期间，福州市“质量月”系列活动线上播放量突破百万次，各级媒体刊载30余篇次。市市场监督管理局组织编印新一版《福州市小学生质量安全知识读本》，于“质量月”期间联合市教育局发放至全市各小学。开展满意度测评工作，结合质量强市创建、政府质量工作综合评价，组织开展服务业顾客满意度、市民质量满意度测评工作，并委托第三方机构编制2020年度城市质量发展状况分析报告。开展政府质量工作综合评价相关工作，在省对市2019年度质量工作综合评价中，福州市继续获评A级。组织开展对各县（市）区政府2019年度质量工作综合评价，经综合评价，各县（市）区均为A级。

【标准化管理】 2020年，福州市企（事）业单位主导或参与制定国家标准44项、行业标准10项、地方标准7项、团体标准8项，在建国家级高新技术产业标准化试点项目1个、国家级农村综合改革标准化试点项目1个、国家级农业标准化试点项目1个、国家级服务业标准化试点项目2个、国家级团体标准试点项目1个、省级农业标准化示范区5个。福州市树人家政服务有限公司通过国家级家政服务标准化试点考核验收。5个省级农业标准化试点项目通过终期评估验收。5项标准获2020年福建省标准贡献奖。

【计量监管】 2020年元旦、春节和“3·15”等重要时间节点期间，福州市组织开展民生计量检查，抽查部分集贸市场、超市、加油站，并通过电视台等进行监督报道。组织开展安全防护用计量器具监督检查，全市出动执法人员560人次，检查企业278家，抽查4895台件，立案处罚1件。组织开展定量包装商品净含量计量监督随机抽查工作，选取茶叶、小食品、食用油、调味料、熟肉制品、米、电线电缆等7种商品，抽取30家企业，对定量包装商品净含量的标注和定量包装商品净含量的检验两个指标进行检验。组织开展集贸市场计量专项检查，全市出动执法人员546人次，检查集贸市场181家次，检查电子秤1006台，帮扶3家集贸市场建立计量管理制度，1家集贸市场规范设置公平秤；发现未执行强制检定电子秤9台，超过检定周期电子秤55台，立案4件；打击生产、销售、使用以欺骗消费者为目的的电子秤的违法行为，立案查处2家销售作弊秤商户，查处一起使用作弊秤违法行为。组织开展眼镜制配场所计量专项监督检查及对2019年专项检查情况和诚信计量活动开展情况“回头看”，全市检查验配眼镜店334家，检查计量器具877台，其中70台超过检定有效期，现场责令经营者整改。组织开展2020年计量单位使用情况专项监督抽查，抽查有关单位5家，抽查样品总数76件，抽查合格率85.53%。

**【计量技术建设】** 2020年，福州市新建社会公用计量标准7项，1项在申报考核，复评审25项。福清市计量检测所制定的两项福建省地方计量技术规范《加油站油气回收装置校准规范》于5月19日发布实施，《洁净工作台校准规范》于12月16日发布实施。采用现场检查、复核检定等方式加强对计量授权单位的监督管理，市市场监督管理局委托省计量院对计量授权单位强检计量器具（水表）进行复核检定，并下发《福州市市场监督管理局关于加强计量授权监督管理的通知》。

**【计量宣传培训】** 2020年，福州市市场监督管理局围绕世界计量日主题“测量支撑全球贸易”和中国特别主题“计量精准战‘疫’、助力复工复产”，开展“5·20”世界计量日宣传活动，组织辖区内80家中小企业430人观看“计量服务中小企业网络大讲堂”活动；邀请省计量院专家解读重点用能单位能源计量审查规范，105家重点用能单位相关管理人员参加培训。

2020年，全国首个“3C免办证明”区县窗口落户福清　（李颖　摄）

**【特种设备管理】** 2020年，福州市在册特种设备数量108731台（套），比上年增加12850台套，增长13.4%，设备总量与增量均位列全省第二。其中，锅炉3216台，压力容器17677台，电梯67501台，起重机械14783台，场（厂）内专用机动车辆5395辆，大型游乐设施156台，客运索道3条。

年内，市市场监督管理局开展“清网行动”，全市处理重要事项1869件，涉及特种设备5731台（套）；出台特种设备安全目标责任制季度考核机制，对各县（市）区市场监督管理局“四个率”实行季分析、季通报考核跟踪举措，全市特种设备使用登记率99.94%，定检率99.71%，重要事项闭环率99.95%。对全市2.4万家特种设备生产使用单位进行全面分类整理，梳理年度日常监督检查计划1940家，制定下发年度日常监督检查计划实施方案，年内全部完成。

制定《福州市特种设备安全隐患大排查大整治攻坚行动工作方案》，以气瓶、压力管道、大型游乐设施、电梯为重点，开展特种设备安全隐患大排查大整治攻坚行动。全年出动执法人员3770人次，现场检查特种设备生产使用单位1940家，排查一般安全隐患348处，全部完成整改。全市发出监察指令书348份，查办特种设备案件66件，罚款183.51万元。

创新专家会诊模式，筛选20家规模较大、特种设备数量较多、风险等级较高的大型化工企业、火力发电企业、冶金企业等特种设备使用单位及压力管道元件制造单位，通过政府购买服务的方式，从高校、企业、检验机构等渠道聘请专业人员，对重点企业进行专项检查、专家会诊。全年组织特种设备安全专家及监察人员183人次，对20家单位全部完成专家会诊。

推动电梯“96196”应急救援平台与电梯微信公众监督平台融合应用，指导县（市）区市场监督管理局对“96196”救援信息、微信不满意评价信息、维保记录信息等进行综合分析，对救援不及时、未及时上传维保记录和未及时回复评价的维保单位进行约谈、处理。福州“96196”救援指挥平台全年接听热线电话10461通，其中投诉咨询类电话7980通，困人故障电话2481通，解救被困乘客4355人，应急救援抵达现场平均时间15.2分钟。电梯微信公众监督平台实时上传维保记录400余万条，维保单位及时处置电梯不满意评价诉求5000余条。

**【认证与检验检测监管】** 2020年，福州市针对口罩、防护服等防疫用品，组织开展防疫用品领域认证活动专项整治行动，重点查处非法认证、虚假认证、买证卖证及哄抬价格、串通涨价、价格欺诈等违法行为，全年移送违法线索6

条，立案查处违法案件2件，罚没款6万元，实现全省防疫用品领域认证案件零突破；向广大企业和社会群众普及辨别CE、FDA认证真伪的基础知识，引导企业选择合法合规认证机构办理国外标准认证或注册。

推进“3C免办”业务，对符合“3C免办”条件的疫情防控物资和企业复工复产所需的产品，实行即申请即办理，全年受理企业申请168家，核发“3C免办证明”168张，涉及产品88.41万件；下放办理权限，推动福清市成为全国首个能够直接办理“3C免办证明”的县（市）区；加强“3C免办”相关政策、制度和办事指南宣传，为企业提供一对一的咨询服务和行政指导；加强证后监管，制定“3C免办”证后监管规定，通过明晰属地监管职责、健全市县两级互联互通机制、实施分类监督检查，全市市场监督管理系统全年出动执法人员656人次，检查相关企业40家，涉及“3C免办证明”328张、产品206.96万件。

认证领域按照不低于15%的比例对强制性产品、管理体系、有机产品的认证活动开展监督抽查，对消防产品强制性认证活动进行全覆盖检查。全市市场监督管理系统检查认证1802件，检查企业874家，涉及认证机构101个。依托风险等级和信用等级，设定检查比例，对获证企业实施差异化监管，检查强制性产品获证企业98家。对有机产品获证企业开展全覆盖检查，以不低于20%的比例开展食品安全管理体系（FSMS）认证、危害分析及关键控制点（HACCP）体系认证监督检查，检查相关获证企业79家。检验检测领域以机动车、生态环境、食品、建筑等领域为重点，开展“双随机、一公开”监督抽查，检查检验检测机构96家，责令整改25家，移送违法案件8件，立案6件。年内对23家机动车检验检测机构开展监督检查。

（邹惠珍）

## 市场监督法制建设

**【概况】** 2020年，福州市市场监督管理局印发《福州市市场监督管理局2020年推进依法行政工作意见》，从完善党领导市场监管法治工作机制、市场监管法律规范体系、市场监管法治监督、市场监管法治宣传、市场监管法治保障5个方面提出18条工作措施；出台《福州市市场监督管理局关于促进平台企业健康发展的若干意见》《福州市市场监督管理局防控新冠肺炎疫情支持企业复工复产若干措施》，推出帮扶企业融资减负、支持疫情防控企业、优化审批服务、包容审慎监管、宽严相济执法等举措；印发《福州市市场监督管理局关于进一步规范“两品一械”投诉举报处理工作的通知》，规范药品、医疗器械、化妆品投诉举报处理工作，对市县两级市场监管部门相关投诉举报处理事权和流程予以明确；下发《关于进一步明确药品监管事权有关问题的通知》，对市县两级市场监管部门关于药品零售连锁企业门店的监管事权予以细化划分。

年内，市市场监督管理局向市司法局报送6份规范性文件备案，废止规范性文件1份；梳理更新权责清单，市市场监督管理局权责事项清单事项776项，其中行政许可25项，行政处罚607项，行政强制29项，行政确认2项，行政监督检查39项，行政裁决3项，行政奖励6项，其他行政权力24项，公共服务6项，其他权责事项35项。组织药品监管人员、药品从业人员、社会公众参加全国“两法”知识竞赛，参与市司法局、市依法治市办与福州广播电视台主办的《我执法我普法》广播直播互动节目。

**【执法监督】** 2020年，福州市市场监督管理完成省药监局检查调研组的药品行政执法专项监督检查和法治调研，报送6个行政处罚案卷、2件典型案例参加省市场监督管理局召开的2020年度全省市场监管行政执法案卷评查会，配合省市场监督管理局报送2个行政处罚案卷参加国家市场监管总局案卷评查，组织开展全市市场监管部门行政处罚案卷评查、全面推行行政执法三项制度和行政规范性文件合法性审核机制落实情况专项监督等专项执法检查。

配合市场监督管理总局开展市场监管法治建设行政复议典型案例评选活动，组织全市市场监督管理系统撰写行政复议典型案例，向省市场监督管理局选送对规范行政执法、办理行政复议案件具有示范指导作用或对市场监管部门完善制度有参考借鉴价值的典型案例7件，其中1件案例获省市场监督管理局选送参加总局复议案例交流。年内组织案件听证3场；审理复议案件77件，其中作出撤销决定9件、调解结案3件；应诉29件，局领导出庭应诉2件。

**【行政案件执法】** 2020年，福州市市场监督管理领域立案3874件，结案3927件，罚没款4514.46万元。其中，食药类案件立案2097件，结案2086件，罚没款2455.52万元；工商类案件立案1148件，结案1210件，罚没款1078.8万元；质监类案件立案351件，结案354件，罚没款371.54万元；价格类案件立案275件，结案276件，罚没款608.41万元。市市场监督管理综合执法支队立案173件，结案168件，罚没款650.97万元，个案罚没款最高531.28万元，办理吊销类案件775件。

加强对县（市）区市场监管局执法办案的检查督查，重点加大对督办件、转办件、协查件办理情况的督查，全年转办案件线索242件，食品药品类案件协查件27件。落实与公安、检察机关的联席会议制度，全市市场监督管理系统移送公安案件24件。运用数字执法设备支持完成10项专项行动，采集、分析、整理涉网信息28.55万条，固定网络证据603件，视频取证529分钟。更新网站、网店主体数据库11.6万个。《打造电子商务诚信交易服务平台探索市场监管执法新手段》入选市场监督管理总局《市场监管执法稽查先进事迹汇编》，《互联网弹窗广告的取证方法——某医院发布违法弹窗广告案》入选市场监督管理总局《广告违法行为案例评选》。

加强价格监督管理，开展防疫用品、重要民生物资价格专项检查，指导28家企业签订疫情防控承诺书，查处89件防疫用品、68件重要民生商品价格违法案件。推进残疾人车辆免费停放政策落地，检查155家政府定价停车场优惠政策执行情况，整改规范38家。推进13家市属公立医疗机构建立完善收费内部自查制度。开展涉企收费清理整治，牵头联合六部门建立福州市涉企收费治理工作联席会议制度，组织福州市各市直部门及其下属单位、市级行业协会、商会等单位完成涉企收费自查自纠，完成16项政府定价管理涉企收费事项、168项行业协会商会涉企收费事项、74项保留为行政审批必要条件的中介服务事项全面公示。督促部门清退违规收费432.53万元。开展转供电、供气、港口、公路铁路等环节落实降费政策情况检查，检查98家转供电主体，91家港口企业，20家铁路、公路单位，推动降费政策传导至下游企业，减轻企业负担3000余万元。

（邹惠珍）

2020年6月4日，福州市市场监督管理局联合市消委会对首批线下无理由退货示范单位进行调研回访　　（吴承璐　摄）

## 消费维权

【概况】　2020年，福州市消委会受理消费者投诉2032件，解决结案2032件，结案率100%。为消费者挽回经济损失231.08万元，其中欺诈行为得到加倍赔（补）偿38件，赔（补）偿金额6.96万元。生活社会服务类、食品类、家用电子电器类位居投诉类别前3位，分别占投诉总量的17.08%、15.01%、9.30%。质量问题、合同纠纷、售后服务位居投诉性质前3位，分别占投诉总量的28.44%、17.42%、15.80%。年内，开展“3·15”消费维权宣传活动，与福州市律师协会线上发布2019年消费投诉十大典型案例，在全省率先向社会公布首批“福州市线下无理由退货承诺示范单位”名单，组织消费者参加省消委会开展的“3·15”绿色家装网络知识竞答、有奖问卷调查、专家直播咨询等消费宣传教育系列活动。

【商品质量抽检】　2020年，福州市消委会与省消委会对6家生鲜电商平台的商品和服务质量开展比较评测，涉及22次消费、126件生鲜食品，横向评测货品供应、配送服务、计量称重、感官质量、包装标识、商品价格等项目，并从推动行业发展方面，提出加强系统建设、明示配送时间、完善配送服务、加强配送管理、保护个人信息、加强售后保障等建议。联合省消委会开展共享充电宝比较试验，抽查8个品牌16款共享充电宝，并委托福建省产品质量检验研究院对常温下的有效输出容量、过充电保护、过放电保护、短路保护、常温外部短路5个项目进行检测，发现5成以上样品常温有效输出容量低于标称额定容量、产品外在标称标识及警示说明全部不规范等问题，年内发布共享充电宝比较试验结果及消费提示。

【消费宣传教育】　2020年，福州市消委会发出“凝聚你我力量，齐心防控疫情”倡议，提供疫情防控政策信息及消费维权指导，发布“2019年消费投诉十大典型案例”，开通“福州市消费者权益保护委员会”今日头条号，发布警示提示、消费常识、维权动态262篇。动员社会力量参与“凝聚你我力量，让消费更温暖”大型社会公益活动，联合市市场监督管理局推进线下实体店无理由退货承诺工作，永辉、沃尔玛、天虹百货、红星美凯龙等107家企业和商家参与并作出承诺。

【社会质量检查】　2020年，福州市消委会通过联合市市场监管局发函市消费者权益保护工作联席会议成员单位、组织开展专家学者、消费品行业企业经营者和消费维权志愿者无接触访谈等形式，收集政府及有关部门、消费品行业企业和消费者的意见建议，共同探讨消费环境优化改进措施。联合省消委会开展元旦春节黄金珠宝市场、绿色家装消费、中秋国庆消费市场3场消费体察活动，组织消费者实地参观生产经营企业，学习了解珠宝玉石、绿色家装产品、葡萄酒等商品选购知识，促进经营者提升产品和服务质量。关注消费舆情，对电商平台“划线价”误导消费者、教育培训机构预付式收费风险、健身会所拒不履行服务合同等热点主动发声，约谈餐饮酒店、汽车销售企业、建材家装企业等12家，并向部分未能积极配合调解或经约谈仍拒不作出整改的单位发出劝谕，联合福清市消委会和福州市律师协会提起全省首例预付卡消费纠纷支持起诉案件。参与政府职能部门组织的消费市场专项执法检查，配合市场监管等执法部门开展校园周边玩具、防疫物资（非医用）等专项整治，查处销售假冒伪劣和不合格商品违法行为。

【消费案例举要】　2020年1月22日，江苏省消费者田女士投诉，称其通过旅游网络平台预订福州某酒店1月25—29日的套间，并预付房费608元。但由于新冠肺炎疫情发生，其根据所在医院要求需随时待命，参与疫情防控工作，致使行程取消。在与旅游平台及酒店交涉未果后，田女士希望协助取消酒店订单，退回预付房款。经调解，酒店表示在消费者提供医务工作证明等材料后，即可为其办理客房退订、退款手续。

2月20日，陈女士等14名消费者投诉福建某教育科技有限公司，称2019年11—12月期间在该公司为孩子报名参加2020年2月初举行的研学旅行活动，但由于受新冠肺炎疫情影响，孩子无法参加活动，提出退还所缴款项，而公司一直未予以退款。经调解，消费者通过邮件方式先行提交退款申请，公司承诺3月1日起按照登记顺序及原先缴款渠道将款项予以退还。3月1日，该公司回复称全部完成退款手续，退款总金额55万元。

3月3日，陈先生投诉福清市某水塔制品厂，称其在2019年12月向该厂购买一个价格为2800元的2吨水塔，事后测量该水塔实际容积约1吨。陈先生联系厂家要求更换，厂家先是以行规为由予以拒绝，之后又在退货方面提出苛刻条件。陈先生对此做法不予认可，要求厂家按照约定更换2吨水塔。经调解，厂家同意为陈先生免费更换水塔。

4月28日，王女士等8名消费者投诉福清市音西某服饰店，称在该店办理会员卡并充值消费，但2019年11月该店在未事先告知的情况下变更店名及服装品牌，2020年4月又声称将于5月底提前撤铺，要求消费者尽快消费完卡内余额，否则只能到外地的实体店或网上商城消费。消费者对此做法不予认可，要求退还预付剩余款项，遭到拒绝。鉴于该店经约谈后仍拒不履行法定义务，福清市消委会终止调解，同时市消委会联合福清市消委会、福州市律师协会法律援助公益诉讼委员会支持王女士等3名消费者提起诉讼。经福清市人民法院调解，双方达成解除服务合同的调解协议，由该服饰店全额退还3名消费者预付款项45510元。

5月23日，陈女士投诉长乐某美容美体会所，称其5月4日到该会所进行艾灸，却在艾灸过程中被商家意外烫伤，在皮肤上留下3处伤口发炎仍未愈合。在与该会所协商未果后，要求该会所赔偿医药费用和后期伤疤修复费用。经调解，由该会所退还陈女士等2人的充值款项97198元，并一次性赔偿陈女士2.6万元。

6月22日，林先生投诉福州某空调售后服务有限公司，称其2017年5月在福州市鼓楼区某电器商行购买某品牌一拖四中央空调一组，并签订家用中央空调销售安装合同，但在安装后空调制冷效果一直不佳。等再次反映中央空调不制冷问题时，商家告知不再代理某品牌空调销售，让林先生联系空调品牌售后处理，售后人员却告知是由于空调安装问题造成的，要找商家进行维修。由于商家与品牌售后相互推诿，要求品牌售后检查空调相关问题，确保在保修期正常使用。经调解，该品牌售后同意为林先生上门免费维修，并继续提供售后服务。

7月14日，林先生投诉长乐区潭头镇某农药化肥店，称其6月在该店购买5包除草剂合计金额50元，并喷洒种植的0.33公顷葱，事后却发现地里的葱全部枯死。林先生找到商家进行交涉，要求赔偿但遭到拒绝。经实地查看及现场调解，该店承认自身存在过错，同意赔偿林先生1.2万元。

7月30日，林女士投诉，称其7月29日在一电商平台的某品牌茶业旗舰店购买5饼简装的3年白茶一件，商家销售页面标注原价6000元，折扣后270元。在收到茶叶并进行冲泡品尝后，觉得该茶叶不值6000元，怀疑商家虚构原价，涉嫌价格欺诈，要求商家按照消法规定退一赔三。经调解，由某品牌茶业旗舰店为林女士办理退货手续，退还购茶叶款265元，并赔偿500元，同时对电商平台销售页面标注进行整改，删除相关划线价签。

9月30日，陈女士投诉福建某汽车销售服务有限公司，称其5月30日在该公司以按揭贷款方式购买汽车，并与该公司签订汽车买卖合同及乘用车买卖确认书，约定交车时间为开票后20个工作日。在交车时间到期后，该公司一再以集团资金出现问题，无法向银行取得质押的车辆合格证及钥匙为由拖延交车，也不为其办理退款，致使其未能提到车辆，反而还承担3期的车辆银行按揭贷款。在向该公司及其控股股东发出劝谕，警示消费者暂勿前往该公司购车的同时，敦促金融贷款机构等相关责任方解决纠纷，陈女士于10月22日成功提车。

（邹惠珍）

## 知识产权管理

【概况】 2020年，福州市发明专利申请量、授权量分别为10944件和3417件，均跃居全省首位；至2020年底，有效发明专利拥有量累计17159件，连续10年领跑全省；每万人发明专利拥有量23.377件，位居全省第二。新增有效注册商标4.73万件，累计有效注册商标24.67万件。新增3件地理标志证明商标，累计有地理标志保护产品11件、地理标志商标29件。年内，在全国首创“知识产权贯标+专利导航”双培育模式，新增贯标培育单位79家，通过贯标认证企业81家，推动48家企业开展专利导航分析评议。新增省、市知识产权示范（优势）企业50家。推动知识产权金融工作，全市52家企业获得专利权质押贷款额度19.85亿元，比上年提升388%，跃居全省第一。专利标准融合发展试点工作被列入全省唯一一个专利与标准融合机制创新试点项目。

【知识产权示范城市建设】 2020年，福州市加强对县域知识产权的指导和支持力度。鼓楼区、仓山区和闽侯县连续多年稳居福建省县域专利实力前五强，闽侯县、仓山区、鼓楼区专利申请量分别为7424件、5471件、5194件，福清市、仓山区、鼓楼区、晋安区、马尾区、闽侯县、长乐区7个县（市）区开展新一轮强县建设。福州高新区加强建设国家知识产权试点园区和国家专利审查员实践基地，引进国家知识产权局专利审查协作福建分中心、国家技术转移海峡中心、国家专利技术（福建）展示交易中心等专利服务平台及专利代理服务机构，打造知识产权服务业集聚区。

年内，全市发明专利奖励资助通过福建省专利申请资助管理信息系统实现全流程网上办理，全年受理国内外专利资助与奖励6388件，金额2577.64万元；为51家次发放知识产权示范（优势）企业奖励经费945万元，为50家次企业发放知识产权贯标资助经费776万元，为27家次企业发放专利保险保费补贴8.14万元，为14家次企业发放专利权质押贷款贴息经费205.5万元，为6家代理机构发放奖励52.8万元。

【知识产权创造】 2020年，福州市专利申请量36083件、专利授权量25535件，其中发明专利申请量与授权量分别为10944件、3417件，占全省发明专利申请量与授权量31.13%、33.34%，均跃居全省首位。全市专利申请结构调整逐步实现从注重量到注重质的发展态势，其中发明专利申请量占全市专利申请总量30.33%（比全省高10.84个百分点）。全年PCT申请692件，居全省第3位。全市有效发明专利数量17159件，居全省第1位，占全省比重33.81%；每万人发明专利拥有量23.377件，居全省第二位。企业有效发明专利量占全市比重54.45%。年内，全市新增有效注册商标4.73万件，累计有效注册商标24.67万件；新增闽清陶瓷（19类）、闽清毛脚鸡（29类和31类）3件地理标志证明商标。

【知识产权运用】 2020年，福州市开展知识产权试点示范（优势）企业培育，新增各级知识产权示范（优势）企业50家，其中省知识产权优势企业15家，市知识产权示范企业35家。年末全市有各级知识产权示范（优势）企业610家，其中国家级78家，省级205家，市级327家。福州市知识产权局、新大陆数字技术股份有限公司、锐捷网络股份有限公司及福建光阳蛋业股份有限公司等4家单位各1名企业知识产权工作负责人获国家知识产权局“2019年度企业知识产权工作先进个人”称号。连江鲍鱼行业协会、福州市园艺学会被评为福建省2019年度优秀地理标志商标注册人，全省仅12个名额。

推行“知识产权贯标+专利导航”双培育模式，全年新增贯标培育单位79家，通过贯标认证企业81家，推动48家企业开展专利导航分析评议。年末全市累计贯标培育单位210家，通过贯标认证企业187家，累计88家企业开展专利导航分析评议。

推广专利权质押融资工作，开展知识产权质押融资需求摸底调查，探索构建“银行+保险公司+担保机构+政府”等多方参与的知识产权质押融资模式，市市场监督管理局与招商银行、长乐农商、海峡银行、厦门国际银行等10家银行对接，推进银行知识产权质押贷标准化流程建设；与北京软件和信息服务交易所有限公司福建工作中心签订战略合作协议，按照“数据+政府+企业”三级模式提供特色普惠服务，与招商银行、建设银行签署战略合作协议，总授信额度60亿元，将全部用于服务中小企业各项普惠金融项目。全市52家企业获得专利权质押贷款额度19.85亿元，比上年提升388%，跃居全省第一，省、市两级财政为14家企业下达贴息411万元。全年219家企业获得专利权质押融资额度56.41亿元，推动省、市两级财政累计为全市54家次企业下达专利权质押贷款贴息资金1687.1万元。

推进专利保险试点城市工作，福州市作为全省唯一国家专利保险试点城市，拓展专利保险服务覆盖面，推出专利保费补贴福利，全市32家企业为310件专利投保专利保险，保障金额366.7万元，至年底，全市累计407家企业为3546件专利投保专利保险，保险保障金额5356.3万元，推动省、市两级财政为334家次企业下达保费补贴近150万元。

推进专利标准融合发展试点工作，福州经济技术开发区管理委员会、中国（福建）自由贸易试验区福州片区马尾区块通过试点项目建设，探索建立专利与标准融合长效机制，形成可复制可推广的典型案例，促进试点企业提升专利与标准的融合创新能力。

【知识产权保护】 2020年，福州市调整升级专利侵权纠纷人民调解委员会为知识产权纠纷人民调解委员会，依托福州市知识产权维权援助中心和高新区开展工作。建立知识产权维权援助和行政执法协作机制，市市场监督管理局制定出台《福州市知识产权维权援助协作单位和知识产权维权援助专家管理办法（试行）》，建立知识产权维权援助协作单位和专家库，加强知识产权维权援助过程中的专业技术支撑。建立知识产权仲裁机制，市市场监督管理局与福州仲裁委达成《福州仲裁委员会仲裁合作协议》，成立福州市知识产权仲裁中心。建立行政司法合力调解机制，市市场监管局、市市场监督管理综合执法支队、市知识产权中心、市知识产权维权援助中心、市知识产权纠纷人民调解委员会成为福州知识产权法庭知识产权纠纷特邀调解组织，接收法院委托调解案件。建立“互联网+”知识产权保护机制，上线运行“专利纠纷在线调解平台”，以云计算、物联网等“互联网+”核心技术为支撑，提供线上业务咨询、线上维权、专家预约、资讯浏览等服务，全年开展知识产权纠纷线上“云调解”8件。年内，市市场监管局、市财政局联合出台《福州市知识产权重大违法行为举报奖励试行办法》，社会公众通过书面材料、“12315”平台或举报电话等形式向全市各级市场监管部门举报属于办法规定的知识产权重大违法行为，并符合办法其他有关规定的，最高可获得30万元举报奖励。

年内，市市场监督管理局部署开展全市知识产权行政保护专项行动、知识产权服务业“蓝天”行动、打击与新冠肺炎疫情相关非正常商标申请代理行为专项行动等，强化侵权案件高发地、产业集聚区、专业市场、电子商务、展会等重点领域执法力度，加大对高知名度商标、涉外商标侵权、非正常商标申请代理和假冒专利、专利侵权等行为查处力度。全市市场监管系统立案商标侵权案件149件，处理假冒专利案件943件，专利侵权纠纷案件77件，知识产权行政执法办案总量位居全省第一。

【知识产权服务】 2020年，国家知识产权局商标业务福州受理窗口受理商标注册申请2097件，代发商标注册证1092件，接受商标业务咨询4110多件；国家知识产权局专利审查协作福建中心审查发明专利申请4.2万余件，审结2.2万件。

“知创福建”平台成立4个分平台、13个工作站，引进49家服务机构，对接66家专利代理机构，建立知识产权专家智库，有成员600余人，管理福建省知识产权线上专员库，入库专员4000余人。平台累计通过各渠道受理的案件量3266件、公共服务包专业咨询600多件、服务企业500多家，接受中国电子商务领域执法维权协作调度中心的电商领域专利纠纷案件2696件，出具咨询意见2696件。在全国首创以省市联动方式实施“1+10”专利导航产业发展创新计划，专利导航范围覆盖全省16个产业领域和135家企业；提供知识产权管理体系认证审核服务，受理1373家企业贯标申请，帮助1184家企业通过认证取得证书；为近550家企业提供专利数据库服务。组织开展线上培训52期，7000多人次观看。组织开展“知识产权战略工作坊”35场，邀请专家针对典型案例进行实例分析，1300多家企业、1800余人次参加。疫情期间，“知创福建”微信公众号开辟《咨询政策—知创战‘疫’—惠企服务》专栏，推送国家、省、市各级政府相关的复工复产和知识产权惠企政策，收录惠企服务汇编和收集政策40多篇，为140多家企业、350余人次提供知识产权服务。推进国家专利技术（福建）展示交易中心运营，全年举办网上专利成果推介会2场，发布专利信息成果300多件，通过国有交易公示平台公示专利转让许可项目15个，金额近200万元；通过福州技术市场有限公司技术合同认定登记点登记的专利权所属区域为福州市的专利权转让14项，金额7142.16万元；专利申请权转让5项，金额114.8万元；专利实施许可转让8项，金额66.2万元。

年末全市经登记注册的专利中介服务机构16家、专利代理机构分支机构11家。全市专利授权量25535件，专利代理率75.81%；其中发明专利授权量3417件，专利代理率84.02%；实用新型专利授权量18635件，专利代理率74.52%；外观设计专利授权量3483件，专利代理率74.62%。

**【知识产权宣传教育】** 2020年知识产权宣传周期间，福州市以“知识产权与健康中国”为主题开展知识产权系列宣传，市政府首次组织召开“知识产权工作新闻发布会”，发布全市知识产权工作有关数据和成效，新华社、中新社、《经济日报》、《消费日报》等7家中央媒体，《福建日报》、福建电视台新闻中心、新闻频道等8家省属媒体，人民网福建频道、中国网福建频道、东南网等6家网络主流媒体，《福州日报》、《福州晚报》、福州广播电视台、福州新闻网等4家市属主要媒体参加发布会并进行重点报道；4月26日，在五一广场、东部办公区悬挂知识产权大型宣传横幅，25家各类主流媒体开展集中宣传报道43次。

年内，市市场监管局官方网站、微信公众号发布有关知识产权工作的相关信息、政策，拍摄抖音小视频，宣传普及知识产权保护基础知识，利用福州移动短信、彩信平台，向省、市行政机关团体、企事业、社会公众发送宣传知识产权短信、彩漫数万条；发布《2019年市知识产权发展报告》和《2019年市专利统计分析报告》；举办“光影行动市场印迹”之地理标志短视频大赛，全国约150个地理标志主题短视频投稿参加大赛；开展两批知识产权线上有奖励竞答活动，近6万名知识产权工作者参与答题。《消费日报》、新浪福建刊播《搭上地理标志快车大力发展鲍鱼养殖》《地理标志助推“连江鲍鱼”走向世界》等主题文章。

全年举办福州市企业专利挖掘远程教育培训班3期，200多家企业、4000多人次参加线上培训。开展专利权质押贷款、专利保险、知识产权贯标、专利导航等业务培训，线上线下培训400多家企业、1000多人次，培育671名福建省知识产权专员和500多人的专利信息分析人才。

（邹惠珍）

（编辑　黄铭）

# 财政　税务

## 财　政

**【概况】**　2020年，福州市（含平潭，下同）一般公共预算总收入1108.36亿元，比上年增长1.2%，其中地方一般公共预算收入675.61亿元，增长1.1%。支出950.20亿元（含上级补助、上年结转和债券等安排的支出，下同），比上年增长0.05%。政府性基金收入1312.02亿元，比上年增长30.0%；政府性基金支出1483.96亿元，增长15.4%。社会保险基金收入199.47亿元，比上年下降10.2%；社会保险基金支出205.28亿元，增长7.0%。

年内，福州市启动突发事件应急处置财政保障机制，拨付疫情防控专项资金15.75亿元，助力企业融资纾困，加强政银企对接，相关内容参见抗击新冠肺炎疫情专辑。

**【财政保障】**　2020年，福州市加强阶段性减免企业社保费、降低职工基本医疗保险费率、减免小规模纳税人增值税等系列减税降费措施执行，新增减税降费145.16亿元。发放困难企业稳岗返还22亿元，受惠企业约5万家，投入职业技能提升行动资金10.38亿元。推进乡村振兴试点示范建设，支持培育壮大乡村产业，打造中高级版示范村和精品线路。加强扶贫资金运行全链条、全环节、全流程监管。援疆援藏援宁资金实现稳定增长。修订完善市级生态转移支付资金管理办法，落实生态环保机构垂直管理经费保障。开展“清水蓝天”专项行动，争取中央资金支持全国黑臭水体治理示范城市建设，促进空气环境质量持续改善。防范化解债务风险，联动开展全口径债务监测清查工作，实行债券资金使用穿透式监管，加快债券资金使用进度。

**【经济发展投入】**　2020年，福州市发挥财政政策、资金引导作用，根据新基建三年行动方案，落实“双百双千”增产增效、“百项千亿”企业技改财政扶持政策。扩大有效投资，争取新增债券，支持医疗卫生、轨道交通、产业园区、生态环保等重大基础设施项目建设。发挥福厦泉国家自主创新示范区建设专项资金效益，兑现高新技术企业奖励、科技成果转移转化奖励、研发经费分段补助等财政政策，激励企业加大研发投入，全市科技研发投入总量保持全省第一。支持搭建高端人才精准对接平台，全年举办“福州人才月”主题活动109场。

**【城市建设与管理投入】**　2020年，福州市继续推进连片旧屋区改造，支持老旧住宅小区整治，推进地铁1号线二期、4号线、5号线、6号线及城际铁路F1线建设。推进滨海新城综合医院、天津大学福州国际校区建设。完善城区污水处理及管网建设，支持加快红庙岭循环经济产业园建设。推进重要线路、片区、门户绿化建设、绿化景观提升，拓展市民绿色休闲空间。

支持城市数字化管理，加强城市信息化建设专项资金保障，承办“数字中国”建设峰会。创新推出e福州“一码通行”城市公共服务模式，加强“数字城管”“智慧水务”“平安福州”管理，推动智慧社区建设，提升城市精细化管理水平。

**【民生保障投入】**　2020年，福州市优化教育资源供给，新改扩建公办幼儿园27所、中小学24所，增加公办园学位0.97万个、义务教育学位1.8万个，福州星语学校新校区、滨海新城实验幼儿园、福州学校小学部等新建校投入使用。

完善公共卫生体系，统筹预算安排资金、中央专项债券、抗疫特别国债31.33亿元，推动市一医院、孟超肝胆专科医院等一批医院建设，完善公共卫生基础设施，提升重大疫情防控救治体系。

加快社会事业发展，建成海峡青少年活动中心，支持开展惠民文化活动，促进公共文化服务提质升级。举办第25届福州市运动会，实施全民健身行动计划。推动老年大学新教学楼建成投入使用，完善居家社区养老服务设施布局，补齐养老服务事业短板。

兜底保障基本民生，完善社会救助和保障标准与物价上涨挂钩联动机制，适度扩大低保和临时救助政策范围，阶段性加大价格临时补贴力度。落实“菜篮子”产品稳产保供财政奖补措施，保障重要农产品稳定供应和价格基本稳定。

【扩内需促消费】 2020年，福州市启动“惠聚榕城消费季”“全闽乐购惠聚榕城”等活动，补贴发放消费券3.44亿元，拉动消费40.1亿元。开展阶段性法定节假日和休息日免费体验公交和地铁活动，促进旅游零售文体餐饮产业加快复苏。推动夜色经济发展，扶持壮大朴朴超市、永辉生活等本土特色消费电商平台，支持培育网络直播经济新业态。

【财政管理改革】 2020年，福州市统筹财政收入组织工作，加强财税库银协作联动，加大政府性基金预算、国有资本经营预算与一般公共预算的统筹力度。落实中央直达资金绩效管理和全程监控，在规定时限内分配下达中央直达资金，强化资金下达和资金监管。根据县区“三保”预算审核机制（“三保”指“保工资发放”“保基本民生”“保机构运转”），将中央财政提高留用比例增加的资金全部拨付县区使用，实现县级以上“保工资”监测全覆盖，增强资金支付保障能力。

试行零基预算编制，打破部门预算基数概念和支出固化格局，重新核定部门预算总体规模和具体支出结构。建立绩效自评结果抽查机制，出台市直部门绩效评估、目标管理、运行监控、绩效评价、结果应用5个管理暂行办法。推进财政电子票据管理改革，率先在医疗电子票据领域开展区块链财政电子票据试点工作。优化国库集中支付方式划分管理，提高直接支付单笔限额，扩大授权支付范围，提升国库集中支付效率。

完善财政预算管理信息系统与人大监督系统的对接方式，按时逐项落实审计整改意见。全年承办省、市人大代表建议71件、政协委员提案42件，全部按时办理完毕，答复满意率100%。

表27 **2020年福州市一般公共预算收支决算表**

| 预算科目 | 2020年决算数（万元） | 2019年决算数（万元） | 2020年比2019年增长（%） | 预算科目 | 2020年决算数（万元） | 2019年决算数（万元） | 2020年比2019年增长（%） |
|---|---|---|---|---|---|---|---|
| 一般公共预算收入合计 | 6756083 | 6680760 | 1.1 | 一般公共预算支出合计 | 9514035 | 9497604 | 0.2 |
| 一、税收收入 | 4855551 | 4917613 | -1.3 | 一、一般公共服务支出 | 841006 | 896747 | -6.2 |
| 增值税 | 1873846 | 1838682 | 1.9 | 二、外交支出 | | | |
| 企业所得税 | 801768 | 943425 | -15.0 | 三、国防支出 | 11663 | 13904 | -16.1 |
| 个人所得税 | 566043 | 388228 | 45.8 | 四、公共安全支出 | 504380 | 494356 | 2.0 |
| 资源税 | 2372 | 2612 | -9.2 | 五、教育支出 | 1851895 | 1819641 | 1.8 |
| 城市维护建设税 | 297448 | 290964 | 2.2 | 六、科学技术支出 | 432935 | 287913 | 50.4 |
| 房产税 | 184943 | 232426 | -20.4 | 七、文化旅游体育与传媒支出 | 213570 | 197191 | 8.3 |
| 印花税 | 124326 | 112159 | 10.8 | 八、社会保障和就业支出 | 1192794 | 1030572 | 15.7 |
| 城镇土地使用税 | 49697 | 64810 | -23.3 | 九、卫生健康支出 | 940707 | 857275 | 9.7 |
| 土地增值税 | 536444 | 636954 | -15.8 | 十、节能环保支出 | 286670 | 264166 | 8.5 |
| 车船税 | 63328 | 58400 | 8.4 | 十一、城乡社区支出 | 1026582 | 1593546 | -35.6 |
| 耕地占用税 | 31181 | 44850 | -30.5 | 十二、农林水支出 | 618302 | 650620 | -5.0 |
| 契税 | 320130 | 299456 | 6.9 | 十三、交通运输支出 | 332292 | 204824 | 62.2 |
| 烟叶税 | | | | 十四、资源勘探工业信息等支出 | 270481 | 260444 | 3.9 |
| 环境保护税 | 3353 | 3405 | -1.5 | 十五、商业服务业等支出 | 190412 | 111891 | 70.2 |
| 其他税收收入 | 672 | 1242 | -45.9 | 十六、金融支出 | 17718 | 4134 | 328.6 |

续表

| 预算科目 | 2020年决算数（万元） | 2019年决算数（万元） | 2020年比2019年增长（%） | 预算科目 | 2020年决算数（万元） | 2019年决算数（万元） | 2020年比2019年增长（%） |
|---|---|---|---|---|---|---|---|
| 二、非税收入 | 1900532 | 1763147 | 7.8 | 十七、援助其他地区支出 | 15109 | 13042 | 15.8 |
| 专项收入 | 786551 | 574232 | 37.0 | 十八、自然资源海洋气象等支出 | 87925 | 100755 | -12.7 |
| 行政事业性收费收入 | 114953 | 110579 | 4.0 | 十九、住房保障支出 | 214820 | 183932 | 16.8 |
| 罚没收入 | 225563 | 260049 | -13.3 | 二十、粮油物资储备支出 | 30390 | 35588 | -14.6 |
| 国有资本经营收入 | 73095 | 52648 | 38.8 | 二十一、灾害防治及应急管理支出 | 56297 | 59446 | -5.3 |
| 国有资源（资产）有偿使用收入 | 558426 | 660001 | -15.4 | 二十二、其他支出 | 193654 | 243656 | -20.5 |
| 其他收入 | 141944 | 105638 | 34.4 | 二十三、债务付息支出 | 183346 | 173404 | 5.7 |
|  |  |  |  | 其中：地方政府一般债券付息支出 | 183299 | 173388 | 5.7 |
|  |  |  |  | 二十四、债务发行费用支出 | 1087 | 557 | 95.2 |

（郑思吟）

## 税　务

【概况】　2020年，福州市组织税费收入1368.40亿元，其中税收收入1046.11亿元，社保和非税收入322.29亿元。办理出口退（免）税157.57亿元，比上年减少11.44亿元，下降6.77%。新增减税降费145.16亿元。年末全市税务系统正常管理纳税人33.9万户，其中单位纳税人23.8万户，个体工商户9.9万户，其他类型纳税人0.26户；增值税一般纳税人7.96万户。自然人个人所得税申报318万人，企业职工养老保险参保147万人，城乡居民养老保险参保144万人，城乡居民医疗保险参保469万人。在税务总局组织开展的2020年全国纳税人满意度调查中，福州市在全国省会城市中排名第7位。

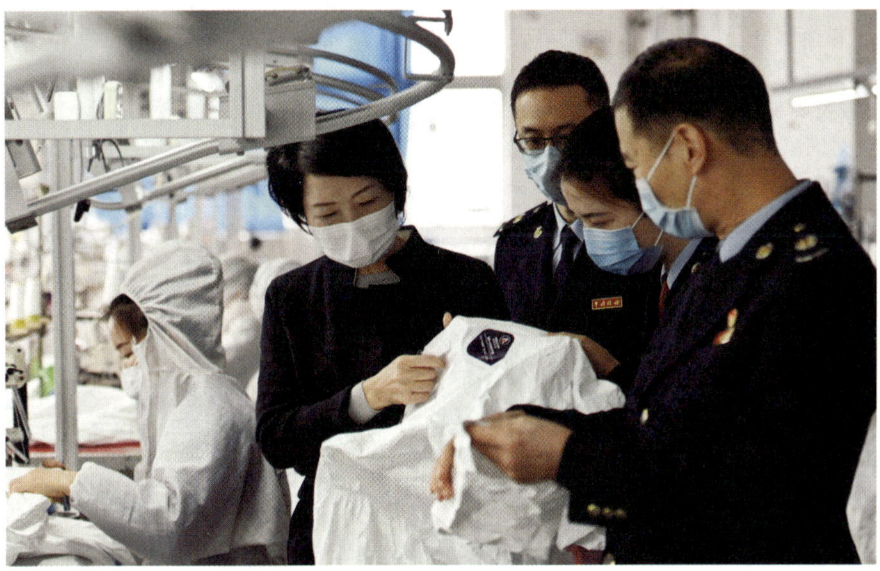

2020年3月3日，福州市税务部门走访防护服生产企业福建春晖服装科技有限公司，提供税务政策辅导　　（市税务局　供）

【税费收入组织】　2020年，福州市组织税费收入1368.40亿元，比上年减收37.19亿元，下降2.65%，其中，税收收入1046.11亿元，增收10.18亿元，增长0.98%，税收总量在全省排名第二（比厦门1138.56亿元少92.45亿元），增幅排名第三；社保和非税收入322.29亿元，减收47.37亿元，下降12.81%。全市税务部门办理出口退（免）税157.57亿元，比上年减少11.44亿元，下降6.77%。海关代征税收77.91亿元，比上年减收7.82亿元，下降9.13%。全市税务部门完成财政总收入963.52亿元，比上年增收51.41亿元，增长5.64%；完成地方财政收入521.25亿元，增收18.56亿元，增长3.69%；完成市本级总收入305.79亿元，增收0.88亿元，增长0.29%；完成市本级收入165.89亿元，增收2.45亿元，增长1.50%。

3月起，市税务局利用增值税发票大数据，每周报送《从增值税发票数据看企业复工复产复销》动态分析，反映企业复工复产情况，梳理产业链、上下游需要解决的问题。制定税收经济专题分析规划，围绕批发零售业、交通运输业、住宿餐饮业、房地产业、纺织业等重点行业，福州新区、福州自贸区、滨海新城、江阴港、海峡汽车城等重点区域，京东方、福州建发、福清核电等重点企业，开展系列专题分析，提出促进发展的建议。全年向各级地方党委、政府报送复工复产分析报告106篇，其中19篇次获得省、市党政领导批示。

2020年10月11日，福州市税务局推出全国首家税务智能云厅并入驻福建省工商银行闽都支行智慧大厅，实现涉税业务办理与文书输出相分离，推动“非接触式”办税 （市税务局　供）

【减税降费】　2020年，福州市税务局针对国家出台的7批28项减税降费政策及地方出台的一系列帮扶措施，采取容缺办理、后台批量办理等多种举措，助力企业复工复产。全年新增减税降费145.16亿元，其中，2020年出台的支持疫情防控和经济社会发展税费优惠政策新增减税降费97.83亿元；2019年年中出台政策在2020年翘尾新增减税降费47.33亿元。为963家企业办理延期缴纳税款17.84亿元。联系问需企业超过30万家次，帮助解决各类问题逾1万个。

【税收法制建设】　2020年，福州市税务局办结重大税务案件审理申请21件。受理行政复议申请17件，结转上年度案件2件。开展规范性文件管理工作，完善税收规范性文件公平竞争审查、合法性审查和备案审查制度。开展税收规范性文件实施效果和效应分析，对执行过程存在问题提出有针对性的意见和建议。组织开展公职律师执业情况考核，12名公职律师考核结果均为称职。与福州市中级人民法院共同签署《关于企业破产程序中涉税问题处理的指导意见》，保障税收债权依法清收。推行“三项制度”（执法公示制度、执法全过程记录制度、重大执法决定审核制度）工作，推进行政执法公示平台上线运行及权力和责任清单编制。

【货物和劳务税管征】　2020年，福州市税务局组织入库增值税418.87亿元，比上年减收8.16亿元，下降1.91%；入库消费税17.83亿元，减收1.86亿元，下降9.46%。完成税务总局、省税务局增值税普通任务和快速反应任务18批次126户。开展2020年一般纳税人转登记工作，转登记3602户。加强车辆购置税网上申报推广和运行跟踪，全年车辆购置税网上申报10.16万笔，征收税款14.9亿元。加强车辆购置税完税信息电子化工作，落实税务与交警部门共享核查保障机制，提升车辆购置税纳税及公安机关交通管理部门车辆注册登记业务便利化。

【出口退税管理】　2020年，福州市税务局审批出口退（免）税申报34298批次，办理出口退（免）税157.57亿元，其中直接退税121.30亿元，免抵调库36.27亿元。推行出口退税5个“非接触式”服务（“非接触式”申报、“非接触式”审核核准、“非接触式”调查评估、“非接触式”开具证明、“非接触式”反馈），拓展网上办税渠道，全市网上申报出口退税比例99.75%。推行“容缺办理”机制，针对相关资料不齐全但不影响实质性审核的情况，在纳税人做出书面补正承诺后，可以暂缓提交纸质资料，按照正常程序办理。加强出口退税分类管理，评定一类企业82家、二类企业3799家、三类企业1960家、四类企业94家。探索运用“大数据”建立出口退税数据监控系统，获取商务、海关、外管等第三方出口退（免）税相关数据，关注异常出口、异常企业供货等信息，防范骗税风险。

【企业所得税管征】　2020年，福州市税务局组织入库企业所得税279.21亿元，比上年减收0.95亿元，下降

0.34%。推进政策宣传辅导，加强后续跟踪管理，确保减税免税缓缴政策落实到位。全市参加2019年度企业所得税汇算企业19.5万家，享受免税收入等税基式减免3547家次，减免税基1030.47亿元；享受税额抵免17家次，抵免税额0.043亿元；享受减免所得税额优惠49899家次，减免税额29.59亿元，其中2019年全市49584家企业享受小型微利企业优惠，减免税额18.07亿元，小微企业受惠面100%。

【个人所得税管征】　2020年，福州市税务局强化对股权转让等个税一次性税源的跟踪管理，重点关注限售股转让、上市公司股权转让等大额一次性税源，全年入库个人所得税117.39亿元，比上年增收28.50亿元，增长32.06%。通过官方微信、“个税号”地铁专列、公交、户外显示屏、印制购物袋及福州税务服务平台等媒介，开展年度汇算精准宣传。开展清理数据，全年全市核实各类疑点数据151.78万条，对其中10.95万条数据进行更正，处理率与核实率均达100%。落实网格化管理，分类分批分策分责引导纳税人错峰办理个人所得税年度汇算。全年申报退税49.75万人，退税金额2.33亿元；汇算补缴3.58万人，补缴金额1.55亿元。提高个人所得税减除费用标准和扩大税率级距政策惠及全市纳税人1675.28万人次，减免个人所得税40.52亿元；43.09万人享受专项附加扣除优惠政策，减免个人所得税4.94亿元。

【财产和行为税管征】　2020年，福州市税务局在全省率先推出《关于在疫情防控中落实房产税和城镇土地使用税减税政策的通知》，明确享受优惠企业标准、减免期限、申请材料等重点事项，并推行“容缺办理、承诺补齐”，帮助纳税人便捷享受税收优惠。全市4532户纳税人享受疫情期间“房土”两税困难减免优惠，享受优惠金额3.17亿元。全年入库土地增值税51.13亿元，比上年减收9.75亿元，下降16.0%。5月，市税务局通过在全省率先建立不动产登记信息共享平台等举措，大幅缩短不动产登记办理时间，助力实现“交房（地）即发证”等服务，福州市成为不动产登记改革全国十大标杆城市之一。9月1日资源税法实施，年内全市入库资源税0.23亿元。加强与房产、土地管理部门的协作机制，定期开展涉税信息交换，优化“先税后证”源头控管模式，堵塞管征漏洞，全年入库契税67.85亿元，比上年增收9.43亿元，增幅16.1%。加强与环保部门的协调配合机制，完善污染物排放等涉税信息数据的共享机制和交换渠道，全年入库环保税0.42亿元。

【社保费和非税收入管理】　2020年，福州市税务局推出城镇居民医保药店个账代缴功能，近20万居民在药店使用医保卡缴纳城乡居民医保。全市组织入库各项社会保险费242.52亿元，其中企业职工基本养老保险78.34亿元，失业保险4.18亿元，工伤保险1.6亿元，机关事业单位基本养老保险41.22亿元，职业年金20.01亿元，城乡居民养老保险3.07亿元，企业职工基本医疗保险76.69亿元，生育保险4.21亿元，城乡居民医疗保险13.2亿元。

开展2020年首批划转非税项目征管，加强可再生能源发展基金、大中型水库移民后期扶持基金2019年度汇算清缴及核电站乏燃料处理处置基金的首次申报工作，完成各项征缴任务。开展第二批划转项目的接收工作，于2月1日完成国家重大水利工程建设基金及水利建设专项收入的征管职责划转工作。对第三批新划转的城市绿化赔偿收入、防空地下室易地建设费、水土保持补偿费、地方水库移民扶持基金、排污权出让收入等项目进行调研，和同级水利、人防加强沟通协作，组织人员对金税三期系统和电子税务局进行功能性测试。全年组织入库各项非税收入79.7亿元，其中教育费附加13.95亿元，地方教育费附加9.3亿元，文化事业建设费0.24亿元，废弃电器电子产品处理基金0.32亿元，残保金5.45亿元，工会经费2.29亿元，大中型水库移民后期扶持基金11.49亿元，可再生能源发展基金26.13亿元，核电站乏燃料处理处置基金0.2亿元，核事故应急准备专项收入0.02亿元，国家重大水利工程建设基金3.4亿元，江海堤防费6.91亿元。

【纳税服务】　2020年，福州市税务局启动办税服务厅应急预案，实现全市5000名税务人员、百万人次上门纳税人两个“零疫情”。在税务总局委托第三方开展的2020年全国纳税人满意度调查中，福州在全国省会城市的排名从上年的第21位跃居第7位。

年内，市税务局基于钉钉APP推出全省首个智能“一站式”税企服务新平台，利用数字技术进一步破解征纳沟通难题；在钉钉、微信公众号、支付宝、税企交流群等上线智能客服机器人“税小蜜”；在全国率先研发智能“云（书）柜”，推出全国首家税务云厅入驻银行，经验做法被央视新闻联播报道；推行微信、支付宝、云闪付扫码办税、扫码缴税等，提升“非接触式”办税水平；参与的大数据运用项目“闽税易”获省政府创新项目评审第一名。

推出“便民办税春风行动”24项行动等数百条举措，促进各项服务提速增效。“非接触式办税”由195项增至216项，“全程网上办”由112项增至211项，综合涉税事项线上受理占比提高至96.78%，居全省税务系统第一；上门办税纳税人下降33%，窗口办税平均用时缩短超20%，保持全省最快速度；出口退税平均办理时间压缩至3天以内，跻身全国最快行列。推行“好差评”系统，91万次纳税人评价，“非常满意”率99.75%。

依托金税三期纳税信用管理系统实现全过程纳税信用管理，全年完成信用评价户数248934户，其中，A级17175户占6.9%，B级85089户占34.21%，M级99370户占39.95%，C级1036户占0.42%，D级45809户占18.42%。纳税信用A、B级企业占比分别较上年度增长71.15%、12.28%。建立健全动态管理机制，每月实时开展纳税信用补评和复评工作，其中2260家企业通过纳税信用修复至A级。通过省级政务数据共享平台推送税务信用信息359.78万条，推送数据总量位列全市第五名。持续推广“福建省税务局银税互动平台”，“省对省”线上数据直连银行增至16家，合作金融银行新增“抗疫贷”“复工贷”等金融产品，并通过“1+N”政银企对接会，深化“银税互动”政策宣传，释放“银税互动”红利。全年为中小微企业发放“银税互动”信用贷款超100亿元，受惠企业、贷款金额分别比上年增长40%、36.5%。

推广“线上申请、后台审核、快递送达”的O2O领票模式。继续给予纳税信用为A、B、C级纳税人增值税发票网上申领权限，实现网上申领、物流限时配送上门一条龙服务。全市8.54万户纳税人通过O2O网上申领发票4498.35万份，服务纳税人39.45万次。“12366”纳税服务热线全年为超过44万人次提供“非接触”办税咨询、税收优惠政策辅导等服务，话务咨询总量44.38万个，转接人工量15.49万个，人工接听量15.39万个，人工接通率99.33%。通过“12366”纳税服务热线系统受理工单2165条，其中，涉税举报1925条，咨询95条，意见建议74条，纳税服务投诉71条，工单办结率100%。

【征管基础建设】 2020年，福州市税务局网上综合受理涉税事项1187.35万户次，线上受理率占比96.32%。其中，网上申报1020万笔，网上申报率98.60%；网上代开专票16万份，线上代开率92.90%；网上发票自助申领77.04万户次，线上领用率96.43%；其他涉税事项受理74.31万份，线上办理率73.50%。4月1日起，在全市推行税务文书电子送达，纳税人确认接受税务文书电子送达10.94万户。及时核准延期申报申请，全年批准延期申报5868户次。加强定期定额户停业、复工复产工作，采取前台容缺资料办理与后台批量处理相结合的方式，推广“非接触式”办税。办理定期定额户停业198户次。优化简化新办企业套餐式服务，将新办企业信息确认至领用发票工作时限压缩至半个工作日。优化税务注销办理，落实市场主体退出便利化措施，全年注销纳税人26579户，其中即办注销24843户，占比93.47%；一般注销1509户，占比5.68%；容缺承诺注销227户，占比0.85%。简化省内跨区域（厦门除外）迁移流程，对不存在未办结事项的纳税人在省内跨区迁移即时办结。便利网上自然人代开房租发票，全年开具发票数量5.55万张，开具金额19.5亿元，缴纳税费1.45亿元。

【国际税收管理】 2020年，福州市税务局建立非居民税收管理各项工作台账，全年非居民企业税收收入9.99亿元，比上年增加57.41万元，增幅0.06%。落实税收协定优惠，218家次非居民企业享受税收协定待遇，减免企业所得税9143.73万元。开展分类辅导和培训，对122家“走出去”企业进行境外税收风险分析，辅导纠正33家“走出去”企业未按规定申报参股外国企业信息。全年通过国际税收管理平台向G20中的15个国家发送558条自动情报信息，占全省报送自动情报信息的76.7%。维护国家税收权益，加强跨国公司利润水平监控系统上线前各项准备工作。全年牵头开展反避税调查案件12件，包含双边预约定价谈签2件、全国联查案件特殊纳税调整案件6件。接收来自于韩国和新加坡的两份专项情报请求，均在规定时限内反馈。

【税收风险管理】 2020年，福州市税务局以税收数据应用和税收风险分析为抓手，推动税收风险管理工作。全年推送风险应对任务240批次，累计入库税款9.35亿元。研发并上线“360税收风险体检平台”，以基础管征、纳税申报、财务报表、税务稽查、纳税评估、增值税发票等相关信息设置税收风险指标，搭建税收风险扫描平台，首批以晋安、长乐为试点，对纳税人的登记、发票、申报、征收、优惠、认定等业务域进行全面扫描，分析计算体检得分，形成税收风险360°体检报告。

【大企业税收管理】 2020年，福州市税务局组织开展2019年千户集团第四批、第五批及2020年千户集团第一批税收风险应对任务，接收风险应对任务131家企业，补税4.79亿元；开展千户集团外重点税源企业辅导汇算，补税入库7.26亿元。开展2020年千户集团税收风险分析工作，承担375家千户集团成员企业税收风险分析任务。强化省市两级税务局联动和部门间的横向合作，组建“天气预报”专项工作团队，分工开展数据提取分析、图表绘制及分析报告的草拟工作。

【税务稽查】 2020年，福州市税务局依托与公安部门“警税联动”机制体制，开展“打虚打骗”“扫黑除恶”等税收违法犯罪精准打击，查处“裕浩团伙”“猎鲨行动”等大要案。年内，市税务局立案检查1990家，审结1633家、查补收入7.78亿元。打击整治骗取出口退税、虚开增值税发票行为，全年承接上级机关、公安和海关移送的案源17项、110家。对液化气、医疗行业、汽车销售行业及金融放贷等高风险行业开展税收专项整治工作，摸排4个行业的企业548家，其中金融行业440家，液化气行业66家。强化“双随机、一公开”监管，更新建立2020年度市级重点稽查对象名录库，入库重点稽查对象93户。加强涉税举报、协查工作，全年福州市税务稽查部门受理检举356件。

表28　2020年福州市税务各项收入分级次分税（费、金）种完成情况表

| 项目 | 入库金额（万元） | 比上年同期增加绝对额（万元） | 比上年同期增长（%） |
|---|---|---|---|
| 一、税费合计 | 13683972 | -371883 | -2.65 |
| （一）税收 | 10461100 | 101752 | 0.98 |

续表

| 项目 | 入库金额（万元） | 比上年同期增加绝对额（万元） | 比上年同期增长（%） |
|---|---|---|---|
| 中央级 | 5033582 | 126522 | 2.58 |
| 地方级 | 5427518 | -24770 | -0.45 |
| 省级 | 805289 | -124989 | -13.44 |
| 地（市）级 | 1546169 | 20804 | 1.36 |
| 县（区）级 | 3076060 | 79415 | 2.65 |
| 1. 增值税 | 4188670 | -81577 | -1.91 |
| 其中：直接收入 | 3825970 | -136277 | -3.44 |
| 免抵调 | 362700 | 54700 | 17.76 |
| 2. 消费税 | 178268 | -18618 | -9.46 |
| 3. 企业所得税 | 2792081 | -9507 | -0.34 |
| 4. 个人所得税 | 1173942 | 284949 | 32.05 |
| 5. 土地增值税 | 511323 | -97452 | -16.01 |
| 6. 其他税收 | 1616816 | 23957 | 1.50 |
| （二）费金 | 3222872 | -473635 | -12.81 |
| 1. 社会保险基金收入 | 2225125 | -557006 | -20.02 |
| 2. 其他费金 | 997747 | 83371 | 9.12 |
| 二、出口退（免）税 | -1575700 | 114352 | -6.77 |
| 三、海关代征 | 779126 | -78826 | -9.19 |
| 四、财政总收入 | 9635214 | 514083 | 5.64 |
| 五、地方财政预算收入 | 5212507 | 185590 | 3.69 |
| 六、市本级一般预算总收入 | 3057948 | 8851 | 0.29 |
| 七、市本级一般预算收入 | 1658958 | 24530 | 1.50 |

（林文）

（编辑　黄铭）

# 农业 农村

## 农村建设

**【概况】** 2020年，福州市农林牧渔业总产值1000.82亿元，比上年增长4.1%，总量及增速均居全省第一；第一产业增加值560.7亿元，增长4%，总量及增速均居全省第一；农村居民人均可支配收入22669元，总量居全省第三，增长6.3%，增幅居全省第六。

2020年11月25日，福州市举行首届“福州十大魅力乡村”颁证仪式

（市农业农村局　供）

**【强农惠农政策】** 2020年，面对新冠肺炎疫情，福州市相继出台《第一产业“双百双千”增产增效行动实施方案》《关于应对新冠肺炎疫情支持“菜篮子”产品稳产保供措施》《关于积极应对新冠肺炎疫情影响决战决胜脱贫攻坚十条措施》等政策措施，以帮助企业复工复产，帮助贫困户增产增收。出台《关于调动农民种粮积极性 促进粮食生产八条措施》《关于支持福州茉莉花茶产业发展九条措施》等惠农政策，以提高农民种粮积极性，促进福州茉莉花茶产业持续向好发展。

**【乡村振兴试点示范建设】** 2020年，福州市有6个省级重点县、15个省级特色乡镇和145个省级试点村，永泰县嵩口镇（2019）、福清市江镜镇（2020）、罗源县起步镇（2020）被评为省级乡村振兴重点特色乡镇，福清市梧岗村等30个村入选福建省乡村振兴实绩突出村，全市有乡村振兴高级版试点村5个、中级版64个。2019—2020年连续两年在福建省实施乡村振兴战略实绩考核中排名第一，获优秀等次。

**【农村人居环境整治】** 2020年，福州市委、市政府主要领导多次召开全市农村人居环境整治工作会议，研究部署“一革命五行动”等相关工作。抓住农村人居环境整治工作重点，召开农村污水治理、农村垃圾治理、美丽乡村暨裸房整治等不同专题的现场推进会，强化经验总结，推广各地典型做法。年内，完成农村人居环境整治三年行动目标任务。全市农村无害化户用厕所普及率99.32%，农村生活垃圾治理率100%，农村生活污水治理管控率91.42%；累计建设美丽乡村1792个，实现可实施行政村全覆盖。其中，永泰县入选全国农村人居环境整治激励县，闽清县被评为全国村庄清洁行动先进县，长乐区、福清市、闽清县获得省级村庄清洁行动先进县称号。

**【农业农村改革创新】** 2020年8月，福州市全面完成农村集体产权制度改革各项任务，成立村级集体经济组织2274个，颁发股权证书122.5万本，各县（市）区均依法依规制定出台集体经济组织股权管理办法、示范章程和收益分配规定等有关文件。在改革中形成一批具有引领作用的典型案例，其中福清市入选第二批全国农村集体产权制度改革试点典型。

年末，全市确认家庭承包耕地面积9.6万公顷，颁发新版农村土地承包经营权证62万本，占比98.05%。年内福州市成为全省唯一获评为“全国农村承包地确权登记颁证工作典型地区”的设区市，福州市农业农村局成为全省唯一获评为“全国农村承包地确权登记颁证工作先进集体”的单位。

【魅力乡村评选】　2020年11月11日，由中共福州市委乡村振兴办和福州日报社联合主办的首届“福州十大魅力乡村”系列评选活动启动，开展线上线下投票。11月23日，相关专家和市民代表共同组成评选专家组，围绕乡村产业兴旺、生态宜居、乡村文明、治理有效、生活富裕五个方面，对15个候选乡村进行综合评选。晋安区寿山乡九峰村、长乐区营前街道长安村、马尾区亭江镇长柄村、永泰县嵩口镇月洲村、福清市高山镇玉楼村、罗源县松山镇北山村、闽清县白中镇攸太村、闽侯县白沙镇林柄村、福清市江镜镇南宵村、连江县江南镇梅洋村入选“福州十大魅力乡村”名单。

（辛少彬）

## 农业产业化

【概况】　2020年，福州市累计评选认定福州市知名农业品牌41个，累计有各类休闲农业经营主体460家，有市级以上农业产业化重点龙头企业324家，农民专业合作社2745家，有注册登记家庭农场1832个。启动福州市数字农业农村平台一期工程建设。年内在已入选的闽清县梅溪镇、罗源县起步镇、福清市一都镇的基础上，新入选永泰县嵩口镇全国农业产业强镇示范建设名单。累计完成64个省级优质农产品标准化示范基地创建。

【品牌农业】　2020年，福州市累计评选认定福州市知名农业品牌41个；农业系统入选福建省著名农业品牌13个；福州市“三品一标”有效产品认证登记总数513个，其中无公害产品认定有效总数221个，绿色食品标志有效使用权产品总数225个，有机食品认证有效总数53个（初级品和加工品），农产品地理标志登记保护累计产品总数14个。年内，七境茶、闽侯橄榄、福州金鱼被评选认定为福州市知名农产品区域公用品牌；绿叶美之源牌尖椒、惠煌牌蜜柚、大世界牌橄榄新型蜜饯、菇品世家牌香菇、鼎寿牌茉莉花茶、麒麟山牌茶叶、SY牌丁香鱼、潘墩牌金鱼、新大泽牌螺旋藻、凯达图形牌甜橙被评选认定为福州市知名农产品品牌；罗源秀珍菇被列入全国第二批实施农产品地理标志登记保护工程项目。

【休闲农业】　2020年，福州市各类休闲农业经营主体累计460家。市级以上（含市级）休闲农业示范点累计117家，其中全国休闲农业示范点5家、省级休闲农业示范点44家，数量居全省前列。全市累计创建3个全国休闲农业示范县、5个全国最美休闲乡村、6个全省休闲农业示范乡镇、14个省级最美休闲乡村。年接待游客约361.2万人次，年营业收入4.96亿元。依托农村自然生态、田园景观、民俗文化和特色农业等优势，以“绿色、休闲、互动、体验”为主题，发展功能多样、类型多元的休闲观光农业，逐步形成具有福州特色的休闲农业产业。

【数字农业】　2020年，福州市有全国数字农业建设试点项目2个、省级现代农业智慧园9个、省级农业物联网应用基地24个、市级数字农业示范基地6个、市级农业物联网应用示范点69个。年内启动福州市数字农业农村平台一期工程建设工作，主要包括5部分内容，分别是数字农业农村标准规范编制、农业农村数据库建设、数字农业农村平台建设、软硬件支撑系统、密码技术应用。

【农业经营主体】　农业产业化龙头企业　2020年，福州市市级以上农业产业化重点龙头企业达324家，其中国家级12家、省级130家（含国家级），实现销售收入（含交易额）918亿元，比上年增长2.8%，带动农户78.7万户。全市市级以上农业产业化重点龙头企业有院士（专家）工作站92个，7家龙头企业被认定为“国家农产品加工技术研发中心”。

表29　**2020年福州市国家级农业产业化龙头企业名单**

| 序号 | 龙头企业名称 | 序号 | 龙头企业名称 |
|---|---|---|---|
| 1 | 福建超大现代农业集团有限公司 | 2 | 永辉超市股份有限公司 |
| 3 | 福建光阳蛋业股份有限公司 | 4 | 福建三华股份有限公司 |
| 5 | 福建天马科技集团股份有限公司 | 6 | 福建御冠食品有限公司 |
| 7 | 福州百洋海味食品有限公司 | 8 | 宏东渔业股份有限公司 |
| 9 | 海欣食品股份有限公司 | 10 | 福建春伦集团有限公司 |
| 11 | 闽榕茶业有限公司 | 12 | 福建满堂香茶业股份有限公司 |

表 30　**2020 年福州市省级农业产业化龙头企业名单**

| 序号 | 龙头企业名称 | 序号 | 龙头企业名称 |
|---|---|---|---|
| 1 | 福建省花卉盆景有限公司 | 2 | 福建省华龙集团饲料有限公司 |
| 3 | 利农农业技术（福建）有限公司 | 4 | 福建花巷营养科技股份有限公司 |
| 5 | 谢华安种业科技（福建）有限公司 | 6 | 福人集团有限责任公司 |
| 7 | 福建中正药业集团有限公司 | 8 | 福建宏达盛农业发展有限公司 |
| 9 | 春申股份有限公司 | 10 | 福建海壹食品饮料有限公司 |
| 11 | 福建东威食品有限公司 | 12 | 福清龙威水产食品有限公司 |
| 13 | 福建省星源农牧科技股份有限公司 | 14 | 福清市绿叶农业发展有限公司 |
| 15 | 福清朝辉水产食品有限公司 | 16 | 福建福铭食品有限公司 |
| 17 | 福建康宏股份有限公司 | 18 | 福建宏峰泰海洋生物开发有限公司 |
| 19 | 福建省圣禾现代农业有限公司 | 20 | 福建省融盛农业综合开发有限公司 |
| 21 | 福清市绿丰农业开发有限公司 | 22 | 福建御味香冷冻食品有限公司 |
| 23 | 福清市贸旺水产发展有限公司 | 24 | 福清市谊华水产食品有限公司 |
| 25 | 福清市火麒麟食用菌技术开发有限公司 | 26 | 福建省天海东方食品集团有限公司 |
| 27 | 胜田（福清）食品有限公司 | 28 | 福建龙翔水产食品有限公司 |
| 29 | 福建嘉叶现代农业有限公司 | 30 | 福清佳家农业综合开发有限公司 |
| 31 | 福清海峰食品有限公司 | 32 | 福建京海水产开发有限公司 |
| 33 | 福清市新大泽螺旋藻有限公司 | 34 | 福建省悦盛农牧有限公司 |
| 35 | 福清市兆华水产食品有限公司 | 36 | 福清市恒泰水产食品有限公司 |
| 37 | 福建永诚农牧科技集团有限公司 | 38 | 福清华信食品有限公司 |
| 39 | 福建省宝成水产养殖有限公司 | 40 | 福建鸭嫂食品有限公司 |
| 41 | 福建天彬农业发展有限公司 | 42 | 福州市滨海园林绿化有限公司 |
| 43 | 福清市文华实业有限公司 | 44 | 长乐聚泉食品有限公司 |
| 45 | 福建东水食品有限公司 | 46 | 福州市长乐区闽发食品水产有限公司 |
| 47 | 福建元成豆业有限公司 | 48 | 明一国际营养品有限公司 |
| 49 | 长乐太平洋食品有限公司 | 50 | 福州市长乐区雪美农业开发有限公司 |
| 51 | 福建旺龙顺粮油食品有限公司 | 52 | 福建望盛实业有限公司 |
| 53 | 福建福丰生态农业股份有限公司 | 54 | 福州惠源食品有限公司 |
| 55 | 福州恒丰米业有限公司 | 56 | 福建榕诚食品有限公司 |
| 57 | 贝奇（福建）食品有限公司 | 58 | 福建岁昌生态农业开发有限公司 |
| 59 | 福建容益菌业科技研发有限公司 | 60 | 福建省聚元食品股份有限公司 |
| 61 | 福州大世界橄榄有限公司 | 62 | 福建省辉业集团有限公司 |
| 63 | 福建省福州外贸食品冷冻厂有限公司 | 64 | 连江旭隆食品有限公司 |
| 65 | 福建省连江天源水产有限公司 | 66 | 福州日兴水产食品有限公司 |
| 67 | 福建龙和食品实业有限公司 | 68 | 福建昌盛生物科技发展有限公司 |
| 69 | 福州亿达食品有限公司 | 70 | 福建省远嘉海洋科技有限公司 |
| 71 | 福建格林生物科技有限公司 | 72 | 福州海天蓝水产有限公司 |
| 73 | 连江县顺达水产冷冻有限公司 | 74 | 福建省连江县宏裕水产有限公司 |
| 75 | 福州新兴家居用品有限公司 | 76 | 福州昌育农业开发有限公司 |

续表

| 序号 | 龙头企业名称 | 序号 | 龙头企业名称 |
|---|---|---|---|
| 77 | 福建中新永丰实业有限公司 | 78 | 福州奇新食品有限公司 |
| 79 | 福建亿达食品有限公司 | 80 | 福州海汇生物科技实业有限公司 |
| 81 | 福建益升食品有限公司 | 82 | 福建华鸿竹木业有限公司 |
| 83 | 罗源生春源茶业有限责任公司 | 84 | 福建龙桥农业开发有限公司 |
| 85 | 闽清金水湾生态农业有限公司 | 86 | 福建省麒麟山茶业发展有限公司 |
| 87 | 福州西城食品有限公司 | 88 | 福建省闽清双棱竹业有限公司 |
| 89 | 福建同一农牧有限公司 | 90 | 福州市凯达生态农业有限公司 |
| 91 | 闽清金德福食品有限公司 | 92 | 闽清航华木业有限公司 |
| 93 | 福建省茶粉粉干有限公司 | 94 | 闽清县金沙大龙湾生态养殖场有限公司 |
| 95 | 福建胜华农业科技发展有限公司 | 96 | 福建省永泰县顺达食品有限公司 |
| 97 | 福建省永泰县三丰农产品精制厂 | 98 | 福州素天下食品有限公司 |
| 99 | 福建仙芝楼生物科技有限公司 | 100 | 福建省神蜂科技开发有限公司 |
| 101 | 福州福民茶叶有限公司 | 102 | 福建省蓝湖食品有限公司 |
| 103 | 福州市帮利茶业有限责任公司 | 104 | 久泰现代农业有限公司 |
| 105 | 福州巨业食品有限公司 | 106 | 福州东升茶厂 |
| 107 | 兆丰华生物科技（福州）有限公司 | 108 | 福建茶叶进出口有限责任公司 |
| 109 | 福建富庚农业发展有限公司 | 110 | 福建亚丰种业有限公司 |
| 111 | 福建仁锋种猪有限公司 | 112 | 福建坤兴海洋股份有限公司 |
| 113 | 福建佳客来食品股份有限公司 | 114 | 名成集团有限公司 |
| 115 | 福州宏龙海洋水产有限公司 | 116 | 万农高科集团有限公司 |
| 117 | 福建省新闽科生物科技开发有限公司 | 118 | 福建省卢峰茶业有限公司 |

农民合作社　福州市有农民专业合作社2745家，其中农民专业合作社联合社39家，市级以上农民专业合作示范社98家（含国家级示范社2家、省级42家）。年内，全市获评省级农民专业合作社示范社3个，评定市级农民专业合作社农业类示范社20个。闽清县海西汇农果蔬专业合作社、长乐美生农机专业合作社、连江县丹阳镇绿野果蔬种植专业合作社、闽清县鑫河江橄榄专业合作社4家入选2020年福建省“百佳农民专业合作社示范社”，福建省闽清县神天农业专业合作社联合社入选2020年福建省“十佳农民合作社联合社”。

家庭农场　福州市有市场监管部门注册登记的家庭农场1832个，通过实施家庭农场示范场创建行动，分级开展家庭农场示范场评定，培育一批规模适度、生产集约、管理先进、效益明显的家庭农场。年内，全市获评为省级家庭农场示范场23个，评定市级家庭农场示范场35个，累计有市级家庭农场示范场120个、省级家庭农场示范场106个。福州市晋安区寿山九峰生态家庭农场等10个家庭农场入选2020年度福建省“百佳家庭农场”。

**【农产品质量安全监管】**　2020年，农业农村部对福州市主要农产品风险监测抽样合格率99%（比全国高1.2个百分点），比2015年高3.3个百分点。食用农产品合格证制度与一品一码追溯制度并行，全市完成1621家生产主体在福建省农产品质量安全追溯监管平台的注册工作，生产主体档案信息上传比例100%，追溯赋码主体数1478家，占比91.2%。全市开展农药及农药残留、“瘦肉精”、兽用抗菌药及兽药残留、生猪屠宰监管、生鲜乳、茶叶农残超标、农资打假七大专项整治行动及稻谷镉超标、食用菌农残、重金属超标等3个专项治理行动，严厉打击违法违规行为。全年全市出动执法人员13854人次，检查生产经营企业4661家次，查办农业行政违法案件260件，罚没金额244.55万元，含移交刑事案件8件。全市创建国家级农产品质量安全县1个（福清市），省级农产品质量安全县（区）5个（福清市、长乐区、闽侯县、连江县、罗源县）。

（辛少彬）

## 农业技术推广与服务

**【概况】**　2020年，福州市培训新型职业农民（高素质农民）8723人，引种展示示范各类农作物新品种430个次，主要农作物耕种收综合机械化率70.1%。7个主要农业县（市）区持续推进基层农技推广体系改革与建设工作，农业主推技术到位率95%以上。

【农村实用人才】 2020年，福州市培训新型职业农民（高素质农民）8723人，组织农村实用技术远程培训9.85万人次。全市推荐10名非农专业或具有专科及以上学历的县乡农技人员参加专升本“直通车”学历教育。福清市、永泰县开展农技推广服务特聘计划，招募特聘农技员7名。

【农作物新品种示范推广工程】 2020年，福州市开展农作物优质、绿色新品种引种展示与示范推广，引种展示示范各类农作物新品种430个次；建立各类优质、专用、高效重点农作物新品种展示示范项目52个，面积411公顷；优质稻新品种核心展示示范片点34个，面积266.4公顷。优质稻推广面积3.6万公顷，其中高档优质稻推广率40.51%。全市农作物良种覆盖率98.7%，农作物专用优质率87.5%。

【农业机械化】 2020年，福州市主要农作物耕种收综合机械化率70.1%，水稻耕种收综合机械化率79.9%，农机合作社作业服务面积2.49万公顷。全市新建7个水稻生产全程机械化试点和7个特色农业产业全程机械化试点，新建长乐马铃薯、长乐甘薯等两个新机具示范推广基地，新增8家有规模、全程机械化服务的“五有”农机合作社。长乐区被省农业农村厅授予第二批省级主要农作物生产全程机械化示范县（市、区），永泰县被省农业农村厅、省应急管理局授予“2020年全省‘平安农机’示范县”称号。

【农业科研】 2020年，福州市农业科学研究所和市蔬菜科学研究所承担种业工程项目“设施茄子品种选育与产业化工程”、省重大科技专项“设施蔬菜种质搜集及基因发掘、品种创新与产业化”等各类国家、省、市科研项目49个，筛选出一批优良育种材料和杂交组合，引进绿叶菜、瓜类和茄果类种质资源1000多份，茉莉花、食用玫瑰和兰花等观赏花卉植物100多种，育成苦瓜、丝瓜、茄子、辣椒、甘薯等系列新品种，其中苦瓜“超群3号”、丝瓜“农福丝瓜803”、茄子“闽茄9号”申请品种权保护或品种鉴定，甘薯“榕薯109”通过国家非主要农作物品种登记。建立蔬菜种质资源圃1个，建立红美人、美国糖橘等5个杂柑新品种示范基地逾13公顷，示范“福秀1号”“秀58”等菌菇良种80万袋，对接福州和三明综合试验推广站等站点2个，推广设施茄子优良品种面积逾733公顷，“农福丝瓜805”成果转化收入27万多元，获得国家发明专利授权5件，出版专著《58种蔬菜病虫草害优化防治》。

（辛少彬）

## 种植业

【概况】 2020年，福州市主要农产品产量606.76万吨，其中粮食48.54万吨，油料5.39万吨，甘蔗3.74万吨，水果89.92万吨，蔬菜428.97万吨，茶叶4.47万吨，食用菌25.73万吨。年内，出台《关于调动农民种粮积极性 促进粮食生产八条措施》。

2020年，罗源县起步镇获批为全国农业产业强镇。图为起步镇食用菌企业海鲜菇包装车间 （刘其燚 摄）

【粮食生产】 2020年，福州市出台《关于调动农民种粮积极性 促进粮食生产八条措施》《关于坚决制止耕地抛荒撂荒的通知》，抛荒撂荒整治工作取得阶段性成果，全市水稻功能区的耕地抛荒撂荒面积全部实现复耕复种。粮食面积产量实现双增长，全市粮食种植面积8.63万公顷，比上年增长2.32%，粮食产量48.54万吨，增长3.5%。在福建省对设区市2019年度落实粮食安全省长责任制考核中，福州市名列第一。

【特色农作物】　2020年，福州市水果、蔬菜、茶叶、食用菌产业持续向好发展。全年水果产量89.92万吨，比上年增长7.38%，橄榄和李的种植面积和产量居全省第一位；蔬菜种植面积14.44万公顷，增长3.2%，总产量428.97万吨，增长4.5%。茉莉花茶、七境茶等产量持续增加，茶叶全年产量4.47万吨，比上年增长5.42%。食用菌产业持续转型升级，全年产量（干鲜混合）25.73万吨，比上年增长7.5%，是全国最大的香菇出口口岸，罗源县起步镇获批为全国农业产业强镇。全市新增果蔬菌各类设施农业建设143.53公顷，设施农业规模居全省前列。

【农业绿色生产】　2020年，福州市完成化肥使用量（折纯量）7.84万吨，比上年下降3.8%；全市农药使用量4859吨，下降13.03%以上。全市因地制宜，推广种植豆类、花生、油菜等绿肥2.4万公顷；结合畜禽粪污资源化利用项目，推进有机肥资源化利用，有机肥推广13万公顷；指导农户采取粉碎、堆沤、覆盖等形式，实施稻田秸秆还田1万公顷；测土配方施肥技术推广26万公顷（次）。

开展农作物秸秆综合利用和农膜回收利用工作，全市农作物秸秆累计可收集资源40.40万吨，已利用38.2万吨，秸秆综合利用率94.54%；废旧农膜回收量8123.95吨，其中地膜回收量4371.25吨，农膜回收率85.27%。

（辛少彬）

## 林　业

【概况】　2020年，福州市林业用地面积75.05万公顷（其中生态公益林31.35万公顷，商品林43.70万公顷），有林地面积65.75万公顷。全市森林覆盖率58.36%，林木总蓄积5134万立方米，森林蓄积量4924万立方米。有国家级森林公园5个，省级森林公园10个。

【集体林权制度改革】　2020年，福州市完成重点生态区位商品林赎买850公顷。推进永泰林地占补平衡改革试点，累计完成动产发证1186.67公顷。新增林业专业合作社20家。推进“福林贷”“邮林贷”等林业普惠金融增量拓面，直接投放贷款7500万元。在全省率先全面停止国有林场商业性采伐。推进国有林场“五个一”规范化管理。建成“福州市护林员巡护管理平台”。罗源国有林场森林经营碳汇项目第一监测期减排量获得挂网上市交易资格。

【造林绿化】　2020年，福州市完成植树造林5000公顷，占任务136.9%。完成森林抚育1.53万公顷、封山育林1.42万公顷。帮扶甘肃定西完成建设四期生态林140.8公顷。建设10个市级保障性苗圃基地，完成新育苗木203万株。3月25日，在闽侯县上街镇旗山湖开展省、市领导义务植树活动。全民参加义务植树完成率98%，完成义务植树1160万株。推进“互联网+义务植树”，创新开展“春节回家种棵树”活动。完成“村植千树”648个村，培育高质量村庄绿化示范村118个。

【森林资源保护】　2020年，福州市推进闽江河口湿地保护与修复工程中央投资项目建设，完成《闽江河口湿地生态保护提升规划》并通过专家评审，除治互花米草面积100公顷，种植乡土植被面积58.33公顷。强化古树名木保护管理，建设11个古树微公园。推进林木种质资源普查工作，完成样线调查1383条、样线长度1610千米。完成自然保护地整合优化预案并上报审定。

【林业产业】　2020年，福州市争取省级财政330万元扶持闽清县竹材精深加工生产线建设、288万元扶持贫困县永泰县和革命老区福清市发展林下经济。建设10个市级林下经济示范基地。花卉苗木种植面积5866.67公顷，花卉苗木全产业链总产值136.3亿元（位列全省第三），新建花卉智能温室1万平方米。完成3个项目招商工作，招商金额18.02亿元。

【林业病害普查】　2020年，福州市林业有害生物的发生率5.38%，成灾率1.28‰。完成松材线虫病松林防治性采伐改造面积1866.67公顷，占任务106.75%。在鼓楼区、晋安区发现多处薇甘菊小面积疫情。完成以菌治虫面积2757.33公顷，以虫治虫面积32.13公顷。完成挂设松墨天牛诱捕器12739个，占任务102%，诱杀松墨天牛100多万只。

【林业科技】　2020年，福州市开展科技“三下乡”活动，发送各类技术手册、科普资料等1600余份。启动培养10个林业科技领军人才。完成10个基层林业站标准化建设。开展“闽江河口湿地公园湿地保护与修复长期科研基地”“福建青冈、山乌桕种苗繁育与造林试验”“薄壳山核桃优良种质资源收集保存与早期评价”等科研项目研究。

【国家森林城市】　2020年，福州市深入推进国家森林城市建设三年提升行动（2018—2020年），全面完成中期规划建设任务。自主节俭组织开展2020年度国家森林城市监测评价工作，高质高效完成监测评估成果并上报国家林业草原局。持续推进滨海新城森林城市建设，重点推进沿海防护林二期建设。推进闽侯县青口镇、连江县琯头镇、永泰县同安镇和清凉镇等4个乡镇建设“福建省森林城镇”；推动创建40个“福建省森林村庄”。

【森林康养（旅游）】　2020年，福州市永泰县列入全国森林康养基地试点建设县（市），永泰乾景云谷等5个企业列入全国森林康养基地试点建设单位。永泰大湖国有林场森林特色小镇枝柄工区288.27公顷森林资源资产出租签约，特色小镇项目获省发改委批准为省重点项目。举办2020福州森林康养产业发展政策研讨会。开展提升10个森林公园建设项目13个，完成景观带改造面积48.67公顷。完成森林步道建设69千米。

【涉林审批】　2020年，福州市巩固“市县同审”涉林审批机制，成立项目用林审批服务专班，保障项目用林需求。全市审批办结各类项目用林270宗，使用林地定额面积514.93公顷，助推270

个项目落地。

（张敏慧）

## 畜牧业

【概况】　2020年，福州市肉蛋奶产量29.47万吨，比上年增长4.7%。全市生猪存栏107.72万头，比上年增长51.3%，超额完成省下达的生猪存栏任务。草食动物和家禽产业发展加快，全市牛、羊、兔、家禽存栏分别达到4.27万头、27.47万头、81.1万头、1222.25万羽，分别比上年增长7.9%、2.1%、10%、11.6%。

【产业化经营】　2020年，福州市有国家级畜禽养殖标准示范场3家，省级畜禽优质农产品示范基地和养殖标准化示范场45家，省级生猪屠宰标准化示范企业1家。推进生猪规模生产产能提升，全市生猪养殖保留场163个，生猪新增产能项目112个，完成104个项目建设，年末全市生猪存栏数99.3万头，新增存栏35.4万头。推动总投资2423万元的福州市农垦种禽有限公司高产蛋鸡良种繁育与产业化工程（2017—2020年）项目建设，新建成6万套蛋种禽鸡舍。建设福清市、闽清县和连江县现代特色畜禽基地，市级补助90万元。

【动物疫病防控】　2020年，福州市完成春、秋两季重大动物疫病强制免疫工作，落实动物免疫日制度，全年免疫高致病性禽流感2764.27万羽、口蹄疫361.56万头、小反刍兽疫18.90万只、猪瘟263.74万头，确保存栏畜禽“应免尽免，不留空档”。11个种畜场维持净化，10个种猪场维持猪伪狂犬病的免疫净化场，1个种羊场维持布病的无免疫的净化场。围绕“人、车、猪、肉、料”五大环节开展非洲猪瘟防控工作；落实准调制度、“点对点”“批批检”制度、车辆备案制度、餐厨剩余物监管制度；全市建成10个大型生猪运输车辆洗消中心，福清市、闽侯县、永泰县、罗源县、长乐区、连江县农业农村局建成兽医PCR实验室；10家屠宰场建成非洲猪瘟自检实验室。完善应急机制，建立健全的联防联控机制，保障福州市养殖业生产安全和肉品供给。

【动物卫生监督】　2020年，福州市动物检疫实行从畜禽养殖到屠宰全链条监管，强化非洲猪瘟防控，“点对点”生猪调运监管。实施动物检疫合格证明电子出证，县级动物卫生监督所实现跨省调运动物检疫合格证明电子出证数据全国互联互通。

【畜禽屠宰监管】　2020年，福州市持续推进生猪屠宰监管“扫雷行动”，打击私屠滥宰违法行为。全市出动执法人员1275人次，开展屠宰执法254次，开展联合执法36次，捣毁私屠滥宰窝点15个。

【饲料行业监管】　2020年，福州市饲料生产企业总产量302.12万吨，总产值138.66亿元，其中，猪料产量29.50万吨，比上年下降2.8%；蛋禽料产量11.27万吨，增加33%；水产料产量47.60万吨，下降7.3%。制定《福州市饲料生产企业安全风险分级管控和隐患排查治理等级评定工作方案》，对全市84家饲料生产企业开展安全风险分级管控等级评定工作。全市饲料生产企业按要求完成中国饲料工业统计信息系统月报和年报统计上报工作。

【畜禽粪污资源化利用】　2020年，福州市新增有机肥厂2家，堆肥生产有机肥12.7万吨，发酵罐生产有机肥1.35万吨，获得商品有机肥认证5.66万吨；在用沼气容积6.07万立方米，利用沼气用于生活用气156.28万立方米，沼气发电设备2台，利用沼气发电自用344.07万千瓦时；新铺设管道476千米，新增灌溉面积1.6万公顷；新增储液池137个，容积为5.52万立方米；新增调节池12座，容积为2710立方米；施用沼液及肥水面积1.6万公顷；异位发酵床4个，异位发酵面积4990平方米；专用粪污运输车36辆。市级财政下达500万元专项资金，全市规模养殖场畜禽粪污综合利用率96.97%，粪污处理设施装备配套率100%。组织实施福清市、闽侯县、连江县畜禽粪污资源化利用整县推进项目建设，福清市作为国家级整县推进项目，项目采用PPP模式，项目总投资14693万元；闽侯县国家级畜禽粪污资源化利用整县推进项目获批复，经费到位1060万元，组织项目实施中；连江县被列入省级畜牧重点县，列入2020年省级畜禽粪污资源化利用整县推进项目，补助资金1000万元已到位。

（辛少彬）

## 海洋与渔业

【概况】　2020年，福州市海洋生产总值2691亿元。全市渔业经济总产值（含平潭，下同）1313.37亿元，比上年增长7.4%，占全省41.9%。水产品总产量284.37万吨，比上年增长4.7%，占全省34.1%；产值533.1亿元，增长4.2%，占全省38.8%，占全市大农业53.3%，拉动大农业增长2.3个百分点。水产品加工产量158.41万吨，占全省46%；产值436.03亿元，占全省36%。

【海洋经济】　国家海洋经济发展示范区建设　2020年，福州市以“三权分置、两证联动”为主要模式的养殖海权改革，在连江县开展试点扩面工作。深化与福州农商行、海峡银行、邮储银行战略合作，推动打造专属金融产品，贷款余额近20亿元。海洋产业101个入库重点项目全年累计投资276亿元，超年度计划投资34个百分点。

国家“十三五”海洋经济创新发展示范工作　15个示范项目完成投资8.08亿元，占计划总投资102.4%，海工装备产业集群逐步形成。

福州海洋研究院工作　新增研发中心2个，总量达到14个。编制完成《福州海洋研究院滨海新城项目建设与运行规划报告》并上报市政府审批。

精简行政审批　完善权责清单，权责事项调整为190项。推行“网上办、掌上办、邮寄办”便民审批服务模式，全年办结行政审批事项913件，群众满意率100%，其中全流程网办401件，占比43.9%，实现电子证照感知率100%、

2020 年 10 月 20 日，福州市与长崎市举行缔结友好城市关系 40 周年视频交流活动，会上签署福州市海洋与渔业局和长崎市水产农林部水产交流协议

（市海洋与渔业局　供）

生成率 100%、入库率 100%。

抗疫工作　出台《应对新冠肺炎疫情推进海洋经济项目建设若干措施》《应对新冠肺炎疫情支持渔业稳产保供工作要点》，支持涉海涉渔企业有序复产、稳定发展。严守“外防输入”海上关口，牵头制定海上船舶境外疫情输入防控方案，组建工作专班，分组进驻辖区二级渔港及重点渔区，实现“不落一船，不漏一人”工作目标。

【海洋资源养护】　2020 年，福州市开展水生生物增殖放流，合理规划放流区域，加强对增殖放流效果评估和动态调整。完成 16 场放流活动，放流规模 9.3 亿尾（粒）。推进人工鱼礁项目建设，福清东瀚人工鱼礁项目完成前期工作并动工建设；连江黄岐半岛人工鱼礁建设项目获国家补助资金 1750 万元。

【水产养殖业】　2020 年，福州市建成并验收普通工厂化养殖面积 2 万多平方米、深水抗风浪养殖网箱 150 口、全塑胶养殖渔排 3070 口、塑胶浮球 20.55 万粒。探索深远海装备养殖，跟踪落地养殖平台养殖试验情况，协助连江县开展平台推广试点工作。制定海上养殖转型升级行动方案初稿，拟通过三年时间全面完成全市海上传统养殖设施升级改造工作。新增 3 家省级水产良种场、2 家市级水产良种场。

【水产加工业】　2020 年，福州市新增水产品加工生产线 16 条，新增投资 3500 万元。44 家渔业企业入选全市“双百双千”增产增效企业名录，全年产值 154 亿元。有规模以上水产加工企业 89 家，其中国家级农业产业化龙头企业 4 家、省农业产业化省级重点龙头企业 45 家，产值超亿元企业 60 家。

【远洋渔业】　2020 年，福州市投产远洋渔船、产量、产值，较“十二五”末分别增长 7.8%、80.5%、42.3%，实现跨越发展。渔船作业分布在太平洋、印度洋、大西洋、南极海域，以及毛里塔尼亚等 6 个国家和地区；在境外建成 5 个远洋渔业综合基地，数量和规模居全省第一，其中宏东毛塔基地是全国最大的境外远洋渔业综合基地。年内福州（连江）国家远洋渔业基地母港一期项目纳入《福建省渔港布局与建设规划（2020—2025 年）》和省“十四五”重点项目，基地建设规划通过市政府批复。

【渔业品牌建设】　2020 年，福州市新增省级十大农产品区域公用品牌 1 个、省级名牌农产品 3 个；新增市级农业产业化龙头企业 21 家，市级农产品区域公用品牌 1 个、知名农产品品牌 3 个。全省首家水产品电商直播基地落户福州。扶持福州金鱼产业，修订并印发《关于加快金鱼产业发展六条措施》；举办世界金鱼大赛暨金鱼文化节，福州金鱼包揽冠亚季军；“福州观赏金鱼培育技艺”获评福州市第六批非物质文化遗产保护项目；三坊七巷国潮金鱼博物馆开馆。

【渔业科技】　2020 年，福州市培育鲍杂交良种绿盘鲍苗 100 万粒，开展稻田养殖黄颡鱼、田螺试验 3.33 公顷。开展赤潮常规和加密监测任务与 14 家养殖场养殖尾水监测工作，环境监测采样 81 航次，完成监检测样品 825 份；赤潮常规监测 44 航次，赤潮应急跟踪监测 1 起，监检测样品 631 份；完成养殖场 20 场次监测，采集样品 79 份。全年未发现因水环境质量、赤潮引发的大面积渔业与水环境事件。

【渔业交流合作】　2020 年 9 月 4—6 日，2020 海峡（福州）渔业周·中国（福州）国际渔业博览会在福州海峡国际会展中心举行。渔业周·渔博会签约总金额 237.9 亿元；展会规模 4.6 万平方米，是年内全球规模最大的渔业专业展会。展会通过搭建渔博会“云展会”平台，设立渔博会专属水产直播基地，打造全国唯一的“线上+线下+直播基地”三线融合的专业展会。参与福州市与长崎市缔结友城 40 周年纪念活动，签订下一个五年水产交流协议。

【渔业安全体系】　渔港建设　2020 年，福州市出台《福州市人民政府关于加快标准渔港建设的实施意见》，启动渔港三年行动计划，规划新建、改扩建、提升改造各级渔港 57 个。年内完成 12 个渔港开工建设。

渔船组织化管理　在全省率先开展试点，创新 3 种试点模式，连江县 858 艘大中型渔船纳入组织化管理。该项工作受到市委市政府领导肯定，并在全市予以通报表扬。

2020 年，福州市推进 82 个重大水利项目建设。图为在建中的莒口拦河闸　（福州水务投资发展有限公司　供）

渔船管控　全市 1940 艘渔船安装北斗示位仪，通过 24 小时动态监管和不定期摸排巡察，核实劝离接近或进入敏感海域渔船 184 艘次，未发生渔船被抓扣事件。实施“封港清查”行动，清理整治涉渔“三无”船舶，拆解清理 21 艘，完成省下达任务。2015 年上报的 463 艘涉渔“三无”船舶全部拆解，实现“年底前存量清零”的目标任务。

隐患排查　开展督查检查 1902 次，排查发现一般安全隐患 158 处，全部整改到位。

安全宣传教育和灾害防范预警　修订并印发《福州市近岸海域赤潮灾害渔业应急预案》。举办渔业安全宣传教育 29 场，发放宣传材料 10908 份，提升渔民安全生产意识。在罗源县鉴江湾重点养殖区安装 12 套海上智慧广播系统，建成 3 个海洋验潮站，常规开展海洋观测预报及赤潮灾害预警报工作。完成 9 次防御台风工作、1 次赤潮灾害防范工作，未造成人员伤亡和经济损失。

渔业互助保险　全市有参保渔工 13763 名、渔船 1271 艘，签单保费 6063.13 万元，比上年增长 15.76%，提供风险保障金 139.54 亿元。办理水产养殖台风指数保险 357 户，签单保费 775.645 万元，比上年增长 68.8%，提供风险保障金 1.19 亿元。办理海上渔排保险 2 户，承保数量 67 口，签单保费 9.112 万元，比上年增长 100%，提供风险保障金 296.8 万元。

水产品质量安全　开展水生动物疫病防控，在主要养殖区开展水生动物疫病监测和水生动植物病情测报，及时发布预警预报信息。组织开展三级产地监督抽查、风险监测、药物残留快速检测等 2888 批次。开展水产品质量安全专项整治“利剑”行动，打击各类违法违规用药和非法添加行为，开展执法检查 1052 人次，查处行政执法案件 1 件，发出书面整改通知书 7 份，均整改到位。推进全市食用水产品合格证制度和水产品质量安全“一品一码”追溯工作落实。

【综合执法】　2020 年，福州市在全省率先组织修订《福建省实施〈渔业法〉办法》行政处罚裁量标准，细化裁量标准 200 余项，实现更精细的零幅度裁量。率先建立渔船检验信息数据库，率先启用“福州市海域采砂案件登记查询系统”。设立监督审计科，梳理修订完善相关执法工作制度，开展事前监督、事后协查审计，以规范海洋与渔业行政执法行为。在全省率先出台伏休监管制度，伏休期间查处渔业案件 229 件，伏休效果为历年来最佳。严厉打击破坏海洋生态和渔业资源违法行为，全市查处渔业案件 320 件，收缴罚没款 495.60 万元；市海洋与渔业执法支队查处海洋案件 35 件，收缴罚没款 341.93 万元，案件查处数居全省第一。

（林莹）

## 水　利

【概况】　2020 年，福州市（不含平潭，下同）完成水利投资 60.01 亿元，占年度任务 59.91 亿元的 100.18%。其中，重大水利项目完成投资 56.26 亿元，占计划 56.15 亿元的 100.19%，面上项目完成投资 3.76 亿元，占计划 3.76 亿元的 100%。其中马尾区 1.69 亿元、晋安区 0.05 亿元、仓山区 0.09 亿元、高新区 0.3 亿元、闽侯县 6.33 亿元、长乐区 7.49 亿元、福清市 8.25 亿元、连江县 6.80 亿元、罗源县 3.83 亿元、永泰县

1.60亿元、闽清县9.83亿元、福州水务平潭引水开发有限公司10亿元、福州市闽江下游防洪工程建设公司3.58亿元、福州市闽江下游河道管护中心0.15亿元。

**【水行政工作】** 水资源管理　2020年，福州市编制《福州市地下水保护规划》。完成福清市、连江县县域节水型社会建设通过福建省水利厅验收。初步统计征收2020年水资源费4714.56万元。完成16个县级以上水源地保护区电子地图勘界立标，编制福清市山仔、东张水库藻类防控工作方案，开展长乐区、闽侯县4个“千吨万人”水源地划定工作。开展2020年福州市农田灌溉水有效利用系数测算分析及报告编制。

水环境治理　开展流域面积50~1000平方千米以上河流管理范围划定公布工作。督查整改50平方千米以上河湖“四乱”问题289个。

水利规划编制　完成103段流域面积50~1000平方千米以上河流管理范围划定，对1000平方千米以上河流（闽江、敖江、大樟溪）开展岸线分区规划工作。完成大中型水库移民后期扶持“十四五”规划编制。

行政审批与行政处罚　受理审批服务事项104件，办结104件，依法征收水资源费1656.90万元，水土保持补偿费170.95万元。完成水利工程建设项目审批系统建网工作。开展打击河道违法采砂行动，市县出动人员42439人次（含安保人员），取缔非法采砂点15处、非法堆砂场13处，没收非法采、运砂车辆、铲车3辆，非法采、运砂船舶12艘，拆解非法采砂船只（设备）49艘（套），罚没款252.8万元，行政处罚52件。

**【水利工程建设】** 重大水利项目　2020年，福州市推进82个重大水利项目建设，实现新开工项目27个，建成项目13个。平潭及闽江口水资源配置工程（福州段）隧洞开挖89.08千米，占全长124.5千米71.55%，完成管道铺设和顶管施工26.79千米，占全长44.3千米60.47%，完成莒口水闸主体结构施工；自2015年起累计完成投资38.35亿元，占总投资54.57亿元的70.29%，年内完成投资10亿元。霍口水库工程年内完成投资2.02亿元。江北城区山洪防治及生态补水工程，完成主隧洞开挖22.07千米，占隧洞总长28.29千米的78%，10条施工支洞完成，进行排洪支洞和截洪坝等配套设施施工，2015—2020年累计完成投资18.71亿元，占总投资55.85%，年内完成投资3.03亿元。

农村饮水工作　完成闽侯、连江、罗源、闽清和永泰5个县贫困人口农村供水保障工作，完成“十三五”农村饮水安全精准扶贫任务。农村饮水安全巩固提升任务计划福清市投资1.6亿元、受益人口12万人，闽清县投资0.9亿元、受益人口6.8万人，完成投资2.5亿元，受益人口18.8万人。

水土保持综合治理　完成水土流失治理面积9393.33公顷，占福建省水利厅下达任务的164.6%，其中水利部门投入资金2913.48万元，完成3200公顷。

库区移民工作　申报使用后期扶持资金10899.82万元，其中发放移民直接补贴资金2072.4万元，受益直接补贴移民34540人；申报后期扶持项目49个，投入移民资金8827.42万元。完成永泰县2020年大中型水库移民后期扶持示范区申报，申请示范区建设专项资金4000万元；开展闽清县申报2021年大中型水库移民后期扶持示范区申报，申报示范区建设专项资金2000万元。推进罗源霍口水库、昌西水库、永泰抽蓄项目、水口坝下工程移民安置工作，完成闽清县葫芦门水库工程竣工移民安置初步验收。与福建省水口集团有限公司签订《福建闽江水口水电站枢纽坝下水位治理与通航改善工程建设征地移民安置补充协议（三）》，解除水口水电站枢纽坝下水位治理工程闽侯县侧停建令。

水利工程除险加固及养护　完成16座水库、6条海堤和4座水闸除险加固，基本完成全市国有水库、堤防、水闸工程管理范围与保护范围的划定工作，完成279座公益性小型水库维修养护物业化管理工作。完成13座“十三五”农村水电站增效扩容改造和5条河流生态改造项目。

水利工程管理　水库新增1座，降等2座，报废4座，小（二）型以上水库434座；海堤103条总长277.2千米，防洪堤69条总长306.8千米；水闸299座。进行生态下泄流量改造的小水电站456座，其中：完成生态流量设施改造403座，免安装放水设施改造3座；完成生态下泄流量在线监控装置安装400座，免安装在线监控装置6座；退出50座。完成所有水电站的放水设施和在线监控设备安装和生态流量整改验收工作。永泰县富泉溪三级水电站创建确认为绿色水电站，连江县山仔、塘坂水力发电厂完成绿色水电站延续申请工作。

（陈嘉）

（编辑　周弭姣）

# 工 业

## 综 述

【概况】 2020年，福州市规模以上工业增加值比上年增长5.3%，高于全省平均水平3.3个百分点，居全省第三位；规模以上工业总产值总量超万亿元，增长3.8%。工业固定资产投资比上年增长9%，高于全省8.3个百分点；技术改造投资增长33.9%，高于全省21.7个百分点，完成技术改造投资总量居全省第三位。

“百项千亿”技改工程 加强基金、融资、要素等方面支持，市技改基金规模从40亿元扩大到100亿元，合作金融机构由1家扩大至6家。跟踪推进313个重点技术改造项目建设，宝钢1600酸洗、飞毛腿锂离子电池组等54个项目开工，友谊新材料一期、锦江15万吨聚酰胺等116个项目投产。全年技术改造投资完成1000亿元。

战略性新兴产业重点项目 组织实施战略性新兴产业重点项目，全市规模以上工业战略性新兴产业增加值比上年增长10.2%，高于全市规模以上工业增加值增速4.9个百分点；占全市规模以上工业增加值比重29.6%，比上年提升3.3个百分点。

重点用能单位“百千万”行动 新增国家绿色工厂12家、省级15家，国家绿色设计产品39款、省级10款，国家绿色供应链管理企业1家、省级5家，省级循环经济示范试点企业10家、园区1个，支持节能循环经济技改项目35个，完成省下达的节能任务。

工业招商引资 组建11支招商小分队，分行业、分领域开展产业链招商和技改招商。推动落地万华化工新材料产业园、宝钢德盛精品不锈钢绿色产业基地等项目32个，总投资526.62亿元。

“海上福州”建设 推动实施“海上福州”重点项目304个，总投资4905亿元，年度计划投资878亿元，全年累计完成投资947亿元，占全年计划107.87%，超序时进度7个百分点。化工新材料、风电装备、冶金等临港产业做大做强，获批国家级福州（连江）远洋渔业基地、国家骨干冷链物流基地，全市海洋生产总值达2691亿元。

支持企业技术创新 启动晋安湖、旗山湖、东湖“三创园”开发建设，集聚国家级高新技术企业151家。实施59个省级技术创新重大项目，推动24项校企产学研成果产业化，实现技术需求对接60项。新增国家级企业技术中心2家、省级13家、市级28家，工信部专精特新“小巨人”企业13家、省级“专精特新”中小企业23家，省级制造业单项冠军13家，省级首台套14个。

发展工业互联网 举办第三届数字峰会工业互联网分论坛，列入省级“互联网+先进制造业”重点项目73个、两化融合重点项目109个，汇川物联网项目列入工信部工业互联网试点示范，新增省级工业互联网示范平台3个、应用标杆19家，两化融合贯标评定企业52家。全市“上云上平台”工业企业累计超2000家。

工业产业政策 年内实施《关于支持化工产业发展措施的通知》《关于支持光电产业发展措施的通知》《关于推进钢铁产业转型升级措施的通知》《福州市工业（产业）园区标准化建设“十位一体”工作实施方案的通知》《关于支持福州海上风电装备产业加快发展若干措施的通知》《福州市工业（产业）园区标准化建设推进制造业高质量发展实施方案》《培育龙头企业工作方案及政策措施》及系列惠企政策等工业产业政策。

【工业重点项目】 2020年，福州市组织实施367项市级工业重点项目，年度完成投资320亿元。推动永荣锦江绿色差别化锦纶、申马环己酮扩建、兴宇植物浓缩蛋白等59个项目开工建设；福顺微4~6英寸集成电路芯片二期、友谊新材料科一期、六和汽车零部件等126项投产或部分投产。

【工业龙头企业】 2020年，福州市有136家省级工业和信息化龙头企业，居全省首位，占比为全省26.3%。全市年产值超百亿工业企业（集团）有长乐恒申控股集团、永荣控股集团、大东海集团、福建奔驰汽车、金纶高纤、捷联电子、京东方光电、宝钢德盛不锈钢、飞毛腿集团、中景石化集团、罗源闽光钢铁、吴航不锈钢集团、山力化纤集团、福建经纬集团、福清核电15家，百亿企业数量居全省第一，占全省近1/3。其中大东海集团、恒申控股集团、永荣控股集团等企业入围2020年中国企业500强。

【中小企业服务】 2020年，福州市出台培育工业龙头、培育软件龙头、研发七条、技改七条、中小企业五条等系列惠企政策，奖补1200多个项目超4.5亿元，惠及800多家企业。发布4批《福州市名优产品目录》，210家企业的987个产品入围，向市属国有企业推荐19家民营企业212款产品。组织开展138场政策宣讲会，4987家企业参加。

培育“专精特新”企业，引导中小企业申报省级“专精特新”中小企业认定，全市培育入库企业1983家，其中获省级“专精特新”中小企业认定150家，总数居全省第一，获省市奖补资金1890万元。福光股份等13家企业被评为工信部专精特新“小巨人”企业，累计有“小巨人”企业15家。组织企业参加“双创”大赛，报名参加“创响福建”中小企业创新创业大赛的福州企业和创客353余家，数量居全省第一。组织专业机构对参赛企业和团队提供金融、科技、产业等方面创业创新资源对接服务，协调提供检验检测、技术成果转化、落地孵化、创业辅导培训、市场营销、管理咨询等公共服务，市工信局获优秀组织奖。

实施企业家素质提升工程，联合福建省中小企业信息协会，深入各县（市）区、重点工业园区，开展政策宣传解读和企业管理提升培训活动，举办线上高管人员培训课程1次，推荐工信部、浙江大学、上海交大、复旦大学等开办的高管线上培训课程10余次，组织企业高管1000余人次参与学习。分两批次选送80家“专精特新”培育库企业的高管人员赴杭州浙江大学、厦门大学深造，接受更高层次培训。

缓解中小企业资金需求，开展产融对接活动，全年举办产融对接活动44场次，参加对接企业1650家；市工信局主办10场政银企对接会，推动签订220亿元银行授信。开展应收账款融资试点奖励活动，年内开展两批次申报，有6家核心企业，帮助30余家中小微企业融资到年化2.45亿元的贷款，兑现奖补资金244.66万元。

打造“互联网+精准服务+协同创新”的中小企业公共服务平台网络，培育一批小微企业创业创新示范基地、中小企业公共服务示范平台，累计有国家级示范基地2个、省级示范基地7个，国家级示范平台2个、省级示范平台15个。发展双创特色载体，打造福州软件园创新创业特色载体。建立完善中小企业生产经营运行监测体系，纳入运行监测中小企业数量496家，纳入运行监测中小企业家数超过历年，居全省前列。

【园区建设】 2020年，福州市有工业园区22家，其中国家级7家，省级9家，市县级6家。全市园区规模以上工业企业数量占全市总量约70%，完成规上工业总产值占全市总量约85%。融侨开发区、软件园、长乐功能区、临空经济区4家园区产值或营收超千亿元。福州经济开发区、融侨开发区、软件园、高新区4家园区进入2019年度省级以上开发区考核评价综合发展水平前20位。福州经济开发区（电子信息·物联网）、软件园（软件和信息服务）、融侨开发区（电子信息·显示器）等3家国家新型工业化产业示范基地获工信部2020年发展质量四星级评价。年内福州软件园入选国家第三批双创示范基地，福州高新区获批国家创新创业特色载体、入选绿色产业示范基地。

实施工业（产业）园区标准化建设，召开全市工业（产业）园区标准化建设现场会，出台园区标准化推进制造业高质量发展、园区标准化建设“十位一体”工作实施方案。实施分类施策，根据园区经济基础和产业定位，分类指导17个重点园区建设提升。突出示范引领，以福州高新区、融侨经济技术开发区等5家园区为试点，探索形成可复制、可推广的园区标准化建设经验。坚持项目带动，推进169个标准化补短板项目建设，总投资680亿元，其中56个项目开工建设，39个项目竣工，福州高新区城市品质提升工程、金山工业园橘园洲片区改造提升、青口投资区区容区貌环境综合提升等一批项目加快建设。全市建成高标准厂房65万平方米，在建高标准厂房超300万平方米；清理批而未供土地873.33公顷，闲置工业用地118.6公顷，盘活园区低效用地287.53公顷。园区配套累计打通近30条道路，新建18所学校、50个绿地公园，在建190万平方米安置房，设立7个园区行政服务中心或分中心。

表31 **2020年福州市工业和信息化省级龙头企业名单**

| 序号 | 企业名称 | 序号 | 企业名称 |
|---|---|---|---|
| 1 | 福建省能源集团有限责任公司 | 2 | 1. 福建水泥股份有限公司 |
| 3 | 2. 福州炼石水泥有限公司 | 4 | 福建元成豆业有限公司 |
| 5 | 福州傲农生物科技有限公司 | 6 | 福建长德蛋白科技有限公司 |
| 7 | 福建天马科技集团股份有限公司 | 8 | 1. 福建天马饲料有限公司 |
| 9 | 福州开发区高龙饲料有限公司 | 10 | 福建康宏股份有限公司 |
| 11 | 福州集佳油脂有限公司 | 12 | 福州旭煌食品有限公司 |
| 13 | 福建亿达食品有限公司 | 14 | 长乐聚泉食品有限公司 |
| 15 | 海欣食品股份有限公司 | 16 | 福州龙福食品有限公司 |

续表

| 序号 | 企业名称 | 序号 | 企业名称 |
|---|---|---|---|
| 17 | 福建长源纺织有限公司 | 18 | 福建金源纺织有限公司 |
| 19 | 福建省长乐市锦源纺织有限公司 | 20 | 福州翔隆纺织有限公司 |
| 21 | 福建新华源发展集团 | 22 | 1. 福建新华源纺织集团有限公司 |
| 23 | 2. 福建华源纺织有限公司 | 24 | 3. 福建恒源纺织有限公司 |
| 25 | 福建经纬集团有限公司 | 26 | 福建省长乐市第二棉纺织厂 |
| 27 | 福建省长乐市华亚纺织有限公司 | 28 | 福建省长乐市正隆纺织有限公司 |
| 29 | 福建省永泰县金泰纺织有限公司 | 30 | 福建省天和纺织实业有限公司 |
| 31 | 福建省长乐金沙港纺织有限公司 | 32 | 福建金磊纺织有限公司 |
| 33 | 福建锦程高科实业有限公司 | 34 | 福建源盛纺织服装城有限公司 |
| 35 | 1. 福州融裕行纺织织造有限公司 | 36 | 2. 福州茂盛投资有限公司 |
| 37 | 祥兴（福建）箱包集团有限公司 | 38 | 福建省连江县飞鹭鞋业有限公司 |
| 39 | 福建友谊胶粘带集团有限公司 | 40 | 福建金德尚黄金有限公司 |
| 41 | 福建石油化工集团有限责任公司 | 42 | 1. 福建省东南电化股份有限公司 |
| 43 | 福建天辰耀隆新材料有限公司 | 44 | 福建合盛气体有限公司 |
| 45 | 福建中景石化有限公司 | 46 | 福建省中江石化有限公司 |
| 47 | 恒申控股集团有限公司 | 48 | 1. 长乐恒申合纤科技有限公司 |
| 49 | 2. 长乐力恒锦纶科技有限公司 | 50 | 3. 福建申远新材料有限公司 |
| 51 | 4. 长乐力源锦纶实业有限公司 | 52 | 福建永荣锦江股份有限公司 |
| 53 | 1. 福建新创锦纶实业有限公司 | 54 | 福建凯邦锦纶科技有限公司 |
| 55 | 福建景丰科技有限公司 | 56 | 福建恒捷实业有限公司 |
| 57 | 福建万鸿纺织有限公司 | 58 | 福建省金纶高纤股份有限公司 |
| 59 | 福建省长乐市山力化纤有限公司 | 60 | 福建经纬新纤科技实业有限公司 |
| 61 | 福融辉实业（福建）有限公司 | 62 | 福建恒杰塑业新材料有限公司 |
| 63 | 福州金牛水泥有限公司 | 64 | 福建建华建材有限公司 |
| 65 | 金强（福建）建材科技股份有限公司 | 66 | 福耀玻璃工业集团股份有限公司 |
| 67 | 1. 福建省万达汽车玻璃工业有限公司 | 68 | 福建大东海实业集团有限公司 |
| 69 | 1. 福建罗源闽光钢铁有限责任公司 | 70 | 宝钢德盛不锈钢有限公司 |
| 71 | 福州吴航钢铁制品有限公司 | 72 | 福建吴航不锈钢制品有限公司 |
| 73 | 中铝瑞闽股份有限公司 | 74 | 福建奋安铝业有限公司 |
| 75 | 福建祥鑫股份有限公司 | 76 | 福建博那德科技园开发有限公司 |
| 77 | 昇兴集团股份有限公司 | 78 | 福建联迪商用设备有限公司 |
| 79 | 东南（福建）汽车工业有限公司 | 80 | 福建奔驰汽车有限公司 |
| 81 | 福州六和机械有限公司 | 82 | 云集（福建）实业有限公司 |
| 83 | 福建省船舶工业集团有限公司 | 84 | 1. 福建省马尾造船股份有限公司 |
| 85 | 2. 福建东南造船有限公司 | 86 | 3. 福人木业（福州）有限公司 |
| 87 | 大通（福建）新材料股份有限公司 | 88 | 飞毛腿（福建）电子有限公司 |
| 89 | 飞毛腿电池有限公司 | 90 | 锐捷网络股份有限公司 |
| 91 | 福建捷联电子有限公司 | 92 | 福建省电子信息（集团）有限责任公司 |

续表

| 序号 | 企业名称 | 序号 | 企业名称 |
|---|---|---|---|
| 93 | 1. 福建星网锐捷通讯股份有限公司 | 94 | 2. 福建省星云大数据应用服务有限公司 |
| 95 | 3. 福建升腾资讯有限公司 | 96 | 4. 四创科技有限公司 |
| 97 | 5. 福建福强精密印制线路板有限公司 | 98 | 6. 福州瑞华印制线路板有限公司 |
| 99 | 7. 福建省数字福建云计算运营有限公司 | 100 | 国脉科技股份有限公司 |
| 101 | 中邮科通信技术股份有限公司 | 102 | 新大陆科技集团有限公司 |
| 103 | 1. 新大陆数字技术股份有限公司 | 104 | 2. 福建新大陆支付技术有限公司 |
| 105 | 3. 福建新大陆自动识别技术有限公司 | 106 | 4. 福建新大陆软件工程有限公司 |
| 107 | 5. 福建新大陆通信科技股份有限公司 | 108 | 瑞芯微电子股份有限公司 |
| 109 | 华映科技（集团）股份有限公司 | 110 | 1. 华映光电股份有限公司 |
| 111 | 2. 福州华映视讯有限公司 | 112 | 3. 福建华冠光电有限公司 |
| 113 | 福州京东方光电科技有限公司 | 114 | 福州高意通讯有限公司 |
| 115 | 福建兴达船业有限公司 | 116 | 福建华电可门发电有限公司 |
| 117 | 国电福建电力有限公司 | 118 | 1. 国电福州发电有限公司 |
| 119 | 华能国际电力股份有限公司福州电厂 | 120 | 盛丰物流集团有限公司 |
| 121 | 福建好运联联信息科技有限公司 | 122 | 1. 福建好运福融物流有限公司 |
| 123 | 福建省交通运输集团有限责任公司 | 124 | 1. 福建省海运集团有限责任公司 |
| 125 | 2. 中国福州外轮代理有限公司 | 126 | 福州京邦达供应链科技有限公司 |
| 127 | 福建中海创集团有限公司 | 128 | 1. 福州福大自动化科技有限公司 |
| 129 | 福建网龙计算机网络信息技术有限公司 | 130 | 1. 福建亿榕信息技术有限公司 |
| 131 | 2. 福建网能科技开发有限责任公司 | 132 | 中电福富信息科技有限公司 |
| 133 | 福建榕基软件股份有限公司 | 134 | 1. 福建榕基软件工程有限公司 |
| 135 | 福建天晴数码有限公司 | 136 | 富春科技股份有限公司 |

表 32　　2020 年福州市新认定工业设计中心名单

| 序号 | 企业名称 | 序号 | 企业名称 |
|---|---|---|---|
| 省级工业设计中心 | | 市级工业设计中心 | |
| 1 | 福州尚飞制衣有限公司 | 1 | 福州联泓交通器材有限公司 |

表 33　　2020 年福州市新认定企业技术中心名单

| 序号 | 企业名称 | 序号 | 企业名称 |
|---|---|---|---|
| 省级企业技术中心 | | | |
| 1 | 长威信息科技发展股份有限公司 | 2 | 福建星海通信科技有限公司 |
| 3 | 福建万润新能源科技有限公司 | 4 | 福建阿石创新材料股份有限公司 |
| 5 | 福建省星云大数据应用服务有限公司 | 6 | 新福兴玻璃工业集团有限公司 |
| 7 | 福建祥鑫股份有限公司 | 8 | 福建福昕软件开发股份有限公司 |
| 9 | 澳蓝（福建）实业有限公司 | 10 | 福州弘博工艺有限公司 |
| 11 | 福州宏旭科技有限公司 | 12 | 福建省轻工机械设备有限公司 |
| 13 | 福建福顺半导体制造有限公司 | | |

续表

| 序号 | 企业名称 | 序号 | 企业名称 |
|---|---|---|---|
| 市级企业技术中心 | | | |
| 1 | 福建南威有限公司 | 2 | 福州春晖制衣有限公司 |
| 3 | 福建森源电力设备有限公司 | 4 | 福建吉艾普光影科技有限公司 |
| 5 | 福建海峡环保集团股份有限公司 | 6 | 福建中信网安信息科技有限公司 |
| 7 | 恒瑞通（福建）信息技术有限公司 | 8 | 福建飞毛腿动力科技有限公司 |
| 9 | 福建新大陆通信科技股份有限公司 | 10 | 福建中锐网络股份有限公司 |
| 11 | 福建中电合创电力科技有限公司 | 12 | 福州科杰电子衡器有限公司 |
| 13 | 福水智联技术有限公司 | 14 | 福建航港针织品有限公司 |
| 15 | 福建福光光电科技有限公司 | 16 | 福清市洪裕塑胶有限公司 |
| 17 | 福建礼恩科技有限公司 | 18 | 福建省闽清双棱纸业有限公司 |
| 19 | 中建科技（福州）有限公司 | 20 | 协展（福建）机械工业有限公司 |
| 21 | 闽侯闽兴编织品有限公司 | 22 | 福州中澳科技有限公司 |
| 23 | 福州惠源食品有限公司 | 24 | 福建鑫联达智能科技有限公司 |
| 25 | 福建海创光电有限公司 | 26 | 北卡科技有限公司 |

（林捷　廖世清　陈少华　曾长旺　郑凌峰　林艺　林平）

## 纺织化纤产业

【概况】　2020 年，福州市纺织化纤产业规模以上企业 564 家，完成规模以上工业总产值 2973.5 亿元；化纤产量 580.38 万吨；纱线产量 391.24 万吨；布产量 4.16 亿米。短纤、长丝、混纺纱年产能近 330 万吨，纺纱年产能达 800 万～850 万锭，锦纶民用丝年产能达 150 万吨以上，是全国最大的化纤混纺纱生产基地和锦纶民用丝生产基地，经编产品约占全国市场份额的六成，在国内涤纶纱、民用锦纶丝、经编花边等细分市场占据定价优势。纺织化纤产业打造从己内酰胺（CPL）—对苯二甲酸（PTA）—涤纶、锦纶、氨纶—经编（含花边）—染整—后整理的完整产业链，形成化学短纤维、纺纱、织造、服装协调发展的局面。恒申集团、永荣集团、金纶高纤、新华源集团、山力化纤、长源纺织等一批龙头企业在国际国内具有较强竞争力。

【重点项目建设】　2020 年，福州市重点推进福建锦江科技有限公司年产 7 万吨智能化绿色差别化锦纶纤维项目、福建长源纺织有限公司年产 3 万吨功能性纱线智能化纺纱技改项目、长乐恒申合纤科技有限公司智能制造工厂改造项目、福建省长乐市山力化纤有限公司自动化智能络纱丝饼包装处理系统项目等项目建设。

【企业技术创新】　2020 年，福州市景丰科技参与的“高品质多功能原液着色聚酰胺纤维制备关键技术及产业化”获得 2020 年中国纺织工业联合会科技进步奖二等奖。永荣锦江立项开发的锦纶再生纤维项目获第七届“中国十大纺织科技奖”。

（王均　郑桓）

## 轻工食品产业

【概况】　2020 年，福州市轻工食品产业规模以上工业企业 835 家，实现工业产值 2168.2 亿元，比上年增长 2.2%。箱包、塑胶制品等传统特色产业提质增效，加大自主品牌培育，壮大企业规模，祥兴集团的箱包产品生产规模、技术装备方面处于行业领先水平，是全国最大的箱包制造企业之一，福建思嘉环保材料是中国制造生物质及污水相关工程的强化材料及沼气池终端产品的唯一制造商，并且是中国排名第一的涉水防护服材料、充气艇材料及气密材料制造商，国内领先 TPU、膜结构以及防水卷材生产商之一。

水产品加工是福州市食品加工制造业的重要组成部分，以沿海县（市）为重点，发展水产品精深加工和出口加工业，形成连江和马尾海产品加工、福清与长乐鳗鱼对虾加工等具有区域优势、经济效益较高的水产品特色产业。油脂加工主要以福清、长乐的大豆、油菜籽、花生油生产企业为代表，产能较集中，规模体量大、副产品带动作用明显。酒、饮料、茶制造主要位于马尾、仓山、连江和闽侯。福州茉莉花茶是中国花茶类的地域品牌非物质文化遗产，茉莉花茶制作传承具有鲜明的特色。闽侯、连江的饮料、啤酒和黄酒为福州市食品行业增色。加快福州（连江）国家远洋渔业基地建设，打造从远洋捕捞、深海养殖、精深加工、冷链物流海洋食品全产业链条。持续推进元洪国际食品产业园建设，完善食品加工、冷链仓储物流、电子商务、公共服务平台及相关配套服务；探索“两国双园”模式，推动国际食品产业链合作。

【重点项目建设】 2020年，福州市推进福建友谊胶粘带集团有限公司友谊新材料科技工业园，茶花家居塑料用品（连江）有限公司连江二期项目，福建榕升纸业有限公司年加工3.96亿平方米纸板、纸箱项目，贝奇（福建）食品有限公司生产车间二和三扩建项目，福州伟华食品有限公司年产9万吨调味品项目，福建京福海洋渔业发展有限公司深海时代产业园，福建好莱屋轻纺有限公司调味品、食用油脂生产项目等一批重点项目建设。

（王均 柯文全）

## 机械制造产业

【概况】 2020年，福州市机械制造产业规模以上企业607家，完成规模以上工业总产值1753亿元。基本形成以福建奔驰为龙头汽车制造业以马尾造船厂为龙头的船舶制造业、以金风科技为龙头的海上风电装备制造业以及以明辉机电、中能电气为龙头的电机电气等门类齐全的机械装备制造业体系，是福州市第三大支柱产业。福建省鑫港纺织机械有限公司多梳栉经编机占有率，福建雪人股份有限公司螺杆压缩机、制冰机占有率均国内领先；新大陆环保的紫外C消毒系列产品、臭氧发生器产品，泰明（福建）电力的大中型柴油发电机组，大通机电的特种漆包线，福光股份的军用特种光学镜头、民用光学镜头，天宇电气的电力变压器、开关柜等产品在国内市场都占有一席之地。

【重点项目建设】 新能源汽车、智能网联汽车产业 2020年，福州市依托青口投资区，以福建奔驰、东南汽车为龙头，鼓励开发引进新车型，发展智能网联汽车、新能源汽车。利用雪人公司氢燃料电池技术，发展氢燃料电池关键零部件产业。与宁德时代等省内企业合作，发展新一代电动汽车。利用现有的汽车产能，加快智能化升级。围绕整车生产，加快零部件企业配套布局，支持星云电子、慧翰微电子等新能源、智能网联配套企业发展，重点引进汽车电子、燃料电池发动机等新能源汽车配件项目，做大做强冠城瑞闽新能源汽车动力电池、富得巴电机、万润电控等新能源汽车三电产品项目。

能源装备产业 以风电成套机组设计和组装为核心，带动风电关键零部件发展，开展核能、潮汐能、生物质能、地热能设备以及核心配套零部件的研究和制造，建设海西核能工程技术中心。推进三峡海上风电产业园、三峡福建长乐外海百万千瓦海上风电场先行工程等风电装备项目建设，支持企业拓展市场，鼓励福州市区域内的海上风电开发企业优先采购福州海上风电装备产业园内企业生产的产品，优先购买其提供的运维、检测、认证、培训等服务。

智能装备产业 提升智能装备关键零部件配套水平，突破新型传感器、智能测量仪表、工业控制系统、伺服电机及驱动器等智能核心零部件。统筹布局和引进发展智能网联汽车、智能工程机械、智能生产线的整机生产企业，推进工程化和产业化。组织研发具有深度感知、智慧决策、自动执行功能的高档数控机床、工业机器人、增材制造装备等智能制造装备。发展具有自主知识产权的智能安防、智慧医疗、可穿戴智能产品、感知交互式影音设备等智能终端产品。

船舶修造产业 依托连江粗芦岛、罗源湾牛坑湾/将军帽组团、蓝色（闽台）产业园，以马尾造船厂、东南造船厂等企业为龙头，重点发展多用途海洋工程船、电推海工船、游艇等船舶制造产业。加快海洋工程装备领域龙头企业招引，完善产业链配套，转型发展海洋工程装备。依托福州海港优势和船舶制造历史积淀，发展船舶维修业，培育专业养护人员、团队及企业。

纺织机械产业 以鑫港纺机为龙头，开展经编机械等高端针织机械研发生产，提升产品竞争力。结合长乐化纤纺织产业需求，鼓励和引导纺织化纤龙头企业通过收购兼并、强强合作等方式，策划对接国际、国内先进纺织机械项目，发展高端纺纱机械、印染机械、非织造机械、化纤机械设备等高速度、高效率、低能耗、成套性纺织机械，拓展品种类型，逐步替代进口机械，打造本土纺织机械生产基地。

【企业技术创新】 2020年，福州市有东龙针纺、兰天包装等2家企业获得省智能制造试点示范项目；14家企业14个产品获得省内首台（套）重大技术装备（含智能制造装备）认定。

（胡中明）

## 冶金建材产业

【概况】 2020年，福州市冶金建材产业规模以上企业253家，完成规模以上工业总产值1550亿元。形成从高炉炼铁到主要生产各类建筑用的棒材（螺纹钢）、线材、角钢、槽钢、彩涂板及不锈钢板带等产品的产业链；初步培育形成以奋安铝业、中铝瑞闽为龙头的铝材产业，以宝钢德盛、吴航不锈钢为龙头的不锈钢产业，以闽光钢铁、亿鑫钢铁、吴航钢铁为龙头的普钢产业，以福耀集团、万达汽车玻璃为龙头的玻璃产业，以闽清陶瓷企业为龙头的陶瓷产业等。奋安公司的铝型材处于国内领先地位。中铝瑞闽是有色行业全国前三强，其高档阳极用铝带材产品替代进口，国内市占率超75%。福建祥鑫股份有限公司铝合金梯子技术达到国际水平。宝钢德盛是全国较大规模的不锈钢生产基地之一。闽清陶瓷是全省最大的电瓷出口基地和全国釉面砖重要生产基地之一。

【重点项目建设】 2020年，福州市依托大东海精品钢铁项目的汽车板、家电板、装备制造业用钢板等中高附加值品种，为汽车、机械、能源、集装箱等下游行业提供优质板材，支撑下游用钢产业发展，提升市场竞争力与品牌效应。以宝钢德盛精品不锈钢绿色产业基地为依托，延伸不锈钢加工及应用产业链，加强罗源不锈钢生产基地建设，拓展不锈钢精深加工产业链，开发高档冷轧不锈钢产品。同时通过不同所有制钢企重组，调整钢铁产业结构，优化资源配置。

（于小潞 林东）

## 石油化工产业

【概况】 2020年，福州市石油化工产业规模以上企业83家，完成规模以上工业总产值490.3亿元。氯酸盐规模年产6万吨，产量居全国第二；ADC发泡剂年产1万吨，超全国产量的1/5；氯碱产品产量在全国22家大型氯碱企业中排名第十。东南电化甲苯二异氰酸酯（TDI）技术国内领先。培育形成三类石油化工产品加工产业：以天辰耀隆为龙头的煤化工、以东南电化为龙头的盐化工、以中景石化为龙头的石油化工等三大产业集群，继续以万华化学福建产业园为龙头，打造异氰酸酯、聚氨酯产业链，江阴千亿化工新材料专区初具规模。

【重点项目建设】 2020年，福州市加快可门港区的申远新材料二期、申马二期等项目建设，打造全球最大的己内酰胺全产业链生产基地。加快万华化学园建设，推进盐化工集聚发展。推动中景石化聚丙烯和美得石化丙烷脱氢项目建设。

（林东）

## 电力能源产业

【概况】 2020年，福州市电力能源行业规模以上企业83家，完成产值748.9亿元。主要包括：以福清核电为代表的核电产业，以水口电站为代表的水电产业，以华能长乐、华电可门、国电江阴、华能罗源等企业为代表的火电产业，以三峡、华电、大唐等企业为代表的风电产业，以红庙岭生活垃圾处理企业为代表的垃圾焚烧发电产业。

【重点项目建设】 2020年，福州市推动重大能源项目建设，其中核电方面，福清核电项目5号机组首次并网成功；风电方面，福清赤礁、龙潭风电场完成首批风电机组并网发电，福清海坛海峡海上风电场项目完成首批风电机组并网发电；水电方面，水口电厂完成4号机组增容改造工程。

【企业技术创新】 2020年11月，“华龙一号”全球首堆——中核集团福清核电5号机组首次并网成功。“华龙一号”是中国研发设计的具有完全自主知识产权的三代压水堆核电技术，“华龙一号”全球首堆并网成功，标志着中国打破国外核电技术垄断，进入核电技术先进国家行列。

（刘葳）

## 生物医药产业

【概况】 2020年，福州市生物医药产业完成规模以上工业总产值103.2亿元。生物医药产业是福州重点发展的新兴产业之一，初步形成生物制药、基因工程药物与基因诊断试剂、化学原料药、现代中药、医疗器械与生物医学分析仪器等医药产业门类，生物医药产业从研发到生产基本配套。福抗、金山药业、丽珠福兴、海王福药、南少林、闽海等一批企业成长为福州医药产业的中坚力量。

【重点项目建设】 2020年，福州市加快丽珠集团二阶段高端抗生素建设项目、福抗药业抗病毒原料药及医药中间体省级改造项目、贝瑞和康基因检测产业园一期项目等重要项目建设。

【企业技术创新】 2020年，福抗药业突破微生物制药关键技术4项，实现重要抗病毒医药中间体2-氨基-6-氯鸟嘌呤、新兽药头孢洛宁、庆大霉素中降脱工艺研发及组胺检测等项目成果转化，并实现上市销售；盐酸四环素发酵单位不断提高，达到国际先进水平。海王福药新药研发工作中钠钾镁钙注射用浓溶液、多索茶碱注射液全部完成现场检查，新药碳酸氢钠林格注射液完成药学研究，产品氯雷他定咀嚼片和枸橼酸西地那非口崩片完成原辅包及小试研究。迈新公司研制70余种具有自主知识产权的免疫组化单克隆抗体，性能指标可达到甚至超过同类抗体国际先进水平的鼠单克隆抗体，实现抗体国产化，申请发明专利20项，其中CD10、Ki-67、p63等9种免疫组化单克隆抗体获得发明专利授权。

（王均）

## 工艺美术

【概况】 2020年，福州市工艺美术行业完成产值206.8亿元，出口额约50亿元。全市工艺美术大体分为两大类，其中传统手工艺品主要有脱胎漆器、寿山石雕、软木画、木雕、根雕等20多个品种，日用工艺品主要有金银首饰、铁艺、

2020年，万华化学（福建）有限公司40万吨年MDI项目有序推进。图为12月12日，打入建设现场第一根桩

（市工信局　供）

木制品、帆布画、工艺钟、漆艺、皮革制品、园艺制品等家居装饰品和日用工艺品。福州市木雕行业协会、福建中元艺术有限责任公司被福州市政府列入非遗保护单位。工艺美术作品《十八罗汉》《牧归映晚霞》两件作品入围第十五届中国民间文艺山花奖。

【工艺美术人才培养】 2020年，福州市开展工艺美术系列人员职称评审工作。牵头各县区、各工艺行业协会组织申报工艺美术职称，2人获正高级工艺美术师任职资格、12人获得高级工艺美术师任职资格、56人获得工艺美术师任职资格、32人获得助理工艺美术师任职资格。开展第六届福州名艺人评选，评选出特级名艺人15人、一级名艺人54人、二级名艺人118人。开展福州市漆艺大师示范工作室认定，评选出市漆艺大师示范工作室5个。

【工艺美术行业交流合作】 2020年，福州寿山石行业协会、福州脱胎漆艺协会、福州木雕行业协会、福州西园软木画协会牵头组织行业重点企业和协会会员，参加2020中国（大连）国际文化旅游产业交易博览会、2020中国（杭州）工艺美术精品博览会、第十一届深圳工艺美术博览会、第十五届厦门国际佛事用品（秋季）展览会、2020年温州工艺美术精品博览会等展会，加强行业之间的交流与宣传。

【行业规划与基地建设】 2020年3月，福州市出台《福州市漆艺保护与产业发展规划》，遵循传统工艺的发展规律，抢救性保护福州漆艺。一是传承保护和创新发展相结合。在继承传统技艺的基础上运用现代创意和科技成果，借鉴其他漆艺产区先进的制作技艺、经营模式和营销经验，推动漆艺品种、技艺、材料和表现形式的创新。二是文化效益和经济效益相结合。文化效益和经济效益并重，提供功能齐全、种类丰富、层次多样的漆艺文化产品和文化服务，打造闽都漆文化品牌，发挥漆艺产业在发展地方经济、提供就业和文化建设中的重要作用。三是艺术精品和实用产品相结合。艺术精品创作与实用产品生产并举，以精品创作为龙头和品牌，着力拓展漆艺产品的实用价值，提高漆艺与居民的生活关联程度，推动漆艺产品进入千家万户。四是产业关联与跨界融合相结合。提高漆艺产业与旅游休闲、家居装潢、时尚服务、工业制造等产业关联度。畅通跨界融合的路径，积极推动漆文化与科技融合、文化与资本融合，拓展漆文化产业发展空间。五是内生发展与对外开放相结合。突出福州漆艺特色优势，推陈出新，改造提升传统工艺，获取竞争新优势。

推进规划建设中国（福州）木根雕示范基地。力争在2025年建成中国（福州）木根雕产业示范基地，打造立足福州，面向全国，对台互动，集工艺品研发、大师工作室、文创基地、实训基地、文化交流、创作生产、展览展示、经营销售、电商平台、休闲体验、物流配送、评估鉴定等于一体的大型综合性示范基地。

（黄志强　吴鼎义　林璐静）

## 电力工业

【概况】 2020年，福州地区全社会用电量478.96亿千瓦时，居全省第二，比上年增长2.16%，增速居全省第六。第一、二、三产业和居民生活用电分别为5.62、267.69、101.25、104.4亿千瓦时，分别比上年增长3.36%、-0.14%、2.5%、8.16%。连江、闽侯、永泰地区增幅居前，分别比上年增长7.6%、6.3%和4.15%。年内福州供电公司本部及福清、平潭公司蝉联全国文明单位，长乐公司新晋全国文明单位，其余5家县公司全部蝉联省级文明单位。

【电力供应】 2020年，福州供电区域面积1.22万平方千米，供电户数379万户。地区电网有220千伏变电站39座，主变81台，变电容量1596万千伏安，220千伏输电线路2501千米，其中电缆线路106千米。110千伏变电站158座，主变309台，变电容量1476.3万千伏安，110千伏输电线路2974.51千米，其中电缆线路461千米。35千伏变电站38座，主变69台，变电容量55.05万千伏安，35千伏输电线路729.12千米，其中电缆线路26千米。10千伏线路长度2.46万千米。

表34　2020年福州地区供电系统营业户数情况

| 单位 | 营业户数 |
|---|---|
| 一、福州地区 | 3796346 |
| 1. 福州电业局 | 1841905 |
| （1）福州电业局局本部 | 1561315 |
| （2）闽侯供电局 | 280590 |
| 2. 永泰县供电有限公司 | 162321 |
| 3. 闽清县供电有限公司 | 139809 |
| 4. 平潭县供电有限公司 | 185180 |
| 5. 连江县供电有限公司 | 341641 |

续表

| 单位 | 营业户数 |
| --- | --- |
| 7. 福清供电有限公司 | 601255 |
| 8. 长乐供电有限公司 | 374101 |

表 35　　2020 年福州地区全社会用电量情况

| 地区 | 全社会用电量（亿千瓦时） | 增长率（%） | 工业用电量（亿千瓦时） | 增长率（%） |
| --- | --- | --- | --- | --- |
| 市区（不含长乐区） | 160.29 | 1.62 | 32.62 | -4.12 |
| 长乐 | 109.82 | 0.06 | 89.89 | -1.17 |
| 福清 | 84.32 | 2.39 | 55.11 | -0.39 |
| 罗源 | 40.01 | 2.53 | 34.45 | 1.28 |
| 闽侯 | 29.36 | 6.30 | 14.66 | 0.30 |
| 连江 | 31.59 | 7.60 | 18.02 | 10.45 |
| 闽清 | 14.32 | 1.67 | 9.47 | -1.90 |
| 永泰 | 9.26 | 4.15 | 4.04 | 0.62 |
| 全市 | 478.96 | 2.16 | 258.28 | -0.25 |

2020 年，福州市供电服务实现居民、小微企业“三零”（零上门、零审批、零投资）全覆盖。图为福州供电服务指挥中心大厅

（国网福建省电力有限公司福州供电公司　供）

【主干电网建设】　2020 年，福州市编制“十四五”电网规划。开工 220 千伏阜山输变电等 30 个项目。220 千伏海坛海峡风电送出线路等 60 项工程竣工投产，投运风电配套 220 千伏线路 4 项，铁路配套线路 1 项。迎峰度夏期间电力供应平稳。新建 10 千伏出线 137 条、标准台区 788 个，改造窄基塔 1231 基，完成 72 个老旧小区改造。基本建成世界一流城市配电网。全地区户均年停电时间降至 1.7 小时。全省首批建成 51.5 平方千米“零计划停电示范区”，惠及 42 万客户。

【农村电网改造】　2020 年，福州市累计接入光伏扶贫项目 145 户（其中国家级扶贫项目 28 户），总容量 8278.88 千瓦，实现清洁电量全额消纳。新建改造 10 千伏配变 777 台、线路 727 千米，解决低电压问题 2100 户。200 个贫困村户均配变容量均达到 2.0 千伏安及以上。至年末，实现农村电网供电可靠率 99.976%，电压合格率 99.973%，户均容量 3.48 千伏安。

【电力技术创新】　2020 年，福州市推进鼓楼核心区能源互联网、滨海新城 5G 应用示范区建设，开展数字新基建，投运全省首个 5G 切片配网差动保护。成立输电不停电作业技术实验室。部署电力调度服务人工智能基础平台。建成 6 座小型数据中心站、32 座“三型”物联配电站房和 5 座北斗地基增强站。全市累计完成替代电量 25.06 亿千瓦时，空港陆电、主要港口岸电实现全覆盖。

【电力安全生产】　2020 年，福州市开展安全生产专项整治三年行动，统筹推进安全隐患大排查大整治、建设施工现场大检查、电网设备安全风险评估等工作，排查整治各类隐患 2469 处。建成市、县两级安全管控中心 9 个，落实风险隐患双重预控，防控较大电网运行风险338项。完善应急预案体系，建立应急救援基干分队。完成第三届“数字中国”建设峰会、第七届世界城市日等重要供电保障任务。累计实现连续电力安全生产4931天。

【供电服务】　2020年，福州市供电服务“六稳”“六保”，执行“95折”等减费降价政策，减少客户用电支出7.8亿元。落实提升“获得电力”28项举措，推广“阳光业扩”，高、低压业扩平均时长分别比上年下降12.2%、22.3%，居民、小微企业“三零”（零上门、零审批、零投资）服务实现全覆盖。开展不停电和“先复电后抢修”作业7061次，减少用户停电0.83亿千瓦时。编制复工达产分析报告36份。年内福州优化营商环境举措在国务院政策吹风会、全国“获得电力”提升推进会上获得高度肯定。

【供电基础建设】　2020年，福州市开展政企联动，政务信息内网延伸至市县两级127个营业窗口，26家行政服务中心开辟办电服务窗口。150米以下破路施工实现“免审批”。推行“一优先、两提前”，业扩不停电接火率超过95%。完成72个老旧小区改造。实行市政重点项目竣工检验、带电作业计划“随报随排”措施，推进536个市政建设项目按计划送电。

（王山林　何文花）

## 城镇集体工业

【概况】　2020年，福州市城镇集体工业联合社系统完成工业总产值791.80亿元。联合社所属行业有17家企业的18个项目列入福州市2020年工业重点项目，总投资40.25亿元，其中塑胶类总投资38.1亿元，家具类总投资1.3亿元，箱包鞋革类0.85亿元。

【塑胶行业技术创新中心】　2020年，福州市塑胶行业技术创新中心为福建三盛实业有限公司、福建亚通新材料科技股份有限公司等122家塑胶企业技术研发提供服务。为福州静安塑胶有限公司、福建特润塑胶有限公司等82家塑胶企业提供塑胶材料检测服务235项次。开展产学研合作，与高校共建塑胶人才培养机制，为高校培养高分子材料、聚合物加工等专业的技术人员，提供技术培训125人次。协同举办企业互访交流对接活动，塑胶、民营协会40多家会员企业参加。举办一年一度的年会活动暨技术交流会，48家塑胶企业参加活动。收集、整理国内外最新颁布、实施的法律、法规、标准信息以及塑胶技术资讯，加强和完善服务机构门户网建设（https://fzsj.fujiansme.com）。为企业提供免费咨询服务，帮助企业查询专利信息、国内外的技术、装备、经济市场和科研成果等信息资料。为塑胶企业发布产品供求信息，累计提供塑胶专业信息4000多条，提供信息服务160家企业。

【福州名优产品】　2020年，福州市有福建晟扬管道科技有限公司“系列管材管件”、福建祥龙塑胶有限公司“系列管材管件”、福建浩通管业科技有限公司“系列管材”、福建宜联管业有限公司“系列管材”、福建俊榕能源有限公司“系列管材和井盖”、福建融音塑业科技有限公司“系列管材管件”、福建省长乐市新塑管业有限公司“系列管材”、福建恒通塑胶管业科技有限公司“系列管材”、鸿盛家具（福建）有限公司“系列公寓家具、办公家具”、必高家具（福建）有限公司“系列办公家具”列入名优产品名录。

【企业创新发展】　2020年，福州市有祥兴（中国）箱包集团有限公司列入2020中国制造业民营企业500强。福建恒杰塑业新材料有限公司、福州弘博工艺有限公司被评为国家级专精特新小巨人企业。福建宝利特科技股份有限公司、福建亚通新材料科技股份有限公司、福建祥龙塑胶有限公司被评为国家级绿色工厂。福建宝利特科技股份有限公司、福建晟扬管道科技有限公司、福建祥龙塑胶有限公司、福建亚通新材料科技股份有限公司、福建思嘉环保材料科技有限公司被评为福建省绿色制造企业。福建亚通新材料科技股份有限公司、福建祥龙塑胶有限公司被评为福建省级专精特新企业。祥兴（中国）箱包集团有限公司、福建省连江县飞鹭鞋业有限公司、福融辉实业（福建）有限公司、福建恒杰塑业新材料有限公司列入福建省工业和信息化省级龙头企业。福建思嘉环保材料科技有限公司与福州大学等单位合作项目“高性能功能性TPU/PET纤维复合材料关键技术研发及产业化”获2019年福建省科学技术一等奖。福州市塑胶行业技术创新中心获2020年福州市行业技术创新中心考评优秀单位。

【企业改革工作】　2020年，福州市城镇集体工业联合社组织修订《福州市城镇集体工业联合社进一步深化城镇集体企业改革指导意见》。配合征迁部门，引导企业及时交地，指导企业依法依规开展征迁安置等工作，完成毛巾厂、制镜厂、电器厂、环球鞋厂4家企业拆迁安置工作，安置在职职工和退休人员1439人，持续推进轻纺机械厂、电机厂安置进展。引导企业发挥品牌效应，促成品牌推广与网拍新模式的融合，支持福州市雕刻工艺品总厂在微拍堂上开辟网拍微店平台，采用产品网络平台销售和直播模式，实现线上线下合作共赢。年内开展大排查大整治百日攻坚行动，帮助6家企业123户危房住户搬离，拆除无线电原件四厂等4家企业总面积1740.82平方米。处理电机厂、轻纺机械厂、二运公司等多家企业集体上访。全年接待企业职工来访1600余人次，回复信访局转来信访件27份，“12345”平台诉求件153件。

【疫情防控】　2020年，福州市城镇集体工业联合社系统成立疫情防控领导小组，建立疫情应对工作领导机制，印发《联合社新型冠状病毒感染肺炎防控工作预案》；成立疫情防控党员志愿服务队，参与和支持社区防控工作；社综合工作组深入一线指导企业开展疫情防控与复工复业工作，走访31家企业，指导企业开展工作147人次；开展国有及集体资产承租户疫情期间租金减免工作，减免二轻联社集体资产32家承租户租金36.56万元，减免1家国有资产承租户租金15.85万元，减免直属单位140家承租户租金354.51万元。

（兰静晖）

（编辑　周弭婈）

# 建筑业　房地产业

## 建筑业管理

【概况】　2020年，福州市完成建筑业总产值5214.71亿元，比上年增长11%，全市建筑业产值总量占全省1/3以上；实现建筑业增加值1328.23亿元，增长8.8%，产值增速、增加值增速居全省第一。开展建筑业“双百双千”增产增效专项行动，建筑业“双百双千”企业124家，其中123家实现产值正增长，正增长率99.2%，完成总产值3838.5亿元，比上年增长19.4%，占全市建筑业总产值的76.6%。年内福州市被住建部认定为“全国第二批装配式建筑范例城市”，装配式建筑开工面积288万平方米，居全省第一。全市有国家示范企业（含基地）7家，数量居全省第一。

【建设工程质量安全监管】　2020年，福州市开展“双随机”执法检查835次，发出责令改正通知书835份，立案处罚19件次，排查整改安全隐患2374处。强化建筑起重机械、脚手架和有限空间作业等危大工程监管，检查1333台塔吊、1213台施工升降机、2488项脚手架工程和35项有限空间作业，督促整改安全隐患3625处；对全市46家建机一体化企业开展全覆盖检查，对4家企业予以全市通报批评，将1家企业上报省住建厅清出建机一体化企业名录。开展建筑施工安全隐患大排查大整治攻坚行动和城市建设安全专项整治三年行动，排查整治安全隐患3539处，对10家企业的负责人进行约谈警示，行政处罚34次，处罚款69万元，责令5家企业停产整顿，暂扣8家企业安全生产许可证。年内福州市“海峡文化艺术中心”和“兴业银行大厦”项目获评为鲁班奖工程，13项工程获评“闽江杯”优质工程，居全省第一。

【地铁工程质量安全监管】　2020年，福州市城乡建设局监督1号线2期、4号线、5号线、6号线、滨海快线等5条地铁线路，按照《福建省房屋建筑和市政基础设施工程质量安全监督工作标准》和《福建省建设工程质量安全动态监管办法》，完成年度监督抽查、抽测目标任务；完成地铁1号线2期土建工程的验收监督工作并开通运营。

【建设工程消防设计审查验收】　2020年，福州市完成特殊建设工程消防设计审查项目251个，特殊建设工程消防验收项目595个，其他建设工程消防验收备案项目264个。出台《关于进一步明确消防设计审查验收工作职责的通知》《建设工程消防验收工作制度》等15份指导性文件，规范消防审验工作流程、受理申报材料、市县两级职责分工。推动工程建设项目审批管理系统消防审验功能的上线运行，实现消防审验全流程线上办理。对地铁1号线延伸段、福州宜家商场、福平铁路等省、市重点项目消防审验工作开展“全程跟踪指导”服务，保障项目高效开展。

【城建档案管理】　2020年，福州市整理入库纸质档案5444卷，并进行电子著录。对馆藏存量传统载体档案进行数字化加工，完成著录7119卷。接待查档1744人次，调阅档案3334盒，为1317家单位和个人出具档案原件证明21652份。年内完成馆藏档案数字化加工项目885个、10322卷、250万页。

【建筑项目审批服务】　2020年，福州市代表福建省参加全国工程建设项目审批制度改革评估，位列全国第四；市城乡建设局行政审批服务事项按省住建厅“五级十五同”颗粒化116项，其中承诺件31项，即办件85项，全年办件量4.7万件，所有审批许可事项均实现“一趟不用跑”。

【房地产开发企业资质检查】　2020年，福州市建立健全房地产开发企业资质差异化制度建设，依托省厅房地产管理信息系统在资质检查中实行无纸化申报，完成400余家企业的转正升级、延续、资质检查工作；推进“鸿业大厦”历史遗留问题的协调处置和商贸大厦、瀚城国际等烂尾楼复工续建；

印发《关于对新建住宅交付使用前实施房屋质量查验的通知》，规范新建商品房交付流程，受理商品房预售资金监管审批142项。

（黄金寿）

2020 年，福州市“海峡文化艺术中心”项目获评鲁班奖工程
（市城乡建设局　供）

## 房地产业管理

【概况】　2020 年，福州市房地产投资 1960 亿元，比上年增长 15%。全市商品房销售面积 1822 万平方米，比上年增长 12%。二手房成交 529 万平方米，比上年下降 10.75%。全市商品房库存总量 1645 万平方米，去化周期 19 个月。

【住房租赁】　2020 年，福州市累计新增租赁住房 6.14 万套（间），其中新建租赁住房 2.97 万套，改建租赁住房 0.11 万套，盘活存量租赁住房 3.06 万套（间）。全年累计批复试点补助项目 18 个、8125 套（间），补助资金 3.8 亿元。7 月，市政府印发出台《关于加快推进中央财政支持住房租赁市场发展试点工作实施方案的通知》，配套出台 7 份工作导则，推进租赁住房试点工作。

【房地产市场管理】　2020 年，福州市部署新一轮房地产专项整治工作，建立联合执法、明察暗访、举报受理、会商认定、问题线索移送等 5 项工作机制，重点整治房地产企业在商品房备案价格之外加价销售商品房或违规收取其他费用、超出政府规定的装修标准超额收取装修费用、强行搭配车位销售及超过备案价格销售车位、擅自提高首付款比例、拒绝公积金和商业贷款、未取得预售许可证收取定金及售房款等违法违规行为。全年检查房地产中介机构 830 余家，发出整改通知 101 份，停业整顿 10 家。经再次检查，完成整改 73 家，尚未整改到位的机构继续办理备案手续。

【住房保障】　2020 年，福州市制定出台《福州市人民政府印发关于进一步完善福州中心城区住房保障体系实施方案（试行）的通知》，将在城区稳定就业、符合相关住房保障件的本地户籍居民、外来务工人员以及各类技术人才、技能型人才、大专以上院校毕业生等纳入住房保障范围。通过建立公共租赁住房（含实物配租和租赁补贴）和安居型商品房并行的租购并举保障模式，多渠道、分层次解决住房困难群体的居住问题。年内开工 16 个棚户区改造项目，开工套数 5405 套，完成年度计划目标；新增登记保障资格 5530 户，新增配租 3209 套（含定向配租 669 套），发放租赁补贴 158 万元；配售安居型商品房 237 套。

【房屋征收管理】　2020 年，福州市住房保障和房产管理局、福州市财政局、福州市土地发展中心联合出台《关于调整完善工业企业征收政策的意见》，对企事业单位无产权房屋和工业、仓储物流企业办公及生活服务设施用房征收补偿标准进行调整。城区三年旧改扫尾，106 个连片旧屋区项目基本完成，拆除改造危旧住房 1373 万平方米，惠及群众 5.7 万户。其中，鼓楼区火巷及一附小周边、过洋垱旧屋区、台江区同晖周边、南公园周边、仓山区三叉街旧屋区、郭宅旧屋区、晋安区洋下、浦下等居住条件差、周边环境乱的旧屋区获合理改造，群众均妥善安置。年内公开出让安置型商品房项目 20 个，启动建设安置型商品房 1.9 万套、147.6 万平方米。

【物业管理】　2020 年，福州市实施老旧小区改造 126 个，申请补助 4.05 亿元，其中国家发改委补助 2.2 亿元、财政部补助 0.52 亿元，省级老旧小区改造试点经费 1.17 亿元。开展年度物业服务企业星级评价工作，推广培育 50 家优秀物业企业、100 名优秀项目经理和 100 个物业标杆小区。结合全国文明城市创建，开展电动自行车整治、行业乱象整治，推动行业规范经营。累计出动检查人员 300 多人次，检查物业服务项目 650 个，发放整改通知书 376 份，约谈物业服务企业 201 家，挂牌警告 12 家。

全市五城区新归集住宅专项维修资金 608 亿元，累计归集余额 72.38 亿元，覆盖物业区域 1258 个，向开发商追缴 477 万元，申请使用 1705.35 万元。开展群租房排查整治百日攻坚专项行动，行动中各县（市）区排查疑似群租房 12023 户，核实认定群租房 7966 户，实施整改 7966 户，整改率 100%，通过整改验收 7966 户，验收率 100%，排查整治工作基本实现预期的去存量、防增量的阶段性整治目标。

（刘力）

【住房公积金管理】　2020 年，福州市归集住房公积金 111.42 亿元，比上年增长 11.04%；新增缴存职工 11.60 万人；1996—2020 年，累计归集住房公积金 776.59 亿元。全年提取住房公积金 76.60 亿元，比上年增长 12.36%。其中购买、建造、翻建、大修自住住房提取 19.44 亿元，用于偿还购房贷款本息提取 36.25 亿元，

离休、退休提取 8.34 亿元，与单位终止劳动关系未再就业和职工部分或全

部丧失劳动能力造成家庭生活严重困难提取6.63亿元，职工租房提取1.54亿元。1996—2020年，累计提取住房公积金484.47亿元。

全年发放个人住房贷款52.92亿元，比上年下降5.41%，涉及9811户家庭。回收公积金贷款22.48亿元，比上年增长6.92%。年末住房公积金贷款逾期率0.232‰，公积金贷款风险控制良好。1996—2020年，累计发放贷款115022户、445.26亿元，其中累计发放个人住房公积金贷款108718户、417.67亿元；累计发放公转商贴息贷款6304户、27.59亿元。贷款余额276.56亿元，其中个人住房公积金贷款余额274.03亿元，公转商贴息贷款余额2.53亿元；个人住房贷款使用率（不含贴息贷款）93.81%（含贴息贷款个人住房贷款使用率为94.68%）。

全年实现增值收益4.38亿元，提取公共租赁住房建设补充资金3.16亿元。1996—2020年，实现增值收益31.64亿元，累计提取公共租赁住房建设补充资金19.23亿元，上缴公共租赁住房建设补充资金16.06亿元。

推出8项“跨省通办”事项，在各县（市）区公积金服务大厅设立跨省通办服务窗口，通过全程网办、代收代办、两地联办等方式，实现住房公积金服务跨省通办。推动互联网+公积金快速发展，实现“一趟不用跑”事项38项，占总事项的72%，全流程网办事项30项，占总事项的57%；在全省率先试行上线“好差评”综合评价系统；启动福州链上住房公积金智能服务平台项目建设，研发推广福州住房公积金微信小程序，让公积金办事指南和窗口分布通过手机“一扫而知”；升级改造“12329”热线平台，实现综合服务平台实时统计监督功能和职工可通过热线实时查询账户信息、贷款信息的功能。加速线下服务提质升级，开展“五险一金”一窗联办业务，在全市拓展公积金承办银行服务网点至35个，将公积金服务延伸至市民“家门口”；长乐管理部入驻长乐区行政服务中心，马尾管理部搬迁至新址。

（余珊珊）

2020年，福州市住房保障和房产管理局开展物业企业“双随机”检查

（福州市住房保障和房产管理局　供）

**【不动产交易】**　2020年，福州市商品房预售批准新增供给面积1724.67万平方米，其中住宅1258.19万平方米，分别比上年增长21.06%、17.94%。新建商品房销售（网上签约口径，下同）11.45万套（非住宅为间/个，下同）、面积895.41万平方米、金额1407.45亿元，分别比上年下降14.22%、16.45%、10.64%；其中住宅6.92万套、面积697.53万平方米、金额1189.82亿元，分别下降11.91%、16.5%、9.84%。二手房交易5.44万套、面积529.00万平方米，分别比上年下降9.86%、10.75%；其中住宅4.17万套、面积439.19万平方米，分别比上年下降11.05%、12.14%。

市本级（五城区、不含长乐区）商品房预售批准新增供给面积837.48万平方米，其中住宅595.35万平方米，分别比上年增长60.83%、56.66%。新建商品房销售5.00万套，面积380.08万平方米、金额828.47亿元，分别比上年增长0.19%、2.41%、1.69%；其中住宅（含安置型商品房）3.10万套、面积295.20万平方米、金额702.70亿元，分别比上年增长13.01%、6.17%、3.21%。二手房交易3.28万套、面积251.72万平方米，分别比上年下降5.94%、4.54%；其中住宅2.46万套、面积231.47万平方米，分别比上年下降3.91%、3.62%。

【不动产登记】　2020年，福州市不动产登记和交易中心受理不动产登记业务37.45万件，比上年增长2.14%，发放不动产权证书和不动产登记证明26.50万本，比上年增长43.32%，提供各类不动产登记信息查询服务277.21万次。全年网上办事申请量20.3万件，占业务总量54.21%，占同类业务65.17%；通过“不见面全程网办”模式受理抵押业务13.2万件，占抵押业务总量72.4%。

全年深化“放管服”改革，优化营商环境，提高便民利企水平，营商环境“登记财产”指标推进经验载入《中国营商环境报告2020》，抵押登记“不见面全程网办”创新举措入选“最佳实践篇”改革案例。不动产抵押注销登记通过智能化辅助审核“秒批”办结，企业不动产转移登记“一窗受理”60分钟办结，一、二手房转移登记24小时办结，其余一般不动产转移登记3个工作日内办结。在全省率先推行“交地即发证”服务，实施“交房即发证”举措；抵押登记全流程“无纸化”“零跑动”办结。精简办事材料，共享9部门19项政务数据，推动减证便民。规范登记管理，实施不动产登记责任保险制度，健全全覆盖的登记质量管理体系，开展常态化的案卷“回头看”，确保登记质量。完善窗口建设，建立全流程跟踪服务企业工作机制，通过发放联系卡、专人跟进、上门指导等举措及时靠前解决企业需求；特需服务窗口和学雷锋便民服务队提供上门服务189次，为行动不便人士提供便利。升级自助服务，推出“一证一码”扫码查便民服务，增量纸质证书（证明）同步生成电子证照支持线上随时查，线下自助终端可查询事项增至8项，自助打印权证设备投入试运行，官网上线“不动产业务流程及税费查询”功能。强化系统建设和数据支撑，在全省率先启用税务与不动产登记部门信息共享平台，实现不动产登记系统与税款征收系统互联共通；与市各级法院建立不动产线上查控机制，提升司法执行效率。全年福州市不动产登记档案馆接收档案20.79万件，馆藏总量480.7万件。

表36　　2020年福州市五城区商品房网签销售情况

| 月份 | 面积（万平方米） | 金额（亿元） | 均价（元/平方米） |
|---|---|---|---|
| 1月 | 23.66 | 51.076 | 21587 |
| 2月 | 9.08 | 24.274 | 26744 |
| 3月 | 30.31 | 68.515 | 22606 |
| 4月 | 22.42 | 48.626 | 21686 |
| 5月 | 26.97 | 62.940 | 23337 |
| 6月 | 28.08 | 59.360 | 21140 |
| 7月 | 30.63 | 71.500 | 23343 |
| 8月 | 35.76 | 70.090 | 19600 |
| 9月 | 63.85 | 126.550 | 19820 |
| 10月 | 32.24 | 69.702 | 21623 |
| 11月 | 40.37 | 92.765 | 22977 |
| 12月 | 36.71 | 83.072 | 22631 |

说明：上述统计数据为福州市区（五城区）新建商品房网签销售量统计数据，包括住宅、商业、办公等所有房屋。均价为简单算术平均价，受物业类型影响，不反映城市“均价”及其变化情况

（游小倩　吴晞）

（编辑　周弭姣）

# 商贸流通与服务业

## 商贸经济

**【概况】** 2020年，福州市实现第三产业增加值5618.5亿元，总量居全省第一，比上年增长4.4%，增幅分别比全国和全省平均水平高2.3和0.3个百分点，第三产业占GDP比重56.1%，比上年提升2.5个百分点，创历史新高，三产增量占全市GDP增量的93%，为全市GDP破万亿作出主要贡献；实现社会消费品零售总额4225.6亿元，增长0.6%，在全省率先转正，增幅居全省第二。年内全市有20个农贸市场的提升改造任务被列入市委市政府为民办实事项目，项目分布8个县（市）区，均按照A类和B类两个标准完成改造。农贸市场分布在长乐区沙下农贸市场、金峰农贸市场，福清市海口元载农贸市场、港头农贸市场、三山农贸市场、石竹综合农贸市场，闽侯县城关第二市场、华商农贸市场、洋里农贸市场，连江县凤城集贸市场、凤尾农贸市场、颜岐农贸市场，闽清县梅花园农贸市场、天都农贸市场；罗源县罗源中心市场、塔兜农贸市场、凤南农贸市场，永泰县樟城中心市场，高新区南屿农贸市场、新洲农贸市场。

**【“菜篮子”工程】** 2020年，福州市有市级直控城市蔬菜基地面积1.07万公顷，蔬菜基地年产蔬菜75万吨以上；市级直控副食品基地36个，其中生猪基地18个、蛋禽基地15个、肉禽基地1个、羊基地1个、特色品种基地1个，均通过无公害产地认证或无公害产品认证，年储备60公斤以上的活体生猪10.8万头，年可出栏蛋2000万千克、肉禽30万羽、羊1500头以上，完成2020年为民办实事项目。5个副食品基地被列为省级重点调控基地，37个蔬菜品种获得有效“绿色食品”商标使用权、43个获得有效无公害蔬菜商标使用权。

**【零售业】** 2020年，福州市“超级物种”、六意、万嘉等新零售企业持续扩张。以东街口百货为代表的传统百货从纯百货业态向集购物、娱乐、休闲、餐饮一体的综合业态转型。全市有商超类连锁经营企业33个、连锁网点2182个；商业特许经营企业52家，主要集中在餐饮、零售、居民服务等行业；在福州市设立分支机构的直销企业（内资企业）11家；全市有中华老字号10个，福建老字号34个，主要涉及百货、餐饮、服务、艺术等行业，均正常运行。

表37　**2020年福州市商超类连锁经营企业名录**

| 序号 | 企业名称 | 在福州市连锁门店数（个） |
|---|---|---|
| 1 | 永辉超市股份有限公司 | 52 |
| 2 | 永辉云创科技有限公司超级物种 | 4 |
| 3 | 永辉云创科技有限公司（永辉生活） | 22 |
| 4 | 沃尔玛（福建）商业零售有限公司 | 12 |
| 5 | 福建新华都综合百货有限公司（超市类） | 7 |
| 6 | 福州家乐福商业有限公司 | 2 |
| 7 | 福州兴福兴超市有限公司 | 10 |

续表

| 序号 | 企业名称 | 在福州市连锁门店数（个） |
|---|---|---|
| 8 | 福州国美电器有限公司 | 36 |
| 9 | 福建苏宁易购商贸有限公司（苏宁易购） | 18 |
| 10 | 福建心蓝天超市管理有限公司 | 8 |
| 11 | 大润发超市 | 3 |
| 12 | 福州屈臣氏个人用品商店有限公司 | 45 |
| 13 | 福州六意企业管理有限公司 | 238 |
| 14 | 福州百年万嘉超市有限公司 | 1039 |
| 15 | 天猫小店 | 85 |
| 16 | 福建星普电器有限公司（五星电器） | 1 |
| 17 | 福州市禾盛粮油食品连锁有限公司 | 21 |
| 18 | 福州民天实业有限公司（民天超市） | 1 |
| 19 | 福建省百汇万宁超市有限公司 | 320 |
| 20 | 福建世纪佳源超市有限公司 | 9 |
| 21 | 爱家电器 | 3 |
| 22 | 福百家超市 | 18 |
| 23 | 福建新华都综合百货有限公司（百货类） | 2 |
| 24 | 福建东百集团有限公司 | 5 |
| 25 | 大洋百货 | 2 |
| 26 | 福州苏宁易购广场有限公司 | 2 |
| 27 | 福州市天虹百货有限公司 | 2 |
| 28 | 福建冠业投资发展有限公司（冠超市） | 3 |
| 29 | 锦江麦德龙现购自运有限公司福州仓山商场 | 1 |
| 30 | 福州世纪联华商业有限公司 | 1 |
| 31 | 7-Eleven（榕宁） | 27 |
| 32 | 福州谊品弘闽科技有限公司 | 28 |
| 33 | 福建剑福便利店连锁管理有限公司 | 155 |
| 合计 | | 2182 |

表38　2020年福州市特许经营企业名录

| 序号 | 企业名称 | 备案时间 |
|---|---|---|
| 1 | 福建熹茗茶业有限公司 | 2018年9月14日 |
| 2 | 福州森竺新型环保材料有限公司 | 2018年8月15日 |
| 3 | 福州这里有餐饮管理有限公司 | 2018年4月23日 |
| 4 | 福州状元澜餐饮管理有限公司 | 2017年11月7日 |
| 5 | 福建省桥亭餐饮管理有限公司 | 2017年10月11日 |
| 6 | 福建伍车贸易有限公司 | 2017年6月20日 |
| 7 | 福州市马尾区坛兄弟餐饮管理有限公司 | 2017年8月25日 |

续表

| 序号 | 企业名称 | 备案时间 |
|---|---|---|
| 8 | 美亚百岁康健康产业集团有限公司 | 2017 年 7 月 5 日 |
| 9 | 福建相逢客投资有限公司 | 2017 年 6 月 13 日 |
| 10 | 福建涂奈克环保科技股份有限公司 | 2017 年 9 月 20 日 |
| 11 | 福州雪品保洁服务有限公司 | 2017 年 4 月 14 日 |
| 12 | 福州祥广记餐饮管理有限公司 | 2017 年 5 月 4 日 |
| 13 | 福州巧云餐饮管理有限责任公司 | 2016 年 12 月 30 日 |
| 14 | 福州豆府花城餐饮管理有限公司 | 2016 年 9 月 26 日 |
| 15 | 福州市品果源餐饮管理有限公司 | 2016 年 9 月 1 日 |
| 16 | 福建令狐冲餐饮管理有限公司 | 2016 年 6 月 21 日 |
| 17 | 福州周麻婆餐饮管理有限公司 | 2016 年 7 月 7 日 |
| 18 | 福州市早晨餐饮管理有限公司 | 2016 年 6 月 15 日 |
| 19 | 福州尼奥餐饮管理有限公司 | 2016 年 4 月 20 日 |
| 20 | 福州小叫天餐饮管理有限公司 | 2016 年 4 月 20 日 |
| 21 | 福州国荣餐饮管理有限公司 | 2016 年 3 月 25 日 |
| 22 | 福州六意企业管理有限公司 | 2015 年 12 月 28 日 |
| 23 | 福州尚干餐饮管理有限公司 | 2015 年 12 月 22 日 |
| 24 | 福州麦多万嘉超市有限公司 | 2015 年 12 月 22 日 |
| 25 | 福建省华莱士食品股份有限公司 | 2015 年 11 月 12 日 |
| 26 | 福州禾诚餐饮管理有限公司 | 2015 年 9 月 15 日 |
| 27 | 福州玛格利塔餐饮管理有限公司 | 2015 年 7 月 30 日 |
| 28 | 福建八方云集餐饮管理有限公司 | 2015 年 7 月 30 日 |
| 29 | 福建佳客来食品股份有限公司 | 2015 年 7 月 21 日 |
| 30 | 福建盛世经典餐饮管理有限公司 | 2015 年 5 月 6 日 |
| 31 | 福州明视眼镜有限公司 | 2015 年 3 月 12 日 |
| 32 | 福建仙芝楼生物科技有限公司 | 2014 年 10 月 11 日 |
| 33 | 福州金拱门食品有限公司 | 2014 年 5 月 14 日 |
| 34 | 福州市淳百味餐饮管理有限公司 | 2014 年 4 月 15 日 |
| 35 | 福州树人家政服务有限公司 | 2013 年 10 月 29 日 |
| 36 | 福州市生生润家政服务有限公司 | 2013 年 10 月 15 日 |
| 37 | 福建省尧山铁观音茶业股份有限公司（尧山国际控股股份有限公司） | 2013 年 7 月 5 日 |
| 38 | 福州四季如春旅馆有限公司 | 2012 年 9 月 25 日 |
| 39 | 福州王氏贸易有限公司 | 2012 年 4 月 9 日 |
| 40 | 优蒂（福州）餐饮管理有限公司 | 2011 年 9 月 9 日 |
| 41 | 苏门至品燕窝（福州）有限公司 | 2011 年 5 月 16 日 |
| 42 | 福建宝岛眼镜（连锁）有限公司 | 2012 年 1 月 11 日 |
| 43 | 福州杰士餐饮管理有限公司 | 2012 年 6 月 15 日 |
| 44 | 福州市二七三汽车经纪有限公司 | 2009 年 9 月 14 日 |
| 45 | 福州豪亨世家餐饮管理有限公司 | 2009 年 7 月 14 日 |

续表

| 序号 | 企业名称 | 备案时间 |
|---|---|---|
| 46 | 福州宝岛眼镜有限公司 | 2009 年 7 月 14 日 |
| 47 | 福州文武雪峰农场有限公司 | 2009 年 4 月 22 日 |
| 48 | 福州仁量生物制品有限公司 | 2009 年 3 月 19 日 |
| 49 | 福州石山水餐饮娱乐有限公司 | 2008 年 12 月 9 日 |
| 50 | 福建骊特房地产综合服务有限公司 | 2008 年 8 月 19 日 |
| 51 | 福建九峰农业发展有限公司 | 2008 年 6 月 25 日 |
| 52 | 淘帝（中国）服饰有限公司 | 2007 年 11 月 19 日 |

表 39

## 2020 年福州市直销企业名录

| 序号 | 企业名称 | 在福州市设立分支机构时间 |
|---|---|---|
| 1 | 天津天狮生物工程有限公司 | 2012 年 6 月 |
| 2 | 南京中脉科技发展有限公司 | 2014 年 3 月 |
| 3 | 天福天美仕（厦门）生物科技有限公司 | 2015 年 4 月 |
| 4 | 佳莱科技有限公司 | 2015 年 12 月 |
| 5 | 广东九极生物科技有限公司 | 2016 年 6 月 |
| 6 | 湖南炎帝生物工程有限公司 | 2016 年 7 月 |
| 7 | 河北华林酸碱平生物技术有限公司 | 2016 年 7 月 |
| 8 | 苏州绿叶日用品有限公司 | 2017 年 8 月 |
| 9 | 江苏安惠生物科技有限公司 | 2017 年 10 月 |
| 10 | 北京罗麦科技有限公司 | 2017 年 10 月 |
| 11 | 新时代健康产业（集团）有限公司 | 2018 年 9 月 |

表 40

## 2020 年福州市中华老字号企业名录

| 序号 | 单位名称 | 认定时间 | 字号名称 |
|---|---|---|---|
| 1 | 福州民天集团有限公司 | 2007 年 2 月 | 民天 |
| 2 | 福州回春医药连锁有限公司 | 2007 年 2 月 | 回春 |
| 3 | 福州聚春园集团有限公司（聚春园大酒店） | 2011 年 2 月 | 聚春园 |
| 4 | 福州鼓楼区同利肉燕老铺 | 2011 年 2 月 | 同利 |
| 5 | 福州市鼓楼区老卤酱鸭店 | 2011 年 2 月 | 老卤 |
| 6 | 福州台江老天华乐器行 | 2011 年 2 月 | 老天华 |
| 7 | 福建老酒酒业有限公司 | 2011 年 2 月 | 鼓山牌 |
| 8 | 福州市鼓楼区永和鱼丸店 | 2011 年 2 月 | 永和 |
| 9 | 福建省宏盛闽侯酒业有限公司 | 2011 年 2 月 | 青红牌、闽江牌 |
| 10 | 福州依海肉燕老铺 | 2011 年 2 月 | 依海 |

表 41　　2020 年福州市福建老字号企业名录

| 序号 | 单位名称 | 认定时间 | 字号名称 |
|---|---|---|---|
| 1 | 福州豪峰食品有限公司 | 2007 年 2 月 | 赛园 |
| 2 | 福州青芝田（正记）寿山石雕精品行 | 2007 年 2 月 | 青芝田（正记） |
| 3 | 福州安泰楼酒家 | 2007 年 2 月 | 安泰楼 |
| 4 | 福州市台江区土伯捞化店 | 2007 年 2 月 | 土伯 |
| 5 | 福州亨得利钟表眼镜有限公司 | 2007 年 2 月 | 福州亨得利 |
| 6 | 福州市鼓楼区苏苏酱鸭店（停业） | 2009 年 2 月 | 苏苏 |
| 7 | 福州市台江区兴利剪刀店 | 2009 年 2 月 | 郑兴利 |
| 8 | 福州市鼓楼区老伊海拌粉干店 | 2009 年 2 月 | 老伊海 |
| 9 | 福建东百集团股份有限公司 | 2009 年 2 月 | 东百 |
| 10 | 福州市鼓楼区老还童眼镜店 | 2009 年 2 月 | 老还童 |
| 11 | 福州桐口白鹤粉干有限公司 | 2010 年 6 月 | 桐口 |
| 12 | 福州生顺茶业有限公司 | 2014 年 7 月 | 生顺 |
| 13 | 福州台江区没牙伯花生汤店 | 2014 年 7 月 | 没牙伯 |
| 14 | 福州市鼓楼区姜世琛艺术品店 | 2014 年 7 月 | 姜世琛 |
| 15 | 福州福民茶叶有限公司 | 2014 年 7 月 | 福民王 |
| 16 | 福州尚干餐饮管理有限公司 | 2014 年 7 月 | 尚干 |
| 17 | 鼎鼎（福州）食品有限公司 | 2014 年 7 月 | 鼎鼎 |
| 18 | 福建沈绍安脱胎漆器有限公司 | 2014 年 7 月 | 沈绍安 |
| 19 | 福州福胜春茶业有限公司 | 2016 年 11 月 | 福胜春 |
| 20 | 福州市木金食品有限公司 | 2016 年 11 月 | 木金 |
| 21 | 福州市台江区耳聋伯元宵店 | 2016 年 11 月 | 耳聋伯 |
| 22 | 永泰县嵩口清华饼屋瑞丰分店 | 2016 年 11 月 | 新泰成 |
| 23 | 福建瑞回春生物科技发展有限公司 | 2016 年 11 月 | 瑞回春 |
| 24 | 台江区彬德桥小吃店 | 2016 年 11 月 | 彬德桥 |
| 25 | 闽清闽茶粉干有限公司 | 2016 年 11 月 | 林大漠 |

**【物流业】**　2020 年，福州机场累计完成货邮吞吐量 119952.04 吨，比上年下降 8.25%。其中国内累计货邮吞吐量 89045.52 吨，比上年下降 11.77%；境外累计货邮吞吐量 30906.52 吨，增长 6.86%。对台直航集装箱吞吐量 29.35 万标箱，沿海港口完成货物吞吐量 24896.84 万吨，其中外贸货物吞吐量 6943.97 万吨；集装箱吞吐量 352.47 万

标箱。全市有A级物流企业63家，其中AAAAA级物流企业6家，AAAA级物流企业17家，AAA级物流企业33家，AA级物流企业7家。有AAAAA级网络货运企业1家，为福建好运联联信息科技有限公司。有星级冷链物流企业1家，为福建浩嘉冷链物流股份有限公司。

表42　　2020年福州市A级物流企业名录

| 级别 | 企业名录 |
|---|---|
| AAAAA级（6家） | 福建省交通运输集团有限责任公司、盛辉物流集团有限公司、盛丰物流集团有限公司、福建汇丰物流有限公司、福州港务集团有限公司、福州顺丰速运有限公司 |
| AAAA级（17家） | 福建八方物流股份有限公司、福建省宏捷物流有限公司、中国邮政速递物流股份有限公司福建省分公司、福州万全物流有限公司、福建万集物流有限公司、福建省交通建设投资有限公司、福建运杰物流有限公司、中国福州外轮代理有限公司、福建九州通医药有限公司、福州青州集装箱码头有限公司、福清盛辉物流有限公司、福建蓝海物流有限公司、福建青顺物流有限公司、福州京邦达供应链科技有限公司、福州新港国际集装箱码头有限公司、福建翔福物流股份有限公司、福建省中通通信物流有限公司 |
| AAA级（33家） | 福建八方迅通物流有限公司、福州商业储运公司、福州大榕树物流有限公司、福建华威商贸物流有限公司、福建省福州市烟草物流有限公司、福州外代储运有限公司、万全仓储（福州）有限公司、福建星胜丰物流有限公司、福建万达物流有限公司、福州胜狮货柜有限公司、福建星泰安物流有限公司、福州星光德邦物流有限公司、福建金运国际物流有限公司、福州中外运大裕保税仓储有限公司、福建兴顺物流有限公司、福建江阴国际集装箱码头有限公司、福建东迅储运有限公司、福州世海国际物流有限公司、福建合利物流有限公司、福建泰航国际物流有限公司、福建川捷物流服务有限公司、福州博通太平物流有限公司、中邮恒泰药业有限公司、福州盛辉物流有限公司、福建庆丰物流有限公司、福建可门港物流有限责任公司、福建友昌物流有限公司、福州苏宁物流有限公司、福建新景程物流有限公司、福建丰利物流有限公司、福州万全货运有限公司、福州海盈港务有限公司、福建省祥通运输有限公司 |
| AA级（7家） | 福建吉源物流有限公司、福州开发区马尾沥青有限公司、福建保达物流有限公司、福建浩嘉冷链物流股份有限公司、福州易鲜冷链物流有限公司、顺恒（福建）冷链物流有限公司、福州畅翔运输有限公司 |

表43　　2020年福州市举办全国性展会情况表

| 序号 | 会展名称 | 举办时间 | 承办单位 | 规模（平方米） |
|---|---|---|---|---|
| 1 | 第三届数字中国建设峰会 | 10月11—15日 | 福州市文投会议展览服务有限公司 | 56262 |
| 2 | 第三届中国粮食交易大会 | 10月19—21日 | 福州市粮食购销有限公司 | 80000 |
| 3 | 2020中国航天大会 | 9月18—21日 | 中国宇航学会、中国航天基金会、福州市人民政府 | 15600 |
| 4 | 第三届全国青年企业家峰会 | 9月25日 | 福建省工商业联合会、福州展鸿文化传播有限公司 | 6600 |

续表

| 序号 | 会展名称 | 举办时间 | 承办单位 | 规模（平方米） |
|---|---|---|---|---|
| 5 | 2020年世界城市日中国主场（福州）活动 | 10月31日 | 福州市城乡建设局 | 6600 |

**【会展业】** 2020年，受新冠肺炎疫情影响，福州市举办各类展览会19场，展出面积62.2万平方米，其中全国性展会5场，培育举办2020首届中国（福建）食用菌产业博览会。

2020年9月4—6日，首届中国（福建）食用菌产业博览会在福州海峡国际会展中心举办 （市商务局 供）

**【餐饮业】** 2020年，福州市餐饮销售额344.8亿元，占全年社会消费品零售总额的8.16%，经营主体4万多家，其中限额以上餐饮企业348家。受新冠疫情影响，餐饮消费需求不足，餐饮企业积极应对疫情影响，推进定点配送和网络订餐等无接触消费模式，与外卖平台、生鲜电商等企业合作，实行线上点餐、线下配送的消费模式。

**【拍卖业】** 2020年，福州市经批准续存拍卖企业66家，总成交额325.83亿元，拍卖场次1716场，佣金收入3572.75万元。

**【电子商务】** 2020年，福州市电子商务网络零售额828.58亿元，比上年增长0.6%；限额以上批发和零售企业通过公共网络实现商品零售额264.62亿元，增长8.1%。全市有淘宝村46个，淘宝镇27个。

**【家庭服务业】** 2020年，福州市在工商登记注册经营范围含家政服务的经营单位数3587家，其中企业753家、个体工商户2834家；规模以上的家政服务企业65家。9月24日，市商务局、市财政局联合出台《福州市规范和扶持家政服务业发展的若干措施》。市商务局举办15期家政服务业诚信建设专项培训班，25家企业的823名家政从业人员参加培训；为789名家政员免费办理居家上门服务证。

**【石油销售】** 2020年，福州市有成品油零售经营企业398家，其中加油站341家，加油点6个，加油船51艘。全市成品油零售量汽油130.74万吨，柴油203.84万吨；销售收入226.9亿元。加油站经营主体日趋多元化，分布日益均衡。从所有制情况看，中石油、中石化等国有企业加油站164座，外资企业52座，民营131座。分布情况看，高速公路31座、省道国道114座、县乡道72座、城区73座、农村57座。

（严懿倞）

## 粮油贸易

**【概况】** 2020年，福州市粮储系统围绕粮食和物资储备安全核心职能，全面实施粮食储备轮换“阳光工程”，签订粮食购销合同150万吨，市粮食批发市场年交易量190万吨。年内举办第三届中国粮食交易大会。2016—2019年度粮食安全考核连续4年获全省第一，实现“四连冠”，获得省、市通报表扬。

**【全国粮食交易大会】** 2020年10月19—21日，福州市举办第三届中国粮食交易大会，全国31个省（市、区）政府代表、2600多家涉粮企业、1.5万名企业代表参会，展区面积7.5万平方米，总参会人数超12万人次，总成交金额361.7亿元，是福州市承办的规格最高、规模最大、人数最多的粮食展会活动。

**【粮食储备管理】** 2020年，福州市完成粮食增储任务，探索建立异地动态储备，宜存率100%。实施储备轮换“阳光工程”，遵守“一规定两守则”，公开竞价交易，确保“储得进，管得优，调得快，用得好”。组织开展春秋两季粮油安全大检查。推广粮面温控、低温储粮、气调储粮、生物防治等绿色储粮技术。完成政策性粮食库存数量和质量大清查任务。

**【粮食安全保障体系】** 2020年，福州市通过修改完善扶持政策，推动省外产区粮食生产基地从0.2万公顷提高到

1.67万公顷，签订粮食购销合同150万吨，市粮食批发市场年交易量190万吨。全市粮食企业获得“引粮入闽”、技术改造、产业发展、骨干企业等各类补助1099.95万元。

【粮食市场监管】 2020年，福州市开展粮食收购、政策性粮食出库等专项检查，加强粮食加工、收购、储存和政策性用粮购销等各环节的监管力度。开展食品安全示范城市创建活动，推进“福建省原粮追溯体系”平台建设，对全市43家粮食收储企业开展“一品一码”追溯体系建设情况专项督查，基本实现原粮从收购入库到粮食加工环节的源头可溯、去向可查。

【国有粮企】 2020年，福州市推进粮食企业改革发展，其中市稻花香米业集团在黑龙江省泰来县建立粮食生产基地，建立起育秧、生产、加工、销售全产业链，设立稻花香体验馆，以作为福州市粮食宣传基地和粮油精品体验馆。市面粉公司与中粮集团合资公司，总投资3.8亿元，建设第二条生产线以扩大产能，提升企业生产能力和经营效益。市军粮综合应急保障服务中心项目推进项目招投标等工作。市“禾盛粮油”连锁公司探索发展线上电商平台，以适应新零售发展趋势，实现线上线下融合发展。

（黄晓元）

## 烟草专卖

【概况】 2020年，福州市烟草系统实现税利29.04亿元；全年查处涉烟违法案件2937件，其中5万元以上大要案177件。

【营销网络建设】 2020年，福州市烟草系统探索现代终端精准管理服务模式，发展诚信户，帮护贫困户，控制违规户，打击违法户，清理虚假户，建成812户全商品扫码新零售户。拓展诚信互助小组功能，在红色驿站建设、公益活动组织方面实现新发展。物流管理环节同步推进21个降本增效优化项目，建立非烟商品配送业务，人均配送效率比上年增长3.27%。区域物流中心项目获得国家局立项审批，完成6.87公顷地块购置。海晟商贸探索构建省海晟既有商品和自主代理商品相结合、“茶烟酒”传统商品和多样化快消品相结合的产品布局。

【专卖市场监管】 2020年，福州市烟草系统构建政府主导、部门协同、跨区合作、群众参与的打假打私群防群治格局，全年查获符合国标网络案件18件，比上年增加8件；查获违法卷烟9738件，增长338%，市场净化率持续保持在95%以上；查处机械制假案件5件、烟机10台，海运案件10件、涉案卷烟6892件，平潭县局于7月1日查处全省首起海运案件；市局和5家沿海县级局与当地海警部门签订打击海上运假合作协议。开展为期5个月的大户治理专项行动，全年打击违法违规大户187户，取缔66户，查获流入真烟数量排名全省第二。推广“互联网+”政务模式，优化零售许可办理流程、简化网上审批手续、压缩审批时限、实施邮递送证上门。全区持证零售客户31305户，证件有效运行率99%。联合市场监督管理局开展中小学周边零售店清理，无证户联合治理，电子烟建档管理。

【企业管理】 2020年，福州市烟草系统新版标准化体系文件上线发布、启动运行。开展五层对标，全国30家重点城市单位14项主要对标指标中，13项比上年实现提升。完成会计基础和资金管理两个内控制度编制，持续探索“133”财务集中新模式。开展“网信基础工作提升年”活动，完成新OA系统、移动应用平台、出差审批电子化、远程办公平台等4个系统切换升级和落地应用。福州市局连续第四届蝉联全国文明单位，12家下属单位中，8家获评省级文明单位，1家获评省级模范职工之家。

（林伟民）

## 供销合作

【概况】 2020年，福州市供销社系统实现销售总额701亿元，比上年增长35.24%；消费品零售额245.29亿元；售给农民农业生产资料8.63亿元；农产品购进额357.56亿元；再生资源购进24.36亿元；电商销售额75.51亿元。年内连续5年获全省设区市供销社综合业绩考核一等奖（2020年位列全省第一名），并获评全省供销社系统先进集体。

【烟花爆竹安全经营】 2020年，福州市供销社系统有7个烟花爆竹批发企业，担负所在城区、县（市、区）烟花爆竹批发配送业务，分别是市城区2个、7县（市、区）5个。全系统有烟花爆竹仓库7座，其中自有产权仓库4座，租赁仓库3座。全年7个批发企业销售额1400万元。

【农资供应及农业社会化服务】 2020年，福州市供销社冬储化肥42895吨，完成计划的102.13%，以服务全市农业春耕生产。全系统改造提升新型庄稼医院7家，省级示范庄稼医院2家。社会化服务面积累计1.02万公顷，比上年增加0.43万公顷；土地流转面积累计0.39万公顷，比上年增加0.13万公顷；土地托管面积累计0.45万公顷，比上年增加0.19万公顷。培育的“供销雪美社会化服务”“罗源砂糖橘产业服务”获评2020年度全国总社“金扁担”改革贡献奖。

【重点项目建设】 2020年，福州市供销社系统完成新建连锁网点135个。按序时进度推进完成市委、市政府2020年招商任务6个，谋划生成市社重点项目6个。合资成立福州市榕供缘投商贸有限公司，发展福州供销果品供应链项目、建设果品展示展销与服务“三农”窗口；合资成立福州榕供鸿盛农业发展有限公司，对接定西农产品、建设农副产品展示展销中心。完成供销雪美1000平方米冷链配送中心、闽清白南农副产品收储冷鲜配送中心及永泰益农生态农业专业合作社冷库建设，完成闽侯洋里山农冷链物流配送中心基础设施建设。启动洪山祭酒岭社区养老项目建设。

【为农服务平台搭建】 2020年，福州市供销社系统新建村级基层社23家，发展农民专业合作社85个（其中9个农民专业合作社联合社），发展各类协会2个，发展农村综合服务社129个，改造提升基层社16个。年内福清市供销合作社被全国总社评选为全国“百强县级社”；福清市高山供销社、福清市渔溪供销社、长乐区航城供销社、闽侯县城关供销社、闽侯县祥谦供销社、永泰县葛岭供销社、闽清县白中供销社、罗源县城郊供销社等8家基层社被全国总社命名为全国系统“基层社标杆社”；闽清县东桥共创农民专业合作社被评为总社级和省级示范社；罗源县盛源生态农业专业合作社被评为省社级示范社；评选6家市社级农民专业合作社示范社。

【电子商务】 2020年，福清市惠农电子商务有限公司在福州高新技术开发区建设以“调度管理、视频监控、数据分析、商务对接”的数据运营中心，建设面积1000平方米，具备项目展示、物流调度、运营监控、数据管理、人才培训等功能。启动运营“供销汇榕”农产品流通数字服务平台，福州供销云仓运营模式复制推广至全国80个网点。

【再生资源回收体系建设】 2020年，福州市供销社完成50座环保驿站布点工作并推进两座智能分拣中心的征地报批工作。福州市供销社合资企业福州新供再生资源有限公司搭建的可回收物回收利用信息化平台实现环保驿站回收数据实时线上汇总分析及收运车辆实时监控调度，并在第三届“数字中国”峰会上向全国展示推介。全年累计回收可回收物3430.74吨。

（畅乐）

（编辑　周弭姣）

2020年，福州市供销社系统培育的“砂糖橘产业服务”“供销雪美社会化服务”获评2020年度全国总社“金扁担”改革贡献奖

（市供销社　供）

# 金 融 业

## 综 述

【概况】 2020年，福州市实现金融业增加值1150.86亿元，比上年增长6.8%，占全市第三产业比重20.48%，占全市GDP比重11.49%，金融业增加值占GDP比重创历年新高。

银行业 全市有银行业机构61个（含法人机构21个），其中外资银行10家，信托公司1家，理财子公司1家，金融资产管理公司4家，财务公司3家。年末全市本外币各项存款余额17738.03亿元，比年初增加1980.69亿元，增长12.57%，占全省新增存款的30.24%；本外币各项贷款余额19651.44亿元，比年初增加2207.72亿元，增长12.66%，占全省新增贷款的30.58%。全市涉农贷款余额4686.46亿元，比年初增加445.29亿元，增长10.5%，占全省总额的31.56%。全市小微企业贷款余额6065.51亿元，比年初增加882.29亿元，增长17.02%，占全省总额的34.71%。

保险业 全市有保险公司主体62家（含法人机构1家，外资15家），其中财险公司28家、寿险公司34家。全年保费收入369.28亿元，比上年增长7.6%，占全省总额的29.72%；累计保险赔付支出113.12亿元，增长11.9%，占全省总额的28.81%。

证券业 全市有法人证券公司2家，证券公司分公司39家，证券营业部138个，营业部手续费收入21.34亿元，利润总额9.80亿元；法人期货公司3家，期货营业部35个，营业部手续费收入5273.95万元，利润总额172.42万元。

上市企业 全市有境内外上市企业91家，其中境内上市企业48家，境外上市企业43家。有上市后备企业272家，进入实质上市程序企业15家，其中9家进入证监会（沪深交易所）审核程序、6家在福建证监局辅导备案。场外融资方面，场外挂牌交易企业82家，其中“新三板”75家。

【地方金融组织】 2020年，福州市新设融资担保机构10个，典当行26家，注册资本合计6.45亿元。全市有融资性担保机构38个，注册资本82.44亿元，全年累计担保总额1306.86亿元，融资性担保总额1302.33亿元，年末在保余额497.58亿元，融资性在保余额496.07亿元。其中政府性融资担保机构5个，注册资本13.25亿元，融资性在保余额48.63亿元，年末放大倍数3.62。全市有小额贷款公司16家（其中网络小额贷款公司1家），注册资本27.7亿元，年末贷款余额35.25亿元，涉农贷款余额5.83亿元，全年累计发放贷款58.74亿元。全市有典当行88家（其中分支机构3家），注册资本总额17.1亿元，年末典当总额42.37亿元，典当余额12.64亿元。全市有内资试点融资租赁公司7家，注册资本32.2亿元，融资租赁资产32.82亿元，融资租赁业务收入2.13亿元。

【金融集聚和创新发展】 2020年，福建自贸区福州片区有各类金融企业2921家，比2015年挂牌前增长13倍。海峡金融商务区、闽江北岸中央商务区入驻企业3715家，区域性金融总部超20家，金融中介服务机构超40家，4家世界管理咨询大行入驻，形成“保险楼”“律师楼”“私募楼”等税收超亿元的特色楼宇。马尾基金小镇打造私募基金特色集聚区，集聚111家私募基金管理人和214只公司型、合伙型私募基金，累计基金管理规模1633亿元，累计到资511亿元，为全省管理私募基金规模最大区域。海峡基金港成为全国首个私募基金业综合服务平台，朱紫坊基金港打造“府院金融”新名片，福州软件园引入投资、基金类公司81家，资管规模485亿元，投资金额143亿元。

落实跨境人民币贸易投资结算便利化试点政策，福建自贸区福州片区跨境人民币业务结算额529亿元。在全国率先建立台企资本项下便利化的“白名单”制度，推动“海峡两岸跨境金融中心”“两岸金融服务中心”等特色业务中心发展，累计办理对台跨境业务超2000亿元。支持海峡股权交易中心建成“台资板”，台资挂牌展示企业1009家。设立全国首个国家文化大数据体系建设合作银行、全省首家创业银行，推出全省首个普惠型补充医疗保险项目，在多领域开创省内先河。

（陈尾虹）

【福州市金融控股集团有限公司】 2020年，福州市金融控股集团有限公司实现经营收入22.7亿元，比上年增长797.23%，完成年任务的227%；利润1.44亿元，增长10.77%，完成年任务的115.2%。基金投放金额22.68亿元，完成年任务的113.4%；基金新增投资福州企业24家，完成年任务的120%。完成担保类业务金额25.96亿元，比上年增长135.14%，完成年任务的216.33%。年末政府引导基金20支，协议规模168.18亿元，新增投放项目52个，比上年增加32个，投放金额20亿元。供应链业务金额达66.12亿元，比上年增长1536.63%；保理业务金额2.99亿元，增长210.46%。

2020年9月22日，由中国人民银行福州中心支行等主办的“金融诚信伴我行 金融知识进校园”专场宣教活动在福州举办 （中国人民银行福州中心支行 供）

*推进“三个福州”建设* 加强金融服务力度，基金向11个相关项目投放资金2.63亿元，其中市技术改造基金发放技改贷款1.51亿元，与远致富海合作设立光电产业基金，规模30亿～50亿元，以并购重组等方式推动光电产业发展。对接上海振华重工集团及连江县，设立海洋经济投资基金，助力福州深远海高端装备制造及海洋经济产业园区等建设。通过基金招商、与大型上市公司合资合作等方式，丰富市场主体，其中在大数据、金融科技方面取得较大进展。推动大项目落地，搭建海洋基础设施平台、海洋经济交易平台和金融服务平台，对接闽侯县政府等，加快天际汽车新能源汽车项目落地福州。

*推动新区新城建设* 设立总规模10亿元的新区产业基金，并联合海尔海创汇、长乐区、高新区等加快设立“三创”产业发展基金。基金投放新区项目15个、占全市53.57%，投放金额7.04亿元、占全市78.48%；融资担保新增新区企业34家，担保金额2.62亿元。供应链及保理助力11家新区企业融资，业务金额6.71亿元。推动项目落地，引进海尔国家级孵化器和创业平台，落地海创汇东湖“三创”中心。建设产业载体，东南大数据产业园研发楼六期、七期完成监理、设计、勘察招标等工作。

*推动闽东北协同发展区建设* 牵头设立总规模100亿元的两翼闽东北发展基金，确定兴业银行作为基础设施类基金管理机构，完成宁德周宁抽水蓄能、福州高速项目投放，推动南平彩虹染整技术改造项目投放。

*推动产业优化升级* 以引导基金培育新兴产业，基金新增投放项目52个，比上年增加31个，投放金额20亿元。以供应链管理助力核心企业融资，累计完成供应链业务金额66.12亿元，比上年增长1536.63%，提供保理业务融资2.99亿元，增长210.46%。以融资租赁盘活企业存量资产。以普惠金融助力中小微企业发展，融资担保公司坚持准公共定位，新增担保类业务金额25.96亿元，完成年任务的216.33%，比上年增长135.14%，帮助个体工商户和小微企业缓解资金难题。

*应对疫情* 牵头制定《福州市帮助中小微企业应对疫情渡过难关若干措施》，保理产品按最低收费标准，帮助企业渡过疫情难关，助力企业复工复产、增产增效，为建设项目提供金融支持。配套出台《福州市金控集团帮助中小微企业应对疫情渡过难关若干措施》《关于支持中小微企业抗疫情渡过难关融资担保九条措施》，在担保费率、租金减免等方面推出17条帮扶举措，降低企业融资门槛，简化审批程序，为企业提供个性化、有针对性的融资支持。疫情期间，集团主动降低市技术改造基金一期利息，为企业提供技改贷款7.62亿元，融资担保累计为351家受疫情影响的中小微企业及个体工商户融资提供担保，担保金额10.12亿元。

（江海航）

## 中国人民银行福州中心支行

【概况】 2020年，中国人民银行福州中心支行适度加大逆周期调节力度以应对新冠肺炎疫情，全年实施一次全面降准、两次定向降准，直接释放长期资金651亿元，降准的中小银行全年普惠小微、民营企业贷款增量占比分别比上年同期提高3.8个、13.3个百分点，有效支持疫情防控和复工复产。优化各类再贷款再贴现管理，结合1万亿元再贷款再贴现政策要求，修订完善福州辖区金融机构再贴现额度调整规则，年末地方法人机构再贴现余额占比53.9%，票面金额200万元及以下的票据占比40.2%。推广贷款市场报价利率形成机制（LPR）运用，辖内地方法人金融机构存量贷款定价基准实现“应转尽转”，并在坚决打破贷款隐性下限、利率传导的微观机制逐步建立等的综合作用下，全年人民币贷款加权平均利率比上年降低53个基点，按年化折算可节约融资成本163.43亿元。引导辖内地方法人金融机构合理规划年度狭义信贷，人民币贷款余额比上年增长21.0%，高出辖内金融机构平均水平7个百分点，全年新增人民币贷款2148.1亿元，比上年增加275.9亿元。推进金融支持疫情防控和经济复苏，引导金融机构将信贷资金重点配置于涉农、民营、普惠小微、制造业、商贸文旅等实体经济领域。

**【金融服务经济建设】** 2020年，中国人民银行福州中心支行制定《关于深化中小微企业金融服务　提升福建企业持续发展能力的专项行动方案》等26份政策文件，开通支付、清算、现金、国库、征信、跨境人民币结算等业务“绿色通道”，基础金融服务不断优化；优化15类外汇行政许可办理方式，开放“网上办、邮寄办、预约办”等通道。创新建立“1234”工作机制（建立1个工作小组，紧抓人民银行和金融机构2个纬度，盯牢企业对接、授信、放款等3方面进度，协调省发改委、工信厅、财政厅、审计厅等4个部门）和“专用额度+”多维模式，推进1.8万亿元央行专项资金精准落地。全年累计为285家全国性重点防疫企业投放3000亿元专项再贷款73.83亿元，在中央财政和地方财政贴息之后企业实际贷款成本0.22%；提前完成175亿元复工复产再贷款再贴现专用额度的发放，规模居全国第八位；结合辖内实际建立每亿元支小再贷款支持户数动态调整机制，促进1万亿元再贷款再贴现政策精准落实到位；主动衔接推进两项直达工具（普惠小微企业贷款延期支持工具、信用贷款支持计划），全年地方法人金融机构累放信用贷款162亿元、累计延期还本付息贷款本金297亿元，规模均居全国前列。银行间市场发债有效助力疫情防控和复工复产，全年有12家企业发行22期银行间市场疫情防控债券、筹资123亿元；有5家民营企业发行27期债务融资工具、筹资137.2亿元。推动地方法人金融机构发行疫情防控专项同业存单，主动对接疫情防控企业信贷需求。

制定《关于持续推进金融精准扶贫、协力巩固脱贫攻坚工作成果的措施意见》，支持贫困地区由“输血式扶贫”向“造血式扶贫”转变，至年末扶贫再贷款余额比上年增长147.1%，金融精准扶贫贷款余额增长67.45%，扶贫小额信贷惠及贫困户超7万户。推动农村信用体系对建档立卡贫困户实现全覆盖，助力贫困户全部脱贫。从资金供给多渠道保障、涉农金融机构主体作用、金融服务乡村振兴重点、乡村金融服务创新、跨部门政策合力等“五个突出”方面，推进金融扶贫和乡村振兴工作有效衔接。年末涉农贷款本外币余额比上年增长12.20%，增速比上年提高4.67个百分点，全年新增1622.91亿元，比上年增加621.44亿元。

推进民营和小微企业金融服务，会同有关部门制定出台政策文件10余份，牵头制定专项行动方案。建立小微企业和民营企业票据优先办理机制，至年末再贴现余额中民营、小微票据占比分别为87.9%、70.9%。推广中征应收账款融资服务平台业务，全年新增中小微企业应收账款融资成交笔数和金额分别比上年增长108%和86%，重点推动中征平台在线供应链融资业务，完成11家核心企业、3家金融机构与平台系统对接，在线供应链融资金额比上年增长277%，逐步构建供应链上下游企业互信互惠、协同发展的商业信用生态。联合有关部门推出两期合计200亿元的中小微企业专项纾困资金贷款模式，依托“金服云”平台集成“政府+机构+担保+中小微企业”，大幅提高政银企对接效率，福建海峡银行联合福州市融资担保有限公司完成首笔“纾困快保贷”发放，也是福州市首笔银担合作发放的纾困资金贷款。试点开展民营和小微企业首贷专项行动，至年末普惠小微企业贷款首贷户比当年6月末增长88.87%。年末普惠小微企业贷款余额比上年增长32.38%，比各项贷款平均增速高出18.39个百分点，年内新增1866.22亿元，比上年增加735.93亿元，全年贷款利率下降可节约普惠小微融资成本87.5亿元。重点支持发行民营企业专项债和小微企业专项金融债，民营企业发债规模比上年增长117%，地方法人银行发行小微企业专项金融债金额占全国的22.91%。

根据制造业、供应链、商贸文旅、房地产等重点领域信贷政策，引导金融机构加强制造业贷款尤其是中长期贷款的投放，重点支持辖内“百千”工程、“四个一百”等名单中的制造业龙头企业，重点压实金融机构投放制造业贷款的首要责任，至年末制造业贷款余额比上年增长10.38%，扭转前两年负增长的不利态势，其中中长期贷款余额增长20.79%，完成原定的全年制造业中长期贷款增速达到20%的增长目标。推动科技与金融深度融合，引导金融机构在内部机构设置、产品设计和让利科技企业等方面优化“科技贷”产品和服务，至年末“科技贷”余额比上年增长129.7%，累计支持科技型中小微企业699家，在此带动下年末科学研究和技术服务业贷款余额增长74.62%，科技服务业融资得到长期可持续的保障。制定出台促进辖内产业链良性循环的若干措施，从创新推广供应链融资模式、发挥大中型银行主力军作用等方面，为产业链循环融资长期持续对接建章立制，引导金融机构围绕三大支柱产业和11个先导产业开展供应链金融业务；至年末在中征应收账款融资服务平台新增融资笔数和金额分别比上年增长99.37%和75.57%，其中订单、账款、存货等质押融资和线上供应链融资模式得到创新发展。优化文化与金融融合模式，稳定受疫情影响的文旅企业信贷支持，联合有关部门整合文旅企业信贷融资需求并与银行融资对接，年末文化、体育和娱乐业贷款余额比上年增长6.39%。通过政银企对接会开展信贷政策专场宣讲，引导金融机构对商贸外贸类企业融资需求提供重点支持。制定出台《推动金融支持促消费工作方案》，鼓励金融机构推广升级“福商消费贷”“消费分期”等促消费金融产品，个人消费贷款比上年增长12.78%，年内新增2419.37亿元。严格按人民银行总行下达的热点城市个贷新增规模限额实施调控，福州市个人住房按揭贷款实现合理增长，在全国率先将房贷利率与个人住房贷款联动，将各金融机构房地产贷款新增规模限额与其制造业、小微企业贷款增速挂钩，年末纳入监测范围的地方小银行房地产贷款余额比上年增长19.01%，较8月监测工作启动阶段降低17.66个百分点。

推进区域债券市场创新发展，推广运用各类创新型债务融资工具，辖内企业在银行间市场发债筹资3045.73亿元，比上年增长67.82%。推动中国银行为福建东百集团创设信用风险缓释凭证（CRMW），带动发行超短期融资券1亿元。助力福建省电子信息集团发行全省首笔银行间市场“双创债”，筹资5亿元。支持法人金融机构发行各类金融债券1228亿元，比上年增长48.84%，其中小微企业专项金融债855亿元、居全国第二位，运用募集资金发放小微企业贷款847.15亿元，支持小微企业4.64万家。

支持福建自贸区福州片区金融开放创新，试点自贸试验区优质企业跨境人民币创新业务，推动形成大宗商品贸易人民币计价结算机制。引导银行业机构研发促进跨境资金流动的结算配套产品，扩大区内客户群体，福建自贸区福州片区融资租赁企业华闽融资租赁公司与华夏银行合作，在全省率先通过融资租赁（售后回租方式）与国内信用证项下福费廷融资服务的业务创新，为东南造船厂提供3600万元融资。跨国企业集团人民币资金集中运营业务有序开展，福建自贸区福州片区设立跨国企业集团跨境双向人民币资金池59个，累计从境外调入47.15亿元，累计从境内调出70.98亿元，累计净流出资金23.83亿元。引导银行保险机构为辖内企业参与“一带一路”建设提供跨境金融服务，推动福建海峡银行出台远洋渔业企业跨境外汇业务服务规范，为其量身定制跨境外汇业务专属服务方案；持续推动人民币在“一带一路”沿线国家和地区的使用，年内与“一带一路”沿线国家和地区的跨境人民币业务量373.98亿元，占同期辖内跨境人民币业务总量的比例比上年提高4.99个百分点。

**【金融稳定维护】** 2020年，中国人民银行福州中心支行制定《国务院金融委办公室地方协调机制（福建省）工作方案》，建立人民银行福州中心支行牵头协调，中央驻闽金融管理部门和地方政府相关部门形成合力的组织架构并启动运转，支持推动省政府牵头建立福建省金融工作议事协调和应急处置机制，履行属地金融监管和风险处置职责；依托金融委办公室福建省协调机制，加强部门对接和政策协同，先后召开5次联络会议，下发工作意见23条、指导意见29条，累计协调事项51个。引导地方法人银行开展跨周期财务配置，有效应对信用风险上升的局面。推动将重点机构风险处置成效纳入地方政府效能考核，压实地方政府处置责任，全年继续保持无高风险金融机构。稳步推进地方法人金融机构资管业务逐步整改规范和转型升级。不合规资管产品余额较资管新规出台时明显下降，资管产品净值化率提高，资管业务跟踪监测作用初显。以央行评级意见书为载体、以地方法人金融机构为对象，率先试点风险提示常态化运行机制及重点风险“清单化”跟踪机制。健全金融突发事件应急处置机制，推动明确设区市及县级人民政府在风险防控中的工作责任。加强中小银行流动性监测管理，发挥再贴现、常备借贷便利、存款准备金、流动性再贷款的作用，以完善防范中小金融机构流动性风险的四道防线机制。部署辖内互联网金融专项整治工作，配合福州市地方金融监管部门对“信客网”“盛丰金服”2家网贷机构转型为小贷公司进行合规性评估。

**【金融服务与管理】** 2020年，中国人民银行福州中心支行推进移动支付便民工程，以交通场景、校企场景和医疗场景为支撑，拓展移动支付行业应用，推动上线28个云闪付本地场景应用和38个小程序，满足特色场景移动支付需求，上线数量分别居全国第一位第二位。实现县域公交“智慧出行”全覆盖，推广智慧校园、智慧医院和企业智慧园区建设。推广建设移动支付示范县，示范县域主城区主干道云闪付商户覆盖率78%，农村普惠金融服务点云闪付加载率超85%。支付清算系统安全高效运行，银行机构通过支付清算系统处理业务的笔数和金额分别比上年增长4.44%、10.89%。在全国率先开展中央银行会计核算数据集中系统（ACS）省级缓存与总行备用缓存应急切换演练，突发故障应对时间缩短80%以上。

推进地方社会信用体系建设有序发展，指导福州市开展地方社会信用立法。在全国率先融合“司法涉诉+征信”信息，创新打造银企融资“对接平台+绿色通道”，至年末金融信用信息基础数据库为政府部门推优评先和司法机关办理案件提供企业和个人信息查询分别达5885笔和2344笔。推动21家地方法人金融机构运用央行企业评级结果，发放信贷资产质押再贷款2.12亿元。提高个人征信报告自助查询机布点密度，至年末福州市布放自助查询机比上年增加5台，促成辖内人民银行系统和12家福州市接入机构二代征信系统平稳上线，全国首份二代征信系统个人信用报告在福州产生。

在马尾、罗源、连江三地建立4个现金服务示范区，推进现金服务标准化。实施农村地区人民币整洁度提升工程三年规划，扩充县级及以下区域人民币整洁度监测点范围，完善农村地区主办银行和主办网点制度，统筹规范并优化农村地区现金智能设备布放，加强农村地区残损币的清分和回收管理，流通中人民币整洁度比上年提高5.42个百分点。加大农村地区原封新券投放力度和残损人民币回收力度，加快硬币自循环机制平台建设，强化疫情防控常态化下的现金供应保障。推进硬币自助设备网络布设，至年末全市配备硬币兑换机127台、硬币清分机176台。

推动国务院新增财政资金“日达”用款单位，在农村普惠金融服务点全面推广财政惠民惠农资金直达业务，拓展税库银便民综合办税缴费平台，在农村普惠金融服务点100%实现医保费缴交功能。

完善金融纠纷多元化解机制建设，与福州市鼓楼区人民法院建立金融纠纷诉非联动机制，与招商银行信用卡中心福州分部建立投诉调解对接工作机制。持续推进金融知识纳入国民教育体系，在福州以福州时代中学、守正学堂为重点打造省级金融教育示范基地。

**【外汇监管服务】** 2020年，中国人民银行福州中心支行将外汇管理支持疫情防控、稳企业保就业的政策措施转化为直达市场主体的融资和避险产品。牵头制定疫情防控期间外汇业务办理操作指南，引导银行开设外汇政策绿色通道，支持疫情防控对外汇服务的迫切需求。在疫情防控期间市场主体办理外汇许可业务实现“免出门、不见面、零接触、更高效”，外汇行政许可“网上办”比例比上年提高25.9个百分点。指导福建省银行外汇与跨境人民币业务自律机制精准对接稳企保就需求，集中宣传推介贸易融资产品155个、个性化汇率避险产品16类。组织全辖对接2519家银企，“一地一策”“一企一策”解决504个困难和问题，解决率达91%。

跨境贸易投融资便利化　推动贸易外汇收支便利化试点落地实施，为企业提供事前免审单据、特殊退汇事前免登记、进口报关单免核验的政策红利。会同有关部门通过国际贸易“单一窗口”，实现线上办理税务备案项下服务贸易付汇业务。推进个人贸易外汇便利化，组织各级外汇局和银行结合辖内侨情特色，通过个人储蓄账户高效便捷办理收结汇，实现个人经营性外汇收入规范回流，并在福清启动个贸收汇真实承诺框架下“减免单证审核”政策试点。与税务部门建立资本项目收入支付便利化企业发票信息共享机制，推动区块链资本项目真实性审核场景应用落地。引导辖内银行应用“企业跨境信用信息授权查证服务”功能，全国首例应用该功能的进口押汇融资业务落地中国农业银行福清支行。完成全辖首个理财公司非银行金融机构外汇业务备案，推动全辖首个财务公司获批开办人民币与外汇衍生产品业务，支持跨国公司跨境资金池本外币合一试点，实现本外币资金统一调度。

外汇管理服务实体经济工作　以支持跨境电商、市场采购、外综服企业为重点，持续促进贸易新业态发展，协助福州市政府出台跨境电商综合试验区实施方案，指导银行简化小微跨境电商外汇业务，凭交易电子信息为贸易新业态市场主体提供便利的汇兑服务和供应链金融产品。支持辖内远洋渔业企业通过设立资金池统筹运营经常项目和资本项目的外汇收支，指导银行根据远洋渔业行业特点制定便利化操作规程；推动宏东远洋渔业股份有限公司下属企业福州宏浦水产有限公司境外投资外汇业务顺利办理，并支持该境外投资公司开立人民币NRA账户存放境外投资资本金，疏通境外投资资金汇路，提高企业境外投资收益。加强外汇配套服务鼓励外资到位，全辖外商直接投资流入比上年增长24%。

跨境资金流动风险管控　建立跨境收支重点企业、重点外资外贸企业、受疫情影响的中小微企业、“一带一路”重点企业等多个监测样本组，健全常态化监测分析机制。应用跨境资金流动监测与分析系统，对辖内进出口业务开展全方位、分层次、持续性监测。强化事中事后和非现场监管能力建设，重点对“五重一大”（重点地区、重点银行、重点企业、重点业务、重点国别和大额交易）和“四特”（特殊区域、特殊主体、特殊业务、特殊商品）领域开展专项核查，在全国外汇局系统外汇检查领域首次采用远程视频的“非接触”方式开展调查取证。继续强化对个人分拆结售汇行为的监管，定期开展个人大额取钞数据、购付汇一致性核查。严厉打击各类虚假欺骗性外汇交易，配合公安机关破获地下钱庄案8件，清理整顿网络炒汇平台5个。

（王勉）

2020年2月8日，福州市召开“应对疫情、共渡难关”政银企对接会

（张人峰　摄）

## 银行保险业

**【概况】**　2020年，福州地区（含平潭）有银行业金融机构10大类62家机构，营业网点1532个，从业人员3.8万人，其中政策性银行与开发性银行3家、大型商业银行6家、股份制商业银行12家、城市商业银行5家、民营银行1家、农村中小银行法人机构17家（包括农村信用社6家、农村商业银行4家、村镇银行7家）、外资银行10家、信托公司1家、金融资产管理公司4家、企业集团财务公司3家。银行业金融机构资产总额2.57万亿元，比上年增长10.23%；各项贷款余额1.98万亿元，增长12.11%；各项存款余额1.59万亿元，增长10.16%；实现净利润231.66亿元。福建海峡银行、福州农商行等地方法人银行的资本充足率、拨备覆盖率和流动性等主要指标均符合监管要求。

全市有保险公司主体62家（含1家法人机构），其中财产险公司28家、人身险公司34家，各级营业机构网点430个，有保险专业中介公司网点167家，合计资产总额955.34亿元。年内累计实现保费收入369.23亿元，规模列福建省各设区市首位，其中财产保险101.34亿元，人身保险267.89亿元，累计承担风险总额43.02万亿元，累计各项赔付支出113.47亿元，全市保险业为社会提供超过6万个就业岗位。

普惠金融服务　小微金融服务围绕“两增两控”任务目标，落实增容降本要求，有效缓解小微企业特别是个体工商户融资难题。至年末，福州地区小微企业贷款余额5421.45亿元，比上年增长18.69%，高于各项贷款增速6.58个百分点，其中个体工商户贷款876.49亿元，增长66.55%。保障金融惠企纾困，开展福建中小微企业纾困资金贷款，帮助受疫情影响的企业渡过难关。累计投放纾困贷款44.32亿元，省财政给予1个百分点贴息，贴息后利率2.85%～

3.35%，惠及企业1000余家。提升农村金融服务，落实《福建银行保险机构支持乡村产业振兴指导意见》，推动资金下沉，支持特色产业、基础环境、重点群体、文明乡风等领域发展，促进乡村产业。年末福州地区普惠型农户经营性贷款余额872.72亿元，比上年增长20.03%；贷款户数21.46万户，增长8.94%。落实金融扶贫包干服务机制，通过党建扶贫、产业扶贫、平台扶贫、保险扶贫等扶贫模式，持续加大对贫困地区的金融支持力度，支持贫困人口、带贫企业、带贫产业发展。年末福州地区精准扶贫贷款余额173.49亿元，比年初增加73.20亿元，增长42.19%。

支持区域经济　推动自贸试验区金融改革创新，总结提升制度创新成果，征集报送第十六批创新举措4项、第十七批创新举措2项、创新实践案例3项。落实自贸区“证照分离”改革全覆盖试点工作要求，优化审批流程，提高审批效率。持续加大金融资源投放力度，年末片区内各项存款、贷款余额分别为1360.38亿元、1482.34亿元，比上年增长20%以上，高于同期全省各项存款、贷款增速；为区内重点建设项目提供建设工程团意险、安装工程一切险等保险保障。金融助力“一带一路”项目有序落地，支持企业“走出去”，为优势产业富余产能跨境转移、高端装备制造、境外承包工程等项目提供金融服务。至年末，为“一带一路”建设提供信贷支持余额2383.41亿元，比上年增长7.7%，涉及1248个项目；通过国际贸易“单一窗口”为300万美元以下的小微外贸企业提供免费政策性信用保险保单服务，承保小微企业家数约5800家，小微企业承保覆盖率60%。

完善保障体系　履行社会责任抗击新冠肺炎疫情，在不加收保费情况下，将新冠肺炎纳入690余款意外险或者健康险的保障范围，创新“复工保”“返工保”等产品，开辟理赔绿色通道，为经济社会加快恢复提供风险保障。健全完善医疗养老保障体系，保持商业保险承办福州地区城乡居民大病保险和城镇职工大额商保全覆盖，全面实施贫困人口倾斜政策。参与养老保险第三支柱建设，为福州地区参保人群积累32.6亿元的养老年金保险责任准备金，比上年增长16.9%；税延养老险累计承保10080件，保费收入4422.2万元，分别占全国的20.7%和10.4%。发挥公共责任保险保障功能，承保鼓楼区和马尾区老人意外险、长乐区社会综治保险、台江区政府救济责任保险等项目，累计提供风险保障139亿元。

榕台金融融合　在榕台资银行保险机构克服疫情不利影响，保持稳健发展势头。年末在榕台资银行资产总额48.79亿元，在福州外资银行资产总额中占比13.94%；各项贷款、存款余额分别为24.22亿元、8.91亿元，未发生不良贷款。优化台胞台企金融服务，在榕银行保险机构持续推进台胞台企同等待遇，推出惠台专业产品，扩大金融服务覆盖面。农业银行省分行为6个国家级台湾农民创业园制定专属服务方案，厦门银行福州分行台商专属产品“税易贷”为台资中小企业提供额度可达800万元的信用贷款，国寿产险福建分公司创新产品“茶叶种植低温指数保险”为台湾茶农提供风险保障。拓展榕台金融业务合作空间，福建海峡银行、工商银行省分行与在榕台资银行对接，发放闽台合作银团贷款，为本地企业、台资企业等不同群体提供资金支持。中国银行省分行为在榕台资银行办理资金存放2亿元，代理清算4071笔、交易金额87亿元。建设银行省分行与台北分行签订业务合作备忘录，搭建互动平台，重点围绕贸易融资、跨境人民币、金融市场以及重点客户开展合作。

（唐福来）

表44　2020年福州银行机构主要经营指标

| 机构分类 | 银行机构 | 本外币各项存款年末余额（亿元） | 比上年增长（%） | 比年初增减数（亿元） | 本外币各项贷款年末余额（亿元） | 比上年增长（%） | 比年初增减数（亿元） |
|---|---|---|---|---|---|---|---|
| 政策性银行 | 国家开发银行 | 299.90 | -8.36 | -27.34 | 3346.69 | 9.31 | 285.10 |
| | 进出口银行 | 30.67 | 24.27 | 5.99 | 1081.59 | 21.39 | 190.61 |
| | 农业发展银行 | 51.75 | -20.74 | -13.54 | 448.68 | 13.64 | 53.85 |
| 国有五大银行 | 中国工商银行 | 1993.05 | 24.27 | 389.20 | 1753.80 | 15.13 | 230.53 |
| | 中国农业银行 | 1612.97 | 10.31 | 150.78 | 1460.71 | 11.42 | 149.73 |
| | 中国银行 | 1526.51 | 1.15 | 17.42 | 1522.12 | 15.77 | 207.36 |
| | 中国建设银行 | 2481.62 | 14.26 | 309.62 | 2254.29 | 5.86 | 124.80 |
| | 交通银行 | 309.55 | 9.99 | 28.11 | 469.08 | 17.53 | 69.97 |

续表

| 机构分类 | 银行机构 | 本外币各项存款年末余额（亿元） | 比上年增长（%） | 比年初增减数（亿元） | 本外币各项贷款年末余额（亿元） | 比上年增长（%） | 比年初增减数（亿元） |
|---|---|---|---|---|---|---|---|
| 股份制商业银行 | 中信银行 | 440.80 | 15.07 | 57.74 | 436.84 | 24.56 | 86.14 |
| | 中国光大银行 | 498.31 | 21.25 | 87.33 | 369.33 | 11.92 | 39.33 |
| | 华夏银行 | 133.34 | 10.73 | 12.92 | 149.34 | 4.25 | 6.09 |
| | 广发银行 | 133.82 | 7.33 | 9.13 | 159.71 | 11.19 | 16.08 |
| | 平安银行 | 266.97 | -3.01 | -8.27 | 192.25 | -21.63 | -53.06 |
| | 招商银行 | 520.44 | 24.00 | 100.73 | 546.07 | 10.55 | 52.12 |
| | 浦发银行 | 294.95 | 29.20 | 66.66 | 320.19 | -4.54 | -15.27 |
| | 兴业银行 | 2010.74 | 6.45 | 121.82 | 1246.96 | 18.86 | 197.89 |
| | 中国民生银行 | 278.08 | -13.02 | -41.63 | 360.32 | -13.02 | -53.95 |
| | 恒丰银行 | 75.96 | -10.57 | -8.98 | 89.09 | 47.62 | 28.74 |
| | 渤海银行 | 137.73 | 38.47 | 38.26 | 121.17 | 2.97 | 3.50 |
| 城市商业银行 | 厦门银行 | 150.78 | 9.75 | 13.40 | 196.36 | 16.60 | 27.96 |
| | 泉州银行 | 80.99 | 16.22 | 11.30 | 53.37 | 14.59 | 6.80 |
| | 厦门国际银行 | 363.04 | -14.04 | -59.29 | 521.01 | 32.92 | 129.04 |
| | 稠州商业银行 | 74.46 | 27.25 | 15.95 | 54.18 | 14.30 | 6.78 |
| | 福建海峡银行 | 1030.64 | 15.52 | 138.44 | 648.20 | 24.42 | 127.22 |
| 农村合作机构 | | 1530.96 | 12.06 | 164.78 | 1003.84 | 11.79 | 105.91 |
| 其中：福州农商行 | | 405.51 | 8.47 | 31.67 | 290.27 | 10.33 | 27.17 |
| 邮储银行 | | 404.19 | 15.53 | 54.33 | 418.61 | 36.11 | 111.06 |
| 村镇银行 | | 37.90 | 12.66 | 4.26 | 49.86 | 16.20 | 6.95 |
| 外资银行 | | 126.55 | 26.84 | 26.78 | 144.05 | -8.05 | -12.61 |

**【国家开发银行福建省分行】** 2020年，国家开发银行福建省分行累计向福州地区投放表内信贷资金2636亿元、专项建设基金156亿元，其中年内实现融资总量392亿元，发放表内本外币贷款287亿元；表内外贷款余额1565亿元，其中表内贷款余额1231亿元。

支持基础设施建设　累计向福州地铁集团授信945亿元，牵头组建福州地铁1、2、5、6号线及F1线银团，并引导银团资金469亿元，累计实现所有在建线路表内贷款发放334亿元，其中年内发放54亿元。新冠肺炎疫情期间，提供复工复产达产专项授信3.45亿元，并实现2.55亿元投放；争取政策和规模支持，主动为F1线30亿元建设项目短贷让利，以权限内最低的贷款利率完成10亿元贷款投放。年内，分行向福州地区发放公路、铁路、轨道交通等重大交通领域项目贷款127.15亿元。

保障城市建设　发挥开发性金融在城市更新进程中的融资主力行作用，推动以“三统筹”一体化思路策划福州市“城市更新+”项目落地，参与构建福州市“1+N”城市更新制度体系。结合福州市成为“三房两改”试点城市的政策契机，跟踪福州市城镇老旧小区改造、集体用地租赁建设等试点工作进展，对接各项目融资需求，探索以创新模式实现探路破局，向全省首个集体建设用地租赁住房项目发放贷款0.3亿元。

发展绿色经济　加大对水系综合治理项目支持力度，累计发放贷款27亿元，其中为金山片区项目争取生态环保类PSL优惠资金5亿元。推动平潭及闽江口水资源配置工程建设，累计承诺表内贷款26.87亿元，并提供专项建设基金9亿元。助力全市垃圾分类工作，累计为大件垃圾处置、洋里生活垃圾收运一体化等项目授信10.34亿元。

助推产城融合提升　对接福州市产城融合发展，将产业用房、配套服务设施、基础设施等建设内容有机整合，实现高新区海西园、东南大数据产业园、福州软件园等多个产业园区项目落地。

全年累计新增授信37亿元，助力福州市“以产促城，以产兴城，产城融合”。加大对福州地区战略性新兴产业重点项目融资支持力度，全年发放战略性新兴产业表内贷款59亿元。

促进转型升级　累计向京东方8.5代项目发放表内本外币贷款185.14亿元，其中年内发放6亿元，支持龙头企业稳健发展，助力高端制造业转型升级。向福清核电6台机组累计发放表内本外币贷款330.38亿元，其中年内发放15.48亿元，占项目总体银行的45%以上，是该项目最大贷款行和资金保障主力银行。

助力脱贫攻坚　开展东西部扶贫融资协作，为福州籍龙头企业在西部的投资建设提供融资支持，累计评审承诺东西部扶贫项目9个，授信金额19.88亿元，累计发放贷款12.25亿元，其中年内发放10.02亿元，带动77个贫困人口实现脱贫增收；推动与海峡银行、福州农商行、闽侯农信社、长乐农商行的转贷款业务合作，累计发放转贷款52亿元，缓解民营企业、小微企业“融资难、融资贵”问题。

支持企业复工复产　2月7日，国家开发银行福建省分行与福州市政府联合下发《关于开发性金融支持福州市疫情防控融资工作的通知》，设立人民币50亿~100亿元福州市疫情防控应急融资专项额度，专项支持福州地区与新冠肺炎疫情防控相关或受疫情影响的企业融资需求。分行向福州地区相关企业提供各类防疫及复工复产融资授信195.87亿元，实现各类防疫及复工复产资金投放172.56亿元，支持受疫情影响企业的复工复产需求。

（黄羽）

**【中国进出口银行福建省分行】**　2020年，中国进出口银行福建省分行支持福州市贷款余额本外币合计524.6亿元人民币，较年初新增98.04亿元。其中人民币贷款余额492.66亿元，较年初新增95.27亿元；外币贷款余额4.82亿美元。全年在福州地区累计发放贷款折合人民币359.77亿元，全部投向实体经济领域。

支持企业复工复产　率先与省商务厅联合出台《支持省内企业融资进口防疫物资方案》，并在方案印发的24小时内即为对外贸易中心集团、福州轻工进出口公司两家企业审批并发放贷款0.6亿元，缓解疫情初期全省防疫物资采购资金紧张的局面。组织专门力量逐家对接福州地区全国、全省重点医用和生活物资生产供应企业，先后为福州地区9家全国防疫物资重点保障企业发放人行再贷款9.91亿元，为交通运输集团等省属防疫物资重点保障企业发放贷款5亿元。落实福州市“一手抓疫情防控、一手抓企业复工复产”的工作部署，第一时间与福州市政府联合出台《关于政策性金融支持疫情期间福州市重点龙头工业企业稳定生产工作的通知》，安排50亿~100亿元应急贷款专项额度，支持福州重点龙头企业稳定生产。至年末，为福州市政府推荐的重点龙头企业发放应急贷款75.58亿元，支持省国资公司、建工集团、交通运输集团、平潭远洋集团、永荣控股、宏东水产、宏龙海洋、中景石化、大通新材料、长源纺织、山力化纤、恒申集团、经纬新纤等一大批重点企业渡过疫情难关。

支持稳外贸稳外资　落实扩大外贸信贷投放政策，支持外贸企业复工达产。推进与省商务厅联合出台的扩大外贸信贷投放工作方案，对接全省全市重点外贸企业融资需求，通过超常规、临时性专项信贷政策，对有市场、有订单的外贸企业应贷尽贷，全年累计发放外贸产业贷款657.83亿元，超额完成600亿元稳外贸专项信贷投放计划，其中在福州地区发放外贸产业贷款280.38亿元。至年末，在福州地区外贸产业贷款余额439.88亿元，占在福州地区贷款总量的83.85%。做大做强供应链金融，围绕核心企业支持产业链稳定发展。落实福建省保产业链供应链稳定行动方案要求和省、市畅通产业链循环融资对接视频会有关精神，研究制定《进出口银行福建省分行供应链金融综合服务方案》，支持外贸产业链核心客户及其上下游企业协同发展，为永荣集团、中华软包装集团等福州地区企业提供逾10亿元供应链融资，保障其产业链上下游中小型企业稳定经营；为福建飞毛腿电子提供2亿元国内订单融资授信，帮助企业进一步提高承接履行华为订单的能力。支持“一带一路”建设，向福州宏龙海洋水产有限公司发放3840万元美元境外投资贷款，用于收购印尼哇哈拿有限公司渔业养殖基地项目。向福建交通集团发放3.5亿元人民币境外投资贷款，用于收购斯里兰卡的汉班托塔港口项目，该项目是福建省首个“一带一路”港口股权收购项目，投资、布局和运营印度洋的战略性港口，提升中国在国际航运和港口运营领域的影响力。

支持制造业发展　与福州市金融局、工信局、商务局等部门沟通合作，推动落实“31500”行动计划，支持福州做大做强工业经济。为计划内企业发放贷款555.63亿元，超过分行在福州地区贷款投放总量的80%，分别扶持恒申控股、永荣控股、中景石化、福清核电等一批优质企业发展壮大，支持申远新材料年产40万吨聚酰胺二期、申马新材料年产20万吨环己酮、永荣锦江年产7万吨智能化/绿色差别化锦纶纤维、中景石化/中江石化年产50万吨聚丙烯、美得石化年产90万吨丙烷脱氢和万华化学（福建）在福州投资等多个省重点项目建设。年末与市国资委联合举办业务对接座谈会，探讨加强对市属重点国企的支持。会后，与福州新区开发投资集团、福州城市建设投资集团、福州高新区投资控股公司、福州交通建设投资集团等重点市属国企开展融资对接。支持“三个福州”建设，支持福州电子信息产业加快发展，为福建福光股份有限公司发放1亿元流动资金贷款，用于光学镜头原材料采购；为飞毛腿电子组建6.6亿元固定资产类贷款银团，支持其电池工业园基建工程及年产1.8亿片电源保护产品产业化项目建设。累计为福州市战略性新兴产业发放贷款35.41亿元。支持福州打造“蓝色”海峡，与省海洋与渔业局签署全面合作协议，计划未来三年内为合作内企业及项目提供不低于300亿元的融资支持；支持现代海洋渔业发展，持续支持宏东、宏龙等福建海洋经济龙头企业，为平潭远洋集团远海养殖产业链建设提供支持，助力其探索开发南极磷虾等极地渔业资源，累计为福州市远洋渔业龙头企业发放贷款16.07亿元。拓展支持军民融合制造业企业，与省军民融合办签订战略合作协议，并牵头举办省军民融合政银企产融对接会，在军民同源技术研发和应用、加快“军转民”“民参军”步伐，助力军民融合企业走出去等重点领域探索政策性金融支持的有效路径。7月，由分行支持的军民融合企业祥鑫股份与全球汽车零部件供应商百强企业北京海纳川汽车部件股份有限公司签署合资合作协议，推动祥鑫股份在轻量化铝制品加工领域实现产业间深度融合。至年末，累计为祥鑫股份发放流动资金类贷款超13亿元，并为其下属子公司祥鑫新能源提供固定资产类贷款超9亿元。

服务民营经济及中小微企业　围绕省关于深化民营企业服务的有关要求，研究制定《关于深化支持民营企业发展工作方案》，成立由分行一把手担任组长的支持民营企业发展工作领导小组，加大对福建省百强民企和福州市龙头民企的支持力度。至年末，在福州地区新增民营企业贷款62.07亿元，新拓展支持华威集团、凯邦锦纶、新华源纺织等福州地区民营企业16家。6月，分行获福建省服务民营企业突出贡献银行三等奖，是全省唯一获得奖励的政策性银行。实施普惠金融服务举措，扩大中小微企业信贷投放，全年在福州地区累计发放支持中小微企业贷款134.56亿元，年末福州地区支持中小微企业贷款余额185.85亿元。推进与市工信局签订的支持“专精特新”中小企业合作协议，为福州市“专精特新”中小企业发放贷款10.31亿元；开展小微转贷，新拓展福州农商银行、石狮农商银行2家小微转贷合作银行，与兴业银行、中信银行等全国股份制银行探索小微转贷合作新模式，加大对小微企业的支持力度，年内累计在福州地区发放小微企业银行转贷款12亿元，支持小微企业超过150家，增幅超过30%，小微转贷款平均执行利率较上年度末下降65个基点。

（谢弢）

**【中国农业发展银行福建省分行营业部】**

2020年，中国农业发展银行福建省分行营业部加大对“三农”发展和民生基础设施等关键领域的投入，累放各类贷款141亿元，比上年多投放16亿元，年末贷款余额突破400亿元。“十三五”期间，累计审批福州市内河治理、“十三五”农村公路水路、安置房建设等重点项目85个、金额516亿元，累计向福州市粮食安全、乡村振兴、实体经济、城乡一体化等领域投放贷款639亿元，信贷支持的政府主导项目实现六区六县全覆盖。

支持企业复工复产　成立疫情防控工作领导小组，专门组建办贷微信群，启动绿色、应急“两大通道”，实施容缺办贷，打响疫情防控攻坚战、复工复产持久战，率先投放全省农发行系统和福州市首笔防疫应急贷款、首笔人行专贷，累计审批投放防疫应急贷款10亿元，审批投放复工复产贷款48亿元；运用“复工复产绿色通道”等政策纾困惠企，累计降息让利5800万元、减免结算费用和保险手续费等212万元。

服务实体经济　与市农业农村局签订支持乡村振兴战略合作协议，共同走访对接受疫情影响的实体企业，稳定政策性粮棉油信贷资金供应，累放粮油贷款37亿元，支持储备轮换72万吨、粮食增储53万吨、“引粮入榕”65万吨；聚焦冷链物流、大型商超、生猪养殖、纺织化纤、轻工食品等民生领域，向盛辉物流、宏东渔业、丰大集团、星源农牧、光阳蛋业等特色产业化龙头企业发放涉农产业贷款63亿元，守护百姓“米袋子”“菜篮子”“肉盘子”。

服务民生工程　融入“三个福州”建设、城乡一体化建设、城市品质提升等重点领域，累计审批高新区海西园翔龙花园、元洪国际食品展示交易中心、连江城乡供水一体化、东湖海西高新技术企业港开发基地、盛辉智慧物流园等重点重大项目15个、金额84亿元；累计向上述新审批项目及福州市水系治理、大数据产业园等存量项目投放基础设施贷款41亿元。

（吴霞）

**【中国工商银行福州分行】**　2020年，中国工商银行股份有限公司福州分行完成2018—2020年新三年发展规划，拨备前利润、拨备后利润和净利润均创历史新高，分别突破40亿元、32亿元和23亿元；全部存款余额6月末和年末两破2000亿元历史记录，比上年末增量超390亿元，其中储蓄存款余额连续4个季度突破1000亿元大关，比上年末增量超170亿元；本外币各项贷款余额突破1700亿元，比上年末增量超230亿元；资产质量持续改善，达到近6年最好水平，实现不良贷款余额、不良贷款率、新发生不良贷款、潜在风险融资余额“四下降”。年内获《福州日报》授予的“2019—2020年福州诚信金融品牌评选”金融消费者权益保护口碑企业奖、《福州日报》授予的第七届金榕奖普惠金融践行品牌；《福州晚报》“2020福州金融力量榜”金融战役先锋奖。

服务实体经济　通过线下绿色通道结合线上服务，开展《福州市防疫企业清单》中企业客户的融资支持。对因受疫情影响而暂时困难的企业，不压贷、不抽贷，在还款期限、授信额度、增信措施、续贷转贷等方面给予帮扶。服务民营、制造业实体经济发展，紧盯福州市重点项目，密切跟踪项目开工复工情况，服务优质项目客户。银保监考核口径全年累计发放公司贷款近480亿元，其中民营企业贷款余额较年初增加近80亿元；制造业贷款余额较年初增加近30亿元。

普惠金融　开展普惠贷款创新，“公积金贷”“烟草贷”“金纶供应链融资方案”“祥兴电子供应链融资方案”“租金贷”等特色方案先后落地。年末e抵快贷余额增量超45亿元。办理福建省工行首笔税务贷业务（总分模式），并在所有支行推广，全年累计新增客户超500户。推动纾困贷款业务，全年累计投放超2亿元。年末银保监口径普惠贷款余额超100亿元，比年初增量超50亿元。

外汇业务　实现近4年与海峡银行代理开证业务零的突破。促成省内工行首笔RQFII资金划转业务；获得工银澳门向境内客户提供人民币外债资金，成为全省工行第一批完成内保直贷融发放的分行；办理首笔海鸥式人民币外汇期权组合产品（差额交割方式）；办理全省分行首笔欧元掉期结售汇业务。全年实现外汇贷款增量近亿美元。

投行业务　以并购顾问业务为突破口，为客户提供全方位一体化的金融服务，存量并购贷款业务12笔，并购贷款余额近33亿元。以创新型债务融资品种为切入点，提供专属的融资方案；探索通过用表外理财资金解决优质地产企业项目融资难的问题；推荐优质主体发行债券投资。推荐理财子公司投资“防疫债”1.8亿元。累计完成10个项目的审批投放，投融资金额近24亿元。存量非标债权投资业务2笔，余额13亿元。

银政合作　加强疫情防控期间服务保障，针对重点机构客户开展“四个一”活动，即“一声电话问候、一次线上推介、一次线下办结、一个回顾总结”。推动应急物资管理系统、工银E政务、抗疫捐赠二维码等智慧政务产品拓展和上线。开展省市两级公积金中心公积金年度归集服务，全年新增住房公积金缴存单位416家，新增缴存职工4万余人。丰富和拓宽客户业务办理渠道，全年增加“工银e政务综合服务平台”客户178户、“应急物资管理系统”用户24户、“云防疫”平台用户19户、“赛博云”客户2户、“宗教云”客户1户。采取“分行直营+支行落地”的模式，把企业年金业务纳入和客户的战略合作协议与一体化服务方案。

文明服务　推进“客户满意”银行建设，开展“2020服务先行”服务提升主题活动，改善客户服务体验。长乐支行营业部获评总行“2020年度服务五星级网点”，并在争创2020年中银协“千佳”网点中以高分通过省银协验收，列入中银协评选名单。推进消费者权益保护工作。建立消保制度体系，加强对产品营销推介和信息披露工作管理、服务收费合规管理以及金融营销宣传管理。开展“3　15”消费者权益保护、“普及金融知识万里行”、“普及金融知识，守住‘钱袋子’”、五部委联合宣传月等消保宣教活动。全年收到客户表扬175件。

（许戈武）

【中国农业银行福州分行】　2020年，中国农业银行福州分行各项存款余额1415.61亿元，比年初增加123.25亿元；各项贷款余额1313.94亿元，比年初增加118.83亿元。

助力防疫　实行停工不停岗、有序复工上岗，开辟“绿色通道”，主动配合防疫需要，不定时提供有关结算、现金支取等业务，满足市民金融需求和防疫抗疫应急需要。落实农总行抗击疫情的“18项措施”决策部署，实施防疫重点支持客户名单制管理，建立行长负责制，支持防疫抗疫、复工复产、春耕备耕，向28家防疫企业授信疫情贷款28.5亿元，向10家春耕备耕企业授信19.74亿元。

服务实体经济　对接福州市发展规划，加大对重大战略、转型升级、民生基础设施建设等重点领域、重大项目的支持力度，累计实现项目投放309.96亿元。完成农总行与福州市政府战略合作协议中39个签约项目的落地，授信金额357.59亿元，信贷投放涉及仓山区、连江县、罗源县、闽清县等多个区县，信贷品种、贷款期限多样，降低融资成本。对接小微和民营企业的金融需求，推进普惠金融服务“扩面增量降本”，构建“小微e贷”产品体系，发展供应链金融服务，着力缓解小微企业融资难、融资贵问题。全年新增小微企业贷款15.75亿元。

服务乡村振兴　加大产品创新，优化服务模式，完善政策支持，推进互联网金融服务“三农”“一号工程”数字化升级，着力拓展农村金融服务的广度和深度。至年末，“惠农e贷”遍及123个乡镇，覆盖率达94%，实现区域内特色、优势产业应纳尽纳。全年新增“惠农e贷”29.26亿元，累计支持农户1.65万户。助力脱贫攻坚，实施加大贷款有效投放、东西部协作、消费扶贫等多种举措，深化金融扶贫，推动合作企业客户参与全国832个贫困村销售农产品。

提升金融服务　实行以客户为中心，以金融科技和业务创新为驱动，推进线上线下交互融合，深化“创服务品牌”。在线下，推行暖心服务，因地制宜设置网点“暖心专区”，组织开展“母亲节”讲座、“高考服务点”等各类暖心服务活动；突出专业服务，加强财富中心、理财中心建设，满足客户多样化、专业化的金融需求，提升客户服务体验。在线上，通过掌银平台、金融场景、金融生态圈等建设，构建全方位、多元化的服务渠道，让金融服务“无处不在、无时不有”。

案防风控　开展案件和风险防控，实行控新与降旧相结合，治标和治本相结合，强化风险分类管理，开展风险监测、风险排查、风险化解，夯实信用基础。抓牢从严治行从严管理，压实各方责任，抓制度落实，深化“三线一网格”管理、“双基”管理、“双线”管理，开展“强化员工行为管理 提升案件防控水平”专项治理、账户整治等工作，多方推进合规建设，实现全行平安稳定运行。

（刘陈馨）

【中国银行福州市分行】　2020年，中国银行福州市分行福州地区人民币各项存款1166.99亿元，人民币各项贷款1221.7亿元，机构绩效考核连续五年位列全省系统第一，实现净利润12.53亿元，拨备前利润39.92亿元。分行坚持疫情防控与经营管理“两手抓”，推动本外币客户存款规模跃升至1600亿元级，再次实现历史突破。本外币客户存款（含表内理财）日均余额1243.09亿元，较上年末新增66.29亿元，增长5.63%；本外币各项贷款余额1228.41亿元，较年初新增147.39亿元，增长13.63%。

助力防疫　协调联动各方资源为防疫企业开辟“绿色通道”，以高效金融服务确保抗疫资金及时到位。为人行重点企业清单内客户发放优惠利率再贷款4.7亿元，涉及医药、医疗器械、口罩、防护服、原材料及物资采购等相关领域。对受疫情影响未能及时偿还贷款的74名客户、近6400万元资金办理延期还款手续。辖内福清分行作为牵头主承销商为福耀集团发行全国首支AAA民企疫情防控中期票据6亿元。通过加强对接市金融局与市工信局，从源头上打通纾困客户准入途径，累计为超过120家客户发放纾困贷款6.8亿元。

服务实体经济　全年累计投放贷款金额超650亿元。在支持基础设施和民生工程方面，将水利、城市轨道交通、铁路、高速公路、供水、供电、供油、供气等基础设施建设列为重点支持项目，优先提供金融支持；在支持福州新区开发建设方面，围绕“三区一门户一基地”的战略定位，重点支持滨海新城大数据产业及健康医疗、互联网等新兴产业、行业发展，累计为三峡长乐外海风电场、新区集团、金茂滨海新城、融侨长乐学校等项目批复金额超过80亿元，落地市政府为打造滨海新区偏光板产业园而设立的首只产业股权投资基金；在支持科技创新战略新兴产业方面，通过加大对科技领域重点项目的信贷投放，实现对福州市产业结构提升与调整的金融支持，累计为科麟环保TDI、MDI尾气废HCL综合利用项目、新福兴新能源汽车玻璃等项目批复金额超20亿元。

民营普惠　优化资源配置，引导全辖主动对接民营企业，加大金融供给，并在总行授权范围内，推出各类风险管理工具，引导客户通过单独运用或与各类融资产品组合，实现锁定汇率风险、降低融资成本。从产品创新、客户拓展、供应链和线上审批等方面提升普惠金融服务能力，帮助中小微企业解决融资难题。至年末，民营企业贷款余额250亿元，民营企业投放占比51.22%，普惠金融人行口径贷款余额较年初新增14亿元，完成全年任务数的122.46%；银保监"两增两控"口径贷款余额较年初新增15亿元，完成全年任务数的122.45%。

助力"六稳""六保"　贯彻执行"稳外贸稳外资"六大措施，落实外汇与跨境人民币便利化政策，与市进出口商会建立战略合作关系，为外贸企业、跨境电商积极提供全方位配套金融服务，发挥人民币跨境使用主渠道作用，配合政府和监管机构"稳外贸"的工作要求，支持"一带一路"建设，推动福州外向型经济发展和海上丝绸之路核心区建设。年内跨境人民币结算量206.22亿元，国际贸易结算量88.17亿美元，为涉及跨境供应链、贸易的走出去企业累计批复金额超过80亿元。

服务民生工程　累计新增扶贫贷款1.2亿元。与协和医院达成合作，成为全省银医合作典范；助力投产台江区委食堂、闽侯县财政局食堂等场景项目；协助市城乡建社局推动项目实名制，全年对接项目数249户，代发项目达到155户，代发量8.12亿元。

（王海）

**【中国建设银行福建省分行】**　2020年，中国建设银行福建省分行在福州区域设立有6家二级分支行，网点164个，覆盖所有县域。"裕农通"普惠金融服务点延伸到352个村镇。建行总行在福州设立建信信托、建信人寿、建信养老金、建信期货、建信住房5家建行子公司的分支机构，成立两岸跨境金融中心。年内中国建设银行福建省分行在福州的业务规模、客户总量等主要指标均居当地同业和系统第一。至年末，一般性存款余额2104亿元、各项贷款余额2070亿元，在福州四大国有行中占比均超过32%、全省建行系统占比均超过37%。缴交税收在榕入库7.4亿元。

战略合作　4月，省分行与福州市政府签署深化"数字福州"建设合作框架协议，提供全方位、综合化的金融产品和服务，支持福州大数据、健康医疗、互联网、人工智能、电子商务等数字经济发展，助力做大做强数字经济龙头企业。5月，建行总行与福州市政府签署合作协议，协议明确3年内将提供200亿元支持福州政策性租赁住房发展。7月，建行总行再次与福州市政府签约，协议明确3年内将提供100亿元支持福州老旧小区改造。全年累计为全市解决融资需求超过1500亿元（其中信贷997亿元、非信贷505亿元），通过降息减费等方式为实体经济让利近13亿元。

服务实体经济　加大对福州的信贷支持，贷款余额在全省建行系统中占比41%，高于存款余额占比。拓宽融资渠道，以债券融资、并购融资、供应链融资、资产证券化、产业基金等产品，服务产业全链条，实现"融资+融智+融商+融技"一体化，为省会城市建设提供资源。对接福州重点项目，服务"抓项目促跨越"，为福州市轨道交通1、4、6号线工程、福清核电站、福厦铁路、中国东南大数据产业园、海西高新技术产业园创新园等基础设施项目提供授信726亿元；助力"海上福州"建设，重点聚焦滨海新城建设，为长乐机场扩能、长乐外海风电等项目提供授信超过150亿元。支持民营经济，为民营企业提供"十项专属服务"，民营企业贷款余额超400亿元，在省金融局民营企业激励考核评价中居同业第一。发展普惠金融，在福州所有建行营业网点均可受理小微企业贷款，普惠金融贷款余额188.7亿元，比上年增长58%；普惠客户2万户，增长40%。通过建行"惠懂你"APP为全市5000多家小微企业提供"一分钟融资、一站式服务、一价式收费"服务。小微企业贷款利率最大优惠幅度下降1.15个百分点。创新发展供应链金融，推出30多个供应链金融产品，累计办理103亿元，为产业链供应商提供全程在线金融服务，助力"平台福州"建设。

服务数字福州建设　落实深化"数字福州"建设战略合作协议，在中央金融企业中首家亮相数字中国建设峰会，并连续参加两届。成立专门服务团队，由行领导担任首席客户经理，优先满足授信额度、简化项目评估流程、放宽抵押率上限、足额保障贷款需求，做到早评估、早审批、早投放。提高服务科技创新能力，出台服务科技型企业10条措施。推出"科创贷"信贷产品，提供从初创融资服务到支持做强做大、提供上市财务顾问等全生命周期服务，"科技贷"办理金额同业第一。推出"知信融合—建知贷"知识产权综合服务方案，提供"知识产权质押融资+贴息"一站式服务。打造智慧交通、医疗、校园、社区等"线上+线下"金融生态场景。推进智慧政务，与"e福州"深化合作，服务便民生活缴费、交通出行、公积金全流程线上办理。在全辖网点智慧柜员机新增交通罚没款、养老保险、公积金等170项政务服务，把建行网点转化为政务服务大厅。

服务民生　将福州作为住房租赁市场服务重点，与市政府以及福州市18家企业、23家专业租赁企业、21家房地产中介开展合作，助力完善住房租赁产业联盟。对接全市60个政策性住房租赁试点项目，对完成土地出让的11个项目安排专门团队跟进，首批计划为6个项目提供融资支持10.5亿元。创新住房租赁信贷产品，覆盖租赁企业对项目收购、新建、装修和运营全周期，贷款期限最长25年，年内审批通过4笔、10.0亿元，投放资金6.5亿元，涉及新建改建租赁住房5591套。挂牌"CCB建融家园"3个，其中"云集公寓"在房源规模（1491套）、设施配套、租住体验方面均为全省最优。年内对自有3160平方米闲置房产进行智能化改造，优先支持作为政府人才公寓、安置周转房使用。通过“建融家园”APP上线福州各类市场化房源1.5万套，实现线上交易1.3万套。对接全市126个老旧小区，提供金融信贷支持和搭建非金融服务平台。支持刚需和改善型住房，累计投放个人住房贷款229亿元、惠及2.7万个家庭。

服务金融生态建设　落实“不抽贷、不压贷、不断贷”政策，全年办理再融资、期限调整等业务92笔、金额36.6亿元，支持暂时困难企业经营。关注重点区域、行业和企业，以遏制增量风险，稳妥化解存量风险。至年末，在福州地区不良贷款总额14.1亿元、不良贷款率0.63%，资产质量稳定向好，优于全省建行平均水平。

（于佳宁）

**【交通银行福建省分行】**　2020年，交通银行在福州地区有营业机构26个（包括25个普通型网点和1个普惠型网点），离行自助银行12个，离行单机点39个，现金类设备121台。至年末，交通银行福州辖区本外币各项存款余额309.55亿元，较年初增加28.11亿元，比上年增长9.99%，增幅位列当地五大行第二，人民币各项存款市场份额较上年末提升0.02个百分点；本外币各项贷款余额469.08亿元，较年初增加69.97亿元，比上年增长17.53%，增幅位列当地五大行第一，人民币各项贷款市场份额较上年末提升0.24个百分点；全年实现营业收入14.94亿元、净利润5.04亿元，分别比上年增长16.67%、54.64%；累计压降表内外风险资产4.83亿元，小微贷款不良率较上年末下降1.66个百分点。

银政合作　启动实施“银政合作”专项行动，与福州市人民政府达成金融战略合作共识，随团赴上海参加第三届中国国际进口博览会取得丰硕成果，获服务地方经济、支持民营企业、助力稳外贸稳外资等多项政府性奖励。

服务实体经济　为福州地区34家企业提供12.86亿元抗疫信贷支持，其中向人民银行专项再贷款名单内的18家全国性疫情防控重点保障企业投放贷款7.68亿元。制造业贷款余额较年初增加17.32亿元，增长24.97%；新发放民营企业贷款占全部新发放贷款的49.69%，当地监管部门评价为“优”；普惠两增口径贷款余额较年初增加8.26亿元，增长83.15%，翻倍达成40%的监管目标。

风险管控　多措并举控制增量风险，化解存量风险，全年累计实现表内外风险资产压降4.83亿元，推动小微贷款不良率较年初下降1.66个百分点，促进普惠两增口径贷款不良率较年初下降0.05个百分点。

（征鹏）

**【中国邮政储蓄银行福州市分行】**　2020年，中国邮政储蓄银行福州市分行创新升级“榕”系列、“悦享”系列产品，强化服务重大项目、“三农”项目、城乡居民、中小企业，发放贷款约302亿元，贷款余额430亿元，比上年新增107.61亿元，增长33.37%。纳税总额近1.1亿元。

助力复工复产　落实物资保障，辖内各区域邮储网点坚持金融服务“不打烊”，增配166台现金消毒设备，确保流通现金安全；优化抗疫授信政策，建立防疫、抗疫企业信审应急处理机制，开通绿色审批通道，自2月起授信金额187亿元；主动购买连江滞销鲍鱼5000余斤用于员工节假日福利发放；组织员工捐款21万余元用于支持抗击疫情；组成志愿服务团队，访企业、进社区，赠送防疫物资2万多元；与市邮政携手志愿打包教材3万余册。

服务实体经济　支持市属企业，为福州城市建设投资集团、福州市水务投资发展有限公司、福州自来水有限公司等34家市属国企、县属国企及市属国企全资子公司（参与公司）累计授信超194亿元；加大项目投放，为福建福清核电有限公司、福建福平铁路有限责任公司、福建永泰闽投抽水蓄能有限公司等11家项目贷款客户累计授信超95亿元；扶持民营企业，为福耀玻璃工业集团股份有限公司、恒申控股集团有限公司、福建永荣控股集团有限公司等28家民营企业累计授信超65亿元；服务抗疫企业，对接支持疫情防控企业168家，为福建九州通医药有限公司、海欣食品股份有限公司、福建经纬新纤科技实业有限公司、福建同春药业股份有限公司、盛辉物流集团有限公司等抗疫企业发放贷款12.28亿元，办理贴现5亿元。

服务“三农”　加大“三农”领域的信贷投放，涉农贷款余额101.8亿元，比上年增长20.5%；金融精准扶贫贷款余额1.69亿元，较上年末净增0.96亿元，助力精准脱贫426人；与市邮政联合推进惠农合作项目，联合走访农民合作社1275家，贷款客户116家、贷款余额8846万元；与福州市金控公司、闽清县三农服务超市等11家单位组成“党建助农联盟”，为农户提供业务咨询、资金支持、带货助销等一站式精准服务。

普惠金融　加强基础金融服务，在福州城乡铺设159家网点，其中县域网点占比55%，建成“助农取款服务点”50个、36个环卫工人爱心服务点和无偿献血者普惠金融服务点；推出退役军人专属服务卡，免收卡工本费、年费等8项资费，并在各营业网点设立专门服务窗口。累计发放房贷、车贷、信用贷、助学贷等消费类贷款88.7亿元，净增27.72亿元，余额超150亿元；疫情期间上线远程受理系统，实现7×24小时线上服务，年累计放款651笔、金额6444万元；介入市教育局国家助学贷款项目，助力大学生逾2000人次、发放贷款1647万元。全年累计投入近千万元，线上线下齐发力，通过发放15.3万份信用卡消费券、减免商户服务费用、推出悦享分期卡、创新合作模式等形式拉动消费，多举措助商惠民，推动消费市场回暖。

服务民营经济　对海洋渔业、现代农业、纺织行业、工艺品行业、软件信息行业、批发零售业等行业累计发放小微企业贷款超80亿元，余额约104亿元。落实“增量扩面、提质降本”政策，投放纾困贷款超8000万元，年度让利近6000万元。与福州市人社局签订创业担保贷款合作协议，落地省内首家创业银行，计划提供10亿元专项信贷资金；参加多场区、县政府组织召开的复工复产“政银企”对接会，签署战略合作协议，提供逾150亿元人民币的意向性金融支持。

（卢书铭）

**【福建省农村信用社联合社福州办事处】**　2020年，福建省农村信用社联合社福州办事处资产总额1809.30亿元，比年初增加223.81亿元，增长14.12%，比全省高出3.91个百分点，资产增幅全省前10位的行社中福州辖内行社占2位。福州农信各项存款余额1514.22亿元，比年初增加165.35亿元，增长12.26%，比全省高出1.76个百分点。各项贷款余额975.19亿元，比年初增加101.55亿元，增长11.62%。实现各项财务收入89.5亿元，比上年增加5.28亿元，增长6.28%，高出全省3.65个百分点；顺应新冠疫情及外部形势变化，做实资产分类，提足各项拨备，夯实经营业绩，全年计提减值准备10.09亿元，比上年多计提1.48亿元，增长17.19%，利润总额27.39亿元，比上年减少3.01亿元，净利润20.26亿元，比上年减少2.52亿元。

业务转型　以提升手机银行动户率、微信银行覆盖率、扫码收单使用率为重点，电子银行交易占比达97.51%，比上年增加0.69个百分点。电子渠道交易活跃，手机银行客户数达168万户，覆盖率32.67%，超全省平均值1.53个百分点。新版手机银行升级率65.79%，考核动户率32.59%。微信银行关注用户数超210万，绑定银行卡122.71万张，全省排名第二，绑卡覆盖率69.94%。场景建设持续推进，推进扫码收单、福农E购、ETC等业务发展。疫情特殊时期助力中小商户经营，免费为商户搭建线上商超扫码点单系统，助力扫码收单商户从线下经营拓展到线上。存量扫码收单商户数11.70万户，交易笔数全省第一，小额高频商户3.82万户，占比全省第一，两项发展指标均超额完成全年目标值。

金融助理　福州农信系统党委与市委组织部联合开展“金融助理”选派及考评工作，推动辖内行社驻派工作全面开展，驻派金融助理1073名，覆盖乡镇（街道）168个、村（社区）2250个，参与乡村治理。年内部分行社实现乡镇村派驻工作全覆盖。建立与村委、社区的信息沟通与共享机制，聘任874名信息联络员，加强联动互通，丰富信息互通互享渠道。

金融合作　与市供销社、市农业局（农村经济合作社）签订战略合作协议，发挥三方在组织机构、网络布局、服务宗旨、服务对象等方面的优势，通过业务、资源融合，实现渠道互补、探索合作新模式，创新合作新举措，共同打通服务“三农”“最后一公里”。加强多方合作，探索金融合作新模式，罗源农信联社携手县政府、省农担公司在全省首家开展“政银担”三方合作，由县政府与省农担公司设立风险基金，为农民、农业企业提供贷款提供担保，罗源农信联社通过对风险基金放大5倍进行企业授信，县政府贴息3个百分点，累计发放“银担”　“政银担”贷款848笔14395.3万元，推动农业信贷担保体系建设与政府、农村信用社支持“三农”的有效结合。

支农支小工作　各项贷款比上年增长11.62%，9家行社贷款增幅均超10%。涉农贷款持续增长，涉农贷款568.67亿元，比年初增加52.99亿元，增长10.28%，普惠型涉农贷款340.96亿元，比年初增加43.9亿元，增长12.88%，高出各项贷款增幅1.36个百分点。支小力度持续提升，普惠型小微企业贷款余额315.4亿元，比年初增加82.14亿元，增长35.21%，高出各项贷款增幅23.59个百分点，贷款户数40195户，比年初增加10030户，综合融资成本下降54个基点，不良率低于各项贷款不良率0.32个百分点，完成“两增两控”“两提高”的监管要求。

民生工程　与市妇联联合推出“巧妇贷”“巾帼战疫贷”两款产品。与福州市不动产登记中心开通线上抵押直连系统，将抵押登记材料扫描上传提交系统后即可办理业务。与市政府沟通，申请电子社保卡业务，开通手机银行APP申领电子社保卡的业务权限，与福州市人力资源和社会保障局达成合作意向，福州农信系统作为首批合作金融机构承办福州市第三代社保卡业务，填补福州农信系统社保卡业务空白。

信用工程　推进信用村、镇创建，累计创建信用乡镇36个，占比24%，比年初增加6.67个百分点；信用村721个，占比28.22%，比年初增加3.54个百分点。贷款覆盖面持续提升，全辖个人贷款总户数27.64万户，比年初增加1.46万户，个人贷款覆盖面15.51%，比年初上升0.82个百分点，逐年稳步提升。

疫情防控　农信系统党委成立疫情防控工作领导小组，组织全系统党员干部职工投身疫情防控第一线。发动全市党员干部员工自愿“抗疫”捐款，全市农信系统捐款450万元用于支援辖区及武汉新型冠状病毒疫情防控，其中系统内员工个人捐款14万余元，捐款面100%。

科技支撑　组织开展防病毒大排查行动及抗疫期间信息安全排查工作，组织信息科技安全检查，试点进行360天擎桌管版本升级。协助行社个性化项目建设，配合完成福州代缴水费项目优化、罗源工程类保证金项目、平潭鼎新房地产代缴租金项目投产上线。推进行社数据个性化应用集群建设，为行社提供全套数据库、服务器资源服务，保证数据体内传输。开发行社个性化报表应用3批59张，信息科技项目7个，包括福州农信收单商户风险排查系统、客户准入辅助查询系统优化等。搭建“福州农信数字服务平台”，开发发布首个小程序“经营视图”应用。

（杨晓梅）

**【福州农商银行】**　2020年，福州农商银行设有18个职能部门，1家营业部、21家一级支行、7家二级支行，1家社区支行、36家分理处，1家村镇银行。至年末，资产总额491.19亿元，较年初增长52.69亿元，增长12.02%。其中各项贷款余额290.27亿元，较年初增加27.17亿元，增长10.33%；各项存款余额405.51亿元，比年初增加31.66亿元，增长8.47%。年内单户30万元以下的小额贷款金额和户数持续增长，单户1000万元以上的大额贷款稳步压降，经营性贷款比重上升，大额消费类贷款下降，贷款结构继续朝着小额、经营方向优化，“两管理两提高”“两增两控”如期完成。

助力防疫　向对口宜昌防治新冠肺炎支援队捐赠100万元现金。推出共济贷、同心贷、征信贷等一系列“战疫”系列信贷产品，开展实体经济的金融服务和资金保障，为福州辖区企业、个体工商户复工复产工作注入金融“强心剂”。6月，与福州市大数据服务中心联合利用福州市公共信用信息平台数据进行研发，推出“战疫征信贷”专项贷款，助力复工复产复商复市，为受疫情影响的小微企业雪中送炭，取得积极成效，经验登上中央电视台《新闻联播》。年内对接个体工商户7万余户，发放贷款额度总计2.42亿元，户数1340户，覆盖辖区街道文化、旅游、餐饮、零售、服装等多个行业。

数字化转型　新增优化行内自建应用系统，全年新增优化18项行内自建应用系统，提升科技对业务发展的有效促进作用。分阶段对现有自助机具进行更新，年内更新自助机具23台。搭建互联网DMZ区，实现对运维人员日常服务器、网络设备、数据库维护过程的行为记录、监视、控制等功能，对异常操作行为及时告警并阻断。开发上线盈利分析模块，实现线上可查询存贷款结构、收付息率及变动趋势，各产品不良、风险成本、利润率等指标情况。

（陈晨晖）

**【兴业银行福州分行】**　2020年，兴业银行福州分行辖属网点64家（其中传统网点37家，社区支行27家），资产总额近2400亿元，本外币各项存款余额2011亿元，本外币各项贷款余额1247亿元。

服务重点领域　围绕数字福州、海上福州、平台福州“三个福州”建设持续发力，为城投京东方、东南大数据产业园、海上风电、永辉超市等重点项目和企业提供融资约380亿元。聚焦福州滨海新城、福州大学城等“六个现代城”建设，把握服务机会，其中向滨海新城保障房等滨海新城项目投放资金超10亿元，给予机场快线等长乐国际航空城重点项目融资额度60亿元，支持申远新材料项目融资逾20亿元，支持三坊七巷、朱紫坊、马尾船政文化城等闽都坊巷修复项目8.5亿元，支持台江区排尾红星棚改项目85亿元。

服务实体经济　民营企业贷款较年初增加34亿元；小微企业贷款较年初增加56亿元，累计投放中小企业纾困贷款7.8亿元，投放量居区域首位。扶持企业复工复产，累计为疫情相关企业提供传统信贷支持超过200亿元。绿色金融融资余额新增45亿元，实现首创海环红庙岭垃圾处理项目省内首笔“绿色创新投资业务”落地。针对各类市场主体需求，强化多元化、个性化金融服务，提升效率、降低成本。助力闽东北两翼基础设施发展基金成立并落地5亿元。福州分行是福州市本级唯一财务顾问银行，近两年为福州市完成东南绕城高速、轨道交通6号线、机场F1线等项目专项债财务顾问服务620亿元，承销福州区域地方债276亿元。

（冯桦）

**【兴业银行理财子公司】**　2020年，兴业银行理财子公司持续推动理财子公司专业化、市场化运作，理财业务转型领先于同业。承母行文化，秉承“一份托付 全心为你”的服务宗旨，目标建设成为一家“以创新引领市场、以投资创造价值的资产管理服务商”。为构建全能型的资管业务核心能力，在投研、产品、营销、运营和系统等方面进行系统性布局。持续推进多元产品体系的开发和创新，推出涵盖现金管理、债券投资、固收增强、项目投资、灵活投资、权益投资、结构性理财、多资产及专题理财产品。至年末，兴银理财管理产品规模1.47万亿元，较年初增长1384亿元，增长10.35%。

（戴海林）

**【中国光大银行福州分行】**　2020年，中国光大银行福州分行表内外资产总额949亿元，较年初增加129亿元，增长15.72%。其中各项贷款（不含贴现）时点余额540亿元，较年初增加79亿元，增长17.06%。一般存款时点余额644亿元，较年初增加129亿元，增长24.98%。一般存款日均数为610亿元，较上年增加126亿元，增长26.15%。其中核心存款时点余额552亿元，较年初增加174亿元，增长46.07%；核心存款日均余额464亿元，较上年增加125亿元，增长36.93%。

疫情防控　成立党委班子挂帅、各部门各司其职的疫情防控领导小组，开展金融支持抗疫工作，履行“金融国家队”职责，对参与防疫的重点医用物品和生活物资的重点企业表内外投放16.7亿元；出台一系列减费让利和延期还本付息的惠企政策。至年末，为客户减费让利、降低成本金额约10320万元，为受困企业调整还款计划、付息方式81笔，金额38.47亿元；科技赋能线上服务，通过手机银行线上抗疫专栏和名医直播，提供线上健康服务。

服务实体经济　年末实体企业贷款余额236亿元，比年初增加14亿元，增长6%；民营企业贷款余额195亿元，占比81%；制造业贷款余额106亿元，较年初增加7亿元，增长7%；制造业中长期贷款余额19亿元，较年初增加8亿元，增长77%。全年累计为16家发行人承销发行债务融资工具24期，金额合计140.1亿元，其中分行份额91.93亿元，完成总行全年发债规模任务数（71亿元）的130%，区域市场占比6%，同业“7+1”对标排名第三。普惠业务贷款余额129.06亿元（系统排名第四），较年初增加12.47亿元，完成全年普惠增量任务（7.6亿元）的164%，完成普惠金融“两增两控”监管目标。采用互联网、大数据等新技术拓展供应链融资，依托美团平台，推出“E餐贷”产品；通过与福州朴朴超市的业务场景相融合，依托普惠云平台与企业共同打造“网贷易”生态链创新项目。

科技创新　“网点智慧机房管理云平台”获批总行纯科技类创新项目；朴朴电子商务平台合作项目获总行立项批复，并参加集团创新赛；与智能停车场企业车位管家合作开展无人停车缴费业务等。手机银行首创健康类直播栏目《名医直播》，同时发挥区域特色，围绕“医食住行游娱购”先后上线“华为5G专区及苹果专区”“健康服务”“吉诺救援”等便民服务，丰富手机银行业务场景，拓展活客获客渠道，分行手机银行、快捷支付双月活率大幅提升。运用总行“光付通”“光信通”及“物流全程通”等数字名片，营销形成物泊科技、好运联联及携船网等行业龙头企业平台。上线福建省电、福州市自来水、晋江市自来水微信代扣业务，上线旷远燃气费业务，并向福建省本地泉州银行输出光大“云缴费”产品，在全国率先上线福州市自来水费代收项目，作为2020年数字峰会上数字福州的重要展示部分。

作风建设　开展“抓五要、转作风、强治理、创价值”专题学习讨论活动，

2020 年 11 月 15 日，全国首个国家文化大数据体系建设合作银行在福州揭牌

（市金融局　供）

重点加强干部任用评先的监督，落实廉政意见函 40 次、涉及 411 人次；开展党建、警示教育宣传活动，依托总行、集团等宣传平台，成立分行“廉洁宣讲柔性团队”，全年开展 31 次专题宣讲活动，覆盖全辖所有干部员工。

（吴晓曦）

**【招商银行福州分行】** 2020 年，招商银行福州分行自营存款年日均余额 542.52 亿元，较年初增加 112.05 亿元，时点存款市场份额 2.45%，较上年提升 0.22 个百分点，居当地股份制银行（不含兴业）首位。表内人民币一般性信贷资产余额 633.24 亿元，较上年增长 53.87 亿元，其中零售信贷余额 419.4 亿元，占比 66%。增收上，实现营业净收入 24.08 亿元，比上年增长 8.34%，其中净息 18.19 亿元，非息 5.89 亿元，非息同比增加 1.44 亿元，增长 32.29%。增效上，资产质量继续向好，不良持续双降，不良贷款余额 4.21 亿元，较上年下降 1.88 亿元，不良贷款率 0.62%，下降 0.38 个百分点，较区域股份制银行平均水平低 1.21 个百分点。增值上，经济利润累计实现 11.98 亿元，比上年增长 19.74%。

零售金融　围绕 AUM（管理客户总资产）经营理念为客户创造价值，客户综合经营能力提升。AUM 时点余额 645 亿元，全年增量超过 2018 年、2019 年两年增量之和，呈现加速增长态势。财富管理收入 2.14 亿元，比上年增长近 65%。加速线上线下“空陆联运”获客经营，全年招商银行 App 新下载 MAU17.3 万户，App 场景 MAU 45.3 万户。零售信贷客户新增 2.13 万户；闪电贷业务规模 37.8 亿元，较年初增加 14.5 亿元。

公司金融　培育一批以总分战略客户为主体、覆盖主要行业龙头的核心客群，并以核心客户作为业务起点，形成与 N 端客群之间正向循环的经营模式。通过“1+N”供应链，深化客户绑定，开创以中建海峡、三棵树为核心客户的“全国做一家”项目；供应链融资余额 35 亿元，较上年增加 24 亿元，增长 218%，月均余额增加 10.5 亿元。夯实客群基础，全年累计新开对公户、高价值对公客户增量、增速均创历史新高。聚焦授信客群，支持类和战略客户资产敞口 242.7 亿元，较年初增加 26.63 亿元，支持类资产占比 81.55%，提升 4.1 个百分点。践行投商行一体化，资本市场引流资金超过 25 亿元，IPO 募集引流 7.5 亿元；落地首笔新动能基金投资项目永辉彩食鲜业务；在业内首家为医药流通行业客户量身打造“结算+现金管理”组合方案，产品覆盖至全省前五大医药经销商。全年引流专项债资金 181 亿元，拉近与各级政府间的合作关系，成为各区、县政府推动专项债的首选银行。全年揽获各级机构业务资格 14 个，比上年增加 4 个，累计资格总数 82 个。托管规模进一步扩大，达 1302 亿元，年内新增 206 亿元，完成率 115%，规模总量及增量均为同业第一（除兴业银行外）。

科技转型　经营场景线上化，网点线上店作为疫情期间线上经营的抓手，有效弥补线下网点流量大幅下降的空白，平台利用率得以释放，月均推送活动 500 条，实现规范化、高频次输出。网点线上店粉丝量破百万，比上年增加 86 万元，增长超 4 倍，月均场景客户留存率 33.5%，成为主力场景之一。打造特色流量，建设“一城一品”商超场景，与永辉、大润发、万嘉、六意等流量大户加深渠道合作，共同为用户提供增值优惠服务，全年完成交易笔数近 40 万笔，交易用户数近 10 万户。

开放融合　电子医、社保卡累计签发 28.64 万户。云缴费新增商户 303 户，缴费人数 13.9 万人，其中新增党工团云缴费人数超 4 万人，比上年增长 315%。破冰线上政务场景，首批接入省税务局电子政务平台“在线预开户”功能、接入法院“一案一账户”案款执行系统；首批获得医保电子凭证展码资格；落地全国首单跨省异地非现场缴罚电子票据；成为区域首家实现与不动产中心他证直连的银行。全年新增代发企业 1690 家，比上年增长超 50%，新增代发有效户 19.8 万户，增长 43%。零售中高端客户引流对公有效户 593 户，小微贷客户引流对公有效户 313 户。

（林亮）

**【福建海峡银行】** 2020 年，福建海峡银行资产总额 1815.93 亿元，比上年末增加 191.39 亿元，增长 11.78%。各项存款余额 1279.63 亿元，比上年末增加 159.96 亿元，增长 14.29%。各项贷款余额 912.72 亿元，比上年末增加 168.98 亿元，增长 22.72%。不良贷款率 1.49%，比上年末降低 0.06 个百分点。拨备覆盖率 163.24%，比上年末上升 1.93 个百分点。

服务实体经济　制造业贷款余额 159.11 亿元，比上年末增加 13.45 亿元，增长9.23%。民营企业贷款余额298.1亿元，比上年末增加54.88亿元，增长22.56%。普惠型小微企业贷款余额为318.74亿元，比上年末增加59.24亿元，增长22.83%，高于各项贷款增速0.27个百分点。普惠型小微企业贷款户数40148户，比上年末增加21562户，增长116%。

服务“三个福州”建设　将服务“三个福州”建设作为全行主攻方向，其中把服务海洋经济作为全行战略方向和特色化经营的重点。全年涉海对公投放比上年增长33.46%，帮助宏东渔业股份有限公司、宏龙海洋水产有限公司等海洋企业铸链条、上规模。加强龙头企业的支持力度，全年累计为恒申集团等5家千亿企业提供授信26.31亿元。全年福州国有企业表内贷款余额63.27亿元，债券投资余额21.66亿元。“双百双千”企业审批贷款123户，金额91.21亿元，完成放款70.47亿元。投放福州地区的贷款余额增速达24.42%，高出福州地区各银行贷款增速近一倍。

服务小微企业　制定出台《福建海峡银行应对疫情共渡难关金融服务承诺》等近30项惠企措施。争取人民银行再贷款、再贴现规模，累计支持小微企业及个体工商户5500多户。通过精简规范收费项目，降低利息收入等方式，向实体企业让利超3亿元。落实关于中小微企业纾困专项资金贷款工作部署，纾困贷款融资总额在省内城商行居首位。利用普惠小微企业“信用贷款支持计划”和“贷款延期支付工具”，推出系列专属产品，解决普惠小微企业因疫情原因出现的暂时困难。至年末，为6846家中小微企业贷款办理延期还本，涉及贷款金额168.35亿元；为1934家中小微企业贷款办理延期付息，涉及贷款金额14.42亿元。

服务民生　优化和提升市民卡服务质效，依托“众行海峡”APP，率先推出福州市社会保障卡（福州市民卡）首发制卡“零接触”便民服务，通过“线上预约+EMS邮寄”方式，帮助市民足不出户即可享受金融服务。至年末，累计为4603名客户提供便捷制卡服务。对接福建省社会保险中心并签订《福建省社会保险待遇社银直连发放合作协议》，搭建完成省社银直联平台接入，于11月实现福州地区新增企业退休人员养老金发放，并跟进存量企业退休人员养老金发放以及机关养老保险代发落地工作。

（张杰）

【浦发银行福州分行】　2020年，浦发银行福州分行各项存贷款规模合计超过900亿元，下辖营业机构网点59家，形成立足福州、覆盖全省的机构网络布局。主动对接福建省委省政府“赶超战略”，围绕福建经济结构调整和产业转型升级，结合自身特长和业务优势，持续加大对“补短板、稳增长、惠民生”项目、先进制造业客户及战略新兴产业的支持力度。面对突发疫情，针对全省企业全面复工复产需求，开通专项绿色通道，特事特办、急事急办，及时满足企业开工用款需求。年内批复贷款授信客户744户，合计批复融资金额1665亿元，比上年增长46.25%。

（陈巧芳）

【广发银行福州分行】　2020年，广发银行福州分行（福州辖区）设置有1家二级分行（自贸试验区分行），6家支行（含分行营业部），11家社区支行。人民币各项存款余额132.86亿元，比年初增加8.66亿元；人民币基础存款日均余额125.36亿元，比上年增加16.16亿元。人民币各项贷款158.37亿元，比年初增加17.6亿元。全年纳税6394.17万元。信用卡发卡总量101.81万张，比年初增加13.16万张。含卡营业收入（福州辖区）6.87亿元，比上年增长5.53%。不良率1.44%，剪刀差比例0%，信贷资产质量较好。

保障民生就业　组织开展2020年校园招聘工作，补充招聘2019届、2020届毕业生，落实稳就业保就业要求。践行“助商惠民”的宗旨，在福州八大重点商圈，近600家餐饮合作商户开展天天优惠、工作餐安心送、企业团餐预订等优惠活动，实现场景交易金额逾2000万元。上线“广发好优惠”小程序，搭建客户与商户双向发展的桥梁。新发放按揭贷款239户，贷款金额28644万元；新发放信用消费贷182户，贷款金额1670.2万元，保障个人生活及文化消费需求。

服务市场主体　与福州软件园联合推出“租金贷”业务；与福建省科技厅、福建省招标采购集团有限公司签署战略合作协议；落实住房政策。发挥综合金融优势，通过“债+贷”等“投贷联动”方式，推动项目落地；分行落地首笔国寿投业务福州城投——“光信　光鑫　优债223号集合资金信托计划”，总金额30亿元，期限7年。

银证合作　抓住“六区叠加”和“三个福州”战略机遇，成立“福州分行贯彻落实总行与福州市人民政府战略合作协议工作领导小组”，制定《广发银行福州分行贯彻落实总行与福州市政府签约项目行动方案》。开展“三走进”工作，走进政府机关，全面深化政银合作关系；走进重点项目，重点支持基础设施建设；走进工业园区，全面支持园内企业融资需求。成立“签约推进服务小组”，推动项目营销。加强过程管理，按月开展签约工作汇报会，要求各单位汇报“三走进”进展情况，推进签约工作的落地落实。签约后（10月）至年末，分行新增福州地区授信客户14户，新增授信额度18.5亿元、授信敞口6.8亿元。

服务实体经济　至年末，累计贷款投放逾212亿元，其中民营企业贷款余额48.76亿元，占对企业贷款余额37.30%，民营企业贷款客户数150户，占企业贷款客户数（210户）的71.43%；普惠型小微企业贷款余额11.53亿元，较年初增加1.36亿元；绿色信贷余额13280万元，较年初增加3700万元。

助力脱贫攻坚　至年末，广发银行福州分行（福州辖区）金融精准扶贫贷款余额1010.17万元，较年初增加671.88万元。向总行申报扶贫贷款专案，发放专项扶贫贷款。分行联合中国青少年基金会继续资助福建农林大学的25名贫困大学生，合计资助10万元。

（邢坤）

【中信银行福州分行】　2020年，中信银行福州分行累计向福州地区提供综合融资711亿元，比年初新增165亿元；福州地区各项贷款余额437亿元，比年初新增86亿元，自营存款余额437亿元，比年初新增57亿元。

支持抗疫　出台包括专项措施、提供专访对接服务、配套专项贷款、给予专属定价、制定专属还款方案、提供专业金融服务、开辟专门绿色通道、组织专项捐赠在内的“八个专项”举措，开展抗疫金融服务保障。联合承销福耀玻璃疫情防控债6亿元（全省首单疫情防控中票）、承销合力泰科技疫情防控债2亿元（省内上市国企首单疫情防控债）。为防疫抗疫类实体企业提供融资98亿元，为各类复工复产企业办理融资596亿元，为受疫情影响企业及个人客户提供延期还本付息贷款35亿元，提供利率优惠5723万元，减免手续费超4482万元。投入资金为福州市学校、医院、公共资源交易中心等单位提供体温检测系统设备。

支持“三个福州”建设　主动对接“三个福州”发展战略，围绕“数字福州”，对福州市战略性新兴产业集群重点项目给予金融产品支持，为省电子信息集团、新大陆集团、福州软件园、福州大数据产业基地等企业提供综合授信。围绕“海上福州”，为江阴化工新材料专区及石化园区、现代海洋渔业、长乐海上风电、福州地铁6号线、滨海新城快线等项目提供授信额度近百亿元。围绕“平台福州”，与商超平台、物流等客户建立授信合作关系，拓展工业园区建设贷款，助力产业发展新模式。

支持民营企业　发挥中信集团综合金融服务优势，支持百亿龙头成长计划、千亿集群培育计划，对接恒申控股、福耀玻璃、中景石化、永辉超市、永荣集团、大东海等主流民营企业的综合金融需求。全年累计为福州民营实体企业提供综合融资服务264亿元。

普惠金融　建立普惠金融“敢贷、愿贷、能贷”长效机制，推广普惠线上化产品，关税e贷实现首笔落地，在当地股份制银行首家上线政采e贷并实现落地；对接金服云、产融云、信易贷平台，加大中小微企业纾困贷款、应急贷款投放力度。提前完成总行和监管部门年度考核任务。福州辖区普惠小微信用贷款余额占比23.76%，比上年提高22.48个百分点；新发放小微法人贷款中，“首贷户”占比21.61%；新发放普惠型小微企业贷款平均利率比上年下降1.5个百分点。

银政合作　10月，中信集团与福建省政府签署全面战略合作协议，中信银行等子公司分别与福州市、福清市、闽侯县政府、福州新区福清功能区管委会、省属重点国企等签署7个子协议，助力地方政府及企业拓宽融资渠道，降低融资成本。支持国库集中支付及地方债发行。全年累计代理福州市级国库集中支付业务6395笔，金额7.2亿元。年内联合中信集团子公司，为省政府完成140余个项目、270亿元专项债发行服务工作，发行成功率100%，并承销中标23.7亿元，包装发行总额排名系统前三，部分资金用于福厦客专（福州段）等项目。

（唐夏芸）

【厦门国际银行福州分行】　2020年，厦门国际银行福州分行在福州市辖区设有11家下辖支行级机构及1家二级分行，实现福州城区的全面布局，并覆盖闽侯县、福清市、连江县、福州自贸试验区等重点区域。总资产526亿元，各项存款余额363亿元，各项贷款余额521亿元，年度纳税金额2.53亿元。年末资产不良率0.8%。

助力疫情防控　重点支持中小微企业及四大受疫情影响困难行业复工复产复市，降低企业融资成本，缓解企业资金压力。与福州市“福建省疫情防控重点保障企业名单”企业进行逐家对接，全年累计对接321户，对接完成率100%，实现提款落地40户，金额合计12.97亿元。针对“四个一百”企业，在福州地区累计对接83户，对接完成率100%，并对8户“四个一百”清单内企业发放授信7.58亿元，落地纾困贷款36笔，金额合计2.4亿元，投放困难行业专项贷款9笔，金额合计0.49亿元。

银政合作　作为唯一金融业代表受邀参加福建省与柬埔寨、俄罗斯、韩国经贸合作网络推介会，并与福建省商务厅签订深化合作战略协议、助力新福建建设。与福州市永泰县、闽侯县等签署战略合作协议，签约金额合计60亿元。民营企业贷款、普惠型小微企业贷款、涉农贷款等各项监管指标均完成，其中普惠金融贷款超额完成监管部门下达目标。

改革创新　加速交易平台化转型和企业数字化转型，开拓数字化金融和产业链金融新蓝海，创新推出国行e投标产品，通过与福州市交易中心系统进行对接，为投标人提供线上投标保函开立服务，满足企业足不出户办业务的需求，年内累计落地172笔超6400万元保函业务。基于国家信用大数据创新中心公开交易数据及征信数据，研发线上贷款模型，实现企业自主申请，线上快速核额，解决辖区小微企业融资流程长、应急资金调度难等问题。在2019年福建省金融创新获奖项目成果基础上，继续围绕核心企业为其上下游中小微企业，线上线下双模式提供应收账款融资和预付款融资，年内实现新获批12.8亿元项目。

助力扶贫　支持福州市对口支持甘肃定西市，累计向甘肃定西岷县捐赠现金40万元。响应福州市总工会采购扶贫产品号召，在员工节日慰问品采购中优先采购扶贫产品，累计采购扶贫产品逾14万元。疫情期间，承办口罩、防护服等防疫物资的采购、捐赠，向国内疫区医院、省内指定医院、境外闽籍单位提供物质支援。全体员工对外捐赠善款13万元。

（曾林辉）

【集友银行福州分行】　2020年，集友银行福州分行资产总额230.57亿元，较年初增加5.31亿元，增长2.36%。存款规模71.36亿元，较年初增加20.52亿元，增长40.35%，贷款规模65.49亿元。全年实现经营利润11207万元，全年纳税6731万元，比上年增加1176万元，增长21.18%。不良贷款率0%，贷款拨备率2.5%，流动比率44.84%。

服务实体经济　利用闽港跨境融资，加大对辖区企业的信贷投放力度。年末本外币贷款余额折合人民币65.49亿元，其中人民币贷款余额36.80亿元，人民币贷款余额占比由2019年的50%扩大至56%。践行“六稳”“六保”，完善税享贷、流水贷等普惠金融授信方案，入驻辖区商场、专业市场、创业园、市场同业等开展小微企业营销调研，全年累计上报餐饮等行业多笔小微授信项目，金额合计1440万元。落实减费让利，全年累计减费让利3324笔、金额1753.7万元。与鼓楼区人民政府联合举办“1+N”政银企对接会，参加福建省贸促会举办的线上互联网+“涉外商事法律服务八闽行”三明站、福安站活动，就中小微企业国际贸易结算及支持政策进行线上宣讲，为省内企业“走出去”、有效应对疫情风险提供助力。

优化资产运营　根据稳健的流动性风险管理原则，合理平衡风险与收益的关系，统筹资金安排，优化资产结构，提升收益水平。把握住年初的债市下行趋势，采取灵活科学的投资策略，全年实现债券投资收益10332.64万元，至年末债券投资规模102.61亿元。

风险防控　强化贷款全流程风险防控，贷前审查环节，进一步界定部门职责、优化衔接环节、梳理审查流程与工作标准；放款审核环节，进一步完善覆盖集友银行所有境内机构的授信协议审查机制，落实协议复审；贷后监控环节，加强信贷资金用途与流向监控等日常监控工作，适时开展疫情影响风险排查等专项排查；风险处置环节，制定全方位清收方案，有效防范化解资产风险。开展行业研究，坚持效率原则，保障项目放款落地，通过外聘律师团队提供法律意见，结合外资银行管理条例及实施细则、新旧《中华人民共和国民法典》等外部监管政策变化情况提出风险提示和防范建议。针对重点业务、重点环节、重点问题开展专项排查，以查促改、以改促优，堵截各类内控漏洞。

（饶潇）

**【中国人民财产保险股份有限公司福州分公司】**　2020年，中国人民财产保险股份有限公司福州分公司保费收入16.96亿元，比上年下降8.15%。其中车险保费收入13.84亿元，比上年下降3.01%，非车险保费收入3.12亿元，下降25.64%，个人分散性保费收入4083万元，下降45.61%。实现承保利润1043.1万元，综合成本率99.32%，优于市场0.3个百分点，综合赔付率66.61%，优于市场1.3个百分点。年内福州分公司获评2018—2020年度省级文明单位，福州市湖滨支公司获评“2020—2022年青年文明号集体”。

通过调整市场策略、加强队伍建设、完善渠道布局、提升效益险种承保等方式，以应对商业车险自主定价改革，实现经营稳健发展。车商板块克服新车销量下滑影响，家用新车市场份额比上年实现正增长。财产险方面抓续保、稳存量，家财险在麦田房产经纪取得突破，并拓展至福州房产经纪市场；工程险攻破长乐海上风电、市政工程险、路桥建设工程险等储备项目；国际业务承保福耀集团德国厂财产险项目；船货险方面船舶险新增船舶160艘，承保全省首单海事诉责险业务，随车行业务多渠道落地；责任险方面推动执行救助保险、不动产登记责任保险，严重精神病患者监护人责任险取得突破；信用保证险方面与兴业银行合作创新分离式投标保证保险；农险方面签单宁夏商业性肉牛养殖保险和海南临高县橡胶种植保险+期货项目，为中心城市商业险农险创新提供重要的思路。发展电动车保险，保费比上年增长170.06%；普惠型补充医疗保险福惠保项目在福州落地。

以“福建人保财险”官方微信及“中国人保APP”作为推进平台，丰富辖区车后市场服务内容，为客户提供安全类、权益类、维修类、代驾类等服务；警保联动方面，建设“人保驿站”，分别在理赔中心、鼓楼、晋安3家网点为公司客户及一线户外劳动者提供温暖服务。在各营业网点“机动车登记服务站”基础上引入“驾驶证管理业务”，全年为在保客户、外部民众提供车管业务95519笔。研发上线投标保证保险、福惠保、学平险等外部平台对接系统，强化车险渠道及非车险数据分析平台、非车项目跟踪系统、人力考评系统、销管单证台账系统等运营管理系统的开发与利用。落实电子保单推广要求，车险家自车商业险电子保单使用率86.66%，非车个人意外险电子保单使用率95.46%。全年交叉互动产代寿、健保费收入2832万元，比上年增长27.4%，综拓团队累计建成5支，总人数84人，累计完成保费3328万元，超额完成全年任务。加强柜面一体化标准化建设工作，系统内1A级及以上柜面达标率100%，3A~4A级柜面占比60%。

（陈颖）

**【中国太保寿险福州中心支公司】**　2020年，中国太保寿险福州中心支公司保险业务收入146181万元，比上年下降5.26%，市场份额8.7%，排名第三位。其中新保保费34460万元，比上年下降23.62%；续期总保费111722万元，增长2.32%。推动户需求为导向，深化“产品+服务”销售模式，疫情期间广泛运用高新技术的“线上工具”，推动业务发展。全年累计实现寿险146181万元，其中普通寿险59908万元，比上年增长5.91%；分红寿险80909万元，下降11.97%；健康险3486万元，下降4.18%；意外险1878万元，下降14.32%。贯彻落实监管部门市场乱象整治“回头看”，开展运用大数据反保险欺诈工作、金融放贷领域突出问题排查整治、失信被执行人风险排查、“套路贷”“非法校园贷”违法犯罪活动专项整治工作等风险排查及防控工作，深入了解和掌握公司经营中潜存的各类风险因素，提升经营管理与内控水平。年内投诉件796件，其中监管部门投诉46件，公司内部投诉750件，无发生重大恶性投诉和群诉。

年内中国保险行业协会与中国医师协会联合发布《重大疾病保险的疾病定义使用规范（2020年修订版）》，中国太平洋保险开展新老规定及相关保险合同服务的有序衔接，针对采用2007年《重大疾病保险的疾病定义使用规范》开发的长期重大疾病保险产品，创新制定并推广重大疾病定义“择优理赔”方案。根据公司部署，福州中支梳理整理客户名单，印制“择优理赔”告知函等材料，推动营销员开展“择优理赔”告知的客户服务，公司客户的权益可通过特约的形式写入合同。

通过线上“智云保”“云柜面”“太慧赔”等平台为客户及时办理投保、保全、理赔等服务，提高线上服务的便捷性，年内“11智云保”线上投保出单件数10910件；云柜面”处理任务4359件，移动端保全作业累计227201件；“太慧赔”微信小程序等移动端自助申请理赔2061件。

组织开展2020年“金融知识普及月”活动，通过持续推动金融消费者教育和金融知识普及工作，提高社会公众防范风险和正确使用金融产品与服务的意识。活动期间，发布线上线下各类宣传资料17万份，企业微信号“营运服务在线”“金融知识普及月”发布原创消费风险提示或“以案说险”信息，在东南网、海峡金融网、福建之窗等主流网络媒体平台刊载公司的金融活动月信息。

（叶艳玲）

**【中国人寿保险股份有限公司福州分公司】** 2020年，中国人寿保险股份有限公司福州分公司实现股份总保费37.306亿元，比上年增长18.49%。长险首年期交保费9.658亿元，比上年增长37.35%；10年期及以上期交保费4.266亿元，增长42.36%；短期险保费2.333亿元，增长19.76%。公司核心业务指标同比增长超过总公司全国136家重点城市平均水平，首年期交、10年期及以上期交、长险首年标保、保障型产品保费分别提升15位、20位、15位、16位。公司经营绩效考核得分127.88分，列全省系统第一名，获得AAA评级；获评省公司“双文明”优胜奖第一名、综合金融保银互动开拓优胜奖；获总公司“对标改善奖”、综合金融“鑫鼎杯”之“创新区”奖、“短期险效益管控创新奖”。晋安区支公司理财一部获福州市“工人先锋号”称号。

改革创新　推进市场化机制改革，整合城区机构，出台《福州城区对标考核办法》，激发城区活力；将员工收入增长目标纳入公司发展目标，优化薪酬分配机制，聚焦价值渠道、生产单元、低职级人员，让员工最大程度共享发展成果；完善绩效评估机制，对标全市、对标全省、对标市场进行综合考量评定；完善公司选人用人标准，将考核排名与个人绩效等级积分作为干部提拔使用的主要依据。关注效益、定期评估投入产出效率，建立健全费用管控机制，发挥经营考核政策导向作用，调动基层公司聚焦发展重点。

战“疫”扶贫　开展“抗疫稳就业、央企募英才”主题活动，为社会提供近2500个就业岗位；为福建省和福州市援鄂医护人员赠送人均50万元保险保障，为福州五区五县所有参与抗疫一线机关事业单位医护人员及基层干部群众、党员等赠送人均40万元的保险保障。获总公司“守护安康优秀分公司”称号，下辖9个职场获总公司“守护安康优秀营业部”称号；完成总公司指定的湖北丹江口、郧西，广西天等、龙州4个定点扶贫点帮扶工作，采购金额120434元；帮扶闽清县下祝乡源溪村、池园镇丽山村，捐赠资金4万元以及彩电、会议桌椅、党建书籍等，采购困难家庭农副产品76064元，助力脱贫摘帽。

（姚颖）

**【中国太平洋财产保险福州中心支公司】** 2020年，中国太平洋财产保险股份有限公司福州中心支公司下辖仓山支公司、青口支公司、闽侯支公司和福州片区支公司4家四级机构，经营险种包括机动车辆保险、财产保险、责任保险、意外伤害保险以及船舶险等250多个主险和1600多个附加险。全年实现保费收入4.18亿元，综合赔率55.53%，综合成本率88.96%，缴纳税额4219.64万元（车船税2849.35万元）。

在2019年12月份推广车险个人客户电子保单的基础上，太平洋产险福州中支推进、改善电子保单覆盖率，实现客户微信询价、APP移动出单、手机保费支付、电子保单生成的电子化车险承保全流程。年末商业险电子保单覆盖率80.72%。

在原有“太好赔”服务基础上，推进“专享培”服务，提供“极速赔、自助赔、简便赔”服务，至年末，万元以下案均报案支付周期，非车险非意外险4天，意外险2.27天、健康险5天，理赔周期较2019年同期分别缩短8天、6.12天和4.13天。与福建宝汇汽车销售有限公司、福州市恒昌达汽车服务有限公司、福建新奇特车业服务有限公司等多家汽修企业展开合作，建立太好赔特约授权服务店。

至年末，太平洋产险福州中支联合公安交警部门建立4个“警保合作”交通安全劝导站，分别位于晋安区寿山乡岭头村、林阳村，闽侯县小箬乡、竹岐乡。劝导站由客户服务部派人与公安部门工作人员定期值守，履行交通安全劝导、道路隐患排查、保险事故快处快赔等工作职责。

（陈铮）

**【海峡金桥财产保险股份有限公司福建分公司】** 2020年，海峡金桥财产保险股份有限公司福建分公司合计保费12564万元。设立三农保险部，于11月获得农险二级承办资质。

服务民生　1月，海峡保险中标福州市鼓楼区“60岁以上老年人意外伤害保险”项目，确定以服务民生为导向的公益性项目的开展，保费收入140万元。9月，与鼓楼市场监管局对接服务试点，在鼓楼区试点承接老旧电梯更换改造项目的电梯安全综合保险，实现全省电梯安全综合保险首单落地签单。

服务基础工程　3月，首席承保福建莆田闽投海上风电有限公司莆田平海湾三期海上风电项目工程建工一切险，提供44.4亿元总额风险保障，保费收入690万元。4月，参与共保福建船舶工业集团权属企业年度统保业务，含企业财产一切险、机器损坏险、船舶建造险等，保费收入180万元。6月，首席承保福建中闽海上风电有限公司福建莆田平海湾50MW海上风电场的运营期保险，总保费收入340.56万元。6月，海峡保险作为主承保方，牵头续保中闽能源股份有限公司海上风电项目2019—2020年度财产一切险、机器损坏险及公众责任险业务，提供风险保障12亿元。11月，参与共保（联合体形式）福州市地铁滨海快线地铁工程一切险及第三者责任险项目，保费收入350万元。

（蒋芳菲）

## 证券期货业

**【概况】** 2020年，福州市有上市公司91家，其中境内上市公司48家，境外上市公司43家。有证券公司2家（兴业证券股份有限公司、华福证券股份有限公司），证券分公司39家，证券营业部138家；期货公司3家（兴证期货有限公司、福能期货股份有限公司、鑫鼎盛期货有限公司），期货营业部35家。

【上市公司】 2020年，福州市91家上市公司通过资本市场实现直接融资673.18亿元，其中首发融资32.78亿元；16家次上市公司通过发行公司债等方式实现债权融资218.3亿元；17家次上市公司通过发行短期融资券、证监会主管ABS、二级资本债券等方式融资422.1亿元。

【场外市场】 2020年，福州市有上市后备企业272家，15家进入实质上市程序，9家进入首发审核程序、6家在福建证监局上市辅导；有75家中小企业进入全国中小企业股份转让系统（“新三板”）挂牌交易，7家企业进入海峡股权交易中心挂牌交易。

【证券期货】 2020年，福州市有证券公司2家，证券分公司39家，证券营业部138家，占全省（不含厦门）总数的37.81%；手续费收入213476.16万元，占全省（不含厦门）总数的51.83%；利润总额98032.80万元，占全省（不含厦门）总数的52.50%。全市有期货公司3家，期货营业部35家，占全省（不含厦门）总数的51%；手续费收入5273.95万元，占全省（不含厦门）总数的49.36%。

【债券融资】 2020年，福州市有存续期企业债券12支，发行企业5家，累计发行额度82亿元，分别是福州市城乡建设发展总公司发行12亿元、福建省连江县国有资产投资运营有限公司发行10亿元、福州市长乐区国有资产营运公司发行10亿元、福州开发区国有资产营运有限公司发行10亿元、福州城市建设投资集团有限公司发行40亿元。

【基金业】 2020年，福州市（含平潭）在中国证券投资基金业协会登记的私募基金管理公司183家，私募基金934只，私募基金管理规模1591.03亿元。

（刘莉鑫）

【兴业证券股份有限公司】 2020年，兴业证券股份有限公司实现营业收入175.80亿元、利润总额61.56亿元、净利润45.84亿元，分别比上年增长23%、134%和139%，营业收入、利润总额和净利润均创历史新高。年内获上海证券交易所授予的“地方政府债券优秀承销商”“年度保荐承销服务奖”“年度信息披露工作‘A’类评价”；获中央国债登记结算有限责任公司授予的“地方债非银类杰出贡献奖”；获《新财富》评选最具影响力研究机构第六名、本土最佳研究团队第四名、港股及海外市场研究第一名、医药生物第一名、最佳销售服务团队第一名等奖项；获中国保险资产管理业协会IAMAC最受保险资产管理业欢迎分析师评选最受险资欢迎研究机构、最受中小险资欢迎研究机构第一名、卖方分析师水晶球奖海外研究第一名等研究类奖项；获中国证监会授予的国家级实体投教基地优秀评级；获中国证券业协会授予的第七届证券期货科学技术奖三等奖；获福建省金融监管局、人行福州中心支行、福建银保监局、福建证监局授予的“福建省年度金融创新项目”。

大投行业务 股权融资业务，完成主承销13单IPO项目和14单再融资项目，主承销金额195亿元，融资家数和融资金额行业排名分别跃升至第12位和第16位；分拆上市业务获得阶段性成果，厦钨新能成为福建首单、市场前五单的A拆A过会企业；中闽能源并购重组项目是福建首单、公司首例将定向可转债创新工具用于并购重组的项目。债券融资业务，完成主承销7单企业债、136单公司债，主承销金额754亿元，融资家数和融资金额行业排名第14位和第17位；完成主承销39只ABS产品，承销规模289亿元，行业排名提升至第17位；公司作为主承销机构协助福建企业融资规模排名首位，合计融资179亿；主承销发行5单疫情防控债券和2单疫情防控资产支持证券，承销总规模近40亿元，其中多只产品为市场首单；发展绿色债券业务，公司绿色债市场排名从37位提升至14位；获得银行间市场交易商协会非金融企业债务融资工具主承销商资格。中小微企业融资业务，年内新增精选层挂牌企业2家，行业排名第六位，融资金额达到2.6亿元；当年发行股票金额7.7亿元，行业排名第八位；持续督导企业家数213家，行业排名第九位。区域股权交易市场，公司参股经营的海峡股权交易中心加快推进区域性股权市场改革发展，托管业务方面积极落实银保监要求，完成全省120家非上市银行股权集中登记托管工作，上线福建省上市后备企业培育孵化基地系统，落地深圳交易所福建基地。

财富管理 证券经纪业务，公司股票基金交易总金额7.54万亿元，比上年增长48%；母公司实现代理买卖证券业务净收入（不含席位）12.99亿元，增长65%，行业排名第20位，较上年提升4位，成立行业首家家族财富办公室。金融产品销售业务，母公司实现净收入5.39亿元，比上年增长170%，排名持续稳定在行业前10位。融资融券业务，期末余额307.57亿元，较上年末增长84%，超出行业增幅近24个百分点，市场份额1.90%，创历史新高；实现融资融券利息收入15.41亿元，比上年增长45%，市场份额1.74%，较上年末增长7%。期货经纪业务，控股子公司兴证期货客户权益135.85亿元，比上年增长34%；客户日均权益达到123.29亿元，增长26%。券商资产管理业务，全资子公司兴证资管受托资产管理资本金总额575亿元。公募基金管理业务，控股子公司兴证全球基金资产管理总规模5316亿元，较年初增长40%，其中公募基金规模4548亿元，较年初增长48%。私募股权基金管理业务，全资子公司兴证资本管理基金规模65亿元。

机构服务 研究服务业务，公司研究实力和机构服务能力持续稳定在行业第一梯队，公司席位佣金收入的市场份额继续保持较高水平，获年度新财富最佳分析师、卖方水晶球分析师、中国证券业分析师金牛奖等权威评选中屡获佳绩，行业首家券商联合中证指数公司成功开发中证兴业证券ESG盈利100指数，并作为唯一一家金融机构获批福建省首批重点智库建设试点单位。资产托管与外包业务，公司存量备案私募证券投资基金产品4016只，较上年末增长69%，增幅在托管千只以上产品的券商中排名第一，托管外包业务总规模较年初翻番；年内新增私募证券投资基金备案数1626只，行业排名第四位；新增公募基金托管产品5只，新增发行规模24.48亿元。风险管理业务，控股子公司兴证期货旗下的全资子公司兴证风险管理开展风险管理相关业务，以基差交易业务为支柱，在农产品、能化、有色金属三大板块持续深耕，开展仓单服务、合作套保、场外衍生品业务、做市业务，落地行业首单防疫服期权和福建省首单口罩期权。

自营及海外投资业务　权益自营投资业务，投资收益率跑赢指数。固定收益自营投资业务，投资收益率显著增长，跑赢中债指数。另类投资业务，全资子公司兴证投资完成 11 个股权项目投资。海外业务，至年末控股子公司兴证国际港股托管市值在 30 家中资券商中排名第八位，股权融资额在中资券商中排名第 15 位，债权融资额在中资券商中排名第十位。

服务企业融资　通过加强总部建设、加大服务力度，推进与各地市战略合作协议落地，主办福建资本市场论坛，助力全省企业直接融资。通过股、债、结构融资等方式助力企业实现直接融资总规模近 1800 亿元，并创下多个福建省首单纪录，包括融资规模创全省科创企业之最的福昕软件、全省首批创业板注册制企业创识科技、全省首家新三板精选层企业龙竹科技以及全省首家 A 拆 A 过会企业厦钨新能等，蝉联福建省百强企业称号并获评福建省首批高端智库建设试点单位。

（杨贤奔）

**【华福证券有限责任公司】**　2020 年，华福证券有限责任公司经纪业务市场份额行业排名第 25 名，连续 7 年保持福建辖区第一；机构经纪获《证券时报》“2020 中国区机构证券经纪商君鼎奖”；小福牛 APP 获《证券时报》“2020 中国区证券经纪业务服务品牌君鼎奖”“2020 中国证券业成长性 APP 君鼎奖”“2020 中国证券业创意营销 APP 君鼎奖”。投资银行业务获第四届中国房地产资产证券化与 REITs 高峰论坛“年度最佳计划管理人”、《证券时报》“2020 中国区资产证券化融资团队君鼎奖”，在国家发改委发布的 2019 年度企业债券主承销商排名中，公司位列 A 类并进入行业前 15 强。华福国际和证券投资基金托管资格申请获批。位于福州市三坊七巷的国家级投教基地连续 3 年获“优秀”评级，成为由中国人民银行福州中心支行授予的福建省首家券商“金融教育示范基地”，获投保基金公司“投资者调查优秀证券公司”、首届证券基金文化建设“投资者教育团队君鼎奖”、上交所“投资者教育奖”等 50 多个奖项。全年累计缴纳各类税收 32.42 亿元。子公司兴银资本注册地为平潭县，所投项目中天合光能、天下秀、福光股份、福昕软件等上市。全年累计为福建省内 36 家企业提供债券融资服务，融资规模超过 920 亿元。所属福州分公司本部下设机构业务部和零售业务部等业务部门，负责统筹管理辖区 18 家证券营业部，并与福州投资银行部有效联动，为私人客户、机构客户、上市公司等各类群体提供专业的综合金融服务。全年实现营业收入 5.68 亿元，净利润 2.12 亿元。福州投资银行部为福州辖区企业融资提供债券承销、新三板持续督导、财务顾问等投资银行专业服务。年内为中国武夷实业股份有限公司、中国水利水电第十六工程局有限公司、福建省能源集团有限责任公司、兴业银行股份有限公司 4 家企业提供债券承销服务，发行债券 4 只，债券规模 322.5 亿元；为新三板挂牌公司福建高奇电子科技股份有限公司提供新三板持续督导服务；为融侨集团股份有限公司、福建省青山纸业股份有限公司、福建世茂瑞盈房地产开发有限公司、福建阳光集团有限公司、闽清县城市建设投资有限公司等企业提供融资财务顾问服务。

（雷良桃）

**【兴证期货有限公司】**　2020 年，兴证期货有限公司累计实现营业收入 3.88 亿元，净利润 1 亿元，比上年增长 17% 和 25%，行业排名 28 位和 23 位；净资产收益率 7.64%、收入净利率 25%，均较上年增长 1 个百分点；机构户创收近亿元，占经纪业务总收入比重约 60%。至年末，公司客户权益 136 亿元，比上年增长 34%，居行业第 15 位，全年金融期货成交额行业排名第八位、商品期货成交额行业排名第十位、股票期权代理成交量行业第五位。福建区域交易量排名第一，以大产业为目标客群，开发象屿集团、天马科技、祥鑫股份、金纶高纤等大中型企业，年内成交量市场区域（不含厦门）份额位居第一，占比约 16%，比第二名高出 4 个百分点。执行集团资金业务使用授权书和业务授权表，推进投资业务评审机制建设，完善公司合规风控内生体制建设。推进反洗钱工作，落实与宣导集团“反洗钱攻坚年”活动，制定反洗钱推进方案；完善反洗钱内控制度体系建设，强化客户身份识别工作，开展客户风险等级划分工作，开展业务洗钱风险评估。

（王颖玲）

（编辑　周弭姣）

# 信 息 业

## 电子信息产业

【概况】　2020年，福州计算机、通信和其他电子设备制造业规模以上工业增加值比上年增长6.4%。规模以上软件和信息技术服务业主营业务收入比上年增长17.1%，高于全市规模以上服务业4.3个百分点。全市电子信息产业规模持续扩大，产品结构逐步优化，创新能力显著提高，形成以京东方、捷联电子等企业为代表的新型显示产业；以星网锐捷、新大陆等企业为代表的通信及网络终端产业；以高意集团、福光股份等企业为代表的光电产业。电子信息制造业主要分布在福清融侨经济技术开发区等产业园区，是国家认定的电子信息（显示器）国家新型工业化产业示范基地、国家平板显示高新技术产业化基地。全市有星网锐捷、新大陆、福光股份、捷联电子等4家国家技术创新示范企业，福光股份是首批科创板上市企业，POS机、瘦客户机等产品出货量连续多年排名国内第一。

【两化融合】　2020年，福州市109个项目列入省级两化融合重点项目，覆盖电子、纺织、汽车、机械、建材等多个行业，总投资94.7亿元。长乐恒申合纤科技有限公司的基于WMS系统下的智能化物流仓储信息管理能力项目被工信部列入为两化融合管理体系贯标示范项目；52家企业通过两化融合管理体系评定，信息技术在研发、生产、营销、管理等领域的集成应用不断扩大，推动生产过程智能化、生产装备数字化、经营管理网络化。

【平板显示产业】　2020年，福州市平板显示产业重点依托融侨经济技术开发区，发展集上游材料、中游面板模组、下游终端应用产品于一体的全产业链条，其中捷联电子、福州京东方两家企业超百亿元。捷联电子推动传统液晶显示器向超高清升级发展，研发生产多款超高清显示器。福州京东方建成全球首条超大尺寸自动化生产线，生产超清、超大尺寸产品，可应用于教育、远程会议系统、超大显示领域。

【光电产业】　2020年，福州市光电产业重点依托福兴经济技术开发区、福州经济技术开发区、福州高新区等园区，发展特色鲜明、颇具优势的光电产品。高意公司的光通讯光网络应用器件扩产项目投产，生产的5G光通信光传输器件和核心模块极具竞争力。腾景科技的光电子关键与核心元器件和模块建设项目试产，在玻璃非球面透镜、先进光学镀膜和精密组装上具有技术优势。兆元光电的主导产品LED外延片及LED芯片，逐渐占领细分市场，成为国内第五大LED芯片供应商。

【通信及网络终端产业】　2020年，福州市通信及网络终端产业拥有较强自主创新能力、较强核心竞争力，其中星网锐捷、新大陆等多款产品在细分市场占有率排名前列。星网锐捷子公司升腾资讯的瘦客户机出货量排名亚太区第一，桌面云方案在中国桌面云（端到端）整体解决方案市场排名国内第一。新大陆在电子支付领域、信息感知识别领域的产品排名国内前列。

【软件产业】　2020年，福州市印发《关于培育软件业龙头企业工作方案及政策措施》，从规模提升、创新发展、融合应用和生态培育等方面推动软件产业高质量发展。网龙、新大陆、达华智能分别以第38位、第39位、第90位入选全国2020年度软件和信息技术服务竞争力百强，网龙、新中冠分别以第68位、第74位入选2020年中国互联网综合实力前百家企业。在全国率先开展疫情防控软件产品参考目录公开征集，4批433项抗“疫”软件产品助力疫情数字化管控。挖掘产业新增长点，引进华为等龙头企业，启动鲲鹏生态创新中心建设，培育本地信息技术创新应用生态。强化重点领域发展，长威科技牵头联合北京曙光、航天泰坦等7家企业共同申报“2020年工信部协同攻关和体验推广中心”项目落地福州软件园。海峡星云制造的首台安装有华为鲲鹏芯片的电脑整机完成交付，实现国产整机制造省内率先突破。北卡科技、南威软件等47家企业入选2020年度福建省数字经济领域“独角兽”、未来“独角兽”、“瞪羚”创新企业名单。福州软件园入选国家第三批双创示范基

2020年5月11日，位于福州市高新区的福建省海峡星云智能制造基地一期工程竣工，并交付首台整机，标志着福建省首个国产芯片整机生产基地正式投产。图为海峡星云智能制造生产线 （张人峰 摄）

地，同时蝉联“中国最具活力软件园”。

**【物联网产业】** 2020年，福州市利用5G和NB-IoT等发展机遇，以马尾区为核心发展物联网产业。测试认证方面，物联网开放实验室通过CNAS、CMA等相关认证的扩项审核，服务范围扩展至5G通信测试领域，测试能力得到进一步提升。实验室配合国网福建省电力有限公司龙岩供电公司、国网信产集团信通研究院及亿力科技公司完成福建省首个5G行业专网生产控制大区和管理信息大区下五大业务场景的功能、性能及安全防护等测试验证。载体建设方面，推动福州物联网产业创新发展中心招商工作，福光股份、福来德航空、东泽医疗、科盟电子、中电合创、创高安防等物联网企业以及华为云创中心、福建省互联网信息交流协会、工业互联网信息安全研究院等机构入驻。技术培训方面，物联网开放实验室举办物联网专项职业技能、物联网行业认知等相关讲座、培训43场次，培训3441人次。

**【公共服务能力】** 2020年，福州市推动清华—福州数据技术研究院、中国教育大数据应用研究院、福州物联网开放实验室、华为云服务平台、北京软交所福州分中心、知创福建等一系列公共服务平台落地，帮助企业解决知识产权、人才、采购等问题，以优化产业发展环境。福州物联网开放实验室作为物联网产业公共服务平台，开展标准制定与推行、测试认证、培训与孵化等服务，完成31项物联网相关标准发布，推进32项标准的拟订、立项在编，申请专利40项，孵化企业47家，成为国家发改委等联合发起的首批“国家数字化转型伙伴行动”倡议单位，获批“福建省新型研发机构”和“福建省智能网联商用车（信息科学）重点实验室”。

**【工业互联网】** 2020年，福州市新增阿古电务Agorae工业互联网平台、中国移动福建公司基于边缘计算5G工业互联网开放平台、智恒科技智慧水生态云控平台等3个省级工业互联网示范平台，雪人股份、星网锐捷、星云电子等19家省级工业互联网应用标杆企业，73个工业互联网重点项目列入省级“互联网+先进制造业”重点项目。年内，全市“上云上平台”工业企业突破2000家。

（卓鹏 林圣杰 林仁平 姜小凯）

## 通信业

**【中国电信福州分公司】** 2020年，中国电信福州分公司完成业务收入31.85亿元，其中固网业务收入累计完成15.99亿元，移动业务主营收入累计完成15.86亿元。重点业务用户规模持续增长，其中天翼用户年度净增2.45万户，总数260.18万户，宽带用户总数201.65万户。ITV用户年度净增-2.95万户，总数115.64万户。年内完成疫情防控保障、青年企业家会议、第十二届海峡论坛海峡两岸古建筑交流研讨会、第三届中国粮食交易大会、全国通信专业技术人员职业水平考试、世界城市日中国主场、第六届海上丝绸之路国际旅游节、“海交会”“榕博汇”、2020年高级人才交易会、第十八届海创会、第二届商博会、国家统一法律职业资格考试、第三届数字中国建设峰会、2020福州国际马拉松等多场通信保障工作。年内获“第六届全国文明单位”文明称号。

通信业务 在2016年实现“村村通4G”、建成“全光城市”的基础上，打造电信“三千兆”（千兆5G+千兆光宽+千兆Wi-Fi）。全市电信宽带用户平均接入速率190M，居全省第二、全国领先。落实推进携号转网服务、提速降费、防范打击通信信息诈骗工作要求及实名制等相关工作，营造健康安全的行业环境。年内，固话、移动、宽带、ITV用户规模分别达到129万、260万、202万、116万户。电信手机流量平均资费较2018年末下降26%，用户户均流量提升18.9%；家庭宽带平均资费降幅29.4%，中小企业宽带平均资费降幅30.18%，宽带平均速率比上年提升41%。

网络业务 打造端到端大带宽光宽承载网，实现城区、乡镇99.7%光覆盖，行政村光改100%；全年净增FTTH端口超7.8万个，累计光端口255.8万个；布局城市千兆接入网络，全区具备10GEPON接入能力；城域网出口带宽能力扩容至4.8T，提升高带宽业务保障能力。无线网络方面，推进5G网络建设，新增2766个5G基站，基本完成主城区和各县域的室外连续覆盖，实现会展中心、部分三甲医院、长乐机场、火车站、地铁和旗舰营业厅等口碑区域热点覆盖；统筹4G LTE频率资源，充分利用盘活存量资源，基于大数据分析精准投放资源，年内全市新增4G站点222个，扩频1889个载扇，实现与竞争对手可比的覆盖质量水平。优化云资源布局，推进集约发展，中国电信福建东南信息园一期工程完工，完成A1号数据中心、A2号数据中心和B2号动力中心的建筑总体施工并通过验收，A1号数据中心1337个机柜上线投产。

信息化建设　落实“互联网+”行动，对接福州市重大项目建设，开展重点项目信息化服务支撑响应，围绕平安福州、智慧经济、智慧民生三大领域提供信息化应用，助力“数字福州”建设。智慧党政方面，结合大数据分析、人工智能、能力开放、统一认证等技术，聚焦服务能力融合和服务流程扩站，扩大民生、企业服务的应用范围和范畴，提升政府主动服务意识，助力公共治理及科学决策重点聚焦IDC机房服务、平台运维服务、灾备服务等拓展，挖掘第二朵政务云。加快政务行业信息化平台级应用推广，加快智慧党校、智慧停车、智慧农业、应急管理及综合执法平台类项目拓展。智慧企业方面，提供专业化的解决方案，建立以园区管理、运营平台为基础，以产业服务平台为核心，以大数据运营平台为支撑的智慧园区。有效服务传统企业，培育新动能，打造良性循环的数字化生态。通过数字化改造，推进园区企业平台上云，加快园区5G部署，打造园区“5G+MEC”项目落地。以园区数字化改造带动各类产业平台整合提升，变革传统生产方式、组织方式、管理方式，支撑驱动传统产业数字化转型，推进高意科技、罗源宝钢等龙头企业“5G+MEC”项目建设。智慧医疗方面，开展重要涉疫单位的保障工作，重点保障防控单位、主管机构、省市属大型三甲医院、疫情定点医院的医疗信息化建设，构建全省专家视频会诊绿色长城。重点开展医改、扶贫、后疫情时代信息化改造等工作，完成医保到基层（村所）部署，抢抓数字平台新机遇、新基建，融合5G+医疗云网优势，以方便群众就医、优化医疗机构服务流程，提升全市居民健康管理水平，重点拓展健康服务新空间。智慧教育方面，全市有1000多所中小学接入电信教育网络，覆盖率超过79%，实现中小学班均10M宽带。在此基础上搭建教育云平台，为学校提供智慧管理运营平台、智慧安防、智慧教学、智慧物联、云端高校、人工智能、产学研等产品，提供校园的顶层设计、应用融合、数据互联互通、稳健运维等应用，构建良性发展的生态化智慧校园。智慧小区方面，综合运用物联网NB-IoT、云计算、大数据等技术，以中国电信综治网格平台为基础，综合NB智能水表、智能井盖、智能停车、智能门禁、智能消防、智能烟感、智能路灯、智能梯控等27项物联网应用，实现在军门社区、滨海新城、中央党校等逾100个智慧小区、智慧园区、智慧景区、智慧党校等多场景的拓展。

2020年10月10日，中国电信福州分公司、福州地铁集团与中兴通讯签署5G智慧地铁战略合作框架协议　（中国电信福州分公司　供）

客户服务　构建横向到边、纵向到底的“客户说了算”的服务评价考核体系，公众客户满意度行业领先；工信部申诉管控在2019年压降40.9%的基础上，比上年再压降22.8%；创新服务，在全省率先启动10000号远程柜台服务。聚焦重点业务，开展“移动网络质量投诉压降攻坚战”，提升个人客户的服务感知；组织“装维服务提升攻坚”，多举措提升智家、宽带业务客户满意度；开展“用户接触不及时、催装催修不重视、工单处理不规范”等突出问题的整改。聚焦触点服务短板，优化客户感知，强化业务办理时关键事项主动告知提醒工作，开展实体渠道新增订单和投诉订单圈示落实情况的抽查通报并落实考核；推广居家客服的服务模式，探索“10000号”数字赋能与服务创新，强化“10000号”内部营销活动组织，提升商机获取能力、业务销售能力及价值经营能力，变话务流为业务流；加强全区的服务体验和稽查工作，组织相关部门、单位完成客户体验及服务稽查报告30篇，累计解决体验稽查中发现的影响客户感知问题96个，获得一等奖3篇、二等奖3篇、三等奖5篇；开展新冠肺炎疫情等公共突发事件、重大活动的服务保障工作，牵头组织落实第三届数字中国数字建设峰会期间服务保障工作，确保峰会前后服务平稳、客户感知好，完成服务保障各项任务。强化服务意识，推进行风纠风工作及主题教育传播活动，在全区组织“我为客户解难题”“全员服务大体验”“满意服务，十分信赖”服务主题传播等活动，其中《创新媒体服务，解客户燃眉之急》《城市大脑　智慧停车系统》分别获福建电信“我为客户解难题”优秀服务项目一等奖、三等奖；客户服务与质量监督部牵头开展“两深入两服务　全员服务在行动”教育传播活动，全年各部门、单位召开服务专题党课65场次，参加人员1410人次；管理人员倾听客户声音和跟班383次，参加人员432人次，本地解决问题164个；组织召开一线教育培训335场次，参加人员8579人次；组织召开主题班部会293场次，参加人员4296人次；福州“10000号”袁方欢和福清分公司龙田支局长吴乐乐被省公司推荐参加集团优秀服务事迹云事迹宣讲。

2020 年 1 月 10 日，中国移动福州分公司在福州市“110 宣传日”嘉年华活动中展示 5G 智能警用机器人　　（中国移动福州分公司　供）

（陈丹彤）

**【中国移动福州分公司】** 2020 年，中国移动福建公司福州分公司完成通信服务收入 51.09 亿元（含平潭，下同），缴纳各类税款 1.72 亿元。继续保持“全国文明单位”、福州市“平安单位”称号，获鼓楼区 20 年功勋企业、脱贫攻坚爱心企业等荣誉。

疫情防控　发送疫情防控短信 8232 万条，支撑各级政府云视讯会议 85 场，涉及会场 282 个。提前完成福清“小福山”、闽侯协和医院等医疗点的 4/5G 网络覆盖，保障关键区域网络质量。采用专线+无线 CPE 相结合的方式开通 129 个“E 福州”自助终端，树立运营商抗击疫情的标杆榜样。支撑福州百场复工大会，实现 5G 技术首次在政企领域快速大批量部署，助力企业复工复产。向 12 万中小学生提供“云课堂”免费服务，支持“停课不停学”。为 50 多家医疗机构提供热成像体温筛查系统、疫情查询服务系统等信息化服务。

网络建设　投资 10 亿元在长乐滨海新城建设中国移动（福建福州）数据中心，是福建规模最大、最完善的“新基建”项目，也是中国东南区域单体最大的数据中心，推动 5G、物联网、人工智能、云计算、区块链等新技术发展。全年建成 5G 站点超 3000 个，实现 5G 网络主城区及县城城关以上区域连续覆盖。推动宽带扁平化组网，累计完成超 1000 个小区千兆升级，有线网络品质明显改善。联合福州公安打造基于 5G 专网场景下 AR 立体安防体系，保障数字峰会、110 宣传日、2020 年高考安防等重大活动。

市场拓展　聚焦“平安计划”“家庭医疗”“在线教育”等场景，完善家庭生态体系。依托自有“移动看家”安防视频平台，累计打造 900 余个平安乡村，为近 3 万户村民家庭安装监控设备，推动实现共建共享共治、联防联控的目标。与社区卫生院合作，在晋安新店镇和寿山乡卫生院试点建设家庭视频诊所，向出门不方便的老人和残疾人提供基础会诊服务。整合本地优质教育资源，推广“5G+在线教育”新模式，形成以学校为单位的专属教育机顶盒，覆盖学生 2 万人，实现优质教育资源的共享。

政企转型　结合疫情防控、平安三率、文明创城等社会民生热点，助力“数字福州”建设。全年发展 5G 融创项目 30 个，其中附一智慧医院、宝钢智慧钢铁 2 个项目获国家发改委新基建项目基金支持。打造“星网锐捷百川智慧园区”和“鼓楼中山街道智慧街区”两大智慧园区样板，协助推进台江区老旧社区改造、马尾区智慧街区、福清一中智慧校园等项目落地，与国网电力、福清核电、福耀玻璃等龙头客户建立战略合作关系，打造“5G+工业互联网”标杆，促进互联网+制造产业升级。

客户服务　推进省心、舒心、安心的服务“三心”工程，如期完成工信部三项行风纠风指标。落实国资委“提速降费”和“携号转网”等相关工作要求，累计为近 8 万客户提供携号转网服务，专线平均资费降低 35%，企业宽带平均资费降低 13.5%。对客户关注的问题进行梳理和归因，在省内率先开展用户侧光猫离线监控，持续提高网络质量及产品服务，客户综合满意度较年初改善 3.55 个百分点，实现语音和上网质量双领先。

（叶晨昱）

**【中国联通福州分公司】** 2020 年，中国联通福州分公司实现主营收入 20.1 亿元，纳税 1811 万元。完成疫情专项应急保障、“数字中国”峰会、国际马拉松等重大活动网络保障。应对新冠疫情，第一时间组建大数据支撑保障队伍，最早、最准确、最全面地为各级地方政府、医疗、交通系统提供通信服务保障、大数据分析及产品支撑，保障社会各界的疫情防控和复工复产工作。成立以总经理挂帅的扶贫工作专项小组，开展贫困户定点帮扶，推动实施乡村振兴战略号召，主动提供“三下乡”惠农服务，并针对永泰、罗源等贫困县及 200 个贫困村，推出大力度扶贫套餐，资费扶贫惠及贫困户超千户；推进消费扶贫，组织开展单位定购和员工选购，超额完成上级单位下达的消费扶贫任务。基于集团总部鹰眼系统和省级净网系统两级大数据监控平台，通过不断优化系统模型，针对漫游高危地区、诈骗话务特征的号码加大检出和处置关停力度，通过数据分析向公安机关推送诈骗线索。加强源头治理和业务规范，以及用户实名制管理，针对特殊群体入网加强核查、监控，及时发现、应及时堵塞漏洞，防范风险。年内获评 2020 年度省级先进单位。

网络建设　按照电信联通双方集团总部 5G 网络共建共享的要求，合力共建 5G 网络，实现市区、县城及热点区域的 5G 覆盖，5G 人口覆盖率达 60%。开展 5G 创新技术研究，结合 AI 及大数据技术，加快网络数字化转型，为后续5G场景化、规模化运用打基础。同时在传统4G网络方面加快共建共享探索，扩大共建共享成效，全年建设5G基站2932个，开通4G共享小区2903个。加强4G网络深度覆盖及农村区域的广度覆盖，新增130个4G站点，4G农村人口覆盖率95.5%。加快解决网络痛点，提升客户感知，新增NPS建设站点103个。推进全光网络建设，提升宽带网络质量，通过国标建设、提速质改、上联出口升级等一系列举措，提升宽带网络服务，宽带网络城区住宅覆盖率80%，FTTH端口占全区端口比例达78%。推进宽带提速工程，在全区逐步部署万兆OLT设备，打造6个千兆光网的示范小区，为联通宽带用户提供高速、稳定的宽带网络接入；加快LAN用户的转网进度，以实现光纤网络的更快速的网络速度和更加丰富多彩的宽带应用。

2020年，中国联通福州分公司探索5G行业应用，助力“智慧城市”建设。图为5G网联无人机系统自动巡河　（中国联通福州分公司　供）

市场营销　根据国家提速降费要求，优化号卡资费内容，推广大流量产品，降低流量平均单价；推进产品互联网化，坚持收敛在售产品种类，大幅度提升套餐流量内涵，降低流量资费，用户最低流量资费低至3元/GB；释放资源权益，加大对超级权益、超级会员的推广，以权益+通讯资源综合填充的方式满足全网用户通讯外服务需求。落实工信部、省通信管理局对于携号转网服务的要求，遵循“方便用户、公平公正、诚实守信、协同配合”的原则，严格执行国九条和行业五禁止，为用户携号转网提供规范服务，落实相关政策落地保障工作。建立快速响应机制，从用户的角度出发，优化内部流程，对于携号限制解除有争议的用户开通绿色通路，对于业务受理中确实存在问题的，主动为用户办理解限工作。围绕“三到位”（拓展到位、赋能到位、运营到位）开展工作，拓展异业触点合作，完善服务通路，在农村、社区等场景建设微生态圈，新增异业服务网点800个。智能家居由单品向全场景转化，产品政策由单终端、单应用向多终端、多应用组合转型。

信息化服务　抓住产业数字化转型机遇，聚焦云计算、大数据等重点创新业务，以5G为引领，联合重点行业头部客户打造典型5G应用场景，加快孵化5G行业创新应用，促进5G行业生态繁荣，助力“数字福州”建设。加快重构云网一体新能力，做强具备“算力、数力、智力、盾力”能力的云网一体云平台，骨干云池及行业云池算力达到1.3万核vCPU，11个MEC节点具备业务接入能力，算力达到6138核vCPU。以创新引领，探索5G行业应用，以信息化驱动现代化，助力“数字福州”“数字经济”建设，取得初步成效。在医疗行业领域，与北京协和医院、四川华西医院联合开展基于5G的线上肠胃镜早癌筛查手术示教；与多家三甲医院开展远程医疗图像、远程B超、多学科远程会诊等方向的5G应用建设。在工业互联网领域，与江阴港口签署ADAS主动安全产品，推进无人理货等应用；与捷联电子、瑞华印制版等离散工业企业通过TOC排单优化提升效率、降低结存，推动工业企业数字化工厂建设。在智慧城市领域，通过整合无人机硬件、图斑比对算法和平台软件开发，推动无人机在城市孪生、两违执法上的应用；开发业委会投票系统，为老旧小区改造提供民意参考。推进电子政务，助力政府提高信息化水平，推进“互联网+政务服务”建设。为长乐区政法委建设矛盾纠纷多元化解平台，提升基层社会治理体系与治理能力的现代化水平。整合服务企业信息资源，推动企业服务平台项目建设，实现创新服务的“一站式”、企业资源管理科学化、创新服务智能化。围绕企业生产管理关键环节，运用工业互联网新技术、新模式，推动降本提质增效。推动产业数字化融合发展，以数字技术助力新业态，推进服务业转型升级。为罗源县政府打造“福建罗源县产融SaaS平台”，解决罗源台商投资区及罗源湾开发区企业存在的融资门槛高、贷款办理周期长、风控难度大、成本高等痛点。

通信保障　从应急制度修订、保障机制优化、响应能力增强3方面入手，修订《中国联通福州市分公司通信保障应急预案》，形成基于应急保障工作的备战、临站、实战、决战四阶段的体系步骤，总结一本台账对任务、一份清单对责任、一个机制抓协同、一套指令作指挥的“四个一”全流程保障管理方案。年内完成数字中国建设峰会、福州东南大数据产业园研发中心项目开工保障、中国·福州国际汽车展览会保障、海峡青年（福州）云上峰会活动保障、福厦泉5G网络正式建成发布会保障、首届闽台人才协作论坛活动保障、中国航天大会保障、世界城市日（福州）活动保障、第六届海上丝绸之路国际旅游节、2020年福州马拉松等重大活动网络保障。数字中国建设峰会保障期间，福州联通在明确备战、临站、实战、决战四阶段任务责任清单，层层落实分解一级、二级任务，投入保障人员258人，保障车辆25部，累计出动保障人次1900余次，通过决战阶段 7×24 小时不间断的保障值守，完成保障任务。

客户服务　聚焦影响客户感知的重点问题，推动前后端业务流程再梳理再优化，提升客户感知，工信部满意度测评行业领先。年内做客福州新闻广播“政风行风热线”直播间 2 次，围绕疫情防控、提速降费、5G 行业应用进展、数字峰会保障等群众关心的热点问题，与听众沟通交流。在第三届数字中国建设峰会期间，福州联通分别在会场展馆指挥中心、会场展馆服务区、“10010”热线、重点区域营业厅设立峰会专席，开放“双热线、一区、一厅、一中心”四大服务通路，并完成 1000 册《数字中国建设峰会中国联通客户服务手册》布放。峰会期间，福州联通服务保障现场受理 203 通服务电话，解决率 100%，零密集、零舆情、无负面报道。

（吴卫航）

## 政府信息化建设

【概况】　2020 年，“数字福州”项目表内项目 262 个，项目总投资概算 36.34 亿元，其中在建项目 106 个，计划新开工项目 50 个，前期（筹备）建设项目 106 个。年内完成可研报告 66 项、标书 40 项、变更 6 项、验收 38 项。组织“数字福州”专家评审组织评审 66 个项目，资金总概算由 10.34 亿元核减为 7.72 亿元，节省财政资金 2.61 亿元，资金节约率 25.3%。启动滨海新城综合医院智慧医院项目等 66 个项目，建成福州市抓项目促发展信息管理系统等项目 38 个。数字经济规模超 4500 亿元，增速超 28%；政务数据共享开放利用水平全国领先；连续 5 年获评“中国领军智慧城市奖”。

【信息化制度建设】　2020 年，福州市编制《2020 年数字福州工作要点》，从数字中国建设峰会筹办、优化升级基础设施、推进数字政府建设、加快数字经济发展、强化实施保障等方面入手，明确重点工作任务，量化可考核目标。编制《福州市推进新型基础设施建设行动方案（2020—2022）》，全面布局福州未来三年的新基建建设。编制《福州市政务数据开放 2020 年度工作计划》，促进公共数据与行业数据的融合应用。修订《政府投资的信息化项目管理暂行办法》，从项目规划、申报与审批、资金管理、招标与建设、项目验收、监督与绩效评价七大方面进行细化、完善。出台《福建鲲鹏本地适配认证中心专项资金管理办法》，推进政府信息化系统向鲲鹏技术路线转化。

【政务信息化基础设施】　政务网络体系　2020 年，福州市提升政务网络体系，推进智网扩容工程建设，智网 A 平面主要承载政务外网与福州市政务云平台业务，完成 280 个业务系统接入，324 家市直单位和 2549 家区县单位的网络接入，并完成 5427 个 VPN 用户、1535 个多网隔离用户接入工作；B 平面承载公安视频专网业务，接入公安共享平台，并完成 11 万多路公安视频监控的接入；互联网接入区完成公益 Wi-Fi 接入；专网对接方面完成市不动产、人社局、生态环境局等 6 家单位，其中生态环境局完成 14 家单位的专网与智网对接工作。

政务云平台　政务云平台为 83 家应用单位 224 个应用系统开通 2982 台虚机。云平台承载市综合协同办公系统（市直 OA 系统）、市网上审批系统、市行政处罚系统、市政府采购网、市惠民资金网、中国福州空间地理基础数据库、市人口库项目、“中国福州”门户网站群、市数字城管业务系统、市电子证照管理系统、市民融合服务平台、市 12345 便民平台、“e 福州（福州通）”系统等“数字福州”信息化重点应用。

城市大数据平台　6 月，福州市大数据平台（一期）项目启动建设，建设内容包括 4 个子平台、3 个保障体系、1 个数据资源中心和 1 个平台门户，12 月通过初验，进入试运行阶段。年末大数据平台通过对接福州市政务数据汇聚共享平台，上架政务信息资源目录 941 条，涉及人社、医保、气象、生态、商务、市场监管、教育、行政服务中心等 49 家市级委办局单位的 89 个业务系统，数据总量 19.9 亿条；通过对接福州市电子政务容灾备份公共平台，迁移历史沉淀数据表 875 张，数据总量 45.38 亿条。

【政务信息化应用】　“e 福州”平台　2020 年，“e 福州”平台累计注册用户突破 880 万，日均活跃用户超过 40 万，用户使用服务超 4.8 亿次，深化市民高频应用的交通出行、网上办事、文化教育、医疗卫生、住房保障、民生服务等九大领域应用场景。疫情期间，开发上线“e 防控”小程序助力精准摸排和动态管控，采用“e 福州 APP 预约+朴朴免费配送”模式，累计发放 26 批次超过 933 万个口罩，并根据疫情防控阶段性特点，开通清明祭扫预约、公园入口预约和核酸检测预约等服务。年末启动“e 福州”社会化运营。

信用体系建设　信用信息公共服务平台归集信用数据 12.59 亿条，居全省首位。在全国率先开发战“疫”征信贷产品，累计发放贷款金额近 32 亿元，帮助小微企业、商户渡过难关。创新开展医保信用分级分类监管工作。“茉莉分”覆盖 18 周岁以上常住户籍人口，基于“茉莉分”构建 13 个“信易+”应用场景，覆盖出行、旅游、审批、就医等多个民生方面，增强市民的守信获得感。为全市 7000 余名抗疫英雄茉莉分加分。

时空平台和基础数据库建设　福州市时空信息公共服务平台项目为城市规划、综合治理、数字城管、生态环保、绿化养护、危房排查和水系联排联调等 34 个委办局 58 个行业系统提供图层服务，为 188 家综治中心及 37 家委办局提供视频分发服务。2 月，启动福州市时空信息公共服务平台（二期）项目（福州市 CIM 基础平台），平台将创新应用 3D GIS、物联网、云计算和大数据等技术为基础，汇聚时空基础数据、资源调查与登记数据、规划管控数据、工程建设项目数据、公共专题数据和物联网感知数据六大类 138 小类数据，建成后将向全市提供统一的空间基准（地图+地址+网格）服务、二三维引擎服务和视频资源分发等服务。

电子证照生成和应用　完成福州市电子证照系统数据归集管理。全市完成登记证照目录的市直部门 60 家、区县部门 375 家，登记证照及批文类别 5900 类，实现纸质证照生成，电子证照累计总量 2511 万多份，累计提供应用服务

580 万余次。

政府网站群建设　推动全市政府网站集约化建设，依托市政府网站群，整合县（市）区及市直各部门网站。全市55 家市直单位网站和所有 12 个县（市）区政府网站均依托市政府网站建设子网站，建成高聚合度、覆盖市、县（市）区、乡镇（街道）的政府网站群，并全部支持 IPV6 访问。所有市直单位政务服务事项归集至省网上办事大厅，在市政府网站上设置政务服务频道，按照服务对象、实施主体、服务主题等分类链接至省网上办事大厅相关栏目，为公众提供便捷的服务入口与分类服务。全市有服务项目 26240 个，其中市本级 2374 项，县市区 19990 项、高新区 1530 项、福州自贸区 2346 项。

政务新媒体　全市有政务新媒体 399 个，其中微信公众号 293 个，新浪微博 58 个，移动客户端 5 个，今日头条 16 个，抖音短视频 15 个，其他平台 12 个。“@福州发布”政务微博年内发布信息 5383 条，获网友转发、评论、点赞 7.08 万次，粉丝数 90.4 万人，总阅读数 7263.85 万人次。人民网和新浪微博联合发布的《人民网·政务指数微博影响力报告》中，“@福州发布”连续 4 个季度居福建十大党政新闻发布微博第一位。

**【政务信息安全】**　2020 年，福州市通过智网网络运维体系建设、政务云平台风险评估、政务云平台安全基线设计、政务云平台虚拟化安全模板构建、政务云计算平台巡检、政务云平台安全措施有效性验证、政务云平台季度安全整改加固、政务云平台上线安全评估及应用系统渗透测试、代码走查、服务器入侵清查、攻防实战演练等工作，保障云平台业务系统、智网网络等政务信息系统的整体安全稳定，保障第三届数字中国建设峰会等各类重要活动的信息安全。

**【政务信息化重大成果】**　2020 年，福州市在 2020 年度亚太智慧城市评选中获“中国领军智慧城市”奖，连续第 5 年获评该奖项。据清华大学数据治理研究中心发布的《2020 数字政府发展指数报告》，福州数字政府发展排名居省会城市第 4 位。在“2020 中欧绿色智慧城市峰会”上，福州市构建的全面、高效、精准的信息化疫情防控体系——“e 防控”平台，获城市治理类“2020 数字化抗疫优秀案例”奖。

**【第三届数字中国建设峰会】**　2020 年 10 月 12—14 日，第三届数字中国建设峰会在福州市举行。峰会由“一会一展一赛”以及“有福之州　对话未来”等系列活动构成。习近平总书记向峰会发贺信。峰会吸引国家有关部委、各省（市、区）、两院院士嘉宾 500 余人，主论坛、分论坛及各类对话活动参加人数超 8000 人次，80 多项新技术、新产品、新服务亮相，首展率超过 50%。峰会签约数字经济项目 426 个，总投资 3316 亿元，其中福州新签约数字经济项目 156 个，总投资 1162.6 亿元，签约项目数和投资总额居全省第一。为期 5 天的数字中国成果展接待参观群众 16.2 万人次。首次设立“云上峰会”平台吸引观众超 230 万人次。2020 数字中国创新大赛，吸引来自全球 16 个国家和地区的 9512 支队伍、2.6 万人参赛。

（蔡煜炜）

（编辑　周玥姣）

2020 年 10 月 12—14 日，第三届数字中国建设峰会在福州市举行。图为数字中国建设成果展览会中展示的数字福州·城市大脑数字应用驾驶舱大屏

（陈暖　摄）

# 旅 游 业

## 综 述

【概况】 2020年，福州市旅游接待总人数6736.81万人次，为上年的69.78%，人数规模和人数增量均居全省第一；旅游总收入921.8亿元，规模居全省第二，为上年的63.55%。全市有国家A级旅游景区53个，其中国家AAAAA级旅游景区1个，国家AAAA级旅游景区14个，国家AAA级旅游景区30个，国家AA级旅游景区8个。

年内福州市入选第一批国家文化和旅游消费试点城市名单；鼓楼、晋安、连江3个县（市）区创建省级全域生态旅游示范区；罗源县霍口畲族乡福湖村等3个单位被评为全国乡村旅游重点村；永泰嵩口镇大喜村等6个单位被评为2020年福建金牌旅游村；福清一都镇等2个单位被评为2020年福建全域生态旅游小镇；永泰县嵩口镇综合文化站等3个单位入选国家级文旅功能融合试点；闽侯县图书馆等2个单位入选省级文旅功能融合试点，数量居全省首位；全年创建省级三星级休闲集镇及旅游村6个、省级旅游特色村13个，年内启动创建福州市第二批10个乡村旅游精品示范村。基本实现AAAA级以上及大部分温泉景区旅游直通车、旅游交通指示牌全覆盖。

【景区管理】 2020年，福州市推进福州西湖、屏山公园（镇海楼）、罗汉里红色旅游景区、永阳文化中心4家旅游景区AAA评级工作，提升改造皇帝洞生态旅游景区、永鸿文化旅游城、凤翔首邑温泉旅游度假村3家A级旅游景区。制定《2020年度旅游景区质量等级评定与复核现场检查工作》，组织各县（市）区及聘用专家库专家对全市A级旅游景区开展暗访复核。经复核，取消1家AA级旅游景区质量等级，并督促其立即进行提升整改。

表45　　2020年福州市国家A级旅游景区名单

| 评级 | 景区 |
|---|---|
| AAAAA级（1个） | 三坊七巷历史文化街区 |
| AAAA级（14个） | 福州国家森林公园、于山风景区、鼓山风景区、中国船政文化景区、青云山风景区、永泰天门山风景区、石竹山风景区、福清天生农庄、永泰云顶景区、旗山森林人家旅游区、贵安新天地休闲旅游度假区、连江溪山休闲旅游度假村、罗源湾海洋世界、百漈沟景区 |
| AAA级（30个） | 长乐冰心文学馆、长乐显应宫、长乐九龙山庄、连江青岛啤酒梦工厂、春伦茉莉花文化创意产业园区、灵石山国家森林公园、三叠井国家森林公园、长乐猴屿洞天岩、东壁岛旅游度假区、罗源畲山水景区、源脉温泉园、闽清宏琳厝景区、金鸡山公园、中国寿山石馆景区、川捷休闲文体旅游区、汇雅温泉休闲旅游度假村、索佳艺陶瓷文化创意园、后溪旅游区、闽都民俗园、天泽 奥莱时代、贵安温泉景区、福建豪业七叠温泉景区、寿山石古矿洞景区、福清市海口镇弥勒岩风景区、福建长乐闽江河口国家湿地公园、东湖数字小镇景区、永泰欧乐堡海洋世界、中国瓷天下 海丝精灵谷、福道、东关寨文化旅游区 |

续表

| 评级 | 景区 |
|---|---|
| AA级（8个） | 福州市博物馆、福建省委旧址纪念馆、琴江满族村、卧龙谷、皇帝洞景区、永鸿文化城、福建凤翔首邑温泉旅游度假村、朝阳农场 |

【乡村旅游】 2020年，福州市累计接待乡村旅游人数1296.40万人次，累计实现乡村旅游收入73.16亿元。乡村旅游经营单位实现旅游经营总收入14.61亿元；吸纳直接就业人数2.63万人，拉动间接就业人数27.53万人，实现人均旅游经营收入5.56万元，拉动农民增收17.85亿元。罗源县霍口畲族乡福湖村、永泰县嵩口镇月洲村、永泰县梧桐镇春光村3个乡村被评为全国乡村旅游重点村。完成13个省级旅游村申报，提升打造2家福建全域生态旅游小镇、6家福建金牌旅游村，提升打造1家三星级乡村旅游休闲集镇、5家三星级乡村旅游村。其中永泰县嵩口镇大喜村、晋安区寿山乡九峰村、连江县丹阳镇坂顶村、永泰县梧桐镇白杜村、连江县江南乡梅洋村、永泰县梧桐镇春光村被评为省级金牌旅游村，福清市一都镇、连江县筱埕镇被评为福建省全域生态旅游小镇。举办第二届"乡约福州，一起村游"乡村旅游季等活动，推出十大主题30条乡村游线路，开通"上山下海，畅游乡村"乡村旅游直通车，评选50道特色乡村土菜，推动旅游市场复苏振兴。举办"红色情乡村行"红色旅游月活动，组织开展红色村跑、首届福州红色旅游摄影大赛，以"红色教育+乡村体验"为主题推出13条红色旅游线路，设立"土土集市"助力村民销售农副产品，推动乡村旅游回暖。

【榕港澳旅游】 2020年，福州市接待香港游客9.87万人次，比上年下降60.1%；接待澳门游客1.37万人次，下降65.9%。

【海峡旅游】 2020年，福州市接待台湾游客12.67万人次，比上年下降70.5%，占入境市场比重为22.78%。经福州口岸赴台旅行团23个，旅客482人次，比上年下降98.7%。年内举办以"携手同心　云游海峡"为主题的第八届海青节文旅专场线上活动。转变传统举办联欢晚会模式，以"线上+线下""传统媒体+新媒体"资源整合形式举行一系列活动，搭建榕台青年线上线下互动平台。以"线上福州行"为主线，陆续推出"两岸青年最向往的海峡风光"点赞、抖音挑战赛等灵活丰富的"云"活动，两岸青年福州行等线下活动，发挥福州、台湾两地旅游协会行业影响力及号召力，吸引两岸青年参与打卡、互动交流，共议榕台两地美食美景、风土人情、文旅趣事，拉近海峡两岸青年的距离。活动期间参与话题发布的视频3000余个，话题累计参与热度逾2.6亿人次。承办海峡两岸民俗文化节，邀请台湾的传统手工技艺传承人和旅游公司等与福州市非遗传承人及旅游推介单位同台交流，宣传展示海峡两岸的传统手工技艺、旅游资源等。指导福州市省级非遗项目佾舞保护传承单位福清市立达孔学会赴台湾参加孔德成先生百年诞辰纪念活动暨开展两岸佾舞薪火相传的田野调查。支持仓山区开展第十三届闽台陈靖姑民俗文化旅游节。

（梁鑫智）

## 旅游资源开发

【旅游资源规划】 2020年，福州市启动《福州市"十四五"文化和旅游发展专项规划》《福州市全域旅游发展规划》《福州市中心城区公共文化设施布局专项规划（2020—2035）》编制。完成《闽东北协同发展区文化旅游产业协作专项规划》编制，整合闽东北四市一区区域文化旅游资源，推动闽东北协同发展区文化旅游产业高质量发展。

【旅游项目建设】 2020年，福州市入库文旅项目64个，完成投资138.5亿元，其中53个文旅在建项目完成投资128.4亿元，完成年度计划投资105.4%。推进22个省文旅重点项目，实际完成投资47.2亿元，完成年度计划投资156.8%。其中，闽侯八闽文化旅游项目一期完成试营业准备工作，长乐东湖数字小镇万豪酒店、永泰梧桐汤埕温泉休闲度假村君澜酒店开业运营，福州光明谷温泉旅游小镇、世茂温泉酒店、永泰嵩口特色小镇、东二环泰禾广场、晋安福州鼓岭鹅鼻旅游度假项目、琅岐国际海岛度假综合园项目二期、琅岐国际海岛度假综合园项目三期、海丝陶瓷文化体验馆、七叠温泉景区二期提升工程、罗源畲山水景区提升项目竣工。

（梁鑫智）

## 旅游服务

【旅游公共服务】 2020年，福州市推进海丝国际旅游中心一期项目、长乐区旅游集散服务中心建设，建成连江、闽侯、台江3个旅游集散服务中心。推进旅游"厕所革命"新三年行动计划，投入266万元补助各县（市）区建成旅游厕所48座。新冠肺炎疫情防控相关内容参见抗击新冠肺炎疫情专辑。

【星级饭店】 2020年，福州市有星级饭店40家，其中市区27家、福清市6家、长乐区4家、连江县1家、闽清县2家。有五星级饭店8家、四星级饭店21家、三星级饭店10家、二星级饭店1家；有客房7922间，床位12630张。

表 46　　2020 年福州市五星级、四星级饭店名单

| 星级 | 饭店 |
|---|---|
| 五星级（8 家） | 福州西湖大酒店、福建外贸中心酒店、福州金源大饭店、福州美伦华美达大饭店、福州香格里拉大酒店、福州富力威斯汀酒店、福州名城悦华大酒店、长山湖（长乐）国际酒店 |
| 四星级（21 家） | 福州大饭店、福清融侨大酒店、连江国惠大酒店、福清兰天大酒店、福州梅峰宾馆、福清冠发君悦大酒店、福建山水大酒店、福建阳光假日大酒店、福建省闽江饭店、福州（晋都）戴斯酒店、福清瑞鑫大酒店、福建黄金大酒店、福州新紫阳大酒店、福建国惠大酒店、福建银河花园大酒店、最佳西方财富酒店、福建丽景假日大酒店、福州聚春园大酒店、福州于山宾馆、阿弥陀佛（福州）饭店仓山奥体店、福建省豪业会务中心有限公司 |

【旅行社】　2020 年，福州市有旅行社 243 家，其中出境游旅行社 38 家，经营赴台游的组团社 8 家。

【导游队伍】　2020 年，福州市有持证导游 3574 人，其中初级导游 3402 人、中级导游 141 人、高级导游 31 人，中级以上占导游总人数的 5.06%。全市有外语导游 221 人，其中英语 191 人、日语 18 人、印尼语 3 人、德语 2 人、法语 3 人、西班牙语 2 人、俄语 2 人。

【文旅市场复苏提振】　2020 年，福州市出台《支持旅游企业共渡难关实施办法》《关于促进文旅消费的七条措施》《福州市旅游民宿扶持奖励办法》等扶持政策，暂退 160 家旅行社服务质量保证金 4625 万元，协调市旅游协会减免 1000 多名导游会费逾 30 万元。实施康游福州计划，组织策划“福建人游福州”、“1 元游内河”、“一元机票游福州”、乡村旅游季、第二届海丝文博月、红色村跑等系列文旅活动，发放千万元“全闽乐购 惠聚榕城”文旅乐购券。举办第六届海丝国际旅游节，全国旅游商采购大会线上线下采购景区门票等文旅产品 4228 万元，2020 福建旅游生活展现场文旅合作项目签约金额超 30 亿元。

（梁鑫智）

## 旅游市场营销

【概况】　2020 年，福州市文旅局牵头组织各县（市）区文体旅局、景区、文旅企业等代表赴珠海、汕头、郑州、济南 4 个客源城市开展福州文旅推介活动。推介活动期间，搭建闽东北四市一区营销共建平台及福州文旅招商平台，对闽东北旅游资源、福州文旅招商资源进行整体包装推介，以提升福州及闽东北文化旅游影响力。年内在北京西客站 LED 大屏及部分公交车站台投放福州文旅广告。

【“海上丝绸之路”（福州）国际旅游节】　2020 年 11 月 27 日至 12 月 31 日，第六届“海上丝绸之路”（福州）国际旅游节在福州市举行。通过启动仪式、文旅经济高峰论坛、福建旅游生活展等主体活动，以及全国旅行商采购大会、海丝国际旅游中心系列活动等配套活动，邀请黎巴嫩、黑山、马里、克罗地亚等 40 多个“一带一路”沿线国家和地区的嘉宾参与。论坛是 2020 年福建省举办的规格最高的国际区域性文旅学术大会，从文化、经济、科技等角度，为后疫情时代文旅行业的复苏提供坚实的理论指导和专业引领。全国旅行商采购大会是首次举办的福州文旅产品对接大会，邀请中国旅游集团、中国国旅、中信旅游集团等以及江苏、广东等全国近 100 家重点旅行商参会，线上线下同步进行文旅产品采购，打造产业联动的大平台。旅游节期间举行“全福游”嘉年华活动，推出近 600 项旅游节会、非遗展览展示等特色主题活动和相关产业政策等，举办“全闽乐购 惠聚榕城”文旅乐购券促销活动，发放 1000 万元的文旅乐购券，推出一系列惠民文旅产品。

【旅游展会营销】　2020 年，福州市参加第十六届海峡旅游博览会、2020 福建旅游生活展等重要旅游展会，集中展现福州特色文化和旅游资源。动员县（市）区组织旅游企业参加成都、桂林等国内重点旅游展会活动。

【节庆宣传营销】　2020 年，福州市围绕“文化、温泉、生态、美食”元素，突出古厝、世遗大会、幸福等主线举办“迎世遗 逛古厝 幸福来过年”2020 中国·福州新春文化旅游月活动。各县（市）区同时开展系列配套活动，包括晋安区“乡约北峰行·探春水浒转”专场活动、“五福合一 年至闽侯”2020 闽侯县新春文化旅游月等文旅主题活动。开展 2020 年中国旅游日福州主题活动，发布“福州市 5·19 中国旅游日倡议书”、五“心”文旅系列产品及 19 条文旅精品系列优惠线路，发动各县（市）区举办“大美鼓楼·四季坊巷”惠民游、“2020 永泰旅游嘉年华”等主题活动。举办“夏一站，趣福州”2020 年福州研学旅游季活动，推出 30 个研学旅游点、30 条亲子自驾游十大主题线路以及 30 个暑期文旅活动。同时联合全市文旅企业推出 30 条特价研学游线路、30 个研学优惠活动。开展第二届海丝文博旅游月活动，内容包括启动仪式、福州市首次非国有博物馆馆藏文物联展、“最美博物馆”评选、8 个馆藏文物精品短视频文物故事会和 12 个福州人气文博打卡地。组织国际博物馆日、文化和自然遗产日等活动，首届非遗购物节在线观看人数超 148 万，直播当日销售额达 120 万元，福建省电视综合频道等媒体进行并机直播；举办“古厝焕新 云游文庙”5G 直播，开通“迎海丝、游古厝”主题地铁专列。

【媒体宣传营销】 2020年，福州市在中央广播电视总台《朝闻天下》《海峡两岸》、福建电视台《福建新闻联播》栏目投放福州旅游形象宣传片。在《中国旅游报》《福建日报》《海峡都市报》《福州日报》《福州晚报》等省级主流媒体开展乡村游、节庆活动宣传，推出旅游精品线路160条。在《福州日报》开设《欢乐游福州》专栏，深度挖掘福州特色旅游资源的文化内涵，推介福州文旅景点。在人民网平台《人民网福建频道》开设“有福之州 幸福之城”专题页面，集中展示福州文旅，在更高层次、更广范围扩大“有福之州·幸福之城”的品牌影响力。加大政务微博、微信公众号、头条号、官方抖音号等政务自媒体平台宣传，年内发布文章、资讯及短视频5000多条，其中政务微博拥有粉丝703万。文化产业指数实验室发布8期全国地市级文旅新媒体传播力指数，福州市文旅政务新媒体综合传播力均进入全国前十。加大城市出入口旅游宣传，在福州长乐机场、火车南北站出站通道、地铁站及三县洲大桥、万象城的户外广告大屏投放福州旅游宣传广告及海丝国际旅游节广告等，开展目的地氛围宣传。开展入榕旅游欢迎短信推送，全年针对移动、联通、电信用户发送欢迎短信2145万条。

策划编印《福州古厝 YOU》邮票书、《有福之州 幸福之城》宣传折页、福州手绘系列地图等宣传品，在市区各星级酒店、重点景区、游客服务中心实行定期配送。为宣传闽剧文化，分别以闽剧经典剧目《贻顺哥烛蒂》《荔枝换绛桃》《陈靖姑》人物形象设计制作3组闽剧表情包，并在微信表情包市场上线，累计下载量42万人次，累计发送量335万人次。

【智慧旅游服务】 2020年，福州市建成旅游产业运行监测与应急指挥平台，实现视频监控、旅游应急资源的上墙显示。依托“e福州”综合指挥平台、市时空平台等地理信息数据、应急基础数据，建成旅游应急资源一张图。与市公安局对接，将部分AAA级以上景区视频监控通过智网访问部署在高清视频监控平台，实现景区视频监控的快速调阅。推动CTID可视识别身份系统在景区、文化场馆的场景应用。首期在林则徐纪念馆试点安装并投入使用。年内三坊七巷智慧街区项目被文化和旅游部评为全国文化和旅游信息化发展典型案例。

（梁鑫智）

## 旅游管理

【旅游数据监测】 2020年，福州市开展招投标工作，委托第三方统计调查企业开展抽样调查及数据测算等工作；开展全市住宿单位名录库更新、各类其他旅游专项调查等工作。联系省旅发委、市统计局，实时跟踪指标完成情况。开展2020年春节“黄金周”、“五一”小长假、国庆“黄金周”等假日统计工作布置、统计值班、数据监测及总结分析等工作。按照全国《“黄金周”旅游信息统计调查制度》要求进行包括全市的旅游住宿设施、旅行社、主要景（区）点、铁路、民航、公路等相关交通运输部门旅游数据监测、统计并监督落实报送情况。

【旅游安全管理】 2020年，福州市重新修订和完善《福州市文旅局安全管理责任清单》，按照“谁审批、谁负责，谁评定、谁负责”和“管生产经营必须管安全、管行业必须管安全、管业务必须管安全”的原则，把文化和旅游安全管理责任制落实到具体部门和责任人。每季度和特殊时段召开安全部署工作。健全县（市）区文体旅局和旅游企业三级召开会议研究文旅旅游行业监管工作机制，推动联合检查组“一岗双责”和行业监管工作进行督查，提升各级文旅主管部门和文旅企业防范、挖掘、排除隐患的能力。年初与各县（市）区文体旅局、高新区社会事业局第一责任人签订安全目标管理责任书，要求在年前与辖区文旅企业签订2020年安全生产目标责任书。明确全员岗位安全生产责任制，实现娱乐场所、网吧、网络文化、旅行社、星级饭店、A级景区“五落实五到位”全覆盖。将企业日常安全工作纳入星级饭店评星和旅游景区评A工作中，实行一票否决。对安全工作不到位的企业，取消其当年评先评优以及奖励申请等资格。年内组织开展全市旅游安全生产大检查、消防安全大检查、涉恐安全隐患大排查工作、“四项行动”、旅游安全执法年专项活动及旅游行业公共场所涉电设施用电安全、扫黑除恶专项检查。全年出动执法人员44411人次，巡查企业20129家次，责令整改经营单位63家，取缔关闭企业10家。

【旅游服务质量管理】 2020年，福州市梳理公开权责清单，落实“双随机”抽查工作，配合市场监督管理局等相关部门联合开展全市旅游市场随机抽查。打击“不合理低价、零负团费及强制购物”等严重扰乱旅游市场秩序的违法违规行为，通过开展日常检查、联合检查、随机抽查等形式，整顿规范旅游市场秩序。全年出动执法人员1876人次，检查经营单位470家次，立案调查15件，办结案件15件，罚款15家，累计处罚金额7.7万元。组织开展旅行社服务质量提升培训，参加人员逾260人。组织开展第二届福州市幸福导游员大赛，吸引300多人参加。采取室内模拟与实地景点讲解相结合的方式，集中展示福州市导游的职业技能、服务礼仪。大赛评选出福州市幸福导游员20名、十佳导游员10名。

【旅游投诉处理】 2020年，福州市落实“放心游福州”服务承诺，开展文化、旅游投诉处理工作，全年收到旅游投诉757件，为游客挽回经济损失金额748.22万元。

【旅游法制建设】 2020年，福州市文化和旅游局制定《2020年“谁执法谁普法”责任清单》，编印《旅游法律法规汇编》等12个法律法规普法册子13000本。编制《旅游投诉处理工作指南》，重新梳理编制旅游类《行政处罚自由裁量标准》，梳理旅游类行政处罚事项112项，细化行政处罚自由裁量标准542条。梳理《福州市文化和旅游局权责清单》，依法公布权责事项696项。举办2020年全市文化和旅游行政执法培训班和行政执法资格考试。

（梁鑫智）

（编辑　周弭婈）

# 对外及对港澳台经济贸易

## 利用外资及港澳台资

【概况】 2020年，福州市新设外商投资企业297家，合同外资185.2亿元，实际利用外资70.07亿元，总量位居全省第二，比上年增长7.3%，增速位居全省第三。

【外商及港澳台商投资项目】 2020年，福州市引进台资企业133家，合同台资31.5亿元，比上年增长3.28%，实际利用台资8000万元，下降8.45%；引进港资企业120家，合同港资120.2亿元，下降34.62%，实际利用港资59.3亿元，增长33.57%；引进澳资企业4家，合同澳资8948万元，下降48.79%，实际利用澳资2788万元，下降43.97%。主要涵盖租赁和商务服务业，交通运输、仓储和邮政业，制造业，信息传输、软件和信息技术服务业，批发和零售业等行业；重点引进博思盛和国际贸易、万华化学、中通物流福建总部、港湾渔业、景特包装材料等一批重大台港澳资新项目落地。

【利用外资重大项目】 2020年，福州市新引进总投资1亿元以上外资项目56个，总计合同外资137.57亿元。其中，天隆数码科技、万华化学、海润城建设、海峡交运创投、昇洋发展等一批重大外资项目落地到资，重点扶持朴朴科技、名味食品、捷联电子、茂利电子、六和机械等港台资企业增资扩产，推动全市实际利用外资持续增长。

【招商引资活动】 2020年，福州市组织参与福建省举办的中欧经贸与投资合作云峰会、中国·福建—意大利经贸合作在线推介会、福建—东盟友城深化经贸产业合作论坛等十余场线上云招商活动，与意大利、俄罗斯、日本、马来西亚、泰国等境外国家企业、协会、政府机构进行云洽谈、云对接。

【“厦洽会”】 2020厦门国际投资贸易洽谈会暨丝路投资大会福州市以“三个福州”建设和16个重中之重项目为主攻方向，签约项目75个，拟利用外资20.4亿美元，包括合同项目70个，签约合同外资18.3亿美元。举办福州市外资项目对接座谈会，邀请19个境外跨国公司中国区总部、境内知名企业的高层代表参会，现场签约16个重点外资项目，总投资54.4亿元，涵盖总部经济、平台经济、对外贸易、新零售、现代物流、医疗科技、首店经济、文化旅游、汽车工业、智能制造等现代服务业、高端制造产业。搭建福州市展馆，展示市情风貌、经济发展情况、重点产业建设、“三个福州”主攻方向、三创园、滨海新城、上下杭·金银里商业步行街等。

（严憨倧）

【“海交会”】 2020年11月26日，第三届21世纪海上丝绸之路博览会暨第二十二届海峡两岸经贸交易会以“线上展会+线下展销”的模式在福州举办。线上展会于11月28日启动，平台分为4个情景展馆，分别为海丝精品馆、海峡特色馆、福建·福州馆、友好协作城市馆，有来自80多个国家和地区的1200多家企业、近4200件商品进行线上展示。平台启动10天浏览人次逾28万人，其中线上浏览时间超过30分钟的ID近6万个，查找展商或商品功能页面点击次数达5.3万次。线下展销活动于11月26—29日在仓山万达广场举办，设置125个精品展位，分为海丝商品展区、福建名特优商品展区、海峡精品展区三大主题区域及1个主宾国（马来西亚）特装展区，并联合支付宝公司投放200万元的线下展销活动专项消费券。活动吸引客流52.6万人次，销售额近9000万元。展会依托“淘宝”及“八闽云直播”双平台开展“云直播”，举办乐享品质生活专场、跨境商品专场等6场直播带货活动，为40多家企业140多件商品进行带货宣传销售。同时有554家企业近8000件商品通过阿里巴巴公司的1688平台参与到海丝博览会暨海交会线上展示及销售。云直播活动期间，线上观众人数近1000万人次。展会通过“直播+视频会议系统平台”举办第十五届中国（福建）消费品全球采购会金银珠宝、食品线上专场活动，有70多名境内外嘉宾、采购商与20家金银珠宝企业参加线上对接活动。本次专场对接活动吸引近2000名观众和意向采购商通过网络平台参与，通过会前预对接与线上洽谈，促成福建黄金码头珠宝集团等6家企业与采购商在线达成采购与合作协议，成交签约总额达3.7亿元。福建紫山集团股份有限公司等企业和台湾采购商四益国际有限公司达成采购与合作协议，意向成交签约总额超1200万元。展会期间有40多家媒体、200多名各级各类媒体记者参加采访报道，刊播转载各类新闻资讯3000余篇（条），全网总阅读量超2350万人次。

（杨斌）

## 对外及对港澳台投资与劳务合作

【概况】 2020年，福州市新设备案境外投资项目24个，协议投资总额15.2亿美元，其中中方投资额4.08亿美元，协议投资目的地主要为美国、孟加拉国、德国等14个国家和中国香港、中国台湾地区，主要涉及渔业、其他制造业、软件和信息技术服务业等行业。主要项目包括福州宏龙海洋水产有限公司备案投资0.8亿美元在印度尼西亚经营虾类养殖加工及销售；福建闽海石化有限公司备案投资0.5亿美元在新加坡经营石油产品的贸易及仓储、石油技术服务。

【对港澳台投资项目】 2020年，福州市备案投资中国香港项目数4个，协议投资总额423.54万美元，其中内地投资额423.39万美元；备案投资中国台湾项目1个，为福建富兰光学股份有限公司在台湾设立办事处，在当地从事签约、报价采购、市场调查等业务活动。

【对外及对港澳台劳务合作】 2020年，福州市派出劳务人员数15772人，年末在外人数28065人，派往主要目的地为中国香港、中国澳门、中国台湾地区和新加坡、马绍尔群岛共和国等国家。全年新签劳务人员合同工资总额38416万美元，劳务人员实际收入总额39500万美元。

（严憨倧）

## 服务贸易

【概况】 2020年，福州市服务进出口总额11.15亿美元，比上年下降0.36%。其中出口额5.71亿美元，比上年下降5.54%；进口额5.44亿美元，增长5.73%。

【技术进出口】 2020年，福州市［不含中国（福建）自由贸易试验区福州片区］签订技术进出口合同总额20207.43万美元，比上年增长22.19%。其中，签订引进技术和进口设备和合同项目32个，合同金额16231.83万美元，比上年增长86.67%；签订技术出口合同项目238个，合同金额3975.6万美元，比上年下降49.31%。

【服务外包】 2020年，福州市新增服务外包企业90家，服务外包合同金额35.15亿美元，比上年下降57.82%，其中离岸服务外包合同金额4.95亿美元，增长90.33%。服务外包执行金额18.72亿美元，比上年增长19.66%，其中离岸服务外包执行金额2.85亿美元，增长20.60%。福州市离岸服务外包主要发包地包括中国香港地区和新加坡、美国、日本等国家，执行金额2.34亿美元，占全市离岸服务外包执行金额82.08%。信息技术外包（ITO）是福州市主要业务类型，执行金额9.34亿美元，占全市服务外包执行金额49.88%，主要业务包括软件研发服务、信息技术运营和维护服务、集成电路和电子电路设计服务、信息技术解决方案服务等。业务流程外包（BPO）和知识流程外包（KPO）增长迅速，其中业务流程外包（BPO）执行金额6.90亿美元，比上年增长37.22%，占全市服务外包执行金额36.84%，主要业务包括人力资源管理服务、互联网营销推广服务、其他业务运营服务、供应链管理服务、金融后台服务等；知识流程外包（KPO）执行金额2.49亿美元，增长39.00%，占全市服务外包执行金额13.28%，主要包括工程技术服务、大数据服务等。

（严憨倧）

## 对外及对港澳台贸易

【概况】 2020年，福州市进出口总值2504.8亿元，比上年降低1%。其中出口总值1786.5亿元，比上年下降1.1%；进口总值718.4亿元，降低0.8%。

【民营对外贸易】 2020年，福州市有进出口实绩的民营企业4820家。民营企业出口额1213.9亿元，比上年增长2.4%，占全市出口额的67.9%；民营企业进口额412.8亿元，增长17.6%，占全市进口额的57.5%。

表47 2020年福州市出口额1亿美元以上商品情况表

| 金额分类 | 商品名称 | 出口金额（亿美元） | 占出口总额比重（%） |
|---|---|---|---|
| 5亿美元以上 | 其他可直接连接且设计用于税目84.71的自动数据处理设备的彩色液晶监视器；其他彩色监视器；其他木家具 | 33.02 | 12.83 |
| 2亿~5亿美元 | 其他塑料制鞋面的鞋靴；液晶显示板；用栓塞法装配鞋底及面的橡、塑鞋；其他橡、塑或再生皮革外底，皮革鞋面的鞋靴；其他玩具；6301至6307的未列名制成品，包括服装裁剪样；家具的零件；纺织材料制鞋面胶底的其他鞋靴；光学元件；制作或保藏的鳗鲡；未列名电灯及照明装置 | 35.68 | 13.86 |

续表

| 金额分类 | 商品名称 | 出口金额（亿美元） | 占出口总额比重（%） |
|---|---|---|---|
| 1亿~2亿美元 | 车身（包括驾驶室）的未列名零件、附件；棉≥85%未漂平纹布，100g<平米重≤200g；其他金属家具；枝形吊灯及天花板或墙壁上的电气照明装置；瓷制固定卫生设备；未列名的木制品；其他贴面砖、铺面砖，包括炉面砖及墙面砖，但子目6907.30和6907.40所列商品除外；其他用作处理器及控制器的集成电路；未列名塑料制品；5903、5906或5907的织物制其他男式服装；硫酸铵；塑料片或纺织材料作面的其他类似容器；未列名的机器零件，不具有电气器材特征的；其他贴面砖、铺面砖，包括炉面砖及墙面砖，但子目6907.30和6907.40所列商品除外；塑料或纺织材料作面的提箱、小手袋等；未列名贱金属雕塑像及其他装饰品；圣诞节用品；棉制针织钩编的套头衫、开襟衫、外穿背心等；铝合金矩形板、片，0.2mm<厚<0.28mm；其他未搪瓷钢铁餐桌、厨房等家用器具及零件；化纤毡呢或无纺织物制服装；其他带软垫的金属框架坐具；其他运动或户外游戏用设备；游泳池或戏水池；电气的台灯、床头灯或落地灯；发光二极管（LED）灯泡（管）；其他以机织物或其他纺织材料做衬底的鞋靴 | 37.04 | 14.39 |
| 合　计 | | 105.74 | 41.08 |

表48　**2020年福州市主要出口市场及对港台贸易情况表**

| 国别（地区） | 出口金额（亿美元） | 占总额比重（%） |
|---|---|---|
| 东盟 | 52.38 | 20.35 |
| 美国 | 49.59 | 19.27 |
| 欧盟 | 38.15 | 14.82 |
| 日本 | 13.09 | 5.09 |
| 中国香港 | 12.13 | 4.71 |
| 中东 | 11.82 | 4.59 |
| 中国台湾 | 8.76 | 3.40 |
| 英国 | 7.44 | 2.89 |
| 加拿大 | 7.41 | 2.88 |
| 韩国 | 5.67 | 2.2 |
| 合　计 | 206.44 | 80.2 |

表49　**2020年福州市进口额1亿美元以上商品情况表**

| 金额分类 | 商品名称 | 进口金额（亿美元） | 占进口总额比重（%） |
|---|---|---|---|
| 5亿美元以上 | 平均粒度≥0.8mm，<6.3mm未烧结铁矿砂及精矿；非种用黄大豆 | 21.23 | 20.35 |
| 2亿~5亿美元 | 其他未锻造金，非货币用；轧制凸凹变形及扭曲的普通钢铁的其他条、杆；丙烯；铬铁，按重量计含碳量在4%以上 | 19.19 | 18.39 |

续表

| 金额分类 | 商品名称 | 进口金额（亿美元） | 占进口总额比重（%） |
|---|---|---|---|
| 1亿~2亿美元 | 褐煤，不论是否粉化，但未制成型；铜矿砂及其精矿；其他烟煤；对二甲苯；液晶显示板；镍矿砂及其精矿；矩形截面半制普通钢铁，宽<两倍厚，C<0.25%；其他集成电路；已烧结的铁矿砂及其精矿；平均粒度≥6.3mm未烧结铁矿砂及其精矿 | 13.69 | 13.12 |
| 合　计 | | 54.11 | 51.86 |

表50　　2020年福州市主要进口市场及对台贸易情况表

| 国别（地区） | 进口金额（亿美元） | 占总额比重（%） |
|---|---|---|
| 东盟 | 23.40 | 22.43 |
| 巴西 | 13.16 | 12.61 |
| 澳大利亚 | 12.27 | 11.76 |
| 欧盟 | 9.25 | 8.87 |
| 中国台湾 | 7.26 | 6.96 |
| 日本 | 6.24 | 5.98 |
| 韩国 | 5.70 | 5.46 |
| 美国 | 4.15 | 3.98 |
| 德国 | 3.65 | 3.50 |
| 印度 | 2.81 | 2.69 |
| 合　计 | 87.89 | 84.24 |

（严懋倧）

（编辑　周弭婈）

# 经济协作　扶贫开发

## 经济协作

【民营企业产业项目对接】　2020年，福州市新对接并纳入福建省经信项目管理系统的签约项目333个，总投资额1272亿元，超额完成省工信厅下达的目标任务。

（陈斐瑜）

【区域协作】　2020年，福州市推动闽东北区域协作包含基础设施、产业协作、公共服务共享、生态环境共保等领域的协同项目68个，总投资4410.83亿元，年度计划投资522.83亿元，完成投资632.84亿元，占年度计划121%。

（于永钦）

## 山海协作

【福州宁德山海协作】　2020年1月14日，福州·宁德山海协作工作座谈会在福州召开，福州市向宁德市捐赠山海协作资金200万元，双方8个结对市直部门签订合作协议。

【福州莆田山海协作】　2020年，福州市政府带领相关市直部门和仓山区、闽侯县负责人赴莆田市仙游县，开展福州市与莆田市山海协作活动，向仙游县捐赠山海协作帮扶资金110万元。

【省级扶贫开发工作重点县山海协作】　2020年，福州市9个经济较发达县（市）区结对帮扶8个省级扶贫开发工作重点县和2个老区苏区县。结对双方党政主要领导开展考察互访活动，投入帮扶资金1.37亿元。

（辛少彬）

2020年5月24日，"闽侯丫好吃"农产品扶贫直播活动举行　（郑帅　摄）

## 扶贫开发

【概况】　2020年，福州市脱贫户人均纯收入20648元（含转移性收入），"两不愁三保障"及饮水安全各项政策全部落实到位，200个脱贫村平均村级收入达35.95万元。连续5年（2016—2020年）在省委、省政府对设区市党委和政府扶贫开发工作成效考核中位居全省第一。

【精准扶贫】　2020年，福州市根据福建省应对疫情"十九条"，出台《关于积极应对新冠肺炎疫情影响决战决胜脱贫攻坚十条措施》，全年实施扶贫项目595个，投资总额1.35亿元。各县下拨各类补助资金251.73万元，用于帮助1937户脱贫户发展产业项目。拓展线上销售，利用朴朴、绿金优选、青e购等电商平台，帮助脱贫户解决产品销路，累计销售7.1万单，销售额312万余元。脱贫户产业扶贫保险自费比例降低至2%，累计为715户脱贫户节省产业保险费用19.73万元，落实保险理赔40.19万元。各级扶贫部门联系84家企业提供790个岗位与脱贫户对接。对稳岗3～6

个月以上的贫困人口在省级补助的基础上，市财政再给予不超过3000元的叠加补助，累计补助36名贫困人口。年内，农业企业、新型农业经营主体新吸纳脱贫人口254人就业，38名脱贫人口担任护林员。全年返岗务工的脱贫人口达4725人，占去年底务工人数的103.45%。采用劳务补助、以工代赈等方式，引导贫困群众破除“等靠要”思想、树立主体意识。实施创业致富农户培训工程，培训贫困村创业致富带头人615人，创业贫困农户308人。

出台《关于建立特殊困难群众帮扶服务工作机制的实施方案》，在全省率先推出“特殊扶贫卡”，建立医疗跟踪代办服务机制，全市城乡居民基本医疗保险政府补助标准从每人550元提高到580元。疫情期间，脱贫户慢性病可一次性申请12周以内的长期处方，医疗报销比例达97%。全年对受疫情影响导致基本生活陷入困境的脱贫户发放临时救助金354.4万元，162人享受大病救治。至7月底，全市疑似辍学人数3855人全部清零，实现义务教育阶段零辍学目标。建立困难群众巡访制度，落实支出型贫困家庭入保政策。9月，全市农村低保从每人每月700元提高到760元，并及时将283名符合条件的贫困人口纳入兜底保障范围。

全市认定脱贫不稳定对象134户453人，选派156名副科级以上干部挂钩帮扶监测对象，安排134名村党员或创业致富带头人结对帮扶，做到监测对象帮扶全覆盖。年内，落实专项扶贫资金165.96万元，实施产业、就业、健康等各类帮扶措施521项。市农业农村局（扶贫办）联合金融局、平安保险为其购买医疗补充保险“榕城保”，确保稳定脱贫不返贫。实行“日汇总、周核实”制度，利用“一键报贫”系统及时排查易致贫对象，组织县、乡干部456人次入户开展核查，边缘户1户10人，均纳入低保。

**【东西部扶贫协作】** 2020年，福州市投入帮扶定西市财政和社会帮扶资金6.83亿元，比上年增长44.18%；引进（含增资）企业40家，增长42.86%，投资额7.085亿元，增长1.13倍，吸纳贫困人口就业761人，增长1.27倍；继续实施劳务协作，转移2734名贫困人口到福州就业，帮助22919名贫困人口实现就近就地就业；消费扶贫总额8.33亿元，增长3.18倍；实施帮扶项目283个，增长43.65%。带动37.48万名贫困人口增收，比上年增长78.99%。

全市投入闽宁协作财政帮扶资金8277万元，比上年增长13%；落实社会帮扶资金2513.77万元，增长16%。新引进企业8家，引导企业增资10家，实际到资6.71亿元，引进企业新吸纳贫困人口和通过利益联结机制带动贫困人口1020人。输转原州区、隆德县建档立卡贫困户386人到榕就业，帮助贫困人口就近就地就业5192人，帮助贫困人口赴其他地区就业2121人。完成消费扶贫金额1.89亿元，带动贫困人口近4390人增收。

2017—2020年，福州市东西部扶贫协作中全市各级累计投入财政帮扶资金11.22亿元，实施各类扶贫协作项目751个，定西市46.36万贫困人口全部实现脱贫，1101个贫困村全部退出，7个贫困县（含3个深度贫困县）全部摘帽。2019年福州与定西劳务协作和生态扶贫模式入选全球110个最佳减贫案例。福州市连续4年（2017—2020年）在全国东西部扶贫协作成效考核中获得“好”的等次。

（辛少彬）

（编辑　周弭姣）

2020年6月22日，宁夏固原市原州区建档立卡贫困家庭学生在福州市马尾区练习组装电力开关元器件

（欧阳进权　摄）

# 新区　自贸区

## 福州新区

【概况】　2020年，福州新区完成地区生产总值2400.64亿元，比上年增长7.2%；规模以上工业增加值增长6.9%；固定资产投资增长20%；一般公共预算收入232.43亿元。

【体制创新】　2020年6月，福州新区管委会与福州滨海新城开发建设指挥部全面融合、一体运作。福州新区管委会发挥机构职能优势和国家级新区平台优势，福州滨海新城开发建设指挥部发挥专业技术人员力量和“临时机构企业化运作”的灵活管理机制优势，福州新区长乐功能区管委会发挥属地就近管理的优势，统一对新区（新城）经济和开发建设实行领导和管理。

建设“统一入口、同步推送、数据内部交换”的福州新区审批系统，实现审批与监管即时衔接。全年受理省级行政许可事项审批业务194件，市级行政许可事项审批业务1692件，涉及“证照分离”改革办件3306件。

【规划编制】　2020年，福州新区完成相关规划及研究成果86项，其中批复实施规划58项，包括新区层面规划11项，滨海新城片区45项，琅岐岛片区1项，三江口片区1项。开展“十四五”福州新区经济社会发展规划编制。滨海新城推进福州新城区概念规划、福州滨海新城职业教育产业园城市设计、健康韧性城市专项规划、旅游总体规划等规划编制，《福州滨海新城核心区城市设计与控制性详细规划》等6个规划获省级优秀城乡规划设计奖。

【基础设施建设】　2020年，福州新区基础设施项目完成投资802.27亿元。福平铁路、长福高速、东部快速通道、福马路提升改造工程等项目建成通车。地铁2号线马尾延伸段项目获国家发改委批复。年内，福州新区新型基础设施建设重点项目113个，总投资额1819.52亿元，项目总数及总投资额在全市新型基础设施建设的占比分别为54.3%和76.8%。

【双创示范基地建设】　2020年，福州新区有12家国家级、58家省级、111家市级众创空间，众创空间面积超过20万平方米，入驻企业（团队）1232家，在孵企业和团队总数超过3500个。举办2020年全国双创活动周福建分会场活动，吸引线上参与总人数130余万人，辐射与影响各领域创业者300余万人。

【产业升级】　2020年，福州新区重点推进255项重点技术改造建设，总投资1394亿元。滨海新城东南大数据产业园新引进220家企业注册入驻，合计注册资本108.32亿元，累计注册企业550家；福建博思智能产业园、海尔婴童等142个招商项目落地，总投资约460亿元；国内数字经济知名企业落地产业园，中国电子健康产业园、中国联通福建产业互联网科技园、福建游龙互联网产业园、上海均和产业园等陆续开工。马尾区落地均和云谷光电、新材料、新型建材三大产业园以及福莱德无人机、大唐车路协同等80个数字经济项目；物联网产业创新发展中心入驻企业55家，物联网产值超600亿元，马尾基金小镇聚集389家私募投资机构，基金管理规模超1600亿元。年内仓山功能区落地82个招商项目，总投资额158.83亿元。福清功能区元洪国际食品产业园入驻食品产业链项目42个，总投资271亿元。江阴港片区引入万华化学集团福建产业园等22个总投资655.98亿元招商项目。

【项目建设】　2020年，福州市682个新区重点项目完成投资2396.55亿元，占年度投资计划的109.56%。滨海新城开展集中开工4次，推动联通互联网科技产业园、智慧滨海运营中心等69个重点项目开工建设，复旦大学附属华山医院福建医院一期建成，二期及福州市疾病预防控制中心启动建设。三江口片区建设道庆洲过江通道工程、福泉高速公路拓宽改造工程等86个项目，完成投资400余亿元。梁厝特色历史文化街区（一期）和船政特色历史文化街区开街运营。

【重点区域开发】　2020年，福州市以滨海新城开发为重点，同步推动三江口、江阴湾等重点组团和区域的规划建设。滨

2020 年 12 月 29 日，滨海新城举行 2020 年第四季度重大项目集中开工活动（福州新区　供）

海新城核心启动区 17 平方千米已开发 88.3%建设用地，临空经济区 47 平方千米已开发 60.7%建设用地。

仓山功能区完成 25 个项目征迁，交地面积 281.67 公顷，拆迁面积 105 公顷，保障福乐新苑等项目建设，马航洲湿地保护修复工程等 5 个总投资 77.13 亿元的项目竣工。

马尾区开工建设福光超精密光学加工实验中心等项目。获批国家骨干冷链物流基地，建成华冷冷链物流一期等 12 个海洋经济示范区项目。引进和培育 6 个平台经济项目，纳统额超 170 亿元。

江阴港片区万华化学集团福建产业园等 21 个总投资 713.12 亿元项目开工，友谊新材料科技园二期等 13 个总投资 46.41 亿元项目竣工。

**【合作交流】** 2020 年，福建省政府、福州市政府将中国—印度尼西亚“两国双园”项目列入海上丝绸之路核心区建设重点项目。7 月，国务院批准福州保税港区整合优化为福州江阴港综合保税区。江阴港先后开通 5 条海铁联运班列并稳定运营，实现海铁联运吞吐量近 12 万标准箱。11 月，福州临空经济示范区获国家批复，规划面积 145 平方千米。

（万粒）

表 51　**2020 年福州新区改革创新成果表**

| 创新领域 | 具体内容 |
| --- | --- |
| 管理运行机制 | 探索实施福州新区管委会与福州滨海新城开发建设指挥部合署办公，并全面融合长乐功能区管委会，一体化运作。构建扁平高效的运行机制，实行全员员额+聘任制，员额人员按照“岗位+绩效”双重定薪，实现薪酬能升能降、人员能进能出。强化全面从严治党，设立滨海新城纪检监察工委。 |
| 国土开发利用 | 创新土地资源要素保障和供地方式，呈现“多、快、活、省、留白”的特点。一是“多”，深挖土地“存量”潜力，建设工业用地全生命周期管理平台，对不符合滨海新城规划的已批已供建设用地，以及闲置低效用地，采取收储、收回的方式，盘活存量土地。二是“快”，通过全程代办和充分运用信息化手段，土地报批从项目生成至获批平均用时 60 天，提速 1/3。三是“活”，制定 CBD 片区综合开发出让方案，引入大型央企金茂集团和华润集团入驻，打造滨海新城中央商务区。四是“省”，在全省率先开展耕作层剥离再利用工作，2020 年剥离耕作层 20 公顷，再造高标农田 13. 3 公顷。五是“留白”，在 17 平方千米的滨海新城启动区内预留 13 块战略“留白”用地，为未来发展预留战略空间。 |
| 城市建设与管理 | 聚焦智慧城市建设，通过“规建管”一体化平台，实现项目规划、建设全过程统一管控、闭环管理，各要素在规划阶段即予以考虑，管理需求在建设阶段即予以落实，在建设过程中同步形成与实体城市“孪生”的数字城市。开展“基于 CIM 的规建管一体化平台”二期建设，包括物联网平台、重要基础设施安全监测预警体系等建设内容，推动城市运行智能化场景示范应用。率先开展新版《福建省装配式建筑评价管理办法（试行）》的应用工作，推进装配式建筑建设，探索建立市政预制部品部件体系，完成工业化预制桥梁构件标准化设计，制定两批次 8 项市政预制部品部件的标准图集。 |

续表

| 创新领域 | 具体内容 |
| --- | --- |
| 审批服务 | 建设“统一入口、同步推送、数据内部交换”的福州新区审批系统，实现审批与监管即时衔接。全年受理省级行政许可事项审批业务194件，市级行政许可事项审批业务1692件，涉及“证照分离”改革办件3306件。 |
| 产业模式 | 发挥福建省超算中心、国家互联网骨干直联点、工业互联网二级解析节点等公共服务平台的作用，打造一总部（工业互联网头部企业区域总部）、两中心（纺织、冶金两个行业中心）、三领域（纺织、冶金、装备制造三个重点领域）的工业互联网建设格局，推动传统制造业向信息化、智能化、数字化转型升级，构建数据驱动型制造业发展新生态。长乐区探索用工业互联网打通产业链供应链操作链，打造8个数字化示范车间、5个智能化工厂、4个工业互联网云平台。 |

## 中国（福建）自由贸易试验区福州片区

【概况】　2020年，福建自贸区福州片区新注册企业5267家，其中内资企业5230家、外资企业37家；新增注册资本1002.36亿元，其中内资企业注册资本983.71亿元、外资企业注册资本18.65亿元；区内企业实现税收77.04亿元。全区港口货物吞吐量5808.76万吨，比上年增长24.94%；集装箱吞吐量完成305万标准箱，增长3.29%；进出口贸易总额（口岸口径）1346亿元。

【体制创新】　2020年，福建自贸区福州片区在投资、贸易、金融、税务、事中事后监管、对台交流等领域推出2批125项创新举措，其中32项经省自贸办评估认定，全国首创16项，分别新增2项、11项改革创新经验在全国、全省复制推广；在中山大学发布的43个自贸（片）区2019—2020年度中国自贸试验区制度创新指数排名中，福州片区排名第八。推动福州综合保税区、福州江阴港综合保税区、二手车出口试点业务、外资企业经营增值电信业务许可获批。

【重点产业建设】　跨境电子商务　2020年，福建自贸区福州片区跨境电商企业实现“9610”“1210”“9810”等多种业务模式。全年跨境电商进口票数678万票，比上年增长15.8%。全年对台海运快件完成110.35万件、货值6.13亿元，均比上年增长2倍以上。

物联网产业　物联网开放实验室获批“福建省新型研发机构”“福建省智能网联商用车（信息科学）重点实验室”。年内物联网相关产值650亿元。先进制造业技术服务中心与美国倍科检测认证公司、德国德凯认证集团实现检测数据互认与渠道共享，全年提供检测认证服务超过2万次，为企业出口欧美澳等国家提供产品认证70多项。

特色金融平台　海峡基金业综合服务平台汇聚私募股权投资基金80余家，累计推动产融合作投资近30亿元。马尾基金小镇新增管理基金208亿元，新增实际到资54亿元，6月获第十四届中国（深圳）私募基金高峰论坛“2019年度最具影响力基金小镇奖”。华闽融资租赁公司创新融资方式，办理全省首笔融资租赁项下国内信用证融资业务3600万元。跨境业务区块链服务平台实现福费廷、国内信用证、国际保理等产品的商业化应用，累计办理试点业务47笔，金额约3000万美元。

【对台合作】　2020年，福建自贸区福州片区在全国首创对台货运船舶“直通车”服务、对台小额商品交易市场交易信息实时比对模式，推出对台出口海运快件“1+3”同步验放新模式。打造台青“第一云家园”平台，设立台胞台商“一站式”投资服务窗口，将台湾导游执业许可推广至福州全市范围。促成群鹏船舶运输项目（台资）落户片区。

【对外贸易】　2020年，福建自贸区福州片区企业备案“一带一路”国家和地区境外投资项目9个，中方协议投资额1.8亿美元。年内，江阴港区获批建设进境肉类指定监管场地。“海丝国际陆海贸易新通道”铁海联运外贸业务首次实现铁路箱下海出境，开创福州港外贸铁路箱全程运输、货物“一箱到底”的全程多式联运新模式。

【事中事后监管】　2020年，福建自贸区福州片区先行先试企业信用信息报告和使用制度，根据企业守法守信评价等级进行差异化监管、动态监管和精准监管。建成福州片区企业综合信息应用服务平台并投入使用，实现“一池汇数据、一屏知全局、一键研舆情、一网集合力”，构建基于大数据的高效精准监管和风险防控体系。年内，片区市场监管部门查处包括食品药品安全、违法广告、虚假宣传、不正当竞争等类型案件177件，罚没款57.4万元，查处知识产权专利违法案件56件。上海财经大学在对福建自贸区评估中给予“综合执法权相对集中度最高”评价。

（林仕锋）

（编辑　姚国榕）

# 园区建设

## 福州高新技术产业开发区

【概况】 2020年，福州高新区完成固定资产投资225.7亿元，工业固定资产投资82.1亿元，一般公共预算总收入27.17亿元，地方一般公共预算收入17.74亿元，全年社会消费品零售总额23.8亿元，实际利用外资3290万元。全年税收总收入22.39亿元，比上年增长7.8%，占财政总收入的82.4%。其中，主体税种收入（含增值税、企业所得税及个人所得税等）完成17.35亿元，比上年增长14.34%。

【基础设施建设】 2020年，福州高新区59个民生基础设施建设项目列入全省项目清单并开工，累计完成投资26.73亿元，完成市级下达的20亿元年度投资任务的133.60%。完成市政道路建设7.25千米，污水、雨水、供水管网分别建成10.1千米、9.1千米、12千米，燃气管网建设5.6千米、绿道建设2千米。教育方面投入12.9亿元，新、改、扩建学校及幼儿园14所（中小学3所，幼儿园11所），新增学位学前学位3030个，中小学学位6360个，新增校舍面积13.3万平方米。养老方面完成13个农村幸福院、2个居家养老服务站建设。

【招商引智】 2020年，福州高新区引入460个招商项目，总投资911.01亿元。先后出台《福州高新区光电产业园招商工作方案》《福州高新区关于加快发展光电产业的若干措施》和《关于加快福州高新区区块链产业发展的三条措施》等政策。引进中国福建光电信息科学与技术实验室、创业黑马独角兽加速基地等项目。借助第三届数字中国建设峰会签约项目8个，总投资额167.3亿元，上台签约项目3个，投资额117亿元。其中，保利通信有限公司保利通信·福州科技产业园项目，总投资102亿元；京东数字科技控股股份有限公司京东数科机器人产业园项目，总投资10亿元；福建腾峰智信科技有限公司福州市腾峰数字人才培养示范基地项目，总投资5亿元。与天舟互娱创新平台等5个项目签约，总投资50亿元，涉及大数据、人工智能、移动互联网、物联网等行业。海西园人才公寓二期投入使用，举办福州首届旗山湖“三创节”“青榕汇”等品牌活动，聘请引才大使14人、人才举荐委员会专家11人，新增省“百人计划”、ABC、“双一流”等人才214人，选认科技特派员个人96人、团队2个。

【项目征迁】 2020年，福州高新区完成交地面积229.73公顷、征迁面积87.5万平方米，113个项目清零交地。实现新开工项目116个、竣工项目56个。

【高新技术企业】 2020年，福州高新区4家企业获评第五批省级新型研发机构、新认定省级以上高新技术企业106家、省科技小巨人领军企业9家、区瞪羚企业15家、科技型中小企业141家。年内，福州高新区入选国家“科技抗疫——先进技术推广应用‘百城百园’行动”高新区，获批国家“创新创业特色载体”“绿色产业示范基地”“中国产学研合作创新示范基地”称号。

【重点项目】 2020年，福州高新区有省、市重点项目88个，总投资849.28亿元，年计划投资154.77亿元，累计完成投资163.75亿元，完成年计划投资105.81%。其中在建项目49个，总投资494.43亿元，年计划投资131.87亿元；计划新开工项目14个，总投资112.08亿元，年计划投资22.9亿元。数字经济产业园项目一期及9号地块总投资16亿元；9号地块建设公寓楼并配套建设星级商务酒店。福州海峡星云国产整机先进制造基地项目（一期）总投资10亿元，已投产具备年产PC及服务器10万台年产能。海康威视智能视频物联网（福建）产业基地项目总投资10亿元，项目建设海康威视在福建区域的软件研发中心、技术服务中心、运维中心，于7月运营。

（王玲玲）

## 福州软件园

【概况】 2020年，福州软件园汇聚逾

800家企业，上市挂牌企业32家，产值超亿元企业70家，拟上市后备企业31家，占全市比例11.4%。拥有瑞芯、联迪、榕基、福昕、福晶等一批数字经济产业细分领域领军企业。园区全年总收入1200亿元，突破“千亿园区”目标，并蝉联“中国最具活力软件园”，入选第三批国家双创示范基地。在年内公布的《中共福州市委 福州市人民政府关于2019年度绩效考核情况的通报》中，获2019年度市级重点工业园区绩效考评第二名，比上年提升3个位次。

【项目建设】 2020年，福州软件园按照《福州高新技术产业园区（福州软件园）控规详细规划》，推进E区25号地块光电芯片产业基地项目建设，完成年度投资额5500万元。推动D区软件信息产业基地项目、福晶科技二期D楼动工建设。

【招商引资】 2020年，福州软件园通过开展线上招商、平台招商、以商招商等举措，引进字节跳动、阿里钉钉生态加速基地、新西兰绘梦集团等招商项目合计63.5个，总投资65.39亿元，在鼓楼区排名第一。

【创新驱动】 2020年，福州软件园拥有各类省级及以上重点实验室、企业技术中心、工程技术研究中心、新型研发机构等创新研发平台43个。实施“众创空间—孵化器—加速器—园区”全链条、差异化的创新创业“苗圃计划”，以技术、资本、IP、人才、市场全方位服务企业，汇聚国家级、省级、市级众创空间（孵化器）等创新创业载体24家次。年内，园区企业瑞芯微、福昕软件上市，园区取得历年以来最好上市成绩。

【营商环境】 2020年，福州软件园设立鼓楼区行政服务中心软件园分中心，提供证照联办、人社服务、人才服务等审批服务，服务事项由81个增加到312个，推动全程代办制。上线企业服务“一线处置”系统，满意率100%。新增5条员工通勤快线、定制公交专线及园内摆渡车。在第三届数字中国建设峰会召开期间，举办鲲鹏赛道年度总决赛、闽派数字精英大会、“数谷之夜”晚会三场数字嘉年华活动。

（叶敏英）

## 福州台商投资区

【概况】 2020年，福州台商投资区松山片区完成规模以上工业总产值13.4亿元，比上年增长50.88%；固定资产投资6.07亿元，增长16.4%；工业固定资产投资5.3亿元，增长13.3%；出口额4.48亿元，增长2.3倍；企业税收1276万元，增长9.6%。

【基础设施建设】 2020年，福州台商投资区松山片区开展《福州台商投资区控制性详细规划》等专项修编工作。松山A片区填海面积累计完成307公顷，B片区滞洪区全部完工并组织验收，办理工程结算。推进群力塘地块土地农转用手续、大、小获片防洪排涝工程（二期）、松岐中路（含松山一路）、通屿路（松山路至规划201省道）、松山A片区内河水系及滞洪区等建设工程。完成通屿路、松山路、小获片区内河工程、支路三延伸段等前期手续，完成项目配套取土区（一期）报批工作，完成填海工程、滨江路、通屿路、松岐中路（含松山一路）道路工程预算送审。

【重点项目建设】 2020年，福州台商投资区松山片区参加省集中开工项目1个，联塑新材料、兴腾科技、澳蓝空调、金吕金属、辰达机电、德塔电源等省市重点项目均达到序时投资进度或超额完成投资任务，年投资额2.55亿元，完成率102%。联塑材料、金吕金属、百泓达消防、兴腾科技、安博新能源、荣欣包装、榕跃科技等项目已实现投产或一期投产。PPP项目完成退库整改协议、施工总承包合同签订。

【招商引资】 2020年，福州台商投资区松山片区引进医疗器械生产企业，帮助罗源第一家口罩生产企业在7天内完成企业审批全流程并投产。举办福州台资项目“云洽谈”签约会等活动，全年对接项目线索60条，备案项目10个，完成注册项目22个，其中，完成市招商考核任务10个，总投资27.8亿元。新增澳蓝空调、航塑新材料、金吕金属、萍晴化妆品4家规上企业，德塔电源完成技改项目申报，并获得福州市知识产权示范企业认定及通过国家级高新技术企业复审，创隆电器获得国家级高新技术企业认定，德塔电源、中科瑞能、中网电气上榜福州市守合同重信用初选，汇昌纺织、创隆电器获得科技型中小企业认定，榕工机械列入福州市重点上市后备企业。出台园区疫情期间惠企政策，对创业园内企业减免2个月厂房租金，帮助6家企业申请重点疫区员工落实留岗留薪补贴。制定《关于扶持医疗用品及配套企业防疫及复工复产的奖补政策》。帮助航塑科技公司获得农行贷款810万元，获得增量授信1666万元。

【营商环境优化】 2020年，福州台商投资区管委会与罗源县人社局、劳动监察大队、劳动争议仲裁院建立联动工作机制、“一企一议”企业服务机制，解决一批劳资纠纷，获福州市劳动关系和谐工业园区、福州市“五一先锋号”称号。年内完成园区人口普查和流动人口登记、门牌管理，设立福州台商投资区松山片区警务室，完善园区治安联防联控机制。在全省率先设立罗源县台港澳侨同心驿站，构建两岸文化交流合作示范区。

（陈锦）

## 金山工业园区

【概况】 2020年，金山工业园区有企业3442家（其中规模以上工业企业195家、限额以上商贸企业98家、规模以上服务业企业99家、规模以上建筑企业22家）。园区累计实现地区生产总值216.54亿元，占仓山区总量的24%，其中规模以上工业增加值156.09亿元，比上年增长10.5%，占全区总量的63%。实现税收16.16亿元，比上年增长7.2%；实现企业固定资产投资67.68亿元，增长140%。

【龙头企业培育】 2020年，金山工业

2020 年 3 月 28 日，晋安湖“三创园”建设指挥部挂牌仪式在福兴经济开发区管委会举行
（福兴经济开发区　供）

园区拥有星网锐捷、升腾资讯、福大自动化等省级龙头企业 10 家，比上年增加 3 家，主要分布在软件科技、电子信息等多个领域。前三大主导产业占规上工业总产值的比重 82.5%，比上年提高 12 个百分点，其中高技术产业产值占规上工业总产值比重逾 18%。

【科技创新】　2020 年，金山工业园区拥有国家高新技术企业 203 家，比上年增长 28.5%；实现主营业务收入 168.05 亿元，增长 22.1%，占“四上”企业主营业务收入的 22.3%，比上年提高 1 个百分点。园区拥有省级以上重点实验室、企业技术中心、新型研发机构、博士科研工作站等各类创新研发平台 43 个，省级以上孵化器、众创空间等创业服务平台 8 个。全年财政对科技的实际投入 1.06 亿元，园区规模以上企业用于研发活动的投入呈逐年增长的态势，规模以上工业企业 R&D 经费占主营业务收入的比重 3.8%，比上年提高 0.1 个百分点。年内园区企业获取的发明专利授权数 257 件。福建省知识产权公共服务平台（“知创福建”）在金山工业园区设立工作站，为辖区企业在知识产权咨询、项目引荐、成果孵化、申报代理等方面提供一线服务。

【招商引资】　2020 年，金山工业园区招商项目投资额、产业链及技改项目投资额、招商项目数均居仓山区首位，累计引进招商项目 152 个，总投资额 628 亿元，其中产业链和技改项目 85 个，投资额 520.33 亿元。累计完成“抓项目、促跨越”开工项目 38 个，其中，2 个市重点项目按序时进度推进开工。年内园区有外资企业 218 家，实现出口总额 77 亿元，比上年增长 15%；进口额 8.2 亿元，增长 5.4%；实际利用外资 2.08 亿元，增长 124.9%；对外直接投资 6936 万元，增长 16.2 倍。

【园区规划建设】　2020 年，金山工业园区完成金山、浦上、福湾片区控规草案编制。首批选取橘园片区 A、C、D、E 四个地块均按计划实施。其中 A 地块拟建 5 幢“升级版”标准厂房，建筑面积 14.8 万平方米，于 11 月完成主体结构封顶。D 地块建筑面积 13.2 万平方米，于 11 月进场施工。C 地块建筑面积 10.6 万平方米，于 12 月 30 日完成土地出让。E 地块建筑面积 5.2 万平方米，正在优化土地出让方案。橘园片区福州奥特帕斯高端装备制造提升改造项目规划容积率从 1.13 提升至 3.0，建筑面积从原 2.79 万平方米增加到 6.76 万平方米，于 11 月开工建设。福建特力林实业有限公司、福州青大纸业有限公司自主提升改造项目完成总平方案设计。金山、浦上、福湾片区选定 10 家企业作为自主提升试点上报区政府审定。

（姜聪颖）

## 福兴经济开发区

【概况】　2020 年，福兴经济开发区有规模以上企业 84 家，规模以上工业总产值 410.2 亿元。园区第二产业、第三产业在经济总量中占比分别为 58.2%、41.8%。3 月 28 日，晋安湖“三创园”建设指挥部揭牌。

【基础设施建设】　2020 年，福兴经济开发区先后完成宜家周边第一期道路、交通、绿化建设工程，完成福马路、福光路、后屿路、红光路、龙安路、湖塘路东段、化工路、前横路快速通道改造工程；双福路南段（福马路—红光路）进入可施工准备阶段；对园区周边路网拟新增的横一路中段、横二路 B 段、横二路 A 段、纵三路 A 段、纵三北路 B 段、双福路北段、樟林路西段延伸段等项目，征收实施单位先行进场，对项目红线内建筑物进行摸底测算。针对晋安湖、宜家家居商圈、软件园晋安分园、高意科技、麦克赛尔新生产基地等重点点位加设 5G 基站 25 个，增设新能源汽车充电桩 50 个。

【招商引资】　2020 年，福兴经济开发区招商注册、备案项目 217 个，总投资 634.419 亿元，其中 3 亿元以上项目 110 个，投资额 395.79 亿元，外资、技改及产业链项目 55 个，投资额 175.66 亿元。引进天盟数码、兆丰华福州兽药 GMP 车间扩建、檀悦商务中心、德艺文创等项目。宏捷集团总部、福万研发总部等项目完成线上网络签约。德通容器科技生产研发中心通过创新型产业资格认定。

【项目建设】　2020 年，福兴经济开发区开（竣）工项目 84 个，总投资额 729.07 亿元，竣工项目 100%完成。福州宜家家居商场项目开业，麦克赛尔研发中心项目竣工投产，永正检测大数据研发总部、欧居智能创新中心开工建设。运用第三方招商平台资源，引入“市场+国企+政府”的园区建设运营模式，边建设边招商边运营，推动腾讯福州数字内容产业园项目落地顺大厂房。

【重点企业】 2020年，福兴经济开发区推进产业延链补链强链，支持龙头企业开展产业链垂直整合和跨区域横向扩展，培育五大产业集群，形成以高意光学、高意通讯、华科光电等为龙头的光电通讯产业集群，有相关企业23家，全年产值130.4亿元；以麦克赛尔数字映像、本田动力、茶花家居、兆丰华生物科技、永正检测为龙头的战略性新兴产业集群，有相关企业31家，全年产值156.7亿元；以盛辉物流、盛丰物流、宏捷物流为龙头的智能物流集聚区，有相关企业7家，全年物流业营业收入40.8亿元；以中信网安、天盟数码、量子百信、喜滴汽车、未来无线、中锐电子为龙头的平台经济产业集群，有相关数字经济、平台经济企业8家，全年营业收入15.8亿元；以高意通讯、喜相逢、海峡环保、华润燃气为龙头的总部经济产业集群，有相关企业6家，全年产值及营业收入156.3亿元。

【规划建设】 2020年，福兴经济开发区规划城市建设用地342.25公顷，较原控规337.16公顷增加5.09公顷，其中工业用地106.72公顷（含创新型产业用地25.97公顷），较原控规61.75公顷增加44.97公顷。完成614地块（钢材市场）、宜家家居地块（鸿福纺织）、龙安路、湖塘村、红光村等低效用地处置，整合产业用地80公顷。推进盛辉科技云仓、德通容器科技研发中心、万源药业等10幅地块自我提升改造；麦克赛尔、永正检测、金强等10幅地块出让落地；天赐建材、喜盈门、闽东本田等10幅地块收储提升。

【科技创新】 2020年，福兴经济开发区有省级及以上高新技术企业64家，其中国家级高新技术企业56家，省级高新技术企业8家。高新技术企业（规模以上）占园区规模以上企业数51.2%。51家规模以上企业年度投入研究与试验发展经费（R&D）5.5亿元，比上年增长9%。

【人才引进】 2020年，福兴经济开发区引进各类人才65人，其中省级高层次人才3人，博士2人，省级工科类青年专业人才5人，福州市“双一流”毕业生55人。年内福州高意通讯有限公司获评省级专家服务基地。

【生态环保】 2020年，福兴经济开发区成立环境治理领导小组，编制环境应急预案，开展散乱污综合整治工作，以解决污染防治、空气扬尘等生态环境问题。监测永正检测、湖塘路工地等16个重点项目环境质量，约谈企业35次，下发整改通知书35份。推进园区污水集中处理设施及配套管网建设，完善固废集中处理系统，污水总收集率、生活垃圾处置率均达100%。推行精细化城市管理，建立24小时巡查机制，整顿宜家周边、樟林路等地段市容市貌，全年拆除违规广告牌和乱张贴等300余处，清理流动摊点200余个，整治占道经营等违规违章行为2640余次。

【营商环境优化】 2020年，福兴经济开发区依托开发区管委会大楼内设立的区级行政服务中心，在全省首推“一窗受理、集成服务”改革，在全市首推“证照联办”“政务大数据平台”“企业开办”一站式服务，创新建立入驻项目手续办理“代办制”，实现全流程服务，审批提速30%以上，企业开办时限压缩至2个小时。创新“晋企优服卡”“金融特派员”等工作机制。为园区企业提供数字化转型、市场开拓、融资担保、产权交易、管理咨询等服务。

（林琛）

## 融侨经济技术开发区

【概况】 2020年，融侨经济技术开发区有规模以上工业企业186家，完成产值1056亿元，其中列入福州市“双百双千”增产增效行动的有82家，完成产值993.72亿元。完成固定资产投资75.58亿元，其中工业固定资产投资完成65.74亿元。完成实际利用外资3.47亿元。完成“2020年招商提升年”项目44个，总投资276.86亿元。完成“抓项目促跨越”开工项目23个，竣工项目15个。

【转型升级】 2020年，融侨经济技术开发区备案各类技改项目49个，总投资73.59亿元，其中亿元以上技改项目26个。完成京东方光电生产线新型应用技改、欣昊光电年产液晶显示器配件5800万件亿元等亿元以上技改项目13个。利用闲置厂房嫁接引进项目53个，总投资34.26亿元，盘活闲置厂房33.42万平方米。年内申报高新技术企业29家（其中复核11家），新增福建省首台（套）重大技术装备与智能制造装备企业2家，新增智能制造企业1家、绿色工厂4家、绿色供应链管理企业2家、制造业单项冠军企业（产品）2家，新增发明专利数76件、PCT专利数23件，3家企业获评福州市民营经济示范企业。福耀集团完成生产车间智能化改造，捷联电子、捷星科技分别投入9.3亿元、1.5亿元实施基于5G应用“工业互联网+智能制造”技术改造。

【招商引资】 2020年，融侨经济技术开发区先后引进电子信息、汽车部件、光学器件三大产业的强链补链项目46个，总投资151.92亿元，其中森达电气、东方小飞、福耀浮法技改等总投资亿元以上的项目有35个。全年列入各级重点建设项目59个，其中50个省“五个一批”项目完成投资42.92亿元，完成年计划184%；17个福州市重点项目完成投资17.66亿元，完成年计划139%；27个福清市重点项目完成投资24.33亿元，完成年计划153%。在“抓项目促跨越”行动中属于三大产业链的开工项目18个，总投资61.58亿元；竣工项目13个，总投资36.15亿元。年内园区三大产业的规模以上企业完成产值738.35亿元。

【防疫复工】 2020年，融侨经济技术开发区建立全员挂钩服务企业机制，在新冠肺炎疫情防控期间，率先推出产业链串联式全链条复工、跨行业共享员工、专车接送外地员工等举措，多方调配防疫物资帮扶企业。传递解读各级惠企政策措施，协助企业兑现落实，全年帮助企业申请兑现各项补助资金5000余万元。

【基础设施建设】 2020年，融侨经济技术开发区在建洪宽大道、纬一路、福前路、福长路、洪智路等配套道路，其中洪宽大道启动建设，京东方片区北侧配套道路、福长路等建成并投入使用；完成南部片区、福政大道、福耀路等的绿化景观工程提升改造；结合市推进龙江流域综合整治，推进园区未配套的南部片区、洪宽二路和洪宽五路的污水管网建设；园区5G建成基站86个，基本实现园区范围内的5G信号覆盖。加密光电园区、起步区公交班次和线路覆盖密度，规划洪宽片区公交首末接驳站建设；建成融侨小学、实验小学（第二校区）等并投入使用，完成北亭中心小学、宏路中学配套的提升改造；开工动建福清市医院二期工程，提升改造福清市第三医院和阳下街道社区卫生服务中心；推进洪宽工业村员工宿舍（一期）、友谊集团公共租赁住房项目，捷联电子员工入住冠捷家园。完成园区规划环评并通过生态环境部审查，基本完成区内雨污管网疏浚修复，开展雨污分流试点工作，具备纳管条件的企业全部纳管、达标排放。开展园区房屋安全隐患排查整治工作，排查录入系统1791栋房屋，排查出9宗隐患并整改。

（游强）

## 福州新区福清功能区

【概况】 2020年，福州新区福清功能区规模以上工业产值累计完成305.97亿元，比上年增长13.5%。固定资产投资完成79.94亿元，比上年增长17.72%，其中工业固定资产投资58.99亿元，增长7.28%。全年实际利用外资3256万元，累计缴纳税收4.25亿元。

【基础配套建设】 2020年，福州新区福清功能区各类配套建设总投资额15.5亿元，其中洪桥大道东段、元坤路、洪嘉大道延伸段东段、洪前大道东段等7.17千米实现通车，元城路、元创路等12千米道路在建；11千伏安善友变电站动工建设，11千伏牛宅变电站启动项目前期；新增供水主管网约3千米；启动第二污水厂项目前期工作；建设供热管道10千米；建成通信网络总长约40千米，新增通讯信号塔6个；温德姆华强酒店、华侨公园、元洪幼儿园、九年一贯制学校、元洪医院、元洪消防站、创业服务中心、亚琦元洪商贸城、元洪国际美食文化城等综合配套建设均启动建设或在建。谋划生成元洪国际食品产业学院、元洪食品检测检验国家实验室、福平铁路元洪疏港支线、京台高速公路元洪疏港支线等43个项目。

【项目建设】 2020年，福州新区福清功能区有15个项目列入福州市重点项目，其中含6个省重点项目，年度累计完成投资32亿元，其中市重点项目超额完成10%，省重点项目超额完成20%。丰大一期、胜田一期等13个项目竣工投产，森天汇、港龙深鲜、丰大技改等23个项目动建或挂牌。星龙翔项目完成3号、6号楼桩基施工；新德食品项目办理食品生产许可证，进入试生产阶段；元洪国际食品展示交易中心一期项目1～3号冷库完工并投入运营；华侨公园通过五方验收并等待展品审核，计划对外开放；温德姆华强酒店一期进入外墙、室内和室外景观装饰工程施工阶段；亚琦元洪商贸城项目一期一标：2号、6～20号楼主体工程完成100%，二标：3号、5号、21～33号、36～39号楼主体工程完成100%。

【招商引资】 2020年，福州新区福清功能区完成招商任务21个，总投资额196.15亿元。其中鸿昌食品、兆华水产等二产项目9个，总投资130.1亿元，元洪国际食品展示交易中心三期等三产项目12个，总投资66.05亿元。元洪国际食品产业园新入驻食品产业链项目41个，总投资261亿元。其中御冠食品、胜田食品等投产或投入运营项目9个，投资31.5亿元；元洪国际食品展示交易中心一期等部分投产项目3个，投资20.5亿元；元洪国际食品展示交易中心二期、融湾美食文化城等在建项目21个，投资113亿元；鸿昌食品等待动建项目8个，投资96.05亿元。

【防疫复工】 2020年新冠肺炎疫情防控期间，福州新区福清功能区帮助企业解决问题551个，解决率100%。疫情初期利用京东的线上资源等多渠道协调满足企业防控所需的口罩、消毒水、测温枪等物资，为企业协调口罩15万个，测温枪近30把，并主动联系福化工贸购买消毒水。启动包机、专列、包车接送服务解决御冠食品、宇邦纺织等企业员工返岗问题，并指导企业对接返还失业保险费、留岗留薪、企业招工补贴等政策。组织2场政银企对接会，协调解决企业融资难、融资贵问题，为御冠食品、长德蛋白等企业促成近18亿元融资落地。参照有关文件精神对标准厂房租金予以减免，为新盛达、宇仕、昇扬等8家企业减负46.54万元。通过数字元洪公共服务平台和元洪在线跨境B2B交易服务平台开展线上直播带货新销售、网络供需对接会等，带动线下食品企业复工复产。3月5日，福清市市长张帆直播代言带货，完成订单17.16万单，销售额突破1006.4万元。

【产业发展】 2020年，福州新区福清功能区元洪国际食品产业园借助全球（元洪）食品数字经济产业中心和元洪在线跨境电商两个平台，在食品加工、储运、交易、展示、体验、结算的各个环节开展产业链招商。全年累计注册企业220家，其中将御冠食品、天马食品、光阳蛋业、温福食品、闽峰水产、九里京鳗鱼、闽洋海蜇、黑鲨酒业等13家企业培育成京东自营供应商；中鼎粮油、中汇大米等成为京东自有品牌京造的供应商；印度尼西亚燕窝、螺旋藻、养胃粉等产品进入京东大药房渠道。

【“两国双园”项目】 2020年，中国—印度尼西亚“两国双园”项目明确中方园以福州市元洪投资区为核心载体，印尼方园以民丹工业园、阿维尔那工业园、巴塘工业园为主体，探索产业互联、设施互通、政策互惠的双园结对合作机制，构建以食品产业链、供应链为主体的合作平台。国家发改委将中国—印度尼西亚“两国双园”项目列入“一带一路”建设境外重点项目库。福清市成立推动中国—印度尼西亚“两国双园”建设工作领导小组，建立“周例会、月协调、季通报”等机制。根据“工作项目化，项目责任化，责任具体化”要求，梳理30个“走出去、引进来”合作项目，其中“走出去”项目13个，“引进来”项目17个。筹划设立福建中国—印度尼西亚“两国双园”产业合作促进会，筹备首场全球招商推介会。

（念忠）

## 福州江阴港城经济区

2020年3月24日，福州市第一季度第二批重大项目集中开工活动在江阴港城经济区万华化学福建MDI产业园项目工地举行　　（江阴港城经济区　供）

【概况】　2020年，福州江阴港城经济区完成规模以上工业产值342.82亿元，比上年增长11.09%；固定资产投资112.95亿元，增长8.7%；工业固定资产投资105.63亿元，增长11.74%；集装箱吞吐量215.13万标箱，增长4.96%；港口货物吞吐量3066.55万吨，增长7%。全年落地工业企业103家（规模以上企业47家）。年内市人民政府对利比里亚籍“天才”号气船丙烯泄漏应急抢险参战的江阴港城经济区管委会（含福州市江阴化工应急救援中心）予以通报表扬。国务院批复福建省人民政府、海关总署，同意福州保税港区核减规划面积并整合优化为福州江阴港综合保税区。园区的“电力工程审批绿色通道”入选《国务院关于做好自由贸易试验区第六批改革试点经验复制推广工作的通知》。

【项目建设】　2020年，福州江阴港城经济区完成万华化学、福一建材等21个开工项目，总投资713.12亿元；完成友谊新材料科技园二期、东方风电等13个竣工项目，总投资46.41亿元。年内市第一季度第二批重大项目集中开工活动在园区万华化学福建MDI产业园项目工地举行，万华化学福建MDI产业园项目开工。“抓促”工作列福清市四大园区之首。

【招商引资】　2020年，福州江阴港城经济区突出发展临港石化、高端制造等特色产业，招引万华化学集团福建产业园、旭川化学30万吨/年聚氨酯新材料等22个招商项目，总投资655.98亿元。招商工作列福清市四大园区之首。

【基础设施建设】　2020年，福州江阴港城经济区推进福清一中、城关小学、实验幼儿园江阴分校以及新厝生活区配套工程用地前期工作，江阴港城实验幼儿园于12月动工建设。完成三峡路、经三路等4条总长2.7千米道路建设，港前大道等2条总长4.8千米的道路提升改造工程，国盛大道等7条道路总长24千米道路的路面修补工作，江阴支线等6条道路总计6.4万平方米的绿化提升改造工作。完成污水管网改造提升4千米、清淤检测32.7千米。钱塘河工程和壁头支河在建，完成高港南北滞洪区、壁头河北侧部分防护堤招标工作。

【园区规划】　2020年，福州江阴港城经济区完成江阴镇、新厝镇生活污水治理专项规划并通过专家审查。开展污水专项规划修编、东部防潮排涝规划修编、东部产业区控制性详细规划修编以及10KV配电网设施布局专项规划修编。推动《福州港总体规划（修编）》审批工作。委托中国石油和化学工业规划院对东部化工产业进行规划修编。

【改革创新】　2020年，福州江阴港城经济区推出创新举措29项，其中8项创新举措通过省自贸办评估认定（5项为全国首创）；1项改革试点经验入选国务院印发的“自贸区第六批改革试点经验”目录。福州跨境电商综合试验区内首家跨境电商出口海关监管仓于4月10日开仓运营。新建1条满足国六汽车排放标准的检测线，并建成口岸标准符合性整改场所。首次实现铁路箱下海出境，开创铁路箱外贸货物“一箱到底”的全程多式联运新模式。

【后勤保障】　2020年，福州江阴港城经济区制订《福州江阴港城经济区安全生产专项整治三年行动方案》，编制完成《福州江阴港城经济区安全风险评价》，完成《危险化学品事故应急救援预案》修订，推动政府专职消防队入驻，组织应急救援演练。推动园区视频监控系统升级改造工作，开展“小散乱污”企业排查整治工作。率先推行“环保管家”模式，7月聘请第三方专业机构作为“环保管家”入驻园区开展工作，开展基础数据分析调研、环保问题整治、信息化平台搭建等工作。

（陈霞）

2020 年，中铝瑞闽公司在闽台（福州）蓝色经济产业园投资建设中铝东南沿海铝精深加工基地项目

［闽台（福州）蓝色经济产业园　供］

## 闽台（福州）蓝色经济产业园

【概况】　2020 年，闽台（福州）蓝色产业园完成招商项目 16 个，总投资金额 102.61 亿元。依托中铝东南沿海铝精深加工产品项目的品牌优势，打造新材料项目产业链条。依托蓝谷产业综合体，推进小微集群招商。与发改、市场监管、生态等多个部门联动，靠前服务加快审批分批推进，实现入驻蓝谷产业综合体的企业项目快注册、快审批、快落地。项目一期吸引 58 家中小微企业入驻，推进 10 家企业项目完成落地备案。与国家能源集团、前晨汽车、东方电气等氢能行业龙头企业展开对接，推动发展制氢产业。

【基础设施建设】　2020 年，闽台（福州）蓝色产业园配套路网有“三横”滨海大道、江华大道、湖滨大道，“三纵”蓝色大道、闽台大道、海洋大道。蓝谷西侧道路、中铝北侧道路、中铝西侧道路、中铝南侧货运通道等企业配套道路建成并通车。完成研发中心东北侧防风林工程、江华大道连接线西侧绿化工程 2 个项目建设，绿化面积 1.3 公顷。对蓝谷东侧河道按 1∶2.5 的比例开挖形成自然生态驳岸，基本完成 950 米的蓝谷东侧河道改造工程。园区征地面积 800 公顷。运送渣土 32 万立方米，完成港头深坑、研发中心一期、荣德铵家北侧公园、江华连接线西侧绿化、中铝南侧绿化等 5 个项目填方工作。日供水量 3.5 万立方米的给水专管、1.25 万吨污水处理厂、LNG 气化站和中铝一回路建成并投入使用。启动福清实验小学蓝园校区项目建设规划工作，完成立项和施工图设计。

【项目建设】　中铝东南沿海铝精深加工基地项目　2020 年，中铝东南沿海铝精深加工基地项目由中铝瑞闽公司投资建设，总投资 100 亿元，分期分阶段实施。一期一阶段为高端电子和环境友好型包装材料智慧工厂项目，项目投资 14.8 亿元，用地面积 46.67 公顷，实现投产；一期二阶段为汽车轻量化用铝合金板带材生产线项目，项目投资 10 亿元，用地面积 33.33 公顷，主体厂房完成建设并投产，集控中心完成建设；一期三阶段交通运输及电子领域用连续性铝合金卷材生产线项目总投资 14.8 亿元，5 月 7 日重新优化可行性研究报告。

蓝谷海工装备产业综合体项目　蓝谷海工装备产业综合体项目由福建省蓝谷投资开发有限公司投资，项目总投 30 亿元，计划用地面积 93.33 公顷，建设标准厂房及产业配套设施合计 100 万平方米以上，分三期建设。项目采取分期分批建设模式。蓝谷一期项目拟建设厂房及配套设施 145 栋，其中单层及多层钢结构厂房 87 栋、混凝土结构微工坊厂房 14 栋、生活及办公配套设施 44 栋。单层及多层钢架结构厂房主体建设完成 72 栋，竣工验收 38 栋；混凝土结构微工坊厂房完成主体建设 12 栋；南侧 36 栋办公楼完成基础施工。

鸿生装配式建筑及建筑资源再生项目　鸿生装配式建筑及建筑资源再生项目由福建鸿生高科环保科技有限公司投资，总投资 18 亿元，达产后产值 50 亿元，年创税收 2 亿元。项目计划用地面积 58.8 公顷，分 3 期建设。一期计划投资 6 亿元，计划建设生产车间 3 个，总建筑面积 33853.2 平方米。A 区 1 号生产车间完成厂房建设，占地面积 9422.1 平方米，完成设备安装并投入生产使用。2

号生产车间厂房主体结构封顶完成。3号生产车间完成主体结构封顶。

（陈榕）

## 福州新区长乐功能区

【概况】 2020年，福州新区长乐功能区有规模以上企业119家，规模以上工业产值1260.56亿元，比上年增长5.36%；规模以上互联网相关软件与信息服务业营业收入91.92亿元，增长5.45%；规模以上企业两税合计上缴3.86亿元，下降4.3%；固定资产投资278.32亿元，增长27.87%。

【招商引资】 2020年，福州新区长乐功能区完成招商项目196个，总投资597.78亿元。福州新区长乐功能区管委会在第三届数字中国建设峰会上签约项目23个，总投资额328.6亿元，涉及健康医疗、卫星互联网、工业互联网等领域。

【重点项目建设】 2020年，福州新区长乐功能区安排重点项目169个，年度计划投资567.99亿元，完成投资636.37亿元。其中在建项目87个，总投资1502.96亿元，年度计划投资400.94亿元，完成投资468.24亿元；计划新开工项目51个，总投资451.47亿元，年度计划投资154.65亿元，完成投资168.13亿元。长乐六中新校区、福州市德诚职业培训学校等46个项目动工建设，开工率90.2%；长乐最佳西方财富酒店项目、福建立源科技智能纺织设备生产项目等5个项目推进前期工作。

【东南大数据产业园建设】 2020年，东南大数据产业园（含网龙片区）累计注册企业550家，注册总资本479.03亿元，其中年内注册企业220家，实现营业收入175.77亿元，实现税收3.68亿元。新安排入驻企业86家，办公场所面积2.2万平方米；新安排入驻人才公寓454人，面积2.25万平方米。推动神州数码、新松机器人等优质项目落地滨海新城。与市投促局、工信局、电子信息集团、金控集团、人才集团等市直部门开展联动招商。在“9·8”厦门投洽会上签约达华众链科技项目。

【基础设施建设】 2020年，福州新区长乐功能区推动滨海工业集中区污水处理厂提标改造，10月一期提标改造工程（日处理污水3万吨）投入运营，一期、二期污水排放均达到国家一级A水平。松下片区集中供热二期项目新上一台90吨锅炉并于12月完成工程建设。修复老旧工业区路面开裂、塌陷及两港工业区仙东路3处窨井损坏。

【营商环境优化】 2020年，福州新区长乐功能区兑现大数据产业园企业经营贡献奖励、展厅补助、设备采购补助等各类奖补2821.7万元，拨付人才公寓和研发楼租金9852万元，累计发放各类人才引进落地奖励584.2万元。对全日制应届毕业生到园区工作，按照不同学历分别给予不同标准的交通补贴。兑现大数据企业引进高校毕业生交通补助1444人次977.8万元。对产业园常驻车辆实行特殊收费模式，享受特殊收费优惠车辆4823辆，累计支付高速通行费1468.8万元。开通福州、长乐城区至滨海新城各类公交线路23条，解决入驻企业日常通勤问题。

（殷桂贤）

## 福州临空经济区

【概况】 2020年，福州临空经济区有规模以上工业企业267家，完成工业总产值1271.9亿元，比上年增长12.5%；税收10.1亿元，下降17.2%。重点产业项目52个（其中省重点项目12个），总投资448.48亿元，年度计划投资80.9亿元，其中45个在建项目，有骏鹏智造、阿石创光电、京东物流园、网龙大集等31个项目竣工或投用；5个预备项目继续开展前期相关工作。

【基础设施建设】 2020年，福州临空经济区仙昙路二期完成竣工验收并通车，文鹤路马山段、安置房配套道路、仙昙东路及连接线、龙翔小区、棋山花园安置房等5项基础配套按序时建设。推动临空中小学、文鹤中路及连接线、马山一路及连接线、文前路、文山路和东沙路等10个配套工程前期各项工作。

【福州临空经济示范区获批】 2020年，福州临空经济示范区位于福州新区核心区，规划总面积约145平方千米，其中长乐国际机场面积18.3平方千米，于11月27日获得国家发改委、民航局联合复函批复，成为第17个国家级临空经济示范区。规划范围东至沿海防护林，南至规划长林路，西至文松路、泽竹路及南阳山，北至规划临空支路。规划区域内可开发建设用地总面积约56平方千米，远期建设用地面积初步规划为100平方千米。

【重点项目建设】 银河骏鹏智能制造产业化项目　项目位于临空经济区湖南镇文岭镇交界，建设方福建骏鹏智能制造有限公司是江苏银河电子股份有限公司（A股主板上市企业）的全资子公司，项目投资约10亿元，于2018年11月启动建设3栋大体量高层式钢构厂房、1栋框架结构车间、1栋员工宿舍、1栋办公楼，总建筑面积9.8万平方米。于2020年投入生产，生产的新能源汽车超塑性成型动力电池结构件、智能制造水平在国内动力电池结构件高端制造领域居于领先地位。

中国智能骨干网核心节点项目　项目位于临空经济区湖南镇文岭镇交界。由阿里巴巴集团菜鸟网络科技公司投资11亿元，用地面积18.89公顷，总建筑面积101493平方米，建设基于大数据、网络金融、信息服务、云计算等技术平台的新型物流仓储基地，以及新零售、电子商务、创意设计及相关产业集群办公设施与配套生活社区。项目于2018年12月动工建设，年内项目5栋厂房竣工，1栋投入使用。

京东亚洲一号福州长乐物流园项目　项目位于临空经济区湖南镇文岭镇交界。由福州旭东卓风物流有限公司投资6.5亿元，用地面积10.65公顷，总建筑面积5.6万平方米，建设订单生产中心、智能分拣中心及无人智能仓储中心，实现冷链、医药、中小件电子等自营订单及平台订单生产、分拣及销售服务全智能化。项目于2019年3月动工建设，2020年12月，1、2号普通仓库和3号地狼仓均竣工运营。

（吴增辉）

## 青口投资区

【概况】 2020年，青口投资区实现规模以上工业产值420.16亿元（其中汽车行业产值218.61亿元、汽车配套厂产值100.38亿元），全区税收31.23亿元，东南（福建）汽车工业有限公司产值6.69亿元、产量9718辆、税收675万元；福建奔驰汽车有限公司产值111.53亿元、产量29990辆、税收16.69亿元；固定资产投资完成86.03亿元。青口投资区经国家发改委核定为省级汽车工业园区，规划面积76.03平方千米，规划工业用地16平方千米。开发工业用地12平方千米，主要发展汽车、机械、电子等工业，汽车产业占主导地位。有海峡两岸最大合资汽车项目东南（福建）汽车工业有限公司及福建奔驰汽车有限公司两家整车厂落户青口投资区。建成投产企业280多家，其中汽车整车厂及六和机械、爱德克斯零部件、麦格纳汽车座椅等配套厂180多家，汽车销售企业奔驰、宝马、保时捷、奥迪4S店等30多家。6月18日，闽侯县行政服务中心分中心在青口投资区揭牌运行，年内受理工商登记等事项8269件，日平均办理事项约60件。

【产业布局】 2020年，青口投资区基本形成以东南汽车、奔驰汽车两家整车厂为龙头，汽车配套厂、汽车销售企业（4S店）为支撑的产业发展格局。落户企业有美国克莱斯勒汽车公司、加拿大麦格纳公司、日本三菱汽车公司、日本三井物产株式会社、台湾“中华汽车公司”、台湾六基集团公司、台湾“中华台亚公司”等20多个国家和地区的知名企业。有规模以上工业企业148家，下辖国家级高新技术企业32家、省级高新技术企业29家，奔驰、明芳等多家企业实验室获国家CNAS认证。“十三五”期间，全区规模以上工业产值总量2114.33亿元，年均422.87亿元；汽车行业规上工业产值总量1389.26亿元，年均277.85亿元；上缴税收163.43亿元，年均32.69亿元；固定资产投入325亿元，年均65亿元；汽车行业销售额总量314.91亿元，年均62.98亿元；二手车销售总额868亿元，年均173.6亿元；外资实际到资总量7.34亿美元，年均1.47亿美元；福建奔驰成为福州市第一家税收超10亿元工业企业，并连续4年蝉联全市工业企业纳税第一。

【招商引资】 2020年，青口投资区配合招商小组工作，先后赴长三角、上海、厦门、泉州等地开展产业链招商活动，与相关企业负责人多次对接洽谈项目准入条件、政府招商优惠政策等。全年新增落地项目45个，总投资约58亿元。

【项目建设】 2020年，青口投资区亿元以上开工项目完成福州福信昌橡塑有限公司技改等项目11个，总投资20.46亿元。亿元以上竣工项目完成福建奔驰汽车焊装车间VS20生产线JPH提升等项目12个，总投资25.6亿元。

【基础设施建设】 2020年，青口投资区有国道324线、省道203线、林森大道、奔驰大道，有祥谦、兰圃两个高速出口。建有东台550KV、兰圃、长坪220KV等一批变电站；建有三溪口水库等3个主要水源，东南汽车城新水厂日供水能力20万吨在建；建有污水厂2座，日处理能力2.5万吨。建有员工公寓992套、幼儿园43所、小学23所、中学8所（在建2所）；闽侯县人民医院、闽侯县第二医院等2所县级公立医院。建有青口文体中心项目（青运会比赛场馆）、中央公园、千家山公园、七里公园等文体设施。推进东南大道（三期）道路工程、祥谦大道及支线道路工程等主干道路建设，其中洋山路道路改造、白水路改造、洋圃路、琯前河岐尾桥完工并投入使用，推进洋辅桥工程、东台及兰圃两个工业园区主干道路等项目前期工作。推进陶精路口至新城路口延伸段、东南大道（义溪路至新城西路）污水前期准备工作。推进青潭溪上游段河道整治、澜澄排水渠工程、琯前渠道改造等工程。年内市政设施在建项目7个，完工7个，累计完成投资315.68万元。其中新榕路东侧污水管道接驳工程已完成，投资46.81万元；奔驰大道、东南大道路面积水点改造项目已完成，投资25.29万元；新城路等主干道路面修复工程完成修补约29000平方米，投资186.74万元；东南大道、奔驰大道人行道修复项目完工，投资43.54万元。完成37条主次道路路灯、景观灯和控制箱的检查、维护，全区照明亮化设施完好率90%以上，亮灯率95%。

【东台高端新材料产业园】 2020年，青口投资区东台高端新材料产业园规划用地120公顷，依托祥鑫公司铝合金项目布局高端办公区域，建设综合生活服务中心，打造研发、生产、生活一体化的高端新材料产业园。园区拟配套先行建设东台大道延伸段、戊辰桥等市政道路2项、东台河延伸段水利项目1个。引进福建祥鑫股份有限公司祥鑫军民融合特种合金铝新材料项目，总投资18亿元。

（洪东旭）

## 连江经济开发区

【概况】 2020年，连江经济开发区实现地区生产总值359.90亿元，比上年增长134.44%；实现规模以上工业增加值111.20亿元，增长30.48%；实现税收30.19亿元；实现规模以上工业产值548.04亿元；完成固定资产投资187.38亿元（其中，公共基础设施建设投资46.93亿元，区内企业固定资产投资140.45亿元），增长93.63%；实现进口总额14.60亿元，增长171.83%；实际利用外资3.86亿元，增长309.12%。

【重点项目建设】 2020年，连江经济开发区有万纬福州连江物流园、永日香食品项目、福立方家居、名木年华家具、英迪特智能制造、海大饲料项目、龙和食品有限公司项目、海峡汽车及冷链物流产业园项目、连江通用设备生产项目、聚力实业项目、钢塔钢构制造项目等13个项目开工；海洋生物高新科技产业园项目、福宗实业、佳昆食品、锦添农业、普洛斯（二期）、华兰泰五金、格兰德机械制造等9个项目竣工并投产。

【产业布局】 2020年，连江经济开发区形成以化工业、食品加工业、建筑及通用设备制造业为主导的三产集聚产业，实现产值457.68亿元，占全区全年工业产值的83.51%，其中化工业产业产值212.61亿元，食品加工产业产值155.07亿元，建筑及通用设备制造业产值90.64亿元。有内外资企业217家，其中外资企业62家；有规模以上企业127家，实现年产值过亿元的有茶花家居、青岛啤酒、聚春园食品、德通金属等62家（其中，产值超10亿元的有马尾船政、海汇生物、亿达食品、飞鹭鞋业等15家企业）。

【龙头企业】 2020年，连江经济开发区有省级龙头企业12家、有效发明专利169项、通过ISO14000认证企业（项目）60家、省级企业技术中心6家、市级企业技术中心6家。

【基础设施建设】 2020年，连江经济开发区宏东产业园纵一路、福宗路、都东路、岭下路、宏产业园排水一期、二期工程等7个项目建成竣工；区间道路、纵二路、横二路工程等5个项目开工。连江西北经济区平安大道、丹江大道东段土石方工程、沿溪大道、产业大道、兰云路和区间路启动规划设计工作。

【工业与建设用地】 2020年，连江经济开发区挂牌出让工业用地17宗，累计面积67.96公顷，其中，天虹舞蹈鞋项目面积4公顷、柯林环保项目面积2.67公顷、家忠机械项目面积0.67公顷、宏利兴项目面积3.33公顷、达利气体项目面积2公顷、城投标准厂房（原西奥电梯）项目面积5.67公顷、名木年华项目面积0.67公顷、源博建材二期项目面积2.87公顷、宏利食品项目面积0.67公顷、达道牛肉项目面积1.2公顷、城投标准厂房（原福泰钢铁）项目面积17公顷、大众健康项目面积4公顷、中通物流项目面积19.6公顷、海莱特食品项目面积2公顷、鑫博食品机械项目面积0.67公顷、瑞锋冷藏项目面积0.27公顷、家忠机械项目面积0.67公顷。“农转用”已组件待批项目有丹阳2019-工业-004、005、006、007、008、009地块55.4公顷，鑫小春玻璃项目面积3.33公顷，西北经济区沿溪大道一期、产业大道一期、兰云路、区间一路等4条道路用地面积14.2公顷；组件报批的有东湖2019-工业-004、005、006、007地块面积42.13公顷；西北经济区沿溪大道二期、产业大道二期、区间二路及三路等路网工程用地面积9.53公顷。

（黄燕娥）

## 罗源湾经济开发区

【概况】 2020年，罗源湾经济开发区完成规模以上工业产值480.46亿元，比上年增长7.64%；完成固定资产投资45.69亿元，增长71.61%；完成地方级财政收入4.92亿元，增长2.79%；完成其他营利性服务业0.85亿元；完成社会消费零售总额2.41亿元；完成进出口总额13.19亿元。累计引进项目185个，合同投资总额796多亿元，已投产项目171个，其中规模以上工业企业32个，在建项目14个。

【基础设施建设】 2020年，罗源湾经济开发区完成《环罗源湾工业产业布局规划》，其中包含开发区园区产业规划。完成罗源湾南片控制性详细规划和金港工业区规划，完成松山片区（大、小获片）防洪排涝工程、松山片区鹤屿水闸、泵站及滞洪区工程、金港工业区防洪排涝（横向排洪沟及JC截洪沟）工程，完成松岐中路建设、站前广场和站前路建设、岐鹤路提升改造。南工业区建成进厂污水主干管、岐鹤路污水干管、江滨南路污水干管、滨海新城污水干管、铁路西侧污水干管以及厂前提升泵站。南、北片污水处理依托罗源县城区污水处理厂，建成金港工业区污水收集处理系统。北片工业区完成污水管网及提升泵站的可行性研究报告，并纳入罗源县南溪流域水环境综合整治PPP项目建设实施。

【招商引资】 2020年，罗源湾经济开发区围绕大数据、冶金建材产业，瞄准龙头企业、重点项目等进行招商，促进产业聚集。全年完成招商项目26个，引资163.81亿元，其中100亿元以上的项目1个，3亿~10亿元的项目14个。

【项目建设】 2020年，罗源湾经济开发区有三钢产能置换（罗源闽光部分）及配套项目一期工程、三钢产能置换（罗源闽光部分）及配套项目二期工程及年产130万吨H型钢生产线、宝钢德盛精品不锈钢绿色产业基地项目——钢铁产能置换项目、宝钢德盛1600毫米酸洗项目、宝钢德盛能源综合利用项目等。年内列入县级以上重点项目有9个，项目总投资179.55亿元，年度计划投资54.9亿元，累计完成投资55.81亿元。开工项目12个，竣工项目6个。“抓项目促发展”专项行动综合排名罗源县第一。

【营商环境】 2020年，罗源湾经济开发区鼓励滨海购物中心、百乐建材、金泰工业园等民营企业减免租户店面租金。传达宣传省、市、县关于中小企业融资政策支持及配套措施，鼓励金融机构对新冠肺炎疫情防控重点保障企业和受疫情影响较大的中小微企业提供信用贷款支持。协助福建德胜新建材有限公司引进甘肃定西籍务工人员182人。

（陈佳霖）

（编辑 姚国榕）

# 城乡建设与管理

## 城乡规划

【概况】 2020年，《福州市国土空间总体规划（2021—2035年）》完成阶段性成果；编制完成《福州市城市综合交通规划（2020—2035年）》，四城区实现控制性详细规划（简称“控规”）编制全覆盖。

【国土空间总体规划】 2020年，福州市自然资源和规划局推动《福州市国土空间总体规划（2021—2035年）》编制，完成国土空间开发保护现状评估、资源环境承载能力和国土空间开发适宜性评价工作，基本完成生态保护红线、永久基本农田、城镇开发边界3条控制线优化调整，协同推进专项规划和专题研究编制，并在此基础上形成阶段性成果，经市委常委会、市政府常务会研究同意。

【村庄规划编制】 2020年，福州市自然资源和规划局制定《福州市传统村落型村庄规划编制指南》，明确村庄定位，指导村庄规划编制，实现保护规划与村庄规划联合编制。全年有264个行政村启动村庄规划编制，批复实施225个，其中145个省级乡村振兴示范村实现村庄规划管控全覆盖。

【控制性详细规划】 2020年，福州市四城区实现控制性详细规划编制全覆盖，形成福州四城区“控规一张图”成果，包括44个控规编制单元及仓山冠洲村片区和晋安桂湖片区，总用地面积257.18平方千米。已批复的控规包括江北控规，面积118.1平方千米；南台岛包括江南片（南台岛）农大—淮安、江南CBD等片区控规，面积65.6平方千米；总计183.7平方千米。全年完成17项控规动态维护，50项控规优化调整。提升城区各产业园区规划，按照产业转型提升要求，推进晋安福兴投资区、鼓楼软件园区及金山片区、浦上片区、福湾片区、义序片区、高盛片区、高仕片区8个产业园区提升规划，同步开展城市设计和控规修编。

【市政规划】 2020年，福州市自然资源和规划局组织编制《福州市城市综合交通规划（2020—2035年）》，构建与城市定位和发展目标相匹配的综合交通体系，保障城市交通可持续发展。开展南台岛、江北片区竖向规划及内涝风险区划修编，制订福州市公共停车场3年行动方案，推进近期轨道交通接驳规划编制，启动三江口、大学城、福州现代物流城（连江）等重点片区交通提升研究，发挥交通市政规划在城市建设中的引领作用。

【规划管控】 建筑景观管控 2020年，福州市制定《关于进一步完善福州市城市与建筑风貌管控工作的实施意见》，开展《福州市建筑风貌导则》《福州市城市色彩规划实施导则》修编，细化完善建筑风貌管控要求。市自然资源和规划局组织33次建筑景观评审会，对105个建设项目提出景观提升意见。推进建筑景观“回头看”，对城市重点区域内66个已建项目开展核查梳理。

闽江沿线规划管控 完成闽江沿线环境综合整治项目63个，组织建筑方案规划成果审查40项，复核控制性详细规划、城市设计23项及出让用地的规划设计条件15项。

（林诚锦）

## 智慧福州建设

【概况】 2020年，福州市“智慧福州”管理服务中心（简称福州市智慧中心）推动“12345”便民（惠企）服务平台、数字城管系统及“e福州”平台建设、运营和管理，各项服务指标均位居全省前列。福州市连续6年获评“中国领军智慧城市”；在中欧绿色智慧城市峰会上，福州市凭借“12345+e福州”平台的疫情防控系列应用获“数字化抗疫优秀案例”奖；在全国政务热线运行质量总体情况评比中，福州市“12345”平台获全国副省级城市和省会城市排名第一名，并获“全国十佳热线奖”等多项荣誉。福州市“12345”平台服务团队获全国巾帼文明岗称号，并被团市委授予2019—2021市级“青年文明号”。

年内，“12345”平台和“e福州”平台开通抗疫服务专栏，提供防控新冠

2020 年 10 月 30 日，世界城市日中国主场（福州）活动在海峡会展中心开幕。图为会展中心一楼展览区 （市城乡建设局 供）

肺炎疫情资讯服务，相关内容参见抗击新冠肺炎疫情专辑。

【平台建设】 城市综合管理服务平台 2020 年，福州市在 2019 年被住建部确定为城市综合管理服务平台建设的 15 个试点城市之一的基础上，推进城市综合管理服务平台建设，市智慧中心与市城管委联合开展可行性研究方案编制工作。

智慧社区综合管理服务平台 市智慧中心在智慧社区试点基础上，整合社区服务和社区信息化工作需求，完成智慧社区综合管理服务平台可行性研究方案并通过专家评审，开展项目招标工作。

市域社会治理现代化综合指挥平台 探索在市级层面建设大整合、高共享、深应用的市域社会治理现代化综合指挥平台，市智慧中心围绕整合社会治理数据资源，打通部门信息壁垒，实现社会治理数据跨部门、跨区域共同维护和利用目标，开展市域社会治理现代化综合指挥平台可行性研究方案编制工作。

【数字城管】 2020 年，福州市数字城管系统受理有效案件 108.16 万件，比上年增长 5.37%，结案率 100%，按期结案率 99.76%。信息采集员通过简易程序自行处置市容环境类问题 20.35 万个。市智慧中心跟踪与督促急要件 1211 件，结案率 100%，无一例因办理不到位造成安全事故。采集公司建立常态化采集监督机制，收集易复发问题黑名单，规范和指导信息采集工作，并通过月例会、现场抽查、系统归集抽查、收集媒体曝光案件等方式加强对数字城管系统信息采集员队伍工作的监管。

【监督考评】 2020 年，福州市智慧中心将“12345”诉求件受理、批转、办理、报备审阅等各环节工作情况纳入年度绩效考核，将未参加绩效考核的企事业单位办理诉求件情况与其行政主管单位的绩效挂钩，以发挥行政主管单位监管主体作用。

【便民服务】 2020 年，福州市智慧中心建立市直相关部门、各县（市）区人员驻点保障机制、诉求件分级预警机制，开展诉求件逾期专项督查行动，设立研判专区。印发《福州市人民政府办公厅关于进一步加强“12345”便民（惠企）服务平台工作的通知》，将“12345”诉求件逾期查阅、逾期办理及推诿扯皮、办理不认真等情况纳入效能问责范围，从制度层面督促承办单位提升办理及时率和质量。开设“一企一议”服务专区，搭建从问题收集到跟踪监督、问题解决全过程服务企业的平台，形成制度化、常态化的政企沟通机制。开通“房屋结构安全隐患大排查”线索举报渠道，并形成专项分析报告定期报送市领导供参考决策，全年整理、报送相关分析报告 23 期，提供线索 4 万余条。“e 福州”APP 新增上线“电动车上牌”“无犯罪证明”“公安事项预约”等 37 项高频服务，并在全市人流量较大的区域部署 230 台“e 福州”便民服务自助终端，日均使用量超 3000 次。市智慧中心联合市商务局、市体育局等委办局在“e 福州”APP 开展发放“汽车乐购券”、体育消费券等线上活动。年内，“12345”平台受理诉求 226.96 万件，诉求件受理率 100%，反馈回复率 100%，及时查阅率 99.99%，及时办结率 99.99%，群众满意率 99.88%。全市数字城管受理有效案件 108.07 万件，结案率 99.96%，按期结案率 99.46%。各项指标均居全省前列。“e 福州”APP 总用户数 761 万人，日活超 30 万人次，累计为市民提供超 3.3 亿次服务；“e 福州”便民服务自助终端上线政务服务和公共服务事项 113 项，累计、提供服务超 70 万次。

（叶宁玉）

## 市政建设

【概况】 2020 年，福州市（六城区）建成区面积 305.3 平方千米，市政道路总长度 2551.34 千米，道路面积 4603.69 万平方米，道路密度 8.36 千米/平方千米，道路面积率 15.08%。六城区污水处理率 96.88%、供水普及率 99.93%、燃气普及率 99.04%。年内，市城乡建设局负责的项目完成形象进度投资 330.8 亿元，完成年度投资比例 106.71%；牵头的民生基础设施（补短板）建设项目完成投资 983.78 亿元，完成省级下达投资任务比例 129.4%，投资总量继续保持全省排名第一位。

【市政路桥建设】 2020 年，福州市城乡建设局组织推进市政路桥项目 136 个，完成福马路提升改造工程、鹤林高架改

2020年，福州市启动城市品质提升项目。图为整治后的烟台山乐群路

（市城乡建设局　供）

造工程等项目67个，新改扩建道路120千米，市政路网密度8.36千米/平方千米，市政路网密度从全省中下水平跃居全国前列；全国主要城市交通拥堵排名从2015年的第19位，下降至2020年的第24位。

（黄金寿）

【公共停车位与城市标识建设】　2020年，福州市增加路外公共停车泊位9564个。建立完善福州城市标识引导系统，新增约730面人行标识，完善47条道路车行标识。

（林诚锦）

【城市品质提升项目】　2020年，福州市城乡建设局根据即将召开"数字峰会""世遗大会""世界城市日"等重大国际国内会议活动对城市品质提升的要求，围绕福州城区的"10个重要门户、10个重要片区、10条重要线路"等核心区域，推进水系治理、城区治堵、花化美化、拆墙透绿等环境整治，完成城市品质提升项目2157个，完成投资104.88亿元，并建立长效化管理机制。

【景观照明设施建设】　2020年，福州市城乡建设局编制《关于规范城区景观照明建设管理工作的意见》，开展新一轮城市品质提升夜景灯光建设工作，完成鼓山大桥、魁浦大桥、东二环沿线和火车南北站等夜景灯光提升项目。开展亮化精细化管理，夜景灯光完好率96%以上、亮灯率98%以上、管理覆盖率100%，节假日等重要节会期间亮灯率100%。面。

【户外广告管理】　2020年，福州市城乡建设局出台《福州市户外广告、招牌设施安全检测工作指导意见（试行）》，完成第一批户外商业广告拍卖。开展老城区综合提升"十位一体"广告牌匾清理整治，清理整治户外广告牌匾1927结合新一轮城市品质提升工作，完成81个店牌店招整治项目。

【城区水系治理】　2020年，福州市完成城区99条主干河道、39条支流治理，完成6个水系综合治理PPP项目整体验收，水系治理转入长效运营管理。启动水系治理后，全市累计新建、改造沿河截污管网260千米，建设截流井1105座，新建滨河绿道395千米，建成、改造滨河串珠式公园379个。全面落实内河河长制，建立"水系提升工作联席会议"机制，加强考核问责，明确各部门在内河常态化管理方面的主体责任。11月，国家发展改革委印发《国家生态文明试验区改革举措和经验做法推广清单》，对"福州城市水系综合治理创新机制"等改革举措和经验做法进行全国推广。12月，福州市"探索构建河湖系统治理长效机制"入选"中国改革2020年度50典型案例"。

【污水处理】　2020年，福州市主城区及各县（市）区有城市市政排水管网约5000千米，其中主城区（鼓楼、台江、仓山、晋安四城区）排水管网3013千米，管网密度12.7千米/平方千米，超过全国平均水平。全年完成排水管网新建改造修复676.8千米，其中市政污水管网272.6千米，雨水管网404.2千米。全市有县级以上生活污水处理厂17座，污水处理规模151.5万吨/日，全年处理污水48434万吨，污水处理能力居全省第一位，基本具备污水全处理能力，出水均执行一级A排放标准，生活污水处理率96.5%，比上年提升1.3个百分点。

【城市供水】　2020年，福州市总供水能力329.95万吨/日，新建改造市政供水管网275千米，二次供水设施改造3.7万户，供水管网漏损率控制至7.83%，出厂水质综合合格率99.96%，供水普及率99.9%，位居全省前列。推进全省首座高品质饮用水水厂——东南区自来水厂工艺改造、飞凤山水厂扩建及深度处理工程，完成马尾琅岐海峡水厂、长乐远航水厂、连江第二水厂建设，进一步提升供水能力和出厂水质。编制完成《福州市水平衡测试管理规定》《福州市建设项目节水设施三同时管理办法的通知》等4份规范性文件及《福州市城市地铁给水管线迁改设计指导（试行）》。6月在全国重点城市营商环境评价中，福州市用水指标排名2019年度前十位，成为相关领域标杆城市。

【城市供气】　2020年，福州市六城区供应天然气2.86亿立方米，供应液化石油气4.26万吨。完成燃气设施投资0.7亿元，新建和改造燃气管网100.24千米，六城区管道燃气用户点火数增至82万户。加强联合监管、层级监管，运用福州市"气瓶安全追溯管理系统"监管平台和信息化手段，加强瓶装液化气安全管理，打击瓶装液化气市场违法违规行为；防范治理燃气管道安全隐患点，加强地下燃气管道安全保护工作联动，防范第三方施工损坏地下燃气管道事故发生和新的圈围占压燃气管道隐患点产生，开展燃气管网安全隐患排查整治，消除圈围占压燃气管道安全隐患点。6

2020 年，福州市推进滨河绿道、滨河串珠公园建设。图为龙津河（吴羽　摄）

月，在全国重点城市营商环境评价中，福州市入选用气指标排名前十位。

【城区水系联排联调】　2020 年，福州市启动排水防涝预案 118 次，总历时 640 小时 12 分钟（约 27 天）；组织开展暴雨应急抢险工作 52 次，实现小雨不积水，大雨不积涝的工作目标。制定优化水系科学调度方案，确保城区水系保持景观水位运行，各主要内河水位平均抬高 1.2-1.8 米，主要内河流速达 0.2 米/秒以上，实现最长距离、最高水位、最佳效果的城区内河水景观。12 月 15 日，福州市城区水系科学调度系统项目监测体系部分通过验收，转入实战运行。年内，在白马河、晋安河、温泉公园、西湖等 8 处城区重点河道及湖泊设立水系智慧公示牌，通过对河道数据的实时公示。

【世界城市日中国主场活动】　2020 年 10 月 30 日至 11 月 1 日，以“提升社区和城市品质”为主题的世界城市日中国主场活动在福州市举行。30 日，举行福州及国内外城市建设优秀案例展；31 日举行开幕式、主论坛和两场专题论坛活动，开幕式上发布《福州倡议》，并举行《上海手册——21 世纪城市可持续发展指南・2020 年度报告》中文版首发仪式；11 月 1 日，组织城市建设成果实地考察活动。

【海绵城市建设】　2020 年，福州市海绵城市试点建设通过国家三部委组织的联合验收检查，并作为全国 5 个表现突出的城市之一，获得国家正向奖励资金 1.5 亿元。在巩固海绵建设试点成果基础上，福州市推进全域海绵城市建设工作，推进完工海绵项目验收，实现 2020 年底 20%以上建成区达到海绵城市建设要求。

【城市体检】　2020 年，福州市在住建部下发的 50 项基本指标基础上，立足“幸福之城”目标，增加特色指标 12 项，构建具有福州特色的城市体检指标体系，编制完成《2019 年度福州市城市自体检报告》。福州市先试先行构建信息化体检平台，通过大数据和云平台手段建立兼具数据采集—认知分析—综合诊断等功能的系统，年内平台完成核心架构搭建，并在第三届“数字中国”建设峰会上展出。

【绿色建筑与建筑节能】　2020 年，福州市推进国家公共建筑能效提升重点城市建设，城镇新建建筑中绿色建筑比例超 70%，完成“十三五”期间 360 万平方米公共建筑节能改造目标。针对“C40 中国建筑项目”，出台推动空气源热泵技术在建筑中应用可再生能源建筑应用配套政策。

【村镇建设】　2020 年，福州市建成美丽乡村 174 个、再提升村 200 个及精品示范村 32 个，累计实施美丽乡村 1792 个，实现美丽乡村“初级版”全覆盖；全市 130 个乡镇建成乡镇污水处理设施（含管网接驳工程），新建乡镇生活污水配套管网 308.3 千米；完成 44 户农村贫困群体危房改造任务，改造后的农房全部通过第三方有资质的鉴定机构的质量安全性鉴定，均达到“A/B”级；完成 2 万栋既有裸房整治任务，全市农村建筑风貌水平稳步提升。

【铁路沿线整治】　2020 年，福州市完成铁路沿线环境整治提升项目 97 个，重点提升动车站点及周边环境，改善铁路沿线景观风貌品质。

【温泉资源开发利用保护】　2020 年，福州市继续开展螺洲地区温泉资源勘查，新竣工探采结合井 1 口，井深 1001 米，出水量 2160 吨/日，水温 68.5 摄氏度；完成长乐区古槐镇屿中村约 2 平方千米范围的物探、测温等勘查工作，开工建设温泉探采结合井 1 口，设计井深 1000 米，预计出水温度高于 60 摄氏度。

（黄金寿）

## 城市管理与执法

【概况】　2020 年，福州市处置“两违”（违法用地、违法建筑）建筑面积 956.65 万平方米，“两违”处置面积连续 4 年位居全省第一名。完成人行道日常维护面积 12.91 万平方米、沥青路面日常维护面积 16.37 万平方米，完成路灯线路修复 53985 米，修灯 16966 盏，保养桥梁 600 余座（次），实现道路完好率 95%，亮灯率 99%，桥梁合格率 98%。全国首创推行第三方管护企业维护共享单车停放管理，控制共享单车数量在 12 万辆以内，施划非机动车停放点位 2100 个，可停放非机动车 40 万辆。落实垃圾分类“三端四定”工作措施，实现居民分类准确率 80%以上，回收利用率 35%以上，在住建部排名中进入全国前十位，成为全国 9 个免检城市之一。年末红庙岭园区在全国 46 个垃圾分类重点城市中率先实现生活垃圾“零填埋”。全市统筹项目回填消纳场 223 个，消纳建筑垃圾约 1572 万立方米，推进仓山义序建筑垃

2020年，福州市开展道路品质提升工作。图为市政工人在南江滨东大道施工（吴志斌　摄）

圾资源化项目建设，盘活窗厦资源化项目地块，扩大建筑垃圾资源化处置能力。城区555座环卫公厕全部落实“公厕长”制和“十无五有”精细化管理标准。年内编印《城市管理与综合执法法律手册》和《城市管理与综合执法现行规范性文件及政策汇编》。新冠肺炎疫情防控消杀内容见抗击新冠肺炎疫情专辑。

**【“两违”整治】**　2020年，福州市处置“两违”建筑面积956.65万平方米，完成福建省治违办下达年度目标任务的239%，“两违”处置面积连续4年位居全省第一名。年内开展违建问题清查整治、农村新增乱占耕地建房问题整治、涉及房屋结构安全“两违”排查整治、小区违建专项整治等专项行动，构建国家自然资源部季度卫片、省自然资源厅动态执法图斑、市级“两违”季度卫片三级卫片组成的“天上看、地上查、网上管”的新增“两违”管控体系。

**【市政设施维护】**　2020年，福州市完成人行道日常维护面积12.91万平方米、沥青路面日常维护面积16.37万平方米，完成路灯线路修复53985米，修灯16966盏，保养桥梁600余座（次）。实现道路完好率95%，亮灯率99%，桥梁合格率98%。

*道路日常养护*　巡视发现并处置道路设施病害49122处，其中路面27663处，人行道21459处。完成道路沥青维护16.37万平方米，人行道维护12.91万平方米，破路修复18.4万平方米。开展道路品质提升工作，完成沥青路面35条，总面积约169万平方米；完成人行道约15万平方米；完成井盖调整7705座。

*路灯日常维护*　完成电缆敷设53985米，修灯16966盏，灯具灯罩更换1112盏，灯具校正105套，校杆192杆，加固及修补灯杆门2898扇，井盖修复193面，防漏电排查101451杆（均未发现漏电），灯杆清洁油漆8000杆。推进EMC项目进展，完成项目清单内道路30条，灯具更换31648盏。

*桥梁日常维护*　分片区对桥梁实行包干管理，指定专人对应监管，督促维护单位落实桥梁日常巡查和维护职责。全年巡检桥梁约8万座（次），发现各类病害1300多项（次），保养维护桥梁600多座（次），开展8座跨江大桥航标灯维护。新冠疫情防控期间，组织片区班组对市区地下通道、桥下空间进行“每日一消杀”，累计消杀8450座（次）。

*箱柜杆件整治*　结合“十位一体”、缆化下地、“清爽过大年”等专项整治，完成二环全线杆件整合及三环路等路段的箱柜美化提升。全年拆除废弃杆件931根，美化提升箱柜1058个。

**【市容环境综合整治】**　2020年，福州市城管委组织对五城区203条道路进行改造，改造卷帘门14259面，改造面积142941平方米。全市完成426个拆墙透绿点位建设。整治电动自行车乱停放现象，施划非机动车停放点位2100个，可停放非机动车40万辆。探索共享单车停放管理模式创新。

**【共享单车停放管理】**　2020年，福州市在全国首创推行第三方管护企业维护共享单车停放管理，由共享单车企业共同出资，委托第三方企业进行热点区域车辆无差别化秩序维护。通过总量控制、贴牌标识、车辆分流等措施，控制共享单车数量在12万辆以内。

**【道路保洁管理】**　2020年，福州市城管委将人行天桥、地下通道、新建绿地等纳入精细保洁范围，城区道路清扫保洁总面积4300万平方米以上。全市有各种环卫专用机械化车辆约1100辆，机械作业水平全省领先，机扫率90%以上。

**【垃圾分类管理】**　2020年，福州市五城区全面开展“三端四定”垃圾分类工作，3365个小区有分类屋（亭）4895座，配置分类管理员5152人，配备分类运输车567辆，建设环保驿站50座，大件垃圾集散点3个，有害垃圾集中收运点43个。城区居民分类准确率80%以上，无害化处理率100%，回收利用率35%以上。在住建部46个重点城市排名中，福州市进入全国前十位，成为全国9个免检城市之一。

**【垃圾无害化处理】**　2020年，福州市五城区产生的生活垃圾全部在红庙岭园区内进行无害化、减量化、资源化分类处理。年内，红庙岭厨余垃圾处理厂、生活垃圾焚烧协同处置厂建成并接收生活垃圾。红庙岭循环经济生态产业园区全年无害化处理生活垃圾139.26万吨，其中焚烧115.96万吨，卫生填埋23.3万吨。全年垃圾焚烧发电4.59亿度，综合利用炉渣22.55万吨，稳定化处理飞灰2.78万吨，餐厨废弃物处理17241.15吨，医疗及危险废物处置4530.61吨，大件垃圾（园林）处置7084.10吨，收集填埋气体1392.91万立方米，发电量1810.78万千瓦时，达标处理渗沥液87.52万吨。年内福州市在全国46个垃圾分类重点城市中率先实现生活垃圾“零填埋”。

推进农村生活垃圾治理硬件建设，提升改造不合格垃圾池和10个乡（镇）转运系统，健全完善“村收集、镇转运、县处理”城乡一体化收运处置体系，年内通过国家调研考核验收。

2020年，红庙岭园区实现生活垃圾“零填埋”。图为红庙岭厨余垃圾处置项目建设（刘学忠　摄）

**【建筑垃圾工程渣土管理】**　2020年，福州市有建筑垃圾运输资质的企业188家，其中渣土运输企业111家，轻型自卸车企业77家。办理运输单的建筑垃圾运输企业153家，其中渣土运输企业91家，轻型自卸货车企业62家；建筑垃圾运输车辆3391辆。年内保障重点项目出土，统筹项目回填消纳场223个，消纳建筑垃圾1572万立方米。推进仓山义序建筑垃圾资源化项目建设进度。盘活窗厦资源化项目地块，通过引进企业、技术，扩大建筑垃圾资源化处置能力。

**【环卫基础设施建设与管理】**　2020年，福州市在提前完成省级“厕所革命”3年任务基础上，督促各县（市）区根据片区规划和群众实际使用需求进行补缺补漏，新建、改建城乡公厕874座。推进13座城市管理综合体（中大型地下垃圾转运站）建设，建成2座（鼓楼区乌山西、仓山区黄山），主体完工1座（晋安区洋里），在建1座（仓山区三江口），其余9座由各区按照PPP模式负责建设，开展项目建议书、可行性研究方案编制等前期相关工作。

年内，五城区555座开放使用的环卫公厕全部落实“公厕长”制和“十无五有”精细化管理标准。开展年度公厕评比活动，评出11座“最优公厕”。46座开放使用的垃圾转运站全面落实精细化管理，与垃圾直运相结合，确保城区垃圾日产日清。

**【城市管理制度法规建设】**　2020年，福州市城管委制定环卫行业和占用挖掘城市道路领域信用分级分类管理工作制度，编印《城市管理与综合执法法律手册》《城市管理与综合执法现行规范性文件及政策汇编》。修改完善城市管理执法文书样式，在全市城管执法系统推广使用。推行行政执法“三项制度”，公示行政处罚信息487条、行政许可信息250条、“双随机、一公开”抽查检查信息60条，审核重大执法决定34件，动态调整生活垃圾管理行政处罚裁量标准32项。10月，上线《我执法我普法》全媒体直播节目，普及园林执法法律法规。落实“七五”普法规划及验收工作，组织开展年度城市管理法律法规知识培训暨“两违”查处案例分析会。

**【城市管理行政审批】**　2020年，福州市城管委审批窗口接受咨询1511人次，受理办结行政审批服务事项5451件，代缴城市道路挖掘占用修复费用1.84亿元。年内，制定出台《福州市城市管理委员会关于简化城区电力等公共服务工程涉及破路计划审批的实施意见（试行）》，简化审批流程，将“市政设施建设类审批”涉及挖掘占用城市道路办理时限由原来的5个工作日压缩至3个工作日。在福州市第七轮简政放权工作中，市城管委将“占用挖掘城市道路审批”“依附于城市道路建设各种管线杆线等设施审批”和“缴纳城市道路挖掘修复费（占用费）”3个事项合并为“市政设施建设类审批”1个事项办理。压缩审批服务事项办理时限，由原来20个工作日缩减至6个工作日；开展证明事项清理，精简申办材料，平均每个事项申办材料4.9个。新冠疫情防控期间，为助力企业复工复产，将企业办件量大、与复工复产密切相关的“运输企业运输建筑垃圾备案”纳入全市首批“秒批”服务范围。

**【城市管理行政执法】**　2020年，福州市城管支队拆除各类违章广告1137面，查处案件431件，罚款到账580万元。

*市政执法*　组织开展市区围挡巡查和市政专项整治提升行动，将常态化巡查和重要节点整治、宣传引导和执法惩处有机结合，检查项目工地2414个（次），纠改不规范围挡703处，缩减、拆除施工围挡162处23万平方米，清理路面遗撒水马406个；立案查处市政类违法案件35件，罚款13.69万元。

*户外广告执法*　按照新一轮城市品

质提升和深化老城区“十位一体”综合整治工作要求，对城区主干道及其延伸路段违章户外广告进行整治，拆除违章商业广告1137面。

渣土和噪声执法　查处渣土扬尘案件363件，处罚473.73万元；工地噪音案件81件，罚款23.7万元；吊销建筑垃圾运输单位准运资格3件。开展常态化渣土执法督查，移交属地查处渣土案件1007件。

园林执法　建立园林管理和执法联动工作机制，移送处理绿化管养不到位问题888处，劝离停放在绿地上的机动车112辆，搬离共享单车101辆，查处侵绿毁绿案件12件，罚款1.08万元。

（连琳琳）

2020年，福州市加强绿地及道路养护管理　　（市园林中心　供）

## 园林绿化

【概况】　2020年，福州市建成区新增城市园林绿地455.02万平方米，新增林荫道51条，提升绿道113.9千米。公园绿地服务半径覆盖率92.53%，比上年增长7.18%。园林绿化3项指标为绿地率42.44%、绿化覆盖率45.62%、人均公园绿地面积15.70平方米，分别比上年增长2.05%、1.49%、0.66%。年内，开展公园防疫消杀工作，开展常态化防疫工作，相关内容参见抗击新冠肺炎疫情专辑。

【城市绿化】　2020年，福州市完成南二环沿线、东三环沿线、南江滨东大道、环岛路、林浦路、后坂路等重要线路290项绿化景观提升任务，完成机场沿线、火车南北站等重要门户景观改造提升。推进“十位一体”老城区改造，开展街头小公园等园林绿化工作，建设可进入式绿地，建成街头小公园308个，完成拆墙透绿393处。

【公园景区建设】　2020年，福州市园林中心加强部分园区配套建设，其中闽江公园实施滨江城市阳台接驳口配套绿化，进行疏密有致改造，增加游客树下活动休憩空间；动物园对现有检售票房进行扩建改造，提升硬件设施，重新修缮百鸟园至河马旧有木栈道，更换园区自来水供水线路。打造公园文化精品，与市文旅局、福州闽剧院联合，在西湖公园、茶亭公园、于山风景名胜公园开展“大美园林 非遗闽剧”“闽剧进公园”等主题文化系列活动。创新公园服务管理，联合《海峡都市报》在市属闽江公园、儿童公园试运行“市民园长制”，引导市民参与城市公园管理。加强公园智能化管理建设，完成公园基础设施普查建库、信息收集管理、智能导览服务。年内，西湖左海景观整治二期项目对左海公园内建筑外立面进行改造，新增亭廊、临水休憩平台、儿童乐园；加强环湖木栈道抢修，采用分段拆除重建方式，优化线路、拓宽栈道宽度，增加驳岸绿化景观，沿线增加亭廊等休憩空间。于山风景区戚公祠古建群9处文保建筑进行屋顶吊顶、墙体等翻新修缮，增加消防、多媒体等设施，修缮古建筑主体面积1031立方米。

【古树名木保护】　2020年，福州市园林中心抽查市管道路绿地有害生物发生及为害情况，送检鉴定和发布新发生的有害生物种类，并根据不同季节等适时发布阶段性有害生物防治重点，对有害生物防治新技术新方法进行推广应用。组织养护企业进行植保专业季度培训，发布植保病虫害预测预报和防治信息。完成一级古树名木现场抽查考核及白蚁灭治工作中间验收工作。

【园林管理】　2020年，福州市园林中心开展管辖绿地的园林植物修剪、地被植物浇水、施肥等日常养护工作。组织对市区30条主干道及主要节点、面积1.3万平方米的道路花化，对市区内98处、总长158千米的各类互通、道路高架、跨江跨河大桥、人行天桥、人行地道、地铁通风口、人行道花坛等的三角梅进行养护。

加强园林服务宣传，邀请新闻媒体报道城市园林绿化建设成果。发挥园林专业优势，组织志愿服务活动，开展“爱在机关　福满榕城”迎春送福主题党日活动、“不负好春光　榕城添新绿”义务植树活动、“诗情花艺　爱在当夏”、“深化社区共建　爱卫你我同行”等活动，通过花艺DIY、赠送小盆栽、义务植树等方式，普及宣传园林绿化知识。

（谢敏锋）

（编辑　黄铭）

# 交通　邮政

## 公路建设与养护

**【概况】**　2020年，福州市公路总里程1.16万千米，其中高速公路756千米，普通国道753千米，普通省道536千米。完成交通运输发展投资151.5亿元，市级重点项目完成投资128.2亿元，其中公路类项目完成投资88.3亿元，运输服务完成投资62.9亿元，其他类完成投资0.3亿元。专养公路建设与养护总投资3.96亿元，干线公路养护优良路率95.14%，养护工程质量合格率100%。

**【高速公路建设】**　2020年，福州市高速公路完成投资16.23亿元，占年度计划16.17亿元的100.38%。推进福州机场第二高速、沈海高速扩容工程福州段、政和杨源至永定高速福州段等项目前期建设；长福高速、莆炎高速建成；绕城高速东南段可门疏港连接线在建。

长福高速公路项目　起于东南绕城高速前塘枢纽互通，经过长乐罗联乡，福清阳下街道、龙山街道、海口镇、龙田镇、上迳镇、江阴镇，终于渔平高速公路庄前枢纽互通，全长40.23千米，设计速度100千米/时，项目总投资57.929亿元。年内完成投资5.22亿元，占年度计划100%，9月29日建成通车。

莆炎高速公路项目　起于福州市永泰县梧桐镇潼关村，设潼关枢纽互通与甬莞高速公路福州至永泰段衔接，经过永泰县梧桐镇、嵩口镇及尤溪县中仙乡、坂面镇，终点位于尤溪县坂面镇华口村，设华口枢纽互通与沙厦高速公路衔接，路线全长65.8千米，其中福州段42.14千米（含三明插花地），设计速度100千米/时，福州段项目总投资56.89亿元。年内完成投资8.08亿元，占年度计划100%，6月30日建成通车。

福州绕城公路东南段可门疏港连接线梅里互通至终点段工程　起于梅里互通立交，经梅里、官坂、止于红厦，全长5.49千米，总投资3.08亿元。年内完成投资1.65亿元，占年度计划的103%。

（赖晓琴）

**【国省道公路建设】**　2020年，福州市国省道公路完成投资52.94亿元，占年度计划52.706亿元的100.45%。推进228国道长乐外文武围垦堤至下沙段路堤结合工程、道庆洲过江通道工程、洪山桥至洪塘大桥拓宽改造工程、福州城区北向第二通道工程（晋安段）等项目建设。推进国省干线公路路面改造工程建设复工复产，落实施工标准化管理，实施G316线闽清段、S308线连江段水泥混凝土路面白改黑工程及S209线福清段水泥混凝土路面改造工程30.7千米。

（赖晓琴　李然）

228国道长乐外文武围垦堤至下沙段路堤结合工程　228国道长乐外文武围垦堤至下沙段路堤结合工程起于外文武围垦堤，顺接已建228国道长乐南北澳至外文武围垦堤段，终点位于下沙路，路线全长5.42千米。采用一级公路兼城市主干道标准建设，设计车速60千米/时、双向四/六车道。项目于2018年动建，2020年9月建成。年内完成投资2.68亿元，占年度计划100%。

道庆洲过江通道工程　起于福泉高速公路福州连接线下洋村段，终于长乐洞头村与福州东南快速通道衔接，全长7.2千米，与地铁6号线公轨共线4.35千米，采用双向六车道城市主干道兼一级公路标准，设计速度60千米/时。项目于2017年5月动建，2020年完成投资15.07亿元，占年度计划143.53%。

福州洪山桥拓宽改建工程（洪山桥至三环路段）　起于洪山桥与杨桥西路、洪甘路的交叉口处，终点与三环快速路洪塘互通衔接，路线总长2千米，总投资15.37亿元，采用双向八车道城市主干道标准，设计速度60千米/时。项目于2016年6月动建，2020年完成投资2.34亿元，占年度计划173.5%。

福州洪塘大桥拓宽改建工程　起于洪塘大桥东侧桥头洪塘立交处，终于洪塘大桥西与国宾大道相接，路线全长2.43千米，总投资18.42亿元，采用双向八车道城市主干道标准，路基宽度47.5米，设计速度60千米/时。项目于2017年3月底动建，2020年完成投资4.25亿元，占年度计划100.95%。

福州城区北向第二通道工程（晋安段）　起于福州市晋安区杨廷村附近，与规划新店外环路相接，而后路线转向东北，新建长7.95千米的北岭特长隧道接至桂湖，继而在潘渡溪南岸向东布线经山溪村至福州连江界结束。路线全长13.29千米。采用双向六车道二级公路（兼城市主干道）标准，设计速度60千米/小时，路基宽度25.5米。项目于2019年动建，2020年完成投资6.58亿元，占年度计划164.48%。

【农村公路建设】 2020年，福州市完成农村公路建设103.624千米，占年度计划518.1%；完成投资3.53亿元，占年度投资计划128.97%；完成农村公路安保工程492.5千米，完成年度计划里程100.6%；完成危桥改造4座，完成年度计划133.3%。行政村通达率100%，建设和改造省级53个重点扶贫县（罗源、连江）的资源路、旅游路、产业路（三产路）34.1千米。

【交通安全检查】 2020年，福州市完成为民办实事项目20处隐患路段整治工作，完成农村公路生命防护工程156千米，改造危桥2座；对辖区345座桥梁、15座隧道及所有涵洞进行全覆盖拉网式隐患排查，对事故路段进行避险车道提升建设，完成6处长陡下坡路段隐患整改。完成一年内违法超限超载超过3次的183家货运企业集中约谈工作，注销3582辆长期未年审货车，依法停业整顿91家企业，吊销13辆货车道路运输证，立案处罚逾期未完成整改的维修企业33家次，将服务不达标的4家运营商清退出市场，对安全责任落实不到位的5家运输企业予以立案处罚。联合多部门组织开展“2020年滨海快线乌龙江大桥施工作业水上交通安全联合演练”“2020年福州公路综合应急演练”。召开全市企业业主及重要岗位人员安全生产培训和全市交通运输管理干部安全生产培训合计265人，道路运输企业1374人通过两类关键人员考核。排查治理生产经营单位3396家，完成重大隐患整改7处，一般隐患排查5669处。各级交通运输综合执法机构累计立案数4303件，行政处罚2367.27万元。交通工程建设、内河水上运输、城市轨道交通未发生安全生产责任事故，道路运输领域一般事故与往年同期基本持平。

（赖晓琴）

2020年10月1日，G355线永泰段荷溪服务区内全省首个公路试点光伏路面启用
（福州市公路事业发展中心　供）

【管理与养护】 2020年，福州市开展“路面技术状况提升养护管理标准化”示范专项活动，落实路面病害标准化养护，强化养护质量绩效评价，提升路面精细化养护水平，打造“五优公路”。完成桥梁定期检查345座、专养隧道专项检查15座、长陡下坡路段整治12处、危桥改造2座、生命安全防护工程156千米、绿化提升43千米，建成“美丽交通生态公路”210千米，全市国省干线视频监控设置增至136个，平均每8.6千米设置1个。推进服务便民设施建设，新、改建公厕14座，改造公路服务站2个。

【路政管理】 2020年，福州市下放路政审批事项2项，围绕五级十五同标准，梳理编制审批服务事项、特殊环节、信用承诺事项3个清单和流程图、结果示例等材料，促进简政便民。开展大件运输大走访，建立一对一联络服务机制，实现大件运输依法快办。开展路域环境综合整治，加强与当地政府、交通综合执法机构联勤联动，保护路产路权。全年办理许可案件152件、路产赔偿案件145件，开展联合整治行动179次。

（李然）

## 公路运输

【概况】 2020年，福州市公路累计完成旅客运输量0.52亿人次、周转量26.96亿人千米，累计完成货物运输量1.64亿吨、周转量224.81亿吨千米。交通运输现代服务业29个项目完成投资54.5亿元。

【客运市场管理】 2020年，福州市有客运企业95家，其中班车客运34家，旅游（包车）客运企业61家，全市道路旅客运输车辆2798辆，道路旅客运输经营从业人员4000人。道路旅客运输班线296条，其中省际班线39条，市际班线61条，县际班线73条，县内班线123条。全市有等级客运站34个，其中一级客运站5个、二级客运站5个、三级客运站2个、三级以下客运站22个。

“四好农村路”运营　全市2197个建制村全部通客车，采取新开通农村客运线路、加大常规公交和常规农村客运延伸力度、开行周末班车等措施，夯实建制村通客车工作，助力乡村振兴；26个乡镇综合运输服务站全部投入运营，巩固“2+3”功能；完成新建、改建和提升公厕10座的目标任务。

道路客运转型升级　开展定制客运试点工作，使用7~9座小型客车，在一定区域内实现“门到门”服务。年内开通11条定制客运线路，投放车辆67辆，客流量每天552人次。

【运输保障】 2020年，福州市道路运输中心强化特殊时期、重要时期、关键节点运输保障，规范运输市场。新冠肺

2020 年 2 月，福州市交通运输部门组织运输企业开行专车发往外省“点对点”接回复工人员　（陈晶晶　摄）

炎疫情防控及复工复产运输保障相关内容参见抗击新冠肺炎疫情专辑。

重要时期服务保障　第三届数字中国建设峰会期间，调派 338 辆保障用车，发车 1206 趟次，定点、定时、定人、定位提供精准保障服务。高考期间，组织 1000 多辆出租车开展爱心送考活动，运送考生 324 趟次，中央电视台《焦点访谈》《新闻直播间》栏目专题进行拍摄、报道。

法定节假日服务保障　节假日期间，采取公交加密班次、出租车驻守保障、地铁延长运营时间、人员现场跟班保障等措施，及时疏运旅客。春运期间，全市道路发送旅客 199.54 万人次。

**【货运市场管理】**　2020 年，福州市有道路货运企业 1788 家，其中危货运输企业 79 家，普通货运企业 1709 家。道路货物运输经营从业人员 5.37 万人，拥有各种类型货运车辆 3.69 万辆。

网络货运平台　全市有网络货运平台企业 19 家，覆盖多种业态和经营模式，企业营收将近 230 亿元，成为道路运输业新增长点。

农村物流　县、乡、村三级物流网络节点覆盖率稳步发展，其中县级物流中心 11 个，覆盖率 100%，乡镇级物流节点 126 个，覆盖率 100%，村级物流节点 1632 个，覆盖率 78.9%。

货运行业转型升级　拓展多式联运模式，依托港口资源和区位优势，布局建设中西部等内陆地区物流体系，开拓内陆腹地。

**【巡游出租车管理】**　2020 年，福州市区有出租车企业 20 家，市区出租车 6345 辆，经营使用权属企业的出租车 4149 辆，占 65.39%，经营使用权属个体的出租车 2196 辆，占 34.61%；出租车从业资格驾驶员 4.3 万人，在岗驾驶员 1.1 万人。应对新冠疫情，市道路运输中心走访行业协会、企业，主动协调保险、金融等相关部门，出台减、免、延、奖等扶持减负政策，为一线司机、经营者减免承包费、管理费 3000 多万元，推动行业复工复产。推行“三一工作法”，即一企一点评、一企一服务、一企一提升，针对不同类别企业的问题进行分类指导、点评、帮扶，实现精准服务。规范巡游出租车外观，全市出租车采取“5+1”的新外观涂装，5 家国有、骨干企业保留原有涂装，“绿皮车”改为以白色为底色，黄色作为腰身色带的外观样式。组织行业协会，携手第三方出行平台，与全市 400 多家餐饮店合作，为司机提供便捷实惠的就餐和停车位，打造服务微驿站。春节期间，福州市区巡游出租车在政府规定的运价基础上，每车次计价器外加收 5 元服务费，鼓励司机留榕运营，保障市民出行。福州市成为全省首个开展春节运价调整的城市。通过开展“我是城市主人翁，文明服务我先行”出租车行业文明服务知识竞赛、“讲好福州故事，提升服务品质”演讲竞赛、职工运动会等活动，提升行业文明服务水平，树好窗口形象。

2020 年 8 月，福州市制定出租车新外观喷涂标准。图为完成新外观涂装的出租车　（陈晶晶　摄）

**【网约车管理】**　2020 年，福州市有许可的网约车平台公司 27 家，取得“网络预约出租汽车运输证”的车辆 9245 辆，取得“网络预约出租汽车驾驶员证”的驾驶员 37106 人。福州市网约车失信信息推送、十佳评选、风险警示等举措得到交通运输部肯定，交通运输部下发《关于学习借鉴加强信用监管推动交通运输新业态规范健康发展有关经验做法的通知》，向全国推广福州市经验。对6家在运营的网约车平台公司开展服务质量信誉考核，从企业安全责任落实、车辆与司机管理、运营服务状况、安定稳定、经营信用等方面进行综合考核评定。

【机动车维修管理】 2020年，福州市有一、二、三类机动车维修企业998家，连锁型维修企业13家，连锁门店数54个，机动车综合性能检测机构24家。

维修连锁品牌创建 出台简化备案流程、共享设施人员、简化考核方式等鼓励扶持政策，加大培育龙头维修连锁品牌企业力度，根据质量信誉考核、汽车健康档案评价及专家票选情况，评选出5家年度汽车维修连锁品牌创建示范企业。

规范提升营运车辆车技管理 全市各营运车辆二级维护承修企业依托行业协会共同制定二级维护自律公约，实现维修全流程视频记录；组织实施营运车辆达标核查巡查抽查工作，定期抽取各站核查报告，督促各机构把住车辆准入关。

【机动车驾驶员培训管理】 2020年，福州市有机动车驾驶培训机构81家，教练车6267辆，教练员8025名，年培训人数11万余人。

质量信誉考核 对驾校在考核期内的办学条件、经营行为、教学质量、服务水平等方面进行综合评价，规范驾培市场秩序，建立和完善优胜劣汰市场竞争集中制，引导驾校注重质量、维护信誉。经考核评定，等级AAA级5家、AA级57家、A级18家、B级1家。

驾培新模式 启用驾培监管服务平台，在全省率先采取驾培监管与运营分离模式；鼓励骨干驾培企业试行培训费用第三方托管、分阶段付费的收费模式，维护学员合法权益。年内2家驾校实行该种收费模式。

【公共交通】 2020年，福州市区有公交车辆4529辆，市区公交线路315条（其中快速公交25条），定制公交301条，公交场站（含枢纽站、停车场）81个，载客量2.72亿人次；公交从业人员8880人。新增、更新公交车382辆，改造公交站台133个，新能源公交车382辆，超额完成为民办实事年度任务。

公交服务模式创新 在常规公交基础上，创新探索定制服务，累计开行定制公交线路301条，开通7条高峰快线、7条通勤快线、10条观光旅游线路，推出2条通达市区公园的节假日公交专线，打造多层次、差异化公交服务体系。

公交惠民政策 实施公共交通换乘票价优惠，3月30日起，市民乘坐公交、地铁90分钟内换乘享优惠；扩大免费乘车群体范围，65周岁以上老年人免费乘车，全市36万名老年群体受益；8月1日至10月31日的周末及节假日免费乘坐公交地铁。

公交场站建设 建成尤溪洲北桥头公交停车场、鼓山下院公交枢纽站等9个公交场站，提升改造133座公交中途站，福州市公交场站总面积增加11.67万平方米，总面积86.18万平方米，新增公交车位714个，车均场站面积达到160平方米/标台，补足公交线路优化、运营的锚固点。

公共交通智能化建设 掌上公交覆盖市区所有公交线路，累计注册用户数357万人，12月访问量1501万次；市区所有公交线路实行“e福州”、支付宝、微信等手机支付方式乘坐公交出行，刷卡率73%。

表52　2020年福州市新增公交线路情况

| 序号 | 线路 | 起始站 |
|---|---|---|
| 1 | 地铁接驳10号专线 | 公交鹤林站—屏山 |
| 2 | 地铁接驳11号专线 | 省煤田地质局—得贵路 |
| 3 | 地铁接驳12号专线 | 螺洲新城—城门 |
| 4 | 地铁接驳13号专线 | 地铁五里亭站—公交集团亚峰停车场 |
| 5 | 地铁接驳14号专线 | 公交大学城西停车场—公交大学城总站 |
| 6 | 地铁接驳15号专线 | 上藤地铁口站—省幼儿高专（建专小区） |
| 7 | 地铁接驳16号专线 | 达道—尤溪洲（西）公交站 |
| 8 | 地铁接驳17号专线 | 省人才公寓—福州华威汽车客运站 |
| 9 | 地铁接驳18号专线 | 王庄公交总站—天御城 |
| 10 | 地铁接驳19号专线 | 建平花园—融汇山水 |
| 11 | 地铁接驳20号专线 | 市博物馆—公交苍霞站 |
| 12 | 地铁接驳21号专线 | 竹楼—火车南站 |

续表

| 序号 | 线路 | 起始站 |
|---|---|---|
| 13 | 地铁接驳22号专线 | 凤坂—台江体育公园 |
| 14 | 地铁接驳23号专线 | 王庄公交总站—祥屿佳园 |
| 15 | 地铁接驳24号专线 | 地铁下洋站—富安路 |
| 16 | 352路 | 金山浦上公交枢纽站—公交福湾站 |
| 17 | 356路 | 省妇幼保健院—省儿童医院 |
| 18 | 353路 | 尤溪洲（东）停车场—公交海峡国际会展中心东 |
| 19 | 903路 | 华威新能源公交站—东岭三环路口 |
| 20 | 节假日公交专线1 | 上藤地铁口站—高盖山公园北门 |
| 21 | 节假日公交专线2 | 三环淮安路口—金牛山公园 |
| 22 | 高峰快线1 | 福州青年会—马尾青洲公交总站 |
| 23 | 高峰快线2 | 台江广场—青口公交总站 |
| 24 | 高峰快线3 | 尤溪洲（西）公交站—闽侯青岐公交总站 |
| 25 | 高峰快线4 | 宝龙·城市广场—中溪 |
| 26 | 高峰快线5 | 南通客运站—尤溪洲（东）停车场 |
| 27 | 高峰快线6 | 马尾步行街—公交仁德站 |
| 28 | 高峰快线7 | 台江广场—江滨新洲 |
| 29 | 通勤快线1 | 福建省档案馆（建平村）—天泉路口 |
| 30 | 通勤快线2 | 软件园公交总站—滨城民俗路口 |
| 31 | 通勤快线3 | 软件园鲲鹏大厦—检察官学院（岭下） |
| 32 | 通勤快线4 | 软件园公交总站—金港路口 |
| 33 | 通勤快线5 | 桐南村—检察官学院（岭下） |
| 34 | 通勤快线6 | 桐南村—鹤林新城 |
| 35 | 355快线 | 火车站南广场—琅岐公交总站 |
| 36 | 206快线 | 鳌峰洲公交总站—海峡冻品批发市场 |
| 37 | 长乐630 | 潭头公交首末站—闽运金峰车站 |
| 38 | 长乐634 | 闽运金峰公交首末站—金漳广场公交首末站 |
| 39 | 长乐635 | 长乐火车站—祥洲 |
| 40 | 长乐636 | 泮野公交首末站—江田公交枢纽站 |
| 41 | 长安片区专线 | 福建商学院马尾校区—长安工业区凌力集团 |
| 41 | 福清305 | 福清高山海峡客运站—东瀚万安 |
| 43 | 福清306 | 福清高山海峡客运站—东瀚环青 |
| 44 | 福清307 | 福清高山海峡客运站—东瀚文关 |
| 45 | 福清308 | 北坑—白鹤 |
| 46 | 福清309 | 赤表—海瑶 |
| 47 | 福清530 | 福清恒清客运站（龙山车场）—南岭 |
| 48 | 福清532 | 福清恒清客运站（龙山车场）—城头新街口 |
| 49 | 福清630 | 三山华平客运站—韩瑶 |
| 50 | 福清631 | 福清三山华平客运站—福清北陈 |

续表

| 序号 | 线路 | 起始站 |
|---|---|---|
| 51 | 福清 709 | 福清渔溪—福清江阴 |
| 52 | 马尾快线 1 号线 | 仓山万达广场—海军医院 |
| 53 | 马尾快线 2 号线 | 西门—海军医院 |
| 54 | 马尾快线 3 号线 | 屏东—海军医院 |
| 55 | 马尾快线 4 号线 | 文化宫（东方百货群升店）—海军医院 |
| 56 | 马尾快线 5 号线 | 华林高架—海军医院 |
| 57 | 马尾快线 6 号线 | 省军区—海军医院 |

（宋彩惠）

## 铁　路

**【概况】**　2020 年，福州站每日图定开行 196 对列车，其中普速列车 14 对、动车组列车 117 对、动检列车 6.5 对、回空动车组列车 19.5 对、货物列车 26 对、单机 13 对；福州南站每日图定开行 154 对列车，其中动车组列车 127 对（办理乘降 95.5 对、通过 26.5 对、不办理乘降 5 对）、动检列车 4.5 对、回空动车组列车 18.5 对、货物列车 4 对。福州客运段担当福州—北京、福州—南京等 14 对普速旅客列车，厦门北—北京西 1 对 160 千米集中动车组列车，福州—北京南、福州—上海虹桥等 140.5 对动车组列车的乘务工作。福州机务段配属机车 308 台，福州车辆段配属客车 1384 辆，福州动车段配属动车组 188 组。年内福州车站发送旅客 1741.84 万人，比上年下降 40.79%；福州车务段发送货物 1468.68 万吨，下降 1.5%。

**【福厦高铁安海湾特大桥主塔封顶】**　2020 年 10 月 22 日，全国首座高铁无砟轨道跨海斜拉桥——福厦高铁安海湾特大桥主塔封顶。安海湾特大桥是福厦高铁控制性工程，全长 9.46 千米，其中跨海区段长 1.56 千米；主桥为 650 米双塔双索面钢混结合梁半漂浮体系斜拉桥，跨越安海湾主航道。大桥主跨 300 米，主塔高 126.9 米，为 H 形曲线造型，外观像微张的扇贝，寓意开放与包容。福厦高铁是福建省首条时速 350 千米高铁，全长 278 千米，建成通车后，福州至厦门行程将缩至 1 小时内。

**【福州首开至辽宁高铁列车】**　2020 年 7 月 2 日，首趟福州至辽宁高铁列车——福州至沈阳 G1274/1 次列车开行。G1274/1 次列车 7 时 25 分从福州站始发，是日 19 时 25 分终到沈阳南站，全程 12 小时，运行时间比普速列车压缩 26.5 小时。该列车途经福建、江西、安徽、江苏、山东、天津、河北、辽宁等七省一市，串联起福州三坊七巷、安徽黄山等风景区。

**【福平铁路开通运营】**　2020 年 12 月 26 日，福平铁路（福州至平潭）开通运营。9 时 43 分，首趟平潭至九江的 G5322 次动车开行。中国首座公铁两用跨海大桥——平潭海峡公铁大桥同步投入使用，福州至平潭间最快 35 分钟可达。福平铁路自福州站引出，向东南经福州市长乐区，以桥梁跨海至平潭岛，线路全长 88 千米，为国铁 I 级双线客货运共线铁路。全线设福州、福州南、长乐、长乐东、长乐南、平潭等 6 座客运车站。福平铁路开通初期，铁路部门安排开行动车组 9.5 对，最高运营时速 200 千米。

**【福州开行两趟援助武汉蔬菜专列】**　2020 年 2 月 17 日、18 日，福州开行两趟援助武汉蔬菜专列，装载福建省援助湖北武汉的 600 吨蔬菜。疫情期间，根据省委省政府关于援助湖北省生活物资工作部署，省农业农村厅协调省内 12 个蔬菜生产基地，组织萝卜、包菜、白菜、青瓜、尖椒、胡萝卜、甜玉米 7 大类 600 吨蔬菜产品，从福州东站装车。福州车务段制定“五优先”（优先调拨车辆、优先安排计划、优先准备劳力机具、优先装车、优先挂运）运输方案，协调中铁特货南昌分公司调配机械保温车 4 组 20 辆，使车厢内温度保持在 4℃～6℃，确保运输过程中蔬菜品质不受影响；针对复工人员未完全到岗、装卸工不足情况，组织 30 名党员、团员成立突击队装运蔬菜。

（曾进）

## 轨道交通

**【概况】**　2020 年，福州地铁续建线路 4 条，建成线路 1 条，完成建设投资 165.17 亿元。其中续建线路中 6 号线完成投资 47.7 亿元、5 号线（一期）完成投资 50.63 亿元、4 号线（一期）完成投资 39.47 元、福州至长乐机场城际铁路工程（F1 线）完成投资 22.22 亿元，建成线路中 1 号线（二期）完成投资 5.15 亿元。1 号线（二期）于 12 月 27 日开通初期运营。

表 53　　2020 年福州市地铁线路建设情况表

| 序号 | 线路 | 建设进展 |
|---|---|---|
| 1 | 1 号线二期 | 12 月 27 日开通初期运营 |
| 2 | 6 号线 | 车站开工 16 座、结构封顶累计 16 座，盾构推进累计 29.06 千米，矿山法累计开挖 8.18 千米，轨道铺设累计 59.95 千米。 |
| 3 | 5 号线一期 | 车站开工 19 座、结构封顶累计 19 座，盾构推进累计 41.7 千米，轨道铺设累计 17.2 千米。 |
| 4 | 4 号线一期 | 累计完成车站开工 23 座，车站主体结构封顶 16 座，22 个隧道区间中有 8 个区间双向贯通，1 个区间单向贯通，累计区间主体结构完成 21.3 千米。 |
| 5 | 滨海快线 | 车站开工 12 座，结构封顶累计 2 座 |

【地铁运营】　2020 年，福州市开行列车 17.6 万列次，运营总里程 2937.82 万列千米，运行图兑现率 99.99%，正点率 99.97%，总客运量 9475.38 万人次，占全市公共交通客运量的 14.71%。日均客运量 25.89 万人次，单日最高客运量突破新高，达到 55.36 万人次（12 月 31 日）；各设备系统的运行可靠度均高于国家标准，未发生运营安全事故。

1 号线运营　12 月 17 日，福州地铁 1 号线（二期）开通初期运营，福建省委常委、福州市委书记林宝金，福州市政府市长尤猛军等省、市领导出席初期运营活动。年内，1 号线开行列车 8.97 万列次，运营总里程 1392 万车千米，运行图兑现率 99.99%，正点率 99.98%，总客运量 5634.86 万人次，日均客运量 15.44 万人次。

2 号线运营　开行列车 8.62 万列次，运营总里程 1545.82 万车千米，运行图兑现率 99.99%，正点率 99.96%，总客运量 3840.52 万人次，日均客运量 10.52 万人次。

服务工作　在 1 号线“茉莉服务队”基础上，成立 2 号线“榕榕服务队”。完善站内设施、乘车环境，开展站内专项噪音整治，丰富站内音乐播放，推出“冷暖车厢”，实现“同车不同温”。实现微信、支付宝、人脸识别等多种购票、过闸方式，提升站内通行效率。提升服务质量监督管理系统，每月定期组织开展现场服务质量抽检，邀请“神秘乘客”参与服务质量测评监督，提升服务质量评价的可靠性、针对性。开展地铁文化活动，立足“春运温暖回家路”“高考直通车”等核心企业品牌活动，挖掘“幸福回家　美好守护”福州地铁春运公益活动、“城市随读　一路书香”读书日等增值活动。多方联动打造文明地铁，260 多家单位近 4 万人次志愿者进驻地铁站点开展志愿服务，致敬福建省援鄂英雄主题展示等正能量传播，助力文明城市创建。

【地铁资源开发】　2020 年，福州地铁集团竞得 1 号线斗门站 B 出入口、上藤站附属用房等地块。立足打造地铁沿线商业综合体及“站城融合”开发思路，梳理地铁 2 号线祥坂站地下空间，滨海快线东升停车场、帝封江指挥控制中心、闽都站亿力公司宿舍等潜力项目，开展开发方案设计。成立地铁物业公司，统筹承接地铁保安、保洁、食堂、物业管理等业务。推进广告、通信和地下商业等非票务资源业务，引进面包店等新业态。

（杨鋆丰）

## 水路运输

【概况】　2020 年，福州市有水路运输业 70 家，其中海运企业 51 家、内河企业 19 家，水路运输管理业 23 家，备案水路运输辅助业 46 家。有经营性船舶 423 艘、399 万载重吨，其中海洋船舶 231 艘、383 万载重吨，内河船舶 192 艘、16 万载重吨。

【水上运输】　2020 年，福州市新增运力 40 万吨。完成货运量 1.60 亿吨，货运周转量 2825 亿吨千米，分别比上年增长 12.73% 和 11.59%，客运量累计完成 62.64 万人，旅客周转量 1101 万人千米，分别下降 62.82% 和 79.33%，各项指标增长居全省前列。

【内河水上交通安全监管】　2020 年，福州市水上交通运输落实安全生产责任制，实行“五零”目标导向，通过查问题、补短板、控风险、除隐患，全市水上交通运输安全形势保持平稳，全年辖管水域无责任事故、无人员死亡。安全风险防控集中开展“四个一批”活动，着力落实“五个到位”，突出抓“六个重点”，组织开展“安全隐患大排查大整治攻坚行动”“内河交通防汛备汛”“安全生产月”“大樟溪通航安全专项整治”“长期脱管船舶专项整治”“安全生产专项整治三年行动”“安全生产风险防控和隐患排查治理百日行动”“水工单位双随机抽查”“平安交通”等专项行动。年内组织执法检查 659 次，检查船舶 766

艘次，航运企业83家次，渡口278道次，渡船282艘次，锚地、停泊区、水工320处次，立案28件，结案27件，罚款26.55万元。组织安全隐患大排查大整治247次、排查整改一般隐患66处。增强应急保障能力，完成春运、“两会”、五一、端午、国庆、数字中国建设峰会等重大活动、重大节假日、重点时段交通运输保障任务。提升内河应急搜救能力，推进内河航运应急救援体系建设。年内永丰救助站、湾边救助站竣工入列，优化内河交通应急救援力量布局，巩固闽江内河水上应急救援的核心力量地位。建立以淮安搜救基地为中心，永丰、湾边、水口3个搜救站为依托，各重点渡口、水域应急物资储备点为辅助，海巡船艇、无人机、监控中心、岸基数据为支持的“四位一体”，网格化、全覆盖、全天候、反应快的立体应急救援体系。提升强化应急能力，4月中旬开展汛期公务船舶船员和一线执法人员安全技能训练，4月15日组织开展2020年度内河水上交通防汛演练，6月23日联合多部门组织开展全市首场针对地铁水工施工水上交通安全演练，10月10日开展海事无人机强化培训。5月5日快速处置“兴顺6179”货船失火险情，6月13日快速处置“顺通1818”失火险情，8月23日快速处置“昌汇99”轮沉没事故。

【水上运输行业管理】 2020年，福州市根据《国内水路运输管理条例》《国内水路运输管理规定》，对符合资质条件的单位，准予进入水路运输市场经营。每年开展一次企业经营资质核查，对有问题的企业进行整改，整改仍不合格的给予取消经营资格。全市应参加核查的企业105家，其中海洋运输38家、内河18家、辅助业49家；完成核查国内水路运输企业85家，其中沿海企业37家、内河企业16家、辅助业32家，发出整改通知书3份。全市应参加核查的船舶369艘，载重量176万吨。完成核查营运船舶369艘，载重量176万吨，其中沿海186艘、载重量164万吨，内河船舶183艘、载重量12万吨，通过率100%。

（俞耀华）

2020年6月13日，福州市水路运输综合服务中心快速处置“顺通1818”失火险情

（福州市水路运输事业发展中心　供）

## 港　口

【概况】 2020年，福州市域沿海码头泊位99个，泊位总通过能力12864.5万吨（集装箱246万TEU），其中万吨级以上泊位51个，5万吨级以上泊位23个，10万吨级以上泊位18个。江阴港区4号5号泊位可靠泊载重吨为20万吨集装箱船，罗源湾港区可门作业区4号泊位可靠泊载重吨为30万吨散货船。

【港口建设】 2020年，福州市域完成港航建设项目投资22.1亿元，占年度计划18.4亿元的120.3%，其中码头建设投资17.7亿元，航道防波堤投资4.4亿元。全年项目完工3个，包括罗源湾港区淡头作业区14—15号扩能工程、罗源湾港区碧里作业区4号泊位扩能改造工程、松下港区山前作业区19号泊位扩能工程，新增年通过能力248万吨。

【港口运输】 2020年，福州港（福州市域）完成港口吞吐量1.984亿吨，比上年增长17.43%。其中闽江口内港区完成6996.41万吨，比上年增长27.8%；罗源湾港区完成5090.62万吨，下降5.08%。完成集装箱吞吐量333.1万个标箱，比上年下降1.2%，其中江阴港区完成215万个标箱，比上年增长4.95%。年内江阴港区完成集装箱海铁联运3.02万个标箱，比上年下降17.01%。受新冠疫情影响，对台客运自3月开始全面停航，完成旅客吞吐量1.64万人次，比上年下降93.59%，其中马尾—马祖、黄岐—马祖完成0.52万人次，下降90.18%；平潭—台北、台中完成1.12万人次，下降94.76%。

【港口安全】 2020年，省福州港口发展中心推动安全生产专项整治三年行动和安全隐患大排查大整治，购买专家服务开展危货安全指导服务，开展危货储存安全排查及危货建设、许可、日常监管专项整治，落实国务院安委办及省厅指导服务组检查整改工作，开展形式多样的“安全生产月”、安全生产“五进”等宣传教育活动，完成扫黑除恶专项斗争任务，处置“天才汽船”丙烯泄漏事件，江阴港区“港口危货堆场机器人自动化巡检”项目列入省厅年度重点工作创新项目并通过评审。全年完成行政许可及审批备案61件、危险货物作业审批4851次，出动安全检查人员2740人次，检查企业729家次（含31家企业安全双随机检查），检查在建水运工程项目134

项次，约谈企业12家，对7家企业实施行政处罚，安全生产实现“三零”目标。

（蔡思雨）

## 航空运输

【概况】　2020年，福州长乐国际机场有航线111条，其中国际及地区航线13条、国内航线98条。全年累计运输起降8.05万架次，比上年下降24.7%。累计旅客吞吐量886.18万人次，比上年下降40%。累计完成货邮吞吐量11.99万吨，比上年下降8.5%。年内，元翔（福州）国际航空港有限公司获评“福建省抗击新冠肺炎疫情先进集体”“中国民用机场服务质量优秀奖”“福建民航工匠精神文化系列活动突出贡献奖”。福州机场二期可研报告获国家发改委批复，二期扩建工程开工启动。

【航空客运与货运】　客运　2020年，福州长乐国际机场新增大理、日照、营口、恩施、西双版纳、岳阳、延安、宜春、满洲里、威海、南充11个国内航点，以及洛杉矶、温哥华、法兰克林、马尼拉、伦敦和特拉维夫6个国际货运航点，有36家航空公司参与国内外航线运营，九元、长龙、江西航3家客运航司入驻福州机场，引进成都航2架、中联航2架和海航1架过夜飞机。年末福州机场与市政府共同推出“航司增量补贴”“一元车票”和“免费住宿”等优惠方案，并通过福州机场微信公众号、机场快线、同程旅行等平台多方位加强营销。全年境外旅客吞吐量26.54万人次，其中地区航线吞吐量7.35万人次，国际航线吞吐量19.19万人次；境内旅客吞吐量859.6万人次。

货运　累计完成货邮吞吐量11.99万吨，比上年下降8.54%。受疫情影响，福州机场客机腹舱业务吞吐量比2019年略有下滑，但全货机业务吞吐量比上年增长220%。年内开通洲际、亚洲和国内等18条货运航线，其中国际客改货航线14条、洲际全货机航线2条、国内货运航线2条；全年客改货与全货机货运航班3442架次。货运航线数和航班架次比上年增长600%和113%。

【航空安全管理】　2020年，福州长乐国际机场按照“外防输入，内防扩散”的总体要求，通过全员发动、全方位防控、全天候保障，打造机场疫情联防联控网，做到“早发现、早报告、早隔离、早转运”，防控工作平稳有序，相关内容参见抗击新冠肺炎疫情专辑。提升安全管理效能，完成新版《机场使用手册》等动态修订，出台《深化安全管理体系（SMS）建设实施方案》，开展危险品货物航空运输信用管理体系建设试点工作，对法定自查清单进行全覆盖梳理，发现各类问题22个，落实问题整改。明确安全生产委员会组织架构及职责，以安全风险管理专题会为平台，全年总计梳理62处安全隐患并逐处制定风险防控措施，初步建立安全隐患排查治理和风险管理的双重预防机制。开展安全专项活动，组织开展各类安保测试1126起。多频次、针对性开展应急拉动演练，完成77个情景训练和30个突发事件案例制作，组织实施266次单项演练，完成14次背靠背应急拉动演练，与军区协同开展3次军地协同保障演练。

【机场服务】　2020年，福州长乐国际机场围绕“高端品牌化、刚需亲民化、服务多元化”的发展导向，开展候机楼不同区域商业功能的组合布局，充实、丰富业态和品牌，陆续引进京味兰、阿香米线、万寇、星际熊、林清轩和POLO等新知名品牌。推进全流程便捷乘机服务，配备自助值机设备50台，自助行李托运设备8台，国内乘机实现全柜台“航旅纵横”无纸化乘机。完成3个安检通道和2个登机口的人脸识别闸机项目试点，配套3条智能安检通道，在安检口刷一次身份证件即可实现全流程刷脸乘机。年内福州机场海关行李入境预检系统投入使用，边检中转厅一体化验证柜台部署到位。

【机场基础设施建设】　2020年，福州长乐国际机场推进包括滑行道及停机坪改扩建工程、福州空港生活区职工集体宿舍（二期）、福州长乐国际机场二期扩建工程等一系列基础设施建设项目，其中滑行道及停机坪改扩建工程完成总工程量的80%；福州空港生活区职工集体宿舍（二期）于8月动工建设；福州长乐国际机场二期扩建工程可研报告于4月通过国家民航局行业审查，8月获得国家发改委批复。

（刘双艺）

【福州航空】　2020年，福州航空有运营飞机16架，安全飞行34840.44小时，执行航班1.77万架次，运输旅客187.91万人次。福州航空党委获“福州市第五批市级两新党组织党建工作品牌单位”“福建省青年文明号”“福建省工人先锋号”等称号；公司党建工作入选福州市委组织部主编并公开发行的《“两新”党建创新实践60例》；完成第三届数字中国建设峰会保障任务；举办“我为加快推进海南自由贸易港和福州新区建设作贡献”系列活动；设立“红色职工书屋”，创新党建落实员工关爱。应对新冠肺炎疫情，搭建“空中防疫通道”，主动请缨执行重要航班，相关资料载入《中国民航抗击新冠肺炎疫情大事记》，福州航空获民航局“2020年民航重大运输工作先进集体”通报表彰，乘务员陈镜宇获“2020年民航重大运输工作先进个人”表彰，运行副总经理兼飞行员王科获“全国交通运输系统抗击新冠肺炎疫情先进”表彰。新冠肺炎疫情防控及复工复产运输保障相关内容参见抗击新冠肺炎疫情专辑。

安全运行　自开航累计安全飞行22.22万小时，飞行班次10.86万班，运输旅客逾1415万人次。年内航班正常率88.78%，比上年提升5.09个百分点，正常率连续第3年稳步提升，其中在福州本场出港航班正常率85.92%，高于机场均值2.24个百分点；放行正常率82.66%，高于机场均值0.2个百分点；正向拉动福州机场整体运行品质。落实前置性风险管理要求，强化安全核心风险管控能力，完善“公司—部门”二级安全核心风险监控体系，结合局方安全绩效管理工作要求，建立四维度安全绩效指标监控体系并开展阶段性分析和预警。推进“三个敬畏”系列主题教育，树立、表彰一批思想过硬、作风严谨的先进典型；维修质控班组获得2020年度

2020 年 3 月 29 日，福州航空 FU6779 航班从宜昌飞往福州，该航班是湖北复航后的首架民航客机，也是湖北辖区机场复航后首个商业客运航班

（福州航空有限责任公司　供）

福建辖区工匠品质班组评审第 2 名、工程部王晓超“三个敬畏”征文获得民航局优秀奖表彰。

优化航线网络布局　加速搭建福州基地骨架航线网络，突破新增厦门过夜基地。全年新增航线 23 条，其中夏秋航季初新增 6 条，冬春航季初新增 10 条，新增福州—长沙—延安、福州—兰州、福州—淮安—呼和浩特、福州—恩施—兰州、海口—三明—南京、厦门—潍坊—哈尔滨、厦门—天津—海拉尔等航线，通航 53 个城市，运营航线 66 条，形成以福州为核心，多基地共同发展的运营模式。9 月 10 日，福州航空专辟福州—兰州直航，拉近福州、定西两地时空距离，助推两地交流、决战决胜脱贫攻坚。这条“扶贫直航”的开通是第二届福州·定西经贸文化旅游活动周的重要组成部分。

以旅客为中心，结合旅客需求制定差异化产品服务政策，各类增值服务产品及大客户专属政策，针对师生、医生等群体推出师生惠、惠医行等机票优惠产品，为福州市民出行提供多样化解决方案。探索创新营销模式，开展直播营销，其中 6 月 18 日“全闽乐购直播”活动，福州市市长尤猛军走进直播间，现场推出的福航套票优惠倍受好评；1500 份“福多多”无限飞产品直播当日售罄，在线观看互动超百万；助力福州旅游市场恢复，推出“福航六周年暨一元机票游福州”直播活动在线观看人数逾 124 万人次，践行本土企业发展责任，提升公司品牌知名度。

（王海权）

## 邮　政

【概况】　2020 年，福州市邮政行业业务总量累计完成 134.42 亿元，比上年增长 12.83%；业务收入累计完成 67.67 亿元，增长 11.14%。其中邮政公司业务总收入 13.36 亿元，比上年增长 15.85%。快递业务量完成 4.59 亿件，比上年下降 3.51%；快递业务收入完成 54.59 亿元，增长 11.61%。全市取得合法快递业务经营许可证的企业 84 家，取得分支机构名录网点 426 家，备案末端网点 1797 家；拥有快递主要品牌 21 个，各类快递品牌在福州设有分拨中心 23 处；行业从业人员 2.3 万人，车辆 1649 辆。

【县级邮政监管】　2020 年，福州市闽侯县邮政行业业务收入累计完成 13.08 亿元，比上年增长 3.66%；业务总量累计完成 35.74 亿元，增长 2.81%。全县许可企业 20 家，分支机构 44 家，备案末端网点 232 家。新冠肺炎疫情期间，闽侯邮政管理局多方协调沟通，保障邮政、快递车辆通行，确保防疫物资和生活必需品及时送达。推进邮快合作、“快递+农业”。全年橄榄销售金额 75.2 万元，快递业务量 25.64 万单，快递业务收入 179.48 万元。福清市邮政行业业务收入累计完成 3.76 亿元，比上年增长 4.22%；业务总量完成 6.95 亿元，下降 8.96%。全市许可企业 7 家，分支机构 63 家，备案末端网点 242 家，按规定登记上牌快递三轮车 290 辆，乡镇网点覆盖率 100%。福清市邮政管理局联合市政法委推进“平安小区”快递服务中心建设，联合市住建局对老旧小区传统信报箱改造升级、推进福清南岭镇开展“邮快合作”试点项目。依托福清一都枇杷、渔溪龙眼、东张柚子、沙浦花生等优质农产品产业，推动快递企业服务福清农特产品“走出去”。疫情期间，开展新冠病毒疫苗接种对象摸底工作，有 17 个快递品牌 1800 余人提交疫苗接种意向申请；组织快递小哥进行核酸监测 914 人次。

【“双 11”快递业务】　2020 年“双 11”期间（11 月 1—11 日），福州市快递揽收量累计完成 1841 万件，投递量累计完成 2823.12 万件，分别比上年增长 14.69%和 11.31%；日均揽收量 167.27 万件，约为平时的 1.33 倍；投递量 256.65 万件，约为平时的 1.45 倍；其中，最高日揽收量（11 日）达 330 万件，约为平时的 2.6 倍；最高日投递量（14 日）达 316 万件，约为平时的 1.78 倍。

【“快递+”项目】　2020 年，福州市邮政管理局推进“快递+”项目建设。通过“快递+农产品”联合地方政府助农销售，为直播带货的电商提供物流支撑服务，其中有闽侯橄榄、青山龙眼、闽清盈乐线面、金鱼、聚元牛排等优质项目，全年实现快递业务量 74.35 万件。以顺丰与福建省高科技制造企业星网锐捷开展定制化快递外包服务为试点，打造快递服务制造业示范项目，年内顺丰

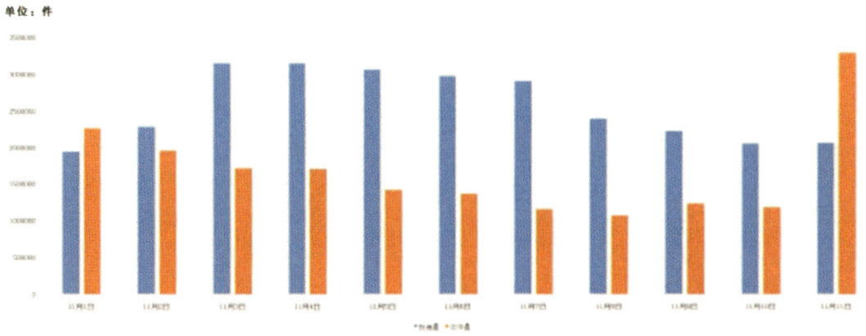


2020年福州市“双11”快递业务旺季业务量情况

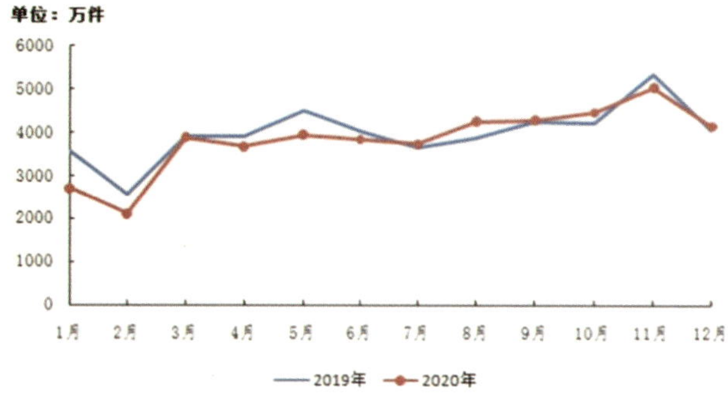


2020年福州市快递业务量情况

服务新大陆、星网锐捷、福建联迪等制造业企业产生快件量合计34.57万件，快递收入合计2503.4万元。拓展“快递+跨境电商”转型，通过对台快件资金补助、“三关合一”、拓展榕台海空联运物流通道、构建对台海运直航模式等多项具体举措，促进两岸交流发展，以台湾为跳板畅通国际邮件快件寄递渠道，发展全球跨境业务。年内全市国际/港澳台快递业务量累计完成2503.47万件，比上年增长近76%。

**【末端投递】**　2020年，福州市引入便邻驿等第三方，整合社会资源，形成快递末端综合服务多元发展格局。全市建成第三方快递公共投递服务站569个，智能快件（信包）箱4459组。福州大学城13所院校100%完成校园快递服务中心建设，建成校园快递服务中心15个。

**【邮运网建设】**　2020年，福州市有普遍服务营业网点238个，与上年持平。其中自营网点238个，比上年增加12个，实现全区普遍服务营业网点自办率100%。四项法定业务开办率100%，乡镇网点覆盖率100%。全市有2397个建制村，实现村村通邮。其中邮件直投入户1275个，投至村邮站424个，投至村委会698个。9月，在闽侯、福清、平潭3个试点县（市）区4个乡镇62个建制村开展邮快合作，累计投递快件1.9万件。福州市邮政分公司结合永泰县创建“国家级电子商务进农村综合示范县”契机，主动融入当地政府、争取政策资源推进永泰县三级物流体系建设，推进县域仓配中心建设并完成23辆物流车辆（含冷链车2辆）及服务站点各类办公、监控及部分生产配套设备采购。

**【综合服务平台建设】**　2020年，福州邮政分公司完成六区六县税邮、警邮、政邮合作布点工作，全市政务服务中心100%入驻。全市有48个邮政网点开办警邮服务，其中市区26个、八县22个，提供包括机动车补、换领号牌、行驶证、检验标志、车辆抵解押、申领免检核发检验标志、补、换领驾驶证4大类20项交管业务的代办服务。在27个邮政网点延伸开办“远程体检+拍照+换证+寄送”的一站式便民驾驶证换证服务，实现一站式换证服务。年内福州邮政网点累计服务换证人数1.5万人，实现收入61万元。全市有代开税票网点95个，代开范围覆盖全市各县（市）区、乡镇，全年累计代开税票10万张，开票金额29亿元，比上年增长48.7%，代征税额7746万元，累计带动收入232万元。

**【集邮品、明信片发行】**　2020年，福州邮政分公司发行《林祥谦烈士诞辰128周年》《永泰泰美十景》《战“疫”之爱》等邮品90套，数量64313个。
（陈俊媛　缪丹琳　陈如昭　陈武进　陈瑾　吴萍萍）

（编辑　周弭姣）

# 口岸

## 口岸管理

【概况】 2020年，福州港口岸有闽江口内港区、松下港区、牛头湾港区、江阴港区、罗源湾港区5个开放港区和黄岐港区（2017年获国务院批复）1个拟开放港区。福州口岸特殊监管区2个，分别为福州综合保税区（原福州出口加工区）、福州保税港区（已批复优化为福州江阴港区综合保税区，待验收）。福州港区有生产性泊位99个，其中万吨级以上泊位51个（5万吨级以上泊位23个，结构按10万吨级以上泊位18个），总通过能力12864.5万吨（含集装箱246万TEU，车辆5万辆次，旅客138.6万人次）。福州海港与40多个国家和地区的港口开展贸易往来，有集装箱航线77条（内贸39条、外贸38条），其中国际及中国台湾、中国香港集装箱航线24条（含“一带一路”航线10条），外贸内支线14条，“两马”（琅岐—马祖）、“黄岐—马祖”海上直航客运航线2条。

表54 2020年福州市口岸海运统计

| 类别 | 完成量 | 比上年增长（%） | 进口累计 | 比上年增长（%） | 出口累计 | 比上年增长（%） |
|---|---|---|---|---|---|---|
| 货物吞吐量（万吨） | 19837.51 | 17.25 | 11228.69 | 5.74 | 8608.82 | 36.66 |
| 外贸吞吐量（万吨） | 5429.12 | -0.5 | 4146.89 | 3.72 | 1282.23 | -12.09 |
| 集装箱（万标箱） | 337.65 | 0.13 | 172.16 | 0.31 | 165.49 | -0.06 |
| 外贸集装箱（万标箱） | 153.09 | -8.95 | 74.77 | -10.12 | 78.31 | -7.81 |

表55 2020年福州市口岸客运统计

| 口岸类型 | 出/入境 | 累计（人次） | 比上年增长（%） |
|---|---|---|---|
| 海港口岸（对台客运） | 出境 | 2427 | -92.39 |
| | 入境 | 2776 | -91.70 |
| | 合计 | 5203 | -92.04 |
| 空港口岸 | 出境 | 138088 | -87.84 |
| | 入境 | 152562 | -86.11 |
| | 合计 | 290650 | -86.99 |

说明：受新冠肺炎疫情影响，从2020年2月10日起“两马”（琅岐—马祖）、“黄岐—马祖”对台客运停航

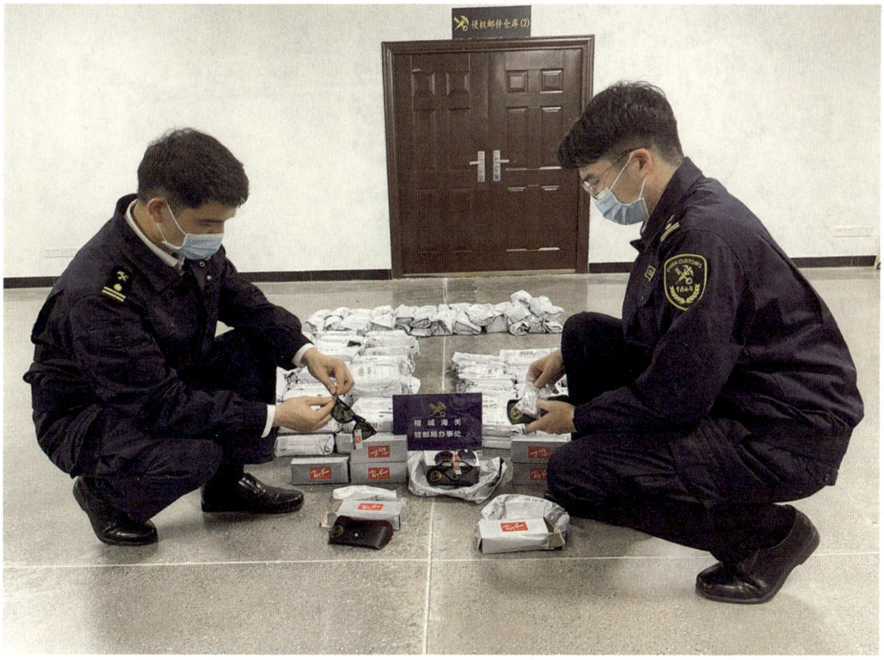


2020 年，榕城海关驻邮局办事处查获侵权眼镜和首饰　（市打私办　供）

【口岸通关】　2020 年，福州市商务局制定下发《关于开展 2020 年度福州口岸优化营商环境 提升跨境贸易水平工作的通知》《福州口岸鼓励进口货物提前报关奖励暂行办法》《关于进一步优化福州口岸营商环境工作的通知》等政策举措，提前完成进口货物整体通关时间压缩 60%，出口货物整体通关时间压缩 70% 的工作任务。根据《福州口岸鼓励进口货物提前报关奖励暂行办法》，向外贸进出口企业及代理企业发放提前报关奖励 132.42 万元。完善《福州口岸收费目录清单》，并通过福建省国际贸易单一窗口重新对外公示，市商务局会同市财政局等相关部门，开展落实口岸减税降费及收费摸底排查整治工作，确保福州口岸江阴港区和闽江口内港区收费标准均按照“福建省国际贸易单一窗口”公示《福州港口岸最新收费清单》执行，杜绝变换花样乱收费、改头换面乱涨价现象。

【口岸提效降费】　2020 年，国家发展改革委通报全国营商环境评价结果，在全国 41 个城市参评中，福州口岸跨境贸易指标获“优异”等级，列全国前十名，5 项经验由国家发展改革委向全国推广。压缩整体通关时长。根据海关总署通报，2020 年 12 月，福州关区整体通关时间进口 21.19 小时，出口 0.87 小时，分别较 2017 年底压缩 81.04%，92.46%，完成年初下达的工作任务。年内，福州港完成单个集装箱进出口环节常规收费压减至 350 美元以内的工作任务，收费水平在国内处于低位。

【口岸开放】　2020 年，福州市商务局开展黄岐港区扩大开放验收相关工作，推进查验监管设施建设整改完善。推动罗源湾港区环下屿岛作业区扩大开放申报，以及罗源湾港区和黄岐港区临时开放申报工作。罗源湾港区将军帽码头、闽江口内港区闽安山水码头分别于 5 月 8 日、9 日通过省级验收，实现对外开放。

（严憋倧）

## 海关监管

【概况】　2020 年，榕城海关受理进出口报关单 15.6 万单、监管进出口货物 4185.5 万吨、货值 807.5 亿元，监管进出口集装箱 49 万标箱，监管进出境人员 5.7 万人次，监管进出境运输工具 5663 辆（艘）次，监管进出境邮递物品 1776.5 万件，完成税收入库 59.52 亿元。福州长乐机场海关受理报关单 6.8 万单、货值 90.4 亿元，监管进出境航班 3973 架次、旅客 31.1 万人，监管进口快件 78.6 万个，完成税收入库 7.4 亿元。马尾海关受理进出口报关单 18.14 万单、监管进出口货物 1018.2 万吨、货值 736.1 亿元，监管进出境集装箱 60.95 万标箱，完成税收入库 27.56 亿元。

年内，榕城海关、福州长乐机场海关、马尾海关联合出台帮扶企业“战疫情、稳外贸”11 条措施，采取延长税款缴纳期限、企业海关注册备案“网上办、掌中办”、开辟 4 条临时国际邮路等措施支持辖区外贸企业快速复工复产。

（陈能旭　江帆　汪海涌）

【榕城海关】　2020 年，榕城海关出台帮扶企业“战疫情、稳外贸”11 条措施，优化通关流程和环节，实现通关时长 3 年压缩 50% 的工作目标；“两步申报”应用率提升至 27.9%，“两段准入”模式应用持续扩大，均位居福州海关关区前列。支持福州综合保税港区转型升级为福州江阴港综合保税区，出台 9 项措施支持福州跨境电子商务综合试验区加快发展；出口邮件集中作业场地通过预验收，黄岐客运站改造完成，推进跨境电商进口保税专用库、出口仓建设。年内，榕城海关与长乐区政府、马尾区政府签订合作备忘录，达成 39 项合作条款；辖区营商环境评价获评优秀等次。协调地方党委政府为驻榕海关单位争取防控物资 30 批、68 万余件，紧急采购防控物资 8 批、4.28 万件，一线防控和监管人员的安全防护实现顶格配置；成立突击队 8 个、服务队 5 个、志愿队 6 个，3 人获评全国海关系统抗击新冠肺炎疫情先进个人，7 人获评省直机关“最美奋斗者”“最美守护者”，1 个家庭获评福建省“最美抗疫家庭”，1 个党支部获评“福州海关疫情防控先进基层党组织”（相关内容参见抗击新冠肺炎疫情专辑）。

通关监管　围绕洋垃圾、象牙等濒危物种、成品油等重点涉税商品、农产品和毒品枪支走私，开展“国门利剑 2020”“蓝天 2020”等专项行动，查获疑似濒危物种走私案件 5 件，检验监管固体废物 180 批、5.4 万吨；查获野生动物及制品 107 件，其中象牙制品 8 件净重 99 克、海马干 99 件净重 148 克；查获大麻毛重 136 克、芬特明 28 包 224 粒毛重 109 克、枪支配件 23 件、管制刀具

8 件；截获检疫性有害生物 738 种次、一般性有害生物 10137 种次，查获班卡拉蜗牛、独角仙等活体生物，检出二类动物传染病猴 B 病毒等；检出并处置进出口不合格食品 7 批次，处置 1 批次 50 柜的走私肉类产品。开展“扫黄打非”工作，截获各类非法出版物 5312 件，所属驻邮局办事处被评为全国“扫黄打非”先进集体；查获侵权物品 2108 批次，比上年增长 20.1%，“福州海关针对重点航线查获侵权货物系列案”入选“2020 年度中国海关知识产权保护典型案例”。

监管改革　开展加工贸易集中审核试点改革，手册备案、变更等办理时间缩短至 30 分钟。进口丙烯关企共检监管模式、出口大宗散装货物“抵港直装”模式、港区货物海关智慧监管模式、出境邮件集装箱装载转关模式等 4 项自贸创新措施被评为全国首创。推出“榕关全通”2.0 版本。发挥智能审图、H986 大型集装箱查验设备、单兵作业装备等工作效用，推进江阴港海关智慧监管系统项目。整合实验室资源，通过复评审和扩项评审，扩项检测项目 103 个。

（陈能旭）

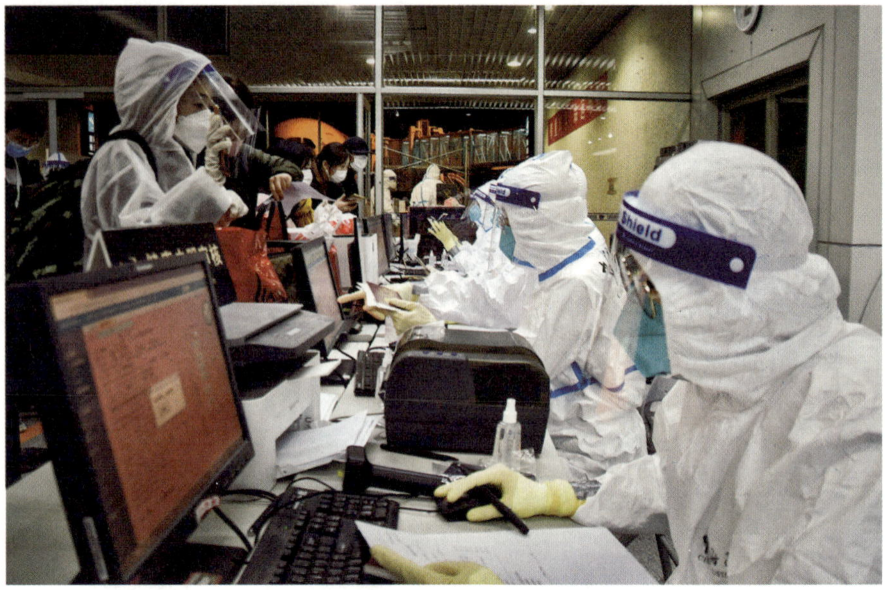

2020 年，福州长乐机场海关入境航班新冠肺炎疫情防控监管现场

（福州长乐机场海关　供）

**【福州长乐机场海关】**　2020 年，福州长乐机场海关出台帮扶企业“战疫情、稳外贸”11 条措施，出台长乐空港口岸 3 项政策，实现企业复工“零见面”、进口货物“零延时”、捐赠物资“零等待”。针对新冠肺炎疫情期间航班运力不足的情况，协调开辟“平潭—长乐机场”“马尾—长乐机场”两条海空转场进境通道，解决因国际航班停航减班造成的进出境快件运能不足问题。推动跨境电商“9610”出口业务落地，半年出口货值超 1 亿元。疏通厦门航空和元翔空港货运站转运堵点，提供跨库区调拨服务，运用电子关锁、不到场查验等提升监管效能，完成转场车辆 200 余次，货物近 2000 吨。针对航空企业开通货运航线的诉求，设置专岗跟踪收集航班等信息，开通专线了解通关需求，开设专窗办理货物入出库手续。年内，长乐机场新增“客改货”航线 16 条、全货机航线 2 条，其中，9 月开通福州至洛杉矶洲际全货机航线。开展防疫培训演练，聘请福建省第三人民医院专家实地教学，以“安全防护强化月”为契机开展防护服穿脱技能、卫生检疫知识等培训（相关内容参见抗击新冠肺炎疫情专辑）。

通关监管　设立防疫物资专窗，实行全天候通关，对捐赠物资实施即报即验即放，验放进出口防疫物资 2295 批，价值 4.68 亿元。强化进出口商品监管，开展冷链食品进口检验和预防性消毒预演。防范夹藏夹带、伪瞒报、质量缺陷医疗物资出口，查获相关案件 9 件，涉及不合格口罩 45.2 万个，均予以退货处理。首次检出登革热 IgM 和 IgG 抗体双阳性；检出有害生物 183 种次，其中检疫性有害生 16 种次，在福州关区首次检出角蜡蚧；截获来自疫区的猪肉及其制品 9 批次、27 千克，均做销毁处理。

监管改革　针对厦航配餐部复工需求，简化许可变更手续，无障碍办理审批手续，日均配送量由 6000 份增至 9000 份以上。为印度尼西亚、旅菲华侨捐赠物资包机提供通关保障，为援意、援菲福建医疗队提供通关礼遇。为鲜活产品、种子种源等口岸特色商品畅通绿色通道，胡萝卜、甘蓝等种子进口 4.65 吨，比上年增长 53.68%。9 月 25 日恢复进口活水生动物后，进口活黄鳝、活东星斑等活水生动物 411.66 吨、189.08 万美元，比上年增长 200%。

（江帆）

**【马尾海关】**　2020 年，马尾海关出台帮扶企业“战疫情、稳外贸”11 条措施，提供“绿色通道、提前申报、到港即验、即验即提、不见面通关、税款担保缴纳线上办理”等系列精准帮扶措施。其中，服务保障 4000 头澳大利亚种牛快速通关进口；完成对美加征关税排除清单退税 1000 多万元。

通关监管　建立“日分析、周通报、月总结”预警跟踪机制，利用“报关单工作流监控处置系统”跟踪各环节时效。2020 年 12 月的进口、出口整体通关时间分别为 38.96 小时、0.82 小时，相比基准年（2017 年）分别压缩 68.37% 和 93.92%，其中直航进口整体通关时间为 13.64 小时。截获“玻璃纤维”等进口洋垃圾 3 批、49.06 吨。打击象牙等濒危物种走私，在出口货物渠道查获濒危镰状真鲨产品，在快件渠道查获濒危蟒蛇皮制品。

监管改革　对接福州市“多区叠加”建设，与马尾区政府签署合作备忘录。支持福州出口加工区升级为综合保税区并通过验收，配合地方政府吸引优你康光学、正福冷链等企业入区发展，总投资额超 10 亿元。推动闽安山水码头转型升级为渔获专用码头并对外开放，口岸每年可新增 20 万吨渔获上岸。支持马尾对台通邮航线由一条拓展为两条，支持福州拓展经厦门至美国的邮路。独创的出口干散货“船对船”装运模式及合创的“水水转运”模式被评为全国首创。对接跨境电子商务综试区建设，办理福建省首票“1210”保税出口和福州关区首批B2B出口业务，支持跨境电商“9610”出口业务在马尾口岸落地。

检验检疫　检疫货运船舶1466艘次、2.78万人次，办理离船2312人次；1月23日至2月9日（2月10日停航）监管琅岐旅检口岸船舶52艘次、旅客636人次。监测进口冷链商品3220票、采样7.20万个。发挥进境种苗指定口岸作用，检出1批次入境种子携带检疫性病毒，依规作退运处理。在附有熏蒸证书的进口锯材中截获检疫性红火蚁活虫，在进口板材中截获检疫性有害生物长林小蠹，在经熏蒸处理的进境原木中截获松瘤象等有害生物。全国首次截获刺花蜻、豌豆潜叶蝇、豌豆斑潜蝇、丁香假单胞杆菌丁香致病变种、中华短猛蚁、阿根廷蚂蚁、沙棘；全国首次在木质包装上截获皱叶狗尾草、虎尾草，首次在货物渠道检出米淡墨虫；全省首次截获苇状羊茅；福州关区首次截获窗虻、干果斑螟、番茄花叶病毒。

（汪海涌）

## 边防检查

【概况】　2020年，福州边检站查验出入境（港）船舶4235艘次、人员74129人次，办理行政许可36288份，查处违法违规案件4件，查获在控对象3人，在全省口岸通关便利化测评中获“综合得分奖”，工作成效获福州市领导两次批示肯定。疫情防控做法两次被市政府简报转发，1个集体获评全省军民融合系统疫情防控先进集体（相关内容参见抗击新冠肺炎疫情专辑）。

【边检“放管服”改革】　2020年，福州边检站区分码头企业和服务企业，修订出台《港区企业限定区域自管办法》和《服务企业诚信管理办法》，推动港口信誉体系建设和社会力量整合。聚焦黄岐作为全省最大的台湾渔船停泊点实际情况，协调连江县政府遴选两家台轮定点维修企业，解决台轮锚修航程远、成本高及安全性差等难题。研究出台《支持港区企业复工复产五项措施》，减轻企业在疫情形势下的运营成本，促进连江申远聚酰胺一体化生产基地、罗源华东造船厂等产业集群复工复产。推行“非接触式”查验，依托“边检行政许可网上窗口”为港口企业、群众提供“网上申请、线上办理”行政许可审批服务，在报检大厅科学设置证件“无接触”交接区域，避免人员聚集、降低交叉感染风险。

【口岸开放建设保障】　2020年，福州边检站对接口岸辖区有关新增外贸作业点与新建码头项目，为项目提供对外开放政策指导。上半年，为受新冠肺炎疫情影响无法进行对外开放实地验收的闽安山水码头和将军帽作业区1号泊位开通“开放审批绿色通道”，推动码头临时开放、提前投产。靠前对接黄岐客运大楼改造、琅岐旅检现场自助通道、琅岐货运码头建设及马尾军航码头复开等项目，确保口岸基础设施建设符合边检勤务需求。

（张磊）

## 海防管理

【概况】　2020年，福州市海洋与渔业系统开展“封港清查”行动42场，出动渔业执法人员1238人次，登检船舶776艘次，完成福建省下达的年度21艘涉渔“三无”船舶拆解任务；为1940艘渔船安装北斗示位仪，录入福建省渔船动态监控管理系统，提升全市渔船位置监管水平；摸排习惯性前往敏感海域周边生

2020年，福州海关、马尾海关在“阻击-05”走私珍贵动物制品案查扣涉案物品

（市打私办　供）

2020年“五一”劳动节期间，福州边检站民警在罗源狮岐码头开展勤前装备检查　（福州边检站　供）

产的渔船52艘共396人，核实劝离接近或进入敏感海域渔船155艘次；开展宣传活动29次，宣传教育渔民群众1303人次，发放宣传材料10908份。福州海警部门查获涉嫌无合法、无齐全手续成品油案27件，非法采矿案11件，无证驾驶机动船舶案13件，查扣涉案船只33艘、涉案车辆9辆，抓获违法犯罪嫌疑人78人，查获成品油4300余吨，查扣海砂约16900余吨，行政拘留18人，刑事拘留15人。福州边检站开展口岸出入境边防检查和海上疫情防输入工作，对经停重点疫区国家的近400艘国际航行船舶，落实入境查验防控措施，并全封闭管理26个口岸限定区域，查获违法违规案件4件。福州海事局接警各类险情34件，组织搜救行动34次，遇险船舶44艘，遇险人员432人，救助遇险人员428人。

**【平安海域创建】**　2020年，福州市政府常务会议研究加强管海控海专题工作，制订出台《严控赴敏感海域捕捞专项行动方案》；福州海警局根据辖区海域治安形势特点，划定破坏无居民海岛、成品油走私、非法采砂等8项重点执法任务和7个重点敏感海域，实行每天24小时网格化巡逻防控机制；市海渔局在全省率先开展渔船组织化管理工作，将12米以上大中型渔船858艘全部纳入管理；打击涉渔“三无”船舶，联合多部门制发《进一步整治涉渔“三无”船舶专项行动方案》，组织开展“封港清查”行动，查处并拆解完成福建省下达涉渔“三无”船舶拆解年度任务；开展渔业5项风险隐患排查整治行动，提升应急能力等21项工作；全市海渔系统以“消除事故隐患，筑牢安全防线”为主线，开展渔业安全生产、涉海涉渔宣传教育活动。福州海事局围绕水上交通安全工作，制订出台《福州海事局关于水上交通安全专项整治三年行动实施方案》，组织开展采运砂船整治“扫顽除疾”、水上交通安全事故隐患排除、水上危险货物安全监管、客渡运安全监管等专项行动。年内，全市管辖船只未出现赴敏感海域捕鱼被抓扣事件。

**【军警民联防】**　2020年4月，福州市海防办组织全市海防工作会议，研究部署海上输入疫情防控工作，建立各军地涉海主要部门信息联络员工作制度。6月，福州海事局在福清市海域组织危险品事故应急处置联合演练，加强军地部门沟通协作；7月，福州警备区依托市、县人武部门组织冲锋舟操作手骨干培训及民兵骨干集训，开展海上航渡、防沉抗沉、海图使用、抢险救援等专业培训。福州海警局围绕“95110”报警服务台，建立健全与公安、海关、海事、海渔、自然资源、生态环境等部门警情联动处置机制。福州边检站结合推广应用“海港边检综合管理系统”，部署开展分组分片轮勤、“一队三室”等勤务模式创新实践，制定出台站《口岸常遇突发事件处置指引》，与海关、海警、海事以及公安边海防、出入境、监管等部门建立“点对点”联络机制。

**【海防基础设施建设】**　2020年，福州市启动10条共计13.82千米海防执勤道路建设任务；市政府筹措资金，帮助福州海警局建成全省海警系统第一支海上无人机分队，在福州辖区沿海岛屿补建350M基站。长乐区政府筹措资金修建完成2.3千米海防执勤道路。全市下拨海防基础设施维护经费168.2万元。

（程道华）

## 打击走私

**【概况】**　2020年，福州市围绕省、市年度反走私综合治理工作要点，组织联合整治，开展综治宣传，创新建立走私冻品地方归口处置工作机制，落实海上疫情防控措施。全市走私案件立案935件（刑事案件83件、行政案件852件），涉案值金额36.6亿元，位列全省设区市反走私综合治理工作考评第一档次。

**【打私专项行动】**　打击冻品走私联合专项行动　2020年1月20日至7月20日，福州市人民政府打击走私综合治理工作办公室（市打私办）组织公安、市场监管、商务等部门开展打击冻品走私联合专项行动，规范冻品市场秩序，维护食品安全。

打击整治野生动物及其产品走私专项行动　3月11日至12月31日，市打私办组织海关、海警、公安、农业农村、林业、市场监管等部门，从“购、运、储、销”环节打击走私野生动物及其产品违法犯罪活动。

打击走私“国门利剑2020”行动 3—12月，市打私办组织市打击走私综合治理领导小组成员单位，开展打击走私专项联合行动，重点打击“洋垃圾”、野生动物、濒危物种、假冒伪劣防疫物资、重点涉税商品、农产品、涉枪涉毒等走私犯罪行为，防控新型走私风险。

走私成品油综合整治专项工作 7月起，市打私办组织海关缉私、海警、公安、市场监督、商务、交通运输等部门，开展打击整治成品油走私专项行动、成品油走私综合整治“守卫”专项行动，开展海上专项打击、地下非法输油管线（储油罐）大清理整治、运输环节排查整治、成品油市场销售环节排查整治、沿海重点镇村综合整治；配合市发改委、市场监督管理局、商务局等部门，开展成品油质量管控整治与内河船舶油品质量升级，落实“三油并轨”，组织联合督查组对县区及闽江、乌龙江重点流域进行督导检查。

【打私部署和宣传】 2020年，福州市打私办指导一线缉私部门和沿海县（市）区开展情报收集研判，加强非设关地闯关走私查控，防止新冠肺炎疫情通过海上走私渠道入榕。

建立走私冻品地方归口处置机制。5月，市打私办会同商务局、市场监督局，研究制定全市首个由地方政府负责组织的海关查获走私冻品无害化处置方案。7月24日，无害化处理福州海关缉私局查获的1430吨走私冻品。在此基础上，市打私办提出“以执法机关所在地的区、县（市）政府为归口处置责任单位，形成可操作性的走私冻品归口处置工作方案”的建议，经市政府专题会议研究通过，市政府办公厅形成处置机制。年内，福州市、福清市、马尾区政府先后归口处置走私冻品3批1994吨。

加强反走私综治宣传。8月，市打私办组织缉私单位、县（市）区打私办，通过反走私法律法规咨询、上门入户走访讲解、以案释法警示教育等方式，开展反走私法律法规宣传月活动。11月18日，在市打私办、市场监督管理局指导下，闽侯县政府举办“打好蓝天保卫战 狠抓成品油质量管控”宣传活动，组织县内54家涉油企业签署“共同维护闽侯好生态承诺书”。市市场监督管理局结合年内专项行动，开展食品安全宣传，以提高群众对走私冻品危害、野生动物保护的认识，制作的禁止野生动物交易宣传微片《@所有人 遏制疫情，你还需要这样做!》发布当日点击量突破1.2万次。市烟草专卖局在沿海地区设立户外宣传牌132面，向沿海70余个村居民发放宣传单页1万余张。

2020年，闽侯县市场监督管理局青口所执法人员开展走私冻品专项检查

（市打私办 供）

【打私重大案件】 “阻击-01”走私黄金出口案 2020年5—12月，福州海关缉私局及下属长乐海关缉私分局与福州市公安局经侦支队协作摧毁一个走私黄金、骗取出口退税犯罪团伙，抓获犯罪嫌疑人22人，查扣黄金制品143克，冻结涉案资金852万元。经查，该团伙走私黄金制品2.917吨，价值8.08亿元，骗取出口退税款1.18亿元。该案系海关总署缉私局一级挂牌管理案件。

“阻击-02”走私鳗鲡苗系列案 福州海关缉私局及下属福清海关缉私分局摧毁以陈某椿、蔡某煌、郑某发、李某华等人为首的4个走私鳗鲡苗犯罪团伙，抓获犯罪嫌疑人31人，查证走私欧洲鳗鲡苗（《濒危野生动植物种国际贸易公约》附录Ⅱ物种）2.32亿尾，涉案金额23.3亿元。另查明以郑某发、李某华等人为首的犯罪团伙向日本走私出口鳗鲡苗7批285.34万尾，涉案金额5259万元，偷逃税款751.3万元。该案系海关总署缉私局一级挂牌管理案件。

“阻击-05”走私珍贵动物制品案 8月14日，在福州、莆田公安机关配合下，马尾海关缉私分局摧毁2个走私、非法贩卖珍贵动物制品团伙，抓获犯罪嫌疑人6人，查获走私入境穿山甲鳞片600.76千克，海马干24950只（净重97.18千克），巨蜥、网纹蟒、血蟒等动物胆干品47989个（净重99.5千克），羚羊角22个，虎牙18个，涉案珍贵动物制品价值1.98亿元。根据马尾海关缉私分局情报指引，香港海关在当地货柜中查获穿山甲鳞片1吨、动物胆干品13.35千克。该案系海关总署缉私局一级挂牌管理案件。

“5·27A”非法走私、非法经营、非法生产销售成品油专案 11月，福清市公安局先后摧毁以林某、黄某钦为首的非法走私、非法经营、非法生产销售成品油团伙，抓获犯罪嫌疑人14人，捣毁非法油库4个，查扣成品柴油105吨，大型油罐运输车、改装厢式油罐车、面包车改装油罐车等涉案车辆14辆，涉案交易金额6.21亿元。

2020年，福州市打击成品油走私专项工作推进会召开　（市打私办　供）

**【职能部门打私工作】** 榕城海关　2020年，榕城海关检验监管固体废物180批5.4万吨。查获野生动物及制品107件（象牙制品8件、净重99克，海马干99件、净重148克）、大麻136克（毛重）、芬特明28包（224粒、毛重109克）、枪支配件23件、管制刀具8件。驻邮局办事处查发各类违规情事1067起，其中疑似濒危物种6起、枪支配件8起、毒品（含精神类药品）8起、侵权物品68起（查获侵权物品2108批次）、非法出版物577起（查获非法出版物5312件）、香烟及烟弹走私案件391起、其他类9起。

马尾海关缉私分局　全年刑事案件立案17件（海关总署缉私局一级挂牌管理案件5件），涉案金额4.36亿元，涉嫌偷逃税款4586万元。采取强制措施23人次，执行逮捕20人。移送审查起诉8件、5个单位、19人。一审判决案件10件、有罪判决35人。二审判决案件2件、有罪判决1个单位、2人。行政案件172件，涉案金额1.661亿元，涉税额2358.65万元。罚没入库222.61万元。

福清海关缉私分局　全年刑事案件立案15件（海关总署缉私局一级挂牌管理案件3件），涉案金额13.64亿元，涉嫌偷逃税款0.63亿元，案件自侦率60%。行政案件立案58件，涉案金额1.53亿元，涉嫌偷逃税款0.77亿元。处理涉案人员19人，罚没及补税入库1.67亿元。

长乐机场海关缉私分局　全年刑事案件立案15件，涉案金额7.97亿元，涉嫌偷逃税款49.37万元，抓获犯罪嫌疑人27人。行政案件（含“两简”案件）立案163件，涉案金额746.23万元，涉嫌偷逃税款108.28万元。行政结案62件。罚没入库93.56万元。

福州海警局　全年走私相关案件立案70件，其中走私成品油案件5件，无合法、齐全手续成品油案件61件，查获非法成品油1.1万吨，涉案金额4950万元。走私冻品案件2件，查获非法冻品265吨，涉案金额550万元。非法经营案件1件、生产销售伪劣产品案件1件，查获非法卷烟1908.9件，涉案金额2183.71万元。

福州市公安局　全年查获涉私成品油刑事案件14件、行政案件221件，涉案金额6.27亿元。查扣非法成品油2658.8吨，捣毁非法储油窝点73个。查获涉私冻品案件3件，查扣非法冻品84.1吨，涉案金额168.2万元。查获涉私烟草案件6件（其中1件移交福州海警局并案处理），查扣非法卷烟3061.22件，涉案金额3022.33万元。市公安局（打私办）与中石油福州销售分公司、中石化（森美）福州分公司建立警企月例会制度，每月互通打私动态、成品油市场销售情况以及非法加油站（点）、流动加油车线索，分析研判成品油市场态势。

福州市市场监督管理局　全年立案查处涉私案件71件（无中文标签案件50件，其他涉私案件21件），涉案金额14.24万元，罚没款37.2万元，入库金额36. 16万元。检查水产品批发市场、农贸市场、冻库等冻品经营主体1332家（个、户）次。排查成品油经营企业、企业内设加油站107家，覆盖率100%。打击走私野生动物工作方面，检查集中交易市场7484个次、商场超市15465个次、花鸟市场240个次、市场内经营者30862个次。

福州市烟草专卖局　全年查获涉私案件110件，查扣走私烟37.12件，实物案值48万元。与马尾海关缉私分局、福州海警局、福州市公安局联合查办海运假烟案件9件，查获非法生产卷烟6664.52件，涉案金额7191.07万元，刑事拘留87人，执行逮捕45人。依托情报导侦，梳理完善“一部车辆、一条电话号码、一个模糊位置”三类线索三套应对侦办模式，建立全时段执法快速响应机制。

（姜含林）

（编辑　黄铭）

# 科学技术

## 综　述

**【概况】**　2020年，福州市全社会研究与开发（R&D）投入总量超200亿元，继续保持全省第一。全市财政科技投入43.18亿元，占比4.5%，比上年增长50%。高新技术企业发展迅速，突破2000家，达2057家。推进光电信息省创新实验室建设，筹建柔性电子省创新实验室，下达重大平台省、市建设奖励经费近4亿元。推进科技成果落地转化，牵头建设“福州市科技成果转移转化服务平台APP”并上线运行。新冠肺炎疫情期间，出台“十六条措施”，助力企业复工复产。全省首创科技特派员直播带货活动，助推乡村振兴。获省科学技术奖18项，获奖总数和一等奖数均位居全省第一。

**【创新高地构筑】**　2020年，福州市推进国家自主创新示范区福州片区建设，建立福州新区、自贸区福州片区、自创区福州片区“三区”联席会议制度，首推自创区“一区二十四园”工作绩效考评机制。加快高水平研发平台建设，推进光电信息省创新实验室建设，动建实验室大楼，落实省市财政建设经费2.5亿元；新增省级重点实验室5家、省级新型研发机构25家、省引进重大研发机构1家、研发中心职能总部2家、市行业技术创新中心14家；下达重大平台省、市建设奖励经费近4亿元。

**【创新要素集聚】**　2020年，福州市完善科技创新顶层设计，制定《福州市争当全方位推动高质量发展超越排头兵推进科技创新实施方案》，明确科技发展方向；制定《福州市关于进一步坚持和深化科技特派员制度的工作方案》，编制《福州市“十四五”科技创新专项规划》；重新修订关于扶持“双创”工作、加强高新技术企业培育、促进科技成果转移转化、创新驱动发展等惠企科技政策。全市有995家通过国家高新技术企业认定，高新技术企业总数2057家，净增数连续3年居全省第一。新增省科技小巨人领军企业100家，总数550家；科技型中小企业1426家，比上年增长40%。双创载体建设取得新进展，福州软件园入选国家级双创示范基地；新增国家级众创空间4家，新认定市级众创空间11家；举办2020年福州市榕创嘉年华暨福州市创新创业大赛，9家企业进入全国行业总决赛，其中3家获得优胜奖。

**【科技人才培育和引进】**　2020年，福州市入选2019年科技部创新人才推进计划2人；市属单位获得省科学技术奖18项，其中一等奖3个，获奖总数和一等奖数均位居全省第一；省对市人才绩效考核，涉及市科技局19分5个单项指标，考核成绩位居全省第一。新设立海外人才联络处8家。

**【创新动能释放】**　2020年，福州市财政科技投入43.18亿元，占比4.5%，比上年增长50%，市科技局下达财政科技发展性项目经费4.8亿元；推进科技金融融合，强化“高新贷”“科技贷”、贷款贴息等业务，累计发放贷款20.04亿元；2019年（错年统计）全社会R&D投入总量201.7亿元，成为全省首超200亿的设区市，总量连续4年保持全省第一；R&D投入强度2.15%，超过全省1.78%的0.37个百分点，位居全省第二。

发挥在榕高校院所集聚优势，推进“一网一厅”建设，建设“福州市科技成果转移转化服务平台APP”并上线运行。举办“2020年闽东北协同发展区网上科技成果推介会”等成果对接活动。年内福州市认定登记的技术合同有4449项，合同成交金额59.36亿元，比上年增长18.48%。

**【科技服务】**　2020年，福州市科技局44个服务事项入驻市行政服务中心，其中“一趟不用跑”事项40项，“最多跑一趟”4项，“全流程网办”事项10项，“一趟不用跑”事项比例达90.9%。电子证照生成率100%，位列全市第一，被评为市行政服务中心标兵（先进）窗口2次。开展“服务基层年”活动，局领导累计下基层112次，走访企业157家。开展科普宣传，组织“科技战疫　创新强国”为主题的科技活动周系列活动，开展科技下乡活动23场、科普进社区活动10场。新冠肺炎疫情防控期间，出台“十六条措施”，下达财政科技资金4.2亿元，为256家中小微企业减免租金337.2万元，立项支持省、市新冠疫情科研攻关28项。

**【科技特派员】** 2020年，福州市出台《福州市关于进一步坚持和深化科技特派员制度的工作方案》，选认省市级科技特派员个人654名、团队70个、法人18个，县级1309名，实现镇村全覆盖。全省首创科技特派员直播带货活动，助推乡村振兴。

（陈婉平）

## 科技创新体系建设

**【研究与试验发展经费】** 2019年（错年统计），福州市全社会R&D支出201.7亿元，成为全省首超200亿元的设区市，总量连续4年保持全省第一；R&D投入强度2.13%，超过全省1.78%的0.35个百分点，位居全省第二。研发投入增长速度超过20%的县（市）区有台江区、福清市、闽侯县、连江县、闽清县、永泰县等6个县（市）区，投入量超过30亿元有福清市，超过20亿元有鼓楼区、仓山区；台江区、晋安区、连江县、闽清县、永泰县5个县区研发投入强度较低，不到1%。

多元科技投入渠道　市财政筹集3.4亿元，用于福厦泉国家自主创新示范区建设。推进科技金融深度融合，持续推进科技支行建设，强化“高新贷”“科技贷”等科技金融创新产品应用推广；引导银行与企业建立多种接触渠道，通过银企对接会、高新技术企业群线上直播等方式为银企对接提供桥梁。年内福建海峡银行科技支行累计审批“高新贷”12笔，金额8489万元，福州地区各商业银行合计发放“科技贷”20.26亿元，占全省比例40%，获得省科技厅专项表扬。政府性融资担保机构为43家科技型企业提供2.16亿元贷款担保。

创新优惠政策　落实国家、省出台创新政策，包括企业研发经费投入分段补助、研发费用税前加计扣除、高新技术企业所得税减免等。市科技局通过组织高新技术企业认定培训、R&D经费统计培训、深入企业等形式开展政策宣讲，提高知晓率。简化办理程序，提高政策落实效率，保证创新政策及时兑现落实。全年高新技术企业奖励、分段补助、科技创新平台配套、双创奖励等经费合计3.5亿元，争取省级以上资金3.42亿元。

创新平台建设　光电信息省创新实验室有序推进，落实省市财政建设经费2.5亿元。筹建柔性电子省创新实验室，支持中国兵器装备集团—福州大学先进技术创新研究院建设，投资5435万元。加强新型研发机构、重点实验室、技术中心等各类创新平台建设。继续发挥清华—福州数据研究院、物联网开放实验室等现有创新平台作用。通过创新平台培育和建设，形成福州特色创新平台体系。

（王庆全）

**【福厦泉国家自主创新示范区福州片区建设】** 2020年，福厦泉国家自主创新示范区福州片区出台先行先试政策，在科技创新重大平台建设、双创服务体系建设等领域形成13项可复制推广的改革创新政策举措，在全省或福厦泉三片区进行复制推广。自贸试验区与自创区“双自联动”举措——“IT技能人才虚拟双创平台”在全省复制推广，迈出福州市推动“双自联动”政策叠加的第一步。年内福州片区形成第四批21项可复制推广改革创新政策举措报送省创新办遴选。2016—2020年，市财政安排专项资金13亿多元，重点用于示范区重大创新项目、产业创新平台的建设等。推动创新型企业发展，印发《2020年度高新技术企业培育工作方案》，按照“科技型中小企业—高新技术企业—科技小巨人领军企业”科技创新主体培育路径，实施高新技术企业倍增计划。推动建设中国东南大数据产业园、福州新区双创示范基地、海西园创新园（二期）等重点产业集聚，增强核心载体功能。打造“福州软件园—海西高新区—马尾物联网产业园—融侨经济技术开发区—东南大数据产业园”数字经济创新集聚带。强化创新平台建设，推动建设中国·福州物联网开放实验室、福建省鲲鹏产业生态中心、福建省区块链产业生态服务平台等重大创新平台。鼓励和支持自创区内企业与国内外高水平研发平台的对接合作，着力突破福州市紧缺的关键核心技术。鼓励和支持高校、科研机构科研人员到自创区开展成果转化和技术服务，推动海峡银行高新支行开展“高新贷”业务，将“高新贷”业务范围扩大到自创区“一区二十四园”。先行启动以“三区”（新区、自贸区和自创区）为主体的“多区”联动，将高新区作为试点园区，探索协同开发模式。推动优惠政策、公共服务资源共享，推动福州高新区纳入自贸区扩区范围。加强“一区多园”分类指导，出台《自创区福州片区“一区二十四园”动态（分类）管理标准、考核评价管理办法（试行）、一线考核方案的通知》《自创区福州片区“一区二十四园”考核评价办法》，加强“一区二十四园”分类指导，发挥各园区长板优势，推动园区建设。落实自创区专项资金，建立滚动支持机制，以提高专项资金使用效应。设立自创区协同专项，支持自创区与省内其他高新区等开展协同创新。

（李梅婷）

**【重点实验室建设】** 2020年，福州市有国家级重点实验室3家；省创新实验室1家；省重点实验室115家，其中企业类重点实验室21家（年内新增5家），学科类重点实验室94家（年内新增1家）。

福建光电信息科学与技术创新实验室（闽都创新实验室）是由福州市人民政府牵头，依托中国科学院福建物质结构研究所（中国科学院海西创新研究院）、福州大学于2019年11月获批筹建，是福建省首批4家省创新实验室之一。实验室围绕光电信息科技与产业领域，布局战略性先进光电材料、新型照明与显示、高速通讯与感知等三大研究方向，开展基础研究、应用基础研究和应用技术开发研究、成果转化和产业化、人才引进和培养等相关科研活动。年内，闽都创新实验室拥有科研和管理队伍96人，其中院士2人、国家杰出青年7人、国家特聘专家6人，研究员和教授36人、副高级职称10人；突破核心关键技术20余项，申请发明专利55件，包括国内发明专利 47 件、PCT 国际专利 8 件；依托科研成果，孵化成立福州真感芯科技有限公司、福建维安格科技公司 2 家公司。

【行业技术创新中心建设】 2020 年，福州市有 53 家市行业技术创新中心，其中依托单位为高校科研院所的有 34 家，依托单位为企业的有 19 家，基本涵盖福州市八大主导行业。全市行业中心完成技术创新项目 400 个，为企业完成 3 万多批次的检测及成型服务；举办各种培训活动 232 场，培训各类专业人员 10000 多人；为企业提供新产品开发、配方工艺设计、技术咨询等服务近 7000 次；为企业引进专业技术人才近 4000 人；举办 159 场专项研讨会；取得市级以上各类奖项 46 项；与企业签订合作协议 1299 家；协助企业申报国家、省级项目 124 个；获得专利、论文等知识产权 534 项；转化科技成果 1927 项。

（李海峰）

【科技企业孵化器建设】 2020 年，福州市有备案科技孵化器 38 家（含省属 5 家），其中国家级科技孵化器 6 家，省级科技孵化器 17 家，总服务场地面积超过 31 万平方米，在孵企业 530 多家。全市有国家级众创空间 12 家，省级众创空间 58 家，市级众创空间 100 家，众创空间面积超过 21 万平方米，初创企业数量和创业团队总数 3138 家。年内有智造空间、启迪之星福州孵化基地、云泽速创—福州微软云暨移动应用孵化平台、腾讯众创空间 4 家单位被认定为国家级众创空间，按照《关于扶持“双创”工作的七条措施》，给予每家 40 万元配套奖励；新认定市级众创空间 11 家。

表 56　　2020 年福州市新增国家级众创空间名单

| 序号 | 众创空间名称 | 运营管理单位 |
| --- | --- | --- |
| 1 | 智造空间 | 福州市集力众创空间企业咨询有限公司 |
| 2 | 启迪之星福州孵化基地 | 福州启迪之星孵化器管理有限公司 |
| 3 | 云泽速创-福州微软云暨移动应用孵化平台 | 福州云泽信息科技有限公司 |
| 4 | 腾讯众创空间 | 福州靠谱之宝孵化器管理有限公司 |

表 57　　2020 年福州市新增市级众创空间名单

| 序号 | 众创空间名称 | 运营管理单位 |
| --- | --- | --- |
| 1 | 闽台大学生创新创业创造基地 | 福建中怡科技发展有限公司 |
| 2 | 中国东南大数据产业园众创空间 | 福州市数字经济招商服务有限公司 |
| 3 | 国科双创福州创新创业基地 | 福州科融星创科技服务有限公司 |
| 4 | 锦洲乐创空间 | 福建锦洲孵化器管理有限公司 |
| 5 | 两岸商盟科创空间 | 福建省商益汇科技有限公司 |
| 6 | 创业黑马福州独角兽加速基地 | 创业黑马（福州）科技有限公司 |
| 7 | 后浪青创 | 福州闽寓时代投资有限公司 |
| 8 | 智合汇创融媒体产业众创空 | 福州市铄东文化传媒有限公司 |
| 9 | 集鲜流量电商众创空间 | 福建集鲜网络科技有限公司 |
| 10 | 八戒工场 | 福建九齿钉耙企业管理有限公司 |
| 11 | 闽捷众创空间 | 福建省闽捷投资管理有限公司 |

（魏慧玲）

【外国专家管理】 2020 年，福州市新设立 8 家引进海外人才联络处，全市累计设立 4 批 26 家海外人才联络处，分布英、美、加、法、澳等 16 个国家和地区。开展 2020 年度聘请海外高层次人才到榕培养计划的申报工作，经初审、专家评审，有 11 家单位 33 个项目入选海外高层次人才到榕培养计划。开展 2020 年度高层次专业技术人才赴国（境）外访学研修计划的申报工作，经初审、专家评审，有 6 家单位 17 名福州市高层次专业技术人才入选计划。实施四大引智计划，开展试验区四项引智的申报评审工作。年内有 RRW 等 3 名外国专家入选试验区“外专百人计划”，6A66 铝合金关键技术优化及产业化等 5 个项目入选高端外专产业合作项目，“VR 感性工学技术设计研究中心”海外高端人才团队等 3 个团队入选海外高端人才团队计划，发放试验区四项引智计划经费补助 141.4 万元。

开展引智计划申报工作，4个项目入选国家外国专家项目计划，均为高端外国专家引进计划，获项目资助经费110万元。配合福建省外国（海外）专家局关于开展2020年度福建省“外专百人计划”等四项引智计划申报工作，全市有4名专家入选省“外专百人计划”，2个团队入选省“高端外国专家团队引进计划”，1名专家入选省“青年外国专家引进计划”，4个项目入选省“乡村振兴及闽台合作引智专项计划”，入选项目合计获得项目资助经费154万元。年内市科技局推荐的“污水处理智能耦合控制系统构建及节能优化控制”项目入选2020年度福建省对外合作项目。福州京东方光电科技有限公司技术中心入选2020年度福建省引进重大研发机构资助项目，获得省级资助经费2000万元，福州市按相关规定给予最高不超过50万元配套经费。

（郑晓昆）

**【科学技术经费】** 2020年，福州市科技专项经费安排43.19亿元，通过研发费用加计扣除政策、研发投入分段补助政策、科技小巨人领军企业研发费用加计扣除奖励、科技创新券补助等政策的落实，发挥财政科技投入的撬动作用，引导全社会加大研发投入；通过组织实施科技重大项目、区域科技发展项目、农业科研项目、社会发展项目、中小企业创新资金项目、市校（院所）合作项目等，攻克一批关键共性技术，构建公共技术服务平台，发展高新技术产业，提升区域创新能力。

表58　2019—2020年福州市科学技术支出占市财政一般预算支出比例（本级）

| 年份 | 本级科学技术支出（万元） | 本级财政一般预算支出额（万元） | 本级科学技术支出占本级财政决算支出比例（%） |
|---|---|---|---|
| 2019 | 75628 | 2321535 | 3.26 |
| 2020 | 68829 | 2139820 | 3.21 |

表59　2020年福州市科学技术支出占市财政一般预算支出比例（全市）

| 考核年份 | 全市科学技术支出（万元） | 全市财政一般预算支出额（万元） | 全市科学技术支出占全市财政决算支出比例（%） |
|---|---|---|---|
| 2020 | 431850 | 9501973 | 4.54 |

表60　2019—2020年福州市科学技术支出使用情况（本级）

| 序号 | 使用领域 | 经费主管部门 | 经费额（万元） | |
|---|---|---|---|---|
| | | | 2019年 | 2020年 |
| 1 | 科学技术管理事务 | 市科技局等 | 895 | 941 |
| 2 | 基础研究 | 市科技局等 | 41 | 42 |
| 3 | 应用研究 | 市科技局等 | 1809 | 2068 |
| 4 | 技术研究与开发 | 市科技局等 | 6041 | 7730 |
| 5 | 科技条件与服务 | 市科技局等 | 33230 | 44542 |
| 6 | 社会科学 | 市社科院等 | 951 | 782 |
| 7 | 科学技术普及 | 市科协等 | 2877 | 4245 |
| 8 | 科技交流与合作 | 市科技局等 | 3000 | 3015 |
| 9 | 科技重大专项 | 市科技局等 | 63 | 50 |
| 10 | 其他科学技术支出 | 市科技局等 | 26721 | 5414 |
| 合计 | | | 75628 | 68829 |

表61　2020年福州市科学技术支出使用情况（全市）

| 序号 | 使用领域 | 经费主管部门 | 经费额（万元） |
|---|---|---|---|
| 1 | 科学技术管理事务 | 市科技局等 | 15953 |
| 2 | 基础研究 | 市科技局等 | 186 |

续表

| 序号 | 使用领域 | 经费主管部门 | 经费额（万元） |
|---|---|---|---|
| 3 | 应用研究 | 市科技局等 | 25332 |
| 4 | 技术研究与开发 | 市科技局等 | 65132 |
| 5 | 科技条件与服务 | 市科技局等 | 51402 |
| 6 | 社会科学 | 市社科院等 | 848 |
| 7 | 科学技术普及 | 市科协等 | 7655 |
| 8 | 科技交流与合作 | 市科技局等 | 3015 |
| 9 | 科技重大专项 | 市科技局等 | 2935 |
| 10 | 其他科学技术支出 | 市科技局等 | 259392 |
| 合计 | | | 431850 |

（林硕）

## 高新技术产业

【高新技术企业】 2020年，福州市有995家企业通过2020年度国家高新技术企业认定，占全省（不含厦门）的49%。福州市高新技术企业总数突破2000家，达2057家，比上年净增650家，净增数连续3年位居全省第一，增长46%，高新技术企业数量两年翻了近一番，在“十三五”期间从444家增加至2057家，占全省比重从21.8%上升至31.7%。全市46家上市企业中，高新技术企业24家，占比52%；97家上市后备企业中，高新技术企业51家，占比53%；47家省级数字经济领域“独角兽”、未来“独角兽”、“瞪羚”创新企业中，高新技术企业32家，占比高达68%；营业收入上亿元高新技术企业达275家。

（陈艳梅）

【创新资金立项与验收】 2020年，福建省、福州市创新资金项目采取“事前立项，事后补助”资助方式。省创新资金立项9个，市创新资金立项26个。设立在孵科技企业创新项目，支持孵化器和众创空间内的企业开展技术创新，立项4个。全年验收市级创新基（资）金项目20个，验收合格18个，下达资金255万元。

【科技小巨人领军企业遴选】 2020年，经福建省科技小巨人领军企业培育工作联席会议审核确认，福州市有100家科技小巨人领军企业被列入“科技小巨人领军企业培育发展库”，占全省新增527家的19%。年末全市科技小巨人领军企业总数550家，占全省2816家的19.5%。年内87家科技小巨人领军企业享受研发费用加计扣除奖励资金4350.7万元，占全省总奖励金额的43%，获奖励企业数、资金数继续位列全省第一。年末全市累计有529家（次）科技小巨人领军企业享受研发费用加计扣除奖励补助，补助资金2.7亿元，占全省的45%。

【创新创业大赛】 2020年，福州市组织科技型中小企业参加福州市创新创业大赛，181家企业报名参赛，通过网络评审初选，有50家企业晋级市复赛，对接第九届中国创新创业大赛暨第八届福建创新创业大赛，18家晋级省复赛，9家晋级全国赛，3家获得全国优秀奖。18家企业获得省创新创业大赛奖励资金37万元，5家企业获得省创新资金大赛获奖项目奖励150万元。

【科技创新券补助】 2020年，福州市根据《福建省科学技术厅关于做好2020年度科技创新券补助工作的通知》要求，对符合条件的科技型中小企业、创客（入驻市级以上科技行政管理部门备案的科技企业孵化器、互联网孵化器、大学科技园、众创空间，尚未注册企业的创业者）研发过程中向高校、科研院所、企业等机构购买技术（开发、转让、咨询、服务）、检验检测、科研仪器设备使用、技术数据分析等科技创新服务的费用给予补助，有232家企业获得补助，获批补助金额1021万元，占全省51%。

【科技型中小企业评价】 2020年，福州市根据省科技厅《关于组织开展2020年科技型中小企业评价工作的通知》要求，组织和发动企业参与全国科技型中小企业评价工作，新冠肺炎疫情期间，利用全国科技型中小企业信息服务平台，实行科技型中小企业评价业务全流程网上办理，组织人员在线开展企业评价信息形式审查，为科技型中小企业提供高效便捷服务。经市科技局形式审查推荐，省级管理部门公示、公告、抽查，全年12批备案科技型中小企业1426家，比上年增长40%，占全省40%。

（谢辉）

## 农业科技

【科技特派员工作】 2020年，福州市出台《福州市关于进一步坚持和深化科技特派员制度的工作方案》，改变省、市科技特派员选认办法，形成省级科技特派员从市级择优产生、市级从县级择优产生的新模式。发挥农业、人社、工信、

2020年6月24日，福州市科技局首创全省科技特派员直播带货先例，开展“福州科技特派员在行动”直播活动（福州市科技局　供）

科协等14个部门合力，与县区科技部门共同推进选认工作，同时在选认上打破行业、地域、身份等限制，不拘一格选认科技特派员，对实际工作能力强、经验丰富、业绩突出的，可以适当放宽选认标准，实现创业和技术服务领域一二三产业融合发展。全年认定省级科技特派员308名、团队科技特派员43个、法人科技特派员14家，市级科技特派员654名、团队科技特派员70个、法人科技特派员18家，实现科技特派员在乡镇全覆盖，县级科技特派员2000多个行政村全覆盖。

加大经费扶持　市财政逐年增列科技特派员经费，2019年安排1260万元，2020年安排1560万元。本着灵活、高效使用的原则，完善资金使用规定，允许本地的省、市级科技特派员从工作经费中提取包干费用。对企业研发项目有科技特派员参与的项目，资助经费提高到最高30万元。年内支持科技特派员相关项目60多个，安排资金近1000万元，推动科技特派员的科研成果转化。带动升级三农特色产业，精准定向支持福州茉莉花、鲍鱼、金鱼、沙蚕、枇杷、福橘、橄榄、秀珍菇等特色种养殖和新品种推广、海上福州、设施农业、智慧农业等特色和未来潜力产业，以形成良好的经济效益和产业规模。

新型科技服务平台建设　依托现代农业创新基地，强化科技特派员创业服务示范基地和“星创天地”等新型科技服务平台的建设，推进农业科技成果转化。市财政对获得国家、省、市级星创天地分别给予40万元、30万元、15万元的一次性奖励。市科技局探索开发科技特派员服务与管理系统APP，以实现全市科技特派员的在线管理、在线服务，为科技特派员的信息化服务和管理决策形成支撑，推动科特派与基层单位和农户结成利益共同体。年内完成系统软件开发，在闽清等部分县区开展试运行。

创新榕台合作　自2019年福州市开始选认台籍科技特派员，年内选认台籍省市级科技特派员52人，比上年增长116%，专业领域涉及果蔬栽培、中草药种植研发、生物医药、物联网、品牌策划、创意设计、休闲农旅等，助力福州市打造台胞登录大陆的第一家园。

闽东北协同创新　签订《福州市与南平市、宁德市协同推进科技特派员工作合作协议》，安排财政资金3000万元，扶持南平市、宁德市科技特派员示范基地、重点项目、创业、服务云平台等建设。出台《关于开展推动闽东北协同发展区科技创新发展相关工作的通知》，推动科技特派员灵活高效流动，多途径为山区科技创新和企业发展服务。新冠肺炎疫情防控期间，开展2020闽东北协同发展区网上科技成果推介会，选择一批高校、院所的科技特派员项目进行网上推广，推动成果落地转化。

科技特派员直播带货活动　首创全省科技特派员直播带货先例，开展“福州科技特派员在行动”等直播活动2场，其中全省首创科技特派员直播带货活动在《福州晚报》上进行报道，《科技特派员“抖”出农家猛料来》的文章获得省科技厅厅长的点赞，省纪委副书记薛云官做出肯定批示。

（郭文涛）

【星火计划】　2020年，福州市有海欣食品股份有限公司“人造肉肠产业化关键技术研究与示范”、福建仙芝楼生物科技有限公司“灵芝灰树花增强免疫力抗病毒复方功能性食品的研发及产业化示范”2家企业项目获得省科技厅区域发展项目立项支持；福州百洋海味食品有限公司“高品质抗冻性食用菌虾滑加工关键技术集成创新与示范”、福州市凯达生态农业有限公司“现代农业数字化管理的探索与应用”等10家企业项目获得省科技厅星火项目立项支持；福州市农业科学研究所“绿壳蛋鸡疫病综合防控技术研究”等3个项目获得省科技厅设区市农科院所建设发展项目立项支持。

福州市农业科研（星火）计划围绕“海上福州”、农业创新、提质增效与绿色发展等方向，支持上述领域新品种、新技术和新产品技术开发和产业化示范，助力乡村振兴。年内福州市蔬菜科学研究所“设施短瓠瓜专用新品种选育”、福州市西湖公园管理处“福建观赏盆栽菊双季制种及在园林上的应用”等11个项目获得市农业科研项目立项支持；福建省福州外贸食品冷冻厂有限公司“高品质速冻调理牛肉加工产业化关键技术研究与示范”、福州科力恩生物科技有限公司“鳗鱼养殖污水微生物光合生态处理新技术的研发与应用”等20个项目获得市星火计划立项支持。

【现代农业技术创新基地】　2020年，福州市引导农业企业加强产品研发投入，增强企业创新能力和核心竞争力，推进农业技术创新和科技进步，推动全市农业主导产业、优势和特色农产品高效持续发展，为“三农”建设提供科技支撑。

年内认定福州市现代农业技术创新基地46家。

【新型科技服务平台】 2020年，福州市培育建设一批集科技示范、创业孵化、特色服务于一体的"星创天地"等新型科技服务平台，打通产业创新"全链条"，新增省级星创天地5家、市级星创天地7家。年末全市有国家级星创天地4家、省级星创天地11家和市级星创天地26家。

表62 2020年福州市国家级星创天地名单

| 序号 | 星创天地 | 运营单位 |
|---|---|---|
| 1 | 嵩口星创天地 | 福建省嵩口古镇旅游发展有限公司 |
| 2 | 有伦农业1+N创业互助平台星创天地 | 福建有伦农业科技发展有限公司 |
| 3 | 创共体星创天地 | 福州创业共同体投资发展有限公司 |
| 4 | 溪客绿星创天地 | 福建省智慧品学创业创新研究院 |

表63 2020年福州市省级星创天地名单

| 序号 | 星创天地 | 运营单位 |
|---|---|---|
| 1 | 嵩口星创天地 | 福建省嵩口古镇旅游发展有限公司 |
| 2 | 有伦农业1+N创业互助平台星创天地 | 福建有伦农业科技发展有限公司 |
| 3 | 创共体星创天地 | 福州创业共同体投资发展有限公司 |
| 4 | 溪客绿星创天地 | 福建省智慧品学创业创新研究院 |
| 5 | 海峡青创小镇 | 福建省汇众创新创业研究院 |
| 6 | 相思岭农创基地 | 福清市相思岭农创农业发展有限公司 |
| 7 | 拓天农科星创天地 | 福建拓天生物科技有限公司 |
| 8 | 满堂香星创天地 | 福建满堂香茶业股份有限公司 |
| 9 | 福清岚湖山现代农业创业创新园区星创天地 | 福建省南湖山茶业有限公司 |
| 10 | 农时通星创天地 | 福建省福州外贸食品冷冻厂有限公司 |
| 11 | 闽清县三农服务星创天地 | 福州引凤惠农科技服务有限公司 |

（赵龙）

## 科技成果管理

【科学技术奖励】 根据《福建省人民政府关于2020年度省科学技术奖励的决定》，在榕高校、科研院所和企业的106项科技成果获2020年度福建省科学技术奖，占全省获奖总数的54.36%。福州市科技局提名推荐10项科技成果入选，其中二等奖4项，三等奖6项。

表64 2020年度福建省科学技术奖福州市科技局推荐获奖名单

| 序号 | 项目名称 | 主要完成单位 | 主要完成人 | 奖项名称 | 等次 |
|---|---|---|---|---|---|
| 1 | 大变倍比、大靶面高清红外光学系统关键技术的研发及应用 | 福建福光股份有限公司 | 屈立辉、肖维军、张清苏、陈丽娜、林春生 | 科技进步奖 | 二等奖 |
| 2 | 车载玻璃镀膜技术研发及产业化 | 福耀玻璃工业集团股份有限公司 | 曹晖、福原康太、曾东、黄凤珠、张小荣、林柱、何立山 | 科技进步奖 | 二等奖 |

续表

| 序号 | 项目名称 | 主要完成单位 | 主要完成人 | 奖项名称 | 等次 |
|---|---|---|---|---|---|
| 3 | 新型显示用G5玻璃基板关键技术与设备开发及应用 | 福州东旭光电科技有限公司、福州大学、东旭集团有限公司、东旭光电科技股份有限公司 | 李青、郭太良、穆美强、胡恒广、苏记华、王丽红、郑权 | 科技进步奖 | 二等奖 |
| 4 | 市政道路雨水管理及污染控制关键技术研究与应用 | 国智建筑科技有限公司、福州大学、福建省建筑科学研究院有限责任公司、宇烈建工集团有限公司、上海市城市建设设计研究总院（集团）有限公司、深圳市城市规划设计研究院有限公司 | 范功端、张显忠、裴炎炎、郑柳杨、罗静、苏霖、高庆强 | 科技进步奖 | 二等奖 |
| 5 | 云端融合一体化智慧云课堂关键技术及产业化 | 锐捷网络股份有限公司、华侨大学、北京星网锐捷网络技术有限公司 | 莫毓昌、陈兴斌、刘福能、倪宏、黄建新 | 科技进步奖 | 三等奖 |
| 6 | VR/AR核心引擎技术平台 | 福建天晴数码有限公司、福建网龙计算机网络信息技术有限公司、福建省华渔教育科技有限公司 | 刘德建、陈宏展、刘建辉、杨健、苏文瑛 | 科技进步奖 | 三等奖 |
| 7 | 超大尺寸液晶显示面板关键技术研发与产业化 | 福州京东方光电科技有限公司 | 王宝强、王文超、方涛、方鑫、吴恩龙 | 科技进步奖 | 三等奖 |
| 8 | 自动化折弯单元的关键技术研发与产业化 | 闽江学院、福建诺博特自动化设备有限公司、福建信息职业技术学院 | 郑祥盘、翁伟、郭进东、李佐勇、何建华 | 科技进步奖 | 三等奖 |
| 9 | 复杂桥梁精致建造与绿色施工关键技术研究 | 皓耀时代（福建）集团有限公司、宁波大学、山东九强集团有限公司、福建厚德建设工程有限公司 | 齐昌广、李建平、苏颖、陈强、孟庆波 | 科技进步奖 | 三等奖 |
| 10 | 高性能装配式混凝土构件产业化应用关键技术 | 永富建工集团有限公司、福建省二建建设集团有限公司、福建建工集团有限责任公司、福建江夏学院 | 蒋国平、温小栋、张晓曦、林章凯、李峻 | 科技进步奖 | 三等奖 |

（黄聚昌）

## 科技成果转移转化

**【技术合同登记】** 2020年，福州市登记技术开发、技术转让、技术咨询、技术服务四类合同4449项，合同成交额593645.14万元，其中技术开发合同1583项，成交额198690.1万元；技术转让合同254项，成交额322076.45万元；技术咨询合同511项，成交额6132.54万元；技术服务合同2101项，成交额66746.06万元。在四类合同中，技术开发合同成交额占比达到33.47%；技术咨询合同成交额较低，只占1.03%；技术服务合同成交额占11.24%，占比低于全国水平；技术转让合同成交额占54.25%，高于全国水平。

**【科技成果转化公共服务平台APP】** 2020年，福州市科技局谋划推动“福州市科技成果转化公共服务平台APP”（简称平台APP）的开发和建设，并通过“线上”和“线下”结合以加速科技成果在福州市转移转化。10月17日，市科技局委托福建博思软件股份有限公司控股子公司福州兴博新中大软件有限公司开发平台APP，委托福州技术市场有限公司负责平台APP运营的三方技术开发（委托）合同正式签订，以推进平台APP建设。平台APP试运行期间，征集各县（市）区科技管理部门、技术转移机构、部分高校、企业等用户进行试用，并根据各方意见修改完善。12月14日，市政府新闻办召开平台APP上线运营通气会，平台APP上线运营，面向高校院所、企事业单位，具有“发布成果找需求”“发布需求找成果”两大主要功能和“五找一公示”（“找专家”“找高校”“找企业”“找中介”“找资源”“项目公示”）六项辅助服务功能。市科技局联动各县（市）区发改（科技）局、高新区科技局，并通过平台APP运营管理单位——福州技术市场有限公司向高校院所和企业宣传推广使用。平台APP的上线运营是福州市创新科技成果转化机制，解决基础研究“最先一公里”和成果转化、市场应用“最后一公里”有机衔接问题的重要内容，是推进福州市科技成果转化的措施之一，标志着福州市线上技术转移平台建设迈出实质性步伐。

至年末，平台APP发布科技成果1429项，技术需求107项，汇聚35所在榕高校和8所异地高校信息、2800多条专家信息、2900多条企业信息、3200多

表65　2020年福州市技术合同交易分类表

| 分类 | 合同数（项） | 合同金额（万元） |
|---|---|---|
| 1. 按合同类别分 | | |
| 技术开发合同 | 1583 | 198690.1 |
| 技术转让合同 | 254 | 322076.45 |
| 技术咨询合同 | 511 | 6132.54 |
| 技术服务合同 | 2101 | 66746.06 |
| 2. 按社会经济目标分 | | |
| 环境保护、生态建设及污染防治 | 198 | 6683.8 |
| 能源生产、分配和合理利用 | 75 | 4160.96 |
| 卫生事业发展 | 127 | 18106.51 |
| 教育事业发展 | 62 | 2475.25 |
| 基础设施以及城市和农村规划 | 191 | 8625.4 |
| 社会发展和社会服务 | 1827 | 180527.23 |
| 地球和大气层的探索与利用 | 1 | 200 |
| 民用空间探测及开发 | 8 | 210.21 |
| 农林牧渔业发展 | 1141 | 10906.5 |
| 工商业发展 | 295 | 56021.64 |
| 非定向研究 | 34 | 884.48 |
| 其他民用目标 | 486 | 304325.59 |
| 国防 | 4 | 517.55 |
| 3. 按卖方类别分 | | |
| 机关法人 | | |
| 事业法人 | 2750 | 45656.49 |
| 社团法人 | 3 | 57 |
| 企业法人 | 1651 | 545263.22 |
| 自然人 | 43 | 2611.43 |
| 其他组织 | 2 | 57 |

2020年6月19日，由福州市科技局主办的“弘扬科普文化 体验智能科技”科普宣传活动走进金山街道中天社区 （福州市科技局 供）

条大型共享设备信息，整合各类科技创新平台资源近400条，以及国家、省、市有关科技成果转移转化政策文件。

（郑荣火）

## 科技下乡与科普工作

【科技下乡】 2020年，福州市科技情报研究所科技下乡服务团队围绕科技服务三农主题，推进农业产业化、农村城镇化、农民知识化。根据农民需求，主动服务、上门服务、精准服务，提高科技下乡服务能力和效果。全年完成科技下乡23场次，其中集中专项培训9场次，听课学员500余人次，现场调研指导、传授技术、座谈交流14场。

（王风栋）

【科普工作】 2020年，福州市科技局围绕人工智能、无人机等前沿科技热点和疫情防控、环境保护、卫生健康、食品安全等民生领域焦点问题，完成科普进社区活动6场，科普进校园活动16场，科普进园区活动5场，并结合重要节日开展7场专题科普活动。通过约1600面电梯广告及40多面融媒体屏进行全方位宣传。市科技局联合市防灾减灾中心、市应急管理局、市教育局、市科协印发《加强新时代防震减灾科普工作的实施方案》，开展新时代防震减灾科普工作。联合相关单位举办2020年福州市科技活动周，市科技局联合中共福州市委宣传部、福州市卫健委、福州市科协及相关单位举办2场大型线上直播活动，在线观看总人次8.3万，获得超1.5万次点赞，留言互动总数万余条。各县（市）区、市直单位举办各类线上活动2场，线下活动26场，铺开30个融媒体智慧屏进行线下科普，开放众创空间5家，科技活动周期间吸引约10万人次参观互动。

（郑晓昆）

## 气象服务

【概况】 2020年，福州市有国家级地面自动气象站8个、区域自动气象站327个、农业气象观测站5个、自动土壤水分观测站4个、6个海洋气象观测站、2套船舶自动站、1套蓝天指数仪和1个全天空可见光成像仪等。建成1个风云三号卫星接收站、1个风云四号卫星接收站。有福州新一代天气雷达、福州淮安山探空雷达、罗源风廓线雷达、闽清风廓线雷达、福清移动风廓线雷达各1部，3套X波段相控阵天气雷达，1部移动应急指挥车，8套移动自动气象观测站。有8套人影雨滴谱观测设备、9套负氧离子观测站。1部水平激光能见度仪和1部S波段相控阵天气雷达在建，综合气象观测系统覆盖福州市及台湾海峡的立体探测网初具雏形。

【气象观测】 2020年，福州市国家级台站实现双套站业务运行，其中晋安国家气象观测站秀山新址按要求投入对比观测运行。实现装备网络运行全天候自动监控报警，备件全区统筹，区域站可用性和及时率居全省前列。继续发展多模式集成、集合预报等数值模式释用技术，加强人工智能等新技术在预报关键技术中的应用。完成2.5×2.5千米智能网格预报产品业务应用，加快福州智慧气象综合服务平台开发进度，完善福州城市内涝气象风险预警平台，利用雷达逐6分钟的2小时预报产品，对福州内涝气象风险预警模型进行升级，实现试用与设计开发同步推进。与福建省气象台合作，建立智能网格预报滚动订正和检验评估业务流程，加强实况网格点的应用与检验，形成预报—实况—检验—订正—预报的闭环。24小时晴雨预报准确率80.3%，高、低温预报准确率分别为80.5%和93%。

【气象防灾减灾】 2020年，福州市根据“监测精密、预报精准、服务精细”总要求，建立与“三个提前”相适应的“四个融入”气象服务机制，形成全过程、全链条、全覆盖气象保障体系，筑牢防灾减灾第一道防线。全年启动应急15次，有效应对5次冷空气、5次高温、7次强对流、8次大范围暴雨和3个热带气旋（台风）天气过程影响，发布服务材料485份，灾害性天气预警信号283次，预警短信195.2万人次，重大气象灾害监测预警服务零失误。推动气象数据接入“e福州”平台，闽侯县、连江县试点开发气象资料自助查询打印系统并投入使用。全年公众对福州气象服务总体满意度92.7分。预警信息发布系统对接应急、人防、自然资源、生态环境、交警、城区水系联排联调中心等14个部门，为各级党委政府及部门提供更为精准的决策依据。实现基层气象防灾减灾“六个一”标准化建设县级全覆盖，与应急局等部门联合推荐6个全国综合减灾示范社区并获评。

【气象现代化】 2020年，福州市打造

"福州气象"官方公众气象服务品牌，微博累计发布信息1.5万余条，总阅读量近2亿次，粉丝总数近63万人次（年增长8万人次），微博排名位居政务微博气象榜和福建省政务榜前列。新冠肺炎疫情期间结合部门业务推出防抗疫情宣传产品，与宜昌市气象局联合制作宣传《福来昌盛》，向医务工作者致敬，并登上"学习强国"平台。全国首推"323福气号"气象科普主题地铁，开发各类基于小福气卡通形象的原创文创品。与市教育局联合推出复学第一课——小福气防灾减灾课堂之台风和暴雨，经验登上学习强国平台和中国教育学会学生安全教育平台。完成县级网闸业务到市级的集约，更新市级外网上网行为管理设备和防火墙，实现全市内网计算机安全准入管理。全省率先完成气象通信网络系统扩容改造，市本级UPS电源系统升级至100KVA。

【台风气象服务】　2020年，影响福州市的热带气旋3个，分别为第4号台风"黑格比"、第6号台风"米克拉"；第7号台风"海高斯"。第6号台风"米克拉"影响福州市期间，于8月10日9时起启动重大气象灾害（台风）Ⅳ级应急响应，13时起提升为Ⅲ级应急响应，辖区内各县（市）区气象局根据实际情况进入相应工作状态，全市气象部门第一时间将预报预警信息快速传递到各级党政领导、重点服务单位、地质灾害抢险救灾指挥部成员、重要地质灾害点群测群防网络联系人以及气象灾害应急联系人、气象协理员、气象信息员。至8月11日18时，福州市气象台累计发布预警信号7次，预警短信3条，短信服务13171人次，发布决策气象服务产品7份，新浪微博135条，微博转载评论点赞3256次，阅读量达150万次，微信8条，专家接受媒体采访1次、连线1次。

【重大活动保障】　2020年，福州市气象部门启动2次特别工作状态，完成第三届数字中国峰会、海青节、世界城市日、福州国际马拉松等重大活动气象保障，其中保障全国首例气船丙烯泄漏带压过驳应急除险获市政府通报表扬。年内与城区水系联排联调中心、消防救援支队、生态环境局、海事局等多部门建立业务协作联动机制，保障城市运行"生命线"。

【农业气象服务】　2020年，福州市开展面向农业企业、农民专业合作社、家庭农场、种养殖大户等新型农业经营主体的精细化、直通式农业气象服务。全年制作发布《农业气象周报》52期、《农业气象月报》及《蔬菜气候评价》12期、《农用天气预报》20期。与福州市海洋与渔业技术中心联合制作发布《福州市水产气象旬报》36期。发挥省级蔬菜特色农业气象服务中心作用，融入福建省现代农业蔬菜产业技术体系，制作发布省级《蔬菜气象服务专题》18期、《蔬菜气象月报》12期，产品通过行业微信群、福建省蔬菜供应链协会微信群和福州市农业农村局官网、"慧农信"科技特派员服务平台等渠道发布，获新型农业经营主体认可。开展"一县一品"农业气象服务，福清枇杷冻害气象指数保险在冬季寒潮中启动首次赔付，完成福州茉莉花香气品质气候评估及区划研究，建立茉莉花气候品质区划指标与地理因子间的推算模型，制作茉莉花气候品质等级分区图。开展闽侯大湖乡文武雪峰茶场等8个乡村振兴示范点建设，完成福清等6个县（市）区乡村振兴气象服务专项建设。

【城市生态气象服务】　2020年，福州市气象局重点以气候资源开发利用、人工影响天气等为服务方向。深度挖掘生态气候资源，第二届"清新福建　气候福地"云发布会议在永泰举行，永泰云顶、罗源中房、闽侯梧溪、连江长龙入选福建第二批避暑清凉福地。编制《福州市气象部门2020年人工影响天气实施方案》，建设"智慧气象2.0"平台人工影响天气模块。全市新增6个地面烟炉作

2020年，福州市启动大城市综合立体观测项目，建设3部X波段相控阵天气雷达并于10月完成组网观测。图为晋安区七星坪X波段雷达　（市气象局　供）

业点，通过“火箭+烟炉”、市县联动及跨区协作等方式，全年实施人工增雨作业312次，使用火箭弹37枚，焰条833根。年内助力抗旱保蓄、森林防火和环境改善，人工影响天气工作受到市政府通报表扬。

【重大项目建设】 2020年，福州市气象局推进基层台站建设，福清局实现新局搬迁，福州（闽清）风廓线雷达项目建成并通过验收，福州（闽侯）S波段相控阵双偏振雷达建设、闽江口（琅岐）生态海洋气象综合观测站项目及农试站（晋安区局）搬迁有序推进。其中，福州（闽侯）S波段相控阵双偏振雷达配套基础设施建设进展获中国局探测中心、福建省气象局领导充分肯定，S波段相控阵天气雷达项目落地闽侯，年底完成项目招标。晋安国家气象观测站秀山新址进入对比观测。启动福州市大城市综合立体观测项目，在晋安区七星坪、长乐区董奉山及闽侯叶洋村建设3部X波段相控阵天气雷达并于10月完成组网观测，加密建设15套城市微型自动站，升级改造31个区域自动站。完成“智慧气象”综合服务平台项目可研论证，验收通过人影指挥与评估业务中心建设项目。

【气象行政管理】 2020年，福州市气象局修订完善《福州市气象部门综合考评办法》，分类制定下发全市气象部门工作目标及评分标准。制定《关于强化福州市气象信息政务平台规范运行管理的通知》《福州市气象局新闻发布制度》《福州市气象局突发事件舆情应对处置工作制度》。组织气象行业建设项目管理信息系统项目编制及报批，完成政府采购代理机构库的设定，推动重大项目资金落实到位，跟踪重大项目进展，及时沟通协调相关事宜。年内融入文明城市创建、平安建设（综治）创建，推动生活垃圾分类工作，完成全国文明单位考评。统筹用好国家和地方机构编制资源，福州市气象局和7个县（市）区气象局均落实预警信息发布中心地方事业编制，总数31名，事业招聘到岗10人。与晋安、马尾区委区政府沟通，理顺地方气象事业运行机制。

【气象法治建设】 2020年，福州市推进气象审批制度改革，取消雷电灾害鉴定公共服务事项、暂停实施升放无人驾驶自由气球（系留）气球单位资质认定、设立涉外气象探测站（点）的备案、气象信息服务单位建立气象探测站（点）的备案。完成市、县气象政务服务“五级十五同”工作。11月，气象审批窗口纳入福州市行政服务中心综合窗口。年内全市各级气象窗口受理办结气象许可32件。针对2019年市人大《福州市气象探测环境和设施保护规定实施情况报告的审议意见和重点事项交办清单》，制定问题清单，落实整改。利用“多规合一”平台加大气象探测环境报告规划阶段审查，对193个拟建项目或规划用地提出气象探测环境保护要求会商意见。

组织专家评审通过《福州软件园区气候可行性论证报告》《福州软件园区域雷电灾害风险评估》《长安投资区两高以北地块工业园区域雷电灾害风险评估报告》区域评估报告。加强防雷安全和施放气球安全管理，动态调整防雷安全监管对象（全市512家），防雷安全检查314次（覆盖率61.3%），发现并整改防雷安全隐患16处；施放气球安全日常巡查150多次，制止违法施放气球行为2次。

【气象科普宣传】 2020年，福州市气象局开展内部政务及对外科普宣传。其中中国气象报刊（网站）登稿件12篇，福建省气象局（内部网站）今日关注上稿43篇，地方主流媒体刊稿10余篇。正确引导社会舆情导向，协调有关单位做好舆情处置，完成“12345”反馈26份。多部门联合开展气象科普宣传7次。联合福建省气象局与市政法委、文明办，持续打造福州城市移动气象会客厅——全国首列气象科普暨平安综治地铁专列“323福气号”列车。联合县（市）区局开展“一县一村”农村气象科普基地建设，推进城乡科普全覆盖。

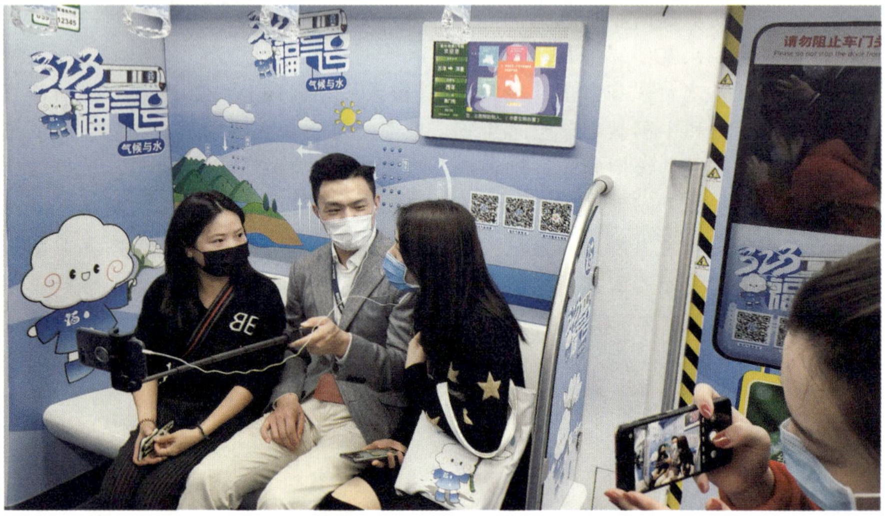


2020年3月23日，福州市开行“323福气号”气象科普主题地铁，为全国首列气象科普主题列车（市气象局　供）

【气象科技创新和人才培养】 2020年，福州市设立榕博汇智库应急管理专委会实践基地，市气象局入选榕博汇智库成员单位，聘请1名智库博士为青年科研顾问。成立福州市智慧气象技术创新中心，新引进博士1名、硕士4名，争取福州市人才引进培养激励政策在气象部门落地，落实青年人才租住福州市人才公寓。

组建2支市级创新团队联合攻关，以业务科技项目为纽带培养人才。与省气科所、广东纳睿雷达公司等签订合作协议，参与2项省部级课题研究，立项6项厅局级课题和19项县处级课题，其中3项市科技计划项目获得23.2万元资金支持。2人次在省部级科普讲解大赛中获奖，《预警停课动画》获得全省融媒体气象服务业务作品评比三等奖。

（王晓佳）

（编辑　周弭姣）

# 社会科学

## 综　述

【概况】　2020年，福州市社会科学界2项课题获国家社科基金项目立项，17项获省社会科学规划项目立项，52项成果获市第十届社科优秀成果奖。举办第三届福州市社科界学术年会及“第二届中华文化与两岸文创产业融合发展论坛”“推进新时代市域社会治理现代化”研讨会等5场学术论坛活动。出版社科普及读本《话说茉莉花茶》《趣读福州方言童谣》《高氏三杰——高凤岐、高而谦、高梦旦传》《千年侯官村》。林则徐纪念馆、中国船政文化博物馆、福州马江海战纪念馆等3家市级社科普及基地被省委宣传部、省社科联命名为“2020—2022年度福建省社会科学普及基地”。

【社科研究】　2020年，福州市社科联确定立项资助课题42项，其中重大项目2个、重点项目20个、一般项目20个，资助金额80万元。完成2016年度14个社科规划项目、2017年度16个社科规划项目、2018年20个社科规划项目、2019年10个社科规划项目结项工作。编印福州社科文库《福州乡村振兴实践研究》《理论与实践研究（2019卷）》等6本集刊，编印社科规划研究《成果要报》7期。

【学会工作】　2020年，福州市社科联有学会34家，组织开展2019年度社会组织年度报告工作，全面检查社会组织党建、重大学术活动开展情况，完成28家学会年度报告审查工作。老年学会、财政学会完成换届选举工作。推动“三不”学会有序退出，推动教育学会、价格协会、世界语学会、心理学会、统计学会等5家学会完成注销登记。

【社科宣传普及】　2020年10月17—23日，福州市社科联以“决胜全面小康 决战脱贫攻坚”为主题，举办2020年社会科学普及宣传周活动，开展习近平新时代中国特色社会主义思想宣讲、《中华人民共和国民法典》普法宣讲、《福建省社会科学普及条例》普法宣传、社会科学专题报告会、“社会科学在你身边”普及咨询、“决胜全面小康 决战脱贫攻坚”主题图片展、“厉行节约 反对浪费”主题图片展、优秀社科普及读物赠阅等“十大主题活动”。各分会场先后开展系列社科普及和学术交流活动170余场，发放各类社科图书、资料逾10万份，吸引市民群众近50万人次参与。创新“云讲座”，发挥全市各社科普及基地、区县社科联组织优势和专业优势，在抖音、微博、微信公众号等新媒体开辟科普专栏，扩大社科普及网络覆盖面。年内全市举办各类社科讲座逾280场，线上线下参与80余万人次。

【社科社团名单】　2020年，福州市社科社团有闽都文化研究会、政策咨询研究会、诚信促进会、霞光画院、财政学会、监察学会、文化艺术交流协会、老年学学会、传统文化促进会、档案学会、国际税收研究会、华侨历史学会、古琴研究会、税务学会、人力资源与社会保障学会、王审知研究会、闽浙赣边区革命史研究会、陈靖姑文化研究会、对外文化交流协会、新闻工作者协会、思想政治工作研究会、党建研究会、曾子文化促进会、寿山石雕刻艺术研究会、比干文化研究会、摄影研究会、孔子学会、船政文化研究会、易经研究会、中国人民解放军长江支队历史研究会、老年事业研究会、人口学会、成人教育研究会、城市金融学会等。

表 66　**2020 年福州市获国家社科基金项目立项课题**

| 项目名称 | 项目类别 | 负责人 | 所在单位 |
| --- | --- | --- | --- |
| 集体主义思想在抗击新冠疫情中的作用和经验研究 | 一般项目 | 陈冬 | 闽江学院 |
| 殖民时期英属南部非洲酋长制度的转型研究 | 一般项目 | 杨廷智 | 福州外语外贸学院 |

表 67　**2020 年福州市获省社科规划项目立项课题**

| 项目名称 | 项目类别 | 负责人 | 所在单位 |
| --- | --- | --- | --- |
| 构建一体推进不敢腐、不能腐、不想腐体制机制研究 | 重大项目 | 黄丽华 | 福州外语外贸学院 |
| 斩断“围猎”和甘于被“围猎”的利益链研究 | 重大项目 | 赵伟 | 福州外语外贸学院 |
| 《习近平在厦门》《习近平在宁德》《习近平在福州》《习近平在福建》系列采访实录与习近平新时代中国特色社会主义思想的脉络传承和逻辑关系研究 | 重大项目 | 郑崇玲 | 闽江学院 |
| 从“福州古建筑保护”到加强文物保护利用和文化遗产保护传承研究 | 重大项目 | 钟艳 | 福州外语外贸学院 |
| 扎实做好我省“六稳”工作，落实“六保”任务研究 | 重大项目 | 杨广青 | 闽江学院 |
| “一带一路”背景下福建茶文化传播特征及路径研究 | 一般项目 | 陈荣生 | 闽江师范高等专科学校 |
| 基于交通跨越式发展的福建省体育旅游空间结构特征及优化布局研究 | 一般项目 | 雷雯 | 闽江学院 |
| 当代福建工艺振兴与“异工互效”现象研究 | 一般项目 | 李传文 | 福州外语外贸学院 |
| 福建集体林区脱贫农户返贫影响因素及生态扶贫防返贫长效机制研究 | 一般项目 | 刘祖军 | 闽江学院 |
| 金融市场风险偏好的性别差异与女性金融赋权研究 | 一般项目 | 陈颐 | 闽江学院 |
| 新时代中国文化产业走出去战略研究 | 青年项目 | 周鉴平 | 福州外语外贸学院 |
| 基于混合立法模式的公海保护区管理机制研究 | 青年项目 | 莫建建 | 福州外语外贸学院 |
| 青少年人际信任发展轨迹及其与抑郁情绪关系的追踪研究 | 青年项目 | 廖友国 | 闽江学院 |
| 东南沿海地区古代岩画遗存制作年代及工艺研究 | 青年项目 | 金安妮 | 闽江学院 |
| 福建漳浦剪纸纹样的智能评价研究 | 青年项目 | 陈道玲 | 闽江学院 |
| 省内财政分权、转移支付对区域公共服务均等化的影响研究 | 青年项目 | 邱强 | 闽江学院 |
| 社会资本视角下乡村儿童与流动儿童行为问题的差异研究 | 台胞专项扶持项目 | 张芳华 | 闽江学院 |

（蔡燊）

## 学术活动

【第三届福州市社科界学术年会】 2020年12月，由福州市社科联组织开展。年会设1个主论坛（福州经济高质量发展论坛）和第二届中华文化与两岸文创产业融合发展论坛、“推进新时代市域社会治理现代化”研讨会、福州医养结合养老研讨会、全国工艺品制作（石雕类）职业技能竞赛创新成果展暨玉石雕刻技法研讨会等分论坛系列活动。

【福州经济高质量发展论坛】 2020年12月23日，由福州市社科联、市发改委、市工信局联合主办，在福州高新区举行。福州大学、福建师范大学、福建江夏学院、福建工程学院、福建社科院、上海社科院、市工信局等高校和部门专家学者作主题发言，有19篇论文参加大会交流。编印福州社科文库《福州经济高质量发展研究》供市领导及有关部门、县（市）区决策参考。

【第二届中华文化与两岸文创产业融合发展论坛】 2020年12月12日，由福州市社科联主办，福州广播电视台、市易经文化研究会、市寿山石雕刻艺术研究会、市古琴研究会、市传统文化促进会、闽江学院人文学院等单位承办、协办，在市图书馆举行。论坛以“创意产业与文化遗产传承——海峡两岸非物质文化遗产的文化创新发展之路”为主题，来自海峡两岸的9位非遗专家、文创业者及文化传承人等就两岸如何加快文化遗产产业化发展之路，寻求非物质文化在内的中华传统文化发展的创新路径。期间还举办两岸非遗文创精品陈列展。

【首届推进新时代市域社会治理现代化研讨会】 2020年12月9日，由福州市委宣传部、市委政法委、市社科联、市法学会、永泰县委、永泰县政府共同主办，在永泰县召开。研讨会收到论文120余篇，8位专家在大会上发言，论文围绕社会经济发展的新要求，开展理论与实践研究。会后编印《新时代福州市域社会治理现代化实践研究（上、下册）》。

2020年12月9日，“推进新时代市域社会治理现代化”研讨会在永泰举办

（市社科联 供）

【职业技能竞赛创新成果展暨玉石雕刻技法研讨会】 2020年12月25日，由福州市社科联、市寿山石雕刻艺术研究会联合主办，在福州召开。研讨会组织有关专家学者、从业人员就玉石雕刻技艺的传承与创新进行交流。期间举办全国工艺品雕刻工职业技能竞赛福建赛区选拔赛。

【“医养结合深化养老”研讨会】 2020年12月18日，由福州市社科联主办，市老年学学会承办，在金牛山互联网产业园学术厅召开。研讨会围绕医养结合在各个相关领域的深入合作和最新发展现状开展学术研讨，面向学界征集论文100余篇，编辑论文集收录论文42篇，其中有20篇论文获中国老年学和老年医学学会2020年学术研讨会优秀论文奖。会后编印同题文库。

（蔡燊）

## 社科研究成果

【福州市社会科学界联合会研究成果】 2020年，福州市社科联有7项社科规划研究报告被市领导和有关部门批示、采纳，其中《打造红色文化品牌助推福州跨越发展研究》《福州新区地域文化发展对策思考》《关于提升福州市乡村治理能力水平的对策建议》《福州海丝门户城市形象塑造与传播研究——以考古发现为中心》获市领导批示，《乡村融合发展视域下的乡村治理模式创新研究——以永泰县为例》获县级领导批示，《福州市社区党组织建设研究》《加快建设福州市高标准市场体系的对策建议》获市直部门采纳。年度结项成果中，研究报告《福州市辐射带动海峡西岸城市群建设发展研究》入选《福州调研》，获市委分管领导批示；《弘扬民族文化助力畲族乡村振兴对策研究》入选《福州信息》，获市政府分管领导批示；《传承上下杭街区诚信文化构建台江现代诚信体系的对策建议》《永泰乡贤文化与乡村振兴研究》《加快打造黄乃裳文化品牌的思考》《加强福清市全市中学心理辅导室建设的对策建议》获县（市）区分管领导批示。编印学术集刊《理论与实践研究（2019卷）》，收录2019年度结项的33项市社科规划成果，围绕福州新区建设、产业转型升级、对外经贸合作、创新引领发展、乡村深度融合、社会综合治理、公共文化服务、就业质量提升等热点难点问题开展专题调研，提出对策建议。

（蔡燊）

【福州市社科院研究成果】 2020年，福州市社科院完成各级各类课题29项，其中管理课题5项、院立项课题24项，独立或参与编纂出版学术专著4部，撰写论文、调研报告51篇，其中公开发表33篇。市发改委“十四五”规划前期研究课题《福州加快融入“一带一路”打造“海丝”核心区支点城市的思路和重点举措研究》通过专家评审，《创国家海洋文化生态保护区，建世界海洋历史文化名城——“海上福州”海洋文化发展战略》等2项成果获第十届福州市社科优秀成果奖三等奖，《提升居民生活质量建设幸福之城路径探究》获市政府系统优秀调研课题二等奖，《高质量发展背景下福州加强品牌建设路径研究》获市优秀调研课题三等奖。《打造福州“海上丝绸之路”文化品牌》等2项2018年福州市社科规划项目以及2项2019年市中特课题结项。

全年编发《领导参阅》智库专报8期。年内全院在省市级党报党刊上发表理论阐释文章12篇。派出科研人员参加第九届闽都文化论坛——闽都文化与世界遗产研讨会及市政府办公厅组织的市政协2020年重点提案督办协商会等。2次应邀做客福州新闻广播《党风政风热线》直播间，就垃圾分类处理、公共交通安全等社科智库研究成果如何为市民服务进行介绍。开展宣传宣讲工作，全年开展各类普法宣传教育活动8次，多次派人赴罗源、长乐等地宣讲党的十九届五中全会精神等。汇集福建省委党校、福建社科院、福州大学等省市高校、深圳市社科院、市反邪教协会等研究机构的16名专家作为市社科院社会治理研究中心特邀研究员。设立福州市社科院社会治理调研基地，与晋安区象园街道乐园社区、鼓楼区鼓东街道中山社区、福清市江兜村、连江县白鹤村等4个基地达成合作协议，共同开展学术调研、理论宣讲等活动。

年内，院领导带队参加全国城市社科院第30次院长联席会议暨全国城市智库联盟第六届年会，提交的论文《福州新型智慧城市社会治理体系建设探究》入选全国城市智库联盟第六届年会论文集，并在大会上宣介福州在智慧城市社会治理体系建设方面的发展情况。会同市委党校、市政府发展研究中心联合主办“推进福州市全国首批市域社会治理现代化试点工作”专题讲座，中共福州市委政法委领导应邀开讲“打造共建共治共享的社会治理格局 稳步推进福州市域社会治理现代化”，10余所在榕科研单位和高校的近60名专家学者出席。举办“福州市第二届社会治理创新研讨会”，探索市域社会治理现代化的“福州模式”，总结“福州经验”，编印论文集。调整《福州社会科学》编委会组成人员，编辑出版《福州社会科学》6期，刊出文章64篇。扩大刊物发放范围，涵盖全国各省市500多家单位。

（丁琼　欧阳龙）

【中共福州市委党校研究成果】　2020年，中共福州市委党校牵头建立的福州市新思想学习研究小组聘请首批研究员28名，举办2次学习研讨会。编印《福州市学习研究习近平新时代中国特色社会主义思想成果汇编（上册）》汇编理论成果64篇，下册收集论文100多篇。组织教研人员撰写新思想理论文章6篇，专版刊登在《福州日报》理论版。完成各级各类课题结项46项，新立项35项。3项成果在2019年度全省党校、行政学院系统课题优秀成果评选中获奖。全校教师发表论文92篇，省级以上40篇。

（黄璟）

【市政府发展研究中心研究成果】　2020年，福州市政府发展研究中心组织完成各类调研成果200多项。年内编发《研究报告》172期，编辑出版《福州经济》杂志6期，编印《2020年福州发展研究报告》文集。

（游兴华）

表68　2020年福州市第十届社会科学优秀成果奖名单

| 成果名称 | 成果形式 | 申报人 | 获奖等次 |
| --- | --- | --- | --- |
| 中国共产党福建省福州市历史第二卷（1949—1978） | 专著 | 福州市委党史和地方志研究室 | 一等奖 |
| 福州市乡村振兴战略实施规划研究报告（2018—2022年） | 决策咨询研究报告 | 郑庆昌 | 一等奖 |
| “铭记历史和文化，打造追梦新鼓岭”鼓岭旅游度假区提升建设课题研究 | 决策咨询研究报告 | 陈川 | 一等奖 |
| 近代民间组织与灾害的应对：以福州救火会为论述中心 | 专著 | 徐文彬 | 一等奖 |
| 福州市审计志（1983—2015） | 工具书 | 林良云 | 一等奖 |
| 城市废弃物资源化利用网络的脆弱性及影响机理 | 论文 | 张其春 | 一等奖 |
| 基础教育课程改革中的效率与公平 | 专著 | 龙安邦 | 一等奖 |
| 激发民间投资活力助推福州产业发展 | 决策咨询研究报告 | 福州市政协课题组 | 二等奖 |

续表

| 成果名称 | 成果形式 | 申报人 | 获奖等次 |
|---|---|---|---|
| 福州市“十三五”工业和信息化发展专项规划研究报告 | 决策咨询研究报告 | 杨广青 | 二等奖 |
| 福州市志（1995—2005）全5册 | 工具书 | 福州市委党史和地方志研究室 | 二等奖 |
| 保存者·开拓者·建设者——论郑振铎在文学史上的贡献 | 论文 | 陈福康 | 二等奖 |
| 中国英国文学研究史论 | 专著 | 葛桂录 | 二等奖 |
| 指尖数学——融合手持技术的教学创新 | 专著 | 黄炳锋 | 二等奖 |
| 供给侧改革、低碳并购与经济增长 | 专著 | 田满文 | 二等奖 |
| 经济发展新常态下福建省产业发展研究：转型升级与融合发展 | 专著 | 刘名远 | 二等奖 |
| 基于企业视角的定向降准政策调控效果研究 | 论文 | 林朝颖 | 二等奖 |
| 三坊七巷名人家风家训 | 科普读物 | 三坊七巷名人家风家训馆 | 二等奖 |
| 贫困地区农户脆弱性及其影响因素分析 | 论文 | 杨龙 | 二等奖 |
| 环境民事公益诉讼特别程序研究 | 专著 | 张旭东 | 二等奖 |
| 乡村振兴战略中的农地存续治理——一个政府职能的分析框架 | 论文 | 曾盛聪 | 二等奖 |
| 伦理学基础 | 专著 | 黄正华 | 二等奖 |
| “自我”与“他者”：齐泽克的意识形态主体性维度研究 | 专著 | 袁小云 | 二等奖 |
| 加快补齐民生社会事业短板若干问题的研究 | 决策咨询研究报告 | 福州市政协课题组 | 三等奖 |
| 探索区域综合开发模式 推动福州新区协调发展 | 决策咨询研究报告 | 福州新区管委会课题组 | 三等奖 |
| 创国家海洋文化生态保护区，建世界海洋历史文化名城——“海上福州”海洋文化发展战略 | 决策咨询研究报告 | 叶钦地 | 三等奖 |
| 船政志 | 工具书 | 福州市委党史和地方志研究室 | 三等奖 |
| 福州内河史话 | 专著 | 福州市政协文史资料和学习宣传委员会 | 三等奖 |
| 福州与琉球 | 专著 | 赖正维 | 三等奖 |
| 徐火勃尺牍考论 | 论文 | 陈庆元 | 三等奖 |
| 用户健康信息需求背景的自动分类 | 论文 | 池见星 | 三等奖 |
| 视域与诠释：明代的中古诗歌批评 | 专著 | 陈斌 | 三等奖 |

续表

| 成果名称 | 成果形式 | 申报人 | 获奖等次 |
| --- | --- | --- | --- |
| 新的审美经验的诞生 | 专著 | 陈建芳 | 三等奖 |
| 2017-2018 年福州市高三教育质量检测调研与分析 | 调研报告 | 福州教育研究院质量监测中心 | 三等奖 |
| 产业转型升级与高职院校专业调整的机制研究 | 论文 | 刘松林 | 三等奖 |
| 城市公共服务政务平台公众参与行为及效果—基于福州市便民呼叫中心案例的研究 | 论文 | 张廷君 | 三等奖 |
| 地利共享、分配正义与政府责任：一个分析框架 | 论文 | 曾盛聪 | 三等奖 |
| Exact and heuristic algorithms for rapid and station arrival-time guaranteed bus transportation via lane reservation（基于精确和启发式方法的快速可靠公交专用道网络设计优化研究） | 论文 | 吴鹏 | 三等奖 |
| 农产品质量安全监管绩效影响效应研究——基于福建的实证 | 专著 | 赖永波 | 三等奖 |
| 海洋与人类文明的生产 | 专著 | 苏文菁 | 三等奖 |
| 正当程序理念下的执行转破产机制：基于法理视角的反思 | 论文 | 廖丽环 | 三等奖 |
| 技术创新主体的柔性激励研究 | 专著 | 田富俊 | 三等奖 |
| 转型社会中公共决策的公众参与 | 专著 | 郑旭文 | 三等奖 |
| 可持续发展观视角下中国碳排放权跨地区交易与环境保护协调发展的研究 | 论文 | 胡剑锋 | 三等奖 |
| 创新驱动循环经济发展研究 | 专著 | 艾良友 | 三等奖 |
| 房地产交易价格影响因素研究 | 专著 | 郑云坚 | 三等奖 |
| Spillover effects of economic globalization on CO2 emissions：a spatial panel approach（基于空间面板模型的经济全球化对二氧化碳排放影响研究） | 论文 | 游万海 | 三等奖 |
| 中小企业融资服务有效性：政府与市场作用辨析 | 专著 | 薛菁 | 三等奖 |
| 探索建设福州自由贸易港的思考 | 决策咨询研究报告 | 潘德昭 | 佳作奖 |
| 农地流转金融支持绩效及其影响因素研究 | 专著 | 黄振香 | 佳作奖 |
| 中国国际话语权构建：理论、现状和路径 | 专著 | 吴贤军 | 佳作奖 |
| 大学-产业-政府三螺旋体系与区域创业——关联及区域差异 | 论文 | 李梅芳 | 佳作奖 |
| 纪录片新研究 | 专著 | 余权 | 佳作奖 |

（蔡燊）

（编辑　姚国榕）

# 教 育

## 综 述

【概况】 2020年，福州市有各级各类学校2553所，在校生175万人，专任教师9.95万人。其中幼儿园1247所，在园幼儿28.7万人，专任教师1.58万人；小学890所，在校生59.72万人，专任教师3.09万人；初中224所，在校生25.67万人，专任教师1.75万人；高中104所，在校生11.09万人，专任教师8300人；中等职业学校40所，在校生9.69万人，专任教师4300人；特殊教育学校14所，在校特殊教育学生数1873人，专任教师468人；在榕高校34所，在校生39.93万人，专任教师2.21万人。

年内，福州市成为全省唯一入选教育部“智慧教育示范区”创建区域；学前普惠学额覆盖率90.5%，公办学额覆盖率57.3%；实现义务教育阶段零辍学，初中毕业升学率98.5%，义务教育大班额控制在1.37%；55人录取清华、北大，五学科奥赛国赛金牌数和奖牌数居全省第一位；所有中职校通过省级达标评估，77.27%的中职校通过省规范化或示范性中职校评估；出台《关于基础教育学校集团化办学的指导意见》，成立福州三中教育集团、福州外国语学校教育集团、则徐教育集团，格致中学全面托管二十二中；新增11所小学、3所初中纳入农村薄弱校委托管理；128所小学、44所初中通过义务教育管理标准化学校省级评估；民办义务教育学校实行100%摇号招生；清华大学附属中学福州学校初中部开学。市自考办、会考办、高招办全年组织中考、普通高考、高职扩招等重要考试23场。

【素质教育】 2020年，福州市推进思政课改革创新，成立福州于山片区大中小幼思政德育共同体、福州三中教育集团思政德育一体化工作室。组织思政德育干部教师轮训7300多人次，完成中小学思政示范课巡讲活动100场。成立5个思政课、德育、心健名师工作室；13堂思政课入选省百堂示范课建设；3个案例入选教育部落实《中小学德育工作指南》典型案例，数量全省第一。编撰出版行为习惯养成教育系列读本，评选出31所习惯养成教育基地校、100名“习惯养成之星”。15名学生获评省市新时代好少年，5名学生获宋庆龄奖学金。成立心理健康教育专家指导组，排查确认帮扶12647名特殊学生。全省首个教育部“法治资源教室”落户福州华侨中学。3名学生分获全国学生“学宪法 讲宪法”活动全国总决赛演讲比赛第一、二、三等奖，国家、省级比赛成绩均全省第一。连续四届获福建省校园微拍大赛第一名。

开展体育赛事和特色项目培育，举办福州市第57届中小学生运动会、福州市青少年校园足球秋季联赛、冠军杯赛（高中组），组织各级校园足球联赛800余场。新增17所全国青少年校园篮球、排球、冰雪体育传统特色校。全市中小学生体质健康合格率95.79%，全省领先。2019—2020学年，11.78万名学生进行22.49万次视力筛查。

全面铺开学校艺术教育，开展中小学生疫情防控艺术作品征集活动、书法篆刻绘画摄影、合唱、朗诵比赛及榕台中小学生书画交流活动等系列活动赛事。举办第五届小茉莉合唱节展演、“爱艺”音乐会等新年庆祝活动，备战第七届中小学生艺术节省赛国赛。举办“乌石书艺”第四届福州市师生书法作品展、福州市中华经典诵读大赛、推广普通话宣传周活动。评选合唱、舞蹈、器乐、戏剧戏曲等美育示范校和基地校共100所。

完善心理健康教育，新冠肺炎疫情期间，全市教育系统印发思政工作意见和开展生命教育的通知，发出12封致学生、家长的信；推出“联盟式、全覆盖”心理支援热线和网络辅导，热线和网络辅导案例1500多个，总时长45300多分钟；在教育公众号推送网络家长学校课程41节，邀请专家辅导授课，听课超200万人次。在福州市网络家长学校推送课程54节，听课超167万人次。成立福州市教育系统心理健康教育专家指导组，开展学困生帮扶工作，排查确认帮扶6类特殊学生12647人。2—8月，先后培训3.8万人次，涵盖校（园）长、书记、思政德育工作者等。9月，举办专兼职心健老师心理危机干预培训4期，369人参训，内容涵盖校园心理危机的界定、危机干预对象的筛查、学生常见心理危机及极端行为的识别与预防、校园心理危机干预体系构建与哀伤辅导技术实务、心理危机的团体干预策略等。

建设劳动实践教育基地，新增省级中小学生研学基地、劳动教育实践基地（营地）7个。评审产生第二批市级研学实践基地12个、劳动教育实践基地10个，省中小学校劳动教育实践特色项目15个。初步规划设计福州市中小学生综合实践中心七大主题教育场馆。台江交通路小学推出“开心农场”校园种植项目。

**【教育信息化】** 2020年，福州市中小学（含教学点）实现宽带接入100%，建成智慧教室2917间。认定20所学校为福州市首批智慧校园示范学校。在全省率先实行中考英语人机对话考试。福州市入选中央电教馆中小学虚拟实验教学实验区，10所学校入选实验校，13个案例入选疫情期间网络学习空间典型案例。鼓楼区获评国家级“基于教学改革、融合信息技术的新型教与学模式”实验区。人工智能教育领域有1个省级实验区（晋安区）、7所省级试点校、58所市级试点校。年内，福州市承办数字中国创新大赛中小学生赛道比赛，获奖数全省第一；仓山区科普日活动被中国科协办评为2020年全国科普日优秀活动。

表69　**2020年福州市公办幼儿园新建、改扩建情况一览表**

| 序号 | 幼儿园名称 | 规划建设面积（平方米） | 规划办学规模（班） | 建设类型 |
|---|---|---|---|---|
| 1 | 台江区柔远雅苑配建幼儿园 | 3500 | 12 | 小区配建 |
| 2 | 仓山区马榕幼儿园分园（暂名） | 3528 | 12 | 小区配建 |
| 3 | 仓山区黄山新城幼儿园（暂名） | 3200 | 12 | 小区配建 |
| 4 | 仓山区正祥奥园幼儿园（暂名 | 3200 | 12 | 小区配建 |
| 5 | 晋安区实验幼儿园桂山路分园 | 3600 | 12 | 小区配建 |
| 6 | 晋安区桂湖幼儿园 | 3200 | 12 | 小区配建 |
| 7 | 晋安区晋安新城鹤林片区横屿三期B区幼儿园 | 3300 | 12 | 小区配建 |
| 8 | 福州市马尾实验幼儿园 | 1387 | 12 | 扩建 |
| 9 | 福州市马尾实验幼儿园旺岐分园 | 4307 | 9 | 小区配建 |
| 10 | 福州市马尾江滨幼儿园 | 7928 | 9 | 小区配建 |
| 11 | 高新区南井村幼儿园 | 4529 | 12 | 新建 |
| 12 | 高新区高岐村幼儿园 | 9250 | 24 | 新建 |
| 13 | 长乐区文岭中心幼儿园 | 3084 | 12 | 新建 |
| 14 | 闽侯县荆溪关源幼儿园 | 3997 | 12 | 新建 |
| 15 | 闽侯县上街榕桥幼儿园 | 5961 | 12 | 新建 |
| 16 | 连江县职专幼儿园（暂命名） | 7395 | 15 | 新建 |
| 17 | 连江县道沃幼儿园 | 2233 | 6 | 新建 |
| 18 | 闽清县池园镇第二中心幼儿园 | 5900 | 12 | 新建 |
| 19 | 闽清县博士后幼儿园 | 4002 | 12 | 小区配建 |
| 20 | 罗源县凤南幼儿园 | 5400 | 12 | 新建 |
| 21 | 永泰县城峰中心小学附属幼儿园 | 1870 | 6 | 改建 |
| 22 | 福清市北亭中心幼儿园 | 5127 | 12 | 新建 |
| 23 | 福清市渔溪中心园 | 5000 | 12 | 新建 |
| 24 | 福清市龙田第二中心小学附设园 | 6000 | 15 | 新建 |
| 25 | 福清市凯景又一城配建幼儿园 | 3200 | 12 | 小区配建 |
| 26 | 福清市中庚香匯融江配建幼儿园 | 3200 | 12 | 小区配建 |
| 27 | 福清市中庚香匯融江配建幼儿园 | 3200 | 12 | 小区配建 |

表 70　　**2020 年福州市义务教育学校新建、改扩建情况一览表**

| 序号 | 学校名称 | 学校类型 | 项目名称 | 建设类型 |
|---|---|---|---|---|
| 1 | 怡山小学 | 小学 | 新建怡山小学 | 新建 |
| 2 | 教场小学 | 小学 | 迁建教场小学 | 迁建 |
| 3 | 闽江师专附属小学 | 小学 | 闽江师专附属小学 | 新建 |
| 4 | 琯头中心小学 | 小学 | 新建校舍 | 迁建 |
| 5 | 马鼻中心小学 | 小学 | 新建校舍 | 迁建 |
| 6 | 马鼻尚德小学 | 小学 | 新建校舍 | 迁建 |
| 7 | 福清市宏路中心小学 | 小学 | 教学综合楼 | 改扩建 |
| 8 | 福清市元载小学 | 小学 | 福清市元载小学二期 | 新建 |
| 9 | 福清市渔溪南墩小学 | 小学 | 教学综合楼 | 改扩建 |
| 10 | 福清市江阴新港小学 | 小学 | 教学综合楼 | 新建 |
| 11 | 南屿初级中学 | 初中 | 南屿初级中学 | 新建 |
| 12 | 鲤鱼山中学 | 初中 | 教学综合楼 | 新建 |
| 13 | 琯头中学 | 初中 | 教学综合楼 | 改扩建 |
| 14 | 玉田中学 | 初中 | 改扩建工程项目 | 改扩建 |
| 15 | 福清市江镜临江中学 | 初中 | 教学综合楼 | 改扩建 |
| 16 | 福建省福州第三十八中学 | 九年一贯制 | 鳌峰学校 | 新建 |

表 71　　**2020 年福州市高中改扩建情况一览表**

| 序号 | 学校名称 | 学校类型 | 项目名称 | 建设类型 |
|---|---|---|---|---|
| 1 | 教育学院附中 | 完中 | 新建体艺综合楼 | 改扩建 |
| 2 | 福州高级中学 | 高中 | 新建体艺楼、校门 | 改扩建 |
| 3 | 福建师范大学第二附属中学 | 完中 | 福建师大二附中科艺楼 | 改扩建 |
| 4 | 连江一中 | 高中 | 教学楼、实验楼、艺体馆 | 改扩建 |
| 5 | 罗源县高级职业中学 | 高中 | 职业中学实训综合楼 | 改扩建 |
| 6 | 罗源一中 | 初中 | 罗源一中田径场馆、教学楼 | 改扩建 |
| 7 | 长乐六中 | 完中 | 新校区建设工程项目 | 新建 |
| 8 | 福清第一中学观溪校区 | 完中 | 观溪校区 | 新建 |

**【学校规划建设】**　2020 年，福州市实施中心城区及福州新区中小学、幼儿园布局专项规划。新改扩建公办幼儿园 27 所、中小学 24 所，拆除重建、加固改造校舍面积 14.2 万平方米。明确大学城基础教育总体提升计划，大学城闽师专附小建成投用、师大附属幼儿园封顶。天津大学福州国际校区、清华附中福州学校在建，横屿中学（暂名）等项目动工建设，福州星语学校新校区、清华附中福州学校小学部、福州滨海新城实验幼儿园投入使用。开展城镇小区配套幼儿园治理工作，增加学前教育普惠性资源，各县（市）区推进配套园移交和产权办理工作，完成 237 所城镇小区配套幼儿园治理任务。

**【教师队伍建设】**　2020 年，福州市教育系统开展向“时代楷模”闽宁对口协作援宁群体学习活动，120 人获评省优秀教师、省优秀教育工作者。汇编福州市教育系统第十四集《优秀园丁集》。印发《市属学校教师违反师德师风行为查处流程（暂行）》，全市查处教师师德师风违规 33 人次。加大人才引进和师资调配力度，以福清为代表的部分县（市）区和市属学校引进人才建强队伍，全市中小学幼儿园和教研机构引进优秀教育人才 112 人，其中博士 6 人。全面推行中小学教师“县管校聘”管理改革。推进县域内义务教育学校教师交流，2020—2021 学年教师、骨干教师、校级领导交流人数分别达 2097 人、570 人、222 人，分别占应交流人数的 15.17%、27.18%、10.59%。出台《福州市属学校教师年度奖励性绩效考核方案（试行）》，教职工年度最高增加奖励 7000 元。遴选增补新一届市级名师工作室 12 个，分别认定 407 人、192 人为中等职业学校省级、市级“双师型”教师。遴选 1615 人参加市级教师教学技能大赛，获特等奖 41 个、一等奖 110 个。1 人入选教育部乡村优秀教师培养奖励计划。

【教育交流合作】 2020年，福州市教育局出台《福州市教育对外交流与合作暂行管理办法》，审批并通过第二批18所具备招收和培养国际学生资格学校。通过书信、线上交流等形式深化友城教育交流活动，福州外国语学校与长崎市立商业高等学校、福州十九中和长崎市立三重中学签署结好协议，缔结成为姊妹校。年内举办第八届海峡青年节·第二届海峡两岸青少年校园音乐交流周云展演活动。

2020年7月31日，福州市首次实施市区七年级新生摇号分班（市教育局　供）

【民办教育】 2020年，福州市新办各级各类民办学校13所，其中民办幼儿园12所、民办中学1所。全年发放300万元民办教育发展专项资金；完善民办学校办学行为监管机制，属地在福清的6所高中阶段学校下放由福清市教育行政部门管理，明确6所市属初中阶段学校由属地教育局进行审批管理；全面排查市属16所民办学校校舍建筑安全情况，开展民办学校审计工作。加强校外培训机构管理，新冠疫情期间按规定开展校外培训机构停课的监督检查，并督促做好复课审批工作；印发《关于强化校外培训机构监管严防办学风险的通知》，开展校外培训机构专项治理“回头看”巩固治理成果，公布黑白名单，全市列入“白名单”的培训机构704家，列入“黑名单”86家。

【新冠肺炎疫情防控】 2020年，福州市健全网格化校地联防联控机制，各级各类学校分批次全面开学。摸排市属小学疫情防控工作情况，掌握师生健康状况，按要求报送疫情防控工作相关表格。落实常态化疫情防控措施，实施教职员工“应检尽检”“适时抽核”。推进学校教职工和在校大学生新冠肺炎疫苗接种工作。引导各县（市）区教育局和学校对于四类弱势群体对象、一线抗疫医护人员子女、重点疫区户籍学生等给予关心，加强人文关怀、精神激励、学业和心理辅导。通过在线教育实现疫情期间停课不停学，开设福州教育云课堂，全市351名中学骨干教师录制540节优秀课程。对4607名中小学特殊群体学生提供赠送手机流量、宽带流量提速的优惠活动。为减轻疫情对普惠幼儿园的影响，提前拨付303个普惠幼儿园2019—2020学年春季学期市级补助金。

【教育扶贫】 2020年，福州市摸排核实疑似辍学学生3855人，实现义务教育阶段零辍学。全年下达各级各类学生省、市资助资金6.2亿元。与甘肃定西、宁夏等地开展帮扶协作，选派87名教师开展1~2年支教，组织3批次40人送教送培，接收5批次227人跟岗培训。福州市对口支援定西市助力推普脱贫工作入选教育部典型案例。制定闽东北协同发展区中等职业教育交流合作框架，12所省示范校结对帮扶18所薄弱中职学校。

【教育行政管理】 2020年，福州市教育局加强规范性文件合法性审核和报备，动态调整市级教育部门行政审批和公共服务事项目录，配合开展“双随机、一公开”跨部门联合抽查监管工作。印发《福州市中小学生校服管理办法》。五城区中小学转学实行网络预约，教育审批全面落实网上办、掌上办、邮寄办，实现网上即审。全市开展课后服务学校比例从21.3%提升至43.17%。

【学校安全管理】 2020年，福州市教育局制订学校安全风险分级管控、防治校园欺凌及涉校涉生违法犯罪、学校交通安全专项治理等工作方案。推进“平安校园”建设，评出AAAAA级学校16所、AAAA级学校71所。组织14851个排查整治组开展学校安全隐患大排查大整治攻坚行动，检查学校2430所，排查发现隐患4135处，完成隐患整改4121处。开展涉黑恶线索排查，所有线索清结、清零。全市校园保安员派驻率、防护器械配备率和封闭式管理率均达100%。协调相关部门开通院校定制公交线路242条，覆盖学校38所，每日接送学生5288人次。

【教育督导】 2020年，福州市教育局开展新冠肺炎疫情防控、体育与健康、学前教育普及普惠等市级专项督导，以及义务教育教师工资收入落实情况市级专项巡查，对永泰县、晋安区、高新区开展2020年度“两项督导”市级核查。召开全市教育督导委员会会议，聘用新一届市政府督学。年内台江区、长乐区获2019年省政府教育督导委对县“两项督导”优秀等级。

（刘美剑）

## 学前教育

【概况】 2020年，福州市有独立幼儿园1247所，其中民办幼儿园877所（包含普惠性民办幼儿园643所）、公办性质幼儿园370所。在园幼儿28.71万人，其中3~5岁在园幼儿28.40万人，入园率99.36%；农村3~5岁在园幼儿4.56万人，入园率98.15%。全市普惠性学额覆盖率 90.53%，其中公办学额覆盖率 57.37%。

【普惠性幼儿园发展政策】 2020 年，福州市为减轻新冠肺炎疫情对幼儿园的影响，经福州市防控应急指挥部专题会议研究，市财政局和市教育局联合印发《关于下达 2019—2020 学年春季学期普惠性幼儿园市级补助资金的通知》，4 月提前拨付学前教育市级补助资金 4819.4 万元，市级财政全年拨付普惠性幼儿园补助资金 9175.91 万元。市教育局开展各县（市）区学前“两率”（公办率、普惠学额率）完成情况月报工作，年内各县（市）区完成公办学额 50%、普惠性学额 85%的任务目标。市教育局与福建省妇联、福建幼儿师范高等专科学校签订教育合作框架协议，鼓励企事业、群团组织、高校办园。

【学前教育综合改革】 2020 年，福州市教育局组织辖区及各级各类园承担国家、省级教育综合改革项目，开展教育综合改革。全市学前教育领域的 4 项研究申报“2020 年福建省省级基础教育教学成果奖”，晋安区成为全省唯一入选教育部基础教育司“安吉游戏”推广计划实验区的城区。

【公办性质幼儿园招生改革】 2020 年，福州市教育局制定下发《福州市教育局关于 2020 年秋季幼儿园招生工作的意见》，明确全市参与派位改革试点工作的公办性质的幼儿园，要拿出不低于计划招生数 30%的学位进行公开派位，并鼓励有条件的县（市）区适当扩大派位招生的比例。经过 2019 年度招生改革试点，2020 年参与福州市招生改革试点工作的省属部门办园、高校办园持续增加。全市公办、普惠性民办园提供 2.9 万个学位公开派位，较 2015 年招生改革试点工作初始年增加学位 2.15 万个，派位招生比例达到计划招生数的 64.67%；并协调引进人才子女、军人子女及其他政策照顾对象子女 2332 人入读幼儿园。

【学前教育宣传月活动】 2020 年，福州市教育局针对新冠肺炎疫情期间幼儿居家不能入园情况，组织全市各级各类幼儿园开展主题为“特殊的时光，不一样的陪伴”的全国学前教育宣传月活动，通过微视频、微课堂等形式，向教师与幼儿及家长宣传返校防控准备等方面的工作。

【示范性幼儿园建设】 2020 年，福州市有三级示范性幼儿园 444 所，其中省级 38 所，市级 80 所，区县级 326 所；在三级示范性幼儿园就读幼儿 14.6 万人，覆盖率 50.85%。提前并超额完成《福建省第三期学前教育行动计划实施意见》中“到 2020 年，各级示范性幼儿园在园幼儿比例提高到 40%”的目标任务。

（刘美剑）

## 初等教育

【概况】 2020 年，福州市有小学 890 所，比上年减少 3 所；在校生 59.72 万人，增长 1.4%；专任教师 3.09 万人，增长 1.3%。年内成立控辍保学领导小组，出台《福州市关于进一步加强控辍保学工作的实施方案》，建立控辍保学督查、月报、通报制度，摸排核实疑似辍学生 3886 人，完成控辍保学台账中疑似失学辍学适龄儿童特别是建档立卡贫困家庭适龄儿童核查劝返工作。出台大学城基础教育办学质量提升方案。推动 31 所小学实施学校联盟、集团化办学；新增 14 所小学纳入农村薄弱校委托管理。

【初等教育教学质量】 2020 年，福州市开展第五批“义务教育管理标准化学校”创建工作，抽调 116 名专家、分成 29 个评估组，对 150 所小学开展管理标准化市级评估验收，其中 128 所被确认为省级义务教育管理标准化学校。推动“乡村小规模标准化学校”创建，全市 198 所乡村小规模学校均通过建设评估，达到省定办学标准。推动教学改革，组织市级专家评估组对第二批通过的省级教改示范性建设学校（第二批小学 50 所）开展中期绩效评估工作。组织“一师一优课”评选，全市小学入选省级“优课”50 节。

【小学招生】 2020 年，福州市继续以县（市）区为主负责，根据“免试入学，划片招生”原则，全市小学一年级招收新生 10.39 万人。五城区继续实行小学招生预报名制度，3.84 万名适龄儿童参加预报名，其中随迁子女 1.43 万人。探索完善五城区小学免试就近入学办法（即“一套房产六年内提供一户家庭学位”政策），结合学校建设、学位供给等情况，完善放开落户限制后义务教育招生政策。

【初中招生】 2020 年，福州市五城区初中招生工作实行中小学相对就近对口升学办法，公办小学毕业班学生按初招对口方案安排公办初中升学。全市招收初一新生 8.47 万人。五区有小学毕业生 38147 人，其中录取福州外国语学校日、德、法、西班牙语、日英双语班 275 人，录取福州艺术学校 90 人，录取民办初中 5793 人，回原籍 2051 人，对口升学 28104 人。

【民办义务教育学校摇号招生】 2020 年，福州市报名人数超招生计划数的民办义务教育学校全部实行摇号招生。参加民办初中公开摇号学生 12630 人，通过摇号录取学生 3984 人；参加民办小学公开摇号学生 944 人，通过摇号录取学生 218 人。

【随迁子女招生】 2020 年，福州市小学一年级招收随迁子女 2.38 万人，义务教育阶段随迁子女在校生 20.05 万人（小学 14.42 万人、初中 5.63 万人），占义务教育阶段在校生人数的 23.49%，随迁子女在公办学校就读比例 93.64%。

【电脑随机均衡编班】 2020 年，福州市五城区公民办初中按照每班总人数、学生男女比例等均衡原则，首次由各区教育行政主管部门统一在“福州市初招管理系统”完成随机均衡分班。

【学籍管理】 2020 年，福州市教育局导入市属学校初一新生学籍 19090 人次，核办毕业后跨省就学（含上海六年级学生跨省转学）77 人次，核办市属小学一年级新生学籍 3649 人次。

（刘美剑）

## 普通中学教育

**【概况】** 2020年，福州市有中学328所，其中完全中学74所、初级中学191所、高级中学19所、九年一贯制学校33所、十二年一贯制学校11所。在校初中生25.67万人，在校高中生11.09万人。

**【中考中招工作】** 2020年，福州市（不含平潭）中考报名7.8万人，其中福州市区（含长乐区，下同）报名3.7万人；八年级学生地理、生物考试报名8万人，其中福州市区报名3.9万人。全市中考安排考点87个，其中市区考点40个。在中考中，为68名残疾考生提供优先入场、引导辅助、佩戴助听设备及听力免考、携带电子助视器或光学放大镜、提供大字号试卷或适当延长考试时间等合理便利服务。普高投档（不含平潭）39449人，职业学校投档32510人。办理中考加分照顾4355项。

**【中学教学质量】** 2020年，福州教育研究院划归福州市教育局管理，市教育局出台提升方案，增加职数，加大教研员遴选力度，创新挂职机制。5所县级进修校通过省级示范性、标准化评估。市教育局举办福建省基础教育改革发展实验区福州市普高学段展示交流活动；组织91名普高校长、94名教务主任参加新高考背景下的学校管理、教务管理培训；4000名高一教师完成新教材培训；规划建设新课程实施示范区和示范校；与高校联合举办生物实验、数学奥赛培训班和化学夏令营；开展高三尖子生冬令营、春季强化营；对38所学校开展初高中毕业年级教学视导；加强对七年级到高二年级的教学质量监测。鼓楼区获评国家级“基础教育优秀教学成果推广应用”示范区。

**【中考中招改革】** 2020年，福州市适当调整市区普高第一条投档线切线方式、长乐区定向生指标分配等中招政策方案。长乐一中分解至长乐初中校的定向生指标增加、分解至五区初中校的定向生指标相应减少，同时按比例减少福州一中、福州二中、福州三中、福州四中、福州格致中学、福州八中、福州高级中学、福建师大附中面向长乐区初中校分解的定向生指标，减少的部分返回到福州五区初中校重新分配。按照7所示范性普通高中建设学校的普通班（不含特色班和自主招生）面向市区招生计划总数的12%，划定市区普通高中的第一条投档线，对在第一条投档线上考生的投档方式进行微调。在全省率先实施初中英语口语人机对话考试，首次举办线上中招志愿填报指导咨询会，并推进中高考考场空调安装工作。

**【学科竞赛及科技实践活动】** 2020年，全国五学科奥赛决赛中，福州市获金牌8枚、银牌15枚、铜牌4枚，获奖数量及金牌数量居全省榜首；福州市五学科奥赛“省一”获奖总数105个，蝉联全省第一，其中信息学、数学、物理学科竞赛“省一”获奖数均位居全省各地区榜首；福州代表队获得第35届省赛优秀创新项目48个（其中马祖地区1个）、科幻画项目16个、科技辅导员项目5个、优秀科技实践活动项目3个。第三届中国数字峰会中小学生赛道福州成绩优异。

2020年9月1日，清华大学附属中学福州学校举行开学典礼 （市教育局　供）

表 72　2020 年福州市参加青少年科技创新大赛、高中学科竞赛获全国三等奖、福建省一等奖以上名单

| 姓名 | 选送学校 | 奖项名称 |
|---|---|---|
| 赖泽坤 | 福建省福州高级中学 | 第 35 届福建省青少年科技创新大赛一等奖 |
| 吴彦冰<br>李艺菲 | 福建师范大学附属中学 | 第 35 届福建省青少年科技创新大赛一等奖 |
| 李城瑾 | 福建省福州高级中学 | 第 35 届福建省青少年科技创新大赛一等奖 |
| 傅彦滋 | 福州金山中学 | 第 35 届福建省青少年科技创新大赛一等奖 |
| 陈　诺 | 福建省福州格致中学 | 第 35 届福建省青少年科技创新大赛一等奖 |
| 陈　堞<br>林凯程 | 福建省福州格致中学 | 第 35 届福建省青少年科技创新大赛一等奖 |
| 车秋实<br>钟欣洋<br>林陶然 | 福州第三中学 | 第 35 届福建省青少年科技创新大赛一等奖 |
| 黄　婧 | 福州第三中学 | 第 35 届福建省青少年科技创新大赛一等奖 |
| 魏椿翼 | 福建师范大学附属中学 | 第 35 届福建省青少年科技创新大赛一等奖 |
| 林昊翰 | 福建省福州第一中学 | 第 37 届全国青少年信息学奥林匹克竞赛一等奖 |
| 陈雨昕 | 福建省福州第一中学 | 第 37 届全国青少年信息学奥林匹克竞赛一等奖 |
| 陆　宏 | 福建师范大学附属中学 | 第 37 届全国青少年信息学奥林匹克竞赛一等奖 |
| 陈亮舟 | 福建师范大学附属中学 | 第 37 届全国青少年信息学奥林匹克竞赛一等奖 |
| 谢濡健 | 福建师范大学附属中学 | 第 37 届全国青少年信息学奥林匹克竞赛二等奖 |
| 郑轲旸 | 福建师范大学附属中学 | 第 37 届全国青少年信息学奥林匹克竞赛二等奖 |
| 陈栉旷 | 福建省长乐第一中学 | 第 37 届全国青少年信息学奥林匹克竞赛二等奖 |
| 陈煜翔 | 福建省长乐第一中学 | 第 37 届全国青少年信息学奥林匹克竞赛二等奖 |
| 陈予菲 | 福建省长乐第一中学 | 第 37 届全国青少年信息学奥林匹克竞赛二等奖 |
| 林昊翰 | 福建省福州第一中学 | 信息学（CCF CSP-J/S2020 提高级）一等奖 |
| 陈雨昕 | 福建省福州第一中学 | 信息学（CCF CSP-J/S2020 提高级）一等奖 |
| 周伯晗 | 福建省福州第一中学 | 信息学（CCF CSP-J/S2020 提高级）一等奖 |
| 刘星佳 | 福建省福州第一中学 | 信息学（CCF CSP-J/S2020 提高级）一等奖 |
| 江添辉 | 福建省福州第一中学 | 信息学（CCF CSP-J/S2020 提高级）一等奖 |
| 林舜华 | 福建省福州第一中学 | 信息学（CCF CSP-J/S2020 提高级）一等奖 |
| 方昀昊 | 福建省福州第一中学 | 信息学（CCF CSP-J/S2020 提高级）一等奖 |
| 陈　孚 | 福建省福州第一中学 | 信息学（CCF CSP-J/S2020 提高级）一等奖 |
| 林谦豫 | 福建省福州第一中学 | 信息学（CCF CSP-J/S2020 提高级）一等奖 |
| 吴旭飞 | 福建省福州第一中学 | 信息学（CCF CSP-J/S2020 提高级）一等奖 |
| 林文潇 | 福建省福州第一中学 | 信息学（CCF CSP-J/S2020 提高级）一等奖 |

续表

| 姓名 | 选送学校 | 奖项名称 |
|---|---|---|
| 陈浩天 | 福建省福州第一中学 | 信息学（CCF CSP-J/S2020提高级）一等奖 |
| 何梓滔 | 福建省福州第一中学 | 信息学（CCF CSP-J/S2020提高级）一等奖 |
| 杨思汗 | 福建师范大学附属中学 | 信息学（CCF CSP-J/S2020提高级）一等奖 |
| 俞　畅 | 福建师范大学附属中学 | 信息学（CCF CSP-J/S2020提高级）一等奖 |
| 林而立 | 福建师范大学附属中学 | 信息学（CCF CSP-J/S2020提高级）一等奖 |
| 周圣力 | 福建师范大学附属中学 | 信息学（CCF CSP-J/S2020提高级）一等奖 |
| 邹品聪 | 福建师范大学附属中学 | 信息学（CCF CSP-J/S2020提高级）一等奖 |
| 黄盛唐 | 福建师范大学附属中学 | 信息学（CCF CSP-J/S2020提高级）一等奖 |
| 林舒扬 | 福建师范大学附属中学 | 信息学（CCF CSP-J/S2020提高级）一等奖 |
| 陈　宇 | 福建师范大学附属中学 | 信息学（CCF CSP-J/S2020提高级）一等奖 |
| 黄晟焱 | 福建师范大学附属中学 | 信息学（CCF CSP-J/S2020提高级）一等奖 |
| 陈亮舟 | 福建师范大学附属中学 | 信息学（CCF CSP-J/S2020提高级）一等奖 |
| 谢濡健 | 福建师范大学附属中学 | 信息学（CCF CSP-J/S2020提高级）一等奖 |
| 陆　宏 | 福建师范大学附属中学 | 信息学（CCF CSP-J/S2020提高级）一等奖 |
| 林政宇 | 福建师范大学附属中学 | 信息学（CCF CSP-J/S2020提高级）一等奖 |
| 段博瀚 | 福州第三中学 | 信息学（CCF CSP-J/S2020提高级）一等奖 |
| 何文焜 | 福州第三中学 | 信息学（CCF CSP-J/S2020提高级）一等奖 |
| 匡　亮 | 福州第三中学 | 信息学（CCF CSP-J/S2020提高级）一等奖 |
| 王许诺 | 福州第三中学 | 信息学（CCF CSP-J/S2020提高级）一等奖 |
| 薛　哲 | 福州第三中学 | 信息学（CCF CSP-J/S2020提高级）一等奖 |
| 张陈旸 | 福州第三中学 | 信息学（CCF CSP-J/S2020提高级）一等奖 |
| 俞贤皓 | 福州第三中学 | 信息学（CCF CSP-J/S2020提高级）一等奖 |
| 陈圣尧 | 福州第三中学 | 信息学（CCF CSP-J/S2020提高级）一等奖 |
| 吴迪晟 | 福州第三中学 | 信息学（CCF CSP-J/S2020提高级）一等奖 |
| 章信文 | 福州第三中学 | 信息学（CCF CSP-J/S2020提高级）一等奖 |
| 张宇衡 | 福州第三中学 | 信息学（CCF CSP-J/S2020提高级）一等奖 |
| 杨宪邦 | 福州第三中学 | 信息学（CCF CSP-J/S2020提高级）一等奖 |
| 叶宇成 | 福州第三中学 | 信息学（CCF CSP-J/S2020提高级）一等奖 |
| 侯宇轩 | 福州第三中学 | 信息学（CCF CSP-J/S2020提高级）一等奖 |
| 施杰傲 | 福州第三中学 | 信息学（CCF CSP-J/S2020提高级）一等奖 |
| 陈君林 | 福建省福清第一中学 | 信息学（CCF CSP-J/S2020提高级）一等奖 |
| 何友瑭 | 福建省福清第一中学 | 信息学（CCF CSP-J/S2020提高级）一等奖 |

续表

| 姓名 | 选送学校 | 奖项名称 |
|---|---|---|
| 和海鉴 | 福建师范大学附属中学 | 第29届全国中学生生物学竞赛一等奖 |
| 林路凯 | 福建师范大学附属中学 | 第29届全国中学生生物学竞赛二等奖 |
| 郑佳兰 | 福建师范大学附属中学 | 第29届全国中学生生物学竞赛二等奖 |
| 林宸骁 | 福建省福州第一中学 | 第29届全国中学生生物学联赛福建赛区一等奖 |
| 李佳彧 | 福建省福州第一中学 | 第29届全国中学生生物学联赛福建赛区一等奖 |
| 沈新奕 | 福建师范大学附属中学 | 第29届全国中学生生物学联赛福建赛区一等奖 |
| 陈琪喆 | 福建师范大学附属中学 | 第29届全国中学生生物学联赛福建赛区一等奖 |
| 张佳琪 | 福建师范大学附属中学 | 第29届全国中学生生物学联赛福建赛区一等奖 |
| 黄泓正 | 福州第三中学 | 第29届全国中学生生物学联赛福建赛区一等奖 |
| 郑以哲 | 福建师范大学附属中学 | 2020年中国物理学奥林匹克竞赛二等奖 |
| 莫昊宇 | 福建师范大学附属中学 | 2020年中国物理学奥林匹克竞赛二等奖 |
| 徐洳屹 | 福州第三中学 | 2020年中国物理学奥林匹克竞赛三等奖 |
| 张竞豪 | 福建省福州第一中学 | 2020年全国中学生物理竞赛福建赛区一等奖 |
| 林宇辰 | 福建省福州第一中学 | 2020年全国中学生物理竞赛福建赛区一等奖 |
| 鄢佳宇 | 福建师范大学附属中学 | 2020年全国中学生物理竞赛福建赛区一等奖 |
| 余运林晨 | 福建师范大学附属中学 | 2020年全国中学生物理竞赛福建赛区一等奖 |
| 康宇翔 | 福建师范大学附属中学 | 2020年全国中学生物理竞赛福建赛区一等奖 |
| 陈语晗 | 福建师范大学附属中学 | 2020年全国中学生物理竞赛福建赛区一等奖 |
| 胡晨志 | 福建师范大学附属中学 | 2020年全国中学生物理竞赛福建赛区一等奖 |
| 陈颜忻 | 福建师范大学附属中学 | 2020年全国中学生物理竞赛福建赛区一等奖 |
| 张力文 | 福建师范大学附属中学 | 2020年全国中学生物理竞赛福建赛区一等奖 |
| 李睿成 | 福建师范大学附属中学 | 2020年全国中学生物理竞赛福建赛区一等奖 |
| 黄骏坤 | 福建师范大学附属中学 | 2020年全国中学生物理竞赛福建赛区一等奖 |
| 傅子健 | 福建师范大学附属中学 | 2020年全国中学生物理竞赛福建赛区一等奖 |
| 黄思源 | 福建师范大学附属中学 | 2020年全国中学生物理竞赛福建赛区一等奖 |
| 张博涵 | 福建师范大学附属中学 | 2020年全国中学生物理竞赛福建赛区一等奖 |
| 郑晓微 | 福建师范大学附属中学 | 2020年全国中学生物理竞赛福建赛区一等奖 |
| 陈忠鑫 | 福建省福清第一中学 | 2020年全国中学生物理竞赛福建赛区一等奖 |
| 辜开源 | 福建省福州第一中学 | 2020年中国数学奥林匹克竞赛二等奖 |
| 陈雨昕 | 福建省福州第一中学 | 2020年中国数学奥林匹克竞赛二等奖 |
| 卢均鹏 | 福建师范大学附属中学 | 2020年中国数学奥林匹克竞赛一等奖 |
| 林舒扬 | 福建师范大学附属中学 | 2020年中国数学奥林匹克竞赛二等奖 |

续表

| 姓名 | 选送学校 | 奖项名称 |
| --- | --- | --- |
| 李子慕 | 福建师范大学附属中学 | 2020年中国数学奥林匹克竞赛三等奖 |
| 蔡子悦 | 福建师范大学附属中学 | 2020年中国数学奥林匹克竞赛二等奖 |
| 魏海亮 | 福建师范大学附属中学 | 2020年中国数学奥林匹克竞赛三等奖 |
| 林星羽 | 福州第三中学 | 2020年中国数学奥林匹克竞赛一等奖 |
| 何文焜 | 福州第三中学 | 2020年中国数学奥林匹克竞赛二等奖 |
| 江添辉 | 福建省福州第一中学 | 2020年全国高中数学联赛福建赛区一等奖 |
| 黄晨欣 | 福建省福州第一中学 | 2020年全国高中数学联赛福建赛区一等奖 |
| 熊　垚 | 福建省福州第一中学 | 2020年全国高中数学联赛福建赛区一等奖 |
| 陈星羽 | 福建师范大学附属中学 | 2020年全国高中数学联赛福建赛区一等奖 |
| 潘潇然 | 福建师范大学附属中学 | 2020年全国高中数学联赛福建赛区一等奖 |
| 苏劭晗 | 福建师范大学附属中学 | 2020年全国高中数学联赛福建赛区一等奖 |
| 唐　浩 | 福建师范大学附属中学 | 2020年全国高中数学联赛福建赛区一等奖 |
| 余晟毅 | 福建师范大学附属中学 | 2020年全国高中数学联赛福建赛区一等奖 |
| 黄俊皓 | 福建师范大学附属中学 | 2020年全国高中数学联赛福建赛区一等奖 |
| 叶陈昊 | 福州第三中学 | 2020年全国高中数学联赛福建赛区一等奖 |
| 陈励言 | 福建省长乐第一中学 | 2020年全国高中数学联赛福建赛区一等奖 |
| 陈子轩 | 福建省连江第一中学 | 2020年全国高中数学联赛福建赛区一等奖 |
| 刘践之 | 福建师范大学附属中学 | 第34届中国化学奥林匹克决赛一等奖 |
| 叶展廷 | 福建师范大学附属中学 | 第34届中国化学奥林匹克决赛二等奖 |
| 林楠奇 | 福建师范大学附属中学 | 第34届中国化学奥林匹克决赛三等奖 |
| 方彦杰 | 福建师范大学附属中学 | 第34届中国化学奥林匹克初赛建赛区一等奖 |
| 王雨桐 | 福建师范大学附属中学 | 第34届中国化学奥林匹克初赛建赛区一等奖 |
| 徐东辉 | 福建师范大学附属中学 | 第34届中国化学奥林匹克初赛建赛区一等奖 |
| 李梓阳 | 福建师范大学附属中学 | 第34届中国化学奥林匹克初赛建赛区一等奖 |
| 唐佳蔚 | 福建师范大学附属中学 | 第34届中国化学奥林匹克初赛建赛区一等奖 |
| 陈宣羽 | 福建师范大学附属中学 | 第34届中国化学奥林匹克初赛建赛区一等奖 |
| 陈哲弘 | 福建省福州高级中学 | 第34届中国化学奥林匹克初赛建赛区一等奖 |

（刘美剑）

## 特殊教育

【概况】　2020年，福州市有特殊教育学校14所，其中智障类8所、视障类1所、听障类1所、综合类4所，另有附设特教班2个。残疾在校生3374人，其中特殊学校在校生1862人，随班就读1359人，附设班就读11人，送教上门142人。在校特殊教育学生中，学前教育阶段1人，小学阶段2440人，初中阶段919人，高中阶段14人；残疾在校生中，智力残疾2328人，视力残疾129人，听力残疾344人，其他573人；特教学校教职工519人，其中专任教师468人。

年内，市教育局会同市民政局、市卫生健康委员会和市残疾人联合会成立福州市特殊教育专家委员会，加强对特殊教育工作的专业支撑。

【特教资源教室建设】 2020 年，福州市教育局推动普通学校建设特殊教育资源教室，全市有 39 个资源教室，各县（市）区均至少在 2 所及以上普通学校建设特殊教育资源教室，超额完成教育"补短板"有关目标任务。

（刘美剑）

## 中等职业及成人教育

【概况】 2020 年，福州市有中职学校 22 所（不含盲、聋哑学校，技工院校和省属在榕中职学校），其中民办学校 2 所。中职学校全日制（含五年专）在校生 48233 人，非全日制学历教育在校生 28 人。年内，7 所中职学校列入省级示范性现代中职学校培育建设项目学校，10 所评为省级规范化中职学校，5 所评为省级达标中职学校。

【中职建设】 2020 年，福州机电工程职业技术学校等 7 所中职学校通过省示范性现代中职学校终期评估，全市规范化及以上等级中职学校占比 77.27%。深化职业教育产教融合、校企合作，增设人工智能技术服务等 27 个专业，15 所中职学校 20 个专业开展"1+X"证书制度试点。闽清职专与企业合作开办汽车运用与维修上汽班、宁德时代班，与 5 所高职院校联办开设 8 个"3+2"五年制大专专业。

【中职招生】 2020 年，福州市超额完成中职教育招生计划任务，全市招生 32445 人，比上年增加 2859 人；全市普职招生比为 54.6：45.4，普职学校招生差距进一步缩小。

【中职毕业生就业】 2020 年，福州市中职学校各专业毕业生 11805 人，就业 11316 人，就业率 97.46%，对口就业率占比 86.34%。其中直接就业 3138 人；升入高一级学校 8367 人，占毕业生总数 70.88%，比上年提高 27.51%。

【教师教学大赛】 2020 年，福州市中职学校教师参加全国职业院校技能大赛教师教学能力比赛获三等奖 4 个；参加"网龙杯"2020 年福建省职业院校教师信息化教学能力比赛，获一等奖 7 个、二等奖 11 个、三等奖 11 个，金牌数、奖牌总数居全省第一；福州市教育局获"最佳组织奖"；参加福建省职业院校教师"三优联评"大赛，获得一等奖 8 个、二等奖 7 个、三等奖 7 个。

【中职学生技能大赛】 2020 年，受新冠肺炎疫情影响，全国职业院校技能大赛赛项比往年减少一半，福州市中职学校学生参赛获得三等奖 3 个。年内，举办福州市第十五届中职（技工）院校学生职业技能竞赛，全市 24 所中职（技工）院校 1572 名学生选手参加专业技能 20 个大类 74 个项目竞赛，评出个人和团体一等奖 128 个、二等奖 214 个、三等奖 298 个。举办首届闽东北学生职业技能联赛，作为闽东北五地市第一届中职（技工）院校学生职业技能联赛项目，来自福州市、莆田市、宁德市、南平市和平潭综合实验区等五地市 55 所学校 675 名选手参加加工制造、信息技术和交通运输 3 个大类 18 个项目联赛，评出个人和团体一等奖 53 个、二等奖 99 个、三等奖 155 个。

表 73　　2020 年福州市中职学校参加全国职业院校技能大赛教师教学能力比赛获三等奖名单

| 序号 | 所在学校 | 参赛作品 | 参赛教师 |
|---|---|---|---|
| 1 | 福州文教职业中专学校 | 《劳动创造美丽人生，奋斗谱写幸福篇章——从青铜小白到职场王者的进阶指南》 | 杨　倩　徐慧圭　郑晶琸 |
| 2 | 福州文教职业中专学校 | 品文史之韵　习乐舞之萃——藏族民间舞训练与实践 | 王　淮　江　薇　郑蕾蕾　李楚楚 |
| 3 | 福州商贸职业中专学校 | 窨千年芬芳　承大师风范 | 郭淑敏　饶耿慧　何宏宇 |
| 4 | 长乐职业中专学校 | 蒸蒸日上——发酵面团制作 | 张　鑫　宋红辉　石海波　王诗涵 |

表 74　2020 年福州市中职学校参加“网龙杯”福建省职业院校教师教学能力比赛获奖名单

| 组别 | 奖项 | 所在学校 | 参赛作品名称 | 参赛教师 |
|---|---|---|---|---|
| 公共基础课程 | 一等奖 | 福州财政金融职业中专学校 | 罗裳锦衣舞盛世——感受异彩纷呈的中华传统文化之美 | 余　绚　潘晓燕　何梅金　邬闽莉 |
| | | 福州旅游职业中专学校 | “私人订制”——旅游策划电子文稿多媒体作品 | 李　姿　章　倩　何　征 |
| | | 福州文教职业中专学校 | 劳动创造美丽人生，奋斗谱写幸福篇章——从校园青铜到职场王者的进阶指南 | 杨　倩　徐慧圭　郑晶璋 |
| | 二等奖 | 福清龙华职业中专学校 | 三角王国抗疫大作战——“三角函数”闯关攻略 | 杨紫兰　翁宁欣　倪丹鸿 |
| | | 永泰城乡建设职业中专学校 | 自我认识 | 吴贞贞　杨程星　张淑珍 |
| | | 永泰城乡建设职业中专学校 | 美妙的歌声 | 周　翔　邹竹馨　周在昌 |
| | | 长乐职业中专学校 | 电商中的函数那些事 | 陈素影　黄小雅　陈昱闽　陈雪霞 |
| | 三等奖 | 福清龙华职业中专学校 | 学法守法用法，共建法治社会—遵纪守法，依法办事 | 姚秋萍　纪美银　俞　镜 |
| | | 福清龙华职业中专学校 | 美丽的剪纸 | 陈　茜　李　彰　陈碧丹 |
| | | 福州财政金融职业中专学校 | How can I get to the nearest bank？——馨行一路，美好中国（指问路与城轨服务的英语学习） | 陈　迹　杨　莹　高　雪 |
| | | 福州机电工程职业技术学校 | 中职学生“新时代中国特色社会主义”政治认同核心素养的培育 | 官湘娟　吴一红　余素娟 |
| | | 福州机电工程职业技术学校 | 一书一世界——跨媒介．阅经典．品人情 | 江　瑛　潘若文　崔　巍　边茜茜 |
| | | 福州机电工程职业技术学校 | 我和职业 | 詹晓燕　郭　清　黄碧卿 |
| 专业技能课程一组 | 一等奖 | 福清卫生学校 | 寻经探秘，点穴知术 | 黄晶晶　姚林玲　郑剑萍　林淑芳 |
| | | 福州文教职业中专学校 | 品文史之韵 习乐舞之萃——藏族民间舞训练与实践 | 王　淮　江　薇　郑蕾蕾　李楚楚 |
| | 二等奖 | 福州机电工程职业技术学校 | 自然现象动画规律 | 陈赛玉　盛欣欣　陈艳超　官云琴 |
| | | 福州旅游职业中专学校 | 钿螺巧点斑斓道　溯彩饰型传国风 | 郭元好　章　畅　叶　琪　阳　果 |
| | | 福州文教职业中专学校 | 幼儿园安全小卫士——学前儿童安全教育 | 刘永萍　兰　玲　王　芸 |

续表

| 组别 | 奖项 | 所在学校 | 参赛作品名称 | 参赛教师 |
| --- | --- | --- | --- | --- |
| 专业技能课程一组 | 二等奖 | 长乐职业中专学校 | 幼儿保育中的那些意外 | 陈倩倩 林 珊 李 雪 |
| | | 长乐职业中专学校 | 民族之美——汉、蒙古族舞 | 赵耿琪卉 薄 净 |
| | | 长乐职业中专学校 | 色彩的魅力 | 肖 慧 葛 辉 陈玲丽 |
| | | 长乐职业中专学校 | 燃烧吧！发动机——缸盖和曲轴活塞组件维修 | 张丽娟 梁 超 段清彬 范帅军 |
| | 三等奖 | 福州财政金融职业中专学校 | 与金同行 以诚相伴——出纳岗位实训 | 张 钰 黄 燕 杜 青 |
| | | 罗源县高级职业中学 | 民以“食”为天 食以“安”为先 | 阮思莲 林小玲 林开文 |
| | | 长乐职业中专学校 | 织物平凡到多彩的蜕变 | 侯丙昕 郑 帅 陈 黎 |
| | | 长乐职业中专学校 | Hi！C 语言——程序控制结构 | 邵玲真 何钦超 |
| 专业技能课程二组 | 一等奖 | 福州商贸职业中专学校 | 窨千年芬芳 承大师风范——茉莉花茶窨制工艺 | 郭淑敏 饶耿慧 陈 慧 何宏宇 |
| | | 长乐职业中专学校 | 蒸蒸日上——发酵面团制作 | 张 鑫 宋红辉 刘锦灿 |
| | 三等奖 | 连江职业中专学校 | 幼儿园活动区环境创设 | 邱 娜 陈文河 李婷婷 卢雪风 |

表 75　　2020 年福州市中职学校参加福建省职业院校教师“三优联评”大赛获奖名单

| 组别 | 奖项 | 所在学校 | 作品名称 | 参赛教师 |
| --- | --- | --- | --- | --- |
| 课件 | 二等奖 | 福清龙华职专中专学校 | 六国论 | 陈小华 魏达维 吴孝瑞 |
| | 三等奖 | 福州文教职业中专学校 | Unit1 We laughed into tears！ | 黄方美 |
| | | 福清龙华职专中专学校 | 平面与平面所形成的角——二面角 | 翁宁欣 杨紫兰 錡言枝 |
| 微课 | 二等奖 | 福州文教职业中专学校 | 双绞线的制作与测试 | 黎卫英 |
| | | 福清卫生学校 | 小小感叹句之 what 与 how 的用法 | 张丽琼 戴婷婷 |
| | | 福州建筑工程职业中专学校 | 高程控制测量——三四等水准测量 | 黄 晶 林松江 赵崇晖 |

续表

| 组别 | 奖项 | 所在学校 | 作品名称 | 参赛教师 |
| --- | --- | --- | --- | --- |
| 微课 | 三等奖 | 福清卫生学校 | 该不该接受你的负面情绪 | 黄　玮 |
| 微课 | 三等奖 | 福清龙华职业中专学校 | 平面与平面所形成的角——二面角 | 翁宁欣　杨紫兰　锜言枝 |
| 微课 | 三等奖 | 福清卫生学校 | 四时神药“茯苓” | 姚林玲 |
| 微课 | 三等奖 | 福清卫生学校 | 药品首营审核 | 佘雪花 |
| 微课 | 三等奖 | 福清卫生学校 | 小桑大用 | 郑剑萍　刘琼婷　俞凡琦 |
| 信息技术创新教学案例 | 一等奖 | 长乐职业中专学校 | 智能垃圾分类机器人造型设计与制作—三维建模综合实训 | 赵婕妤　陈锦吓　吴娜娜 |
| 信息技术创新教学案例 | 一等奖 | 长乐职业中专学校 | 函数单调性 | 陈素影　黄小雅　陈昱闽 |
| 信息技术创新教学案例 | 一等奖 | 长乐职业中专学校 | 油酥面团制品 | 宋红辉　林　惠　陈淑明 |
| 信息技术创新教学案例 | 二等奖 | 长乐职业中专学校 | 二极管特性 | 王茜茜 |
| 信息技术创新教学案例 | 二等奖 | 长乐职业中专学校 | 做情绪的主人 | 王小玲　李　雪 |
| 信息技术创新教学案例 | 二等奖 | 连江职业中专学校 | Unit 7 So much to do before we travel! Reading and writing | 王丽可　郑桂贞　周守田 |
| 信息技术创新教学案例 | 二等奖 | 福州文教职业中专学校 | 创意不NG，I am possible通关秘籍——运用科学思维提高创新能力 | 杨　倩　蔡冠蓉　庄　帆 |
| 信息技术创新教学案例 | 三等奖 | 福州商贸职业中专学校 | 月是故乡明 | 施　翀　何宏宇　蔡洪亮 |
| 信息技术创新教学案例 | 三等奖 | 福州文教职业中专学校 | Unit1 We laughed into tears! | 黄方美 |
| 信息技术创新教学案例 | 三等奖 | 长乐职业中专学校 | 泡芙的制作 | 王诗涵 |
| 信息技术创新教学案例 | 三等奖 | 长乐职业中专学校 | 排球正面双手垫球 | 陈建燎　危松柏 |

表76　2020年福州市中职组参加全国职业院校技能大赛获三等奖选手及指导教师名单

| 序号 | 获奖项目 | 所在学校 | 获奖选手 | 指导教师 |
| --- | --- | --- | --- | --- |
| 1 | 建筑装饰技能 | 福州建筑工程职业中专学校 | 郑建明　郑祺文 | 赵崇晖　程　桦 |
| 2 | 酒店服务 | 福州旅游职业中专学校 | 陈梦婷　杨紫馨 | 蒋　珂　张玉佩 |
| 3 | 数控综合应用技术 | 福州第一技师学院 | 陈　健　陈　康　周志超 | 叶祖涛　林俊发 |

【职教交流活动】 2020年，福州市与甘肃定西市开展职业教育教师帮扶交流，福州市派出1名中层干部和10名骨干教师赴定西市开展一年挂职锻炼和一个月支教工作，定西市派出35名教育行政管理干部考察团到福州市考察学习，并安排6所福州市属学校对接定西市到榕跟岗培训的14名骨干教师，开展为期两周的跟岗培训。

年内，福州市教育局联合莆田市、宁德市、南平市、平潭综合实验区社会事业局，联合印发《闽东北协同发展区中等职业教育合作交流框架》，明确5年主要工作目标，提出6项主要任务和3条保障措施，并明确四市一区12所省级示范性现代中职学校对口帮扶支持19所相对薄弱中职学校。6月18—19日，在罗源县举办闽东北协同发展区首届职业教育论坛活动。12月14—18日，福州市教育局组织福州市职业教育实训中心和中职学校相关专业学科的11名不同专业（学科）教学专家、教研员赴宁德市部分中职学校支持开展课堂教学诊断与改进工作。

【终身教育】 2020年，福州市老年大学、闽侯县老年大学被认定为福建省高水平示范性老年大学，鼓楼区老年大学等13所老年大学被认定为福建省达标老年大学。在第三批省终身教育重点项目建设中，福州市获批示范性社区老年学校（学习中心）5个，社区教育特色品牌6个，优质学习团队11个，高校老年大学1所，继续教育网络课程建设方案19个，优秀乡土教材2本。

（刘美剑）

## 高等教育

【概况】 2020年，福州市有各级高校36所，其中市属高校11所。市属高校中，应用型本科4所、高职7所、公办3所、民办8所。市属高校全年招生3万人，全日制在校生9.2万人，专任教师5624人，专业总数160个，拥有省级以上重点实验室6个，省级以上实训平台43个，省级以上创新创业基地32个。市属高校毕业生平均就业率81.02%。

【高校内涵发展】 2020年，闽江学院申硕通过省学位委员会审核，上报国务院学位委员会等待复审决定。闽江学院2个学科入选ESI（基本科学指标数据库）全球前1%。年内下达2020年度福州市民办高等教育发展专项资金9个项目760万元。

【天津大学福州国际校区建设】 2020年，福州市推进与天津大学、新加坡国立大学等名校合作，推进天津大学—新加坡国立大学福州联合学院建设，天津大学—新加坡国立大学福州联合学院确定20个学术团队带头人，联合培养115

表77 2020年福州地区普通高校一览表

| 学校类型 | 院校 |
|---|---|
| 公办本科（11所） | 福州大学、福建师范大学、福建农林大学、福建医科大学、福建中医药大学、福建工程学院、福建警察学院、福建江夏学院、福建商学院、福建技术师范学院、闽江学院 |
| 民办本科（4所） | 福州外语外贸学院、阳光学院、福州理工学院、福州工商学院 |
| 成人本科（2所） | 福建教育学院、福建广播电视大学 |
| 独立学院（3所） | 福州大学至诚学院、福建师范大学协和学院、福建农林大学金山学院 |
| 公办高职高专（10所） | 福建船政交通职业学院、福建信息职业技术学院、福建农业职业技术学院、福建卫生职业技术学院、福建幼儿师范高等专科学校、福建生物工程职业技术学院、福建艺术职业学院、福建体育职业技术学院、福州职业技术学院、闽江师范高等专科学校 |
| 民办高职高专（6所） | 福建华南女子职业学院、福州英华职业学院、福州黎明职业技术学院、福州科技职业技术学院、福州软件职业技术学院、福州墨尔本理工职业学院 |

名博士生。

（刘美剑）

2020年11月2日，省委常委、市委书记林宝金到闽江学院调研指导

（闽江学院 供）

**【闽江学院】** 2020年，闽江学院校园总面积149.67公顷，校舍建筑总面积54.25万平方米，“双创大楼”竣工，核心区一期景观工程完成。教学科研仪器设备总值3.7亿元，有各类纸质图书198.26万册，电子图书148.67万册。成立校疫情防控工作领导小组，居家防疫期间组织开展线上教学，开课教师865人，开设线上课程975门，参加在线学习学生11.48万人次。复课期间全校近2万名师生员工无一例确诊或疑似病例。年内启动“十四五”规划编制工作。

党建思政工作　1堂党课获省高校书记十佳好党课，2个立项活动获省高校党支部工作“立项活动”优秀成果，1个离退休党支部获评省级离退休示范党支部培育建设单位。全年获省市“五一先锋号”3个，省“工人先锋号”1个；获省“五一劳动奖章”1人，省“五一巾帼标兵”2人，省优秀工会工作者1人。建设大学生读书社、“青春薪课堂”“学习百讲”等品牌，开展宣讲近百场。完成工业路校区“特色档案馆”建设。完善“三全育人”体系，启动校级“三全育人”试点学院建设和思政创新项目培育工作。制定《闽江学院课程思政实施方案（试行）》。实施青年马克思主义者培养工程，深化学生会和学生社团改革。构建“四易四十佳”易班网络思想政治教育特色评建体系，2个项目获评省易班“十佳品牌项目”，3个项目获评省高校思想政治工作精品项目。设立“疫情专项学生临时困难补助”，发放疫情相关资金750余万元，资助学生逾9000人次。

学科设置　学校设有15个二级学院，拥有工商管理专业学位硕士点，开设本科专业61个，涵盖经、法、文、史、理、工、管、艺等八大学科门类。加强学科分层建设分类指导，工程学、社会科学总论等2个学科进入ESI全球前1%，上榜的前1%学科数居全国新建本科高校第一。新增海洋技术专业，获批开展第二学位教育专业10个。

师资情况　专任教师1000多人，硕士以上学位教师占90%（其中博士学位教师占35.54%）。拥有省级教学、科研及高端外专团队12个，国家级、省部级人才101人（含柔聘）。双师双能型教师比例52%。1名教师获评福建省优秀教师。2名教师分获第五届全国高校青年教师教学竞赛二、三等奖，1名教师获“全国科普工作先进工作者”称号，1名教师获得福州市青年科技奖，2个教工项目分获首届海峡两岸（福州）职工创新创业创造大赛铜奖和最具人气职工创新项目奖。

本科生教育　全日制在校生1.6万人。推进复合型技术技能人才培养培训模式改革和实验教学改革，获省级教学改革项目立项13个（其中重大项目2个，1+X证书试点项目2个），教育部产学合作协同育人项目立项24个，3个项目获省级新工科研究与改革实践项目立项（其中1个项目获国家级立项）。获省级教学成果奖特等奖1项、一等奖2项、二等奖2项。实施一流课程建设计划，认定省级一流本科课程17门，省级虚拟仿真实验教学中心1个。开展职业能力提升计划，2020届毕业生考研实现质量和数量双提升。深化三创教育，获第六届中国国际“互联网+”大学生创新创业大赛国赛铜奖2项、省赛金奖2项、银奖1项、铜奖5项；第七届“创青春”中国青年创新创业大赛银奖1项；“挑战杯”大学生创业计划竞赛国赛铜奖1项、省赛金奖2项、银奖2项、铜奖4项，创业之星2项，在“挑战杯”省赛中实现获金奖零的突破。

研究生教育　申请增列硕士学位授予单位和工商管理、电子信息、新闻与传播专业硕士学位点3个，通过省学位委员会审核。123名教师获福州大学等高校研究生导师资格，其中博导9人。与福州大学、福建师范大学、福建农林大学、温州大学联合培养2020级研究生36人，比上年增长71.4%。

科研与成果运用　新增省级平台4个，省级创新团队1个；新增省级以上科研项目112项（其中国家级科研项目21项），比上年增长61%，其中获省自然科学基金杰青项目1个、重点项目4个，省杰青和重点实现两个“零的突破”；获福建省科学技术奖5项，其中一等奖1项、三等奖4项。深化校企合作，获授权发明专利38项、专利转化12项。成立乡村振兴研究院并发起成立福建省乡村振兴研究会，全年新增横向委托课题89项，办理技术合同认定免税14项。

合作交流　发树慈善基金会第三期捐资3亿元支持新华都商学院建设。中国科学技术大学首次遴选3名青年拔尖人才出任物电学院、数科学院和海洋学院学术院长，与中科院理论物理研究所共建“闽江理论物理协作中心”，与福州市委宣传部共建新闻传播学院，与闽江高等师范专科学校签订合作框架协议；与塞浦路斯欧洲大学联合共建“智慧海渔与智能生产新一代信息技术联合研发中心”，与加拿大圣文森特山大学、新斯科舍艺术与设计大学、英国西苏格兰大学等国外高校签订校际交流协议。获批成为招收港澳台学生资格备案单位。拓展继续教育培训，承接福州高新区全区村（社区）主干培训班，开展福建省对口援疆培训。

校园文化　开展文明班级、文明社团、文明宿舍、文明餐厅等文明先进集体创建活动。完成第二届省级文明校园实地考察工作，学校入围第二届省级文明校园候选名单。创新校友工作，发布闽江学院校友卡纪念版，成立大学生创新创业校友导师团队，在各地区和校友企业设置校友之家10个，举办建校62周年校友云返校活动。深化志愿服务项目化和体系化建设，1个项目获第五届中国青年志愿服务项目大赛铜奖，3支实践队获全国大中专学生志愿者暑期“三下乡”社会实践活动“优秀团队”称号。

（郑娴）

2020年7月10日，福州职业技术学院校友大师工作室颁证仪式举行

（福州职业技术学院　供）

**【福州职业技术学院】**　2020年，福州职业技术学院校园面积62.52公顷（其中26.67公顷征迁中），建筑总面积20.03万平方米。设有阿里巴巴大数据学院、福职中欧航空学院、机器人学院、机电工程学院、交通工程学院、建筑工程学院、国际教育学院、商学院、文化创意学院、特殊教育学院10个二级学院，招生专业41个，教职工522人，全日制高职在校生10480人，各类成人学历在校生11805人。年内，学校联合罗源县政府、罗源高级职业中学成立福州职业技术学院罗源校区；入选全国信息化能力提升培训基地（全国29家学校，福建省唯一一家）、2020年全国职业院校校园文化建设“一校一品”学校，通过福建省示范性现代职业院校建设工程终期评估验收。学校牵头成立的福建省电梯职教集团入选全国首批示范校职业教育集团（联盟）培育单位。学校《强化高标准引育并重，打造高水平“双师”队伍》入选首批全国职业院校“双师型”教师队伍建设典型案例。

党建思政工作　开展习近平新时代中国特色社会主义思想大学习领航计划系列主题活动，举办2020年福建省百场社会科学专题报告会和14期“励园讲坛”。推进省级“三全育人”综合改革试点工作，提交中期工作报告，组织申报省级工作项目案例11个。发挥习近平新时代中国特色社会主义思想研究中心作用，征集论文44篇，推动省级“习近平新时代中国特色社会主义思想读书社”建设，建成校级读书社48个。教学团队《一眼千年——一带一路与文化遗产保护》项目获“网龙杯”福建省职业院校教师教学能力比赛二等奖，《绿色中国，低碳生活》《一带一路与文化遗产保护》入选省“讲好中国故事，上好思政课程”百堂示范课。年内，学校获评“福建省青年岗位能手”2人，“福建省大学生自强之星”1人，“福建青年五四奖章集体”1个，“福建省优秀共青团员”1人。

学科专业建设　开展专业结构优化，申报增设“餐饮智能管理”“酒店管理与数字化运营”“汽车智能技术”“民航运输服务”“光电显示技术”5个专业；文化创意学院广告设计与专业通过省级专业教学资源库项目验收；广告设计与制作专业获“2020高职分专业竞争力排行榜”同类专业测评第二名。学校与福建省电子信息集团合作成立新一代信息技术产业学院，并入选福建省第二批高等职业院校产业学院试点项目；推进集团化办学，福建省电梯职教集团被教育部列为全国首批示范性职教集团培育单位。学校通过教育部2020年全国深化创新创业教育改革示范高校建设工作验收，被授予“福建省高校毕业生就业创业工作先进单位”等。三创成果《“三维四阶”高职创新创业创造教育融入人才培养全过程模式构建与实践》获2020年职业教育省级教学成果奖一等奖，《创新基础》课程参加全国高职高专校长联席会议“网上金课”分享活动，在各级各类三创和就业竞赛中获金奖5项、银奖5项、铜奖9项、优秀组织奖2项，1名学生获评第九届福建省大学生“创业之星”，2个学生创业项目入选2020年“植根榕城”福州市优秀创业项目。《福州职业技术学院混合云建设典型案例》入选福建省数字经济百项应用场景。

对外合作办学　学校与同济大学达成合作意向，引进同济大学中德职业教育教育资源，计划招收机械制造与自动化、新能源汽车技术、人工智能技术应用、建筑智能化工程技术、工业机器人技术5个同济中德合作项目专业首届学生，并在师资培训、人才培养等方面开展深度合作；与泰国曼谷职业教育委员会、曼谷职业教育中心签署“中泰鲁班学院”合作办学协议，新招收26名国际留学生；通过 Zoom、YouTube 等线上授课平台为 700 名印度尼西亚师生开展电子商务专业技术线上培训。

师资队伍　校内专任教师 320 人，比上年增长 35%。其中硕士及以上学位 257 人（含博士 21 人），增长 57.7%；具有副高及以上专业技术职称 132 人（含正高 16 人），占比 41.25%；双师型教师 168 人，增长 37.7%。学校获第四届“清海杯—黄炎培职业教育奖”优秀学校奖、杰出教师奖 1 人，新增福建省优秀教师 1 人、闽都英才 1 人，建成校级技能大师工作室 5 个、省级技能大师工作室 2 个、校友大师工作室 1 个。

社会服务　学校与市总工会联合成立“福州工匠学院”，开展“二元制”职工学历提升计划，全年 6 个专业招生 220 人；6 月 17 日，与福建省礼仪协会共建“福建省礼仪培训基地”签约并举行揭牌仪式；12 月 23 日，福州职业技术学院市域社会治理现代化理论研究中心揭牌。微软创新学院全年开展大数据分析师认证培训 24 期，培训 1422 人，综合通过率超 93%。开展专本衔接学历教育培训、专升本辅导培训、地铁站务职业技能训练培训、中印尼电子商务专业技术培训、数控车工、铣工考证培训、维修电工考证培训、投资理财专业能力训练、废弃物流技术服务、汽车电子线路培训等项目培训，完成各类社会培训 31326 人次，培训创收 125 万元；组织开展各种职业资格证书考试和各类等级考试鉴定 6843 人次（其中在校生 5201 人，社会考生 1662 人次），创收 70.22 万元。社区大学获全国终身教育学习品牌 1 项、省级品牌 2 项（“金晚大师公益讲堂”和“文儒学堂”项目）。深化对口帮扶，赴甘肃定西市通渭县参加职业教育“3+1”脱贫帮扶工作推进会，与通渭县职业中等专业学校签订教师培养协议，并与通渭职专、通渭教育局召开第一次对口帮扶联席会议，捐赠价值 20 万元的教学设备，并为通渭职专教师开展科研专题讲座。

学生工作　学校承办 2020 年度福建省职业院校技大赛中的计算机网络应用（高职组）、虚拟现实（VR）设计与制作（高职组）和智能电梯装调与维护（高职组）等 3 个赛项，参赛队伍 57 支，接

2020 年 7 月 29 日，闽江师范高等专科学校在旗山校区举行福州幼教集团揭牌仪式　（翁清　摄）

待人数 300 人；学校组队参加大赛 41 个赛项，获一等奖 8 项，二等奖 16 项，三等奖 20 项。组织参加第十三届福建省大学生职业规划大赛并获高职组一等奖 2 项、优秀指导老师 2 人，连续 5 年获福建省大学生职业规划大赛一等奖和优秀组织奖。组织参加第五季福建省高校大学生学习马克思主义理论“一马当先”知识竞赛，获总决赛三等奖。参加福建省“学马在线”理论知识竞赛活动，215 名学生获奖，其中一等奖 21 人、二等奖 87 人、三等奖 107 人，获奖人数位居全省高职院校前五。年内，14 名学生获国家奖学金、330 名学生获国家励志奖学金、2966 名学生获校内奖学金，1906 名家庭经济困难学生获国家奖助学金、助学贷款、学校奖学金及各类资助慰问金及社会团体捐助学金，全年发放各类奖助学金金额 1460 余万元。

校园文化　参加 2020 年全国职业院校校园文化建设高峰论坛；“阳光励园”大学生网络文化工作室获 2019 年度全国百强校园媒体。实施“高校原创文化经典推广行动计划”，艺术表演类朗诵作品《狼牙山五壮士》和戏剧作品《碧玉簪》及福州职业技术学院特教文化创意手工作坊入选全省第六届大学生艺术节展演活动。征集“校园文化吉祥物”形象，评选第一批网络名师工作室 6 个。举办 2020 年大学生网络文化节，评选一等奖 11 件，二等奖 17 件，三等奖 26 件；获福建省第四届校园微拍大赛大学摄影写作组三等奖 1 项。创作抗击疫情公益歌曲《决胜春天》视频，1 人入选全国“抗疫情从心开始”心理专项志愿服务项目第二批成员。福建省职业院校名校长（高职）培养工程研修班到学校参观访问，对学校“双高校”建设成效给予肯定。

（江允英　程小丹）

**【闽江师范高等专科学校】**　2020 年，闽江师范高等专科学校占地面积 48.29 公顷（主校区位于大学城），建筑面积 36.76 万平方米（含在建 17.16 万平方米）；设有福州市艺术学校、福清卫生学校、附属实验小学、福州幼教集团（附属幼儿园 5 所）；有 11 个系（部、院），29 个专业，全日制专科生 8755 人，在编教职工 575 人。

专业建设　学校有专业 29 个，其中国家级骨干专业 2 个，全国职业院校民族文化传承与创新示范专业点 1 个，福建省示范专业 2 个，福建省创新创业试点专业 4 个，福建省职业院校产教融合示范专业 2 个，福建省服务产业特色专业群 2 个，教育部“1+X”证书制度试点 11 个、参与教育部职业教育专业教学资源库建设项目 1 个，福建省专业教学资源库 1 个，福建省高职院校产业学院

试点项目2个，福建省示范性职业教育集团（联盟）1个。全校专业中，国家级在建项目专业数占比44%，省级在建项目专业数占比72%。省级以上教学改革项目79个，比上年（64个）增加15个。

师资队伍　学校专任教师390人，生师比17.98∶1。专任教师中，专业课教师占77.44%，“双师素质”教师占专业课教师的85.1%；高级职称占35.13%，其中正高级29人；硕士研究生以上占70.51%，其中博士30人。聘请行业企业专业技术人员和高技能人才担任兼职教师占专任教师数的25%，全部具有中级及以上专业技术职称或二级及以上职业资格。新增百名优秀戏曲专业专兼职教师、市职业能力建设专家等各类人才4人。引进高层次人才4人。与福州大学、福建师范大学合作，柔性引进11名高层次人才引领专业发展。新增认定“双师型”教师7人，教师到企业兼职81人次，聘请132名行业专家学者、能工巧匠为兼职教师、客座教授、专业建设委员会委员。选送6名教师参加师资闽台联合培养计划。校内成立国家级领军人才陈明志等3个技能大师工作室及国家非物质文化遗产传承人陈乃春等3个名师工作室。教师参加专业技能竞赛获得全国奖1项，省级奖6项；指导学生参加市级以上专业技能竞赛156个奖项，其中国家级奖项4项（一等奖1项、二等奖2项、三等奖1项）。

产教融合　依托福州幼教集团、闽江文旅演艺职业教育集团、福州市职业院校联盟发展平台，与福州高新区、大学城管理委员会合作举办附属第三、四幼儿园；与龙旺集团合作，依托闽越水镇、三坊七巷文化街区等实践基地，启动“影视+教育+旅游”人才联合培养。与福州海比科技有限公司深度产教融合，共建海比跨境电商产业学院（福建省第二批高职院校产业学院试点项目），启动海比电商工作室和植护电商工作室项目；与福建北科信息技术有限公司合作成立软件实训基地生产项目部。新增福州市台江区文化馆、福州市城门中心小学、福建省福化天辰气体有限公司，丽珠集团福州福兴医药有限公司、迅科物联网信息技术有限公司等校外实习实训基地33个；新增网店运营推广、研学旅行策划与管理（EEPM）、3D引擎技术应用、大数据平台运维、幼儿照护、跨境电商B2B数据运营6个“1+X”证书制度试点项目。11月举办阿里巴巴跨境电商B2B数据运营“1+X”师资培训班，全国23所高职院校的50名教师参加培训。与福建奔驰汽车有限公司、福建京剧院、福建省实验闽剧院、福州闽剧艺术传承发展中心、闽侯县闽剧艺术传承发展中心等单位合作开展汽车检测与维修技术、表演艺术“二元制”人才培养模式改革项目，录取85名学生。

技能竞赛　学生参加各级各类竞赛，获一等奖39项，二等奖53项，三等奖及以下奖项64项。其中，全国职业院校技能大赛三等奖1项（在全省排名第九），福建省职业院校技能大赛一等奖5项、二等奖8项、三等奖9项、优秀奖11项（在全省排名第十）；第十九届全国大学生机器人大赛ROBOTAC赛事一等奖1项、二等奖2项；第七届福建省高校师范生教学技能竞赛一等奖4项、二等奖4项、优秀奖1项以及“优秀组织奖”；第六届福建省“互联网+”大学生创新创业大赛金奖2项、银奖1项、铜奖2项及“优秀组织奖”；第十三届福建省大学生规划大赛二等奖2项及“优秀组织奖”。

2020年11月26日，闽江师专附属小学举行竣工交付暨福建小学教育公共实训基地、高新区教师发展中心揭牌仪式　（翁清　摄）

科研与成果运用　学校获得省市级以上科研项目立项43个，其中1个省社科课题《“一带一路”背景下福建茶文化传播特征及路径研究》，1个省科技厅重大专项《海洋水体赤潮毒素富集监测及预警技术与设备研发》，1个省科技厅项目《福建科技工作者服务创新创业创造驱动路径研究》；获15个省教育规划课题、8个省教育厅中青年课题、14个市级课题立项；获“智能压碎机”等6项专利授权，新申报4项专利；签订5个横向项目（“基于水性防腐涂料的研究与应用”“基于茶油系列产品的开发与研究”“青春健康中国高校”等）；“闽剧资源数据库建设”获福建省地方戏曲扶持专项资金专项支持。成立“区域经济与教育研究中心”，获10个专项调研课题立项；指导茶文化研究中心开展实质性的研究工作。完成《中华茶叶经济通典》和《福建省茶产业发展报告（2020）》蓝皮书的编撰工作，承办2020年首届海丝国际茶文化论坛；申报“现代分离分析应用技术福建省高等学校应用工程研究中心”，通过专家评审并申报省应用工程中心。发表学术论文180篇，完成11项和区域经济与教育发展相关的调研项目，5份调研报告发表在福州市政府发展研究中心的《研究报告》上，其中《治理体系和治理能力现代化背景下推进公办高校董事会建设的建议》《加强我市智慧城市建设的思考》《吸引海外高层次人才来榕就业创业工作机制研究》等3份咨询报告获福州市政府主要领导和分管领导批示。

社会服务　依托学校8个技术技能

培训中心、4个职业资格鉴定中心，首次开展毕业生免费就业创新培训和福建省机关事业单位工勤人员技术培训项目等，全年开展各级各类培训16442人次，培训量48068人日；开展育婴员、计算机等12期637人次的职业技能鉴定与考核，普通话测试24009人次，承接11期40067人次无纸化考试工作；培训对象向贫困地区倾斜，聚焦职教帮扶，开展定西企业管理人员培训；“闽师教育助力乡村振兴”获2020年省级终身学习品牌项目。推进成人学历教育，2020年成考录取2490人，比上年1269人增长近1倍。全年培训、鉴定、考试、成教和科研技术等社会服务收入1400万余元。

招生就业　2020届毕业生1449人，毕业生总体就业率96.69%，专业相关度78.10%。其中，379名毕业生实现升学本科，占比26.16%；11名毕业生应征入伍。用人单位对学校人才培养工作的满意度100%，毕业学生对母校满意度98.69%。

校园文化　组织开展疫情防控宣传主题活动，开展“抗疫英雄面对面”——援鄂医护英雄进思政课堂活动，运用校园网、微博、微信、抖音等平台开展疫情防控的宣传报道、防疫贴士推文近300余篇。推进“制止餐饮浪费”主题宣传，组织党员、师生志愿者开展志愿劝导活动。围绕“四史”教育创新思政课程，《学长翁良毓》在教育部主办的第四届“我心中的思政课”评选活动中获优秀奖。微视频作品《伞·耀》获2020年度全国职业院校“传承的力量”微视频大赛省赛一等奖、国赛二等奖。与大梦书屋合作共建，在校图书馆内开设大梦书屋实体店。开展“中国优秀文化与福州传统”吟诵活动。召开冰心精神学习研讨会，举办“大爱 童心 进取 良知”为主题的纪念校友冰心诞辰120周年活动。校繁星艺术团3次赴部队开展慰问演出，开展闽剧艺术进校园活动，为福州市麦顶小学排练闽剧《林则徐充军》选段，获第三届福建省中小学生戏剧展演节目一等奖、表演一等奖，节目被选送参加2020年度第二十四届“中国少儿戏曲小梅花荟萃”活动，被授予地方戏组“小梅花”称号。非遗微电影《囍》获第八届亚洲微电影节优秀旅游作品奖，原创歌曲《大学时代》获福建省原创校园歌曲大赛优秀歌曲奖。学校“小鹿仔”新媒体获2020年度“全国百强校园媒体”。

合作交流　创新华文师资培训模式，建设海外华文教育师资培训线上品牌，筹划完成海外华文师资远程教育网络课程，面向柬埔寨输出学校华文教材及课程。年内，学校成为“中国职业技术教育学会21世纪海上丝绸之路职业教育研究分会”“中泰高等教育合作联盟”的成员单位。与泰国格乐大学合作开设“泰国格乐大学国际留学硕士预科班”；与俄罗斯鄂木斯克职业技术学院签署合作备忘录，在国际教育、产教融合、技能培训、创业创新、实践教学和文化交流等方面达成协议。

附属学校　闽江师范高等专科学校附属实验小学（简称附小）新教学楼投入使用，被中央电化教育馆评选为中小学虚拟实验教学实验校，并入选福州市第二批“智慧校园”、首批福州方言传承学校、福州市教育科研基地校、福州市研训基地校；承担《小学生心理行为偏差有效干预矫正策略研究》《小学语文统编教材练习系统思维分层训练的教学运用研究》和《基于脑电数据的小学生心理健康干预模式的研究》，市级课题《小学学业质量测评体系研究》《基于移动学习终端的无边界课外阅读研究》《基于虚拟仿真实验教学对小学生科学学习力提升的探究》和《构建小学劳动教育“三位一体”模式的研究》等省教育科学课题；年内，附小与福州高新区共建教师发展中心，与福州高新区新洲小学签订合作办学协议，与闽江师范高等专科学校附属永泰实验小学形成合作办学共同体。7月，福州幼教集团成立，集团有闽江师范高等专科学校附属实验幼儿园、附属第二幼儿园、附属第三幼儿园、附属第四幼儿园、附属永泰幼儿园5所，其中附属实验幼儿园通过市级示范园评估，附属第三幼儿园、附属第四幼儿园分别于9月、11月开园；附属实验幼儿园于11月2日被授予福州市教育科研基地，教学成果《“四维一体”幼儿园浸润式审美教育实践与创新》获福建省基础教育教学成果二等奖，并与中国人民大学书报资料中心共建“全国美育教学研究示范基地”。

（罗谦）

（编辑　黄铭）

# 文 化

## 综 述

【概况】 2020年，福州市组织编制“十四五”时期文化产业发展专项规划。全市获评省“文化企业十强”5家、提名企业3家、省文化产业重点园区3个，获上级扶持资金2628.8万元。推动闽剧大观园、马尾船政文化城等重大项目建设、运营。举办“我把福州寄给你”2020文创设计大赛，开展“四季的福州”主题宣传，实施“寻找工艺美术达人”计划。制定实施《福州市关于支持电影产业发展的若干措施（试行）》和《实施细则》。申报第一批国家文化和旅游消费试点城市，推动闽东北协同发展区文化旅游产业发展。市美术馆和九日台音乐厅完成修缮并开放，市群众艺术馆新馆、市少儿图书馆动工建设，完成25个乡镇（街道）综合文化站和463个村（社区）综合文化服务中心升级改造。举办“周周有戏”“艺术扶贫”“非遗地方剧种公益性演出”等线上线下活动近200场。开展“‘善美寻乡’——第二届淳朴民风榜样村巡礼”“点赞民风榜样村”系列活动，举办农民文化周、最美乡村旅游季等文旅节庆活动。

【闽都文化】 2020年，福州市开展世遗大会相关筹备工作。推进新店古城遗址保护利用，遗址公园（一期）项目建设，上下杭、冶山历史文化街区、烟台山风貌区保护开发，于山大士殿、严复故居、梁厝一期、福建协和大学建筑群等文物项目保护修缮。加快《福州市非物质文化遗产保护规定》立法进程，制订《福州评话和福州伬艺传承发展工作方案》，福州市非遗展示馆继续建设。“福州城市会客厅”启动三期提升工程，接待宾客70多批次。市委宣传部牵头撰写的《坚持在传承与创新中建设历史文化名城》一文入选中宣部2020年工作案例选编。年内，在福建省第九届百花文艺奖评选中，全市22件作品获奖，数量居全省各设区市首位。制定实施《关于做好2020—2021年度文艺精品创作规划》，根据全面建成小康社会、庆祝中国共产党成立100周年等重大主题开展精品创作。组织市属国有文艺院团创排反映新思想、新时代的戏曲小品小戏。扶持中日合拍电影《隐元禅师》拍摄制作。音乐剧《茶道》入选2020年度福建省舞台艺术精品工程重点剧目。围绕防疫抗疫主题，组织市属文艺院团、文艺工作者创作闽剧戏歌、伬艺评话、音乐舞蹈、书法绘画等文艺作品，通过抖音、微信、微博等新媒体平台发布传播，部分优秀作品被“学习强国”平台选用。

【文化交流】 2020年，福州市组织中共十九届四中、五中全会精神对外宣传，统筹《福州晚报》海外版、《侨刊乡讯》、外宣广播、“中国福州”脸书和推特账号、华文头条等平台，推出系列专版专题。设置数字福州建设、古厝保护、城市品质提升、水系治理、生态环保等选题，策划10场新闻发布会，协调香港《大公报》《经济导报》《镜报》等媒体开展宣传。《福州晚报》海外版全年刊出中文版168期、英文版24期。制订《第44届世界遗产大会福州市宣传报道方案》，协调《人民日报》、新华社、《光明日报》等中央主流媒体刊发福州古厝保护深度报道，相关报道4万余篇（条）。聚焦第三届“数字中国”建设峰会主要活动、展区特色，策划新闻发布会6场、企业发布会69场。组织第八届海峡青年节宣传工作，突出疫情防控常态化下“网上海青节”创新实践，组织境内外媒体39家230多名记者参与报道，刊播新闻3700多篇（条），全网阅读量超3600万人次，视频传播量超7268万次。策划世界城市日中国主场（福州）活动、第六届海上丝绸之路国际旅游节等宣传工作。策划制作《大美福州》宣传片及系列海报、短视频，在中央、省属媒体重要频道频率投放，在市属媒体、“学习强国”平台，以及地铁、公交、出租车、动车、飞机等移动屏播出。利用抖音头条、快手、B站等新媒体平台开展宣传工作。在脸书、推特每天发布全市经济社会动态，全年发布报道469条，账号粉丝34万人。与华文头条合作开办“有福之州 幸福之城”专题，在全球60多个国家140多个站点，用5种语言向海外推送福州讯息，推送报道2432篇（条），阅读量“十万+”作品37件。

（杨智文）

## 专业文艺

【概况】　2020年，福州市获奖或入选专业文艺作品28篇，完成非物质文化遗产地方剧种公益性演出389场，创作书画作品186幅，新编节目50个。举办市第二十五届运动会开、闭幕式文体展示活动，开展2020年福州市各界人士新年茶话会、2020年福州市春节团拜会文艺演出和文化科技卫生“三下乡”启动仪式文艺演出活动。开展“大美园林 非遗闽剧”“白塔书场”等系列文艺演出，持续开展文化惠民活动。年内举办市美术馆新馆开馆仪式暨“潘主兰艺术展”、“坊巷风流——三坊七巷名门望族翰墨展”和“勠力战疫 情满榕城”全国书法名家作品邀请展。开展福州曲艺高校学子人才储备培训班。福州伬艺《血色鸡角弄》入选文旅部“百年百项”小型作品创作计划重点扶持作品项目，福州曲艺《风雨苍霞人》入围“2020年全国非遗曲艺周优秀节目展播”项目。非遗主题微电影《囍》获“第八届亚洲微电影艺术节”优秀旅游作品奖。小品《海岛那一盏明灯》获第十五届华东六省一市戏剧小品大赛金奖。九日台音乐厅爱乐合唱团获第十五届中国国际合唱节成人混声一级团队（金奖）。大型旅游+美食纪录片《烟火福州》春节期间在央视首播，纪录片《最后的集体生活》等15件作品获国家、省级奖项。音乐剧《茶道》入选省舞台艺术精品工程重点剧目。在福建省第十届中青年演员比赛上获1金5银7铜。新冠肺炎疫情期间，组织开展“艺术战疫”活动，依托“融媒体”开展云直播专题系列活动。开展“福州市2020年度‘春种空间’民营戏曲院团剧目创作扶持”工作。加强与深圳、珠海、南宁、定西、厦门、西藏八宿等地文化交流，展示闽都文化特色的舞蹈、歌曲等节目。

表78　　2020年福州市专业文艺获奖（入选）情况表

| 获奖项目 | 获奖等级 | 赛事名称 | 所属单位 |
|---|---|---|---|
| 新编历史剧《戍途》 | 戏曲类优佳剧本 | “戏剧中国”2019年度作品征集推选活动 | 福州闽剧艺术传承发展中心 |
| 赵芳艳《打神告庙》中饰穆桂英 | 戏剧曲艺组金奖 | 第十届福建省中青年演员比赛 | 福州闽剧艺术传承发展中心 |
| 干晓滢《双蝶扇·回书》饰林梦卿 | 戏剧曲艺组银奖 | 第十届福建省中青年演员比赛 | 福州闽剧艺术传承发展中心 |
| 黄东闽《丑洞房》饰朱焕然 | 戏剧曲艺组银奖 | 第十届福建省中青年演员比赛 | 福州闽剧艺术传承发展中心 |
| 谢婉萍《窦氏女·寻子》饰窦淑娇 | 戏剧曲艺组银奖 | 第十届福建省中青年演员比赛 | 福州闽剧艺术传承发展中心 |
| 廖雄威《辕门斩子》饰杨延昭 | 戏剧曲艺组铜奖 | 第十届福建省中青年演员比赛 | 福州闽剧艺术传承发展中心 |
| 吴皓《林冲夜奔》饰林冲 | 戏剧曲艺组铜奖 | 第十届福建省中青年演员比赛 | 福州闽剧艺术传承发展中心 |
| 余世龙《夫人城·胁降》选段 | 戏曲器乐组铜奖 | 第十届福建省中青年演员比赛 | 福州闽剧艺术传承发展中心 |
| 吴则文 | 荣誉奖 | 福建省第九届百花文艺奖 | 福州闽剧艺术传承发展中心 |
| 闽剧剧本《窦氏女》 | 二等奖 | 福建省第28届戏剧会演剧本征文 | 福州闽剧艺术传承发展中心 |
| 闽剧剧本《窦氏女》 | 入选 | 福州市第25届戏剧剧本征文资助剧本 | 福州闽剧艺术传承发展中心 |
| 福州伬艺《血色鸡角弄》 | 入选 | 文旅部“百年百项”小型作品创作计划重点扶持项目 | 福州评话伬艺传习所 |

续表

| 获奖项目 | 获奖等级 | 赛事名称 | 所属单位 |
|---|---|---|---|
| 福州评话伬《风雨苍霞人》 | 入选 | 2020年全国非遗曲艺周优秀节目展播 | 福州评话伬艺传习所 |
| 福州评话《智闯两宫》 | 银奖 | 第十届福建省中青年演员比赛 | 福州评话伬艺传习所 |
| 福州伬艺《珍珠塔·庵堂会母》 | 铜奖 | 第十届福建省中青年演员比赛 | 福州评话伬艺传习所 |
| 福州评话《一碗煮面一千元》 | 语言类二等奖 | 福州市2019年度优秀法治文艺作品 | 福州评话伬艺传习所 |
| 种雨佳 | 舞蹈杂技组银奖 | 第十届福建省中青年演员比赛 | 福州市闽都文化艺术中心 |
| 许振旗 | 声乐组铜奖 | 第十届福建省中青年演员比赛 | 福州市闽都文化艺术中心 |
| 郑林舒婕 | 声乐组铜奖 | 第十届福建省中青年演员比赛 | 福州市闽都文化艺术中心 |
| 张诗婕 | 民族器乐组铜奖 | 第十届福建省中青年演员比赛 | 福州市闽都文化艺术中心 |
| 张峻川 | 福州市赛区声乐类（作曲）比赛优秀奖 | 第十四届福建省音乐舞蹈节 | 福州市闽都文化艺术中心 |
| 音乐剧《茶道》 | 入选 | 2020年度福建舞台艺术精品工程重点剧目 | 福州市闽都文化艺术中心 |
| 柯学刃书法作品《山海偕行，敢拼会赢》 | 入选 | “中国力量——全国扶贫书法大展” | 福州画院 |
| 黄梦洁国画作品《寄园新雪》 | 入选 | “邮驿路 运河情”全国美术作品展（中国画） | 福州画院 |
| 郭辉作品《在水一方》 | 入选 | “生命至上”—“中华情　中国梦”美术书法作品展 | 福州市美术馆 |
| 郭辉作品《镇邪图》 | 入选 | 中国必胜　福建风采——福建省抗击疫情　书画视听作品展 | 福州市美术馆 |
| 傅永强篆刻作品《群策群力》 | 入选 | 中国美术馆脱贫攻坚美术作品展篆刻名家的作品邀请展 | 福州市美术馆 |
| 傅永强甲骨文《致敬逆行者之美丽白衣天使》 | 入选 | 守望兰亭　十二届国展福建入展作者作品展（福建省美术馆收藏） | 福州市美术馆 |

**【艺术创作】**　2020年，福州市复排闽剧《孟丽君》、伬艺《珍珠塔》；创排环境保护题材儿童剧《三只小猪》、曲艺节目《美丽福州　搓糍齐搓搓》，完成音乐剧《江山如此多娇》剧本大纲编写。组织市属文艺院团开展“庆祝中国共产党成立100周年”“全面建成小康社会”及移风易俗、平安综治、扫黑除恶、法治等主题文艺作品创作工作。新冠肺炎疫情期间，组织福州闽剧艺术传承发展中心、福州市闽都文化艺术中心、福州评话伬艺传习所、福州画院、福州市美术馆开展抗疫艺术创作工作，依托网络，通过市民熟悉的评话、伬艺、福州语歌曲、绘画等多种方式宣传防疫知识。创

作书画作品40余幅，新编节目20余个，其中福州话朗诵《医者仁心》、评话序头《野生动物食不得》、书画《调寄采桑子——祝战役凯旋》《镇邪图》《严格防护，共筑平安中国》被“学习强国”平台选用。

【文艺演出】 2020年，福州市文化和旅游局依托“融媒体”，通过“云上说戏”闽剧访谈、“云端艺享”艺术分享、“云观曲艺”等云直播专题活动，开展艺术赏析、器乐介绍、闽剧人背后故事、戏迷见面会等。开展省级非物质文化遗产地方剧种公益性演出、“周周有戏”公益性低票价演出等文化惠民演出活动。全年完成非物质文化遗产地方剧种公益性演出389场，“周周有戏”演出113场。9月17日，在红色革命老区连江县透堡镇举办“在希望的田野上”2020中国农民丰收节文化惠民系列活动。9月，在仓山区绍歧村、马尾区闽安村开展“八闽丰收节节高、幸福小康样样红”文化惠民演出活动。10月2日，入围国家非物质文化遗产保护专项资金项目、2018年度福建省文艺发展专项资金资助项目的闽剧《孟丽君》，在福州闽剧艺术传承发展中心台江剧场首演。10月12—14日，第三届中国数字峰会期间，安排近10场曲艺专场演出，展示福州评话和福州伬艺。10月，组织策划福州市第二十五届运动会开、闭幕式文体展示活动，以福州城市文化建设与全民健身运动发展为主线，通过歌舞、情景表演，提炼特色体育项目等综合艺术手法，展现体育项目和体育精神。12月14—15日，“遇见福州”曲艺雅集在福建大剧院音乐厅演出，并同步在“微视”平台直播，集中展现福州曲艺界近10年获奖节目。12月20日，原创音乐剧《茶道》经过修改提升，在福建大剧院首次演出。

2020年9月17日，由福州市文旅局、市文物局等单位主办，市闽都文化艺术中心承办的“在希望的田野上”2020中国农民丰收节文化惠民演出在连江县透堡镇举办 （顾伟 摄）

【传统戏剧保护】 2020年，受新冠肺炎疫情影响，福州市民营戏曲院团均停止演出。全市开展“春种空间”民营戏曲院团剧目创作扶持工作。扶持10家民营戏曲院团创排一批闽剧剧目，每个剧目给予15万元补助资金。启动《闽都剧评》编辑和出版工作，收集整理市艺术创作研究中心退休作者张英慧多年来在《中国戏剧》《福建艺术》等省级以上报纸杂志发表的60余篇剧目评论文章文稿。

【“勠力战疫 情满榕城”全国书法名家作品邀请展】 2020年10月23日，由中国书法家协会、福州市文化和旅游局共同主办的“勠力战疫 情满榕城”全国书法名家作品邀请展在福州画院开幕。展览展出苏士澍、顾亚龙、毛国典、郑晓华、潘文海、刘恒、赵雁君、吴行、陈奋武等84位全国各地书法名家的抗疫作品和历代名人咏福州诗文作品160件。

（梁鑫智）

## 公共文化

【概况】 2020年，福州市美术馆（黄培松故居）和九日台音乐厅完成修缮并开放，市群众艺术馆新馆和市少年儿童图书馆新馆开工建设。市级图书馆累计接待读者89.2万人次，新办读者证逾2万张，新增各类实体文献约22.94万册，图书流通总量约102.6万册。九日台音乐厅爱乐合唱团获第十五届中国国际合唱节成人混声一级团队（金奖）。三坊七巷智慧街区项目获评全国文化和旅游信息化发展典型案例。永泰县嵩口镇等3个文化站入选国家级、省级文旅功能融合试点。2人获评福建省2020年度乡村文化和旅游能人称号。开展文化惠民进乡村、艺术扶贫工程等惠民活动。组织“周周有戏”“艺术扶贫”“非遗地方剧种公益性演出”等惠民演出近200场。开展25场文化惠民“七进”活动，举办12次大型集中性“文化志愿手拉手”服务，发动近30个激情广场示范点开展“庆元旦”系列群文活动，20多个非遗传承示范基地开展“文化和自然遗产日”系列宣传展示活动。举办“榕图·夜读”阅读推广大型活动、“相约九日台”周末音乐会恢复开放，开展“小茉莉爱贝公益英语角”“重温红色经典”系列阅读推广、艺术公益课堂、艺术扶贫、非遗校园行、抗疫情主题文艺作品征集、第六届“双拥杯”主题征文、榕城读书人朗读比赛等活动赛事。

表 79　　2020 年福州市公共图书馆馆藏规模情况表

| 馆名 | 2020 年底总藏书量（万册） | 馆舍面积（平方米） |
|---|---|---|
| 福州市图书馆 | 177.11 | 58000 |
| 鼓楼区图书馆 | 2.51 | 1160 |
| 台江区图书馆 | 59.71 | 1560 |
| 晋安区图书馆 | 134.3 | 2028 |
| 仓山区图书馆 | 115.76 | 3311 |
| 马尾区图书馆 | 55.62 | 8700 |
| 福清市图书馆 | 202.45 | 12156 |
| 长乐区图书馆 | 110.17 | 4600 |
| 闽侯县图书馆 | 102.31 | 8778 |
| 连江县图书馆 | 81.91 | 4251 |
| 闽清县图书馆 | 49.87 | 3420 |
| 罗源县图书馆 | 32.30 | 5003 |
| 永泰县图书馆 | 43.75 | 8300 |
| 总计 | 1219.97 | 121267 |

**【群众性文化活动】**　2020 年，福州市文化和旅游局开展 25 场文化惠民“七进”等进基层活动，举办 12 场大型集中性“文化志愿手拉手”服务。发动 30 多个激情广场示范点开展主题群文活动，组织 91 家非遗传承示范基地开展系列宣传展示活动。举办艺术公益课堂、艺术扶贫、非遗校园行、馆办文艺团队和基层文艺骨干辅导等培训课程（含线上）80 多期。“相约九日台”周末音乐会于 10 月恢复开放并完成 7 场演出。举办抗疫情主题文艺作品征集、市少儿歌手大赛、市少儿故事大王比赛、省音舞节福州赛区选拔赛、新福州人歌手大赛等 9 项赛事。

**【全民阅读】**　2020 年，福州市结合“4·23”世界读书日、“书香榕城”全民读书月以及中秋节、国庆节等节点，开展线上线下活动。市图书馆开展讲座类、影视展播类、培训手工类等线下活动以及“榕图赠书”“福州地区公共图书馆古诗文大赛”“倾听你的声音——榕城读书人朗读比赛”等线上展览、征集、互动问答活动，打造书香文化周、榕图夜读、德旺大讲堂、榕图拾节、艺术带你等多个系列的活动品牌。市少年儿童图书馆开展“小茉莉爱贝公益英语角”“榕城未来阅读讲堂”“重绘明日梦想，点亮儿童未来”世界儿童日主题活动等特色阅读活动。

**【福州市图书馆】**　2020 年，福州市图书馆总藏书量 177.11 万册，新增入藏各类文献 20.04 万册，接受社会各界读者捐赠 1.6 万册，打造闽都特色馆藏体系，采购闽都非遗文献、台版图书、闽台族谱等特藏文献 2.58 万册，编辑出版《福州市图书馆古籍普查登记图目》。全馆累计接待读者 77.2 万人次，回复读者咨询 9 万次，新办读者证 1.8 万张，外借文献 51.5 万册次，官方微博账号发布信息 478 条，微信服务号、订阅号发布推文 1225 篇，阅读量 49 万人次，新增粉丝近 4.91 万人。将“你选我购”“榕城读书人朗读比赛”“古诗文大赛”等线下活动转移至线上开展，提升“书香文化周”“德旺大讲堂”“榕图拾节”等阅读推广活动品牌影响力，与市委文明办共同设立“福州道德讲堂”，举办“榕图　夜读”大型阅读推广活动。全年开展在线展览、知识竞答、在线讲座等各类线上线下活动 257 场次。选送读者参加省文旅厅、省广播影视集团举办的第二届“读中华经典 颂时代华章”诵读比赛获三等奖并获优秀组织奖。新建成福建省军区战备建设局、福州市红庙岭循环经济生态产业园区、市退役军人服务中心等 3 个图书流通点以及三坊七巷图书分馆，配送图书近万册，完成 61 次汽车图书馆流动服务。

**【福州市少年儿童图书馆】**　2020 年，福州市少年儿童图书馆新增馆藏图书近 3 万册，征订期刊和报纸 403 种，采购数字展览、电子绘本和数字漫画等形式多样的数字资源约 300G。在预约、限流的疫情防控开放措施下，年接待读者约 12 万人次，流动图书超 34 万册次，举办线上线下活动近百场。推出“微服务大厅”，包含书目检索、图书续借、活动报名等功能，推出线上展览、线上课堂、线上竞赛等线上阅读推广活动，微信公众平台全年发布307条信息，阅读点击量超4万人次。9月，市少年儿童图书馆对馆内图书馆集群系统进行升级改造，将原有图书集群系统更换为INTERLIB图书馆集群系统，配备少儿款自助借还设备及馆员工作站，回溯加工约7万册馆藏图书，实现市公共图书馆书目数据库建设的统一化、规范化。推进市少儿图书馆新馆建设项目。

【福州市群众艺术馆】 2020年，福州市群众艺术馆购置近500小时数字文化资源整合入共享数据库，福州群文数字平台完善在线选座功能并推出非遗申报管理系统。发布微信公众平台推文476条，数字平台信息176条，官方网站资讯116条，抖音号视频61则。开展直播活动91场，推出线上展览展播83期（次）、线上比赛7项。市群艺馆新馆于12月动工，下辖福州非遗展示馆于12月31日举行开馆仪式，下辖福州九日台音乐厅于8月下旬完成外立面改造项目并于10月恢复对外开放。编辑出版发行福州市乡村文化故事和乡村特色文化资源名录《老福州的乡俗村事》。组织创作的小品《海岛那一盏明灯》获第十五届华东六省一市戏剧小品大赛金奖，馆办团队福州九日台音乐厅爱乐合唱团参加第十五届中国国际合唱节获评成人混声组一级团队（金奖）。

【福州画院展陈活动】 2020年1月1—5日，福州画院举办王和平工作室画家作品展，展览以“清怡”为主题，展出44幅写意花鸟作品。1月1—5日，举办“混沌为开”——危忠超艺术工作室作品展，作品类型有油画、国画以及瓷板画、瓷缸、瓷瓶、笔筒等陶瓷作品。1月11—13日，举办鹅池漫步十八人书法作品展。1月18—20日，举办“南腔北调迎新春——徐杰、韩东书画联展”，展览由福建省美术家协会、福建省书法家协会联合主办。6月3—5日，举办庚子年福州画院画师作品展。展出福州画院专职、特邀及特聘画师的60余件作品。7月24—26日，举办茉莉花开——闽侯县首届诗书画采风创作活动作品展，作品汇编八闽诗人、书法家、画家的约稿作品和采风作品。8月28—30日，举办以“Haha我的世界”为主题的福州少儿创意画展暨第13届奥林匹克杯全国书画摄影大赛，同时举行由奥杯赛书画院、奥杯赛东南办事处指导的福州少儿创意画展。9月12—15日，举办现代名家书画作品展览。展览以“挖掘民间大家 弘扬中华文化”为主题，征集到书法、美术参赛作品近万幅，现场展出100余幅书画作品。9月19—21日，举办迎国庆“八闽之光”书画联展。展出沈斗平、魏福顺、张翼、林苏继、李大林、蔡满载、温泉、吴福寿8位书画家作品60余幅。9月25—27日，举办安君康中国画展，展出作者创作的58幅花鸟画作品。画展系“中华墨韵 世界看见——中国名家联合书画艺术院暨44国名家祝贺第44届世界遗产大会在福州召开书画联展”的特展之一。10月1—8日，举办“坊巷风流——三坊七巷名门望族翰墨展”。展览作品的作者均为明末至现代四百多年间，寓居三坊七巷有名望的政治家、军事家、思想家、外交家、文学家、艺术家。10月1—5日，举办“我行我素——柯大兴水墨兰花作品展”，展出柯大兴60余幅水墨兰花画作。10月23日—11月5日，举办“勠力战疫 情满榕城”全国书法名家作品邀请展。展览以歌颂抗疫英模和书写历代歌咏福州的诗词为主题，展出160幅作品。

11月7—9日，举办“丹青寄情”——书画家企业家携手抗疫书画展，展出200余幅抗疫书画。画展是继“千人创作千幅书画千万元捐赠千名援鄂白衣战士”的“四个千”爱心行动的艺术延续，致敬奋战在抗疫一线的八闽白衣战士，致敬爱心书画家、企业家以及“七家”合力社会团体。11月13—15日，举办“山水江城入画来”——闽侯县第三届写生创作作品展。征集闽侯县及在外作者100多幅作品，从中选出近90幅作品展览，并结集出版。11月21—22日，举办“乌石书艺”第四届福州市师生书法作品展。展览从600多件参赛的毛笔及硬笔书法作品中遴选出200多件优秀书法作品进行展出。11月28—30日，举办“逸韵丹青自一家”——刘继祖、陈大明（刘继志）、刘继忠哥仨诗画作品展，展出60幅书画作品，作品以传统中国画笔墨为基础，结合诗词。12月5—6日，举办“咦，这里有声音”有声画展，展览由纯度美术教育主办。12月12—15日，举办“相画同源”——林勇个人摄影作品展，包括主展“相画同源”和副展“生生不息”，集合逾百幅林勇的个人作品。12月17—19日，举办首届“金秋杯”福建老年大学书画艺术教学成果大奖赛作品展。活动收到书画作品250多幅，遴选120幅书画作品展出。12月23—27日，举办福建圣泉画院院委作品展，展出10余位书画家的新作。12月26—28日，举办“墨海游龙”——纪念周炳旦诞辰110周年书法展，展出周炳旦书法作品60余幅。

【福州市美术馆】 2020年9月28日，福州市美术馆新址开馆。馆址位于福州市台江区上下杭中平路172号黄培松故居。9月28日—10月26日，举办新址开馆首展“潘主兰艺术展”。9月25日—10月25日，承办“有福之州”第五届海峡两岸中青年篆刻展暨名家印章艺术邀请展。10月28日—11月18日，举办“左海记忆暨纪念沈葆桢诞辰200周年——闽都文化书画摄影艺术巡回展”。11月6日，福州市中学美术谢赠生名师工作室在市美术馆开展研修活动。11月20日—12月6日，举办“郑春松翰墨展”。12月2—13日，举办“砥砺奋进平安路——2020年福州市美术馆综治展”。12月4日，举办“国画鉴赏”专题讲座。12月9—13日，举办“清芬长掬——李明华福州名人肖像作品展”。12月15—27日，举办“素心相对闭柴门——傅永强週甲作品展”。2020年12月30日—2021年3月2日，举办“古厝艺韵 名城新貌——迎世遗福州古建筑图片展”。

（梁鑫智）

## 非物质文化遗产

【概况】 2020年，福州市颁布实施《福州市非物质文化遗产保护规定》，市非遗展示馆开馆，各县（市）区基本实现非遗展示馆场所全覆盖。评选公布第五批23家市级非遗传承示范基地和30

个非遗项目（单位）。福清俗舞入选第五批国家级非物质遗产传承项目。“闽剧进校园”入选第二届“非遗进校园”十大创新实践案例。福州茉莉花茶传承技艺工坊入选省非遗扶贫就业工坊示范点。全市有国家级非物质文化遗产代表性项目15个，省级非遗代表性项目73个（含3个增设保护单位）、市级非遗代表性项目183个（含7个增设保护单位）。有236名市级以上非遗代表性传承人，其中国家级非遗代表性传承人14名，省级以上非遗代表性传承人92名。

【非遗基地】 2020年，福州市公布23家市级非遗传承示范基地，涵盖传统技艺、曲艺、传统武术、传统医药等多个方面，为非遗项目和传承人提供展示展演、传承传习的场所与平台。全市累计有91家市级非遗传承示范基地。

【非遗宣传活动】 2020年，福州市组织开展“我是小小传承人——2020年非遗冬令营” “非遗过大年，文化进万家——福州市第二届非遗短视频大赛”“文化和自然遗产日活动”“‘大美福州多彩非遗’摄影作品联展活动” “非遗过大年 文化进万家——福城庆福年 文化进万家”文化惠民演出、“庆五一”非遗项目保护单位、传承示范基地宣传展示互动、第四届“梅园 寻找闽都非遗”系列活动等10余场大型非遗展示活动。组织非遗传承示范基地配合各类节日开展45场庙会文化民俗活动、非遗基地参观活动、非遗公益体验课等。

【非遗记录】 2020年，福州市组织开展第六批非遗代表性项目申报评审工作，评选出28个市级非遗代表性项目及增设2家非遗保护单位。推荐福州茉莉花茶传统窨制工坊入选福建省非遗扶贫就业工坊示范点，提供110多个就业岗位，产值800多万元。开启《非遗长卷》创作工作，联合专业人士对全市部分非遗代表性项目进行绘制。启动非遗影像记录集锦拍摄工作，对全市50个非遗代表性项目进行记录。建立非遗资源数据库和网络管理平台，完成非遗宣传片拍摄等工作，推进非遗传承人数字化影像记录工作，全景式展示、大范围保存、传播非遗工作成果。

【非遗立法】 2020年，福州市开展非遗调研工作，对寿山石雕、福州评话、福州伬艺、福州木雕、儒家拳、福州壶山林氏中医内科、义窑青白瓷传统手工技艺等22家非遗代表性项目相关单位进行实地调研，与传承人面对面交流了解非遗保护与传承情况。市人大常委会出台福建省第一部由设区市颁布施行的非遗保护地方性法规《福州市非物质文化遗产保护规定》。

（梁鑫智）

## 文博事业

【概况】 2020年，福州市推进落实新一轮古厝保护提升和非遗保护十条措施等任务。开展第44届世界遗产大会筹备工作，梳理工作任务清单199项，牵头文化遗产保护“六个一批”33个项目和“一城七线”福州片区17条考察路线沿线环境、30个重点考察点和8个非遗展示点提升工作。加大文物保护修缮力度，推动上下杭、烟台山等历史文化街区（风貌区）保护修复，新增县级以上文保单位76处，修缮完成福州白塔等55处重点文保单位。完成近4000处不可移动文物本体、保护范围、建设控制地带线精确落点定线工作。

全市有各种文博场馆25家，接待游客逾300万人次。结合节假日、国际博物馆日等契机，组织全市文博馆所举办展览，开展免费鉴宝、“文物在我身边”等线下活动。开展网上展览、线上活动等，其中福州市博物馆的网上展览“闽都华章——福州历史文化陈列”获国家文物局全国推介，是福建省入选国家文物局全国推介的7个展览之一。市林则徐纪念馆获评国家二级馆，以全年45场展览获2019年全国5535家国家文物局备案的博物馆展览数量第13名、全省第一名。

表80　2020年福州地区博物馆、纪念馆及馆藏规模情况表

| 博物馆名称 | 性质 | 隶属关系 | 质量等级 | 免费开放 | 馆藏规模（平方米） |
| --- | --- | --- | --- | --- | --- |
| 福州市博物馆 | 文物 | 地市属 | 国家二级 | 是 | 7934 |
| 市林则徐纪念馆 | 文物 | 地市属 | 国家二级 | 是 | 392 |
| 台江区博物馆 | 文物 | 区县属 | 省三级 | 是 | 124 |
| 仓山区博物馆 | 文物 | 区县属 | 无级别 | 是 | 67 |
| 中国寿山石馆 | 行业 | 区县属 | 无级别 | 是 | 430 |
| 长乐区博物馆 | 文物 | 区县属 | 国家二级 | 是 | 4445 |
| 中国船政文化博物馆 | 文物 | 区县属 | 国家三级 | 是 | 903 |
| 闽清县博物馆 | 文物 | 区县属 | 省三级 | 是 | 476 |
| 罗源县博物馆 | 文物 | 区县属 | 省三级 | 是 | 2144 |

续表

| 博物馆名称 | 性质 | 隶属关系 | 质量等级 | 免费开放 | 馆藏规模（平方米） |
|---|---|---|---|---|---|
| 永泰县博物馆 | 文物 | 区县属 | 无级别 | 是 | 53 |
| 闽侯县博物馆 | 文物 | 区县属 | 省三级 | 是 | 4064 |
| 鼓楼区博物馆 | 文物 | 区县属 | 省三级 | 是 | 573 |
| 福州马江海战纪念馆 | 文物 | 区县属 | 无级别 | 是 | 202 |
| 连江县博物馆 | 文物 | 区县属 | 国家三级 | 是 | 7082 |
| 郑和史迹陈列馆 | 文物 | 区县属 | 无级别 | 是 | 8 |
| 福清市博物馆 | 文物 | 区县属 | 省三级 | 是 | 96 |
| 福建省林如高纪念馆 | 非国有 | 地市属 | 无级别 | 是 | / |
| 福建省贞美历史文化博物馆 | 非国有 | 地市属 | 无级别 | 是 | / |
| 福建省尔雅茶文化史博物馆 | 非国有 | 地市属 | 无级别 | 是 | / |
| 福建省藏真阁古玩文化博物馆 | 非国有 | 地市属 | 无级别 | 是 | / |
| 福建省福博物馆 | 非国有 | 地市属 | 无级别 | 是 | / |
| 福建省雨田古代玉器博物馆 | 非国有 | 地市属 | 无级别 | 是 | / |
| 福建省桢楠文化艺术博物馆 | 文物 | 地市属 | 无级别 | 是 | / |

**【第44届世界遗产大会配套展示活动】** 2020年，福州市完成福州文庙展览提升，5月18日对外免费开放。开展市博物馆展览提升和灯光改造工作。配合世遗大会主会场展览，收集整理全国37处世界遗产材料、福建省内世界遗产预备名单内容和全市非物质文化遗产材料，提交世遗大会展览展示组。推进“展示一批”项目工作，指导开展福州古厝展、船政历史陈列更新、古田会馆廉政展、宫巷林氏民居“城市会客厅”、福州商务总会旧址“企业家之家”等一批展览。

**【新店古城遗址考古勘探】** 2020年，福州市文物局配合新店古城遗址保护利用，完成新店古城遗址保护规划，并由市政府公布，组织开展古城北路、遗址一期核心区启动项目范围内地下管网等多处考古勘探工作，举办新店古城遗址闽越文化展。

**【“古厝焕新 云游文庙”5G直播活动】** 2020年，福州市全面展示福州文庙建筑及其3场展览，线上观看人数超过23万人。这是5G技术在全市博物馆展览展示中首次运用，也是市博物馆首次网络直播活动。6月13日，市林则徐纪念馆开通官方抖音号，推出市林则徐纪念馆介绍及其举办的展览，这是全市文物系统首次开通抖音号进行宣传。

**【文博场馆安全防护】** 2020年，福州市开展文物建筑房屋结构安全和消防安全检查，全市组织文物安全检查865人次，检查各级文物保护单位和不可移动文物登记点2053处，发现文物安全隐患636处，完成整改528处，其余的安全隐患整改工作均列入计划。完成辛亥革命纪念馆安全防范系统、市美术馆消防系统、宫贵巷9号民居电路改造、市博物馆馆藏文物预防性保护项目、永泰名山室安消防工程等项目，并投入使用。

**【非国有博物馆】** 2020年，福建天天筷子文化博物馆、福建省山海标本博物馆、福建省沈绍安漆艺博物馆获省文物局备案通过，全市非国有博物馆达10家，居全省第一。

**【福州市博物馆】** 2020年，福州市博物馆线上线下接待参观观众逾100万人次，举办专题展览及免费鉴宝、道德讲座、第二课堂等活动逾100场次，免费讲解接待逾1000场次，基本实现“闭馆不打烊，学习不止步”。推出“温情不打烊，精彩不缺席”网上送展系列科普推文及助力全民战“疫”系列专栏100余篇。举办文庙道德讲堂20余场、公共文化服务校园行10余场、志愿服务20余场、未成年人教育活动40余场，在自媒体平台通过微信公众号、微博、网站等发表微信、微博、简讯等信息200余篇，向文明办、文明网、局机关等各级部门投稿报送信息60余篇，并参与“文明点亮幸福生活”短视频挑战赛等视频类文明信息报送工作。开展每周一次的免费市民道德讲堂活动。在福州文庙道德讲堂开展国学讲座。节假日期间开展免费文物鉴赏活动。邀请文物专家林存琪、周端等为150多名文物收藏爱好者免费鉴赏800多件各类收藏品，所鉴赏的文物涵盖陶瓷、字画、铜器、寿山石、玉器等。推出《福州古代教育史展》《福州历代状元展》《礼乐文化展》《海丝遗珍——“碗礁一号”沉船出水瓷器展》等多场特色专题展览。完成馆藏文物预防性保护招投标项目工作，根据《福州市博物馆馆藏文物预防性保护方案》，改善可移动文物保存环境，更新字画文物库房精密恒温恒湿存储柜，更新馆藏珍贵文物无酸纸手工囊匣，建立预防性保护体系。

【林则徐纪念馆】 2020年，福州市林则徐纪念馆接待游客307115人次（含赴外展览），未成年人参观人次12735人次。讲解接待836场，其中免费讲解482场。举办社会教育活动360场，其中展览16场次（引进临时展览7场，外出办展9场），社教活动参与人次203万人次（含线上），其中未成年人31万人次。发布微信资讯1478条、微信关注19623人次，官方微博信息589条、官网信息482条、官网总浏览量43895人次，今日头条资讯551条、抖音短视频89条。

获评国家二级博物馆，获评“全国关心下一代党史国史教育基地”“2020—2022年度福建省社会科学普及基地”、第一批“省直机关廉政教育点”、首批“福建省青少年思想政治教育基地”，获“福州市最美博物馆”称号。先后赴贵州省毕节市博物馆、重庆宋庆龄旧居陈列馆举办“清廉自律 慎守儒风——林则徐家风展”，在福建省军区举办林则徐家风展，引进“第十六届中国戏剧节闽剧文献展”“髹饰与绘画技艺展”“瞿秋白、张太雷、恽代英生平事迹展”“宋庆龄在重庆图片展”“定西市馆藏书画精品展”“苗族银饰展”等各类特色主题展览。开展党性教育活动183场，4372人次参与。开展中小学生研学教育活动28场，举办缅怀先贤研学活动28场，30万人次参与。举办第四届小小讲解员夏令营、“我们的节日”主题文化惠民演出69场、“文化讲堂（道德讲堂）”10期。配合国家大剧院原创话剧《林则徐》到福州演出，举办演前导赏分享会、主题展览等。推出虚拟展馆、线上展览8个、文物故事51篇。推出“福州男神林则徐”表情包，开设“左海讲坛”云上直播7期，在线观看量77万人次。举办纪念林则徐诞辰235周年暨中小学生禁毒教育研学实践活动，线上云直播观看64.1万人次。编辑出版《穆如清风——福州市林则徐纪念馆论文集（2012.3—2019.6）》《纪念虎门销烟180周年暨纪念林则徐修浚福州西湖189周年学术论文集》，举办出版发行座谈会。举办纪念鸦片战争180周年暨林则徐诞辰235周年学术论坛，收到论文42篇，收入论文集汇编39篇，有60多位专家学者参加。

（梁鑫智）

## 文化市场监管

【概况】 2020年，福州市组织开展全市旅游安全生产大检查、消防安全大检查、涉恐安全隐患大排查、“四项行动”、旅游安全执法年专项活动及旅游行业公共场所涉电设施用电安全、扫黑除恶专项检查等。全年出动执法人员44411人次，巡查企业20129家次，责令整改经营单位63家，取缔关闭企业10家。

【执法队伍建设】 2020年，福州市组织全市文化市场综合执法资格考试工作，有247名执法人员参加考试。举办中西部文化市场综合执法对口交流协作第二协作区培训班，闽滇赣三省五地市213人次在福州、九江、普洱三地开展执法交流活动。年内，支队获国家版权局2019年度全国查处重大侵权盗版案件有功单位奖励及文化和旅游部2019—2020年度全国文化市场综合执法重大案件办理单位通报表彰，4名支队执法人员获评2019年度全国查处侵权盗版案件有功个人。

【文化市场综合执法检查】 2020年，福州市检查演出经纪机构28家次、娱乐场所1913家次、网吧2468家次、演出场所经营单位9家次和文物保护单位96家次。全年系统各级执法队伍查处各类案件156件，罚款191.97万元，均位列全省第一。支队办理的“福州林某某非法经营案”“福州0221非法经营案”2件案件入选2020年度全省“扫黄打非”十大案件。

（梁鑫智）

## 文化交流活动

【概况】 2020年，福州市依托海丝国际旅游节，搭建国际化文旅交流合作平台，开展线上线下境外推介活动及两岸、内地文化交流活动，以推进福州旅游的国际化进程与旅游产品全球销售。拓展台港澳地区入榕旅游客源，推动“福州—马祖”旅游融合发展，推动榕台文化交流合作。

【海外文化交流活动】 2020年7月22日，福州市文化和旅游局参与福州与美国火奴鲁鲁市视频交流会。9月25日，参加福州与美国塔科马市合作发展混合委员会视频会议。通过线上交流，展示福州茉莉花茶文化等内容。

【两岸文化交流活动】 2020年2月8日，“2020台湾灯会”在台中市举行，福州市“有福之州 幸福之城”特色灯组参与灯会。灯组以“有福之州 幸福之城”为主题，集中展示千年闽都的悠久文化、榕台的历史渊源，以及新时代新福州建设的成就、榕台融合发展的成果。参与第八届海峡两岸青年节活动，策划组织“两岸青年云游海峡”及“两岸青年福州行”活动。11月，由市文化和旅游局与仓山区人民政府主办的第十三届闽台陈靖姑民俗文化旅游节在仓山区南江滨九龙壁公园举行，其间举办海丝陈靖姑文化论坛、陈靖姑文化科仪交流会、仓山区陈靖姑文化历史古迹参访行等活动。在江心公园举办临水夫人文化展厅开馆仪式及配套举行的陈靖姑文化主题歌曲演唱会、陈靖姑文化书籍拓片展、陈靖姑神像艺术展等活动。

【内地文化交流活动】 2020年8月31日至9月4日，福州市文化和旅游局组织福州市群众艺术馆、福州闽剧艺术传承发展中心、福州画院的文化志愿者和非遗传承人赴云南省丽江市宁蒗彝族自治县永宁镇开展“有福之州 幸福之城”2020年福州市“春雨工程”文化志愿服务活动，活动包括“遇见福州”摄影展、“闽都匠心”技艺展、“书画有约 翰墨传情”书画笔会和“有福之州 幸福之城”专场文艺演出。3月，福州市群众艺术馆与宜昌市群众艺术馆共同开展群众文化交流合作，同步开启抗疫情主题文艺作品征集与展播、两地摄影作品联展、艺术公益培训云直播互动三大版块线上活动。两地展出70余件抗疫主题作品、140余幅城市摄影作品，统筹10余门不同类别艺术培训课程“云上”互动。

（梁鑫智）

## 新闻出版

【概况】　2020年，福州市有印刷企业429家，工业总产值86.48亿元，从业人员1.59万人。其中规模以上重点印刷企业（年印刷总产值超过5000万元）21家，上市印刷企业3家，实施绿色印刷的出版物印刷企业24家，数字印刷企业19家，外商投资印刷企业23家。17家印刷企业投入1.56亿元购买20台四色以上印刷机。仓山区有印刷企业117家，晋安区71家，福清市72家。通过年度核验的全市出版物发行单位959家，其中出版物批发单位180家，出版物零售单位779家，出版物销售额62.55亿元，从业人员3.4万人。市属报刊4家，侨刊乡讯8家，连续性内部资料40家。

【出版管理】　2020年，福州市开展《福州日报》《福州晚报》《家园》社会效益评价考核工作，完成报刊、内部资料性出版物年度核验工作。组织8家侨刊乡讯社参加年度核验并予以初审，通过福建省新闻出版局终审。开展全市连续性内部资料性出版物核验换证工作，审核通过38家，暂缓1家，注销2家。规范市属报刊、内部资料审读管理，聘请9名市属报刊、连续性内部资料审读员，3名一次性内部资料审读员。

【版权管理】　2020年，福州市版权作品登记53098件，比上年增长62.2%。办结11件盗版侵权行政案件，办结案件数居全省第一。市版权局、市文化市场综合执法支队获评2019年度国家版权局查处重大侵权盗版案件有功单位（第一批）、5人获评有功个人（第三批），福州智永信息科技有限公司获评2019年度全国版权示范单位。

【印刷发行管理】　2020年，福州市按照深化“放管服”改革要求重新梳理行政审批服务事项，新闻出版行政审批服务事项由原来的15项增至25项，其中有20项转为“即办件”事项，“即办件”占比80%。推动政务“零人工”智能化办理，将“专项排版、制版、装订业务单位变更主要登记事项备案”上线为“秒批”服务。审批窗口受理办结行政许可92件，生成电子证照48件。完成印刷企业网上年度报告和出版物发行单位年度核验工作。按照属地管理责任制对出版发行市场和印刷企业进行监督管理，组织开展出版物印刷发行市场双随机检查、中小学教材教辅印刷发行、印刷复制暨内部资料性出版物专项督查、出版物网络发行专项整治等专项检查行动，打击各类侵权盗版行为，取缔各类非法出版物。全市处罚违规印刷发行经营单位7家，罚金32.98万元。

【全民阅读】　2020年，福州市围绕“4·23”世界读书日·海峡读者节，通过网络新媒体平台推出一个月的“书书福福”2020福州全民阅读暨最惠购书月宣传活动，以“云”平台联动榕城各大书店与阅读联盟，支持出版物发行企业抓疫情防控有序恢复经营。与市农业农村局联合开展2020“新时代乡村阅读季”系列活动，在“发现乡村阅读榜样”活动中推荐的永泰嵩口农家书屋颜晓梅获评中宣部、农村农业部2020“乡村阅读榜样”。与市教育局联合开展2020年“我的书屋·我的梦”农村少年儿童阅读实践活动，全市10篇（幅）作品获评优秀，占全省优秀作品半数以上。8月，罗源县起步镇潮格村（综合文化服务中心）、长乐区恒申集团2个单位获评2020年省全民阅读“七进”示范点，全市有14个单位获评省全民阅读“七进”示范点。9月联合成员单位开展2020年“书香八闽”暨第十五届“书香榕城”全民读书月活动，根据常态化疫情防控要求，采取“线上线下”结合方式，推进“书香榕城”建设，开展全民阅读进基层活动。9月25日，由省委宣传部、省全民阅读工作组委会主办的省第十四届“书香八闽”全民读书月活动启动仪式在福州举行，按照常态化疫情防控要求采用福州主会场与各设区市及平潭综合实验区分会场线上实时传播。省全民阅读工作组委会成员单位代表、2020年福建省全民阅读“七进”示范点代表、福建驰援武汉医护人员代表以及出版社、各界读者代表参加主会场活动。10月，根据福建省新闻出版局部署，组织开展首届福建省示范书店申报工作。经评审，福州越洋图书城、大梦书屋西湖店、福州惠生文化传播有限公司被授予“福建省首届示范店”称号，获奖励金31万元。

（沈凡）

【福州日报社】　2020年，福州日报社围绕媒体融合、经营转型、队伍建设等重点工作，报社所属《福州日报》《福州晚报》、福州新闻网、“掌上福州”客户端、官方微信公众号、融媒体智慧屏组成的“报网端微屏”全媒体传播矩阵，全媒体用户粉丝规模数增至2000万人。《福州日报》“百家号”获评2019年度区域影响力媒体。《福州晚报》官方微信在“清博指数榜”上连续10个月位居全省晚报类第一名。福州日报社加强与中央、省级媒体的合作联动，全年在《人民日报》《光明日报》等中央媒体发稿103篇，开通29个第三方平台号，“福州新闻网”学习强国号12月上线，成为宣传福州的重要发布平台。《福州晚报》海外版发行范围涵盖美国、马来西亚、印度尼西亚、南非等国，全年发行192期，推出80多个中英文专版专栏，刊发文章约2700篇。福州新闻网向“华人头条”的“有福之州 幸福之城”专题供稿，发布中英文稿件3000篇，总阅读量超1.5亿人次。

11月，第26届福建新闻奖获奖作品公布，报社21件作品获奖，其中一等奖1件、二等奖5件、三等奖15件。获2019年度赵超构新闻奖一等奖1件、二等奖2件、三等奖1件。获中国地市报新闻奖一等奖1件，获第二届中国新闻出版行业平面设计大赛优秀奖2件、三等奖2件。原创短视频《数字改变福州》获国家广电总局2020年度短视频大会科技科普类年度最佳作品奖。

*抗击新冠肺炎疫情宣传报道*　福州日报社开展新冠肺炎疫情防控宣传报道和舆论引导，报道福州市各地区各部门联防联控的措施成效。新冠肺炎疫情一级响应期间，报社全媒体发稿78443篇，

日均1109篇，是上年同期的2.2倍。总阅读量11.49亿人次，日均1454万人次，是上年同期的29倍。福州新闻网抖音号发布的短视频《福州某村敲锣通知：武汉回来的村民要去村委登记啊!》，阅读量逾7231万人次，创下报社短视频阅读数新高。作品《抗“疫”24小时》获2020年度中国城市新闻网媒联盟抗疫特别奖。

新冠肺炎疫情暴发初期，福州日报社配合省市侨务部门，连续向海外乡亲发出协助提供相关货源的邮件和微信，动员旅居世界各地的榕籍海外侨领侨胞寻找医用物资，支援家乡抗击疫情。2月，世界各地的华人华侨陆续向福建省侨务部门提供防疫货源信息，美国福建猴屿联谊会会长张子霖通过福州日报社，联系福州市侨联为疫情防控工作捐款50万元。5月16日，世界福州十邑同乡总会经福州日报社牵线，代表家乡向马来西亚榕籍乡亲捐赠口罩14.2万个。福州日报社汇编《新冠肺炎防护指南》中英文版提供给海外读者，并通过合作的马来西亚《联合日报》，将《新冠肺炎防护指南》翻译成马来西亚文赠送给当地45所华文中小学校。

*第三届数字中国建设峰会宣传报道* 2020年10月12—14日，第三届数字中国建设峰会在福州举行。福州日报社“报网端微屏”传播矩阵全媒联动、立体传播，刊发86个专版，各类报道1784件（篇），总阅读量超2250万人次，总报道篇数比上届提升25%，总阅读量比上届提升20%。10月11日，福州晚报社策划推出32版数字峰会特刊《福州宝码》，包括报纸特刊专辑和《福州宝码》创意电子书，展现动态图文及视频，汇集福州公共职能部门“办事二维码”。10月12日，数字峰会开幕，福州日报社推出《迈向数字新时代》全媒体特刊。分布在全市的1200多面智慧屏，同步滚动播放“数字特刊”“大咖说”系列海报。策划推出创意融媒体产品，创意视频《大咖来“坊”有“画”要说》，是唯一被省市网信办在全省和全市推送的新媒体产品。

*其他重点报道* 福州日报社全年组织策划136项重大主题宣传报道，包括学习宣传贯彻习近平新时代中国特色社会主义思想、统筹疫情防控和经济社会发展、聚焦闽都文化国际品牌、乡村振兴、东西部扶贫、文明城市创建、城市品质提升、数字峰会等专题。其中聚焦闽都文化国际品牌总阅读量1.8亿人次，加快建设现代化国际城市相关报道总阅读量逾2000万人次。通过全媒体开设《建设有福之州 打造幸福之城——请你来献策》专栏，设置“水系治理”“垃圾分类”“旧城改造”“食品安全”“优化城市公交”“文明城市建设”“整治交通陋习”等专题，10余万名网友参与互动，征集各类建议评论5万多条，各平台累计阅读量270多万人次。

*建立市县融媒体中心联动机制* 根据市委宣传部下发的《福州市县媒体联动发展行动方案》，探索市级媒体主导、市县（区）联动的“福州模式”。11月，在报社召开市县（区）首次联席会议，建立市县媒体常态化联动机制，12个市县（区）全部接入“福州新闻云平台”，从技术平台、新闻资源、人才队伍、联动作战等方面为各市县（区）融媒体中心提供支撑，实现市县两级媒体在新闻信息共享、发布平台共用、联合作战发声等方面的优势互补。

*文化产业经营* 报社推进经营转型，发展文化产业，发挥自身媒体资源和平台优势，推进文化产业项目向品牌化、规模化发展。参与重大展会展览项目，策划执行重大政治主题展、数字峰会主题馆、闽清吴孟超院士馆、省政协创建精神文明成果展、福清撤县建市30周年展、烟台山展馆等。打造“福州有意思”文创孵化平台、“我把福州寄给你”文创设计大赛、“一碗福州”食俗文创项目、“爱上福州的101个理由”文旅融合项目，出版系列书籍，实施文化精品工程。“我把福州寄给你”文创孵化平台入选文旅部“全国文化和旅游创意产品开发信息名录”。

《福州晚报》开展“书书福福”2020年福州全民阅读暨最惠购书月活动，与市版权局开展“尊重创作，拒绝盗版”版权宣传周活动，采用“1+2+3”的形式开展版权宣传，设计推出1款版权知识问答游戏、2条版权宣传视频、3篇版权宣传文章。

助力复产复工，为市文旅局策划“乡”约福州·一起“村”游——2020福州美丽乡村旅游季活动，发布“福州十大旅游主题”30条乡村旅游线路，开通“上山下海 畅游乡村”旅游直通车，编印《福州乡村游首套自驾攻略口袋书》。在海南举行的2020年博鳌国际旅游节上，“乡”约福州·一起“村”游——福州美丽乡村旅游季获年度美丽乡村品牌奖。

与鼓楼区社科联策划推出《家在鼓楼——行吟坊巷间》。承办第十一届海峡两岸航政文化研讨会，推出“福清江镜海丝古厝历史文化调查”系列报道，编辑出版3册《两岸船政文化论文集》，在第十一届海峡两岸船政文化研讨会开幕式上首发。《两岸船政文化论文集》被省市7家图书馆和档案馆收藏。

（林玉和）

**【新华书店】** 2020年，福建新华发行（集团）有限责任公司福州分公司实现营业收入23696.47万元，比上年增长15.72%，完成年度预算的109.21%。年内通过第六届全国文明单位复查，继续保留全国文明单位称号，连续五届获评全国文明单位称号。

*疫情防控及复工复产* 新冠肺炎疫情期间，根据教育部门“停课不停学”要求，成立教材教辅部疫情防控工作组，统筹部署中小学教材教辅发行工作，确保完成“课前到书，人手一册”工作。采取无接触闭店销售模式提供“线上下单，线下无接触取书”服务。

*政治理论读物发行* 政治理论读物实现销售5145.61万元，比上年增长654.33%，针对《习近平在宁德》《习近平在厦门》《习近平在福州》《习近平谈治国理政》第三卷等重点政治理论读物召开网络视频会议，开展政治理论读物和重点出版物的宣传发行工作。

*阅读“七进”活动* 与社会各界就“加快书香八闽建设，促进全民阅读推广”开展合作，推动全民阅读“七进”工作。与市直机关工委共建“新华·机关书屋”、与仓山区委组织部共建“新华·南台书屋”、与鼓楼区中山社区共建“新华·中山社区书屋”，与福州晋安区寿山乡九峰村村委会共建“九峰·新华阅读空间”，全年开展流动售书34场。

线上线下创新融合　利用“两微一抖”平台，通过直播、公众号、微信群等方式同步推进。全年在“一直播”与抖音平台上进行视频直播39场，线上语音直播109场。联合出版社、异业开展直播，线上观看人数3.5万人次。

（李心怡）

【文化生活报】　2020年，福州广播电视台旗下面向全国发行的文化艺术生活类专业半月报《文化生活报》，发行量每期5000份左右，新设专栏《城市会客厅》《艺苑手记》《石说节气》《漆语》《阅读世遗》《印象世遗》《院长说文物》。围绕“‘有福之州’第五届海峡两岸中青年篆刻大赛”等活动开展工作，其中，“‘有福之州’第五届海峡两岸中青年篆刻大赛暨名家印章艺术邀请展”收到来自北京、上海、河南、陕西、福建、台湾等全国30个省市自治区及港澳台地区的参赛作品1402件，其中中国台湾地区参赛作品123件。报社先后设计制作《有福之州·第五届海峡两岸中青年篆刻展暨名家印章邀请展作品集》《艺林撷英——文化生活报封面人物精品集（2015—2020）》等书籍，与多部门、艺术家合作，开辟定制专刊业务。

（任平）

## 广播电影电视

【概况】　2020年，福州广播电视台有新闻综合、影视、生活、少儿等4个电视频道，新闻、音乐、交通、左海等4个广播频率，以及公交移动电视频道、地铁电视频道、文化生活报、福州明珠网、福视悦动手机客户端、城市户外LED大屏等媒体资源，在职员工780人，年经营收入2.4亿元。年内，福州广电融媒体中心（电视中心二期项目）在建，开展疫情防控和经济社会发展宣传引导，推进“宣传转型、经营转型、管理转型”，以构建全媒体传播体系。

【新闻宣传报道】　2020年，福州广播电视台通过全媒体传播矩阵，大体量、高频次、多渠道展开立体宣传报道，累计播出电视新闻3200余条，广播新闻3600余条，新媒体端25000余条。新闻中心先后获评福州市首批新冠肺炎疫情防控一线先进集体和福建省抗击新冠肺炎疫情先进集体称号。通过理论宣讲节目《有理姚说》、电视宣讲大赛《福州听我说》、系列宣传片《大美福州》等形式，宣传习近平新时代中国特色社会主义思想。围绕学习宣传贯彻党的十九届五中全会、决胜全面小康 决战脱贫攻坚、抗击新冠肺炎疫情、数字中国峰会等重大主题、重点活动，组织策划实施60多场专题宣传报道。

【广播电视频道频率】　影视频道　2020年，福州广播电视台完成影视剧签约15部597集，播出28部电视剧。围绕雕刻、水墨画、书法等艺术，介绍福州市一批艺术名家，采编播出52期自办艺文资讯栏目《艺次元》。频道以短视频制作、播出宣传推广的市场拓展模式，先后与台江、仓山、闽侯等县（市）区洽谈合作。与台江区委宣传部签订人文专题系列节目《百年商埠台江潮》并拍摄制作播出。

生活频道　承办《2020年世界福州十邑春晚》《学习寄语精神 展现青春担当——“福建青年五四奖章”获奖者（集体）事迹分享会》《迎世遗·非遗传承 健康生活》开幕式录制等项目，搭建社区资源平台，开展数百场“攀讲来了”系列活动，与市委文明办、市妇联等单位联办多场“我的节日”系列活动，与市老年大学联办《闽都金秋》节目等。

少儿频道　六一晚会首次采用线上“云直播”的形式举行。举办“福州妇幼专科联盟”“海丝新生代 青少年风采大赛”、联合福州市教育局举办班主任教学比赛、优秀辅导员比赛等各类赛事。新冠疫情期间，开设《红领巾防疫小课堂》板块、策划福州青少年原创防疫作品展播等内容，开展青少年防疫宣传引导。

新闻频率　形成以《先锋早新闻》《先锋午新闻》《先锋晚新闻》节目为龙头的早午晚新闻版块，辅以全天高频次刷新的新闻服务类线性节目《新闻有速度》《新闻有态度》《小马指路》。

交通频率　联合市公安局交通警察支队，统筹城市资源，每15分钟的路况信息权威播报，即时路况信息随时播报。

音乐频率　以音乐伴随性节目为主，辅以线性节目。在新冠疫情防控宣传工作中，联合全国50多家广播电台倾情策划《声暖人心 我们在一起》抗击疫情公益歌曲大型征集展播活动。策划“大爱有声，防控疫情”公益宣传，录制明星、文艺工作者、音乐人的公益宣传带。联合全国33家电台云合唱《我和我的祖国》，MV在广州海心沙亚运公园帆屏播放。FM89.3福州音乐广播的主播参与“同心战役，为爱而歌”。

左海频率　是国内第一个全天24小时使用福州方言进行播音的广播频率。结合频率特色在微信端推出原创融媒体产品，用福州方言、闽剧、福州歌（童）谣、评话、三句半元素以配音、动画等形式推出原创科学防控系列小视频。

【产业经营】　2020年，福州广播电视台总收入2.4亿元。推出“全闽乐购·惠聚榕城”购物嘉年华暨直播节，开展“枇杷”“鲍鱼”“蓝莓”等农产品、海产品直播带货等100多场活动。承办执行海丝国际旅游节、海丝博览会、夜色经济开街仪式等活动。深化经营管理改革，修订经营绩效目标管理办法和薪酬分配管理规定，建立以利润为导向的考核机制，实行全成本核算，推动经营转型发展和高质量发展。

【新媒体传播】　2020年，福州广播电视台深化融媒体改革，按照“全面性、系统性、集成性”要求，加强融媒体顶层设计，组建时政融媒体、资讯融媒体两个中心。坚持移动优先策略，按照扁平化管理要求，设置两个中心的岗位、职能、产品，构建《福州新闻》《新闻110》两个全媒体矩阵，推动电视媒体和新媒体融合。建成全媒体指挥中心，推动资源向移动端集聚，提升融媒体产品的数量和质量。

【新技术应用】　2020年，福州广播电视台完成7个项目建设改造：电视频道高清化建设，融媒体一期工程建设，广播电视传输发射技术系统升级改造（获得福建省广播电视科技创新扶持项目三等奖），广播技术音频工作站系统整体软硬件升级改造，电子审批系统建设，“5G 演播室应用实验项目” 和 “5G+4K 融媒体应用实验项目” 建设（两个项目被合并列入福州市 10 个 5G 试点示范工程）。

表 81　　2020 年福州市广播电视台频道频率市场份额情况表

| 电视频道 | 市场份额（%） | 广播频率 | 市场份额（%） |
|---|---|---|---|
| 新闻综合频道 | 3. 01 | 福州新闻广播 FM94. 4 | 8. 74 |
| 影视频道 | 5. 42 | 福州音乐广播 FM89. 3 | 6. 92 |
| 生活频道 | 1. 65 | 福州交通之声 FM87. 6 | 14. 61 |
| 少儿频道 | 0. 25 | 福州左海之声 FM90. 1 | 4. 87 |
| 总份额 | 10. 33 | 总份额 | 35. 14 |

表 82　　2020 年福州市广播电视获奖作品一览表

| 剧目 | 奖项 | 颁奖单位 | 获奖单位 |
|---|---|---|---|
| 那年，信念书写在巾帕上 | 首届（2017—2018 年度）中国广播电视大奖广播电视节目奖广播节目大奖 | 国家广电总局<br>中广联 | 福州广播电视台 |
| 四十城　四十年 | 首届（2017—2018 年度）中国广播电视大奖广播电视节目奖电视节目大奖 | 国家广电总局<br>中广联 | 福州广播电视台 |
| 山海深情　相距两千多公里的城市“结对”奔小康 | “决战决胜脱贫攻坚及全面建成小康社会”宣传主题短视频征集获总局全网推广 | 国家广电总局 | 福州广播电视台 |
| 最后的集体生活 | 2019 年度国产纪录片及创作人才扶持优秀纪录片 | 国家广电总局 | 福州广播电视台 |
| 电视系列报道《数字福州　新时代新生活》 | 2019 年度广播电视新闻作品创新创优扶持 | 国家广电总局 | 福州广播电视台 |
| 广播消息《“榕马”两地中心区最快速交通枢纽和贸易通道——“两马”新航线今天正式开通》 | 2019 年度广播电视新闻作品创新创优扶持 | 国家广电总局 | 福州广播电视台 |
| 电视消息《福州电商援疆 让奇台土粮杂面变“金饽饽”》 | 2020 年广播电视新闻作品创新创优扶持 | 国家广电总局 | 福州广播电视台 |
| 广播消息《福州再为 1014 棵古树名木投保，做好生态环境司法保护文章》 | 2020 年广播电视新闻作品创新创优扶持 | 国家广电总局 | 福州广播电视台 |
| 《福州，听我说》第四季电视宣讲大赛 | 2020 年全省广播电视创新创优节目扶持 | 福建省广播电视局 | 福州广播电视台 |
| 一路相伴 | 2020 年一季度国产纪录片推优 | 国家广电总局 | 福州广播电视台 |

续表

| 剧目 | 奖项 | 颁奖单位 | 获奖单位 |
| --- | --- | --- | --- |
| 家住幸福里 | 第八届亚洲微电影艺术节微电影三等奖 | 中国电视艺术家协会 | 福州广播电视台 |
| 《福州电商援疆 让奇台土粮杂面变“金饽饽”》 | 福建新闻奖电视消息一等奖 | 福建省委宣传部<br>福建省记协 | 福州广播电视台 |
| 《数字福州·新动能新发展》 | 福建新闻奖电视系列报道一等奖 | 福建省委宣传部<br>福建省记协 | 福州广播电视台 |
| 《摆脱贫困的东西部扶贫协作“福州模式”》 | 福建新闻奖广播专题一等奖 | 福建省委宣传部<br>福建省记协 | 福州广播电视台 |
| 《垃圾场的硬核95后》 | 福建新闻奖媒体融合移动视频专题一等奖 | 福建省委宣传部<br>福建省记协 | 福州广播电视台 |
| 《又见央金》 | 福建新闻奖电视专题二等奖 | 福建省委宣传部<br>福建省记协 | 福州广播电视台 |
| 《难以磨灭的记忆，永不止息的奋进——纪念福州解放70周年特别直播节目》 | 福建新闻奖广播现场直播二等奖 | 福建省委宣传部<br>福建省记协 | 福州广播电视台 |
| 《福州发布古厝保护宣言，15位国内顶级专家被聘为顾问》 | 福建新闻奖广播消息二等奖 | 福建省委宣传部<br>福建省记协 | 福州广播电视台 |
| 《一个“草根”闽剧团的“高峰”梦》 | 福建新闻奖广播专题二等奖 | 福建省委宣传部<br>福建省记协 | 福州广播电视台 |
| 《浅析“一镜到底”和“无缝剪辑”在新闻微视频中的应用——以〈数字福州·新时代新生活〉为例》 | 福建新闻奖论文二等奖 | 福建省委宣传部<br>福建省记协 | 福州广播电视台 |
| 《马尾琅岐至马祖客运航线今天首航》 | 福建新闻奖电视消息三等奖 | 福建省委宣传部<br>福建省记协 | 福州广播电视台 |
| 《我从台湾来援疆》 | 福建新闻奖电视专题三等奖 | 福建省委宣传部<br>福建省记协 | 福州广播电视台 |
| “3·15”特别直播报道 | 福建新闻奖电视编排三等奖 | 福建省委宣传部<br>福建省记协 | 福州广播电视台 |
| 《福州向马祖近期供水工程正式启用，“两岸应通尽通”再进一步》 | 福建新闻奖广播消息三等奖 | 福建省委宣传部<br>福建省记协 | 福州广播电视台 |

续表

| 剧目 | 奖项 | 颁奖单位 | 获奖单位 |
| --- | --- | --- | --- |
| 《张伟杰：在“转身逆行”中燃烧生命，定格青春》 | 福建新闻奖广播专题三等奖 | 福建省委宣传部<br>福建省记协 | 福州广播电视台 |
| 《我们的“十一”》 | 福建新闻奖广播系列报道三等奖 | 福建省委宣传部<br>福建省记协 | 福州广播电视台 |
| 《请你为七百万福州人播下这颗种子，浇过水的人将会收获……》 | 福建新闻奖媒体融合<br>新媒体创意互动三等奖 | 福建省委宣传部<br>福建省记协 | 福州广播电视台 |
| 《“短”兵相接新时代——广播电视台短视频的发展战略》 | 福建新闻奖论文三等奖 | 福建省委宣传部<br>福建省记协 | 福州广播电视台 |
| 《借力传播场景创设，实现电视优质内容生产与新技术手段的匹配——以福州广播电视台，〈邀您一起为自贸区打CALL〉H5制作为例》 | 福建新闻奖论文三等奖 | 福建省委宣传部<br>福建省记协 | 福州广播电视台 |
| 《大师归来》 | 福建省广播电视艺术奖广播文学节目一等奖 | 福建省电视<br>艺术家协会 | 福州广播电视台 |
| 《闽剧〈生命〉录音剪辑》 | 福建省广播电视艺术奖广播戏曲节目——戏曲录音剪辑一等奖 | 福建省电视<br>艺术家协会 | 福州广播电视台 |
| 《先锋新闻社》 | 福建省广播电视艺术奖广播播音一等奖 | 福建省电视<br>艺术家协会 | 福州广播电视台 |
| 《福州新闻》 | 福建省广播电视艺术奖电视播音一等奖 | 福建省电视<br>艺术家协会 | 福州广播电视台 |
| 《2019世界福州十邑春晚》 | 福建省广播电视艺术奖电视综艺节目——电视歌舞、晚会节目一等奖 | 福建省电视<br>艺术家协会 | 福州广播电视台 |
| 《锦衣之下》 | 福建省广播电视艺术奖电视剧二等奖 | 福建省电视<br>艺术家协会 | 福州广播电视台 |
| 《南国青果——世间美好与你环环相扣》 | 福建省广播电视艺术奖电视纪录片——长纪录片二等奖 | 福建省电视<br>艺术家协会 | 福州广播电视台 |
| 《爸爸　请让我来照顾你》 | 福建省广播电视艺术奖电视纪录片——短纪录片二等奖 | 福建省电视<br>艺术家协会 | 福州广播电视台 |

续表

| 剧目 | 奖项 | 颁奖单位 | 获奖单位 |
|---|---|---|---|
| 《“礼赞新中国　幸福新福州”——福州市文艺界庆祝新中国成立70周年主题文艺演出》 | 福建省广播电视艺术奖电视综艺节目——电视歌舞、晚会节目二等奖 | 福建省电视艺术家协会 | 福州广播电视台 |
| 福州市申办第44届世界遗产大会宣传片《福州欢迎您》 | 福建省广播电视艺术奖电视公益广告作品二等奖 | 福建省电视艺术家协会 | 福州广播电视台 |
| 《新闻110》 | 福建省广播电视艺术奖电视播音二等奖 | 福建省电视艺术家协会 | 福州广播电视台 |
| 《新媒体背景下电视方言节目的突破——以福州台方言品牌节目〈攀讲〉运作为例》 | 福建省广播电视艺术奖广播电视论文二等奖 | 福建省电视艺术家协会 | 福州广播电视台 |
| 《中华诗心》（代表作：苏味道《正月十五夜》、白居易《长恨歌》、苏轼《念奴娇　赤壁怀古》 | 福建省广播电视艺术奖广播文艺栏目三等奖 | 福建省电视艺术家协会 | 福州广播电视台 |
| 儿童成长系列广播剧《两顿晚餐》《富小孩计划》《爱心消费卡》 | 福建省广播电视艺术奖广播剧——儿童剧三等奖 | 福建省电视艺术家协会 | 福州广播电视台 |
| 《哥哥姐姐的花样年华》 | 福建省广播电视艺术奖电视剧三等奖 | 福建省电视艺术家协会 | 福州广播电视台 |
| 《绿满榕城》 | 福建省广播电视艺术奖电视综艺节目——电视音乐节目三等奖 | 福建省电视艺术家协会 | 福州广播电视台 |
| 《生命的延续》——新创闽剧现代戏《生命》主创人员背后的故事 | 福建省广播电视艺术奖电视戏曲节目三等奖 | 福建省电视艺术家协会 | 福州广播电视台 |
| 施金卿 | “新春走基层”活动评选先进个人 | 省委宣传部<br>省记协 | 福州广播电视台 |
| 《福州市肺科医院：“90后”冲锋战疫一线 书写动人青春故事》 | “新春走基层”活动评选优秀新闻作品电视消息 | 省委宣传部<br>省记协 | 福州广播电视台 |
| 《临时煮夫》 | “新春走基层”活动评选优秀新闻作品短视频 | 省委宣传部<br>省记协 | 福州广播电视台 |
| 《听见月洲的声音》 | 2020年微视频短片展映活动短视频单元形象宣传类年度突出作品优秀奖 | 中国广播电视社会组织联合会 | 福州广播电视台 |
| 《福州有“数”》 | 2020年微视频短片展映活动短视频单元形象宣传类年度突出作品优秀奖 | 中国广播电视社会组织联合会 | 福州广播电视台 |

续表

| 剧目 | 奖项 | 颁奖单位 | 获奖单位 |
| --- | --- | --- | --- |
| 《临时“煮”夫》 | 2020年微视频短片展映活动短视频单元形象宣传类年度突出作品优秀奖 | 中国广播电视社会组织联合会 | 福州广播电视台 |
| 逆行者日记 | 福建省抗击新冠肺炎疫情广播电视和网络视听优秀作品纪录片 | 福建省广播电视局 | 福州广播电视台 |
| 逆行者日记 | 2020年度“中国梦福建故事”全省电视短纪录片一类作品 | 福建省广播电视局 | 福州广播电视台 |
| 爸爸　请让我来照顾你 | 2020年度“中国梦福建故事”全省电视短纪录片一类作品 | 福建省广播电视局 | 福州广播电视台 |
| 《人民记忆70年70城：记住福州》 | 学习强国“我爱我的祖国”微视频、摄影作品征集活动微视频一等奖 | 学习强国平台 | 福州广播电视台 |
| 《数字改变生活》 | 学习强国“我爱我的祖国”微视频、摄影作品征集活动微视频二等奖 | 学习强国平台 | 福州广播电视台 |
| 《镜头里的福州记忆》 | 学习强国“我爱我的祖国”微视频、摄影作品征集活动微视频三等奖 | 学习强国平台 | 福州广播电视台 |
| 《庄寨新生美如画　又逢稻米飘香时》 | 学习强国“我爱我的祖国”微视频、摄影作品征集活动微视频三等奖 | 学习强国平台 | 福州广播电视台 |
| 《建锋会客厅：内河展新颜“活”水兴榕城》 | 第二十二届福建省政协好新闻电视新闻访谈三等奖 | 福建省政协办公厅<br>福建省新闻工作者协会 | 福州广播电视台 |
| 走向我们的小康生活：携手奋斗奔小康 | 市宣基层理论宣讲优秀宣讲报告微视频 | 福州市委宣传部 | 福州广播电视台 |
| 福州内河华丽蜕变 | 市宣基层理论宣讲优秀宣讲报告微视频 | 福州市委宣传部 | 福州广播电视台 |
| 我爱你，中国！ | 福建省广播电视公益广告扶持项目广播类二类 | 福建省广播电视局 | 福州广播电视台 |
| 放下手机，爱需要表达 | 福建省广播电视公益广告扶持项目广播类三类 | 福建省广播电视局 | 福州广播电视台 |
| 一镇一孝廉 | 福建省广播电视公益广告扶持项目电视类三类 | 福建省广播电视局 | 福州广播电视台 |
| 先富帮后富，共走小康路 | “共筑中国梦　小康新福建”广播电视公益广告扶持项目广播类二类 | 福建省广播电视局 | 福州广播电视台 |
| 福暖陇中　共奔小康 | “共筑中国梦　小康新福建”广播电视公益广告扶持项目电视类三类 | 福建省广播电视局 | 福州广播电视台 |

【交流与合作】 2020年，福州广播电视台电视新闻上央视153条，其中在中央《新闻联播》播出16条，上省台721条。广播新闻上中央电台488条，其中在中央台《新闻与报纸摘要》《全国新闻联播》播出60条，上省电台749条；融媒体作品被国家级媒体及国内知名移动平台采用8943条，全网点击量10万人次以上1143条，其中百万人次以上258条、千万人次以上54条、上亿人次2条。

《左海之声》常态化覆盖台湾全岛、纽约、墨尔本，与“华人头条APP”合作，开设“福州广电”专区，覆盖日本、南非、新加坡等10个“一带一路”沿线国家。

（任平）

【电影与动画】 2020年，福州市出台《福州市关于支持电影产业发展的若干措施（试行）》。全年电影票房1.61亿元，蝉联全省第一。全市有影院64家，总屏幕422块，约每2万人拥有一块屏幕。开展农村公益电影放映工作，全年在2205个行政村放映电影26112场，其中商业片13477场，观影1543116人次。推进电影进校园工作，在4所中小学放映30场次，观影学生3766人次。全市电影备案92部，取得拍摄许可42部，取得公映许可证5部。全国公映影片8部，总票房5.05亿元。

（黄雅婷）

## 主流媒体看福州

【概况】 2020年，中央、省属新闻媒体对福州市各类正面报道1万多篇（条）。其中《人民日报》刊登114篇，新华社播发近600篇（条），中央广播电视总台播出1200多条，《福建日报》刊发840多篇，福建电视台主要频道播出新闻2700多条。

【《习近平在福州》采访实录宣传报道】 2020年，《学习时报》连载刊发《习近平在福州》采访实录，记录习近平总书记在福州工作期间一系列施政理念和生动实践。中央、省属媒体报道福州市干部群众对《习近平在福州》采访实录的学习反响和各领域创新举措和成效，其中《人民日报》、新华社刊登《〈习近平在福州〉出版发行》；《光明日报》刊登《“总书记永远和人民心连心”——〈习近平在福州〉采访实录》；《学习时报》刊登《不忘初心 牢记使命 沿着习近平总书记指引的方向继续前行——福州市深入学习贯彻〈习近平在福州〉采访实录》《携手织密防护网 人勤不负好春光——福州市统筹抓好疫情防控和复工复产工作纪实》；《福建日报》连续刊登《学习〈习近平在福州〉采访实录座谈会在榕召开》《海上福州：接力打造“蓝色聚宝盆”》《福州集中学习〈习近平在福州〉采访实录》等多篇报道；福建电视台《福建新闻联播》《福建卫视新闻》等重点栏目播出《〈习近平在福州〉采访实录在福建持续引发热烈反响——福州：承载历史 留存文脉》《福州：认真学习〈习近平在福州〉采访实录 加快建设有福之州》《福州：举行学习贯彻〈习近平在福州〉主题宣讲活动》等多篇重点报道。

【统筹疫情防控和经济发展宣传报道】 2020年，福州市统筹疫情防控和经济社会发展，开展“六稳”工作，落实“六保”任务。中央、省属媒体推出相关报道5000多篇，其中《人民日报》相关报道47篇，中央电视台各频道刊播相关报道270余条（其中《新闻联播》16条，联播头条1个），《焦点访谈》播出2期专题（一期为市委党校设立临时安置点解决武汉籍滞留旅客食宿问题的暖心举措；一期为龙头企业京东方带动上下游企业协同复工复产）。与中央广播电视总台合作开展“共同战‘疫’我的同乡英雄”融媒体行动，点亮全城7621面屏幕致敬援鄂医务工作者，中央、省属媒体刊播相关报道2100多篇，累计阅读量1420万余次。

【全面建成小康社会宣传报道】 2020年，中央、省属媒体推出相关报道，展示福州市全面建成小康社会成果，其中《人民日报》刊登《福州践行以人民为中心的发展思想 幸福生活有滋有味（头版）》《“穷山坳”因何变“聚宝盆”》等报道；新华社刊登《小康之美丨用画作留住福州古厝的美》《走向我们的小康生活丨福州：“一站式”服务惠民生》《〈走向我们的小康生活〉家一般的感觉！福州社区居家养老服务全覆盖》等多篇报道；中央人民广播电台刊播《〈走向我们的小康生活〉千年古镇的青春身影》《〈走向我们的小康生活〉一技之长助力脱贫》；中央电视台《新闻联播》栏目播出《数字福州：开启智慧生活 造福社会民生》；《光明日报》刊登《在福州感受品质生活》；《经济日报》刊登《姐妹乡伴做活“梅”文章》；《中国妇女报》刊登《凝聚“闽”心 赋能乡村》。

【东西部扶贫协作宣传报道】 2020年，福州与定西创新开展一系列协作。中央、省属媒体在日常报道的基础上，深入到定西市扶贫一线采访，报道两地扶贫协作的创新举措和典型经验，其中《光明日报》用两个整版的篇幅推出综述性报道，并配发2篇评论文章和3篇理论文章；《经济日报》“脱贫攻坚”专版刊发《福州定西手牵手 小康路上一起走》。新华社、《经济日报》、《福建日报》相继推出《万亩“福州林”，打造陇中“生态扶贫样本”》《福州与甘肃定西携手推进生态扶贫“福州林”扎下“致富根”》等多篇报道。《人民日报》、新华社、中央电视台刊播《“点对点”服务饭碗捧得住》《疫情防控和脱贫攻坚“两手抓”福州市多举措帮扶甘肃定西》《福建福州对口帮扶甘肃定西 定向定岗定制 精准扶持吸纳就业》等报道，宣传报道福州市在疫情防控期间包机包专列接送定西务工人员，以及精准扶持吸纳定西贫困户就业的典型做法。新华社、《经济日报》、福建电视台推出《“福定协作”：产业扶贫拔穷根 携手打赢脱贫攻坚收官战》《东西协作扶贫 定西“小车间”托起大梦想》等报道。

【古厝保护宣传报道】 2020年，福州市委、市政府启动新一轮古厝保护提升行动。中央、省属媒体关注福州古厝保护采取的措施、成效和亮点，推出一系列报道，全面展示福州古厝保护利用和历史文化名城建设发展成果，其中《人民日报》刊登《福州创新管理机制，精准保护修复 留住每一座古厝的故事》；新华社刊登《百年烟台山，古厝迎新生！走进福州“万国建筑博物馆”》《大美福州丨古厝为根 文化为魂》等多篇报道；中央电视台《科教频道》连续播出3集纪录片《福州古厝》及《福建历史文化名城（一）福州》。《经济日报》刊登《福建福州：让古厝“活”起来》；《福建日报》刊登《福州：古厝处处好风光》《古厝，让闽都流光溢彩》等报道。

**【生态文明建设宣传报道】** 2020年，福州市推进山水城市建设。中央、省属新闻媒体围绕公园绿地建设、水系综合治理等工作的成效和亮点，推出一批报道。其中《人民日报》刊登《又见碧水润榕城（头版）》《首批国家生态文明试验区先行先试4年多成效显著——种好“试验田”结出“生态果”》；《新华每日电讯》刊登《福州：“显山露水”焕发闽都神采》；中央广播电视总台新闻频道播出《福建福州 闽江河口湿地迎来大批越冬候鸟》《福建福州 美丽中国新画卷 昔日“垃圾山”如今“城市绿肺”》《福建福州 立冬天渐凉 金秋景犹在 姹紫嫣红 千种菊花惹人》等多篇报道；《光明日报》头版头条刊登《福州：绿色治理创造生态之美（头版头条）》；《福建日报》刊登《福州：公园越来越多 城市越来越绿》《城市拥抱自然，让生物多样性留在身边》等报道。

**【城市品质提升宣传报道】** 2020年，福州市委、市政府推进城区旧屋区改造，其中《人民日报》刊登《福州全力办好旧屋区改造实事 城市品质提升 居民生活舒心（头版）》《配套更完善 居住更舒坦（倾听·老旧小区改造提速）》等报道；《经济日报》刊登《城市有“面子”生活有“里子”》；《福建日报》刊登《福州：提升品质 打造幸福之城》；福建省广播影视集团播出《福州：提升品质 打造宜居之城》《世界城市日丨福州：完善路网建设 提升城市品位》等报道。

**【全国两会宣传报道】** 2020年，全国两会期间，《人民日报》、新华社、中央广播电视总台及《福建日报》、福建电视台等中央、省属主要媒体，通过文字、图片、视频、访谈等形式，刊发多篇重点报道，展示福州市开展疫情防控和经济社会发展的具体举措和成效亮点，其中《人民日报》在《在危机中育新机 变局中开新局》报道中摘登市长尤猛军对习近平总书记参加政协经济界委员联组会发表重要讲话的感想体会；中央电视台新闻频道《朝闻天下》《新闻30分》等重点栏目播出市长尤猛军参加分组讨论政府工作报告的发言；《福建日报》在“聚焦全国两会”专题中刊发市长尤猛军专访《稳住基本盘 保住民生底线》；福建电视台《决胜小康年 两会观察》栏目推出15分钟专题《福州：推进有福之州实现新跨越》。并在《福建卫视新闻》《福建新闻联播》栏目播出市长尤猛军参加分组审议全国人大常委会工作报告的发言。

**【第三届数字中国建设峰会宣传报道】** 2020年，第三届数字中国建设峰会期间，福州市邀请68家中央、省内外以及境外驻闽的421位注册记者参与峰会报道，反映“数字福建”“数字福州”建设经验和成就，展示前两届数字中国建设峰会取得的成果。《人民日报》《新华每日电讯》《光明日报》《经济日报》《中国日报》等中央主要新闻媒体整版刊发第三届数字中国建设峰会彩色专版报道。

**【第六届“海上丝绸之路”（福州）国际旅游节宣传报道】** 2020年，第六届“海上丝绸之路”（福州）国际旅游节在福州市举办，各级各类媒体综合运用音、视、图、文登播报形式，报道旅游节相关情况。其中，《人民日报》刊登《共建海丝之路 共促文旅繁荣——第六届“海丝国际旅游节”在福州启幕》专版报道；新华社刊登《第六届“海上丝绸之路”（福州）国际旅游节在福州开幕》；《经济日报》刊登《第六届海上丝绸之路（福州）国际旅游节11月27日启动》；中新社刊登《“海丝”国际旅游节福州开幕 共探“海丝”沿线文旅产业复兴》《海丝博览会暨海交会启动80多个沿线国家和地区线上展销》《海丝博览会暨海交会福州举行“云直播”促消费》等多篇报道；《中国旅游报》刊登《共建海丝之路 共促文旅繁荣——第六届海上丝绸之路国际旅游节今日启幕》《四场主体活动精彩纷呈》；《福建日报》推出《第六届“海上丝绸之路”（福州）国际旅游节精彩纷呈成果丰硕》《海丝旅游：“内循环”带来新商机》等多篇综述报道。

**【第八届海峡青年节宣传报道】** 2020年，第八届海峡青年节期间，中央、省属新闻媒体综合运用音、视、图、文等播报形式，报道大会相关情况。其中，《人民日报（海外版）》刊登《“以云为媒”两岸青年激荡创意》《2020海峡青年（福州）云上峰会举行》；新华社刊登《2020海峡青年（福州）云上峰会共话两岸青年责任与担当》《2020海峡青年（福州）云上峰会举行 超10万名两岸青年参与》等报道；中央广播电视总台新闻频道播出《第八届海峡青年节 两岸青年同心抗疫共话未来》《2020海峡青年云上峰会在福州举行》；中新社刊登《第八届海峡青年节“以云为媒”开启两岸青年交流新方式》《从海峡青年节到海峡论坛：两岸交流“不掉线”》等报道；《中国青年报》刊发图文报道《1500名两岸青年出席海峡青年（福州）峰会》；《福建日报》刊登《海峡青年（福州）云上峰会举行》《首届闽台人才协作论坛在榕举行》《两岸青年参访福州滨海新城》等多篇报道。

（雷振宇）

（编辑 姚国榕）

# 历史文化名城

## 综 述

【概况】 2020年，福州市推动历史文化名城、名镇名村和传统村落保护，根据住房和城乡建设部体检评估有关工作部署，完成2020年福州国家历史文化名城与永泰县嵩口镇国家历史文化名镇的评估工作，并配合完成福建省住建厅开展的历史文化名城评估、历史文化名城名镇名村传统村落保护工作监督检查、省为民办实事“十镇百村”中期及年终评估工作。

组织各县（市）区申报福建省第三批传统村落，福州市35个村落入选。组织仓山区阳岐村等10个县（市）区的13个镇村申报省住建厅重点改善提升镇村项目，并结合省为民办实事项目中保护利用城乡历史文化内容，打造一批传承保护、环境整治、活化利用、产业发展效果比较突出的历史文化名镇名村和传统村落品牌。组织市直相关单位开展4个历史文化名镇名村市级技术审查会，初步建立多部门联审机制。47个国家级传统村落全部完成挂牌。推动传统村落海峡租养平台项目上线，年内13个村落29栋建筑上线。

年内，“福州市三坊七巷保护开发有限公司”更名为“福州古厝保护开发集团有限公司”（简称福州古厝集团），并揭牌成立。福州古厝集团立足三坊七巷、上下杭、朱紫坊、梁厝、南公园等五大街区，完成近130处、总面积约6万平方米的古建筑保护修复，完成梁厝一期、南公园一期、上下杭·金银里商业步行街、新店古城遗址公园项目建设工程，并承接全市50余处零星古建筑的保护修复工程。完成林觉民·冰心故居、芙蓉园（福建省沈绍安漆艺博物馆）、陈兆锵故居（福建省工艺美术博览园）、黄培松故居等展陈建设更新，推进台湾会馆、闽台历史文化研究院、采峰别墅（历史文化展示馆）、永德会馆（两县文化展示馆）、梁厝及南公园特色文化展示馆等展陈建设提升。五大街区完成国潮金鱼馆、中国商印展览书馆、严复文化交流中心等文化展示业态及金辉客栈、青创主题客栈等公开招租项目近50个，其中，上下杭·金银里商业步行街于12月30日开街运营，引进3家中国区首店、6家福建区域首店及创新店。

（林妙花　杨妙萍）

【历史文化名城法律规划体系】 2020年，福州市名城委牵头修订起草《福州市历史文化名城保护条例》，成立专班小组、聘请专业团队，通过调研、座谈、发放问卷、征集征求修改意见等方式，形成《条例（修改）》及起草说明等材料。推进西湖等历史地段保护规划编制工作，协和大学历史建筑群、鼓岭历史建筑群、西湖历史文化风貌区、洪塘历史文化风貌区等4处保护规划草案公示。会同市自然资源与规划局完成新一轮名城保护规划初步成果，《福州市历史文化名城保护规划（2020—2035年）》初稿通过市级专家咨询会。

（林妙花）

## 街区保护修复

【三坊七巷历史文化街区保护修复】 2020年，福州市三坊七巷历史文化街区基本完成闽山巷13号、喉科弄3号等院落修缮项目，推进刘家大院、金鸡弄7号等院落的保护修缮相关工作。

【朱紫坊历史文化街区保护修复】 2020年底，福州市朱紫坊历史文化街区基本完成花园巷3号、芙蓉弄西侧整治地块、花园弄50号、52号、54号等保护修复工程，开展府学弄旅游公厕主体建设、西入口游客中心及整体VIS导视系统的建设工作。街区累计修复完成院落及整治建筑51处，约3万平方米。

【上下杭历史文化街区保护修复】 截至2020年底，福州市上下杭历史文化街区累计完成13处文保单位，49处登记文物点、93处风貌建筑的修复工作。2020年，福州古厝集团基本完成上下杭·金银里商业步行街建设，步行街全长250米，总投资1.49亿元，项目主要涵盖建筑立面提升、绿化景观提升、三捷河景观节点、夜景灯光、智慧系统及配套管网改造等建设项目。

**【梁厝特色历史文化街区保护修复】** 2020年，福州市梁厝特色历史文化街区基本完成一期范围内景观工程、道路街巷工程及文保、文物点保护修缮工程，占地面积8.5万平方米，基本完成古建修复37处。打造梁厝新八景，完成古祠澄波、村田映画、榕荫溪韵建设。

**【南公河口特色历史文化街区保护修复】** 2020年，福州市南公河口特色历史文化街区基本完成街区一期工程，主要建设内容包括路通街北段、万寿一道至小花园巷两侧建筑立面整治、建筑保护修缮共30处，建筑面积约3900平方米。

（杨妙萍）

## 古厝保护与开发利用

**【历史建筑保护利用】** 2020年，福州市开展五城区第三批历史建筑认定工作，经名单筛选、现场核实、专家论证等环节，形成第三批历史建筑建议名单。推行古厝管理“数字化”，“福州历史建筑规划管理系统”开发完毕并投入使用，全市公布的671处历史建筑及1100多处历史建筑普查成果被纳入该系统。“福州名城保护管理平台”基本完成建设。

年内，出台《关于进一步加强有保留价值老建筑保护工作的若干意见》。加强安全隐患排查整治，市名城委联合市房屋结构安全隐患大排查大整治百日攻坚专项行动领导小组办公室印发《福州市历史建筑结构安全隐患排查整治工作方案》。

**【古厝保护提升行动】** 2020年，福州市启动新一轮古厝保护提升行动“六个一批”91项任务335个项目。市名城委、市文旅局、市资源规划局等单位联合开展古厝保护绩效考评工作，对各县（市）区落实情况给予综合考评。启动新一轮古厝保护登记普查和保护利用专项行动，制订专项实施方案。

（林妙花）

**【林觉民·冰心故居】** 位于杨桥路17号，占地面积690平方米。2020年，福州古厝集团对该展馆开展修复提升，主要涉及建筑保护修复、展陈景观提升等部分。展陈部分展现“福州古厝之爱”“为天下人谋永福”等内容，增加场景还原、多媒体等配套设备设施。

**【三坊七巷历史人物勤廉馆】** 位于安民巷49号，占地面积530.6平方米，为中共福州市纪委设立、福州古厝集团负责管理的历史名人勤廉事迹展示馆。2020年，该展馆开展整体展陈提升，以历史人物勤廉家风为主题，通过实物、展板、浮雕、蜡像、多媒体等形式，展示林则徐、严复、苏舜元、许珌、陈若霖、陈襄、王荷波、萨镇冰等历史名人的勤廉事迹。

2020年，中共福州市委旧址完成整体展陈提升　　（林雪锋　摄）

**【中共福州市委旧址】** 位于立本弄2、3号，占地面积约400平方米，为中共福州党史和地方志研究室设立、古厝集团负责管理的三坊七巷党政历史及人物展示馆。2020年，该展馆开展整体展陈提升，在原陈列的基础上进行扩充完善，提升后展陈内容主要有加入播火记、红旗谱、英雄赞三大部分。

**【芙蓉园】** 福州著名的古典园林，始建于宋代，占地面积3660平方米，现为国家级重点文物保护单位。2019年12月，芙蓉园引入福建省沈绍安漆艺博物馆，2020年10月完成布展开放，博物馆集藏品收藏、博物展览、学术研究、漆艺推广、科普教育等于一体。

**【陈兆锵故居】** 始建于清初，占地面积约3500平方米，1921年前后被陈兆锵购买并重建。为省级文保单位，改造为福建省工艺美术博览园，于2020年9月28日在朱紫坊历史文化街区开园，展出漆器、寿山石雕、木雕、陶瓷精品及其他品类作品。

**【黄培松故居】** 位于中平路172号，为福州市2020年唯一存在的武状元府，宅院坐北朝南三进落，整体面阔5间，进深4间，穿斗式结构。在黄培松高中武状元后其父将原先经营茶行“泉泰”进行扩建成为状元府邸。为省级文物保护单位，改造成为福州市美术馆，于2020年9月开馆。

（杨妙萍）

## 文化宣传

**【闽都文化品牌建设】** 2020年，福州市推进冶山文化遗址公园建设，冶山遗址博物馆在建，华侨楼及武氏民居在修缮中，东入口提升修缮工程完成，并设考古预留区。开展福州古厝特色挖掘及图谱研究，首次系统针对福州古厝开展文化脉络梳理和文化特征解析，为认定文物建筑、历史建筑及传统风貌建筑价值特征提供方法。启动2020首届福州古厝文创大赛，并邀请知名专家学者以“线上+线下”方式开展古厝文创研学营。启动“福州古厝”数字博物馆平台建设，福州古厝特色元素创新性保护和利用数字应用（一期）项目列入市大数据委项目清单，项目总投资342.83万元。

（林妙花）

【主题文化活动】　2020年，福州市五大历史文化街区在新冠疫情常态化防抗情况下，开展艺术展示、品牌旅游、产品展销、夜坊集市、研学活动、惠民演出、线上直播等主题活动，推动街区营商环境复苏，举办“寻味坊巷·果香之旅”2020三坊七巷水果节、“云游坊巷”线上直播、“山海福厝”（上下杭）文创市集、朱紫坊研学课堂、梁厝时尚周、第七届（2020）福建文创晚会（南公园）等品牌活动、文化活动及商业活动517场，举办街头艺人表演2604场。

【宣传活动】　2020年，央视报道福州市五大历史文化街区新闻30次，省级及市级媒体报道五大街区254次。其中，上下杭成为城市夜景新地标，被央视报道9次。三坊七巷获得央级媒体报道27次、省市媒体报道228次。在新冠肺炎疫情防控形势下，三坊七巷推出“云游坊巷”线上直播，与新华社联合推出“世界读书日”和“非遗彩玻”专题直播，获得央视、新华社、《中国旅游报》、《福建日报》、《福州晚报》等多家媒体报道。“五一”假期中央电视台《新闻直播间》《共同关注》报道三坊七巷老字号复苏、“五一”假日游等内容。

【民俗节庆活动】　2020年，福州市五大历史文化街区在国际古迹遗址日、国际旅游日、文化遗产日、端午节、七夕节、国庆节等节假日，举办“花坊艺游”新春花市、“子鼠迎春”国潮小集、“筑梦中国”国庆主题活动、七夕传统民俗活动、“后街拾遗”坊巷国潮夜游节等民俗节庆活动。在新冠肺炎疫情防控常态化情况下，重启街区常态化表演活动，其中有糖画、捏泥人、画扇、油纸伞等民间艺人表演及闽剧演出、福州评话鉴赏表演、街头艺人表演、定期文化惠民演出及水秀夜景灯光展演。其中三坊七巷街区在国庆中秋双节期间，开展“水榭揽月”中秋游园会、闽韵流芳话榕腔、数字坊巷街头派对等活动。

（杨妙萍）

## 街区旅游开发

【旅游接待】　2020年，福州古厝集团完成第三届全国数字峰会对话未来论坛活动及世界城市日嘉宾落地接待工作。推出历史文化街区“保护修复”“党建红色旅游”“文旅商融合旅游”“非遗文化旅游”“名人故里旅游”“闽台寻根旅游”及“古典园林旅游”等线路，用旅游线路串联街区景点、名人、非遗、文创等项目，塑造具有历史记忆、文化脉络、地域特色的街区文化品牌。年内五大街区累计游客量突破千万人次。

【旅游营销】　2020年，福州市五大历史文化街区通过品牌活动招商、品牌授权、场地招商、广告位等形式开展招商活动，并通过对接OTA平台、对接酒店板块、对接研学课程需求群体，与企事业单位合作、与团购（批量采购）合作等方式进行旅游营销。年内，三坊七巷历史文化街区成为首批福建省政协港澳台侨交流基地，并获“全闽乐购”乐购贡献奖。

【景区建设】　2020年，福州古厝集团按序时进度推进完成第44届世遗大会筹备、新一轮城市品质提升及古厝保护提升等重点工程项目。年内，五大街区公共基础配套设施基本提升完成，夜景灯光、标识系统、公共区域零星修缮在建。

表83　**2020年福州市区五大历史文化街区主要文化活动情况表**

| 街区 | 时间 | 活动内容 | 地点 |
|---|---|---|---|
| 三坊七巷活动区 | 1月1日 | “花坊艺游”——第二届三坊七巷新年花市 | |
| | 1月1日 | “礼衣雅蕴——朝鲜族传统服饰展” | 福建民俗博物馆 |
| | 1月16日 | 三坊七巷“子鼠迎春”国潮小集 | 南后街 |
| | 2月27日 | “云游坊巷”线上互动直播通过“一直播”和“抖音”直播平台推出 | |
| | 3月27日 | “众志成城 抗击疫情——福建非遗战疫主题作品展” | 福建省非遗博览苑 |
| | 4月18日 | “国际古迹遗址日”系列活动 | |
| | 4月23日 | “向东向海——影像记录福建海洋文明摄影展” | 福建省海峡民间艺术馆 |
| | 5月10日 | “刀痕——沙清泉版画艺术大展” | 福建民俗博物馆 |
| | 5月18日 | “乐舞国粹韵芬芳　闽风民俗谱新篇”——国际博物馆日主题活动 | 水榭戏台 |
| | 6月6日 | “全闽乐购直播节暨618天猫互动城超级地标直播间” | 南后街展览馆 |

续表

| 街区 | 时间 | 活动内容 | 地点 |
|---|---|---|---|
| 三坊七巷活动区 | 6月13日 | “文化和自然遗产”系列活动 | |
| | 6月25日 | “寻味坊巷·果香之旅”2020三坊七巷水果节 | |
| | 7月9日 | “虚怀若谷——新文艺群体竹刻艺术作品展” | 福建省海峡民间艺术馆 |
| | 7月31日 | “助力第44届世界遗产大会·促进海峡两岸文化交流”东南墨韵画展 | 普霖书院 |
| | 8月25日 | “后街拾遗”坊巷国潮夜游节 | 光禄吟台 |
| | 8月28日 | “全闽乐购·福州消费节暨东街口智慧商圈饿了么口碑街活动启动仪式” | 三坊七巷北广场 |
| | 9月10日 | “清新闽东北，健康武夷+”南平文旅推介会 | 三坊七巷北广场 |
| | 9月19日 | 九龙大白茶“神州行”启动仪式暨松溪生态茶全国品鉴会·福州站 | 光禄吟台 |
| | 9月21日 | “状元杯·福建省第三届篆刻作品展” | 福建省海峡民间艺术馆 |
| | 9月25日 | “迎世遗 庆国庆”秋夜赏非遗——福建非遗精品展演展示活动启动仪式 | 福建省非遗博览苑 |
| | 9月30日 | “七蹓八蹓　醉享福州”首届福州文旅产品网络消费季中秋国庆专场直播 | |
| | 10月1日 | “巷间传艺·坊问未来”三坊七巷秋日艺术季 | |
| | 10月1日 | “福州高新区五周年摄影展” | 宗陶斋 |
| | 10月1日 | “携手同心——海峡两岸中秋诗会” | 福建省非遗博览苑 |
| | 10月11日 | 第三届数字中国建设峰会“有福之州·对话未来”活动（“院士峰会行”与“分院落主题”） | |
| | 10月14日 | “迎世遗大会，展鼓楼风采”鼓楼区书法剪纸作品展 | 福建省海峡民间艺术馆 |
| | 10月21日 | “幸福水天堂，泰州慢生活” | 光禄吟台 |
| | 10月23日 | “大田高山茶文化节” | 光禄吟台 |
| | 10月25日 | “致敬最可爱的人——纪念抗美援朝出国作战70周年图片展” | 新四军驻福州办事处旧址 |
| | 10月28日 | “石耀东南——寿山石获国家级金奖作品展” | 福建省海峡民间艺术馆 |
| | 10月31日 | “全闽乐购 乐购三明——寻找泰味走进三坊七巷”线上线下展销直播服务活动 | 光禄吟台 |
| | 11月1日 | “气同兰静——宗陶斋馆藏书画作品展” | 宗陶斋 |
| | 11月12日 | “冰心文学·名家书画暨民国版本展” | 福建省海峡民间艺术馆 |
| | 11月20日 | “涪城汉韵——四川绵阳市博物馆藏汉代精品文物展” | 福建民俗博物馆 |
| | 11月28日 | “品读双世遗 慢游武夷山”茶旅文化品牌福州宣介活动 | 光禄吟台 |
| | 11月29日 | “重温峥嵘岁月·纪念陈岱孙诞辰120周年”主题座谈会 | |
| | 12月2日 | “闽东之光——宁德市民间艺术精品展” | 福建省海峡民间艺术馆 |
| | 12月16日 | “福建省民间文艺山茶花奖·优秀民间工艺美术作品评选暨传统民间艺术精品展” | 福建省海峡民间艺术馆 |
| | 12月23日 | “福建省装配式建筑发展成果展” | 三坊七巷建筑艺术馆 |
| | 12月24日 | “山海见证——宁德市决战决胜脱贫攻坚书法作品展” | 福建省海峡民间艺术馆 |
| | 12月31日 | “匠心永流传——罗源玉石雕刻艺术作品展” | 福建省海峡民间艺术馆 |
| | 12月31日 | “迎福增寿——2021年福州金鱼迎春展” | 光禄坊公园 |

续表

| 街区 | 时间 | 活动内容 | 地点 |
|---|---|---|---|
| 上下杭活动区 | 5 月 1 日 | “播在台江”系列直播之“播在上下杭”借助微信、抖音等平台启幕 | |
| | 8 月 14–16 日 | “山海福厝”——2020 福建文创市集启动仪式 | |
| | 8 月 25–26 日 | 星汉迢迢双杭会之汉服婚礼秀及古风新潮市集 | |
| | 10 月 1–8 日 | “山海福厝·新国潮市集”“书杭·国风集”“欢喜福厝·乐舞双杭”“UP Live 音乐美食嘉年华”等活动 | |
| | 11 月 18 日 | “全闽乐购·逛夜市”启动仪式暨夜间经济体验示范街区观摩活动 | 下杭路广场 |
| 朱紫坊活动区 | 1 月 1 日 | 福州城市先锋榜颁奖典礼及“穿越城市遇见爱”系列活动 | |
| | 4 月 25 日 | 东街口商圈办主任线上直播活动 | |
| | 5 月 10 日 | “福漆”作品展 | |
| | 5 月 23 日 | “‘漆’息相关·未来可期”福建（朱紫坊）文创市集 | |
| | 7 月 5 日 | 朱紫讲堂系列活动《走进中国古代建筑》《走进地下的福州》《走进中国古代雕塑》 | 朱紫坊 38 号古民居 |
| | 7 月 31 日 | “闽都人才论谈”之“左海论谈”线下活动分论谈——新金融分论谈 | |
| | 8 月 10 日 | “古厝光影少年派”研学活动 | |
| | 8 月 21 日 | “天上有七夕，朱紫愿莫离”七夕系列活动 | |
| | 9 月 15 日 | 福州市科创企业·上市领航营 | 朱紫讲堂 |
| | 10 月 1 日 | “筑梦中国·活力朱紫”朱紫坊国庆系列活动 | |
| | 11 月 28 日 | 2020 闽台匠人大会 | |
| | 12 月 11 日 | “我把福州寄给你”文创设计大赛颁奖仪式 | |
| 南公河口活动区 | 1 月 21 日 | 南公河口特色历史文化街区揭牌 | |
| | 4 月 18 日 | “探寻南公遗址·共享古厝文化”活动 | |
| | 10 月 1–8 日 | “妙趣国庆·嗨 FUN 河口” | |
| | 12 月 19 日 | 第七届（2020）福建文创晚会 | |
| 梁厝活动区 | 1 月 21 日 | 梁厝特色历史文化街区揭牌 | |
| | 9 月 25 日及国庆期间 | “千年古厝，时尚穿越——2020 首届福州古厝时尚周” | |
| | 11 月 29 日 | 闽台匠人大会“闽台汇匠心，巧艺汇南台”梁厝特色历史文化街区主题活动 | |

（杨妙萍）

（编辑　黄铭）

# 体　育

## 群众体育

【概况】　2020年，福州市建成五级公共体育设施体系，建有108千米环山休闲步道，475千米滨河绿道，15分钟健身圈在城市社区覆盖率100%，形成城市主城区“10分钟健身圈”，新增体育场地781个，有场地2.5万个，人均体育场地面积2.50平方米，较“十二五”末人均增长0.66平方米。全市有体育类社会组织2628个，比“十二五”总数增加一倍，居全省首位。社会体育指导员17273人，每万人公益社会体育指导员数21个，比上年增加1个。经常参加体育锻炼人数达常住总人口数的52%，较“十二五”末提升4个百分点。

【全国社区足球场地建设试点城市创建】　2020年，福州市被国家住建部、国家体育总局确认为第二批全国社区足球场地设施建设试点城市之一，6月发布《福州市城市社区足球场地设施建设试点工作实施方案》《社区足球场地建设标准》，确定试点期间建设142片足球场地。年内完成投资6800万元，建成社区足球场地101片，其中，高架桥下18片、园林绿地内33片、社区内35片、闲置地块8片、旧厂房5片、体育场2片，新建球场中56%配建智能化设备。足球场地建设建立资金保障机制，市财政设立奖补资金，根据新建球场类型，分别给予20万元/片至110万元/片不等的补助，占比80%。引入市城乡建总、市国投等社会力量，以“先建再管”“帮建代管”等形式参与建设运营，投资1382万元，占比20%。12月29日，在全国城市社区足球场地设施建设试点总结视频会议上，福州市作“完善城市功能 提升城市品质，着力构建全民共建共享的健康社会”典型发言。

【全民健身设施建设】　2020年，福州市发布《福州市公共体育设施专项规划（2018—2035年）》，结合串珠公园、城市绿道、乡村振兴项目，因地制宜实施省级、市级为民办实事项目，建设478个全民健身工程，投入资金4800多万元。新建笼式足球场8片、室内健身房3个、农民全民健身活动中心2个、纳凉点轨道棋20套，更换新建健身路径425条、提升改造农民体育健身工程84个。布局以城市中心为辐射圈的智慧健身中心，建设智能健身驿站20个、室外智慧健身房2个，启动建设鼓楼、罗源两个智慧体育公园。全市一县（市）区一个老年人体育活动中心，其中福清市、罗源县基本建成并开放老年人体育活动中心。鼓楼、台江、仓山、晋安、闽清、永泰6个县（区）均完成依托建设。马尾、长乐、闽侯、连江4个县（市）区，选取体育馆大功能房、县少体校等符合条件的场所改造为老年人体育活动中心，并启动规划新建工作。全市有老年活动中心3886个，有156个单位被评为省老年人健身康乐家园，861个单位被评为福州市老年人健身康乐家园。完善体育场地设施管理维护，市体育局牵头，在鼓楼、台江、仓山开展服务外包形式开展健身路径点定期维修维护试点，连江县通过招投标、公开拍租完成体育公园物业服务外包和游泳馆委托运营，仓山引进上海今临体育科技有限公司“共享公共运动场”管理新模式，开展智能无人化管理试点。

【全民健身活动】　2020年，福州市优化“假日”“四季”体育活动模式，提升新年登高、十万人健步行、端午龙舟、鼓岭越野等18个群众特色赛事品牌，6月恢复举办群体性赛事，市级牵头举办“红红火火过大年第十六届万人健步行”“中国体育彩票2020全国新年登高健身大会福州分会场活动”“中国第六届五虎山越野赛”等全国性赛事5场，主办“运动健康进万家”“全民健身运动会”“老年人健身大会”及省市直机关篮球赛等大众体育联赛。全年开展30项333场次市级全民健身系列活动，各县（市）区平均开展10项次以上全民健身赛事活动，各类体育社会组织自主开展264场次群众赛事活动，疫情期间开展160余场“云健身”活动。其中，鼓楼拓展“体育+经济”模式，组织176支企业队伍参加第二届企业运动会；台江体教联办青少年校园足球联赛、中小学生田径运动会；仓山以114个基层群众文体辅导站、文化体育协管员为依托，举办健身舞、橄榄球等多种形式培训班；长乐、闽侯通过购买服务，开展武术等传统体育项目、全民健身运动“六进”等系列活动。

【健身科学指导】 2020 年，福州市等级社会体育指导员人数分别为国家级 125 名、一级 631 名、二级 4594 名、三级 11923 名。市县两级举办 9 期全市骨干社会体育指导员培训班，市老体协等体育类社会组织举办健身气功、太极拳、门球等培训交流活动 17 场次，带动社会指导员进公园、进社区、进乡镇，提供科学健身指导等 17 批次活动。组织市级训练单位、各县（市）区结合不同年龄段群众健身需求及居家健身实际，录制指导各人群健身指导视频 100 余条，依托福州电视台、《福州日报》《福州晚报》等媒体普及体育健身文化知识。利用“福州体育”微信公众号、官方微博、福州体育门户网站，策划“线上全民健身运动会”“全民健身日”“第二十五届市运会”“全民健身公益微讲坛”等主题宣传活动，刊发各类信息 1500 余条。开展第五次国民体质监测和 2020 年全民健身活动状况调查，国民体质监测覆盖 8 个县（市）区共 24 个监测点近 3000 个样本量。

【体育组织建设】 2020 年，福州市发布《福州市市级体育类社会组织扶持办法》《福州市市级体育类社会组织评估管理办法》，以构建社会组织联动、联办运行机制，以“3”（单项体育协会、俱乐部、体育指导员）+“X”（有党支部、品牌赛事、有活动基地、有服务项目、有联赛、有会员注册）为发展方向，指导体育社团开展“专业人员聘用”“党建活动室创建”“倡导党建进章程、进议程、进赛事”“创办服务实体”等工作。全市有市级体育组织 107 家，会员数 49.42 万人，正常开展活动的 86 家，其中体育协会 55 家、体育俱乐部 31 家；新组建体育协会（俱乐部）5 家，有 15 家协会成立裁委会。在省体育局开展的“福建省百家星级青少年体育俱乐部”评选中，全市有福建爱动巅峰体育文化发展有限公司、福建省盛羽青少年体育俱乐部、福建腾飞跆拳道俱乐部、福建诚忠跆拳道俱乐部等 32 家青少年社会体育俱乐部入选，入选数占全省上榜俱乐部总数的 35%。各类体育协会（俱乐部）开展各类活动 264 场次，参与各类活动体育健身爱好者 8 万余人次，依托社会筹措活动经费近 500 万元。

2020 年，福州市被国家住建部、国家体育总局确认为第二批全国社区足球场地设施建设试点城市之一，新建 101 片足球场地 （市体育局 供）

【体育交流】 2020 年，福州市将体育对外交流项目纳入大型赛事办赛计划，在举办世界女子围棋赛、福州国际马拉松等大型赛事中，设置线上国际间专项展示交流、线下配套预热活动等内容。在疫情防控许可的情况下，邀请港澳台地区棒球、足球、门球等队伍参加海青节、海峡两岸门球赛等赛事，10 月 17—18 日、25 日，举办“海青杯”两岸青年电竞赛，赛事吸引台湾东南科技大学、东吴大学、辅仁大学等 12 所高校 15 支队伍参赛，有约 20 万名两岸网友在线观看。12 月 7—9 日，举办“2020 海峡两岸暨港澳台地区群众体育系列赛围棋邀请赛”，台湾派出两支队伍参赛。推动福州市与国际友城美国塔科马市、澳大利亚霍巴特市体育互访交流，参与两次两市交流工作视频会，巩固深化龙舟项目交流合作基础，拓展青少年足球、水上海上等体育项目交流，探索体育人才互访交流机制。加强县（市）区“一县一精品、一街一品”特色品牌赛事打造，结合全民健身运动会，举办马尾“两马”体育联谊赛、晋安鼓岭山径赛、永泰大青云越野赛及自行车大众精英赛、闽侯五虎山越野赛及夜跑大会、福清大姆山越野赛等特色赛事。

（卢余清）

## 竞技体育

【概况】 2020 年，福州市有体育后备人才基地国家级 2 个、省级 7 个、市级 30 个，200 余所体育传统校。基本形成较完备的市、县、区三级训练网络体系及“阳光体育运动”“科学健身校园行”“营动福建”冬夏令营等赛事活动体系，全市有在训运动员 1.2 万人，22 名现役国家队运动员。“十三五”期间向上级优秀运动队和高等院校输送 300 多名优秀苗子，有 84 人摘得 291 个全国以上赛事冠军，其中有 2 人次获奥运冠军、52 人次获国际赛事冠军。其中，林莉、林声、刘灵玲、李发彬、李雯雯等 5 人列为省一类重点队员。

【竞技训练管理】 2020 年，福州市确立以田径、排球、足球等 7 个省级竞技体育品牌项目打造目标，发展水上、射击射箭等后发项目，确定各项目后备人才培养规划。加强与各县（市）区、单项体育协会、省内体育高校合作办队模式，推动足球项目采取政企合作模式运作，排球、跆拳道等采取市县联办模式开展，市体校击剑、市体工队举重与3所学校合作，足球与协会合作办队。年内出台市体育训练“市县联办项目”管理办法、提高体育编外教练员工资标准、编外体育教练员聘用考核管理暂行办法、加强反兴奋剂工作责任和监督机制若干意见、市单项体育后备人才基地和重点体育特色项目学校扶持经费使用管理办法等系列制度。

**【备战参赛组织】** 2020年，福州市落实竞训管理责任，建立层级疫情防控预案，各项目队采取录制网络教学视频与开展网络训练指导检查相结合模式，在疫情期间开展基础性训练。对各项目疫情期间居家训练情况、下阶段训练计划和省运会各项目组别招生情况进行检查，查阅教练员教案约60个和在训955名运动员资料，随机抽查20名教练员手机中视频教学记录。5月，组织全市训练单位复学复训，有32个项目近1000人按期归队投入夏训，市级层面成立数个服务队，采取定期检测和驻点督查相结合方式落实备战指导，创造条件安排寄训外训10余项，到省队交流训练20人，寄训外训200余人，开展100余场交流测试赛。年内福州籍运动员在国内重大赛事中获11金5银8铜，在训运动员在省级以上赛事获38个第一。

**【体育后备人才培育】** 2020年，福州市加强各项目梯队建设，通过组织6次苗子集训，各项目招录新生500余人，各县（市）区向市级输送158名运动员，市级训练单位向省体校、省体工队等单位输送运动员74人。台江、仓山、晋安、马尾、长乐、闽侯、闽清、永泰8个县（市）区均举办中小学生运动会，平均项目数达9项。年内成立福州市足球改革发展工作领导小组，建立联席会议制度，会同教育部门完善多层级青少年足球联赛体系，计划每年举办约2000场次赛事，在体育产业专项资金中设立足球发展专项资金，以扶持属地专业职业足球队伍发展，重点对职业队参赛办赛、场地费实施补助，给予参加全国级联赛奖励。

**【后备人才基地建设】** 2020年，福州市有12所县（市）区少体校，有二集中（集中训练、集中宿舍）、一集中（集中训练）学生2382人，有10所实现“二集中以上”管理，其中鼓楼区自办项目18个，台江、仓山、晋安、马尾、长乐、福清、闽侯等与市级、社会联办项目29个次。各训练单位文化教育均纳入全市教育系统统筹管理，足球等6个项目采取市县联办、政企合作、市校联办模式运作。各县（市）区采取共建、驻点训练、进校园等形式实现体教融合，鼓楼区8所学校和7个俱乐部签订合作协议，设立9个驻点训练基地；晋安区在周边体育传统学校开展下午课后驻点帮扶训练，助力学校“一校一特”特色办学，并与3所学校建立篮球、射击、摔跤、田径合作共建协议；马尾区与周边中小学建立项目训练网点基地；长乐促成区足协和上店村委、小学共建成立少年足球队；永泰县推进武术进校园，请武术非遗传承人进校授课，在部分小学设立“少体校武术示范基地”开设武术教学课程。市体校改扩建项目年度投资3324万元，完成第三标段3号体育训练基地主体结构、南校门主体结构、部分附属工程等施工。

（卢余清）

## 体育产业

**【概况】** 2020年，福州市建有国家级体育示范基地（单位）3个、省级27个，中国体旅精品项目2个、省级体育旅游休闲基地5个、国家体育总局体科所联合实验室1个、“全国体育服务综合体典型案例”2个。实施“全员招商、全域招商”战略，“十三五”期间，落地体育招商项目48个。全市体育服务业规上企业22家。体彩年度销售额15.34亿元，完成年度任务数。体育产业总规模同比2015年翻番，约590亿元，增加值200多亿元，主营体育产业单位数约7500家。年内，福州市被列为首批国家体育消费试点城市。

**【体育产业政策研究】** 2020年，福州市发布《公共体育设施布局专项规划（2020—2035年）》，修订《福州市体育产业发展专项资金使用管理暂行办法实施细则》，完成全市体育事业统计、全市体育场地统计调查、体育产业发展情况调查等。组织53个项目申报省产业示范基地（项目、单位）、市级体育产业专项资金扶持，落实市级16个项目补助约400万元。在全省率先发布《福州市体育行业复工复产指导守则》，3月中旬开始有序组织全市体育场所逐步恢复开放，以市直机关服务基层年为牵引，引导各县（市）区通过减免房租、减免物业费、分期付租等方式落实扶持，全年为中小微体育企业减免租金约2000万元。

**【体育产业发展平台】** 2020年，福州市制订《“抓项目促跨越”专项行动招商工作方案》，建立市体育局“抓项目促跨越”领导小组统筹协调机制，累计收集招商线索23条，完成福建凤坂体育旅游休闲综合体项目、晋安ACS创意空间等8个招商任务，总投资额5.66亿元。通过“以地招商”形式，推出三江口四季冰雪体育、中央商务圈体育用地、东升地铁运动城等民间投资项目，组织约10个项目参加中国体博会、“6·18”海交会等，促成奥泰科技体育大数据中心项目在福建省体育局“体育　智创　生活”为主题展区签约。契合“海上福州”“滨海新城”战略，谋划国际帆船帆板中心、市水上中心二期工程等重大项目。加快建设智慧体育生产智造产业园、九野运动小镇等体育综合体，推动福清马术等新兴体旅项目发展。仓山年度注册体育企业88家。福州市海峡奥体中心、福州海峡天翔体育文化创意产业园被国家体育总局评为“全国体育服务综合体典型案例”，在省内仅有福州2个。

**【体育消费市场】** 2020年，福州市促进健身休闲产品供给、拉动健身休闲消费，开展体育行业帮扶政策研讨，引导企业利用大数据、云计算、人工智能、5G等新技术，培育数字体育、在线健身、线上培训等新业态，扶持智慧体育生产智造产业园建设项目，依托宜美智慧体育应用，建设国家体育总局可穿戴智能生产线、物联网产业化研发中心。首次尝试安排一定比例体彩公益金，用于政府购买服务，通过e福州APP发放4万笔计200万体育健身消费券刺激市场复苏，该项举措经央视播出形成示范效应。推动消费券发放常态化，组织1048家门店入驻省体育局“乐动八闽 福建省健身消费季”商区，9月发放首批500万体育消费券，核销金额居全省第一。组织企业参与省体育局“动起来、局长带你去打卡”直播带货活动。

2020年10月18日，福州市第二十五届运动会开幕　　（市体育局　供）

【体育市场管理】　2020年，福州市编制市体育局部门行政执法事项清单，拟订体育局全面推行福州市三项执法制度工作领导小组名单，制定下发体育局全面推行福州市三项执法制度工作方案，编制行政执法公开实施办法、执法事项清单等10项规章制度，印制行政执法文书宣传册及三联单。1—4月新冠肺炎疫情期间，各县（市）区文体旅局联合街道人员逐一上门核实，摸清辖区内所有体育经营场所情况，了解体育产业的种类、数量以及行业分布。5月，对全市游泳场所开展复工复产专项检查活动，有123家游泳场所通过体育、卫生监督两个部门核验并对外开放。年内全市体育系统出动执法人员逾100次，检查经营主体200户次，发出书面、口头预警10多次。推行“互联网+政务服务”，全面推进“一趟不用跑”“最多跑一趟”“审批服务便民化”，完成办事指南事项标准化梳理、省、市网上办事大厅事项维护、政务服务事项进行“五级十五同”目录绑定关联，完成审批21批次，审批二级运动员108人。

（卢余清）

## 体育赛事

【概况】　2020年，福州市举办市第二十五届运动会，承办第三届世界女子围棋赛暨世界人工智能围棋大赛、第六届福州马拉松、2020年全国徒步大会开幕式暨第十六届十万人健步行、2020年全国新年登高健身大会等4项国际国内大型赛事活动。赛事采取线上线下结合形式扩大参与面，直接参与运动员5万人，宣传面覆盖20余个国家地区。赛事运作加强与社会商业资源联动，策划纪念展、嘉年华等活动。年内体育系统在疫情常态下举办大型赛事等典型经验获中央部委推广2次、省体育局推广3次、市委市政府主要领导肯定批示2次、市政府全市通报表扬2次。

【第二十五届市运会】　2020年9月7日，福州市第二十五届市运会开赛，10月18日举办开幕式，10月24日完成全部比赛，10月25日举办闭幕式。赛事分青少年组、行业系统组、群众组三个组别，设52大项610小项，比上届新增11大项93小项。其中青少年组设27个项目492个小项，行业系统组设16个项目80个小项，群众组设9个项目38个小项，有12个县（市）区和45个行业系统单位8000多名运动员、教练员和2000余名裁判员参赛，赛事规模超过往届。市运会设44个分赛区，首次将群体项目纳入比赛序列，新增沙排、跳水等单项比赛，恢复金牌榜、总分数榜设置与公布，福清、晋安、台江摘得青少组总分前三，鼓楼、闽侯、仓山摘得群体组总分前三，全市有11队72人115次破47项市少年纪录。赛会期间推出200多篇报道，其中中央、省级媒体报道50多篇，百度搜索词条160万条，通过市场运作为赛事节约资金110万元，吸引服装、体检、矿泉水等6个品目近10家企业参与赞助。

【2020福州马拉松】　2020年12月20日在福州市五一广场举行，赛事获“2021年世界田径标牌赛事”称号，是疫情以来世界最大规模马拉松赛，为2020“奔跑中国”系列活动、全国马拉松年度赛事收官站，加入“跑遍中国”线上系列赛，以“健康伴小康，奋进新征程”为主题确定宣传主线。赛事应常态化疫情防控需要，规模缩减为2.3万人，首次采用抽签方式来确定参赛名额，其中全程马拉松7000人，半程马拉松13000人，半程马拉松3000人（定向由冠名商、赞助商组织人员参与），比赛吸引李春晖、管油胜、杨成祥、岑万江、钱鼎彬、刘洪亮等国内顶尖高手参与。赛事路线与2019年福州马拉松（简称福马）线路方案相比，取消上下杭段，其他线路不变，即全程马拉松起点五一广场，经南后街沿江滨中大道向前延伸并折返，经南江滨西大道在海峡会展中心折返，终点设海峡奥体中心；半程马拉松起点五一广场，途经南后街、江滨西大道、解放大桥、闽江大道，到达海峡

奥体中心；迷你马拉松起点为五一广场，经南后街到达通湖路。比赛4个项目均打破福马赛会国内选手最高纪录，其中男子组全程马拉松冠军被尹顺金以2小时14分58秒的成绩获得冠军，女子组全程马拉松冠军被杨花以2小时37分37秒的成绩获得冠军。由中央广播电视总台体育频道对赛事进行现场直播，直播时长160分钟，央视网、CCTV5APP、央视影音APP在线直播；邀请中央电视台体育频道、中央广播电视总台央广调频等电视广播媒体，在媒体矩阵不同平台中发刊报道量160余条；邀请27家各级党媒、网媒、官方跑网等发刊报道量700余条；福马官方自媒体平台总阅读量破300万次，百度搜索“福建农信福州马拉松”“2020福马”赛事关键词，相关搜索量超1175.93万条。

**【第三届“吴清源杯”世界女子围棋赛暨2020世界人工智能围棋大赛】** 赛事本赛部分及世界人工智能围棋大赛于2020年9月26—30日在长乐滨海新城举行，决赛部分及亲缘围棋邀请赛于11月30日—12月5日在吴清源会馆举行。大赛主要包括第三届“吴清源杯”世界女子赛和“福建海峡银行杯”2020世界人工智能围棋大赛两个主体赛事，包括2020亲缘围棋邀请赛、第三届福州市业余围棋联赛决赛、福州市中小学生围棋锦标赛、围棋国手见面会暨指导棋活动、纪念吴清源106周年暨福州青少年围棋交流活动等系列活动。该届赛事创新采取线上线下结合形式开展，“吴清源杯”世界女子赛首次在中国福州、中国台北、日本东京、韩国首尔、美国纽约、美国新泽西布里奇沃特、俄罗斯莫斯科、法国格勒诺布尔全球6个国家8座城市全球六大赛区举行，通过网络对弈实现“世界同下一场棋”目标。周泓余六段以2∶1成绩获得冠军，於之莹六段获得亚军，吴清源杯冠军首次留在中国。2020世界人工智能围棋大赛吸引来自世界5个国家的20支顶级人工智能团队参加，为历届参赛队伍最多的世界人工智能赛事，首次分为本赛阶段和决赛阶段两个阶段，本赛阶段采用积分编排制，决出8支队伍进入决赛阶段，其中中国队伍占6席。决赛和女子赛总决赛同时进行，最终星阵围棋获得冠军。2020亲缘围棋邀请赛于12月3—4日举行，聂卫平、鲁佳（师徒），罗洗河、梁雅娣（夫妻），时越、金珊（夫妻），檀啸、贾罡璐（夫妻）4对著名棋手亲缘代表同台竞技，经过两天的比赛，聂卫平、鲁佳师徒组合夺得冠军。赛事现场直播，通过抖音、斗鱼、虎牙、B站等11个直播平台传播，赛期有20多家中央媒体参与宣传，其中新华社每天至少两篇报道，人民网、中新网、央广网等媒体每日刊发报道，刊发直接新闻报道350篇，直播棋谱链接页面报道558篇，百度搜索“第三届吴清源杯”结果24.2万个。

表84　　2020年福州市运动员参加全国比赛获第一名情况表

| 姓名 | 项目 | 类别 | 比赛名称 | 比赛小项 |
|---|---|---|---|---|
| 翁泓阳 | 羽毛球 | 国内 | 2020年全国羽毛球锦标赛 | 男子单打 |
| 陈颖颖 | 羽毛球 | 国内 | 2020年全国羽毛球锦标赛 | 团体 |
| 刘军威 | 技巧 | 国内 | 2020年全国技巧锦标赛 | 双人平衡套 |
| 张　磊 | 技巧 | 国内 | 2020年全国技巧锦标赛 | 双人平衡套 |
| 刘军威 | 技巧 | 国内 | 2020年全国技巧锦标赛 | 动力套 |
| 张　磊 | 技巧 | 国内 | 2020年全国技巧锦标赛 | 动力套 |
| 李芸昕 | 跳水 | 国内 | 2020年全国少年儿童跳水冠军赛（D区） | 女子甲C组1米板 |
| 李国光 | 跳水 | 国内 | 2020年全国少年儿童跳水冠军赛（D区） | 男子乙A组1米板 |
| 张曦垚 | 跳水 | 国内 | 2020年全国少年儿童跳水冠军赛（D区） | 男子少年组5米台 |
| 李国光 | 跳水 | 国内 | 2020年全国少年儿童跳水冠军赛（D区） | 男子乙组双人跳台 |
| 林淮英 | 跳水 | 国内 | 2020年全国少年儿童跳水冠军赛（D区） | 男子乙组双人跳台 |
| 郑鸿坤 | 跳水 | 国内 | 2020年全国少年儿童跳水冠军赛（D区） | 男子乙B组5米跳台 |
| 郭洽宇 | 空手道 | 国内 | 2020年全国空手道锦标赛系列（第三站） | 女子团体型 |
| 郭洽宇 | 空手道 | 国内 | 2020年全国空手道冠军总决赛 | 女子团体型 |
| 龚　莉 | 空手道 | 国内 | 2020年全国空手道锦标赛系列（第一站） | 女子团体组手 |
| 龚　莉 | 空手道 | 国内 | 2020年全国空手道锦标赛系列（第二站） | 女子-68kg |
| 龚　莉 | 空手道 | 国内 | 2020年全国空手道锦标赛系列（第三站） | 女子-68kg |
| 龚　莉 | 空手道 | 国内 | 2020年全国空手道冠军总决赛 | 女子-68kg |

（卢余清）

（编辑　姚国榕）

# 卫生健康

## 卫生事业

【概况】　2020年，福州市有各级各类医疗机构2539个（含省属，不含平潭及卫生室，下同），其中医院139所；医疗卫生机构床位4.11万张、比上年增长7.38%，其中医院床位3.45万张、增长7.04%；专业卫生技术人员6.56万人、增长7.77%，其中医生2.55万人、增长7.93%，护士2.87万人、增长7.06%。每千人拥有卫生机构床位5.55张，每千人拥有卫生技术人员8.86人，每千人拥有注册医师（助理医师）3.44人，每千人拥有注册护士3.88人。全市有社区卫生服务中心49个，卫生技术人员2146人；社区卫生服务站143个，卫生技术人员1192人；乡镇卫生院125个，卫生技术人员5626人。市属13所医院总床位编制7007张，实际开放床位6558张，总诊疗量506.83万人次、总收入63.91亿元，病床使用率73.18%。年内建成或基本建成市妇幼保健院新院一期、滨海新城综合医院一期、肺科医院医技楼、市中医院病房楼、孟超肝胆医院门诊综合楼等项目5个，新动工建设市一医院门诊医技综合楼、市皮肤病院医技附属楼、滨海新城综合医院二期、市疾控中心（新址）等项目4个，完成年度投资33亿元，为年度计划投资的137%。

新冠肺炎疫情期间，市卫健委成立5个工作专班参与新冠肺炎疫情防控，相关内容参见抗击新冠肺炎疫情专辑。

【公立医院综合改革】　2020年，福州市启动实施《福州市深化医改三年行动计划》，推进公立医院综合改革，完善医联体、医共体、专科联盟等分级诊疗体系建设，新增闽江妇幼专科联盟，县域医共体建设实现全覆盖。3月，福建省将福州市作为“公立医院改革成效明显地区候选城市”上报国家卫健委。6月，福州市医改经验做法被国家卫健委评为全国基层卫生综合改革典型案例。组织全市公立医疗机构跟进国家药品集中带量采购和医用耗材集中采购使用试点，采购金额5亿元以上。完善市属公立医院绩效考核，在首轮国家三级公立医院绩效考核中，市二医院、市精神病院达到全国考核A级水平，市一医院等6家达到B级水平。推进世界银行贷款医改促进项目，代表福建省接受世行贷款促进项目国家考核并通过考核。

【基层医疗卫生】　2020年，福州市出台《福州市人民政府办公厅关于改革完善全科医生培养与使用激励机制的实施意见》《福州市人民政府关于全面提升村卫生所基本医疗和公共卫生服务能力的实施意见》，采取“11个一批”措施提高全科医生覆盖面，其中市、县财政对符合条件的注册全科医生分三档每人每月补助分别600元、800元、1000元；实施全面提升村卫生所基本医疗和公共卫生服务能力“14项行动”，其中在乡村医生养老保障及基本津贴全覆盖基础上，增加乡村医生人身意外伤害保险、交通补助、荣誉激励（连续从医30年及以上的给予至少5000元年度资金、免费体检奖励）等保障，对于满足条件的在岗乡村医生按服务人口分三档给予每人每月不低于1500元、1000元、500元财政补助。组建基层卫生健康管理专家库，专家库成员扩展到三大类36组715人。建立全市基层医疗卫生监测平台，加强对基层医疗卫生机构基本医疗、基本公共卫生和家庭医生签约等有关数据的实时监测。建立基层卫生移动培训平台和“钉钉”工作平台，按照“按需而设、为用而学”的原则，启动线上微课项目，提升基层医疗机构人员技术水平。出台《关于规范和推进家庭病床服务工作实施方案（试行）》，各县（市）区选择1家以上医疗机构开展试点。2型糖尿病一体化管理率28.1%，超过25%目标要求。全市组建10个紧密型县域医共体，实现县域全覆盖。

【基本公共卫生】　2020年，福州市城乡居民人均基本公共卫生服务补助标准提高到每人每年65元。基本公共卫生服务新增5元人均补助全额下拨给基层医疗卫生机构。高血压患者规范管理率75.07%，糖尿病患者规范管理率76.73%；严重精神障碍患者规范管理率85.89%，全市基本公共卫生服务项目在省级年度绩效评价中位列全省第一。改革基本公共卫生服务项目绩效评价机制，建立基本公共卫生绩效管理和监测平台，通过信息化手段直接抓取数据，加强专业公共卫生机构日常督导，推进上年度问题整改，提高考核效率。全省首创开展基层健康教育宣讲大赛，24个优秀视频在全市基层医疗卫生机构展播。开展家庭医生签约服务，全年城乡居民签约率31.29%。

2020年1月6日，福州肺科医院开展不明原因肺炎疫情应急处置演练

（市卫健委　供）

**【疾病预防与控制】**　2020年，福州市甲、乙类传染病报告发病率225.55/10万，报告死亡率0.53/10万，丙类传染病报告发病率65.14/10万；人均期望寿命达到79.49岁，重大慢性病过早死亡率降至13.06%。印发2020年度各类疾病监测方案，开展全年重点传染病监测工作和登革热、结核病、艾滋病防控工作。开展适龄儿童免疫规划疫苗查漏补种，国家免疫规划疫苗的单苗报告接种率维持在95%以上；推动疫苗全程追溯管理系统建设，实现预防接种全过程最小包装单位疫苗的可追溯、可核查，鼓楼区作为全省首个试点区，率先启用升级后的信息系统，提供预约接种服务。开展“关注成长，从心开始”心理健康进校园系列活动，增设青少年心理咨询门诊，提升未成年人等人群的心理健康服务可及性。开设医学心理咨询中心“医务人员绿色通道”，为有精神心理困扰的个体提供优先评估、诊断及相关治疗。实施儿童青少年近视防控，与各县（市）区签订责任书，将全年儿童青少年近视率作为对各县（市）区、高新区儿童青少年近视防控工作评议考核数据。完成“十三五”艾滋病、血吸虫病、地方病、碘缺乏病、地氟病等指标完成情况评估，其中艾滋病疫情管理及抗病毒治疗管理等各项指标完成情况均位于全省前列，血吸虫病、碘缺乏病、地氟病均继续有效控制，各项指标达到国家和省级要求。

**【卫生行政审批】**　2020年，福州市卫生健康委员会审批办结各类卫生行政许可证件4570件，并对外公示。办结食品安全企业标准备案536件，消毒产品安全评价备案88件。新冠肺炎疫情期间，对于需要紧急上市的消毒剂，申请企业提交消毒剂标签说明书和产品质量安全承诺书，就可先行上市销售，当场办结消毒产品紧急上市备案50件。对于涉及新冠病毒检测实验室的紧急备案，推行“一趟不用跑”，通过邮件、EMS等方式收取材料与回寄备案凭证，备案涉及新冠病毒检测实验室58件。加强网上办事大厅应用和电子证照生成应用工作，生成5431个电子证照，生成率100%，位列全市第一名。将医师执业注册和护士执业注册等部分行政审批和公共服务事项委托各县（市）区卫健局实施，并将市卫健委21个事项的赋权给福清市卫健局办理。先后3次精简申请材料，删减材料26项次。将一、二级病原微生物实验室备案和医师多机构执业备案等13个事项办理时限缩短，由承诺单变为即办件，缩减办理时限72个工作日。15个事项列入实施“全城通办”服务事项清单，实行政务服务“全城通办”。2个事项试行智能秒批服务，包括公共场所卫生许可遗失补发、公共场所卫生许可变更，秒批服务事项位列全市第三名。

**【卫生监督执法】**　2020年，福州市全面启动各专业“双随机、一公开”工作，开展医疗机构依法执业、实验室生物安全、消毒产品、公共场所和学校卫生安全等专项监督检查及打击非法行医专项行动，检查各类医疗卫生机构876家次、集中医学观察点682家次，公共场所单位1476家次、各类中小学校等324所次以及消毒产品生产企业77家次。办理卫生行政处罚案例91件，处罚及没收违法所得28.6万元。全年公共场所卫生信誉度等级公示97.03%，对涉水新产品企业年监督覆盖率90.91%，学校卫生综合评价实施工作覆盖率100%。开展“职业病防治宣传周”“生活饮用水”“学校传染病防治”等5场大型宣传活动。

**【职业安全健康监管】**　2020年，福州市开展尘肺病防治攻坚行动，全市纳入尘肺病防治的用人单位110家。全年粉尘危害申报率98.2%、粉尘浓度定期检测率98.2%、接尘劳动者在岗期间职业健康检查率99%、主要负责人、职业健康管理人员培训率100%，劳动者培训率98.2%，各项指标均按序时进度完成任务。煤矿、非煤矿山、冶金、建材等重点行业领域新增建设项目职业病防护设施“三同时”实施率100%。煤矿、非煤矿山、冶金、建材、陶瓷制造、水泥制造、石材加工等重点行业领域监督检查覆盖率100%。全市煤矿、非煤矿山、冶金、建材等重点行业企业向从事职业病危害作业的人员进行职业病危害合同告知，合同告知率100%。

**【卫生应急处置】**　2020年，福州市组建和更新一批市级卫生应急队伍，完成市级卫生应急队伍装备建设项目。重新下发市属医疗卫生应急队伍建设名录，明确各类卫生应急保障队伍职能和组成人员，强化应急队伍组织建设。承担4支、150人省级卫生应急队伍建设任务，年投入运转维护经费300万元；承担10支、235人市级卫生应急队伍建设任务，总投入经费300万元；卫生应急培训演练16场次、参训人员684人次。调整充实卫生应急专家咨询委员会成员118人。统一开展卫生应急预案编制和修订工作，完善卫生应急预案体系。配合开展市级应急物资储备基地、医药储备机制建设，推进卫生应急信息化建设。牵头完成闽东北区域间卫生应急协作框架协议编制并联合签署。牵头组织开展“健康使命——2020福建省福州市秋冬季新冠肺炎本土聚集性疫情联防联控应急演练”。派出医疗疾控专家参加防地震防泥石流演练、化学品泄漏防控演练、食品安全突发事件应急演练。开展各类突发公共卫生事件处置和突发事件紧急医学救援，累计派出专家85人次，出动队伍69批次，540人次。

【妇幼保健】 2020年，福州市妇幼保健院、福清市妇幼保健院、长乐区妇幼保健院列入年度妇幼保健机构医疗服务与保障能力提升项目，财政补助每家机构200万元用于开展妇幼保健机构达标建设和能力提升。长乐、连江、罗源、永泰等县区分别开展孕期营养及各类儿童保健专科门诊规范化建设，财政补助每个规范化门诊22万~35万元。完成妇女儿童发展纲要和“十三五”规划终期评估任务。实施母婴安全行动和健康儿童行动，调整福州地区围产保健协作组专家成员，加强产科适宜技术培训、应急演练指导、妊娠风险筛查与评估质控，年内福州市孕产妇死亡率9.07/10万，母婴安全形势趋于平稳。加强出生缺陷综合防治，建成福州市产前诊断分中心（市一医院），组织助产机构开展产前筛查诊断机构创建工作，健全完善福州市产前筛查诊断网络。免费增补叶酸预防神经管畸形和免费产前筛查诊断项目扩面，12个县（市）区城乡居民医保妇女全覆盖，新增新生儿疾病筛查和先天性心脏病筛查项目。实施全市新生儿耳聋基因筛查项目，年内为6791名新生儿进行免费耳聋基因筛查，并为筛查阳性患儿家长进行免费耳聋基因遗传咨询。

【卫生人才队伍建设】 2020年，福州市组织全市卫生健康系统单位参加“2021向幸福之城出发”校园专场招聘会、福州市卫健系统招聘政策云宣讲、“榕博汇”等招聘活动，对接医疗卫生类人才。市属卫生健康单位继续开展自主招聘工作。联合市人社局、福建医科大学，首次在福建医科大学开展校园专场招聘活动，全市61家单位提供840个岗位，对接毕业生1165人次。组织全国卫生专业技术资格、护士执业资格和卫生人才评价考试，全市有7256人参加。组织高级职称评审，通过副高评审321人、基层副高评审30人。组织2020年度高级技能考试，通过470人。加强全科医生培训，招录助理全科转岗培训人员38人、全科医生转岗培训人员19人。开展定向委培医学人才工作，招录定向医学本科生4人、大专生34人，完成2991名乡村医生规范化培训。年内成立“福州市卫生保健和人才发展服务中心”。

【卫生健康信息化】 2020年，福州市完成全市医院的数据标注，建立统一的数据目录和患者主索引。完善医疗卫生便民服务平台“榕医通”建设，完成13家市属医院、22家县级医院、174家基层医疗卫生机构就诊余额通存通用，增加免疫接种预约、家庭签约、疫苗快查、母婴档案等功能，全年“榕医通”服务覆盖人数352万余人，线上便民服务次数539万余次。在2020年防控新冠肺炎疫情中，依托“榕医通”平台，推出便民在线义诊，被国家卫健委作为科技抗疫先进典型在全国推广。建成全国首个基于健康医疗大数据的区域互联网医院服务平台，市属4家互联网医院上线运行，其中3家依托区域互联网医院服务平台完成建设。孟超肝胆医院、市一医院等医院开展5级电子病历建设，市二医院、市中医院、儿童医院、孟超肝胆医院开展区块链医疗电子票据试点工作为试点接入单位，打通患者就医挂号、就诊、交费、票据交付全闭环电子化管理。在全省率先完成世行贷款县域医疗机构信息化改造和升级，完成全市174家基层医疗卫生机构的信息化改造和升级。突发公共卫生应急指挥视频系统延伸至12个县（市）区174家基层医疗卫生机构，实现全市远程医疗服务网底全覆盖。

【卫生科技教育】 2020年，福州市卫生系统成立科研创新团队项目13个；获各类科研项目立项264项，其中国家自然科学基金1项、中国博士后科学基金2项、省科技厅科技计划项目66个、省教育厅项目2个、省卫生健康科研人才培养项目19个、市科技局社会发展项目106个、市卫生健康科技计划项目38个、其他类别项目30个，总资助经费1061.5万元。全年发表SCI论文70篇、CSCD期刊收录论文26篇。2项科技成果分别获2020年福建医学科技奖二等奖、三等奖；获得国家授权的专利25项；发明专利72项。开展2019年度福州市卫生健康系统科研成果奖励工作，成果奖励涉及三个类型54项，奖励金额90万元。孟超肝胆医院“福建省肝胆胰肿瘤临床医学研究中心”和市二医院“福建省创伤骨科急救与康复临床医学研究中心获批”被认定为全省第一批临床医学研究中心。

【中医药服务】 2020年，福州市加强综合医院中医内涵建设，市八医院、市皮肤病院成为“福州市中医药特色综合服务示范基地”。开展基层医疗机构中医馆建设，建成138家中医馆，80%的基层卫生医疗机构建成中医馆，基层中医诊疗量占基层诊疗总量30.27%。开展福建省基层老中医药专家师承带徒结业考核工作，有106名老中医药专家继承人考核合格，推荐1名中医访问学者到全国各地拜师学习。加强福州长乐董奉草堂首批福建省中医药文化宣传教育基地建设。年内闽清县中医院、闽侯县人民医院从二级乙等（或未定等）创建为二级甲等中医类医院。

【医疗服务管理】 2020年，福州市推进在建省、市级医学中心和临床重点专科项目建设。全面完成晋安区、马尾区、长乐区、福清市等9个县（市）区县域医疗服务技术平台六大中心建设，并对项目完成情况进行自评估。完成福清市第三医院二级甲等综合医院评审工作。市二医院成为全省唯一获批国家卫健委骨科专项能力培训教学基地的医院。孟超肝胆医院人体器官获取组织（OPO）捐献器官产出率省内第一，大器官产出数省内第一。二级以上公立医院出院患者满意度平均分为91.09分，比上年提高0.85分，呈逐年上升趋势。公立医院按病种收付费的病种数增至524个，其中县级医院出院病人覆盖率52.78%。市一医院启动C-DRG收付费改革试点。开展扫黑除恶"六清"（线索清仓、逃犯清零、案件清结、伞网清除、黑财清底、行业清源）行动，在全市卫健系统开展第五轮扫黑除恶专项斗争工作督导。全年累计摸排问题线索45条。11月，福州市被国家卫健委等10部门通报表扬，被评为2018—2019年度全国平安医院工作表现突出地区。市卫健委获2019年度福建省扫黑除恶专项斗争先进单位称号。"非法院后转运车"专项整治行动受到省卫健委表扬，并将福州市有关经验做法向全省推广。出台《关于进一步加强医疗机构护理员（护工）管理工作的通知》，加强"黑护工"专项整治，强化准入、考核、退出等机制，建立行业服务黑名单、信息共享和全市通报制度，对合作方和护工进行全面摸底和定期排查。年内全市有21家医疗机构（不含省级医院和部队医院）提供护工服务，其中15家医疗机构引进合作方提供护工服务，将6名涉黑涉恶护工列入黑名单并向全市卫健系统进行通报。市扫黑办将市卫健委规范护理员（护工）管理整治经验做法作为专报向省里推送。

【医疗质量监管】 2020年，福州市卫健委组织全市所有公立医疗机构全面落实第一批至第三批并跟进第四批国家组织药品集中采购和福建省药品集中带量采购中选结果，落实福建省医用耗材（人工关节类、留置针类、超声刀类、镇痛泵类）集中带量采购中选产品，市一医院、福清市医院和连江县医院跟进国家组织冠脉支架集中带量采购中选产品，完成与中选生产企业及其确定的配送企业签订带量购销合同。开展年度质控检查。规范医疗机构临床用血，配合开展无偿献血者临床用血费用减免工作的组织实施和监督管理工作。开展县域临床用血服务中心试点建设。开展疫情期间献血工作，保障疫情期间临床用血。按季度在卫生健康部门门户网站及医院官网公开15项公立医院质量信息。

【医学鉴定】 2020年，福州市医学会受理医疗事故技术鉴定案件31件，其中按照法定程序完成鉴定18件，2例双方协商解决，有11例按程序进行中。鉴定为医疗事故3例，占16.7%，不属于医疗事故13例，占72.2%，无法做出鉴定结论2例，占11.1%。鉴定案例涉及前三位的学科：骨科、普通外科、口腔科。鉴定案例涉及的医疗机构级别：省级9例、市级2例、县（市）级5例、民营2例。全年受理首次职业病鉴定7例，完成鉴定6例（职业性噪声类3例、职业性尘肺类3例），1例按程序进行中，鉴定案例均维持原诊断结论。协助其他设区市医鉴办完成职业病诊断鉴定14例。全年受理预防接种异常反应鉴定1例，完成鉴定工作，鉴定结果为维持原诊断结论。全年受理福州市病残儿医学鉴定14例，完成鉴定14例。

2020年10月12—14日，福州市卫健委组织开展第三届数字中国建设峰会医疗卫生保障和疫情防控工作 （市卫健委　供）

【民营医疗】 2020年，福州市社会办医疗机构3946家，床位6794张。其中，三级医院6家，二级医院27家，一级医院26家，未定级医院27家，护理院2家，医学检验实验室14家，医学影像诊断中心2家，康复医疗中心8家，血液透析中心10家，健康体检中心7家，门诊部391家，其余均为诊所、医务室等。鼓励外籍、台港澳地区医师到福州执业，在福州短期执业的外国医师、台港澳医师各有12人。

【爱国卫生工作】 2020年，福州市组织开展主题为"防疫有我，爱卫同行"的全国第32个爱国卫生月活动。重点开展爱卫宣传、城乡环境卫生综合治理、重点场所的卫生整治以及四害病媒生物防制等工作。全市发放宣传材料、宣传单105万余份，参加爱国卫生月活动人数42万余人次，整治市场623个，整治村庄（社区）2541个。完成1000户农村无害化户厕改造任务，其中晋安区70户、闽侯县390户、罗源县130户、永泰县410户。发动全社会和农户自建改造规范化户厕11949户，全市农村无害化户厕普及率99.32%，所有行政村无害化户厕普及率90%以上。结合新农村幸福家园、美丽乡村建设，推进卫生村镇创建工作，年内创建省级卫生镇15个、省级卫生村277个、省级卫生社区56个。

【病媒生物防制】 2020年，福州市卫健委根据《福州市除四害条例》，按年度工作计划下拨除四害专项经费376.5万元，作为五城区502个社区（村）的除四害补助经费，下拨5万元经费用于五城区“四害”密度监测。根据《福州市2020年除四害工作方案》，统一开展四害消杀活动12次。举办福州市除四害消杀、新冠肺炎防控消毒工作业务培训班，参加培训的有全市爱卫会成员单位和消杀公司专业人员140人。

【健康城市建设】 2020年，福州市创建健康促进县区2个，通过国家考核验收1个；创建全国健康促进医院17家，通过国家考核13家。与《福州日报》合作开办《健康生活 你我同行》健康科普专栏，在全市重要公共场所室内外融媒体屏投放卫生健康宣传海报。8月19日，中宣部、国家卫健委联合发布2020年“最美医生”先进事迹，福清市城头镇吉钓村卫生所医生王锦萍入选。

【老龄健康工作】 2020年，福州市8家二级以上综合性医院（中医院）设置老年医学科。以市政府办公厅名义出台《福州市安宁疗护试点工作实施方案》，成立市政府分管副市长为组长的领导小组，指定市一医院为首批市级安宁疗护试点单位，建立市级安宁疗护培训基地，为全市安宁疗护工作提供技术支持。开展市级医养结合机构综合试点工作，选择4家医养结合机构作为第一批市级医养结合综合试点培育单位，其中福州仓山国德老年医院（福州市国德老年康养中心）被指定为省级医养结合培训基地培育单位。规范和提升福州市医养签约合作，全市养老服务机构与医疗机构签约合作156对。在台江区、仓山区、晋安区的3个社区开展全国第一批老年人心理关爱项目试点工作，对可能有轻中度及以上抑郁症状的老人建立名册，进行心理干预。市一医院等5家单位被评为全国“敬老文明号”，郑明等8名市民被评为全国“敬老爱老助老模范人物”。

【健康扶贫】 2020年，福州市制定出台《2020年福州市健康扶贫工作要点》，贫困村村卫生所纳入医保定点范围，实现200个贫困村医保“村村通”。落实农村贫困人口大病救治，开展贫困人口大病救治“户户清”行动，开展农村贫困人口大病专项救治调查，在已开展31种大病专项救治疾病的基础上增加膀胱癌、卵巢癌、肾癌3种大病列入精准扶贫叠加保险“第二道”补助的疾病种类。启动健康扶贫监测预警机制，开展健康扶贫重点工作督导调研，福州市经验做法被省卫健委发文要求其他地市学习借鉴。1.2万余名建档立卡贫困人口应签尽签。

（张先玲）

## 人口与计划生育

【概况】 2020年，福州市总人口656.7万人，其中育龄妇女159万人，已婚育龄妇女113.7万人；出生48010人，出生率7.33‰；出生人口政策符合率91.76%，性别比为112.87，自然增长率2.89‰。全市流动人口148.29万人，其中流入人口102.70万人，流入育龄妇女34.15万人，已婚育龄妇女25.41万人，流入人口出生7364人，其中政策内出生6821人，政策符合率92.63%。流出人口45.59万人，其中流出育龄妇女15.15万人，流出已婚育龄妇女13.09万人，流出出生4843人，政策内出生4290人，政策符合率88.58%。

【计划生育家庭奖励扶助】 2020年，福州市享受城乡部分计划生育家庭奖励25.77万人，其中农村年龄提前部分奖扶资金对象7.92万人；农村部分计划生育家庭贡献奖资金对象1.2万人，独生子女父母光荣证法定奖励资金对象1293人，计生低保家庭补助资金对象9521人，计划生育家庭特扶资金对象4422人，医保免交人数45.89万人。对初中三年学习和学籍均在农村初中的“农村独生子女和二女绝育家庭女儿”在中招时加2分照顾。全年享受加2分照顾对象1819人。

【妈妈小屋】 2020年，福州市有妈妈小屋262家，年内新增13家。会同市总工会、市妇联联合开展“2020年寻找我最喜爱妈妈小屋”活动。

【婴幼儿照护】 2020年，福州市选取福建国思教育（八一七北路分公司）、华幼盟婴幼儿照护服务有限公司、福建国思教育（晋安分公司）3家单位为婴幼儿照护服务和普惠托育服务试点单位。3家省级托育机构试点单位通过省卫健委、发改委、财政厅的联合验收。鼓楼区将3岁以下婴幼儿照护服务项目作为为民办实事项目，10个镇街各创建培育1家以上区级示范单位。

（张先玲）

（编辑　姚国榕）

## 居民生活

【概况】　2020 年，福州市全体居民人均可支配收入 40477 元（不含平潭），比上年增长 4.5%。人均消费支出 27280 元，比上年下降 0.8%。

【城镇居民收入】　2020 年，福州市城镇居民人均可支配收入 49300 元（不含平潭），比上年增长 2.9%。其中工资性收入 31101 元，比上年增长 2.7%；经营净收入 4238 元，增长 2.8%；财产净收入 6662 元，增长 3.5%；转移净收入 7299 元，增长 3.2%。

【城镇居民消费支出】　2020 年，福州市城镇居民人均消费支出 32019 元（不含平潭），比上年下降 2.0%。其中食品烟酒类、衣着类、生活用品及服务类、交通通信类、教育文化娱乐类及医疗保健类分别比上年下降 2.3%、3.0%、6.1%、17.2%、24.9%、13.8%，居住类及其他用品和服务类分别增长 12.2%、27.4%。

【农村居民收入】　2020 年，福州市农村居民人均可支配收入 22669 元（不含平潭），比上年增长 6.3%。其中工资性收入 11992 元，比上年增长 6.5%；经营净收入 5525 元，增长 3.9%；财产净收入 1197 元，增长 6.8%；转移净收入 3955 元，增长 9.2%。

【农村居民消费支出】　2020 年，福州市农村居民人均消费支出 17713 元（不含平潭），与上年持平。其中食品烟酒类与上年持平，衣着类、居住类、教育文化娱乐类及医疗保健类分别比上年增长 3.7%、2.7%、6.2%、3.5%，生活用品及服务类、交通通信类及其他用品和服务类分别下降 7.0%、8.3%、10.8%。

（詹璐瑶）

## 市场物价

【概况】　2020 年，福州市区居民消费价格平稳上涨；房地产市场平稳，价格总体稳定。全年全市居民消费价格总水平比上年上涨 2.4%。

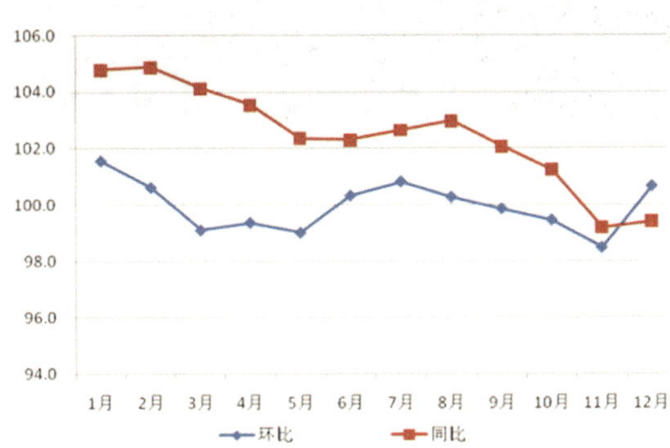


2020 年福州市区居民消费价格分月指数

表 85　2020 年福州市区居民消费价格分类指数

| 指标 | 指数 |
|---|---|
| 居民消费价格总指数 | 102.4 |
| 食品烟酒 | 106.8 |
| 衣着 | 99.6 |
| 居住 | 100.6 |
| 生活用品及服务 | 100.3 |
| 交通和通信 | 96.7 |
| 教育文化和娱乐 | 104.0 |
| 医疗保健 | 100.0 |
| 其他用品和服务 | 104.4 |

【居民消费价格】 2020年，福州市区居民消费价格总水平比上年上涨2.4%。其中消费品价格上涨3.1%，服务价格上涨1.4%；食品类价格上涨10.1%，非食品类价格上涨0.5%。八大类商品及服务价格同比“五涨一平二降”：食品烟酒类上涨6.8%，其他用品和服务类上涨4.4%，教育文化和娱乐类上涨4.0%，居住类上涨0.6%，生活用品及服务类上涨0.3%，医疗保健类价格与上年持平，交通和通信类下降3.3%，衣着类价格下降0.4%。

【房地产价格】 2020年12月，福州新建商品住宅销售价格比上年同期上涨4.4%，二手住宅销售价格比上年上涨2.5%。

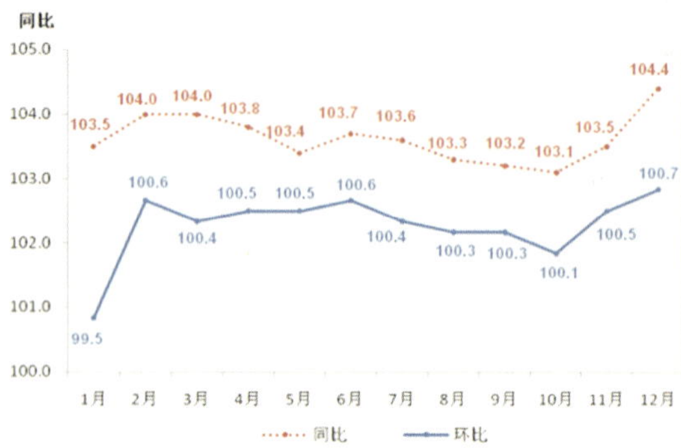


2020年福州新建商品住宅销售价格分月指数

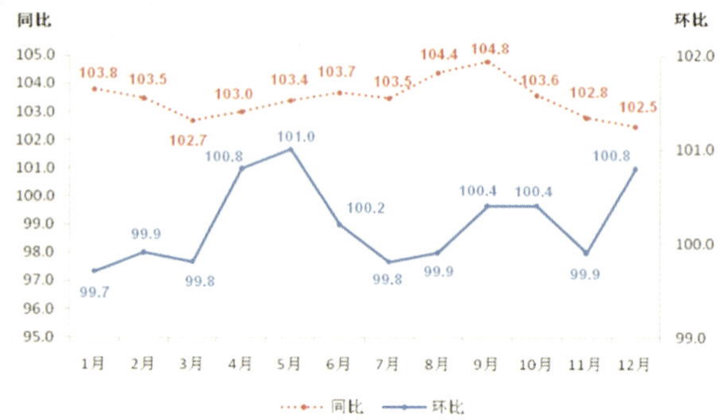


2020年福州二手住宅销售价格分月指数

（詹璐瑶）

## 劳动就业

【概况】 2020年，福州市城镇新增就业14万人，完成全市任务指标11万人的127.28%；城镇失业人员再就业3.1万人，完成全市任务1.2万人的258.33%；就业困难人员再就业0.626万人，完成全市任务0.375万人的166.93%；全市城镇登记失业率3.0%，控制在省下达年度任务指标4.5%范围以内，就业形势总体保持稳定。新冠肺炎疫情期间复工复产与扶贫劳务协作相关内容参见抗击新冠肺炎疫情专辑。

2020年12月10—13日，福州第一技师学院参加第一届全国职业技能大赛，获一枚铜牌，三个优胜奖，有5人入选国家集训队 （市人社局 供）

【就业创业】 福州·定西东西部扶贫劳务协作 2020年，福州市完成“十百千万”计划，帮助定西在福州建立10个劳务工作站；4年内全市累计在定西深度贫困县、乡镇、村举办各类现场招聘活动和政策宣讲会超过250场。面向定西开展中式烹调、家政服务、电子商务等专业工种“双师型”教师培训100人；累计资助264名定西建档立卡贫困家庭“两后生”到福州市技师学院学习。累计吸纳定西建档户高校毕业生到福州市实习、就业2500人次，其中实习210人次、就业2284人次。累计帮扶定西贫困劳动力就业6.5万人次，其中到榕就业1.33万人次（建档立卡户1.1万人次），在甘肃省就近就地就业3.8万人次、甘肃省外其他地区（不含福州市）就业1.35万人次。到榕就业定西建档立卡人员人均月收入超过4500元。

公共就业服务 开辟全市重点企业复工信息发布和急需岗位招聘推介专区，开展线上“春风行动”招聘会。收集全市重点企业用工需求，发布至手机“摇工作”、福州人社公众号、福州市人力资源市场网、各县（市）区政府网站，并发动干部职工、企业人事、社区平台大量转发。全市举办52场线上、线下招聘会，发布2433家用人单位8.88万个岗位。将全市就业困难人员、城镇零就业家庭、农村转移就业困难人员、有就业意愿的农村建档立卡贫困人口列入就业援助对象，实行实名制管理服务。持续开发公益性岗位兜底安置就业困难人员和建档贫困户劳动力。采取乡村公益性岗位安置鼓励重点群体就业脱贫，全年累计开发各类乡村公益性岗位1250个，全市乡村公益性岗位仍持续为1017名建档立卡贫困劳动力提供安置就业援助，发放公益性岗位补贴1158万元。

高校毕业生就业　2020年，福州市在榕高校毕业生9.4万人，年度就业率95.8%；实名登记本地生源离校未就业毕业生11290人，实名登记就业率95.55%。招募148名高校毕业生到基层服务，其中选调生56人、“三支一扶”计划77人、服务社区计划15人。举办“福建省暨福州市2020届高校毕业生夏季专场招聘会”“甘肃定西建档立卡户高校毕业生专场招聘会”“福建省2020届未就业毕业生暨2021届毕业生福州地区大学新校区专场招聘会”等现场招聘会18场，依托“福州人社求职招聘平台”举办线上招聘会13场，累计有2318家次企业提供岗位93865个，16560名求职者上网注册并参加网络招聘活动，帮助企业对接招聘10860人次。在全国首创推出临时免费住宿，帮助福州市区外生源应届毕业生解决在榕求职就业住宿问题。运营福州市高校毕业生创业孵化示范园，入驻项目24个。发放2020届湖北生源毕业生及2021届毕业生求职创业补贴12668人2533.6万元。开展福州市青年见习计划，到岗见习1283人，被见习单位留用1105人，累计发放见习补贴866万元。开展“植根榕城”优秀创业项目资助评审，评选出优秀创业项目100个，每个项目给予3万~10万元资助，发放资金500万元，其中388万元用于资助74个高校毕业生创业项目。开展市级创业孵化示范基地评审，评选出福州工商学院青云三创中心等3家“福州市创业孵化示范基地”，分别给予资助30万元。发放创业担保贷款464家7729万元、一次性创业补贴33家18.5万元、创业租用场地补贴63家19.45万元、小微企业创业带动就业补贴51家27.95万元。

【职业能力建设】　职业技能培训　2020年，福州市累计培训各类人员11.1万人次，其中高技能人才5902人次、农民工2.05万人次。在全省率先开展2期互联网营销师公益培训班，培训学员450名。创新培训模式，与美团、滴滴、京东达成合作意向，开展面向新就业形态的重点就业群体的岗前培训和技能提升培训。有36541人参加职业资格鉴定并取得国家职业资格证书。为台湾籍人员颁发国家职业资格证书357本，其中高级工证162本，技师证195本。全市新增国家级高技能人才培训基地1个、国家级技能大师工作室建设项目1个、省级技能大师工作室20个，数量居全省首位。评选市级技能大师工作室15个，推荐入选2020年享受国务院政府特殊津贴2人。

表86　2020年福州市省级以上技能人才培训基地和工作室汇总表

| 项目 | 名称 | 项目单位 |
| --- | --- | --- |
| 国家级高技能人才培训基地（1家） | 国家级高技能人才培训基地 | 福建船政交通职业学院 |
| 国家级技能大师工作室（1家） | 陈礼忠技能大师工作室 | 福建技术师范学院 |
| 福建省级技能大师工作室（20家） | 邹泽昌技能大师工作室 | 福建船政交通职业学院 |
| | 何用辉技能大师工作室 | 福建信息职业技术学院 |
| | 石　晶技能大师工作室 | 福建艺术职业学院 |
| | 邱文真技能大师工作室 | 中国电信股份有限公司福州分公司 |
| | 邱丹桦技能大师工作室 | 福建省工艺美术实验厂有限公司 |
| | 黄财标技能大师工作室 | 福建省茶叶质量检测与技术推广中心 |
| | 张振涛技能大师工作室 | 长乐恒申合纤科技有限公司 |
| | 黄朝峰技能大师工作室 | 福建上润精密仪器有限公司 |
| | 连灿鑫技能大师工作室 | 福州职业技术学院 |
| | 郑棋雨技能大师工作室 | 福州第一技师学院 |
| | 陈益晶技能大师工作室 | 福州雕刻工艺品总厂 |
| | 郭　威技能大师工作室 | 福建威石文化创意发展有限公司 |
| | 陈忠荣技能大师工作室 | 福建省闽侯上街木雕城实业有限公司 |
| | 程由军技能大师工作室 | 福州福兴特艺城投资有限公司 |

续表

| 项目 | 名称 | 项目单位 |
|---|---|---|
| 福建省级技能大师工作室（20家） | 吴　欣技能大师工作室 | 闽江学院 |
| | 陈贵洪技能大师工作室 | 福州鹿鸣堂文化传播有限公司 |
| | 欧玉莺技能大师工作室 | 福州叽哩咕噜投资管理有限公司 |
| | 陈　峰技能大师工作室 | 福州金榜名厨酒店管理有限公司 |
| | 赵若魁技能大师工作室 | 福州聚春园股份食品有限公司 |
| | 张雪儿技能大师工作室 | 福州闽韵文化传播有限公司 |

技工教育　推进技工院校扩建扩容，投资3.3亿元建成福州第一技师学院综合体艺馆，完成福州第二技师学院扩征地项目一期工程建设项目。

9月承接福建中华技师学院、福建省飞毛腿技师学院、福建省闽江职业技术学校、福建省新华技术学校、福建省新东方技工学校、福建财茂工业技术学校、福建省东南技术学校等7所原省属民办技工院校属地管理工作。福州市技工院校增至10所（其中市属3所，原省属下放7所），全日制在校生总数2.62万人，培养全日制毕业生6685人（其中高级工以上毕业生1585人），毕业生就业率97%以上。

按照政府引导、企业为主、院校参与的原则，在企业全面推行以“招工即招生、入企即入校、企校双师联合培养”为主要内容的企业新型学徒制培训。将与企业签订一年以上劳动合同并缴纳基本养老保险的技能岗位新招用和转岗人员，以及应用新技术、新设备、新工艺的从业人员纳入企业新型学徒制培养对象，培养期限中级工班为1年，高级工班为2年。培养结束后，企业根据毕业（结业）考核合格的学徒人数及培训技能等级，向人社部门申请5000～6000元的培训补贴。全年开展新型学徒制培训的企业职工2365人，拟发放培训补贴636.65万元。

开展专业技术人员继续教育和工勤人员等级考核工作，增设《习近平新时代中国特色社会主义思想》《专业技术人员网络安全知识提升》《教师专业发展和人才培养》等公需课程，新增闽江师范高等专科学校为福州市专业技术人员继续教育基地，继续教育办班871期、培训176502人次。举办专业技术人员高研班2期。9月联合市卫健委举办福州市新冠肺炎全球流行下卫生安全专题研修班，11月联合市园林中心举办“生态宜居、智慧营建”福州市公园城市景观专题研修班，两期参训人员117人。全市工勤人员岗位考核报名702人，涉及52个工种，其中初级工218人、中级工210人、高级工136人、技师138人。

职业技能竞赛　在首届全国职业技能大赛上，福州第一技师学院江浩森、陈龙、罗建文3名选手团队获得世赛选拔赛“制造团队挑战赛”项目铜牌，罗建文、江浩森、陈龙等3名选手入选第46届世界技能大赛“制造团队挑战赛”、陈健入选“数控车”项目中国集训队，再次刷新福州市参加国家级职业技能竞赛的最好成绩。组织开展电力、城市轨道交通、评茶、根雕、玉石雕刻等市级一类职业技能竞赛，有321名选手参加比赛，评选一等奖12名、二等奖20名、三等奖32名，张玉影等8名选手获“福州市技术能手”称号。

表87　2020年“福州市技术能手”认定名单汇总表

| 竞赛名称 | 项目 | 选手姓名 | 单位 | 名次 | 参赛人数 | 备注 |
|---|---|---|---|---|---|---|
| 第十三届“新福建·榕电杯”职业技能竞赛 | 用电监察员 | 张玉影 | 国网福建省电力有限公司连江供电公司 | 第一名 | 42 | 符合市级一类竞赛标准，拟认定“福州市技术能手”称号 |
| 第十三届“新福建·榕电杯”职业技能竞赛 | 高压线路带电检修工（配电） | 程　稈 | 国网福建省电力有限公司福州供电公司 | 第一名 | 36 | 符合市级一类竞赛标准，拟认定“福州市技术能手”称号 |
| 2020年福州市城市轨道交通行业职业技能竞赛 | 地铁站务 | 纪小宁 | 福州地铁集团有限公司 | 第一名 | 40 | 符合市级一类竞赛标准，拟认定“福州市技术能手”称号 |

续表

| 竞赛名称 | 项目 | 选手姓名 | 单位 | 名次 | 参赛人数 | 备注 |
| --- | --- | --- | --- | --- | --- | --- |
| 202年福州市城市轨道交通行业职业技能竞赛 | 地铁站务 | 李　晨 | 福州地铁集团有限公司 | 第一名 | 40 | 符合市级一类竞赛标准，拟认定“福州市技术能手”称号 |
| 2020年福州市城市轨道交通行业职业技能竞赛 | 地铁车辆检修 | 张忠仁 | 福州地铁集团有限公司 | 第一名 | 40 | 符合市级一类竞赛标准，拟认定“福州市技术能手”称号 |
| 2020年福州市评茶员职业技能竞赛 | 评茶员 | 陈栖梧 | 福建省茶叶进出口有限责任公司福兴茶叶加工厂 | 第一名 | 51 | 符合市级一类竞赛标准，拟认定“福州市技术能手”称号 |
| 2020年福州市第二届“闽匠杯”（根雕）职业技能竞赛 | 根雕 | 侯和炎 | 福州市首邑木雕有限公司 | 第一名 | 79 | 符合市级一类竞赛标准，拟认定“福州市技术能手”称号 |
| 2020年福州市第二届“闽匠杯”（玉石雕刻）职业技能竞赛 | 玉石雕刻 | 陈　发 | 福州市寿山石行业协会 | 第一名 | 50 | 符合市级一类竞赛标准，拟认定“福州市技术能手”称号 |

职业技能鉴定　根据人社部要求，人社部门职业技能鉴定指导中心逐步退出水平评价类技能人员职业资格具体认定工作，全市全面退出社会考生的水平评价类职业资格考试。开展职业技能鉴定36541人次，发证28891人次，其中高技能人才发证5902人次，完成全年任务指标的236.08%，技师、高级技师发证1257人次，完成率193.38%。率先开展企业技能等级认定试点工作，审核备案福建奔驰汽车有限公司和福州京东方光电科技有限公司2家企业技能等级认定试点工作。福建奔驰汽车有限公司汽车整车装调工等4个工种160余人获得企业技能等级认定，其中高级工技能等级认定90人。遴选福州第一技师学院和福州第二技师学院等两所技工院校开展技能等级认定备案工作。

**【劳动关系维权】**　2020年，福州市在省对市“非公有制经济组织参与平安建设情况”综治考评中位列全省第一。推进国家级深化构建和谐劳动关系综合配套改革试点工作，打造鼓楼区、马尾区构建和谐劳动关系示范区以及福清市创建“无欠薪城市”，创新“两新+三方”党建引领、企业用工管理服务、和谐劳动关系创建、自主协商、劳动关系风险防控、“区域+行业”协同治理和劳动纠纷多元化解等7项机制。鼓楼区南街街道等3个单位被评为“2018—2019年度省级劳动关系和谐乡镇（街道）”，福建省工业设备安装有限公司等21个单位被评为“2018—2019年度省级劳动关系和谐企业”；台江区鳌峰街道等5个单位被评为“2019年度福州市劳动关系和谐乡镇（街道）”，福大怡山文化创意园等3个单位被评为“2019年度福州市劳动关系和谐工业园区”，福建省人力资源服务有限公司等60个单位被评为“2019年度福州市劳动关系和谐企业”。

劳动争议调解仲裁　立案受理仲裁案件6869件，上年度未结案件731件，已审结6995件，仲裁结案率92.04%；全市调解案件7390件，和解或调解结案4620件，调解成功率62.52%。在全国率先创设福州中院、福州市人社局“根治欠薪”联动执行工作室，建立“五联动”“三优先”根治欠薪联动执行工作机制。市人社局与福州中院联动执行，依法使用“执行救助+保险”资金，发放执行救助款约250万元，救助200人，推进183件已生效文书执行落地。此项机制在国务院根治拖欠农民工工资工作领导小组办公室《简报》（2020年第3期）上专篇推广，相关内容列入最高人民法院《工作报告》。完善法院联席会议制度，推出福州中院、市人社局《关于审理劳动争议（涉疫情）案件疑难问题的解答（二）》，统一疫情期间11种劳动争议问题裁审标准。因不服市县两级仲裁机构裁决而起诉至法院的案件，占仲裁机构受理案件数的25%，低于全国30%的水平。开设“全国劳动人事争议在线调解管理平台”，提供线上调解申请服务。为市县两级14个人社局设立行政机构账户，181个调解组织设立调解组织账户。各类劳动人事争议调解组织为155名网上申请人组织调解。引入法律援助，实现市县两级仲裁院（行政服务中心）法律援助工作站全覆盖，市本级法援工作站累计派驻值班律师541人次、解答法律咨询1932人次、受理法律援助案件311件。10月，市人社局联合市司法局在全省率先设立市劳动人事争议仲裁院、市法援中心、劳动人事争议联合调解中心，调解劳动争议30件，获省人社厅在全省推广。与福州中院、市总工会共同

2020年11月26日，福州市人社局、市总工会、市企联、市工商联等部门联合举办海西法律大讲堂——构建和谐劳动关系讲座暨劳动关系和谐单位授牌仪式，同时，举办福州市劳动关系“和谐同行”能力提升三年行动计划启动仪式

（市人社局　供）

召开“常态化疫情防控下推进劳动争议诉调联动工作”新闻通报会，签订《关于常态化疫情防控下进一步推进劳动争议诉调工作联动机制的若干意见》，在全省率先提出探索、完善、规范“法院+工会+人社”劳动争议调裁诉对接工作新模式，打造构建和谐劳动关系“福州模式”。会同相关部门在晋安区福兴经济开发区设立“晋安区职工法律服务一体化基地”，连江县贵安开发区设立“连江贵安职工法律服务一体化基地”、连江县经济开发区（东湖园区）设立“维护职工合法权益诉非联动服务中心”，实践“园区枫桥”。

解决拖欠农民工工资问题　增补市住房保障和房产管理局、市地方金融监督管理局为福州市根治拖欠农民工工资工作领导小组成员单位。福州市与厦门市代表福建省，接受全国农民工工作督察组对福建省2019年度保障农民工工资支付工作的实地核查，福建省考核成绩为A级，位列全国第五位，创历史最好成绩，市人社局获省人社厅通报表扬。开展清理整顿人力资源市场秩序专项执法行动、夏季高温天气劳动保护专项执法行动、根治欠薪冬季专项行动等3个专项检查行动，为949人追回工资2098.2万元。推进企业劳动保障守法诚信等级评价、工资支付行为守信激励和失信惩戒工作，评出A级企业627家、B级企业71家、C级企业21家，评价守信单位627家、一般失信单位53家、严重失信单位17家，向社会公布重大劳动保障违法行为8起。向省人社厅上报拖欠农民工工资“黑名单”案件5件。

（魏冉娟）

## 社会保障

【概况】　2020年，福州市参加基本养老保险451.2万人，其中城镇职工221.55万人、城乡居民229.65万人，参加工伤保险181.4万人、参加失业保险141万人。全市社会保障卡持卡人数813.74万人，签发电子社保卡132.98万张。

【养老保险】　企业职工养老保险　2020年，福州市根据阶段性减免企业三项社会保险费政策，2—12月为企业减免养老保险55.94亿元。调整企业退休人员养老金待遇，调整后企业退休人员月人均养老金2738.13元，月人均增加146.27元。扩大参保覆盖面，企业职工养老保险参保201万人（含机关保企业制7.77万人），其中在职165.52万人、离退休35.48万人；基金收入78.34亿元、支出105.06亿元，累计结余14.05亿元。

城乡居民养老保险　调整居民保基础养老金最低标准，从7月起由每人每月165元调整为190元，调整后全市居民保人均养老金219元。推进社保扶贫，为贫困人员全额代缴居民保最低缴费标准。年内全市贫困人口63211人，其中参加居民保50824人，政府为29876人代缴590.03万元。落实被征地农民养老保障，审核征地报批100个批次，涉及耕地面积249.08公顷，预留被征地农民养老保障金1.33亿元，53.5万人纳入被征地农民养老保障，从9月起，5城区被征地农民养老补助金由350元提高到380元，养老保障金由700元提高到760元。扩大参保覆盖面，城乡居民养老保险参保229.65万人，其中60周岁以上领取待遇82.48万人。

机关事业单位养老保险　推进机关事业单位退休“中人”待遇按新办法重算工作，累计完成1.5万人。调整机关事业退休人员养老金待遇，调整后机关事业退休人员月人均养老金为5480元，月人均增加200.55元。完成市、县机关保中心执行企业制度人员移交至社保中心工作。全市机关事业单位养老保险参保20.55万人，其中在职12.87万人、离退休7.68万人；基金收入56亿元、支出74.42亿元，累计结余36.36亿元。

（魏冉娟）

【医疗保险】　2020年，福州市开展非公有制经济组织从业人员、灵活就业人员、城乡居民参保扩面工作和基金征缴工作，全市职工医保参保人数171.23万人，生育保险参保人数119.4万人，城乡居民医保参保人数473.47万人，基本医保参保率99.94%。建立医保基金运行监测新机制，对医保基金每月收支波动情况进行监测和动态管理。建立家庭共济新账户，实现职工个人账户余额家庭共济使用，提高职工个人账户使用效率。落实福建省精准扶贫医疗叠加保险，提高第一道补助封顶线，将第二道补助的病种从13种增加到31种，扩大大病救治试点医院范围，新增第三道补助。在全省率先实现医保定点“村村通”。新冠肺炎疫情防控相关资料见抗击新冠肺炎疫情专辑。

【医疗保障改革】　医保支付方式改革

2020年，福州市扩大按病种收（付）费数量。按照“分批推出，稳步推进”原则，4月和9月先后新增二批共224个病种实行按病种收付费政策，按病种收（付）费病种数达到524个。实施按疾病诊断相关分组（C-DRG）收付费。1月15日，在福州市第一医院正式实施按疾病诊断相关分组（C-DRG）收付费政策，市一医院DRG入组率92%，实时结算70%以上。推进复合型支付改革，继续推行医保付费总额控制，对闽清县总医院和永泰县总医院实行医保打包支付，完善基层医疗机构普通门诊按人头付费和精神病医院按床日付费机制。

药械阳光采购改革　跟进省13种和国家第二批32种药品带量采购，截至10月25日，全市公立医疗机构完成中选药品入库金额约1.02亿元，占同品种药品总入库金额的59.6%，中选药品入库量占同品种86%。启动高值耗材集中采购试点，组织全市各公立医疗机构全面跟进省首批心脏支架、人工关节、留置针、超声刀、镇痛泵等5类试点医用耗材集中带量采购工作，并启动耗材统一结算试点工作，10月17日，完成2次医用耗材阳光平台代结算，金额1734.78万元。继续实施药品联合限价阳光采购，全市公立医疗机构药品实际采购入库金额21.59亿元；药品货款代为结算金额达到21.59亿元，代结算率100%。

医疗服务价格调整　5月，福州市出台规范及调整部分放疗、检验以及手术等约44项医疗服务项目和价格。10月调整全市公立医疗机构70项中医诊疗项目价格，调价金额1582万元。

【医保基金监管】　2020年，福州市在全省率先建成定点零售药店服务行为“云监管”平台，构建“源头可追溯、全程可监控、风险可预警、证据可留存”的数字化监管新模式，破解定点零售药店“冒名购药、虚记虚刷、以药易药、以物易药”等监管难题，得到市政府通报表扬。依托市医保微信公众号小程序，自主研发创建“医保移动稽核管家系统”，在全省率先上线移动稽核管家系统。医保部门监管人员借助一部手机即可远程查房，防范定点医疗机构“挂床住院、冒名住院”等欺诈骗保违法违规行为。全市二级及以下在有开展住院业务的定点医疗机构全面启用。建设“信用医保”，推进福州市国家医保诚信体系试点建设，加强与“信用福州”的对接，6月在全省率先出台《福州市医疗保障领域信用分级分类管理试行办法》。8月在全国医保基金监管信用体系建设示范点中期考评中获得优秀，得到市委、市政府主要领导肯定和市政府通报表扬。

（苏明辉）

【工伤保险】　2020年，福州市执行阶段性减免企业工伤保险单位缴费部分利好政策，对中小微企业及以单位方式参保的个体工商户，免征2—12月工伤保险单位缴费部分；对大型企业等其他参保单位（不包括机关事业单位），减半征收2—6月工伤保险单位缴费部分。2—12月，为9.23万家企业减免工伤保险费1.63亿元。年内工伤保险基金收入1.72亿元、支出3.17亿元，历年滚存结余20.64亿元。全市工伤保险参保企业11.94万家，参保人数181.40万人，完成省厅下达任务的103.19%。

【失业保险】　2020年2—12月，福州市为8.37万家企业减免失业保险单位缴费1.92亿元。全市失业保险参保141万人，失业保险基金收入5.74亿元、支出24.57亿元，历年滚存结余24.94亿元。全年领取失业保险金35853人、2.72亿元，发放基本医疗补助金7389.01万元、农民工一次性生活补助402.75万元、价格临时补贴2643.14万元、稳岗补贴2.4亿元，为经营困难且恢复有望企业发放稳岗返还14亿元、技能提升补贴34.1万元。

（魏冉娟）

## 民　政

【概况】　2020年，福州市制定出台《进一步支持养老服务发展十七条措施》《福州市民政局等12部门关于进一步加强事实无人抚养儿童保障工作的通知》《关于改进和规范基层群众性自治组织出具证明工作的实施意见》《福州市社会工作专家库管理办法》《福州市坟墓整治及殡葬设施建设奖补方案》《福州市地名地址信息化管理办法》《关于做好革命老区脱贫奔小康工作的若干措施》等政策。市本级登记慈善组织24家，在县（市）区登记慈善组织37家，支援抗击疫情，筹措抗疫资金1.55亿元，各类物资2242万件。全市182个社会组织参与抗击疫情工作，捐款捐物5187.99万元，热线服务4264人次，微信、QQ、短信等线上服务25万余人次。市民政局获“全国民政系统抗击新冠肺炎疫情先进集体”称号。

【社会救助】　2020年，福州市城乡低保标准提高至每人每月760元，比上年增长8.57%，发放低保、特困供养资金6.59亿元，保障6.39万人基本生活。开展低保扩面百日冲刺专项行动，城乡低保人数比上年净增加6423人，增长12.68%，其中2873名建档立卡贫困户纳入低保，84名纳入特困人员救助供养。开展特殊困难群众帮扶试点，生活不能自理特困人员集中供养率由上年的60.6%提高至94.18%。将低保、特困、低收入家庭等审核确认权限委托下放至乡镇（街道），新冠肺炎疫情期间实施先审批后核对措施，先行救助3144名困难群众，救助时效比上年加快1~3个月。率先在全省推动特殊困难群众帮扶服务试点工作。全年发放临时救助资金5248.84万元，救助80551人次，比上年增长288.7%。

【养老服务】　2020年，福州市创新“3443”养老服务模式，形成“乐学”“驿站”“家园”3种落地服务方式，在全市社区铺开应用。完成困难老年人家庭适老化改造2093户，新建社区长者食堂21个、农村区域性养老服务中心7个。启动《福州市居家养老服务条例》立法，出台《进一步支持养老服务发展十七条措施》，市级智慧健康养老服务平台试运行。全年建成养老机构163家，居家社区养老服务照料中心99个，实现城市街道和中心城区乡镇覆盖率100%，建成农村养老服务设施2209个，建制村覆盖率100%。各类养老床位5.4万张，每千名老年人拥有养老床位数由上年的

37.34张提高到41.58张。

【儿童福利】 2020年，福州市发放基本生活保障金497万元，保障279名孤儿基本生活。出台《福州市民政局等12部门关于进一步加强事实无人抚养儿童保障工作的通知》，从1月起将符合父母双方重残、重病，服刑在押、失联、失踪的或一方死亡失踪另一方重残、重病、服刑在押、失联、强制隔离戒毒的儿童纳入事实无人抚养儿童保障范围。全年摸排审核纳入保障事实无人抚养儿童1763名，发放基本生活保障金796万元。全市开展农村留守儿童和困境儿童关爱保护"政策宣讲进村（居）"活动439场。印发《"福蕾行动计划"实施方案》，实施"福蕾行动计划"项目，先行在罗源、永泰县试点，通过购买服务等方式，对留守困境儿童实施结对帮扶工程、假期关爱工程和心理健康工程等10项关爱工程。全市办理收养登记（含涉港、澳、台、华侨）70件。

【福利慈善】 2020年，福州市市本级登记慈善组织24家，在县（市）区登记慈善组织37家。实施白内障慈善复明行动和血友病救助项目，救助血友病患者25人，白内障患者300余人。支援抗击疫情，筹措抗疫资金1.55亿元，各类物资2242万件。救助各类流浪乞讨人员1973人次，其中未成年人78人次，并成功寻亲35人。保障困难残疾人基本生活和提高重度残疾人照护水平，全市享受困难残疾人生活补贴34640人、重度残疾人护理补贴43980人，发放困难残疾人生活补贴资金、重度残疾人护理补贴资金1.38亿元。全市福利彩票（中福在线视频票、刮刮乐即开票）销售9888.39万元，其中中福在线视频彩票销售5973.6万元，刮刮乐即开型彩票销售3914.79万元。

【基层政权建设和社区治理】 2020年，福州市开展达标、标杆社区创建，376个城乡社区创建达标社区（39个城市达标社区、337个农村达标社区），261个城乡社区创建标杆社区（56个城市社区、205个农村社区）。培育形成连辉社区充分就业"四全"工作法、南宵村乡村建设与治理"三个一"等4个社区工作法，入选全省优秀社区工作法。推动鼓楼区等10个县（市）区25个社区综合服务场所改造提升。在省内率先制定出台城乡社区疫情防控六项工作机制，全市社区疫情防控经验在《中国社会报》刊发，并在21世纪海上合作委员会2020年线上专业会议上作经验交流。会同发改委、司法局等8部门出台《关于改进和规范基层群众性自治组织出具证明工作的实施意见》。

【社会组织管理】 2020年，福州市累计登记社会组织6120个，其中市本级1078个。成立党组织140个，覆盖150个社会组织，覆盖率91.5%。投资495万元开展33个市财政支持社会组织参与社会服务项目和城乡社区"三社联动"试点项目。149家行业协会商会在全省率先完成与行政机关脱钩工作。在闽江学院设立福州市社会工作与社会治理创新研究中心（加挂"福州市社会工作人才培训基地"牌匾），配合开展社会工作理论研究及部分社会工作培训。出台《福州市社会工作专家库管理办法》，聘任29名专家为福州市社会工作专家库第一批专家。全市182个社会组织参与抗击疫情工作，捐款捐物5187.99万元，热线服务4264人次，微信、QQ、短信等线上服务25万余人次；社会组织参与挂牌督战县脱贫攻坚东西部扶贫协作对口支援工作，募集捐款和捐物折合人民币176万元。

【社会事务和区划地名】 2020年，福州市简化免除基本殡葬费办理程序中的"区级审核"，简化为"丧属直接向殡仪馆申请，由市殡仪馆直接负责审核、审定"。全市免除居民基本殡葬服务费4185万元。开展违建坟墓整治交叉督查工作，新摸排违建坟墓12459座，整治12459座。出台《福州市坟墓整治及殡葬设施建设奖补方案》。推行网络祭祀，开通"清明纪念"网络祭扫平台，市殡仪馆开通"人生驿站"祭扫平台，清明期间，全市各网络祭扫平台点击量90多万次，建立个人纪念馆5200多间。全市办理婚姻登记34176对，其中涉港澳台侨和外国人400对。连江县潘渡乡、江南乡、下宫乡撤乡设镇获省政府批复。联合市大数据委等部门制定印发《福州市地名地址信息化管理办法》。协助完成第一批城市标识引导系统设置，完成41条市区道路名称命（更）名工作。开展新一轮县乡两级联检工作，完成市间县级界线3条，市内县级界线6条，以及乡（镇）级界线46条联检任务。

【老区建设】 2020年，福州市争取省级革命老区发展（革命遗址保护利用）专项资金165万元，补助5处非文物保护单位老区革命遗址维修保护。争取中央财政扶贫专项资金、省级老区发展专项资金1360元，补助老区村基础设施、非文物革命遗址保护利用等帮扶项目建设。推进"阳光1+1（社会组织+老区村）牵手计划"行动，引导、动员100个社会组织牵手帮扶100个老区村。在长乐区、福清市和闽侯县举办甘薯种植及病虫害防治技术、枇杷种植栽培技术、蔬菜种植及病虫害防治技术培训班，参训人员140多人。在《福州日报》先后刊登老区专版宣传报道7篇。

（黄剑锋）

## 退役军人事务

【概况】 2020年，福州市有市级退役军人服务中心1个，县级退役军人服务中心12个，乡镇（街道）退役军人服务站175个，村（社区）退役军人服务站2698个。开展2020年度全国示范型退役军人服务中心（站）验收工作和服务保障体系"五比五看"创"五有"先进单位评选工作，4个县级服务中心、15个乡镇级服务站、21个村级服务站获评省级"五有"先进单位。年内福州市获全国双拥模范城"九连冠"，福清市、连江县获评全国双拥模范城（县）。退役军人创办企业获全国退役军人创业创新大赛优胜奖。运用线上、线下两种形式，组织开展"清明祭英烈""9·30"公祭等褒扬纪念活动。举办首届全市"最美退役军人"评选宣传活动。

【军地协调】 2020年，福州市召开八

一军政座谈会、军地协调会等50多场次，帮助驻榕部队解决军地土地资源整合置换、部队建设征地等问题，保障西岭互通、地铁4号线、“一闸三线”、福厦铁路、国道316线、水系治理、交通治堵等60余个重点项目建设。

【拥军优属】 2020年，春节、“八一”等节日，福州市退役军人事务局慰问驻榕部队、驻榕部队基层单位、驻榕部队正军职以上离退休老干部及遗属、住院伤病残官兵，赠送慰问品（金）460多万元。通过“军人关爱基金”为困难军人家庭提供救助，发放救助金87.5万元。新冠肺炎疫情期间，为部分驻榕部队协调调拨防疫物资，慰问援鄂医护人员家属代表。

【文明共建】 2020年，福州市各级单位与驻榕各部队结对共建。市退役军人事务局与福州市图书馆共同组织开展福州市第六届“双拥杯”征文。

【安置工作】 2020年，福州市根据“全公开、全透明、全程监督”的“阳光安置”办法，完成省下达年度军转干部接收安置任务。全市完成接收安置军转干部任务，包括计划安置军转干部和自主择业安置人员。完成全市符合政府安排工作退役士兵安置任务。市退役军人事务局与市财政局制定《核拨2020年度退役士兵补助费方案》，发放自主就业退役士兵一次性地方经济补助经费1311.69万元。市退役军人事务局联合市委组织部、市委党校开展年度军转干部岗前培训。委托闽江学院对专业不对口的军转干部进高校开展为期一年的脱产培训。对自主就业退役士兵开展适应性培训。部分退役士兵完成养老保险补缴，完成量位居全省首位。

【退役军人就业创业工作】 2020年，福州市退役军人事务局根据疫情防控要求，牵头开展3次“互联网+”线上招聘和16场线下招聘活动，为退役军人及现役军人军属提供就业岗位2万余个，推送退役军人及现役军属就业。举办“退役不褪色，榕创展风采”为主题的福州市首届退役军人创业创新大赛，选送的优秀企业分别获全国退役军人创业创新大赛优胜奖和全省退役军人创业创新大赛一等奖。

2020年12月18日，首届福州市“最美退役军人”发布仪式在福州举办

（市退役军人事务局　供）

【优抚工作】 2020年，福州市足额发放优抚对象抚恤和定期生活补助和临时价格补贴工作。全市走访慰问优抚对象，发放慰问经费3585.85万元。通过“军人关爱基金”，救助退役军人困难家庭，发放基金32.64万元。完成优抚信息系统数据采集、核查更新等工作。完成全市伤残人员抚恤关系变更、换证材料审核以及换证。

【褒扬纪念工作】 2020年，福州市退役军人事务局组织开展“清明祭英烈”线上祭扫、“9·30”公祭等活动，制作《中华人民共和国英雄烈士保护法》全国首部普法动画，拍摄英烈主题宣传片《英雄赞歌》。核查县级以上烈士陵园、烈士集中安葬点和散葬烈士墓情况，在连江县开展散葬烈士墓修缮试点。为符合条件退役军人发放抗美援朝70周年纪念章230枚。

【思想政治工作】 2020年，福州市退役军人事务局开展“政治工作思想年”活动，每月推出退役军人典型代表。退役军人事迹被福建省退役军人事务厅写入“兵支书”专辑。开展首届全市“最美退役军人”评选宣传活动，表彰先进退役军人代表。鼓楼区三坊七巷消防救援站张天水获全国“最美退役军人”称号，福州民警樊斌获全省“最美退役军人”称号。

【军休服务管理】 2020年，福州市完成接收军休干部任务。市退役军人事务局在军休单位开展房屋隐患排查整治和老旧小区改造。开展2020年春节、“八一”军休干部的团拜和走访慰问。完成全市军休干部离退休证换发信息核对和保健证换发。组织军休干部参加抗“疫”书画作品创作活动，编辑印发军休干部书画摄影集《军魂永铸》。

（陈维桦）

## 民族宗教事务

【概况】 2020年，福州市民宗局组织开展少数民族资金使用管理情况监督检查工作，规范绩效管理体系。开展以“同舟共济·守望相助·团结奋斗”为主题的第十三个民族团结进步主题宣传月活动。依法办理宗教活动场所筹备设立、宗教教职人员身份备案、公民民族成份确认等工作。与中共福州市委统战部联合举办“基层宗教干部培训班”，指导市级宗教团体举办基督教、天主教、佛教、道教培训班。指导市宗教团体、宗教活动场所及民间信仰场所参与开展写春联送福字、公益助学、慈善捐款、义诊等活动。

2020年9月27日，2020年福建省“中国农民丰收节”福州专场、福州市“中国农民丰收节”主场暨福建省2020年少数民族“中国农民丰收节”主会场活动在福州市罗源县松山镇八井村开幕（郑帅　摄）

**【少数民族乡村建设】** 2020年，福州市民宗局申请下达中央少数民族发展资金341万元、省级民族发展与补助款193万元，落实市级民族发展补助专项资金1125万元，以改善少数民族乡村基础设施条件。组织开展少数民族资金使用管理情况监督检查工作，规范绩效管理体系。举办“山海交响 民族风情”——少数民族丰收节。国家民委2020年全国民族团结进步创建重点扶持项目——罗源民族文化数字云平台上线。支持少数民族乡村开展民族优秀传统民俗文化宣传活动。连江华侨中学获批新一轮省级少数民族传统体育项目训练基地。组织福州市相关少数民族特色产品参加在宁德举办的全省“打赢脱贫攻坚战 推动民族乡村高质量发展”现场观摩交流系列活动，推进全市少数民族特色农产品展销。针对全市少数民族乡村特点开展专题调研。

**【城市民族工作】** 2020年，福州市开展以“同舟共济・守望相助・团结奋斗”为主题的第十三个民族团结进步主题宣传月活动，罗源县获第八批全国民族团结进步示范区暨全省民族团结进步重点区称号，福州市长乐区华侨中学、鼓楼区鼓东街道开元社区、福清市一都镇东山村获全省民族团结进步重点区称号。

**【宗教事务管理】** 2020年，福州市民宗局与中共福州市委统战部联合举办“基层宗教干部培训班”，指导市级宗教团体举办基督教、天主教、佛教、道教培训班。根据省委、市委工作部署，推进基督教、天主教专项工作、佛道教商业化治理，指导市级宗教团体加强自身建设，举行天主教福州教区林家善主教就职仪式。开展民间信仰规范化管理工作，新申报省级民间信仰活动场所联系点5个，评选福州市民间信仰活动场所规范化管理示范点8个。协调解决宗教活动场所拆迁、安置等宗教热难点问题。在宗教节日、传统节日、汛期及重大活动期间深入宗教活动场所开展排查，开展消防安全检查、森林防火、房屋结构安全隐患等专项排查工作，开展宗教政策法律法规知识讲座和“六进”活动，开展“4・15”国家安全日普法活动，发放宣传册2000多册。开展福州市民族宗教领域新冠肺炎疫情防控工作，疫情防控期间，全市宗教活动场所暂停对外开放，暂停宗教活动。各级民族宗教部门加强监督工作，全年督查2441次，对城区宗教活动场所及民间信仰活动场所消毒消杀47097次，引导倡议宗教界捐赠资金物资价值1952万元。开展常态化疫情防控，推进宗教活动场所有序恢复开放。协助完成“数字峰会”“世界遗产大会”筹备工作。协调完成筹备设立临时礼拜室，组建志愿者服务队伍等工作。

**【宗教文化宣传和交流】** 2020年，福州市民宗局指导福清黄檗寺举行向日本长崎县兴福寺捐赠梵钟启运仪式，指导福州开元寺撰写《空海入唐之路》，配合开展中日合拍《隐元禅师》影片工作。指导市宗教团体、宗教活动场所及民间信仰场所参与开展写春联送福字、公益助学、慈善捐款、义诊等活动。

（黄惠玲）

（编辑　姚国榕）

# 县（市）区

## 鼓楼区

【概况】 2020年，鼓楼区区域面积35.43平方千米。辖9个街道、1个镇，有69个社区，户籍人口59.58万人。43个“五个一批”项目完成年度投资57.5亿元。“抓项目促跨越”行动开工项目143个、竣工项目69个，总投资分别541.8亿元、132.5亿元。“双百双千”增产增效行动有414家企业实现正增长，增产面达98.8%。服务业跨越发展行动实施项目28个，完成投资67.7亿元。“新基建”行动建成新能源汽车充电桩303个，5G基站951个，在全省率先实现5G信号全覆盖。62个省、市级重点项目完成年度投资188.2亿元。年内获评为全国首批法治政府建设示范区、中国领军智慧城区，位列全国百强区第18名、全国营商环境百强区第22名，均为全省第一。

【经济建设】 2020年，鼓楼区实现地区生产总值2069.86亿元，比上年增长3.2%；规模以上工业增加值增长2.5%；固定资产投资增长8.0%；社会消费品零售总额1305.07亿元，增长1.9%；实际利用外资10亿元；一般公共预算总收入51.56亿元，增长1.3%；地方一般公共预算收入30.84亿元，增长2.5%；城镇居民人均可支配收入58160元，增长3.0%。

工业 福州软件园入选第三批国家双创示范基地，技工贸总收入突破1200亿元，A区数谷大厦对外招商，E区光电芯片产业基地改造扩容，全省首个国产化软硬件适配中心落户园区。洪山科技园技工贸总收入突破500亿元，新引进互联网企业21家，互联网产业规模占比65%。新落地中科星泰、博创时空等区块链相关企业，建成政务数据共享、数据存证服务等区块链技术应用平台。“云服务”赋能产业发展，华为云、阿里云、天翼云等云服务市场规模80亿元。鲲鹏（信创）产业辐射带动力增强，关联企业实现营业收入15亿元。

服务业 “数字经济”加速领跑，17家企业入选全省数字经济领域独角兽、瞪羚创新企业，占全省19.1%；23个项目入选全省数字经济百项应用场景典型案例，数量全省第一；新落地数字经济项目190个，总投资250亿元。新引进企业总部10家，新培育市级总部企业10家；新增2家境内上市企业，6家企业新晋或更替上市进程。“平台经济”快速发展，新认定市级平台企业31家，企业数和纳统销售额均居全市第一。打造星级楼宇标杆，新建、改造商务楼宇31.5万平方米，税收超千万元、超亿元楼宇分别为110栋、24栋，获评为中国楼宇经济焕新发展城区。实施商圈品牌战略，东街口商圈销售额85亿元。打造三坊七巷市级夜色经济示范街区和12个夜间经济集市。松果小镇网络科技等一批直播企业落户运营，打造100个特色直播品牌馆。永辉生活、谊品生鲜、7—Eleven、六意等便利连锁门店超过360家，新增品牌首店52家。

招商引资 落地省“金服云”平台，为1.05万家企业融资近400亿元，获评为省金融创新一类项目。设立区“金融帮扶超市”，定期举办政银企对接会，助力965家企业获授信700亿元，贷款127亿元。融入“海丝”核心区建设，6个“海丝”项目完成年度投资6亿元，新引进外资项目16个。全年新引进招商项目468个，总投资938亿元，其中10亿元以上项目14个，福化环保、字节悦动等项目相继落地。

【城乡建设与管理】 2020年，鼓楼区推进483个新一轮城市品质提升项目，完成华林路、湖东路、西洪路等5条重要街区综合提升，改造经院巷等21个传统街巷和27个老旧小区，实施85栋建筑立面整治，缆化下地120段。开展废弃杆件、广告牌、箱柜、卷帘门专项整治。启动文林路南侧等5个旧屋区改造项目，完成市三建宿舍等25个零星地块精准改造，推进22个安置房项目建设，开展13个安置房项目选房。推进城区缓堵项目8个，实施道路平整度提升63.7万平方米。新增公共停车泊位727个。开发垃圾分类智慧监管平台，创新推行垃圾分类“亭长制”和管理员持证上岗制。开展误时投放专项整治，建成垃圾分类精品示范点150个，垃圾分类正确率90%。新改建12座公厕，打造10条精品市容环卫示范街，新增5条“两车”禁停道路。

【社会事业】 科技 2020年，鼓楼区新增国家高新技术企业144家、科技小巨人领军企业22家，分别占全市29%、25%。新增省级龙头企业1家、“专精特新”企业3家、省级新型研发机构、技术转移机构10家。入选国家级重大人才项目1人，入选省引才“百人计划”10个团队（个人），新增高技能人才310人。引进博士、硕士221人，位列全市第一。

教育 建成鼓楼第二中心小学教场分校、钱塘小学教育集团怡山校区等5所学校，新增学位3500个。实施“强师工程”，推行“区管校聘”改革。加快智慧校园建设，“空中课堂”入选教育部“线上教学优秀案例”，并向全国推广，实现区属中小学校内课后服务全覆盖。获评为国家级信息化教学实验区、基础教育国家级优秀教学成果推广应用示范区。

文化体育 加强乌山、于山、冶山历史风貌区和历史文化街区保护建设。强化古厝保护及活化利用，在全国首推“古厝长制”，开发全国首套古厝保护数字化系统，建成福州古厝展示馆。推出52条坊巷文化旅游线路和“云游坊巷”等线上文旅项目，开展“大美鼓楼·四季坊巷”周周游系列活动，获评全省首批全域生态旅游示范区。新增健身路径10条、足球场7片、篮球场4片，建成西河智慧体育公园，构建“15分钟健身圈”。

卫生和计划生育 新改造投用洪山、五凤等4家街镇社区卫生服务中心，设立6个社区卫生服务中心分部。与省、市属医院结成11个医联体49个医疗协作帮扶对子。完成区疾控中心P2实验室一期建设，启用全省首个官方疫苗全过程可追溯平台。城镇居民、职工医疗保险参保率98%以上。实现0~3岁托育机构街镇全覆盖，国思托育园通过省级示范试点验收。

社会保障 新增就业2.9万人，失业人员再就业3000人。承接各级国企社会化管理退休人员2.2万人。临时救助月标准提高至988元，失能特困人员集中供养率100%。新引进8家养老服务企业，建成13个“长者食堂+学堂”。为特殊困难老年人、80周岁以上老年人购买580余万元居家养老服务券，为12.9万名鼓楼户籍老年人购买意外伤害险。累计投入财政帮扶资金1.4亿元，实施产业帮扶项目85个，就业扶贫8942人次，助力岷县脱贫。

生态建设 水系综合治理基本完成，21条内河全面转入长效管理。福道灯光夜景全面提升，福山郊野公园全线贯通。建成街头小公园60个，拆墙透绿80处，新建改造绿地16万平方米。空气质量优良率99.7%，西北区饮用水源保护区水质连续25年100%达标。

平安建设 在全国首创基层社会治理“一线呼叫、一线报到、一线处置”机制，办理各类诉求事项1.5万件次，办结率98.7%。“12345”便民服务平台受理有效诉求件7.6万件，群众满意率99.9%。创建市级标杆社区21个，全区69个社区全部通过市级达标社区验收。开展“居民恳谈日”活动621场次，落实“参与式预算”微实事协商项目93个。建成中山智慧社区，实现社区人、地、物智慧化管理。开展房屋结构安全隐患排查，整治安全隐患1621处、群租房1445户。建成在线矛盾纠纷化解工作室，在线调处矛盾纠纷1221件次，刘子钰调解工作室获评为全省首批省级金牌调解工作室。“最多投一次”阳光信访事项办结率99.5%。

表88 2020年鼓楼区街道（乡镇）基本情况一览

| 街道（乡镇） | 辖地面积（平方千米） | 人口 | | 社区（个） | 财政总收入（万元） | 地方财政收入（万元） | 规模以上工业产值（万元） |
|---|---|---|---|---|---|---|---|
| | | 户数（户） | 人口数（人） | | | | |
| 鼓东街道 | 1.11 | 15428 | 50228 | 5 | 81673 | 45436 | 13249 |
| 鼓西街道 | 1.816 | 19410 | 62726 | 6 | 27272 | 17599 | 21276 |
| 温泉街道 | 2.211 | 20438 | 73156 | 7 | 87987 | 49367 | 220707 |
| 东街街道 | 0.722 | 9886 | 36463 | 4 | 41158 | 26198 | 81403 |
| 南街街道 | 1.535 | 15343 | 44666 | 6 | 13675 | 9062 | 13088 |
| 安泰街道 | 1.544 | 8588 | 24828 | 4 | 27720 | 18591 | 36474 |
| 华大街道 | 3.273 | 24432 | 87279 | 9 | 48402 | 26764 | 13342 |
| 水部街道 | 1.297 | 12011 | 35969 | 5 | 50087 | 30524 | 34332 |
| 五凤街道 | 9.548 | 26647 | 79250 | 11 | 31656 | 18172 | 44330 |
| 洪山镇 | 12.374 | 33605 | 101198 | 12 | 75484 | 52200 | 330307 |

说明：数据来自鼓楼区统计局、区民政局、区财政局

（徐彬）

## 台江区

【概况】 2020年，台江区土地面积约18平方千米，辖宁化、上海、义洲、苍霞、茶亭、洋中、新港、后洲、瀛洲、鳌峰10个街道，52个社区居委会。总户数115608户，户籍人口317656人，比上年减少605人；男性155933人，占49.09%；女性161723人，占50.91%；流动人口115416人。完成为民办实事项目涉及台江区14大类21项，市委、市政府为民办实事项目涉及台江区6大类12项，区委、区政府为民办实事项目九大类66项，完成65项，1个实事项目结转至2021年跨年度建设。

2020年5月5日，台江区区长陈杰（右三）到光明港河开展巡河工作

（台江区政府办 供）

【经济建设】 2020年，台江区实现地区生产总值600.81亿元，比上年增长6.3%，其中固定资产投资177.7亿元，增长19.2%；一般公共预算总收入24.99亿元，比上年下降7.5%，其中地方一般公共预算收入16.19亿元，下降5.3%；一般公共预算支出22.47亿元，增长6%；城镇居民人均可支配收入5.39万元，增长2.9%。

服务业 新发展限额以上商贸企业150家，新发展规模以上服务业企业71家，限上商贸零售额占全部社会商品零售额比重76%。全区46家限额以上住宿餐饮企业，营业额27.8亿元，比上年增长31.5%；规模以上营利性服务业完成78.39亿元，增长5.48%。

招商引资 引进春申股份、华清东方、雪链物联网等优质项目1037个，总投资879亿元。实际利用外资7.8亿元。

【城乡建设与管理】 2020年，台江区城区民生基础设施区属市政道路新建改造4.27千米、雨水管网新建改造11.46千米，污水管网新建改造7.32千米，完成投资12.40亿元。完成红旗路、支前路、鳌兴路、达江路、排尾一路、山边街、中选北路、中平路、隆平路、宁化南路10条道路建设。推进排尾二路、瀛福路、鳌中路、朝阳街北段市政道路建设。完成70条市政道路和小街巷通信缆化下地和弱电箱柜迁移美化。年内将安置房回迁纳入常态化管理范畴，全年实现回迁安置面积146万平方米，涉及回迁户数1.5万户，回迁套数1.8万套。创新实施安置型商品房模式，已出让配建安置房5.27万平方米。完成31个已交房回迁安置房项目产权证办理，惠及3187户，实现征迁工作闭环管理，有效维护被征收人的合法权益。11月，成立台江区征收个案研讨组，至年底研究个案超100件。

【社会事业】 科技 2020年，台江区实施高新技术企业倍增计划，打造“科技型中小企业——高新技术企业——科技小巨人企业”创新主体链。全区有115家企业申报高新技术企业，81家企业认定为国家级高新技术企业，79家企业认定为省级高新技术企业。推进科技小巨人领军企业行动计划，4家企业获省级科技小巨人领军企业认定，年末有省级科技小巨人领军企业16家。引导企业增加研发投入，提高企业科技创新能力，5家企业获2020年度科技小巨人领军企业研发费用加计扣除奖励专项资金288.7万元。创新平台建设，建有9家众创空间（其中国家级众创空间2家、省级5家、市级2家），服务场地面积2.6万平方米，入驻创业团队299个，创业项目128个，就业人数1810人。

教育 福州鳌峰学校建成投用，新增学位3090个，双杭小学（项目名称坊巷小学）、南公小学年底实现主体结构封顶。完成台江第五中心小学、三十六中、台江实验幼儿园等11所学校的13个修缮项目。完成南公幼儿园新园装修改造项目，新增学前公办学位360个，21所民办幼儿园经认定为政府购买普惠性民办幼儿园，普惠学额覆盖率85.86%，公办学额占比53.01%。

文化 以文化服务总分馆体系建设为基础，区文化馆、图书馆、博物馆依托总分馆文化服务体系平台，将公共文化服务向基层延伸，全面提升公共文化服务体系的运转机制和服务功效，区、街道、社区三级公共文化服务体系日趋完善。年末区图书馆藏书量23.35万册（包含街道社区图书），年新增图书4.68万册，全年图书（含街道、社区及流动服务）流通19.53万册（次）。受新冠肺炎疫情防控影响，总流通量有所降低，年内总流量5.94万人（次）。

卫生和计划生育 基本公共卫生服务人均经费由原来的60元提高到65元，连续6年在福州市基本公共卫生服务项目考核中排名第一。设立基层特色专科10个，为市民提供特色诊疗技术服务

4232人次。组建52支以全科医生为主体的社区卫生服务团队，开展14类基本公共卫生服务项目，签约人数12.04万人，建立居民电子健康档案38.06万份，建档率79.30%。审批确认伤残死亡家庭特别扶助对象895人，发放扶助金1498.57万元。实施城镇部分计划生育家庭奖励扶助制度，审核确认发放对象37192人，发放奖励金4474.44万元，发放高龄补贴6844人次216.71万元。

社会保障　全区有低保户1051户1350人，发放低保金1400.91万元。特困人员28户28人，发放特困人员救助供养经费84.67万元。因物价上涨为低保和特困人员发放物价补贴154.32万元。为困难群众开展临时救助3150人次，发放临时救助金248.59万元。

生态建设　空气质量达标率99.7%，内河水质达标率47.9%，区域环境噪声56.2分贝，交通道路噪声64.6分贝。

平安建设　推进街道、社区、小区及行业系统平安创建，完善“四级巡防”队伍建设，优化万宝商圈“1+6+N”警务模式，推行“546”社会治理联防联控机制。开展福州古厝与文化遗产保护巡回法庭、“青蕾之洲”普法品牌、智慧安防小区等工作，在全省平安“三率”测评中，台江区群众安全感99.30%，位列全市第二名；扫黑成效评价99.18%，位列全市第三名，年内被评为福建省第四轮第一批平安县（市、区）称号。

社区建设　招聘99名社区专职工作人员。开展社区居委会成员届中补选工作，对现任社区居委会成员进行新一轮资格联审。制定“五事工作法”操作路径、导则等规则。启动2020年度社区治理工作，开展2019年社区治理“回头看”。

表89　　2020年台江区街道基本情况一览表

| 辖地（乡镇） | 辖地面积（平方千米） | 人口 | | 社区（经合社）（个） | 财政总收入（万元） | 地方财政收入（万元） | 规模以上工业总产值（万元） |
|---|---|---|---|---|---|---|---|
| | | 户数（户） | 人口数（人） | | | | |
| 宁化街道 | 2.9 | 18773 | 44425 | 5个社区，2个经合社 | 15163.36 | 2015.85 | 9578.8 |
| 上海街道 | 2.65 | 16631 | 44535 | 7 | 4608.04 | 7016.47 | 7348.9 |
| 义洲街道 | 0.86 | 12711 | 29788 | 5个社区，1个经合社 | 2089.10 | 1250.71 | 3074.8 |
| 苍霞街道 | 1.07 | 11245 | 35495 | 5 | 2875.53 | 2817.64 | 4724 |
| 茶亭街道 | 0.88 | 6722 | 19615 | 4个社区，1个经合社 | 2630.66 | 9984.62 | 3773.6 |
| 洋中街道 | 0.88 | 9912 | 29635 | 4个社区，1个经合社 | 2745.15 | 6069.47 | 74186 |
| 新港街道 | 1.35 | 10506 | 29086 | 5个社区，1个经合社 | 9685.51 | 3798.38 | 0 |
| 后洲街道 | 0.91 | 9018 | 22739 | 6 | 2927 | 2890 | 12984 |
| 瀛洲街道 | 2.2 | 12236 | 47055 | 5个社区，1个经合社 | 2925.64 | 16678.22 | 5589.9 |
| 鳌峰街道 | 5.1 | 10162 | 43854 | 6个社区，1个经合社 | 4842 | 14792.46 | 2587 |

（李倩倩）

## 仓山区

【概况】　2020年，仓山区区域面积146.24平方千米，辖8个街道、5个镇，有92个社区、102个行政村。户籍人口63.9万人，常住人口115万人，人口自然增长率7.8‰。围绕复工复产，抽调140多名干部挂钩服务企业，发放失业保险稳岗资金1.43亿元，发放一次性稳就业补贴1861.47万元，提前兑现工业技改补助资金270万元。下达各级财政疫情防控资金5747万元，用于配备检测设备和防护装备，春晖制衣成为全市首家转产医用防护服企业。年内获评为全国科技创新百强区、全国最具投资潜力中小城市百强区、全国绿色发展百强区、国家体育产业示范基地、全国基层中医药工作先进单位。

【经济建设】 2020年，仓山区地区生产总值902.27亿元，比上年增长5.8%，其中第一产业增加值1.76亿元，增长0.7%；第二产业增加值344.79亿元，增长6.9%；第三产业增加值555.73亿元，增长5.0%。农林牧渔业总产值3.48亿元，增长1.5%；固定资产投资增长10.3%；社会消费品零售总额488.79亿元。实际利用外资13.38亿元。一般公共预算总收入41.03亿元，比上年下降6.4%，其中地方一般公共预算收入27.16亿元，下降4.7%。城镇居民人均可支配收入45916元，增长3.2%。完成福州市下达的节能减排降碳任务。

招商引资 创新"云洽谈""云签约"等方式，建立区级领导联动招商、"一把手"招商等机制。引进落地国家管网集团闽投（福建）天然气管道等项目609个，总投资1721.62亿元，其中50亿元以上项目2个，10亿元以上项目26个。

工业 推进工业园区标准化建设，金山片、浦上片等4个工业园区总体容积率从1.0提高到2.1，提升后可新增高标准厂房近300万平方米。推进金山工业园区橘园片规范提升试点工作，A地块15万平方米高标准厂房实现主体封顶，提前对接32家优质企业入驻，D地块正加快施工，C地块成功出让。奥特帕斯公司自主提升项目开工动建，推动奥体21号、红星农场南侧等5幅地块调整为临时工业用地，总面积90公顷。引进大唐网络5G智能高精度定位项目302个总投资603亿元。完成智能城管平台等十大应用场景建设，智能产业全年产值突破550亿元。以再生医学研究中心、海西新药研发及转化中心为平台，引进重点项目101个，总投资328亿元。生物医药产业"两园两中心"揭牌运营，产业规模突破150亿元。

服务业 绿榕商业综合体等16个服务业重点项目在建，实现投资97.83亿元。彩食鲜企业购等55个重点平台项目实现销售额355.23亿元。开展"惠聚榕城消费季"专项行动，通过直播带货带动消费242.99亿元。打造万达（金街）市级夜色经济体验示范街，提升爱琴海、万象里等6个区级夜色经济街区，融侨外滩一号商业综合体试营业。浙商银行福州分行落地并试营业。电商产业，网络零售企业2389家，网络销售总额189.07亿元、位居福州市第一。全年新增限额以上商贸业、规模以上服务业192家。

2020年10月1日，作为市委、市政府为民办实事项目、民生补短板重点工程——位于仓山区福湾路130号，福湾路西侧、建新大道南侧的市妇幼保健院新院正式对外开放 （仓山区政府办 供）

【城乡建设与管理】 福州新区三江口片区建设 2020年，仓山区完成梁福小区等21个项目95.2万平方米征迁。马航洲湿地保护修复工程等5个总投资77.13亿元的项目竣工，梁厝河滨水商业街、嘉里樟岚中心等86个总投资1019亿元的项目在建。推进福泉高速连接线拓宽改造工程、清凉山消防站等30个公共配套项目建设，清华附中福州学校初中部建成招生。

征迁交地 实施"征地拆迁百日攻坚"行动，推进福乐新苑等120个项目征迁，完成征迁面积151.36万平方米，净地交地53个项目、374.01公顷。清理批而未供土地320公顷，数量位居福州市第一。全年出让地块28宗，177.07公顷，成交金额377.99亿元，分别占福州市四城区的40%、65.43%、56.12%。土地面积和成交金额为福州市四城区第一。

重点项目 建设世茂帝封江等229个总投资1694.37亿元的项目开工，三迪创富广场B区等109个项目竣工，正荣观江樾等61个市级重点项目累计完成投资402.28亿元。新建5G基站1325个，"T3出行"网约车平台等18个市级项目完成投资11.06亿元。区属国投公司与中海油合作开发运营的三江口加油站项目开工。

市政建设 完成南二环、三环路、烟台山片区等重点区域新一轮城市品质提升项目442个，淮安路等10条新建、改扩建道路建成通车。完成"十位一体"项目360个，旧康山里等10个老旧小区完成改造提升，后坂公园等75个街头小公园建成开放。完善环岛滨江休闲道路标识，提升绿化项目63个。烟台山、梁厝一期、学生街（施埔路）等特色街区正式运营。新种乔木2.3万株，新增绿化面积27.2万平方米，其中南江滨最美环江路新增绿化带6000米，总面积14.3公顷。改造垃圾分类屋（亭）330座，推出"公交站牌式"收运线路54条。全区35条道路纳入"严管街"试点。创新建立市容管理"一户一码"信息化监管平台。年末累计更换电动自行车新式号牌25.8万面。在全省率先推行5G无人机"两违"巡查，拆除"两违"建筑

103.56万平方米。

【社会事业】 科技 推进锐捷网络工业互联网高实时网关等16个市级“百项千亿”技改项目，完成投资16.78亿元，比上年增长65.7%。新申报国家级高新技术企业179家，新增科技小巨人领军企业17家，福建吉诺、凯米网络等2家企业入选福建省数字经济领域未来“独角兽”企业，福州交通信息、骏鹏易丰等6家企业入选福建省数字经济领域“瞪羚”创新企业。

教育 首山中学等14所中小学（幼儿园）建成投用，新增学位1.9万个。新认定12所普惠性民办幼儿园，全面完成74所小区配套幼儿园治理，新增公益普惠学位6800个。促成城门中学与福州外国语学校合作办学，建成全市首个市属中学教育集团。区属中学中考优秀率提高11.73个百分点。

文化体育 提升19个古厝保护项目，完成闽海关税务司官邸等10处文物的修缮，齐氏青砖大厝等历史建筑20处、传统风貌建筑22处。建成陈岱孙纪念馆、陈靖姑信俗文化主题公园。举办陈岱孙诞辰120周年、第十三届闽台陈靖姑民俗文化旅游节等活动。举办线上线下群众文化惠民活动270余场。完成村级综合性文化服务中心30个、体育设施建设55处。

卫生和计划生育 市妇幼保健院新院建成投用，全区13家基层医疗卫生机构和全部社区卫生服务站实现中医药服务全覆盖。全区14家养老机构实现医养结合。

社会保障 完成30个为民办实事项目，新增城镇就业1.48万人，城镇就业困难对象再就业1107人。新冠肺炎疫情防控期间，为企业复工复产接回务工人员3902人。城乡居民养老保险参保6.02万人、实现应保尽保，被征地农民养老保障参保12.8万人、参保率87%。城乡居民基本医疗保险参保37.92万人，参保率98.15%。建成安置房14580套109万平方米，完成对接选房12685套101.17万平方米。落实各类扶贫资金8515.2万元，推动大森建材、东升茶叶等项目落地，助力临洮县、周宁县成功脱贫“摘帽”。

平安建设 开展安全隐患大排查大整治行动，摸排各类生产经营单位和场所1.73万家次，整改隐患4973处。开展房屋结构安全排查整治，排查房屋49.12万处，整治隐患2619处、群租房1433套。通过“七五”普法省级验收。化解信访积案38件，“已拆未签”个案化解391件、比上年增长5.4%。完成第三届数字中国建设峰会、第六届“海上丝绸之路”（福州）国际旅游节等重大赛事活动保障任务。

表90 2020年仓山区街道（乡镇）基本情况一览表

| 乡镇（街道） | 辖地面积（平方千米） | 人口 | | 社区（村）（个） | 财政总收入（万元） | 地方财政收入（万元） | 财政支出（万元） |
|---|---|---|---|---|---|---|---|
| | | 户数（户） | 人口数（人） | | | | |
| 下渡街道 | 1.82 | 11863 | 35791 | 5 | 7018 | 5395 | 4283 |
| 仓前街道 | 1.15 | 9059 | 27045 | 5 | 3984 | 2834 | 2982 |
| 上渡街道 | 3.74 | 13181 | 38650 | 5 | 4049 | 2592 | 1649 |
| 临江街道 | 1.00 | 6620 | 19201 | 4 | 4492 | 2544 | 2255 |
| 对湖街道 | 2.09 | 13265 | 38787 | 5 | 3032 | 1808 | 2596 |
| 三叉街街道 | 0.51 | 6293 | 17283 | 4 | 5055 | 3149 | 2088 |
| 东升街道 | 0.66 | 4368 | 11858 | 4 | 3122 | 1781 | 1064 |
| 金山街道 | 11.54 | 37312 | 115203 | 26 | 20012 | 12240 | 11354 |
| 仓山镇 | 3.15 | | | 15 | 29072 | 16997 | 4606 |
| 城门镇 | 45.40 | 29412 | 100084 | 31 | 48982 | 34829 | 13172 |
| 盖山镇 | 37.69 | 32031 | 103154 | 39 | 57356 | 39005 | 14304 |
| 建新镇 | 32.42 | 40472 | 117894 | 44 | 43878 | 31319 | 19286 |
| 螺洲镇 | 5.0627 | 4411 | 13713 | 9 | 9434 | 5918 | 2561 |

说明：1. 仓山镇人口分属在对湖、仓前、上渡和下渡街道中统计

2. 数据来自仓山区公安局、自规局、财政局、民政局

（陈暖）

## 晋安区

【概况】 2020年，晋安区区域面积约552平方千米。辖3个街道、4个镇、2个乡，有80个社区、114个行政村。年末户籍人口43.2万人，常住人口79万人。当年出生人口2678人，人口出生率6.71‰，出生人口性别比112.5，人口自然增长率2.78‰，6个省重点项目完成投资14.55亿元，103个市级重大项目完成投资552.24亿元。535个省“五个一批”项目完成投资546.05亿元，累计开工项目141个，竣工项目355个。年内晋安区获评为福州市首批全省全域旅游示范区、福州市城区生活垃圾分类先进区、第三批全国老年远程教育示范区、省级慢性病综合防控示范区、全国森林防火先进单位、全国计划生育优质服务先进单位。

2020年12月5日，晋安区新时代文明实践中心正式开馆投用

（晋安区政府办　供）

【经济建设】 2020年，晋安区实现地区生产总值959.05亿元，比上年增长5.7%，三次产业比例0.8：26.5：72.7。一般公共预算总收入33.58亿元；地方一般公共预算收入22.88亿元；财政支出34.67亿元，比上年增长9.98%；固定资产投资额631.64亿元，增长10.1%；城镇居民人均可支配收入49670元，增长2.8%；农民人均纯收入23184元，增长6.4%。

农业　农林牧渔总产值13.49亿元，比上年增长4%。新增“三品一标”特色农业品牌2个。生猪存栏2.6万头，出栏4.53万头。新增无农药绿色生产示范基地（弥高仙）1处。全年粮食种植面积460公顷、产量3000吨左右。水果种植面积800公顷。茶叶种植面积933.33公顷以上，产量2000公斤以上。龙巢野生动植物王国大型生态农业项目落地北峰。

工业　启动工业园区标准化建设，规模以上工业增加值139.98亿元，比上年增长5.1%。晋安湖“三创园”在全市率先挂牌成立，累计出让产业用地6块，面积8.07公顷。提升低效厂房（用地）4块，面积4.07公顷。福州数字内容产业园、麦克赛尔新生产基地、欧居智能研发中心、德弘科技研发中心等26个项目落地，总投资74.6亿元。

服务业　实现第三产业增加值697.08亿元，比上年增长5.2%；实现社会消费品零售总额906.51亿元，增长1.3%。总部企业新增16家，卖好车、榕滴成品油零售等一批优质服务平台落地晋安。宜家商业广场开业，东二环市级夜色经济示范街区建成开街，爱摩轮商业广场动工开建。推进鼓岭、皇帝洞等景区提升，龙巢野生动植物王国大型旅游项目开工建设，九峰村获评为省级金牌旅游村。

招商引资　实际利用外资79649万元，落地招商项目618个，项目总投资1765.79亿元，其中产业链项目6个，技改项目177个。年内抓项目促跨越招商行动专项考评排名位列全市第三。

【城乡建设与管理】 城乡规划　2020年，晋安区推进前横路快速通道、新店外环路、地铁4号线等省、市重点项目建设。完成村庄规划编制18个，美丽乡村提档升级17个。牛岗山公园获2020年度中国风景园林学会科学技术奖（规划设计奖）一等奖，金鸡山公园栈道景观二期工程获全国园林工程奖铜奖。

征迁安置　完成鼓山沿山片区等9个旧屋区、300万平方米房屋征收，土地出让面积68.87公顷。开工建设安置型商品房200万平方米，完成洋下等32个项目、1万户、102万平方米回迁选房。

市政建设　完成433个“十位一体”综合提升项目，25条老街巷、14个老旧小区完成改造提升，80条道路实现缆化下地。拆墙透绿100处，80个街头小公园建成投用，改造提升公园绿地100万平方米。城区垃圾分类2.0版和农村生活垃圾分类全面铺开。新（改）建市政道路15千米、农村公路16千米，完成公路养护提升40千米。西岭互通、站东互通、园中互通等一批缓堵项目建成通车。

【社会事业】 科技　2020年，晋安区发放援企稳岗奖补贴2亿元，下达科技扶持资金6500多万元，帮助8500个企业纾危解困。引进各类高层次人才296人、高技能人才148人，四创软件获评为国家级博士后科研工作站，拓天生物列入国家重点研发计划项目库，高意通讯获评省级专家服务基地。新增国家级、省级高新技术企业213家、省科技小巨人领军企业6家，省级新型研发机构4家，入选省级重点上市后备企业14家，“智汇晋安”人才驿站入选首批省级人才驿站，选认科技特派员73人。

教育　晋安区属公立中学高中在校生3148人，初中在校生13981人，小学在校生50647人（公办49375人、民办1272人），区属在园幼儿27282人（公办16507人、民办10775人），特殊教育学校在校生77人。则徐中学桂湖校区、晋四小扩建工程等10个学校项目建成投用，新增学位6090个。榕博小学、榕博幼儿园人才主题学校挂牌成立。106所小区配套幼儿园完成治理，学前教育普惠率、公办率位居省、市前列。则徐教育集团组建挂牌，获福州市初中教学质量综合效益优胜奖。

文化体育　推进新店古城遗址公园、协和大学建筑群等项目保护建设工作。区非遗展示馆、软木画乡村非遗传习所揭牌。金鸡山文化生活馆建成投用，6件作品获福州市第四届茉莉花文艺奖。组织30场全民健身活动（赛事），建成17片社区足球场。在第25届福州市运动会上团体总分位列全市第二。

卫生和计划生育　新冠肺炎疫情防控期间累计筛查入榕人员线索28万条，实施健康管理61万人，先后设置集中医学观察点13个、接收6500余人。7人被评为省抗击新冠疫情先进个人、省“五一劳动奖章”、抗疫专项省“三八红旗手”。区卫健局、区疾控中心、区医院、茶园街道社区卫生服务中心先后被评为省抗击新冠疫情先进集体、省“五一先锋号”、省“五一劳动奖章”、抗疫专项省“三八红旗集体”。推进省儿童医院、省疾控中心建成投用，区医院改扩建二期、区中医院项目，全省首个国家级家庭健康服务项目落地晋安。

社会保障　各级财政用于民生支出26.6亿元，占一般公共预算支出76.7%。完成18件省、市级，32件区级为民办实事项目。城镇新增就业20332人，城镇失业人员再就业7880人，农转925人。区社会福利中心全面运营，在全市率先启动困难老年人家庭适老化改造。建立全区困难群众信息库，发放低保、失业补助等9300多万元，特困人员集中供养率居全市第一。推进国有企业退休人员社会化管理及“三供一业”移交工作。

生态建设　推进水土流失综合治理，完成造林绿化1333.33公顷、森林抚育533.33公顷、封山育林666.67公顷，下达森林生态效益补偿资金850万元。在17个村庄开展村植千树活动，绿化村庄面积22.67公顷。落实“河湖长制”，28条城区主干河道、10条支流通过市级验收。晋安区空气质量考评位列全市第一。

平安创建　全区刑事案件比上年下降22.1%，“两抢”案件下降46.2%。2500多家企业纳入食品安全“一品一码”全过程追溯体系。完成电动自行车牌证更换23.1万辆。实施安全生产专项整治行动，加强“三边三乱”整治。开展房屋结构安全隐患大排查大整治，全面排查各类建筑45.3万处，整改安全隐患4500多处。六大类应急预案完成修编，形成应急管理体系，提升急救援能力。

【基层建设管理】　2020年，全国首个两岸社区交流中心在晋安区运营，获评为省级社会工作专业人才基地。晋安区在全省率先建成区级市域社会治理实践基地。升级“晋我家”智慧社区管理平台，培育形成“我家小院”“梯位长协会”“乡村剧场”等社区治理品牌。完成三级文明实践中心建设，推出“志愿晋安”管理服务平台。年内晋安区通过省级文明城区总评，鹅鼻村获评第六届全国文明村，寿山乡获评省级乡村治理示范乡镇，创新村等3个村获评省级乡村治理示范村，砌池社区、盛辉物流集团获评全国文明单位。

表91　2020年晋安区街道（乡镇）基本情况一览表

| 街道（乡镇） | 辖地面积（平方千米） | 户籍人口数（人） | 社区（村）（个） | 规模以上工业总产值（万元） | 财政总收入（万元） | 财政总支出（万元） |
|---|---|---|---|---|---|---|
| 鼓山镇 | 50 | 114209 | 43 | 4102165.4 | 65090 | 31147 |
| 新店镇 | 48.3 | 85110 | 44 | 1402389.7 | 23284 | 20525 |
| 岳峰镇 | 11.3 | 77149 | 20 | 105417.6 | 29462 | 11893 |
| 宦溪镇 | 133 | 13990 | 25 | 537105.9 | 12131 | 9943 |
| 寿山乡 | 170.8 | 12109 | 22 | 226343.4 | 7376 | 7649 |
| 日溪乡 | 130.6 | 6964 | 12 | -- | 3499 | 3857 |
| 茶园街道 | 4.7 | 51921 | 12 | 25554.4 | 28474 | 11323 |
| 王庄街道 | 3.6 | 35485 | 0 | -- | 10221 | 7928 |
| 象园街道 | 1.6 | 28632 | 7 | -- | 6525 | 4788 |

数据来源：晋安区统计局、晋安区财政局、晋安区民政局、福州市公安局晋安分局

（吴全福）

## 马尾区

【概况】　2020年，马尾区区域面积275.66平方千米，其中开发区面积23平方千米。辖一个经济区（琅岐经济区）、三镇一街（琅岐镇、亭江镇、马尾镇、罗星街道）、17个社区、62个行政村，户籍人口18.59万人，常住人口29.2万人。全年开工项目151个，竣工项目72个，完成省、市重点项目投资200亿元；实现农林牧渔业、工业、建筑业、三产

重点企业总产值分别比上年增长51.8%、12.3%、26%、36%。年内，获批国家骨干冷链物流基地、全省唯一专利与标准融合机制创新试点。

【经济建设】 2020年，马尾区实现地区生产总值604.96亿元，比上年增长5.7%，三次产业结构1.6∶58.7∶39.7；社会消费品零售总额182.76亿元，比上年下降3.4%；一般公共预算总收入31.57亿元，下降9.6%；地方一般公共预算收入21亿元，下降8.1%；一般公共预算支出40.12亿元，增长15.8%；固定资产投资额201.30亿元，增长10.2%；城镇居民人均可支配收入54653元，增长2.9%；农村居民人均收入29323元，增长6.2%。

农业　农林牧渔业总产值9.89亿元，比上年增长12.8%。粮食播种面积280公顷，总产量1641吨；蔬菜面积1552公顷，产量42215吨；瓜果面积147.93公顷，产量4704吨；水果面积468.6公顷，产量10981吨；生猪存栏2万头、出栏3.37万头，牛出栏235头，羊出栏610头，家禽出栏10.66万只；肉蛋奶总量4974吨，其中肉类产量3221吨，禽蛋产量1280吨，奶类产量473吨。全区14家市级以上农业产业化龙头企业完成销售收入130亿元。

工业　全区有规模以上工业企业165家，产值830亿元，其中39家电子信息业规模以上工业企业完成产值291.1亿元，比上年增长4.1%，占全区产值35.1%；95家轻工食品规上工业企业完成产值325.9亿元，增长4.5%，占全区产值39.3%；21家机械制造业规上工业企业完成产值178.2亿元，增长11.7%，占全区产值21.5%；其他行业完成产值34.8亿元，占全区产值4.1%。

服务业　全区121家限额以上社会消费品零售企业（贸易企业76家、成品油企业9家、汽车销售企业17家、住宿餐饮企业19家）实现社零总额182.76亿元，比上年下降3.4%，其中限额以上社会消费品零售总额累计完成151.64亿元，比上年下降3.3%。294家批发企业完成批发销售额1687.85亿元，增长7.5%。95家营利性服务业企业1—11月实现营业收入102.11亿元，比上年增长

2020年9月4日，华为（福州）物联网云计算创新中心驻地云在福州马尾正式上线

（马尾区政府办　供）

8.3%，其中49家软件服务业企业营业收入占总量83.3%。全区有5000平方米/栋以上商务楼宇19栋，总建筑面积134.08万平方米，其中商务办公面积64.04万平方米，已租商务办公面积30.67万平方米，空置面积27.46万平方米，空置率43%，已入驻企业324家。

招商引资　实际利用外资6.69亿元，比上年下降40.9%。全年落地招商项目455个，总投资超910.97亿元。马尾基金小镇集聚118家私募基金管理人和277只公司型、合伙型私募基金（通过中国证券投资基金业协会登记备案的89家），基金管理规模1633亿元，实际到资482.65亿元。

【城乡建设与管理】 城乡规划　2020年1月，马尾区委托市规划院以及中国城市规划设计研究院编制马尾区国土空间总体规划，对接区内现有建设用地；6月，形成马尾区国土空间规划成果报送区政府研究；9月，开展规划专家评审；11月，报送福州市自然资源和规划局研究。

征迁安置　完成琅岐闽江佳园二期6.45公顷、两高一期13.84公顷土地交付。支付魁岐片区棚户区改造项目、旺岐镜片危旧房改造项目、福马路以北棚户区改造项目（朏头、上下德片）、青洲片棚户区改造项目、君竹北片、琅岐环岛路东侧自贸区北侧周边收储地块（省直机关保障房）征地拆迁费用8.42亿元。

市政建设　实施城市品质提升工程122个，完成老城区“多位一体”综合改造项目203个。新改扩建市政道路20条，建成投用亭江防洪防潮工程一期、亭江中心区山洪排涝工程一期，新建5G基站300个，高层住宅全部实现水表“一户一表”。地铁2号线马尾延伸段动建前期工作启动，三江口大桥、东南绕城高速（琅岐段）、东部快速通道建成通车。市政路网密度4.45千米，污水处理能力每日9万吨，供水管网372千米。改造老旧小区15个、旧屋区25.99万平方米，提升13处重要节点夜景灯光，完成拆墙透绿130处、立面景观改造10处、缆化下地12段、小街巷整治21条。

【社会事业】 科技　2020年，马尾区引进国家级重点人才项目专家3人，国家“万人计划”专家7人，省“百人计划”专家9人，省高层次ABC类人才68人。企业授权发明专利1623项，参与制修订国际标准9项、国家标准136项、行业标准50项、地方标准56项，有国家级实验室2家、院士工作站9家、专家工作站18家。企业技术中心48家（国家级4家，省级17家，市级27家），企业设计中心4家（省级2家，市级2家），省级高成长企业7家，专精特新企业11家，省级以上单项冠军企业（产品）13家。13项产品获评省级名优产品。

教育　全区有公办学校38所，其中进修学校1所，完全中学3所，职业中专1所，九年一贯制学校1所，初级中学6所，小学18所，幼儿园9所（下辖

6分园），另有市属船政幼儿园和船政小学各1所；有民办学校32所，其中民办幼儿园（含村办园）29所，民办初中1所，民办高中1所，另有阳光国际学校1所；全区中小学、幼儿园学生39466人，其中在园幼儿9416人，小学生17833人，初中生7618人，高中学生4599人；在职教职员工1823人，其中特级教师2人，高级职称教师241人，中级职称教师929人。

文化体育　改造镇（街）及村（社区）的文化服务中心，基本建成“区—镇（街）—村（社区）”三级公共文化设施网络。建成区级非物质文化遗产展示馆和4个乡村非遗传习所，新增市级以上非遗项目3个，市级非遗基地1个。2个作品获省级及以上奖项，2个作品获市级奖项。推进马尾造船厂船政核心保护区历史建筑群保护修复，船政文化城实现“物理”开园，福建船政成功入选第一批省级工业旅游示范基地、第四批国家工业遗产。全年完成更新、新建1处室外健身驿站、2处纳凉点，30条健身路径、1处室内健身房，5片五人制足球场，改造5片农民体育健身工程，将魁岐互通桥下空间改造为体育公园。运动员李雯雯在“崑山杯”2020年全国女子举重锦标赛暨东京奥运会模拟赛上取得87公斤以上级抓举、挺举、总成绩三项冠军，刷新87公斤以上级挺举全国纪录，并超过世界纪录。

卫生与计划生育　全区有医疗机构127家，其中三级甲等医院1家，二级甲等医院1家，区疾病控制中心1家，区妇幼保健院1家，民营医院3家，社区卫生服务中心1家，乡镇卫生院3家，社区卫生服务站3家，门诊部8家，学校（公司）医务室7个，村卫生所52个，个体诊所43个。设床位1028张，其中市级医院200张，区级医院299张，乡镇卫生院48张，民营医院481张，全区千人均床位数3.92张。医疗卫生技术人员1315人，其中医师（含助理医师）527人，护士642人。年内出生人数1442人，出生率7.8‰；死亡人数1139人，死亡率6.2‰；人口自然增加303人，人口自然增长率1.6‰。

社会保障　全区职工基本养老保险参保9.93万人，城乡居民保已参保5.17万人，失业保险参保9.19万人，工伤保险参保9.97万人。完成城镇新增就业10345人，失业人员再就业2201人，其中就业困难人员再就业141人。失业率3.49%。居家社区养老服务照料中心实现镇街全覆盖，农村养老服务设施覆盖率70.9%，每千名老年人拥有养老床位数62.77张。全年将1090户1784人纳入低保救助，发放低保救助金1124.16万元、低保对象过节补助188.64万元、城乡低保高龄补助8.9万元、困难群众物价补贴257.75万元。开展临时救助1738人次，发放临时救助金140.14万元。发放特困供养救助金71.66万元，惠及30人。发放重度残疾人2项补贴362.39万元，惠及1881人。为4665名80岁以上高龄老人发放高龄补贴1019.15万元。

生态建设　完成第二轮中央生态环境保护督察信访转办件整改并验收销号。完成琅岐岛生态红线划定，新增植树造林800公顷、幼林抚育1133.33公顷，森林覆盖率提高至47.18%，国家生态文明示范区创建工作已上报省级评审。空气优良天数366天，优良率100%，比上年提高1.1%。6项污染物平均浓度均达到国家环境空气质量二级标准，PM2.5年均浓度18微克/立方米，小于25微克/立方米的考核指标。白眉水库等集中式饮用水源水质达标率100%，闽江国控琯头断面、白眉溪省控小流域水质达标率100%。昼间区域环境噪声平均56分贝，昼间道路交通噪声平均64.8分贝，符合声学环境质量功能区标准。固废和危废处置综合利用率100%。

平安建设　受理各类治安案件2111件，比上年下降6.72%。查处案件2106件，查结案件1581件，抓获各类违法人员737人。打击食品、药品、环境污染违法犯罪活动，破获案件34件7人。查处涉赌案件30件70人、涉黄案件15件24人。打击枪爆违法犯罪，破获非法制造枪支弹药案1件，刑事拘留1人，收缴各类枪支42把（含仿真枪）、各类子弹150发。查处违规燃放烟花爆竹案1件1人，收缴烟花爆竹256件、管制刀具129把、弩2把。破获黑社会性质组织1个，恶势力集团和团伙各1个。

【基层建设管理】　2020年，马尾区实施乡村振兴项目42个，建成市级美丽乡村精品示范村4个。完成医保专线“村村通”工程，创建省级卫生社区7个、卫生村2个，新建更新健身路径30条、农民体育健身工程5个、社区足球场5片。新设社区3个，创建标杆社区10个，标杆社区数量占总数的30%以上。亭江镇获评国家卫生镇，闽安村获评全国文明村，白眉村获评省级乡村旅游特色村。马尾镇、罗星街道分别被评为省、市级生活垃圾分类示范片区，长柄村被评为全省农村生活垃圾分类试点示范单位。

表92　2020年马尾区街道（乡镇）基本情况一览表

| 街道（乡镇） | 辖地面积（平方千米） | 人口 | | 社区（村）（个） | 规模以上工业总产值（亿元） | 财政总收入（不含基金）（万元） | 财政总支出一级预算（万元） |
|---|---|---|---|---|---|---|---|
| | | 户数（户） | 人口数（人） | | | | |
| 罗星街道 | 28.08 | 10011 | 42241 | 10 | 227.87 | 145326 | 4716 |
| 马尾镇 | 53.62 | 15934 | 47494 | 20 | 419.61 | 40350 | 3560 |
| 亭江镇 | 105.66 | 9972 | 28150 | 20 | 162.15 | 11633 | 7152 |
| 琅岐镇 | 88.30 | 21000 | 66715 | 28 | 6.00 | 15657 | 2655 |

（姜博文）

## 长乐区

【概况】 长乐区位于福州市东部，辖4个街道、12个镇、2个乡，土地面积729平方千米。户籍人口76.53万人，常住人口79.03万人。全区安排与列入省、福州市及区本级重点项目559项，年度完成投资1598.41亿元。

【经济建设】 2020年，长乐区实现地区生产总值1003.41亿元，比上年增长6.8%。第一产业增加值57.76亿元，增长3.4%；第二产业增加值651.97亿元，增长8%；第三产业增加值293.69亿元，增长4.4%，三次产业结构为5.75：64.98：29.27。人均地区生产总值130291元，增长2%。一般公共预算总收入82.73亿元，增长5.2%；地方一般公共预算收入51.17亿元，增长3.5%。公共财政预算支出78.73亿元，增长21.2%。入库统计固定资产投资项目455个，完成固定资产投资增长14.2%，完成工业固定资产投资增长11.7%。全区民间投资下降6.9%。城镇居民人均可支配收入50670元，增长2.9%；城镇居民人均生活消费支出31752元，下降2%；农民人均可支配收入25888元，增长6.5%；农民人均生活消费支出20101元，增长0.2%。城乡居民食品消费支出占消费总支出的比重为35.7%。

农业 农林牧渔业总产值102.98亿元，增长3.6%。其中种植业产值27.31亿元，增长4.5%；林业产值0.17亿元，增长16.8%；牧业产值10.42亿元，增长4.0%；渔业产值62.45亿元，增长3.6%。实现农林牧渔业增加值59.17亿元。粮食播种总面积1.15万公顷，产量6.97万吨。水产品总产量19.49万吨，增长4.1%，其中海水品产量11.57万吨，增长2.2%；淡水品产量7.91万吨，增长6.9%。牛奶产量0.06万吨，增长6.3%；肉类产量1.91万吨，下降2.0%；禽蛋产量1.60万吨，增长6.1%；蔬菜产量64.86万吨，增长5.5%。年末生猪存栏9.34万头，增长37.8%；生猪出栏17.01万头，下降2.6%。

2020年1月1日，长乐区和平街特色历史文化街区士绅馆正式开馆

（长乐区和平街特色历史文化街区建设运营指挥部　供）

工业 规模以上工业总产值2972.14亿元，现价增长5.8%。按企业规模分：大型工业1544.13亿元，增长10.5%；中型工业673.75亿元，增长3.1%；小型工业744.12亿元，增长1.6%；微型工业10.14亿元，下降58.2%。按行业分：食品饮料加工业135.33亿元，下降13.6%；纺织业2143.61亿元，增长5.6%；羽绒加工及制品业40.1亿元，增长9.8%；冶金业287.84亿元，增长19.1%；机械工业114.85亿元，增长7.3%；电力生产供应业42.82亿元，增长5.7%。规模以上工业产销率97.3%。实现规模以上工业增加值增长8.3%。规模以上工业企业利润总额158.94亿元，下降8.5%，其中内资企业131.47亿元，下降4.8%；港澳台商投资企业10.16亿元，下降4.1%；外商投资企业17.31亿元，下降30.8%。规模以上工业企业每百元营业务收入中的成本为88.4元，主营业务收入利润率为5.6%。

服务业 交通运输、仓储和邮政业增加值20.33亿元，增长6%。客运周转量25986万人公里，下降35.6%。其中陆运25790万人公里，下降35.5%；水运197万人公里，下降42.2%。货运周转量189639万吨公里，增长8.7%。其中陆运61175万吨公里，增长8%；水运128464万吨公里，增长9%。民航旅客吞吐量886万人次，下降40%。邮电、移动机构单位35个，有电话8.32万部、天翼18万部、移动电话64.05万部。全区邮路总长度373公里、农村投递路线1838公里、邮政储蓄年末余额42.31亿元。完成电信邮政移动业务总收入7.31亿元，其中电信业务总量2.22亿元，移动业务总量3.79亿元，邮政业务总量1.3亿元。全区接待国内外游客337.16万人次，下降32.7%，旅游总收入52.35亿元，下降32.8%。至年底，全区有6个国家AAA级旅游景点、1个国家AA级旅游景点，有五星级旅游饭店1家、四星级旅游饭店1家、三星级旅游饭店2家，旅行社14家（本地社10家，省、市设立的分社4家），另有旅行社服务网点37个。全区金融机构（不含保险和证券机构）22家。年末全区金融机构本外币存款余额1070.83亿元，比年初增长11%，其中居民储蓄存款余额432.02亿元，比年初增长11.5%。金融机构本外币贷款余额1233.84亿元，比年初增长18.1%，其中企业贷款增长15.2%，个人贷款增长22.3%。

社会消费品零售完成158.6亿元，比上年下降0.9%，第三产业增加值完成293.7亿元，增长4.4%，位列福州市第九位。全区有各类市场主体5.52万户，其中私营企业1.46万户，注册资本（金）2549.06亿元，第三产业占比66.16%；年内新登记注册内资市场主体

3130户，新增注册资本（金）及出资额461.99亿元，减少10.43%，其中新设立私营企业3043户，批发与零售业、建筑业、信息传输、软件与信息技术服务业等行业占比超57%。典当公司有福建富通典当有限公司、福州融通典当有限公司、福建省金洋典当有限公司、福建省银源典当有限公司4家。油库企业4家，在营成品油零售企业有37家，其中加油站企业25家，加油船企业12家。

招商引资　举行“视频签约”招商活动与“大抓产业、抓大产业”重点项目签约，引进重大招商项目55项。长乐区参加“9·8”厦门投洽会，签约外资项目1项——众链科技项目，总投资5000万美元，利用外资5000万美元。全区实际利用外资6.92亿元，完成三资企业工业总产值525.68亿元。

【城乡建设与管理】　2020年，长乐区参与福州新区建设发展，编制各类规划97项，完成生态保护红线评估以及长乐城区北环路专项规划等5项规划报批；完善滨海快线首占站周边地区控制性详细规划、长乐松下港片区分区规划等8项规划编制；启动长乐区国土空间规划（分区层面）、福州新城区概念规划、南山片区综合城市设计等5项规划编制；完成32个美丽乡村建设规划评审。

推进会堂南路（省道203至龙景路）、首占新区洋鹏路西段道路、爱心路（西关桥——会堂路路口）等城区道路建设，城区（含部分乡镇）市政道路总长5.91万米。优化整改夜景灯光，全区各类路灯6.29万盏。实施陈塘港流域金峰东河三支河黑臭治理及周边污水管线整治工程、首占镇（岭头、塘屿、屿后、黄李）村庄污水管网及入户接驳工程、营前街道（营前社区、后岐、下洋、东屿、黄石、马头、洞头、岐头）村庄污水管网及入户接驳工程等排污工程。推进仙滨仙岐路供水管道工程、长乐区至罗联乡供水管道工程等供水管网建设，全年供水总量8742.91万吨，水质综合合格率99.96%，高于国家标准不低于95%的要求。全社会累计用电量109.82亿千瓦时，其中城乡居民生活用电量9.28亿千瓦时。管道天然气供气总量7449.36万立方米，管道液化气供气总量4080.46吨，瓶装液化气供气总量5283.59吨。

【社会事业】　科技　2020年，长乐区实施数字经济赋能先进制造业，坚持用工业互联网打通产业链、供应链、操作链，打造骏鹏智造、景丰科技等5个智能化工厂，恒申合纤、雪人制冷等8个数字化示范车间，近200家工业企业接入长乐纺织工业互联网平台。大东海实业、恒申集团、永荣控股上榜2020中国企业500强，金纶高纤等4家企业上榜2020中国民营企业500强，长源纺织等5家企业上榜2020中国制造业民营企业500强。新增国家级高新技术企业23家、省级21家，获批省、市科技计划项目9个，列入重点上市后备企业56家，华渔教育科技、网龙普天教育科技分别入选省级数字领域“独角兽”企业、“瞪羚”企业，新认定省科技小巨人领军企业4家、“专精特新”企业2家、院士工作站1个，“5G+智慧教育应用示范”等4个项目入选省数字经济百项应用场景。引导企业引进外省专利技术成果并完成授权、维持，提高全区发明专利授权率。加大省、市级政府质量奖培育力度，兑现知识产权及质量奖励。5家企业列入贯标企业培育名单，2家企业通过福州市知识产权示范企业认定，5家企业进入省知识产权优势企业复核阶段。全年收到授权专利材料1390件，发放专利奖励及各项知识产权项目奖励1761.2万元。

教育　安排学校建设项目28个，建筑总面积33.16万平方米，计划总投资20.285亿元，年度计划投资6.749亿元，完成年度投资7.379亿元，完成率109.33%。中等职业教育招生1610人，在校生3797人，毕业生849人。成人高等教育招生86人，在校生190人，毕业生123人。全区有126所公办中小学校，其中教师进修学校1所，中学28所，中等职业学校1所，九年一贯制学校2所，小学94所。普通中学在校生34739人，增长13.9%；招生12688人，增长17.6%；毕业生9950人，减少12.7%。小学在校生56510人，增长2.2%；招生9234人，减少6.5%；毕业生9035人，增长11.8%。全区幼儿园（含小学附设学前班）147所，在园生26040人，增长0.8%。特殊教育学校1所，在校生157人。

文化体育　巩固提升国家公共文化服务体系示范区创建成果，完成4家高级版（3.0版）综合文化站和46家高级版（3.0版）综合文化服务中心的提升建设任务。加强基层场馆设施建设，建成非遗展示长廊、4个图书馆分馆（流通点），开通“长乐区图书馆悦读平台”等数字平台，建成24小时自助电子图书馆。利用基层场馆开展“长乐非遗物质文化遗产展”等线上、线下展览等51场。打造长乐特色非遗品牌，建成6个区级非遗传习所、2所区级非遗传承示范校园、4个市级非遗传承示范基地。投入440万元，实施全民健身工程，完善全民健身服务体系。承办“第三届‘吴清源杯’世界女子围棋赛暨2020年世界人工智能围棋大赛”“2020年福州市全民健身运动会高智尔球比赛”。组队参加福州市第二十五届运动会，获金牌61枚、银牌80枚、铜牌79枚，12人打破10项福州市运动会赛会纪录，获青少年组团体三等奖、群众组团体三等奖。

卫生和计划生育　全区各类医疗卫生机构432所，其中区直卫生单位6家，区直医疗机构4所，街道社区卫生服务中心4所，乡镇卫生院14所，社区卫生服务站、村卫生所、医务室（卫生站）、门诊部、诊所共396所，民营医院6所，急救中心1所，区医院拘留所卫生所1所。医院床位数2671张，全区公立医疗机构职工总数3309人。全区出生人口8628人，比上年减少2334人，人口出生率11.3‰。人口自然增长4370人，人口自然增长率0.57‰。

社会保障　教育、卫生健康、养老等六大类158个民生补短板项目完成投资72.4亿元，30个为民办实事项目完成投资27.1亿元。新增城镇就业7901人，转移农村富余劳动力6408人，社会保险覆盖面持续扩大。区慈善总会、海外域外乡亲联谊会等社团组织开展扶贫济困、爱心助学、医疗救助、老区帮扶等活动，累计救助金额3751万元，受益群众11.85万人次。

生态建设　推进污染防治，第二次污染源普查工作通过国家生态环境部验收。推动九大类77项生态环境保护目标任务、第二轮中央生态环境督察反馈问题整改、闽江河口湿地生态保护提升、闽江沿线长乐段环境整治等工作，基本完成闽江流域长乐段山水林田湖草生态保护修复项目。龙峰渣土资源化利用项目一期建成投产，二期建成试运行。投入7.7亿元，建成污水管网1066公里，17条河道清淤整治13.7公里，取缔关停散乱污企业（场所）23家。植树造林230.27公顷，完成71个村“村植千树”，空气质量优良率98.09%。

平安建设　健全综治平安建设责任机制，开展扫黑除恶专项斗争与矛盾纠纷、信访难题化解。完成重大会议、活动安保维稳任务。推进“雪亮工程”“乐和解”矛盾纠纷多元化解平台、平安智能小区等社会治理格局共建、共治、共享工作。

【滨海新城建设】　2020年，长乐区启动区国土空间规划、福州新城区概念规划等5项规划，完成12项滨海新城及临空经济区规划。滨海新城及其临空经济区征交地1053.33公顷，拆迁135.7万平方米。安置房二期、三期、五期完成选房，四期竣工，六期动建。承办第三届数字中国建设峰会长乐分会场活动，签约卫星互联网、天津大学产学研等49项战略性新兴产业项目，总投资499亿元；中国移动数据中心一期、电信东南信息园、省精准医学产业创新中心、贝瑞和康一期等11个产业项目竣工，滨海信息产业园一期、中电数据、均和云谷等69个项目集中开工。机场二期启动建设，福平铁路通车运营，地铁6号线长乐段进入调试，城际铁路F1全线开工，国道G316漳港至营前段加快建设，国道G228外文武围垦路堤结合、文松路提升改造等8个道路工程建成通车，三营澳路桥完成主体工程，复旦大学附属华山医院福建医院基本建成，海峡青少年活动中心、福州滨海实验幼儿园、长师附小滨海校区、东湖湿地公园一期等15个项目竣工投用，天津大学福州国际校区、CBD输配环工程、沿海防护林二期等21个项目处于建设阶段，交通银行滨海支行、东湖万豪酒店开业。福州临空经济示范区获国家发改委、民航局批复，骏鹏智造、阿石创光电、网龙天集等39个产业项目竣工投产。鹏程路二期改造、文鹤路马山段等通车，空港医院建成，文鹤中路、仙昙北路、龙翔小区和棋山花园安置房、临空医院等25个项目加快建设。建立创新驱动工作指标体系，东湖“三创园”落地海尔海创汇，数字融合智慧谷等项目，入驻华为鲲鹏、博思软件等龙头企业，累计注册企业529家、注册总资本447.4亿元。制定出台滨海新城人才住房、支持大中专毕业生与台湾青年到长乐就业创业八条措施等优惠政策，“知创福建”省级知识产权公共服务平台工作站授牌成立，福州市智慧物联信息技术研究院、数据资产运营公司等注册落地，建立福州技术市场服务点，引进大数据、健康医疗、智能制造等领域博士21人、硕士155人。东湖数字小镇促进产城人文融合的举措入选第二轮全国特色小镇典型经验。

【和平街特色历史文化街区建设】　和平街特色历史文化街区是长乐老城区保护更新规划的组成部分，规划建设历史文化体验区、东门街特色商业区、旅游服务接待区、传统名居体验区、高端酒店及民宿体验区、太平桥商务休闲区、汾阳溪生态景观区、传统院落体验区8个功能街区。一期规划面积20.5公顷，长约800米，范围自长乐一中大门口至吴航街道办事处南边道路，涵盖司马第、太平桥、汾阳溪、东风巷，有28处明清古建筑以及部分民国建筑。2020年1月21日，长乐和平街正式开街。开放区域总长375米，面积近4公顷，约占首期修复工程范围的三分之一。至年底，18处古建筑修复竣工验收，4处古建筑完成主体修缮，主街两侧新建建筑及改造建筑完工。完成街区29栋建筑的租金评估工作，总评估面积13135.44平方米。通过福州海峡纵横资产租赁交易电子竞价平台完成11栋5914.19平方米商铺（院落）的公开挂网招租工作，总标的114178.12元/月。清点出可见古井32口，完成其中23口古井命名、6口古井清淤、1口古井水质监测。完成吴航老城博物馆装修布展工作。

表93　　2020年长乐区街道（乡镇）基本情况一览表

| 街道（乡镇） | 辖地面积（平方千米） | 所辖社区（村）（个） | 人口 | | 规模以上工业总产值（万元） | 一般公共预算总收入（万元） | 地方一般公共预算收入（万元） |
|---|---|---|---|---|---|---|---|
| | | | 户数（户） | 人口数（人） | | | |
| 吴航街道 | 8.20 | 13 | 21510 | 56448 | — | 35287 | 17562 |
| 航城街道 | 54.72 | 21 | 19220 | 59366 | 1528149 | 67377 | 36182 |
| 营前街道 | 38.83 | 13 | 11839 | 37780 | 1369687 | 80403 | 43310 |
| 首占镇 | 25.56 | 15 | 10670 | 36635 | 27640 | 26847 | 15667 |
| 玉田镇 | 54.04 | 11 | 11663 | 43597 | 153713 | 3569 | 1896 |
| 罗联乡 | 22.01 | 8 | 3536 | 11800 | 98633 | 29136 | 14754 |
| 鹤上镇 | 48.75 | 22 | 20301 | 63965 | 2304628 | 57046 | 30677 |
| 古槐镇 | 51.96 | 23 | 19666 | 64644 | 711605 | 21424 | 11527 |

续表

| 街道（乡镇） | 辖地面积（平方千米） | 所辖社区（村）（个） | 人口 | | 规模以上工业总产值（万元） | 一般公共预算总收入（万元） | 地方一般公共预算收入（万元） |
|---|---|---|---|---|---|---|---|
| | | | 户数（户） | 人口数（人） | | | |
| 江田镇 | 92.33 | 17 | 16726 | 61184 | 4722869 | 24861 | 14046 |
| 松下镇 | 51.46 | 9 | 7282 | 28306 | 2359622 | 77087 | 40874 |
| 文武砂镇 | 35.51 | 10 | 8208 | 27840 | 3760713 | 50438 | 29905 |
| 漳港街道 | 47.09 | 19 | 18694 | 61139 | 4198788 | 37789 | 21896 |
| 金峰镇 | 29.10 | 21 | 20523 | 70345 | 1587808 | 20488 | 11665 |
| 湖南镇 | 34.06 | 11 | 10144 | 32104 | 3424329 | 31065 | 16572 |
| 文岭镇 | 42.13 | 12 | 10675 | 35025 | 1620363 | 5673 | 3211 |
| 梅花镇 | 17.81 | 6 | 5729 | 15003 | 302269 | 2152 | 1225 |
| 潭头镇 | 48.48 | 23 | 17258 | 54998 | 1110613 | 6477 | 3521 |
| 猴屿乡 | 24.71 | 4 | 2185 | 5085 | — | 3954 | 2002 |

（胡方磊）

## 福清市

**【概况】** 2020年，福清市区域面积2430平方千米。辖7个街道、17个镇。户籍人口139.7万人。有旅居海外华侨华人和新移民160万人，遍布世界165个国家和地区。规模以上工业总产值突破2000亿元，三大千亿产业集群崛起，龙江流域水质提升，龙高半岛50万名群众将在春节前喝上和城市一样的自来水。创新“市统管、村自建”模式开展群众工作。年内福清市被评为第六届“全国文明城市”，连续3年被评为全国双拥模范城，天宝陂入选世界灌溉工程遗产名录。县域集成改革试点进入全国营商环境百强县前20名。“五个一批”行动第二季度、第四季度取得全省第一，招商专项行动排名福州第一，一般公共预算总收入、地方一般公共预算收入总量和增速均位列福州第一，规模以上工业增加值增速排名福州第一。

**【经济建设】** 2020年，福清市实现地区生产总值1228.54亿元，比上年增长6.7%，其中第一产业增加值110.0亿元，增长4.0%；第二产业增加值619.40亿元，增长8.3%；第三产业增加值499.15亿元，增长5.2%；规模以上工业总产值2112.12亿元，增长9.2%；工业增加值增长8.4%；农业总产值202.59亿元，增长4.1%；社会消费品零售总额318.08亿元，增长3.3%；实际利用外资85654万元，增长51.2%。一般公共预算总收入155.26亿元、增长11.5%，其中地方一般公共预算收入91.26亿元、增长7.3%；城镇居民人均可支配收入49967元，增长2.9%；农村居民人均可支配收入26779元，增长6.2%。

农业　实现农林牧渔业总产值202.59亿元，比上年增长4.1%；第一产业增加值110.00亿元，增长4.0%；全市农村居民人均可支配收入26779元，增长6.2%。新增优质农产品标准化示范基地7个，蔬菜产量、大棚面积保持福州第一。完成2333.33公顷高标准农田建设，整治抛荒撂荒耕地592.67公顷，全年粮食产量10.7万吨。完成光阳蛋业、星源农牧国家级畜禽数字农业试点项目建设，“一都枇杷”获国家地理标志登记证书。举办第三届福州（福清）枇杷节、东张煎茶节、福清市2020年“中国农民丰收节”等系列农业节庆活动。

工业　完成规模以上工业总产值2112.1亿元，比上年增长9.2%。四大园区规模以上工业总产值突破1700亿元，融侨开发区推进工业（园区）标准化建设，宝联实业、英茂五金、嘉鑫科技等项目动建，成和光电、福光天瞳、洪宽创新科技园等项目建成投产。福清功能区丰大一期、胜田一期等13个项目竣工投产，淼天汇、港龙深鲜、丰大技改等23个项目动建或挂牌。元洪国际食品展示交易中心项目列入全国骨干冷链物流基地建设范围，中国—印度尼西亚“两国双园”列入“一带一路”建设境外重点项目库。江阴港城经济区完成万华化学集团福建产业园、旭川化学30万吨/年聚氨酯新材料等22个总投资655.98亿元的招商项目，完成万华化学、福一建材等21个总投资713.12亿元的开工项目，完成友谊新材料科技园二期、东方风电等13个总投资46.41亿元的竣工项目。蓝色产业园中铝汽车轻量化用铝合金板带材项目竣工投产，中铝新材料试验工厂项目完成建设和设备入场，蓝谷海工装备产业综合体建成标准厂房30万平方米，入驻企业125家，已投产企业13家，鸿生高科环保科技装配式建筑及建筑资源再利用产业化项目1号生产车间完成厂房建设，设备安装完成并投入使用。

服务业　开展第三产业“双百双千”增产增效行动，推进元洪国际食品产业园、福清公路港、福清玉融国际创业小镇等26个总投资221.61亿元重点服务业项目建设。

招商引资　推动万华化学产业园等182个总投资1555.25亿元的项目备案落地。福清功能区元洪国际食品产业园引进鸿昌食品、国电投综合智慧能源等20个总投资116.15亿元的项目。

【城乡建设与管理】　2020年，福清市在全省第一批次启动全市域成片开发规划编制工作，启动《福清市国土空间总体规划》。完成综合交通体系专项规划、中心城区年度建设计划、片区控规和城市设计等10项规划设计。完成19个村庄规划试点和20个省级乡村振兴试点村村庄规划编制工作。整合国土、规划、林业、海域海岛等领域工作，推动自然资源资产负债表编制，搭建自然资源资产管理平台，构建全业务流程政务一体化系统。提升门户景观，完成宏路高速口、清盛大道、环城路沿线提升。完成全市274个乡村美丽乡村建设，实现全覆盖。拆除违建768宗，建筑面积163.54万平方米，腾出土地面积193.34万平方米。开展历史存量两违处置，结合农房确权发证工作，探索分类处置机制，完成532宗历史存量两违处置。实施工业、农业、生活、餐饮业等四类污染源治理，全面完成543千米政雨污管网的排查、清淤工作，修复2405处三、四级病害，推进“四溪”和龙江中下游及综合治理工作。

【社会事业】　科技　2020年，福清市规模以上企业经费投入（错年值）39.91亿元，比上年增长26.25%，占GDP比重3.47%。经费总量和增量连续多年保持福州第一。通过省级星创天地认定1家，福州市级星创天地认定1家。选任福建省级科技特派员55人，福州市级科技特派员120人，选任福清市级科技特派员262人，实现省、福州市级科技特派员乡镇全覆盖，福清市级科技特派员行政村全覆盖。年内福清市选任省级、市级特派员数量位居福州第一。

2020年11月20日，福清市荣获第六届全国文明城市称号
（福清市政府办　供）

教育　新建、改扩建学校20所，中小学14所、幼儿园5所、特殊教育学校1所，新增学位8500个，新建、改扩建校舍面积18万多平方米。认定普惠性民办幼儿园113所，提供普惠学位13694个；开展义务教育集团化办学，新增实验小学、城关小学、福清一中等3个教育集团，初中部获评“教育教学质量综合效益优胜单位”；高中部组建14所达标高中实施联考联测试点，福清二中、福清三中通过省达标高中省级复查。

文化体育　推进侨乡博物馆陈列布展工程，完成85个高级版（3.0版）村（社区）综合性文化服务中心的达标提升，巩固拓展50个村级“农家书屋”，改造20个旧篮球场，新建100套户外健身路径、1个室外智能健身驿站、2个社会足球场，构建“城区15分钟、农村30分钟”公共文化服务圈。借助“文化惠民乐万家”“六月天·融情夏意文艺季”等品牌效应，举办画展、演出、讲座等活动200场，福清原创歌曲《侨乡儿女》登上中央广播电视总台“央视频”，侨乡街舞团舞蹈《冲浪》荣登央视《看我72变》舞台。拍摄《漫步三福之城》（5集）并在央视频道《跟着书本去旅行》栏目播出。开展紫云宝塔、龙卧禅寺、食菜厝维护修缮，评定第六批县级文物保护单位3处。改造福清非遗展示馆，举办第11届福清市“非遗过大年·文化进万家”民间民俗文化节、2020年文化和自然遗产日“迎世遗·非遗传承健康生活”福清非遗购物节等活动，推动3个乡村非遗传习所建设。

卫生和计划生育　建立健全常态化疫情防控机制，投入3.3亿元推进福清市医院二期、福清市疾控中心、福清市中医院住院大楼等38个项目。完成福清市医院新感染病区、福清市医院新冠核酸检测基地等项目建设。整合24家基层医疗机构组建两个紧密型医共体，完成医共体牵头医院及成员单位挂牌并进入实质运营，564个村卫生所实现“医保村村通”。福清市第三医院被评为二级甲等综合性医院。福清市高山镇中心卫生院升级为二级综合性医院，并更名为福清市第五医院。福清市医院成为福建医科大学非直属医院和福建医科大学附属第一医院福清分院，骨科、心血管内科等9个专科获评县级医院临床重点专科。福清市医院卒中中心被国家卫生健康委脑卒中防治工程委员会授予“综合防治卒中中心”单位，成为福建省3家之一、福州地区唯一获此殊荣的单位。高山镇被命名为国家卫生乡镇。

社会保障　新增城镇就业2.3万人，转移农业富余劳动力5531人。城乡居民基本医保、基本公共卫生服务政府补助标准分别从每人每年550元、69元提高到580元、74元；城乡居民基础养老金补助标准从每人每月165元提高到172元。下达城乡低保、特困补助资金0.77亿元、困难残疾人生活补贴和重度残疾人护理补贴0.24亿元。

生态建设　空气综合质量指数2.59，优良率98.9%。创建“绿盈乡村”311个，创建率71%。龙江干流水环境功能区达标率83.3%，比上年增长3.3%，小流域优良比例80%。国控断面海口桥水质从2019年的Ⅴ类提升到Ⅳ，达标率91.7%，比上年增长16.7%。乡镇、市级集中式生活饮用水源地水质达标率均100%。功能区噪声达标率87.5%，区域噪声等级为三级，交通噪声等级为一级。年内192家企业产生危险废物5.01万吨，转移处置危险废物4.836万吨，处置率96.53%。强化对医疗机构和隔离观察点医疗废物的监管，医疗废物处置率100%。

平安建设　推进安全生产三年专项行动，排查隐患7860项，全年未发生较大及以上的安全生产事故，死亡人数较福州市三年平均数下降15%。对接福州市市域社会治理现代化试点工作，全年刑事案件破案数比上年提高23.27%、抓获犯罪嫌疑人人数比上年增长23.55%，小案快侦率87.28，位于全省前列。在2020年底全省平安三率调查中，群众安全感率99.57%，获全省第二名（福州第一），扫黑除恶好评率99.89%，获全省第一名，执法工作满意率99.3%，获得全省第二名（福州第一）。

表94　**2020年福清市街道（乡镇）基本情况一览表**

| 街道（乡镇） | 辖地面积（平方千米） | 人口 | | 社区（村）（个） | 规模以上工业总产值（万元） | 固定资产投资（万元） | 税收收入（万元） |
|---|---|---|---|---|---|---|---|
| | | 户数（户） | 户籍人口数（人） | | | | |
| 玉屏街道 | 7.3 | 22943 | 67101 | 18 | – | 81749 | 38321.23 |
| 龙山街道 | 34 | 19974 | 59965 | 20 | 107770 | 441836 | 38870.79 |
| 龙江街道 | 31.1 | 13813 | 42978 | 14 | 248131 | 341348 | 22852.9 |
| 音西街道 | 51.1 | 22047 | 68144 | 22 | 2340864 | 849181 | 103839.81 |
| 宏路街道 | 36.6 | 11941 | 37786 | 14 | 821543 | 867667 | 64926.71 |
| 石竹街道 | 15.4 | 5854 | 17606 | 11 | 5202264 | 291627 | 86332.95 |
| 阳下街道 | 69 | 14310 | 45560 | 24 | 2275354 | 502392 | 55404.28 |
| 镜洋镇 | 88.6 | 8782 | 27490 | 17 | 678015 | 74949 | 14960.44 |
| 东张镇 | 128.5 | 9634 | 31628 | 19 | 25596 | 35821 | 5908.8 |
| 一都镇 | 108 | 3644 | 11923 | 7 | – | 33338 | 1423.76 |
| 渔溪镇 | 115.3 | 15438 | 50704 | 22 | 414475 | 180385 | 17385.02 |
| 上迳镇 | 50 | 9834 | 34187 | 16 | 497477 | 225937 | 8490.1 |
| 江阴镇 | 69.75 | 28875 | 93688 | 23 | 3165932 | 1141286 | 54728.15 |
| 新厝镇 | 73.6 | 8158 | 26902 | 16 | 461071 | 117601 | 22304.78 |
| 海口镇 | 52.64 | 25025 | 78965 | 20 | 222694 | 295907 | 27744.54 |
| 南岭镇 | 34 | 2415 | 7879 | 8 | – | 58786 | 3563.37 |
| 城头镇 | 70.5 | 19115 | 64324 | 27 | 2070576 | 696591 | 95357.47 |
| 龙田镇 | 88 | 38916 | 140026 | 42 | 1294816 | 342632 | 30517.63 |
| 江镜镇 | 47.7 | 28258 | 104566 | 26 | 181703 | 479395 | 9752.65 |
| 港头镇 | 45 | 25724 | 87152 | 31 | 58928 | 91175 | 3253.65 |
| 三山镇 | 102 | 36913 | 127702 | 36 | 1067324 | 242511 | 64705.71 |
| 高山镇 | 40.5 | 20999 | 73229 | 25 | 101009 | 181680 | 17723.31 |
| 东瀚镇 | 74 | 12408 | 44324 | 17 | – | 97850 | 17164.11 |
| 沙埔镇 | 42 | 13843 | 52828 | 22 | 88374 | 142929 | 29923.87 |

说明：数据来自福清市统计局、公安局、民政局

# 闽侯县

2020年9月20日，闽侯二桥正式进入主桥桥面施工阶段 （洪琦 摄）

【概况】 2020年，闽侯县区域面积2136平方千米，辖1个街道、8个镇、6个乡，329个行政村（社区），户籍人口71.23万人，常住人口98.82万人。推进“十个专项行动”“16项重点工作”，重大项目开工188个、竣工92个。县域经济综合竞争力、县域经济实力分别再上全国百强榜、全省十强榜，县域投资潜力跻身全国第九位、位列全省第一名，入选全国县城新型城镇化建设示范县。

【经济建设】 2020年，闽侯县实现地区生产总值793.04亿元，比上年增长5%；第一产业增加值48.52亿元，增长3.7%；第二产业增加值413.42亿元，增长5.1%；第三产业增加值331.1亿元，增长4.9%。一般公共预算总收入126.05亿元，增长8.4%；一般公共预算收入78.14亿元，增长6.7%；固定资产投资626.44亿元，增长11.4%；城镇居民人均可支配收入46538元，增长3%；农村居民人均可支配收入21693元，增长6.2%。

农业 实现农业总产值84.28亿元，比上年增长3.9%。完成9937公顷水稻生产功能区、357.07公顷永久基本农田储备区划定工作，新增超级稻示范点2个、省级“一村一品”示范村5个。白沙珍珠岭生态农业等项目建成投产。闽侯金鱼获海峡渔业周全场总冠军等奖项。打造乡村振兴试点乡镇3个、村（居）70个。

工业 实现规模以上工业总产值1177.62亿元，比上年增长0.2%，新培育规模以上工业企业42家，新认定省级企业技术中心3个。66个“百项千亿”技改项目完成投资107.66亿元，六和机械、祥鑫股份等61个项目竣工投产。重大工业项目开工107个，竣工37个。加快青口投资区、闽侯经济技术开发区标准化建设。

服务业 纳入统计“平台福州”项目8个，打造上街永嘉天地、南屿正荣广场等市县级夜色经济街区5个，“来闽侯，吃住游乐购”等系列促销（直播）活动成效明显，新提升纳统限上（规上）服务业企业90家。出台《闽侯县乡村民宿管理办法（试行）》，昙石山特色历史文化街区作为全市开街仪式主会场亮相央视新闻联播。

招商引资 通过“网络签约”等方式对接项目462个，总投资684亿元，其中10亿元以上项目3个。引进外资项目14个，总投资3.68亿美元。

【城乡建设与管理】 城乡规划 2020年，闽侯县推进国土空间总体规划编制，完成12个乡镇控制性详细规划，基本完成滨江新城规划展示馆建设和雪峰山城片区单元控制性详细规划。

征迁安置 全县完成房屋征收217万平方米。动建安置房项目30个，总建筑面积364万平方米、2.8万套。保障性住房入住1679套、入住率98.53%。

市政建设 推进闽侯二桥、旗山湖等重大基础设施项目，上街溪源宫路、省委党校周边配套道路、竹岐新区3号路等9个交通项目建成通车，三溪口水厂抗旱应急引水工程、南通文山排涝站工程等9个水利项目竣工投用。实施城市品质提升、城镇综合提升“十位一体”项目286个，完成投资5.96亿元。依法整治“两违”面积142.5万平方米，整治裸房面积113.5万平方米，新建农村公路138千米，完成农村安全饮水提升改造工程。

【社会事业】 科技 2020年，闽侯县新增高新技术企业110家。建设旗山湖“三创园”、福州软件园闽侯分园。申请专利6652件、授权4281件。新增院士（专家）工作站5个、院士签约项目4个。新增高技能人才222人，引进高层次人才26人。跻身全国创新百强县第23位。

教育 建成闽侯八中新校区、竹岐第二中心幼儿园等教育项目19个，新增学位5350个。新增市级学科带头人、骨干教师16人。

文化体育 县电影发行放映公司被评为全国文化建设先进集体，县博物馆被评为福州市最美博物馆。更新（新增）健身路径、驿站50条（个），获福州市第二十五届运动会群众组团体一等奖。县融媒体中心完成机构整合，指挥中心平台建成投用。推进全国第二批新时代文明实践中心建设试点工作，县乡村三级实践中心、所、站实现全覆盖。甘蔗昙石、白沙孔元蝉联全国文明村。

卫生和计划生育 闽侯县总医院、闽侯县中医总医院两大医共体组建运营，5个医疗卫生项目建成投用，增加卫技人员105人。闽侯县人民医院获评二级甲等医院。创建省级卫生乡镇1个、村（居）32个。全年出生人口4576人，人口出生率7.43‰，出生人口性别比108.38，人口自然增长率3.05‰。

社会保障　财政民生支出80.22亿元，占一般公共财政预算支出的81.2%。完成省市县三级为民办实事项目59个。新增城镇就业9179人、农村富余劳动力转移就业4107人。城乡居民养老保险、低保分别扩面新增1.46万人、1098人，村卫生所医保定点结算实现全覆盖。43个农村幸福院建成投用，每千名老年人床位数29.5张。

生态建设　绿化造林和森林经营面积3533.33公顷，5个村获评为省级森林村庄，青口镇获评为省级森林城镇。新建公厕31座，铺设污水管网100千米，县垃圾焚烧发电厂点火运营。整治“散乱污”企业，推进“污水不入河”行动，获闽江流域山水林田湖草生态保护修复试点正向激励，空气质量优良率99.7%，闽江流域干流水质Ⅰ~Ⅲ类比例100%。

平安建设　开展房屋结构安全等安全生产领域专项整治三年行动，整治县级以上安全隐患20处。推进扫黑除恶“六清”行动，“信访评理室”在乡镇（街道）、村（居）实现全覆盖。工作亮点有打造新时代“枫桥式派出所”、开展铁路护路安全“生命墙”活动，实行“124”诉非联动工作机制等。

表95　　2020年闽侯县街道（乡镇）基本情况一览表

| 乡镇 | 辖地面积（平方千米） | 人口 | | 村（社区） | 规模以上工业总产值（万元） | 财政总收入（万元） |
|---|---|---|---|---|---|---|
| | | 户数（户） | 人口数（人） | | | |
| 青口镇 | 127 | 27836 | 90516 | 40 | 2877021 | 246882 |
| 尚干镇 | 5 | 6001 | 18054 | 13 | 212113 | 32018 |
| 祥谦镇 | 89.42 | 20288 | 66612 | 20 | 1112479 | 33429 |
| 南通镇 | 112.2 | 17620 | 49859 | 17 | 394897 | 65844 |
| 南屿镇（含高新区） | 170 | 31831 | 97297 | 31 | 1813842 | 271745 |
| 上街镇 | 157 | 21570 | 72961 | 18 | 713559 | 50786 |
| 竹岐乡 | 224 | 9137 | 30567 | 22 | 367309 | 23683 |
| 鸿尾乡 | 157 | 9502 | 33903 | 20 | 491957 | 16483 |
| 荆溪镇 | 131 | 16397 | 49571 | 20 | 1415724 | 71962 |
| 甘蔗街道 | 46.8 | 22243 | 62359 | 19 | 1933552 | 130243 |
| 白沙镇 | 176 | 9853 | 33017 | 25 | 409100 | 17757 |
| 洋里乡 | 151 | 8365 | 28718 | 24 | 17580 | 1119 |
| 大湖乡 | 327 | 10052 | 35303 | 27 | 17080 | 538 |
| 廷坪乡 | 217 | 9558 | 33788 | 25 | 0 | 380 |
| 小箬乡 | 41 | 2654 | 9819 | 8 | 0 | 469 |

（廖璐）

## 连江县

【概况】　2020年，连江县区域总面积4280平方千米，其中陆地面积1168平方千米，海域面积3112平方千米。辖22个乡镇，有280个村居，人口67.8万人。实施市重点项目88个，完成投资324.27亿元。年内被评为全国双拥模范县、全省首批全域生态旅游示范县，再次获全省县域经济实力“十强县”，“中国鲍鱼之乡”称号。连江县同心村获评为全国文明村。坂顶村、梅洋村入选福建金牌旅游村。

【经济建设】　2020年，连江县实现地区生产总值594.85亿元，比上年增长0.2%，首次进入全国GDP百强，三次产业结构为24.7：37.3：38。一般公共预算总收入56.87亿元、比上年增长7.4%，其中地方一般公共预算收入34.76亿元、增长4.1%；城镇居民人均可支配收入40563元，比上年增长3.5%；农村居民人均可支配收入20779元，增长6.4%。

农业　实现农林牧渔业总产值266.14亿元，比上年增长54.5%。水产品总量122.21万吨，渔业产值239.89亿元。《福州（连江）国家远洋渔业基地建设规划》获市政府批复。推进“百台万吨”深远海养殖计划，“泰源”系列养殖平台陆续下水，“海洋牧场”建设进展顺利，建成333.33公顷标准化海带养殖示范区。宏东、正冠等远洋渔业企业新建远洋渔船18艘。丹阳蛋鸡产业园、长龙现代茶产业园等项目取得良好效益。华翔农业发展公司入选国际农产品标准化示范园、粤港澳大湾区“菜篮子”生产基地。

工业　规模以上工业增加值比上年下降9.5%。全年工业用电量18.08亿千瓦时，比上年增长10.82%。工业固定资产投资203.28亿元，比上年增长15.1%。可门工业园区通过全省首批化工园区认定。恒申电子材料、绿色纺织产业园等项目签约。瑞玻玻璃投产，申远二期试投产，申马二期动建，华电三期、神华罗源湾储煤发电项目动工。

服务业　实现社会消费品零售总额127.36亿元。海峡汽车及冷链物流产业园、万纬物流园、永盛现代物流园开工建设，中通物流福建总部和对台业务基地顺利落地。福州软件园连江分园二期工程启动。可门港1～3号泊位竣工，港区吞吐量累计完成4214万吨，比上年增长2%。全年可门港物流公用型保税仓库接卸量完成300万吨。举办“全国重点网络媒体福建行（走进连江）”“百名旅游店长探连江”活动。年内连江县被评为全省首批全域生态旅游示范县。筱埕镇被评为全省“全域生态旅游小镇”。苔菉平流尾地质公园、丹阳贝里蟹谷被评为国家AA级旅游景区。

招商引资　实际利用外资3.99亿元。利用“数字峰会”“厦洽会”等招商平台，落地项目370个，总投资802.86亿元。“6·18”期间，实现项目成果对接50个，总投资近亿元。

2020年5月18日，在连江县粗芦岛举行福州（连江）国家远洋渔业基地核心区母港一期项目开工仪式　（连江县政府办　供）

**【城乡建设与管理】**　2020年，连江县投入1.8亿元完成“十位一体”综合提升、老街巷改造等项目53个。主城区5G覆盖率100%。连江温麻·魁龙坊特色历史文化风貌区建成开放。含光人行桥主体工程竣工。建成城市主题公园2个、街头小公园13个，新增公园绿地面积5.3公顷。敖江流域浦下至乌石浦堤段、牛溪左右岸等防洪工程基本完工。文笔东路三期通车，飞石互通连接线、308省道定海连接线大埕至筱埕段主体完工。江南、潘渡、下宫3个乡撤乡设镇。城区生活垃圾分类工作全面启动，21个行政村开展生活垃圾干湿分类试点。开展人工增雨作业47次，城乡居民饮水基本得到保障。苔菉国家中心渔港主体工程完工，浦口中麻等6个渔港建成。

**【社会事业】**　科技　2020年，连江县认定国家级高新技术企业11家、省科技小巨人领军企业7家。恒申电子材料、绿色纺织产业园等项目签约。全县有院士（专家）工作站18家。全年专利申请量997件，比上年增长30.33%，其中发明专利219件。专利授权量680件，其中发明专利50件。

教育　全县幼儿园在校生26752人，小学在校生50942人，初中在校生22557人，高中在校生9326人，中职在校生1914人，特教在校生223人。全年新改扩建校舍36.5万平方米，温泉幼儿园、进修校第二附属园等20个项目建成投用。连江实验小学入选全国文明校园。高考本科上线率75%，中考三项重点指标位居福州七县（市、区）第一。

文化体育　开展文化惠民综艺演出、闽剧公演等各类文化展览、文艺活动210多场。全县文保单位73处，其中省级文保单位14处，县级文保单位59处。《连江县革命发展史》出版发行。承办福州市第二十五次运动会群众组广场舞比赛和青少年组武术套路比赛。人均体育场地面积3.24平方米，位居全省前列。

卫生和健康　建成浦口卫生院新院、丹阳卫生院医改综合楼、长龙卫生院综合楼，新建岱云、横厝、下岐等3个卫生所。县医院新院、县精神病医院、可门港医院主体工程完工。入选中国小康网“中国医疗服务百佳县市”。行政村卫生所医保“村村通”实现全覆盖。建成9个社区居家养老服务站、28个农村幸福院。扶贫对象家庭医生签约率100%。全年出生5841人，出生人口性别比为107.65，人口自然增长率4.30‰。

社会保障　新增城镇就业2909人，转移农村富余劳动力4221人。243个村集体经营性收入超10万元。推进与陇西、蒲城、建阳等地开展扶贫协作和对口支援。

生态建设　深远海区生态养殖模式列入国家发改委《国家生态文明试验区改革举措和经验做法推广清单》。入选福建省第三批综合治水试验县、福建省县域节水型社会建设达标县。全年绿化造林面积3200公顷，东岱等乡镇内河整治成效明显。全面治理消除劣Ⅴ类小流域和“牛奶溪”，空气质量排名位列六县市第一。常态化整治海漂垃圾，开展塑胶浮球更替泡沫浮球工作。

平安建设　开展房屋结构安全隐患排查整治，拆除隐患房屋10.2万平方米。整改农村公路隐患97处。食品安全快检经验在全省推广。全市首批“园区枫桥”机制试点单位落地贵安。禁毒教育基地、禁毒主题公园、海上毒品查缉站建成投用，禁毒重点关注县顺利迎检。开展安全生产专项整治三年行动，推进扫黑除恶专项斗争，新增破获涉恶案件107件。开展信访、维稳、矛盾纠纷调解、社区矫正、安置帮教等工作。

表 96　　2020 年连江县乡镇基本情况一览表

| 乡镇 | 辖地面积（平方千米） | 人口 | | 社区（村）（个） | 固定资产投资（万元） | 规模以上工业产值（万元） | 财政总收入（万元） |
|---|---|---|---|---|---|---|---|
| | | 户数（户） | 人口数（人） | | | | |
| 凤城镇 | 6. 19 | 30831 | 96307 | 14 | 77559 | – | 33865 |
| 敖江镇 | 41. 54 | 11996 | 43366 | 16 | 127727 | 759154 | 16047 |
| 江南镇 | 75. 18 | 7943 | 26668 | 16 | 43860 | 129002 | 4663 |
| 东湖镇 | 45. 85 | 4952 | 16438 | 28 | 91084 | 478855 | 6995 |
| 浦口镇 | 52. 40 | 10724 | 35108 | 11 | 86794 | 181868 | 7961 |
| 东岱镇 | 24. 73 | 9899 | 31689 | 19 | 43171 | 231271 | 4704 |
| 晓澳镇 | 20. 08 | 11149 | 34038 | 23 | 37141 | 549979 | 9968 |
| 琯头镇 | 61. 09 | 18643 | 56537 | 5 | 85987 | 422744 | 7172 |
| 潘渡镇 | 142. 87 | 7717 | 24563 | 14 | 106435 | – | 10929 |
| 小沧乡 | 65. 24 | 1273 | 4369 | 7 | 9168 | – | 352 |
| 丹阳镇 | 111. 53 | 8498 | 28979 | 7 | 88072 | 52771 | 1233 |
| 蓼沿乡 | 124. 57 | 8440 | 30096 | 14 | 43272 | – | 901 |
| 长龙镇 | 66. 51 | 3830 | 12707 | 9 | 25927 | 12919 | 3544 |
| 透堡镇 | 25. 81 | 6560 | 23080 | 11 | 46325 | – | 10964 |
| 马鼻镇 | 38. 82 | 13469 | 48423 | 8 | 66422 | 42458 | 11825 |
| 官坂镇 | 49. 44 | 9156 | 33281 | 9 | 61317 | 62366 | 2453 |
| 坑园镇 | 39. 33 | 6896 | 24376 | 16 | 95042 | 1676068 | 1532 |
| 下宫镇 | 32. 36 | 4543 | 15550 | 15 | 105012 | – | 4813 |
| 筱埕镇 | 32. 99 | 8251 | 26933 | 8 | 99658 | 326638 | 1549 |
| 黄岐镇 | 13. 43 | 7249 | 23183 | 11 | 87021 | 171488 | 1977 |
| 安凯乡 | 30. 87 | 4957 | 16954 | 11 | 38704 | 72894 | 657 |
| 苔菉镇 | 8. 30 | 7751 | 25628 | 8 | 66935 | 199187 | 2876 |
| 其他 | – | | | | | 624267 | |

（庄凯）

## 闽清县

【概况】　2020 年，闽清县区域面积 1466 平方千米，辖 11 镇、5 乡，有 21 个社区、271 个行政村，户籍人口 32. 48 万人。有 20 余万侨胞旅居新加坡、马来西亚、印度尼西亚等国家和地区。新冠肺炎疫情防控期间成立重点乡镇、企业、教育等 6 个分指挥部，3 天改建县总医院隔离院区，统筹隔离病房 38 间，7 例确诊病例、8 名疑似患者得到救治。摸排各类人员 2499 人，设立检查网点 600 余处，配置县、乡隔离点 19 处，累计核酸检测超 8 万人次。县财政下拨抗疫专项经费 3780 万元。累计接收企业家、华侨、社会各界爱心人士捐款 1005 万元。

【经济建设】　2020 年，闽清县实现地区生产总值 344. 9 亿元，比上年增长 6. 2%；一般公共预算总收入 29 亿元，增长 0. 3%，其中地方一般公共预算收入 16. 01 亿元，增长 1. 5%；固定资产投资 122. 07 亿元，增长 20. 34%，其中工业固投 49. 28 亿元，增长 22. 8%；出口总额 21. 5 亿元，增长 20. 2%；建筑业总产值 855. 17 亿元，增长 12. 6%；城镇居民人均可支配收入 35151 元，增长 2. 7%；农村居民人均可支配收入 17204 元，增长 6. 9%。

农业　全年农林牧渔总产值 59. 75 亿元，比上年增长 4. 7%。新建高标准农田 1333. 33 公顷，稳定粮食播种面积 9533. 33 公顷，粮食总产量 5. 3 万吨。持续加强非洲猪瘟防控和生猪稳产保供。成功举办第三届中国农民丰收节、第四届中国·福州橄榄节。特色农业形成规模化发展态势，梅溪石湖、云龙官庄、塔庄茶口、桔林后洋入选全省“一村一品”示范村，新增省级农业龙头企业6家，海西汇农被评为全国农民合作社示范社。建成鑫河江橄榄、东桥绿辉蔬菜等4家省级优质农产品标准化基地，277家生产主体纳入农产品质量安全追溯平台。

工业　全年新增规模以上工业18家，规模以上工业产值246.6亿元，规模以上工业增加值增长5.3%。白金工业园投产迪士尼水晶鞋、佳尔特油画布等5个项目。中建绿色建筑产业园新落地晶尚格门窗、SPC石塑地板等6个产业链项目。大莲电瓷、力鑫电器等30家企业投入36.3亿元实施技改扩产。新增国家级高新技术企业9家、省级科技小巨人领军企业2家、国家地理标志证明商标3件，专利授权1071件，比上年增长32.5%。全社会经费投入1.66亿元，比上年增长78.4%。双棱竹业获评“福建省知识产权优势企业”，战略新兴产业占规模以上工业比重40.27%。新增二级以上建筑企业8家，建筑业增加值比上年增长6.1%。房地产及建筑业入库税收7.6亿元。

服务业　全年第三产业增加值123.8亿元，比上年增长4.9%；社会消费品零售总额45.5亿元，增长3.6%。周末集市、直播带货、夜色街区等多形式、多渠道活跃市场，新增限额以上、规模以上商贸服务业23家。建成东桥溪沙停车场及游客集散中心，瓷天下海丝精灵谷获评国家AAA旅游景区，七叠温泉、黄楮林景区、留云心谷入选全国第六批森林康养基地试点单位，塔庄莲宅获评省级乡村旅游三星级旅游村，坪街村入选福州市第二批乡村旅游精品示范村。全年接待游客190万人次，旅游收入11.3亿元。

招商引资　上莲风电、拓优陶瓷等59个项目竣工投产。“五个一批”项目第四季度综合考评位列全省前十。壹品天成、礼乐文化产业综合体等514个项目通过招商考评，总投资1035亿元，全省首个阿里巴巴线上供应链金融“文衍春秋新零售产业园”项目落地，预计年销售额50亿元。

2020年9月26日，闽清县“中国农民丰收节”在福建省福州市闽清县白樟镇下炉村开幕　（卢友欢　摄）

**【城乡建设与管理】**　2020年，闽清县梅溪新城投入15亿元，建成府前广场景观工程及地下停车场、锦江海悦、铂玥府等5个项目。中心城区投入15.7亿元，完成龙洲路、龙洲公园景观改造、重要节点夜景灯光、智慧路灯等市政提升项目，综合整治广宇老旧小区及台山片区等3条背街小巷。全面铺开城区生活垃圾分类工作，新增公共停车位500个，获评省级文明县城。建成X125线池园潘亭至上莲段等10条公路，长度41千米，“大通道”亮夜工程全线亮灯，获评省级“四好农村路”示范县。开展“六清”专项行动，获全国村庄清洁行动先进县称号。新建城乡公厕31座，整治裸房4000栋，拆除“两违”面积36.5万平方米。建成投用乡镇垃圾中转站10个、污水处理设施5座，新增日污水处理能力1300吨，延伸城乡污水管网65千米。新改建城乡一体化供水管网106千米，优化电力线路138千米，铺设天然气管网10千米，建成5G基站120个。新建、提升美丽乡村56个。云龙际上等19个村庄列入福建省第三批省级传统村落，雄江梅雄入选福建省美丽休闲乡村。

**【社会事业】**　教育　2020年，闽清县实施教育提升工程，新建提升公办幼儿园5所，新增幼儿学位990个，普惠性幼儿园覆盖率位居全市前列；改扩建小学2所，闽清三中等10所学校通过“义务教育管理标准化学校”市级评估，其中9所通过省级评估，中考优秀率排名全市七县（市）第三，高考本科上线率80.29%，考入北京大学1人。

卫生　健全完善分级诊疗机制，基层医疗卫生机构诊疗量比上年增长8.4%。新建县公共卫生应急服务中心（一期）。新、改建白樟、东桥卫生院，建成三溪、上莲、雄江、桔林卫生院中医馆，改、扩建25家“空白村”卫生所，在全市率先实现村卫生所医保“村村通”全覆盖。省级慢性病防控示范区创建通过验收，县中医院获评二甲医院。

科技文化体育　新增国家级高新技术企业9家，省级科技小巨人领军企业2家，国家地理标志证明商标3件。专利授权1071件，比上年增长32.5%。全社会经费投入1.66亿元，比上年增长78.4%。双棱竹业获评“福建省知识产权优势企业”，战略新兴产业占规上工业比重40.27%。投入2318万元，更新2条公交线路，新增新能源公交车17辆，实现65周岁以上群众免费乘车全覆盖。改造2个乡镇综合文化站、16个村（社区）综合文化服务中心，吴孟超院士馆落成开馆。新增市级非遗项目2个。新建足球场5片，提升农民体育健身工程5个，更新健身路径20条。坂东镇获评省级侨乡文化名镇。

社会保障　全面完成年度48项为民办实事项目，用于各类民生支出21.8亿元。开发临时公益性岗位500个，安置困难员工443人。全年新增城镇就业1846人，转移农村富余劳动力3026人，城镇登记失业率稳定控制在3%以内。集体经营性收入达到10万元以上271个村，上莲乡获评全国脱贫攻坚先进集体。建成县智慧养老服务信息平台，新建上莲乡农村区域性养老服务中心，完成白樟等3个乡镇田园式养老试点建设，新建农村幸福院40所，新增养老床位380张。

生态建设　投入4.45亿元实施闽江流域（闽清段）山水林田湖草生态保护修复，完成重点生态区位商品林赎买151.32公顷，造林绿化766.67公顷，治理水土流失1733.33公顷。在全市率先推行河道警长制，全县地表水、集中式饮用水源水质达标率保持100%。空气质量优良达标率位居全市前列，优级天数较去年增加52天。

平安建设　创新信访“六项机制”“平安智慧乡村”等治理模式，静态交通整治典型经验获得王宁省长肯定，“警民恳谈会”线上线下创新做法获新华社专题报道。破获九类涉恶案件11件40人。创建标杆社区31个、达标社区56个。开展安全生产专项整治三年行动及房屋结构安全、道路交通等13个重点行业领域专项整治。获评为全国信访工作“三无”县，坂东文定村被评为全国综合减灾示范社区。

表97　　2020年闽清县乡镇基本情况一览表

| 乡镇 | 辖地面积（平方千米） | 人口 | | 社区（村）（个） | 农林牧渔业总产值（万元） | 工业总产值（万元） | 地方财政收入（万元） | 地方财政一般预算支出（万元） |
|---|---|---|---|---|---|---|---|---|
| | | 户数（户） | 人口数（人） | | | | | |
| 梅城镇 | 9.27 | 14756 | 42805 | 12 | 4740.23 | 75057 | 7844 | 2470 |
| 梅溪镇 | 144.13 | 7120 | 24418 | 22 | 55280.92 | 60960 | 4310 | 3974 |
| 云龙乡 | 40.42 | 3775 | 11659 | 10 | 36638.46 | 489150 | 16145 | 2132 |
| 白樟镇 | 80.78 | 5846 | 18908 | 14 | 41807.09 | 555875 | 19029 | 13860 |
| 金沙镇 | 156.67 | 4081 | 14038 | 19 | 31262.41 | 154055 | 1290 | 1159 |
| 白中镇 | 41.80 | 5478 | 18939 | 14 | 30250.13 | 534465 | 17057 | 23771 |
| 池园镇 | 89.47 | 6847 | 24109 | 20 | 31658.74 | 199891 | 2977 | 2138 |
| 上莲乡 | 122.68 | 3627 | 13248 | 18 | 26819.46 | 63860 | 1308 | 1952 |
| 坂东镇 | 58.53 | 14033 | 45133 | 28 | 63648.02 | 88676 | 7796 | 7505 |
| 三溪乡 | 47.00 | 2911 | 9659 | 12 | 17843.76 | —— | 6098 | 1892 |
| 塔庄镇 | 73.27 | 7801 | 26087 | 25 | 45881.21 | 8569 | 3825 | 2369 |
| 省璜镇 | 116.67 | 5431 | 20033 | 27 | 49068.11 | —— | 5749 | 1952 |
| 雄江镇 | 111.20 | 2054 | 6026 | 13 | 18776.43 | 18349 | 334 | 1903 |
| 桔林乡 | 107.20 | 2026 | 6684 | 13 | 29775.6 | —— | 3221 | 1651 |
| 东桥镇 | 187.34 | 6050 | 22579 | 23 | 48939.03 | 65724 | 1511 | 2618 |
| 下祝乡 | 80.14 | 5437 | 19712 | 22 | 65150.37 | 13473 | 1442 | 1599 |
| 合　计 | 1466.57 | 97273 | 324037 | 292 | 597539.97 | 2328104 | 99936 | 72945 |

（许昌民）

## 罗源县

【概况】　2020年，罗源县区域面积1187平方千米。辖6个镇，5个乡，13个社区，189个行政村。户籍人口26.97万人，是福建省畲族主要聚居区和老区县之一。

【经济建设】　2020年，罗源县实现地区生产总值316.6亿元，比上年增长6.3%；一般公共预算总收入15.4亿元，其中地方一般公共预算收入9.7亿元；固定资产投资179.8亿元，增长18.2%；进出口总额35亿元，增长35.8%；城镇居民人均可支配收入36790元，增长2.9%；农村居民人均可支配收入17329元，增长5.4%。

农业　实现农业总产值88.6亿元，比上年增长4.1%；第一产业增加值49亿元，增长4%。全年安排2000万元专项资金，扶持食用菌、茶叶、花卉苗木等特色产业发展，实现“一乡一业”“一村一品”。新增市级以上农业知名品牌7个，建成市级农业（茶业）产业园、农业物联网应用示范点。推进起步镇国家级食用菌产业强镇建设。

工业　实现规模以上工业总产值565.5亿元，比上年增长9.6%；规模以上工业增加值增速7.6%；建筑业增加值20.3亿元，增长9.4%；工业固定资产投资111.9亿元，增长47.1%。全年123个重点项目开工建设，58个重点项目竣工投产。技改项目完成投资67.59亿元，比上年增长61.5%，增量、增速均位居全市前列。加快宝钢德盛二期项目建设，1780毫米热轧项目热负荷试车成功。罗源闽光产能置换及配套项目完成一期建设。德塔智能应急电源、金吕金属铝制品等一批工业科技企业在建，以钢铁产业为龙头，汽车配件、机械制造、船舶修造等为重点的临港产业体系初具规模。

服务业　实现第三产业增加值96亿元，比上年增长4.8%；社会消费品零售总额51.3亿元，增长5.0%。新增限额以上商贸企业53家、规模以上服务业企业31家、企业总部2家。优化县域金融布局，兴业证券在罗源设立分支机构。开展“传统特色美食店”“十佳农特产品”评选、政府搭台带货直播等消费推介活动，发放“罗川惠民消费季”活动消费券1000万元，带动实体经济消费7000万元。建成三中路夜色经济示范街区。打响“畲风海韵”旅游品牌，全年接待游客145万人次，旅游收入14.3亿元。

招商引资　全年招商引资项目273个，总投资762亿元，其中落地动建重点项目103个，完成年度投资111.35亿元，实际利用外资1.06亿元。引进宝钢德盛产能置换、东銮原油2个投资超百亿项目。全年注册企业890家，注册资本117.48亿元。个体工商户3815家，注册资本8.62亿元。

营商环境　全年减免各类税费3.5亿元。解决困难企业问题509个，带动182家重点企业实现增产增效。完成提升营商环境事项136项，营商环境提升至全国县域第76位。

**【城乡建设与管理】**　城市建设　2020年，罗源县完成溪尾街和罗中路老旧街区改造，闽源小区完成老旧小区改造修缮。中心市场、塔兜市场“农加超”建成投运。动建梅岭公园四期、莲花山体育公园等7个城市景观提升项目。动车站站前广场完成整治，完善滨海新城基础设施和公共配套。推进岐阳旧改，余家塘旧改，霍口水库搬迁等安置房项目建设，新增公共停车泊位530个。

基础设施建设　环罗源湾工业产业布局规划及环境评估报告通过审批。将军帽作业区1号泊位正式对外开放，新增年货物吞吐量1000万吨，将军帽港区配套进港道路验收通车，罗源湾港区正式跻身国内超大吨位散货港区行列。华能罗源电厂正式投产运行，年发电量70亿千瓦时。台商投资区“三通一平”步伐加快，逐步盘活4个乡镇原石材厂房。敖江引水工程建成投用，推进霍口水库、昌西水库等重点水利项目建设。新建乡镇道路58千米、供电线路86千米、供气管道10千米。

**【社会事业】**　科技　2020年，罗源县新增国家级高新技术企业5家、省级高新技术企业2家，规模以上企业研发投入经费6.78亿元。

教育　完成2所公立幼儿园建设，新增学位1080个，普惠性幼儿园覆盖面89.11%。福州民族小学教学楼、城南幼儿园等教育基础设施在建。推动职业中学与福州职业技术学院合作办学，在罗源设立大专班并首次对外招生。年内幼儿园在校生9250人，小学在校生20217人，初中在校生7543人，高中在校生2893人，中等职业技术学校在校生1857人，特殊教育学校在校生51人。

文化体育　新建提升42处森林步道、社会足球场等体育设施，举办30多场文体活动，承办市运动会武术散打比赛。整合畲族名村八井村、竹里村资源，建成全省首个畲族文化民俗小镇。举办“中国农民丰收节”福州市主会场暨少数民族主会场活动。

卫生和计划生育　建成罗源县医院扩建病房大楼，完成洪洋卫生院医养结合改造。省级基本公共卫生服务项目绩效评价排名全省第一。出生人口2225人，人口出生率7.87‰，出生人口性别比109.91，人口自然增长率2.93‰。

社会保障　县财政用于民生支出21.2亿元，占一般公共预算支出78.5%。全年为民办实事项目18项，总投资3.08亿元。阶段性减免各类企业保险金2917万元。完成各类技能培训、以工代训1021人，城镇新增就业3126人，失业人员再就业684人，农村富余劳动力转移就业3715人，城镇登记失业率控制在2.62%。发放保障金、救助金1.43亿元，贴息270万元。新增城乡居民医社保参保人数1.78万人。试点养老服务集成改革，实行“3443”养老服务模式，县社会福利中心“公建民营”工作初显成效。新建14个农村幸福院，行政村幸福院覆盖率超76%。

生态建设　中央环保督察交办信访件82件全部验收销号。石材矿山环境恢复治理，中央环保督察组在向省委、省政府的反馈督察意见中指出“罗源县石材矿山治理修复工作取得明显成效，昔日矿区重现青山绿水”。垃圾焚烧发电厂（静脉工业园）建成投运，整治“散乱污”企业，加快改造金港工业区重点企业超低排放，道路运输、工地扬尘有效治理，县域空气质量达二级标准，达标天数占全年99.5%，排名全市第三。落实“河湖（库）长制”，完成2条万里安全生态水系建设，综合治理水土流失926.67公顷。推进花园溪、起步溪等流域综合治理，县级饮用水水源地水质达标率、福州第二水源敖江流域2个省控断面达标率均为100%，重点流域干流水质排名全市第一。创建4个省级“森林村庄”，完成植树造林面积482.33公顷，森林抚育面积2453.33公顷，封山育林面积2000公顷，森林覆盖率58.3%。

平安建设　实施房屋结构安全、防汛风险隐患、道路交通安全隐患排查等整治攻坚专项行动。强化食品安全责任落实，省级食品安全社会共治示范县通过考评验收。扫黑除恶专项斗争收官，完成第七次人口普查和“七五普法”。公众安全感满意率99.07%，扫黑除恶好评率98.97%，执法工作满意率98.44%。

**【乡村振兴】**　2020年，罗源县成立松山镇、起步镇、白塔镇3个组团。发行1.92亿元乡村振兴专项债券，统筹安排财政资金7000万元，实施99个乡村振兴项目。开展“政银担”三方合作，为

263个农业经营主体增信贴息，新增涉农贷款1.3亿元。因地制宜、多途径发展集体经济，189个行政村集体经营性收入超10万元。召开全市乡村振兴金融现场会，推广罗源金融赋能乡村振兴模式。合作成立海峡两岸乡村创客培训学院，举办专题培训4期。推进生活垃圾分类试点，新建33个美丽乡村，建设“畲风海韵”特色景观带。

表98　　2020年罗源县乡镇、开发区基本情况一览表

| 乡镇（开发区） | 辖地面积（平方千米） | 人口 | | 农林牧渔业总产值（万元） | | 规模以上工业总产值(万元) | 财政总收入（万元） |
|---|---|---|---|---|---|---|---|
| | | 户数（户） | 人口数（人） | | | | |
| 凤山镇 | 31.65 | 20038 | 62219 | 17 | 7990 | 116259 | 13233 |
| 松山镇 | 117.85 | 11545 | 41111 | 27 | 189974 | 18995 | 7120 |
| 碧里乡 | 100.68 | 7593 | 25478 | 12 | 225334 | 279604 | 2753 |
| 鉴江镇 | 66.69 | 3780 | 12858 | 9 | 181010 | 25728 | 1021 |
| 起步镇 | 73.09 | 8156 | 27358 | 21 | 85759 | 69211 | 2455 |
| 洪洋乡 | 70.11 | 4069 | 13107 | 18 | 26318 | 27609 | 767 |
| 中房镇 | 132.10 | 7284 | 23635 | 23 | 46172 | 38889 | 691 |
| 白塔乡 | 71.44 | 4388 | 14707 | 15 | 29283 | 98113 | 1945 |
| 西兰乡 | 77.64 | 4011 | 13168 | 17 | 31078 | 51990 | 1665 |
| 飞竹镇 | 120.79 | 4656 | 15849 | 19 | 30436 | 50897 | 731 |
| 霍口畲族乡 | 197.55 | 6092 | 20196 | 24 | 32621 | | |
| 开发区 | 10.17 | -- | -- | 1 | | 4804557 | 49185 |

（刘宇亮　兰克辉）

## 永泰县

**【概况】**　2020年，永泰县区域面积2230平方千米。辖9镇12乡、255个行政村、17个社区，户籍人口38.5万人。实施重点项目190个，总投资1119亿元，完成投资167.74亿元。农村人居环境整治成效获国务院办公厅通报表扬。永泰县扶贫办获党中央、国务院颁发的“全国脱贫攻坚先进集体”称号。6月30日，G1517莆田至炎陵高速公路福州段通车，从福州市区到永泰县嵩口古镇首次实现高速公路直达。2020年12月31日，福建省政府发展研究中心在2020福建省县域经济高质量发展报告会上，公布2020年度福建省县域经济实力“十强”、经济发展“十佳”县（市）结果。继2018之后，永泰以全省第一的成绩再次位列“十佳”县榜单。全县生产总值突破300亿元大关，是“十二五”末的2.5倍，排名由全省86个县（市）区的第67位跃升至51位。一般公共预算总收入从“十二五”末的10.29亿元提高到2020年20.42亿元，年均增长14.7%，在全省排名从57位提高到40位。

**【经济建设】**　2020年，永泰县地区生产总值300.31亿元，比上年增长6.2%。三次产业结构比例为18.8∶46.6∶34.6。一般公共预算总收入20.42亿元，比上年增长0.4%，其中地方一般公共预算收入12.46亿元，增长1.4%；一般公共预算支出34.26亿元，增长8.3%；固定资产投资131.61亿元，增长15.6%；城镇居民人均可支配收入34285元，增长2.4%；农村居民人均纯收入16808元，增长6%。

农业　农林牧渔业总产值93.56亿元，比上年增长4.5%。整治抛荒耕地1333.33公顷，居全市首位。建成县级中心储备粮库二期，粮食储备库容2.2万吨。建成高标准农田1846.67公顷。建立省级优质稻新品种示范片120公顷，推广种植6666.67公顷。建设“梅百华”青梅产业园、闽台农业融合发展产业园、光阳蛋业金蛋工程。打造5家省级示范家庭农场，2个村获省级农产品“一村一品”称号，“三状元”牌山茶油获评“2020年度福建名牌农产品”，嵩口镇获评为全国农业产业强镇。

工业　新增4家规模以上工业企业。年内规模以上工业总产值75.75亿元，比上年增长9%。金泰纺织成功入选省级龙头企业，三连制衣新园区、华尔锦纺织三期项目基本完成。建筑业总产值745亿元，比上年增长16%。永富集团、华荣集团晋升市级总部企业。新增一级施工总承包企业3家，引进甲级建筑设计院1家。

服务业　服务业增加值103.92亿元，比上年增长4.9%。召开首届文旅产业发展大会，成立全域旅游产业联盟，上线旅游年卡，开展县长带你游永泰、“百名导游探永泰”、千万红包发放等活动，全年接待游客1030万人次，旅游总收入57.6亿元。打造夜色经济街区，开展“惠聚榕城消费季”“全闽乐购·惠聚榕城”活动，带动社会消费品零售总额止跌回升。国家级电商产业园装修工程项目竣工投用。培育迈乐舒等电商企业，签约落地税费通、格瑞通等平台，建立阿里村淘站点21个、京东普惠便民点26个。依托邮政集团初步建成县、

乡、村三级物流体系。

招商引资　实际利用外资 3192 万元。外贸出口额 11.72 亿元，比上年增长 32.2%。月溪小镇等 499 个招商项目签约落地，投资总额超 900 亿元，韵达福建（永泰）电商产业园、宝龙城市广场、均和文旅颐养小镇等重点项目相继签约落地。

福建省重点项目——永泰县白云乡抽水蓄能电站项目建设现场

（永泰县融媒体中心　摄）

**【城乡建设与管理】**　2020 年，永泰县制定乡村振兴五年规划，编制 19 个省级和 23 个市级试点村村庄规划。征收房屋 320 户 11 万平方米，回迁住宅 86 套 9777.6 平方米。提升改造福永高速东西出口、动车站。建设大厦、金融大厦落成。新建市政道路 8.3 千米，新增公园绿地面积 6.5 万平方米，新增滨江休闲步道 3.5 千米、绿道景观 12.3 千米，新建改造供水管网 15 千米、雨污管网 23 千米，新建供气管网 6.2 千米，新增公共停车泊位 300 个、电动汽车充电桩 60 个，建设垃圾分类屋 45 个、分类亭 479 个，保罗环保生活垃圾焚烧发电项目竣工投用。建设美丽乡村 58 个。花海公园全面开放。改建水冲式公厕 46 座，新建净化槽 62 个，拆除旱厕 2700 个，整治裸房 1760 栋，铺设污水管道 70 千米。嵩口镇获评为全省乡村振兴重点特色乡镇，力星村获评为全省乡村振兴实绩突出村。年内永泰县入选国家县城新型城镇化建设示范县。

**【社会事业】**　科技　2020 年，永泰县“数字永泰”智慧信息产业园开园，入驻企业 139 家，数字经济产值超 100 亿元。利尼尔机器人项目竣工投产。新培育国家级高新技术企业 3 家、省级高新技术企业 4 家。新增专利申请量 465 件，比上年增长 51.5%；新增专利授权量 264 件，其中发明专利授权量 35 件，实用新型专利授权量 190 件，外观设计专利授权量 39 件。

教育　建成闽江师专附属小学及幼儿园、实验幼儿园分园和霞拔、嵩口等中心幼儿园。成立永泰县教育基金会，设立埔埕九年一贯制学校，福州工商学院开始招生。在园幼儿 7753 人，在校小学生 20238 人，在校初中生 9800 人，普通高中在校生 4374 人，中等职业教育学校在校生 1950 人。中考综合考评位居八县（区）第二。

文化体育　开展文化惠民活动 125 场，新建文化服务中心 54 个，基本实现县、乡、村三级公共文化服务网络全覆盖。永泰抖音挑战赛获博鳌国际旅游奖年度文旅文创突破奖。为 18 座省级文物保护庄寨投保 1303.7 万元。麟瑞阁、香远堂入选省第十批文物保护单位。新增健身路径 10 条，提升改造体育健身中心 6 个。举办 15 场全民健身运动会。承办福州市第 25 届运动会跆拳道和拳击比赛等 4 场市级以上体育赛事。永泰县东门小学被评为全国青少年校园足球特色学校。

卫生和计划生育　建成投用县医院和疾控中心 PCR 实验室。实施世行贷款医改项目，建成健康管理平台等 9 个县域智慧医疗信息化平台。新增、改造 6 个发热门诊，完成 43 项医疗技术补短板项目。建立全县中药共享药房。与福建医科大学附属协和医院等 7 家省、市三甲医院建立医联体。全年出生人口 4192 人，人口出生率 10.89‰，出生人口性别比 113：100，人口自然增长率 5.55‰。

社会保障　财政民生支出 28.07 亿元，比上年增长 9.1%，占一般公共预算支出的 81.9%。完成 38 个为民办实事项目。新增城镇就业 2168 人、再就业 830 人。农村富余劳动力转移就业 2910 人。发放创业贷款 3445 万元，居全市第一。城乡居民社会养老保险参保 17.46 万人，发放养老金 12052 万元。基本医疗保险参保 32.43 万人，统筹基金支出 28587 万元。提高城乡低保、特困对象、残疾人保障标准，发放各类保障金 7750 万元。为 9018 名困难群众提供临时救助。在全市开展群众医疗互助机制试点工作，7208 人自主参加。42 户住房困难户获得优先分配公租房。新改扩建 1 所农村区域性养老服务中心、36 所农村幸福院。建成 18 个乡镇公益性公墓。

生态建设　深化生态文明制度改革，在全省率先成立生态办。空气质量保持全市首位。植树造林 1466.67 公顷，封山育林 2046.67 公顷。综合防控松材线虫病，清理除治枯死松树 58998 株，林分改造 190.8 公顷。为 1423 棵古树名木投保。将全县行政区域均列为禁猎区。达成全市首笔 11 万吨林业碳汇交易。完成重点生态区位商品林赎买 155 宗，总面积 2588 公顷，受益林农 3251 户 14495 人，增加收入 8042 万元。获批建设国家森林城市，入选全国森林康养基地试点建设县。

平安建设　建成“雪亮工程”路面治安监控 1496 路，接入社会监控探头 712 处，“移动看家·平安乡村”视频监控系统建设的典型经验在第三届数字中国建设峰会上展播。年内，获评为全省第四轮第一批平安县。侦查、起诉、审判涉黑恶案件数和“打伞”战果指标居全市第一。建成全市首个有声法治图书馆。通过 2018—2020 年度省级文明县城总评。

【中国永泰第二届耕读文化艺术节】2020年10月16日，“中国永泰第二届耕读文化艺术节系列活动启动仪式 乡村振兴之夜”在永泰县同安镇启幕，当晚全平台直播总观看120.58万人次。艺术节以“家乡在等我，我们一起回家吧”为主题，以“脱贫攻坚奔小康”为主线，通过联合政府、企业、高校、社会组织等多元力量，将农业、文化、旅游相结合，永泰庄寨旅游资源和各类优质农副产品相结合，以振兴乡村文化和脱贫攻坚。

表99　　2020年永泰县乡镇基本情况一览表

| 乡镇 | 辖地面积（平方千米） | 人口 | | 社区（村）（个） | 农林牧渔业总产值（万元） | 规模以上工业总产值（万元） | 固定资产投资（万元） | 财政总收入（万元） | 财政总支出（万元） |
|---|---|---|---|---|---|---|---|---|---|
| | | 户数（户） | 人口数（人） | | | | | | |
| 塘前乡 | 89.45 | 1578 | 4675 | 6 | 22602 | 72339 | 7958 | 771 | 760.11 |
| 葛岭镇 | 239.04 | 5518 | 17852 | 18 | 79405 | 105712 | 19526 | 3720 | 1663.5 |
| 樟城镇 | 5.04 | 12437 | 34108 | 8 | 2885 | 14738 | 859 | 17415 | 1339.82 |
| 城峰镇 | 88.18 | 10941 | 30924 | 21 | 46845 | 316895 | 8379 | 10362 | 1374.28 |
| 清凉镇 | 105.05 | 4461 | 12376 | 12 | 85739 | 78911 | 11576 | 752 | 1142.17 |
| 富泉乡 | 64.52 | 2448 | 7094 | 9 | 27264 | 8474 | 3502 | 4536 | 779.64 |
| 岭路乡 | 114.63 | 2339 | 8271 | 10 | 37038 | – | 9992 | 2595 | 1226.54 |
| 赤锡乡 | 98.70 | 4644 | 16941 | 15 | 35029 | 29796 | 4477 | 3847 | 1217.15 |
| 梧桐镇 | 171.92 | 12437 | 40326 | 22 | 76548 | 10592 | 5521 | 12915 | 1465.86 |
| 嵩口镇 | 248.82 | 10924 | 32764 | 21 | 79073 | 8205 | 16302 | 1491 | 1802.74 |
| 洑口乡 | 133.12 | 4385 | 13836 | 10 | 28496 | 8474 | 6610 | 38 | 890.71 |
| 盖洋乡 | 114.54 | 3056 | 9512 | 10 | 29534 | 5650 | 4819 | 204 | 1068.31 |
| 长庆镇 | 160.72 | 8311 | 24792 | 15 | 62673 | 34788 | 9240 | 266 | 1147.93 |
| 东洋乡 | 48.57 | 3044 | 9061 | 10 | 25322 | 8474 | 3353 | 513 | 665.32 |
| 霞拔乡 | 59.54 | 5696 | 17578 | 11 | 27741 | – | 4651 | 1176 | 705.55 |
| 同安镇 | 138.90 | 10238 | 32290 | 23 | 66716 | 15751 | 5128 | 11121 | 1250.1 |
| 大洋镇 | 107.71 | 10295 | 35297 | 18 | 63999 | 20129 | 9243 | 536 | 1242.27 |
| 盘谷乡 | 30.28 | 3465 | 10624 | 6 | 25724 | 9282 | 3421 | 2507 | 895.48 |
| 红星乡 | 46.17 | 3100 | 8856 | 8 | 29478 | 4997 | 4602 | 6760 | 700.76 |
| 白云乡 | 105.17 | 4998 | 13781 | 13 | 56543 | 2295 | 6322 | 1751 | 983.98 |
| 丹云乡 | 59.80 | 1473 | 4059 | 6 | 26898 | 2030 | 4862 | 859 | 707.24 |

（卢王伟）

（编辑　苏颖）

# 人物名录

## 福州市院士名单

表 100　　2020 年在福州市工作的院士名单

| 序号 | 姓名 | 出生年月 | 籍贯 | 当选年度 | 职务（职称） | 毕业院校 | 研究领域 |
|---|---|---|---|---|---|---|---|
| 1 | 谢联辉 | 1935 年 3 月 | 福建龙岩 | 1991 年 | 中国科学院院士、福建农林大学植物病毒研究所所长（教授） | 福建农学院 | 植物病理学、植物病毒学及天然产物 |
| 2 | 吴新涛 | 1939 年 4 月 | 福建石狮 | 1999 年 | 中国科学院院士、中国科学院福建省物质结构研究所研究员 | 厦门大学 | 结构化学和簇化学 |
| 3 | 洪茂椿 | 1953 年 9 月 | 福建莆田 | 2003 年 | 中国科学院院士、第三世界院士、中国科学院福建省物质结构研究所研究员 | 福州大学 | 无机化学（纳米功能分子和新型无机-有机聚合物） |
| 4 | 谢华安 | 1941 年 8 月 | 福建龙岩 | 2007 年 | 中国科学院院士，福建省农业科学院学术委员会主任，福建省作物品种审定委员会副主任（研究员） | 龙岩农校 | 三系杂交稻和超级杂交稻育种 |
| 5 | 付贤智 | 1957 年 7 月 | 福建邵武 | 2009 年 | 中国工程院院士、福州大学党委副书记、校长，福建省科协副主席（教授） | 北京大学 | 光催化 |

（苏燕铃）

# 2020年福州市先进人物名单

表101

## 2020年全国劳动模范和先进工作者福州市获得者名单

| 序号 | 姓名 | 工作单位及职务 |
|---|---|---|
| 1 | 刘用辉 | 盛辉物流集团有限公司董事长 |
| 2 | 赵武丽 | 福州高意通讯有限公司研究技术经理 |
| 3 | 黄水儿 | 福建奔驰汽车有限公司党委委员、生产管理部总监 |
| 4 | 卓明华 | 福州大饭店有限公司餐饮技术总监 |
| 5 | 林玉登 | 福建上润精密仪器有限公司工模中心副主任 |
| 6 | 罗祥英 | 福建东飞环境集团有限公司河道保洁管理员 |
| 7 | 赖友华 | 中建海峡建设发展有限公司中建海峡建设发展有限公司副总经理、104国道连江至晋安段改线工程项目副总指挥 |
| 8 | 陈　萍 | 福建省汽车运输有限公司福州站务分公司客北站“陈萍”服务组组长 |
| 9 | 陈良万 | 福建医科大学附属协和医院党委书记 |
| 10 | 陈晓红 | 福建省福州肺科医院结核科主任 |
| 11 | 王豪杰 | 中共福清市委教育工委书记、教育局党组书记、局长 |
| 12 | 陈明月 | 福州市公安局鼓楼分局刑侦大队副大队长 |

表102

## 2020年福建省“五一”劳动奖章福州市获得者名单

| 序号 | 姓名 | 工作单位及职务 |
|---|---|---|
| 1 | 侯艳梅 | 佳好佳（福建）生态环境科技有限公司片区管理员 |
| 2 | 陈敏霞 | 龙马环卫工程有限公司仓山分公司保洁员 |
| 3 | 何超金 | 福建思嘉环保材料科技有限公司技术研发中心总工程师 |
| 4 | 刘小扬 | 新大陆数字技术股份有限公司计算机视觉组组长 |
| 5 | 周　华 | 福建金源纺织有限公司设备部总技术员 |
| 6 | 黄智勇 | 国网福建省电力有限公司福清市供电公司输电线路高级师 |
| 7 | 徐　勇 | 福建海源复合材料科技股份有限公司生产部经理 |
| 8 | 林　铸 | 连江可门港建设发展有限公司建筑工程管理部助理 |
| 9 | 林性春 | 福建省水利投资集团（闽清）水务有限公司坂东供水所所长 |
| 10 | 陈坚英 | 国网福建省电力有限公司罗源县供电公司营销部副主任 |
| 11 | 陈子厚 | 国网福建省电力有限公司永泰县供电公司长庆供电所所长（农电工） |
| 12 | 吴泽平 | 福建省马尾造船股份有限公司集配部管加作业区电焊班长 |
| 13 | 唐耀辉 | 宝钢德盛不锈钢有限公司纪委副书记、纪检监督审计部部长 |
| 14 | 陈依珠 | 福州明视眼镜有限公司培训部讲师 |

续表

| 序号 | 姓名 | 工作单位及职务 |
|---|---|---|
| 15 | 李成虎 | 福州地铁集团有限公司第二项目部部长 |
| 16 | 陈　忠 | 福建中元艺术品有限公司艺术顾问 |
| 17 | 施　璇 | 福州机电工程职业技术学校计算机教师 |
| 18 | 林良伟 | 福州市生态环境局土壤生态环境处处长 |
| 19 | 赖万丰 | 福州市公安局上街（高新区）分局治安管理大队大队长 |
| 20 | 林　思 | 福州市台江区旅游事业发展中心副主任 |
| 21 | 张华宗 | 福州市海洋与渔业执法支队综合科总务 |
| 22 | 陈敏红 | 福州市疾病预防控制中心传染病防控科副科长 |
| 23 | 王　成 | 福州顺丰速运有限公司收派员 |
| 24 | 吴碧香 | 福州市仓山区仓前街道万春社区居民委员会书记、主任 |
| 25 | 吴文飞 | 福州统一企业有限公司行政外联高级专员 |
| 26 | 王文勇 | 长乐恒申合纤科技有限公司整经车间主任 |
| 27 | 叶贻端 | 福清市住房和城乡建设局房产管理所所长 |
| 28 | 陈　燕 | 福州市城区水系联排联调中心海绵城市处副处长 |
| 29 | 刘平生 | 福州市鼓楼区洪山镇人民政府营商办主任 |
| 30 | 董丽须 | 福州市晋安区寿山乡人民政府党政办主任、财政所副所长、九峰村党支部第一书记 |
| 31 | 沈　翎 | 福建省福州儿童医院耳鼻咽喉科主任 |
| 32 | 彭俊杰（台籍） | 福建网龙计算机网络信息技术有限公司工业设计部总监 |
| 33 | 林子茂 | 福建友谊胶粘带集团有限公司董事长 |
| 34 | 骆志煌 | 福建省福州高级中学校长 |
| 35 | 陈宏景 | 福州市水务投资发展有限公司党委书记、董事长 |
| 36 | 陈　祥 | 福州市公安局鼓楼分局刑侦大队重案中队中队长 |
| 37 | 林志雄 | 福建金顺环境服务有限公司收运主管 |

表 103　　2020 年福建省“五一”劳动奖章（抗疫专项）福州市获得者名单

| 序号 | 姓名 | 工作单位及职务 |
|---|---|---|
| 1 | 康德智 | 福建医科大学附属第一医院院长、党委副书记 |
| 2 | 赵淑好 | 福建医科大学附属第一医院医院感染管理及疾病预防控制处副处长 |
| 3 | 张　尉 | 福建医科大学附属协和医院平潭协和医院副院长 |
| 4 | 黄峥慧 | 福建医科大学附属协和医院副主任医师 |
| 5 | 黄碧霞 | 福建中医药大学附属第三人民医院护士长 |
| 6 | 罗建雄 | 福州市第一医院主治医师 |

续表

| 序号 | 姓名 | 工作单位及职务 |
|---|---|---|
| 7 | 林　榕 | 福建省福州神经精神病防治院护士长 |
| 8 | 王新航 | 福建省福州肺科医院一病区主任 |
| 9 | 钟志强 | 福建省福州肺科医院 RICU 护士 |
| 10 | 陈　平 | 福清市医院心内科主任、胸痛中心技术主任 |
| 11 | 王成东 | 连江县医院感染科主任 |
| 12 | 林家新 | 福州市长乐区医院感染科主任 |
| 13 | 许浩彬 | 福州市晋安区疾病预防控制中心主任 |
| 14 | 郭　强 | 中国邮政集团有限公司福建省福州邮区中心分公司党委书记、总经理 |
| 15 | 林　健 | 福建永辉超市有限公司水产采购组组长 |
| 16 | 林颜挺 | 爹地宝贝股份有限公司副总经理 |
| 17 | 陈　丽 | 福州市鼓楼区南街街道杨桥河南社区居民委员会党委书记、主任 |

（余荣发）

表 104　2020 年度全国“五四红旗团委”“五四红旗团（总）支部”“优秀共青团员”福州市获表彰名单

| 表彰项目 | 团体或个人 |
|---|---|
| 全国“五四红旗团委” | 中建海峡建设发展有限公司团委 |
| 全国“五四红旗团（总）支部” | 福州市鼓楼区南街街道杨桥河南社区团支部 |
| 全国“优秀共青团员” | 李　蒙（福州屏东中学高一 8 班团支书） |
| | 潘黄潇（福州国资控股公司党群部科员） |

表 105　2020 年福建省“五四红旗团委”“五四红旗团（总）支部”“优秀共青团员”“优秀共青团干部”福州市获表彰名单

| 表彰项目 | 团体或个人 |
|---|---|
| 福建省“五四红旗团委” | 闽侯县实验中学团委 |
| | 闽江师范高等专科学校团委 |
| | 福州市城乡建总集团有限公司团委 |
| 福建省“五四红旗团（总）支部” | 永泰县同安镇洋尾村团支部 |
| | 福州职业技术学院建筑工程系建设工程管理 1 班 2018 级团支部 |
| 福建省“优秀共青团员” | 何　如（福清市供销社一级科员） |
| | 张子俊（长乐一中学生会主席） |
| | 郑澜婷（台江区鲲鹏青少年事务服务中心社工、台江区志愿者协会总干事） |
| | 翁家营（福州外国语学院团委委员、团总支书记、学生会副主席） |
| | 潘　沁（福州市晋安区新店镇人民政府一级科员） |
| | 邱宇潇（福建师范大学附属中学高三 1 班学生） |

续表

| 表彰项目 | 团体或个人 |
| --- | --- |
| 福建省“优秀共青团干部” | 权　锌（闽清县下祝乡党委组织委员、下祝乡团委书记） |
| | 池　源（闽侯县行政服务中心团总支书记、督查科负责人） |
| | 汤佳明（福州市晋安区少先队工作负责人） |
| | 李　婷（福州市台江团区委书记） |
| | 金秀娜（福州市晋安区新店镇万科社区党支部书记、团支部书记） |
| | 林　城〔福州城市建设投资集团有限公司团委副书记（兼职）〕 |

表 106　　第十八届“福建青年五四奖章”福州市获得者名单

| 序号 | 类别 | 姓名 | 工作单位及职务（职称） |
| --- | --- | --- | --- |
| 1 | 青年农民 | 张燕玲（女） | 罗源县松山镇岐屿社区党支部书记 |
| 2 | 青年技能人才 | 朱剑钦（男） | 福州建（集团）总公司技术中心主任、高级工程师 |
| 3 | 青年技能人才 | 蒋荣龙（男） | 海欣食品股份有限公司项目总（教授级高工） |
| 4 | 青年技能人才 | 刘木溶（男） | 福建沧趣茶艺有限公司创始人 |
| 5 | 青年技能人才 | 杨挺杰（男） | 中建海（厦门）建设发展有限公司总工程师 |
| 6 | 青年科教人才 | 林　耿（男） | 闽江学院数科学院副院长（副教授） |
| 7 | 青年法务工作者 | 黄乐增（男） | 连江县公安局交警大队机动中队副中队长、三级警长 |
| 8 | 青年法务工作者 | 曾星燚（男） | 福州市公安局苍霞派出所教导员 |
| 9 | 青年金融商务工作者 | 邱骏华（男） | 福建海峡银行闽侯支行行长兼青口小微支行行长 |
| 10 | 青年台胞及港澳人才 | 陈柏叡（男） | 福州市皮肤病防治院主治医师 |
| 11 | 青年文体工作者 | 林冬梅（女） | 福州市教育服务与学生资助中心副主任 |
| 12 | 青年新闻工作者 | 刘晓宇（男） | 人民日报社福建分社 |
| 13 | 青年医药卫生工作者 | 许　宁（男） | 福建医科大学附属第一医院副主任医师 |

（潘竞波）

表 107　　2020 年全国、福建省“三八”红旗集体福州市获表彰明名单

| 表彰奖项 | 单位 |
| --- | --- |
| 2020 年全国“三八”红旗集体 | 罗源县人民法院 |
| 2020 年福建省“三八”红旗集体 | 福州市鼓楼区洪山镇锦江社区 |
| | 福州市晋安区象园街道乐园社区 |
| | 闽侯县甘蔗街道滨江社区党支部 |
| | 福州市长乐区航城街道洋屿村村委会 |
| | 福清市玉屏街道步行街社区总支部委员会 |
| | 连江阳光幼儿园 |
| | 福州市残疾人辅助器具服务中心 |
| | 福州广播电视台新闻频率 |
| | 福州市第二医院（副处级，三级甲等）急诊科 |
| | 福建省福州文教职业中专学校 |
| | 福建省福州市公安局指挥中心 |
| | 福州地铁集团有限公司运营事业部客运 1 中心服务 1 部福州火车南站站 |

表 108　　2020 年福建省“三八”红旗手标兵、红旗手福州市获得者名单

| 表彰奖项 | 姓名 | 工作单位及职务 |
|---|---|---|
| 2020 年福建省“三八”红旗手标兵 | 李白蕾 | 福州日报采集中心记者 |
| 2020 年度福建省“三八”红旗手 | 吴　靓 | 福州市鼓楼区鼓东街道中山社区党委书记、居委会主任、妇联主席 |
|  | 陈　媚 | 福州市台江区鲲鹏青少年事务服务中心督导助理 |
|  | 陈　瑜 | 福州市仓山区实验幼儿园 |
|  | 沈彧澜 | 福州市晋安区总医院党委委员、副书记，福州市晋安区医院医务科副科长、副主任医师 |
|  | 陈建英 | 罗星街道沿山社区党委书记、主任 |
|  | 王小红 | 福州六和机械有限公司支部书记、管理部副课长 |
|  | 王榕琴 | 长乐区鹤上镇东平村支部书记 |
|  | 翁晨霞 | 福清市龙山街道融东社区党委书记兼主任 |
|  | 梁碧娥 | 连江县长龙第一茶厂 负责人 |
|  | 卓艳华 | 罗源县凤山镇凤美社区党总支书记、居委会主任 |
|  | 叶尔贞 | 永泰县金野家庭农场负责人 |
|  | 刘文彬 | 福州荣清橡胶有限公司职工、工会副主席兼女工委主任 |
|  | 林　艳 | 福州高新技术产业开发区市场监督管理局 一级科员 |
|  | 陈　嫣 | 福州市市场监督管理局网络交易监管处处长 |
|  | 杨　莹 | 福州日报采集中心副主任 |
|  | 张　敏 | 仓山区委组织部常务副部长、一级主任科员 |
|  | 王艳玲 | 福建日报社东南网海外部主任、福建东南网海外传媒有限公司总经理 |
|  | 唐丽虹 | 福州市规划设计院集团有限公司、副董事长 |
|  | 李　芹 | 福建医科大学孟超肝胆医院（福州福州市传染病医院）副院长 |
|  | 杜开颜 | 福州三中副校长 |
|  | 游素华 | 福州市人民检察院 检察委员会委员、第一检察部主任、三级高级检察官、检察机关妇委会主任 |
|  | 黄　艳 | 福州市农田建设与土壤肥料技术站高级农艺师 |
|  | 戴晓芳 | 联勤保障部队第九〇〇医院政治工作部主任 |
|  | 蔡佩纭 | 福州市多纳思维教育咨询有限公司董事长 |
|  | 林　曦 | 闽侯县人民检察院党组成员、副检察长、检委会委员、四级高级检察官 |
|  | 林云芝 | 福州市晋安区教师进修学校附属幼儿园园长、书记 高级教师 |

（许菁）

表 109　　2020 年福州市入选“中国好人榜”“福建好人榜”“福州好人榜”身边好人名单

| 表彰项目 | 姓名 | 工作单位及职务（职称） |
|---|---|---|
| “中国好人榜” | 张永祥 | 福州市晋安区领头羊生态农业农民专业合作社理事长 |
| | 林仕忠、倪姜（女） | 福清市医院副院长，福清市中医院护理部副主任 |
| | 郑霄雁 | 福州市疾控中心传染病防控科副主任医师 |
| “福建好人榜” | 庄　辉 | 福州市晋安区鼓山镇党政办职员 |
| | 张永祥 | 福州市晋安区领头羊生态农业农民专业合作社理事长 |
| | 林光清 | 福清市三山镇白鹤村村民 |
| | 陈章宇 | 福州海峡出租车有限责任公司出租车驾驶员（仓山） |
| | 黄　钰（女） | 连江县筱埕镇定海村村民 |
| | 毛文丑 | 闽清县下祝乡杉村学校教师 |
| | 林仕忠、倪姜（女） | 福清市医院副院长，福清市中医院护理部副主任 |
| | 罗建雄 | 福州市第一医院呼吸与危重症医学科主治医师 |
| | 黄可喜 | 永泰县霞拔乡锦安村村民（湖北“雷神山”“火神山”医院参建者） |
| | 郑路君 | 福州市公安局仓山分局临江派出所四级警长 |
| | 郑霄雁 | 福州市疾控中心传染病防控科副主任医师 |
| | 郑广滨 | 福州市公安局台江分局洋中派出所社区基础中队四级高级警长 |
| | 潘洁茹（女） | 福州市疾病预防控制中心检验科副主任技师 |
| | 李雪金（女） | 连江县琯头镇阳岐爱心养老服务院院长 |
| | 王钦利 | 长乐区首占镇丰山村村民 |
| “福州好人榜” | 叶碧兰（女） | 永泰县邮政分公司盖洋邮政所营业员兼投递员 |
| | 林立强 | 闽运福清公司出租车驾驶员 |
| | 潘吓妹（女） | 福清市城头镇星桥村农民 |
| | 林国太、林国文、林明亮 | 福清市城头镇吉钓村村民 |
| | 张永祥 | 福州市晋安区领头羊生态农业农民专业合作社理事长 |
| | 李福海 | 长乐区玉田镇琅峰村村民 |
| | 李则斯、黄相钰、陈显曦 | 鼓楼区机关事务服务中心职工，中共福州市委组织部二级主任科员，福州市兰航模具有限公司驾驶员 |
| | 蒋碧峰 | 长乐区古槐镇屿南村党支部书记。 |
| | 林仕忠、倪姜（女） | 福清市医院副院长，福清市中医院护理部副主任。 |
| | 庄春松 | 福清市江阴镇人民调解委员会专职调解员 |
| | 冯凌云（女） | 闽侯县竹岐乡榕东村村民 |
| | 杨玉琴（女） | 连江县医院主治医师 |
| | 林万菊 | 福清市公安局龙江派出所四级高级警长 |
| | 刘　琼（女） | 台江区 MUA 美式手工汉堡总经理 |

续表

| 表彰项目 | 姓名 | 工作单位及职务（职称） |
|---|---|---|
| “福州好人榜” | 林如辉 | 国网福州供电公司亿力配电分公司配电项目组主管 |
| | 王忠强 | 福清市渔溪镇人民政府民政办负责人 |
| | 黄可喜 | 永泰县霞拔乡锦安村村民（湖北“雷神山”“火神山”医院参建者） |
| | 陈忠俤 | 罗源县鉴江镇鉴江村支书 |
| | 黄新程 | 长乐区首占益农农业专业合作社理事长 |
| | 任沐芳（女） | 台江区义洲街道浦东社区党委书记、居委会主任 |
| | 黄瑞娥（女） | 福州肺科医院护理部主任 |
| | 陈　玮 | 福建医科大学孟超肝胆医院中西结合科主治医师 |
| | 姚　栩 | 福州市疾控中心检验科副科长 |
| | 张燕玲（女） | 罗源县松山镇岐屿社区党支部书记 |
| | 陈文键 | 永泰县赤锡乡寿山村村医 |
| | 郑如婷（女） | 闽清县梅城镇安小宝饭店经营者 |
| | 蔡标兵 | 台江区鲲鹏青少年事务服务中心中心执行主任 |
| | 罗建雄 | 福州市第一医院呼吸与危重症医学科主治医师 |
| | 魏美银（女）、魏存强 | 长乐区鹤上镇桃坑村村民 |
| | 陈文凡 | 福清市融媒体中心摄影记者 |
| | 周雁芳（女） | 罗源县松山镇松岐社区党支部书记、主任 |
| | 孙昌亮 | 闽清县梅城镇梅城社区卫生服务中心主治医师 |
| | 曹　弋 | 福州市公安局经侦支队科员 |
| | 陈　兴 | 台江区市场监管局苍霞市场监督管理所副所长 |
| | 林良伟 | 福州市生态环境局土壤生态环境处处长 |
| | 梁　军 | 榕城海关驻罗源湾办事处副主任 |
| | 方　哲 | 福州市第六医院主治医师 |
| | 柯伟龙 | 福州机场边检站执勤四队检查员 |
| | 张彩云（女） | 福州市疾控中心检验科主管技师 |
| | 余建明 | 福建省曙光救援中心志愿者服务大队大队长 |
| | 张起丁 | 鼓楼区五凤街道凤仪社区居民 |
| | 林亨玲 | 福州市长乐区公安局鹤上派出所四级警长 |
| | 李文挺（女） | 长乐区机关事务管理中心副主任 |
| | 危　玲（女） | 榕城海关驻快安办事处办公室主任 |
| | 张文国 | 福州市仓顺运输公司出租车驾驶员 |
| | 郑路君 | 福州市公安局仓山分局临江派出所四级警长 |

续表

| 表彰项目 | 姓名 | 工作单位及职务（职称） |
|---|---|---|
| “福州好人榜” | 张　皓（女） | 福州市儿童福利院护育三处教师 |
| | 裴建红（女） | 闽侯县青口镇宏四村村民 |
| | 张兴莲（女） | 长乐区文武砂镇洽屿村村委 |
| | 林光清 | 福清市三山镇白鹤村村民 |
| | 林　禹 | 连江县林家树苑素食餐厅总经理 |
| | 林　耀 | 仓山区福湾新城春风苑三区居民 |
| | 林兆惠、林志平、湛阳 | 长乐区五同汽车修理厂职工 |
| | 郑霄雁 | 福州市疾控中心传染病防控科副主任医师 |
| | 沈淑英（女） | 台江交警大队商务区中队交通警辅 |
| | 温琳荔（女） | 福州市烟草公司城北分公司文书管理员 |
| | 万　粒（女） | 福州新区综合服务中心工作人员 |
| | 陈章宇 | 福州海峡出租车有限责任公司出租车驾驶员（仓山） |
| | 林美珍（女） | 鼓楼区鼓西街道大梦山小区居民 |
| | 陈翔宇 | 长乐区治违办工作人员 |
| | 林　元 | 福州市公交集团公司后勤部应急驾驶员 |
| | 潘　旻 | 台江区彬德桥小吃店企业法人 |
| | 郑广滨 | 福州市公安局台江分局洋中派出所社区基础中队四级高级警长 |
| | 俞贤挺 | 闽清县塔庄镇坪街村村民 |
| | 李雪金（女） | 连江县琯头镇阳岐爱心养老服务院院长 |
| | 翁志丹 | 福清市新厝镇峰头村村民 |
| | 潘洁茹（女） | 福州市疾病预防控制中心检验科副主任技师 |
| | 黄　钰（女） | 连江县筱埕镇定海村村民 |
| | 祝花兰（女） | 福清市助老助医公益协会会长 |
| | 李巧云（女） | 闽侯县洋里乡田垱小学校长 |
| | 黄清平 | 仓山区下渡街道环卫所环卫工人 |
| | 王钦利 | 长乐区首占镇丰山村村民 |
| | 张　宏 | 福州市疾控中心艾滋病防治科科长、主任医师 |
| | 林　城 | 鼓楼区鼓西街道社区卫生服务中心中西医结合骨伤主治医师 |
| | 汤　辉 | 国家税务总局连江县税务局办公室副主任 |
| | 郑　容（女） | 台江区洋中街道玉树社区居民 |
| | 王　琴（女） | 仓山区红树林幼儿园副园长 |

（林艺红）

（编辑　黄铭）

## 地方性法规

### 福州市文明行为促进条例

（2020年4月29日福州市第十五届人民代表大会常务委员会第二十七次会议通过
2020年7月24日福建省第十三届人民代表大会常务委员会第二十一次会议批准）

#### 目 录



#### 第一章　总则

**第一条**　为了引导和规范文明行为，培育和践行社会主义核心价值观，提升公民文明素养和社会文明程度，促进全社会向上向善，根据有关法律、法规，结合本市实际，制定本条例。

**第二条**　本条例适用于本市行政区域内文明行为促进工作。

**第三条**　本条例所称文明行为，是指遵守宪法和法律、法规规定，符合社会主义道德要求，遵循社会公序良俗，引领社会进步风尚的行为。

**第四条**　文明行为促进工作应当发挥公民的主体作用，遵循政府主导、社会共治、奖惩并举的原则，形成文明建设长效机制。

**第五条**　市、县（市、区）精神文明建设指导委员会统一领导、统筹推进本行政区域内文明行为促进工作。

市、县（市、区）精神文明建设指导机构具体负责本行政区域内文明行为促进工作的规划、组织、督导和检查。

**第六条**　市、县（市、区）人民政府应当将文明行为促进工作纳入国民经济和社会发展规划以及年度工作计划，推动文明行为促进工作与经济社会协调发展。

市、县（市、区）人民政府有关部门应当按照各自职责做好文明行为促进工作。

**第七条**　乡（镇）人民政府、街道办事处应当将文明行为促进工作纳入工作日程，做好文明行为促进工作。

村（居）民委员会应当加强文明行为宣传和引导，协助做好文明行为促进工作。

**第八条**　公民应当依法自觉践行文明行为，维护社会文明风尚。

国家机关工作人员、人大代表、政协委员、教育工作者、社会公众人物等应当发挥表率作用。

鼓励和支持单位和个人以提供资金、技术、劳动力、智力成果等方式参与文明行为促进工作。

**第九条**　新闻媒体应当积极宣传文明行为规范、文明礼仪，传播美德善行，营造全社会鼓励和促进文明行为的氛围。

#### 第二章　文明行为规范

**第十条**　公民应当自觉遵守下列文明行为基本规范：

（一）热爱祖国，遵纪守法，维护国家和公共利益；

（二）遵守社会公德，遵循市民公约、乡规民约、行业规章、团体章程、学生守则等社会规范；

（三）恪守职业道德，诚实守信，爱岗敬业；

（四）崇尚科学，移风易俗，反对封建迷信，摒弃陈规陋习；

（五）保护生态环境；

（六）传承家庭美德，尊老爱幼、男女平等、夫妻和睦、勤俭持家、邻里团结。

**第十一条**　公民应当自觉遵守下列公共环境卫生文明行为规范：

（一）爱护野生动物，革除滥食野生动物陋习；

（二）推行分餐制，聚餐时主动使用公筷公勺；

（三）在公共场所咳嗽、打喷嚏时，遮掩口鼻，患有感冒等呼吸道疾病时佩戴口罩；

（四）减少生活垃圾产生，分类定点定时投放；

（五）采用献花、植树、网络祭奠等生态环保方式祭祀亲人；

（六）维护城市内河生态环境；

（七）不在公共场所吸烟；

（八）维护市容整洁，不违规摆摊设点、不违规张贴、散发商业广告物品；

（九）采用环保洁净的替代品，减少或者不燃放烟花爆竹；

（十）法律、法规规定的其他公共环境卫生文明行为规范。

**第十二条** 公民应当自觉遵守下列公共秩序文明行为规范：

（一）在公共场所衣着整洁、举止得体、用语文明，不大声喧哗，共同维护公共秩序；

（二）观看展览、文艺演出、体育比赛、电影等，服从现场管理，遵守礼仪规范；

（三）在公园、广场等公共场所开展娱乐、商业宣传、体育锻炼等活动时，按照环境噪声排放标准使用音响器材；

（四）在办公区域或者居民住宅区域，不产生影响正常工作和休息的噪声；

（五）爱护市政、消防、医疗卫生、文化体育、旅游等公共设施；

（六）遵守互联网管理规定，传播正能量，不发布和转载虚假、低俗、淫秽信息；

（七）旅游观光时尊重当地的文化、风俗和习惯，保护历史文化和自然遗产；

（八）尊重教育工作者，维护良好教学秩序；

（九）尊重医学规律和医务人员，增强公共卫生安全意识，维护正常医疗秩序，依法处理医疗纠纷；

（十）按照规定饲养犬只等宠物，并进行免疫、检疫，采取必要安全措施携宠物出行，及时清理粪便，确保不影响他人正常生活，不危及他人人身安全；

（十一）法律、法规规定的其他公共秩序文明行为规范。

**第十三条** 公民应当自觉遵守下列交通文明行为规范：

（一）按照交通信号指示通行，主动避让执行紧急任务的警车、消防车、救护车、工程救险车和其他有紧急情况的车辆；

（二）驾驶车辆时不拨打接听手持电话，不违反规定使用灯光，规范有序停放车辆，不妨碍他人通行，不占用盲道；

（三）驾驶机动车，遇前方排队或者缓慢行驶，自觉排队等候，行经人行横道或者积水路段，主动减速通行，遇行人正在通过人行横道，应当停车让行；

（四）驾驶非机动车，应当在规定车道行驶，不逆向、超速行驶，不违规载人载物；

（五）使用共享车辆应当遵守服务协议约定，有序停放，不损毁、侵占共享车辆；

（六）乘坐公共交通工具时，有序上下，文明礼让，不抢占座位，不大声喧哗、进食和打闹，不影响驾驶员正常安全行车；

（七）法律、法规规定的其他交通文明行为规范。

**第十四条** 公民应当自觉遵守下列社区公共文明行为规范：

（一）邻里之间互谦互让，相互尊重文化习俗，和谐友善相处；

（二）爱惜共用设施设备，不侵占共用部位；

（三）在指定场所有序停放电动自行车，不违规布设电动自行车充电装置；

（四）不占用、堵塞、封闭疏散通道、安全出口或者消防车通道；

（五）不在公共空间堆放、吊挂物品，不从建筑物内向外抛掷物品；

（六）室内进行装修装饰作业不干扰周边居民正常生活；

（七）法律、法规规定的其他社区公共文明行为规范。

**第十五条** 国家机关工作人员在执行公务活动中，应当自觉遵守下列文明行为规范：

（一）着装整洁规范；

（二）平等对待服务对象；

（三）使用文明规范用语，语气平和，态度和蔼；

（四）按照规定主动出示工作证件或者其他执行公务证件，亮明身份；

（五）不拒绝、不推诿属于职责范围内的事项；

（六）法律、法规规定的其他文明行为规范。

## 第三章 鼓励与促进

**第十六条** 支持市、县（市、区）精神文明建设指导机构以及有关部门开展道德模范、优秀志愿者、文明家庭、“新时代好少年”、“福州好人”等道德先进人物评选和宣传活动。

市、县（市、区）人民政府及其有关部门应当建立健全道德先进人物的礼遇、困难帮扶制度。

鼓励用人单位在招聘时，同等条件下优先录用或者聘用道德先进人物。

**第十七条** 倡导婚事新办、喜事俭办、丧事简办，反对高额礼金、高价彩礼、薄养厚葬，推动移风易俗宣传教育进机关、进校园、进企业、进村居、进家庭。

**第十八条** 鼓励和支持单位和个人开展赈灾捐赠、扶贫、助残、救孤、济困以及助老、助学、助医和环境保护等慈善公益活动，为空巢老人、留守儿童、困境儿童、失独家庭、残疾人和外来务工人员未成年子女等社会弱势群体提供帮助。

**第十九条** 鼓励和支持有条件的企业或者个人依法设立公益性的志愿服务组织，参与精神文明建设和志愿服务。

鼓励和支持在校园周边、景区景点、车站码头、商业街区等人流密集场所以及城市内河周边建立志愿服务驿站（队），开展便民利民、文明劝导等志愿服务活动。

志愿者参加志愿服务活动的，所在单位应当给予支持。志愿者有困难时可以申请优先获得志愿服务。

**第二十条** 鼓励开展“书香榕城”全民阅读活动，完善全民阅读设施以及数字化阅读平台建设，为市民提供方便快捷的阅读服务，持续提高市民文化素养。

鼓励学校及其他教育机构、书店、出版发行机构等单位开展阅读推广活动。

**第二十一条** 鼓励单位和个人开展“拗九节”等孝道文化传承活动，挖掘闽都传统习俗的文化内涵和道德魅力，弘扬孝老爱亲传统美德，提升家庭文明水平。

**第二十二条** 鼓励实施与自身能力相符的见义勇为行为。

市人民政府依法对见义勇为人员予以表彰、奖励，对见义勇为人员及其近亲属给予相关保障待遇。

**第二十三条** 鼓励公民无偿献血和自愿捐献造血干细胞、遗体及人体器官（组织）。

鼓励公民为需要急救的人员拨打急救电话呼救，并提供必要帮助。鼓励具备急救技能的公民，对需要急救的人员实施紧急现场救护。

**第二十四条** 鼓励公民践行低碳、环保、绿色生活方式，优先选择公共交通工具出行，节约使用水、电力、燃油、天然气等资源，减少使用塑料制品。

**第二十五条** 鼓励国家机关、企业事业单位、村（居）民委员会和其他社会组织利用本单位场所、设施设立爱心服务点，为环卫工人、户外工作人员以及其他需要帮助的人员提供饮用水、饭菜加热、遮风避雨和便携设备充电等便利服务。

**第二十六条** 鼓励餐饮经营者及集体食堂主动提供消毒餐具、公筷公勺、洗手池等配套服务设施，并积极引导消费者健康用餐。

**第二十七条** 支持公共场所和女职工集中的国家机关、企业事业单位按照有关规定配备母婴室。

公共场所应当按照标准配套建设公共厕所、配备无障碍厕位，做到干净、卫生、整洁，并保持开放。

学龄前儿童集中活动场所的公共厕所和其他有条件的公共厕所应当设置方便儿童使用的厕位或者亲子共用厕位。

## 第四章 保障措施

**第二十八条** 市、县（市、区）精神文明建设指导机构应当将文明行为促进工作纳入文明城市指数测评，适时向社会公开文明行为促进工作落实情况。

市、县（市、区）精神文明建设指导机构可以组织志愿者开展文明行为监督活动，协助做好文明行为宣传、教育、监督和不文明行为制止、纠正等工作。

**第二十九条** 市、县（市、区）人民政府应当建立文明行为促进工作综合考评制度，并将综合考评结果纳入其所属工作部门以及下一级政府的绩效考评指标。

**第三十条** 市、县（市、区）人民政府应当完善现代公共文化服务体系，加强对闽都文化载体的研究和宣传，丰富公共文化服务供给。

**第三十一条** 民政、财政、发展与改革等部门应当支持志愿服务孵化基地建设，促进志愿服务组织的发展。

市、县（市、区）人民政府及其有关部门可以通过购买服务等方式，支持志愿服务组织运营管理，并依照有关规定向社会公开购买服务的项目目录、服务标准和资金预算等情况。

**第三十二条** 国家机关、企业事业单位应当将文明行为规范纳入本单位职业规范要求，并将文明行为培训纳入本单位入职培训、岗位培训内容。

窗口服务行业、单位应当根据自身特点，制定行业规范引导措施，加强本行业或者本单位文明行为引导工作。

学校及其他教育机构应当将文明行为教育纳入教育、教学内容，培养学生、学员的文明习惯和文明风气。

**第三十三条** 任何单位和个人都有权对不文明行为进行劝阻、制止。不文明行为人应当听从劝阻，不得打击报复劝阻人、制止人。

市、县（市、区）人民政府应当通过举报电话、邮箱、微信平台等，受理市民对不文明行为的举报、投诉，并对举报人、投诉人的信息予以保密。

**第三十四条** 违反本条例规定，实施不文明行为，情节严重或者社会影响恶劣的，相关行政主管部门可以将违法行为通过适当方式予以曝光，但是涉及个人隐私、国家秘密、商业秘密、未成年人个人信息以及法律、法规规定不得曝光的信息除外。

## 第五章 重点治理

**第三十五条** 下列影响公共环境卫生的不文明行为列入重点治理清单：

（一）乱扔乱倒废弃物，不分类投放生活垃圾；

（二）在禁止吸烟区域吸烟；

（三）违规排放油烟；

（四）践踏花草，破坏绿化。

**第三十六条** 下列影响交通的不文明行为列入重点治理清单：

（一）驾驶机动车行经人行横道未停车让行；

（二）驾驶机动车违反规定使用远光灯；

（三）驾驶、乘坐机动车时向道路抛撒物品；

（四）未主动避让执行紧急任务的警车、消防车、救护车、工程救险车；

（五）驾驶非机动车逆向行驶、超速行驶，违规载人载物。

**第三十七条** 下列影响社区公共秩序的不文明行为列入重点治理清单：

（一）占用、堵塞、封闭疏散通道、安全出口或者消防车通道；

（二）在公共空间堆放、吊挂危害安全的物品；

（三）从建筑物内向外抛掷物品。

**第三十八条** 下列养犬的不文明行为列入重点治理清单：

（一）携带犬只外出时，未由成年人束犬链牵领，未主动避让他人；

（二）携带除导盲犬、助残犬以外的犬只搭乘公共交通工具或者进入办公、生产、经营等公共场所；

（三）未及时清理犬只在公共区域排泄的粪便。

**第三十九条** 下列互联网租赁自行车停放的不文明行为列入重点治理清单：

（一）使用者不规范停放，影响市容市貌；

（二）经营企业未科学有序投放车辆，未及时整理随意停放的车辆。

**第四十条** 市人民政府可以根据文明行为促进工作需要，确定需要列入重点治理清单的其他不文明行为，报市人民代表大会常务委员会批准后适用本条例相关规定。

市容环境卫生、公安、住房保障和房产管理等行政主管部门和消防救援机构应当健全联合执法机制，针对列入重点治理清单的不文明行为，开展联合执法、重点监管等工作，并将有关情况告知精神文明建设指导机构。

## 第六章 法律责任

**第四十一条** 违反本条例规定的行为，法律、法规已有法律责任规定的，从其规定。

**第四十二条** 有本条例第三十五条、第三十六条行为之一，拒不改正或者多次违反的，由有关行政主管部门在法律、法规规定的处罚幅度范围内从重处罚。

**第四十三条** 占用、堵塞、封闭疏散通道、安全出口或者消防车通道的，由消防救援机构责令改正，违法行为轻微的，处以警告或者五十元以下罚款；不能当场改正，造成人员或者消防车无法通行的，处以三百元以上五百元以下罚款；拒不改正的，强制执行，所需费用由违法行为人承担。

在楼道等公共空间堆放、吊挂危害安全物品的，由物业管理人予以劝阻，拒不改正的，由住房保障和房产管理行政主管部门处以二百元以上五百元以下罚款；在屋顶、平台、外走廊等空间堆放、吊挂危害安全物品的，由物业管理人予以劝阻，拒不改正的，由市容环境卫生行政主管部门处以二百元以上五百元以下罚款。

从建筑物内向外抛掷物品的，由物业管理人予以劝阻，拒不改正，影响市容环境卫生的，由市容环境卫生行政主管部门处以五十元以上二百元以下罚款；违反治安管理的，由公安机关予以处罚；构成犯罪的，依法追究刑事责任。

**第四十四条** 携带犬只外出时，未由成年人束犬链牵领，携带除导盲犬、助残犬以外的犬只搭乘公共交通工具或者进入办公、生产、经营等公共场所，干扰他人正常生活的，由公安机关处警告，警告后不改正的，处以二百元罚款，情节严重的，处以二百元以上五百元以下罚款。

未及时清理犬只在公共区域排泄粪便的，由市容环境卫生行政主管部门责令改正，拒不改正的，处以五十元以上二百元以下罚款。

**第四十五条** 未规范停放互联网租赁自行车，影响市容市貌的，由市容环境卫生行政主管部门责令改正，拒不改正的，处以十元以上二十元以下罚款。

互联网租赁自行车经营企业投放车辆不科学，未及时整理随意停放车辆的，由市容环境卫生行政主管部门责令改正，拒不改正的，处以五千元以上一万元以下的罚款。

**第四十六条** 有关行政主管部门和单位及其工作人员在文明行为促进工作中滥用职权、玩忽职守、徇私舞弊的，依法给予处分；构成犯罪的，依法追究刑事责任。

## 第七章 附则

**第四十七条** 本条例自 2020 年 10 月 1 日起施行。

# 福州市人民代表大会常务委员会任免国家机关工作人员条例

（2013 年 8 月 30 日福州市第十四届人民代表大会常务委员会第十二次会议通过 2013 年 9 月 27 日福建省第十二届人民代表大会常务委员会第五次会议批准 根据 2020 年 6 月 30 日福州市第十五届人民代表大会常务委员会第二十八次会议《关于修改<福州市人民代表大会常务委员会任免国家机关工作人员条例>的决定》修正 2020 年 9 月 29 日福建省第十三届人民代表大会常务委员会第二十三次会议批准）

## 第一章 总则

**第一条** 为了履行地方人民代表大会常务委员会任免国家机关工作人员职权，规范任免国家机关工作人员工作，根据《中华人民共和国地方各级人民代表大会和地方各级人民政府组织法》《中华人民共和国各级人民代表大会常务委员会监督法》《中华人民共和国监察法》等有关法律的规定，结合本市实际情况，制定本条例。

**第二条** 福州市人民代表大会常务委员会（以下简称市人大常委会）任免、决定任免、批准任免、推选代理、决定代理、通过人选、接受辞职以及撤销职务等事项，适用本条例。

**第三条** 市人大常委会任免国家机关工作人员，必须贯彻中国共产党的干部路线，坚持德才兼备、任人唯贤，充分发扬民主，严格依法办事。

**第四条** 市人大常委会任命的国家机关工作人员，必须认真贯彻落实习近平新时代中国特色社会主义思想，增强“四个意识”，坚定“四个自信”，坚决做到“两个维护”，应当具备履行职责相应的素质和能力，模范遵守宪法和法律，恪尽职守，认真执行市人民代表大会及其常务委员会的决议和决定，自觉接受市人大常委会、市人民代表大会代表和人民群众的监督。

**第五条** 市人大常委会任免事项的具体工作，由市人大常委会人事代表工作机构负责。

## 第二章 任免范围

**第六条** 市人大常委会任免本市国家机关工作人员下列职务：

（一）在市人民代表大会闭会期间，根据市人大常委会主任会议（以下简称主任会议）的提名，任免市人民代表大会专门委员会（以下简称专门委员会）的个别副主任委员和部分委员。专门委员会组成人员的人选，必须在市人民代表大会代表中提名；

（二）根据主任会议的提名，任免市人大常委会办事机构、工作机构的主任；

（三）在市人民代表大会闭会期间，根据市人民政府市长的提名，决定副市长的个别任免；

（四）根据市人民政府市长的提名，决定市人民政府秘书长和市人民政府组成部门（工作部门）的主任、局长的任免，并由市人民政府报省人民政府备案；

（五）根据市监察委员会主任的提名，任免市监察委员会副主任、委员；

（六）根据市中级人民法院院长的提名，任免市中级人民法院副院长、审判委员会委员、庭长、副庭长、审判员；

（七）根据市人民检察院检察长的提名，任免市人民检察院副检察长、检察委员会委员、检察员和市人民检察院派出机构检察长、副检察长、检察委员会委员、检察员；

（八）根据市人民检察院检察长的提请，批准任免县（市）区人民检察院检察长。

**第七条** 在市人民代表大会闭会期

间，市人大常委会推选、决定国家机关工作人员下列代理职务：

（一）市人大常委会主任因为健康情况不能工作或者缺位的时候，根据主任会议的提名，从市人大常委会副主任中推选一人代理主任的职务；

（二）市人民政府市长因故不能担任职务的时候，根据主任会议的提名，从市人民政府副市长中决定一人代理市长的职务。代理市长的人选不是副市长的，可以根据主任会议的提名，决定任命为副市长后，决定其代理市长的职务；

（三）市监察委员会主任因故不能担任职务的时候，根据主任会议的提名，从市监察委员会副主任中决定一人代理主任的职务。代理主任的人选不是副主任的，可以根据主任会议的提名，任命为副主任后，决定其代理主任的职务；

（四）市中级人民法院院长因故不能担任职务的时候，根据主任会议的提名，从市中级人民法院副院长中决定一人代理院长的职务。代理院长的人选不是副院长的，可以根据主任会议的提名，任命为副院长后，决定其代理院长的职务；

（五）市人民检察院检察长因故不能担任职务的时候，根据主任会议的提名，从市人民检察院副检察长中决定一人代理检察长的职务。代理检察长的人选不是副检察长的，可以根据主任会议的提名，任命为副检察长后，决定其代理检察长的职务。决定的代理检察长，必须由市人民检察院报省人民检察院和省人大常委会备案。

**第八条** 市人大常委会依法通过市人大常委会下列委员会人选：

（一）根据主任会议的提名，通过市人大常委会代表资格审查委员会的主任委员、副主任委员、委员的人选。代表资格审查委员会组成人员的人选，必须在市人大常委会组成人员中提名；

（二）根据主任会议的提名，通过市人大常委会特定问题调查委员会的主任委员、副主任委员、委员的人选。特定问题调查委员会组成人员的人选，必须在市人大常委会组成人员和市人民代表大会其他代表中提名。

**第九条** 在市人民代表大会闭会期间，根据市人大常委会组成人员、专门委员会组成人员，市人民政府市长、副市长，市中级人民法院院长，市人民检察院检察长提出的辞职请求，市人大常委会可以决定是否接受其辞职。市人大常委会决定接受辞职的，报市人民代表大会下一次会议备案。市人民检察院检察长的辞职，还必须由市人民检察院报经省人民检察院检察长提请省人大常委会批准。

市人大常委会组成人员、专门委员会组成人员不得担任国家行政机关、监察机关、审判机关、检察机关的职务；如果担任上述职务，必须辞去所担任的市人大常委会、专门委员会的职务。国家行政机关、监察机关、审判机关和检察机关人员不得担任市人大常委会组成人员、专门委员会组成人员；如果担任市人大常委会组成人员、专门委员会组成人员的，应当辞去或者免去所担任的国家行政机关、监察机关、审判机关、检察机关的职务。

**第十条** 市人大常委会可以撤销国家机关工作人员下列职务：

（一）根据主任会议提出的撤职案，决定撤销市人大常委会办事机构、工作机构主任的职务；

（二）在市人民代表大会闭会期间，根据市人民政府市长或者主任会议提出的撤职案，决定撤销个别副市长的职务；

（三）根据市人民政府市长或者主任会议提出的撤职案，决定撤销市人民政府秘书长和市人民政府组成部门（工作部门）的主任、局长的职务；

（四）根据市中级人民法院院长或者主任会议提出的撤职案，决定撤销市中级人民法院副院长、审判委员会委员、庭长、副庭长、审判员的职务；

（五）在市人民代表大会闭会期间，根据主任会议的提请，决定撤销市中级人民法院院长的职务。撤销市中级人民法院院长的职务，必须报请省高级人民法院报经省人大常委会批准；

（六）在县（市）区人民代表大会闭会期间，根据县（市）区人大常委会的决定和市中级人民法院的提请，批准撤销县（市）区人民法院院长的职务；

（七）根据市人民检察院检察长或者主任会议提出的撤职案，决定撤销市人民检察院副检察长、检察委员会委员、检察员和市人民检察院派出机构检察长、副检察长、检察委员会委员、检察员的职务；

（八）根据市人大常委会五分之一以上的组成人员书面联名提出的撤职案，并经主任会议提请，决定撤销本条第二项、第三项、第四项和第七项所列国家机关工作人员的职务。

## 第三章 任免程序

**第十一条** 新的一届市人民政府领导人员依法选举产生后，市人民政府市长应当在两个月内提请市人大常委会任命市人民政府秘书长和市人民政府组成部门（工作部门）的主任、局长，未重新任命的，其原任职务自行终止。

除前款规定的人员外，市人大常委会任命的国家机关工作人员，在市人民代表大会换届后，继续担任原职务的，不需重新任命；不再担任原职务的，应当提请市人大常委会免职。

市人大常委会任命的国家机关工作人员，其任职的机构职能已调整，但名称未变更的，不需重新任命；新设立、更名、合并、撤销或者不再属于市人民政府组成部门（工作部门）的，应当提请市人大常委会任免。

**第十二条** 提请市人大常委会任免国家机关工作人员，提名机关应当书面向市人大常委会提出任免议案或者任免报告，并报送有关材料。

提请任职的议案或者任职报告，应当写明拟任命人员的基本情况、简历、提名理由和德、能、勤、绩、廉具体情况以及其他需要说明的情况。提请任命新设置机构人员职务的，必须附批准机关的文件。提请批准任命的，必须附县（市）区人民代表大会的选举结果报告。

提请免职的议案或者免职报告，应当写明拟免职人员的基本情况、免职理由等内容。机构更名、合并、撤销或者不再属于市人民政府组成部门（工作部门）的，必须附批准机关的文件。

提请批准免职属于辞职或者罢免情形的，必须附县（市）区人民代表大会或者县（市）区人大常委会接受辞职的决定及表决结果报告，或者县（市）区人民代表大会的罢免决定及表决结果报告。

提请撤职的议案或者撤职报告，应当写明拟撤职人员的基本情况、撤职理由等内容，并提供有关材料。提请批准撤职的，必须附县（市）区人大常委会的决定及表决结果报告。

提请辞职的，应当附本人的辞职报告。

**第十三条** 提请审议的任免议案或者任免报告应当在市人大常委会举行会议的十日前，送达市人大常委会。个别特殊情况不能按时报送的，提名机关应当向主任会议作出说明，经主任会议同意后，可以列入市人大常委会当次会议议程。

**第十四条** 市人大常委会人事代表工作机构应当对任免议案或者任免报告进行初步审查，并向主任会议报告；审查认为对拟任免人员情况需作补充说明的，提名机关应当及时报送补充说明材料。

**第十五条** 提请市人大常委会审议的任免议案，由主任会议决定提请市人大常委会会议审议。

市人大常委会五分之一以上的组成人员书面联名提出的撤职案和任免报告，由主任会议决定是否提请市人大常委会会议审议。

主任会议认为对拟任免人员情况需作补充说明的，提名机关应当按照主任会议的要求到会或者书面作出说明。

**第十六条** 市人大常委会会议审议任免议案或者任免报告时，提名人或者其委托的副职领导人必须到会作提请任免议案或者任免报告及说明，听取意见，回答询问。由主任会议提名的，应当确定一名主任会议成员作提请任免议案及说明。

**第十七条** 市人大常委会会议审议市人大专门委员会的个别副主任委员和部分委员，市人大常委会办事机构、工作机构的主任，市人民政府组成人员，市监察委员会副主任和委员，市中级人民法院副院长、审判委员会委员、庭长，市人民检察院副检察长、检察委员会委员和市人民检察院派出机构检察长、副检察长的任职议案或者任职报告时，拟任命人员应当到会作供职发言，回答询问。因特殊情况不能到会的，经主任会议同意，可以向市人大常委会提交书面供职发言材料。

市人大常委会会议审议市中级人民法院副庭长、审判员，市人民检察院检察员和市人民检察院派出机构检察委员会委员、检察员的任职报告时，拟任命人员应当向市人大常委会提交书面供职发言材料，主任会议认为必要的，也可以要求拟任命人员到会作供职发言。

**第十八条** 市人大常委会会议审议撤职案时，被提出撤销职务的人员有权提出申辩意见。

**第十九条** 列入市人大常委会会议议程的任免议案或者任免报告，在审议中发现有重大问题需要查清的，经主任会议提出，市人大常委会会议同意，任免议案或者任免报告可以暂不付表决。所提问题交有关机关调查、提出报告，由主任会议决定是否再次提请市人大常委会会议审议。

**第二十条** 列入市人大常委会会议议程的任免议案或者任免报告，在交付表决前，提名机关要求撤回的，经主任会议同意，对该任免议案或者任免报告的审议即行终止。

**第二十一条** 市人大常委会会议对任免议案或者任免报告一般采取逐人表决，主任会议认为必要的，也可以采取逐项逐人表决。通过市人大常委会代表资格审查委员会或者特定问题调查委员会组成人员的人选，可以合并表决。

**第二十二条** 市人大常委会会议表决任免议案或者任免报告，采用按表决器或者其他无记名投票的表决方式。

市人大常委会组成人员对任免议案或者任免报告可以表示赞成，可以表示反对，也可以弃权。

任免议案或者任免报告以市人大常委会全体组成人员过半数赞成通过。表决结果由会议主持人当场宣布。

任职议案或者任职报告未获通过的，不得在同一次会议上就同一人选再次表决。如果提名机关认为必要，可以向市人大常委会另一次会议作出说明，再次提出同一人选担任同一职务的任职议案或者任职报告；如果再次未获通过，不得再提名其担任同一职务。

**第二十三条** 市人大常委会任命、决定任命的国家机关工作人员，由市人大常委会主任或者其委托的副主任在市人大常委会会议上颁发任命书。

任命书由市人大常委会主任签署。

**第二十四条** 市人大常委会任命或者决定任命的国家机关工作人员，在就职时应当公开进行宪法宣誓。

**第二十五条** 任免议案或者任免报告通过后，市人大常委会应当书面通知提名机关。任免名单应当在市人大常委会公报和本市主要新闻媒体上公布。必须上报批准、备案和下达批复、通知的，由市人大常委会或者提名机关按照有关规定办理。

**第二十六条** 由市人大常委会任命的国家机关工作人员，任职期间死亡的，其职务自然终止，由提名机关报市人大常委会备案。

## 第四章 任职监督

**第二十七条** 市人大常委会可以通过视察、听取工作汇报、执法检查、询问、质询和特定问题调查等方式，了解所任命的国家机关工作人员履行职务的情况，进行法律监督和工作监督。

**第二十八条** 市人大常委会任命的国家机关工作人员，应当受降职处理或者撤职、开除处分的，原提名机关必须报市人大常委会依法予以免职或者撤职；受警告、记过、记大过、降级处分的，原提名机关应当及时报市人大常委会备案。

## 第五章 附则

**第二十九条** 本条例自 2013 年 12 月 1 日起施行。

# 福州市非物质文化遗产保护规定

（2020 年 8 月 27 日福州市第十五届人民代表大会常务委员会第二十九次会议通过 2020 年 12 月 3 日福建省第十三届人民代表大会常务委员会第二十四次会议批准）

**第一条** 为了加强本市非物质文化遗产的保护，传承闽都历史文脉，弘扬中华优秀传统文化，根据《中华人民共和国非物质文化遗产法》《福建省非物质文化遗产条例》等法律、法规，结合本市实际，制定本规定。

**第二条**　本市行政区域内非物质文化遗产保护规划、调查、认定、建档、传承、传播以及相关管理活动，适用本规定。

**第三条**　本规定所称非物质文化遗产，是指在本市世代相传并视为其文化遗产组成部分的各种传统文化表现形式，以及与传统文化表现形式相关的实物和场所。包括：

（一）福州方言八音等传统口头文学以及作为其载体的语言；

（二）寿山石雕、软木画、茶亭十番音乐、闽剧、福州伬艺、福州评话等传统美术、书法、音乐、舞蹈、戏剧、曲艺和杂技；

（三）福州脱胎漆器髹饰技艺、福州茉莉花茶窨制工艺、聚春园佛跳墙制作技艺、六神经络骨通药制作工艺、林氏骨伤疗法等传统技艺、医药；

（四）畲族服饰、陈靖姑信俗、马尾—马祖元宵节俗等传统礼仪、节庆等民俗；

（五）咏春拳等传统体育和游艺；

（六）其他非物质文化遗产。

属于非物质文化遗产组成部分的实物和场所，凡属文物的，适用文物保护法律、法规的有关规定。

**第四条**　市、县（市、区）人民政府应当加强对非物质文化遗产保护工作的领导，将其纳入国民经济和社会发展规划，建立与非物质文化遗产保护工作相适应的经费保障机制，所需经费列入同级财政预算。建立非物质文化遗产保护工作协调机制，统筹协调本行政区域内非物质文化遗产保护工作中的重大问题。

乡（镇）人民政府、街道办事处应当协助做好非物质文化遗产的保护工作。

**第五条**　市、县（市、区）文化主管部门负责本行政区域内非物质文化遗产保护的组织、协调、监督和管理工作。非物质文化遗产保护工作机构（以下简称保护工作机构）负责具体实施非物质文化遗产保护工作。

发展和改革、自然资源和规划、城乡建设、财政、工业和信息化、教育、人力资源、民族与宗教、卫生健康、体育等其他有关部门，按照各自职责做好非物质文化遗产保护有关工作。

**第六条**　市、县（市、区）文化主管部门应当制定并组织实施本级非物质文化遗产保护规划，对本级人民政府批准公布的代表性项目予以保护，发现未能有效实施的应当及时纠正、处理。

**第七条**　本市实行非物质文化遗产名录保护制度。

市、县（市、区）人民政府应当在调查、认定的基础上建立本级代表性项目名录。市级代表性项目名录包括国务院和福建省人民政府批准公布的代表性项目，以及市人民政府根据本规定第三条所列内容认定的代表性项目。

市人民政府应当建立全市统一的代表性项目名录信息共享平台，除依法应当保密的外，相关档案以及数据应当向社会公开，供公众查阅。

**第八条**　市、县（市、区）文化主管部门应当每五年组织实施一次本行政区域内非物质文化遗产的调查，真实、系统、全面记录其种类、数量、分布、生存环境、保护现状等情况，并依法征集具有代表性的非物质文化遗产资料和实物。

鼓励公民、法人和其他组织依法进行非物质文化遗产调查，并将实物图片、资料复制件等送交所在地县（市、区）文化主管部门。

**第九条**　市、县（市、区）文化主管部门对列入本级代表性项目名录的，应当确定负责项目日常保护工作的代表性项目保护单位（以下简称保护单位）。

市、县（市、区）文化主管部门对本级人民政府批准公布的代表性项目，可以认定代表性传承人。

保护单位和代表性传承人应当每年向文化主管部门报告履行保护职责情况和项目传承情况。

**第十条**　以代表性传承人、保护单位的名义开展非物质文化遗产传承、传播活动的，应当取得相应的代表性传承人资格、保护单位资格。

**第十一条**　市、县（市、区）文化主管部门应当建立本级代表性项目保护监测预警机制，每两年组织一次对代表性传承人和保护单位履行传承义务等情况的评估，并向社会公开评估结果。评估结果作为对代表性传承人和保护单位资助、补助、奖励的主要依据。

代表性传承人或者保护单位，经评估存在下列情形之一的，文化主管部门应当取消其代表性传承人或者保护单位资格，并予以公布：

（一）无正当理由不履行传承义务的；

（二）因保护不力、保护措施不当或者违反合理利用原则，导致项目存续状况恶化或者失去真实性的；

（三）违反法律、法规规定造成恶劣影响的。

**第十二条**　市、县（市、区）人民政府对代表性项目实行分级保护：

（一）对国家级、省级代表性项目，应当编制专项保护规划，设立展示场所、传承基地，为代表性传承人开展保护、研究、传承和展示活动提供便利条件；

（二）对市、县（市、区）级代表性项目和代表性传承人，按照本级保护规划实行保护。

**第十三条**　市、县（市、区）人民政府应当根据非物质文化遗产的属性、特点以及存续状况，对代表性项目实行分类保护：

（一）对客观存续条件已经消失或者基本消失的代表性项目，应当组织调查，收集相关资料和实物，建立文字、图片、音像等资料档案库，实行记忆性保护；

（二）对濒临消失的、活态传承较为困难的代表性项目，应当制定抢救保护方案，优先安排抢救性保护所需经费以及技艺展示场所，安排或者招募人员学艺，及时收集相关资料和实物，建立档案，实行抢救性保护；

（三）对受众较为广泛、活态传承基础较好的代表性项目，通过认定代表性传承人、培养后继人才、提供必要场所、培育或者扶持传承基地等方式，实行传承性保护；

（四）对具有生产性技艺和社会需求，能够转化为文化产品或者文化服务的代表性项目，通过培育和开发市场、完善和创新产品或者服务、引导金融机构提供金融支持等方式，实行生产性保护。

**第十四条**　市、县（市、区）文化主管部门应当会同教育、人力资源等有关部门，每年组织代表性传承人进入高等院校、职业学校或者科研机构进行研修、研习和培训，提高其文艺素养、技能水平、项目运营管理能力。

市、县（市、区）文化主管部门和保护单位应当通过向社会招募学员等方式，推广实施家族传承、师徒传承与现代职业教育相结合的传承人培养模式。

**第十五条** 市、县（市、区）教育主管部门应当采取下列措施，培养非物质文化遗产后继人才：

（一）将体现民族精神和民间特色的优秀非物质文化遗产知识列为中小学教育的内容；

（二）支持有条件的学校通过开发代表性项目校本教材、建立非物质文化遗产传承示范学校、邀请代表性传承人进校园等方式，开展非物质文化遗产知识宣传和代表性项目传承、传播活动；

（三）支持高等院校和中等职业学校开设非物质文化遗产相关专业或者课程，按照规定给予助学金、奖学金或者减免学费等资金保障；

（四）支持代表性传承人与高等院校或者中等职业学校合作，通过建立教学传承基地等方式，推进产教融合、校企合作，培养专业人才；

（五）支持非物质文化遗产后继人才培养的其他措施。

**第十六条** 市人民政府应当创建软木画、脱胎漆器髹饰技艺等传统工艺美术传承保护基地，用于生产、传习以及展示，并给予场地、资金、成果转化等方面的支持。

市、县（市、区）工业和信息化主管部门应当组织实施软木画、脱胎漆器髹饰技艺等传统工艺美术行业产业政策，促进行业转型升级、结构调整，引导行业布局，保护传统工艺流程整体性和核心技艺真实性。

市财政部门应当设立工艺美术专项资金，用于扶持软木画、脱胎漆器髹饰技艺等传统工艺美术。

**第十七条** 市、县（市、区）文化主管部门应当建立规范化的非物质文化遗产档案以及相关资源数据库，综合运用图片、文字、录音、录像、多媒体等形式，对代表性项目和代表性传承人实施数字化保护。

**第十八条** 对代表性项目集中、形式和内涵保持完整、彰显闽都文化的特定区域，市、县（市、区）人民政府可以设立本级文化生态保护区，实行区域性整体保护。

区域性整体保护应当以非物质文化遗产为核心，保持文化生态保护区的历史风貌和传统文化生态，不得改变与其相互依存的自然景观和人居环境。涉及历史文化名城、名镇、名村、街区的，应当协调好物质文化遗产保护、非物质文化遗产保护和自然生态环境之间的关系。

**第十九条** 鼓励和支持公民、法人和其他组织通过下列方式参与非物质文化遗产的保护利用：

（一）设立研究机构和传习场所，开展非物质文化遗产文献、典籍、资料的整理、翻译、出版活动，或者开展以弘扬优秀非物质文化遗产为目的的文化艺术创作；

（二）提供非物质文化遗产保护资金、志愿服务；

（三）收藏、展示、捐赠非物质文化遗产原始资料和实物。

保护工作机构接受公民、法人和其他组织捐赠的资料和实物，应当向捐赠者颁发证书。

**第二十条** 市、县（市、区）人民政府应当推进“非遗进古厝”活态传承，支持公民、法人和其他组织开展非物质文化遗产技艺表演、作品展示、特色文化体验等，宣传展示非物质文化遗产项目，挖掘和弘扬古厝文化内涵，植入文化产业，开发文化创意产品。

**第二十一条** 市、县（市、区）人民政府应当设立非物质文化遗产展示场所，或者在公共文化机构内设立专门展室。

市、县（市、区）人民政府应当通过无偿提供公共场地或者协调减免场地租金等形式，合理利用历史建筑、工业遗址、公共文化设施等，为代表性项目的宣传、展示、交流提供便利。

市、县（市、区）文化主管部门应当组织保护单位建设代表性项目传承基地，并根据代表性项目传承基地开展传承活动的实际情况，通过补助、奖励等方式予以支持。

**第二十二条** 市、县（市、区）人民政府及其有关部门应当以昙石山文化、三坊七巷文化、船政文化、寿山石文化、福州古厝等闽都地域特色文化为重点内容，结合陈靖姑信俗、拗九节等民俗、节庆，开展具有地方特色的非物质文化遗产的宣传、展示、展演、体验等活动。

报刊、广播、电视、网络等媒体应当宣传非物质文化遗产保护工作，普及非物质文化遗产保护知识，提高全社会非物质文化遗产保护意识。

**第二十三条** 违反本规定第十条规定，冒用代表性传承人、保护单位的名义开展非物质文化遗产传承、传播活动的，由文化主管部门责令限期改正；逾期不改正的，对单位处一万元以上三万元以下罚款，对个人处三千元以上一万元以下罚款；情节严重的，对单位处三万元以上五万元以下罚款，对个人处一万元以上三万元以下罚款。

**第二十四条** 违反本规定第十八条第二款规定，在文化生态保护区内改变与非物质文化遗产相互依存的自然景观和人居环境的，由文化、自然资源和规划、城乡建设等主管部门依法处理。

**第二十五条** 违反本规定的其他行为，法律、法规有规定的，从其规定。

**第二十六条** 市、县（市、区）人民政府有关部门和保护工作机构及其工作人员，在非物质文化遗产保护工作中，滥用职权、玩忽职守、徇私舞弊的，依法给予处分；构成犯罪的，依法追究刑事责任。

**第二十七条** 本规定自2021年1月1日起施行。

（市人大常委会）

# 2020年福州市政府发布政府令目录

表110　2020年福州市政府（含市政府办公厅）规范性文件备案目录

| 序号 | 文件文号 | 规范性文件名称 | 公布日期 | 实施日期 |
|---|---|---|---|---|
|  | 政府令第78号 | 福州市房屋结构安全管理办法 | 2020年8月27日 | 2020年10月1日 |
| 1 | 榕政〔2020〕2号 | 福州市人民政府关于做好冬春季节和疫情防控特殊时期火灾隐患排查整治工作的通告 | 2020年2月25日 | 2020年2月25日 |
| 2 | 榕政〔2020〕4号 | 福州市人民政府关于公布规范性文件清理结果的决定 | 2020年6月19日 | 2020年6月19日 |
| 3 | 榕政办〔2020〕3号 | 福州市人民政府办公厅关于企业利用自有零星用地建设办公用房的实施意见（试行） | 2020年1月7日 | 2020年1月8日 |
| 4 | 榕政办〔2020〕4号 | 福州市人民政府办公厅印发关于鼓励新引进企业总部四条措施的通知 | 2020年1月8日 | 2020年1月8日实施<br>2020年7月15日废止 |
| 5 | 榕政办〔2020〕13号 | 福州市人民政府办公厅关于延迟福州市企业复工复业时间的通知 | 2020年1月29日 | 2020年1月29日 |
| 6 | 榕政办〔2020〕15号 | 福州市人民政府办公厅印发关于推动新一代人工智能加快发展实施方案的通知 | 2020年2月14日 | 2020年2月14日 |
| 7 | 榕政办〔2020〕17号 | 福州市人民政府办公厅印发关于支持化工产业发展措施的通知 | 2020年2月14日 | 2020年2月15日 |
| 8 | 榕政办〔2020〕19号 | 福州市人民政府办公厅印发关于应对疫情促进商业消费增长措施的通知 | 2020年2月15日 | 2020年2月15日 |
| 9 | 榕政办〔2020〕20号 | 福州市人民政府办公厅印发关于有效应对疫情促进城市开发建设平稳发展措施的通知 | 2020年2月15日 | 2020年2月15日 |
| 10 | 榕政办〔2020〕21号 | 福州市人民政府办公厅印发关于支持光电产业发展措施的通知 | 2020年2月15日 | 2020年2月15日 |
| 11 | 榕政办〔2020〕22号 | 福州市人民政府办公厅印发关于推进钢铁产业转型升级措施的通知 | 2020年2月15日 | 2020年2月15日 |
| 12 | 榕政办〔2020〕23号 | 福州市人民政府办公厅印发关于降低工业企业用电用气成本措施的通知 | 2020年2月15日 | 2020年2月15日 |
| 13 | 榕政办〔2020〕24号 | 福州市人民政府办公厅印发关于应对新冠肺炎疫情支持“菜篮子”产品稳产保供措施的通知 | 2020年2月15日 | 2020年2月1日 |
| 14 | 榕政办〔2020〕27号 | 福州市人民政府办公厅关于在疫情防控期间中小微企业可延缓缴交水电燃气等费用的通知 | 2020年2月26日 | 2020年2月26日 |
| 15 | 榕政办〔2020〕38号 | 福州市人民政府办公厅关于印发福州市五城区群租房排查整治百日攻坚专项行动方案的通知 | 2020年3月23日 | 2020年3月23日 |
| 16 | 榕政办〔2020〕39号 | 福州市人民政府办公厅关于印发福州市加快推进养老服务发展（2020-2022年）实施方案的通知 | 2020年3月23日 | 2020年3月23日 |

续表

| 序号 | 文件文号 | 规范性文件名称 | 公布日期 | 实施日期 |
|---|---|---|---|---|
| 17 | 榕政办〔2020〕45号 | 福州市人民政府办公厅关于进一步促进服务业复工复效的通知 | 2020年4月15日 | 2020年4月15日 |
| 18 | 榕政办〔2020〕46号 | 福州市人民政府办公厅关于印发建立特殊困难群众帮扶服务工作机制实施方案的通知 | 2020年4月16日 | 2020年4月16日 |
| 19 | 榕政办〔2020〕50号 | 福州市人民政府办公厅关于全力推进机制砂项目建设的通知 | 2020年4月22日 | 2020年4月22日 |
| 20 | 榕政办〔2020〕52号 | 福州市人民政府办公厅关于进一步推动我市夜色经济发展的指导意见 | 2020年4月23日 | 2020年4月23日 |
| 21 | 榕政办〔2020〕54号 | 福州市人民政府政府办公厅关于改革完善全科医生培养与使用激励机制的实施意见 | 2020年4月30日 | 2020年4月30日 |
| 22 | 榕政办〔2020〕60号 | 福州市人民政府办公厅关于进一步加大失业保险稳岗返还力度促进稳企保就业的通知 | 2020年5月14日 | 2020年5月14日 |
| 23 | 榕政办〔2020〕61号 | 福州市人民政府办公厅印发关于鼓励高校毕业生来榕就业创业若干措施的通知 | 2020年5月14日 | 2020年5月14日 |
| 24 | 榕政办〔2020〕64号 | 福州市人民政府办公厅关于印发福州市医疗保障信用分级分类管理试行办法的通知 | 2020年5月19日 | 2020年6月1日 |
| 25 | 榕政办〔2020〕65号 | 福州市人民政府办公厅关于印发福州市城市社区足球场地设施建设试点工作实施方案的通知 | 2020年5月27日 | 2020年5月27日 |
| 26 | 榕政办〔2020〕69号 | 福州市人民政府办公厅关于进一步做好既有住宅增设电梯工作的若干意见 | 2020年6月12日 | 2020年6月12日 |
| 27 | 榕政办〔2020〕71号 | 福州市人民政府办公厅印发关于疫情期间支持举办会展活动若干措施的通知 | 2020年6月16日 | 2020年6月16日 |
| 28 | 榕政办〔2020〕72号 | 福州市人民政府办公厅关于印发福州市支持社会力量发展普惠托育服务专项行动政府政策清单的通知 | 2020年6月19日 | 2020年6月19日 |
| 29 | 榕政办〔2020〕73号 | 福州市人民政府办公厅印发关于进一步加强数字经济、平台经济示范企业人才保障工作若干措施的通知 | 2020年6月24日 | 2020年6月24日 |
| 30 | 榕政办〔2020〕75号 | 福州市人民政府办公厅关于印发进一步支持养老服务发展十七条措施的通知 | 2020年7月3日 | 2020年7月6日 |
| 31 | 榕政办〔2020〕81号 | 福州市人民政府办公厅印发关于鼓励新引进企业总部四条措施的通知 | 2020年7月15日 | 2020年7月15日 |
| 32 | 榕政办〔2020〕82号 | 福州市人民政府办公厅印发关于鼓励大学毕业生参军入伍若干措施的通知 | 2020年7月17日 | 2020年7月17日 |
| 33 | 榕政办〔2020〕85号 | 福州市人民政府办公厅关于印发2020年数字福州工作要点的通知 | 2020年7月17日 | 2020年7月17日 |
| 34 | 榕政办〔2020〕86号 | 福州市人民政府办公厅印发关于贯彻落实进一步做好利用外资工作实施方案的通知 | 2020年7月31日 | 2020年7月31日 |

续表

| 序号 | 文件文号 | 规范性文件名称 | 公布日期 | 实施日期 |
|---|---|---|---|---|
| 35 | 榕政办〔2020〕87 号 | 福州市人民政府办公厅印发关于促进商业品牌首店进驻示范步行街区若干措施的通知 | 2020 年 7 月 31 日 | 2020 年 7 月 31 日 |
| 36 | 榕政办〔2020〕90 号 | 福州市人民政府办公厅关于印发福州市促进航运业发展奖励办法的通知 | 2020 年 8 月 11 日 | 2020 年 8 月 11 日 |
| 37 | 榕政办〔2020〕91 号 | 福州市人民政府办公厅关于印发福州市坟墓整治及殡葬设施建设奖补方案的通知 | 2020 年 8 月 14 日 | 2020 年 8 月 14 日 |
| 38 | 榕政办〔2020〕94 号 | 福州市人民政府办公厅关于印发福州市水资源管理办法的通知 | 2020 年 8 月 31 日 | 2020 年 8 月 31 日 |
| 39 | 榕政办〔2020〕95 号 | 福州市人民政府办公厅印发关于支持福州海上风电装备产业加快发展若干措施的通知 | 2020 年 9 月 4 日 | 2020 年 9 月 4 日 |
| 40 | 榕政办〔2020〕100 号 | 福州市人民政府办公厅关于印发福州市生活垃圾可回收物回收体系建设实施方案的通知 | 2020 年 9 月 18 日 | 2020 年 9 月 18 日 |
| 41 | 榕政办〔2020〕101 号 | 福州市人民政府办公厅关于印发 2019 年福州市四城区基准地价更新成果的通知 | 2020 年 9 月 22 日 | 2020 年 9 月 22 日 |
| 42 | 榕政办〔2020〕104 号 | 福州市人民政府办公厅关于促进福建海西国家广告产业园区（福州园）发展的若干意见 | 2020 年 10 月 12 日 | 2021 年 1 月 1 日 |
| 43 | 榕政办〔2020〕106 号 | 福州市人民政府办公厅印发关于进一步深化全市城乡房屋结构安全专项治理行动方案的通知 | 2020 年 11 月 2 日 | 2020 年 11 月 2 日 |
| 44 | 榕政办〔2020〕109 号 | 福州市人民政府办公厅关于印发福州市加氢站建设及经营管理暂行办法的通知 | 2020 年 11 月 16 日 | 2020 年 11 月 16 日 |
| 45 | 榕政办〔2020〕112 号 | 福州市人民政府办公厅印发关于进一步降低落户条件壮大人口规模若干措施的通知 | 2020 年 12 月 11 日 | 2021 年 1 月 1 日 |
| 46 | 榕政办〔2020〕114 号 | 福州市人民政府办公厅关于印发系列惠企政策的通知 | 2020 年 12 月 21 日 | 2020 年 12 月 21 日 |
| 47 | 榕政综〔2020〕22 号 | 福州市人民政府印发关于帮助中小微企业应对疫情共渡难关若干措施的通知 | 2020 年 2 月 4 日 | 2020 年 2 月 4 日 |
| 48 | 榕政综〔2020〕26 号 | 福州市人民政府　中国进出口银行福建省分行关于政策性金融支持疫情期间福州市重点龙头工业企业稳定生产工作的通知 | 2020 年 2 月 6 日 | 2020 年 2 月 6 日 |
| 49 | 榕政综〔2020〕27 号 | 福州市人民政府　国家开发银行福建省分行关于开发性金融支持福州市疫情防控融资工作的通知 | 2020 年 2 月 7 日 | 2020 年 2 月 7 日 |
| 50 | 榕政综〔2020〕28 号 | 福州市人民政府　兴业银行股份有限公司福州分行关于金融支持疫情期间福州市重点企业稳定生产工作的通知 | 2020 年 2 月 7 日 | 2020 年 2 月 7 日 |
| 51 | 榕政综〔2020〕29 号 | 福州市人民政府　中国农业发展银行福建省分行关于政策性金融支持疫情期间福州市实体企业稳定生产、保障供应工作的通知 | 2020 年 2 月 7 日 | 2020 年 2 月 7 日 |
| 52 | 榕政综〔2020〕30 号 | 福州市人民政府印发关于推动工业互联网创新应用三条措施的通知 | 2020 年 2 月 17 日 | 2020 年 2 月 17 日 |

续表

| 序号 | 文件文号 | 规范性文件名称 | 公布日期 | 实施日期 |
|---|---|---|---|---|
| 53 | 榕政综〔2020〕71号 | 福州市人民政府关于坚决制止耕地抛荒撂荒的通知 | 2020年4月10日 | 2020年4月10日 |
| 54 | 榕政综〔2020〕82号 | 福州市人民政府印发关于支持福州茉莉花茶产业发展九条措施的通知 | 2020年4月24日 | 2020年4月24日 |
| 55 | 榕政综〔2020〕85号 | 福州市人民政府关于印发《福州市政府质量奖管理办法》的通知 | 2020年4月26日 | 2020年4月26日 |
| 56 | 榕政综〔2020〕89号 | 福州市人民政府关于印发自贸区福州片区开展“证照分离”改革全覆盖试点工作实施方案的通知 | 2020年5月7日 | 2020年5月7日 |
| 57 | 榕政综〔2020〕94号 | 福州市人民政府印发关于调动农民种粮积极性促进粮食生产八条措施的通知 | 2020年5月15日 | 2020年5月1日 |
| 58 | 榕政综〔2020〕95号 | 福州市人民政府关于印发实施“百项千亿”工程推动企业技术改造行动方案的通知 | 2020年5月15日 | 2020年5月15日 |
| 59 | 榕政综〔2020〕97号 | 福州市人民政府关于印发福州市工业（产业）园区标准化建设“十位一体”工作实施方案的通知 | 2020年5月24日 | 2020年5月24日 |
| 60 | 榕政综〔2020〕101号 | 福州市人民政府 中国进出口银行福建省分行关于延长疫情期间应急资金专项贷款期限的通知 | 2020年6月2日 | 2020年6月2日 |
| 61 | 榕政综〔2020〕103号 | 福州市人民政府关于印发福州市促进新型基础设施建设和融合应用的若干措施的通知 | 2020年6月2日 | 2020年6月2日 |
| 62 | 榕政综〔2020〕104号 | 福州市人民政府关于印发福州市推进新型基础设施建设行动方案（2020-2022年）的通知 | 2020年6月2日 | 2020年6月2日 |
| 63 | 榕政综〔2020〕124号 | 福州市人民政府关于进一步支持货运航空加快发展的意见 | 2020年7月20日 | 2020年1月1日 |
| 64 | 榕政综〔2020〕137号 | 福州市人民政府关于印发福州市进一步做好稳就业保就业工作实施方案的通知 | 2020年8月6日 | 2020年8月6日 |
| 65 | 榕政综〔2020〕140号 | 福州市人民政府关于印发2020年福州港口生产发展扶持政策的通知 | 2020年8月11日 | 2020年1月1日 |
| 66 | 榕政综〔2020〕168号 | 福州市人民政府办公厅关于印发促进福州港江阴港区汽车整车进口口岸新一轮发展若干措施的通知 | 2020年9月15日 | 2020年1月1日 |
| 67 | 榕政综〔2020〕173号 | 福州市人民政府关于加快标准渔港建设的实施意见 | 2020年9月25日 | 2020年9月25日 |
| 68 | 榕政综〔2020〕194号 | 福州市人民政府关于印发福州市复制推广全国第六批自贸改革试点经验工作方案的通知 | 2020年10月27日 | 2020年10月27日 |
| 69 | 榕政综〔2020〕213号 | 福州市人民政府关于促进福州长乐国际机场旅客吞吐量快速增长的意见 | 2020年11月13日 | 2020年11月1日 |
| 70 | 榕政综〔2020〕223号 | 福州市人民政府印发关于支持电影产业发展若干措施（试行）的通知 | 2020年11月25日 | 2021年1月1日 |

续表

| 序号 | 文件文号 | 规范性文件名称 | 公布日期 | 实施日期 |
|---|---|---|---|---|
| 71 | 榕政综〔2020〕261号 | 福州市人民政府关于印发培育龙头企业工作方案及政策措施的通知 | 2020年12月21日 | 2020年12月21日 |
| 72 | 榕政综〔2020〕262号 | 福州市人民政府印发关于开展长期护理保险制度试点实施方案的通知 | 2020年12月21日 | 2020年12月21日 |
| 73 | 榕政综〔2020〕268号 | 福州市人民政府关于印发福州市推广福建自贸试验区第八批可复制创新成果工作方案的通知 | 2020年12月28日 | 2020年12月28日 |

（市司法局）

## 福州市全面深化改革向纵深推进

2020年，福州市坚持以习近平新时代中国特色社会主义思想为指导，深入学习贯彻党的十九大和十九届二中、三中、四中、五中全会精神，按照中央、省委改革决策部署，贯彻新发展理念、推进高质量发展、构建新发展格局，坚持目标引领和问题导向，改革攻坚、探索创新，推动各项改革举措落细落地，全市深化改革工作呈现出多点突破、纵深推进的良好态势，为全方位推动高质量发展超越、加快建设现代化国际城市提供改革支撑。

### 一、把牢方向、强化统筹，谋划推进改革工作

一是加强改革谋划。市委始终坚持党对改革工作的集中统一领导，把学习贯彻习近平总书记关于全面深化改革的重要论述作为谋划改革、推进改革、落实改革的根本遵循和行动指南，加强统筹谋划，突出精准施策，部署推进关键性改革，持续推出一批省会发展急需和民生关切必备的制度改革。2020年，福州市召开市委全面深化改革委员会会议7次，传达学习中央、省委改革会议精神，审议通过各类改革文件15份，研究制定年度改革工作要点及重点突破和创新，谋划《市委全面深化改革委员会重要改革举措实施规划（2020—2021年）》，推出457项改革举措。

二是狠抓改革落实。围绕改革任务落地见效，全面推行改革任务项目化、清单化、责任化管理，确保每项改革任务成果形式、进展情况和完成质量可追踪、可检验、可评判。部署开展党的十八届三中全会以来福州市改革任务落实情况的总结评估，促进中央和省委、市委部署的各项改革任务落到实处。健全完善市直单位、县（市）区全面深化改革工作考核办法，激发各级各部门抓改革的主动性和积极性。党的十八届三中全会以来，全市研究推出的1840多项改革举措均落地实施，2020年度部署的266项改革任务及47个重点突破和创新事项全部完成。

三是抓实改革成效。挖掘和培育具有福州特色的改革典型，福州市探索构建河湖系统治理长效机制，从全国近千个改革案例中脱颖而出，获评“中国改革2020年度50典型案例”。福清市探索创立“生命公园”模式破题殡葬改革、台江区探索推广“家园事务服务中心”参与老旧小区长效管理，相关经验被国家发展改革委主管、中国经济体制改革研究会主办的《改革内参》刊登。2020年，福州市改革经验被省委改革办《福建改革财经情况》刊登21篇，采刊量连续6年位居全省第一。2020年度福州“改革热度”（省对市绩效考评指标）位居全省第一。

### 二、发挥优势、凸显特色，持续擦亮福州改革名片

一是加快打造全国数字应用第一城。围绕数字福州国际品牌，实施数字经济领跑行动，举办第三届数字中国建设峰会，打造五大数字经济产业基地和一批数字经济特色小镇，在全省率先发布新基建行动方案及配套政策，率先实现主城区5G网络连续覆盖，入选中国区块链城市30强，数字经济规模预计突破4500亿元，占GDP比重达45%。推进数字政府建设，优化“一云、一网、三平台”政务基础支撑体系，完善“e福州”、政务数据、信用信息、健康医疗等一批城市级大数据平台，城市数字化治理水平进一步提升。完善数据共享开发利用机制，政务数据开放平台数据容量全省第一，2020年数据开放指数在全国排名第六，获“数开丛生”奖；推进国家健康医疗大数据试点，初步实现健康医疗大数据使用和商业运营闭环。

二是探索新区新城开发建设新模式。推动管理体制机制创新，出台创新滨海新城开发建设体制机制“1+5”系列文件，推动新区管委会力量下沉至滨海新城，与新城指挥部全面融合、一体运作。完善新区新城规划体系，构建“一核四区”格局，获批国家级临空经济示范区。加快完善滨海新城基础设施和公共配套，启动建设输配环、智慧营运中心等项目69个，建成海峡青少年活动中心、安置房三期等项目58个。推动大数据、智能制造、生物医药等新兴产业集聚，建成海尔海创汇东湖三创中心、东湖双创基

地、数字教育小镇创业孵化园合作基地等平台，其中东湖数字小镇促进产城人文融合的举措获评“第二轮全国特色小镇典型经验”，在全国推广。

三是绘就生态文明建设新画卷。构建现代生态环境治理体系，深化落实河湖长制，创新设立福州“河长日”，福州市城市水系治理创新机制、永泰农村人居环境物业化管理模式、闽江河口湿地综合保护修复机制、连江深远海区生态养殖模式等4项改革经验，被国家发展改革委列入国家改革举措及经验做法推广清单。推进城区垃圾分类处置，在全国首创垃圾分类“三端四定”工作模式，探索城市垃圾无害化、减量化、资源化处理机制，建成红庙岭循环经济生态产业园，实现分类覆盖率100%，2020年底，福州市在全国省会城市中率先实现生活垃圾“零填埋”，垃圾分类处置在全国46个重点城市考评中位列前十位，成为全国9个免检城市之一。

四是构建创新开放新高地。开拓“海丝”核心区建设平台，深入实施丝路海运、数字丝路等8大重点工程，举办第三届海丝博览会暨第二十二届海交会、第六届海丝国际旅游节，不断深化与海丝沿线国家和地区的交流合作机制。探索推动中国—印度尼西亚“两国双园”计划，被国家发展改革委列入《中国—印度尼西亚产能与工业合作重点项目清单（2019—2020）》，中国—印度尼西亚“两国双园”项目合作备忘录签署。创新自贸试验区发展机制，加快推进自贸试验区扩区，推出两批125项创新举措，全国首创16项。深化口岸通关环境改革，进出口整体通关时间分别比2017年压缩81%和92.4%以上。健全对外贸易多元化机制，签约金茂控股等重大外资项目90个，落地天隆数码等千万美元以上外资项目46个，总量、增幅均居全省第一。

五是建设台胞台企登陆第一家园先行城市。完善对台先行先试制度创新体系，新出台支持台资企业发展和推进台湾青年就业创业21条措施。健全台胞台企待遇同等化政策体系，推出台湾居民居住证登记购房等便利举措，建立“12345”便民服务平台台胞服务专线，实行对涉台行政审批和公共服务事项提供“一站式”“一条龙”服务。加强榕台经贸合作，在全国首创对台货运船舶“直通车”服务，马尾对台跨境电商货物海运直航专线成功首航。启用福州与马祖近期供水工程，促进榕马率先融合发展。举办第八届海峡青年节，设立大陆首家两岸社区交流中心，成立闽东北台湾青年就业创业基地联盟，琅岐海峡青年交流营地在国台办考核评比中名列第一。

## 三、聚焦重点、扭住关键，推动改革和发展深度融合

一是优化营商环境。启动优化营商环境3.5版改革，全省率先推出公司设立登记“即办制”，创新推行企业开办“六合一”服务模式，市县两级企业开办时间分别压缩至5小时、1个工作日。深化“放管服”改革，取消、下放、合并、暂停实施行政审批和公共服务事项229项。加快推进工程建设项目“清单制+告知承诺制”审批改革试点，实现建设部门行政审批服务专项办理时限全省最短。拓展“证照联办”套餐服务，平均时限压缩至联办事项总承诺时限的52%左右。城市营商环境在全球190个经济体排名第28位，两年间跃升45个位次。其中，“跨境贸易”“获得用水用气”“市场监管”“登记财产”等4个指标居参评城市前十，经验在全国复制推广；“登记财产”和“市场监管”两个指标作为典型经验案例入选《中国营商环境报告2020》最佳实践篇。

二是推进园区标准化建设。出台《福州市工业（产业）园区标准化建设推进制造业高质量发展实施方案》，引导园区从规划编制、节约集约用地、创新驱动、招商落地、投融资、管理服务等10个方面加强标准化建设，推动打造功能完备、宜居宜业的标准化工业园区。其中，福州高新区提升土地、人才、资本、技术、数据等要素市场化配置水平，建设高标准厂房，获批国家“创新创业特色载体”，成为2020年全省唯一获此称号的园区；仓山区创新“政府引导、企业主体”模式，探索“规划、规范、提升、示范、招商”工作方法，推动金山工业园区橘园洲片规范提升试点，为全市提供样板示范；融侨开发区探索创新自助式、带动式、开放式、置换式4种“园中园”建设模式，快捷式“腾笼换鸟”，推动低效用地盘活，提升土地综合效益，加速园区产业集聚。

三是推进民生事业改革。深化教育综合改革方面，出台《关于建设教育强市的实施意见》，推进落实教育强市“十大工程”，推进基础教育学校集团化办学，推进学前教育普惠、义务教育均衡发展、高考综合改革及教师“县管校聘”改革试点等工作，引进清华附中、天津大学、新加坡国立大学等名校合作办学，鼓楼版“空中课堂”入选教育部“线上教学优秀案例”，并在全国推广；加快建设全国一流大学城，出台《关于建设福州地区大学新校区一流大学城实施方案》，瞄准“六个一流”目标，打造宜学宜业宜居宜游的一流大学城。深化医药卫生体制改革方面，上线全国首个基于健康医疗大数据开发的“福州市区域互联网医院服务平台”，在全国率先试行慢性病患者配药网上“刷医保”，“榕医通”平台推出便民在线义诊，被国家卫健委作为科技抗疫先进典型在全国推广，福州市基层医改经验做法被评为2020年全国基层卫生综合改革类典型案例，滨海新城综合医院列入国家区域医疗中心试点。深化就业保障机制改革方面，实施就业优先政策，多措并举保障重点群体就业创业，全市新增就业12.3万人；劳动保障工作平台覆盖全市所有乡镇（街道）、社区，入选国家构建和谐劳动关系综合配套改革试点。深化住房保障机制改革方面，健全房地产市场长效调控机制，推进住房租赁市场发展试点示范城市建设，“租购并举”住房保障体系逐步确立，新增租赁住房2.15万套，启动建设安置型商品房2万套。

四是实施乡村振兴战略。实施乡村振兴“十大行动”，开展“一革命五行动”，基本完成农村人居环境整治三年行动目标任务，实现乡村振兴“初级版”全覆盖，打造5个高级版、64个中级版试点村，建成76个省级美丽乡村示范村和市级45个幸福家园示范村、78个美丽乡村精品示范村。推进农村一二三产业融合发展，全市培育农业产业化重点龙头企业324家。推进脱贫攻坚与乡村振兴衔接，福州市扶贫开发工作成效考核连续四年位居全省第一，获全国首批精

准脱贫示范城市称号。全面深化农村产权制度改革，福州市被中央农办、农业农村部评为“全国农村承包地确权登记颁证工作典型地区”，成为全省唯一获评的地级市，福清市入选第二批全国农村集体产权制度改革试点典型，“促进粮食生产八条措施”和“耕地抛荒撂荒整治政策”在全省作典型推广。

五是探索完善社会治理体系。探索社会治理常态长效机制，福州市入选全国首批市域社会治理现代化试点城市，经验做法在第一次全国市域社会治理现代化试点工作交流会上作介绍交流，三坊七巷“4个社区工作法”被评为省优秀社区工作法，2个县（区）、21个乡镇（街道）和169个村（社区）被评为全国、全省“无邪教创建”先进单位，并持续列入常态化滚动管理。完善信访维稳工作机制，推进集中治理重复信访、化解信访积案专项工作，推广“最多投一次”阳光信访机制。深化法治福州、平安福州建设，推进扫黑除恶专项斗争，在全省首创“八有八无”具体目标，推动“平安小区”创建活动，扫黑除恶战果持续位居全省乃至全国前列，平安建设综合考评成绩位居全省前列，人民群众获得感、幸福感、安全感稳步提升。推进法治政府建设示范创建，鼓楼获评全国法治政府建设示范区。深化户籍制度改革，出台实施《关于进一步降低落户条件壮大人口规模的若干措施》及实施细则，以经常居住地落户为原则，全面放开落户限制，实现外地人员落户和投靠两个“零门槛”。

六是加强民主法制建设。完善党委定期研究人大工作、定期专题听取汇报、主要负责同志联系人大工作等制度，研究制定《中共福州市委关于加强新时代人大工作和建设的决定》。健全人民政协工作制度，落实“五个共同”协商工作机制，研究出台《中共福州市委关于新时代加强和改进人民政协工作的若干意见》。完善“季谈会”“每月直报”等工作制度，支持各民主党派、无党派人士等履职尽责。健全宗教工作专题会议机制，建立民族联席会议机制。持续加强侨务工作，构建“大侨务”工作格局，凝聚侨心侨力。

七是推动文化事业繁荣发展。深化国家公共文化服务体系示范区建设，实施文化旅游融合示范工程，深化“文创+”融合发展模式，鼓楼区、晋安区获首批全省全域生态旅游示范区，15个市级夜色经济体验示范街区开街，5家文化企业入选全省十强、3个园区获评省文化产业重点园区。健全优秀传统文化传承保护机制，以办好第44届世界遗产大会为契机，实施新一轮古厝保护提升行动，推进“六个一批”项目建设。创新精神文明建设工作机制，出台《福州市文明行为促进条例》，连续四届蝉联全国文明城市称号，福清入选第六届全国文明城市，晋安、福清、闽侯入选全国第二批新时代文明实践中心试点。深化基层理论宣传“千军万马”工程，推进市、县两级媒体融合发展。

八是推进全面从严治党。深化党的建设制度改革，严格执行学习贯彻习近平新时代中国特色社会主义思想长效机制，实施“红色领航工程”，推进“近邻”党建，《开展支部星级创建激发基层党组织活力》等3篇案例分获全国基层党建创新最佳案例和优秀案例。以数字技术引领党建创新，举办“数字党建”高峰论坛，成立党建云盟、党建云仓。深化一线考核，制定出台《进一步强化领导干部政治素质考察的若干措施》，在全省首推领导干部政治理论水平测试，实现应考尽考全员覆盖。开展年轻干部专题调研，建立福州市优秀年轻干部信息库，实施“省会排头兵”“十个一批”等专项行动，提振干部干事创业精气神。实施人才强市战略，举办第四届“榕博汇”“闽都人才论坛”，搭建“榕智汇”人才智慧服务平台，国家级重大人才计划、省特级ABC人才入选数量位居全省第一，“人才发展指数”连续四年全省第一。全国首推高校毕业生免费临时住宿政策，获国务院第七次大督查督查组肯定，并要求在全国宣传推广。深化纪检监察体制改革，探索运用“1+X”检查机制，加强对贯彻落实《党委（党组）落实全面从严治党主体责任规定》的监督检查，梳理问题清单343条、问责建议清单14条，倒逼“两个责任”落实。建立问题线索办理机制，健全完善纪检监察机关与司法机关信息沟通、线索移交、成果共享等工作机制，实现线索同步移送、案情同步会商、案件同步办理。深化派驻机构改革，制定《关于深化市纪委监委派驻机构改革的意见》，探索加强对市管国企、市管金融企业、市属公办高校监督有效途径，创新组织方式，增强派驻监督全覆盖质效。深化政治巡察，完善巡察机构与纪检监察机关、组织、宣传等部门工作协调机制，综合运用“提级、联动、交叉”模式，推进巡察向村级党组织延伸，推进政治巡察全覆盖。

**四、先行先试、大胆探索，奋力抢抓改革发展先机**

一是推进改革试点。争取和承接国家级、省级改革试点工作，发挥示范带动作用。其中，福清市县域集成改革试点方面，作为全省第一批县域集成改革试点，聚焦优化营商环境和城乡融合发展两大主题，瞄准经济社会发展短板，推动集成改革7大领域、32项改革任务和129项改革举措落实落细，承接省、市下放253项权限，完成改革举措30项，其余均按序时进度推进。推进龙田镇经济发达镇改革试点，激发镇域发展活力；以江阴港城经济区、江阴镇和新厝镇为试点，整合园区开发建设优势和镇（街）社会管理优势，推动区镇协同发展、深度融合。特别是在优化营商环境方面，探索推出一系列集成改革“组合拳”，建立全周期行政审批服务体系，创新推出“开卷式审批”“（云）集中审批”等新模式，提升市场主体的便利度、满意度，相关经验得到省委、省政府主要领导批示肯定。居家社区养老服务集成改革试点方面，福州市作为全省唯一的试点地市，通过建立集成联动机制，率先开展养老服务领域集成改革探索，推进80项试点任务，完成48项，其余试点任务均按序时进度推进。出台《推进养老服务发展（2020—2022）行动方案》《进一步支持养老服务发展十七条措施》等一系列配套文件，创新建立“中央厨房+长者食堂+助餐服务点+配送”的助餐服务网络，加快推进集服务和监管于一体、覆盖市县两级、互联互通、分级管理的“智慧健康养老服务平台”建设，逐步实现养老设施从“零星分布”向“全面覆盖”转变，养老业态从“分散式”向“一站式”转变，养老服务从

“单一养老”向“医养融合”转变，养老需求从“传统养老”向“智慧养老”转变，福州特色“3443”养老服务模式初具雏形。

二是激发基层改革活力。开展原创性、差异化改革探索，其中，鼓楼区在全国首创基层社会治理“一线处置”机制，在福州市2020年度改革创新项目评选中获第一名；晋安区探索“全域·全季·全景”旅游发展新模式，获首批全省全域生态旅游示范区；马尾区率先推出“健康筛排二维码”等数字化防控措施，创新实施社区防控“135”工作机制；长乐区探索打造耕作层剥离再利用新模式，实现耕地占补“数量”和“质量”双平衡；闽侯县探索房地产调控新机制，推动房地产市场连续、稳定、向上发展；连江县探索实施海域资源“333”开发利用模式，实现海域资源开发合法化、规范化、资产化；闽清县创新建立“1+1+N”交通联合整治机制，相关经验做法被中央政法委宣传平台刊载；罗源县在全市率先探索利用专项债券支持乡村振兴模式，争取全省首批乡村振兴专项债券资金1.92亿元；永泰县创新构建农村生活污水处理长效运行机制，推动农村人居环境和居民生活品质全面提升，相关工作成效受到国务院办公厅通报表扬。

（市委深改委）

## 2020年中共福州市委、市人民政府为民办实事项目完成情况

2020年，中共福州市委、市人民政府安排为民办实事项目17项53件。经各级各有关部门共同努力，除1件“赴校园放映公益电影1500场”因疫情影响及防控政策规定无法实施，经市政府同意不纳入任务考核外，其余52件全部完成。具体情况如下：

### 一、加强环卫基础设施建设

1. 建成福州市红庙岭厨余垃圾处理厂PPP项目一期

落实情况：建成投产。

### 二、改善居民居住条件

2. 新增社会租赁住房供应5000套

落实情况：超额完成新增社会租赁住房供应5990套。

3. 整治提升城镇老旧住宅小区60个

落实情况：60个老旧小区整治提升全部完成。

4. 实施城区零星地块精准改造项目50个

落实情况：超额完成城区零星地块精准改造项目66个。

### 三、提升供水保障水平

5. 改造自来水厂7座

落实情况：福州东南区水厂、福清宏路水厂、长乐远航水厂、罗源可湖水厂、罗源八井水厂、连江城区一水厂、永泰第二水厂7座水厂全部完成改造。

6. 修复改造城区地下雨污水管网600千米

落实情况：超额完成修复改造雨污水管网615.7千米。

7. 改造市政供水管网50千米

落实情况：超额完成市政供水管网改造59.8千米。

8. 改造二次供水设施6500户

落实情况：完成二次供水设施改造6500户。

9. 提标改造福州江阴工业集中区污水处理厂

落实情况：完成。

### 四、实施公交服务便民工程

10. 新购置新能源公交车235辆

落实情况：超额完成新增、更新公交车辆278辆。

11. 新建改造公交站台100个

落实情况：超额完成新建改造公交站台133个。

12. 新建大型公交首末站2个

落实情况：建成王庄旧城改造配套公交首末站和尤溪洲桥头东侧公交综合车场。

13. 优化公交线路40条，新增地铁接驳和微循环公交15条

落实情况：超额完成新辟和优化公交线路108条；完成新增地铁接驳和微循环公交15条。

### 五、推进公路安全隐患整治和公路安保工作

14. 完成国、省道44处隐患路段整治任务

落实情况：完成整治普通公路道路安全隐患路段38处、临水临崖隐患路段6处。

15. 完成农村公路安保提升150千米

落实情况：完成150千米。

16. 改造危桥3座

落实情况：完成危桥改造3座。

17. 在88个路口（路段）租赁视频监控，对违法行为进行自动抓拍

落实情况：完成88个路口（路段）租赁视频监控。

### 六、进一步缓解停车难问题

18. 新建城镇公共停车泊位5000个

落实情况：超额完成新建城镇公共停车泊位9404个。

19. 新施划道路停车泊位5000个

落实情况：完成道路泊车位施划5023个。

### 七、改善农村生产生活条件

20. 新建提升美丽乡村和美丽乡村示范村374个，从中筛选打造美丽乡村精品示范村30个

落实情况：完成新建提升美丽乡村和美丽乡村示范村374个、打造美丽乡村精品示范村30个；完成投资9.4亿元，占投资计划的105%。

21. 开展“村植千树”绿化行动，600个村每村新种树1000株

落实情况：完成。

22. 治理水土流失2000公顷

落实情况：超额完成综合治理面积3000公顷。

23. 实施农村饮水安全巩固提升工程，受益人口2.45万人

落实情况：完成投资2.5亿元，受益人口18.8万人，占比767%，超额完成年度任务。

24. 建设连江苔菉中心渔港海堤码头及配套设施

落实情况：该项目建设工期至2021年6月，完成年度投资1亿元。

## 八、完善市政道路交通体系

25. 完成瀛江路、新港路、螺城路东段、福马路、西岭互通、站东互通等道路提升改造工程

落实情况：建成。

26. 改扩建市福利院周边连接道路

落实情况：完成。

## 九、加强河道综合整治

27. 综合整治城区规划支流15条和三江口片区内河3条

落实情况：完成。

28. 建设连江县官坂镇合山溪、丹阳镇花园溪安全生态水系20千米

落实情况：完成投资2715万元，综合整治河长22.1千米。

## 十、提升城市景观

29. 提升左海公园建筑及设施

落实情况：改造提升左海公园公厕、游乐设施、码头、亭廊、广场等建筑及设施。

30. 拓展改造提升闽江公园、花海公园、金山公园、左海公园林下空间

落实情况：完成改造提升各公园林下空间约1.5万平方米。

31. 城区交通等候区、公交站等增种林荫100处

落实情况：超额完成105处。

32. 建设或改造提升100处街旁公园

落实情况：超额完成102处。

33. 改造提升城区林荫道5条

落实情况：改造提升开元路北段、交通路、东林巷、鹤林路、福马路马尾段5条林荫道。

34. 建设金山公园栈道

落实情况：完工。

## 十一、加大社会保障和职业培训力度

35. 完成渔工保险9000人、渔船保险800艘

落实情况：超额完成渔工保险13319人，渔船保险1226艘。

36. 培训新型职业农民4000人

落实情况：超额完成新型职业农民培训5695人。

37. 培训村（居）委会主干、养老从业人员、社会组织负责人和社工、老区村实用技术人员1969人

落实情况：超额完成培训3715人。

## 十二、治理餐桌污染和改造提升农贸市场等

38. 治理餐桌污染，建设食品放心工程

落实情况：

（1）加强食品农产品安全监管。①出动人员63187人次、检查执法30255次，查处食品类行政案件974件，罚没金额1188.4万元，其中移送司法机关案件数10件；公安机关破获食品刑事案件140件，其中省公安厅督办案件8件。②完成全市食品生产流通环节风险分级工作，2020年全市食品生产经营主体风险分级评定全部完成，并按照风险分级确定的频次，开展分类监督检查工作。③加强食品生产企业质量安全管理人员培训，组织976家食品生产企业，1125人次食品安全管理人员参加抽查考试，完成覆盖率及食品安全管理人员监督抽查考核合格率双100%任务。

（2）推进食品安全示范建设。①加大农业品牌培育力度，完成新认证“三品一标”农产品35个，评选福州市知名农业品牌13个，获福建省著名农业品牌8个，其中农业类3个。②完成申报创建食品安全社会共治示范县（市）区2个，省级批复永泰、连江申报创建2020年省级食品社会共治示范县。③完成15家省级“明厨亮灶”示范单位验收工作。

（3）开展全省食品安全“一品一码”全过程追溯体系建设。①推进省级“一品一码”追溯系统应用，全市有4597家食品生产经营主体在省市场监管局“一品一码”食品安全信息追溯平台上注册，上传食品追溯信息7116.7万条；有1608家农产品种养殖主体在省农产品质量安全追溯监管信息平台上注册，建立2.2万条生产档案信息，产品总赋码数16.5万条；727家水产品养殖主体在省海渔局水产品“一品一码”全程追溯系统上注册，上传追溯信息条数5.9万条。②在鼓楼区、连江县开展“一证通”试点工作，连江县“一证通”试点通过省级验收。连江推行的“五个三”工作法被省市场监管局作为典型，在全省食品流通监管业务培训班上作经验介绍，供各地市学习借鉴。

（4）完善食品安全风险监测网络。完成食品污染物及有害因素监测样品数778份；在全市96家哨点医院开展食源性疾病监测，完成食源性疾病监测任务数6586例。

（5）主要治理项目抽检合格率达治理指标要求。畜牧业生猪产销环节瘦肉精、禽类药物残留、生鲜乳三聚氰胺抽检总体合格率100%；种植业蔬菜农药残留抽检总体合格率99.91%、主要水果农残抽检总体合格率99.61%；市县城市市政供水管网末梢水合格率99.56%、瓶（桶）装饮用水生产企业产品抽检合格率96.23%；储备粮质量监督合格率100%。县级以上集中式饮用水源地水质检测合格率100%；农产品质量安全监测总体合格率99.07%；主要水产品养殖环节药物残留抽检合格率100%；加工食品监督抽检总体合格率99.6%。全部达到治理指标任务要求。

39. 提升改造农贸市场20个

落实情况：完成。

40. 储备活体生猪10.8万头

落实情况：完成。

## 十三、办好人民满意的教育

41. 新建、改扩建公办幼儿园27所，新增学位9150个

落实情况：完成。

## 十四、加快体育事业发展

42. 更新、新建健身路径250条

落实情况：超额完成更新、新建健身路径425条。

43. 提升改造农村农民体育健身工程30个

落实情况：完成。

44. 新建社会足球场地30个

落实情况：超额完成100个。

45. 开展全民健身活动项目30个

落实情况：完成。

## 十五、实施文化惠民工程

46. 实施福州市校园公益电影放映文化惠民工程，赴校园放映电影1500场

落实情况：受疫情影响及防控政策规定，该项无法实施，经市政府同意不纳入任务考核。

47. 实施福州市农村公益电影放映文化惠民工程，赴农村放映公益电影1644场

落实情况：完成。

48. 实施福州市大众电影院免费电影文化惠民项目，放映电影465场

落实情况：完成。

**十六、提升公共卫生服务能力和养老服务水平**

49. 建成滨海新城综合医院一期

落实情况：建成。

50. 将基本公共卫生服务政府补助标准从每人每年60元提高至每人每年65元

落实情况：落实，全年发放补助3772.7万元。

51. 新建农村幸福院21个

落实情况：完成。

**十七、完善便民基础设施**

52. 升级改造、采购自助服务终端230台

落实情况：完成230台自助服务终端升级改造、采购工作。

53. 实现掌上办理高频便民服务事项40个

落实情况：完成。

（市政府督查室）

# 机构及负责人

## 中共福州市委员会

书　记：林宝金
副书记：尤猛军
　　　　林　飞
常　委：陈　晔
　　　　蔡战胜
　　　　吴深生
　　　　张　忠
　　　　阮孝应
　　　　刘卓群
　　　　陈云水
　　　　周强国
　　　　杨新坚
秘书长：张　忠（兼）
副秘书长：程小马
　　　　　张炜鸣
　　　　　李贵勇

## 福州市人民代表大会常务委员会

主　任：陈为民
副主任：鄢　萍
　　　　陈春光
　　　　关瑞祺
　　　　肖　华
　　　　李　凡
　　　　李永祥
　　　　陈曾勇
秘书长：林　颖
副秘书长：丘志强
　　　　　叶　勇
　　　　　欧阳伟键
　　　　　林国晃

## 福州市人民政府

市　长：尤猛军
副市长：蔡战胜
　　　　杨新坚
　　　　严可仕
　　　　潘东升
　　　　杭　东
　　　　李　春
　　　　林中麟
秘书长：朱汉民
副秘书长：刘广辉
　　　　　吴德泉
　　　　　陈金友（兼）
　　　　　翁华锋
　　　　　蔡　文
　　　　　林从宇
　　　　　虎发仁（挂职）
　　　　　纪文杰
　　　　　许剑锋
　　　　　魏善庆
　　　　　叶　东（兼）

## 中国人民政治协商会议福州市委员会

主　席：何静彦
副主席：雷成财
　　　　林治良
　　　　林恒增
　　　　郑云春
　　　　王绍知
　　　　林　锋
　　　　罗蜀榕
　　　　郑章干
　　　　林　澄
秘书长：张大斌
副秘书长：林忠武
　　　　　林　敦
　　　　　路　琳
　　　　　张　莉

## 福州市中级人民法院

院　长：丁仰豪
副院长：林志雄
　　　　刘伟光
　　　　赵彦邦
　　　　黄勤民
　　　　连　强
　　　　朱　玲
纪检监察组组长：陈敏秀
政治部主任：赵　洵

## 福州市人民检察院

检察长：张时贵
副检察长余深画
　　　　顾　颀
　　　　董良馨
　　　　陈秀云
　　　　郑龙清
　　　　郑　东
纪检监察组组长：池至清
政治部主任：林修钢
鼓山地区检察院检察长：吴诗疆

## 中共福州市委工作部门及办事机构

**市委办公厅（市委军民融合发展委员会办公室、市委法规局、市委保密委员会办公室<市国家保密局>、市委机要局<市密码管理局>、市档案局）**

主　任：程小马
副主任：朱秀兰
　　　　袁永喜
　　　　吴志群
　　　　李仲福
　　　　许大伟
纪检监察组组长：吕伟华
督查室主任：许雪琦
市委军民融合发展委员会办公室
副主任：袁永喜（兼）
市委法规局

局　长：吴志群（兼）
市委保密委员会办公室（市国家保密局）
主　任（局长）：李仲福（兼）
市委机要局（市密码管理局）
局　长：朱秀兰（兼）
市档案局
局　长：林香平
**市委政策研究室**
主　任：李贵勇
副主任：王新刚
　　　　周耿忭
**市委全面深化改革委员会办公室**
主　任：张　忠（兼）
副主任：兰　超（常务）
　　　　朱红艳
　　　　林吓清
**市纪律检查委员会、市监察委员会**
书　记：陈云水
副书记：肖敦颖
　　　　叶　谊
　　　　张永森
常　委：林裕煌
　　　　曾开寿
　　　　李　充
秘书长：（空缺）
**市监察委员会**
主　任：陈云水
副主任：肖敦颖
　　　　叶　谊
　　　　张永森
委　员：林裕煌
　　　　曾开寿
　　　　郭有旭
**市委巡察工作领导小组办公室**
主　任：鄢　荣
副主任：雷秋元
　　　　陈　静
巡察组组长：姜　晗
　　　　　　林存武
　　　　　　陈秀珠
　　　　　　林　海
　　　　　　吴翔天
巡察组副组长：吴　强
　　　　　　　郑方晨
　　　　　　　王剑平
　　　　　　　苏涵霖
　　　　　　　何启钧
**市委组织部（加挂市委非公企业和社会组织工作委员会、市公务员局牌子）**
部　长：吴深生
副部长：陈　惠（常务）
　　　　林　舫
　　　　吕　斌
　　　　邓　岚（兼）
　　　　刘毅宙
　　　　陈政宝（兼）
纪检监察组组长：陈　伟
市委非公有制企业和社会组织工作委员会
书　记：（空缺）
专职副书记：陈有飞
市公务员局
局　长：刘毅宙
**市委宣传部（加挂市新闻出版局<市版权局>、市政府新闻办公室牌子）**
部　长：陈　晔
副部长：叶友琛（常务）
　　　　张学勇（兼）
　　　　孙晓岚
　　　　楼卫东（兼）
　　　　陈日官
　　　　杜　微（兼）
　　　　陈　昱
纪检监察组组长：（空缺）
市新闻出版局（市版权局）
局　长：孙晓岚
市政府新闻办公室
主　任：陈　昱
**市委精神文明建设办公室（加挂市精神文明建设指导委员会办公室牌子）**
主　任：张学勇
副主任：陈　甦
　　　　练　文
**市委网络安全和信息化委员会办公室（加挂市互联网信息办公室牌子）**
主　任：杜　微
副主任：田　磊
　　　　张振东
**市委统一战线工作部（加挂市政府侨务办公室牌子）**
部　长：陈　晔
副部长：阮文光（常务）
　　　　程　辉
　　　　陈长泽
　　　　王寿钦（兼）
　　　　林　峰
纪检监察组组长：王永明
**市委政法委员会**
书　记：阮孝应
副书记：潘东升（兼）
　　　　郭家彬（常务）
　　　　李　勇
　　　　余永俤
政治部主任：陈建祥
秘书长：刘　钟
**市委台港澳工作办公室（加挂市人民政府台港澳事务办公室牌子）**
主　任：邓达木
副主任：林桂强
　　　　谢祖禄
　　　　黄炬辉
**市委机构编制委员会办公室**
主　任：陈政宝
副主任：林小宝
　　　　张　毅
　　　　陈　华
**市委市直机关工作委员会**
书　记：吴深生
副书记：陈晓晖（常务）
　　　　刘蓉晖
　　　　郑慧中
　　　　郑　勇
委　员：练　虹
　　　　李星霖
　　　　傅启涌
**市委老干部局（加挂市委离退休干部工作委员会牌子）**
局　长：邓　岚
副局长：刘丹峰
　　　　张翠红
市关心下一代工作委员会
专职副主任：应彩平

## 福州市人大专门委员会及常委会工作机构

纪检监察组组长：谢力红
**市人大法制委员会**
主任委员：严孟灿
副主任委员：张　诚
　　　　　　黄宇清
**市人大财政经济委员会**
主任委员：朱光华
副主任委员：张　航
**市人大社会建设委员会**
主任委员：吴兰铮
副主任委员：陈　红（兼）
　　　　　　陈吕南

**市人大监察和司法委员会**
主任委员：李　锋
**市人大常委会办公厅**
主　任：丘志强
副主任：许海霖
**市人大常委会研究室**
主　任：饶春贵
副主任：杨永生
**市人大常委会人事代表工作室**
主　任：蓝　锋
副主任：谢晓妹
　　　　林韵洁
**市人大常委会法制工作委员会**
主　任：张　诚
副主任：林　峻
　　　　林　薇
**市人大监察和司法工作委员会**
主　任：郭　云
副主任：黄修钗
**市人大常委会财政经济工作委员会**
主　任：张　航
副主任：张　娟
　　　　周孙熙
**市人大常委会城建环境工作委员会**
主　任：黄宇清
副主任：周开城
　　　　谢晓芳
**市人大常委会华侨（台胞）工作委员会**
主　任：张修强
副主任：魏道航
　　　　王乃东
**市人大常委会农村经济工作委员会**
主　任：杨信增
副主任：（空缺）
**市人大常委会教科文卫工作委员会**
主　任：郭春曦
副主任：姚晓敏
**市人大常委会信访局**
局　长：（空缺）

## 福州市人民政府工作部门

**市政府办公厅**
主　任：刘广辉
副主任：李　强
　　　　易承卫
　　　　陈　磊
　　　　李世苞
　　　　潘福全
　　　　王巍巍
纪检监察组组长：卞坚清
督查室主任：陈登兴
**市发展和改革委员会**
主　任：郭建国
副主任：李占卫
　　　　王石融
　　　　林　津
　　　　林国信
　　　　蔡峻林
纪检监察组组长：黄兴发
总经济师郑礼招
**市教育局（与市委教育工作委员会合署办公）**
局　长：唐　希
副局长：陈　亮
　　　　念　琪
　　　　陈　颖
　　　　邵东生
纪检监察组组长：王陈峰
市委教育工作委员会
书　记：唐　希
专职副书记：黄坚瑜
纪工委书记陈峰
委　员：陈　亮
　　　　王陈峰
　　　　念　琪
　　　　陈　颖
　　　　汪孝敏
　　　　邵东生
**市科学技术局**
局　长：任义文
副局长：张文胜
　　　　王博斌
　　　　詹志勤
**市工业和信息化局**
局　长：王国晓
副局长：林端雄
　　　　林高星
　　　　李　欣（挂职）
　　　　史李春
纪检监察组组长：王　城
总工程师：王敏辉
**市大数据发展管理委员会（加挂市“数字福州”建设领导小组办公室牌子）**
主　任：薛　博
副主任：韩　宁
　　　　张记欢（挂职）
总工程师：施文建
**市民族与宗教事务局**
局　长：王寿钦
副局长：杨清荃
　　　　何仲武
　　　　李云祥
**市公安局（加挂市打击走私综合治理工作办公室牌子）**
局　长：潘东升
副局长：黄作璋
　　　　施玉安
　　　　朱　卫
　　　　陈武成
　　　　潘　明
　　　　吴祖刚
政治部主任：潘臻颖
纪检监察组组长：陈绍榕
市打击走私综合治理工作办公室
主　任：朱　卫（兼）
副主任：陈明忠（兼）
**市民政局（加挂市革命老根据地建设办公室牌子）**
局　长：王振松
副局长：赵艺萍
　　　　杨玉华
纪检监察组组长：林　晶
市革命老根据地建设办公室
主　任：刘建平
**市司法局**
局　长：唐新文
副局长：方振荣
　　　　丁　萍
　　　　庄晶萍
　　　　陈元武
纪检监察组组长：林金其
政治部主任：欧丽赐
**市财政局（加挂福州新区管委会财政与投融资局牌子）**
局　长：林中麟
副局长：黄振奋
　　　　林冬阳
　　　　张文裕
　　　　杨东林
　　　　黄一川
纪检监察组组长：叶　东
总会计师：许怡庄
福州新区管委会财政与投融资局
副局长：阮孝忠
**市人力资源和社会保障局**
局　长：王命瑞

副局长：高远忠
程良榕
张　莺
总会计师：倪　馨

**市自然资源和规划局**

局　长：吴建青
副局长：张仁灿
张　武
张　帆
林立森
孙良辉
张裴雷（挂职）
总工程师：官升玲
总规划师：李　菁
总建筑师：（空缺）

**市生态环境局**

局　长：游　昕
副局长：蔡　芹
谢延风
祁明峰
郑德源
纪检监察组组长：张怀潮
总工程师：许爱琼

**市城乡建设局**

局　长：陈漠诚
副局长：郑　鸿
张麒蛰
郑　军
高　尚
朱宸熠
纪检监察组组长：孙家保
总工程师：（空缺）

**市住房保障和房产管理局**

局　长：罗若谷
副局长：孙文锋
阮观伟
商志强
顾　巍
郑　宇（挂职）

**市城市管理委员会**

主　任：林　坦
副主任：金德荣
林长盛
郭绍兴

**市交通运输局**

局　长：（空缺）
副局长：林著惠
陈思明
邱吉忠
王镜秋
罗树波（兼）
纪检监察组组长：（空缺）
总工程师：林金泉

**市水利局**

局　长：陈济斌
副局长：吴聪先
林松宝
陈　异
总工程师：林　凯

**市农业农村局（加挂市扶贫开发领导小组办公室、市委实施乡村振兴战略领导小组办公室牌子）**

局　长：林　健
副局长：林友隆（挂职）
黄礼滨
黄大文
鲍瑞坊（援疆）
方光文
陈　峰
陈斌涛
纪检监察组组长：卞礼文
总畜牧兽医师：张宏彦
市扶贫开发领导小组办公室
主　任：林　健（兼）
市委实施乡村振兴战略领导小组办公室
主　任：林　健（兼）

**市商务局（加挂市口岸工作办公室牌子）**

局　长：林汉隽
副局长：沈鹭滨
黄雪勋
徐　强
潘　文
薛　男
纪检监察组组长：黄宇劼
市口岸工作办公室
主　任：林汉隽（兼）
副主任：沈鹭滨（兼）

**市投资促进局**

局　长：（空缺）
副局长：严周文
陈　伟
薛松涛

**市粮食和物资储备局**

局　长：（空缺）
副局长：廖胜彪
陈　军
陈友义

**市文化和旅游局（加挂市广播电视局、市文物局牌子）**

局　长：翁国平
副局长：李春茂
陈炳荣
吴聿建
朱寿良
纪检监察组组长：陈秀香
市广播电视局
局　长：翁国平（兼）
副局长：陈炳荣（兼）
市文物局
局　长：吴聿建（兼）

**市卫生和健康委员会**

主　任：陈劲松
副主任：叶　明
陈新旭
李卫东
陆　涵
侯　林（挂职）
纪检监察组组长：唐秀文

**市退役军人事务局（加挂市双拥共建工作领导小组办公室牌子）**

局　长：张则铭
副局长：杨国玲
杨丽云
袁朝海
市双拥共建工作领导小组办公室
主　任：张则铭（兼）
副主任：杨丽云（兼）

**市应急管理局**

局　长：陈仁德
副局长：吴红城
林　晞
刘承勇
王学初
任立明
总工程师：叶　军

**市审计局**

局　长：李小荣
副局长：林光明
陈立武
林　芳
林志强
纪检监察组组长：林世荣
总审计师：黄建忠
稽查专员：余新彬
卓秀琼

**市人民政府外事办公室**

主　任：吴晓杰

副主任：王　琳（挂职）
张　薇
杜维广
**市林业局**
局　长：童桂荣
副局长：冯　平
卢占忠
张坤松
陈子茂
总工程师：翁荣声
**市海洋与渔业局**
局　长：林海华
副局长：陈明东
陈如祥
高　晶
林燕忠
总工程师：陈国生
**市市场监督管理局（加挂市知识产权局牌子）**
局　长：陈宗胜
副局长：陈　敏
高　峰
叶　明（兼）
何朝晖
蔡晓峰
薛　文
纪检监察组组长：史丹青
食品安全总监：周　璇
药品安全总监：周韶辉
质监总工程师：陈宝明
市知识产权局
局　长：何朝晖（兼）
**市体育局**
局　长：张　涵
副局长：刘　丹
黄　毅
郭志农
**市统计局（加挂福州新区管委会统计局牌子）**
局　长：彭锦华
副局长：朱　政
陈　杰
总统计师：曹寿全
福州新区管委会统计局副局长：黄壮志
**市人民防空办公室**
主　任：杨立宏
副主任：陈　颖
杭　珑
**市医疗保障局**
局　长：郑道新
副局长：张端仁
总会计师：陈政爱
**市地方金融监督管理局（加挂市金融工作办公室牌子）**
局　长：杨猛猛
副局长：谢志成
曹军州
吴　亮（挂职）
市金融工作办公室
主　任：杨猛猛（兼）
**市人民政府信访局（与市委信访局合署办公）**
局　长：陈金友
副局长：严　萍
林　彬
林　锋
李文昌
**市机关事务管理局**
局　长：高明保
副局长：陈起平
范永东
丁如丹
林淑玲
莫素静
总会计师：陈金岳
**市政府国有资产监督管理委员会**
主　任：王　刚
副主任：陈宙泉
蔡立福
纪检监察组组长：周建国
政治部主任：辛　晓

## 福州市人民政府派出机构及其他机构

**市人民政府驻北京联络处（加挂市政府［北京］招商中心牌子）**
主　任：刘用全
副主任：林伟航
薛松涛（挂职）
**市人民政府驻上海办事处**
主　任：葛根旺
**市人民政府驻深圳办事处**
主　任：王　辉
**市森林公安局**
局　长：严永春
**市行政服务中心管委会（加挂市市民服务中心管委会牌子）**
主　任：张晓容
副主任：王栋梁（援疆）
翁宜冰
林蔡仁
蒋云刚（挂职）
**市历史文化名城管委会（市三坊七巷管委会）**
主　任：杨　勇
副主任：吴聿建（兼）
朱祖辉
林少鹏
总工程师：林中林
**市市场监督管理综合执法支队**
支队长：程建明
政　委：刘德利
**福州新区管委会**
主　任：尤猛军（兼）
副主任：林　飞（常务）
陈　斌
何杰民
**福州新区福清功能区管委会**
主　任：张新怿（兼）
副主任：林友华（常务）
项箴雄
黄　侠
杨　林
**福州江阴港城经济区管委会**
主　任：高双成
副主任：王　啸
曾台曦
邱华焰
**福州新区长乐功能区管委会**
主　任：蔡劲松（兼）
副主任：陈　锦（常务）
陈家登
陈宝贵
江盛才
肖小阳（挂职）
**福州新区仓山功能区管委会**
主　任：梁　栋（兼）
副主任：潘仰武（常务）
沈建文
叶晓瑜
郭锋军（挂职）
**中国（福建）自由贸易试验区福州片区管理委员会（福州保税港区管理委员会）**
主　任：杭　东
副主任：赵学峰（常务）
许用贵（兼）
李　平

张新怿（兼）
梁 栋（兼）
游 力
梁 勇
林吓平
纪检监察组组长：刘 琼
纪检监察组副组长：朱宏伟
**福州高新技术产业开发区管委会**
主 任：魏邦仲
副主任：林勉建
林 翔
林 武
林 斌
郭晓华
魏志谋（挂职）
陈其清（挂职）
**福州地区大学新校区管委会**
主 任：陈志毅
副主任：谢振东

## 中国人民政治协商会议福州市委员会工作机构

纪检监察组组长：郑慧敏
**市政协办公厅**
主 任：林忠武
副主任：肖湘榕
李 民
许水英
**市政协调查研究室**
主 任：陈小刚
副主任：李 伟
**市政协提案委员会**
主 任：余 松
副主任：官 兵
**市政协经济建设委员会**
主 任：谢 侹
副主任：谢瑞金
**市政协教科卫体委员会**
主 任：（空缺）
副主任：陈 芳
**市政协港澳台侨和外事委员会**
主 任：郑建平
副主任：杨云华
**市政协社会和法制委员会**
主 任：朱宗瑜
副主任：李林菁
朱皓晔
**市政协民族和宗教委员会**
主 任：兰鸣伟
副主任：林丕亮
**市政协文化文史和学习委员会**
主 任：陈高英
副主任：李大林
**市政协人口资源环境委员会**
主 任：许舜举
副主任：刘 鸿
**市政协农业和农村委员会**
主 任：林辅胜

## 福州市民主党派与工商联

**民革福州市委员会**
主 委：林 锋
专职副主委：陈子华
**民盟福州市委员会**
主 委：林治良
专职副主委：林文亮
**民建福州市委员会**
主 委：罗蜀榕
专职副主委：倪 真
**民进福州市委员会**
主 委：顾 颀
专职副主委：柴刚丽
**农工党福州市委员会**
主 委：林 澄
专职副主委：（空缺）
**致公党福州市委员会**
主 委：鄢 萍
专职副主委：陈京香
**九三学社福州市委员会**
主 委：林绍彬
专职副主委：罗 枫
**台盟福州市委员会**
主 委：甘海疆
专职副主委：粘少梅
**福州市工商业联合会**
主 席：雷成财
副主席：宋晓非
张 强
陈 曦
司万雷

## 福州市人民团体、群众团体机构

**市总工会**
主 席：陈 晔（兼）
副主席：林如长
高远忠（兼）
娄月琴（兼）
黄文斐（挂职）
王 慷
郭斐雯
经费审查委员会
主 任：尤 山
**共青团福州市委员会**
书 记：陈 浩
副书记：肖善颖
叶 苏
邓玉峰（挂职）
**市妇女联合会**
主 席：陈 红
副主席：林 怡（挂职）
娄月琴
陈 菁
黄坚瑜（兼）
王 慷（兼）
**市社会科学界联合会**
主 席：陈 晔（兼）
副主席：李 辉
张春斌
陈 亮
**市文学艺术界联合会**
主 席：鄢 萍（兼）
副主席：卓继辉
李 朴
**市残疾人联合会**
理事长：（空缺）
副理事长叶 青
徐世元
黄 望
**市科学技术协会**
主 席：林治良（兼）
副主席：尤典真
翁金榜
黄彩进（挂职）
**市归国华侨联合会**
主 席：蓝桂兰
副主席：李清华
**市台湾同胞联谊会**
会 长：林鸿榕
副会长：杨 军
**中国国际贸易促进委员会福州市委员会（中国国际商会福州商会）**
会 长：潘 威
副会长：陈 长
郑 玲
**市计划生育协会**

常务专职副会长：刘惠珍
副会长：陈存辉
　　　　鲁大治
**市中华职业教育社**
主　任：罗蜀榕
副主任：姚文南
　　　　陈长水
**市红十字会**
会　长：严可仕（兼）
副会长：叶晓霞（常务）
　　　　胡树林
　　　　胡经民
**市法学会**
会　长：阮孝应（兼）
专职副会长兼秘书长：陈建忠
**市对外友好协会**
会　长：（空缺）
专职副会长：（空缺）

## 福州市参公事业单位

**市委党校（市行政学院、市社会主义学院）**
市委党校（市行政学院）
校（院）长：吴深生（兼）
副校（院）长：王小珍（常务）
　　　　　　　王　尚
　　　　　　　俞慈珍
市社会主义学院
院　长：王小珍
副院长：阮文光（兼）
　　　　王　尚
　　　　俞慈珍
**市委党史和地方志研究室**
主　任：高锦利
副主任：叶　红
　　　　陈清华
　　　　宋建兴
总编辑：蔡爱丽
**市档案馆**
馆　长：林香平
副馆长：宋美榕
　　　　刘若清
　　　　吴　斌
**市委讲师团**
团　长：张启强
**市大数据服务中心**
主　任：刘珍昌
**市人民政府发展研究中心**
主　任：郑　立
副主任：姚瑞强
　　　　郑洪海
　　　　刘　庆
**市供销合作社联合社**
主　任：陈春恩
副主任：陈建文
　　　　林秀萍
　　　　丁俊峰
纪委书记：高　榕
**市知识产权发展保护中心**
主　任：何朝晖
**市防震减灾中心**
主　任：戴　黎
副主任：江　晨
**市园林中心**
主　任：杨　晓
副主任：陈　凡
　　　　翁　芬
纪委书记：林　聪
总工程师：（空缺）
**市城镇集体工业联合社**
主　任：陈　彪
副主任：陈子平
　　　　林爱华
**市环境卫生中心**
主　任：赵　勇
**市卫生计生监督所**
所　长：林　强
**市文化市场综合行政执法支队**
支队长：时　光
政　委：陈彤丹
**市道路运输事业发展中心**
主　任：林　恒
**市水路运输事业发展中心（市船舶检验所）**
主　任（所长）：（空缺）
**市国土资源综合行政执法支队**
支队长：韩　鸣
政　委：林　国
**市海洋与渔业执法支队**
支队长：林步达
政　委：（空缺）
**市五一广场管理处**
主　任：林　忠
**福州住房公积金中心**
主　任：兰仰金
副主任：蔡　颖
总会计师：张　敏
**市不动产登记和交易中心**
主　任：陈华辉
副主任：邓世清
　　　　林礼岑
　　　　杨荣南
**市鼓岭旅游度假区（市鼓山风景名胜区）管委会**
主　任：（空缺）
副主任：颜学清
　　　　林　诚
　　　　董　健
**市水利水电工程移民发展中心**
主　任：（空缺）

## 福州市事业单位

**市“智慧福州”管理服务中心**
主　任：曾伟东
副主任：陈惠平
　　　　杨小清
**福州广播电视台**
台　长：陈　航
总编辑：陈建斌
副台长：陈建斌
　　　　宋　敏
　　　　郑继业
　　　　念　斌
总工程师：林钦华
总会计师：黄一峰
工会主席：孙代芳
**福州日报社**
社　长：楼卫东
总编辑：陈滨峰
副社长：陈滨峰
　　　　谢联灵
日报副总编辑：吴金坡（常务）
　　　　　　　金麦子
　　　　　　　刘复培
晚报副总编辑：庄永强（常务）
　　　　　　　卓良辉
　　　　　　　朱福星
**市社会科学院**
院　长：杨　震
副院长：林丽娟
　　　　陈　昕（挂职）
**福州地区大学新校区基建管理中心**
主　任：陈传熙
副主任：林　震
**福州地区大学新校区后勤服务管理中心**
主　任：张燮磊
副主任：何晨东

**福州仲裁委员会秘书处**
秘书长：黄尚斌
副秘书长：陈　晴
**市疾病预防控制中心**
主　任：张晓阳
**市国有房产中心**
主　任：刘　锋
副主任：卢　征
　　　　林嵩飘
　　　　王　捷
总会计师：（空缺）
**市土地发展中心**
主　任：金晖辉
副主任：潘建平
　　　　周洪兵
**市民用建筑统建办公室**
主　任：（空缺）
副主任：陈　怡
　　　　陈　榕
**市城区水系联排联调中心**
主　任：张麒蛰
副主任：陈永锋
　　　　薛裕彬
**市医疗保障基金中心**
主　任：陈宗利
**市交通运输综合执法支队**
支队长：涂荣册
政　委：黄澄澄
**市市政工程中心**
主　任：林　武
**市公路事业发展中心**
主　任：程闽红
**市农业科学研究所**
所　长：陈云增
**市蔬菜科学研究所**
所　长：陈秀娟
**市海洋与渔业技术中心**
主　任：杨小强
**市城市管理综合行政执法支队**
支队长：郑世忠
政　委：程明星

## 福州市属院校、医院

**闽江学院**
党委书记：（空缺）
院　长：王宗华
党委副书记：陈　曦
　　　　　　刘元芳
纪委书记、监察专员：郑煦林
副院长：李新贤
　　　　吴建铭
　　　　傅高升
　　　　陈兴明
**福州职业技术学院**
党委书记：林子波
院　长：李秋斌
党委副书记：沈锦华
纪委书记：（空缺）
副院长：刘松林
　　　　张兰英
　　　　刘春兰
**闽江师范高等专科学校**
党委书记：陈荣生
校　长：（空缺）
纪委书记：（空缺）
副校长：黄耀荣
　　　　林　旻
**福州教育研究院**
院　长：林明华
**福清卫生学校**
校　长：刘翔炜
**福州市体育运动学校**
校　长：黄　辉
**福州第一技师学院（保留省机械工业技术学校牌子）**
院（校）长：张美青
副院（校）长：母安明
　　　　　　　刘伟诚
　　　　　　　余　丰
　　　　　　　张挺青
　　　　　　　林美云
**福州第二技师学院**
院　长：张礼旺
**福州市第三中学**
校　长：陈　炜
党委书记：林晓枫
**福州市第八中学**
校　长：连仁昌
党委书记：朱　静
**福州格致中学**
校　长：徐　聪
党委书记：周雪英
**福州市第一医院**
党委书记：曹文瑜
院　长：王　琳
**福州市第二医院**
党委书记：张　帆
院　长：林凤飞
**福州结核病防治院**
党委书记：高　虹
院　长：陈力舟
**福州神经精神病防治院（福州市第四医院）**
党委书记：张　忠
院　长：林　力
**福州市皮肤病防治院**
党总支书记：江　波
院　长：（空缺）
**福建医科大学孟超肝胆医院（福州市传染病医院）**
党委书记：季建清
院　长：（空缺）
**福州市妇幼保健院**
党总支书记：李丹玫
院　长：夏　泳
**福州市中医院**
党委书记：廖锦芳
院　长：杨晓煜
**福州市第八医院（福州铁路中心医院）**
党委书记：阮能健
院　长：张郁澜
**福州儿童医院**
院　长：郑伯禄

## 中共各县（市）区委员会、县（市）区人大常委会、人民政府、政协

**中共鼓楼区委**
书　记：朱训志
副书记：黄建新
　　　　陈　辉
常　委：晁　旭
　　　　杨　辉
　　　　杨朝晖
　　　　郑寅球
　　　　陈晓彬
　　　　张朝阳
　　　　黄瑞忠
　　　　李世科（挂职）
**鼓楼区人大常委会**
主　任：胡道坦
副主任：唐庆善
　　　　马宇建
　　　　谢裕波
　　　　林善章
　　　　杨效清

**鼓楼区人民政府**

区　长：黄建新
副区长：杨　辉
黄绍兴（挂职）
林　诚
郑炳锋
高　翔
张　弛
林　渊
王茂盛
张玉佩（挂职）
李世科（挂职）

**鼓楼区政协**

主　席：李瑞琨
副主席：钟　薇
王文锐

**中共台江区委**

书　记：张　帆
副书记：陈　杰
陈诸凯
常　委：吴　勤
王晶晶
吴晓云
陈自勇
张其顺
徐　超
杨　奇
郎满春（挂职）
李登元

**台江区人大常委会**

主　任：何长嘉
副主任：郑功敏
卓小明
刘华杰
薛安发

**台江区人民政府**

区　长：陈　杰
副区长：徐　超
郭　挺
林立清（援疆）
汪映霞
朱　腾
沈　力
何　宝
蒋金狮
陈　林
李良航（挂职）
鲁关亚（挂职）

**台江区政协**

主　席：邓万铣
副主席：陈丽霞
黄怀英
唐佑钗
徐　平

**中共仓山区委**

书　记：蔡战胜（兼）
副书记：梁　栋
陈登峰
常　委：周龙敏
李　雄
黄炳新
黄　翔
许延华
魏辅彧
任　巍
李亦仁

**仓山区人大常委会**

主　任：阮　锋
副主任：陈玉莲
张玉俤
赵旭宇

**仓山区人民政府**

区　长：梁　栋
副区长：黄　翔
王香华
林文峰
余垂霄
高晓健
林谋东（援藏）
华智敏
钟治民（挂职）
郑　航
徐　东（挂职）
石小伟（挂职）

**仓山区政协**

主　席：陈　峰
副主席：邓　斌
张敬明
吴　滨
郑东平

**中共晋安区委**

书　记：张定锋
副书记：林　涛
张忠健
常　委：李朝波
林文福
叶晓兰
林隆佈
赵宁辉
陈　恒
丁振新

**晋安区人大常委会**

主　任：赵　坚
副主任：王伟国
刘　磊
董明光
陈善英

**晋安区人民政府**

区　长：林　涛
副区长：李朝波
张　琴
毛向标
郑　南（挂职）
林　欣
陈立新
林　立
林柳强
林　群
吕立邦（挂职）
郭　凯（挂职）

**晋安区政协**

主　席：魏晓辉
副主席：张秉洁
郑喜明
张秋英
蒋　云

**中共马尾区委**

书　记：游通铃
副书记：许用贵
张清泉
常　委：伍南腾
江智文
苏　建
林　全
陈　巍
陈　禺
余养挺
余颖凌
刘杏萍（挂职）

**中共福州经济技术开发区委员会**

书　记：游通铃
副书记：许用贵
张清泉
委　员：伍南腾
苏　建
陈　巍
陈　禺

余养挺
余颖凌

**马尾区人大常委会**

主　任：郑是平
副主任：唐　寅
吴　强
林　翔

**马尾区人民政府**

区　长：许用贵
副区长：陈　禹
潘德璋
张发春
林群慧
江典顺
林建豪
吴晓峰
徐国珍（挂职）

**福州经济技术开发区管委会**

主　任：许用贵
副主任：陈　禹
张发春
林群慧
江典顺

**马尾区政协**

主　席：张　林
副主席：邓文飞
吴永润
卢　融

**中共长乐区委**

书　记：何杰民
副书记：蔡劲松
廖海军
阿达力别克·巴合提汗（挂职）
常　委：赵　峰
余岸明
郑子毅
许开夏
林　盛
刘　超
卓国鸿
吴永忠

**长乐区人大常委会**

主　任：林建国
副主任：林春营
林少惠
沈小航
陈国衍

**长乐区人民政府**

区　长：蔡劲松
副区长：阿达力别克·巴合提汗（挂职）
吴永忠
陈航星
林建华
黄雨涛
李育民
林增祥
何　鸿
徐　俊（挂职）
张惠玲（挂职）

**长乐区政协**

主　席：陈增国
副主席：林勇魁
李瑞芳
林　宇

**中共福清市委**

书　记：刘卓群
副书记：张新怿
董敬太
常　委：陈存枫
陈恒东
张是全
林　彤
罗明炜
林峭立
刘建东
刘必建
赵满胜（挂职）

**福清市人大常委会**

主　任：林　中
副主任：俞大军
林鹤志
蔡和斌

**福清市人民政府**

市　长：张新怿
副市长：陈存枫
潘俏黎
李文清
施家雄
王言霖
林传烜
王祥春
高喜庆（挂职）

**福清市政协**

主　席：翁芳明
副主席：陈　生
吴华云
何德信

**中共闽侯县委**

书　记：叶仁佑
副书记：王建生
赵春荣
常　委：郑学锦
曾　玉
陈祥波
王智武
查水金
郭建刚
樊学双
程心东
张艳明
赵文福（挂职）

**闽侯县人大常委会**

主　任：黄诗杨
副主任：郑铭魁
曾小榕
林　燕
叶　键

**闽侯县人民政府**

县　长：王建生
副县长：张艳明
张　旗
叶　玲
余深传
余传庆
任　强
林　敦（挂职）

**闽侯县政协**

主　席：林建善
副主席：林　炳
陈昭锋
张君著
郑钱清

**中共连江县委**

书　记：周应忠
副书记：郑立敏
黄齐秋
常　委：孙祥光
林毅敏
林贤清
程　靖
冯慧钦
王和平
李承辉
陈　钦
包翠霞（挂职）

**连江县人大常委会**

主　任：张金潮

副主任：魏宗仁
凌婷柳
吴贤鹏
邱仁龙

**连江县人民政府**

县 长：郑立敏
副县长：孙祥光
陈坚斯
吴思斌
俞传华
叶居信
刘麟翔
张遵安
刘江远（挂职）

**连江县政协**

主 席：林承祥
副主席：董俊光
雷发勇
陈成开
倪锦平
刘碧芳

**中共闽清县委**

书 记：陈忠霖
副书记：郑子记
林志斌
常 委：郑 浩
张光增
赵 勇
郑晓春
黄 斌
叶金春
林燕青
汤国勤

**闽清县人大常委会**

主 任：刘久兴
副主任：黄 坚
林从娇
叶林生
林以銮

**闽清县人民政府**

县 长：郑子记
副县长：郑 浩
陈婉霞
张 凯
高理銮
王致镜
叶国勋
严子宜
林海涛（挂职）

**闽清县政协**

主 席：毛行青
副主席：陈 峰
黄道立
谢养书
陈秀宜

**中共罗源县委**

书 记：刘晓强
副书记：孙 利
常 委：兰可明
黄元祥
林家枢
沈海勇
谢 婧
俞章龙
杨大兴
郑育新

**罗源县人大常委会**

主 任：肖永建
副主任：陈敏鸿
何瑞强
赖时铿
董智先

**罗源县人民政府**

县 长：孙 利
副县长：兰可明
林 颖
陈启辉
周宇骋
黄 锋
徐忠琼
郑金保
张昆鹏（挂职）

**罗源县政协**

主 席：董志干
副主席：陈明娟
兰志红
陈 文
于贤杰

**中共永泰县委**

书 记：雷连鸣
副书记：陈金友
张青雅
常 委：姚 伟
柯永华
王礼灯
吴 钢
郑建双
曹方敏
李卫榕
俞 华

**永泰县人大常委会**

主 任：（空缺）
副主任：张庆宗
黄身瑜
罗智林
陈振灯

**永泰县人民政府**

县 长：（空缺）
副县长：俞 华
林 巍（援藏）
魏秀惠
侯一晞
余 斌
邱小文（挂职）
丁 虹（挂职）
上官浩龙（挂职）
张 文
张国森

**永泰县政协**

主 席：陈家恬
副主席：江惠文
张培奋
史 瑜

## 福州市园区管理机构

**福州市软件园管委会**

主 任：陈 斌
副主任：陈望青
卢坚辉

**福州市金山投资区管委会**

主 任：黄依佺

**福州福兴经济开发区管委会**

主 任：刘 通

**福州市火车站地区综合管理办公室**

主 任：（空缺）

**福州市琅岐经济区管委会**

主 任：江智文
副主任：邢鼎斌
张如福
袁云福

**福州临空经济园区管委会（筹）**

主 任：卓国鸿（兼）

**福建闽江河口湿地国家级自然保护区管理处**

主 任：郑 航

**闽台（福州）蓝色经济产业园管委会（筹）**

主　任：董敬太（兼）
副主任：李文清（兼）
　　　　吴忠东
　　　　高　勇（兼）

**福清融侨经济技术开发区管委会**

主　任：何玉金
副主任：颜美春
　　　　施如星
　　　　林　捷
　　　　严　凯
　　　　胡　涛（挂职）

**福清江镜华侨农场**

场　长：高　勇

**福清东阁华侨农场**

场　长：（空缺）

**福州市青口投资区管委会**

主　任：（空缺）
副主任：程心东
　　　　陈　榕
　　　　林碧莹

**福建连江经济开发区管委会**

主　任：林承文

**福建雄江黄褚林国家级自然保护区管理处**

主　任：许家琪

**福州台商投资区管委会**

主　任：刘必霖
副主任：薛承龙
　　　　倪德锦

**罗源湾开发区管委会**

主　任：范永刚

**永泰青云山风景名胜区管委会**

主　任：（空缺）

（赖佑榕）

（编辑　黄铭）

表 111 **2020 年福州市经济社会主要指标完成情况**

| 项目 | 单位 | 2020 年 | 2019 年 | 2020 年比 2019 年增长（%） |
|---|---|---|---|---|
| 一、人口与就业 | | | | |
| 年末常住总人口 | 万人 | 832.00 | 824.00 | 1.0 |
| 年末户籍总人口 | 万人 | 715.41 | 710.09 | 0.7 |
| 城镇非私营单位年末从业人员数 | 万人 | 156.11 | 176.19 | -0.1 |
| #城镇非私营单位年末在岗职工人数 | 万人 | 134.71 | 150.41 | -0.1 |
| 二、经济总量 | | | | |
| 地区生产总值 | 亿元 | 10020.02 | 9472.30 | 5.1 |
| 第一产业 | 亿元 | 560.70 | 526.68 | 4.0 |
| 第二产业 | 亿元 | 3840.77 | 3702.61 | 6.2 |
| 第三产业 | 亿元 | 5618.55 | 5243.01 | 4.4 |
| 工业增加值 | 亿元 | 2532.16 | 2480.91 | 5.1 |
| 人均地区生产总值 | 元 | 121015 | 115445 | 4.2 |
| 三、工业 | | | | |
| 规模以上工业增加值 | 增长（%） | 5.3 | 8.7 | - |
| #轻工业 | 增长（%） | 3.1 | 9.0 | - |
| 重工业 | 增长（%） | 7.8 | 8.5 | - |
| #国有企业 | 增长（%） | -13.0 | 5.5 | - |
| 股份合作企业 | 增长（%） | 12.1 | -36.0 | - |
| 股份制企业 | 增长（%） | 10.4 | 12.2 | - |
| 外商及港澳台商投资企业 | 增长（%） | -6.3 | 1.9 | - |
| 四、农林牧渔业 | | | | |
| 农林牧渔业总产值 | 亿元 | 1000.82 | 934.92 | 4.1 |

续表

| 项目 | 单位 | 2020 年 | 2019 年 | 2020 年比 2019 年增长（%） |
|---|---|---|---|---|
| #农业产值 | 亿元 | 294.70 | 287.76 | 4.0 |
| 牧业产值 | 亿元 | 104.99 | 76.62 | 3.0 |
| 渔业产值 | 亿元 | 533.14 | 503.88 | 4.1 |
| 农林牧渔业主要产品产量 | | | | |
| 水果产量 | 万吨 | 89.92 | 83.74 | 7.4 |
| 茶叶产量 | 万吨 | 4.47 | 4.24 | 5.4 |
| 食用菌产量 | 万吨 | 25.73 | 23.94 | 7.5 |
| 禽蛋总产量 | 万吨 | 11.86 | 10.82 | 9.6 |
| 水产品总产量 | 万吨 | 283.75 | 271.52 | 4.5 |
| 五、固定资产投资 | | | | |
| 固定资产投资（不含农户） | 增长（%） | 9.6 | 9.0 | – |
| #项目投资 | 增长（%） | 6.6 | 0.1 | – |
| #房地产开发投资 | 增长（%） | 14.2 | 25.9 | – |
| 房屋施工面积 | 增长（%） | 2.1 | 7.1 | – |
| #住宅 | 增长（%） | -0.2 | 11.1 | – |
| 房屋竣工面积 | 增长（%） | 180.2 | -46.1 | – |
| #住宅 | 增长（%） | 166.9 | -44.1 | – |
| 商品房销售额 | 增长（%） | 9.4 | 0.8 | – |
| 六、交通运输、邮电 | | | | |
| 客运 | | | | |
| 公路旅客发送量 | 万人次 | 5155.61 | 8368.46 | -38.4 |
| 水路旅客发送量 | 万人次 | 61.40 | 148.70 | -58.7 |
| 旅客出港量（航空） | 万人 | 449.79 | 757.60 | -40.6 |
| 货运 | | | | |
| 公路货物发送量 | 万吨 | 16442.95 | 15600.22 | 5.4 |
| 水路货物发送量 | 万吨 | 10648.40 | 10553.43 | 0.9 |
| 货邮出港量（航空） | 万吨 | 7.29 | 7.42 | -1.7 |
| 沿海港口货物吞吐量 | 万吨 | 19943.63 | 17038.20 | 17.1 |
| 集装箱吞吐量 | 万标箱 | 337.96 | 340.82 | -0.8 |
| 年末邮电局（所） | 处 | 238.00 | 238 | 0.0 |
| 年末固定电话用户 | 万户 | 158.50 | 162.7 | -2.6 |
| 年末移动电话用户 | 万户 | 981.60 | 993.60 | -1.2 |
| 七、贸易旅游、物价 | | | | |
| 社会消费品零售总额 | 亿元 | 4225.61 | 4198.9 | 0.6 |
| 接待境外旅游人数 | 万人次 | 55.63 | 173.40 | -67.9 |
| 城市居民消费价格指数（以上年为100） | | 102.4 | 102.5 | – |

续表

| 项目 | 单位 | 2020 年 | 2019 年 | 2020 年比 2019 年增长（%） |
|---|---|---|---|---|
| 八、对外经贸 | | | | |
| 进出口总额 | 亿元 | 2504.80 | 2530.10 | -1.0 |
| 出口总额 | 亿元 | 1786.50 | 1806.40 | -1.1 |
| 进口总额 | 亿元 | 718.40 | 724.20 | -0.8 |
| 新批外资项目 | 项 | 297 | 310 | -4.2 |
| 九、财政、金融 | | | | |
| 一般公共预算总收入 | 亿元 | 1108.36 | 1095.36 | 1.2 |
| 一般公共预算收入 | 亿元 | 675.61 | 668.08 | 1.1 |
| 金融机构年末存款余额（本外币） | 亿元 | 17738.03 | 15757.34 | 12.6 |
| 金融机构年末贷款余额（本外币） | 亿元 | 19651.44 | 17443.72 | 12.7 |
| 金融机构年末存款余额（人民币） | 亿元 | 17382.98 | 15367.47 | 13.1 |
| 金融机构年末贷款余额（人民币） | 亿元 | 19308.02 | 17137.37 | 12.7 |
| 十、教育 | | | | |
| 学校数 | | | | |
| 高等院校 | 所 | 34 | 35 | -2.9 |
| 中等职业技术学校 | 所 | 40 | 45 | -11.1 |
| 高中 | 所 | 104 | 102 | 2.0 |
| 初中 | 所 | 224 | 224 | 0.0 |
| 小学 | 所 | 890 | 893 | -0.3 |
| 在校学生数 | | | | |
| 高等院校 | 人 | 363738 | 340330 | 6.9 |
| 中等职业技术学校 | 人 | 96992 | 85918 | 12.9 |
| 高中 | 人 | 110894 | 105660 | 5.0 |
| 初中 | 人 | 256732 | 243783 | 5.3 |
| 小学 | 人 | 597211 | 589118 | 1.4 |
| 专任教师数 | | | | |
| 高等院校 | 人 | 15661 | 21334 | -26.6 |
| 中等职业技术学校 | 人 | 4340 | 4357 | -0.4 |
| 高中 | 人 | 8268 | 8146 | 1.5 |
| 初中 | 人 | 17491 | 17070 | 2.5 |
| 小学 | 人 | 30971 | 30484 | 1.6 |
| 招生数 | | | | |
| 普通高校招生数 | 人 | 111566 | 107017 | 4.3 |
| 中等职业学校招生数 | 人 | 33918 | 33632 | 0.9 |
| 高中 | 人 | 39417 | 36976 | 6.6 |
| 初中 | 人 | 91588 | 84940 | 7.8 |

续表

| 项目 | 单位 | 2020 年 | 2019 年 | 2020 年比 2019 年增长（%） |
|---|---|---|---|---|
| 小学 | 人 | 103436 | 108094 | -4.3 |
| 民办（社会力量办学） | | | | |
| 高等院校 | 所 | 12 | 12 | 0.0 |
| 职业中学 | 所 | 5 | 8 | -37.5 |
| 普通中学 | 所 | 44 | 44 | 0.0 |
| 小学 | 所 | 15 | 15 | 0.0 |
| 成人高校在校生数 | 人 | 63407 | 51902 | 22.2 |
| 民办高校在校学生数 | 人 | 100968 | 91711 | 10.1 |
| 十一、文化 | | | | |
| 文化馆 | 个 | 12 | 12 | 0.0 |
| 博物馆、纪念馆 | 个 | 40 | 38 | 5.3 |
| 博物馆、纪念馆收藏文物 | 万件 | 2.6 | 17.04 | -84.7 |
| 公共图书馆 | 个 | 14 | 14 | 0.0 |
| 公共图书馆图书藏量 | 万册 | 1219.39 | 1138.72 | 7.1 |
| 图书流动点 | 个 | 968 | 869 | 11.4 |
| 广播综合人口覆盖率 | % | 100 | 100 | – |
| 电视综合人口覆盖率 | % | 100 | 100 | – |
| 年末数字电视用户 | 万户 | 144.68 | 145.36 | -0.5 |
| 年末数字电视入户率 | % | 62.3 | 62.6 | – |
| 行政村有限电视联网率 | % | 90.98 | 90.8 | – |
| 十二、卫生 | | | | |
| 卫生机构数 | 个 | 4662 | 4332 | 7.6 |
| #医院 | 个 | 139 | 132 | 5.3 |
| 卫生机构床位数 | 张 | 41102 | 38277 | 7.4 |
| #医院 | 张 | 34495 | 32227 | 7.0 |
| 卫生技术人员数 | 人 | 65608 | 60878 | 7.8 |
| #医生 | 人 | 25459 | 23588 | 7.9 |
| 每千人拥有卫生机构床位数 | 张 | 5.55 | 5.21 | 6.5 |
| #医院 | 张 | 4.66 | 4.39 | 6.2 |
| 每千人拥有卫生技术人员数 | 人 | 8.87 | 8.29 | 7.0 |
| #医生 | 人 | 3.44 | 3.21 | 7.2 |
| 十三、人民生活 | | | | |
| 在岗职工工资总额 | 亿元 | 1282.58 | 1328.98 | -0.03 |
| 在岗职工年平均工资 | 元 | 96478 | 88952 | 8.5 |
| 城镇居民人均可支配收入 | 元 | 49300 | 47920 | 2.9 |
| 城镇居民人均消费支出 | 元 | 32019 | 32662 | -2.0 |

续表

| 项目 | 单位 | 2020年 | 2019年 | 2020年比2019年增长（%） |
|---|---|---|---|---|
| 农村居民人均可支配收入 | 元 | 22669 | 21320 | 6.3 |
| 农村居民人均消费支出 | 元 | 17713 | 17711 | 0.0 |
| 十四、城市基本情况 | | | | |
| 建成区绿化覆盖面积 | 公顷 | 13861.07 | 13673.85 | 1.4 |
| 建成区绿化覆盖率 | % | 45.40 | 45.39 | – |
| 建成区绿地面积 | 公顷 | 12896.29 | 12720.85 | 1.4 |
| 建成区绿地率 | % | 42.24 | 42.22 | – |
| 年末公园绿地面积 | 公顷 | 5259.22 | 4804.2 | 9.5 |
| 年末人均公园绿地面积 | 平方米 | 15.35 | 15.33 | – |
| 年末公交营运车辆 | 辆 | 6145 | 6029 | 1.9 |
| 年末公交营运线路 | 条 | 502 | 447 | 12.3 |
| 公交车客运总量 | 万人次 | 33602.1 | 51312.4 | -34.5 |
| 轨道交通旅客运输量 | 万人次 | 9474 | 10734 | -11.7 |

表112　2020年福建省及九个设区市主要经济指标

| 指标 | 单位 | 全省 | | 福州市 | | 厦门市 | | 莆田市 | | 三明市 | |
|---|---|---|---|---|---|---|---|---|---|---|---|
| | | 绝对数 | 比上年增长（%） | 绝对数 | 比上年增长（%） | 绝对数 | 比上年增长（%） | 绝对数 | 比上年增长（%） | 绝对数 | 比上年增长（%） |
| 年末常住总人口 | 万人 | 4161.0 | 0.6 | 832.0 | 1.0 | 518.0 | 1.2 | 321.0 | 0.9 | 249.0 | -0.4 |
| 城镇化率 | % | 68.75 | 0.9 | 72.49 | 0.7 | 89.41 | 0.2 | 62.70 | 1.0 | 63.20 | 1.3 |
| 地区生产总值 | 亿元 | 43903.89 | 3.3 | 10020.02 | 5.1 | 6384.02 | 5.7 | 2643.97 | 3.3 | 2702.19 | 4.1 |
| 第一产业 | 亿元 | 2732.32 | 3.1 | 560.70 | 4.0 | 28.89 | 2.5 | 125.66 | 1.4 | 314.57 | 3.9 |
| 第二产业 | 亿元 | 20328.80 | 2.5 | 3840.77 | 6.2 | 2519.83 | 6.1 | 1362.33 | 1.5 | 1401.90 | 4.2 |
| 第三产业 | 亿元 | 20842.78 | 4.1 | 5618.55 | 4.4 | 3835.29 | 5.5 | 1155.98 | 5.8 | 985.72 | 4.1 |
| 农林牧渔业总产值 | 亿元 | 4901.07 | 3.3 | 1000.82 | 4.1 | 61.03 | 2.3 | 237.41 | 1.7 | 534.45 | 4.0 |
| 固定资产投资 | 亿元 | – | -0.4 | – | 9.6 | – | 8.8 | – | -2.3 | – | 7.1 |
| 一般公共预算总收入 | 亿元 | 5158.35 | 0.2 | 1108.36 | 1.2 | 1351.24 | 1.7 | 231.27 | 2.2 | 170.15 | 1.0 |
| 一般公共预算收入 | 亿元 | 3078.96 | 0.9 | 675.61 | 1.1 | 783.92 | 2.0 | 147.10 | 2.8 | 111.16 | 3.2 |
| 社会消费品零售总额 | 亿元 | 18626.45 | -1.4 | 4225.60 | 0.6 | 2293.87 | 1.6 | 1612.26 | -0.8 | 781.71 | -0.3 |
| 进出口总额 | 亿元 | 14035.7 | 5.5 | 2504.8 | -1.0 | 6915.8 | 7.8 | 628.0 | 59.9 | 115.4 | -37.4 |
| 城镇居民人均可支配收入 | 元 | 47160 | 3.4 | 49300 | 2.9 | 61331 | 3.9 | 41007 | 2.4 | 39259 | 3.5 |
| 农村居民人均可支配收入 | 元 | 20880 | 6.7 | 22669 | 6.3 | 26612 | 7.3 | 20823 | 5.8 | 19533 | 6.7 |

续表

| 指标 | 单位 | 泉州市 | | 漳州市 | | 南平市 | | 龙岩市 | | 宁德市 | |
|---|---|---|---|---|---|---|---|---|---|---|---|
| | | 绝对数 | 比上年增长（%） | 绝对数 | 比上年增长（%） | 绝对数 | 比上年增长（%） | 绝对数 | 比上年增长（%） | 绝对数 | 比上年增长（%） |
| 年末常住总人口 | 万人 | 879.0 | 0.3 | 506.0 | 0.0 | 268.0 | 0.0 | 273.0 | 0.7 | 315.0 | 1.0 |
| 城镇化率 | % | 68.46 | 0.5 | 61.36 | 0.7 | 59.65 | 1.1 | 62.88 | 2.3 | 60.99 | 1.5 |
| 地区生产总值 | 亿元 | 10158.66 | 2.9 | 4545.61 | -3.9 | 2007.40 | 0.3 | 2870.90 | 5.3 | 2619.00 | 6.0 |
| 第一产业 | 亿元 | 226.60 | 1.8 | 498.71 | 3.1 | 329.76 | 3.9 | 319.73 | 3.3 | 325.92 | 3.0 |
| 第二产业 | 亿元 | 5808.14 | 2.8 | 2056.79 | -9.1 | 759.42 | -3.5 | 1263.37 | 5.3 | 1319.69 | 6.6 |
| 第三产业 | 亿元 | 4123.91 | 3.2 | 1990.11 | 1.1 | 918.22 | 2.4 | 1287.80 | 5.7 | 973.40 | 6.3 |
| 农林牧渔业总产值 | 亿元 | 411.42 | 1.8 | 919.75 | 3.3 | 587.14 | 4.0 | 564.92 | 3.4 | 584.14 | 3.1 |
| 固定资产投资 | 亿元 | – | -2.4 | – | -27.8 | – | 0.1 | – | 2.4 | – | 0.7 |
| 一般公共预算总收入 | 亿元 | 813.32 | -3.1 | 350.65 | -1.6 | 146.12 | -2.0 | 329.78 | 1.5 | 233.55 | 5.4 |
| 一般公共预算收入 | 亿元 | 454.04 | -0.8 | 218.56 | -0.4 | 98.18 | 2.0 | 158.61 | 1.9 | 137.79 | 8.7 |
| 社会消费品零售总额 | 亿元 | 5228.87 | -2.3 | 1697.15 | -5.0 | 702.37 | -3.9 | 1259.21 | -4.1 | 825.40 | -2.7 |
| 进出口总额 | 亿元 | 1970.8 | -6.7 | 807.5 | 11.3 | 125.3 | 2.9 | 334.1 | 10.0 | 502.5 | 17.9 |
| 城镇居民人均可支配收入 | 元 | 50968 | 2.8 | 40008 | 2.7 | 36492 | 3.8 | 40190 | 3.5 | 37121 | 3.4 |
| 农村居民人均可支配收入 | 元 | 23459 | 6.0 | 21103 | 6.1 | 18557 | 6.7 | 20150 | 6.8 | 19050 | 7.0 |

表 113　2020 年全国 26 个省会城市主要经济指标（1）

| 城市 | 地区生产总值 | | 第一产业增加值 | | 第二产业增加值 | | 第三产业增加值 | | 社会消费品零售总额 | |
|---|---|---|---|---|---|---|---|---|---|---|
| | 绝对数（亿元） | 比上年增长（%） | 绝对数（亿元） | 比上年增长（%） | 绝对数（亿元） | 比上年增长（%） | 绝对数（亿元） | 比上年增长（%） | 绝对数（亿元） | 比上年增长（%） |
| 福州 | 10020.02 | 5.1 | 560.70 | 4.0 | 3840.77 | 6.2 | 5618.55 | 4.4 | 4225.60 | 0.6 |
| 广州 | 25019.11 | 2.7 | 288.08 | 9.8 | 6590.39 | 3.3 | 18140.64 | 2.3 | 9218.66 | -3.5 |
| 成都 | 17716.68 | 4.0 | 655.17 | 3.3 | 5418.50 | 4.8 | 11643.00 | 3.6 | 8118.50 | -2.3 |
| 南京 | 14817.95 | 4.6 | 296.80 | 0.9 | 5214.35 | 5.6 | 9306.80 | 4.1 | 7203.03 | 0.9 |
| 哈尔滨 | 5183.80 | 0.6 | 615.80 | 2.1 | 1144.50 | 2.3 | 3423.50 | -0.4 | – | -11.3 |
| 沈阳 | 6571.56 | 0.8 | 303.58 | 2.9 | 2160.41 | 2.9 | 4107.57 | -0.6 | 3637.60 | -5.4 |
| 长春 | 6638.03 | 3.6 | 533.82 | -2.4 | 2758.12 | 8.0 | 3346.09 | 0.3 | – | -6.5 |
| 济南 | 10140.90 | 4.9 | 361.70 | 2.2 | 3530.70 | 7.0 | 6248.60 | 3.7 | 4469.10 | 1.1 |
| 武汉 | 15616.06 | -4.7 | 402.18 | -3.8 | 5557.47 | -7.3 | 9656.41 | -3.1 | 6149.84 | -20.9 |
| 西安 | 10020.39 | 5.2 | 312.75 | 3.0 | 3328.27 | 7.4 | 6379.37 | 4.2 | 4989.33 | -2.9 |
| 杭州 | 16106.00 | 3.9 | 326.00 | -1.1 | 4821.00 | 2.3 | 10959.00 | 5.0 | 5973.00 | -3.5 |

续表

| 城市 | 地区生产总值 | | 第一产业增加值 | | 第二产业增加值 | | 第三产业增加值 | | 社会消费品零售总额 | |
|---|---|---|---|---|---|---|---|---|---|---|
| | 绝对数（亿元） | 比上年增长（%） | 绝对数（亿元） | 比上年增长（%） | 绝对数（亿元） | 比上年增长（%） | 绝对数（亿元） | 比上年增长（%） | 绝对数（亿元） | 比上年增长（%） |
| 石家庄 | 5935.10 | 3.9 | 498.60 | 3.5 | 1745.50 | 3.1 | 3691.00 | 4.3 | 2382.70 | -3.3 |
| 太原 | 4153.25 | 2.6 | 32.24 | 3.7 | 1504.19 | 3.0 | 2616.82 | 2.3 | 1655.11 | -6.4 |
| 合肥 | 10045.72 | 4.3 | 332.32 | 1.2 | 3579.51 | 6.4 | 6133.89 | 3.0 | 4513.76 | 3.1 |
| 南昌 | 5745.51 | 3.6 | 235.28 | 2.2 | 2676.89 | 3.8 | 2833.35 | 3.4 | 2452.74 | 3.0 |
| 郑州 | 12003.04 | 3.0 | 156.87 | 0.9 | 4759.54 | 4.5 | 7086.63 | 1.7 | 5076.30 | -4.7 |
| 长沙 | 12142.52 | 4.0 | 423.46 | 4.0 | 4739.27 | 5.0 | 6979.79 | 3.3 | 4469.79 | -2.6 |
| 南宁 | 4726.34 | 3.7 | 534.36 | 4.7 | 1084.32 | 5.3 | 3107.67 | 2.9 | 2180.36 | -6.3 |
| 贵阳 | 4311.65 | 5.0 | 178.31 | 6.4 | 1552.59 | 5.5 | 2580.75 | 4.4 | 2188.26 | 6.6 |
| 昆明 | 6733.79 | 2.3 | 312.35 | 5.6 | 2102.93 | 1.4 | 4318.51 | 2.5 | 3070.44 | -3.6 |
| 兰州 | 2886.74 | 2.4 | 57.43 | 5.0 | 933.42 | 3.7 | 1895.90 | 1.5 | 1641.24 | -1.8 |
| 西宁 | 1372.98 | 1.8 | 57.17 | 4.3 | 418.72 | 6.1 | 897.09 | -0.2 | 573.57 | -9.3 |
| 银川 | 1964.37 | 3.2 | 75.72 | 0.7 | 832.62 | 2.8 | 1056.03 | 3.8 | 770.87 | -7.1 |
| 海口 | 1791.58 | 5.3 | 79.88 | 3.8 | 269.56 | 0.6 | 1442.14 | 6.4 | 835.89 | 1.5 |
| 乌鲁木齐 | 3337.32 | 0.3 | 27.05 | 1.4 | 907.89 | 8.1 | 2402.38 | -2.2 | 1043.50 | -19.8 |
| 呼和浩特 | 2800.68 | 0.2 | 126.46 | 1.2 | 815.73 | 1.4 | 1858.49 | -0.5 | 1032.93 | -4.0 |

表 114　　2020 年全国 26 个省会城市主要经济指标（2）

| 城市 | 固定资产投资额 | | 出口总额 | | 一般公共预算收入 | | 城镇居民人均可支配收入 | | 农村居民人均可支配收入 | |
|---|---|---|---|---|---|---|---|---|---|---|
| | 绝对数（亿元） | 比上年增长（%） | 绝对数（亿元） | 比上年增长（%） | 绝对数（亿元） | 比上年增长（%） | 绝对数（亿元） | 比上年增长（%） | 绝对数（亿元） | 比上年增长（%） |
| 福州 | 9.6 | | 1786.50 | | 675.61 | 1.1 | 49300 | 2.9 | 22669 | 6.3 |
| 广州 | 10.0 | | 5427.67 | | 1721.59 | 1.4 | 68304 | 5.0 | 31266 | 8.3 |
| 成都 | 9.9 | | 4106.85 | | 1520.40 | 2.5 | 48593 | 5.9 | 26432 | 8.5 |
| 南京 | 6.6 | | 3398.92 | | 1637.70 | 3.7 | 67553 | 4.9 | 29621 | 7.2 |
| 哈尔滨 | 2.8 | | 136.90 | | 339.60 | -8.4 | 39791 | -0.5 | 19631 | 7.6 |
| 沈阳 | 4.1 | | 274.40 | | 736.08 | 0.8 | 47413 | 1.3 | 19598 | 8.1 |
| 长春 | 8.8 | | 135.40 | | 440.40 | 1.5 | 40001 | 5.7 | 16636 | 7.6 |
| 济南 | 4.0 | | 755.00 | | 906.10 | 3.6 | 53329 | 2.7 | 20432 | 5.0 |
| 武汉 | -11.8 | | 1421.70 | | 1230.29 | -21.3 | 50362 | -2.6 | 24057 | -2.9 |

续表

| 城市 | 固定资产投资额 | | 出口总额 | | 一般公共预算收入 | | 城镇居民人均可支配收入 | | 农村居民人均可支配收入 | |
|---|---|---|---|---|---|---|---|---|---|---|
| | 绝对数（亿元） | 比上年增长（%） | 绝对数（亿元） | 比上年增长（%） | 绝对数（亿元） | 比上年增长（%） | 绝对数（亿元） | 比上年增长（%） | 绝对数（亿元） | 比上年增长（%） |
| 西安 | | 12.8 | | 1775.98 | 724.13 | 3.1 | 43713 | 4.5 | 15749 | 8.0 |
| 杭州 | | 6.8 | | 3693.20 | 2093.00 | 6.5 | 68666 | 3.9 | 38700 | 6.7 |
| 石家庄 | | -18.8 | | 785.60 | 632.20 | 11.1 | 40247 | 4.4 | 16947 | 6.9 |
| 太原 | | 11.3 | | 724.71 | 378.44 | -2.1 | 38329 | 5.4 | 19655 | 7.0 |
| 合肥 | | 4.7 | | 1580.76 | 762.90 | 2.3 | 48283 | 6.3 | 24282 | 8.1 |
| 南昌 | | 8.8 | | 713.11 | 483.86 | 1.4 | 46796 | 6.0 | 20921 | 7.3 |
| 郑州 | | 3.6 | | 2948.80 | 1259.21 | 3.0 | 42887 | 1.9 | 24783 | 5.3 |
| 长沙 | | 6.2 | | 1548.72 | 1100.09 | 3.0 | 57971 | 5.0 | 34754 | 7.5 |
| 南宁 | | -2.5 | | 470.82 | 263.61 | -2.8 | 38542 | 2.3 | 16130 | 7.2 |
| 贵阳 | | 2.7 | | 357.98 | 398.13 | -4.6 | 40305 | 5.4 | 18674 | 8.1 |
| 昆明 | | 8.1 | | 534.20 | 650.47 | 3.2 | 48018 | 3.7 | 17719 | 8.3 |
| 兰州 | | 3.4 | | 32.70 | 247.13 | 6.0 | 40152 | 5.4 | 14652 | 7.7 |
| 西宁 | | -25.9 | | 7.05 | 133.51 | 31.2 | 36959 | 6.1 | 13487 | 7.2 |
| 银川 | | 1.1 | | 45.27 | 157.25 | 1.6 | 39416 | 3.1 | 16428 | 7.5 |
| 海口 | | 9.9 | | 110.29 | 186.05 | 0.4 | 40049 | 2.8 | 17405 | 8.0 |
| 乌鲁木齐 | | 0.3 | | 288.51 | 392.64 | -16.9 | 42770 | 0.2 | 22827 | 6.4 |
| 呼和浩特 | | -8.5 | | 72.40 | 217.10 | 6.9 | 49789 | 0.8 | 20489 | 8.0 |

（市统计局）

（编辑　黄铭）

## 说　明

一、本索引采用主题词分析法，按主题词首字汉语拼音字母顺序排列。同音字按声调升序排列。音调相同的字，按笔画升序排列；如笔画相同，按起笔形横（一）、竖（丨）、撇（丿）、点（丶）、折（乛）的次序排列。

二、类目、分目标题用黑体字。“特载”“福州市‘十三五’经济社会发展成就”“决胜脱贫攻坚”“大事记”“人物名录”“附录”“统计资料”内容不作索引。

三、索引主题词后的数字表示页码，数字后的 a、b、c 表示栏别左中右。

四、空两格起排的词条为上一主题的“附见”。

## D

## H

## J

N



P



Q

## T

## W



## X

## Y

## Z